U0929996

上海工业年鉴

SHANGHAI INDUSTRIAL YEARBOOK

上海市经济和信息化委员会编

上海社会科学院出版社

上海工业年鉴
编纂委员会

编纂说明

由上海市经济和信息化委员会主编的《上海工业年鉴》是一部全面系统反映上海产业发展、经济运行、技术进步和各类所有制工业企业情况的资料性工具书。

2018年版《上海工业年鉴》反映的是2017年上海工业经济的发展情况，设置11个栏目：(1) 特载，刊有市领导及市经济信息化委领导关于上海产业发展的讲话和文章；(2) 综述，概述2017年上海工业发展的特点；(3) 专题，记述上海落实《中国制造2025》工作、推进科创中心建设、产业经济运行、"四新"经济、生产性服务业、软件和信息服务业、文化创意产业、都市产业、工业品牌建设、中小企业、产业投资、技术进步、节能降耗、环保产业、对外经济合作、军民产业融合、国资国企改革等方面的发展情况；(4) 区县工业，反映2017年各区工业的发展情况；(5) 企业简介，介绍一批大中型工业企业2017年的发展情况；(6) 上市股份公司，介绍2017年上海工业类上市股份公司的资产运作、股本结构以及全年主要经济指标；(7) 行业协会简介，介绍70多个工业行业协会2017年的工作；(8) 大事记；(9) 经济法规，刊载2017年国家、上海市颁布的有关工业的主要经济法规；(10) 统计资料，刊载2017年上海工业经济发展的重要统计数据；(11) 企业形象，以彩色版面展示150多户各类企业形象。

《上海工业年鉴》编纂委员会

2018年8月

2017 年 11 月 7—11 日，第 19 届中国国际工业博览会在上海隆重举行。中共上海市委书记李强宣布第 19 届工博会开幕

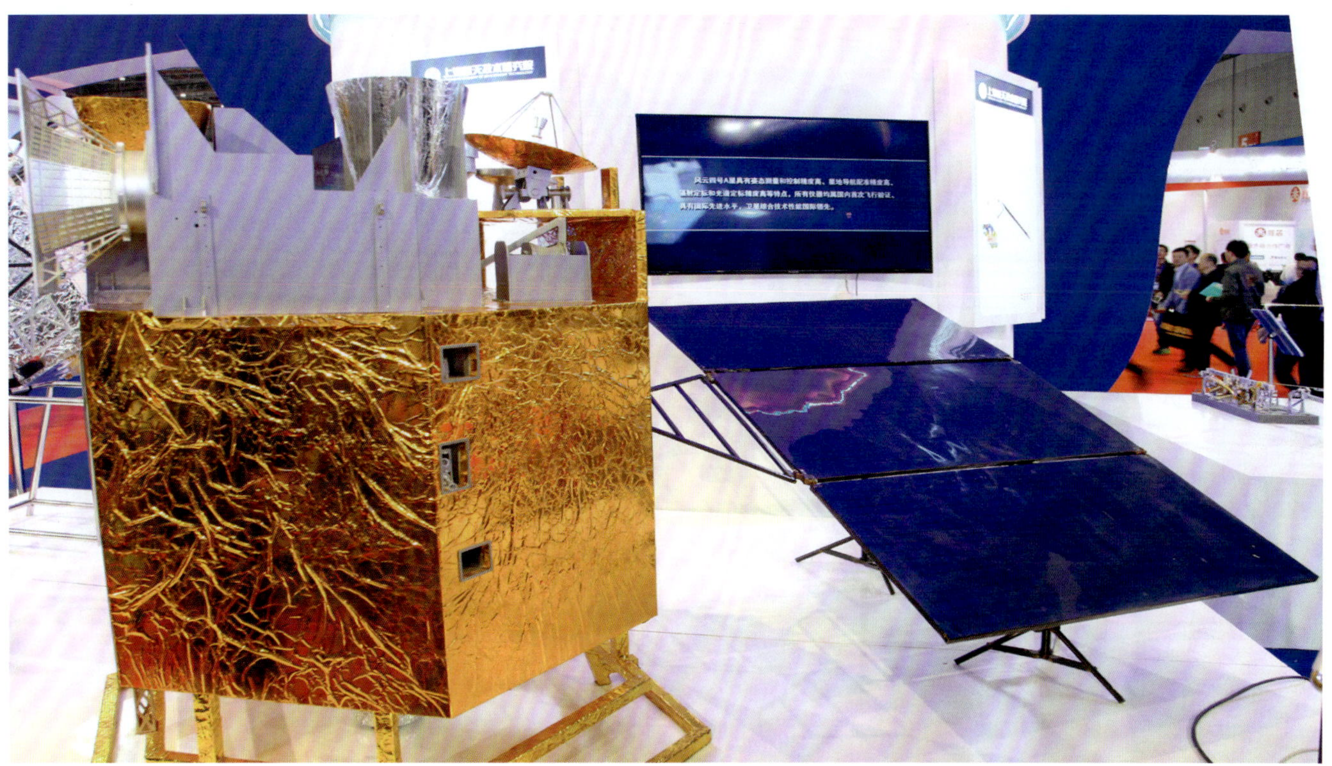

第 19 届中国国际工业博览会特别荣誉奖——风云四号静止轨道气象卫星

工业和信息化部部长苗圩颁发第 19 届中国国际工业博览会主宾国特别奖

第 19 届中国国际工业博览会主宾国特别奖——英国 IONSCAN 600 爆炸物和毒品痕量探测器

中共上海市委副书记、市长应勇和中国工程院党组书记李晓红颁发第 19 届中国国际工业博览会金奖

第 19 届中国国际工业博览会金奖——三代核电 AP1000 核岛主设备

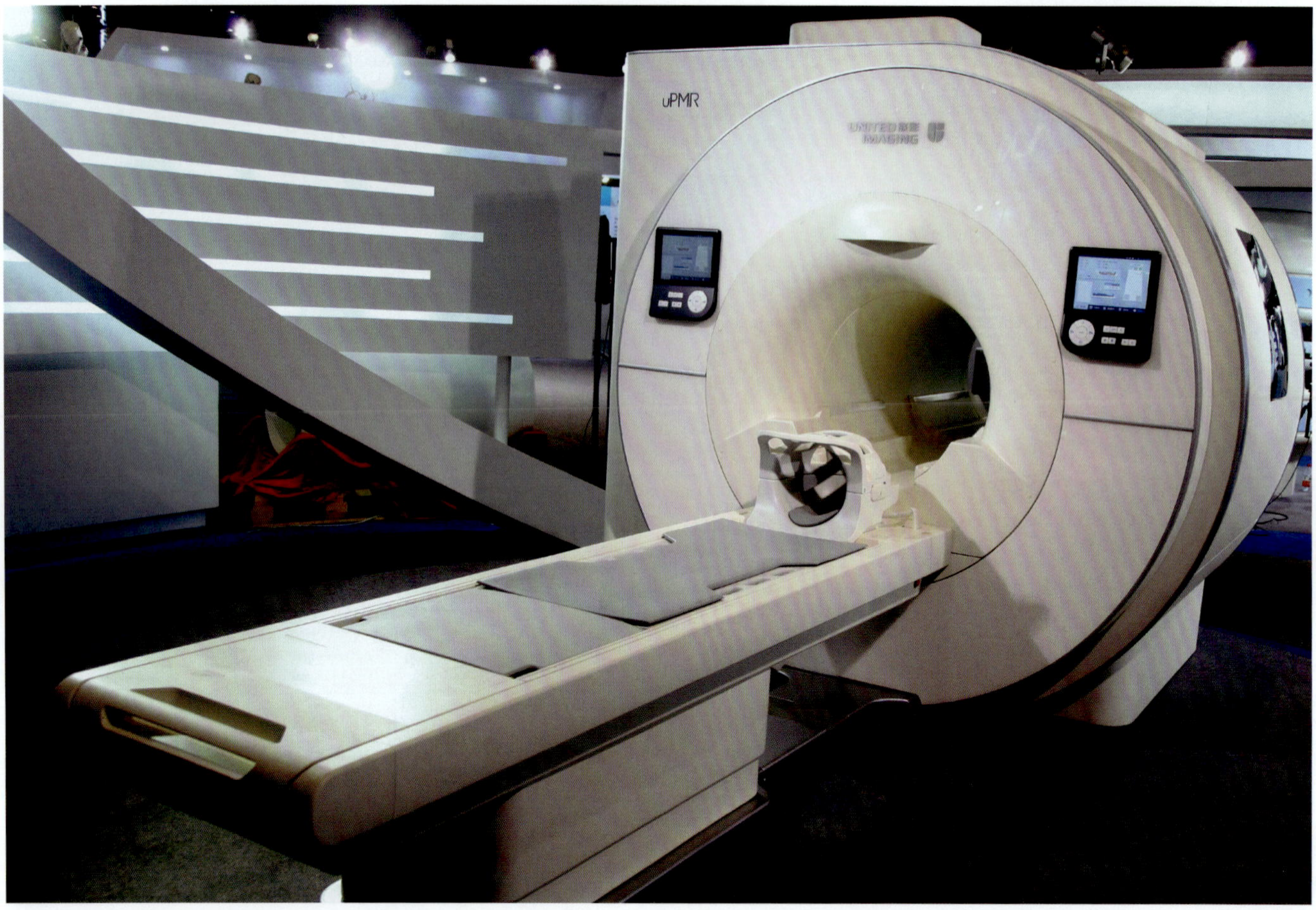

第 19 届中国国际工业博览会工业设计金奖——一体化全身正电子发射，磁共振成像装备

第 19 届中国国际工业博览会创新金奖——自适应柔性制造平台

第 19 届中国国际工业博览会特别荣誉奖——1.2 万吨自航全回转起重船

上海外高桥船厂交付的 20000 TEU 集装箱船

2017 年 5 月 5 日，中国商用飞机有限责任公司 C919 大型客机首飞成功

2017 年 11 月 21 日，长征六号遥二运载火箭成功发射

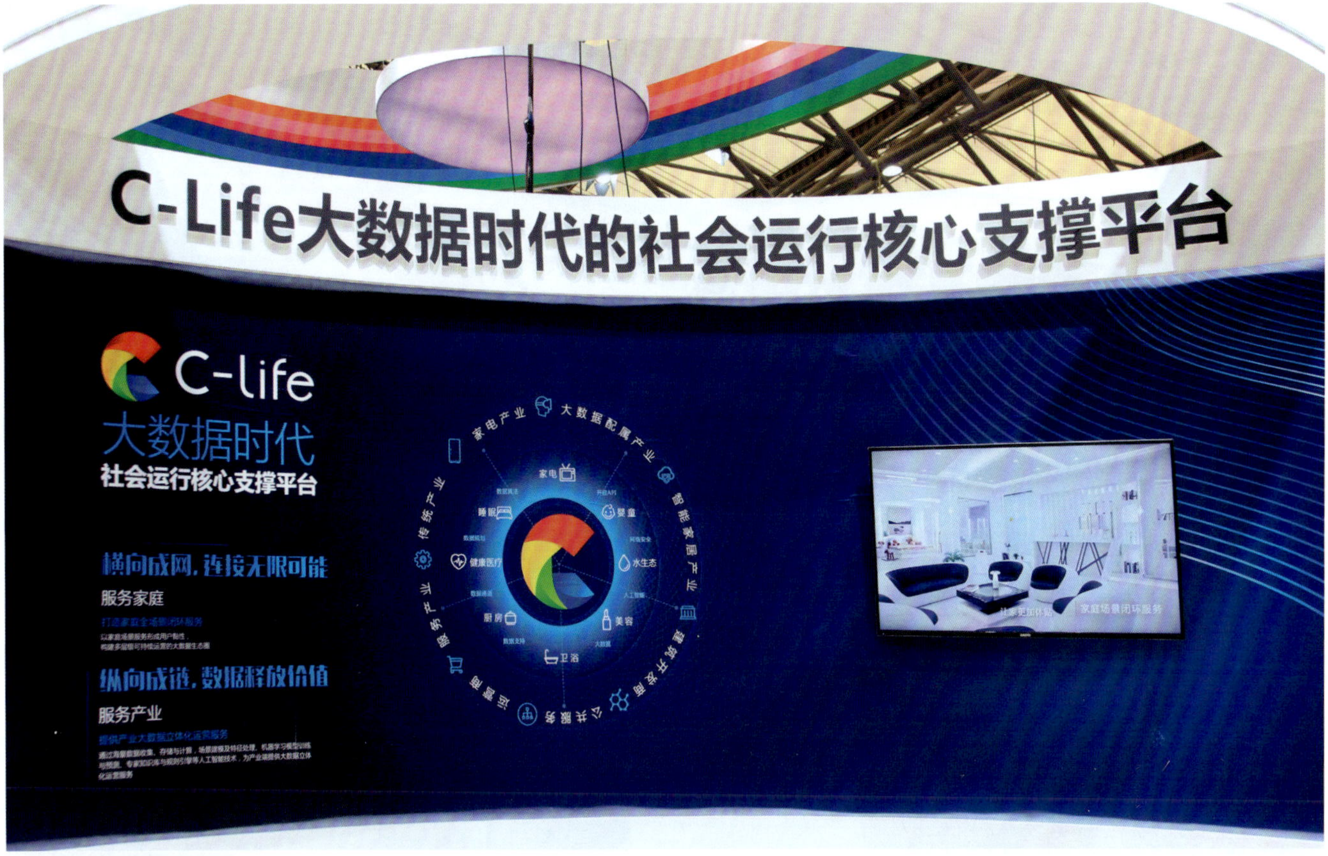

C-Life 大数据时代的社会运行核心支撑平台

上海仪电（集团）有限公司成为云赛
——智慧城市整体解决方案的提供商及运营商

上海柴孚机器人有限公司
制造的工业智能机器人

华为集团研发出智能化太阳能发电远程监管系统

上海诺仪研发中心首创国内一根线织衣新技术

全自动流水线“智”造产品

上海电气（集团）总公司建成临港风机制造大型基地

上海海立（集团）股份有限公司研发实用型机器人

百万千瓦电站发电机加工定子

上海化学工业区被评为国家首批新型工业化示范基地——化工区生态湿地

上海漕河泾新兴技术开发区首创
开放式共享办公平台

上海枫林生命科学园区

长阳创谷成功举办双创活动

上海制造业创意促进中心青年设计人才基地

2017 年上海设计周在上海展览中心举行

老厂房转型上海国际时尚中心成为新地标

上海逸思医疗科技有限公司研发的手术器械

2017 年中国工业品牌之旅启航

（本栏图片由蔡钧等提供）

目 录

区县工业

企业简介

上市股份公司

行业协会简介

大事记

经济法规

统计资料

2018·上海工业年鉴

SHANGHAI INDUSTRIAL YEARBOOK

站高定位　把握大势
着力提升产业和信息化工作的职能

上海市常务副市长　周　波

（2017 年 2 月 14 日）

刚才晓春同志代表市经信工作党委，总结了 2016 年经济和信息化系统党建取得的五方面工作成绩，部署了 2017 年五项重点任务；鸣波同志回顾总结了 2016 年经济和信息化系统行政工作取得的四方面成绩，部署了 2017 年六方面重点工作，明确了今年的 14 项指标，我都赞同。希望大家按照工作部署，认真思考、抓紧开展工作。下面，我讲三点意见。

一、充分肯定 2016 年经济和信息化系统工作所取得的成绩来之不易

2016 年，经信系统和全上海都面临着宏观经济下行的巨大压力，工业增长更是面临着前所未有的困难和挑战。特别是在三季度时，主要工业增长指标还岌岌可危，但事在人为，在中共上海市委、市政府的坚强领导下，经信系统的同志们团结一心、共同努力，采取种种办法直面挑战，带动各部门、各区终于合力完成了指标任务。我用五个“了”来概括 2016 年工作。

一是完成了任务和目标。全年完成工业增加值和产业投资双增，超出年初预期目标。

二是干成了几件难事和大事，都不容易。比如说产业基金，需要协调方方面面，极考验能力。我们既不能参照国家大基金的运作方式，要按照市场化规则运作，又要体现政府对产业的引导，还要解决一般社会性企业对于制造产业周期长、投资大的顾虑。实际操作中，基金的股东来自各方，有一家股东不同意就要重走程序。鸣波同志全力协调，最后成功设立了。另外，干成了几个大项目。这几个大项目难度都很大，按常规即使走绿色通道，在去年全部开工也是基本不可能。所以我们创新了工作手段和方式，利用微信移动办公，24 小时随时协调，鸣波同志、委分管同志、相关部门负责同志还有我一起入群。工作中要突破常规创新，还要冒一点风险，好在大家心往一处想、劲往一处使，终于推进项目按期开工了。还有全国第一家地方立法的社会信用条例，一开始众说纷纭，但人大和我们共同努力做成功了，得到国家发改委、人大财经委领导的充分肯定，国家将以上海的这项工作为蓝本，这是非常不容易的。还有智慧城市建设、电子政务等工作，都是如此。

三是锻炼了队伍。只有在战争中学会战争，在游泳中学会游泳，经过难事的磨练才能锻炼队伍。比如说技改项目，现在财政很支持，但一开始财政的意见是，以前给经信委的资金没有用好。因为原先经信委要各区乃至镇里配套，区里拿不出配套资金，资金就用不出去。现在经信委取消了区里配套要求，财政已表态，好的项目不受预算盘子限制。有了财政的支持，大家可以有底气，撸起袖子干。

四是输送了人才，这个难能可贵。晓春、鸣波同志思想很解放，也很大度开明。本身经信两委的干部还是缺的，但是在这样的时候把最优秀的人才输送出去，为全社会作贡献，很不容易。

五是提升了能力和水平，包括从严治党取得新成效，产业创新发展形成新动能，智慧城市和信用建设水平稳步提升等一系列工作。特别难能可贵的是，经信系统同志们的精神状态有了明显转变，精气神足了，敢于担当，

主动作为，善于统筹和协调，所以才能干成大事。一是得到各委办的肯定，从全市各部门来看，单个部门的重点工作可能是其他部门的辅助，或者是次要工作。要得到兄弟部门的理解和支持，首先要有自信，其次要主动沟通，要有钉钉子的精神。为了项目，鸣波同志跑兄弟部门不是一次两次。我举个例子，某个重大项目要求浦东新区配套财力，区领导认为最好市里出个文。按照现行税制及市区缴存比例，制造业并不受区里欢迎，何况制造业的土地还要以成本价出让。鸣波同志主动去协调，结果做成了。非常不容易，又一次体现事在人为。二是在晓春和鸣波同志带动下，市区两级攻坚克难完成了目标，办成了大事，得到了市委、市政府主要领导的充分肯定。三是得到全社会的充分肯定。

在此，我也代表市委、市政府对市各部门、区里和区里工作部门的同志，经信系统的同志，在座的央企、企业集团同志们的辛勤工作和努力以及所作的贡献，表示衷心的感谢。

二、站高定位，准确把握大势，进一步增强使命感、责任感和紧迫感

上周，韩正书记在新任区委书记培训班上的报告和讲话，把上海30年来改革开放的历程进行了全面的回顾和总结，并且用大量的事实、案例总结了我们所取得的成就、经历的艰难和曲折、提升的工作体会，并对进一步把握发展方向，提出了下一步的工作要求。请大家认真学习报告内容和讲话精神，这对我们把握好大势，站高定位，做好下一步工作具有重要指导意义。结合我自己的学习体会，必须贯彻执行好三个要求。

首先是中央的要求，这是上海30多年改革开放历程中非常重要的标尺。如果没有按照中央要求，纯粹从地方的利益考虑，哪怕是改革和创新的工作，也要走回头路，这样的教训例子不少。所以现在市委、市政府要求很明确，上海要落实国家战略，代表国家参与全球合作和竞争，提升我们的竞争力、话语权和影响力。

其次是市委、市政府根据上海自身的特点，按照国家的要求，每年部署中心工作。如果把经济信息化两委简单定位为经济管理部门，那就太狭隘了。经济在转型升级，政府职能在转变，从原先注重经济到现在经济社会并重。如果还是按照原来的工作方式，很多举措是不能适应的。比如说自贸试验区建设，如果仅局限于制造业和信息服务业开放，那就被边缘化了。要把政府职能转变、事中事后监管、行业管理、全社会治理等自贸试验区最重要的东西搞清楚，思考经济信息化系统可以发挥什么作用，其中大有文章可作。还有"五违四必"整治，交通大整治等工作，也不要认为与己无关。

再次是人们的期盼和诉求。对于人民的迫切需求，我们必须重视解决。我举个例子，水电煤等公共事业的关联自助缴费，虽然能绑定银行卡，但不够灵活。支付宝灵活方便，但受制于现行规章制度，有些公共服务支付宝想做却做不了。那么政府要关注，只要老百姓有需求，就要想办法提供或者帮助企业提供相应的公共服务。诸如网约车之类的互联网经济，从事经济信息化工作的同志要积极思考观察，如何管理和引导好。

在具体工作中，要从六个维度去思考问题。

第一个维度，科技进步大方向。上海已明确提出创新驱动，但上海把知识产权变成生产力的能力还有待提高。只有思想解放了才能突破创新。原来科技创新的责任主体在科委，现在市里明确科委是前沿布局、人才支撑、共性技术和平台三方面重点。经信委重点是牵头产业创新。

第二个维度，把握产业变革大趋势。只有把握产业变革大趋势才能制定精准有效的产业政策，才能出台正确的负面清单。

第三个维度，人才集聚大举措。刚才晓春同志着重说了人才的问题，我很赞同。现在产业和信息化发展是缺人才，但人才是在实践中锻炼成长的。今天在座的央企，要解放思想，输送人才。

第四个维度，经济社会发展规律。规律有两种，一种是普遍性的，全社会和全世界共性的，一种是上海特有的。

第五个维度，社会治理的新要求。从政府管理到社会治理，强调的是全社会共同参与和共同治理。

第六个维度，特大型城市的特点。韩书记强调了几个方面，一是特大城市的交通。经信委推广新能源汽车10万辆，全国第一，但有没有措施使存量汽车更新时也优选新能源？最近上路的中运量公交，社会也有所诟病，因为取消了不少原有公交路线，试运行速度很慢，部分站台下车后需穿高架很危险，停运时占用道路面积多，实际乘坐人数并不多，跟有关部门的预算结果恰好相反。这件事情说明政府要更多地依靠大数据的手段来科学预测和开展管理。对于特大型城市的管理，经济信息化部门要主动参与研究。二是房子的问题。房子既是商品更有社会属性，尤其在上海这样的特大城市。如果没解决房价的问题，人才引进就成了问题。三是新生事物、新经济的问题。四新经济提出四个“宽”，其中第一个是宽广的视野，希望大家去了解更多的事情，解决因为信息不对称而带来的协调成本。政府的管理要精细化、精准化，要运用信息化的手段和社会平台。同时监管也要创新，要防范风险，守住底线，这也是今年的重点任务。比如P2P之类的互联网金融创新，一定要利用大数据进行监管，还要和市民热线12345、信访办等部门对接，及早发现问题。四是财政预算的改革问题。财政已经在主动作为，提出先有政策后有预算，先有项目后有预算，对经信委的技改项目、区里的库存资金都是如此，还协调了市区财政分配向制造业倾斜，支持区里发展制造业。人大和政协对财政改革都很关心，开展专题询问，提出更高要求。所以我们要适应经济社会发展的形势做工作。

三、深化改革共建，加快创新转型，着力提升产业和信息化工作的效能

重点抓好六方面的工作。

（一）牢固树立四个意识，推动全面从严治党向纵深发展

一是思想建设要从严。二是党内政治生活要从严。三是责任落实要从严，特别是坚决防止“四风”问题反弹回潮，要坚持始终保持高压的态势，把纪律和规矩挺在前面，坚决查处和惩治侵害群众利益的不正之风和腐败问题，坚持无禁区、全覆盖和零容忍。四是要加强党员干部和产业人才队伍建设。

（二）要深化产业结构的调整，提高资源要素产出的效率

上海2040城市发展规划中产业用地的目标已经明确，对产业发展提出了更高的要求。在资源有限的条件下发展产业，一方面要腾笼换鸟，结构转型，另一方面要运用现代信息技术改造升级。对重大的项目，要举全市之力，市区两级统筹资源共同努力完成。对于产业结构调整中面临的企业产权等现实问题，市区两级要形成合力，创新方式方法。比如说工业区的基金要抓紧筹划，引导社会资本脱虚向实，投向土地二次开发、产业转型升级。

（三）加快培育经济新功能，加快新旧动能持续转化

加快把创新落实到创造新的增长点上。一是要着力推进工业互联网和智能制造新业态改造提升传统产业。二是要发挥上海科研优势，抓住技术创新发展趋势，推进实施产业创新工程，布局工业强基工程项目，持续推进国家制造业创新中心。三是要继续培育壮大“四新”经济。

（四）建立和完善统筹招商机制，加强重大项目的储备

要积极适应新形势下招商引资的新要求，完善重大产业项目储备和推进机制，加大力度策划组织新一批项目。

（五）深入推进产业领域的“放管服”，为产业发展营造良好的环境

（六）着力建立新型智慧城市，完善社会信用体系，强化对经济社会发展的基础支撑作用

以上两项工作请大家按照晓春、鸣波两位同志的部署抓紧开展。

同志们，市领导的支持、兄弟部门的合作正在为产业发展创造良好的环境。发改委、经信委、科委分工合作，互相配合已经开创了良好的工作格局。比如研发与转换功能型平台这项工作虽由科委总牵头，但经信委牵头其中的部分平台得到各方赞同和支持，发改委和财政则负责统筹政策体系、制度设计。市主要领导也很重视支持制造业，比如集成电路产业政策，应市长亲自开会，明确指示政策要延续，力度不减只加。最后，再表个态，我会继续大力支持经信系统的工作，与同志们一起研究工作中的重大问题，一起努力推进项目、推进工作。

同志们，新的一年工作已全面启动，我们要紧密团结在以习近平同志为核心的党中央周围，在市委、市政府坚强领导下，对照改革开放排头兵、创新发展先行者的要求，振奋精神，鼓足干劲，凝神聚力，再创佳绩，以实际行动迎接中共十九大和市第十一次党代会的顺利召开。

（本文系在市经济信息化系统 2017 年工作会议上的讲话摘要）

认真贯彻落实市委全会精神　努力抓好下半年工作

中共上海市经济和信息化工作委员会书记　陆晓春

（2017年7月26日）

今天，我们在这里召开系统年中工作会议，主要任务是贯彻落实中共上海市委十一届二次全会精神，回顾总结上半年工作，部署下半年任务。刚才，鸣波、列坚同志分别代表委党政领导班子对上半年工作做了总结，并对下半年工作提出了要求，讲得都很到位，请各单位结合工作，认真贯彻落实。

今年以来，我们在市委、市政府的坚强领导下，以迎接党的十九大胜利召开和学习宣传贯彻市第十一次党代会精神为主线，按照年初确定的目标任务，坚持稳中求进工作总基调，扎实推进经济和信息化工作。特别是在稳定工业增长方面，取得不少成绩，半年度工业经济的数据很漂亮，得到市委、市政府的充分肯定。在昨天的市小人代会上，应勇市长向全国的人大代表和政协委员通报了上半年政府工作情况，代表、委员对上半年工业经济运行情况也认可。上半年工作的成绩是在市委、市政府的坚强领导下，在系统各单位的努力下，在市里兄弟部门、各区共同努力下的结果。在这里，我代表委党政领导班子向大家表示诚挚的敬意和衷心的感谢！

下面，我就贯彻落实十一届市委全会和十一届市委二次全会精神，抓好下半年重点工作，再提几个方面的想法和要求。

一、保持工作定力，巩固工业经济稳定增长的良好势头

去年，全委围绕推进工业供给侧结构性改革，出台了促进工业稳增长的实施意见（“27条”）。上半年，我们牵头起草了《关于创新驱动发展，巩固提升实体经济能级的若干意见》，进一步明确了未来上海发展实体经济的基本思路，为实体经济发展营造环境、释放活力。目前来看，这些政策引起了社会较大反响，也初显成效，今年上半年全市规模以上工业增加值增长7.8%，这很不容易。战略性新兴产业产值同比也有很大增长。重点行业与去年同期相比，由“五降一升”变为“五升一降”，这里面的“一降”指的是石化行业，但石化行业的结构是“两极分化”的，像化学工业区上半年工业增长幅度是很好的，这说明上海还是需要有质量的工业，工业结构要不断优化。工业增长为全市经济增长作出了重要贡献，工业对税收的贡献率达到60%，取得的这些成绩是很不容易的。产业经济战线同志的“新作为”为我们在全市工作中获取了“新地位”。

在看到上半年工业经济取得可喜成绩的同时，我们还要保持头脑清醒，还要看到不足的地方，要用长期观点、国际眼光和战略视野把握形势，看待问题。从长期来看，虽然上半年工业好于预期，但更要关注制造业的后续潜力，上半年工业投资并不理想，只有379亿元，同比负增长3.9%，这需引起高度重视，要认真研判和妥善应对工业投资下滑对工业经济的持续、稳定增长带来的压力和挑战。从国际、国内的形势来看，当前世界经济仍然处于深度调整和缓慢复苏中。国内经济虽然结构调整和动能转换呈现积极变化，但经济增长的内生动力仍需增强，结构性矛盾没有得到根本性解决。从战略视野上看，发展实体经济是国家战略，任何时候，实体经济都是经济发展、在国际经济竞争中赢得主动的根基。上海要建成社会主义现代化国际大都市，也不能仅仅依靠楼市和股市，更需要实体经济的支撑。“十三五”规划对产业的比重也有新的要求。下半年，我们要科学研判当前的形势和任务，正视面临的困难和挑战，全面推进落实《关于创新驱动发展，巩固提升实体经济能级的若干意见》，将振兴实体经济

的责任扛在肩上，抓在手中，以担当的精神、细化的措施和务实的行动，不断巩固上海实体经济基础、提升实体经济能级。我们要不断优化结构。上半年，工业经济运行良好的主要原因是上海的汽车工业表现好，在全国面上只有4%–5%的增长背景下，上汽有22%的增长，而且上汽的体量非常大，所以要通过结构调整真正在一些先进的领域里有很好的发展。国际经验和中国实践表明，核心技术是买不来的，必须要靠自身的努力来提高科技自主创新的能力。比如，现在手机市场的消费主力在中国，目前华为在中国市场的占有率是第一位的，原来苹果手机的市场占有率很高，但现在已经降到第五位了。这说明靠市场换技术的道路是行不通的，只有自己掌握核心技术才能搞好制造业。

推动全市制造业发展，提升实体经济能级，不能仅靠市级层面，制造业的主战场在郊区，制造业发展的后劲儿也在郊区。郊区要把结构调整和制造业转型升级放在首位，加快培育、集聚战略性新兴产业，大力促进先进制造业发展。比如，园区二次开发土地腾挪出来后，各区要主动思考接下来如何发展。目前，各区已经有了一些很好的势头，有的区已经积极行动起来，比如，松江区G60科技走廊最近的动作很大，引进了青岛海尔、修正药业等一些大项目纷纷落户。比如，青浦区根据市政府与华为签订的战略合作协议，积极推动华为新的研发中心落地。比如，宝山区建立了石墨烯工程研究基地，集聚了一批企业，这就能够看到今后发展的潜力。比如，嘉定区也有很多的前瞻思考和布局。如果各区都有这种意识和动作，那么就会在今后的发展中获得较强的竞争力和持续增长的能力。现在市里对郊区建设非常关心，要充分利用当前市里加大对郊区建设“三个倾斜”的优势，顺势而为，主动作为，将郊区打造成实体经济和先进制造业高地，为全市实体经济发展和经济平稳运行作出应有的贡献。另外，重点项目开工后，政府部门要靠前一步做好服务。

二、强化责任担当，在广泛参与科创中心建设中取得新作为

上海建设具有全球影响力的科创中心是一项国家战略，也是国家交给上海的两项战略之一。上半年，我们主动服务全市工作大局，积极作为，为上海科创中心建设增添了力量，作出了贡献，“上海制造”诞生了一系列的“从无到有”：国产大飞机C919首飞，上汽集团自主品牌荣威RX5、新能源车ERX5驶下生产线，江南造船集团建造的海军新型万吨级驱逐舰首舰正式下水。

上半年，为推进央企广泛参与上海科创中心建设，我们搭建平台，提供服务，积极发挥在沪央企在上海科创中心建设中的作用。比如，组织开展了“中央企业深入参与上海科创中心建设”推介活动，各方反响良好。第三季度，市政府将与国务院国资委签署战略合作协议，接下来，央企要高度关注和利用好这些政策，让上海的优惠政策更多地惠及央企，让央企在上海科创中心建设中发挥更大的作用。

上海科创中心建设的成效不应仅仅体现在实验室里，应该更多地体现在解放生产力、提升产业水平上来。上海科创中心体现在“四个方面”：一是大的实验装置，基础设施；二是功能性的服务平台；三是一批承载区；四是营造大众创业、万众创新的氛围。要把创新成果真正落在产业上，更加注重以创新引领实体经济转型升级，着力提升科技成果产业化能力，让更多的科研成果项目化、产业化。这次全会上，韩正书记强调，上海不缺钱变纸的能力，但是纸变钱的能力不大，要加大体制机制政策创新，促进科技成果转移转化，提升纸变钱的能力。

当前，上海在新技术的推广应用和新兴业态的示范应用方面，有成功经验，也有值得思考的问题，在有些方面还落后于一些外地省市。比如，在量子通信技术的应用方面，虽然上海拥有量子通信技术的研究中心，但我们却没有率先应用这种保密性和安全性更高的通信技术，有些外省市（合肥、南昌）已经在政府机关的专网上尝试使用。这种状况是与上海科创中心的定位不相适应的，我们要综合发挥产业主管部门、各区和系统企业的作用，

加大科技成果的项目化、产业化应用力度。产业部门要发挥牵头抓总的作用，继续实施产业创新工程，跟踪新技术产业化项目落地；继续实施工业强基工程，做好项目遴选和组织实施；继续做好军民融合文章，稳步推进国防科工建设，促进军民融合产业发展。各区要积极争取，主动作为。目前，杨浦区“双创”积极性很高，三季度全国双创周上海站的活动就放在杨浦区。接下来，各区要保持科技创新的敏锐度，争取让更多的科创成果转移转化为区域内的产业和项目。系统企业要发挥创新主体作用，不断激发创新动力，释放创新活力，增强创新能力，通过技术研发和产业延伸进一步提升企业的核心竞争力，使企业真正成为市场主体。

三、找准职责定位，积极服务企业发展和助力民生改善

产业主管部门在企业发展和社会治理中的职责定位，直接关系到我们政府与企业的关系、政府与社会的关系。

上半年，我们服务企业的积极性和主动性明显增强，企业的市场主体地位进一步彰显。如为了更好地服务各种所有制企业，我们加强了中小企业服务平台和服务体系建设，指导和帮助培育更多的具有行业带动作用的“领军企业”。各区的经委（商务委）、科委部门要有紧迫性和责任感，在区域内中小企业发展面临的问题，要主动靠前，做好服务。要多想想在政府服务方面的短板，在这方面我们与深圳相比还有差距，上海要通过优质的政府服务，真正培养一批叫得响的龙头企业，成长一批叫得出的企业家。下半年，要进一步转变政府职能，提高服务意识，贯彻落实中央“放管服”决策要求，鼓励支持系统内更多的市场主体走出去，积极服务国家“一带一路”倡议。要打造和完善“上海市企业服务平台”的工作机制和流程，做好产业和信息化前沿课题研究，加强产业和信息化领域的前瞻研究和布局。发展研究中心要明确定位，加快转型，加强行业分析，发挥好“智库”作用。

经济和信息化系统在社会治理和民生改善中负有重要责任，电力、通信、油气供应等行业都涉及国计民生，任何时候都要坚持高标准、严要求，树立服务行业良好形象。要注重发挥信息技术的行业优势，通过数据信息的共享整合，为城市精细化管理提供有力的信息支撑，通过信息化的广泛应用，保障和改善智慧民生，提高民众生活的便捷度和满意度。上海大数据发展有很好的基础，发挥好大数据交易中心的作用，要进一步通过大数据的开放、共享和应用为城市的精细化管理服务。如在中小河道整治、城市交通整治等方面，都可以通过大数据的应用和分析来提高政府决策水平。

四、讲认真重从严，推动全面从严治党向纵深发展

今年是市委的换届年，也是召开党的十九大之年。上半年，党委把党建工作与中心工作有机结合，以迎接宣传贯彻市第十一次党代会为主线，扎实推进从严治党向纵深发展，党建各项工作都取得了可圈可点的成绩。比如，在时间紧任务重的情况下，系统各单位共同努力，成功组织了市第十一次党代会代表选举工作，在38个选区中选出了61名党代表，系统各级党组织在工作推进中，体现了较强的政治意识和大局意识。比如，在推进“两学一做”学习教育常态化制度化工作中，重点突出，特色鲜明。组织开展的“五好支部大巡礼、百强支部大展示”活动，系统各单位党委书记很重视，切实履行了第一责任人的职责，最后选出104家示范支部，有4家推荐到全市的百强支部。比如，机关文化更加蓬勃进取，机关干部的精神面貌更加昂扬振奋。昨天，我们召开了2017年机关干部年中工作会议，充分肯定了经信机关的文化建设和干部群众的精神面貌。机关党委组织了“经信机关精神”大讨论活动，反响很好，大家对要打造什么样的机关文化更加有了共识。机关是产业和信息化发展的指挥部，机关干部要有好的精神面貌。比如，上半年，系统各单位先进典型辈出，涌现出很多先进典型集体和个人。罗开峰等5位劳模工匠成为首季发布的上海市重大先进典型。系统有2人获得“全国五一劳动奖章”，有53家集体和个人分获“上海市五一劳动奖状”“上海市五一劳动奖章”和“上海市工人先锋号”等荣誉称号。也有一批青年集体

和个人、妇女集体和个人获得市级荣誉称号。

从严治党永远在路上，没有休止符。我们的事业发展到什么阶段，党的建设就要跟进到什么阶段。下半年，我们要按照这次市委全会的精神，把“讲认真、重从严”的要求，落实到党的建设全过程和各方面。以“两学一做”常态化制度化工作为抓手，坚持思想建党、组织建党和制度治党相结合，推进全面从严治党向纵深发展。在思想建党方面，要把思想政治建设放在首位，组织广大党员干部学深悟透习近平总书记系列重要讲话精神，全面增强政治意识、大局意识、核心意识、看齐意识，坚定不移维护党中央权威和党中央集中统一领导。在组织建党方面，要继续牢固树立党的一切工作到支部的鲜明导向，深化规范支部建设。加大“百强支部”宣传，做好十九大前系统党建工作成效宣传，运用数据、图板、案例和总结的形式，展示系统党建工作围绕中心、服务大局取得的典型经验和明显成绩，为迎接宣传贯彻党的十九大营造浓厚氛围。今年上半年，基层党组织的换届工作整体不错，系统党组织完成按期换届率87.9%，下半年，未完成按期换届的党组织要抓紧完成换届。要按照中央要求，加强对收缴党费的管理，用好补缴的党费，使党费更多地用于基层、用于困难党员。在制度治党方面，要严肃党内政治生活，贯彻执行民主集中制，完善党委（党组）议事规则和决策程序，严格组织生活，坚持“三会一课”、民主生活会和组织生活会制度。

要强化问题导向，注重创新工作思路办法，不断提升基层党建科学化水平。基层党建直接关系到基层党组织的凝聚力和战斗力，关系到基层广大党员作用的发挥，需要我们在实践中不断创新工作思路、不断提升工作实效。这次五好支部展示，很多书记都讲得很到位，都是紧紧围绕中心工作抓党建。党建工作要融入中心工作，要找准党建工作与业务工作的最佳结合点，努力将党建工作成效转化为推动中心工作的强大动力，使党的基层组织真正成为攻坚克难的堡垒。比如，前不久在上海召开的全国城市党建工作会议上，赵乐际部长充分肯定了江南厂的基层党支部建设。下一步，要把支部这些好的做法在系统内进一步交流。党建要带团建，要重视产业工人队伍建设，做好职工关爱和智慧工匠的评选表彰。要服务凝聚团员青年，推进从严治团系列活动。要重视妇女工作，发挥系统女职工“半边天”作用。

五、突出工作主线，为党的十九大胜利召开营造氛围

下半年，我们将迎来党的十九大召开。党的十九大是全党和全国各族人民政治生活中的大事，我们要保持良好状态，营造浓厚氛围，坚守工作底线。

要保持良好状态。喜迎党的十九大关键看业绩。我们要延续上半年良好的精神状态，继续保持锐意创新的勇气、敢为人先的锐气、蓬勃向上的朝气，坚持干字当头，真抓实干，埋头苦干、结合实际创造性的干，要干出更好的业绩出来。下半年，要继续加大机关干部选拔任用力度，让更多有能力、有本领的干部走上领导岗位。加大干部的教育培训，提升广大干部的能力水平。要立足国际国内人才竞争的大背景，加大产业人才、技术人才和高技能人才的选拔力度，做好创新创业人才的凝聚和服务工作。

要营造浓厚氛围。积极策划党的十八大以来系统在产业经济发展、智慧城市建设和党建工作等方面的成功做法和典型经验，积极宣传报道系统各单位贯彻落实市第十一次党代会精神的工作举措和成效，积极展示全市产业和信息化领域取得的明显成绩。

要坚守工作底线。主要表现为党风廉政建设和系统安全稳定两方面。保持清廉本色是系统广大党员干部的底线，系统各级党委要全面落实从严治党主体责任、纪委监督责任、党委书记第一责任、班子成员“一岗双责”四责协同、合力运行的责任落实体系，确保始终将纪律和规矩挺在前面，坚决查处各种违反纪律的行为。保持和谐

稳定安全是系统各单位工作的底线，要确保党的十九大期间舆论氛围和社会环境的和谐稳定。在意识形态工作方面，要严格落实意识形态工作责任制，密切关注系统广大干部职工的思想动态，牢牢把握意识形态工作的主动权，确保守土有责、守土负责、守土尽责。在安全生产方面，今年天气持续高温，迎峰度夏、防汛防台任务很重，各单位要落实好安全生产责任，做好各项保障措施，千方百计确保城市运行安全。在信访维稳工作方面，要全面落实信访工作责任制，确保党的十九大期间，系统不发生重大不稳定事件和进京上访事件。

同志们，下半年目标任务已经明确，希望大家能够认真贯彻落实中央、市委的工作要求，胸怀大局，保持定力，心无旁骛地抓好各项工作的推进落实，以优异成绩迎接党的十九胜利召开！

（本文系在市经济和信息化系统2017年年中工作会议上的讲话）

着力打造创新引领实体经济发展新高地

上海市经济和信息化委员会主任　陈鸣波

（2017 年 6 月 1 日）

党中央、国务院高度重视实体经济发展，中央经济工作会议强调要着力振兴实体经济。今年“两会”期间，习近平总书记对上海作出巩固提升实体经济能级的指示。上海近期发布《关于创新驱动发展巩固提升实体经济能级的若干意见》，共六部分 50 项措施，聚焦产业、资源、服务统筹，提出未来 5 年目标任务和政策保障。从短期来看，要着力推动供给侧结构性改革，防止资源、资金、资产脱实转虚，防止产业结构形态虚高，促进实体经济提质增效。从中长期看，要提升产业科技含量、生产效率、产品附加值，加快产业高端、智能、创新、绿色发展，更好参与全球科技和产业竞争合作，促进经济健康持续发展。

一、把准实体经济战略定位，为城市功能提供重要支撑

实体经济是国民经济的基础，着力发展实体经济在全球范围已形成战略共识。上海市第十一次党代会明确，要加快构建以现代服务业为主体、战略性新兴产业为引领、先进制造业为支撑的新型产业体系，奋力推进经济结构优化升级。上海必须抓住新一轮技术革命和产业变革与产业转型升级历史性交汇机遇，拓展实体经济发展空间，加快产业转型升级，不断增强城市的吸引力、创造力和竞争力。

一是推动新型产业体系建设，促进二、三产业共同发展融合发展。深入落实“中国制造 2025”“互联网 +”等战略，聚焦发展新一代信息技术、智能制造装备、节能环保等战略性新兴产业；未来 5 年战略性新兴产业增加值占全市 GDP 比重达到 20% 以上，战略性新兴制造业产值占全市工业总产值比重达到 35% 左右，力争成为世界级新兴产业创新发展策源地之一。同时，加快传统优势产业改造提升，推动实施增品种提品质创品牌“三品”战略；提升发展现代服务业，支持生产性服务业向专业化和高端化拓展。

二是聚焦高端化自主化发展，加快补短板抢占产业链制高点。着力提升整机自主化集成化能力，加快推进大飞机、重型燃气轮机等国家重大科技专项；增强机器人、高端医疗器械等智能装备，大型豪华游轮等高端船舶和海洋工程装备的竞争优势；积极布局人工智能、大数据、物联网、精准医疗等新兴产业。实施工业强基工程，基于上海现有优势，集中突破一批国家亟需、产业链不可或缺的核心零部件、关键基础材料、先进基础工艺等，加快实现工程化、产业化。

三是推动全市经济协同一体、集约高效发展，提升质量效益。优化产业布局，郊区着力提高先进制造业水平、促进产城深度融合，中心城区优先发展高端服务业和都市型产业。加快布局新一代信息技术、高端能源装备、新材料等重点产业创新项目群，形成区域经济增长极。坚持“压减”与“新增”联动，推动调整转型结合，助推产业转型提质。2011—2016 年完成淘汰落后项目 5384 项，2017 年调整市级项目 1300 项、重点区域 16 个；依托市产业结构调整资源要素盘活信息平台，促进“边拔边种”，加快土地二次开发和新兴产业导入。

二、紧抓创新驱动核心要义，提升产业经济发展能级

科技创新是供需协同的系统工程，技术供给和产业需求相辅相成、缺一不可；技术创新是满足和引导市场需求的先导力量，同时必须营造完善的产业创新环境。上海要加强产业创新与科技创新联动，加快推动科技创新成

果产业化；着力吸引和推进一批行业领军企业建设全球性产业创新中心，增强上海在全球创新网络中的话语权。

一是集聚创新要素，着力优化创新供给。加快建设张江综合性国家科学中心，布局重大科技基础设施群，打造集成电路、生物医药、机器人等研发与转化功能型平台。在智能网联汽车、核心基础零部件（元器件）、工业互联网等领域，滚动推进一批产业创新工程。创新智能制造应用模式，开展智能制造应用“十百千”工程，推进“上海制造”向“上海智造”转型升级。鼓励企业实施技术改造，扩大“科技创新券”“四新券”覆盖范围。建立跨部门的财政科技项目统筹决策和联动管理制度，加大对产业化项目、应用研究、基础研究的投入。

二是依托企业主体，着力增强创新活力。健全企业主体创新投入激励机制，着力扩大高新技术企业数量和规模，推广张江国家自主创新示范区企业股权和分红激励办法，鼓励国有企业加大研发投入。优化政府支持企业创新的方式方法，落实高端装备、新材料、软件“三首”政策，培育一批国内及国际细分行业“隐形冠军”。促进科技成果转移转化，建立重大科技成果跨区域转化的市级协调机制。建设大数据、互联网教育等“四新”经济示范区，放宽新兴企业准入管理，支持大企业发展“双创”平台，促进创新创业蓬勃发展。

三是加大改革开放，融入全球竞争合作。发挥自贸试验区服务“一带一路”建设桥头堡作用，构建具有国际竞争力的创新产业监管模式，加强高端装备制造、能源、港口、通信等国际产能、建设能力合作；推动装备、技术、管理、标准、服务“走出去”，探索建立上海国际产能合作服务平台。贯彻“长江经济带”国家战略，深入推进长三角地区协同，促进产业合理布局和集群发展。构建面向全球的投资促进网络，鼓励外资投向先进制造业和现代服务业，实施产业转型升级和技术改造，鼓励跨国公司设立地区总部、产业创新中心等。

三、千方百计优化企业服务，营造实体经济发展环境

上海进入工业化后期，要主动适应特大型城市资源要素紧约束新常态，在保持制造业合理规模比重的基础上，坚持高端化、智能化、绿色化、服务化发展。坚持问题导向，优化企业服务，进一步提高要素保障水平和资源利用效率；坚持标本兼治，强化精准施策，破除制约发展的制度瓶颈。

一是促进要素资源集聚，加强产业统筹招商。发动全球资源、举全市之力，加强统筹招商和项目推进。市区联动招商，打造统筹招商平台，建立市各部门与各区、园区、企业、机构等招商对接机制，营造引商安商稳商环境。完善产业项目统筹推进机制，加快建设和储备集成电路、智能网联汽车、大飞机等引领性强、成长性好、带动性大的产业项目。借上海与全球创新企业新一轮合作机遇，加强战略对接、项目引进，推动形成产业链集群集聚发展新优势。

二是加快政府职能转变，为企业提供优质服务。按照“放管服”改革要求，依托已有服务渠道，集约利用各类政策和服务资源，加强与“12345”服务热线衔接，建设上海市企业服务平台。覆盖企业初创、成长、壮大、衰退全生命周期，央企、国企、民企、外企全所有制企业，大、中、小、微、个体工商户全规模企业群体；形成一套市区联动、部门协同为企业排忧解难的工作机制，建设一个多渠道集中受理企业诉求、解决企业问题、反映企业呼声的统一服务体系。

三是降低实体企业成本，营造良好的营商环境。加强对先进制造业的空间保障，保持工业用地规模550平方公里左右，实行工业用地弹性年期转让。推进技改项目审批在法定时间基础上压缩1/3，降低制度性交易成本。加强自贸区金融改革与国际金融中心建设联动，大力促进产融结合。集聚海内外优秀人才，鼓励大型企事业单位、产业园区平台自建人才公寓等配套服务设施。合理减轻企业税费负担，降低用工、用能、物流、通信成本等，帮助实体企业提高盈利能力。

（本文发表于《文汇报》时评）

强化责任担当　奋力开拓创新
确保完成全年工业投资目标任务

上海市经济和信息化委员会主任　陈鸣波

（2017年8月31日）

抓好工业投资对上海工业稳增长、巩固提升实体经济能级具有重要意义。

一、上半年全市工业投资基本情况

今年以来，按照市委、市政府总体工作部署，在各委办局、各区和大集团的共同努力下，我们聚焦落实巩固提升实体经济能级若干意见，稳增长、抓创新、调结构、促转型，较好完成了上半年各项任务。

1．**产业经济实现平稳增长**。上半年，全市规模以上工业总产值比上年同期增长8.2%、工业增加值同比增长7.8%，自2011年以来首次快于全市GDP及全国工业增速。全市工业投资完成379亿元，同比下降3.9%，降幅逐步收窄、趋向回稳；投资结构不断优化，逐步转向集成电路、汽车、新型显示、军民融合等技术密集型行业。部分区工业投资增长较快，松江工业投资同比增长275%，宝山增长45.8%，闵行增长19%，浦东增长2.4%。

2．**重大项目建设稳步推进**。上半年，全市新开工项目255个，完成投资78.8亿元，同比增长58.8%，增幅创近5年新高。一批重大项目创新突破，如国产大飞机C919首飞、万吨级驱逐舰首舰下水；一批重大项目新近落户，如重型燃机、青浦华为研发中心、松江海尔智谷、徐汇人工智能产业生态联盟等；一批重大项目加快推动，如去年底开工的中芯国际、华力二期、和辉二期等重点项目持续推进。

3．**技改投资形成有力支撑**。上半年，全市技改投资完成231亿元，占工业投资的61%，占比逐步上升。2009—2017年，全市累计支持重点技造项目1462项，共落实国家、市、区三级财政专项资金支持140亿元，拉动社会投资约2244亿元。产业投资内涵不断优化，“数字化、网络化、智能化”特征逐步显现。

4．**各区工业投资亮点突出**。比如，松江区以G60科创走廊为抓手，引进海尔、修正药业等百亿级战新项目，被国务院列为推进供给侧结构性改革典型案例；浦东新区发挥科技创新和成果产业化优势，加快泛亚研发中心、中航商发临港基地等建设；宝山区推进建设石墨烯产业基地；闵行区设立上海军民融合产业基地；嘉定区打造国家级智能网联汽车创新中心；金山区发展新型显示和节能环保产业集群；青浦区推动华为新研发中心落地；奉贤区做大做强美丽健康产业；崇明区筹建深海远洋工程装备国家级创新中心等。

5．**加强顶层设计政策保障**。各委办局积极出台政策支持工业投资，如市商务委发布制造业利用外资的三年行动计划，推动招商引资；市财政局、市地税局改革市区两级税收分成比例，支持产业项目招商；市审改办加大改革创新力度，出台技改项目行政审批管理改革方案；市政府督查室、市重大办、市发改委等建立机制，协调解决重大项目推进问题。

二、下阶段促进工业投资的主要措施

要围绕突破瓶颈补短板，着力抓项目、促投资、稳增长，夯实实体经济发展根基。一是聚焦重点行业龙头企业，市区联动加强产业链招商、平台招商、以商招商等，把握重点行业市场态势，瞄准项目投资规模、能级水平，引进一批产业链龙头及创新企业。二是聚焦先进制造业承载区，发挥各区和工业园区作用，汇聚资源、搭建平台、优化环境，集聚社会资本力量，提高先进制造业发展水平，打造新的经济增长极。三是聚焦制度性创新突破，加强区域产业发展统筹，围绕项目准入、土地供应等关键环节、关键要素，形成制度性解决方案，保障项目落地实施，同时加快推动存量企业转型升级。重点推进五方面工作：

1．分解落实投资目标，为全市工业稳增长做好支撑。市经信委制定了工业投资工作计划并通过会议文件印发，明确下一步工作重点和关键节点，对全年工业投资目标按区进行分解。具体为：浦东新区 330 亿元，宝山区 20 亿元，闵行区 60 亿元，嘉定区 75 亿元，金山区 105 亿元，松江区 100 亿元，青浦区 35 亿元，奉贤区 85 亿元，崇明区 12 亿元，中心城区与去年持平。各区要形成具体工作举措，确保任务落实、责任到人、跟踪督办；同时各区和企业集团要加强科学统计、应统尽统，及时上报进度数据。

2．优化协同联动推进机制，加快重大产业项目建设。一是继续依托市重大项目统筹协调推进机制，协调解决项目引进、落地、建设及投产过程中的问题；各区也要完善相应工作机制，加大项目联动协调力度。二是联合市府督查室、市规土局等，开展逾期未开工项目督查；各区、园区要抓紧梳理项目逾期未开工原因，严格落实产业项目全生命周期管理制度，抓好项目促开工、促投产。三是加强工业用地供应保障，确保全年通过减量化腾挪的土地用于工业项目不少于 1/3；同时要围绕园区转型升级，研究设立相关产业基金，加快盘活存量土地、提高产业能级。

3．加强产业统筹招商力度，引进储备一批重点项目。一是提高产业招商层级。市级层面优化规划空间布局，区级层面加强项目准入统筹；加快制定发布郊区招商引资统筹工作的指导意见，推动优势产业集聚发展。二是加大海外招商力度。组织全球资源，策划吸引行业领军企业建立全球性产业创新中心，形成产业创新生态群落。三是做好央企投资对接。抓住国务院国资委与市政府签署战略合作协议的机遇，吸引央企到上海设立重大产业和功能性项目。

4．加大技术改造支持力度，促进存量企业转型升级。一是加快审批体制改革。落实《企业投资技改项目行政审批管理改革方案》，加紧出台实施细则，实现技改审批时间缩短 1/3。二是推动技改政策创新。注重软硬结合，推动企业利用新技术、新业态、新模式开展智能化改造升级；建立各区重点项目信息库，每年滚动实施一批重点技改项目。三是研究支持工业区块外企业技改。加快建立重点企业甄别标准和认定机制，鼓励优质企业通过增量改造带动存量提升。

5．着力构建良好营商环境，提升为各类企业服务能级。坚持政府引导、企业主体、社会配套协同发力，使企业招得来、留得住、发展好。优化企业服务。加快建设全市企业服务平台，整合政府、社会相关服务资源，提升企业选择权和获得感；各区要进一步完善企业服务举措，加强服务平台建设。营造稳商环境。加强与企业沟通对接，推进产融结合，提升城市科学化、精细化、智能化管理水平，增强企业根植性。加强考核评估。2016 年全市工业区考核，青浦、闵行、金山、浦东、奉贤等区完成情况较好；各区要按会议印发的 2017 年目标任务责任书，加快推动工业区转型升级。

（本文系在上海市促进工业投资工作会议上的讲话）

2018 · 上海工业年鉴

SHANGHAI INDUSTRIAL YEARBOOK

凝心聚力　深化改革
开创上海经济和信息化事业新局面

上海市经济和信息化委员会主任　陈鸣波

（2018 年 2 月 26 日）

一、2017 年工作总体情况

2017 年，上海市经济和信息化委员会认真贯彻中共上海市委、市政府的决策部署，坚持“稳中求进”总基调，深化供给侧结构性改革；强化责任担当抓创新，推动产业企稳回升；破解瓶颈短板重统筹，加快经济转型升级；注重职能转变强服务，促进行政效能优化，圆满完成全年目标任务。

（一）优化顶层设计，完善统筹机制，实体经济能级实现新提升

贯彻实体经济实施意见。建立市级部门协调机制，宣传落实“50 条”举措；对接“中国制造 2025”分省市指南，加强区域产业精准布局定位；全年规模以上工业增加值比上年增长 6.8%，工业总产值、利润总额等指标均创 7 年来新高。推动资源要素向实体经济集聚。全市工业投资由负转正，比上年增长 5.3%，全年为企业降本减负超过 440 亿元；新设工业强基、工业互联网、人工智能专项资金，运作集成电路、产业转型升级投资基金，支持设立上海品牌发展基金。

（二）聚集重点项目，注重创新转型，新兴动能培育取得新突破

着力抓项目推进。组织实施 36 个战略性新兴产业重大项目；实施智能网联汽车等产业创新工程，推进工业强基工程，建设智能传感器等制造业创新中心和集成电路、智能制造等研发与转化功能型平台；C919 大飞机首飞、万吨级驱逐舰首舰下水，松江海尔智谷、青浦华为研发中心、徐汇 AI 产业生态联盟、重型燃机等项目落沪。实现调结构促转型。聚焦重点区域调整“三高一低”项目 1436 项、腾出土地 1.4 万亩，推动绿色制造、规上工业增加值能耗下降 8.3% 左右；加快产业园区转型升级，全市开发区单位土地产值达到 70 亿元／平方公里。

（三）突出应用推广，夯实基础支撑，智慧城市建设迈上新台阶

深化信息化应用。依托“市民云”平台提供百项公共服务，推动近 200 个政务信息系统上云迁移；开展国家大数据综合试验区建设，推动公共数据开放试点，政府数据累计开放 1500 项；加快交通、健康、养老等领域信息化应用，支撑城市管理和社会治理科学化、精细化、智能化。加强基础能力建设。加快部署千兆宽带网络，全面推进百兆及以上宽带接入；优化城域网络，上海固定宽带、移动宽带用户平均下载速率均居全国第一；建成市网络与信息安全应急基础平台，形成智慧城市信息安全态势感知体系框架。

（四）加强攻坚克难，持续精准发力，产业融合发展激发新活力

加快军民融合。推进重大军工项目落地，加强“绿色通道”建设，稳步推进国防科工管理；实施军民融合产业发展“十大举措”，军民融合产值 4280 亿元、增长 12.5% 左右。深化“两化”融合。制定制造业与互联网融合、人工智能实施意见及工业互联网创新应用三年行动计划；建成全国首个工业互联网创新中心，创建首批 3 家市级创新实践基地。服务业重点领域加快发展。生产性服务业增加值占全市服务业增加值和 GDP 比重分别超过 60%、40%；软件和信息服务业营收增长 13%，创意设计产业增加值增长 10% 左右。

（五）加大改革力度，主动服务企业，政府职能转变体现新成效

优化企业服务。依托中小、央企、外资等服务机制，激发各类市场主体活力，市政府累计与25家央企签署战略合作协议；新建全市企业服务统筹机制，加快全市企业服务平台建设、实现开通试运行。推动开放合作。成功举办第19届中国（上海）国际工业博览会，深化主宾国、部市合作机制创新；加强市区联动，吸引全球创新企业及重要功能性平台落户。创新制度供给。制定实施高端装备首台套、软件首版次、新材料首批次政策；推动技改政策创新，制定技改专项实施细则。

在大家的共同努力下，2017年，指标任务超额完成：速度规模超预期，经济稳中向好；质量效益双突破，结构集约优化；智慧城市强覆盖，效能逐步提升。工作机制更加优化：项目协调有序有力，产融结合探索前行，数据共享开放、企业兜底服务开局推动。干部能力明显增强：大家直面问题、拓宽视野，统筹协同格局逐步形成。这些成绩的取得，是市委、市政府及相关部门、各区大力支持，系统各单位、社会各方共同努力的结果。

二、2018年总体工作考虑

（一）把握大局、立足实际，明确发展定位

站在新时代新起点，必须抓住全面深化改革开放的重要窗口期，立足新方位、落实新部署、实现新作为。从今后5年看，要围绕制造业增加值占全市GDP比重保持在25%左右的目标，聚焦重点区域、重点产业、重点项目，加快促进新旧动能接续。从中长期看，要把握产业和信息化发展规律，聚焦经济创新转型、聚力产业集聚集群、聚合智慧融通生态，加强科学谋划、精准引导，争做制造强国、网络强国先行者。

特别是要注重补短板破瓶颈，加强发展思路、组织体系、方式载体等创新突破。重点关注问题：一是产业发展不均衡，工业用地要加快盘活利用，新兴动能贡献度还不够。二是全市产业经济和信息化统筹联动机制亟需优化，产业投融资的活跃度不足，数据资源开放共享利用力度、城市信息化应用深度要进一步提升。三是上海民营经济发展生态环境有待完善，要加快培育国际化、创新型企业和领军型企业家。

（二）紧紧围绕中心任务、加强贯彻落实

2018年工作要抓住一条主线：全面贯彻落实党的十九大精神和市委、市政府决策部署，坚持稳中求进工作总基调，以实体经济作为经济发展的着力点，以提高产业供给体系质量作为主攻方向，着力打响“上海制造”品牌，加快推动互联网、大数据、人工智能与实体经济深度融合，夯实现代化经济体系基础支撑。优化战略定位：坚持需求导向、问题导向、效果导向，加强统筹协同，提高站位格局，“用担当求卓越”；深化改革开放，凝聚发展动能，“向存量要增量”；突出制度建设，做优生态环境，“以质量论高下”。聚焦重点突破：注重资源优配，加快产业布局、项目推进、土地二次开发有效衔接；注重动能接续，加快推进科技成果产业化、发展新兴产业；注重应用深化，加快数据共享开放；注重协同创新，加快探索军民融合新模式；注重机制完善，加快优化企业服务。

2018年，全市产业经济和信息化工作目标：规模以上工业增加值比上年增长3%–4%，战略性新兴制造业产值比上年增长5%–6%；生产性服务业、软件和信息服务业营收、创意设计产业增加值均实现两位数增长；工业投资比上年增长5%，开发区单位土地产值70亿元／平方公里；实施产业结构调整项目1000项，规模以上单位工业增加值能耗下降1.5%；家庭宽带平均接入带宽150兆比特／秒，固定宽带用户可用下载速率23兆比特／秒。

三、2018年重点工作安排

（一）强力推动实体经济，聚焦打响“上海制造”品牌

深化落实好实体经济意见，促进实体经济、科技创新、现代金融、人才资源协同发展。要对标全球最高标

准、最好水平，努力将“上海制造”品牌打造成为卓越全球城市的内涵特质；抓紧编制三年行动计划，要特别注重“上海制造”高精尖的属性要求，突出质量标准的优先导向，体现智能融合的时代特点，创新绿色集约的发展路径。

一是要聚焦高端化发展。瞄准价值链、创新链制高点，提升大飞机、重型燃机、机器人、高端医疗器械、高端船舶和海洋工程装备等整机自主化集成化能力；聚焦产业链重点环节，夯实智能传感、精密减速器、超导、石墨烯等零部件及原材料发展根基；推动优势产业高端化、关注高增加值率行业，深入实施“三品”战略。

二是谋划落实高质量项目。完善产业项目统筹机制，加快建设华力二期、中芯国际、华大半导体、海尔智谷、华为研发中心等重点项目；要主动对接配置全球资源，加大统筹招商力度，建立与各区、园区、企业、机构等招商对接机制。

三是打造产业发展高地。深化各区特色产业精准布局，已经明确定位的抓紧细化推进，没有明确方向的加强市区对接，支持浦东新区申报创建“中国制造 2025”国家示范区；加快构建集成电路、软件信息、G60、东方美谷、人工智能、节能环保、智能硬件等新兴产业高地，促进产业集聚集群发展。

（二）加快产业创新步伐，培育新增长点形成新兴动能

经过前几年持续培育，上海的战略性新兴制造业加快成长，占规模以上工业总产值比重提高到 30.8%；但是跟深圳、江浙等相比，上海推进新兴产业的力度还不够、新经济引领带动作用还不大。因此，要着力对接落实科技创新中心建设任务，聚焦重点领域、重要环节，促进创新链与产业链深度融合，加快培育形成新的经济增长点。

一是实施产业创新工程。围绕产业链创新链联动，实施智能网联汽车、人工智能等产业创新工程；要盯住有实力的企业、高校、科研院所，更好发挥创新主体作用，加强对接引导及成果转化。

二是打造产业创新平台。围绕智能传感器、集成电路、海工装备等优势领域，加快建设一批国家级、市级制造业创新中心；推动智能制造、工业互联网、工控安全等研发与转化功能型平台加快建设。

三是深化军民融合发展。落实军民深度融合发展战略，协调保障国家重大专项任务，深入推进军转民、民参军、军民协同创新和国防科技工业强基工程；依托军民融合产业发展促进中心及投资基金，加快培育军民两用技术成果孵化和产业化项目。

四是着力产业跨界融合。适应制造中有服务、硬件中有软件、传统中有新兴等融合趋势，加快推动总集成总承包等生产性服务业，培育工业软件、云服务、创意设计等新业态新模式，改造提升传统产能、发展壮大新兴动能。

（三）建设新型智慧城市，全面增强智能融合应用效应

智慧城市建设作为促进城市管理科学化、精细化、智能化的重要支撑，也是扩大服务功能、创造品质生活的重要保障。在新一代信息技术创新变革的新时代，要立足上海智慧城市建设的基础优势，紧紧抓住人工智能、大数据等演进脉络，全力抓融合、促应用、强基础，推动形成整体统筹、市场活跃、效应凸显的全新发展格局。

一是加强顶层设计。开展新型智慧城市框架系统设计，完善跨部门协同、纵深发展工作机制；推动智慧政务、经济、社会等领域数据共享开放利用，建设大数据平台，促进数据管理机构优化，完善标准规范、制度建设。

二是深化融合应用。推动实体经济和数字经济融合发展，引导培育一批企业级、行业级、生态级工业互联网云平台，多措并举鼓励企业上云，加快推广一批工业 APP 应用；深化城市运行管理、民生需求、社会治理等领域信息化应用，继续推进政务信息化项目上云迁移，启动政务云分中心建设。

三是夯实基础保障。推进新型城域物联专网布局，实现物联专网全市覆盖；优化宽带及无线城市服务能级，打造全球千兆宽带第一城，完成4G网络深度覆盖、全面布局5G发展；加强工业控制等领域信息安全保障，优化相关工作机制、支撑平台、服务网络建设。

（四）加大改革开放力度，持续拓展转型升级增量空间

从产业经济发展的外在要素条件看，土地、人口、生态、安全底线约束趋紧，未来10—20年工业用地腾挪空间减少，要加强统筹利用保障产业可持续发展。从内生发展动力看，要适应建设“五个中心”的功能要求，增强主动改革攻坚的勇气和魄力，聚焦存量调整挖掘转型空间，聚焦效率提升对冲要素成本，聚焦制度创新争创发展优势。

一是加快土地二次开发促进调转结合。借鉴浙江“亩产论英雄”经验，加快推动土地二次开发、低效用地提升；研究制定企业分类综合评价办法，实施市场、行政、法治等差别化工具；市级引导、以区为主，统筹产业结构调整专项资金、园区转型升级引导基金，加快“边拔边种”，推广松江“工业用地增减挂钩”经验，打造金山二工区“调整转型示范区域”。

二是创新产业投融资模式。加强与财政金融部门、各区、集团、开发区等对接，加快运作产业转型升级、集成电路、军民融合等基金，引导各路资金进入实体经济；依托浦东、嘉定国家产融合作试点城区，聚焦产业链集群项目，搭建资本与项目汇聚对接的云平台。

三是依托自贸区推动产业开放发展。推广集成电路全产业链保税监管模式，优化生物医药、材料设备等监管方式及检测维修服务模式；自由贸易港建设突出了制度创新、开放创新，我们重点要打造先进制造业前沿产业集群、全球数字经济增值服务基地等。

（五）优化工作推进体系，转变政府职能完善生态环境

要贯彻落实国家和市委、市政府战略部署，不断增强推动高质量发展和建设现代化经济体系的本领，保持战略定力、优化策略方法，加快构建推进产业经济和信息化高质量发展的工作体系。要结合全市大调研，加快转变职能、提高专业能力水平，确保问需问计出实效，更好发挥政府引导力、激发市场新活力、凝聚社会创造力。

一是建立高效率的内外联动机制。面向全球，要加强与顶尖创新企业等对接交流，引导设立地区总部、产业创新中心等；面向长三角，加强产业链分工合作及规划、招商对接，推动工业互联网、大数据、信息网络设施协同应用，共享平台服务资源，打造世界级产业集群生态；面向全市，要加强实体经济、智慧城市、军民融合、企业服务等领域市区两级、政企及社会各方合作。

二是建立标识性的企业服务生态。将全市企业服务平台打造成为优化营商环境的品牌亮点，摸清企业的“难点痛点堵点”，用好政策清单、服务清单等手段，提高企业办事便捷性和获得感；完善企业服务机制，优化民营经济发展生态，加快培育“隐形冠军”、独角兽企业。

三是建立多层次的配套保障体系。要构建反映产业经济高质量发展的运行监测体系，制定工业生态文明建设实施意见，推动“技改政策包”“三首”等政策实施，落实资金、能源、人才等要素资源保障；加强对重点工作的督查督办，完善考核评估体系、奖惩联动机制。

2018·上海工业年鉴

SHANGHAI INDUSTRIAL YEARBOOK

上海落实“中国制造2025”工作情况

中共上海市委、市政府高度重视推动制造业转型升级、提质增效，贯彻落实“中国制造2025”，聚焦制造强国战略要求，按照高端化、集约化、服务化和二、三产业融合发展方针，加快促进制造业优化结构、提质增效，不断巩固提升上海实体经济能级，继续当好全国改革开放排头兵和创新发展先行者。以“创新驱动、提质增效”为主线，坚持“高端化、智能化、绿色化、服务化”发展方针，把增强产业核心竞争力和企业核心竞争力放在首要位置，构建战略性新兴产业引领、先进制造业支撑、生产性服务业协同的新型工业体系。

一、加强部市合作，推进重点工作落地

1．筹备召开上海市推进《“中国制造2025”上海行动纲要》工作领导小组第一次会议，工信部徐乐江副部长、周波常务副市长、各区政府分管领导及主管部门主要负责人，在沪央企、地方有关国企负责人，重点产业园区、相关行业协会负责人等150人出席，通报上海贯彻落实《中国制造2025》相关工作情况等。

2．编制发布《上海振兴实体经济推进制造业转型升级2017年工作安排》，通过征求工信部规划司意见、赴市政协汇报、书面征求十几个市委办局、各区、主要开发区和重点集团意见，广泛听取各方意见修改完善，深化落实供给侧结构性改革要求，深入实施“十三五”规划，促进实体经济提质增效。

3．配合工信部修订“中国制造2025”2017年度分省市支持重点，明确年度产业发展重点和细分领域；梳理年度重大标志性项目，加强部市合作，加快项目推进；做好申报方案修改完善工作，对接“中国制造2025”国家示范区创建工作。

二、打造制造业创新中心，提高产业创新能力

1．发布《上海市制造业创新中心建设工程实施方案》，开展市级制造业创新中心建设工作。重点围绕智能制造、集成电路、海洋工程装备等优势领域，推动国家级制造业创新中心的申报和认定工作。同时，推动智能网联汽车、MEMS、增材制造等市级制造业创新中心的组织实施和评估认定工作。

2．开展2017年上海市创新产品推荐目录的编制工作。根据《上海市创新产品推荐目录〉编制办法（试行)》，通过前期准备、企业申报、材料初审、专家评审、协会评价等环节。

3．推动企业技术中心工作。完成《企业技术中心管理办法》的修订和发布，首次发布《上海市市级企业技术中心认定评价工作指南》。完善建立以国家级企业技术中心为引领、市级企业技术中心为骨干、区县级（集团级）企业技术中心为支撑的产业技术研发机构体系。国家认定企业技术中心达到（或分中心）68家，年内新推荐7家；市级认定企业技术中心达到558家，年内新认定67家；区县级（集团级）企业技术中心约1300家。

4．推动重点领域功能型平台的建设工作。重点推动集成电路、智能制造、工业互联网、工业控制安全等4个平台的组织实施，配合做好大数据试验场、智能型新能源汽车2个平台的建设。

三、加快“两化”深度融合

1．做好规划设计和环境营造，发布《上海市加快制造业与互联网融合创新发展实施意见》和《上海市工业互联网创新发展应用三年行动计划（2017–2019年)》，明确未来3–5年上海推进制造业与互联网融合的主要目标、任务及具体产业层面推进思路。在工博会设立工业互联网展示专区，围绕“工业互联，世界之路”的主题举办2017国际工业互联网大会，成立工业互联网联盟上海分联盟。

2．推动重大项目落地和试点示范，建成全国首个实体化运行的工业互联网创新中心，推动工业互联网功能型平台建设，编制完成建设方案。设立工业互联网专项扶持资金，出台《工业互联网创新发展支持实施细则》，支持一批工业互联网重点项目建设，4个项目入选工信部2017年度制造业和互联网融合试点示范，宝钢工程技术等入选中德智能制造合作试点示范。加强部市联动，组织松江申报国家新型工业化基地（工业互联网）。在临港、化工区、松江区开展首批市级工业互联网创新实践基地创建。

3．加强标准引领和培训推广，持续推进两化融合管理体系贯标工作，已通过贯标评定企业36家，完成自评估660家。组织开展2017年两化融合管理体系贯标试点、示范企业申报，并向工信部推荐42家重点企业。开展“两化”融合管理体系贯标系列培训和对接会3场，培训300人次。

四、实施智能制造工程

1．加强政策创新。发布《关于上海创新智能制造应用模式和机制的实施意见》，提出并推动系统解决方案供应商采用融资租赁、效益分享、产能共享等新机制促进智能制造应用，促进智能制造规模化应用；研究制定《关于组织开展

上海智能制造系统解决方案供应商推荐目录编制工作的通知》，扶持系统解决方案供应商做强做优。

2．推进试点示范。积极对接国家战略，10个项目入选2017年国家智能制造专项，入选项目数位居全国前列；由上海电科所承担的国家智能制造标准项目成为国内124个标准项目中首个完成验收的项目；确定15家数字化车间／智能工厂集成创新应用项目，安排市级财政专项资金1亿元。航空航天复杂零部件智能制造试点示范等4个项目入选工信部2017年智能制造试点示范项目名单。

3．营造发展生态，推动建设上海科创中心重点布局的智能制造研发与转化功能型平台，完成平台建设方案编制和论证，推动组建功能型平台运作实体，完成平台公司的工商核名、注册工作；推动筹建上海市智能制造产业协会。

五、实施工业强基工程

1．加强顶层设计。发布《上海市工业强基工程实施方案（2017–2020）》和《上海市工业“四基”发展目录（2017–2020）》。

2．加大支持力度。设立上海市工业强基专项，发布《上海市工业强基专项支持实施细则》，开展2017年第一批上海市工业强基项目和评审工作，聚焦核心基础零部件、核心基础元部件、关键基础材料、产业技术基础、协同创新方面共49个项目重点支持。

3．强化日常管理。做好国家强基项目跟踪服务，配合工信部完成首个国家强基项目上海人本汽车轴承有限公司“高精度长寿命轿车用第三代轮毂轴承单元转型升级”验收工作。推荐8个项目参与2017年国家强基项目招标。

六、实施绿色制造工程

1．加大落后产能淘汰力度。年初确定全年产业结构调整的企业名单为1300项，并推进以老旧工业园区为代表的16个重点区域产业结构调整。落实国务院办公厅《关于推进城镇人口密集区危险化学品生产企业搬迁改造的指导意见》，编制本市实施方案。落实中央环保督查指示精神，开展涉重金属企业梳理和黄浦江沿岸工业区外零星化工企业调查，进一步排摸涉重企业，制定2018–2020年调整计划。落实国家“坚决遏制钢铁煤炭违规新增产能，打击‘地条钢’”要求。开展梳理排查工作，严防死灰复燃。确认无存量“地条钢”生产企业，无退出产能复产情况。

2．加强协同配合，全力以赴综合治理。开展协同环保督察整改工作、协同启动水源保护区专项、协同生态环境综合整治、协同城乡中小河道综合整治，取得积极成效，编制完成2017年产业结构调整负面清单。

3．加快绿色制造体系建设。研究制定全市绿色工厂、绿色园区指标体系及评价方法；2家工厂、1家供应链企业入选第一批绿色制造体系建设示范名单，评审推荐5家企业申报第二批示范名单，树立起一批绿色制造先进典型；2家单位入选工业节能与绿色发展评价中心。

4．实施绿色制造系统集成项目。累计12个项目获批立项，项目实施以来，节能、减排、降耗效果显著，行业示范初步显现；加强项目跟踪管理，制定《上海市绿色制造系统集成项目管理暂行办法》，建立项目管理工作组和动态数据库，通过业务培训、月度跟踪、现场督察等多个环节实施链式管理。

5．推进绿色低碳试点。6家试点绿色数据中心PUE平均下降12%；低碳试点园区金桥开发区、上海化工区在全国节能宣传周期间进行了经验交流；3家工业产品绿色设计试点企业，绿色研发设计能力显著提升。

七、优化升级企业服务

1．全面推进市企业服务平台建设。面向全所有制、全规模、全生命周期企业，提供可信可靠的兜底式服务，“线上”搭建“上海市企业服务云”网站，实现服务对接、诉求解决、流程优化；“线下”建设市企业服务中心，加强协调联动、规范管理、服务支撑，持续提高功能集成、兜底服务实效。年内新增国家创业创新示范基地3家和国家中小企业公共服务示范平台5家。市级认定的中小企业服务机构为299家。

2．动态调整“专精特新”群体。组织2017年度“专精特新”中小企业申报（复核），申报数量超过2000家。坚持好中选优原则遴选“专精特新”企业，预计总量将扩大到1800家。

3．加强企业服务培训。组织开展4期“专精特新”企业家培训、2期财务总监培训，支持“专精特新”企业提升管理水平。打造“中小企业之家”，1–10月共举办活动28场，服务“专精特新”企业人员近1000人次。

（赵广君）

上海推进制造业“十三五”规划实施情况

制造业转型升级和智慧城市“十三五”规划发布以来，上海市经信委认真贯彻中共上海市委、市政府决策部署，在市人大领导的关心和支持下，坚持“稳中求进”总基调，深入落实“中国制造2025”，加强供给侧结构性改革，聚焦重大政策落底，聚焦重点项目推进，聚焦服务各类企业，聚焦产业提质增效，切实做好“十三五”开局和深入实施工作，实现实体经济高质量发展，取得积极进展。

“十三五”以来，市委、市政府高度重视推动制造业转型升级、提质增效，聚焦制造强国战略要求，以创新驱动、提质增效为主线，坚持高端化、智能化、绿色化和服务化，加快构建战略性新兴产业引领、先进制造业支撑、生产性服务业协同的新型工业体系。市经信委在推进实施制造业“十三五”规划方面做了以下工作：

一、注重顶层设计，加强统筹谋划

贯彻实体经济实施意见。按照市委、市政府工作部署，制订《上海市人民政府关于创新驱动发展巩固提升实体经济能级的若干意见》50项举措，推动全市各部门、区、产业园区、重点企业等认真贯彻落实。

推动工业供给侧改革。出台实施意见，聚焦优化供给结构、补齐创新短板、推进供需协同、降低企业成本、优化要素配置、深化制度改革“六个着力”，提出27条具体措施；制定智能制造创新应用、软件首版次、新材料首批次、技改项目审批流程优化等配套政策。

建立市级统筹领导工作机制。发布《“中国制造2025”上海行动纲要》，着力破解限制制造业转型升级的关键问题，加强与工信部对接，召开推进《“中国制造2025”上海行动纲要》领导小组第一次会议，部署推进年度重点工作。

二、注重产业创新，培育新兴动能

推进一批新兴产业重大项目。C919首飞、ARJ21商业运营、万吨级驱逐舰首舰下水，重型燃机、青浦华为研发中心、松江海尔智谷、徐汇AI产业生态联盟等项目落沪，持续推进中芯国际、和辉光电二期、华力微电子二期等重大项目开工建设，在机器人、船舶海工、新材料等领域布局一批重点项目。

实施产业创新工程。推动智能网联汽车等产业创新工程，推进工业强基工程，建设智能网联汽车、MEMS、增材制造等市级制造业创新中心，重点推动集成电路、智能制造、工业互联网、工业控制安全等4个研发与转化功能型平台的组织实施。

大力培育“四新”经济增长点。发布“四新”经济发展指导意见、文创产业创新发展若干意见，推进中国工业设计研究院、企业工业设计中心建设。推进市西软件信息园建设及云海计划3.0，浦东新区获批“中国软件名城示范区”，举办全国“双创”活动周上海主会场创新创业嘉年华、2017上海国际信息消费节和信息消费博览会、全球虚拟现实大会、全球区块链峰会。推进互联网教育、大数据等“四新”经济示范区建设，依托“2+X+16”机制，解决一批“四新”企业问题。

三、注重融合发展，促进智能升级

促进制造业与互联网融合发展。制定加快制造业与互联网融合创新发展实施意见、工业互联网创新发展应用三年行动计划。上海与工信部签署关于共同推进工业互联网创新发展促进制造业转型升级的战略合作框架协议，建成全国首个实体化运行的工业互联网创新中心，完成工业互联网功能型平台建设方案，创建首批3家市级创新实践基地。

加快制造业与人工智能融合发展。发布人工智能产业发展实施意见，推进新一代人工智能技术在制造业领域各环节的探索应用。推广智能制造新模式应用，在汽车、电子、船舶、航空航天、医药、能源装备等优势领域开展智能制造试点示范，积极推动国家首台套重大技术装备保险补偿机制试点，试点以来，上海市首台（套）保险服务项目达到47个，获中央财政补助资金总额达2.97亿元，风险保障规模位居全国第一。编制2017年度“上海市高端智能装备首台突破专项”安排计划。

加快制造业与服务业融合发展。不断增强制造与服务协同能力，促进生产型制造向服务型制造转变，推动服务型制造新模式应用，组织开展服务型制造综合评价，生产性服务业增加值占全市服务业增加值和GDP比重分别超过60%和40%；全年软件和信息服务业营业收入超过7700亿元，创意设计产业实现增加值超2000亿元。

加快军民融合发展。深入推进军民融合产业发展十大举措，组建军民融合产业促进中心，成立产业投资基金，形成全要素、多领域发展模式。稳步推动航天、船舶、核能、航空、空间信息及应用等军民融合产业发展，军民融合产业产值达4280亿元，比上年增长12.5%左右。

四、注重结构优化，加快提质增效

加快传统产业改造升级。推动技改政策创新，制定技改专项支持实施细则；发布企业技改行政审批管理改革方案，压缩审批时限1/3，研究195、198区域企业技改政策。建立各区重点项目信息库，滚动推进100项重点技改项目，促进企业利用新技术、新业态、新模式开展智能化改造升级。

加大落后产能淘汰力度。聚焦重点区域调整“三高一低”项目1436项，腾出土地约1.4万亩；启动实施17个重点区域调整。加快调转结合，鼓励调整后土地二次开发，央地合作引入新兴产业，配合推进桃浦、南大、吴淞、高桥等区域转型。

推动产业园区整体转型升级。建设17家国家新型工业化示范基地，产业园区集约水平稳步提升，2017年单位土地产出70亿／平方公里。研究园区转型升级引导基金，深化存量用地二次开发政策。

推进绿色低碳循环发展。加快建设绿色制造体系，出台绿色制造系统集成、合同能源管理综合支持政策；12个系统集成项目获中央财政资助、居全国首位，全年规上工业增加值能耗下降8.3%左右。

五、注重企业服务，加快职能转变

主动服务各类企业。依托中小、央企、外资等服务机制，激发各类市场主体活力，市政府累计与25家央企签署战略合作协议。新建统筹全市企业服务工作机制，推进全市企业服务云建设、实现开通试运行；实施“专精特新”企业培育工程，推出中小企业千家百亿信用担保融资计划；开展企业服务评估，组织创业创新活动，营造企业发展环境。

推进开放合作发展。成功举办第19届工博会，加强主宾国、部市合作机制创新；举办上海台北双城论坛智慧城市分论坛、第35次上海－横滨经济技术交流会。圆满完成东西部扶贫协作任务，推进援疆、援藏工作，加强长江经济带及与大连等产业经济和信息化合作。市区联动做好产业招商布局工作，吸引全球创新企业及重要功能性平台落户。

推动资源要素向实体经济集聚。新设工业强基、工业互联网、人工智能专项资金，运作集成电路、产业转型升级投资基金，推进产融合作。对接国家要求实施新一轮降低企业负担方案，2017年降本减负超440亿元。

（赵广君）

上海发展《实体经济50条》执行情况

实体经济是国民经济的重要基础，为贯彻落实习近平总书记对上海加快创新驱动发展、巩固提升实体经济能级的重要指示。2017年5月27日，上海市政府出台《关于创新驱动发展巩固提升实体经济能级的若干意见》(以下简称《若干意见》)。《若干意见》发布后，全市各部门、区、产业园区、重点企业等认真贯彻落实，积极推动实体经济发展，取得了一定成效。

一、产业经济实现平稳增长

产业经济运行稳中向好，生产和效益均呈现良好势头。工业生产好于预期，战略性新兴产业实现较快增长，工业利润快速增长，制造业投资略有回升。

二、新型产业体系建设持续推进

落实“中国制造2025”。一是加强与工信部对接“中国制造2025”国家级示范区申报工作，指导浦东新区组织申报。二是修订“中国制造2025”2017年度分省市支持重点，明确年度产业发展重点和细分领域。三是落实前期召开的上海市推进《“中国制造2025”上海行动纲要》工作领导小组第一次会议要求，梳理年度重大标志性项目，加强部市合作，加快项目推进。

培育发展战略性新兴产业。组织推进2017年卫星应用领域4个重大项目。推进浦东新区康桥、临港地区集成电路产业基地建设。推进高温超导电缆示范工程建设和高温超导产业化。推进石墨烯导电、导热材料等研发项目。开展漕河泾开发区浦江高科技园生命健康产业园二期项目和天慈中商药业生物医药生产基地项目对接。初步完成航空产业链布局工作方案。

促进“四新”经济发展。梳理企业瓶颈问题，基本完成“四新”经济数据采集和梳理，完善“四新”基地评价系统并对第一批“四新”基地开展评价工作。初步形成工业设计、北斗导航“四新”经济示范试点建设方案和设计创新“四新”沙龙方案。完成3D打印产业创新工程方案编制。举办2017年上海设计之都活动周、全国手工艺产业博览会。

三、区域经济统筹协同得到提升

加强区域招商统筹。市经信委多次赴金山、嘉定、临港等区域召开经济统筹推进会，发动各区研究深化区域经济统筹协同推进机制，指导出台区级统筹指导意见。联合市有关部门共同制订《关于加强本市郊区招商引资统筹工作的指导意见》，加强对全市招商引资工作的引导和统筹，目前市委常委会已审议通过。

明确各区产业发展定位。按照各区产业发展基础、资源禀赋、产业变革规律，鼓励各区因地制宜发展特色产业。一是明确松江、青浦、奉贤等区产业定位，依托G60科创走廊，加快松江智能制造产业集聚发展，依托青浦华为项目、浦西软件园，加快青浦新一代信息技术产业集聚发展，依托奉贤东方美谷，加快奉贤美丽健康产业集聚发展。二是推进重点园区转型升级，对接金山工业区新型显示、二工区新材料和节能环保双业并举、临港智能制造等重点园区发展，服务产业园区提质增效。

四、重大产业项目不断推进

国产大飞机 C919 首飞、万吨级驱逐舰首舰下水等一批重大项目创新突破；重型燃机、青浦华为研发中心、松江海尔智谷、徐汇人工智能产业生态联盟等一批重大项目新近落户；中芯国际、华力二期、和辉二期等一批重大项目加快推动。同时，各区加大重大产业项目引进力度，松江以 G60 科创走廊为抓手，引进海尔、修正药业等百亿级战新项目，被国务院列为推进供给侧结构性改革典型案例；浦东发挥科技创新和成果产业化优势，加快泛亚研发中心、中航商发临港基地等建设；宝山推进建设石墨烯产业基地；闵行设立上海军民融合产业基地；嘉定打造国家级智能网联汽车创新中心；崇明筹建深海远洋工程装备国家级创新中心等。

五、军民融合发展有效加强

强化国防科工建设。推进齐耀重工船舶动力配件、微小卫星“微厘空间”等军工产业化项目。完成海洋核动力示范项目在沪签约。筹备国防科技工业助推上海科创中心建设战略合作。

深化军民融合发展。编制上海市推动军民融合产业深度发展政策措施，完成上海市军民融合成果展示中心建设。开展与北京航空航天、北京理工等 7 所大学军民融合对接。举办上海军民融合产业深度发展高峰论坛。组织军品配套单位参与军工配套科研、关键材料进口替代、大飞机材料研制等专项工程。

六、产业结构调整深入推进

推进结构调整和存量盘活。截至三季度已完成调整项目 1020 项，完成全年目标的 78%，8 个产业结构调整重点区域专项完成率超过 75%，新增 5 个重点区域专项。中小河道周边 1188 家“调整关停”类企业完成率超过 90%。

促进产业绿色发展。研究编制环保三年行动计划工业专项。制定《上海市绿色制造系统集成项目管理暂行办法》。深入推进金山二工区绿色转型发展，组织与霍尼韦尔、江森自控等开展对接，引导一批项目落地。

七、产业创新供给不断加强

建设新兴产业创新平台。完成并报送国家级集成电路、MEMS 传感器制造业创新中心方案。发布智能网联汽车产业创新工程实施方案，为第一家市级制造业创新中心智能网联汽车制造业创新中心揭牌。承担智能制造、集成电路、工业互联网、工控安全研发与转化功能型平台，参与大数据试验场、智能型新能源汽车平台建设，集成电路和智能制造研发与转化功能型平台列入第一批启动名单。

完善机制优化职能，制定出台智能制造创新应用、软件首版次、新材料首批次政策等。

八、服务企业能力实现提升

开展涉企经营服务型收费清理工作。编制《关于建设上海市企业服务平台的实施方案》。全面完成央企深入参与上海科创中心建设签约工作，完成市政府与招商局集团战略合作协议签约，协调落实中国核建、中核工业项目用地，推动华润、节能等重大项目落地，推进 CEC、CETC 等中央企业在沪项目的投资合作。推进“双推”平台对接市场需求，累计新发展“双推”中小企业客户 1299 家。

九、金融要素支撑得到强化

发布《上海金融支持制造强国建设行动方案（2017–2019）》，推动金融服务实体经济。

发挥产业基金引导作用，以上海产业转型升级投资基金为重点，引导社会资本支持重点领域的产业发展。开展第一批子基金（人工智能、工业互联网、传感器及物联网、新材料）申报工作，受到社会广泛关注。研究设立园区土地二次开发基金，促进产业园区转型升级和二次开发。

推动产融结合工作，开展“专精特新”中小企业融资模式，在中小企业融资例会、信用担保、改制上市等方面，加强产业部门和金融机构的对接。支持浦东新区、嘉定区建设国家产融合作试点城市（区）。

十、信息资源支撑实现拓展

加快智能制造发展布局。初步形成上海智能制造系统解决方案供应商推荐目录编制试行办法，形成 20 家智能车间／工厂试点示范名单。宝钢工程技术等入选中德智能制造合作试点示范。完成工业互联网功能型平台建设方案论证。

加速新一代信息技术应用。编制《关于推动新一代人工智能发展的实施意见》，召开全球（上海）人工智能创新峰会，梳理近 300 家人工智能相关企业、近 400 个人工智能相关项目。

优化信息基础设施。家庭光纤用户数达到 558 万，平均互联网接入速率达到 81.7Mb/s。

十一、工作协调机制基本建立

经市委、市政府研究同意，印发《若干意见》工作分工，明确全市各部门职责，建立常态化的组织协调和督查落实工作机制，形成可操作的实施计划和工作方案。

十二、形成全市实体经济发展的良好氛围

《若干意见》发布后，经市政府新闻发布会以及一系列媒体报道、专题宣传、学者解读，产生较好的社会反响，形成良好的宣传效果。其间，邀请《人民日报》《新华社》《解放日报》等媒体重点刊播上海巩固提升实体经济能级的重要举措。在 58 家平面媒体、网络媒体、广电媒体原发报道 107 篇，约 17.7 万字。其中，中央媒体 29 篇、上海媒体 49 篇。通过各种渠道形成宣传声势，体现上海发展实体经济的决心。

（赵广君）

科创中心建设与产业技术创新情况

2017年，上海市产业部门按照《关于加快建设具有全球影响力的科技创新中心的意见》《上海科技创新中心建设2017年重点工作安排》等文件的部署，积极推动科创中心建设，围绕推进产业创新、增强和发挥企业主体作用等主题，在政策创新、产业创新布局、产业创新体系建设、创新主体培育、科技成果产业化等方面开展了大量工作。

一、政策的创新和落地涌现新亮点

一是出台《关于创新驱动发展巩固提升实体经济能级的若干意见》。提出50项创新措施，促进新旧动能的转换，实现制造业的供给侧结构性改革，大力发展战略性新兴产业，提升实体经济能级。二是推进产业项目行政审批改革，加快产业项目开工建设。制定《上海市企业投资技术改造项目行政审批管理改革方案》，可将原有的技术改造项目审批周期压缩1/3。三是出台《关于上海创新智能制造应用模式和机制的实施意见》。大力推广智能制造应用新模式，建立智能制造应用新机制，形成一批可复制、可推广的智能制造应用新模式和新机制案例。四是积极探索上海军民融合产业深度发展之路。通过建设军民融合“1+X”产业基地、组建军民融合产业投资基金、成立军民融合产业促进中心等十大举措，加快技术、资本、信息、人才、设备设施等资源要素的军民互动。此外，还初步形成了软件和集成电路设计人员、核心团队专项奖励办法等政策文件。

二、产业创新布局开创新局面

2017年，战略性新兴产业（制造业部分）产值达到10466亿元，比上年增长5.7%。其中，新一代信息技术总产值3655亿元，增长7.3%；生物医药总产值1067亿元，增长6.9%；高端装备制造总产值2389亿元，增长3.1%；新能源总产值338亿元，增长2.9%；新材料总产值2448亿元，增长3.2%；节能环保总产值567亿元，增长7.4%；新能源汽车总产值232亿元，增长42.6%。

三、以重大项目为牵引，推动重点领域的产业创新和布局

一是实施产业创新工程。重点推动智能网联汽车、工业强基、工业互联网、人工智能等领域产业创新工程的实施，先后出台《上海市智能网联汽车产业创新工程实施方案》《上海市工业强基工程实施方案（2017–2020）》《上海市工业互联网创新发展应用三年行动计划（2017–2019年）》等政策文件，即将出台人工智能方面的政策文件。实施智能网联汽车、工业强基、工业互联网、人工智能专项，组织一批重大项目，扎实推动重点领域的发展。二是组织实施一批战略性新兴产业重大项目。全年组织实施战略性新兴产业重大项目36个。三是保障重大项目的实施。加大重大产业项目及其配套工程建设推进力度，每月会同市重大办与市规土局、市水务局、相关区、市电力公司等相关单位召开协调会议，针对项目及其配套工程建设中所遇到规划调整、河道填挖、配套供电工程、配套道路等相关问题进行讨论研究，明确操作路径和时间节点，督促相关单位按时完成任务。中芯国际完成建筑桩基工程，9月底获得地上建筑施工许可证，开始主厂房施工。华力二期完成全部建筑桩基工程，启动主厂房框架结构施工，完成所有劲性柱吊装、钢结构屋梁吊装和屋面压型钢板铺设。和辉二期完成全部建筑桩基工程，正在主厂房施工，完成主厂房基础浇筑，启动钢结构屋架吊装。

四、产业创新体系建设取得新突破

根据产业创新的需要，加强了产业领域新型研发机构、企业研发机构的总体谋划，系统推动功能型平台、制造业创新中心、企业技术中心的布局。一是推进制造业创新中心建设。重点围绕智能制造、集成电路、海洋工程装备等优势领域，推动国家级制造业创新中心的申报和认定工作。同时根据《上海市制造业创新中心建设工程实施方案》，推动智能网联汽车、MEMS、增材制造等市级制造业创新中心的组织实施和评估认定工作。二是推动重点领域功能型平台的建设工作。根据《关于推进市研发与转化功能型平台建设的实施意见》等顶层设计文件的完善工作，重点推动集成电路、智能制造、工业互联网、工业控制安全等4个平台的组织实施，配合做好大数据试验场、智能型新能源汽车2个平台的建设。三是加强企业创新平台建设。基本建立以国家级企业技术中心为引领、市级企业技术中心为骨干、区县级（集团级）企业技术中心为支撑的产业技术研发机构体系。国家认定企业技术中心达到（或分中心）68家，年内新推荐7家；市级认定企业技术中心达到558家，年内新认定67家；区县级（集团级）企业技术中心约1300家。四是推进上海超算中心转型发展。形成《上海建立高性能计算体系服务国家科学中心建设的总体方案》。

五、创新主体培育取得新成效

一是完善全市企业服务体系。基于中小企业服务体系和平台，汇聚各类企业服务资源，以普惠精准为导向，构建全新统一的面向全所有制、全规模、全生命周期的全市企业服务体系。已形成《关于建设上海市企业服务平台的实施方

案》，服务平台于年底开通试运行。二是吸引央企来沪发展。8月28日，国务院国资委与上海市政府签署战略合作协议，明确共同推进中央企业重大项目落户上海，助力上海加快建设具有全球影响力的科技创新中心。签约期间，部分央企与上海签订20个科创与新兴产业项目，包括上海吴淞口科技城开发、中国移动跨太平洋国际海底光缆工程登陆局、中核先进核能技术科研创新中心等，主要投资方向为战略性新兴产业、共性技术研发和功能平台建设、金融支持“一带一路”“走出去”等领域。除了签署战略合作协议，还研究出台3个配套文件，包括央企与上海市属国企的协同创新发展工作方案、央企参与张江国家自主创新示范区的建设计划以及央企参与临港智能制造示范区的建设计划。

六、科技成果产业化取得新进展

通过创新产品推荐、鼓励应用示范等方式，促进创新产品走向市场。一是开展2017年上海市创新产品推荐目录的编制工作。根据《上海市创新产品推荐目录〉编制办法（试行）》，通过前期准备、企业申报、材料初审、专家评审、协会评价等环节，从94件申报产品中推荐66件产品列入2017年创新产品推荐目录。二是推动“三首”工作（装备首台套、材料首批次、软件首版次）。2017年上海市高端智能装备首台突破专项共支持项目36项，这批项目紧紧围绕中国制造2025确定的重点装备领域，着力突破机器人和高档数控机床、高端医疗装备、重型燃气轮机、智能网联汽车等领域产业化瓶颈，着重体现行业引领作用。制定《上海市首版次软件产品专项支持办法（试行）》，启动首批项目的酝酿工作。加快完善材料首批次的配套政策。

（葛文政）

大数据产业发展情况

一、大数据产业发展总体特点

1．产业链的分工日益清晰和细化

上海市应用场景丰富，围绕数据所产生的各类需要的日益凸显，促进大数据产业链的划分逐渐清晰和细化，在市场引导、产业发展推动下，上海大数据企业在大数据产业链中的定位愈发明确和聚焦。发展初期跨越很多个环节的企业，根据自身的优势和特点重新定位在大数据产业链中的角色。

2．形成多个细分的垂直行业生态

上海极其丰富的数据资源和大数据技术的开源特征，推动大数据技术环节趋于成熟。企业对于大数据应用的需求持续增强，并着力培育自身的大数据资产，行业大数据应用在不同行业落地和深入，数据分析逐渐成为企业日常运作的基础性工作。应用环节对于数据、平台和分析的需求逐渐细化，并连锁式的、逐一反向作用于产业链上游的各个环节，进而形成具有行业特色的大数据垂直生态系统。

3．大数据产业进入深度应用阶段

得益于上海丰富的数据资源、完善的基础设施、政策助推、良好的创新创业环境等，大数据的应用已经具备初步的实践基础，在金融、医疗健康、交通、政府决策、公共服务、交通物流等领域取得较为深入的应用。

4．新一代信息技术融合创新

2017年11月，上海率先发布《关于本市推动新一代人工智能发展的实施意见》，提出全面实施“智能上海（AI@SH）”行动。大数据发展使用很多人工智能的理论和方法，人工智能也因为大数据技术发展进入新的发展阶段，反过来助推大数据的发展。

二、大数据产业发展环境优化

1．政策环境

上海先后出台《上海市政务信息资源共享与交换规范》《上海市政务数据资源共享管理办法》《上海市大数据发展实施意见》等政策规范性文件，加强大数据顶层设计和统筹规划。

市发改委、市经信委联合编制完成《上海市国家大数据综合试验区建设方案》，明确上海国家大数据综合试验区发展的基本原则和总体目标，从资源统筹、创新应用、产业培育、安全防范、组织保障等方面提出具有上海特色的建设内容和专项任务。

11月，市政府印发《关于推动本市新一代人工智能发展实施意见》，明确要分类推动重点领域数据开放，以大数据为核心要素，提供丰富的数据资源和应用场景支撑人工智能发展。包括率先推动政务数据资源有序开放，鼓励引导公共服务机构数据开放，建立数据共享交换监管制度，建立上海大数据应用创新中心。

2．市场环境

一是数据资源丰富。2016年年底，上海数据总量占全国数据总量的12%。上海已统筹建成市法人库、实有人口库和空间地理库等政务信息化的基础数据库，汇聚230万户法人单位数据、全市2500万常住人口数据，形成覆盖全市陆域高分辨率空间地理基础信息库，并探索形成三大基础数据库动态管理和数据治理的有关制度。同时，进一步拓展完善电子证照库、动态住房数据库、城市发展战略数据库（SDD）等市级重点数据库。

二是政府数据资源开放全国领先。上海已形成全国最大的开放数据清单，有1500多项数据开放，涵盖12个重点领域、11个应用场景。开始制定相关的政务数据申请公开使用细则，建立公共数据开放的应急工作机制，推进整个数据管理、数据利用、安全保护，形成标准和规范。

5月，复旦大学数字与移动治理实验室发布国内首个《中国地方政府数据开放平台报告|数据获取》，共评估全国19个地方政府数据开放平台，上海以83.4的数据开放指数位列全国第一。时隔半年，继续发布《中国地方政府数据开放平台报告|平台体验》，重点评估数据开放平台本身的功能设置，在评估的21个地方政府数据开放平台中，上海以82.9的开放指数总排名第一。

三是人才资源丰富。复旦大学、上海交通大学、华东理工大学等十余所高校均成立大数据学院或创新中心，通过与企业联合共建重点领域实验室，推动“产学研用”的落地转化。上海在全球科创中心“人才30条”政策基础上，进一步提出“人才高峰计划”，明确支持大数据等优势领域建立市场化人才评价机制，加强引进更多青年科技人才和创新团队。

四是资本实力雄厚。至年底，上海市投资机构1151家，其中包括红杉资本中国、IDG资本、蓝驰创投、启明创投等著名风险投资机构，为大数据企业的融资提供充实的资金基础。根据IT桔子数据统计，2012—2014年，上海大数据领域发生融资共44起，2015年77起，2016年100起，2017年116起，上海市大数据投融资市场发展态势良好。

三、大数据产业生态创新

2017年，上海“交易机构+创新基地+产业基金+发展联盟+研究中心”五位一体的大数据产业生态系统持续创新发展，以产业生态圈建设为重点，吸引产业集聚发展，推动产业链协同创新。

1．交易机构

上海数据交易中心于2016年4月成立，是上海市政府批准的专业数据流通交易机构。数据交易中心承担着促进商业数据流通、跨区域的机构合作和数据互联、政府数据与商业数据融合应用等重要职能。至2017年11月，数据交易中心的商业数据交易总量超10亿次。本着“数据互联，引领智慧未来”使命与愿景，作为国内第一个“去中心化”的在线数据流通平台，联合运营商、SDK服务商、金融征信服务商等各类机构，组织CAP（中国受众画像库）、CEP（中国企业画像库）、CTP（中国物联网画像库）3个基础数据产品库，形成标准化、规模化数据运营能力，为200多家成员单位提供数据流通服务。其中，面向市场营销行业四大类23项数据，日均流通量约2000万次，面向金融服务行业四大类83项数据，日均查询量约10万次。

2017年3月，经市经信委批复，上海数据交易中心牵头组织成立上海大数据应用展示中心，展厅面积接近2000平方米，汇集10个行业100个应用。设计覆盖城市管理、商业、双创、政府数据开放共享、环境保护、金融、旅游、交通、市场营销、公共安全等领域，展现上海大数据应用领域最前沿、最先进的创新成果。

2．创新基地

一是上海市大数据产业基地（静安市北高新园区）。2017年，全区以大数据云计算为代表的信息服务业实现税收达40.07亿元，同比增长18.9%，占全区总税收入的比重达6.2%。区内大数据产业基地引进大数据企业37家。产业基地内大数据核心业态企业已达近百家。通过产业政策引导、资金扶持、产业基地打造、功能平台建设、环境氛围营造等，多管齐下，多措并举，静安区产业集聚发展已形成良好态势，试点示范引领作用明显。

二是上海市大数据创新基地（杨浦创智天地园区）。2016年7月，市经信委授牌杨浦区建设上海市大数据创新基地。在市经信委的指导下，上海市大数据创新基地以“一核两翼”的建设战略，以“基金+基地+平台服务”的运营体系为核心；以“大数据人才培养实训”和“大数据商业应用突破”为两大建设抓手，构建全方位的大数据产业创新服务体系，促进产业链上下游企业的集群化发展，形成关键技术创新、应用方案创新和商业模式创新的合力，推动大数据产业跨越式发展。

2017年，杨浦区从政策引导、投资基金、人才社区建设、服务平台打造等方面做好产业服务。杨浦区软件和信息服务业营业收入约210亿元，建成产业载体建筑面积153万平方米。其中云和大数据产业营业收入约150亿元。年收入超亿元企业35家，其中云和大数据企业占25家，集聚IBM、易安信、企源科技、优刻得、安硕信息、小沃科技、易保网络、威瑞信息等行业龙头企业，涵盖城市大数据、金融、保险、社交、教育等领域，初步形成云计算、大数据产业生态体系。

3．发展联盟

上海大数据联盟于2016年4月1日正式成立，是在市经信委、市科委联合指导下，聚集大数据领域相关的资源、服务平台和数据应用等主体机构自愿组成的非营利性联合体。上海大数据联盟以上海创建“全球科技创新中心”总方针为指导，按照“融合创新、服务示范”的宗旨，落实本市大数据产业发展的具体工作要求，聚合大数据发展相关的数据资源方、技术方、应用方以及服务平台方等四类主体资源，实现大数据技术和产业领域“传播、智库、资本”等三大服务功能，促进本市大数据应用和产业发展。

至2017年年底，上海大数据联盟已经面向全市吸引会员单位630家，比上年增长200余家，包括机关、企事业单位、高校、园区等，涵盖咨询、技术、资源、应用等多个行业领域。据国家信息中心2017年2月底发布的《2017中国大数据发展报告》中，上海大数据联盟上海大入选“十大最具影响力大数据社会智库”。大数据联盟持续借助行业影响力，积极营造上海市大数据产业发展的新生态。

4．创新中心

2017年9月，为落实国家大数据发展战略，由上海数据交易中心、仪电集团、电科智能等8家单位共同发起成立的上海大数据应用创新中心获市经信委批复。创新中心将以民非组织形式开展日常化运营，其主要职能包括实施重大战略项目、推动政企数据融合、关键核心技术研发、产业技术成果转化等六个方面，将全力助推上海国家大数据综合试验区建设。目前，大数据应用创新中心的核名等工作已完成，各项成立筹备工作正在有序推进过程中。

四、大数据综合试验区建设情况

上海市委、市政府按照国家战略要求，编制印发《上海市大数据发展实施意见》，并于2016年10月获批成为国家大数据综合试验区；2017年，上海市持续推进大数据资源统筹和应用，积极打造“交易机构＋产业基地＋创新基金＋发展联盟＋研究中心”五位一体大数据产业生态，试验区建设各方面取得一系列进展。

1．加速产业集聚发展，打造繁荣有序的产业生态

一是加快大数据产业集聚发展。上海以市区联动为抓手，积极推动大数据产业基地（静安区市北高新）和大数据创新基地（杨浦区云基地）两个大数据产业集聚区建设。聚焦“云数联动”，支持大数据产业基地申报并获批成为工信部首批大数据新型工业化基地；率先在静安区开展大数据企业认定试点，为全市各区未来推广积累经验；以市北高新为载体，吸引汇聚包括亚马逊AWS、浪潮云、金棕榈等30余家国内外大数据企业和近百家初创企业扎根落户。聚焦大数据创新应用和创业发展，支持杨浦区获批成为国家双创示范基地，依托高校优势资源加快大数据创新人才培养，支持大数据创新基地引进培育盛庞卡、博康智能、英语流利说等一批高速成长的优势企业。上海大数据产业集聚区的快速发展带来大数据产业能级的持续跃升，据统计，目前大数据产业基地和大数据创新基地的总产值已达到659亿元。

二是营造大数据产业创新生态。加强产业重点项目的组织统筹，支持推荐本地优秀企业项目申报工信部2018年大数据产业示范项目。积极筹建上海大数据应用创新中心，提升国家战略任务的承载能力，加快大数据应用成果转化。以上海大数据联盟为组带，推动跨行业间企业协同创新和品牌建设，开展长三角地区大数据联盟战略合作，联盟全国注册会员已超过600家企业。支持复旦大学、上海交通大学、同济大学等十余所高校开设大数据学院或设立大数据专业，加强人才培养和技术研发。围绕产业政策法规的瓶颈问题，积极开展前瞻性研究，形成大数据地方立法框架建议、开放数据安全风险防范等一批前沿领域的研究成果。

三是大数据产业呈现良好发展态势。上海拥有大数据企业近700家，其中技术型企业约200家，集中在基础软硬件、数据挖掘、数据安全、数据可视化等核心业务，例如星环科技、爱数科技、天玑科技等，多家企业入选Gartner魔力象限；应用类企业约400家，涉及制造、金融、旅游等诸多传统领域，例如宝信软件、合合信息、金棕榈等，形成一批行业大数据示范应用；此外，还催生例如尼尔森、艾瑞咨询、畅享网等一批提供大数据行业咨询、人力资源、教育培训等衍生类服务的企业。根据近期科技部火炬中心等机构发布的《2017中国独角兽企业发展报告》，上海大数据独角兽企业为19家，已经达到全国独角兽总量的12%。

2．加强大数据统筹治理，建立有序数据流通体系

一是探索健全政府数据治理的体制机制。上海先后出台《上海市政务数据资源共享管理办法》《关于推进政府信息资源向社会开放利用工作的实施意见》等规范性文件，加强数据治理的规范指导；加强对全市各部门政务数据资源共享和开放的绩效评估，并与市政府信息公开体系形成联动；建立专家会商机制，对各部门数据资源在共享或开放中存在异议的政务数据资源研究讨论。

二是推动政务数据资源的共享开放。进一步拓展完善上海市政府数据资源服务平台和上海市政府数据服务网。对内，政府数据资源服务平台已基本建立上海市政务数据资源目录体系；对外，通过上海市政府数据服务网，已累计向社会开放数据资源逾1500项，涵盖12个重点领域、11个应用场景。以创新应用比赛为载体，激发社会各界热情参与，吸引高端人才集聚，进一步推动大数据创新创业。

三是探索商业数据资源有序交易流通。作为国内第一个“去中心化”的在线数据流通平台，上海数据交易中心已基本形成标准化、规模化数据运营能力，为200多家成员单位提供数据流通服务。至2017年12月，上海数据交易中心的商业数据交易总量已突破10亿条。此外，交易中心牵头承建大数据流通和交易技术国家工程实验室，开展标准、规范、技术、法律等多方面的基础研究，参与数据交易相关国家标准的制定，已累计获得国家发明专利18项。

（李　强）

电子信息产业发展情况

2017年，上海电子信息制造业呈现加速发展态势，新旧动能转换顺利，传统产业不断升级、新兴产业加速成长。

一、上海电子信息制造业情况

1．产业呈现加速发展态势。一是电子信息制造业深化供给侧结构性改革，规模、增速稳步提升，全年实现工业总产值6505亿元，比上年增长7.6%，增速高于工业平均增速0.8个百分点。实现销售收入6970亿元，实现利润285亿元，同比增长31%。其中以代工为主的电子计算机制造业利润大幅增长，电子组装加工业等传统产业提质增效效果显现。二是新一代信息技术体系不断完善、产业加速向中高端迈进。新一代信息技术产业实现工业总产值3656亿元，占战略性新兴产业产值1/3，有力支撑战略性新兴产业制造业产值实现全市工业占比31%，向市十一届党代会提出的35%目标加快迈进。三是核心环节形成突破，促进产业链整体跃升。电子专用设备制造业实现爆发式增长，完成工业总产值365亿元，同比增长26%。产业核心环节取得突破，中微半导体公司MOCVD设备进入大规模产业化，占据国内市场60%的份额。

2．产业基金全面启动，重点项目稳步推进。一是启动重大产业项目。总规模达500亿元集成电路产业基金工作全面启动，正式进入运营阶段。已开工中芯南方、华力二期、和辉二期等重大产业项目加快实施。与中国电子合作的IDM等集成电路重大项目也完成落沪。二是聚焦科创中心建设，提升产业创新影响力。集成电路功能性平台入选首批4个市级功能性平台之一，ASML全球培训中心落户上海集成电路研发中心。国家集成电路制造业创新中心、MEMS传感器国家制造业创新中心等国家制造业创新中心也在积极申请中。三是国产桌面计算机应用绽放光彩。基于上海兆芯CPU的国产整机获得党的十九大会议采购需求，共计采购近600台，主要供全部38个代表团会议现场办公和民族语言翻译使用。根据会场使用反馈情况，国产整机在会议期间运行稳定，机器性能良好、易用性强，获得与会代表的一致认可。

3．新兴产业形成突破。一是推动智能硬件实现产业化突破。经过近两年的培育，在上海涌现出一批智能硬件细分行业领军企业，8家销售规模上亿元，其中1家达到10亿元。形成在国内外市场具有竞争力的单项产品，如智能摄像机和运动相机的出货量达到百万台、教育机器人年出货量达到20万台、增强现实引擎为全球10亿用户提供服务，市场占有率全球领先；电子信息制造领域的智能制造项目连续两年入选工信部智能制造试点示范项目。二是5G物联网产业初具先发优势。在NB-IoT领域，在网络设备方面，华为公司在上海率先签约，建设全球移动物联网研发和运营中心，开发NB-IoT相关产品，并为全球市场提供服务；在通信模组方面，上海是国内最主要的物联网通信模组产业集聚地，并率先开展NB-IoT模组的研发和产业应用，上海移远、龙尚等企业率先开始出货；在芯片方面，上海锐迪科、翱捷等厂商已启动NB-IoT芯片的研发和产业化工作。三是加速新一代信息技术应用。推动上海剑桥科技股份有限公司与英特尔公司深入合作：以设备互通互联、数据采集、边缘计算和人工智能为技术导向；以提升设备利用率、设备预防性维护、降低人工依赖为初步业务用例；提升工厂数据利用率，快速向智能化、无人化车间演进。四是积极推动ADAS和人工智能、大数据等产业热点的融合发展。挖掘一批产业链上具有L3级资质的专精特新企业，专注打造细分领域“单项冠军”：加特兰公司成为全亚太地区唯一一家实现量产77GCMOS毫米波雷达芯片的企业；禾赛科技成为全世界唯一两家高线束（大于32线）激光雷达出货企业，2017年国内无人驾驶激光雷达领域销售收入排名第一；友衷科技开发国内第一个基于Linux自主可控车规级操作系统的液晶仪表，年销售量超过10万套。五是壮大一批核心竞争力强的本市汽车电子领军企业。通过举办中国汽车电子大会、国际汽车电子论坛以及中国智能汽车大赛，拉动全产业链的协同发展，强强联手补齐产业链短板，支持企业做大做强。六是培育医疗电子产业和健康物联网。跟踪国际科技、产业发展的最新变化。建成覆盖全市的社区居民健康管理平台，建立慢性病全程管理防治的服务管理体系。

4．产业政策环境进一步完善。修订完成《关于本市进一步鼓励软件产业和集成电路产业发展的若干政策》，编制完成并发布《软件和集成电路专项资金管理办法》《上海集成电路工程产品首轮流片专项奖励实施细则的》等相关配套实施细则，全面落实产业优惠政策、做好企业服务。

二、下一步发展方向及布局

上海电子信息制造业将以技术创新、应用带动两轮驱动，实现转型发展。集成电路、下一代网络、新型显示、汽车电子等优势领域，聚焦中国制造2025，以市场战略为主，做大做强；物联网、车联网、智能硬件等新兴领域，鼓励创新发展，培育产业链基础，重点推进示范性应用，形成产业发展的新增长点；量子技术、脑机融合、无人驾驶等前沿领域，重点支持前瞻布局、技术攻关。

1．加快推进智能硬件产业布局。一是加快推动工业控制芯片的发展。发展广泛应用于工业机器人、工业仪器仪表、工业控制器、电机控制、工业电源等领域的MCU/MPU，特别是高端MCU（32位及以上）。开展模数／数模（AD/DA）、现场可编程门阵列（FPGA）等芯片研发。二是加快培育人工智能核心芯片产业。重点支持智能通用处理器芯片、智能应用芯片、智能芯片核心IP三个方向。通过鼓励如RISC-V等适合智能硬件（物联网）领域的新型指令集构架的产业化，积极探索智能硬件芯片产业的发展模式，在上海打造智能硬件芯片产业发展的高地。三是规划推进智能硬件产业生态和物联网"双千亿"产业发展。联合相关区制订智能硬件产业园发展规划，争取人才、税收政策支持。加强智能视觉、三维扫描等技术与商贸、物流等应用领域对接，培育新零售模式和新供应链体系。四是引进和支持一批国内领先的智能硬件研发和产业化项目。形成智能硬件和物联网产业工作方案。引进和支持一批国内领先的智能硬件研发、产业化及示范项目。

2．加快支持集成电路装备、材料发展。以"二次创业、二次布局，向第二个千亿进军"为进军旗帜，做强做大集成电路产业。一是推动集成电路装备产业发展。研究推动组建集成电路装备产业集团和材料产业集团，实现资源共享、协同创新和装备材料业的集聚快速发展。积极引进、对接、推动国外龙头装备材料企业来沪发展，推动集成电路装备向泛半导体领域拓展，积极推动临港集成电路装备产业园的建设。加快推动上海集成电路装备材料基金的投入运营，联合国家集成电路产业投资基金，推动上海集成电路装备产业的跨越式发展。二是推动集成电路材料产业发展。一方面借助上海已有的硅材料产业（新昇、新傲、超硅等）平台，鼓励外地企业来沪合作发展，积极推动上海硅材料产业集团的建设；另一方面通过培育上海电子化学材料企业进一步做大做强、鼓励传统化工企业转型电子化学材料领域和引进国际龙头电子材料企业在沪落地，积极推进上海集成电路材料产业的发展。

3．推动国家制造业创新中心、市级研发与转化功能性平台组建。一是积极组织复旦大学、中芯国际、华虹集团完成国家集成电路制造业创新中心实体承担单位注册，并在完成市级集成电路制造业创新中心认定工作后，积极开展申报国家创新中心工作。支持承担单位面向全球招收顶尖技术研发人员，开展5纳米及以下先进工艺技术的研发工作。二是积极争取全市新型显示研发与转化功能性平台建设。对接落实国家2018—2020年新型显示产业创新发展行动计划，围绕龙头企业打造产业生态。推动金山区创建上海市新型显示制造业创新中心，力争年内完成公司组建。与集成电路材料、装备企业加强对接，提升产业链配套能力，实现关键材料、装备、驱动IC等产业链瓶颈逐点国产化突破。推动配套企业走出上海，与国际、国内龙头企业形成深度合作，进一步做大做强。

4．积极打造产业发展新动能。一是重点发展汽车智能辅助系统（ADAS）L3级产业。在车辆关键技术方面，集中优势资源，突破毫米波雷达芯片、激光雷达等环境感知技术，攻克人工智能、操作系统、人机交互等智能决策技术，加强线控制动、线控转向等智能控制执行技术攻关；指导召开自动驾驶、无人系统、智能视觉设备等智能硬件系列主题活动。行业新增产值超过50亿元；举办中国汽车电子大会、国际汽车电子论坛以及中国智能汽车大赛，拉动全产业链协同发展。二是推进健康物联网产业的应用试点示范，布局培育医疗电子产业。研究制订生物信息产业推进工作方案，根据信息技术和生物医药融合发展趋势，培育医疗电子、医学人工智能算法、智能健康医疗设备和健康物联网产业，以新一代信息技术推动人民群众的生命健康和就医体验实现数量级式提升。形成生物信息产业推进工作方案，组织实施引领性的研发及产业化、应用示范或公共服务平台项目。

5．确保产业环境安全，开展前瞻性布局与研究。一是梳理全市电子信息产业危化品需求。全面梳理统计电子信息产业9家重点制造企业的危化品仓储和危废处置需求，为统一规划建设高标准、长期稳定的危化品仓库和危废处置项目做好支撑；推动危化品仓储和危废处置项目建设，根据已梳理完成的电子信息产业重点制造企业的危化品仓储和危废处置需求，结合实际情况，规划布局一家高标准管理、长期稳定的危化品仓储和危废处置项目。年内确定项目承担主体，完成项目选址，开始相关行政审批流程。二是做好前瞻性课题研究。做好《人工智能对电子信息产业发展要素影响的研究》及《重大产业项目及其配套工程审批流程研究》的课题研究，力求在在产业新旧动能转换之际，抓住核心要素，提前完善布局，加速构筑先发优势。

6．进一步推进国产整机的应用。加快推进市区各级部门采购和使用国产机，集中优势力量构建技术先进、全可靠、自主可控的产业体系，为网络强国提供保障。

（桑　榆）

软件和信息服务业发展情况

2017年，上海软件和信息服务业在中共上海市委、市政府的正确领导下，聚焦科创中心建设，充分发挥企业的产业创新主力军作用、各区和基地园区的产业集聚主战场作用以及社会组织的产业交流主桥梁作用，积极对接国家"一带一路"倡议发展要求，推动"互联网+文化"出海，以软件名城建设为抓手，推进软件产业高端化发展，成功扭转开局不利的形势，实现各项经济指标稳健运行、总体发展稳中有进的向好趋势。

一、总体运行情况

2017年，上海软件和信息服务业实现营业收入7794.64亿元，比上年增长12.9%，各经济指标运行稳健。

表1 软件和信息服务业主要指标完成情况

主要指标	单位	绝对值	增长（%）
营业收入	亿元	7794.64	12.9
其中：软件产业	亿元	4601.22	12.9
互联网信息服务业	亿元	2120.02	23.2
电信传输服务业	亿元	737.8	3.8
增加值	亿元	2179.02	15
占全市GDP比重	亿元	7.2	–
占第三产业增加值比重	亿元	10.5	–
从业人员	万人	71.7	5.1
超亿元企业数	家	695	–
超100亿元企业数	家	6	–

园区积极拓展软件和信息服务业发展新空间，着力浦东软件园、市西软件信息园、紫竹高新科技产业开发区、市北高新技术服务园四大集聚区，形成浦东、市西、市北、市南"四方"新格局；以基地示范引领工程、产业生态系统构建工程、公共服务平台提升工程、基地协同创新工程、园区品牌联动工程等"五大工程"为重点，全面推进基地建设；以全面推进市西软件信息园建设为着力点，优化上海信息服务产业布局结构，加快形成本市信息服务产业新高地。经认定的市级信息服务产业基地有41个，全市信息服务产业基地聚集了70%以上的软件和信息服务企业，65%以上的经营收入来自信息服务基地。

区域从规模看，浦东新区、长宁区、徐汇区位列前三强，三区的软件和信息服务企业，无论在企业数量、上市公司，还是在创新成果、重点企业等产业综合实力指标上均居全市前列，产业基础较好。三区的软件和信息服务业收入合计占全市总规模的50%以上。但随着城市外围交通等商务配套设施的不断完善，中心城区由于受其区域空间的制约，产业发展重心呈现出向外围扩散的趋势。从增长速度来看，普陀、静安、闵行和奉贤等区的软件及相关信息服务业经营收入增长速度较快，均达到18%以上，远高于全市的增长速度。

二、重点领域发展情况

1. 软件产业实力和效益稳步提升

上海市软件产业规模稳步扩大，实现营业收入4601.22亿元，比上年增长12.9%，步入发展稳定期。上海软件出口额36.9亿美元，出口方式以信息技术外包（ITO）为主，出口国家更为多元化。中国银联、华东电脑、宝信软件等8家软件企业入选2016年中国软件业务收入前百家企业，比上年新增1家。至年底，上海共有478家软件企业通过系统集成企业资质认证，比上年增长18.6%，整体数量位居全国第七。其中有一级资质的17家，二级资质的69家，三级资质的264家，四级资质的128家。

表2 软件产业主要指标完成情况

主要指标	单位	绝对值	增长（%）
营业收入	亿元	4601.22	12.9
利润总额	亿元	717.79	15.2
软件出口	亿美元	36.9	基本持平
从业人员	万人	51.1	11.8
超亿元企业数	家	498	–
超10亿元企业数	家	61	–

表3 2017年上海入选中国软件业务收入百强企业名单

序号	排名	企业名称
1	7	中国银联
2	26	华东电脑
3	37	华讯网络
4	39	宝信软件
5	58	携程网络
6	59	卡斯柯
7	73	万达信息
8	99	贝尔软件

2. 互联网信息服务业继续保持高速增长

上海互联网信息服务业实现营业收入2120.02亿元，比上年增长23.2%。上海共有21家互联网企业入选2017中国互联网百强，主要分布在数字内容领域，包括东方明珠等9家企业。上海的网信独角兽企业数量达到18家，占全国网信独角兽企业比重为23.4%，仅次于北京。

表4 互联网信息服务业主要指标完成情况

主要指标	单位	绝对值	增长（%）
营业收入	亿元	2120.02	23.2
其中：网络游戏	亿元	613.1	20.2
网络视听	亿元	242.3	15.4
互联网金融	亿元	699.8	37.2

表 5　2017 中国互联网百强（上海部分）

序号	企业简称	排名	序号	企业简称	排名
1	携程旅行网	9	12	连尚网络	44
2	网宿科技	14	13	咪咕公司	45
3	东方明珠新媒体	16	14	波克城市	57
4	三七互娱	18	15	米哈游	63
5	饿了么	19	16	世纪佳缘	68
6	二三四五	21	17	塑米信息	71
7	钢银电商	23	18	晨之科	77
8	游族网路	30	19	沪江	87
9	找钢网	35	20	心动网络	88
10	东方财富	36	21	上海誉点	92
11	东方网	43			

3．传统电信运营商积极拓展新业务领域

上海电信传输服务业实现营业收入 737.8 亿元，比上年增长 3.8%。至年底，上海电话用户数达到 3989.7 万户，其中固定电话用户数 691 万户，比上年末减少 40.6 万户，固定电话普及率达到 28.6 部／百人；移动电话用户数 3298.7 万户，比上年末增加 142.6 万户，移动电话普及率达到 136.3 部／百人。在微信等社交平台的冲击下，电信运营商开始布局物联网、云计算等领域，谋求新发展。

三、主要运行特点

1．运行稳中有进，产业贡献度稳步提升

受春节提前影响，软件和信息服务业增速一度跌至 10.4%。随着实体经济的逐步回暖，软件和信息服务业增速趋稳向好。其中前三季度最高，达到 13.1%，全年增速回升至 12.9%。从服务业发展来看，由于上海软件和信息服务业增加值增速最快，有力拉动了服务业的增长，占服务业比重也从 2016 年的 10.1% 提高至 10.5%。

2．服务化趋势明显，产业结构高端转型

在信息服务业细分行业中，软件产业和互联网信息服务业占信息服务业比重达 86.2%，比上年提高 2.3 个百分点，呈持续增加态势。细分行业中，互联网信息服务业增速最快，达到 23.2%。从互联网信息服务业内部构成看，互联网金融、电子商务平台技术服务所占比重不断提高，其中金融信息服务已成为互联网信息服务业中占比最大的细分领域，互联网金融营业收入达到 709.8 亿元，比上年增长 33.1%。从软件产业内部构成看，软件服务收入在行业中的比重已超过 25%，成为支撑行业发展的主要力量。以云计算、大数据为代表的新型信息技术，迅速由概念兴起到蓬勃发展应用，其占软件产业的比重超过 20%。工业控制类软件和系统解决方案在轨道交通信号、钢铁等领域实现稳定增长，工业互联网、智能工厂解决方案等新兴领域快速崛起。

3．对接“一带一路”建设，助推企业走出去

不少处于“一带一路”沿线发展中国家的地区的软件和信息服务业基础较弱，而软件和信息技术的通用性和互联网的联通性为上海软件和信息服务业企业“走出去”提供了可能。全市软件和信息服务业企业以此为契机，积极拓展海外市场。如上海软素科技、第九城市和上海凌巴迈等公司与罗马尼亚企业就新媒体行业合作、游戏行业合作以及移动 APP 本地化等项目达成合作意向。此外，上海软素科技与加拿大企业 Dream Practice 对接，就门户网站项目达成合作意向。上海炫踪则和 Facebook，GoolePlay 等国际社交平台和游戏平台形成战略合作关系，产品覆盖美国、法国、俄罗斯等 18 个国家和地区。宝信 EMS 出口印度。迪爱斯承建肯尼亚国家应急指挥系统。

4．人才增长趋缓，但高层次人才比重有所提高

软件和信息服务业是知识密集型产业，人才是产业创新的发展的基础条件之一。2017 年，全市软件和信息服务业从业人员达 71.7 万人。在生活成本日益上涨，周边省市推出更为优惠人才政策的双重影响下，软件和信息服务业从业人员增幅自 2015 年开始出现下滑，由前 5 年 15% 下跌到近两年的 7.5%，远低于行业增长速度。但软件产业人才结构有所优化，软件研发人员占软件从业人员的比重近 50%，本科及以上学历占软件从业人员的比重达 73.6%，其中研究生以上学历占软件从业人员的比重达 14.1%，高学历人才正成为行业的主力军。

5．产业创新活跃，新业态快速发展

虚拟现实（包括增强现实）、人工智能、云计算等新技术的不断成熟，行业应用的逐步渗透，推动软件和信息服务业创新发展。

虚拟现实（包括增强现实）。上海有从事虚拟现实企业近 200 家，实现全产业链覆盖，产生一批创新性强，体验良好地虚拟现实产品和服务，并在航空、医疗、汽车等重点领域实现示范应用，如中国商飞 C919 大飞机试飞模拟系统、中山医院 AR 医疗可视化辅助系统、上汽集团 AR 汽车智能制造解决方案等。

智能软件。全市智能软件产业规模近 100 亿元，形成较成熟的产业技术和商业模式，并初步形成创新活跃、开放协同的融合生态，在智能驾驶、智能机器人等领域达到全国领先水平。同时，上海还拥有一批技术领先智能软件企业，如依图科技、商汤科技、阅面科技、智臻智能、云知声、腾讯优图、未来伙伴机器人、寒武纪、星环信息等。

云计算。上海云计算相关软件和信息服务业产值为 910 亿元，比上年增长 15.8%，其中，云计算基础设施平台服务商（IaaS\PaaS）实现收入 74.7 亿元，同比增长 25.4%，主要产品及服务 44 个，服务企事业用户（公有云）7 万家；云计算应用平台服务商（SaaS）实现收入收入 55.1 亿元，同比增长 47.5%，主要产品及服务 82 个，服务企事业用户 4.8 万家。同时，上海拥有优刻得、浪潮云计算、万国数据等一批云计算龙头企业，其中优刻得 UCloud 已为 5 万余家企业

级客户提供服务，间接服务用户数量超过10亿户，部署在UCloud平台上的客户业务总产值逾千亿元。

四、2018年形势分析与预测

（一）主要挑战

随着软件和信息服务业发展进入新的阶段，暴露出新的矛盾和问题，产业发展宏观环境还有很大提高和改善空间。

1．行业从业人员增长趋缓

软件和信息服务业作为智力密集型产业，人力资源是产业发展的第一要素，是产业发展的核心资源。十几年间，上海软件和信息服务业从业人员始终保持快速增长态势，支撑了产业经营收入年均20%的增长。但是，近几年受到“高房价、高成本、落户难”等问题影响，软件和信息服务业从业人员自2015年开始出现增长放缓的情况。一是城市生活成本快速上升，主要是住房成本的急速攀升，造成软件和信息服务业从业人员向周边生活成本较低的地区转移。二是上海综合人口政策收紧，产业人才供给减少。上海软件和信息服务业从业人员中65%为外省市户籍员工，严控户口配额、收紧居住证审批，客观上制约了人才在沪发展的意愿。

2．产业发展宏观环境有待改善

上海产业监管优势体现在精准高效、分工明确，对信息服务业的监管理念和规范程度领先全国，但在为行业融合创新提供空间时，整个监管体系不够灵活，某些领域政策“跟不上”，客观上限制了部分业态的发展速度。另外，产业政策先发优势逐步减弱。上海由于政策制定较早，在全国具有较强的示范引领作用，一度成为长三角地区最具吸引力创新创业高地，对于推进产业发展、吸引高端人才起到积极作用，有力推动了上海软件和信息服务业的发展。但是，随着各兄弟省市相继出台专项政策，以及上海长期形成的产业政策与快速变革的产业形势间出现错位，导致区位竞争优势已经发生逆转。

（二）发展机遇

1．国际国内宏观环境向好趋势明显

国际方面。2017年，全球经济增长速度达到3%，这是自2011年以来的最快增长。全球经济持续复苏回暖态势明显，主要大宗商品价格有所回升，全球贸易呈扩张态势。但全球金融环境突然恶化以及地缘政治局势的日益紧张；逆全球化思潮继续发展并发挥作用；全球主要国家可能开始退出量化宽松货币政策，资本紧缩都会导致相当大的金融风险，也为2018年经济的增长带来一定的不确定性、不稳定性。

国内方面。2018年，是全面贯彻落实党的十九大精神的开局之年，经济社会发展具有良好支撑基础和许多有利条件，预计经济增速保持在6.7%，与民生密切相关的就业、物价保持基本稳定，发展质量和效益有望持续提升，中国经济将在新常态下保持稳中向好发展态势。同时，经济结构持续优化，新旧动能加快转换。高信贷驱动的高投资对经济增长的贡献在逐步下降，消费已经成为经济增长的最主要驱动力。消费金融的迅速发展和促进消费政策的出台，有助于推动信息消费的增长。

2．国际国内市场需求仍然强劲

网络基础设施的完善、宽带的普及和网速的提升，为软件和信息服务业发展提供了良好的平台。随着信息基础设施建设力度的不断加大，大数据、云计算等新技术的推广应用，促进了新业态的发展，拓展新的信息消费需求。随着《中国制造2025》及重点领域技术路线图的发布和实施，围绕智能制造的软件产品和服务市场将呈现爆发式增长。随着信息技术的快速发展，企业内新业务、新需求不断增加，业务数据不断增长，也为软件和信息技术带来新的发展机遇。此外不少“一带一路”的发展中国家和地区仍存在较大的“数字鸿沟”，国家“一带一路”倡议的推进，将带动跨境电子商务、通用软件、软件外包等领域的增长。

综上所述，随着上海经济的转型升级和科创中心建设的进一步推进，软件和信息服务业的市场空间也将得到拓展。预计2018年上海软件和信息服务业将保持稳步发展的态势，全年营业收入有望突破8500亿元。

（杨立哲）

高端装备产业发展情况

一、总体运行情况

2017年，上海规模以上装备制造业总产值13418.11亿元，比上年增长12.1%，占全市工业总产值的39.5%；主营业务收入15197.71亿元，增长10.6%；利润1484.12亿元，增长3.4%；出口交货值1754.58亿元，增长2.5%。

二、重点领域运行情况

1．汽车板块

汽车产业支柱性作用突出。汽车工业总产值为6774.33亿元，同比增长19.1%，占全市工业总产值的比重为19.9%；本地汽车产量（统计口径）为291.3万辆，占全国汽车产量的比重为9.7%。

新能源汽车发展势头迅猛。上海新能源汽车产值突破200亿元，达到232.38亿元，增长42.6%；年内推广新能源汽车近6.14万辆，增长35%，累计共推广16.55万辆，居全国首位。

智能网联汽车发展成效显著。在全国率先发布《上海市智能网联汽车产业创新工程实施方案》；在全国率先成立上海市智能网联汽车及应用标准工作组，组织开展智能辅助驾驶相关标准的研究和制修订；在第19届国际工博会框架体系下，成功举办首届世界智能网联汽车大会。此外，智能车载操作系统、激光雷达、中央域控制器、线控制动系统、毫米波雷达等核心零部件科技企业加快技术创新，形成自主知识产权，智能驾驶产业链进一步完善；全球首款量产互联网汽车荣威RX5目前已累计销量近30万辆；国家智能网联汽车（上海）试点示范区通过市区共建，封闭测试区道路交通场景从50个拓展建设到近200个，相关产品、技术测试以及标准规范制定已与国际接轨，形成了标准化测试体系。

2．智能制造与机器人板块

上海智能制造系统集成领域实现工业总产值387.45亿元，同比增长33.1%。全年有10个项目入选2017年智能制造综合标准化与新模式项目指南，4个项目入选工信部2017年智能制造试点示范项目名单。3家企业入选工信部第一批智能制造系统解决供应商目录。确定15家数字化车间／智能工厂集成创新应用项目。发布《关于上海创新智能制造应用模式和机制的实施意见》，提出并推动系统解决方案供应商采用融资租赁、效益分享、产能共享等新机制促进智能制造规模化应用。

工业机器人总产值为363.7亿元，同比增长37%，产量为5.88万台，占全国工业机器人产量的近45%。新时达、中科新松、沃迪等一批“工业机器人”企业加速成长；未来伙伴、小i机器人、彩虹鱼等一批“服务机器人”企业处于行业内领先地位；“机器人国评中心”向国内重点机器人企业颁发首批中国机器人产品认证证书。上海已形成从研发生产、检测认证、到市场应用的完整产业链，成为我国规模最大的机器人产业集聚区。

3．高效能源装备板块

高效能源装备产业发展基本稳定。智能电网设备产值148.04亿元，同比增长4%；风电装备产值58.06亿元，同比增长66.6%；光伏设备及元器件产值89.88亿元，同比下降6.4%；核电装备产值52.87亿元，同比增长1.4%；燃气轮机产值21.56亿元，同比增长4.5倍。气电方面，上海电气集团重型燃机技术实现自主化，F级燃机打入欧洲市场。核电方面，自主三代CAP1000、CAP1400示范电站、华龙一号、200兆瓦高温气冷堆，TMSR-SF0钍基熔盐仿真堆本体金属设备研制工作取得显著进展。风电方面，上海电气7兆瓦海上风电首单落地，是目前运营的最大容量海上风电机型的首次中标。光电方面，理想晶延用于高效晶硅电池的平板ALD设备首台应用、森松压力设备大型多晶硅还原炉首台应用获得成功；富电科技的新能源汽车光伏超级充电站正式运营，年发电量10万度。

4．高端医疗装备板块

高端医疗装备产业发展迅猛，实现工业总产值61.41亿元，同比增长30.3%。上海市一批重点企业已经处于国内领先、国际一流行列。影像设备方面，联影医疗与上海交通大学共建医学影像先进技术研究院；世界首台全景动态扫描PET-CT在第77届中国国际医疗器械（春季）博览会上发布。东软医疗落户上海，注册成立上海东软医疗科技有限公司，聚集研制全球最先进的全数字核磁共振设备。质子中心方面，由中国科学院上海应用物理研究所承担研制的首台国产质子治疗示范装置已在嘉定瑞金医院肿瘤（质子）中心基本建成，加速器调束工作达到治疗室调试的要求，旋转机架厂家集成安装、测试已完成，固定治疗室、旋转治疗室、眼部治疗室等完成安装调试。医疗机器人方面，上海第六人民医院牵头联合国内15家医疗机构，申报创建国家骨科手术机器人应用中心；创领心律的植入式心脏起博器获得CFDA批准，成为国内第一个具有国际先进品质的国产心脏起博器。

5．轨道交通装备板块

轨交车辆工业总产值13.23亿元，同比增长89.9%；轨交装备信号系统实现总产出（含服务业）41.51亿元，同比增长15.7%。2017年开通的地铁17号线搭载斯柯信号有限公司自主研发拥有100%自主知识产权的TRANAVI型CBTC列车运行控制系统，这是上海首个完整采用本土企业100%自主研发CBTC信号系统的示范工程。

6．飞机板块

飞机工业总产值54.23亿元，同比增长14.7%。5月5日，C919大型客机成功首飞，标志着中国拥有国际标准的具有自主知识产权的民机研发平台，大型客机进入试飞以及适航审定阶段；ARJ21-700新支线飞机已交付4架；中俄远程宽体科技进入预研阶段，5月22日，双方合资组建的中俄国际商用飞机有限责任公司在上海挂牌成立，总装和结构设计落地上海。

7．船舶板块

船舶工业总产值496.9亿元，同比下降12.3%。自主装备首台套突破捷报频传：外高桥造船和沪东中华开工建造3艘20000TEU集装箱船、6艘21000TEU集装箱船，新接9艘22000TEU集装箱船订单，标志着中国造船业跨入两万箱级集装箱船建造的先进行列；沪东中华斩获2艘17.4万立方米LNG-FSRU船订单，打破韩国在该领域的垄断；江南造船连续交付3艘2.1万立方米LEG船、世界最大舱容的3.75万立方米LEG船，保持设计建造液化气体运输船的世界领先地位；振华重工建造的亚洲最大绞吸挖泥船“天鲲号”正式下水。

2017年，上海市高端装备中，工业总产值实现增长的还有工程机械、微电子与光电子装备、智能仪器仪表等产业。其中，工程机械装备实现工业总产值127.74亿元，同比增长79.8%；微电子与光电子装备增长1.5倍；智能仪器仪表实现工业总产值124.85亿元，同比增长10.9%。

高端装备中，工业总产值下降的有：金属切削机床产值19.77亿元，同比下降3.9%；电梯产值456.55亿元，同比下降6.8%。

（吴 蔚）

军民融合产业发展情况

2017年，在中央军民融合办公室、工业和信息化部、国防科工局和军委机关相关部门的指导下，在中共上海市委、市政府领导下，上海市积极贯彻军民融合发展战略，主动作为，创新发展，通过营造发展环境、加强规划引导、主动对接军方、发挥重大项目牵引、促进军工技术溢出、引导民口单位参军等措施，努力推进军民融合深度发展。

一、基本情况

上海市军民融合产业发展稳步推进，成效显著。一是产业规模较快增长。全年军民融合产业总值达到4280亿元，比上年增长12.5%左右，成为推进上海经济增长和产业转型的重要抓手。二是核心能力明显增强。航天发射任务密集，新型军用舰船任务饱满，055型舰成功下水，海上核动力平台项目成功签约，航空、军用电子、兵器等行业全面完成武器型号核心分系统研制任务。三是民口配套实现突破。重点军工配套项目按期实施，全市民口配套单位完成军品总产值同比增长10%左右。民参军企业进一步增加。四是创新融合成效显著。智能装备、芯片技术、电子元器件、人工智能、增材制造、网络信息安全、大数据等领域，一批技术创新和产业化成果，填补了国内空白，满足了国防和军事急需。五是集聚发展形成规模。国家军民融合创新示范区争创工作稳步推进，上海市军民融合产业基地建设初步形成“1+X”规模。

二、主要内容

1．坚持政府主导，加强顶层设计

积极贯彻习近平总书记系列重要讲话和中央军民融合委员会会议精神，深入推进军民融合发展战略，推动落实《关于经济建设和国防建设融合发展的意见》。落实《上海市推动军民深度融合发展“十三五”规划》，编制《上海市军民融合产业发展“十三五”规划》。推动航天、船舶、核能、航空、空间信息，以及军民两用人工智能、军民两用智能装备、军民两用电子信息与元器件、军民两用新材料等9个战略性新兴产业。撰写《上海市2017年军民融合发展情况总结》报送中央军民融合发展委员会。召开上海市军民融合发展委员会第一次全体会议主要会议材料。

2．优化运行机制，强化政策保障

加强市军民结合寓军于民武器装备科研生产体系建设领导小组办公室职能，继续发挥对军民融合产业发展的统筹协调作用。促进市区协同、部门协作、委内协力，合力推进军民融合发展。畅通军民融合“绿色通道”，采取“急事急办”“特事特办”的方式，建立人才落户、项目落地、资金落位等方面的快速通道，为军民融合产业发展提供全方位保障。

3．创新融合方法，构建多元体系

开展先行先试，推动共享发展，积极探索多要素、多元化军民融合发展模式，立足上海军民融合产业发展实际，发挥优势，形成特色，推出深入推进军民融合产业发展十大举措。

推出建设“1+X”产业基地。依托闵行市级军民融合产业基地，深化市区联动推进机制，细化基地规划布局，继续推进成果转化和产业化项目，推动国家军民融合创新示范区争创。同时，带动其他各区军民融合产业特色园区建设，初步形成“1+X”的上海军民融合产业集聚发展格局。

编制军民融合产业政策。根据中央军民融合发展委员会和国防军队改革的有关政策，围绕体制机制创新，立足现有政策聚焦和若干政策突破，会同市发改委、市政府法制办研究编制军民融合深度发展相关政策措施。

组建军民融合产业投资基金。按照“国家地方共建、市区共同引导、社会资本主导、专业公司运作”的思路，由市经信委、市国防科工办指导，国盛集团牵头运作，11家单位出资，发起设立首期总规模40亿元的上海市军民融合产业投资基金，主要用于满足军民融合重点产业、两用技术成果转化、军工企事业单位改制重组等过程中产生的投资需求。

推进重大项目和军工央企上海总部落地。以重大投资项目、重点产业化项目、两用技术成果转化项目、央企上海总部建设为抓手，推动北斗地基增强网、中核上海总部、中核建上海科创园、重型燃气轮机、豪华游轮等一批重大项目落户上海，牵引军民融合产业发展，支持科创中心建设。

成立军民融合产业促进中心。由航天八院、上海交大、中船711所、中航615所、中电32所、中科院硅酸盐所、临港集团、闵行高新中心、上海电科所、炬通实业等单位发起，成立上海市军民融合产业促进中心，围绕“小核心、大协作、开放型”国防科工体系，探索市场化机制，推进军工技术成果转化和产业化，为军民融合企业发展提供专业服务。

建立军民融合成果展示中心。依托闵行区以及在沪各军工单位、民口企业、院所高校，建立上海市军民融合成果展示中心，通过图片、文字、实物、模型、互动体验等方式，集中展示上海在军民融合方面取得的经验和成就。9月29日展示中心正式启用，力争建成军民融合发展战略的宣传、展示、交流平台。

构建军民融合技术成果交易中心。按照政府指导、需求牵引、市场运作的模式，会同市发改委等部门，依托闵行区、上海联合产权交易所等单位，研究制定了上海市军民融合技术成果交易中心方案，并指导相关单位签署了合作协议，探索军民融合技术成果交易的业务模式和运作机制，促进军民两用技术成果相互转化和产业化。

举办军民融合产业发展推进大会。9月29日，邀请军民融合领域不同层面的领导、专家、学者，以主旨演讲与专题发言相结合的形式，举办上海军民融合产业深度发展推进大会，就军民融合发展的有关议题进行交流研讨、总结经验、展望发展。

筹备“1+7”战略协议。主动联系国家工信部、国防科工局机关相关部门，走访北京航空航天、北京理工、哈尔滨工业、西北工业、哈尔滨工程、南京航空航天、南京理工等高校，筹备市政府与国防科工局、市政府与工信部系统七所军工特色高校战略合作协议，共同承担国家重大专项，在航天航空等重点领域产学研合作、技术成果来沪转化和产业化、共建国防特色学科、支持上海科创中心建设等方面加强战略合作。

制定专项行动计划。围绕统筹发展、协同推进、聚焦合力，制定《2017年军民融合产业发展专项行动计划》，建立全要素整合的委办局协同推进机制和上下联动的市区合力推进机制。

4．促进军工溢出，服务经济建设

助推转型升级，支持军工单位加大军工优势技术向民用领域溢出，发挥军工技术对高端产业的带动作用。如中船重工第七〇四研究所通过国防预研课题所取得的成果，完成舒适型船用冷藏空调系统在民用领域的应用，冲击了国外品牌在该领域的统治地位。上海航天有线电厂有限公司在航天型号微特电机的基础上，成功研制出超小型伺服电机并形成系列化产品，性能可与国际先进产品对标，填补了国内空白，改变了原先依赖进口的被动局面。

5．围绕强军建设，鼓励民企参军

鼓励行业领先民口企业进入军品配套，引导“专精特新”中小企业在细分领域实现突破。如上海重型机器厂有限公司解决航母弹射系统超长槽体组件整体加工的难题，创新加工工艺和加工设备，填补了国内空白，达到国际先进水平。上海仪耐新材料科技有限公司实施的海上重要目标防御绳网项目，成功解决海上重要目标的智能防护问题，有效防范各方敌对势力通过水下对港口、航道、岛礁、海上作业平台、航母舰队等海上设施正常建设的入侵和破坏。

6．加大扶持力度，推动专项实施

会同市财政局开展年度军民融合专项扶持项目，2017年度征集军民融合专项项目203个，经专家评审，通过前期引导、中期扶持、后期补偿相结合的方式，共支持专项项目78个，带动社会投资78亿元。验收已完成专项项目31项。印发《上海专项扶持项目成果汇编（第一期）》。

7．推动信息交流，促进供需对接

组织第二届中国军民两用技术创新应用大赛的参赛及培训工作，上海市单位共获得金奖1项、银奖2项、铜奖1项、优胜奖4项，市经信委获得优秀组织奖。会同市科委、市发改委共同举办2017上海军民融合技术成果展，推动军民融合协同创新。组织“十三五”装备预研共用技术和领域基金2017年指南项目培训会。组织采集31项“军转民”、80项“民参军”重点技术与产品上报工业和信息化部、国防科工局，进入全国《军用技术转民用推广目录》和《民参军技术与产品推荐目录》。接待工业和信息化部军民结合推进司，配合完成装备技术军民融合综合服务平台需求调研工作。调研松江区军民融合产业发展情况，参加松江区部分军工和民口配套企业座谈会。

（陈松青）

节能环保产业发展情况

2017年，上海工业系统围绕党中央、国务院战略部署和中共上海市委、市政府工作要求，深入贯彻落实绿色发展理念，加快推进生态文明建设，聚焦重点行业、重点园区、重点企业、重点产品，着力推动工业能效提升，深化工业污染防治，加快构建绿色制造体系，推进节能环保产业发展，取得显著成效。

一、节能环保产业总体情况

2017年，全市节能环保产业实现总营业收入1238.8亿元，比上年增长18.5%，在2016年首次突破千亿元大关的基础上又迈上新台阶。其中，节能环保制造业总产值567.4亿元，同比增长8.0%；节能环保服务业总产出671.4亿元，增长8.9%。在统节能环保企业373家，同比增加110家，主营业收入10亿元以上的企业23家。

在规模实现突破的同时，产业发展的质量效益不断提高：一是产业能级不断提升。涌现出以国惠环保干法协同脱硫脱硝、长胜纺织零污染印染、安弗柯林固体润滑等为代表的一大批先进的节能环保技术产品。推荐3项产品入选2017年国家“能效之星”，6项产品入选国家鼓励发展的重大环保技术装备目录，1项产品入选“绿色产品”示范名单，评选出85项“上海市节能产品”。二是产业规范发展能力不断增强，上海市第三方环境治理产业联盟、再制造产业联盟、土壤修复产业联盟等行业组织相继成立，集聚200余家企业和机构，成为引领协作、整合资源，推动产业跨越发展的重要平台，相关行业标准规范和统计体系不断健全，行业自律能力显著提升。三是产业服务机制不断健全，产融结合持续深入，在500亿元绿色融资框架下，242家企业获得绿色贷款159亿元；依托“生态文明建设沙龙”，70余家技术产品供应企业同台竞技，吸引工业、交通、商业、医疗等领域近400余家用户单位参与；广泛开展节能环保服务“进千家”活动，组织15场专项对接，达成近百项合作意向。

二、细分领域情况

1．节能环保制造业。节能制造业产值占节能环保产业产值的76.7%，其中，三菱电梯等节能电梯制造企业产值占比43.6%，大金空调、加冷松芝汽车空调、日立电器等节能空调制造企业产值占比24.5%，上海电机厂、安川电动机器、置信电气等高效电机制造企业产值占比9.8%；资源综合利用制造业产值占比6.5%，其中，赫格纳斯、科洛尼金属、宝钢钢铁资源等废旧金属处理装备企业产值占比38.5%，宇培特种建材、大来新型建筑材料等建材企业产值占比30.4%；环保制造业产值占比16.8%，其中，佛吉亚红湖排气系统、天纳克排气系统、曼胡默尔滤清器等大气治理装备企业产值占比82.2%，开能环保、帕克环保等水处理装备企业产值占比11.6%。

2．节能环保服务业。节能服务业产值占节能环保产业产值的46.5%，其中，阳光电源、韩华太阳能、睿纳能源等节能与新能源服务企业产值占比43.8%，宝信软件、宝钢工程、上海电气斯必克工程等节能工程服务企业产值占比40.3%；资源综合利用服务业产值占比8.2%，其中，宝钢发展、老港固废利用、新金桥环保等固废处置企业产值占比67.6%；环保服务业产值占比45.3%，其中，中科院上海物理研究所、上海有机化学研究所等环保研发机构产值占比39.6%，上海发电设备成套设计研究院、上海核工程研究设计院、上海电气石川岛电站环保工程有限公司等环境工程与设计机构产值占比25.2%，上海城市排水、纳尔科环保、上海城投污水、巴安水务等水处理服务企业产值占比22.2%，梯杰易气体工程、申欣环保等大气治理服务企业产值占比5.0%。

三、产业分布情况

1．节能环保制造业。企业数量上，在统企业共计117家，主要集聚于郊区。嘉定、奉贤、松江、闵行区企业数量占比达53.9%，主城区中静安、徐汇、普陀各有2家，长宁1家，黄浦、虹口、杨浦区目前无节能环保制造企业。节能制造企业以闵行、嘉定、奉贤区较多，企业数量占比达54.2%；资源综合利用制造企业以宝山、松江、金山区较多，企业数量占比达62.9%；环保制造企业以嘉定区、浦东新区较多，企业数量占比达43.8%。

表1 2017年各区节能环保制造业企业情况

（单位：家）

行政区	企业总数	节能	资源综合利用	环保
嘉定区	20	8	3	9
奉贤区	15	8	4	3
松江区	14	4	7	3
闵行区	13	10	0	3
宝山区	12	2	9	1
浦东新区	11	6	0	5
青浦区	10	6	2	2
金山区	10	1	6	3
崇明区	3	0	3	0
静安区	2	1	0	1
徐汇区	2	1	0	1
普陀区	2	1	1	0
长宁区	1	0	0	1
黄浦区	0	0	0	0
虹口区	0	0	0	0
杨浦区	0	0	0	0
合计	117	48	35	32

工业集团中，所属节能环保制造企业较少，共14家，分别隶属于上海电气、宝武集团、化工区等单位，工业集团所属节能环保企业与集团本身主营业务之间关系密切，上海电气所属5家企业均为节能制造业企业，宝武集团所属2家企业均为资源综合利用企业。

表2 2017年部分工业集团所属节能环保制造业企业情况

（单位：家）

工业集团	企业数量	节能	资源综合利用	环保	所在区
上海电气	5	3	0	0	闵行区
		1	0	0	浦东新区
		1	0	0	徐汇区
宝武集团	2	0	2	0	宝山区
化工区	2	0	2	0	金山区
上汽集团	1	0	0	1	嘉定区
仪电集团	1	0	0	1	嘉定区
光明集团	1	1	0	0	闵行区
华谊集团	1	0	0	1	闵行区
上海石化	1	0	0	1	金山区

产业规模上，闵行区节能环保制造业产值遥遥领先，占比达50%，闵行、嘉定、浦东区合计占比达82.8%。闵行、宝山、浦东新区分别在节能制造业、资源综合利用制造业、环保制造业三个板块处于领先地位。

表3 2017年各区节能环保制造业产值情况

（单位：亿元）

行政区	产值	节能	资源综合利用	环保
闵行区	284.0	282.0	/	1.0
嘉定区	102.8	25.6	2.4	74.8
浦东新区	83.1	73.9	/	92.2
青浦区	20.4	11.8	/	/
奉贤区	20.2	15.5	2.6	2.1
金山区	18.7	11.9	5.2	1.6
宝山区	17.3	/	9.2	/
静安区	6.1	/	/	/
松江区	5.4	1.0	3.1	1.3
徐汇区	1.5	/	/	/
崇明区	0.8	/	0.8	/
普陀区	0.8	/	/	/
长宁区	0.7	/	/	/
黄浦区	/	/	/	/
虹口区	/	/	/	/
杨浦区	/	/	/	/
全市	567.4	435.4	36.8	95.2

2．节能环保服务业。企业数量上，在统规模以上企业共计256家，其中浦东、徐汇、闵行区企业数量合计占比达50%，崇明无在统企业。节能服务企业以浦东、徐汇、闵行、宝山区较多，企业数量占比达70%；资源综合利用服务企业以松江、宝山、嘉定、闵行区较多，企业数量占比达70.4%；环保服务企业以浦东、徐汇、闵行、杨浦、嘉定较多，企业数量占比达72.4%。

表4 2017年各区节能环保服务业企业情况

（单位：家）

行政区	节能环保服务业企业数量	节能	资源综合利用	环保
浦东新区	82	39	2	41
徐汇区	24	9	2	13
闵行区	22	6	3	13
松江区	17	2	8	7
杨浦区	16	3	0	13
嘉定区	15	0	3	12
宝山区	14	6	5	3
静安区	13	5	0	8
普陀区	13	5	0	8
黄浦区	9	3	1	5
长宁区	7	2	1	4
虹口区	5	2	0	3
青浦区	3	1	0	2
金山区	1	0	0	1
奉贤区	1	0	1	0
崇明区	0	0	0	0
合计	256	86	27	127

产业规模上，浦东新区节能环保服务业总营业收入遥遥领先，占全市比重达41.5%，其节能、环保两项服务业营收均分别在全市领先。宝山区资源综合利用服务业和徐汇区环保服务业表现突出。全市资源综合利用服务营收总体仍偏低。

表5 2017年各区节能环保服务业营业收入情况

（单位：亿元）

行政区	节能环保服务业产值	节能	资源综合利用	环保
浦东新区	273.2	200.0	1.7	71.5
徐汇区	82.0	24.9	3.0	54.2
宝山区	79.2	45.9	23	10.3
嘉定区	39.0	/	3.1	35.9
闵行区	38.8	11.7	4.1	22.9
杨浦区	34.1	10.3	/	23.5
普陀区	29.8	1.36	/	19.6
虹口区	17.3	4.8	/	12.5
长宁区	16.8	1.2	0.6	13.4
静安区	16.7	3.3	/	13.4
松江区	15.7	/	/	9.6
黄浦区	10.4	3.5	2.8	3.6
青浦区	5.1	/	/	5.1
奉贤区	0.5	/	0.5	/
金山区	0.2	/	/	0.2
崇明区	/	/	/	/
全市	671.7	281.1	50.4	278.5

总的来看，浦东、闵行、嘉定区节能环保产业优势明显，合计产值占全市比重超过66.2%；宝山、徐汇区节能环保产业也具备一定规模，产值近90亿元；其他各区产业规模总体仍偏低。

四、2018年工作打算

1．持续推进产融结合。加大金融对产业的支持力度，研究设立节能环保产业发展基金；充分利用500亿元绿色融资，持续开展合同能源管理、第三方环境治理、绿色融资专项对接；引导、支持合同能源管理融资担保服务，多渠道解决企业融资难问题；完善行业征信体系建设，持续开展节能环保企业信用等级评价。

2．加大节能环保技术产品推广应用。完善推广机制，组织100场“生态文明建设沙龙”，用好“绿品慧”等线上平台，加大节能环保技术产品宣传力度，开展供需对接；搭建项目交流平台，广泛开展节能环保服务“进千家”活动；加强对列入工业节能技术装备推荐目录、“能效之星”、国家鼓励发展的重大环保技术装备目录、“上海节能产品”的一批重点技术产品的宣传推广，发挥示范带动作用。

3．组织实施一批重点项目。持续实施绿色制造系统集成项目，开展政策宣贯和培训，摸排一批潜在项目，做好2018年项目申报组织，力争至少新增6个项目；对已立项的12个项目，全面落实项目跟踪管理，确保取得实效，加强项目示范成效的宣传推广。

4．在金山二工区集聚发展节能环保产业，坚持解决突出环境问题，使人民群众直接感受到环境治理成效。加强项目招商，吸引集聚一批国内外知名企业，重点发展以磁悬浮轴技术为核心的节能技术装备，以及大气、水污染物排放示踪和快速检测、土壤治理等环保设备；发展纳米孔绝热材料、石墨烯等节能环保新材料；打造节能环保技术创新平台，加快发展节能环保生产性服务业。

5．持续推进体制机制创新，依托环境第三方治理、再制造、土壤修复等产业联盟，整合技术优势，搭建共享平台，开展相关政策、规范、标准研究，促进节能环保新技术、新业态、新模式、新机制的推广应用；持续推动电镀废水、电厂脱硫脱硝第三方治理试点，在土壤修复等领域培育一批龙头企业，对工业用地用地开展监测、治理和修复，推动上海企业走出去，开拓国际国内市场。

（李　鹏）

生产性服务业发展情况

2017年，上海生产性服务业深入学习贯彻党的十九大精神，树立“创新、协调、绿色、开放、共享”的发展理念，认真贯彻落实《中国制造2025》和《国务院关于加快发展生产性服务业促进产业结构调整升级的指导意见》，助力上海“四个中心”和具有国际影响力的科创中心建设，积极推动上海产业创新转型升级。

一、生产性服务业保持较快增长

2017年，上海生产性服务业实现营业收入27177.9亿元，比上年增长8.9%。生产性服务业增加值占全市服务业增加值的比重为63.3%。在生产性服务业十大领域中，涨幅居前的领域有供应链管理服务、总集成总承包服务、金融专业服务、节能环保服务、检验检测服务，涨幅分别达到24.2%、10.37%、16.15%、12.88%、14.15%。总集成总承包服务、研发设计服务领域营收增长幅度同比走高，如研发设计领域中的菲亚特克莱斯勒动力科技研发（上海）有限公司，2017年度营收总额达到1.9亿元，比上年的1.5亿元增长30%。

表1　2017年上海市生产性服务业重点领域营业收入

生产性服务业十大重点领域	营业收入	
	全年金额（亿元）	同比增长（%）
总集成总承包服务	6221.7	7.9
研发设计服务	2472.5	14.3
供应链管理服务	4414.7	9.0
金融专业服务	3250.9	11.3
专业维修服务	230.6	−9.9
节能环保服务	216.0	5.4
检验检测服务	270.3	11.7
电子商务和信息化	4529.6	12.8
专业中介服务	5560.6	2.4
培训教育服务	11.0	−2.7
总计	27177.9	8.9

全市生产性服务业重点企业实现营业利润630亿元，同比增长9.7%，涨幅高于社会服务业。生产性服务业高附加值的特点凸显，整体盈利能力呈现持续上升的态势。总集成总承包服务、研发设计服务、金融专业服务、节能环保服务等领域涨幅较快。

从空间集聚度来看，浦东新区仍是全市生产性服务业发展的主力军。2017年，浦东新区生产性服务业企业营业收入达到6577.1亿元，占全市生产性服务业营业收入的24.2%。生产性服务业集聚度最高的是金山区的研发设计服务领域，其次是嘉定区的专业中介服务领域、松江区的供应链管理服务领域。

由于国际贸易持续复苏，波罗的海BDI指数大幅上涨，供应链管理服务领域企业营业收入增长显著，其中中远海运集装箱运输有限公司营业收入总额从上年的303亿元增至459亿元，涨幅近50%；上海泛亚航运有限公司营业收入从上年的72亿元增至106亿元；上港集团物流有限公司营业收入从上年的60亿元增至72亿元。

二、生产性服务业转型加快

随着制造业与服务业加速融合，总集成总承包服务企业积极转型发展，向产业链中附加值较高的研发、设计、检测、销售、售后维修等服务领域创新发展，制造业企业逐步向产业价值链的两端转型发展，重点布局技术含量较高、利润较大的研发设计中心、采购中心、结算中心、运行中心等管理服务机构，发展总部经济，并将处于产业价值链低端的生产制造部分转移或外包，提高价值增值空间，提升本市制造业在产业价值链上的控制力和影响力。

根据《中国制造2025》、工信部《发展服务型制造专项行动指南》和《上海市制造业转型升级“十三五”规划》，上海生产性服务业积极探索发展服务型制造，开展相关调查研究和试点总结，探索开展服务型制造基础研究，立足制造业提质增效和生产性服务业高端发展，开展了《服务型制造统计方法与评价指标》课题研究，形成评价制造业企业服务化转型的指标体系，并推荐在技术工艺、服务能力、运营管理等方面都具有优势的企业，参与工信部首批服务型制造示范遴选，有1家企业入选。

2017年，上海市经信委通过生产性服务业发展专项资金，进一步支持、引导和推动总集成总承包服务、电子商务和信息化服务等重点领域发展，促进产业链提质增效，业务流程、生产组织方式和服务模式创新，延伸服务半径，带动制造业产品“走出去”，并推动与制造业密切相关的研发设计服务、供应链管理服务、检验检测服务、节能环保服务、专业维修服务等生产性服务业各重点领域发展，服务和支撑上海制造业转型升级。

上海电子商务“双推”工程重点聚焦先进制造业、生产性服务业领域具有“互联网+”服务特征的产业互联网服务平台及创新服务模式，遴选14家年度“双推”服务平台，涉及工业品采购、产品追溯、化工品交易、检验检测、物流供应链、跨境营销、金融综合服务、网络营销与信息技术服务等专业服务领域；举办2017“双推”工程启动暨走进生产性服务业功能区对接交流活动，加大“双推”社会宣传力度。根据第三方监测审验结果，“双推”工程支持14家平台企业累计新签约中小企业客户近1300家，其中上海受益中小企业近千家。

根据上海人工智能推进工作部署，在生产性服务业领域开展人工智能应用项目、企业及专家的征集，鼓励重点生产性服务业企业加快探索将人工智能技术嵌入服务过程各环节，发展智能服务、提升服务能级，与智能制造互动融合发展。

三、推进生产性服务业功能区建设

2017年，上海市经信委首次开展创建类生产性服务业功能区复审和2017年度认定类生产性服务业功能区复审。配合崇明世界级生态岛建设战略，加强对崇明陈家镇生产性服务业功能区的规划、管理指导，严格按照生态岛建设要求推进功能区建设。全市形成39家（32家重点推进、7家重点创建）生产性服务业功能区布局，吸引一批以供应链管理、电子商务与信息化、研发与设计、检验检测等生产性服务业为产业主导、在行业内具有引领作用的2万多家企业集聚。随着功能区建设的逐步深入，产业日益集聚和投产项目后续效应显现，功能区土地集约利用效应明显增强，单位产出水平逐年提高。

各生产性服务业功能区在项目引入上更加突出自身产业定位和产业特色。如市北生产性服务业功能区先后引进浪潮云计算服务中心、上海数据交易中心等领军企业，在全市确立起市北大数据产业发展的核心竞争力；南郊生产性服务业功能区作为东方美谷核心区，引进云健康基因科技等一批美丽健康产业企业等。为助力科创中心建设，生产性服务业功能区更加注重鼓励创新创业，提升综合性服务功能，各类创业孵化器、产业公共服务平台在功能区内落地。如张江集电港生产性服务业功能区精心打造的“895创业营”，以选拔、培训、辅导、竞赛四位一体的方式，发现和培育一批优秀创业团队和项目，借助张江的资源力、资本的助推力、陪练的指导力、媒体的宣传力、项目自身的执行力等，使创业团队迅速成长；E通世界生产性服务业功能区建立“创业苗圃、企业孵化器、企业加速器、产业园”一体的扶持服务平台，为企业提供全方位的服务等。随着产城融合的加快，生产性服务业功能区内的人才配套保障更加完善，如金桥生产性服务业功能区北区由家人才公寓、南区阳光公寓有效解决园区白领、蓝领的居住问题；张江集电港生产性服务业功能区“天之骄子”昇集办公、人才公寓、商业为一体的综合性社区，周边配套完善有较成熟的餐饮、银行、超市、邮局、医院等公共配套设施；漕河泾松江生产性服务业功能区公共租赁住房项目全部建成后，可容纳7000余名园区企业职工居住生活等。

此外，市经信委加强生产性服务业前瞻性研究，开展“服务型制造统计方法与评价指标”课题研究，提出上海服务型制造的定义、分类、主要行业、发展重点和统计方法，设计制造业服务化转型的总体评价指标，经过企业实践论证，可用于研究成果转化；开展“产业组织优化创新机制研究”，深入研究生产性服务业与服务型制造领域产业组织主要创新模式、发展趋势及对策建议；开展“生产性服务业功能区配套建设需求及对策研究”，根据“以人为本，产城融合”原则，建议加强功能区员工居住、交通、生活、生态环境等方面的配套设施建设，以更好地服务于入驻企业和员工。

（陈琦芳）

都市产业发展情况

上海都市产业主要包括轻工纺织产业，它是上海工业结构中的基础性产业和出口比较优势产业，是上海推动高质量发展的“助推器”和创造高品质生活的“稳压器”，为上海经济发展作出了重要贡献。2017年，上海轻纺工业经济在整个经济形势依然十分严峻的情况下，逐步企稳，发展稳中有进。

一、2017年轻纺工业经济运行概况

（一）规模情况

轻纺工业规模以上企业实现工业总产值5601.6亿元，比上年增长2.4%；出口交货值1041.3亿元，同比基本持平

（略降 0.3%）。在全市 13 个主要工业门类中，轻工产值排名第四，仅次于汽车（6774 亿元）、机械（604 亿元）和电子（5447 亿元），纺织排名倒数第四。

（二）效益情况

质量效益持续平稳发展，实现利润总额 480.7 亿元，同比增长 7.8%；销售利润率达 8.5%，同比上升 0.3 个百分点；缴纳税收总额 183.6 亿元，同比下降 4.7%。在全市 13 个主要工业门类中，轻工利润值（401 亿元，同比 +5.1%）排名前三，仅次于汽车（983 亿元，同比 −0.8%）和石化（425 亿元，同比 +65.5%），纺织排名倒数第四。从全国来看，上海消费品工业利润总额占比 3.5%，同比略降 0.1 个百分点；主营业务收入占比 2.3%，同比略降 0.1 个百分点。

（三）结构情况

在 18 个子行业中，产值、出口、利润情况如下：

1．产值排名前三的行业是电池家电照明（763.1 亿元）、塑料（733.9 亿元）、食品（578.9 亿元，不包括农副食品加工和饮料），分别占轻纺总产值的比重为 14%、13%、10%，日用金属和工艺品紧跟其后，产值是 402.4 亿元、384.9 亿元，这 5 五个行业合计占比 51%。排名落后的 3 个行业是文教体育（94.5 亿元）、木制品（57.4 亿元）、化纤（45.5 亿元），合计占比 4%。

产值同比 10 升 8 降，其中增长的行业总产值占轻纺总产值的比重为 64%，增速最快的前 3 个行业是相关专用设备制造、皮制品、电池家电照明，分别增长 12.2%、11%、9.1%，家具增速紧跟其后，同比增长 5.5%。

2．出口交货值排名前三的行业是电池家电照明（253.7 亿元）、塑料（122.8 亿元）、相关专用设备（122.4 亿元），分别占轻纺总出口额的比重为 24%、12%、12%，合计占比 48%。排名落后的 3 个行业是木制品（5.7 亿元）、饮料（6 亿元）、农副食品加工（11.3 亿元）。

出口额同比 9 升 9 降，其中增长的行业出口额合计占轻纺总出口额的比重为 37%，增速最快的前 3 个行业是农副食品加工子行业、日化、工艺品，分别增长 25.6%、11.3%、9.2%，但这 3 个行业出口规模较小（占比 8%）。

3．利润排名前三的行业是电池家电照明（69.3 亿元）、食品（66 亿元，不包括农副食品加工和饮料）、日化（62.7 亿元），分别占轻纺总利润的比重为 14%、14%、13%，合计占比 41%。排名落后的 3 个行业是化纤 5.4 亿元）、木制品（0.8 亿元）、服装服饰（微亏 0.2 亿元）。

利润同比 10 升 8 降，其中增长的行业利润合计占轻纺总利润比重 73%，增速最快的前 3 个行业是食品（不包括农副食品加工和饮料）、日化、家具子行业，分别增长 53.9%、30.6%、17.8%，这 3 个行业中食品、日化的利润规模较大（分别为 66 亿元、62.7 亿元）。

表 1　2017 年上海轻纺产业统计

（单位：亿元）

分类			可比价产值	同比(%)	出口交货值	同比(%)	利润总额	同比(%)
轻工	1	皮革、毛皮、羽毛制品	188.4	11.0	33.0	−0.8	12.9	5.2
	2	木竹藤棕草制品业	57.4	−3.4	5.7	−7.6	0.8	−72.7
	3	家具制造业	319.9	5.5	67.0	−4.1	37.6	17.8
	4	造纸及纸制品业	222.0	−2.3	16.6	4.7	13.2	−3.3
	5	印刷	183.9	3.5	21.6	3.8	13.5	6.3
	6	文教体育用品制造业	94.5	−11.0	46.9	−9.0	12.1	−14.0
	7	塑料制品业	733.9	4.0	122.8	−1.2	53.1	−5.0
	8	工艺品及其他制造业	384.9	0.4	30.9	9.2	30.7	3.1
	9	日用化学产品制造业	313.8	−1.9	36.5	11.3	62.7	30.6
	10	日用金属及设备制造	402.4	−0.8	81.2	1.9	28.1	−9.6
	11	电池、家电及照明器具	763.1	9.1	253.7	−2.6	69.3	4.5
	12	相关专用设备制造业	365.4	12.2	122.4	5.5	37.1	3.0
食品	13	农副食品加工业	313.8	−4.5	11.3	25.6	13.6	−3.0
	14	食品制造业	578.9	−2.5	32.0	−1.2	66.0	53.9
	15	饮料制造业	98.9	0.9	6.0	−15.4	8.9	−7.2
纺织	16	纺织业	198.9	1.9	41.2	3.1	15.8	4.1
	17	纺织服装、服饰业	336.0	4.1	92.8	−5.3	−0.2	−103.7
	18	化纤制造	45.5	−3.7	19.6	6.0	5.4	11.4
消费品行业合计			5601.6	2.4	1041.3	−0.3	480.7	7.8
工业合计			32422.8	6.9	7716.3	6.7	3145.5	10.5

二、部分重点行业的发展分析

1．纺织行业

2017 年，纺织行业在跌速逐年放缓的趋势下，出现质的突破，实现止跌回升。454 家规模以上企业（以年主营业务收入 2000 万元计）共实现工业总产值（现价）566.99 亿元，总产值（可比价）达到 581.01 亿元，比上年的 553.34 亿元增长 5%；工业销售产值达到 571.41 亿元，比上年的 552.81 亿元提高 3.36%；产销率达 100.78%，产销衔接良好。

从分行业生产情况来看，除毛纺织及染整精加工行业总产值下跌 21.17% 外，出现全面普涨态势。其中，家用纺织制成品制造行业涨幅最大，总产值达到 90.80 亿元，同比增长 19.19%；销售产值同步增长 20.41%；产销率达到 102.83%，产销平衡。针织或钩针编织物及其制品制造行业，总产值同比增幅为 12.75%；但销售产值同比下降 14.10%；产销率达到 101.36%。其余几个分行业产值都小幅提高。

从销售产值来看，绝大部分行业的销售产值都同比增长，两个分行业出现较大下滑；唯一产值下降的毛纺织及染整精加工行业，销售产值下降 18.74%；针织或钩针编织物及其制品制造行业，虽然产值涨幅较高，但销售产值下降 14.10%。此外，机织服装制造行业的销售产值与上年基本持平，但是产值有所提高，产销率为 96.85%。除家用纺织制成品制造行业外，其余各分行业的销售产值都略有提升。

2．食品工业

2017年，食品工业完成工业总产值1009.77亿元，同比增长0.1%；占全市工业总产值的3.0%，与上年持平；完成主营业务收入1274.92亿元，同比增长4.0%；实现利润88.54亿元，同比增长36.7%。在经济新常态的大环境下呈健康转型发展态势。

全市食品工业呈现先抑后扬的态势，上半年产值同比下降幅度逐月扩大，至7月同比下降5.5%。下半年开始，降幅逐月收窄，至12月同比下降3.1%

子行业中，农副食品加工业受进口市场影响，牲畜屠宰业产值跌幅较大，产值同比下降43.5%；饮料、酒和精制茶制造业整体颓靡，10个子行业中，有8个产值下降，降幅最大的是其他酒制造业，产值下降66.5%。茶饮料及其他饮料制造业产值同比下降35.7%。

3．日化行业

2017年，日化行业完成工业总产值402亿元，同比增长2%；完成销售收入410亿元，同比增长3%；出口52亿元，同比增长6%。

2017年是化妆品实施生产许可证和卫生许可证两证合一的第一年。全市获得生产许可证的化妆品企业有206家，备案企业3900多家，非特殊用途化妆品备案产品达到14万件。商事制度改革进一步深化，重审批轻监管的模式正在发生变化。国家食药监总局开放上海浦东新区作为进口非特殊用途化妆品备案管理试点，已有682件进口化妆品通过备案审批。进口化妆品的关税和消费税有所下调。

国内首创的《化妆品委托生产质量协议指南》，由伽蓝集团等15家企业共同参与起草编写，对化妆品委托方和受托方在化妆品加工的质量关键项目上，确定5个方面、45个条款，并附录质量协议的模板。该标准已正式批准成为上海市的团体标准之一。

奉贤“东方美谷”打造美丽健康产业，力争通过产城融合，将四大功能、八大中心作为基本发展结构。中国轻工业联合会授予的“中国化妆品产业之都”落户东方美谷。

三、行业转型发展与重点工作推进

2017年，以轻纺产业为主的上海都市产业（消费品工业），创新转型、久久为功，全力打响“上海制造”品牌。

1．产业政策引导，稳中求进夯基石

2016年国务院办公厅出台《关于开展消费品工业“三品”专项行动营造良好市场环境的若干意见》以来，全市上下积极贯彻落实。2017年2月，市政府办公厅颁布《关于推进本市消费品工业增品种、提品质、创品牌的实施意见》。上海市围绕脱虚向实、提质增效、创新驱动等方面，先后出台推进供给侧结构性改革27条、制造业转型升级十三五规划，以及巩固提升实体经济50条、文创产业发展50条等多项产业发展政策，对全市消费品工业发展具有重要的引导作用。

上海消费品工业规模以上企业超过3500家，基础较好。黄金珠宝、家纺、日用化学品等部分消费品领域的发展水平居于全国前列。消费品工业总产值占全市工业总产值的近1/4，利润总额占全市工业利润总额的近1/3。

2．创新创意引领，提质增效谋发展

按照“质量第一、效益优先”，上海坚持创新与创意双轮驱动，在加快科技成果转化和最新技术应用，加强行业关键共性技术攻关等创新驱动的同时，大力推进创意设计与制造业融合发展，加强中国工业设计研究院建设，推进国家级工业设计创新与研发转化功能性平台建设，已先期启动平台（一期）项目，初步完成设计创新产业供应链知识库、工业设计管理体系、设计创新指数等建设任务，为上海消费品工业增品种、提品质、创品牌奠定基础。2017年，上海推荐6家单位申报国家级工业设计中心，评选出8家市级工业中心。中国商飞上海飞机客户服务有限公司民用飞机工业设计中心、上海晨光文具有限公司产品设计中心被评定为国家级工业设计企业。

上海设计之都、时尚之都、品牌之都“三都”建设，为开展消费品工业“三品”专项行动起到推波助澜的作用。中国创意设计业首个海外基地——“上海佛罗伦萨－中意设计交流中心”5周年活动开幕式在意大利佛罗伦萨举行；成功举办2017年全国双创活动周上海主会场创新创业嘉年华、2017年上海设计之都活动周、2017中国室内设计周暨上海国际室内设计节、2017年中国国际工业博览会工业设计创新展、上海国际首饰腕表设计时尚周等；支持举办2017上海时装周、高级订制周、“城市季——国际时尚创意双向交流平台”等时尚类展示推广活动；成功举办第三届中国品牌经济（上海）论坛、工信部“中国工业品牌之旅”上海首航活动、首届上海卓越工业品牌展等。上海市被国际时尚联盟认定为全球成长最快的时尚之都，被中国品牌促进会认定为品牌经济发展要素最好省市。

一大批企业在创新与创意双轮驱动中成效卓著。如欧普照明携手美的、华为HiLink系统等，组成未来生活家联盟，实现一键智控全屋亮度色温、全屋电器联动等智慧功能；老凤祥推出“金木”组合（黄金与红木组合）的“中国红”系列、银瓷组合（白银与景德镇瓷片组合）的古瓷系列，以及迪士尼主题系列等新款新品；伽蓝集团以喜马拉雅为主题，结合航天技术、仿真技术等高科技应用，推出深受市场青睐的高档化妆品系列等。

3．品牌经济引航，区域经济显特色

上海率先提出“从产品经济向品牌经济转型发展”，并开展一系列理论研究和探索。品牌经济作为区域经济发展的高级形态，体现了内容经济、价值经济和生态经济等特征。

上海初步建立企业／产品品牌、行业／区域品牌、上海城市品牌三个层面的品牌经济发展框架，力图解决政府、社会、市场、企业在品牌经济发展中各自定位问题；依托上海城市品牌这一金字招牌，集聚品牌经济发展的各类要素，力图提升企业／产品品牌、行业／区域品牌，并使之形成反哺上海城市品牌的良性循环态势。

大力发展品牌经济，是上海开展消费品工业“三品”专项行动的重要特色。在上海城市品牌建设中，政府是当然的建设主体，依托四个中心和科创中心建设，特别是和消费品领域息息相关的“三都”建设，进一步提升上海城市的国际影响力。在行业品牌和区域品牌建设中，社会中介组织是建设主体，2017年出台的市政府67号文，以美丽健康产业为突破口，探索行业／区域品牌发展，使之成为上海一张产业发展的新名片。在企业品牌和产品品牌建设中，企业是建设主体，政府和社会积极创造良好的环境，促进其成长和发展。

上海开展全覆盖品牌培育试点示范工作，形成品牌培育新机制。几年来，工信部开展工业品牌培育试点示范工作，通过体系化、社会化、专业化的方式，“授人以渔”——帮助本土企业学习会如何做品牌、创名牌，受到企业广泛认同和欢迎。上海2016年起开展市级品牌试点示范工作，并形成无门槛、全覆盖的推进工作机制。2017年开展品牌培育体系宣贯、导入、推进、辅导和培训共51场，合计参加1717人次、参与企业1143家次。通过一系列培育环节，全年评定33家市级品牌培育示范企业（2年合计57家）。在全国295家企业被工信部认定的品牌培育示范企业中，上海企业有17家。

四、营商环境引流，海纳百川筑高地

营造良好的营商环境，是政府在推进消费品工业“三品”专项行动的关键环节。上海市正在推行的企业服务云，集聚了几十个部门资源、几百家专业服务机构，将覆盖全市几十万家企业，政策对接、服务对接、供需对接，一门式网上服务，这是继上海覆盖全市法人、自然人的征信服务系统之后的又一服务举措。

上海在发展品牌经济上，坚持培育中介服务市场，通过一手牵品牌企业、一手牵专业机构的方式，帮助品牌企业健康快速成长。例如，引入国际通行的第三方评价机制，探索构建“上海品质”自愿性认证制度，以构建高标准体系彰显上海品牌之都地位。又如，试点“品牌创新券”，重点支持品牌企业在制定品牌发展战略、导入品牌培育体系等方面购买第三方品牌专业服务，以解决企业品牌战略、品牌定位不清的关键问题。

着重解决品牌经济发展价值链环节的“断链”问题。上海从未停止这方面的探索，2014年9月，工商银行上海分行在上海自贸试验区成立国内首个“品牌支行”，积极探索品牌无形资产的质押等投融资新渠道；2016年，徐汇工商局在国家工商总局的指导下，也在探索商标质押融资的途径；2017年年初，全国首家以市场化运作的上海品牌发展基金正式注册成立，10月完成备案等所有资质认定工作；在2017年首个“中国品牌日”，由复旦大学、上海企业文化与品牌研究所联合推出的“外滩·中国品牌创新价值榜（TOP100）”正式发布，这是国内外首次以供给侧的创新、传播等要素投入为依据建立的数学模型而形成的榜单。

响亮的城市品牌、良好的营商环境，将吸引国内外更多优质资源的集聚。2017年，轻工纺织行业重点建设项目59个，总投资271.6亿元。另外，“东方美谷”、全球饰品及时尚配饰产业化基地等招商引资在谈重点项目投资额超80亿元。

（徐 铭）

文化创意产业发展情况

2017年，在中共上海市委、市政府和上海市文创领导小组领导下，在各成员单位和各区共同努力下，上海文化创意产业继续保持健康快速发展，顶层设计不断完善，重大项目加快推进，文创园区和众创空间规模扩大，文创与相关产业融合发展深入推进，国内外合作交流精彩纷呈，文创产业对全市经济发展的贡献度进一步提高，战略性支柱产业地位进一步夯实。

一、产业保持高质量发展态势

2017年，上海文化创意产业实现增加值约3718亿元，比上年增长9.7%，占全市GDP的比重为12.3%，文化创意产业已经成为上海重要的支柱性产业，成为“创新驱动发展、经济转型升级”的重要力量。在文创领域的十大门类中，休闲娱乐服务业、咨询服务业、工业设计业、软件与计算机服务业、广告及会展服务业等增速居前五位；软件与计算机服务业、咨询服务业、工业设计业、建筑设计业、休闲娱乐服务业等规模居前五位。在文化创意产业中，以工业设计、建筑设计、时尚创意业、软件与计算机服务业等门类为主的创意与设计产业，其增加值同比增长8.7%，在全市文化创意产业中的占比为46.3%，创意与设计产业增加值占全市生产总值的5.7%。文创产业保持健康稳步的高质量发展态势。

深化文创领域高地建设。创意与设计产业融入到产业转型升级、城市建设更新、国际交流合作等方面，中国首架具有完全自主知识产权的大型喷气式客机C919在上海浦东机场成功首飞，中国商飞设计研发中心以工业设计和集成创新引领，完成国人的大飞机梦；中国工业设计研究院和中科院光机所联合研制的“大口径激光干涉仪”实现量产，在高精度检测方面突破国外垄断；晨光文具设计中心则通过每年推出千余款新品，连续5年成为全国文具制造企业第一。影视产业要素加快集聚。博纳、阿里、爱奇艺、联瑞等业界具有影响力的制作公司与发行主体先后落子上海；立鼎、生动数码等高科技后期制作公司带着亚洲首屈一指的混音棚、制作基地落户上海。网络视听产业规模稳步增长。2017年，上海《信息网络传播视听节目许可证》持证机构32家，土豆、聚力等老牌视听网站战略转型、明确定位，哔哩哔哩、喜马拉雅、蜻蜓等垂直类龙头企业逐步涌现。动漫游戏、网络视听、网络文学产业总值位于全国第一、占全国总量一半。国家对外文化贸易基地（上海）快速发展。截至年底，基地累计入驻企业500家，累计注册资本超过343亿元。上海第一财经传媒有限公司等企业和“超时空大冒险”等项目2017年获商务部、中宣部等授予的国家文化出口重点企业和重点项目称号，上榜企业数量在全国省市排名中继续名列前茅。

二、出台“文创50条”引领产业发展

出台“上海文创50条”，重点聚焦影视、演艺、动漫游戏、网络文化、创意设计、出版、艺术品交易、文化装备等八大领域。深入开展调研，借鉴国际经验，对标兄弟省市发展文创产业的先进做法，并结合上海实际，形成《关于加快本市文化创意产业创新发展的若干意见》。应勇市长出席上海举行加快文化创意产业创新发展大会，全面部署落实文创50条。同时，根据《若干意见》，深入开展影视、数字文化、演艺、艺术品、出版、创意设计、文化装备等相关细分产业实施意见的编制工作。

为了确保上海“文创50条”的各项发布，政策措施落到实处，市国（地）税务局特编制文化创意产业税收优惠政策汇编和解读，方便企业了解和对照；市工商局简化股权激励变更登记流程，推动科技成果转移转化；市规土局针对文化创意产业特点，推动新增文创用地供给和搬货存量土地资源的政策落地；市人社局为满足文创产业发展人才需求，对符合条件的文化创意领域高端和紧缺人才可以直接办理户籍引进、外籍优秀人才可申请“中国绿卡”、以及开通高级职称评定“绿色通道”等，将服装制版师、视频编辑、三维CAD等21个文创相关专项职业能力考核项目纳入政府补贴目录，等等。充分发挥职能部门作用，为文化创意产业创新发展保驾护航。

另外，市政府印发《关于推进上海美丽健康产业发展的若干意见》，到2025年，初步建成“研发设计、智能制造、检测检验、展示体验、平台交易”功能为一体的美丽健康全产业链平台；上海美丽健康产业形成千亿级产业能级，培育出年销售收入超过100亿元的行业重点企业10家、年销售收入超过500亿元的行业领军企业3–5家；实现拥有10个以上国际知名品牌，自主品牌产品市场占有率占全国50%以上。

三、深化文创产业载体建设和布局

加强市区联手、区域联动，“十、百、千”产业载体工程建设持续推进，文创产业集聚发展效应明显，形成产城融合发展新态势。上海共有市级文创园区128家，总建设面积已经超过1000万平方米，入驻园区的企业近2万家。同时，修订《上海市文化创意产业园区管理办法》，进一步规范和提升市级文化创意产业园区的发展能级，研究完善退出机制。

以龙头企业带动产业集群发展，全市区域性产业集聚度加速提升，金山区的研发设计、嘉定区的专业中介成为全市生产性服务业中集聚度最高的区域。金山区促进地域人文元素、资源禀赋与园区的深度融合，以“一园一品”特色，串联金山嘴海洋文化创意产业园、海阔东岸文化创意产业园、荣欣书院等特色园区，打造以山阳镇海渔文化为代表的文创园区集聚群，为构筑金山历史文化和滨海特色文化走廊，形成独具魅力的沿海文化岸线奠定基础；深化“区区合作、品牌联动”机制，上海临港·枫泾科创小镇是金山区、枫泾镇政府和临港集团、漕河泾开发区通过战略合作，落实上海建设具有全球影响力的科创中心战略的重要载体，正逐步形成科技创新小镇、大众创业小镇、创投云集小镇等。嘉定区以京东、百度、国美、齐家网、聚美优品、找钢网等为龙头，带动培育电子商务产业集群；以协一国际、百度在线、中国元素、思美传媒、观池文化传播等公司为龙头，带动培育广告创意产业集群；以三七玩、游族、起凡数字、浩方科技、骏梦网络等公司为龙头，带动培育网络游戏设计制作产业集群；以震旦、浩汉、龙域等公司为龙头，带动培育工业设计产业集群；以雅昌、开心麻花等公司为龙头，带动培育文化艺术产业集群。产业集群特色逐步彰显。

长宁区提出“时尚长宁、创意生活”的特色定位理念；松江区整合资源丰富“泰晤士文化创意产业园区”内涵；奉贤区加紧建设颇具产业特色的“东方美谷”；静安区环上大国际影视产业园初具规模；环同济文化创意经济圈已集聚现代设计企业2000余家；黄浦江两岸公共空间贯通工程和崇明世界级生态岛建设大力兴建；结合城市更新，提供新的增量载体资源，原世博城市最佳实践区南片区建成“越界世博园”文创园区、原苏州河畔的闲置历史老仓库已改造成为八号桥艺术空间，等等。全市文化创意产业“一轴、一带、两河、多圈”的产业布局得以优化，形势喜人。

四、文创活动品牌逐步唱响

提升文创品牌活动影响力。第19届中国国际工业博览会以“创新、智能、绿色”为主题，展览总面积以28万平方米再创历史新高，吸引28个国家和地区的2562家一流参展商同台竞技，共吸引境内外专业观众167906人次，较上届增长8%，其中工业设计创新展备受关注。2017上海设计之都活动周设置主场设计展、跨界论坛、系列活动和设计365四大版块，不仅诠释设计的新内涵和新价值，更生动演绎设计从宏观到细微，从创意概念到实际应用的方方面面。被誉为中国室内设计发展“风向标”的中国室内设计周自2017年起由北京移师上海，与上海国际室内设计节合并举办。2017中国室内设计周暨上海国际室内设计节以“设计•共享”为主题，呼应“大众创业、万众创新”的政策号召，通过一系列活动凸显新技术、新产业、新业态、新模式对室内设计行业发展起到的重要作用。2017年全国大众创业万众创新活动周在上海主会场举行启动仪式，主题是“双创促升级，壮大新动能”，中共中央政治局常委、国务院副总理张高丽出席在上海举办的启动仪式。2017秋冬上海高级定制周得到业内广泛认可，获得国内外媒体的共同关注，致力于打造成为上海、中国、亚洲具引领作用的最高梯级高端时尚产业推动与商贸平台。“2017时尚上海”第23届上海国际服装文化节国际时尚论坛暨第16届环东华时尚周以艺术、文化等多种形式对上海时尚进行再创造，带来全新的流行视角和时尚解读。2017NABShow上海跨媒体技术展将逐步建立和培育本土化、国际化、综合型的全球技术装备展示和交流平台，有助于更多中国文化装备企业实践发展战略，扩大国际合作空间，有效推动相关文化科技企业、产品在文化贸易中“走出去”与“引进来”。2017全国手工艺产业博览会暨非物质文化遗产传统技艺展以在沪举行，不同文化业态交相辉映，是一场全球化新时代背景下，工艺与艺术的盛宴。2017上海书展暨“书香中国”上海周，吸引全国500余家出版机构参展，推出15万余种优秀出版物、900余场阅读文化活动，打造宣传社会主义主流价值观的重要载体和推广全民阅读的重要平台。

推进上海文创“走出去”。中国创意设计业首个海外基地——“上海佛罗伦萨－中意设计交流中心”五周年活动开幕式在意大利佛罗伦萨举行，中共中央政治局委员、上海市委书记韩正、佛罗伦萨市长纳尔德拉出席开幕式。开幕式上，“上海客厅”项目揭幕，上海大世界、中意中心与佛罗伦萨市签署手工艺文化交流合作协议。组织上海文化企业赴深圳参加第13届中国（深圳）国际文化产业博览会，获得优秀组织奖和最佳展示奖。上海工业设计力量组团参加在武汉举行的首届中国工业设计展览会，展区面积超过4500平方米，占本次展览会总面积的1/6，为全国各省市之最；在当天举行的首届中国工业设计高峰论坛上，中国商飞上海飞机客户服务有限公司民用飞机工业设计中心、中芯国际集成电路制造（上海）有限公司设计服务中心、上海晨光文具股份有限公司产品设计中心等3家单位获得2017年国家级工业设计中心授牌；上海市经信委获中国工业设计展览会优秀组织奖，中国工业设计研究院荣获最佳搭建奖。市文创办及浦东、徐汇、虹口、嘉定、奉贤、崇明等区文创办相关同志组成上海市代表团，赴京参加第12届中国北京国际文化创意产业博览会，并在此期间走访北京798艺术区、北京910黉堂产业园，北京市文化创意产业展示中心等北京文创地标。

五、“文创+”融合发展激发创新活力

深入推进融合发展。文创和金融融合。组织召开文化金融合作座谈会；推动市文化产业创业投资引导基金健康运行，完成10家天使投资企业签约；设立市级文化类小额贷款公司，支持精文投资公司发起成立上海滨江普惠小额贷款公司；搭建文化投融资服务平台，发挥上海新金锦文投资公司、东方惠金担保公司、东方惠金创投公司等金融资讯和投融资功能。

文创和制造融合。研究制定《关于促进上海文化装备产业发展实施办法》，制定文化装备发展目标和具体措施；举办“2017 NAB Show Shanghai”上海国际电影电视节跨媒体技术展，共吸引17个国家及地区120余家广播设备技术的制造商和供应商。

文创与贸易融合。“文创中国”中国大区运营仓储中物流中心正式成立，6.83万平方米的上海国际艺术品保税服务中心结构封顶，将成为全球最大艺术品保税仓库。以国家对外文化贸易基地（上海）为代表的一批文化贸易公共服务平台快速发展，截至2017年年底，基地累计入驻企业500家，累计注册资本超过343亿元。2017年，全市实现文化产品进出口约50亿美元，同比增长5%左右，文化服务进出口（含广告服务、会展服务和文化娱乐服务）40亿美元，同比增长4%左右。

文创与农业融合。提高农业领域的创意和设计水平，支持发展集农耕体验、田园观光、教育展示、文化创意于一体的特色农业。

文创与双创融合。设立总规模50亿元的上海双创文化产业母基金，总规模100亿元的众源母基金，文化双创母基金第一期20亿元已经开始启动，众源母基金首期管理规模30亿元。据不完全统计，在文化创意产业园区中，60%左右都配备有园区创意创业孵化器，已有500多家众创空间及孵化机构。Founder方糖小镇、越界－腾讯创业基地、海星客等一大批各具特色的众创空间，也已经成为推动创新创业的重要平台和孵化器。

六、发挥资金杠杆作用推动产业发展

加强政府、园区、企业间“点对点、面对面、心连心”交流，市文创办主动走到各区，走进文创园区和企业，上门解读政策、推送服务，深入了解各区、园区和企业文创产业发展和建设情况，听取相关意见和建议，改进工作方法，提高服务意识，提升解决问题的能力，进一步发挥文创资金对产业发展的推动作用。

完成文创资金申报、评审和验收工作。2017年“文创资金”申报收到项目有效申报材料1831份，同比增长200个，再创历史新高。文创项目实行市区两级评审制度，总计688个项目通过区级评审。市文创办共召开28场专家评审会，对通过初审的项目进行答辩评审，最终通过项目292个，拟扶持资金总额43075万元，区县配套扶持金额共计26639万元，撬动社会资金投入29.5亿元。“文创资金”继续加大对民营企业（含外资）扶持力度，共扶持民营项目242个，占拟扶持项目总数的82%，市区扶持金额达58349万元，占拟扶持总金额的83%。

推进市区联动加强项目管理和验收试点工作。充分发挥各区主战场作用，文创项目管理和验收项目下放到区，在浦东、黄浦、静安、徐汇、杨浦区进行试点。试点期间，召开市区联动加强文创项目管理和验收试点工作相关区座谈会，总结先进经验，推广试点成果，为下一步有序扩大试点范围做好准备。研究制定项目管理和验收试点的规范指导意见，建立第三方机构参与、项目重大事项变更申请等机制。

（徐　铭）

工业互联网发展情况

上海在工业互联网领域一直走在全国前列。2017年，上海全面贯彻落实《上海市加快制造业与互联网融合创新发展实施意见》和《上海市工业互联网创新发展应用三年行动计划（2017—2019年）》，紧紧把握工业互联网创新发展新机遇，重点围绕“合作、生态、政策、项目、宣传”等方面，进行相关工作布局。

一、加强国内外合作和交流

与中国信通院签署战略合作框架协议，全面推动在工业互联网等方面的合作。在此基础上，2017年12月1日，工信部与上海市政府签署工业互联网战略部市合作框架协议，将围绕共同建设工业互联网产业联盟上海分联盟、打造国家级工业互联网创新中心、建设工业互联网国家节点和平台、营造工业互联网技术创新与产业化环境等方面开展广泛深入合作。此外，上海充分发挥国际化优势，加强与GE、Autodesk、SAP、PTC等一批国际工业互联网领域知名企业的交流合作，着力推动临港全国中德智能制造合作示范区建设等。

二、构建融合发展生态体系

指导成立上海市工业互联网产业联盟，致力打造上海工业互联网全产业链生态推进体系；在此基础上，进一步对接国家工业互联网产业联盟，推动成立国家工业互联网产业联盟上海分联盟的。分联盟已正式启动课程培训、行业标准、案例宣传等各项工作。大力推动以临港、上海化工区为代表的新型工业产业集群打造工业互联网示范基地。此外，以松江区为代表目前正在积极打造以工业互联网创新发展产业发展生态体系。松江区申报2017年工业互联网领域的国家新型工业化基地。11月7日，在中国（上海）工博会期间，授牌临港、松江、金山三个地区为“上海市工业互联网创新实践基地”。

三、推动落实相关支持政策

新设立上海市工业互联网创新发展专项资金，制定发布《上海市工业互联网创新发展专项支持实施细则》，开展2017年度工业互联网专项资金项目申报。围绕创新应用、支撑体系和产业集群等方面，引导支持企业互联网化转型和产业生态体系打造，推动企业模式创新和组织变革。该专项企业踊跃报名，项目质量优异，汽车、核电、船舶、航空、装备等一批上海本地重点企业转型趋势和需求明显，也得到市财政的认可。此外，由市经信委、市财政局牵头组建的工业互联网产业基金近期正式成立，引导社会资本向工业互联网领域集聚。

四、推动重点平台与项目打造

以工业互联网中心为载体，重点打造上海市工业互联网研发与转化功能型平台，推动制造强国大数据平台以及标识解析等国家节点落地实施。同时，聚焦全市工业互联网六类重点产业，通过试点示范推动互联网化转型。如核五公司、找钢网等4个项目入选工信部2017年度制造业与互联网融合试点示范。同济大学、宝钢工业技术等入选中德智能制造合作试点示范，上海石化、江南造船、上海建工等3家企业被评为2017年工信部贯标示范企业。上海电气、仪电集团等被评为2017年制造业“双创”平台试点示范。

五、搭建宣传展示平台

市经信委联合工信部通信管理局、中国信通院等，成功举办工业互联网创新峰会、全国智能制造试点示范（工业互联网）项目现场交流会等，为国内外优秀企业搭建集中展示宣传平台。借助工博会等宣传平台，以及同期举办的全球信息化论坛，设立工业互联网分论坛和专业展区，对工业互联网重点企业和成果进行集中展示和宣传。此外，编印发布《上海市工业互联网创新发展实践案例集》，开展全市六类重点产业的工业互联网推进策略研究等。

（张　诚）

智慧城市建设情况

2017年，上海全面推进面向未来的智慧城市建设，显著提升泛在化、融合化、智敏化水平。信息化应用全面渗透民生、城管、政务等领域，数字惠民效果逐步显现，数字城管能级明显提升，电子政务效率持续改善；信息化与工业化深度融合推动产业加快向高端发展，信息技术自主创新和产业化能力进一步增强，电子商务蓬勃发展；信息安全技术支撑和保障机制不断完善，可信、可靠的区域信息安全保障体系基本形成；通信质量、网络带宽、综合服务能力显著提高，基本构建起宽带、融合、安全的信息基础设施体系。

一、打造便民惠民的智慧生活服务体系，民生服务进一步完善

医疗领域，以电子健康档案为基础、以市区两级卫生综合管理平台为主干的卫生信息化应用框架基本建立，500余家医疗卫生机构实现互联互通和信息共享，汇聚了1亿名全国患者电子健康档案，诊疗记录6.09亿条，数据总量达到1800TB。

教育领域，以教育信息资源共享、电子书包、网上教学等应用为重点的教育信息化成果显著，上海大规模智慧学习平台（上海微校）上线试运行。

交通领域，基本建成以道路交通综合信息服务（智行者）、公交信息服务（上海公交）、公共停车信息服务（上海停车）等为主干的交通信息化应用框架，全市公交站亭建成1600余块LCD 55寸显示屏、1700余根太阳能电子站牌实现车辆实时到达信息的发布；此外，电子账单公共服务平台、为老综合服务信息平台、数字博物馆、图书借阅“一卡通”等一批重大公共服务信息化项目得到广泛应用。

二、打造纵深立体的城市管理信息化网络，城市管理进一步加强

城市综合管理方面，城市综合管理信息平台进一步向基层拓展，全市213个街镇基本完成平台建设，村居工作站覆盖率超过50%，依托平台推进供水、燃气、邮政等公共服务进社区，通过建立城市网格化综合管理数据库等方式实现对市级平台的优化升级。

环境监管方面，推进河长制管理平台建设，建设完成智能供水中的原水安全保障监管应用；建立固定污染源统一编码系统，完成2000余家重点污染源统一编码，开展上海市建筑工程扬尘和噪声在线监测管理系统建设工作。

食品安全监管方面，上海已经初步建成全市统一的食品安全信息追溯管理平台，覆盖种植养殖、屠宰加工、食品生产、流通、餐饮等环节，重点推进肉类蔬菜、水果、水产品、豆制品、乳制品、食用油等九大类20个品种强制追溯，基本覆盖了上海90%以上的重点食品生产经营企业，累计食品追溯数据4亿多条。

城市安防方面，推动城市安防视频资源共享、智能化消防、安全生产综合管理、多灾种早期预警等应用，城市应急处置机制逐步完善。

三、打造信息技术与产业融合创新体系，数字经济发展进一步深化

信息化与工业化深度融合，“两化”融合指数达到87，全面推进“两化”融合管理体系贯标，125家企业开展贯标，34家企业通过评定，推动首席信息官（CIO）制度建设。

工业互联网顶层规划与设计初步形成，全面贯彻落实《上海市加快制造业与互联网融合创新发展实施意见》和《上海市工业互联网创新发展应用三年行动计划（2017–2019年）》等纲领性文件，以临港、上海化工区为代表的新型工业互联网产业集群初具规模，松江区、宝山区等积极创建工业互联网创新实践基地，工业互联网创新中心、工业互联网产业联盟上海分联盟、工业互联网研发和成果转化功能型平台等诸多国家和全市重大节点项目推动落地，海尔、三一等一批国内外优质工业互联网平台企业加速集聚。

数字经济与信息技术产业创新发展不断加速，2017年，全市电子商务交易额超过2.4万亿元；信息服务业增加值2179.02亿元；电子信息产品制造业总产值6505.04亿元，增长7.6%，集成电路、新型显示等产业研发能力大幅提升，完成28nm芯片技术研发，主动矩阵有机发光二极体（AM-OLED）面板在全国率先实现量产。

四、打造透明高效的智慧政务服务体系，政务信息化进一步拓展

政府公共数据开放有序推进，贯彻《上海市大数据发展实施意见》总体要求，进一步完善大数据发展制度机制建设，构建大数据交易机构、发展联盟、创新基地、产业基金、研究中心等“五位一体”的产业生态，积极创建国家大数据综合试验。上海市政府数据服务网累计开放数据集超过1500项，涵盖经济建设、资源环境、教育科技、道路交通等12个重点领域；举办上海开发数据应用大赛（SODA），不断提升公共数据开放的社会知晓度和认同度。

集约高效的电子政务体系稳步推进，全面推进“一网通办”，加快智慧政府建设，对于面向群众和企业的所有线上线下服务事项，简化办事流程，逐步做到一网受理、只跑一次、一次办成，实现从“群众跑腿”到“数据跑路”的根本转变。

五、信息基础设施能级不断提升，服务能力显著增强

宽带城市建设稳步推进，全市光纤到户覆盖总量达950万户，千兆网络覆盖450万户。家庭宽带用户达750万户，其中光纤用户580万户。平均接入带宽达110Mbps。平均下载速率达20.52Mbps，保持国内首位。

无线城市建设快速发展，4G网络已基本覆盖全市域，4G用户达2388万号，占全市移动电话号的75%。全市4G用户平均下载速率达19.93Mbps，保持全国首位。无线局域网（WLAN）接入点（AP）超过20万个，接入场所数和AP规模在国内城市中名列前茅。i-Shanghai公益WLAN服务覆盖全市2000处重要公共场所。

功能型服务设施能力持续提升，全市登陆的国际海光缆有6个系统10条光缆，容量超过10T。互联网国际和省际出口宽带分别达2T和12T。IDC机架总数超9万个。集约化信息通信管道达11000沟公里，已覆盖中心城区90%以上的道路。

（张　诚）

国家新型工业化产业示范基地建设情况

国家新型工业化产业示范基地（以下简称“国家示范基地”）是指现有产业园区（集聚集群区）按照新型工业化要求改造提升，经培育创建形成的主导产业特色鲜明、发展水平和规模效益居行业领先地位，在协同创新、集群集约、智能融合、绿色安全等方面具有示范作用，走在全国前列的产业集聚集群区。2009年以来，根据工业和信息化部关于开展国家示范基地创建工作的要求，上海高度重视并积极开展国家示范基地创建工作，特别是近年来按照新型工业化发展的新内涵和新要求，上海深入推进示范基地建设，提升发展水平，2017年新获批3家国家示范基地，其中，金山工业园区新材料产业基地为规模效益突出的优势产业示范基地，静安大数据产业基地、松江工业互联网产业基地属专业化细分领域竞争力强的特色产业示范基地，至此，上海先后已有20家国家示范基地获工业和信息化部批准和授牌。

一、国家示范基地发展总体情况

上海市获批的20家国家示范基地分别是：上海化学工业区石油化工产业基地、临港装备制造产业基地、长兴岛船舶与海洋工程装备产业基地、航空产业基地、嘉定汽车产业基地、漕河泾新兴技术开发区电子信息产业基地、张江高科技园区生物医药产业基地、闵行区军民结合（民用航天）产业基地、金桥经济技术开发区电子信息产业基地、浦东软件园软件和信息服务产业基地、莘庄工业区装备制造产业基地、紫竹高新技术产业开发区软件和信息服务产业基地、浦东康桥工业区电子信息（移动智能终端）产业基地、嘉定工业区装备制造产业基地、青浦工业区新材料产业基地、市北高新技术服务业园区软件和信息服务产业基地、宝山新材料产业基地、金山工业园区新材料产业基地、静安大数据产业基地、松江工业互联网产业基地。

1．国家示范基地经济运行情况

2017年，上海20家国家示范基地实现工业总产值19917.3亿元，比上年增长14.7%，占全市工业区的64.8%，平均工业总产值1106.5亿元。产值突破1000亿元的国家示范基地达到9家，比上年增加1家，分别是嘉定汽车产业基地3541.4亿元、金桥经济技术开发区2344亿元、浦东康桥工业区1985.2亿元、嘉定工业区1629.3亿元、宝山新材料产业基地1448.8亿元、青浦新材料产业基地1378.1亿元、莘庄工业区1281.2亿元、张江生物医药基地1190.3亿元、化学工业经济技术开发区1174.1亿元。20家国家示范基地实现销售收入4.3万亿元，首次突破4万亿大关，同比增长13.4%，占全市工业区的56%。嘉定汽车产业基地7089.4亿元、金桥经济技术开发区6908.6亿元、张江生物医药基地4478.4亿元，位列前三甲。20家国家示范基地实现利润3500.2亿元，同比增长13.9%，占全市工业区的69.1%。20家国家示范基地上缴税金2042.4亿元，同比增长21.9%，占全市工业区的35.2%。20家国家示范基地经济运行始终保持良好的发展势头，充分显示了国家示范基地在全市产业园区中的示范引领作用。

表1　20家国家示范基地经济运行情况

序号	基地名称	工业总产值（亿元）	销售收入（亿元）	利润总额（亿元）	税金总额（亿元）
1	上海化学工业区石油化工产业基地	1174.07	1199.66	251.02	116.5
2	临港装备制造产业基地	769.02	794.88	104	45
3	长兴岛船舶与海洋工程装备产业基地	458.84	436.26	7.25	2.47
4	航空产业基地	242.32	231.44	−0.88	1.01
5	嘉定汽车产业基地	3541.4	7089.39	509.9	180.82
6	漕河泾新兴技术开发区电子信息产业基地	679	3477	316	135
7	张江高科技园区生物医药产业基地	1190.3	4478.4	667.4	343.32
8	闵行区军民结合（民用航天）产业基地	317.43	434.8	34.05	4.38

（续表）

序号	基地名称	工业总产值（亿元）	销售收入（亿元）	利润总额（亿元）	税金总额（亿元）
9	金桥经济技术开发区电子信息产业基地	2343.95	6908.62	370.17	338.91
10	浦东软件园软件和信息服务产业基地	/	700	100	50
11	莘庄工业区装备制造产业基地	1281.15	2016.68	144.46	114.98
12	紫竹高新技术产业开发区软件和信息服务产业基地	135	516	74	62
13	浦东康桥工业区电子信息（移动智能终端）产业基地	1985.23	2490.23	115.25	75.71
14	嘉定工业区装备制造产业基地	1629.3	3811.3	290	155.1
15	青浦工业区新材料产业基地	1378.08	2423.36	111.3	113.1
16	市北高新技术服务业园区软件和信息服务产业基地	45.5	1966	106.7	80.02
17	宝山新材料产业基地	1448.8	2205.4	144.5	140.7
18	金山工业园区新材料产业基地	714.57	787.66	39.26	53
19	静安大数据产业基地	/	440.8	30.9	18.9
20	松江工业互联网产业基地	583.3	592.1	84.87	11.49
合计		19917.3	42999.98	3500.2	2042.4

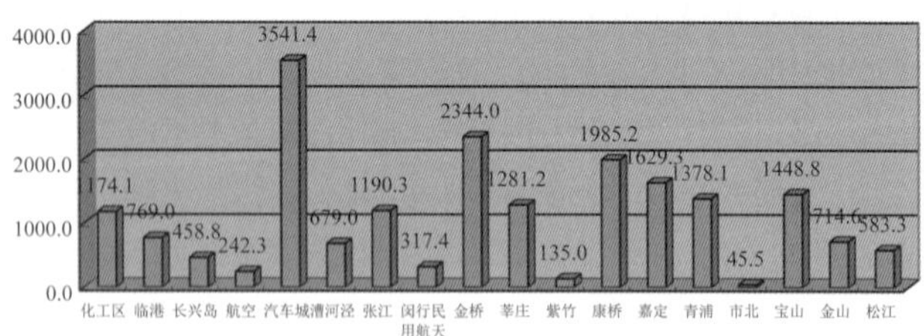

2017 年各国家示范基地工业总产值完成情况

2．国家示范基地布局和产业领域情况

一是从区域布局看，主要集中在浦东新区（临港、航空、张江、金桥、浦东软件园、康桥）6 家、闵行（民用航天、莘庄工业区、紫竹）3 家、嘉定（汽车城、嘉定工业区）2 家、静安（市北高新园区、大数据）2 家、金山（上海化工区、金山工业园区）2 家、崇明（长兴岛）、徐汇（漕河泾）、青浦（新材料）、宝山（新材料）、松江（工业互联网）等。

二是从产业领域看，国家示范基地的产业领域包括：装备制造业、原材料工业、消费品工业、电子信息产业、软件和信息服务业、军民融合，以及新兴的产业领域，重点包括：工业设计、研发服务、工业物流等服务型制造领域，高效节能、先进环保、资源循环利用、安全产业、应急产业等节能环保安全领域，工业互联网、数据中心等围绕“互联网＋”涌现的新产业、新业态等。上海 20 家国家示范基地瞄准国际一流、国内领先重点产业领域，以先进制造业和战略性新兴产业为主导，集聚发展装备制造业（6 家，其中：装备制造 3 家，船舶、航空、汽车各 1 家）、原材料工业（4 家，其中：石化 1 家，新材料 3 家）、电子信息产业（3 家，其中：电子信息 2 家，终端设备 1 家）、软件和信息服务业（3 家）、军民融合（军民结合）、消费品工业（医药）、大数据、工业互联网等主导产业。2017 年，20 家国家示范基地完成工业总产值 19917.3 亿元。其中，装备制造工业产值达 7922 亿元，占比 39.8%；电子信息产业产值达 5008.2 亿元，占比 25.1%；原材料工业产值达 4715.5 亿元，占比 23.1%；消费品工业（医药）产值为 1190.3 亿元，占比 6%；工业互联网产业产值为 583.3 亿元，占比 2.9%；军民融合（军民结合）产业产值为 317.4 亿元，占比 1.6%；软件和信息服务业产值为 180.5 亿元，占比 0.9%。

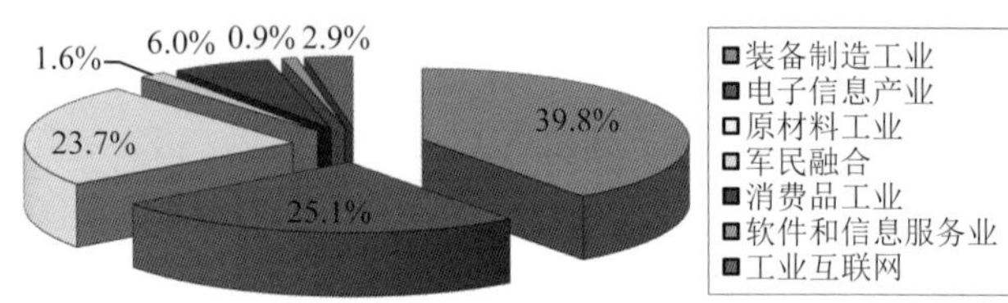

国家示范基地产业领域分布情况

三是从产业规模看，20 家国家示范基地实现销售收入 4.3 万亿元。其中，装备制造工业、电子信息产业规模双双突破一万亿元，装备制造工业实现销售收入达 14380 亿元，占比 33.4%；电子信息产业实现销售收入达 12875.9 亿元，占比 29.9%；原材料工业实现销售收入 6616.1 亿元，占比 15.4%；消费品工业（医药）实现销售收入 4478.4 亿元，占比 10.4%；软件和信息服务业实现销售收入为 3182 亿元，占比 7.4%。

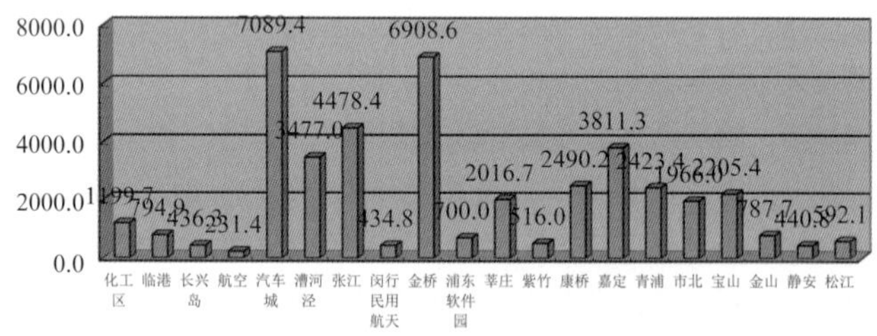

2017 年各国家示范基地实现销售收入情况

二、坚持集群集约，推动国家示范基地高端化发展

《全力打响“上海制造”品牌加快迈向全球卓越制造基地三年行动计划（2018—2020 年）》在“名园塑造专项行动”中明确提出：培育世界级品牌园区，对标国际一流园区，推进临港产业区、漕河泾新兴技术开发区、张江高科技园区、上海化学工业经济技术开发区、上海国际汽车城等载体建设，集群发展优势产业，集成高端综合服务，形成 5 个左右世界级品牌园区，有力支撑世界级先进制造业集群建设。2017 年，20 家国家示范基地实现工业总产值 19917.3 亿元，主导产业完成工业总产值 13190.1 亿元，产业集聚度达 73.8%。单位土地平均投资强度为 106.6 亿元／平方公里，单位土地

平均产值 120.7 亿元 / 平方公里，均高于全市产业园区平均水平。单位土地产值超过 100 亿元 / 平方公里的有张江生物医药、康桥、金桥、嘉定汽车城、军民结合（民用航天）、莘庄、漕河泾等 7 家示范基地。

20 家国家示范基地主导产业集聚发展情况：

——上海化学工业区石油化工产业示范基地。2017 年，示范基地完成工业总产值 1174.1 亿元，同比增长 32.5%；主导产业产值 1174.1 亿元，产业集聚度 100%。上海化学工业区石油化工产业示范基地编制完成《上海化工区产业高端化发展规划研究》，瞄准化工新材料和高技术、高附加值的精细化工产品，开展招商引资。积极研究投资者需求，推进项目落地。帮助巴斯夫及时完成抗氧剂项目备案，满足其及时投产应对市场的要求；解决彤程化学研发中心扩建等项目先行备案，支持企业上市融资，扩大规模；帮助毕克助剂项目解决分期投资带来的土地节约化等问题，促进投资者落户上海的决策；推动神马公司尼龙 66 项目试点市“三委两局”重点产业项目土地指标绿色通道，为下一步获得市规土局用地指标，打通待收储土地供地的通道。

——临港装备制造产业示范基地。2017 年，示范基地完成工业总产值 769 亿元，同比增长 29.1%；主导产业产值 712.3 亿元，同比增长 31.4%；产业集聚度 92.6%。示范基地在向集成电路、新能源汽车和高端智能装备等战略性新兴产业积极布局的过程中，既注重龙头项目的引领和带动作用，又注重上下游的产业配套，形成相互依存的生态关系。依托装备制造产业区、临港科技城、现代物流平台、奉贤园区、洋山自贸区、海外创新中心六条线，加快项目落点布局，实现奔驰再制造、君实医疗等一批重大产业项目开工，实现郡正、泛智微型燃机、卡贝尼精密陶瓷、中车深海机器人、旻艾等一批项目入驻标准厂房，推进大硅片、上飞装备、诺信汽车、昌强重工、延锋百利得等一批项目竣工投产，推动中科院高效低碳燃气轮机实验装置、300mm 半导体硅片二期项目、华大半导体等一批储备项目基本落地；新增核岛主设备制造智能工程、新型消音产品生产车间智能化等 9 个智能制造示范项目。

——长兴岛船舶与海洋工程装备产业示范基地。2017 年，长兴岛实现工业总产值 458.8 亿元，同比下降 2.66%；主导产业总产值 458.1 亿元，产业集聚度 99.8%。2017 年，示范基地围绕“产业发展、基础设施、城镇建设、社会配套、生态保护”的“五位一体”发展任务，加快高端高新特色产业发展，以世界先进的集总装、系统模块、核心配套、生产服务为一体的全要素产业基地为发展方向，积极推动长兴岛船舶与海洋工程装备示范基地建设，努力打造世界先进的海洋装备岛。中船重工七　四所、上海船舶设备研究所、长兴海洋科技港、中央商务区、天安智谷等一批项目相继在示范基地内落地并启动建设，目前长兴海洋科技港创客基地已有 19 家创客入驻。

——上海航空产业示范基地。以航空电子制造为主导产业，2017 年，示范基地完成工业总产值 242.3 亿元，同比增长 12.5%；主导产业产值 242.3 元，产业集聚度 100%。示范基地现有民用航空工业企事业单位共 40 余家，其中规模以上航空工业企业 24 家，年产值亿元以上企业 16 家。主要企事业单位有：中国商用飞机有限责任公司及其所属中航商用飞机有限公司、上海飞机设计研究院、上海飞机制造有限公司、上海飞机客户服务有限公司、上海航空工业（集团）有限公司；中国航空发动机集团公司所属中国航发商用航空发动机有限责任公司、中航通用电气民用航电系统有限责任公司、中国航空无线电电子研究所（615 所）、上海航空测控技术研究所（633 所）、上海航空电器有限公司（118 厂）；上海西科斯基飞机公司；零部件配套企业包括上海新华东光电技术研究所、氰特表面技术（上海）有限公司、蒂森克虏伯航空材料（上海）有限公司、上海上飞飞机装备制造有限公司；维修保障企业包括东方航空技术有限公司、上海波音航空改装维修工程有限公司、上海普惠飞机发动机维修有限公司、上海科技宇航有限公司、上海东联航空机轮刹车大修工程有限公司、上海柯林斯航空维修服务有限公司、上海凯迪克航空工程技术有限公司、上海航新航宇机械技术有限公司、上海威克特航空地面设备有限公司、上海才才航空设备有限公司等；航空租赁企业如中航国际租赁有限公司等。

——嘉定汽车产业示范基地。以新能源汽车制造和研制为主导产业。2017 年，示范基地完成工业总产值 3541.4 亿元，同比增长 10.2%；主导产业产值 3339.1 亿元，产业集聚度 94.3%。2017 年，嘉定汽车产业示范基地紧密围绕“产城融合”发展战略，结合“一城两镇一会”平台的建设，有效地推动和促进汽车城招商引资工作，引进一批对汽车产业发展具有引领性、创新性的汽车科研项目和占据国际、国内汽车产业高地的领军项目。蔚来汽车、国轩高科、图森科技、环宇智行、飞思氢能源、德威氢能源和亦联无线充电等一批优质企业入驻示范基地，特别是蔚来汽车和国轩高科成为新能源汽车招商的标志性成果，推动汽车城与奇虎 360、地平线机器人、德威氢能源、LUMEN 无线充电、高丽国际、荷兰代尔夫特大学等签订战略合作协议，将在汽车产业、招商、文化、养老等多领域全方位提升汽车城品质。目前洽谈项目有多家智能网联汽车领域内的领军企业，以及赛科汽车设计、日本野村综合研究所、积水化学中间膜研发中心等十余个项目。

——漕河泾新兴技术开发区电子信息产业示范基地。以电子信息为主导产业，2017 年，示范基地完成工业总产值 679 亿元，同比增长 8.5%；主导产业产值 611 亿元，产业集聚度90%。漕河泾新兴技术开发区电子信息产业示范基地把握“巩固提升”总基调，集聚资源、联动资本、管理挖潜、改革创新，拓展招商引资渠道，加强对世界500强、一部三中心、行业隐形冠军的引进，年内新引进项目85家、新注册项目135家，注册资金折合人民币合计33.79亿元；引入世界500强3家，外资项目注册资金（含增资）2.43亿美元。3家世界500强分别为：全球第二大电脑营销公司TECHDATA，太阳能、光电子领军企业韩华集团，汽车零部件生产企业三井金属爱科特地区总部、研发中心；行业龙头及隐形冠军10余家，包括中国最大互联网安全公司奇虎360上海研发中心、风电设备国内第二名明阳风电上海研发中心、磁性与光学记录体全球第一东电化兰达上海研发中心、三维光学仪器全球第一布鲁克上海分公司，以及智能仓储机器人公司快仓智能、肿瘤免疫细胞治疗公司亘喜生物科技、工业4.0公司赛往云信息技术等。

——张江高科技园区生物医药产业示范基地。以生物医药为主导产业，2017年，示范基地完成工业总产值1190.3亿元，同比增长10%；主导产业产值248.6亿元，从2002年到2016年，示范基地的产值以近25%的年均增长率快速增长，产业集聚度20.9%，同比提高0.3个百分点。2017全球制药10强中有6家（辉瑞、诺华、罗氏、强生、葛兰素史克、安进）在示范基地设立了区域总部或研发中心；2016年度中国医药工业百强中，有15家（杨子江药业、上药集团、齐鲁制药、复星医药、江苏恒瑞、江苏豪森、天士力、罗欣医药、先声药业、瑞阳制药、青峰医药、华海药业、创诺医药、三生制药、浙江京新）在示范基地设立了研发中心和运营中心（不含外资、合资企业）；2017年中国医药研发产品线最佳工业企业中有8家在示范基地或在示范基地设有研发中心（恒瑞医药、豪森医药、上药集团、罗欣药业、瑞阳制药、扬子江药业、先声药业、三生制药）；此外，示范基地以“金字塔尖科学家+原跨国药企高管团队+全球化技术研发团队+顶级风投”豪华阵容溢出创业，包括Arch、Venrock、Atlas Venture、礼来亚洲基金、红杉资本等一线资本大举进入，全球性产品不断涌现，独角兽级企业应运而生。2017年，示范基地重点引进复星凯特、劲方药业、合乐医疗、西比曼等国内知名生物医药企业和创新研发企业，特别是西比曼，作为拥有免疫细胞治疗技术和干细胞治疗技术两大平台，在美国纳斯达克上市的唯一一家中国细胞治疗生物科技公司，其总部落成于张江药谷，将进一步推进细胞治疗的创新应用。

——闵行区军民结合（民用航天）产业示范基地。主导产业涵盖航天运输器、卫星应用、载人航天和探月工程、深空探测、新能源、新材料、先进装备、电子信息等多个领域，2017年，示范基地主导产业总体发展势头良好，其中，卫星应用、新能源、新材料、先进装备等多个领域通过军工技术转民用技术及其产业化，有效促进军工经济与地方经济融合发展，带动区域经济结构调整和传统产业升级。2017年，示范基地完成工业总产值317.4亿元，同比增长1.5%；主导产业产值314元，产业集聚度98.9%。示范基地以“部市合作、军民两用”为宗旨，积极推进国家北斗导航应用上海产业基地建设，努力将基地打造为天基系统—芯片—终端设备—行业应用服务全产业链集聚区。目前已有国家北斗导航应用上海产业基地总参管理中心、合众思壮、远景数字科技、复旦控股等一批卫星导航领域的优质企业落户。示范基地内新材料企业主要立足于高强度、高模量先进碳纤维复合材料制品的研制、生产，为军工及民用产业提供结构机构、功能结构、结构功能一体化等复合材料制品，以满足军、民品配套的需要。2017年，上海复合材料公司研发的耐高温微变炭纤维增强氰酸酯复合材料和柔性轻质高导石墨烯复合薄膜实现工程化应用，产品广泛应用于高速列车、航空、航天及汽车领域。

——金桥经济技术开发区电子信息产业示范基地。2017年，示范基地完成工业总产值2344亿元，同比增长21.5%；主导产业产值465.5亿元，产业集聚度20%。经过20多年的发展，金桥经济技术开发区形成完整的电子信息产业链格局，龙头企业集聚三大产业集群、八大重点领域，形成“通信与网络产品研发制造，集成电路设计、封装、测试，以及网络文化应用”三大细分产业集群，重点发展“产业环境、知识产权服务、新技术标准研究，核心芯片研发及生产，网络及系统设备和关键配套件研发、制造，应用和嵌入式软件研发，智能终端研发、制造，平板显示研发及生产，多媒体视频，网络文化”等细分重点领域。2017年，示范基地移动视讯产业业务门类更加齐全、产业规模再次增长，实现营业收入55亿元，增长39.5%；其中，平台类企业实现营业收入47亿元，增长44.8%；内容类企业实现营业收入5亿元，增长38.3%。

——浦东软件园软件和信息服务产业示范基地。以软件和信息服务为主导产业，2017年，示范基地实现销售收入700亿元，同比增长6.1%。示范基地内企业技术与行业关联度高，产业生态完整，企业内生增长能力不断增强，产业集聚发展效应显著，形成以集成电路、移动互联、数字文化、人工智能、金融科技、信息安全和智能制造七大先进产业集群，引进众多优势企业，如集成电路领域的高通、飞思卡尔半导体、华大半导体，大数据和云计算领域的七牛、数讯，移动互联领域的帜讯、大汉三通，金融科技领域的胜科金仕达数据系统、华钦软件，信息安全领域的上讯，数字文化领域的沪江教育等。

——莘庄工业区装备制造产业示范基地。以装备制造为主导产业，2017年，示范基地完成工业总产值1281.2亿元，同比增长4.1%；主导产业产值1070.9亿元，产业集聚度83.6%。2017年，示范基地统筹区域经济取得实质进展。围绕“十三五”期间闵行区主导产业，全力推动区域经济统筹发展，新增国内企业总部2家，新增跨国公司地区总部2家，新引进先进制造业项目16个，超额完成闵行区招商引资考核指标。全年新签约项目18个，其中，本部园区7个，统筹区域11个。同时，积极推进去年签约的12个项目早开工、早投产、早达效。

——紫竹高新技术产业开发区软件和信息服务产业示范基地。2017年，示范基地实现软件和信息技术服务业平稳较快发展，产业整体质量效益得到全面提升，全年实现销售收入516亿元，其中主导产业销售收入335亿元，占比达到65%。示范基地充分利用现有产业优势，一方面扶植以民营、拥有自主知识产权、以国内市场为主体的企业；另一方面积极与国外大公司开展全面合作，加快与世界市场对接，积极推进软件和信息服务业发展，形成产业特色鲜明的重点发展领域。2017年，示范基地内软件和信息服务企业捷报凭传，英特尔荣获“2017年中国软件和信息服务业十大领军企业”称号，计划增加投资1亿美金，总投资将达2.6亿美金，把英特尔中国区总部建设成为英特尔亚太资金管理中心；印孚瑟斯中国紫竹新园区开幕，荣膺“在华跨国服务外包企业二十强”殊荣；东软集团获得上海市高新技术企业、2016-2017年度中国最具潜力企业奖、上海市行业云优秀示范项目，蝉联IDC中国医疗IT行业榜单第一，入选中国软件百强企业榜单TOP10。紫竹高新区在国家高新区综合评价中排名逐年上升，目前在全国147家国家级高新区综合排名第14位。

——浦东康桥工业区电子信息（移动智能终端）产业示范基地。以电子信息（移动智能终端）为主导产业，2017年，示范基地完成工业总产值1985.2亿元，主导产业产值1264.7亿元，产业集聚度63.7%。随着电子信息产业的快速发展，示范基地努力围绕主导产业和龙头企业不断加大招商引资力度，以智能手机、笔记本电脑、平板电脑等通信类终端产品为重点，打造融集成电路设计生产和信息服务为一体的电子信息产业链，新引进的上海华力微电子12英寸集成电路先进生产线，设计月产能4万片，肩负国家“909”工程二次升级改造的重任，工艺技术从28纳米起步，最终将具备14纳米三维工艺的高性能芯片生产能力。

——嘉定工业区装备制造产业示范基地。2017年，完成工业总产值1629.3亿元，同比增长10.9%；主导产业产值1238.2亿元，产业集聚度76%。示范基地以推进产业集聚发展、集群发展为重点，坚持走产业化和城市化融合发展，先进制造业与现代服务业融合并进的发展之路，围绕高端医疗器械、航天产业、工程及精密机械装备、汽车及关键零部件制造等新兴主导产业，已经形成四条特色装备制造业产业链，以四足鼎立之势支撑嘉定工业区装备产业集聚。目前，示范基地已吸引来自世界40多个国家和地区的近2000家实体型企业落户。培育了2家超过100亿元的核心企业，4家产值超过50亿元的企业集团，50—60家上下游企业，形成一定规模的产业链和产业集群。在高端医疗器械产业，重点发展以高端医疗仪器设备、专用设备及器械制造医疗等为主的装备制造业；在航天装备零部件制造方面，推进航电、机电、环控以及相关系统等核心零部件的制造和加工产业集群化、规模化发展；在工程及精密机械装备方面，重点发展工业用高功率激光设备、安全监测仪器等各类试验设备及有色金属冶炼、矿山机械制造等装备零配件制造；在汽车及关键零部件制造方面，以汽车关键设备及零部件、汽车安全电子配件、汽车通讯电子配件为主导的制造业。示范基地集聚上海联影医疗科技有限公司、上海三友医疗股份有限公司、上海艾普强粒子设备有限公司、上海生大医保股份有限公司等76家高端医疗装备产业，专业从事高端医疗设备及其相关技术研发、生产、销售。

——青浦工业区新材料产业示范基地。以功能性纤维、先进高分子新材料、特种金属功能材料、高端金属结构材料和前沿新材料等为主导产业。2017年，主体园区完成工业总产值1378.1亿元，同比增长19.8%；主导产业产值406.1亿元，产业集聚效应达到29.5%。引进英威达、金发科技、希悦尔包装、尤妮佳、普利特复核材料、华新丽华特殊钢制品、巴斯夫、奎克化学、巴克曼化工等一批龙头企业。依托和发挥示范基地和企业的产业集聚和带动作用，青浦区强化招商引资，重点引进新材料龙头企业和产业链上下游企业，发展成为一条包含上中下游产业的全产业链，整体提高区域新材料产业的集聚度和竞争力。同时顺应全球产业发展在技术利用、模式创新等方面的新趋势，围绕个性化、柔性化、定制化等消费新特征，大力推进新技术、新工艺、新设备、新模式等在新材料产业的应用和改造，加快产业转型升级。示范基地基本形成符合青浦区域实际的“4 + 1”新材料产业发展体系，积极带动园区及入驻企业主动转型。

——市北高新技术服务业园区软件和信息服务产业示范基地。以软件和信息服务为主导产业，2017年，示范基地实现销售收入1966亿元，其中主导产业销售收入622亿元，占比32%；总税亿元楼累计达16栋；经认定的跨国公司地区总部累计达18家。在从“传统产业”向“新兴产业”迈进的过程中，示范基地重点关注并引进了以大数据、人工智能、云计算为发展导向的新一代信息技术应用企业，朝着以数据中心为主要载体的“大数据存储、分析、交易、应用”前进，以此实现现代服务业和传统产业转型升级的需要。截至目前，先后引进浪潮信息、华院数据、赢科信息、金棕榈、中航联创、美林数据、常仁科技、小鹏汽车、宝尊电商在内的180余家科技信息企业，数据的运用涵盖了政务、医疗、办公、教育、金融、零售和旅游等多个行业领域，以大数据为特色的产业生态圈正在示范基地内逐渐壮大。

——宝山新材料产业示范基地。2017年，宝山新材料产业示范基地完成工业总产值1448.8亿元，同比增长23.3%；主导产业产值738.9亿元，产业集聚度51%。近年来，示范基地通过“区区合作、品牌联动”等方式，有效推动园区内存量资源的盘活利用。示范基地与金桥集团、临港集团、联东、金地商置等业界领先的开发主体合作建设上海北郊未来产业园、联东U谷北上海国际企业港、金地商置－金地宝山智谷、临港城市科技绿洲、联东宝山科创中心等园区载体项目建设进展顺利，招商工作都已同步启动，示范和带动效应逐渐显现。市级的石墨烯产业技术功能型平台重点推动石墨烯科技成果转化和石墨烯产业创新要素聚集，同时借鉴石墨烯平台的成功模式，与上海电缆研究所、临港集团合作，筹建超导功能型平台、物联网科创功能型平台。

——金山工业园区新材料产业示范基地。以先进基础材料、先进化工材料、新型显示分装材料、高端装备材料、动力电池材料、增材制造材料、生物医药材料、碳纤维复合材料、石墨烯等为主导产业，2017年，示范基地完成工业总产值714.6亿元，同比增长15.4%；主导产业产值419.7亿元，产业集聚度58.7%。示范基地共1314家企业，其中规模以上企业367家，新材料企业203家，占示范基地全部企业数量的15%。其中，和辉光电作为国内第一家开始量产AMOLED手机显示屏的企业，二期项目进展顺利，预计明年第6代AMOLED显示项目将试生产；华峰超纤入围“中国轻工业百强企业”百强榜单，美凯威奇（上海）新材料公司为国产打飞机C919提供涂料并指导完成涂装。朗盛、巴斯夫、立邦、中轻日化、东邦、紫荆花、花王化工等大项目或世界500强企业相继落户，示范基地产业能级进一步增强。

——静安大数据产业示范基地。静安区大数据产业发展聚焦产业发展痛点及瓶颈，着重规划布局，按照“交易机构＋创新基地＋产业基金＋发展联盟＋研究中心”五位一体思路，上海数据交易中心、上海大数据联盟静安服务中心、上海第一家大数据产业基地、大数据流通与交易技术国家工程实验室、上海大数据应用展示体验中心相继落户静安。静安大数据产业示范基地以“市北高新园区为核心，四大园区为支撑”的“1＋X”创新格局，聚焦大数据分析与挖掘、大数据融合应用、大数据共享开放与流通、大数据安全技术，2017年，示范基地实现销售收入440.8亿元，其中主导产业销售收入362.8亿元，占比82.3%。2017年，成功引进长江大数据科技有限公司、上海集景物联网科技有限公司、同程旅游、敬众科技、百融金服及州信健康等近50家大数据相关企业。

——松江工业互联网产业示范基地。松江区依托G60科创走廊“一廊九区”功能布局，形成以松江经济技术开发区为核心的工业互联网产业集聚功能区，三个配套园区作为产业协同创新发展的延伸区，打造“一核三区”的工业互联网产业集聚区，2017年，示范基地完成工业总产值583.3亿元，同比增长33.2%；主导产业产值441.2亿元，产业集聚度75.6%。以科大智能产业基地为龙头，形成以智能机器人、智能安防、智慧节能、智能汽车、3D打印、智能供应链、智能仪表、智能机电、工业自动化、物联网应用等多领域、多产品、系列化的产业格局。迄今已形成以柯马、库卡、九高节能等10家骨干企业为龙头，百余家中小企业为主体的产业群体，获批全国首个人工智能火炬特色产业基地。以正泰启迪智电港为示范区，吸引一批智能电网、智能电气相关产业集群，聚集一批互联网＋智慧能源企业。以智能电气、能源互联为产业特色，已经形成了智能输配电高、低压成套开关设备、箱式变电站、自动化设备、高中压变压器等产品及电力工程设计、安装为一体工业互联网创新产品和服务，主要产品在国内排名前五。上海保隆汽车科技股份有限公司基于工业互联网的轮胎压力监测系统、压力传感器等产品广泛的应用各大知名品牌汽车上，据权威数据统计，部分类别产品排名全球第一。

表2　20家国家示范基地产业集聚度情况

序号	基地名称	工业总产值（亿元）	主导产业产值（亿元）	产业集聚度（%）
1	上海化学工业区石油化工产业基地	1174.07	1174.07	100
2	临港装备制造产业基地	769.02	712.32	92.6
3	长兴岛船舶与海洋工程装备产业基地	458.84	458.09	99.8
4	航空产业基地	242.32	242.32	100
5	嘉定汽车产业基地	3541.4	3339.1	94.3
6	漕河泾新兴技术开发区电子信息产业基地	679	611	90
7	张江高科技园区生物医药产业基地	1190.3	248.58	20.9
8	闵行区军民结合（民用航天）产业基地	317.43	313.96	98.9
9	金桥经济技术开发区电子信息产业基地	2343.95	465.54	19.9
10	浦东软件园软件和信息服务产业基地	/	/	/
11	莘庄工业区装备制造产业基地	1281.15	1070.93	83.6
12	紫竹高新技术产业开发区软件和信息服务产业基地	135	/	/
13	浦东康桥工业区电子信息（移动智能终端）产业基地	1985.23	1264.7	63.7
14	嘉定工业区装备制造产业基地	1629.3	1238.24	76
15	青浦工业区新材料产业基地	1378.08	406.14	29.5
16	市北高新技术服务业园区软件和信息服务产业基地	45.5	46.5	100
17	宝山新材料产业基地	1448.8	738.9	51
18	金山工业园区新材料产业基地	714.57	419.66	58.7

（续表）

序号	基地名称	工业总产值（亿元）	主导产业产值（亿元）	产业集聚度（%）
19	静安大数据产业基地	/	/	/
20	松江工业互联网产业基地	583.3	441.2	75.6
	合计	19917.3	13190.3	73.8

三、坚持协同创新，提升国家示范基地综合竞争力

为深入贯彻落实中央和市委、市政府关于上海建设具有全球影响力的科技创新中心的重大战略部署，着力发展以科技创新为引领的“新技术、新业态、新模式、新产业”，上海20家国家示范基地注重营造产业创新环境，鼓励产业转型和创新发展，始终保持相当规模的创新投入，加快提高服务平台的服务质量和使用效率，企业技术创新能力不断增强。

2017年，20家国家示范基地研发投入总额达1531.9亿元，研发投入占销售收入的比重为3.72%。浦东软件园、航空产业基地、张江生物医药产业基地、静安大数据产业基地等4家示范基地的研发投入占销售收入比重超过8%，分别为13.4%、10.8%、9.9%和8.6%。

表3　20家国家示范基地研发投入占销售收入比重情况

序号	基地名称	销售收入（亿元）	研发投入（亿元）	比重（%）
1	上海化学工业区石油化工产业基地	1199.66	23.99	2.0
2	临港装备制造产业基地	794.88	41.32	5.2
3	长兴岛船舶与海洋工程装备产业基地	436.26	11.25	2.6
4	航空产业基地	231.44	24.99	10.8
5	嘉定汽车产业基地	7089.39	69.88	1.0
6	漕河泾新兴技术开发区电子信息产业基地	3477	150	4.3
7	张江高科技园区生物医药产业基地	4478.4	443.41	9.9
8	闵行区军民结合（民用航天）产业基地	434.8	20.7	4.8
9	金桥经济技术开发区电子信息产业基地	6908.62	188.26	2.7
10	浦东软件园软件和信息服务产业基地	700	93.97	13.4
11	莘庄工业区装备制造产业基地	2016.68	45.56	2.3
12	紫竹高新技术产业开发区软件和信息服务产业基地	516	41	7.9
13	浦东康桥工业区电子信息（移动智能终端）产业基地	2490.23	29.15	1.2
14	嘉定工业区装备制造产业基地	3811.3	95.5	2.5
15	青浦工业区新材料产业基地	2423.36	17.26	0.7
16	市北高新技术服务业园区软件和信息服务产业基地	1966	82.3	4.2
17	宝山新材料产业基地	2205.4	83	3.8
18	金山工业园区新材料产业基地	787.66	16.77	2.1
19	静安大数据产业基地	440.8	38	8.6
20	松江工业互联网产业基地	592.1	15.57	2.6
	合计	42999.98	1531.9	3.72

国内外领先的科技成果不断呈现，据统计，2017年，国家示范基地主导产业省级研发机构343家，其中，国家级研发机构数量达166家；国家示范基地规模以上企业有效发明专利数量达34513件。2017年，国家示范基地年末从业人员达174万人，研发人员达32.5万人，约占全部从业人员的18.6%。

表4　20家国家示范基地技术创新情况

序号	基地名称	研发投入（亿元）	规模以上企业有效发明专利（个）	研发人员（人）
1	上海化学工业区石油化工产业基地	23.99	124	457
2	临港装备制造产业基地	41.32	904	3305
3	长兴岛船舶与海洋工程装备产业基地	11.25	344	3070
4	航空产业基地	24.99	613	9592
5	嘉定汽车产业基地	69.88	132	14367
6	漕河泾新兴技术开发区电子信息产业基地	150	5613	63500
7	张江高科技园区生物医药产业基地	443.41	4027	68148
8	闵行区军民结合（民用航天）产业基地	20.7	2372	9398
9	金桥经济技术开发区电子信息产业基地	188.26	3305	35495
10	浦东软件园软件和信息服务产业基地	93.97	65	29400
11	莘庄工业区装备制造产业基地	45.56	775	8132
12	紫竹高新技术产业开发区软件和信息服务产业基地	41	328	7646
13	浦东康桥工业区电子信息（移动智能终端）产业基地	29.15	878	6995
14	嘉定工业区装备制造产业基地	95.5	4136	24012
15	青浦工业区新材料产业基地	17.26	1405	6732
16	市北高新技术服务业园区软件和信息服务产业基地	82.3	460	4612
17	宝山新材料产业基地	83	6243	13106
18	金山工业园区新材料产业基地	16.77	1869	5572
19	静安大数据产业基地	38	177	4920
20	松江工业互联网产业基地	15.57	743	6065
	合计	1531.9	34513	324524

2017年，全市20家国家示范基地搭建393家公共服务平台，其中，国家级公共服务平台86家，主要集中在研发服务、检验检测、企业孵化、技术成果转化、信息服务、电子商务、人力资源、投融资担保、公共工程等方面。如张江高科技园区的“张江药谷新药产业化加速器”，自2004年9月正式投入运营以来，在原有的新药项目孵化服务、共性技术服务、中试服务基础上，进一步投入资金配置新药研发企业共性需求的大型专用仪器设备、中试设备，引入国际医疗虚拟现实设计外包服务平台，帮助一批新药成果更好地实施技术交流、工艺放大、产品推广、品牌建设，加快新药成果的产业化和规模化发展进程，已经成为国内最大的综合性、专业化的生物医药领域的公共服务平台。

（徐静娴）

产业经济运行情况

2017年，上海产业系统抓住产业经济形势向好的机遇，积极开拓市场、加大生产，克服上年高基数的不利影响，全市规模以上工业呈现稳中向好的运行态势。

表1 2017年产业经济运行主要指标完成情况

主要指标	绝对值（亿元）	增幅（%）
规模以上工业总产值	33989	6.8
规模以上工业增加值	—	6.8
战略性新兴产业制造业工业总产值	10466	5.7
规模以上工业出口交货值	7765	6.6
工业投资	1032	5.3
其中：制造业投资	793	4.2
工业利润	3200	10.5
工业税收	3427	18.8

1．工业生产好于预期

全市规模以上工业总产值可比增长6.8%，规模以上工业增加值增长6.8%。这是多年来产业转型升级的结果，也有大环境趋好以及上年基数较低的原因。

(1) 从行业看，13个主要行业中有9个实现增长，年产值在5000亿元以上的汽车、电子和机械行业增长较快。

一是汽车行业增长19.1%，而全国汽车行业仅增长3.2%。主要是汽车市场更新换代需求旺盛，新产品、高端产品释放新动能，特别是上汽集团推出多款中高端车型、新能源汽车、智能网联汽车（如RX5、eRX5、凯迪拉克等），满足了消费升级需求。

二是电子行业增长8.6%。一方面，苹果产品（iPhone8和新款笔记本电脑）出货量和生产量增长，带动代工企业广达、昌硕快速增长。另一方面，集成电路企业呈现快速增长，华虹宏力、台积电、华力微电子、安靠电子等重点企业实现快速增长。

三是机械行业增长6.5%。一方面，受内销市场周期性增长和出口好转的影响，挖掘机指数走出U型曲线。如上海三一重工、龙工叉车生产实现高速增长；另一方面，机器人制造保持快速增长，发那科机器人、ABB机器人生产均高速增长。

表2 2017年主要行业产值增长情况

行业	工业总产值（亿元）	增速（%）
全市	33989	6.8
汽车	6774	19.1
电子	5447	8.6
医药	765	6.6
机械	6044	6.5
电力	1147	4.0
纺织	595	2.7
轻工	5065	2.4
石化	3986	2.2
钢铁	1317	1.8
有色	422	−0.7
烟草	890	−4.8
建材	319	−6.5
船舶	497	−12.3

(2) 从主要区域看，主要工业区工业总产值均实现增长，其中，在广达、昌硕及汽车行业带动下，松江区、嘉定区、浦东新区实现较快增长，金山区在化工行业和电子信息产业带动下增速加快。

表3 2017年主要区产值情况（属地口径）

区域	增速（%）
松江区	8.2
嘉定区	7.8
金山区	6.6
闵行区	5.7
浦东新区	5.2
奉贤区	3.9
徐汇区	2.7
宝山区	1.9
青浦区	1.5

(3) 从全国看，全国及东部省市工业增加值增速均出现回升，受2016年四季度上海基数抬高影响，2017年上海工业累计增速在东部地区排名第六。

表4 2017年部分东部省市工业增加值增长情况

地区	工业增加值增速（%）
全国	6.6
其中：东部	6.7
浙江	8.3
福建	8.0
江苏	7.5
广东	7.2
山东	6.9
上海	6.8
北京	5.6
河北	3.4
天津	2.3
海南	0.5

2．战略性新兴产业实现较快增长

战略性新兴产业制造业总产值10466亿元，可比增长5.7%，占规模以上工业总产值的30.8%。

表 5　2017 年战略性新兴产业制造业产值增速情况

领域	工业总产值（亿元）	增速（%）
新能源汽车	232	42.6
节能环保	567	7.4
新一代信息技术	3656	7.3
生物医药	1067	6.9
新材料	2448	3.2
高端装备	2389	3.1
新能源	338	2.9
合计	10466	5.7

3. 工业利税快速增长

全市规模以上工业利润增长 10.5%，从全国看，工业利润快速增长主要来自成本费用下降、生产加快、产品价格上涨等三方面因素。2017 年，全市工业企业利润率 8.6%，在东部地区位列第二（全国 6.5%，东部地区 6.6%，北京 9.8%）。从主要行业看，石化行业在产品价格回升带动下，利润增长 67.3%；电子行业由于台积电、昌硕的产量提升，利润增长 36.9%；机械行业由于生产销售增长加快，价格稳中有升，利润增长 13.4%。

工业税收完成 3427 亿元，比上年增长 18.8%，占全市税收总额的 28%，增收 542 亿元，对全市税收增量的贡献率为 55%，有效弥补了金融、房地产下降的缺口。

表 6　2017 年主要行业工业利润增长情况

行业	工业利润（亿元）	增速（%）
全市	3200	10.5
石化	482	67.3
电子	180	36.9
机械	435	13.4
轻工	460	9.2
有色	14	7.3
烟草	243	3.8
建材	14	3.4
医药	118	1.7
汽车	1087	0.9
钢铁	77	−9.2
纺织	21	−15.6
电力	53	−38.0
船舶	−38	/

4. 制造业投资持续走高

完成工业投资额 1031.7 亿元，比上年增长 5.3%，达到近 10 年以来最高，确保了工业发展的后劲。制造业投资于 2016 年实现由负转正，2017 年经历年中波动性起伏后稳步回升，全年完成 793.3 亿元，同比增长 4.2%，增幅达到近 10 年新高，助力了实体经济持续发展。全年全市完成技术改造投资 629.3 亿元，占工业投资总额的 61%，同比提高 1 个百分点。全市新开工项目 951 个，同比增加 208 个，完成投资 379.6 亿元，同比增长 21.9%，保持快速增长。新开工大项目主要包括中芯国际 12 英寸芯片 SN1 和 SN2 厂房建设项目、上海大众安亭二厂新车型技术改造项目、宝钢取向硅钢产品结构优化等。

5. 工业出口较快增长

在电子行业带动下，全市规模以上工业完成出口交货值 7765 亿元，比上年增长 6.6%。一方面，占全市工业出口 55% 的电子行业出口增长 8.8%，主要是受苹果产品出货量增长带动，广达、昌硕等企业出口订单均大幅增长，但增速有所回落。另一方面，因上年基数较低（2016 年规模以上工业出口交货值下降 4.7%），所以出现恢复性增长。

6. 生产性服务业好于全市服务业

生产性服务业实现增加值 10674.89 亿元，比上年增长 10.7%。重点领域发展成效初步显现，前三季度，十大重点领域实现营业收入 20383.41 亿元，同比增长 10%。其中，总集成总承包领域、金融服务和供应链管理服务营业收入同比分别增长 10.37%、16.15% 和 7.88%（数据均为季度统计）。

7. 软件和信息服务业稳中有进

软件和信息服务业营业收入达到 7794.64 亿元，比上年增长 12.9%。（增速有所回落，主要是在先发高基数的基础上，软件和信息服务业面临四大挑战：高生活成本对人才的挤出、新技术尚未产生规模效应、新旧动能接续转换有滞后期、传统软件和信息服务业升级不及预期）。其中，软件产业收入营业收入达到 4601.22 亿元，增长 12.9%；互联网信息服务业营业收入达到 2120.02 亿元，增长 23.2%。

（吴　畅）

工业进出口情况

一、工业进出口总体情况

表 1　2017 年全市及工业进出口情况

		总额（亿美元）	同比（%）
全市情况	出口	1936.8	5.6
	进口	2824.4	12.8
	进出口	4761.2	9.7
全市工业情况	出口	1092.1	6.5
	进口	843.3	11.8
	进出口	1935.4	8.7

2017 年，上海贸易逆差为 887.6 亿美元，其中，工业实现贸易顺差 248.8 亿美元。

二、主要行业进出口情况

1．电子行业

电子行业出口在电子代工增长带动下，实现快速增长。电子行业出口占全市工业出口总额的55%。

表2　2017年电子行业进出口情况

	总额（亿美元）	同比（%）
出口	635.2	10.5
进口	352.6	9.3
进出口	987.8	10

2．机械行业

机械行业是占全市第二位的出口行业，2017年，出口略有下降，从走势看，下半年出口增速有所滑落。行业出口额排名前列的有斯伦贝谢油田设备、中集洋山物流装备、海隆石油钻具、上海电气、振华重工、上海日立电器等重点企业。

表3　2017年机械行业进出口情况

	总额（亿美元）	同比（%）
出口	128.5	−2.7
进口	100.6	17.4
进出口	229.1	5.2

3．纺织行业

纺织行业在3月出现一波出口高峰，全年总体呈现前低后高的态势。纺织品出口比上年下降3.3%。

表4　2017年纺织行业进出口情况

	总额（亿美元）	同比（%）
出口	63.2	−3.3
进口	17.4	6.5
进出口	80.6	−1.3

4．钢铁行业

钢铁行业出口由上年下降5.5%转为增长1.3%，进口由上年下降13.4%转为增长53.3%。

表5　2017年钢铁行业进出口情况

	总额（亿美元）	同比（%）
出口	14.9	1.3
进口	44	53.3
进出口	58.9	35.6

5．化工行业

化工行业出口实现快速增长。分月度看，有8个月实现两位数增长，4个月也增长较快。全年出口比上年增长14.8%。

表6　2017年化工行业进出口情况

	总额（亿美元）	同比（%）
出口	45.8	14.8
进口	58.7	15.4
进出口	104.5	15.1

三、各区工业进出口情况

2017年，各区工业进出口额占全市工业进出口总额的83.7%，出口和进口总额前5位的区分别是浦东、松江、闵行、嘉定、奉贤。

四、各工业集团进出口情况

2017年，各工业集团进出口额占全市工业进出口总额的16.3%。出口和进出口总额前5位的集团公司分别是船舶、纺织、仪电、宝武、电气。

五、重要工业原材料及制成品出口情况

2017年，16种主要工业原材料及制成品出口总额为897.5亿美元，占全市出口总额的46.3%，比上年增长5.5%。以全年来看，监测产品出口和全市进出口趋势保持一致，均呈现出触底反弹、恢复增长的势头，这一方面得益于外部需求的改善，另一方面受到国内产能压缩影响。总体而言，目前贸易结构趋于稳定，贸易增长得以恢复，贸易质量逐步得以提高。

1．出口监测产品结构比重趋于稳定

上海市16种监测产品出口总额共计897.5亿美元，比上年增长5.5%。出口总量的前3位产品分别是自动数据处理设备、集成电路和无线电话类产品，分别达到269亿美元、150.1亿美元和145.7亿美元，占出口规模前10位产品比重的29.9%、16.7%和16.2%。

与上年相比，主要出口产品结构变化不大，其中自动数据类产品结构比重略有上升，集成电路类产品占比小幅下降，汽车零件产品维持不变，出口监测产品结构比重趋于稳定。

2．出口监测产品增长触底回升

大部分出口监测产品恢复增长，全部监测产品中，只有5种产品比上年下降，其余均保持正向增长。出口金额排名前三的监测产品中，集成电路产品下降12.5%，自动数据处理设备和手机类产品分别增长16%和5.6%。其余监测产品中，运输类产品增幅较大，其中船舶增长25.9%，集装箱类产品增长197.5%，这表明受全球外围经济环境影响，对出口业务的拉动产生了积极作用。

3．高新技术产品和初级产品双双增长

表7　2017年上海市出口监测产品情况

名称	金额（亿美元）	同比增减（%）	所占比例（%）
高新技术及高附加值产品	693.00		100.00
自动数据处理设备	269.01	15.91	38.82
集成电路	150.11	−12.45	21.66
手持或车载无线电话机	145.66	5.56	21.02
船舶	50.91	25.89	7.35
汽车零件	50.03	6.55	7.22
电视、收音机及无限通讯设备的零附件	9.20	13.95	1.33
汽车（包括整套散件）	7.51	34.04	1.08
空调	5.24	−25.87	0.76
金属加工机床	2.58	−0.01	0.37
电视机	2.26	8.04	0.33
录、放像机	0.48	2.81	0.07
劳动密集和初级产品	204.53		100.00

（续表）

服装及衣着附件	110.08	−0.59	53.82
纺织纱线	68.58	5.33	33.53
箱包	15.17	−1.03	7.42
集装箱	9.13	197.47	4.46
焦炭	1.57	29.70	0.77

高新技术及高附加值产品完成出口额693亿美元，占监测产品出口额的77.5%，比上年增长5.8%；劳动密集及初级产品出口完成204.53亿美元，占监测产品出口额的22.5%，增长4.6%。

（吴　畅）

“四新”经济发展情况

2017年，上海按照国家及中共上海市委、市政府的要求，积极培育新经济、新动能，大力发展新技术、新产业、新模式、新业态。新经济增加值占全市GDP的比重超过30%，增速领跑于全市GDP增速，对全市GDP增长的贡献率超过41%。“四新”经济主要集中在工业、金融、信息、商务和科技服务等生产性服务行业。五大行业的增加值合计占全市新经济增加值总量的88%左右。

随着科技创新的推进以及商业模式的不断发展，上海“四新”经济发展呈现以下特点：一是制造与服务融合趋势加快。在智能制造、工业机器人、3D打印等战略性新兴产业领域，上海已经聚集新松机器人、盟立自动化、伟本智能机电、明匠智能等一大批制造与服务相融合的新型工业企业。二是网络和实体融合引向深入。以一体化电商平台、大数据、云计算等“互联网+”为代表的网络经济对实体经济的介入程度进一步加深。2017年，无店铺零售额1814.29亿元，比上年增长9.4%，其中，网上商店零售额1437.49亿元，增长9.6%，占社会消费品零售总额的比重为12.2%，比上年提高0.8个百分点。三是文化与金融、科技、信息融合深入推进。上海文化及相关产业实现增加值3718.35亿元，比上年增长9.7%，占全市GDP的比重为12.3%。

2017年，上海“四新”经济工作在服务体系建设、瓶颈问题解决、制度创新供给、重点领域发展、主体培育、载体建设、氛围营造等方面积极推进，取得了一定成效。

一、加强规划、开展顶层设计

一是市政府发布《关于加快本市“四新”经济发展的指导意见》，明确全市推进“四新”经济的发展思路和原则，提出发展的路径和工作方法、发展目标，聚焦推进“四新”经济发展的主要任务，制定相关推进的保障措施，进一步营造全社会鼓励“四新”经济发展的氛围和环境。

二是落实振兴实体经济50条中第22条“健全包容和支持创新发展的管理机制。创新对新兴经济领域市场主体的准入服务，及时将新兴企业纳入新兴行业名称、经营范围表述及行业分类管理目录和政策支持范围”的内容，市政府出台《关于促进本市新兴行业、加快发展完善新兴行业分类指导的意见》。同时，市工商局、市发改委、市经信委、市科委、市地税局、市统计局联合发布《上海市新兴行业分类指导目录（2017版）》，从机制和制度上进一步解决新兴行业准入难以及后续政策配套和服务无法对称的问题。上海还陆续出台《上海市推进“互联网+”行动实施意见》《关于本市推动新一代人工智能发展的实施意见》等政策文件，重点推动互联网、大数据、人工智能等新兴产业发展。

三是对接国家新经济统计工作，市经信委会同市统计局连续两年开展新经济测算工作，正逐步完善新经济统计制度和统计分类标准，探索建立新经济统计调查工作体系。

四是编制各年度“四新”经济发展报告，加大对“四新”典型案例的宣传力度。

二、转变观念，破解发展瓶颈

依托市经信委、市发改委牵头，各相关职能部门和16个区参与的“2+X+16”工作机制，协调解决新兴产业发展面临的瓶颈问题，全年共梳理涉及面上瓶颈问题17项，已解决或已明确解决方案的有12项。

三、点式打穿，打造“四新”经济示范区

选择产业集聚度高的特色园区进行政策突破试点，通过政策引导、先行先试、示范带动，引领新经济突破发展。在市北高新园区打造大数据创新示范区，成立上海大数据交易中心、大数据联盟和大数据产业基地，对在人才政策、产业发展基金等方面予以重点突破和支持。在杨浦打造互联网教育创新示范区，会同市教委发布促进互联网教育发展指导意见，就开展互联网教育的培训机构的教学场地面积的限制和法定代表人（机构负责人）和教育教学人员任职资格等条件予以放宽。

四、创新支持、深耕细作，打造发展新生态

一是加大科技成果产业化，推动创新产品示范应用。制定《上海市创新产品推荐目录编制办法（试行）》，全年66件创新产品列入创新产品推荐目录，对于纳入推荐目录并属于首次投放市场的产品，实行政府首购。推动落实“三首”政策（装备首台套、材料首批次、软件首版次），促进创新产品走向市场。

二是以“四新”产业联盟支撑和引领产业发展。市经信委重点支持AMOLED柔性显示等新兴产业领域的产业联盟，开展产业标准化、知识产权、计量技术基础研究开发、试验验证等10余个项目研究工作，推动“四新”经济重点领域团体标准的培育，填补新兴产业标准空白，引领产业发展。

三是加快新型股权交易市场建设，拓宽企业融资渠道。在上海股权托管交易中心建立“科技创新板”，为尚未成熟但具有成长潜力的中小企业提供定向增资、自募债、股权质押贷款等多种融资服务，N板挂牌企业达到171家，E板挂牌企业679家，上线展示企业9052家，托管企业170家，股权融资222.93亿元，债券融资53.94亿元。

五、分类指导、持续培育，“四新”经济创新基地建设试点初见成效

市经信委、市张江高新区管委会坚持“突出创新、探索模式、注重实效、示范带动”，积极推进“四新”新载体建设，已授牌99家“四新”经济创新基地建设试点，聚焦在大数据、云计算、机器人、3D打印、互联网教育、网络视听等细分产业领域。全市启动第一批50家“四新”经济创新基地建设试点评价工作，从质量上加强对“四新”基地产业领域的分类指导，继续培育和发展细分领域产业基地。

（葛文政）

产业投资情况

2017年工业投资呈现如下特点：

一、制造业投资再创新高，实体经济发展质量提升

2017年，世界经济整体趋缓，国内经济稳中有进，供给质量持续改善，产业发展面临质量、效率、动力的新突破。全市工业固定资产投资完成1031.7亿元，比上年增长5.3%，达到近10年以来最高，确保了工业发展的后劲，投资结构进一步优化。制造业投资于2016年实现由负转正，经历2017年年中波动性起伏后稳步回升，全年完成793.3亿元，同比增长4.2%，增幅也达到近10年新高，助力实体经济持续发展；电力、自来水、煤气生产和供应业完成投资237.4亿元，同比增长8.9%，为产业发展提供基础设施保障。

表1 2016年、2017年上海工业投资情况

项目名称		2016年数值（亿元）	占比（%）	2017年数值（亿元）	占比（%）
工业投资		979.6	100	1031.7	100
其中	制造业	761.3	77.7	793.3	77
	电煤水生产和供应业	218	22.3	237.4	23
	采矿业	0.3	/	0.9	/

二、技改投资比重平稳上升，专项资金引导产业升级

全市技术改造投资达629.3亿元，占工业投资总额的61%，同比提高1个百分点。国家资金方面，推荐11个项目上报国家工业转型升级资金，组织33家企业申报国家技术改造升级导向计划，其中13家纳入导向计划；市级资金方面，全年支持项目114项，总投资215亿元，全年拨付资金6.6亿元，同比增加1.5亿元。康宁汽油颗粒过滤器成品技改项目、奉其奉绿色环保印刷包装工业4.0智慧工厂扩建项目等一批产品高端化、制造智能化的重大技改项目获得立项支持，有效促进了企业技术能力的提升、生产过程的智能化改造。

表2 2017年上海工业重点技术改造项目分类情况

项目名称		项目数	总投资（亿元）
部分重点行业	汽车	19	22.6
	原材料产业	16	34.3
	都市产业	9	13.4
	装备制造产业	7	13.5
部分重点行业	新一代信息技术	6	8.5
	节能环保产业	4	15.7
	生物医药	2	13.6

三、百亿重点项目投资显现，新开工项目持续增长

市区两级政府按照全市促进工业投资大会精神要求，重视工业投资和项目建设。在各部门和相关区共同努力下，超大项目建设有序推进，总投资273亿元的和辉光电二期完成投资18亿元、总投资387亿元的华力二期完成投资35亿元、总投资665亿元的中芯二期开工建设，确保上海保持高端制造领域优势。全市新开工项目有951个，同比增加208个；完成投资379.6亿，同比增长21.9%，保持快速增长。

四、重点行业投资实现增长，投资方向出现多元发展

六大重点行业投资共完成投资556亿元，同比增长0.6%，近3年首次实现增长，占工业投资比重53.9%。汽车制造业保持较快增长，同比增长18.4%，主要是通用、大众新车型、技改等大项目完成投资较大。成套设备制造业投资经过3年的持续大幅下降后快速回升，中航商用航空发动机有限责任公司临港基地、上海新微技术研发中心有限公司8寸微电机系统（MEMS）研发中心线完成投资较大。精品钢材制造业投资出现明显回升，主要是宝钢取向硅钢、镀锡板产品结构优化等产品升级项目开工建设。电子信息产品制造业小幅下降，主要是上年集成电路、光电子行业大项目新开工后投资增长较快。石油化工及精细化工制造业、生物医药制造业投资下降。

表 3 重点行业投资情况

重点行业	2017 年	2016 年	增长 %
电子信息产品制造业	183.25	193.10	−5.1
汽车制造业	154.50	130.44	18.4
石油化工及精细化工制	52.15	70.90	−25.4
精品钢材制造业	44.92	38.40	17.0
成套设备制造业	82.27	69.43	18.5
生物医药制造业	38.91	50.33	−22.7
合计	555.99	552.60	0.6

近两年，上海工业投资结构随着产业转型升级不断变化，六大重点行业规模优势逐步缩小，上海工业投资结构已逐渐由传统分类的六大重点行业向上海具有优势的集成电路、汽车、新型显示、化妆品、工业园区等多元行业转变，更加偏向凸显资金人才密集、智能制造特点的新兴领域。其他制造业近年增长迅速，完成投资 68.9 亿元，同比增长 50.8%，主要是以临港、漕河泾、联东 U 谷为代表的成片产业园区建设，随着土地集约利用和统筹招商政策推进，各区对稀缺的工业用地资源进行集中开发，吸引优质品牌园区合作开发招商，提高引进项目质量。集成电路、光电子器件制造业近几年投资保持了较大规模，主要是华力、中芯国际和辉光电不断投入，确保了上海在集成电路、新型显示领域的技术优势。化妆品制造业 2016 年开始投资规模迅速增长，化妆品较高的毛利率和对品牌营销宣传的需求非常适合在上海发展，近年奉贤区对东方美谷的打造促使众多知名品牌在上海落户投资。机织服装制造业完成投资 7 亿元，同比增长 75%，主要是美特斯邦威、劲霸男装、报喜鸟等知名品牌在上海相继投资自动化服装生产线。化妆品制造业、机织服装制造业投资规模增长反映出上海的传统轻工行业升级改造后依托上海品牌仍然有较强竞争力。

（陈 敦）

附件 2017 年重大制造业投资项目一览表

序号	项目单位	项目名称	总投资	当年完成投资
1	上海华力集成电路制造有限公司	12 英寸先进生产线建设	352.0	36.8
2	上海和辉光电有限公司	第 6 代 AMOLED 显示项目	238.3	18.1
3	上汽通用汽车有限公司	通用汽车设计与工程技术中心金桥基地暨金桥	78.0	14.2
4	中航商用航空发动机有限责任公司	中航商用航空发动机有限责任公司临港基地	66.0	4.3
5	上海烟草集团有限责任公司	上海烟草浦东科技创新园区建设项目	58.9	12.1
6	上汽大众汽车有限公司	安亭二厂新车型技术改造项目	52.4	16.5
7	上汽通用汽车有限公司	新一代中高级平台车及其变型车技术改造项目	45.0	7.4
8	龙域集团有限公司	龙域集团有限公司龙域产业园生产用房及配套	41.4	11.9
9	宝山钢铁股份有限公司	取向硅钢产品结构优化	29.8	6.4
10	上汽通用汽车有限公司	U358 大型豪华商务车及其变型车项目	22.4	7.0
11	上海集成电路研发中心有限公司	12 英寸 20–14 纳米集成电路工艺引导线建设项目	20.0	12.0
12	中芯国际集成电路制造（上海）有限公司	中芯国际 12 英寸芯片 SN1 和 SN2 厂房建设项目	19.5	5.9
13	上海宏金设备有限公司	高端新型模架系统生产线项目	18.4	3.9
14	上海家化联合股份有限公司	青浦基地迁建	13.5	4.1
15	上海联恒异氰酸酯有限公司	HCL 催化剂回收循环利用项目	13.0	3.4
16	上海沪临重工有限公司	上海沪临重工有限公司二期工程	12.6	6.5
17	上海天慈国际药业有限公司	生物医药生产基地项目	12.0	3.7
18	上汽通用汽车有限公司	金桥北厂别克品牌 Delta 平台 EREV 轿车及其变型车项目	11.7	4.5
19	巴斯夫上海涂料有限公司	巴斯夫上海涂料有限公司 79500 吨 / 年汽车涂料扩建项目	10.6	3.3
20	中芯国际集成电路制造（上海）有限公司	中芯国际上海八厂 2.2 万片扩产项目	9.1	9.1
21	延锋安道拓座椅机械部件有限公司	新建项目（延锋机械部件）	8.9	3.8
22	上海华虹宏力半导体制造有限公司	华虹宏力增资扩产项目（三期）	7.4	4.8
23	安靠封装测试（上海）有限公司	2017 年设备购置项目	6.8	6.6
24	奥特斯（中国）有限公司	新一代半导体封装载板技术升级	5.4	4.2
25	上海新微技术研发中心有限公司	二期 8 寸微电机系统（MEMS）研发中心线建设项目	5.0	4.1

工业结构调整情况

2017年，上海坚持锁定区块、锁定项目、锁定时间、锁定责任主体，瞄准“三高三低”企业（高能耗、高污染、高风险，低技能劳动密集型、低端加工型、低效用地型），协同生态环境综合整治、中小河道整治、土地减量化等工作，积极探索新办法新路径，坚定不移推进产业结构调整，圆满完成全年各项任务，进一步优化全市产业结构、产业布局和就业结构，为打响“上海制造”品牌提供有力支撑。

一、圆满完成各项任务目标

坚持条块结合、精准施策。有关部门各司其责、协同推进，相关区具体负责落实重点区域调整，全面把握区域调整工作要求和时间节点，拟订工作方案，锁定重点区域，量身定制调整方案。

2017年产业结构调整目标完成情况

主要指标		2017年目标任务完成情况
总体目标	调整市级项目数量	1436项
	启动调整重点区域	7个
	完成前期推动区域	6个
	节约标煤能耗	约50万吨标煤
	预计腾出土地	1.4万亩
	区自行推进项目数量	3303项
	涉及中央环保督查未批先建淘汰企业数量	10353项

全年完成市级产业结构调整项目1436项，超额完成年初确定全年产业结构调整1300项的目标任务，同时，各区自行推进产业结构调整项目3303项。全年市级项目实现腾出土地1.4万亩，减少能耗量49.78万吨标准煤。

二、加快步伐实施重点区域调整

聚焦104工业区块、195集中建设区外工业用地、198土地减量化，确定一批重点区域产业结构调整任务清单，锁定时间、锁定主体责任，系统推动实施。

全年启动及实施重点区域共17个，其中104区域能级提升10个，195区域转型发展3个，198区域减量复垦4个。重点区域启动7个，涉及土地3968亩；推进中4个，涉及土地2316亩；验收中6个，涉及土地3641亩。其中，松江九亭镇久富工业园区、嘉定马陆镇产业园区等104区块积极转型升级，与周边区域融合联动，整体形成包含“城市、人口、科创、产业”等要素功能一体的产城融合示范区。

三、纵深推进重点专项调整工作

深入推进化解过剩和淘汰落后产能等专项任务。一是圆满完成国务院对上海化解钢铁、煤炭、水泥、玻璃行业过剩产能、推动实现脱困发展的督察配合工作，确保各项督查工作顺利开展。二是落实国务院“坚决遏制钢铁煤炭违规新增产能，打击‘地条钢’”的要求，排查清理“地条钢”企业，严防死灰复燃，确认无存量“地条钢”生产企业，无退出产能复产情况。三是落实国务院办公厅推进城镇人口密集区危险化学品生产企业搬迁改造的相关要求，在零申报情况下，自我加压，编制完成深入实施方案，推进规划工业区外危险化学品生产企业调整。四是落实长江经济带环境综合整治工作，开展全市涉重金属企业梳理和黄浦江沿岸工业区外零星化工企业调查，为今后几年的调整实施提供条件。

四、协同综合整治，助力环境质量提升

协同推进全市各项综合整治和环境提升重点工作，建设美丽上海，取得积极成效。一是协同环保督察整改工作，推进4家涉及重金属排放企业调整关停。二是协同启动水源保护区专项，对环保、水务等部门梳理提出的434家二级水源保护区及准保护区内污染企业，积极协调相关部门和区，在工作方案编制、企业搬迁协调和政策支持方面落实推进。三是协同生态环境综合整治，核实涉及或部分重合的6个产业结构调整重点区域专项的完成情况并落实支持资金。四是协同城乡中小河道综合整治，对全市不符合区域和产业规划、达不到环保标准的“1864”条段河道周边1188家“调整关停”类工业企业进行整治，并协同市发改、财政、环保、水务等部门在产业结构调整专项政策上探索突破。

五、夯实产业调整基础能力，探索资源盘活

聚焦“负面清单”淘汰类、限制类企业，结合能耗、环保、安全、质量、技术等综合标准，市级相关管理及执法部门加强统筹、指导、协调、督促和考核，各责任主体运用法律、政策、市场等调整资源，依法依规全面推进。

一是强化负面清单管理。按照负面清单管理思路，扩充修编《上海产业结构调整负面清单（2017版）》，综合“产业发展、环境保护、安全生产、能效提升、资源利用、土地产出”等多个要素，新增和提升限制类、淘汰类条目66条，涉及钢铁、化工、建材、机械、纺织、轻工等高耗能行业。二是发挥差别化电价政策作用，对限制类、淘汰类范围内的装备、产品、工艺实施差别化电价，完成对4家企业实施差别电价、26家企业退出实施差别电价。三是开展工业产品生产许可落实国家产业政策，发挥工业产品生产许可在市场准入中的把关作用，完成2家企业的产业政策符合性联合确认。四是推进资源要素盘活，研究产业结构调整后低效用地企业效率评估机制，倒逼企业加快二次开发。针对调整后

土地、厂房、设备等资源要素盘活利用，开展政策调研，研究提出鼓励加快产业结构调整二次开发利用的政策措施，探索开展资源要素盘活信息服务工作。在老旧工业园区“二转二”整体调整转型中解难题的同时进一步突出市场化、法制化，充分发挥市场在经济发展中的作用。

（余 潇）

电力运行情况

一、电力建设情况

截至2017年年底，上海电网内共有发电厂64座、总装机容量2370.8万千瓦，其中100万千瓦机组6台（含2台90万千瓦机组）、60万千瓦机组6台、30万千瓦（含35万千瓦、40万千瓦）机组26台、30万千瓦以下机组133台；接入500千伏的发电容量为700万千瓦（包括石洞口二厂120万千瓦，外高桥二厂180万千瓦，外高桥三厂200万千瓦，上电漕泾电厂200万千瓦），共8台机组；接入220千伏电网的发电容量为1363.2万千瓦，共60台机组（其中火电机组59台，风电场1座）；接入110千伏及以下电网的发电容量为 307.7万千瓦，103台机组（其中火电机组89台，风电场14座）。公用可大范围调节出力的电厂10座计1330万千瓦，占总装机容量的56.10%，其调节容量计798.0万千瓦（按60%调节容量计），占33.66%。

上海电网共有1000/500千伏和220千伏变电站144座，变压器379台，总变电容量11271.6万千伏安，其中1000/500千伏变电站14座（不含外高桥三厂、外高桥二厂、上电漕泾电厂和石洞口二厂），1000/500千伏联络变压器2台，变电容量600.0万千伏安；500/220千伏联络变压器41台，变电容量为4035.0万千伏安；220千伏变电站130座（不含220千伏电厂升压站），变压器336台，变电容量为6636.6万千伏安。

上海电网共有1000千伏线路4条，长度147.78千米（上海段），500千伏线路54条（含汾三5902/汾林5912线、东黄5903/东渡5913线、太徐5923/太行5933线的上海段），总长度为1213.615千米；220千伏线路435条，总长度为4435.707千米。

二、电力供应情况

2017年，中共上海市委、市政府要求全市电力迎峰度夏工作做到“三个确保，一个坚持”，即确保城市运行和电网运行安全有序，确保居民生活用电不受影响，确保重要用户用电需要，坚持限电不拉电。

在市委、市政府的领导和统一指挥下，上海电力企业坚持厂网协调，科学合理运行，保证市外来电受电安全，加强电网调度运行控制，优化电力资源配置，圆满完成年度电力供应目标，确保电网安全稳定运行。

（一）发用电情况

1．用电情况

全社会用电量完成1526.77亿千瓦时，比上年的1486.02亿千瓦时净增长40.75亿千瓦时，增长2.74%。最高日用电量6.6568亿千瓦时（7月25日），比上年日最高用电量6.1787亿千瓦时增长0.4781亿千瓦时，增长率为7.74%。全社会用电量按产业分：第一产业完成7.09亿千瓦时，下降5.09%；第二产业完成813.24亿千瓦时，增长0.07%；第三产业完成 477.66亿千瓦时，增长6.58 %；居民生活用电完成 228.79亿千瓦时，增长5.09 %。

2．发电情况

统调发电量完成862.45亿千瓦时，比上年的830.83亿千瓦时净增长31.62亿千瓦时，增长3.81%。全年最高出力达1850.3万千瓦，比上年的1818.4万千瓦，净增31.9万千瓦，上升1.75%；最高日发电量达3.6328亿千瓦时，比上年的3.5017亿千瓦时净增0.1311亿千瓦时，增长3.74%。

3．受电情况

电网总受电量为661.28亿千瓦时，比上年的653.70亿千瓦时增加7.58亿千瓦时，上升1.16%。全年最高受电为1629.7万千瓦（7月22日），比上年的1603.5万千瓦净增加262万千瓦，增长1.63%。最高受电1629.7万千瓦由以下成分构成：统配55.7万千瓦、天荒坪发电48.3万千瓦、桐柏发电35.4万千瓦、琅琊山发电14.8万千瓦、响水涧发电37.0万千瓦、仙居发电14.3万千瓦、秦山二期31.7万千瓦、秦山三期31.7万千瓦、三峡计划371.0万千瓦、川电东送21.0万千瓦、皖电东送389.2万千瓦、向家坝送上海550.2万千瓦以及甘肃三弃日前交易29.4万千瓦。

（二）夏季电力供需情况

夏季，上海极端最高气温达40.9℃，夏季最高用电负荷超过2600万千瓦共47天，超过2500万千瓦共52天。最高用电负荷达到3268.2万千瓦，比上年同期最高用电负荷3138.4万千瓦净增长129.8万千瓦，增长4.14%。最大市外来电1629.7万千瓦，增长1.63%；日最大峰谷差达1305.9万千瓦，增长6.28万千瓦；最大本市发电出力1850.3万千瓦，增长1.75%。

（三）冬季电力供需情况

在迎峰度冬期间，上海气温较往年偏暖，电力总体供需平稳。最大用电负荷达到 2700.6 万千瓦，比上年同期增长 420.4 万千瓦，增长 10.37%，发电出力最高达到 1722.7 万千瓦，区外来电最高达到 1177.8 万千瓦。

三、加强制度和能力建设，确保电力供应安全

1．电力迎峰度夏（冬）工作

根据年度电力供需形势，安排发用电计划，加强电网调峰能力。开展全市电力安全大检查，重点排查重要用户供电和自备电源、电厂故障检修、配电网故障热点、破坏电力设施等薄弱环节，切实采取措施保障迎峰度夏的安全。推进电网企业开展配电网改造提升工程和供电服务水平提升工作，推动热点地区的电网建设。加强发电机组的运维、检修，严格执行发电机组并网运行考核制度，确保现有发电机组稳发、满发、可调。完善与华东电网各省的日常错峰和应急支援机制，落实与安徽、江苏省际电量置换框架协议等工作，稳定电力供应。加强大电网运行安全管理和电网安全稳定校核，强化电网调度运行、电力电量平衡和安全防御体系，完善电力安全生产和电力设施保护机制，严防大面积停电事故。

2．气电联调工作

进一步完善气电运行联调机制，加强电力、天然气运行方式的预警预报和实时统筹优化，强化定期联合会商机制，保障电网、气网安全运行；特别是加强对天然气供应侧的监测和协调力度，强化 LNG 涨库和船期预警预报机制，努力缓解天然气富余问题，全年全市燃气机组消纳天然气量 21.5474 亿立方米。

3．节能发电调度

结合发用电计划放开，进一步研究节能发电调度方案优化方法，探索激励高效机组替代低效机组发电的政策研究与调度安排，在确保电网安全的前提下，提高电力生产效率，减少污染物排放。全年实现低效高耗小电厂转让电量给高效低耗大电厂 22.75 亿千瓦时，折合节约标煤 23.98 万吨，减排二氧化碳 55.154 万吨，减排二氧化硫 0.261 万吨，减排氮氧化物 0.225 万吨。

4．重要电力用户管理

完成重要电力用户名单核定工作，新增 4 户一级重要用户，退出 31 户二级重要用户，按户号拆分 3 户用户（以 6 户统计）。调整后重要电力用户名单共计 371 户。对重要电力用户开展现场督察，完成《上海市重要电力用户供用电安全管理办法》修订工作，提升夏季重要电力用户预警、应急处置快速响应、政府、电力企业和用户多方联动等方面的能力。

5．电力设施保护

开展电力设施保护重点区域专项整治行动，在各区政府和绿化部门的大力支持下完成线路沿线树枝修剪工作，并加强对重点群体、从业人员的宣传教育，努力提高违法行为警示教育作用，完成重要任务保电，联合开展现场督查和保电线路特巡。

6．推进电力体制改革

开展上海市电力用户与发电企业直接交易试点，与市发改委、华东能监局共同制订《2017 年上海市电力用户与发电企业直接交易试点工作方案》，完成第一批直接交易准入电力用户资格审核认定，共 80 家列入第一批名单。9 月，首次开展直接交易，共成交电量 37 亿千瓦时，平均降价幅度约 1.8 分／千瓦时，交易结果于四季度执行。开展上海输配电价改革电网企业输配电成本规制方案设计。

7．有序用电管理

以需求响应试点工作为重点，以通过电力负荷管理系统实施临时限电为主要手段，辅以轮休、错避峰等其他后备措施，并继续深化建筑楼宇空调柔性调节工作，努力扩大非工业可控负荷，切实落实有效可中断负荷，并根据天气变化和电网运行实际情况进行灵活调整。

8．电力需求侧管理

完成 2016 年上海市电力公司实施电力需求侧管理目标责任考核工作评价与跨省考核任务。推进全市电力需求侧管理平台与黄浦区商业建筑虚拟电厂示范项目建设。推荐 2017 年全国工业领域电力需求侧管理示范企业（园区）。

9．电力应急处置

加强华东电网跨省应急联动工作，加强大电网安全应急预案和联合演练，加强预警、预报管理，强化应对突发电力事故和供电缺口的应急能力。下发《2017 版上海电网超供电能力拉路名单》《2017 版上海电网拉停 220 千伏主变名单》《2017 版上海电网紧急减负荷程序表》。修订完善《上海市处置供电事故应急预案》，编制《上海市大面积停电事件应急预案》。

10．电力技术监督

严格落实电力技术监督工作，依据现行标准，对电力建设、生产及电能的传输和使用过程中，采用规范的测试方法和管理手段，对电力设备及其构成的系统健康水平以及安全、质量、经济运行有关的重要参数、性能、指标进行全过程监测、检查、验证及评价，以确保其在安全、环保、优质、经济的工作状态下运行。

（陈伟丽）

开发区经济运行情况

2017年，上海市开发区建设不断发展，经济运行持续平稳增长，经济规模进一步扩大。上海市开发区经济运行呈现以下主要特点：

一、开发区经济总量实现较大增长，规模超过7.5万亿元

2017年，开发区营业收入75797.2亿元，比上年增长13.1%，其中国家级开发区实现营业收入超过4万亿元，增长13.1%。市级开发区接近2万亿元，增长10.6%，产业基地与城镇工业地块增幅超过15%。

中国（上海）自由贸易试验区实现营业总收入19800亿元，排名全市开发区第一，国际汽车城在汽车制造业高速增长带动下，产业规模首次超过7000亿元，金桥开发区超6700亿元，分别居第二、第三。开发区产业规模超过1000亿元的园区有16个园区，比上年新增2个园区，16个园区总量超过6.1万亿元，占开发区总量80.95%。全市开发区的产业规模主要集中排名前20的园区。

表1　2017年开发区营业总收入情况

单位：亿元、%

序号	类别	2017年	同比增长	12月	同比增长
1	开发区	75797.2	13.1	7864.9	12.6
2	市级以上开发区	61686.0	12.2	6404.8	16.9
	国家级开发区	41809.7	13.0	4288.2	22.6
	市级开发区	19876.3	10.6	2116.6	6.9
3	产业基地	10662.2	17.9	1074.8	7.0
4	城镇工业地块	3449.0	15.0	385.3	−23.5

注：表1数据来源于开发区统计。

二、开发区生产实现较大增长，增幅远高于2016年

开发区规模以上工业企业完成工业总产值27729.85亿元，占全市规模以上工业总产值的81.58%，可比增长9.11%，增幅高于全市，同比提高8.2个百分点。国家级开发区实现10463.88亿元，可比增长12.37%，是增长最快的区域。产业基地可比增长6.79%，增幅同比提高13.26个百分点，工业生产大幅改善。

表2　2017年开发区规模以上工业企业工业总产值完成情况

单位：亿元、%

序号	类别	2017年工业总产值	可比增幅	12月工业总产值	可比增幅	比上月增减
1	全市工业企业	33989.36	6.83	3142.64	−1.64	1.12
2	开发区	27729.85	9.11	2591.25	1.86	1.87
3	占比	81.58		82.45		
4	市级以上开发区	20271.26	10.11	1907.16	−0.20	2.75
	其中：国家级开发区	10463.88	12.37	941.38	−3.34	1.28
4	市级开发区	9807.38	7.81	965.78	3.10	4.23
5	产业基地	5658.96	6.79	490.48	10.26	−4.61
6	城镇工业地块	1799.63	4.37	193.61	2.15	13.70

注：表2—6的数据来源于统计局。

4月，开发区工业生产触底后快速向上，但10月开始出现向下的，呈现两头低，中间高的特点。

从战略性新兴产业分析，开发区战略性新兴产业企业完成产值9031.39亿元，可比增长8.6%，比开发区产值增幅略低，占全市战略性新兴产业产值的86.3%，全市战略性新兴产业近九成集聚在开发区，是战略性新兴产业的主战场。战略性新兴产业产值最高的上海浦东康桥工业园区，产值近1500亿元；其次是金桥经济技术开发区和张江高科技园区，排名前十的园区，产值达到250亿元以上。战略性新兴产业产值占比最高的园区为上海国际医学园区，其次是虹桥临空经济园区和长兴海洋工程装备和船舶制造基地。开发区共有20个园区战略性新兴产业产值占比超过50%，占全市开发区园区的20.62%。

从高技术产品产值分析，开发区高技术制造业完成产值6534.51亿元，可比增长9.7%，比开发区产值增幅高0.5个百分点，占全市高技术制造业产值的91.1%。全市高技术制造业超过九成集聚在开发区，是高技术制造业的主战场。高技术制造业产值最高的上海松江出口加工区，产值超过1500亿元；其次是上海浦东康桥工业园区和张江高科技园区。12个产值超过100亿元以上。高技术制造业产值占比最高的园区为上海松江出口加工区，其次是虹桥临空经济园区和上海国际医学园区，开发区共有9个园区高技术制造业产值占比超过50%。

从重点行业分析，5个行业共完成规模以上产值17766.41亿元，占开发区规模以上产值的64.3%。汽车制造业的产值达到6378.79亿元，比上年增加近1000亿元，增长19.45%，增幅同比提高6.95个百分点，计算机、通信和其他电子设备制造业为5173.56亿元，增长9.49%，增幅同比提高13个百分点，通用设备制造业的增幅同比提高9.84个百分点。化学原料和化学制品制造业增幅最低。

表3　2017年开发区重点行业工业总产值完成情况

单位：亿元、%

行业	2017年	可比增幅	12月	可比增幅	比上月增减
汽车制造业	6378.79	19.45	586.01	14.04	−7.58

（续表）

行业	2017年	可比增幅	12月	可比增幅	比上月增减
计算机、通信和其他电子设备制造业	5173.56	9.49	446.12	−10.14	0.33
化学原料和化学制品制造业	2521.63	2.00	226.87	−0.89	−1.87
通用设备制造业	1895.68	6.14	184.30	1.11	2.43
电气机械和器材制造业	1796.76	7.92	168.47	−3.21	−1.11
小计	17766.41		1611.77		
占比	64.30		62.47		

从行业增长分析，开发区24个行业实现增长，其中专用设备制造业增长29.74%，继续排名第一；燃气生产和供应业与汽车制造业排名第二、第三；10个行业出现负增长，烟草制品业下降98.67%，文教、工美、体育和娱乐用品制造业下降超过17%。

从园区总量分析，开发区共有10个园区规模以上产值超过1000亿元，产值达到16481亿元，占整个开发区规模以上产值的59.43%，有3个园区规模以上产值超过970亿元。国际汽车城以3301.34亿元排名第一，上海金桥经济技术开发区2387.43亿元排名第二，上海浦东康桥工业园区和松江出口加工区排三、四名。

从园区增幅分析，97个园区中，69个园区实现增长，其中上海四团镇经济园区排名第一，中山工业区、临港产业区、邬桥经济园区、新能源汽车及关键零部件产业基地和泗泾高科技开发区，增幅超过30%；28个园区负增长，虹桥经济技术开发区、吴淞工业基地和上海市市北高新技术服务业园区降幅超过27%。

从单位土地产业水平分析，开发区工业用地平均产出率为69.79亿元／平方公里（按已供应的工业用地计算）。其中国家级开发区为113.6亿元／平方公里，市级开发区为65.09亿元／平方公里，而城镇工业地块为28.43亿元／平方公里。

三、开发区工业企业销售增幅高于上年10个百分点，利润比上年略增

1．企业销售继续增长

开发区规模以上工业企业实现主营业务收入30850.98亿元，同比增长11.77%，增幅高于全市水平1.35个百分点，同比提高10个百分点以上。

2017年，开发区工业规模以上企业销售增幅与工业生产基本同步，也呈现中间高、两头低的趋势。

开发区总体产销率为99.7%，同比下降0.2个百分点，有16个行业产销率在100%或以上，其中酒、饮料和精制茶制造业、造纸和纸制品业与皮革、毛皮、羽毛及其制品和制鞋业排名前三，产销率超过103.6%。五大行业中，化学原料和化学制品制造业产销率为100.3%，其他四大行业产销率都低于100%。

表4 2017年开发区规模以上工业企业主营业务收入情况

单位：亿元、%

序号	类别	2017年	增长	12月	增长	比上月增减
1	全市工业企业	37900.38	10.42	3748.95	5.08	6.96
2	开发区	30850.98	11.77	2998.52	1.72	4.50
3	占比	81.4		80.0		
4	市级以上开发区	22743.41	11.09	2236.69	0.60	5.80
	其中：国家级开发区	12314.22	12.44	1149.65	−4.90	1.94
	市级开发区	10429.19	9.55	1087.04	7.15	10.21
5	产业基地	6195.09	16.04	548.15	4.04	−4.52
6	城镇工业地块	1912.47	6.37	213.68	6.82	18.93

29个行业的主营业务收入同比增长，其中黑色金属冶炼和压延加工业和专用设备制造业继续排名前二，同比增长超过27%，5个行业同比下降，除烟草制品业外，文教、工美、体育和娱乐用品制造业和废弃资源综合利用业同比下降。

根据工业总产值、产销率与主营业务收入推算，开发区34个行业有31个行业的企业部分营业收入是在外厂生产实现的，在外生产的规模达3229亿元左右，占比超过10%。汽车制造业有1244.3亿元规模是在外厂生产。外厂生产占比最高的行业是黑色金属冶炼和压延加工业，为28.2%，造纸和纸制品业与汽车制造业超过17.9%在外省市生产，占比有所增加。

2．企业利润增幅达到两位数

表5 2017年开发区工业利润情况

单位：亿元、%

序号	类别	2017年	增长	12月	增长	比上月增减
1	全市工业企业	3200.10	10.47	303.68	12.96	−12.17
2	开发区	2632.66	13.01	217.81	12.04	−24.05
3	占比	82.27		71.72		
4	市级以上开发区	1935.13	15.64	193.60	25.00	−2.92
	其中：国家级开发区	1173.97	20.20	105.39	51.79	−13.04
	市级开发区	761.16	9.25	88.21	3.23	12.77
5	产业基地	585.89	8.70	14.73	−53.16	−81.44
6	城镇工业地块	111.63	−8.58	9.48	−28.89	−22.54

开发区规模以上工业企业利润总额为2632.66亿元，占全市规模以上工业企业利润的82.27%，同比增长13.01%，增幅比上年高。国家级开发区利润总额为1173.97亿元，同比增长20.2%，是开发区工业利润最重要的区域。市级开发区和产业基地增长略低于10%，城镇工业地块2017年同比下降8.58%，是4个区域中唯一下降的。

从重点园区分析，国际汽车城实现利润444.06亿元，排名第一；张江高科技园区和上海金桥经济技术开发区排名第二、第三。吴淞工业基地等12个园区出现亏损。97个产业园区中，工业企业利润比上年增长的园区有51个，吴泾工业基地、金泽工业园区等3个园区扭亏为赢，虹桥经济技术开发区增幅超过553.4%，华亭工业园区和中山工业区增幅超过 236%。上海化学工业经济技术开发区、上海金山工业区和临港产业区在重点园区排名前三，增幅超过 61%。31 个园区同比下降，其中虹桥临空经济园区下降 94.5%

从行业分析，34 个行业中，32 个行业实现盈利，汽车制造业、化学原料和化学制品制造业和计算机、通信和其他电子设备制造业排名前三名，贡献了开发区规模以上工业企业利润总额的 60.23%，其中汽车制造业实现利润 1049.42 亿元，贡献 39.9%。19 个行业利润同比实现增长，2 个行业扭亏为赢，化学原料和化学制品制造业为 90.85%，排名第一，废弃资源综合利用业增长 68.86%，排名第二。重点行业中化学原料和化学制品制造业、计算机、通信和其他电子设备制造业和专用设备制造业保持较高增长，汽车制造业利润增长 0.39%。

从利润变化情况分析，开发区工业企业同比增加 302.94 亿元，上海化学工业经济技术开发区、临港产业区、宝山钢铁基地排名前三，3 个园区共增加 211.53 亿元。从行业分析，主要是化学原料和化学制品制造业、计算机、通信和其他电子设备制造业和专用设备制造业 3 个行业共增加超过 258.97 亿元，电力、热力生产和供应业是利润减少最多的行业。

3. 企业销售利润率与上年持平

开发区规模以上工业企业销售利润率为 8.53%，工业企业销售利润率与 2016 年持平。市级以上开发区销售收入利润率为 8.51%，略有增加。从区域看，国家级开发区销售利润率最高，其次是产业基地，城镇工业地块最低。从园区看，桃浦科技智慧城为 26.84% 排名第一；虹桥经济技术开发区、张江高科技园区、上海奉贤经济开发区生物科技园区和上海化学工业经济技术开发区以超过 20% 排名前五；上海未来岛高新技术产业园区、上海国际医学园区、北蔡工业园区和海港综合经济开发区超过 13%。

34 个行业中，销售利润率超过开发区平均水平的行业有 11 个，水的生产和供应业、废弃资源综合利用业和医药制造业继续排名前三，汽车制造业、化学原料和化学制品制造业、家具制造业、仪器仪表制造业、燃气生产和供应业与食品制造业等 6 个行业销售利润率超过 10%。

表 6　2017 年开发区规模以上工业企业销售利润率情况

单位：%

月份	全市规模以上工业	开发区	市级以上开发区	其中		产业基地	城镇工业地块
				国家级	市级开发区		
2017 年	8.44	8.53	8.51	9.53	7.30	9.46	5.84
12 月	8.10	7.26	8.66	9.17	8.11	2.69	4.44

四、开发区引进外资好于全市，引进内资同比下降

开发区引进外资项目 2634 个，同比下降 15.74%，其中国家级开发区引进外资项目 1941 个。开发区吸引合同外资金额 252.29 亿美元，同比下降 5.24%，明显好于全市。国家级开发区引进外资 216.84 亿元美元，同比下降 8.15%；市级开发区引进 20.69 亿美元，同比增加 9.39%。同比增长最高的是产业基地，增幅达到 104.6%，从园区分析，陆家嘴金融贸易区、张江高科技园区和中国（上海）自由贸易试验区排名前三，3 个园区共引进合同外资 198.97 亿美元，占开发区引进合同外资的 78.75%。华新工业区、临港产业区与张江高科技园区同比增长较大。

表 7　2017 年开发区合同外资完成情况

单位：亿美元、%

序号	类别	合同外资			引进外资项目数		
		2017 年	增长	12 月	2017 年	同比	12 月
1	全市	401.94	−21.19	28.36	3950	−23.55	196
2	开发区	252.29	−5.24	18.79	2634	−15.74	205
3	占比	62.77		66.27	66.68		–
4	市级以上开发区	237.53	−6.85	11.71	2451	−17.03	188
	其中：国家级开发区	216.84	−8.15	10.18	1941	−22.42	160
	市级开发区	20.69	9.39	1.53	510	12.83	28
5	产业基地	11.46	104.60	6.49	49	−5.77	7
6	城镇工业地块	3.31	−41.42	0.60	134	11.67	10

注：表 7 数据来源于市统计局和开发区统计。

开发区落户内资企业注册资金为 4547.39 亿元，同比减少 38.32%，降幅较大，注册资金降幅高于项目数的降幅说明开发区内资项目趋向于中小型企业，开发区引进内资项目的质量未有改善。

表 8　2017 年工业区落户内资完成情况

单位：亿元、%

序号	类别	落户内资企业注册资本金			落户内资企业数		
		2017 年	同比增长	12 月	2017 年	同比增长	12 月
1	开发区	4547.39	−38.32	327.38	33525	−11.52	4612
2	市级以上开发区	3940.51	−40.49	199.10	21879	−11.95	1844
	国家级开发区	3139.86	−47.64	115.95	7931	−22.15	769
	市级开发区	800.64	28.24	83.15	13948	−4.86	1075
3	产业基地	473.38	−19.24	118.23	9867	−0.86	2682
4	城镇工业地块	133.50	−19.09	10.05	1779	−42.45	86

五、开发区投资实现增长

开发区完成固定资产投资金额为 1703.94 亿元，占全市固定资产投资额的 23.51%，比重进一步增加，同比增长 6.49%，市级以上开发区完成 1309.59 亿元，同比增长 7.46%。

表 9　2017 年开发区固定资产投资完成情况

单位：亿元、%

序号	类别	2017 年	同比增长	12 月	同比增长
1	全市	7246.60	7.30	1080.17	9.64
2	开发区	1703.94	6.49	274.80	1.82
3	占比	23.51		25.44	

（续表）

序号	类别	2017 年	同比增长	12 月	同比增长
4	市级以上开发区	1309.59	7.46	213.70	−0.03
	其中：国家级开发区	712.93	0.39	115.01	8.88
	市级开发区	596.66	17.34	98.69	−8.73
5	产业基地	273.08	13.25	40.34	50.27
6	城镇工业地块	121.27	−13.57	20.76	−29.12

注：表 9 数据来源于市统计局和开发区统计。

开发区累计完成工业固定资产投资 795.16 亿元，占全市工业投资的 77.07%，同比增长 3.89%，其中产业基地同比大增 29.04%，而市级以上开发区基本持平。上海浦东康桥工业园区、上海金桥经济技术开发区和临港产业区排名前三，市级开发区金山工业区、嘉定工业区（试点园区）排名前列。

表 10　2017 年开发区工业固定资产投资完成情况

单位：亿元、%

序号	类别	2017 年	同比增长	12 月	同比增长
1	全市	1031.69	5.20	158.09	4.11
2	开发区	795.16	3.89	106.69	−21.19
3	占比	77.07		67.49	
4	市级以上开发区	559.64	0.02	67.73	−30.72
	其中：国家级开发区	246.11	−0.50	35.07	−29.48
	市级开发区	313.54	0.43	32.66	−32.00
5	产业基地	157.62	29.04	27.41	64.30
6	城镇工业地块	77.90	−6.89	11.56	−44.81

注：表 10 数据来源于市统计局和开发区统计。

六、上缴税金保持两位数增长

开发区上缴税金 5844.05 亿元，同比增长 11.9%，其中市级以上开发区上缴税收 5032.08 亿元，同比增长 11.4%，产业基地 609.68 亿元，同比增长 9.95%。

表 11　2017 年开发区上缴税金情况

单位：亿元、%

序号	类别	2017 年	同比增长	12 月	同比增长
1	全市	16213.67	10.55		
2	全市开发区	5844.05	11.90	361.60	65.03
3	占比	36.04			
4	市级以上开发区	5032.08	11.40	288.14	66.92
	其中：国家级开发区	4005.57	10.34	227.18	85.86
	市级开发区	1026.51	15.76	60.97	7.11
5	产业基地	609.68	9.95	47.80	32.42
6	城镇工业地块	202.29	33.72	25.65	57.65

七、第三产业实现两位数增长

表 12　2017 年工业区第三产业情况

单位：亿元、%

开发区第三产业完成营业收入 42027.02 亿元，同比增长 16.4%。其中市级开发区和城镇工业地块同比增长超过 25%，市级以上开发区第三产业规模达到 37594.71 亿元，同比增长 16%，开发区中小型工业园区第三产业迅速发展趋势未变。

序号	类别	2017 年	同比增长	12 月	同比增长
1	开发区	42027.02	16.4	4282.48	8.8
2	市级以上开发区	37594.71	16.0	3760.78	13.1
	国家级开发区	29327.21	13.3	3158.07	35.9
	市级开发区	8267.50	26.6	602.71	−39.8
3	产业基地	3139.24	17.9	389.99	1.3
4	城镇工业地块	1293.07	26.2	131.71	−41.6

（刘亚斐）

国资国企改革发展情况

2017 年，在中共上海市委、市政府的正确领导下，在国务院国资委的有力指导下，上海市国资国企深入学习贯彻党的十九大、中央经济工作会议精神，以习近平新时代中国特色社会主义思想为指引，牢牢把握“四个全面”战略、“五大发展”理念，认真落实市十一次党代会精神和市委、市政府主要领导关于深化国资国企改革的部署要求，全面落实《关于进一步深化上海国资改革促进企业发展的意见》确定的改革发展目标和任务，国有企业核心竞争力明显增强，国有资本功能和作用明显发挥，国资监管能级效率明显优化，国有企业党建科学化水平明显提高，国有经济活力、控制力、影响力、抗风险能力明显提升，为上海“四个中心”和具有全球影响力的科创中心建设，以及城市经济社会持续发展和民生保障作出积极贡献。

一、坚持稳中求进，国有经济质量效益不断提升

聚焦质量和效益，以“产业结构不断优化、运行质量持续改善、管理水平稳步提升、经营风险有效防范”为导向，全面落实提质增效措施，国有经济实现稳中有进、进中提质。把握稳的主基调，稳增长防风险。在全面分析系统企业经济运行基础上，科学合理制定提质增效目标，明确企业营业收入和利润总额平稳增长、主业收入持续增长、主业利润增长高于利润总额增长的总体要求。

2017 年，上海地方国有企业实现营业收入 3.3 万亿元，比上年增长 8.5%；利润总额 3606 亿元，同比增长 11.6%；归属母公司净利润 2209.45 亿元，同比增长 12.5%。截至年底，地方国有及国有控股企业资产总额 18.59 万亿元，同比增长 6.6%，其中，国有权益 2.53 万亿元，同比增长 10.7%。实体经济企业营业收入、利润总额实现“好于预期，高于全国”目标。据国务院国资委统计，2017年，上海地方国有企业实现营业收入、利润总额、资产总额均排名全国省市和计划单列市之首，分别约占全部地方监管企业总量的1/7、1/6、1/4。

狠抓管理降本增效，加强预算管理、资金管控，全系统企业资金集中度达到80%。成本费用基本可控，竞争类企业营业成本低于营业收入增长0.9个百分点，财务费用同比下降9%。全年地方国有企业上缴税金2297.65亿元，同比下降0.2%，占全市地方税总量的近1/3。全市纳税百强企业中，国资系统企业进入工业榜单的超过1/3、进入第三产业榜单的超过1/5。上海国资国企在全市经济社会发展中的地位和作用进一步凸显。

加强宏观经济运行跟踪分析，提高风险预警的频度和精度。建立健全金融企业国资监管机制和风险预警体系，梳理金融牌照资源，防范金融风险。把握进度总目标，奋发有为积极进取。聚焦主营业务、主要板块、主要环节和关键风险点，加强业务预算、投资预算、资金预算和财务预算协同，推动企业深挖增长潜力。加大支持力度，47%的国资预算资金支持企业技术创新和能级提升、研发平台建设以及现代服务业发展等重点领域和产业发展。协调规土、税务等委办局落实24家企业集团133项政策需求。深化产融结合，推动金融服务实体经济。加快机制、政策和环境建设，提升金融服务实体经济能力。搭建平台，举办6次产融结合沙龙，汇总典型案例，制定产融结合需求清单，拓展产融结合新路径。

二、发展公众公司，积极推进混合所有制改革

以发展公众公司为主要实现形式积极推进混合所有制改革，引入各类资本推动企业投资主体多元化、经营机制市场化，实现各类所有制经济相互融合、共同发展。深化公司制股份制改革，80余户企业集团所属二级子企业完成公司制改制，超额完成预定目标。国泰君安H股上市，成为2017年香港市场融资规模最大的IPO。上海电气完成核心业务资产上市，华谊集团整体上市和地产集团核心业务资产上市稳步推进，整体上市和核心资产上市企业已占竞争类产业集团总数的2/3。加快推进股权多元化改革，引进宝业集团、城投控股等3家战略投资者，实施建科集团增资扩股；引入央企和民企对华谊集团控股三爱富股份实施市场化重组。推进自仪院国有股权多元化改革；完成联交所事转企改制，会同相关委办推进燃气行业改革和供销社系统综合改革。两批8家混合所有制企业启动试点员工持股。充分发挥资本市场配置功能，8家上市公司通过证券市场融资610.94亿元；38家（次）企业累计发行各类债券2.22万亿元；完成产权交易1794宗，成交金额1639.69亿元。截至年底，83家境内外上市公司总市值约3.08万亿元，国有股市值近1.25万亿元。混合所有制企业占市国资委直接监管企业总户数的68.5%、资产总额的86.4%、营业收入的88.9%、净利润的93.4%，成为上海国有企业中最有活力、最有实力、最有发展潜力的部分。

三、实施重组整合，调整优化国资结构布局

紧紧围绕国家战略和上海城市发展要求，突出核心主业、核心技术、核心竞争力，推动国有资本向优势产业、优质企业和优秀企业家集中，推动国有资本做强做优做大。实施开放性市场化联合重组，坚持产业链纵向整合、业务群横向布局，完成光明食品集团与水产集团共5组9家市管企业联合重组，市国资委直接监管企业总数调整为45家；交运集团与锦江国际、久事集团浦江游览游船企业业务板块资源实现整合。积极推动上海电气工锅所与中国机械工业集团等系统企业与中央企业、区属企业采用交叉持股、投资入股等方式进行战略整合。深化平台改革推动国资流动，形成国资平台三年工作计划和深化平台改革方案，国际、国盛两大国资流动平台通过参与企业改革、创新金融产品，盘活存量资产价值约116.15亿元。深入推进供给侧结构性改革，实施创新发展、重组整合、清理退出的“三个一批”35家270个项目落地，国资在战略性新兴产业、先进制造业、现代服务业、基础设施和民生保障领域的集中度超过80%；92.3%的国资已集中在商务服务、货币金融等20个重点行业和上汽集团等20个企业集团。主动融入“一带一路”建设，国际国内两个市场配置资源的能力不断提高。截至2017年年底，上海市国有境外企业1181家，国有权益2860.95亿元。

四、加快转型升级，激发创新动力活力

积极落实市委、市政府对国有企业科创中心建设要求，完善激发企业内在创新动力的体制机制，推动企业加快新旧动能转换，当好科创中心建设的主力军。以央地合作为契机，加快创新协同。积极策划并落实市政府与国务院国资委战略合作，共同推动中央企业积极参与上海科创中心建设。形成“1+3”战略合作框架，一次性签约中远海运与申能集团“航运新能源金融多领域合作”等20多个项目，累计金额2200亿元。以完善机制为重点，营造创新环境。加强国资收益支持项目管理，制发企业技术创新和能级提升项目专项扶持办法实施细则和验收工作指引。推动东浩兰生、上海建工等企业编制创新转型专项规划，上港集团、上实集团等企业实施创新转型专项评价。修订“视同于利润和单列”政策，开展“上海国资国企双创活动成果”宣传，鼓励创新促进发展。推进人才高地上的人才高峰建设，支持企业纵向分层建立创新后备、创新骨干、创新领军三级人才创新工作体系。合理划定容错界限，按照“三个区分开来”要求，推动上汽集团等10余家企业将容错纠错条款纳入公司章程。以企业为主体，构建创新体系。安排国资收益26.35亿元，支持12个集团19个项目，带动企业新增投资337亿元，预计

可形成近200项发明专利，其中产业化项目可实现销售收入约127亿元。和辉光电AMOLED二期、华虹宏力二期、兆芯项目等一批重点项目按节点推进，上汽集团、上海仪电、上港集团等企业战略转型取得成效，整体竞争力和社会影响力明显增强。

五、完善法人治理，健全长效激励约束机制

牢牢把握“高效运转、有效制衡”原则，积极探索中国特色现代国有企业制度，不断完善国有企业法人治理结构。坚持党建和公司治理相统一，市管企业全部将党建工作要求写入公司章程，全部明确将党组织研究讨论作为董事会、经理层决策重大问题的前置程序，产业类企业集团全部实现党委书记、董事长“一肩挑”。配齐配强董监事会。配合市委组织部，修订《上海市市管国有企业外部董事管理办法》。完成市管企业董事会、监事会情况梳理，提名董事、监事等43人次。完成43家单位215人次领导岗位考察选配和人员调整充实。举办外派专职监事实训，提高履职能力。加强任期制契约化管理，制定企业领导人员选拔任用工作指导意见，修订市管企业领导班子和领导人员任期综合考核评价办法，完成国盛集团、城投集团等12家企业2014—2016年任期综合考核，并做好考核结果应用。健全长效激励约束分配，8家市管企业试点职业经理人薪酬制度改革。修订国有控股上市公司实施股权激励业务手册、“张江办法”股权和分红激励业务手册，支持符合条件的上市公司、科技型企业或人力资本为主的企业制订实施股权激励、“张江办法”股权和分红激励方案。化工院实施科技成果转化项目收益分红激励试点，百联全渠道公司实施股票期权激励计划。

六、立足管好资本，加快职能转变优化监管方式

坚持“管好资本、放活企业、不管经营”，以管资本为主加强国资监管。完善国资监管机制，制定市国资委系统企业托管暂行办法。开展市级行政事业单位所办企业清理规范，130余家企业划转至16家企业集团。协调变更久事集团等6家企业70幅划拨土地权证，服务企业改革发展。加强重点领域监管，强化对企业境外投融资、产权变动和资金管控，上汽集团等13个境外投资项目实行事前备案管理。深入开展经责审计和专项审计，落实内审监督、审计整改、责任追究和协同协调机制，完成近年来293个问题整改，8家企业集团新设18个内审机构增配41名专职人员。完善评估制度，开展评估检查，20个评估项目净资产价值360.04亿元，增值率达到127.93%。完成联交所产权交易系统与公共资源平台对接整合。加快放管服和立改废，修订市国资委《履职清单（试行）》和《事中事后监管事项清单》。废止规范性文件42件，修订及延长期限23件。强化依法监管，选聘6名市国资委兼职政府法律顾问，建立国资委法律顾问日常管理咨询工作机制。强化信息化应用，完成6家金融企业和国际集团VPN网建设，推进2004年以来国资监管数据的整合集约，完成国资工商信息交互平台对接系统建设。

七、坚持以人为本，切实维护国资系统安全稳定

牢固树立以人为本理念，不断提高国有企业的经济、社会、环境综合价值创造能力，切实促进社会和谐、队伍稳定。主动服务城市建设，全力支持市级重大工程、生态环境综合治理，推进北横通道等10项涉及市属国企腾地搬迁工作。积极履行社会责任。落实沪滇帮扶、产业援疆、振兴东北等合作交流项目，上港集团、机场集团等市属国企与大连签署空港运营协作等方面12个合作项目，协议金额近400亿元。落实300个岗位定向招录残疾人，全年吸纳就业近9万人。保障职工基本权益，及时落实职工安置分流政策，探索退休人员社会化管理。修订市国资委出资企业人工成本预算管理试行办法，建立健全市场化的人工成本决定机制，推进低收入员工提低机制建设。落实安全生产责任，强化企业领导人员安全生产考核，综合督查20余家重点监管企业，开展安全生产培训，约谈部分企业安全生产负责人，督促企业及时消除安全隐患。加强信访矛盾综合治理，深入开展矛盾排查化解和稳定风险评估，加强属地对接，系统信访总量、进京访同比分别下降14%和34%，党的十九大、“一带一路”峰会等重要节点期间未发生重大群体性矛盾。

八、加强国企党建，坚持从严管党治党建党

贯彻落实全国和全市国有企业党建工作会议精神，充分发挥国有企业党组织领导核心和政治核心作用。完善党建工作责任体系。制定基层党建工作责任制责任清单、党风廉政建设责任清单、加强意识形态领导工作责任清单，在全国率先形成上海国有企业加强党建工作“三张责任清单”，党建工作占领导班子考核比重提高到20%，党委书记提高到18%。对12家企业集团落实党建工作责任制情况进行检查考评，开展二级企业党组织书记抓党建和党风廉政建设述职评议。加强国企基层党建。推进“两学一做”学习教育常态化制度化，市委组织部简报5次介绍国资党委经验做法。推动6家企业集团党委换届。评选出30家“红旗党组织”、100个“党支部建设示范点”，得到社会各界人士168万个“赞”。开展2017年“改革立新功，实干创佳绩”党建主题活动。“万名书记进党校”工程培训党组织书记1.3万余名，被中组部列为示范工程，市委组织部召开现场会在全市推广。标本兼治惩治腐败。坚持纪律规矩挺在前面，坚持关口前移加强教育，持之以恒落实中央“八项规定”精神，持续抓好巡视发现问题的整改。加强正面宣传引导。组织主流媒体对上海国资国企改革和国企党建成果进行集中宣传，主流媒体累计报道410篇，其中头版69篇。全面做好群团、统战和老干部工作，凝心聚力营造和谐氛围。

（鲍晨骏）

促进中小企业发展情况

2017年，上海市促进中小企业发展协调办公室围绕《中国制造2025》和《促进中小企业发展规划（2016–2020年）》等国家战略，认真落实《关于创新驱动发展巩固提升实体经济能级的若干意见》，稳步推进企业服务平台建设，深入实施“专精特新”企业培育工程，不断优化营商环境，促进中小企业持续健康发展。

一、统筹服务，稳步推进市企业服务平台建设

开拓创新服务企业工作思路。按照市领导指示精神，以建设市企业服务平台统筹全市企业服务。市中小企业办在走访调研市信访办、市商务委、市科委等单位基础上，研究制订《关于建设上海市企业服务平台的实施方案》。11月13日，市政府办公厅印发《关于建设上海市企业服务平台的实施方案》。

新建统筹全市企业服务工作机制。合并原上海市促进中小企业发展工作领导小组和上海市服务中央在沪企业联席会议，新建上海市服务企业联席会议，成员单位54家。11月15日，联席会议召开第一次全体会议，联席会议重点研究解决企业反映的共性问题，形成合力，共同推动各类所有制企业、大中小微企业协同创新和融通发展，营造良好的企业发展生态环境。承担联席会议办公室职责，制定《上海市服务企业联席会议工作制度》和《上海市服务企业联席会议办公室工作动态报送制度》。

全面推进市企业服务平台建设。召开重点委办平台建设推进工作会和各区子平台建设专题会，加快落实“上海市企业服务云”系统对接和内容支撑事项。“上海市企业服务云”系统开发推进有序，于年底前开通试运行，基本实现政策落实、服务对接、诉求协调反映等主要功能。

二、精准对接，不断完善中小企业服务体系

完善中小企业服务第三方绩效评估工作。继续组织现有299家市级中小企业服务机构参加第三方评估，由3家单位实施年度第三方评估工作，提高评估效率。创新引入第四方稽核机构，同步监督评估工作。有力促进服务机构服务能力的提升，使各项服务更加贴近企业需求。

提升“上海市中小企业服务互动平台”服务能力。至年底，平台有效认证企业数6776家，上线服务机构293家，服务志愿者150名，累计服务档案43300条。依托互动平台建立中小企业运行监测数据库、专精特新企业数据库和中小企业服务机构数据库，进一步增强对全市中小企业工作的数据支撑能力。

完成国家和市级中小企业服务机构资质申报、复核工作。组织开展国家小型微型企业创业创新示范基地和国家中小企业企业公共服务示范平台新一轮申报工作，完成市级中小企业服务机构组织申报。至年底，国家小型微型企业创业创新示范基地累计9家，国家中小企业企业公共服务示范平台累计18家，市级中小企业服务机构299家，本年度拟认定新申报市级中小企业服务机构47家。

继续办好《上海中小企业信息速递》。结合“双创”工作推进，增加区中小企业扶持政策和举措。通过纸质版、网络版、手机版、微信版，每月向10万家以上中小企业免费推送。至年底，《上海中小企业信息速递》累计推送69期。

积极开展“双创活动周”活动。根据工信部要求，9月15—21日，组织各区及各类中小企业服务机构开展“双创活动周”活动，各区、园区、服务机构共举办政策宣讲、解读、创业辅导等服务活动27场，组织项目路演、创业大赛等展览展示活动14场。

三、对标一流，深入推进“专精特新”企业培育工程

加强顶层设计和基础研究。梳理现有“专精特新”企业信息，研究制定上海“隐形冠军”培育企业遴选指标体系和遴选流程以及《“隐形冠军”培育企业遴选办法（试行）》，对企业发展进行全面、客观评估。开展《中小企业国际竞争力提升配套政策及服务体系研究》《上海市隐形冠军企业产品市场占有率现状及发展趋势研究》，梳理具有“隐形冠军”特征的企业现状和共性，提出提升国际竞争力的七项政策建议，为下一步工作打下基础。

动态调整“专精特新”群体。组织2017年度“专精特新”中小企业申报（复核），申报企业共计1981家。优化遴选标准和流程，经各区推荐、专家评审、信用查询、征求委专业处室意见，确定2017年度“专精特新”企业1397家，“专精特新”企业总数达到1665家。

加强“专精特新”企业服务。加强人才服务，全年举办4期浦江培训，培训“专精特新”企业负责人200人；举办2期财务总监培训，培训专业人才100人；配合党委向全国工商联、市人大、市政协推荐优秀企业家。推动品牌建设，举办5场“专精特新”企业品牌培育培训活动，支持20家企业申报工信部和市级工业示范品牌。打造“中小企业之家”，全年举办政策辅导、融资路演、产业对接等活动55场，服务“专精特新”企业1971家次，总人数2051人。组织“专精特新”企业家开展专题研讨、读书、沪连产业考察、质

量标杆企业学习等近30场活动，促进企业联谊、联智、联业。办好“专精特新”企业家会刊，全年推送45次235篇文章，报道联谊会活动13场，优秀企业家19人，企业荣誉151篇。

四、促进产融合作，持续改善中小企业融资环境

促进银政企互动。继续完善信贷例会制度，联合市金融办、人行上海分行和上海银监局，组织全市30家商业银行，围绕“信用担保业务创新”“普惠金融与实体经济”“商业银行产品创新”等中小企业融资热点开展研讨，推动产业与金融融合发展。全年向商业银行推荐有融资需求中小微企业227家，融资对接金额达30亿元。

破解转型升级产业融资难题。3月，联合市担保基金管理中心和9家商业银行，创新推出“专精特新中小企业千家百亿信用担保融资计划”，为符合条件的专精特新中小企业提供单户300万元，最高1000万元的无抵押担保贷款。至年底，银行累计为378家“专精特新”企业提供信用贷款43.9亿元，其中担保基金信用担保贷款161家7.3亿元，有效缓解企业转型升级中的融资困难。

大力推进中小企业改制上市。全年举办3期“百家企业改制上市系列培训”，累计服务企业家及各区金融干部共300余名；与深交所推出“董秘任职资格培训上海专场”，优选全市近150家拟上市企业董事会秘书和证券事务代表参加；与专业机构合作推出《红筹企业回归境内上市百问百答》，支持企业境内资本市场上市。年内新增境内上市公司36家（主板29家，中小板1家，创业板6家），上市数量达到历年之最，募集资金净额153.66亿元。

加强中小企业融资工作队伍建设。举办上海中小企业金融干部培训班（第一期），加强各区和园区融资服务队伍建设，提升融资工作人员业务水平。

支持中小企业融资担保机构发展。加大对中小企业信用担保机构的专项资金支持，资助符合条件的7家担保机构1124万元；推荐4家优秀担保机构获评工信部组织的担保行业社会责任最高评级AAAr级。

五、掌握诉求，充分发挥运行监测分析作用

深入了解企业诉求。举办8场“专精特新”企业座谈会，走访专精特新企业、拟上市企业和小微企业，联合园区召开企业诉求座谈会，深入了解企业难点痛点，全年调研企业超过100家。通过“中小企业服务互动平台”持续开展问卷调查和诉求收集工作，回收调查问卷1000余份，收集诉求1000余条。

拓宽运行数据收集渠道。与市统计局合作，新增全市社会服务业中小企业发展数据；与专业化机构合作，新增微型企业样本数据2300家，样本总量达到6300家，进一步夯实运行监测数据库基础。完善市、区、园区楼宇三级数据报送工作机制，举办企业运行信息培训16场。纳入运行监测范围的企业2500余家，向工信部报送小微企业户数3251家，排名全国第三。

提升运行监测水平。建立运行监测专家研讨机制，联合市统计局、市工商联、民建上海市委等部门，每季度召开中小微企业形势分析会，交流面上情况，研讨未来趋势。建设运行监测分析系统，加强对运行数据的分析，编写2017年季度、年度分析报告，全面反映上海中小企业发展情况、运行特点、未来趋势、主要问题和困难，并提出对策建议。

（傅 今）

在沪中央企业发展情况

2017年，在沪中央企业积极对接上海经济发展，参与科技创新中心和自贸试验区建设，贯彻落实供给侧结构性改革要求，持续推进产业转型升级和创新，总体实现速度、效益、规模平稳增长，为上海经济社会发展作出新贡献。

至2017年年末，在沪中央企业及以办事处或窗口公司形式设立的分支机构（以下简称“在沪央企”）有3226家，资产总额18.67万亿元。其中，由国务院国资委监管的在沪央企2496家，总数比上年增加47家，资产总额4.33万亿元；由国家金融部门监管的金融央企91家，资产总额13.33万亿元；由其他国家部门监管的在沪央企639家，资产总额1.01万亿元。

一、整体平稳增长

在沪央企经济运行总体比上年有所改善。工业、建筑、交通、金融、批发、零售、住宿、餐饮、房地产等九大主要行业规模以上央企有539家，累计资产总额达到15.42万亿元，比上年增长9.75%；实现营业收入达到2.16万亿元，同比下降0.84%；累计实现利润总额3517.54亿元，同比增长7.54%。

央企对上海经济发展的支撑作用突出，投入产出明显高于地方国企。在沪央企的营业收入、经济效益、税收贡献明显高于其资产总额占地方国企总数的比率。战略性新兴产业占据上海总量约1/4，高端装备、新材料、新一代信息技术三大产业工业总产值分别达到973.22亿元、295.61亿元和181.2亿元。电子信息产品、汽车、石油化工及精细化工、精品钢材、成套设备、生物医药6个重点发展行业对全市六大重点工业行业支撑作用明显。

二、特大型企业发展良好

中国宝武钢铁集团有限公司由原宝钢集团和武钢集团联合重组而成，于2016年12月在上海揭牌成立。中国宝武以成为“全球钢铁业引领者和世界级企业集团”为愿景，构建在钢铁生产、绿色发展、智能制造、服务转型、效益优异等五方面的引领优势，打造以绿色精品智慧的钢铁产业为基础，新材料、现代贸易物流、工业服务、城市服务、产业金融等相关产业协同发展的格局。重组后的宝武优化产业结构，提升经营业绩，2017年进入《财富》世界500强，名列第204位。

中国东方航空集团公司实现营业收入1017亿元，同比增长3.19%；利润总额为68.2亿元，同比增长37.36%。实现连续9年盈利；承运旅客约1.02亿人次，同比增长8.5%，位居全球第七大航空公司。

交通银行主要经营指标略有增长，资产总额突破9万亿元，达90,382.54亿元，比年初增长7.56%，全年实现净利润702.23亿元，同比增长4.48%。资本充足率和核心资本充足率分别为14.00%和10.79%，继续保持较高水平。在业绩稳步增长的支撑下，市场地位、品牌形象和社会美誉度稳步提升。集团连续9年跻身《财富》(FORTUNE)世界500强，营业收入排名第171位。

中国联合网络通信股份有限公司全面深化实施聚焦战略，以规模效益发展为主线，促发展、控成本、转机制，经营模式转型取得突出效果，实现主营业务收入2748亿元，同比增长4.6%；净利润达到4.26亿元，净利润为4.3亿元，同比增长176.4%。同时受益于公司混合所有制改革，资本实力大幅增强，财务状况更加稳健，资产负债率由上年的62.6%下降至46.5%。

中国太平洋保险（集团）股份有限公司经营呈现稳中有好、稳中有新、稳中有进的良好态势，实现盈利平稳增长。至2017年年末，集团总资产达11,712.24亿元，较上年末增长14.7%。全年保险业务收入2,816.44亿元，同比增长20.4%，增速创7年来新高，实现净利润146.62亿元，同比增长21.6%。全年新业务价值率同比提升6.5个百分点，达到39.4%，实现一年新业务价值267.23亿元，同比增长40.3%。

三、转型创新成效明显

在航天航空方面，中国商用飞机有限责任公司项目研制取得重大进展。5月，C919大型客机圆满实现首飞，11月，成功从上海转场西安阎良，正式开展后续试飞取证试验工作。12月，第二架C919飞机在上海浦东国际机场完成首次飞行。9月，ARJ21–700飞机获得生产许可证，正式进入批量生产交付阶段。ARJ21–700飞机现有国内外客户21家，订单453架。已交付4架，先后开通成都–上海虹桥、成都–上饶–南通、成都–长沙、成都–合肥、成都–济南的往返航班，安全载客超过5万人次。中俄远程宽体客机项目在两国元首见证下，签署政府间合作协议和企业间合资合作合同，合资公司将在上海挂牌，预计2025年左右完成远程宽体客机项目取证交付。上海航天局在中国首艘货运飞船天舟一号与天宫二号成功对接并受控离轨这一开启中国空间站时代的重大工程中，负责推进舱结构与总装、电源分系统、对接机构分系统、测控与通信子系统、推进舱电缆网等核心项目，表现优异，圆满完成各项试验任务；长征六号成功发射标志着我国新一代运载火箭长征六号正式进入商业发射领域；高分辨率对地观测系统上海数据与应用中心落户上海航天509所，将进一步促进上海的卫星应用产业发展，完善卫星应用技术设施，为上海发展注入新活力。

在海洋工程方面，外高桥造船公司建造的31.8万吨超级原油船“凯旋”号成功命名交付，是自2003年6月22日交付首制船以来交付的第400艘商品船，再次刷新中国造船业的纪录；承建的“远河海”号是世界第二代40万吨超大型矿砂船具有经济、绿色、环保、节能、安全等特点，在世界上处于领先地位。振华重工提供的青岛港与上海洋山港4期全自动化码头设备已正式投入使用，同时又在海外拿下多个自动化码头的系统总承包业务。由此表明，振华重工已成为一家自动化码头一站式解决方案的供应商。

在新材料方面，宝武集团的高磁感取向硅钢、超高强连续油管用钢、冷轧铁素体轻质钢等4个牌号产品实现全球首发。

在推进业务转型，促进高端发展方面，在沪央企普遍调整业务结构，推出新模式，衍生发展新业态，向产业链、价值链的高端转型发展。交通银行着力打造以财富管理为主体，普惠金融、消费金融、互联网金融为特色的“大零售”业务发展新格局，持续提升跨境、跨业、跨市场的服务能力。中国东方航空集团公司电子商务发展实现B2B模式向B2C、C2B模式的转型，推进客运转型，推出M网站，建立与微信、易信等交互对接的营销服务移动平台，覆盖营销、地服、运行、飞行、乘务、机务、管控及物流八大业务领域，实现“指尖上的东航”。国药控股股份有限公司以倍他乐克项目为基础，引入互联网思维和技术，加快电子商务、供应链金融、融资租赁等新业务发展。江南造船（集团）有限责任公司延伸发展军品及高端产品维修业务，拓展非船产业，构建以民船市场为主的营销体系。中国航油集团物流有限公司从主要承担集团内部物流业务转向延伸拓展集团外物流市场，如第三方物流服务，化工品、成品油运输等，实现“企业物流”向“物流企业”的发展转型。永诚财产保险股份有限公司探索互联网保险发展创新，与腾讯等大型互联网公司进行战略合作，满足移动互联时代的客户需求。上海航天局以电站建设板块拉动多晶硅、电池片、组件生产销售，实现产业链联动，下属民品单位积极融入军品产业链、价值链，经营状况显著改善。上海电力股份有限公司坚持实施发展战略转型，不断优化电力生产布局与结构，火电形成30万千瓦、60万千瓦、100万千瓦的燃煤发电系列，燃机形成E、F级以及分布式供能小型燃机等燃机系列，新能源形成风电、太阳能光伏系列，带来百年企业“脱胎换骨”。

在沪央企整合资源，密切产学研用，打造创新体系。卡斯柯信号有限公司技术中心成为国家认定的国家级企业技术中心。中国商用飞机有限责任公司联合36所高等院校参与大型客机项目700余项科研合作，打造中国民机技术创新体系。中航商用航空发动机有限公司与相关高校、科研单位密切合作，共同打造商用航空发动机产业协同创新平台和基地。上海航天局与国内外著名企业、高校联手合作，共建上海市产学研合作创新示范基地。华东电力设计院与国家电网联手开展超、特高压同塔四回路杆塔、输变电钢管塔架焊缝连接等设计研究。中国电子科技集团公司第三十二研究所与众多国内著名高校合作，完成了世界首台拟态计算机PRCA原理验证硬件平台，突破传统计算机的“应用服从”架构。上海宇航系统工程研究所与国核电站运行服务技术有限公司合作，以机器人技术自主化发展为主攻方向，培育了一批军民融合的创新成果。

（宗　媛）

工业节能和综合利用工作情况

2017年，上海工业系统按照党中央、国务院关于生态文明建设总体部署，坚持新发展理念，聚力高质量发展，全面实施工业节能减排各项重点工作，大力推进绿色制造工程，推动工业绿色发展取得新成效。全市规模以上工业用能比上年下降109.7万吨标煤，单位增加值能耗同比下降8.3%。“十三五”前两年工业用能比“十二五”末期累计下降201.92万吨标煤，增加值能耗累计下降10.9%，为完成“十三五”总量和强度双控目标打下坚实基础。

一、大力推进绿色制造，打造行业绿色标杆

一是加快构建绿色制造体系。按照工信部统一部署，全面落实实施方案，建立创建单位培育库。坚持充分动员、专家把关、现场核查、优中选优，推荐7家单位入选工信部第一批、第二批示范名单，3家单位入选工业节能与绿色发展评价中心，5家数据中心入选国家绿色数据中心，初步树立起一批绿色制造先进典型。二是实施绿色制造专项。7个系统集成项目获工信部立项支持，共获得中央财政补助启动资金1.08亿元，拉动绿色投资22亿元。项目总体进展顺利，节能、减排、降耗和行业示范成效显著。三是加强示范成效推广和跟踪管理。总结梳理一批绿色制造示范创建中的有益做法和特色案例，组织100余家重点企业、园区专题学习，引领带动全行业绿色化改进。制定《上海市绿色制造系统集成项目管理暂行办法》，通过业务培训、月度调度、季度督察等对项目实施链式管理，积极做好服务协调。

二、深入开展节能攻坚，全面提升能效水平

一是大力实施节能改造。修订出台《上海市工业节能和合同能源管理专项扶持办法》综合支持政策，实现标准提高、门槛降低、流程优化、范围扩大。“十三五”以来，全市共支持近百项节能技改、合同能源类重点节能项目，实现节能量实现节能量45万吨标煤。二是持续提升能效水平。通过实施节能技术改造，扩大高效节能技术产品应用，全市工业生产能效水平显著提升，电厂发电标准煤耗处于国际领先水平，吨钢综合能耗、芯片制造、造船综合能耗等主要工业产品单耗持续下降。三是不断强化节能管理。按照工信部部署，对165家重点用能企业开展落后机电设备、单耗限额等专项监察，责令相关单位限期整改。完善节能目标责任考核，形成市区联动、多方参与的工业节能管理体系，重点行业、重点企业、重点园区节能管理机制更加健全，用能效率不断提升。

三、鼓励实施清洁生产，全面深化污染防治

一是推进清洁生产审核与改造。修订出台《上海市鼓励企业实施清洁生产专项扶持办法》《上海市水污染防治十大行业清洁化改造推进方案》，引导重点行业企业实施清洁生产审核改造，推广先进适用清洁化技术。组织650家企业实施清洁生产审核改造，全面完成五大行业100家国家“大气考核”企业清洁生产改造，氮氧化物、二氧化硫、氨氮、化学需氧量等主要工业污染物排放量大幅度下降。二是全面完成燃煤锅炉清洁能源替代。全面完成28台集中供热锅炉清洁能源替代，减少分散燃煤约94万吨。三是深化固体废弃物综合利用。坚持废弃物“减量化、无害化、资源化”的方针，持续提升废弃物利用水平，大宗工业固体废弃物的综合利用率保持97%左右，有效带动了能源资源节约、污染减排和土地减量。制定实施方案，全面启动35家园区循环化改造。

四、加大培育扶持力度，发展节能环保产业

一是产业规模实现突破。2017年，节能环保产业实现总营业收入1238.8亿元，同比增长18.5%，节能环保领域上市企业30余家，主营业务收入10亿元以上的企业达到23家。二是产业能级不断提升。涌现出一批具备显著竞争优势的节能环保技术装备，3项产品入选2017年国家工业节能技术装备推荐目录、能效之星，评选出85项“上海市节能产品”。三是产业推动机制不断健全。推进绿色金融服务，为242家企业落实绿色贷款159亿元；加强节能环保技术产品推广，打造了“绿色沙龙”“绿品慧”等线上线下推广平台；相继成立环境第三方治理、再制造、土壤修复产业联盟，整合优势资源，加快培育龙头企业。

（李　鹏）

对口支援与合作交流情况

2017年，上海市经济和信息化委员会（以下简称市经信委）根据市对口支援与合作交流领导小组的工作部署，充分认识此项工作的艰巨性、重要性、紧迫性，结合产业和信息化主管部门的特点，采取更加集中的支持、更加有效的举措、更加有力的工作，扎实推进对口支援与合作交流工作。

一、援疆工作初见成效

积极落实市经信委制定的《上海对口支援喀什四县产业发展三年行动计划（2017—2019年）》，初步筛选并走访一批有投资喀什意向的企业和项目，委领导两次带领相关企业赴喀什对接，搭建沪喀产业合作平台。

为助推援疆前方指挥部关于在喀什地区发展呼叫中心产业的发展思路，市经信委两次召开呼叫中心企业座谈会，探讨将呼叫中心转移到喀什的可行性。受喀什地区经信委委托，启动编制《喀什地区呼叫中心产业园建设推进实施方案》，积极推进喀什地区呼叫中心产业园建设。赴喀什举办两化融合培训班，80名学员参加培训，取得较好效果。

此外，市经信委与克拉玛依市政府签订合作协议，双方将在人才队伍建设、智慧城市等领域开展合作。

二、援藏工作起步较稳

为进一步落实工信部及中共上海市委、市政府的援藏工作要求，切实推动产业和信息化领域的援藏工作，5月下旬，市经信工作党委书记陆晓春带领委内相关处室赴日喀则调研考察，并看望援藏干部。上海烟草集团向上海市第八批援藏干部联络组捐赠现金200万元，用于支持日喀则市政府信息化建设投入、改善援藏队伍工作条件、提升日喀则市工信局机关业务能力及自身建设；上海市第八批援藏干部联络组向西藏自治区日喀则市工信局捐赠现金100万元，用于提升业务能力及自身建设。

9月初，市经信委领导陪同市委副书记尹弘赴西藏学习考察期间，西藏自治区党委书记吴英杰提出请上海协调宝武集团在西藏边境地区推广装配式钢结构建筑房屋的需求。根据尹弘副书记的要求，市经信委立即与宝武集团、援藏干部联络组进行沟通联系，形成工作报告，得到尹弘副书记的批示肯定。

根据工信部要求，市经信委与日喀则市工信局签订工作协议，协调安排日喀则手工制品相关企业在沪学习调研；推进中标软件、万达信息、上海绿色工业促进会、上海创图、国电微网等单位在日喀则开展相关合作项目。

三、东西部扶贫协作稳步推进

与遵义市工业和能源委员会保持密切联系，积极开展产业合作对接，协助遵义市政府在沪举办“遵义（上海）特色产业合作推介会”等招商引资活动。组织“上海企业遵义行”等产业对接活动，积极帮助众安科技在遵义推广使用区块链技术的“步步鸡”扶贫项目，推动浦东软件园与遵义软件园开展相关合作；上海国兴农、菜管家、晨讯科技等企业有初步投资意向；通过产业合作，积极为当地培育支柱产业，助推遵义打赢扶贫攻坚战。此外，完成在沪举办遵义工业经济发展培训班，遵义干部在沪挂职等对口支援地区人力资源开发项目。

四、对口合作大连全面启动

积极落实党中央、国务院及中共上海市委、市政府要求，按照“政府引导、市场运作、企业主体、互利共赢”的工作思路，通过市场化合作方式，支持东北装备制造优势与东部地区需求有效对接，增强东北产业核心竞争力。在沪连合作第一次联席会议上，市经信委作为上海方的唯一代表作交流发言。

圆满完成“上海企业大连行”活动，组织14家企业赴大连开展产业对接，其中上海拓及、中标软件等5家企业与大连方进行了项目签约，涉及总金额5.73亿元。

市经信委与大连市经济信息化委全面对接，启动《上海市与大连市产业和信息化对口合作重点及机制研究》，将对口合作领域重点聚焦到装备制造业、软件等领域。加强沪连两地智库对接，组织上海信息化专家委专家赴大连开展交流活动，取得较好效果。

五、长江经济带及长三角区域合作有序开展

根据上海市推进长江经济带发展领导小组办公室工作部署，配合做好制定并发布《上海市推动长江经济带发展实施规划》的相关工作，牵头完成“创新驱动产业转型升级”专

题报告。配合工信部完成《长江经济带市场准入负面清单（产业发展部分）》《长江经济带世界级产业集群发展指南》等编制工作。搭建产业合作平台，推动湖南岳阳绿色化工产业园与本市相关企业的产业合作。

积极推进沪苏大丰产业联动集聚区建设，协调解决推进过程中遇到的消防、用地指标等问题。认真做好沪苏大丰联动开发建设协调推进领导小组第二次联席会议相关筹备工作。配合推进安徽白茅岭、军天湖等域外农场相关工作。配合嘉兴市政府做好“接轨上海”相关工作。

认真开展长三角区域合作信息化专题组工作，牵头完成长三角区域信息化合作“十三五”规划并正式发布。做好长三角合作基金支持项目摸底工作，申报“监测预警共建和威胁信息共享机制研究”和“长三角综合交通大数据服务平台课题研究”两个项目。

（黄治国）

中小企业总体情况

统计数据显示，截至2017年底：中小微型法人企业（以下简称“中小企业”）的数量占全市法人企业总数的99.54%；中小企业从业人员数占全市企业从业人员总数的73.95%；中小企业营业收入占全市企业营业收入总额的60.84%；中小企业的实收资本占全市企业实收资本总额的77.65%。

截至2017年底，上海市共有各类法人企业437412户（不包括非法人企业和个体工商户），中小企业合计435419户，比上年增长2.38%，数量占全市法人企业总数的99.54%。

截至2017年底，全市各类法人企业从业人员1127.33万人，中小企业从业人员共833.61万人，比上年降低2.29%，占全市法人企业从业人员总数的73.95%。

截至2017年底，全市各类法人企业实现营业收入总额196486.34亿元，中小企业实现营业收入总额119535.62亿元，比上年增长5.26%，占全市法人企业总额的60.84%。

全部法人企业情况（2017年）

	单位数（个）	从业人员（人）	营业收入（千元）	实收资本（千元）
总计	437412	11273332	19648633682	6690739122
一、按三次产业分				
第一产业	1616	31282	13115709	10003753
第二产业	96427	4223640	5547318039	1661980326
第三产业	339369	7018410	14088199934	5018755043
二、按主要登记注册类型分				
内资	401938	8350629	12538090848	4805727646
#国有	4323	671155	1352931392	1134047062
集体	7839	145683	42871051	23119840
私营	342977	5052597	5339424385	1423099044
私营独资	40248	289296	128452541	43786545
私营合伙	7531	74503	77105648	54848481
私营有限责任公司	291726	4521944	4937379958	1266088881
私营股份有限公司	3472	166854	196486238	58375137
港澳台商及外商投资	35474	2922703	7110542834	1885011476
港澳台商投资	13468	1083411	2051798866	967714687
外商投资	22006	1839292	5058743968	917296789
三、按主要行业分				
农业01–05	1747	32543	14645676	11819979
工业06–46	79797	3269387	4405537978	1480720710
建筑业47–50	17527	997357	1193506415	199622386
批发业51	114737	1378823	9208381900	744003529
零售业52	35305	573552	760364099	128126745
交通运输业53–58	15221	768082	744956263	669325058
仓储业59	2103	55550	43666079	27097535
邮政业60	927	63510	68491451	4533797
住宿业61	3742	110872	33856672	51664972
餐饮业62	11130	379161	85276471	23710655
信息传输、软件和信息技术服务业63–65	21011	560440	521708635	173900492
金融业66–69	2936	391697	246922657	310774636
房地产业70	17932	527782	820897269	1337530839
租赁业71	2753	41057	37583816	63063300
商务服务业72	63626	1218256	1047577488	1221564401
科学研究和技术服务业73–75	23978	449078	259777262	136297274
居民服务业79	6164	62847	14171277	3995445
文化、体育和娱乐业85–89	7192	95851	50825778	44131290
其他	9584	297487	90486496	58856079

中型法人企业情况（2017年）

	单位数（个）	从业人员（人）	营业收入（千元）	实收资本（千元）
总计	11536	2509978	5683268137	1513066241
一、按三次产业分				
第一产业	308	13603	6919672	3641941
第二产业	2164	1010290	1364665295	234768743
第三产业	9064	1486085	4311683170	1274655557
二、按主要登记注册类型分				
内资	8262	1787119	3875953520	1012512669
#国有	601	168588	418507018	248980991
集体	116	26738	10825189	1619194

（续表）

	单位数（个）	从业人员（人）	营业收入（千元）	实收资本（千元）
私营	4443	937839	1580861831	204171581
私营独资	87	10778	30572367	482144
私营合伙	30	3184	4493883	112331
私营有限责任公司	4095	870430	1482204417	180710408
私营股份有限公司	231	53447	63591164	22865698
港澳台商及外商投资	3274	722859	1807314617	500553572
港澳台商投资	1303	269200	659586004	252994702
外商投资	1971	453659	1147728613	247553870
三、按主要行业分				
农业 01-05	325	14069	7297534	3709282
工业 06-46	1166	597950	902509763	192029970
建筑业 47-50	1010	419910	467907729	45845774
批发业 51	3368	245775	2976218734	184077929
零售业 52	982	121156	243130144	39230090
交通运输业 53-58	171	144266	143771099	31322439
仓储业 59	95	19514	12326996	3270878
邮政业 60	13	12132	3684905	232313
住宿业 61	159	32292	9042768	9822218
餐饮业 62	278	53219	13641203	3585351
信息传输、软件和信息技术服务业 63-65	546	114892	113447203	22027912
金融业 66-69	14	21876	24650992	76084308
房地产业 70	1924	130213	446024483	623949044
租赁业 71	22	10807	9411500	17433902
商务服务业 72	585	424433	220466172	236858082
科学研究和技术服务业 73-75	455	75505	50481420	14710522
居民服务业 79	53	8295	3651345	730601
文化、体育和娱乐业 85-89	64	10935	11395697	3821582
其他	306	52739	24208450	4323044

小型法人企业情况（2017 年）

	单位数（个）	从业人员（人）	营业收入（千元）	实收资本（千元）
总计	84298	3456490	4484771018	1628209005
一、按三次产业分				
第一产业	535	7400	962794	2656541
第二产业	24044	1590422	1296666744	572500682
第三产业	59719	1858668	3187141480	1053051782
二、按主要登记注册类型分				
内资	72279	2764188	3529257964	1097764418
#国有	1529	81943	134545676	189510855
集体	1748	65550	22720009	9288383
私营	57859	1922180	2281264616	402821716
私营独资	3548	90137	46795717	9160603
私营合伙	1128	27014	58835692	17814123
私营有限责任公司	51998	1742524	2105092900	353644019
私营股份有限公司	1185	62505	70540307	22202971
港澳台商及外商投资	12019	692302	955513054	530444587
港澳台商投资	4253	243005	292560410	285583023
外商投资	7766	449297	662952644	244861564

（续表）

	单位数（个）	从业人员（人）	营业收入（千元）	实收资本（千元）
三、按主要行业分				
农业 01-05	566	7839	1023233	4007971
工业 06-46	20284	1366284	1205691713	535105212
建筑业 47-50	3902	233772	95089255	38378620
批发业 51	16340	272804	2120378251	157326200
零售业 52	3293	71319	74208366	16263823
交通运输业 53-58	2471	151903	222807426	74470124
仓储业 59	424	16380	12603574	8337930
邮政业 60	171	8702	2213364	752783
住宿业 61	1043	32868	8791890	17218014
餐饮业 62	3611	115738	24877243	7879031
信息传输、软件和信息技术服务业 63-65	4836	137661	91188961	43784940
金融业 66-69	126	226849	173452786	74855171
房地产业 70	3150	118728	37872712	175930331
租赁业 71	444	13274	12449506	17291436
商务服务业 72	10923	381266	285041800	370505884
科学研究和技术服务业 73-75	6509	154303	64707809	51515312
居民服务业 79	1374	27912	6592050	1911191
文化、体育和娱乐业 85-89	1597	35729	16044254	8939142
其他	3234	83159	29736825	23735890

微型法人企业情况（2017 年）

	单位数（个）	从业人员（人）	营业收入（千元）	实收资本（千元）
总计	339585	2369625	1785523193	2054288655
一、按三次产业分				
第一产业	762	4355	86310	1366197
第二产业	69845	675122	154348419	253569517
第三产业	268978	1690148	1631088464	1799352941
二、按主要登记注册类型分				
内资	320273	2175514	1590375795	1613610495
#国有	2036	28492	40885619	178212014
集体	5972	52168	9121224	12191063
私营	280307	1784795	958038840	787617610
私营独资	36610	187580	48998617	33820853
私营合伙	6371	36508	11620092	36911027
私营有限责任公司	235306	1542079	889317301	709255010
私营股份有限公司	2020	18628	8102830	7630720
港澳台商及外商投资	19312	194111	195147398	440678160
港澳台商投资	7576	77512	76932625	274667803
外商投资	11736	116599	118214773	166010357
三、按主要行业分				
农业 01-05	842	4619	93350	1726527
工业 06-46	58080	550854	169459211	222597459
建筑业 47-50	12503	132322	16155189	40164718
批发业 51	94602	564691	1147472072	258154424
零售业 52	30842	135075	61332998	37106454
交通运输业 53-58	12528	90944	96787906	116135421
仓储业 59	1576	11638	12296193	14585971
邮政业 60	735	6213	1243738	1481517

（续表）

住宿业 61	2489	17655	1626954	4989394
餐饮业 62	7166	65417	6538024	5795550
信息传输、软件和信息技术服务业 63－65	15423	87843	32438429	58878374
金融业 66－69	2796	142972	48818879	159835157
房地产业 70	12724	137563	35028818	433906401
租赁业 71	2285	10283	5518761	24106551

（续表）

商务服务业 72	52055	277755	111272487	584400536
科学研究和技术服务业 73－75	16827	69131	25879322	52857471
居民服务业 79	4722	18580	1788502	1300828
文化、体育和娱乐业 85－89	5502	21876	4982017	10910360
其他	5888	24194	6790343	25355542

（傅 今）

市区协同招商工作情况

围绕上海市、区产业发展规划和“上海制造”特色园区的产业定位，上海市经信委全面统筹推进产业招商工作，加强产业统筹招商。完善全市产业招商工作机制，建立市区联动的产业招商布局工作网络。聚焦制造业产业链和价值链的高端板块，明确“上海制造”特色园区招商重点方向和目标，引进一批新兴产业国内外龙头和创新型企业，落地一批重大产业项目。开展产业统筹招商布局能力建设，支持各区产业主管及招商部门加强招商统筹工作。

一、坚持市区联动、以区为主，不断健全产业统筹招商工作机制

市经信委探索建立统筹招商工作网络，明确各处招商工作联络员，聚焦招商落地形成良好氛围。联合金山、奉贤等区产业主管部门试点建立联合工作机制，加强产业准入统筹和项目落地的会商联动，相关区纷纷建立产业部门主导的区内招商统筹工作机制，区产业部门对区区产业招商布局工作的主导力、权威性和统筹协调能力明显增强。

二、坚持规划先行、目标导向，产业规划和战略落地工作取得明显成效

围绕各区及重点产业园区“十三五”产业发展规划和定位，注重整合全球资源参与产业战略落地工作，一批重大产业项目达成建设意向计划并实现最终签约。如华为、海尔、正威等世界500强企业在沪落地重要功能机构、制造业项目及重要功能性平台，神雾、格林美、大疆创新、娇韵诗、POLA、美国帕森斯设计学院（世界时尚设计界第一学府）等相关国际国内行业领军企业和机构达成落地意向，术康手术机器人、海湾美丽健康跨境电商园区和旗鱼弹射中心等创新型企业和平台项目落地签约。

启动首批有意来华发展的近百家美国、瑞士、加拿大的创新企业来沪投资落地工作，临港集团与北大资源合作的“京沪产业直通车”签约落地。与软银、IDG、创新工场等龙头投资机构加强对接合作，相关机构主动对接全市产业发展规划和园区发展规划，并协调其参与投资的新技术、新产业、新业态、新模式企业与相关产业园区开展落户对接谈判。

围绕上海人工智能发展规划，联合中国工程院、中国人工智能学会等权威机构，对接美国、加拿大人工智能领军人物、龙头企业、顶级高校和领先科研机构，已与美国加州大学伯克利分校迈克尔·乔丹教授、加拿大多伦多大学杰夫．辛顿教授、美国斯坦福大学李飞飞等国际领军人才达成合作意向。

三、坚持授人以鱼和授人以渔并重，产业招商能力明显加强

不断支持各区产业主管及招商部门加强区内招商统筹工作，帮助和引导有关重点园区提高招商布局能力。

相关区及其重点园区规划战略视野显著提高，招商布局能力显著提高，资源整合效率显著提高，产业政策精准性显著提高，大量符合园区产业定位和规划的资源和产业项目加快向有关产业基地集聚，各区产业发展工作信心明显提升，并有多区明确提出将进一步加大对产业标准厂房以及其他基础设施的投资力度。

四、完善市区重大产业项目推进机制，组织策划产业引领性项目

编制全市《亿元以上重点产业投资项目投资计划》，引导先进制造业重点项目合理布局，确保上海工业投资规模适度增长。推进华谊等16个10亿元以上新开工项目、上汽等45个10亿元以上在建项目建设，促进中国商飞试飞中心、腾讯华东云计算中心等项目竣工，跟踪燃机试验电站、新能源汽车、新材料等重大项目落户。加大技术改造财政支持力度，全年推进约100项重点技术改造项目，技术改造投资占全市工业投资比重提升至61%。

五、加快园区转型升级和集约发展，加强规划统筹，整合支持政策

聚焦郊区主战场，服务指导各区形成先进制造业布局定位，打造产业园区统筹管理及招商引资平台。建立工业用地增减挂钩统筹对接、工业用地项目供需对接机制，支持先进制造业重点项目建设。加强工业用地和工业项目的全生命周期管理，加大闲置和低效工业用地处置力度；深化存量工业用地二次开发政策，推进土地高效复合利用。实施园区主体培育计划、新型工业化产业示范基地卓越提升计划，积极推进区域经济统筹发展机制建设。继续推进“区区合作，品牌联动”，优化工业区转型升级评价考核。

（赵广君）

工业品牌建设情况

2017年，面对世界经济形势低迷、国内经济增速放缓以及本市用地刚性约束加剧、商务成本不断攀升等严峻经济形势，上海市学习贯彻党的十九大精神，推进落实《中国制造2025》，坚持“稳中求进”总基调，深化供给侧结构性改革，积极开展增品种、提品质、创品牌“三品”专项行动，推动高质量发展、创造高品质生活；进一步加强工业品牌建设，全力打响“上海制造”品牌，大力发展品牌经济已成为全市全社会之共识，多层次品牌经济发展构架正在形成，取得较好成效。

一、着力脱虚向实，赋能实体经济

贯彻落实国务院“增品种、提品质、创品牌”专项行动，推动供给侧结构性改革，大力振兴实体经济，促进经济脱虚向实、高质量发展。

1．着力脱虚向实

继《关于推进供给侧结构性改革促进工业稳增长调结构促转型的实施意见》之后，上海又出台《关于创新驱动发展巩固提升实体经济能级的若干意见》（实体经济50条），并建立市级部门协调机制，引领经济脱虚向实，为品牌经济发展奠定基础。全年规模以上工业增加值比上年增长6.8%，工业总产值、利润等指标均创7年新高。推动资源要素向实体经济集聚，新设工业强基、工业互联网、人工智能专项资金，推进产融合作，运作产业转型升级投资基金等，全市工业投资总额由负转正，同比增长5.3%，全年为企业降本减负超过440亿元。

2．提升质量品牌

贯彻落实《中共中央国务院关于开展质量提升行动的指导意见》，大力提升上海品牌美誉度。实施质量振兴攻关计划，积极开展质量标杆活动，累计29家企业获上海市“质量标杆”荣誉称号，10多家企业获国家“质量标杆”称号；评选和表彰市长质量奖和质量金奖，推荐15个组织、6个一线班组和9位个人申报第三届中国质量奖；涌现一批重点产品质量攻关成果典型，48个项目获2017年度上海市重点产品质量攻关成果奖。

3．加强品牌培育

按照工信部《品牌培育管理体系实施指南／评价指南》和上海市品牌培育试点示范工作要求，全市坚持“体系化、社会化、专业化”原则，帮助本土企业学习如何做品牌、创名牌，受到企业广泛认同和欢迎。全年开展品牌培育体系宣贯、导入、推进、辅导和培训共51场，合计参加1717人次、参与企业1143家次。通过一系列培育环节，全年共评定33家市级品牌培育示范企业（2年合计57家）。在全国295家被工信部认定为品牌培育示范企业中，上海企业有17家。

二、创新驱动发展，加快动力转换

上海坚持“创新、转型、提质、增效”，积极推进品牌经济与科创中心建设和发展“四新”经济相融合，加快经济发展动力转换。

1．聚焦科创中心建设

出台《关于本市推进研发与转化功能型平台建设的实施意见》，发布《上海市市级企业技术中心认定评价工作指南》，以创新促进品牌建设。完善建立国家级、市级和区／集团级的产业技术研发机构体系。国家认定企业技术中心达67家，市级529家，区／集团级约1300家。2017年，共组织实施战略性新兴产业重大项目36个，重点支持49个工业强基项目。启动卓越创新企业培育计划，以创新引领、以品牌支撑促进科技小巨人企业发展。涌现一批“隐性冠军”企业，孕育一批“独角兽”企业，如芯原微电子是国内第一、世界前十的芯片设计服务提供商。科技小巨人工程企业平均研发投入强度超过8%，高于欧盟统计标准；企业获得支持的后3年，全要素生产率提升近40%。

2．推进线上线下融合

深入开展电子商务双推工程，加快传统品牌企业转型。2017年度“双推”工程支持14家平台企业累计新签约中小企业客户近1300家，其中受益中小企业近千家。“三枪”等一大批传统产业的品牌企业“触网”并斩获颇丰，杏花楼等近30个品牌组团入驻京东商城，在全国范围率先设立中华老字号上海旗舰店。

3．着力创新创意驱动

印发《关于加快本市文化创意产业创新发展的若干意见》（文创50条），出台《关于加快推进本市“四新”经济发展的指导意见》，全市围绕“产业链部署创新链”的要求，注重科技创新和创意设计的双轮驱动发展，积极打造新产业、新业态、新技术、新模式“四新”经济发展的品牌经济生态系统。年内新增科技小巨人（含培育）160家，全市共有611家科技小巨人企业和1187家科技小巨人培育企业；中国独角兽企业榜单中，2017年上海36家企业入榜，占全国164家的21.9%；1665家中小企业获2017年度上海市“专精特新”中小企业认定，其中有众多企业位居全国细分市场的前列。

三、优化营商环境，发展品牌经济

营商环境也是生产力。凝聚政府、社会、市场、企业诸方合力，不断优化营商环境，逐步构建产品（企业）品牌、行业（区域）品牌以及上海城市品牌为一体的品牌经济发展框架。

1．品牌经济发展环境进一步优化

覆盖全市各行业、各部门的“上海企业服务云”试运行，为全市60多万家企业提供全方位的政府服务、政策咨询、中介服务、信息资讯等一揽子服务内容。上海知识产权交易中心挂牌成立，并建立包括专利、商标、版权、技术秘密、集成电路布图设计等各类知识产权转让交易的一门式服务平台。国家工商行政管理总局设立上海（徐汇）商标受理窗口，并支持建成上海商标审查协作中心，为上海及周边地区企业提供国内外商标注册申请等业务。该中心是唯一能开展马德里商标国际注册业务的地方受理点，提升了商标服务便利化。

2．品牌经济发展水平日益提升

第三届中国品牌经济（上海）论坛成功举办，首届上海卓越工业品牌展隆重举行，首次外滩·中国品牌创新价值榜发布，工业和信息化部“中国工业品牌之旅”在上海起航，以及上海设计周、国际工博会、上海时装周、中华老字号博览会等展会活动，提升上海城市品牌形象、增强上海国际影响力。积极推进产城融合、跨界融合、两化融合，加快产业园区、特色小镇等以行业为特色、集群为特征的区域品牌建设，涌现出松江G60科创走廊、奉贤“东方美谷”、黄浦“江南智造”、青浦市西软件园等一批区域品牌。上海共有全国知名品牌创建示范区4家，批准筹建的3家，上海市知名品牌创建示范区15家，批准筹建的26家，各个园区在质量和品牌建设工作中都发挥了很好的作用。

3．上海企业（产品）品牌逐步壮大

鼓励企业以品牌建设为核心，不断完善创新体系、质量体系、诚信体系以及品牌培育管理体系等。支持企业通过兼并收购、市场开拓、连锁经营等方式积极实施“走出去”战略，振华港机、联影医疗、上海电气、光明集团、海立压缩机、上工申贝、老凤祥首饰等一大批企业走出国门、走向世界。上海共有中国驰名商标194个、中华老字号180个、上海市著名商标1331个、上海名牌1138项、上海老字号42个。

（徐 铭）

中国国际工业博览会情况

11月7—11日在上海举行。博览会由工业和信息化部、国家发展改革委、商务部、科技部、中国科学院、中国工程院、中国贸促会、联合国工业发展组织和上海市政府共同主办，以“创新、智能、绿色”为主题，强化以交易为核心、展示、评奖、论坛为辅的四大功能，设有数控机床与金属加工展、工业自动化展、节能环保技术与设备展、信息与通信技术应用展、新能源与电力电工展、新能源与智能网联汽车展、机器人展、航空航天技术展和科技创新展等九大专业展。本届工博会吸引了来自全球82个国家和地区的参展商2602家，共有65场论坛及专题活动同期举行；来自83个国家和地区、国内32个省区市的17万余人次参会。第19届中国工博会共评出43项获奖展品，其中特别荣誉奖2项、主宾国特别奖1项、金奖4项、创新金奖4项、工业设计金奖4项、银奖14项、创新银奖14项。

第19届中国国际工业博览会获奖展品名单

序号	参展企业	展品名称	获奖等级
1	上海航天技术研究院	风云四号静止轨道气象卫星	特别荣誉奖
2	上海振华重工（集团）股份有限公司	12000t自航全回转起重船	特别荣誉奖
3	史密斯探测科技公司	IONSCAN600便携台式（无放射源）爆炸物／毒品探测识别仪	主宾国特别奖
4	中国航空工业集团公司西安航空计算技术研究所	天脉嵌入式实时操作系统及开发环境	金奖
5	杭州海康机器人技术有限公司	智能仓储机器人系统	金奖
6	中国科学院上海高等研究院	碳排放大数据系统	金奖
7	上海电气核电设备有限公司、上海第一机床厂有限公司	三代核电AP1000核岛主设备	金奖
8	英特尔（中国）有限公司，中国科学院沈阳自动化研究所，华为技术有限公司	自适应柔性制造平台	创新金奖
9	成都西科微波通讯有限公司	XH-SMR2000型机场场面监视雷达	创新金奖
10	同济大学，中科院上海技术物理研究所，中国地质调查局发展研究中心	航天重大工程的遥感空间信息可信度	创新金奖
11	上海拓璞数控科技股份有限公司	镜像铣系统	创新金奖
12	沃尔沃汽车（亚太）投资控股有限公司	沃尔沃XC90T8	工业设计金奖
13	华为技术有限公司	华为KunLun开放架构小型机	工业设计金奖

（续表）

序号	参展企业	展品名称	获奖等级
14	上海联影医疗科技有限公司	一体化全身正电子发射／磁共振成像装备	工业设计金奖
15	中车青岛四方机车车辆股份有限公司	时速200公里CRH6型城际动车组	工业设计金奖
16	上海和黄药业有限公司	麝香保心丸	银奖
17	上海华测导航技术股份有限公司	北斗自动化监测预警应用系统	银奖
18	上海凯世通半导体股份有限公司	iSolar系列光伏太阳能离子注入机	银奖
19	优傲机器人（上海）贸易有限公司	优傲人机协作机器人	银奖
20	中国科学院理化技术研究所，中科睿凌（北京）低温设备有限公司	系列规格撬装式天然气液化装置技术	银奖
21	上海微电子装备（集团）股份有限公司	SPA200系列光配向设备	银奖
22	上海微创医疗器械（集团）有限公司	Firehawk 冠脉雷帕霉素靶向洗脱支架系统	银奖
23	上海凯利泰医疗科技股份有限公司	椎体扩张球囊导管系统	银奖
24	南京航空航天大学，苏州六幺四信息科技有限责任公司	超高分辨率光矢量分析仪	银奖
25	上海电气集团股份有限公司、上海锅炉厂有限公司、上海电气电站设备有限公司	高效率低排放的超600℃二次再热百万千瓦等级超超临界机组关键技术研究与工程应用	银奖
26	上海仪电（集团）有限公司	基于智能硬件的食品安全信息综合服务平台	银奖
27	派亚博真空技术（上海）有限公司	piSECURE安全节能型真空发生器	银奖

（续表）

序号	参展企业	展品名称	获奖等级
28	上海云统创申智能科技有限公司	大型精细破碎筛分成套装备远程运维服务	银奖
29	中国航空无线电电子研究所	AWRSIM-1差分北斗／GPS双模基站	银奖
30	新疆金风科技股份有限公司	金风科技6兆瓦风力发电机组	创新银奖
31	西安交通大学	大功率特种电源的多时间尺度精确控制技术及其系列产品开发	创新银奖
32	宁波中科科创新能源科技有限公司，中国科学院慈溪应用技术研究与产业化中心	面向燃料电池和传感器应用的纳米结构电催化剂	创新银奖
33	天田（中国）有限公司	混合驱动全自动换模折弯机	创新银奖
34	上海华谊（集团）公司	丙烯酸及酯绿色新工艺成套技术	创新银奖
35	贝加莱工业自动化（中国）有限公司	ACOPOSP3伺服控制器	创新银奖
36	菲尼克斯（中国）投资有限公司	PLCnext开放式控制平台	创新银奖
37	特变电工股份有限公司	±800kV/5000MW特高压柔性直流输电换流阀阀塔	创新银奖
38	大连理工大学	大型结构光纤传感监测关键技术及其同步采集装备	创新银奖
39	博世（中国）投资有限公司	APAS人机协作智能系统	创新银奖
40	上海仁会生物制药股份有限公司	贝那鲁肽注射液	创新银奖
41	上海恒瑞医药有限公司	抗肿瘤新药马来酸吡咯替尼	创新银奖
42	上海航天控制技术研究所	助力协行外骨骼机器人	创新银奖
43	中科新松有限公司	庞伯特乒乓球机器人	创新银奖

（赵　焱）

政策法规建设情况

2017年，上海市紧密围绕产业发展重点工作，贯彻法治政府建设相关要求，加强法律制度建设，深化政府职能转变，产业领域政策法规工作取得显著成效。

一、加强法律制度建设，提高依法行政能力

制定法律政策文件。申报《上海市促进中小企业发展条例（修订）》列入上海市五年立法规划和2018年度地方立法调研项目。根据全市统一部署，开展政府规章、规范性文件的清理，废止《上海市城市电网建设和供电用电管理暂行规规定》政府规章和《上海市集成电路高端装备制造企业认定管理办法》规范性文件。按照规范性文件统一文号等管理要求，加强规范性文件法律审查和目录管理，制定《上海产业转型升级投资基金管理办法》《上海市工业互联网创新发展专项支持实施细则》《上海市首版次软件产品专项支持办法（试行）》《上海市首批次新材料专项支持办法（试行）》等政策文件。

加强行政执法监督。修订发布《上海市经济和信息化领域行政处罚裁量基准（电力执法类）》，制定发布《上海市经济和信息化行政处罚管理工作规则》和《上海市经济和信息化委员会行政执法证件工作规则》，编印《上海市经济和信息化依法行政手册》《上海市经济和信息化行政执法手册》。组织开展行政执法人员上岗培训考试，完成相应领域执法人员调整。制定《盐务市场监督检查随机抽查工作细则》，建立盐业市场监督检查人员名录，完成盐业市场监督检查机制。2017年，共完成35件电力领域的行政处罚，累计处罚金额70万元，相应处罚信息都在市经济信息化委门户网站公开。办理1件行政相对人就电力设施保护投诉处理不服提起的行政复议案件。

政府法律制度建设。按照国家和上海市关于政府法律顾问制度要求，完成市经信委首届兼职法律顾问履职情况总结，汇编完成《市经济信息化委2016—2017年度兼职法律顾问履职情况报告》。结合履职情况，完成市经信委兼职法律顾问的续聘。制定发布《上海市经济和信息化委员会重大行政决策程序实施办法》，以重大行政决策的科学性、民主性

和合法性为出发点，规定市经济信息化委重大行政决策程序流程，为重大行政决策行为提供程序保障和法律支撑。

政策实施情况后评估。以完善产业信息化政策体系为目标，加强产业政策统筹、强化精准实策，创新开展了政策实施情况后评估工作。制定《上海市产业和信息化政策评估工作方案》。邀请第三方机构先后完成软件集成电路企业设计人员及核心团队专项奖励、“四新”经济、认定授牌和技术改造专项支持等政策实施情况的后评估工作。相应评估结果被作为产业和信息化政策工具箱打造及政策修订的重要参考。

法治宣传教育活动。组织举办经济信息化系统年度法治宣传培训班。按照市法宣办统筹安排，开展“12 · 4”国家宪法宣传日及本市宪法宣传周活动。邀请市经信委兼职法律顾问对市经信委领导班子进行专题法治讲座。会同市法宣办、市国资委、市司法局联合举办以“全面推进依法治企，助推上海科创中心建设”为主题的首届上海企业法务技能大赛，展示全市“法律进企业”工作的成效。

二、推进行政审批制度改革，深化政府职能转变

产业项目审批流程简化。按照《上海市企业投资技术改造项目行政审批管理改革方案》，会同市审改办梳理产业项目审批手续办理流程；针对涉及经济信息化工作的技术改造项目认定、招投标监管和企业公共服务等内容，制定具体操作规程，积极推进产业项目审批简化。按照上海产业项目“三个一批”工作要求，梳理当场办结、提前服务和当年落实事项，并在市经济信息化委门户网站公告。

证照分离改革试点。贯彻落实《浦东新区“证照分离”改革试点深化实施方案》，针对经济信息化领域的12项事项，按照提高标准化改革要求，确定改革实施日期、制定改革细则和监管方案；对国家部委实施的改革事项，做好沟通对接和跟踪反馈。

深化行政职能转变。围绕行政审批制度改革相关要求，开展行政审批改革和事中事后监管专题调研。拟定无线电、盐业领域取消审批事项后相应的事中事后监管方案。编制经济信息化领域行政协助事项目录，完成行政审批评估评审事项的清理。按照网上政务大厅“单一窗口”综合管理平台“一事一码”工作要求，开展政府服务事项的梳理，完成相关内容要素填报。

开展政府效能建设。按照政府效能建设评估工作，对市经信委2016年度政府效能建设情况进行全面评估，形成年度评估报告。定期开展行政权力办理情况和监督检查实施情况季度、年度统计工作。实现市经济信息化委行政审批系统与市审改办标准化系统的数据对接，完成行政审批业务手册和办事指南执行情况数据实时更新。

（蔡朋朋）

2018·上海工业年鉴

SHANGHAI INDUSTRIAL YEARBOOK

区县工业

浦东新区工业

【概况】

2017年，浦东新区落实供给侧结构性改革要求，持续巩固提升实体经济能级。工业实现较快增长，工业总产值首次突破万亿元大关，产业发展质量效益不断提高，产业结构实现良性调整，战略性新兴产业占规模以上工业的比重超过40%、占全市比重也达到40%左右。

【2017年发展情况】

一、浦东新区工业经济运行概况

全年实现工业总产值10061.80亿元，比上年增长8.4%，增幅比全市高1.6个百分点，占全市工业总量的29.6%；区属规模以上工业产值5572.75亿元，占全市区县规模以上工业产值的28%，产值同比增长5.2%，与市区县规模以上企业增速基本保持一致。

全年工业产值呈现前低后高、增幅前高后低走势。前7个月，浦东新区工业延续上年第四季度的反弹趋势，产值逐步回升。2月、7月的增幅均超过20%，9月创单月产值新高，达到970亿元，后续3个月保持在920亿元以上，为全年冲破万亿元大关奠定扎实基础。

优势产业保持增长。浦东新区三大三新行业累计产值6534.66亿元，同比增长12.2%，比浦东面上工业高3.8个百分点，三大支柱产业占新区工业比重六成以上。从行业结构情况看，汽车制造业产值2198.75亿元，同比增长29.6%，增幅为各行业之首。上海通用汽车公司实现产值944.11亿元，增幅49%；上海汽车股份公司实现增幅54.8%；零部件配套增长稳定，联合汽车电子产值增长6.2%、纳铁福传动产值增长15.0%、延锋江森座椅产值增长27.1%。电子信息制造业产值2727.42亿元，同比增长7.5%。重点企业涨跌互现，索广、环旭持续保持两位数增长，慧与在结构调整完成后出现反弹，全年增长22.1%。生物医药产业产值470.89亿元，同比增长11.6%，罗氏、海尼产值分别增长8.5%和10.2%。成套设备和新能源产业产值略有小幅减少，振华重工产值下降30.5%。

开发小区工业四升三降。工业重点开发小区实现产值6534.88亿元，占浦东工业总量的64.9%，比上年高2.8个百分点。从各开发小区看，除南汇工业园区有小幅增长外，其余均呈现增长，其中金桥经济技术开发区因上汽通用和海拉等核心零部件企业大幅增长，有力拉动产值增长23.7%；张江高科技园区因华虹宏力增长19.4%、上汽股份增长54.8%等，实现较快增长；康桥工业区因ABB和昌硕这两家重点企业的产值增长，实现11%的增幅。

二、浦东新区工业经济发展情况

浦东新区工业经济在“稳增长、调结构、促转型”政策效应拉动下，扭转上年工业生产低位低速发展的态势，工业规模、增速回升势头明显。同时，一些衡量工业经济发展的主要指标均好于预期，为“十三五”时期培育工业发展新动能奠定了坚实基础，工业经济运行主要呈现以下特色：

龙头企业拉动明显。全区工业总产值排名前20位企业实现累计产值5326.50亿元，占浦东工业总量的52.9%。工业20强企业有16家产值保持增长，上汽、通用、索广、ABB等企业增速超过30%。振华重工、贝尔、惠普等4家企业累计产值比上年有所下降，振华重工受市场疲软影响难改颓势，贝尔部分产品生产外迁，惠普产线全部搬至重庆后，浦东工厂已于10月关闭，外发加工部分不计入本地产值，连续两个月产值为0。按产值规模排列，百亿元以上的11家，合计产值4461.55亿元，占浦东工业总量的44.3%。

企业盈利水平整体向好。随着工业转型升级效果逐步显现，工业经济效益进一步提高。一是工业企业利润保持平稳增长。全年规模以上工业企业利润总额989亿元，增长4%；实现投资收益417亿元，下降0.1%。工业利润增长方式呈现对外投资驱动向内生盈利拉动的转变。二是财务费用大幅度降低。全年规模以上工业企业财务费用32.5亿元，下降10.3%。三是降本增效水平高于全市。全年规模以上工业企业每百元主营业务收入中的成本为119.1元，下降0.5%，低于全市平均水平5.5元。四是杠杆水平降低。规模以上工业企业资产负债率为46.5%，比上年减少0.3个百分点，低于全市48.6%的平均水平。

战略性新兴发展良好。战略性新兴产业制造业总产值4111.62亿元，可比增长5.5%，增速与全市基本持平，占全区规模以上工业的40.9%，占全市战略性新兴产业的39.3%。3个领域占全市比重在四成左右，新一代信息技术占比63.9%、生物医药占比44.2%、新能源汽车占比38.9%。

七大领域中有4个领域增幅达到两位数以上，分别为新能源汽车69.8%、节能环保23.6%、生物医药11.6%、新一代信息技术8.8%，新能源汽车领域每月均实现超过50%的增幅，发展势头迅猛，产值已超过节能环保产业。

工业投资转型发展特征明显。全年工业投资331亿元，比上年增长11.5%。工业投资呈现出结构优化、转型发展的特点。从投资行业看，工业投资中“三大三新”重点行业投资221亿元，增长3.2%，占工业投资的66.7%。其中电子信息制造业和汽车制造业分别实现投资103亿元和63亿元，占工业投资的31%和19%。从投资结构看，技术改造和设备购置投资166亿元，占工业投资的50.1%，增长12%。华虹宏力、中芯国际等企业均加大新产品研发领域的技术改造投入，技改投资的增长将有助于带动企业后续产出的稳步提升。

【2018年发展趋势】

2018年，全年工业走势不甚明朗，汽车产业和昌硕的走势尚不清晰，预计全区工业产值有望站稳万亿元，并实现4%–5%的增幅。

主要影响因素如下：一是从重点产业和重点企业看，涨跌互现。汽车整车企业预估销售将持续至第一季度，后期形势难以判断；电子信息受新款iPhone手机市场销售影响较大，存在较大不确定性；装备制造振华重工、中船三井等虽手持订单有所增长，但复苏缓慢，预计仍将持续负增长，ABB增长势头迅猛，产值保持两位数增长，建筑和物流机械呈现高速增长。二是从企业发展趋势来看，调整转型成为常态。部分企业产线外迁，制造业企业整体转型为研发和销售中心；部分企业调整产品结构，产品转向高端；智能制造渐成趋势，受招工难、员工流动性、离职率高等因素影响，各企业均开展产线自动化改造；环境整治利弊互现，低端企业关闭导致部分原材料价格上涨，同时较多外包员工住宿成难题，但对环保规范的企业形成利好。

浦东新区将深入贯彻中共上海市委、市政府提出的打响“上海制造”品牌要求，以创建“中国制造2025”国家级示范区为抓手，通过体制机制创新，推进制造业向高端化、智能化、绿色化、服务化方向发展，向“高端集群、标识独特、示范引领”迈进，打响“创新引领新高地”名片。下一步，将打造“三优三新”产业。一是聚焦电子信息、汽车和高端装备3个千亿级优势产业，优化创新链、提升价值链、做强产业链，进一步扩大产业规模，提升产业核心竞争力。二是培养集成电路、生物医药、民用航空3个新兴产业形成新动能、新亮点，技术和产业能级实现赶超，成为支撑新区制造业发展的新增长点和新引擎。同时，通过深化制度供给、完善激励政策，进一步优化营商环境，促进优质企业形成新龙头、新标识，培育一批具有核心竞争力的“浦东名牌”，最终形成优势产业集群领先、新兴产业快速壮大、优质企业茁壮成长的“创新引领新高地”，为打响“上海制造”品牌作更大贡献。

（徐凌燕）

徐汇区工业

【概况】

2017年，徐汇区工业企业抓住国内外经济形势向好的机遇，积极贯彻国家和上海市关于发展先进制造业的工作部署和要求，围绕《中国制造2025》，开拓市场、加大生产，工业经济呈现回升向好的运行态势。全年实现规模以上工业总产值558.25亿元，比上年增长3.7%；规模以上工业产销率达到101.31%，同比上升0.13个百分点；实现规模以上工业利润61.56亿元，同比增长9.0%；完成工业税收68.47亿元，同比增长1.1倍。

【2017年发展情况】

一、战略性新兴产业稳步增长

全年制造业部分实现产值211.96亿元，比上年增长2.6%，占全区工业总产值的比重38.0%。其中，新一代信息技术由于市场需求较快增长，产值增长5.7%，新材料由于国内业务不断拓展，产值增长7.6%。高端装备、生物医药由于海外市场因素，产值分别下降16.9%、10.1%。战略性新兴以外的产业中，金饰品制造业（老凤祥）依托品牌优势，加快拓展国内外市场，产值增长5.3%。

二、漕河泾开发区继续转型

在电子信息、生物医药、新材料等领域一批优势企业的带动下，漕河泾开发区徐汇部分实现产值238.12亿元，占全区工业总产值的42.7%，对徐汇区工业的发展继续起重要作用。开发区内现代服务业集聚区建设继续推进。集聚区商贸区项目继续施工，11月6日，商贸区综合体项目34#塔楼成功实现结构封顶。至此，商贸区A标段两栋塔楼主体结构，全部按计划顺利完成。至年底，集聚区已入驻企业165家，入驻率98%。入驻企业中，跨国公司地区总部11家，投资性公司7家，研发中心23家。

三、企业创新能力不断提升

年内，上海未来伙伴机器人有限公司等11家企业获市软件和集成电路产业发展专项资金支持，上海福赛特机器人有限公司等3家企业获市产业技术创新计划支持，上海隧道工程有限公司等2家企业获市高端智能装备首台突破和示范应用计划支持，澜起科技（上海）有限公司等2家企业获市工业强基计划支持，上海富瀚微电子股份有限公司等4家企业通过市级企业技术中心认定，上海艾为电子技术股份有限公司等10家企业通过区级企业技术中心认定。

四、工业节能降耗扎实开展

全年工业产值能耗比上年增长0.5%，规模以上工业能耗总量12.6万吨标准煤。主要举措：召开工作推进大会，分解节能任务，落实目标责任制；加强统计分析，做好节能预警预测；继续推进产业结构调整，做好华力索菲、长桥物流二个项目收尾工作，完成申花钢管项目验收及尾款拨付；合理安排节能降耗专项资金，重点支持企业节能技改、产业结构调整等项目；推动企业积极实施节能技术改造项目，扶持项目年节约标煤审核预计达659.85吨；推进重点用能单位能耗监测系统的建设，年底，已实现22家重点用能单位能耗数据上传到区能耗监测平台；持续开展清洁生产审核工作，指导上海利韬电子有限公司开展市重点企业清洁生产审核工作（自愿），推动液化空气上海有限公司通过市重点企业清洁生产审核评估（自愿），同时将高能耗及污控单位上海凸版光掩模有限公司等列入市重点企业清洁生产审核单位（强制）。

【2018年发展趋势】

2018年，徐汇区工业企业将继续贯彻国家和上海市关于发展先进制造业的工作部署和要求，努力化解企业关闭外迁等不利因素影响，预计全年实现规模以上工业总产值510亿元。

一、积极发展先进制造业

一是重点发展智能制造。落实新出台的智能制造政策，鼓励企业突破智能装备或产品核心关键技术与工程化、产业化瓶颈，提高自主智能装备或产品的市场占有率。发挥区机器人与人工智能产业联盟、市智能制造行业协会两个平台的资源集聚、功能辐射和以商引商作用，推动区机器人与人工智能产业加快发展。二是培育发展“四新”经济。设立项目扶持资金，对“四新”企业加以扶持。指导“四新”经济基地建设，挖掘、利用区域资源，支持与优势企业在人力资源、法律、人才培训、检验检测、知识产权等领域开展合作，助推“四新”企业发展。三是推动创造工业精品。动员区内企业申报市区两级工业精品项目。开展项目单位大走访，了解工业精品计划项目详细情况和进度计划。做好服务工作，帮助工业精品计划项目顺利实施。

二、改造提升传统制造业

一是鼓励加大技术改造力度。继续组织企业申报市重点技术改造项目、市引进技术的吸收与创新计划以及市产学研合作计划，推动企业以技术改造提升自己的造血功能，实施产品升级换代、工艺流程再造、引进先进技术。二是推进技术创新和品牌建设。继续推荐企业申报市级企业技术中心和创新能力建设项目，落实区级企业技术中心政策，推进区级企业技术中心建设，支持企业创建国家级、市级品牌项目，提升产业能级。全年计划新增9家各级企业技术中心，使徐汇各级技术中心达到100家。

三、持续做好服务企业工作

一是加强工作考核。配合区国资委进一步完善对功能区集团公司产权代表人的绩效考核机制，激励集团公司在产业促进、招大引强和服务企业中的主动性、积极性。二是增强工作合力。深化与五大行、四大所等具有国际视野和专业背景的第三方专业机构合作，搭建社会化企业服务平台，推动社会化合作资源向功能区公司延伸。三是加强政策和服务支持。推进《企业综合性扶持政策管理系统建设项目》的开发工作，加强政策兑现的规范化管理，开展综合性扶持绩效评估，深度掌握政策兑现效果，充分发挥杠杆效应。进一步发挥产促联席会议平台作用，切实落实企业联走访机制、企业诉求联动解决机制和企业外迁挽留机制，提高重点企业服务效率感受度和诉求解决便利度，实现企业需求与行政服务的精准对接。

四、确保工业能耗与上年持平

一是持续完善节能工作机制。继续推进工业领域节能目标责任签约制度，严格落实重点企业的节能目标责任考核。加强与市、区相关部门的沟通协调，进一步提高重点企业能耗统计数据上报的质量水平，及时掌握分析能耗数据的运行规律。二是继续推进产业结构调整。重点推进实施上海瑞德混凝土材料有限公司调整项目。按照市、区新版产业指导目录，完善区产业结构调整信息平台，加强重点行业监管。推动实施《上海市促进产业结构调整差别电价实施管理办法》，对区域内调整难度大的重点用能企业，采取差别电价措施推动调整。三是继续做好重点用能单位管理。利用建成的能耗监测系统，发动重点用能单位积极开展节能技术改造项目申报，推动企业挖掘节能潜力，提高能效利用率。组织重点用能单位开展节能业务培训，提高企业的节能意识和技术水平。四是继续推动各类专项节能工作。继续开展清洁生产审核、节能改造技术推介、合同能源管理进千家用能单位、节能宣传，推进分布式光伏发电项目，发展节能服务产业。五是全面实施新的节能专项资金管理办法。在开展“十三五”节能工作中期评估的基础上，结合区情和发展阶段，最大限度发挥好专项资金对本区节能降耗工作，特别是工业节能工作的促进作用。

（罗友山）

长宁区工业

【概况】

2017年，长宁区工业经济稳步发展，实现工业总产值109.61亿元，比上年下降0.2%；其中，规模以上企业实现工业产值107.99亿元，同比下降0.2%。全区实现工业销售产值110.31亿元，同比增长5.8%；其中规模以上企业实现工业销售产值108.69亿元，同比增长6.1%。工业产品销售率达100.6%，同比增长5.7%。

【2017年发展情况】

一、加快推进优质企业进入资本市场

2017年，长宁区新增3家新三板市场挂牌（郝通航空、沃尔得教育、宽惠网络）；有5家企业在主板上市推进进程中（瀚讯科技、卓然工程、德必集团、中锐教育、艾德韦宣）。至此，长宁区共计32家企业在新三板挂牌，4家在主板上市（东方航空、上海电气、置信电气、春秋航空），2家在创业板上市（中颖电子、华虹计通），2家在上股交挂牌（唯优家居、久坚加固）。

二、举办多层次资本市场系列讲座

为了解宏观经济形势，长宁区上市办多次举办推进企业进入多层次资本市场讲座及活动，全区上市企业、园区、专精特新企业等单位负责人共计500余人次参加。围绕资本市场与企业上市、企业IPO上市与新三板挂牌条件及工作流程、财务合规助推企业成功上市等专题，进行辅导讲座，受到企业充分肯定和好评。长宁区上市办借助长宁商务论坛和企联会平台，加大上市培训工作的力度，助力更多的优质企业打开资本市场之门，促进区域经济发展。

三、组织企业积极申报市级、区级各类专项资金项目

年内，14家企业申报年内第一批上海市中小企业发展专项资金项目，6家企业申报年内第二批上海市中小企业发展专项资金项目，共有9个项目通过评审，获市经信委各类专项资金。

组织长宁区内“专精特新”企业积极申报中小企业做强做优专项扶持资金项目，共有23个项目申报扶持资金。经过审核，16家企业通过专家评审，拨付政府扶持资金800万元。对已挂牌的5家企业落实专项扶持资金，共计245万元。

四、完善中小企业服务体系

为确保中小企业服务工作的质量，进一步强化各服务分中心的力量，在保留原有的10个街道、镇分中心的基础上增加临空园区分中心，同时充分发挥11家市级中小企业公共服务机构的作用，形成“1+11+11”的服务体系格局，服务内容涉及融资、法律、质量、人才、信息、市场开拓等各个方面，使服务体系做到纵向到底，横向到边，基本全覆盖。

五、做好小微企业政策宣传和运行监测工作

根据上海市中小办的要求，动员区内中小微企业积极参与月度财务数据的填报工作，由2016年的130家企业扩大到2017年的157家，组织筹备157家中小微企业的运行监测工作会议，做好157家企业财务人员的培训工作，保持人员的稳定和延续性，确保财务数据月度上报的准确性和及时性。同时建立长宁区市专精特新企业运行监测微信群，并特邀上海市中小企业服务互动平台老师加入及时给予技术支持和指导。

【2018年发展趋势】

2018年，长宁区依据市经信委提出的总体要求，全区工业继续坚持稳中求进的总基调，调结构、稳增长，努力完成年度目标任务。

根据资本市场的新变化、新进展举办相应的讲座、培训和座谈会，及时让企业了解资本市场新政策、新动向。

充分利用第三方机构，做好企业走访调研和政策宣讲工作，探索推进优质“新三板”企业转板的可能性。

落实国家级、市级、区级相关扶持政策，做好各相关部门的衔接工作，利用第三方专业机构的现代大数据技术，保证政策的执行到位。

修订和完善《长宁区支持中小企业做强做优政策实施细则》《长宁区建立专项创新项目化机制政策实施细则》以及《长宁区鼓励企业进入多层次资本市场政策实施细则》，使扶持资金的使用更加合理有效，落到实处，推动相关企业在长宁更好地发展。

（王韵华）

普陀区工业

【概况】

2017年，普陀区工业企业紧紧围绕中共普陀区委、区政府提出的年度目标任务，面对错综复杂的外部环境和改革发展稳定的繁重任务，努力推进工业经济平稳运行，工业质量和效益有所提升，整体形势好于预期。

【2017年发展情况】

一、工业经济结构在转型中下降，成效得到提升

普陀区（属地口径）工业产值完成12.13亿元，比上年下降15.64%；累计产值完成105.93亿元，同比下降17.31%。（在地口径）工业产值完成14.37亿元，同比下降13.67%；累计产值完成134.42亿元，同比下降13.49%。全年工业总税收数完成7.37亿元，同比增长4.11%，其中企业完成税收数为1.773亿元，同比下降30.65%。

造币、印钞保持税收稳定。印钞厂略有下降，全年总税收同比0.86%，走势基本与上年一致，产量下降和货币发行总量有关。

密特印制产值和税收双重下降10%左右。从税收曲线来看企业生产走势和上年基本一致，但相关成本上升造成企业税基减少。顺灏新材料年内上市后，改变结算方式造成产值较大幅度下降。

二、桃浦地区产业结构有序调整，稳步推进

在市相关部门大力指导和帮助下，桃浦专项一、二、三期产业结构调整工作共完成37家企业，12月15日，对3家申报单项调整企业进行现场核查。在结构调整工作中，完善产业结构调整与土地收储互补互动机制、资金使用细则和项目准入机制，全区产业结构调整工作稳步推进。如上海江桥焊条辅料厂有限公司（私营企业）、上海乐凯纸业有限公司和上海牡丹油墨有限公司，全部调整耗能减少标煤，已完成关停。

年内，全区列入市重点调整企业23家，均为桃浦专项一期、二期产业结构调整重点名单中的企业，已全部完成调整。同时明确重点区域专项推进情况。第一期区域，77家重点企业已调整完成70家；第二期区域，90家重点企业已全部完成调整；第三期区域，66家企业已调整完成20家。

【2018年发展趋势】

2018年，上海造币有限公司生产继续向嘉定调整，电子货币和支付对传统货币的冲击进一步体现，税收下降不可避免，预计降幅超过20%。预计全区税基情况与上年基本持平。密特印制的走势与上年基本持平，下半年可能会略有回升，属正常统计波动。顺灏新材料产值情况将延续上年调整。密特、金叶、顺灏、证券印制等包装印刷企业税收趋于下滑。索雷博光电在产值和税收方面都将保持较快的增长速度。

围绕“两个基本完成”，进一步加快桃浦产业结构调整和转型步伐，在调整过程中，积极与相关部门沟通协商，制定企业搬迁推进计划。为引进新产业和打造“上海市转型发展示范区”而努力。实现平均每年收储约1000亩土地，加大土地收储力度，实现土地收储工作和产业结构调整工作联动。加强与基层单位沟通，加大推进桃浦专项产业结构调整及验收准备工作。第一期区域，剩余7家企业计划在第一季度完成调整，并开展区级、市级验收；第三期区域，至年底完成调整工作。

（高　远）

虹口区工业

【概况】

2017年，虹口区坚持以技术创新和模式创新为内核，着力推动“四新”经济发展，发挥专项政策作用，加强科技创新能力体系建设，更好地发挥区位优势和服务功能，进一步优化营商环境，依靠制度创新、服务创新、环境创新，打造开发开放的“虹口热度”、审批办事的“虹口速度”和服务企业的“虹口温度”，克服中心城区资源要素短板掣肘，加快推进区域产业转型升级，持续推动以企业为主体、科技为引领的创新模式。全年规模以上工业完成属地产值10.28亿元，比上年增长0.6%；完成在地工业总产值44.76亿元，现价增长15.1%，可比增长0.1%。完成出口交货值3.71亿元，同比下降2.1%；完成主营业务收入41.53亿元，同比下降2.03%；实现工业利润2.39亿元，同比增长17.1%。

【2017年发展情况】

一、工业经济质量效益提升明显

至2017年年底，虹口区规模以上工业企业16家，完成

在地工业产值44.76亿元。虽然虹口制造业产值规模为全市各区最小，但质量效益提升明显，在地产值与工业利润同比正增长，在中心城区中增幅居前。此外，工业绿色发展成效显著。全年规模以上工业能源消费量1.13万吨标准煤，同比下降10.37%，降幅位列全市各区第二名；单位工业增加值能耗0.026吨标煤／万元，同比下降11.4%，居全市各区首位。

二、“上海制造”品牌意识进一步增强

虹口区推荐93家企业参评国家、上海市、虹口区专项资金支持，54家企业入选并获得三级专项资金支持超过2200万元。其中，勘测设计院、普利特入围国家级企业技术中心；森信建设、珍岛信息入选上海市级企业技术中心；航天科工、绿地建设获评上海市“质量标杆”；材料所、鸣大生物、东华美钻等一批企业获得品牌、工业强基、引进技术的吸收与创新等多个市级专项支持；新增12家虹口区“四新”示范企业等。

三、技术驱动型行业的单位企业经济贡献度最高

以医疗器械集团和新兴医药为代表的生物医药行业，以普利特为代表的新材料行业，以长园维安和瑞电士、尼塞拉为代表的电子元器件行业，具有高附加值、高研发投入比、产业技术攻关持续强化的共同特点，已经成为区内制造业的支柱领域。

四、传统制造业转型升级初现成效

在传统都市工业普遍不景气的大环境中，以竟成印务、上外印务等为代表的虹口印刷业表现较为抢眼。该行业共有企业74家，经营业务涉及包装装潢、装订、印刷等，区级经济贡献同比增长7.4%。

五、产业技术基础支撑能力建设得到了加强

以技物所、美钻石油、航天科工等企业为代表的装备制造业，在空间设备、深海油气资源开发利用、高精度数控机床关键零部件等领域都具有国际先进、国内领先的技术和产品；以三吉电子、德萨科、四通仪表等为代表的核心基础零部件、核心基础元器件、关键基础材料等领域的关键共性技术研发与产业化能力提升上也取得一定突破。

【2018年发展趋势】

2018年，虹口区以创新能力提升为前提，坚持发展以“新产业、新技术、新模式、新业态”为代表的“四新”经济，打造与中心城区相适经济发展方式，增强现有产业的基础竞争力。工业经济预计目标：实现工业总产值42亿元，增幅下降6.17%左右；出口交货值3.5亿元，增幅下降5.67%左右；主营业务收入40亿元，增幅下降3.68%左右；利润2.1亿元，增幅下降12.13%左右。

一、发挥好国家级、市级、区级产业政策的引导作用，助推潜力企业发展壮大

用好用足产业政策，发掘优势项目和潜力企业，鼓励企业在技术和模式上开展创新。在“四新”经济领域开展产融结合的尝试，搭建金融服务实体经济的平台。联手区金融部门，积极协调银行及社会投资机构面向“四新”企业开展金融产品创新和服务创新，拓宽企业融资渠道、降低融资成本。

二、深度挖掘虹口产业特质，推动服务型制造发展

坚持高端化、服务化、智能化、协同化发展，聚焦生产性服务业重点发展领域，加速制造业服务化转型，推进产业功能与城市功能协调融合，积极为制造业集群搭建金融、研发设计等专业服务平台，提高制造业与生产性服务业的相互协同、配套服务水平，形成产业共生、资源共享的互动发展格局。

三、围绕打造产业链，着力提升绿色环保产业能级

整合市、区功能性机构平台资源，筹建上海低碳研究院和上海碳交易企业联盟。借力绿色技术银行项目，推动低碳技术的研发孵化、集成应用和综合示范。强化“绿碳发展峰会”的品牌效应，鼓励举办碳交易、低碳节能前沿领域的国际间技术交流合作论坛、会议，提升虹口区在绿色环保领域的国际影响力。

（刘　成）

杨浦区工业

【概况】

2017年，杨浦区工业经济运行整体平衡，略有下降。全区规模以上工业企业数量63家，比上年减少8家，规模以上企业实现工业产值1065.24亿元，比上年下降1.72%；实现销售收入1095.59亿元，同比增长1.40%；实现利润208.22亿元，同比下降2.10%。

【2017年发展情况】

一、企业生产提质增效，税收贡献度大幅提升

杨浦区规模以上工业企业总产值降幅比上年缩小7.7个百分点，规模以上工业企业有5家企业从上年亏损转为盈利，33家企业利润超过上年水平。产值排名前10的大企业中只有1家企业政策性亏损约20亿元，扣除这家政策性亏

损企业，其他规模以上企业实现利润188.22亿元，同比增长3.11%。全区规模以上工业企业实现区级税收3.74亿元，同比增长91.8%，企业税收贡献度大幅提升。

二、新能源汽车和电子信息引领高新技术产业较快发展

高新技术企业完成工业总产值115.98亿，占规模以上企业总产值（不含烟草）的60.97%，比上年增加2.95个百分点。从内部结构来看，新能源汽车产业保持产能快速扩张，实现产值60.39亿元，增幅高达45.81%，利润提升66.07%。电子信息产业实现产值27.09亿元，同比增长51.81%，利润增长42.93%。生物医药类企业虽然处于亏损阶段，但较上年度亏损大幅降低。高端装备中船舶制造相关企业仍然处于行业低谷期，亏损额有所扩大，若扣除政策性亏损20亿元，全年杨浦高新技术企业盈利10.34亿，利润比上年提升60.34%。

三、平台建设项目推进有力

落实中兵北斗贷款利息补贴扶持，推动了导航产业发展，完成地基增强系统框架网和北斗国家数据中心以及308个加密网基站的建设，中兵北斗基地建设成效初显。加快中国工业设计研究院的建设步伐，做大做强国家级创新服务平台，以此平台支撑全区引进了亿脑工业、弘星网络、思伟软件等近50家企业高新技术企业，成功承办上海开放数据创新应用大赛，吸引全球数百位数据精英共同挖掘数据价值，对“大众创业，万众创新”形成强力助推。中国电信创新创业基地累计孵化企业121家，落户杨浦83家，基地入驻率接近100%，其中9家企业获得融资金额达2670万元。东方明珠NGB-W网络建设形成规模，网络已实现LoRa物联网全区范围全覆盖等。

四、创新创业企业扶持力度加大

推动长阳路文创走廊建设，指导沿线园区提升品质，形成规模效应。组织开展文创产业发展专项申报，30个项目获得市、区财政资金扶持超7300万元，带动社会资金投入2.4亿元，位列中心城区第一。借力全国“双创”活动周在杨浦举办，支持企业积极参与各类活动，易弹信息获阿里巴巴诸神之战全球创客大赛上海赛区冠军。深入开展“互联网+”科技服务创新实践区建设，组织行业人才培训，拓展企业发展思路，回应解决企业发展诉求，指导完成国家级和市级系列专项资金的申报。53家企业获“专精特新”资金183万元，24家企业获中小企业发展专项资金1308万元，3家企业获批市生产性服务业发展专项资金253.3万元等。创新创业企业扶持力度的加大，为杨浦产业发展提供了后续强大力量。

【2018年发展趋势】

2018年，杨浦区继续贯彻中共上海市委、市政府“稳增长、调结构、增效益”的要求，认真贯彻落实党的十九大精神，以推进供给侧改革、建设服务型政府为指导，围绕杨浦区“三区一基地”建设战略，深化职能转变、推动创新管理，努力提高经济发展的质量和效益，预计全区规模以上企业实现工业产值1100亿元，同比增长3.26%。

一、加快科创重点平台建设，推动战略性新兴产业发展

系统梳理涉及新一代信息技术、高端装备制造、新能源领域的产业发展项目、应用示范项目、公共技术创新服务平台项目等。重点支持下一代网络、物联网、云计算、智能制造装备、卫星导航、智能电网领域中技术含量高、市场前景好、具备产业化条件的项目。支持附加值高、市场容量大、产业带动性强、经济和社会效益显著的项目和企业，加快推动战略性新兴产业发展壮大。

二、以创新实践区建设为抓手，切实提高企业发展能级

进一步推动互联网+创新实践区建设，与市级单位深化紧密合作机制，以具体项目为抓手开展合作，发挥杨浦区产业集聚、空间载体、科技创新等优势，加快互联网与科技创新的深度融合，最大限度调动市区两级资源，协同推动“实践区”建设，进一步扩大区内高新技术企业的规模，提高高新技术企业发展水平，抓住中国进口博览会机遇，带动相关产业发展。

三、创新招商引资模式，聚焦优势产业，开展产业链招商

立足双创优势产业，对科技金融、电子商务、文创产业、设计产业等重点产业进行跟踪分析，全球布局，关注产业发展动态以及投资潜力企业，针对产业链开展精准招商。探索通过购买服务等方式布局全球投资推广网络，拓展全球主要城市的投资促进网络渠道。同时，借鉴深圳“境外直通车”模式，推动园区与境外专业机构以市场化模式搭建园区合作平台，促进引进来走出去双向投资。

四、探索政府+市场并举的投资促进机制

改变现有投资促进以政府为主的局面，积极探索市场化运作模式，如强化中介招商，帮助杨浦引入优质企业，借鉴校友招商经验，发挥区内高校云集的优势，开展“资智回杨浦工程”等。深入开展互联+政务服务，切实优化营商环境。做好重点企业服务，帮助区内跨国公司落实地区总部相关政策，对成长性好的中小微企业开展针对性指导，争取相关项目资金。继续深化“专精特新”培育体系建设，挖掘有发展潜质的企业。深化“1+7+19+X”中小企业服务网络内涵，指导推荐企业申报市中小企业公共服务机构，打造便捷、高效、一流的智慧服务平台。

五、建立完善监测评价机制，完善中小微企业运行监测机制

通过运行监测分析深入了解区域内中小微企业的发展情况、需求和困难，提升服务的有效性。探索建立“区综合营商环境评价指标体系”，采用客观统计和企业主观评价相结

合方式采集各项指标数据，重点衡量市场和产业的开放度、政府服务的高效度、依法管理的有效度、企业经营活动和获取社会资源的便利度，定期编制和发布综合营商环境指数，对发展前景好的企业采取帮一把扶一程等措施，激励企业做强做大。

（殷亚萍）

黄浦区工业

【概况】

2017年，黄浦区工业经济总体运行平稳，现有在地企业4家，属地企业9家。全年完成工业总产值88.74亿元，比上年增长11.5%。其中，在地企业完成60.27亿元，同比增长18.2%；属地企业完成28.48亿元，同比下降0.5%。

【2017年发展情况】

一、经济运行主要呈现四个特点

一是纳统企业数量减少。年内全区属地工业企业数量比上年减少2家。其中，上海胜盛纺织品有限公司和上海金兔企业发展有限公司因生产规模不断缩小，无法达到限额以上工业企业统计标准，已不再划入统计范围。

二是建材企业增长显著。受益于供给侧改革等因素影响，在地企业上海建筑集团水泥有限公司工业总产值同比增长27.0%，涨幅位居各在地统计企业首位。

三是龙头企业优势明显。作为汽配行业龙头企业，华域三电汽车空调有限公司不断深化与上汽大众、上汽通用、东风本田等企业的合作关系，市场占有率稳步提升，完成工业总产值46.5亿元，同比增长24.7%，规模位居全区纳统企业首位。

四是小微企业复苏乏力。全区年产值低于1亿元的企业共有5家，合计实现工业生产总值2.52亿元，仅占全区工业生产总值的2.8%，同比下降3.3%，远低于全区工业总产值增幅。

二、提升能级，积极构建创新生态空间

一是推动文创园区提质增效。过半数量园区税收保持两位数以上增长，有3个园区的税收超亿元，园区整体落税率达到55%以上，完成结构调整面积超过1万平方米，园区内企业贡献力显著提升。二是推进江南智造品牌建设。在国家工信部与市经信委的大力支持下，指导“江南智造”园区开展系列宣传、培训活动，以龙头企业带动区域内创意设计产业形成合力，努力打造最有文化、最有创意的区域品牌示范区，进一步扩大区域品牌影响力。三是开展政策平台上门推介。深入街道、协会、园区、楼宇等，开展政策和平台上门推介活动。围绕所得税优惠、股权激励等主题，举办多场区内企业政策培训会，得到近200家企业积极响应。

三、注重服务，努力完善创新营商环境

一是进一步优化平台架构。在黄浦区企业发展服务平台原有的金融、人才2个专业服务子平台基础上，新建科技中介和知识产权2个子平台，进一步丰富完善平台服务内容和功能，实现从“1+2”（政策服务平台+2个专业子平台）到“1+4+1”（政策服务平台+4个专业子平台+APP）的平台架构升级。二是进一步完善政策平台。政策服务平台线上线下接受“一口咨询”各类政策1300余次，“一口发布”政策18项，“一口受理”项目1023次，较好实现区内各相关部门对财政扶持项目的全生命周期管理。为帮助企业精确检索及匹配相应政策条款，区企业发展服务平台政策多元化检索系统1.0版于正式上线，内容涵盖全市、张江核心园区及全区在人才发展、知识产权、创新创业、金融支持、研发投入、产业专项及专业配套等方面的50项产业政策。三是进一步做强专业平台。通过线上服务平台结合线下服务窗口的形式，金融、人才、知识产权、科技中介等4个专业平台全面实现功能提升和强化。

【2018年发展趋势】

一、抓服务，进一步优化平台功能体系

一是继续做好政策公共服务平台工作。对接市级平台，切实解决企业需求，力争平台注册企业有所增加。深化“放管服”制度改革，将45项产业政策纳入平台，力争全部实现“一口咨询、一口受理、一口发布”。二是继续做好专业服务平台工作。加强金融服务对接、提供更全面人才服务、完善知识产权服务机制、提升科技中介服务能力。优化各平台和App端的服务功能，与市场监管局企业服务APP做好对接工作，打通增量企业的服务环节。三是继续完善平台政策标签信息检索系统。提升企业政策查询便利度和操作体验。

二、抓成效，进一步完善协调推进机制

一是进一步完善和落实工作推进机制。积极落实区各相关部门协作推进机制、统计评估监测机制、问题发现解决机制，细化工作措施、列清工作任务、明确责任部门，建立符合创新经济发展规律的统计体系，加强工作评估和考核。建立市区联动工作机制，主动对接市级层面政策和资源，推动重点项目落地。二是进一步完善科创政策扶持体系。会同相关部门制定针对科技创新企业引进和培育的扶持政策以及对创新型人才的鼓励政策，发挥政策引领作用，吸引更多优势科创企业入驻和发展。加强政策梳理和政策服务，强化政策的有效性和针对性，加大对创新企业服务力度，切实提高企业获得感，有效激发市场创新活力。三是加强对企业的创新培育。通过政府、市场、企业三方联动，鼓励企业加大研发投入，推动建立企业设计中心和技术中心，提高创新能力，依托专业服务机构、跨国公司地区总部、行业领军企业，打造成果转化服务类、创新创业服务类等功能型协同开放创新平台。加强与国内外产业中介服务机构、专业科创加速器等建立合作机制，实现资源对接，助力创新企业在区内集聚。

（茆飞冰）

静安区工业

【概况】

2017年，静安区工业经济运行有增有降。完成工业总产值（在地）148.57亿元，比上年下降1.7%；完成出口交货值26.39亿元，同比增长11.9%；实现销售收入130.19亿元，与上年持平；实现利润总额1.58亿元，同比下降75.5%。

【2017年发展情况】

一、区属工业规模保持稳定，工业产值增速继续放缓

区内经历产业结构调整和部分企业搬迁退库等因素，区属工业企业数量规模进一步下降，至年底，基本稳定在近35家的水平。区属企业月产值规模下降至3.5亿元–4亿元区间以内。作为中心城区，区属工业企业规模面临进一步缩减的趋势。

二、积极推进园区转型升级

全区68个产业园区实现总税106.61亿元，同比增长27.31%，园区总税首次突破100亿元；完成区税33.65亿元，同比增长23.58%。其中，税收突破亿元的园区有13个，市北高新、800秀、大宁中心广场、兴中心、城市新汇、H951园区等11个产业园区税收保持两位数以上增长。积极推进重点园区新建和改建项目，重点推进新业坊、宏慧视界BOX、创邑SPACE｜愚园、金岸610等园区转型升级，宏慧·视界BOX园区一期已完成建设工程、二期施工也即将结束；新业坊项目在2017年年底完成第一阶段厂房改建工程并交付首批客户入驻装修；创邑SPACE｜愚园项目已完成装修改造及景观布置工作。

三、进一步加深产城融合

市北高新园区作为静安"中环两翼产城融合发展集聚带"的重要组成部分，以"深度转型、内涵发展"为主线，进一步激发创新活力、汇聚创新人才、集聚新兴产业，尤其聚焦云计算、大数据产业发展，继续在区域贡献和高科技产业发展方面发挥核心作用，加快打造上海中心城区最具创新创业活力、最具创新创业氛围、最具创新示范效应的区域，努力成为上海中心城区对接科创中心建设的核心承载区和中国创新型产业社区的示范区。

四、严格做好成品油管理工作

做好成品油年检工作。根据《成品油市场管理办法》和《上海市成品油市场监督管理实施细则》的有关规定，对全区34家成品油经营企业进行年检（其中中石化28家、中石油6家），对照年检的相关指标要求，严格审查，督促成品油经营单位安全平稳运营。做好柴油零售灌桶备案登记工作。在确保企业正常经营的前提下，仔细审核企业提供的材料，做好监管工作，确保柴油灌桶安全可靠。

五、平稳应对电力迎峰度夏工作

贯彻落实市经信委关于迎峰度夏工作的安排，针对全年夏季用电有关预测情况，积极配合市北供电公司做好预案分析，确保全区夏季用电安全稳定。

【2018年发展趋势】

一、积极推进产业发展

继续推进文创产业发展。在上年静安区企业已申报市文创专项资金项目95个，区文创办推荐上报项目39个，其中19个项目获得市文创专项资金支持的基础上，进一步搭建文化创意企业服务平台，为文创企业提供政策、财务、管理等方面的咨询、培训服务。

二、加快推进企业技术创新

继续指导企业申报各类市级技术创新项目，加强区域企业技术中心建设。进一步强化全区已有国家级企业技术中心5家、市级企业技术中心18家和区级企业技术中心35家的驱动发展建设。

三、加快培育企业上市

继续强化四季教育在纽交所挂牌上市；主板上市企业4家，分别是数据港、格尔软件、艾艾精工、风雨筑；新三板挂牌企业3家，分别是地面通、创图网络、市中停车。

四、加快推进中小企业发展工作

继续关心红宝石食品有限公司、威旭半导体（上海）有限公司、上海快思聪电子科技有限公司等10家工业企业，推行"深度转型、促进质量"的发展主线。筹备成立中小企业服务联盟，指导聚能湾申报获得上年度国家中小企业公共服务示范平台称号。

五、继续推进区重点耗能企业优化产业结构

（黄鹏程）

宝山区工业

【概况】

2017年，宝山区认真贯彻中共十九大精神，重点围绕推进深度融合、加快转型发展，坚持在大局中谋划、大局中定位、大局中发展，以科技创新为引领，以重大产业项目落地为抓手，一张蓝图绘到底，撸起袖子加油干，全力推进“战略性新兴产业重要承载区”和“智慧城市”建设，促进质量型增长、内涵式发展，较好完成了全年各项目标任务。

【2017年发展情况】

一、全力以赴稳增长，经济发展质量效益明显提升

全年完成工业销售产值1382亿元，比上年增长6.9%。其中：规模以上工业企业实现销售产值1175亿元，同比增长8%。完成工业增加值286亿元，可比增长10%；实现工业税收195亿元，同比增加53.7%。全区工业区级税收完成35亿元，同比增长45.8%。完成产业固定资产投资55亿元，其中：工业固定资产投资30.6亿元，同比增长70%，增幅位列全市第三；生产性服务业固定资产投资24.4亿元。“2+4”工业园区单位土地主营收入达到65亿元／平方公里。围绕重点调整行业，关停落后产能项目61个，其中，市产业结构调整项目54个，全区产业结构调整转型升级腾出盘活土地约2030亩。生产性服务业三大重点行业重点企业实现营业收入534亿元，同比增长25%以上，其中，信息与大数据服务业重点企业实现营业收入147亿元，同比增长30%以上；已成功获批7家市级生产性服务业功能区。工业节能降耗综合能耗控制在38万吨标煤，产值能耗下降率为5%，可完成市下达的任务目标。

二、深化落实“六个统筹”，区域统筹发展格局基本形成

按照政府加强招商引资统筹（2+3+X）的要求，紧紧围绕招商机制、规划布局、土地资源、产业准入、政策服务、投促队伍等方面加强“六个统筹”，制定下发区域统筹“一意见两办法两清单”，通过组织召开专题会议、开展专项工作检查等方式，加强规划、项目、政策等方面统筹，加快推进宝山区域统筹实施意见在各镇（园区）落地生根见效，基本形成“1+2+2+X”区域统筹发展格局和政策体系。

严把土地供应和产业准入关。年内共组织产业项目准入综合评估10项，组织召开4次宝山区产业项目准入综合评估会议，其中发那科机器人三期、赛赫智能、临港科技绿洲等7个产业项目开展准入综合评估。牵头组织相关职能部门开展产业园区开发平台公司认定联合会审，对认定“上海临港新业坊城工科技有限公司”为产业园区开发平台公司项目开展综合评估。

三、着力推动制造业等实体经济发展，产业发展活力日益显现

牢固树立“全区一盘棋”理念，确定重点监测企业名单，建立规模以上工业企业、战略性新兴产业跟踪监测机制，月度跟踪监测全区162家亿元以上规模企业、106家战略性新兴产业领域企业产值。加快推进重点产业项目建设，建立总投资150亿元的“20+10+X”重点项目推进机制，成立区镇两级重点项目推进工作组，定期召开项目推进会，推动开利空调冷冻系统、富驰高科二期、北郊未来产业园、中铁上海总部等重点项目，确保完成全年产业固定资产投资目标。同时推动上海国缆超导电缆、幸福摩托厂华域亚太研发中心等一批重点项目建设；推动克来罗锦、联东U谷一期等12个项目年内竣工，北郊未来产业园等7个项目开工建设，临港新业坊城工科技绿洲项目年内完成规划调整和土地收储。

加快提升区域实体经济发展能级。推动上海景峰制药有限公司申报年度国家级企业技术中心；上海广联环境岩土工程股份有限公司等7家企业成功申报认定为上海市企业技术中心，年内认定7家区级企业技术中心。至年底，全区已成功创建国家级企业技术中心1家，市级34家，区级39家。推动区内31家企业新申报市级“专精特新”中小企业，区级“专精特新”中小企业培育库总数达到255家。同时，构建组织区内49家重点企业（载体）联合参展2017年第19届中国国际工业博览会，推动区内各类企业参加中博会、APEC技展会等各类国内外展会。此外，制订出台《中国产业互联网创新实践区建设“十三五”行动指南》，研究编制《2017中国产业互联网创新实践区发展报告》和《宝山区产业互联网创新示范企业认定管理办法》。成功举办“2017（第4届）中国产业互联网高峰论坛”“2017（第7届）中国国际机器人高峰论坛系列活动”以及3期2017年制造业与互联网融合专题讲座等活动。

四、“走出去”与“引进来”并重，区域联动投资促进工作实现跨越发展

区经委（信息委）推动建立区镇两级投资促进服务中心及工作体系，着力实施“走出去”和“引进来”战略，全区实体招商项目达259个。推动宝山区参加市政府与国务院国资委共同推进科创中心建设战略合作签约，与宝武集团及中节能集团签订战略合作协议。围绕“两城一区两合作”，推

动上海市、宝山区与招商局集团签订战略合作协议。同时，年内多次组织赴北京、济南、成都、重庆、温州等地进行投资促进推介和对接活动，成功引进积成电子微能源服务总部、亿阳信通、软通动力众创空间、赛赫智能、巨什智能制造等一批优质项目。紧密跟踪和推进宝山联想科技城、卫材药业中国研发总部、百安居总部、中机能源、易生金服研发和办公总部、上大无人艇、无车承运人、合兴包装财务结算中心等项目。积极推动华域·皮尔博格电子泵亚太研发总装基地项目、华域新能源汽车驱动电机项目和电驱系统项目（麦格纳）和国家“两机专项”之一的重型燃气轮机试验基地项目等落户宝山。牵头成立专项推进工作组，对车联网产业集聚区（博泰汽车）、人民控股上海总部等多个重大项目制订“一项目一方案”，予以重点推进。加快对接和引进上海国际邮轮城和上海科创城等项目。

五、坚持调结构促转型，推动工业园区发展取得明显成效

重点聚焦工业园区转型升级，发展质量不断优化。全区2+4工业园区单位土地产出同比增长10.6%。起草制定《宝山区产业结构调整转型升级三年行动计划（2017—2019）》，建立新一轮产业发展四大工程项目库，涉及调整转型升级项目约500多家。全年盘活工业园区低效用地约1100多亩，推动联东U谷通过拍卖取得城工园新旭发地块产权、宝工园太平洋机电地块启动建设华域高端汽车零部件产业园区；推动杨行工业园区大龙特种、荷婷源等地块新项目完成入驻。全年完成市产业结构调整项目54个。积极推动上海北郊未来产业园首期、城市工业园区“科技绿洲”和高境“科创小镇”新业坊二期等项目开工建设。完成11个节能减排项目申报和资金落实工作，涉及节能量8000吨标煤，区级资金扶持245.64万元。推进六大园区开展循环化改造，推动63家企业开展清洁生产审核工作。

六、注重规划研究与引领，推进区域产业布局优化提升

围绕2040总体规划的要求，研究形成《宝山区产业发展布局规划》。规划明确：一是按照东、南、中、北四大功能分区，明确东部国际航运中心（北部）片区、南部科技商务片区、中部生产性服务业片区、北部先进制造业片区。二是在“一带三线五园”全区产业转型升级空间布局的基础上，叠加宝山2040产业空间布局规划的要求，形成“1+2+5+X”，即围绕1个特色产业带（滨江发展带）、2个重点转型区（南大生态区、吴淞工业区）、5个产业园区（宝山工业园、宝山城市工业园区、机器人产业园、月杨工业园区、罗店工业园区）和X个产业集聚区，加快形成以点带线、以线带面，点、线、面联动发展的产业格局。三是将大张江政策、商业、教育、卫生等城市功能配套设施的空间布局作为支撑产业发展的重要资源。

七、聚焦“1+4+4”重点领域，推动优势产业集群发展

“1”是“邮轮经济”，“4+4”是“新材料、机器人及高端装备、新一代信息技术、生物医药与生命健康等四大新兴产业”+“互联网平台经济、软件信息与大数据服务业、建筑科技服务业、节能环保服务业等四大特色服务业”。对已有一定基础的主导产业进一步做大做强；对代表发展方向的先导产业将加大集聚和培育的力度。开展专题研究，初步形成《宝山区进一步加快优势主导产业发展的实施意见》《宝山区超导产业发展规划》《关于宝山区加快机器人产业集聚发展的实施意见》《宝山区推进军民融合产业发展的实施方案》等一系列政策文件。

八、深化信息化与产业发展、城市更新深度融合，全面提升智慧城市建设水平

宝山区智慧城市整体发展水平位列全市郊区第一。制定下发《2017年宝山区信息化建设项目实施计划》，共计安排信息化项目23项，财政投资1489万元。修订完善《宝山区信息化项目管理办法》，有序推进区级网上政务大厅、区行政服务中心统一受办理系统、区电子政务云、公共安全视频监控共享平台等一批智慧城市重大项目建设。形成《宝山区政务信息资源共享平台可行性研究报告》，推进涵盖人口、法人、空间地理和产业经济等四大基础数据库升级改造。编制《2017年宝山区政府电子政务重点工作》方案。完成市政府实事项目“面向市民的一站式‘互联网+’公共服务平台”项目建设。重点加强十九大网络与信息安全保障，及时有效应对“勒索”病毒，开展全年度区电子政务平台等重要信息系统的应急演练工作。研究形成《2017年宝山社会信用体系工作绩效考核评分细则》，纳入宝山区委、区政府年度工作考核内容。制定发布涵盖357项法人信用信息目录、115项自然人信用信息目录、20个应用事项等内容的宝山区2017版公共信用信息“三清单”。加强行政许可、行政处罚“双公示”等信用信息的归集使用和信用信息查询应用，推动与网上行政大厅实现信息共享。

九、加快推进吴淞工业区整体转型，重点区域发展取得新进展

全力推进结构规划编制，加快控详规划、专项规划研究。结构规划形成上报方案，并上报市规土局待批复。完成工业遗存保护和城市更新策略研究。开展“宝华宝”区域、吴淞煤气厂区域等部分单元控详规划编制研究。按照“政府主导、企业主体、多方参与、合作共赢”的原则，推动上海国际能源创新中心、中铝上铜地块转型项目、宝武特钢地块和宝武不锈钢地块等重点项目加快转型。加强与金光集团、保利集团、世博文化等对接，建立健全项目储备库，为项目落地打下一定的基础。按照“五违四必”整治工作要求及吴淞工业区转型时序，进一步完善吴淞工业区转型发展协调推进

机制，与宝武集团、招商局集团等共同研究提出“1+1+X”转型开发机制，即“1”个转型开发区域性平台公司、“1”个聚焦宝武地块转型开发的项目公司、“X”个面向具体地块的项目公司。

【2018 年发展趋势】

一、全力完成主要经济指标

全年实现工业销售产值比上年增长 5%，完成产业固定资产投资 70 亿元，其中工业固定资产投资为 40 亿元，生产性服务业固定资产投资为 30 亿元；规模以上战略性新兴产业（制造业部分）产值占全区规模以上工业总产值所占比重达到 29%，力争达到 30%；工业园区单位土地营业收入同比增长 8%，力争实现 10%；完成 45 个落后产能淘汰项目，104、195 低效工业用地调整 1800 亩以上；生产性服务业五大重点行业实现营业收入同比增长 15%，力争达到 20%；完成工业万元产值能耗下降 3%，工业综合能耗控制在 38 万吨标煤以内。

二、全力完善、细化和深化区域统筹工作

重点抓区域统筹各项工作的完善、细化和深化，推进产业规划引领，严格产业项目准入，推进南北互补联动。

三、全力打造高端新兴产业集群

重点聚焦超导材料、机器人及智能硬件、智能汽车、邮轮制造配套、产业互联网等新兴产业，培育形成若干个宝山高端新兴产业集群，打造新材料产业集群、智能硬件产业集群、车联网产业集群、邮轮制造配套产业集群和产业互联网产业集群。

四、全力推进重点产业项目建设

全区在建、将建的产业项目总投资约 260 亿元，其中重大产业项目共 41 个，先进制造业项目 26 个，生产性服务业项目 15 个，计划全年完成总投资 70 亿元。围绕“1+4+4”重点产业领域，滚动编制全年宝山区重点产业项目库。

五、全力推进产业用地调整盘活与供给

全区“2+4”工业园区内计划盘活低效用地约 1000 亩，园区外调整转型约 800 亩。

六、全力推进投资促进工作

按照宝山区委、区政府关于区投促中心要“总牵头、总协调、总推进”的工作要求，不断提升投促工作的能力和水平，完善投促工作机制，拓宽项目招商渠道，建设产业发展区域统筹管理平台。

七、全力优化区域营商环境

增强政策供给精准，优化服务供给水平，加大产业用地供给力度。

八、全力推进智慧城市建设

开展区域智慧城市发展水平评估，加快推进智慧城市重点项目建设，深化政务数据资源共享和开放工作，推进区电子政务云平台应用，推进社会信用体系建设，试点开展工业控制系统信息安全保障工作。

九、全力推进重点区域转型发展

推动结构规划完成报批，启动部分控规编制。形成新开发机制，组建平台公司。推进重点项目建设。开展专项课题研究。

（王　洁）

闵行区工业

【概况】

2017 年，闵行区贯彻落实创新、协调、绿色、开放、共享的发展理念，坚持“创新驱动发展、经济转型升级、产业融合提升”的工作思路，坚持稳增长、调结构、促转型、抓创新相结合，围绕“统筹区域经济发展”的工作总基调，着力推进各项重点工作，推动全区经济持续健康发展。全区实现地区生产总值 2237 亿元，比上年增长 6.5%；完成财政总收入 783 亿元，同比增长 14.1%，完成区级财政收入 279 亿元，同口径增长 12.1%；实现社会消费品零售总额 942 亿元，同比增长 5.6%；完成固定资产投资 596 亿元，同比增长 20.8%。

【2017 年发展情况】

一、坚持以统筹推动转型升级，着力做大做强实体经济，区域经济综合实力进一步提升

区域经济统筹能力增强。强化产业规划引导，加强功能布局研究，制定并推进建设国家产城融合示范区的实施方案。制定实施 2017 年统筹区域经济发展工作方案。健全“管委会＋平台公司”机制，形成莘庄工业区、南滨江、南虹桥三大管委会及平台开发公司的发展模式，统筹全区重点区域开发建设。深化莘庄工业区“一区多园”建设。完善紫竹高新区管委会运营体制机制。加快推进闵开发西区前期工作。完善 16 个成片区域转型升级方案编制，先行启动沧源科技园、光华路文创街区、燎申智城、梅陇众欣产业园 4 个地块。完成 104 规划工业区块控规和专业规划编制。

产业结构调整继续深化。发布并落实先进制造业、现代服务业等相关政策，二、三产业共同驱动经济增长的格局进一步巩固。制造业提质增效，实现工业总产值 3574 亿

元，可比增长5%；战略性新兴产业产值占规模以上工业总产值比重达38.8%，高于全市平均水平8个百分点。第三产业增加值实现1137亿元，同比增长6.4%，占全区生产总值的50.8%，规模以上高技术服务业营业收入同比增长23%。区内市级以上四大工业园区共完成工业产值1971亿元，占全区规模以上工业总产值的59.3%。重大产业项目中9个完成拿地、8个开工、9个竣工。加快推进虹桥商务区主功能区（闵行部分）、南方商务区、莘庄商务区、七宝"一园一区"等重点园区建设和二次招商工作。推进8个市级"四新"经济创新基地建设。完成1087家"三高一低"等企业结构调整。全区单位产值能耗同比下降6.5%。积极发展都市现代农业，确保粮食生产安全，完成种植水稻2.01万亩、蔬菜1.06万亩的任务。

招商服务水平全面提升。设立街道板块和虹桥商务区板块两个招商服务分中心，加强招商服务的区域和人员统筹。建立楼宇管家机制，推动税收落地，192幢重点楼宇实现税收85.4亿元。实现亿元楼25幢，比2016年增加6幢。围绕百强企业、纳税百万元以上企业、"专精特新"类企业、小微企业等层级，形成网格化、全覆盖的企业服务体系。加强与市场招商主体的合作，开展民企百强看闵行等系列活动。全年吸收合同外资19.3亿美元，新增跨国公司地区总部7个、国内总部25个、先进制造业项目26个。

二、致力增强创新创业活力，改善区域科创环境．上海南部科创中心核心区建设取得新进展

科创载体加快建设。获批全市唯一国家科技成果转移转化示范区。上海知识产权交易中心南部分中心、中国版权保护中心华东版权登记大厅、国家东部技术转移中心闵行分中心等科技成果转移转化平台正式运营，为科技成果转移转化营造了良好环境。紫竹高新区在147家国家高新区中综合排名上升至第14位。聚焦"紫竹创新创业走廊"，研究编制剑川路940号、黄二村地块等改建方案，推进剑川路、沧源片区等重点区域配套设施建设和转型开发。推进零号湾、漕河泾科技绿洲、临港浦江国际科技城等科创综合体建设，打造品牌化、专业化、国际化的闵行特色众创载体。

军民融合产业加速集聚。积极创建国家军民融合创新示范区。明确"一体多翼一基地"的军民融合产业空间布局，上海市军民融合产业基地核心服务区载体建设全面完成，航天双创中心、中航特思创等加快建设。承办上海市军民融合产业深度发展推进大会。上海市军民融合产业展示中心对外开放。齐耀重工、拓璞数控等一批项目落地。

科技创新服务持续优化。加大有行业引领力的创新型企业培育力度，新增高新技术企业58家、区级研发机构17家、市科技小巨人（培育）企业19家。持续优化科创政策落地、科技金融对接等科创服务，举办全国双创周"上海交大－闵行"专场、浦江创新论坛科技服务业专场等活动。中国创业者实训基地"南部科创实训分基地"落户闵行。与上海交通大学等国内外高校联合举办人工智能、纳米技术、生物医药等专业领域的科技成果对接会。推进国家知识产权示范城市建设，万人发明专利拥有量达56件。深化智慧闵行建设，新增4G通信基站500座，城市信息化应用水平进一步提高。

【2018年发展趋势】

2018年，闵行区将围绕打造国家产城融合示范区，以"深化经济统筹，加强产业引导，促进创新转型"为工作思路，进一步完善统筹机制，巩固提升先进制造业基础地位，全力促进现代服务业蓬勃发展，切实提升统筹实效，推动全区经济持续健康发展。

一、突出产城融合，加快结构调整，促进转型升级

注重统筹融合发展。深化统筹经济发展平台建设，明确各方主体职责、定位和分工，提升统筹效率。围绕建设国家产城融合示范区，完成一批重点规划编制，加快一批重大项目建设。加强紫竹、临港浦江园等重点园区运行保障，做优莘庄工业区"一区多园"工作，加快闵开发西区建设。加快推动16个成片区域转型出效。建立健全城乡融合发展体制机制，推进田园综合体开发建设，探索本区特色小镇发展模式，加强吴泾特色小镇建设。

转换产业发展动能。推动区域产业布局优化，重点打造"南上海高新智造带"和"大虹桥国际商贸带"，以闵开发、紫竹高新区、临港浦江园、莘庄工业区、南滨江等创新创业载体为支撑，聚焦高端装备、人工智能、新一代信息技术、生物医药等先进制造业发展；依托虹桥商务区、南虹桥商务区、七宝生态商务区、莘庄商务区、南方商务区等商务载体，推动现代服务业错位集聚发展，着力发展金融业、总部商贸、文化创意和生产性服务业。推进国家军民融合创新示范区创建，完善"一体多翼一基地"空间布局，促进上海军民融合产业基金、上海军民融合产业展示中心等平台建设和功能发挥，推动欧比特、航天科瑞、埃依斯等优质军转民、民参军项目落户。强化项目管理，促进工业固定资产投资较快增长。推动实施350家企业的产业结构调整。鼓励企业技术改造，大力推进节能降耗。启动第二轮质量强区工作。

优化招商引资工作。围绕区域产业规划、优势产业集聚要求，大力引进先进制造业和现代服务业项目。加强项目信息流转和质量把控，提高项目的单位面积产出效益。强力推进优化营商环境各项工作，积极推行包容审慎监管，助推新产业、新业态、新模式、新技术发展。加强招商推介的创新和设计，提升招商服务的品牌和形象。完善"1+14+X+N"企业服务工作体系，结合大走访、大调研活动，及时帮助企业解决困难和问题。深入开展厂房及办公用房等可用招商资源排摸梳理，进一步完善全区招商资源库。加强招商服务人

员队伍建设，不断提升招商人员的能力和水平。

二、突出创新驱动，深化改革攻坚，增强发展动力

加快上海南部科创中心核心区建设。落实闵行建设国家科技成果转移转化示范区实施方案，制定实施三年行动方案，抓牢“释放源头转化动力、激发主体转化活力、提升机构转化能力”等关键环节，推动科技成果转化为助推发展的强劲动力。深化南部科创中心核心区相关规划研究和编制。抓好紫竹创新创业走廊建设，加强校区、区区合作，聚焦上海交大医疗机器人研究院等项目，加快推进紫竹二期、上海交大国家双创示范基地和沧源开放式创业街区建设，推动电气、仪电、华谊等企业集团参与科创中心建设，不断提升区域创新资源的集中度、显示度。继续抓好零号湾、漕河泾科技绿洲等科创综合体建设。建成上海南部科创中心公共服务平台、上海市科技成果信息库，推动成果供需双方线上线下的对接。积极培育科技成果转化专业服务市场，不断优化区域创新生态。着力提高市场创新主体活跃度，新增市科技小巨人（培育）企业20家、区科技小巨人培育企业20家、高新技术企业30家以上。培育1—2家市级研发机构、20家区级研发机构。完善相关政策和工作机制，打造良好环境，加强各类创新创业人才队伍建设，集聚更多领军人才、高技能人才，加大高水平创业人才和团队引进。南部科创实训分基地正式运营。推进智慧闵行建设，加快千兆宽带网络建设。新增4G通信基站210座，进一步消除通信覆盖盲区。举办科技节、科普日等活动。

深化重要领域各项改革。围绕营商环境的改善，加大“放管服”的改革力度，复制推广自贸区改革经验，最大限度优化行政审批流程，出台我区新一轮《产业项目行政审批流程改革实施意见》，加快项目落地。全面推行政务服务事项清单管理制度。推进政务服务事项下沉，加强“综合窗口”制度建设，完成区行政服务中心及分中心、各社区事务受理中心全部服务事项的实体大厅与网上预约办事一体化联动。出台企业重大事项决策制度，全面完成区管企业“一企一策”改革（重组）工作任务。完成行政事业单位及街道所办企业脱钩转制和整合重组等清理规范工作。制定落实金融产业整体推进方案，加强金融服务和风险防范工作。

（赵淳岚）

嘉定区工业

【概况】

2017年，嘉定区以深化供给侧结构性改革为主线，围绕科创中心重要承载区和现代化新型城市建设两大核心任务，加快推动产业精准转型和城市品质发展，工业经济发展“稳中有进、稳中有升、稳中提质”，“两高四新”产业新动能加速集聚，转型升级成效有力凸显。

全年，嘉定区实现规模以上工业产值5919.9亿元，比上年增长11.3%，实现工业增加值1420.3亿元，可比增长10.6%；实现规模以上工业利润648.7亿元，同比增长2.7%；累计完成工业固定资产投资93.9亿元，引进合同外资15.5亿美元、外资到位资金5.4亿美元；实现外贸进出口额1382.2亿元，其中出口656.6亿元，同比增长9.1%；完成劣势企业淘汰183家；净增区级以上企业技术中心43家；禾赛科技、精进百思特等18个项目分别入选工业强基和产业技术创新类市产业转型升级发展专项项目。

【2017年发展情况】

2017年，嘉定工业经济发展整体超预期，第二产业增加值比重（属地）由上年的55.5%提高到57.3%；在全市工业经济中作用地位不断巩固，占全市工业产值的比重为17.4%，同比提高0.4个百分点。

一、汽车产业持续发力，特强产业优势继续巩固

汽车整车产品结构加速优化调整，上汽大众辉昂、途昂、科迪亚克、途观L等新车型不断推出，产品线进一步丰富，带动产业链上下游企业稳步发展。汽车产业共实现产值4358.3亿元，在上年增长8.3%的基础上，继续增长12.1%；伴随增速的快速上扬，总量规模也进一步提升，占全区工业产值的73.6%，同比提高0.4个百分点，增长贡献率达到78.8%。其中，上汽大众产值首次跨越2000亿元大关，年度产销总量也双双突破200万台。

二、重点企业运行良好，“十百千亿”工程培育显成效

除上汽大众外，产值百强企业合计实现产值2295亿元，同比增长12.4%，领先属地工业增长3.1个百分点，占属地工业的62.6%，重点企业对工业经济发展的支撑作用明显加强。“十百千亿”工程培育有效推进，成果不断显现，新增上汽变速器1家产值百亿级企业，年产值超百亿元企业总量达到3家；同时，年产值亿元以上企业净增5家，累计达到64家。

三、新兴产业快速发展，产业转型力量有效积聚

以高端制造和高科技产业为主导、以四大新兴产业集群为引领的“两高四新”产业发展体系正加速构建，产业转型及高质量发展根基不断稳固。集成电路及物联网、新能源汽车及汽车智能化、高性能医疗设备及精准医疗、智能制造

及机器人等四大新兴产业集群培育顺利，引领增长势头明显，全年实现产值372.7亿元，同比增长26.7%；战略性新兴产业总量规模加速提升，实现产值943.1亿元，年增幅达17.2%，高于全市平均水平11.5个百分点。高新技术企业数量明显增长，总量达825家，实现产值1919.1亿元，同比增长13.1%，技术对产业发展的带动效应持续加强。

四、工业投资先抑后扬，投资总量创近3年新高

上半年，工业投资持续下滑，仅完成投资额21.5亿元，同比下降35.2%。自下半年起，通过加快推进已供地项目建设、广泛开展政策宣传、加大项目梳理等多项措施后，投资形势全面扭转，全年投资总额达93.9亿元，同比增长13.5%，投资总量创近3年新高。从投资领域看，汽车产业投资主体地位稳固，共完成投资52.3亿元，占全区工业投资的55.7%。从投资亮点看，改建和技术改造类投资表现抢眼，全年完成投资43.2亿元，占全区工业投资的46%。

五、企业创新有力加强，嘉定智造能力显著体现

新时达电气承担的“十二五”国家科技支撑项目——“大功率港口起重专用变频器的关键技术开发与应用”课题顺利通过验收；欧科微首颗商业通信卫星“嘉定一号”完成定型研制，玖行能源国内首套集装箱码头换电系统在洋山港无人码头全面启用；联影医疗磁共振成像设备、沃尔沃XC90获得第19届中国国际工业博览会金奖。一批重大产业创新平台加速建设，微技术工研院8英寸MEMS及先进传感器研发线通线成功、应物所首台国产质子治疗装置进入设备安装调试阶段、光机所先进激光技术创新中心园区顺利竣工。此外，新增市级企业技术中心6家、区级企业技术中心44家，累计拥有企业技术中心总量达到258家。

【2018年发展趋势】

2018年，嘉定区将进一步深化供给侧结构性改革，以优化营商环境为契机，全力推动“两高四新”产业发展，加快产业精准转型步伐，全力打造“优势更优、特色更特、强项更强”的现代化产业发展样板区。全区计划增加值比上年增长6.5%左右，规模以上工业总产值比上年增长4%左右，规模以上四大产业集群产值比上年增长15%，规模以上战略性新兴产业产值比上年增长10%。

一、聚焦重点项目建设，注入发展新动能

重点围绕汽车特强产业发展，致力于打造世界级汽车产业中心，做大、做强、做优汽车特强产业也是嘉定经济发展的重要基石。围绕这一基石的稳固和发展，嘉定将进一步加大资源投放力度，全力推动上汽大众MEB、蔚来纯电动整车、国轩高科等大项目建设，把牢汽车新“四化”发展的时间窗口，继续为产业高质发展注入动能，持续且有效地擦亮“汽车嘉定”品牌。

二、聚焦园区二次开发，促进园区提质增效

坚持以《嘉定区产业园区转型升级行动方案（2017—2020)》为基本框架，积极对接争取市级政策支持，推进安亭、江桥、南翔、马陆等地区的成片调整工作。出台《嘉定区产业园区开发平台公司认定管理实施意见》，从政策体制、开发主体、资源统筹、招商管理、人才培养等多个纬度对园区二次开发进行管理和支持，结合28个特色园区的开发定位，成熟一个、推动一个，先行先试，形成可复制、可推广的经验。

三、聚焦政策制度创新，鼓励开展强基工程

工业强基的基础之一在于生产工艺和生产技术的提升。为推动企业实施技术改造，增强产品生产和开发能力，制定出台区级技术改造政策，对重点领域和关键环节、固定资产投资达500万元以上的项目给予政策支持，提高技术改造政策扶持的广度和宽度，形成对市级技术改造政策的完善和补充。

四、聚焦金融领域创新，深化产融合作示范

在产融合作领域进一步突破创新，充分利用“嘉定创投”作为母基金的作用，撬动资本要素向嘉定集聚；充分利用大数据产融合作服务平台的对接功能，争取引入更多金融机构发布更多有针对性的金融产品，有效缓解实体经济“融资难、融资贵”的问题；坚决支持企业开展上市和新三板挂牌交易，持续打造资本市场的“嘉定板块”。

五、聚焦区域统筹优化，提升资源配置效率

继续优化区域统筹管理工作机制，推进产业项目全生命周期管理，出台企业分类管理意见，最大限度地推动资源要素向优质项目、潜力项目集聚倾斜，力争通过区域统筹，再实现一批重大项目的精准落地。

六、聚焦“放管服”改革，努力优化营商环境

对标最高标准、最好水平，全力打造营商环境新高地，为企业发展助力。重点聚焦体制创新，推动“放管服”改革向审批全流程、管理全周期、服务全方位“三个方向”深化，出台“1+X”政策体系，全力做好“6减、6加、6集成”，即流程再造6个减、创新服务6个加、功能优化6个集成，打响嘉定营商品牌，用“店小二”的精神为企业发展营造更好环境。

（许朝军）

金山区工业

【概况】

2017年，金山区认真学习贯彻中共十九大精神和习近平新时代中国特色社会主义思想，坚持稳中求进工作总基调，牢固树立新发展理念，工业经济稳中有进，稳中向好、好于预期。实现在地地区生产总值978.3亿元，同比增长6.0%；属地地区生产总值完成707.5亿元，同比增长7.6%。在地工业增加值629.2亿元，同比增长4.0%；属地工业增加值358.4亿元，同比增长5.6%。完成在地规模以上工业总产值1822.6亿元，同比增长14.3%；属地规模以上工业总产值1102.1亿元，同比增长12.0%。完成工业性投资完成67.4亿元，同比下降27.6%。实现属地规模以上工业企业利润48.4亿元，同比增长16.7%；规模工业产值能耗0.110吨标煤／万元，同比下降6.5%，淘汰落后产能190家。

【2017年发展情况】

一、工业经济稳中向好，空间布局逐步优化

在市场需求提振、工业产品出厂者价格稳定增长等因素作用下，金山区属地规模以上产值完成1102.1亿元，首次突破千亿元，同比增长12%。“四大片区”发展三增一减，组团发展成效初显，优先发展区实现产值456.6亿元，同比增长12.9%，调整优化区、创新转型区同比分别增长18.5%、4.3%，生态产业区实现产值86.9亿元，同比下降4.3%。金山工业区和金山第二工业区实现产值409.1亿元，占全区属地规模以上产值的37.1%，比上年提高3.4个百分点，主战场作用进一步凸显。

二、集聚发展更加明显，产业结构不断优化

三次产业比例结构不断优化，服务业增加值占比比上年提高1.7个百分点。先进制造业占比不断提升，四大产业集群实现产值794.3亿元，同比增长15.9%，增速高于规模以上产值增速3.9个百分点，占全区属地规模以上产值的72.1%，同比提高3.3个百分点，其中新材料、高端智能装备分别增长25.4%、15.1%。战略性新兴产业、高新技术企业产值占规模以上产值比重分别为27.0%、45.2%。工业加快向104区块集聚，104区块产值占比为92%，同比提高1.8个百分点。

三、发展动力加速转换，产业能级稳步提升

投资拉动作用有所减弱，全年工业性投资完成67.4亿元，同比下降27.5%，延续2015年以来投资增速持续下行态势。消费市场拉动经济增长作用明显，社会消费品零售总额456.2亿元，同比增长10.2%。对外贸易快速增长，外贸进出口总值659.1亿元，同比增长23.0%。围绕打造新兴产业成长地，全区新增25家科技创新中心；内外资签约计划投资总额约117.2亿元，其中亿元以上项目22个，正威、朗润等项目签约落地。汉钟二期、司太立、巴洛美、泰砚等31个重点项目完成年度目标。结构调整稳步推进，全年完成产业结构调整项目190项，腾出土地1826亩，减少能耗2.7万吨标煤，二次开发盘活存量土地1134亩。

【2018年发展趋势】

2018年，金山区规模以上工业企业产值预计增长5%；工业性投资完成95亿元；招商引资项目投资总额完成100亿元；产业结构调整项目完成120项；产业用地二次开发完成1000亩。

一、稳定实体经济增长

坚持释放产能稳生产，抓紧抓实运行监测和预测预警，组织开展4个产业集群新增长点培育、传统优势企业转型升级梳理分析，把握产业发展态势和异动情况，积极对接落实各类政策，协调解决企业发展难题，力促新竣工、新投产项目加快产出，确保产业经济在合理区间内平稳运行。抓早抓细2018年重点项目年度推进计划，完善推进重点项目绿色通道机制，加强资源要素保障、合理压缩审批时限，推动重点项目早挂牌、早开工、早竣工，实现工业投资稳健增长。加大外贸企业出口信用保险和外贸展会活动补贴力度，引导外资企业稳健发展。

二、全力抓好招商引资

加快推进区级招商统筹，细化工作机制，优化资源配置。适应新经济、新产业、新模式、新业态，加大招商引资方式方法创新，举办高端产业论坛和展会，开展联合招商、“基金＋基地”招商、联盟式招商和功能性机构招商。瞄准产业链、价值链的中高端，招大引强选优，培育一批投资体量大、科技含量高、发展前景好的实体性、龙头型项目，全力服务和辉光电（二期）如期推进，加快推动正威集团项目尽早落地。

三、加快产业转型升级

把着眼点更多放在发展实体经济上，聚焦“1+4+4+8”产业规划布局，深度对接“中国制造2025”和上海行动纲要，坚定不移走“两业并举、智造强区”发展之路，着力打造信息技术、生命健康两个百亿级产业，积极培育无人机、平台经济等新增长点。大力弘扬工匠精神和企业家精神，深入开展质量提升行动。深化“互联网＋产业服务”创新实践区建设，加快发展生产性服务业。启动新一轮产业结构调整三年行动计划，持续推进土地二次开发。注重功能提升和品牌建设，加快推动工业园区转型升级，金山工业区创建国家新型工业化示范基地和国家绿色产业发展示范园，金山第二工业区创建国家生态工业示范园区。

四、全面优化营商环境

坚持问题导向，加强调查研究，深入了解企业发展诉求，完善政策、研究举措，切实解决企业问题。推动金山区经济信息管理平台建设，完善深化区领导联系企业制度，梳理更新一批区领导联系的重点企业、重点项目，增加优质注册型企业服务，发挥领导示范服务作用，完善企业诉求梳理分析、解决落实、跟踪问效机制，营造优良亲商营商环境。

（戚纪勋）

松江区工业

【概况】

2017年，松江区紧紧围绕建设“科创、人文、生态”的现代化新松江目标，巩固扩大“一个目标、三大举措”战略优势，凝心聚力推进G60科创走廊建设，各项目标任务取得阶段性成果。

G60科创走廊被增列为上海建设具有全球影响力的科技创新中心的重要承载区。在G60科创走廊的辐射带动下，松江区工业质量效益不断提升，服务业持续发展，外贸经济保持平稳，产业经济整体呈现稳中有进、进中向好、好中提质的良好格局。全区实现工业总产值3938.27亿元，比上年增长9.3%；规模以上工业总产值3598.39亿元，同比增长10%，增速跃居全市第一。三大传统产业完成产值2819.98亿元，同比增长11.1%；六大战略性新兴产业共完成产值522.91亿元，同比增长15.3%。全区完成工业固定资产投资106.01亿元，位居全市第二，同比增长105%，增幅名列全市第一。

【2017年发展情况】

一、G60科创走廊吸引力、创造力、竞争力进一步提升

紧盯国际最高标准、最好水平，G60科创走廊辐射带动效应不断增强，“一廊九区”规模以上工业总产值3411.76亿元，同比增长10.2%。出台G60科创走廊总体发展规划2.0版和发展指标体系。与杭州、嘉兴市政府正式签署沪嘉杭G60科创走廊战略合作协议，举办G60科创走廊要素对接大会、产融结合大会，在第4届世界互联网大会上举办G60科创走廊专题论坛。“三个一批”项目扎实推进，成功引进海尔智谷、修正集团、正泰启迪智电港、清华启迪等一批重大产业项目，科大智能、天安金谷等一批科技型、引领型项目开工建设，临港松江科技城、启迪科技园等一批科创载体建设成效显著。打造G60军民融合示范走廊，区军民融合办公室挂牌成立，组织参加中国军民融合技术创新大赛。

二、供给侧结构性改革深入推进

修订G60科创走廊60条政策，从企业上市挂牌、产业结构调整、技术改造、首台（套）重大技术装备推广应用、产业化关键或共性技术研究等方面支持企业转型升级，年内共拨付各类产业扶持资金7.1亿元。修订出台增容费减免政策，扩大政策受益面，支持华晖新材料等19家先进制造业企业提高容积率，新增计划投资47.7亿元。发布存量工业用地管理办法，完成上海诺雅克电气节余土地分割转让，推动存量工业用地高效再利用。加强供地项目跟踪监管，科大智能、库卡柔性等22个供地类项目开工，辉恒达等35个改扩建类项目开工，全年累计新开工、改扩建、竣工、投产项目132个。

三、产业空间布局和结构调整不断完善

人工智能、生物医药和集成电路等G60科创走廊重点产业集聚度、显示度和竞争力进一步提高，获批上海市工业互联网产业示范基地、上海市电子信息产业示范基地，成功进入国家新型工业化产业示范基地公示名单。探索开展园区平台开发主体认定，天安金谷、正泰启迪、启迪漕河泾等获批园区平台开发主体。基本完成九亭、中山两个市级重点区域调整项目，全年调整劣势企业368家，涉及土地近4000亩、厂房面积超过140万平方米，减少能耗4.18万吨标准煤；完成工业用地再利用项目54项，再利用工业用地525.5亩，引进乾承机械、尚鳌机器人等优质项目。

四、“松江创造”活力持续展现

加快“松江制造”迈向“松江创造”步伐，全球首条12英寸硅基液晶显示芯片封测生产线、超硅半导体300毫米集成电路用晶体生长系统、3.6万吨世界最大六功位重型模锻压机等一批具有影响力的重要科创成果诞生。年内新增市、区两级企业技术中心23家。科大智能获国家增强制造业核心竞争力专项资金扶持。美维电子、理想晶延、国龙生物、森松制药、核威实业、航天智造、龙工机械等一批创新型企业在软件和集成电路、首台突破和示范应用、技术引进消化吸收、技术中心能力建设、工业强基、人工智能、技术改造等方面获市级专项资金扶持。全年共有12个产业化关键或

共性研究项目、14个企业首台（套）重大技术装备推广应用项目、14个产学研项目、16个技术改造项目获得区级专项扶持。

五、产融结合新高地进一步筑实

出台金融支持G60科创走廊建设实施意见，首批吸引45个产业类和基金类项目签约，总投资802.4亿元，临港控股、来伊份等45家企业获得上市挂牌专项补贴4581万元。年内新增上市挂牌企业64家，其中保隆汽车、力盛赛车、日播时尚、晶华新材等4家企业成功上市，20家企业挂牌全国新三板，40家企业挂牌上海股交中心。全区累计上市挂牌企业达211家，上市企业年内募集资金104.7亿元，新三板企业获得机构投资10.5亿元。上海股权托管交易中心松江服务中心（G60松江科创走廊服务中心）启动运作。上海松江创业投资管理有限公司完成设立，临港基金、启迪汇基金首期缴付到位，纳恩汽车、清谱科技等项目获得投资。

六、企业服务和产业调研做实做深

开展助企服务“十百千”活动，加强“专精特新”企业培育，积极帮助企业创建中小企业服务机构和小型微型企业创业示范基地，全区现有国家级小型微型企业创业创新示范基地1家、市级中小企业服务机构15家，区级小型微型企业创业示范基地16家。组织企业与云南版纳、安徽宣城、大连庄河等地开展产业对接。深化企业联系服务，实地调研建伍电子、美联钢构、威图、安谱等企业，围绕G60科创走廊建设组织30余场政策宣贯会。

【2018年发展趋势】

2018年，松江区力争实现工业总产值4323亿元，比上年增长10%，其中战略性新兴产业占工业总产值比重为25%；合同外资达到6亿美元，实际到位资金5亿美元；实现工业固定资产投资130亿元，同比增长22.6%。

一、深化G60科创走廊建设，构筑新兴产业发展高地

与杭州、嘉兴联合研究制定《中国制造2025—G60科创走廊行动纲要》，探索建立统一的沪嘉杭G60科创走廊发展成果发布平台和发布机制，共建沪嘉杭G60科创走廊网站。聚焦工业互联网、人工智能、生物医药、集成电路等领域，完成七大重点产业发展规划和招商目录编制。抓好海尔智谷、正泰启迪智电港、修正集团、超硅半导体、复宏汉霖等一批重大产业项目的开工建设，试点应用产业项目跟踪管理系统，配合开展G60科创走廊产业集群项目“零距离”综合审批制度改革相关工作，实现项目新开工100个，竣工、投产56个。推进G60科创走廊规划展示馆二期改造。落实国家军民融合发展战略，编制军民融合产业发展规划，筹建军民融合产业展示馆，争创市级军民融合示范区。

二、加强产业结构调整，推动企业转型升级

开展国家新型工业化产业示范基地（工业互联网）建设，推动传统制造业拥抱互联网。制定出台松江区重点企业区内迁移管理办法、产业园区综合评价及分类管理办法等政策措施。加强劣势企业调整及再利用，调整劣势企业150家。加快市级产业结构调整区块改造项目，推进石湖荡镇、泗泾镇重点区域调整工作，力争启动永丰、小昆山、洞泾三个相关重点区域的调整工作。完善战略性新兴产业企业数据库，以专项支持为抓手，聚焦重点，鼓励企业加大研发投入、加强技术创新体系建设，实施产学研政合作和产业创新升级。

三、促进产融结合，发挥金融服务实体经济作用

做好金融支持G60科创走廊建设实施意见的政策落实，吸引业界有影响力的VC和PE投资机构落户松江，支持企业上市挂牌、做大做优。开展全区上市挂牌后备梯队企业的排摸梳理，上市一批、培育一批、带动一批。组织专场投融对接会，促进优质实体企业与资本对接。召开拟上市（挂牌）企业的培训辅导会和座谈会，做好企业上市挂牌的服务工作，新增50家上市挂牌企业。深化“基金＋基地”投资运作，组建G60科创走廊发展引导基金，做强上海双创启迪母基金，吸引基金管理规模300亿元。加强对小贷、融资担保两类机构的监管工作。

四、优化企业服务，营造良好产业创新环境

围绕重点工作实施一批调研课题。以“放管服”改革及“零距离”综合审批制度改革为突破口，做好联系走访企业服务工作，进一步对接企业需求，加强事前、事中政策指导。深入推进“十百千”企业服务工程，完善区、街镇、经济小区和产业园区“1+17+33+X”中小企业服务体系，推进中小企业信息平台建设。深入开展“专精特新”中小企业、行业细分领域隐形冠军培育工作，鼓励支持市、区两级中小企业服务机构发展。常态化做好安全生产检查和宣传教育等各项工作。

（王晴雯）

奉贤区工业

【概况】

2017年，奉贤区坚持稳中求进的工作总基调，主动适应经济发展新常态，积极践行新发展理念，围绕“奉贤美、奉贤强”战略目标，全面落实“五个一流”主要任务，全力以赴稳增长、调结构、促改革、惠民生、防风险，较好地完成各项目标任务，保持了稳中向好的发展态势，发展质量进一步提升。全年实现工业增加值779.3亿元，比上年增长4.3%；规模以上工业企业962家，完成产值1565.4亿元，同比增长7.3%；实现利润132.9亿元，同比增长20.2%。工业固定资产投资88.9亿元，同比增长4.5%。

【2017年发展情况】

一、经济发展质量和效益不断提高

全区962家规模以上工业企业累计完成产值1565.4亿元，完成年度指标的110.2%，同比增长7.3%，增速创2013年以来最高。规模以上工业企业完成税收93.5亿元，同比增长20.4%；工业整体税收达192.4亿元，同比增长53.6%，贡献了全区50%以上的税收，增速创10年来新高，对全区税收增长的贡献率达69.9%。

二、美丽健康产业能级不断提升

东方美谷美丽健康产业继续保持高速增长，集聚规模以上工业企业73家，全年完成产值221.9亿元，同比增长7.8%；实现税收33.9亿元，同比增长41.3%。“东方美谷”产业发展平台升级，获“中国化妆品产业之都”称号；市政府出台《关于推进上海美丽健康产业发展的若干意见》，明确“东方美谷”作为上海大健康产业的核心承载区。功能性项目逐步推进，与上海应用技术大学和漕河泾南桥园合作推动东方美谷研究院正式落地；与意大利莹特丽集团、上海应用技术大学签订共建创新中心、展示中心、美妆学院战略合作协议；市质检院国家级化妆品检验机构整体引入“奉贤检测中心”公共平台。国际化步伐不断加快，与香奈儿、资生堂、雅诗兰黛、莹特丽、宝诗等国际品牌达成战略合作共识。

三、先进制造业承载区迈出坚实步伐

贯彻落实上海市“巩固提升实体经济能级50条”精神，制定出台奉贤区《关于加快打造上海先进制造业重要承载区的实施意见》，聚焦土地、资金、人才、科技等要素提出20条保障措施。进一步明确“1+1+X”产业定位、“4+1”产业布局，以更清晰的发展目标、更充裕的土地保障、更贴心的人才政策、更积极的企业培育、更用心的服务，努力为先进制造业营造优良发展环境，切实提高奉贤区产业发展的质量和效益。

四、产业结构调整步伐不断加快

实施《奉贤区产业结构调整三年行动计划实施方案（2017–2019）》，年内累计完成项目调整52个，完成全年项目数的115%；腾出土地2869亩，完成全年2500亩目标任务的115%。推进常规项目调整，以沿江、沿河以及生态环境整治重点区域的低效用地企业为重点实施调整关停工作，累计调整完成409家，涉及土地3692亩。推进环保违法违规项目清理整治，累计完成2259家，涉及土地面积12260亩。做好重点区域转型，生物园区累计完成调整企业12家，涉及土地177亩；江海园区累计完成调整企业14家，调整工作目标任务已全部完成。同时，做好首轮产业结构调整三年行动计划腾出土地的新项目引进，全年已消化利用土地1875亩。

五、区域经济统筹发展模式不断创新

在《关于统筹区域经济发展的实施意见》总框架下，积极探索镇园区管，启动4个国有开发公司结对4个镇级工业园区的转型试点。实现镇级工业区的规划、开发、招商、管理和服务五个方面统筹提升，激发区域经济发展新动能。打造产业扶持政策统一服务平台，切实解决企业与政府之间、各政府部门之间信息不对称、沟通渠道不通畅等问题，实现集政策发布、项目申报、资金审核、项目公示、企业管理、项目跟踪、评估及统计查询等为一体的综合性平台服务功能，为企业提供一站式服务，实现产业扶持资金统筹集约使用，使各项政策更好地惠及实体经济。

【2018年发展趋势】

2018年，奉贤区将牢固树立新发展理念，践行上海市委、市政府“坚定发展取向，构筑战略优势，打响四大品牌”工作要求，全面提升实体经济发展能级和水平。推动我区实体经济高质量发展，增强经济创新力和竞争力，构建具有奉贤特色的现代化经济体系。

主要奋斗目标：规模以上工业产值1630亿元；工业固定资产投资70亿元；外资到位资金2.7亿美元；产业结构调整项目不少于2500亩。

一、推动产业规划布局的优化聚焦

加强产业发展前瞻性研究。以“1+1+X”定位为导向，细化完善各类产业细分领域特点和要求，注重对美丽健康、大数据、人工智能、绿色制造、智能制造等前沿性产业技术的跟踪与把握，以新产业、新技术、新模式、新业态的“四新”经济为重点，积极布局一批科技含量高、成长潜力、生命周期长的优质业态，发掘新经济增长点，储备先进制造业发展新动能。

聚焦4+1空间布局。进一步聚焦产业空间布局，以上海市工业综合开发区、张江科技园奉贤园区、上海市化工区奉贤分区、临港奉贤园区、奉城工业园区为重点，以区域经济统筹提升为路径，抓住临港奉贤园区扩区机遇，借助临港集团、上海市化工区等优质市级品牌开发企业资源优势与招商平台，推动传统园区能级不断提升。

加强区域经济统筹发展。落实镇园区管试点工作方案，推动四对试点园区托管工作取得实质性进展。加快推动奉浦大道两侧转型开发。提升城市服务功能，打造产城融合地标。

二、加快优质产业项目导入进度

加强与市经信委资源对接。按照区政府与市经信合作协议约定，落实专门人员，积极对接市经信委，借助其信息资源和专业优势，力争年内导入1个－2个具有全局意义的重大产业项目。

积极发掘存量资源。对区内已经存在的具有一定行业知名度和影响力的企业加大服务力度，进一步梳理存量资源，沿着产业链上下游方向进行探索拓展，实现以商引商。

三、加快存量资源盘活利用

加大产业结构调整力度。深入实施《奉贤区产业结构调整三年行动计划实施方案（2017—2019）》，全年计划完成45个项目调整，腾出土地不少于2500亩。完成环保违法违规企业淘汰关停任务2000户。完善《奉贤区工业企业综合绩效评价办法》《区级产业结构调整专项资金管理办法》。

聚焦重点区域调整转型。加快推进生物科技园区、江海园区转型升级，启动实施浦南机电园、青港园区整体转型工作。争取星火开发区转型取得突破。以金山石化地区环境综合整治为抓手，进一步优化化工区区域生态环境，加大落后产能和环境负面影响企业淘汰力度。

提高资源二次开发效率。进一步完善工业用地二次开发办法，有效控制土地收储及二次开发成本；探索定制厂房的模式盘活闲置工业用地，结合精准定位项目需求，提高二次开发成功率，力争实现消化利用土地2000亩。

四、全力打造特色产业集聚区

不断提升东方美谷的国际国内影响力。制定“东方美谷”品牌推广三年行动计划，积极参与国内外大型美展会，建成东方美谷自由品牌推广阵地，扩大东方美谷品牌影响力，积极引进具有国际影响力的化妆品、生物医药龙头企业。

不断丰富东方美谷内涵。加快东方美谷研发、设计、检验检测、展示等功能项目的引进和落地。

不断整合优势资源。充分发挥科丝美诗、伽蓝、和黄等龙头企业的领军优势，整合区内健康产业跨界资源，加强分工与协作，促进产业集聚，加快产业生态圈打造。

（谢新超）

青浦区工业

【概况】

2017年，青浦区着力推进供给侧结构性改革，大力培育发展新动能，积极推动工业经济高质量发展，全区工业生产总体保持平稳增长的态势。全区规模以上工业完成产值1586.6亿元，比上年增长3.6%，达到全年考核目标的101.9%。完成工业投资45.6亿元，同比增长17.2%，达到全年考核目标的142.5%。

【2017年发展情况】

一、经济发展概况

全区实现地区生产总值1009.2亿元，比上年增长7.4%。其中，第二产业增加值467.6亿元，增长4.1%。一般公共预算收入517.1亿元，同比增长22.0%。其中区级一般公共预算收入188亿元，增长20.9%。税收收入472.0亿元，同比增长22.3%；其中区级税收收入156.7亿元，增长20.7%。

二、产业转型升级

产业结构调整。全区共完成产业结构调整项目1012项，调整土地面积4156亩，完成年度目标的230.9%，计划三年内完成产业结构调整不少于1000项、调整土地面积8000亩，滚动开展重点区域调整4项－5项。朱家角工业园区获批“市级产业结构调整重点区域专项”，计划调整项目59个、土地约530亩，全年完成调整23项，调整土地面积229.5亩，涉及调整职工数10685人，其中沪籍职工数2652人，非沪籍职工数8033人。配合中小河道整治工作，分3批、共68条中小河道排摸，确定207家未纳管企业为整治对象，其中150家企业实施关停调整，并申报市重点区域调整专项补助资金。

园区转型升级。推进转型升级试点，赵巷新城二区对接市西软件信息园，加快推进企业动拆迁；徐泾金博地块对接吉利汽车零部件项目；华新工业园区引进2家德国企业（采埃孚、宜发）一期项目实现投产，“中控北斗数传科技”开业运营；练塘“练信医疗器械产业园”注册企业159家，完成税收7385万元。青浦工业园区成功引进联东U谷，盘活十通集团闲置土地资源。

产业平台建设。北斗导航平台建设。获批“国家火炬上海青浦北斗导航特色产业基地”，成功举办第8届中国卫星导航学术年会、北斗＋跨越——2017 产业融合创新与北斗西虹桥基地发展研讨会。基地累计入驻企业 154 家，全年实现销售收入 12.6 亿元、税收 8295 万元，分别同比增长 45%、68%。民用航空平台建设。东航技术应用研发中心和青浦飞培投入正式运营，普惠飞机发动机公司获批“入境维修／再制造业务资质证书”，组织参加亚洲公务机展等招商活动。基地累计入驻企业 26 家，全年实现产值 29.5 亿元、税收 5731 万元，分别同比增长 14.2%、14.8%。

产业课题研究。根据区委、区政府的工作要求，区经委、区规土局牵头开展“引逼结合，加快青浦区存量工业用地二次开发”课题研究。针对二次开发过程中遇到的问题和瓶颈，研究和完善符合青浦区域特点的二次开发政策保障体系。《青浦区工业用地出让地价指导意见》正式上报区政府，存量工业用地管理、50 年认定、提高容积率等政策形成初稿，正在修改、完善。

加强规划研究。根据市有关工作要求，编制《青浦区产业园区布局规划（2040）》，确定发展规模和空间布局方案。在确定 1 个产业城区、3 个产业社区的基础上，完成“零星工业用地”评审工作，形成初步意见。

三、开展企业服务

聚焦重点企业。制定出台《青浦区组团式联系服务企业工作方案》，推动成立区组团式联系服务企业工作领导小组，承担落实领导小组办公室职责，组织编印 2016 年度纳税百强等 8 本重点企业名录以及《青浦区企业服务百问百答》。推动企业上市，荣泰、韵达、华测导航、亚士创能成功上市，累计培育上市企业 21 家。

聚焦重大项目。坚持例会工作推进机制，加强产业项目“闭环”管理，至年底，全区处于在批、在建、竣工状态的产业项目 205 个，总投资 1149.25 亿元，总用地 7654.92 亩（不包含改扩建项目）。其中，工业项目共计 155 个，投资额 257.82 亿元，用地面积共计 2743.38 亩。策划组织“新时代新跨越——青浦区重大项目集中开工仪式”，集中开工项目共计 39 个，总投资约 398.8 亿元。

聚焦重大资金。承担落实区产业发展协调推进办公室工作职责，统筹产业政策制订和资金审议使用，组织开展产业政策宣讲，全年召开产推办会议 10 次，审议通过扶持项目 2849 个、资金 53244.4 万元。加强产业扶持资金精准化管理，开展“企业分类管理服务”课题研究并形成初步成果。

【2018 年发展趋势】

2018 年，是青浦区实施全面跨越式发展战略的落实年，要落实新理念，奋战新时代，深化招商引资，强化企业服务，着力转型升级，培育经济增长，不断提升经济发展的质量和效益。

主要目标：规模以上工业总产值达到 1650.1 亿元；实现工业固定资产投资 50 亿元；产业结构调整项目不少于 300 项，面积 3000 亩，工业综合能源消费量控制在 91 万吨标准煤，规模以上工业万元产值能耗下降率为 1%。

一、加强招商引资

围绕构建“三大两高一特色”主导产业体系，牵头编制新一轮产业布局规划，明确主导产业发展载体。深化产业分类管理研究，制定出台并实施《青浦区工业企业综合评价暂行办法》。聚焦市西软件信息园、青浦工业园区、西虹桥商务区和轨交 17 号线沿线产业综合体等重点区域，充分利用中国国际进口博览会契机，“走出去”与“请进来”相结合，策划开展主题招商活动，加强对全区各级招商主体招商活动统筹协调，更加注重产业平台招商，更加注重产业楼宇招商，更加注重专业机构招商。制作青浦投资环境报告与青浦宣传视频，加强投资环境宣传推介。

二、强化企业服务

以有效优化营商环境为目标，充分发挥区级企业服务平台作用，制订实施《企业调研组总体方案》《区经委大调研工作方案》，共同推动大调研和组团式联系服务企业工作有效实施。组织编印纳税百强、工业、服务业、商业、外贸、战略性新兴产业（制造业）、“专精特新”中小企业和品牌企业等领域重点企业名录，完善重点企业走访、座谈交流制度。贯彻落实“3515”和“3548”审批改革要求，锁定重点产业项目，加强“储备一批、审批一批、开工建设一批、竣工投产一批”全过程管理机制，推进项目早开工、早竣工、早投产。

三、推动园区转型升级

制定实施《青浦区产业结构调整和转型升级三年行动计划（2018—2020 年）》，修订《青浦区产业结构调整专项补助办法》，重点推进朱家角工业园区、重固新型城镇化建设区域、徐泾工业园区三个重点区域以及饮用水二级水源保护区范围内企业的调整工作。上半年编制完成《青浦区产业园区布局规划（2035）》，明确“1 个产业城区 +3 个产业社区 + 若干零星工业用地”的发展规模和空间布局方案。重点跟踪推进赵巷新城二区、徐泾金博地块以及联东 U 谷、华鑫置业等重点区域和项目规划调整与推进落地进展情况。支持实施“2 优 2”升级工程，制订、修订《青浦区工业用地出让地价指导意见》《青浦区存量工业用地提高容积率实施细则》《青浦区加快推进企业技术改造实施办法》《青浦区企业技术中心管理办法》等专项政策，加快“腾笼换鸟”与技术改造升级。制定出台《青浦区工业节能减排专项扶持办法》，促进节能减排降耗。凝聚各部门合力，摸清现状工业用地底数，依法依规对现状土地厂房出租、整体或分割转让、股权变更及转让加强管控。

（胡　晨）

崇明区工业

【概况】

2017年，崇明区工业坚持创新驱动、转型发展，努力应对复杂多变的外部环境，做到抓落实、强服务、求实效，较好地完成各项目标任务。全区工业企业实现工业总产值394.7亿元，比上年增长4.6%，其中规模以上工业企业实现产值363.5亿元，同比增长2.6%。实现销售产值394亿元，同比增长4.0%。产销率达99.8%。出口交货值实现109.8亿元，同比下降4.4%。工业增加值实现96.7亿元，同比增长1.0%。

【2017年发展情况】

一、海洋装备产业稳中有升

海洋装备产业在船舶修造企业生产经营复苏性增长的有效拉动下，实现工业总产值269.6亿元，同比增长2.3%，占全区总量的68.3%。其中，中船长兴3条生产线225.9亿元，同比增长3.5%；华润大东10.6亿元，同比下降6.3%；中海长兴6.9亿元，同比下降7.6%；振华配套企业9.1亿元，同比下降4.2%。

二、乡镇园区工业保持平稳

全区较多企业受成本上涨、竞争加剧、订单流失等不利因素影响，使得企业压缩用工、负债加深、盈利困难，生产经营面临一定压力。18个乡镇实现工业总产值356.5亿元，同比增长3.1%。其中，产值同比增长的有11个单位，增幅第一位是陈家镇（增长23.1%），其次是中兴镇（增长16.1%）。工业总产值绝对额前3位的单位分别是长兴镇（246.6亿元）、陈家镇（18.9亿元）、建设镇（13.2亿元）。园区工业稳中有升，三大园区共实现工业总产值35.7亿元，同比增长22.7%，占全区总量的9.0%。其中，崇明工业园区实现产值14.3亿元，同比增长6.7%；长兴产业基地实现产值18.3亿元，同比增长56.2%；富盛开发区实现产值3.1亿元，同比下降22.2%。

三、产业转型发展加强统筹

制定发布《崇明区关于加强招商统筹促进产业转型发展的指导意见》《崇明区关于加强产业园区闲置、低效工业用地管理的实施意见》《崇明区关于加强乡镇工业集体建设用地管理的指导意见》《崇明区生态产业项目准入评估办法》《崇明重点发展生态产业正面清单》以及《崇明区产业准入负面清单》。牵头制定扶持智慧数据产业园入驻企业发展的暂行办法。完成生态产业发展调研报告。较好完成市对区工业区转型升级考核。

四、中小企业服务全力以赴

审定2016年度区扶持工业企业发展专项资金项目54个，拨付扶持资金510.3万元。制定发布《关于促进崇明区绿色工业、文化创意和体育健康产业发展的若干政策意见》《崇明区红榜企业制度实施办法》。指导帮助43家岛内外企业获市级专项扶持资金3120万元，主要涉及文化创意、技术改造和清洁生产等项目。区中小企业服务平台一期项目顺利完成，二期建设启动。推荐1家企业申报市级企业技术中心，完成第五批区级企业技术中心认定工作。举办区级中小企业培训4期，培训相关负责人300多名，组织市级6期培训32名。2家企业获市“专精特新”企业称号。推荐1家企业申报2017年度国家中小企业公共服务示范平台。

五、产业结构调整、工业节能降耗深入推进

实施产业结构调整项目6个，拨付专项补助资金100万元，降耗折合标准煤约1000吨，减少产值约500万元，腾出土地约60亩，涉及职工60多人。全年规模以上工业综合能源消耗量12.8万吨标煤，同比下降0.9%；万元产值能耗0.0983吨标煤，同比下降2.3%。验收新能源汽车88辆，拨付区级补贴资金103.5万元。圣格维公司247KW分布式光伏项目并网发电，年节约用能83吨标煤。华润大东等3家企业实施节能技改共节约标煤300多吨。10家企业获得区级清洁生产审核扶持资金100万元。顺利通过市对区2016年度工业节能考核。完成重点用能单位能源统计、管理岗位备案。

六、工商领域投资有力推进

全区备案工商领域投资项目70个，总投资15.3亿元，其中园区内项目46个，总投资13.1亿元，占全区总备案数和总金额的66%和85.7%。完成工业投资约15.3亿元，同比增长2%。永利输送、马腾新材料申报的市重点技术改造项目通过市级评审。梳理2014年以来新出让的20个产业项目土地出让合同履约情况。重大项目建设稳步推进，三江精密、润普项目已竣工。支持大陆酿造、远都机床、嘉仕久、飘香酿造等企业利用存量技术改造。

【2018年发展趋势】

一、主要目标

实现工业总产值380亿元左右，同比持平。其中海洋装备产业255亿元左右，同比增长0.7%左右。工业投资11亿元左右。实施产业结构调整项目3个。规模以上工业企业能耗总量控制在15万吨标煤以内，万元产值能耗同比持平。

二、主要任务

加强招商统筹促进产业发展。根据关于加强招商统筹促进产业发展的指导意见，落实产业准入正面、负面清单和评估办法，通过统筹产业布局、土地应用、企业准入、工业发展、资源信息、服务管理等，加快推动产业项目注册和落地，加强乡镇园区闲置低效用地管理，形成产业发展新局面。

加强工业运行监测。加强对宏观趋势、产业运行情况的深入分析，及时发现趋势性、苗头性问题，提高预测预警的及时性。加强对“专精特新”、小微企业以及困难行业和困难企业的运行监控，加强对影响工业增长的重点行业和龙头企业跟踪监测，及时收集、通报相关情况，针对存在问题，协调落实应对措施。

推动工业区转型升级。结合市对区工业区转型升级的考核要求，加快工业区的提升、转型和调整，加大对工业用地节约、集约利用的考核力度，指导园区转型发展。会同各产业园区落实产业项目全过程监管机制，全力推进已准入项目和在建重点项目建设，推进项目尽快开工投产。

推进产业结构调整和工业节能降耗。结合198区域建设用地减量，城桥新城、陈家镇等城镇建设和乡镇生态廊道、郊野单元的建设，启动实施产业结构调整项目3个。制定并分解乡镇、园区节能降耗目标。推进重点能耗企业节能工程项目建设。力争使90%以上企业通过清洁生产审核评估和审核，验收拨付2016年度补贴资金。开展固定资产投资项目节能评估审查。开展全国节能宣传周崇明系列活动。组织评审工业园区和富盛开发区循环化改造方案。

加强产业投资管理。做好工商领域投资项目日常审批及统计上报，按规定公开相关事项。推进光明田缘旧厂房改造项目和瀛丰五斗体验园项目，促进项目尽快完成建设。统筹工业发展，加快104区块、195区域、198区域转型步伐。引导符合条件企业申报国家及市技改专项项目，鼓励企业研发新工艺、新技术和新产品，提升装备水平。

加大央企服务力度。根据商务部对崇明区国家船舶出口基地的考核意见，加强出口基地管理，协调好基地内企业与政府的关系，指导企业申报国家及市级专项扶持项目。做好商务部在崇明区召开国家船舶出口基地年度工作例会的筹备工作。主动配合市经信委，做好涉及崇明世界级生态岛“十三五”规划2018年各项工作任务。

提高对中小企业的服务质量。落实区红榜企业制度，公布首批红榜企业名单并加强宣传报道。发挥24家中小企业服务工作站作用，建立联动机制，协同服务企业。整合社会服务资源，举办中小微企业管理和技术人员培训。加强重点企业运行监测，培育专精特新企业。组织中小企业申报国家、市级各类专项扶持项目，认定市、区级企业技术中心，组织申报2017年度区促进工业、生产性服务业和文创产业发展专项资金项目。推荐企业申报2018年市级文创产业专项资金项目，跟踪验收正在实施项目。支持中小企业参加各类展会活动。加强政银沟通，开展银企对接活动。深入中小企业调研，了解企业诉求，协助解决问题。

（陈　彪）

2018·上海工业年鉴

SHANGHAI
INDUSTRIAL
YEARBOOK

中国宝武钢铁集团有限公司

【概况】

中国宝武钢铁集团有限公司（简称中国宝武）由原宝钢集团有限公司和原武汉钢铁（集团）公司联合重组而成，2016年12月1日正式揭牌成立。中国宝武是国家授权的国有资本投资公司，对授权范围内的国有资产向国务院国资委承担保值增值责任，注册资本527.91亿元，资产规模逾7000亿元，总部设在中国（上海）自由贸易区世博大道1859号。至2017年年底，在册员工177007人。

中国宝武将以“全球钢铁业引领者和世界级企业集团”为目标，最终形成若干个千亿级营业收入、百亿级利润的支柱产业和一批百亿级营业收入、十亿级利润的优秀企业。

2017年，中国宝武的业务涉及钢铁及相关制造业、钢铁及相关服务业、产业金融业、城市新产业及武钢集团五大领域。钢铁业是主营业务，拥有宝山钢铁股份有限公司、新疆八一钢铁有限公司、广东韶关钢铁有限公司、宝钢不锈钢有限公司、宝钢德盛不锈钢有限公司、宁波宝新不锈钢有限公司、宝钢特钢有限公司、鄂城钢铁有限公司等钢铁企业，粗钢产量居中国第一、全球第二，产品定位高端，涵盖普碳钢、不锈钢、特钢等三大系列，广泛应用于汽车、家电、石油化工、机械制造、能源交通、金属制品、航天航空、核电等行业。钢铁相关服务业包括电商、物流、加工、数据、资源服务、信息技术、工程、生产及生活服务等业务，拥有上海宝信软件股份有限公司、上海宝钢包装股份有限公司两家上市公司。产业金融业包括助推钢铁产业转型升级的产业链金融业务，提升国有资本运营效率的投资融资、收购兼并等资本运营业务，支撑业务创新的创业投资业务等。城市新产业包括配合钢铁去产能、提升土地要素资源价值、拓展业务发展载体的不动产开发运营及城市新产业发展等业务。武钢集团业务包括物流贸易与深加工、资源利用与新材料、城市服务、城市建设与环保等。这些业务通过遍及全球的营销网络，为75个国家和地区的用户提供产品和服务。

【2017年经济工作情况】

2017年，中国宝武面临钢铁行业去产能、调结构的形势，明确战略定位，抓住市场机遇，整合协同挖潜，创新转型发展，联合重组元年取得经营佳绩，完成工业总产值（现行价格）4192.93亿元，工业销售产值4228.42亿元，资产总值7456.07亿元，营业总收入4004.82亿元，实现利润总额142.69亿元，净资产收益率2.75%。全年完成铁产量6147.01万吨，钢产量6539.27万吨，商品坯材产量6529.10万吨，商品坯材销量6555.89万吨，出口钢材336.41万吨。全年，中国宝武化解过剩钢铁产能545万吨，提前完成国务院国资委下达的“去产能”三年目标。压减法人160户，提前、超额完成国务院国资委下达的法人“压减”任务。研发投入率1.81%，申请专利2452件，其中发明专利1276件。吨钢综合能耗593千克标准煤，比上年下降9000克标准煤；万元产值能耗1.22吨标准煤，同比下降10.3%；二氧化硫、氮氧化物、化学需氧量排放总量同比分别下降8.7%、10.8%和1.1%。对外捐赠1.27亿元。位列《财富》世界500强第204位，在全球钢铁企业中排名第二，维持《财富》最受赞赏的中国公司评价，并保持了全球综合类钢铁企业最优评级水平。宝钢广东湛江钢铁基地项目在建工程全部竣工投产。

一、深化改革

2017年，中国宝武深化国有资本投资公司管理体系变革，形成国有资本投资公司试点框架方案，完成首轮战略规划修编。深化总部变革，坚持“管办分离”，明确钢铁及相关制造业、钢铁及相关服务业、产业金融业、城市新产业四大业务中心的功能定位和职责界面，实施经济与规划研究院、人才开发院和中央研究院的改革，明确宝武设计院的职责与使命，探索以集团总部为核心、武汉区域总部为职能延伸的新型总部建设。产权制度和投融资管理体制改革取得进展，欧冶云商股份有限公司（简称欧冶云商）完成首轮股权开放，实现混合所有制和核心员工持股；宝钢股份和宝信软件分别启动第二期和首期限制性股票计划，通过利益捆绑激发核心骨干创业活力；发起设立宝嘉轻量化、武钢绿色城市、宝地城市更新和吴淞口创投等产业投资基金。剥离企业办社会职能并解决历史遗留问题，提前全面完成18家全民所有制企业公司制改制。

二、技术创新

2017年，中国宝武以宝钢股份为重点全面推进智慧制造。各生产基地智能装备改造、产成品仓库无人化改造和出厂效率提升等项目开始启动；宝钢股份1580热轧智能车间示范试点基本建成，技术经济指标明显改善，工序能耗、内部质量损失分别下降6.5%、30.6%，劳动效率提升11%，为钢铁车间级智慧制造升级提供可推广、可复制的经验；冷轧数字化车间项目成为工业和信息化部2017年智能制造试点示范项目。新一代汽车用先进高强钢、薄规格取向硅钢、低噪音取向硅钢、耐蚀马氏体不锈钢复合板等高性能产品实现全球首发；大厚度大型集装箱船用止裂低温钢国内首家获得挪威、德国、美国、法国和中国船级社认证；高强海洋工程用钢向中国自主建造的全球最先进超深水钻井平台“蓝鲸一号”供货；新一代汽车排气系统用不锈钢通过合资汽车品牌认证；成为全球第二家可供应薄膜型液化天然气船用殷瓦合金的供应商；630℃火电机组锅炉耐热钢管 G115 通过全国锅炉压力容器标准化技术委员会评定；开发第四代核电设备用哈氏合金板材；核电蒸汽发生器用 690U 形合金管实现多个工程项目的配套材料制造交付。

三、整合融合

2017 年，中国宝武按照宝钢与武钢联合重组后的总体路径设计，加快管理对接，实现主要管控共享系统的延伸对接，以信息系统覆盖促进管理整合，快速提升整合协同效率：以资产关系整合为基础，宝钢股份与武钢股份 680 个整合项目完成年度节点，基本实现职能管理全覆盖，采购、销售等部分业务集中统一，体系能力大幅提升，全年实现协同效益逾 20 亿元；推进钢铁板块结构调整，推进华东、华南两大高端棒线材生产基地建设，先后完成宝钢特钢长材有限公司委托宝钢股份管理、宝钢特钢韶关有限公司回归韶关钢铁实施属地化管理，宝钢德盛、宁波宝新、鄂城钢铁等由中国宝武统一管理；推进非钢业务跨单元协同整合，完成上海宝钢化工有限公司受托管理武钢焦化相关业务、欧冶云商收购武钢集团江北公司下属武汉易琴台电子商务有限公司资产等工作。

四、非钢产业

武钢集团。加快聚焦向外、转型发展，明确重塑以城市服务为主业、优化发展工业技术服务的专业化产业公司。

现代贸易物流业。欧冶云商平台交易规模持续增长，成交总额交易量达 6638 万吨，同比上升 18%；八一钢铁建成具备国际铁路集装箱发运能力的“宝武班列”始发站点，全年累计发运 148 列。

工业服务业。宝信软件获得首钢集团信息化建设项目；宝钢包装作为中国宝武一级子公司直接管理。

城市服务业。上海“互联网＋”产业园东区基本建成，宝钢不锈钢有限公司和上海不锈钢有限公司、宝钢特钢有限公司和上海吴淞口创业园有限公司实施管理关系优化。

产业金融业。华宝投资有限公司作为出资主体，成立国内第一只钢铁产业结构调整基金——四源合基金，并成功主导重钢股份的重组；聚焦冶金及相关行业不良资产管理，筹备冶金资产管理公司；以宝钢股份为投资主体收购上海农村商业银行股份有限公司 10% 股权；中国宝武以宝钢股份为标的资产，成功发行 150 亿元可交换债券；华宝投资有限公司累计为武钢集团及下属单位盘活闲散资金 12.6 亿元。

五、国际化经营

2017 年，中国宝武出口钢材 411 万吨。宝钢资源（国际）有限公司完成境外销售量 2984.2 万吨；新疆八一钢铁有限公司开行宝武西行班列 148 列，其中出口钢材班列 60 余列；欧冶国际电商有限公司实现跨境电商平台交易流量 200.5 万吨，合同金额 2.9 亿美元。宝钢工程技术集团有限公司境外新增手持订单 12.2 亿元，其中工程设备贸易 9 亿元；武汉钢铁集团耐火材料有限公司完成境外工程承包收入 3850 万元；武汉钢铁工程技术集团有限责任公司联合宝钢工程技术集团有限公司，中标印度尼西亚卡钢项目，合同额 3000 多万元；上海宝信软件股份有限公司新签境外合同额 3800 万美元。越南宝钢制罐（平阳）有限公司产销量 6.3 亿罐，越南宝钢制罐（顺化）有限公司产销量 5.2 亿罐，宝钢包装（意大利）有限公司产销印涂铁 4.4 万吨，宝钢金属制品（香港）工业有限公司完成对意大利汽车零部件制造商 EMARC 公司 75% 股权的收购，南通线材制品有限公司出口土耳其高强度悬架弹簧钢丝 670 吨，江苏宝钢精密钢丝有限公司出口钢帘线产品 4758 吨。

【2018 年发展趋势】

2018 年，中国宝武经营管理工作的总体指导思想是：全面贯彻党的十九大、中央经济工作会议和中央企业工作会议精神，按照经济建设、政治建设、文化建设、社会建设、生态文明建设总体布局和全面建成小康社会、全面深化改革、全面依法治国、全面从严治党战略布局要求，坚持以供给侧结构性改革为主线，统筹改革创新、转型发展等各项工作，在中国宝武党委和董事会领导下，加大改革力度，激发体制活力；推进全面创新，保持行业引领；强化规划牵引，加快聚焦融合；加速提质增效，加强运营管理。确保中国宝武经营业绩跑赢大盘、超越自我，坚定不移地追求卓越。

生产经营目标是：粗钢产量 6690 万吨，营业收入 4700 亿元，利润水平同比显著提升。

（张文良）

上海汽车集团股份有限公司

【概况】

上海汽车集团股份有限公司（简称上汽集团，股票代码600104）是国内A股市场最大的汽车上市公司，截至2017年年末总股本为116.83亿股。多年来，上汽集团坚持把握汽车产业发展趋势，着力加快创新发展，推进传统制造业向全方位汽车产品综合供应商转型。公司主要业务包括整车、零部件、汽车服务贸易、金融、国际经营5个板块，形成了以整车为龙头、相互协同、较为完整的产业链布局。近年来，上汽集团聚焦汽车电动化、智能网联化、共享化、国际化趋势，积极推进产品整体核心竞争力全面升级。

【2017年经济工作情况】

2017年，上汽集团整车销量达到693万辆，比上年增长6.8%，继续保持国内汽车市场领先优势；并以2016年度合并销售收入1138.6亿美元的业绩，第13次入选《财富》杂志世界500强，排名第41位，比上年上升5位。

上汽集团三家主要整车合资企业上汽大众、上汽通用、上汽通用五菱的销量均超过200万辆，在国内整车企业销量4强中占据3席。其中，上汽通用五菱整车年销量排名全国第一，上汽大众在乘用车市场年销量排名全国第一，上汽通用整车年销量实现新突破，上汽主要合资企业销量继续保持市场领先。上汽集团自主品牌乘用车荣威和名爵销量达到52.2万辆，比上年增长62.3%；上汽大通销量超过7.1万辆，比上年增长54%；上汽集团自主品牌在国内销量增速名列前茅。2017年，上汽集团新增的44万辆销量中，自主品牌整车新增销量达到22.7万辆，增量贡献率占比达到51.6%，呈现出合资、自主品牌两翼齐飞的发展格局。

上汽集团深化产业布局，推进产融结合，多点发力，有序推进创新战略，成效显现。加快推进实施汽车电动化战略项目，与CATL的电池和电芯合资企业正式成立。推进与英飞凌的IGBT合资项目落地，上汽大通FCV80燃料电池产品在上海、抚顺、佛山等地实现商业化运营，300型大功率燃料电池电堆项目产品研发正式启动。智能网联化优势持续提升，斑马智行2.0系统正式发布，对30多万互联网汽车用户进行OTA升级，开始适配国内其他整车企业。

上汽互联网汽车技术优势向海外发展。加快推进“最后一公里”自主泊车项目，推进控股中海庭在车用高精电子地图进行战略布局。共享化探索持续深入，基于全新A00架构打造分时共享新能源专属车型，深化大数据和云计算平台建设。汽车服务生态体系加快建设，成立上汽安吉人工智能实验室，着力加快“车好运”等智慧物流服务平台建设。车享整车电商业务全年自主销售整车超过7万辆，整车电商交易量国内名列前茅。车享家完成10亿元的B轮融资，线下网点规模达到1500家；加快环球车享分时租赁业务在全国推广，全年上牌运营车辆达到2.7万辆，进入全国60座城市，上线网点超过8000个，注册会员达到173万人。安悦充电累计建设超过1万根公共充电桩，安悦节能光伏发电项目全年累计发电超过1亿千瓦时。

上汽集团深化产融结合，财务公司和上汽通用金融合计贷款规模突破2000亿元，安吉租赁“以租代购”业务进入全国34座城市，财务公司“神速贷”在线自助金融业务发展迅速。成立创发基金，围绕上汽集团“新四化”战略实施前瞻投资，与中原资产合资成立60亿元规模上汽中原母基金；上汽保险销售公司实现对全国排名前四大保险公司合作全覆盖，全年在线保险出单超过100万单。国际经营体系持续完善，上汽印尼基地竣工，首款产品ConferoS上市销售；MG印度公司完成Halol工厂交接，工厂改造、产品开发、地产化、营销网络建设工作加快推进；上汽正大泰国新工厂年内竣工投产，海外首款互联网产品MGZS正式上市。

上汽集团举办首届“汽车创行者大会”，支持上海申办第46届世界技能大赛，推进与上港俱乐部、上海文化广场、上海文广集团等的跨界合作，持续为社会各类公益活动捐献爱心车辆，展现上汽“负责任、可信赖、开拓创新”的品牌形象。上汽集团加快海外品牌建设步伐，自主品牌亮相英国伦敦、泰国、印尼等国际车展。成功举办海外经销商大会、海外媒体“上汽行”等活动，MG品牌与智利科洛科洛足球队签署合作协议。上汽集团入围2017 Brand Finance全球最有价值的商业服务品牌全球50强，荣获“2017 CCTV中国十佳上市公司”称号。

【2018年发展趋势】

2018年，上汽集团将牢牢把握科技进步大方向、市场演变大格局、行业变革大趋势，积极瞄准汽车产业“新四化”发展趋势，坚持创新引领、重点突破、以点带面、压茬推进，全方位深度融合互联网技术，着力提高产品和服务的供给质量。在研发端，重点突破新能源、互联网、智能化等关键技术，不断争创技术优势；在制造端，加快发展数字化、定制化生产方式，不断向高端制造、智能制造迈进；在用户端，重点突破出行平台、智能物流、金融服务等新商业模式，不断打开转型发展的新空间；在市场端，以创新的科技与服务优势，为开拓国际国内两个市场持续赋能，不断提升品牌竞争力和国际影响力，展现一个更加充满创新活力和科技魅力的国际化“新上汽”。

到 2020 年，上汽集团要在“新四化”领域，成为国内技术和市场全面领先的汽车集团；到 2025 年，成为具有全球竞争力和影响力的出行服务与产品的综合供应商。

（厉 倩）

中国石化上海石油化工股份有限公司

【概况】

中国石化上海石油化工股份有限公司（简称上海石化）位于上海市金山区，占地面积 9.40 平方千米，是中国最大的炼油化工一体化综合性石油化工企业之一，也是中国第一家股票在上海、香港、纽约三地同时上市的股份制企业。前身为创建于 1972 年的上海石油化工总厂，1993 年 6 月改制为上海石油化工股份有限公司，2000 年 10 月更名为现名。2017 年年末，上海石化下设炼油部、烯烃部、芳烃部、化工部、腈纶部、涤纶部、塑料部、热电部、电气仪表中心、储运部、环保水务部、精细化工部以及物资采购中心、销售中心、IT 服务中心、质量管理中心、统计中心、行政事务中心、培训与交流安置中心等单位，并由资本运营部管理对外投资企业。总资产 396.10 亿元，在册员工总数 10361 人。具有 1600 万吨／年综合加工原油能力和乙烯 70 万吨／年、塑料树脂 100 万吨／年、合纤原料 109 万吨／年、合纤聚合物 59 万吨／年、合成纤维 26 万吨／年的生产能力。主要生产石油制品、中间化工原料、合成树脂及塑料制品、合纤原料及合成纤维四大类产品。2017 年，上海石化连续 5 届荣膺“全国文明单位”称号，入围 2016 年度“港股 100 强”，获第三届中国（上海）上市公司企业社会责任峰会“绿色发展奖”、中国石化集团公司创新型企业称号。

【2017 年经济工作情况】

2017 年，上海石化认真贯彻落实上海市和中国石化工作部署，努力抓住有利的市场形势，积极开展安全环保、优化运行、市场开拓、降本减费等工作，生产经营取得良好成效，经济效益创历史较高水平。全年加工原油 1435.28 万吨，比上年增长 0.35%；生产汽油、柴油、航空煤油等成品油 860.41 万吨，增长 2.93%；乙烯 76.69 万吨、丙烯 48.82 万吨，分别下降 7.11%、2.30%；对二甲苯 63.29 万吨，下降 5.62%；塑料树脂及共聚物（不包括聚酯和聚乙烯醇）96.61 万吨，下降 6.54%；合纤原料 74.01 万吨，增长 10.18%；合纤聚合物 42.45 万吨，下降 2.44%；合成纤维 17.78 万吨，下降 13.40%；发电 26.08 亿千瓦时，下降 6.97%。累计实现工业总产值 684.54 亿元，增长 18.65%；营业收入 920.14 亿元，增长 18.13%；利润总额 78.51 亿元，增长 1.11%。

一、运行基础不断夯实

继续强化 HSE 管理，全面分解落实安全生产主体责任，开展风险识别管控和“我为安全作诊断”活动。强化环保源头治理，试点开展含油污水源头治理，落实金山地区环境综合整治工作要求。顺利完成以 3# 常减压系列及乙烯老区大修改造为主的检修，实现正常开车及平稳运行。加强生产运行管理，强化非计划停车管理和关键机组设备管理，主要生产装置全年非计划停车次数和时间分别比上年下降 14.29% 和 62.73%。公司监控的 80 项主要技术经济指标中，32 项指标好于去年，22 项指标达到行业先进水平。

二、生产优化和降本减费持续深化

跟踪和研判国际原油价格走势，准确把握原油采购节奏，控制合理原油库存。通过优化调整催化装置操作、低辛烷值组分外委加工等措施优化汽油调和，努力提高汽油产量和高牌号汽油比例，全年汽油产量 316.61 万吨，同比增长 9.98%，其中高牌号汽油比例 28.96%，柴汽比同比下降 0.13。坚持动态优化机制，重点优化乙烯、重整以及渣油加氢和加氢裂化装置原料，调整装置运行和产品结构。持续开展全员成本目标管理活动，严格管控各项重点费用。持续优化库存结构，积极推行“储物于商”工作，全年积压物资“改代利用”813.55 万元，供应商储备规模达 7368 万元。

三、拓市扩销成效显著

着力推进新产品技术研发、产业化开发、高附加值产品放量生产和市场开拓，不断拓展 PE 管道料、聚酯、腈纶产品的应用范围。以碳纤维为原料生产的连续抽油杆在胜利油田下井 106 口，应用碳杆 12 万米，初步实现大范围应用的阶段性目标。着力炼油高附加值新产品开发，热拌用沥青再生剂成功生产并实现首批产品出厂。积极开拓塑料、化纤产品的国外市场，管材黑料、原液着色腈纶首次分别出口新西兰和叙利亚。进一步优化产销研机制，加快新产品开发，提高新产品销量。全年新产品产量 26.06 万吨，化纤高附加值产品比例 23.21%。

四、积极稳步推进项目改造和科研开发

进一步完善公司产业发展“十三五”规划方案，推进油品清洁化、热电联产机组超低排放和节能改造和上海石化至陈山成品油管线隐患治理。全年投资 14.39 亿元，加快实施PAN 基碳纤维成套技术开发、LCO（催化裂化轻循环油）加氢裂化生产高辛烷值汽油组分 RLG（催化柴油加氢转化）技术开发和工业应用试验等科研项目。深入实施“两化”融合，操作管理系统、客户服务信息系统、炼油板块修理费管理系统等项目通过验收。推进智能工厂建设，大型机组三维培训、智能物资管理、芳烃联合装置优化等项目通过评审。公司被国家工信部评为“两化”融合管理体系贯标示范企业。

五、积极履行国有企业社会责任

强化区域联动发展，与上海市金山区、浙江省平湖市建立稳定的交流工作机制，联合开展跨界环保和安全应急救援工作。致力于“用最好的回报社会”，发挥产业优势，促进各方合作共赢，首次与浙江大学等 12 所 985、211 大学建立实习机制，厚植人力优势。建立常态化“公众开放日”活动机制，促进与公众的沟通、交流与互动，全年组织开展活动 22 次，701 人参加。以大力建设“满天星”志愿服务品牌为抓手，开展各种公益活动，全年累计服务场次 60 余场。公司获第 3 届中国（上海）上市公司企业社会责任峰会“绿色发展奖”。

【2018 年发展趋势】

2018 年，面对复杂多变的市场形势和依然严峻的经营形势，上海石化将认真学习贯彻党的十九大、中央经济工作会议及中国石化 2018 年工作会议精神，坚持“向先进水平挑战、向最高标准看齐”的理念，坚持以市场为导向、以效益为中心，以提质增效升级、深化改革创新和全面从严治党为主线，强化安全绿色发展，强化生产运行管理，优化资源配置，加大结构调整，努力实现整体价值最大化。

一、强化安全环保工作。推进建立安全生产长效机制，实施过程安全管理体系试点工作，强化作业票证管理、直接作业环节管理、事故和事件管理，促进本质安全环保水平提升。

二、强化生产运行管理。继续抓好非计划停车管理、计划执行率管理与考核，确保经济指标水平明显提升。启动设备完整性管理体系研究，深化包机制工作，提升设备本质安全。

三、深化系统优化和降本减费。持续优化原料和产品结构，进一步降低柴汽比，不断提高高牌号汽油比例，努力扩大成品油出口。加强成本预算管理和过程管控，重点做好境外低成本资金运用、柴油出口贸易免税业务、物资采购招投标和需求计划管理等工作。

四、推进科技进步和信息化工作。加快智能工厂建设，全面推广应用生产过程信息集成平台，开发建设地理信息智能展示平台、中央数据库、工业物联网平台试点和云平台建设，促进生产经营管理更加高效。

五、加强企业内部管理。稳步推进公司组织机构优化和管理优化，重点实施新产品以市场有效需求为出发点的产销研一体化运行，优化完善与产销研流程相配套的激励约束机制。

（耿树歧）

中国石化上海高桥石油化工有限公司

【概况】

中国石化上海高桥石油化工有限公司（以下简称高桥石化）创建于 1981 年 11 月，是中国第一个跨行业、跨部门的特大型经济联合体，隶属于中国石油化工集团公司。成立以来历经多次体制变更，2016 年 2 月，在中国（上海）自由贸易区注册，由中国石油化工集团公司旗下的分公司变更为子公司。

高桥石化占地面积 412 公顷，共有 56 套生产装置，可生产 200 余种产品，主要产品有汽油、航空煤油、柴油、润滑油基础油、石蜡、合成橡胶、有机化工原料、合成塑料以及精细化工产品等，公司拥有年原油加工能力 1250 万吨，年化工产品生产能力 50 万吨，自备电厂具有装机容量 17.5 万千瓦。

公司加强对外经济合作与交流，先后与世界著名大公司如德国巴斯夫公司、美国雪佛龙公司、日本三井石化株式会社、韩国 SK 公司等分别成立合资企业。

【2017 年经济工作情况】

2017 年，高桥石化实现工业总产值 451 亿元，比上年增加 11.06%；实现销售收入 450 亿元，增加 10.94%；实现利润 31.64 亿元，增加 172%。加工原油 1074 万吨，增加 1.51%。汽、煤、柴、润四大类石油产品 738 万吨，增加 0.82%；化工产品总量 50.38 万吨，减少 18.67%；发电量 6.08 亿千瓦时，减少 24.33%。

制定《高桥石化危险化学品安全综合治理实施方案》《高桥石化贯彻落实〈中国石化强化安全“三基”工作指导意见〉实施方案》《高桥石化作业现场安全专项提升工作方案》，进一步完善安全管理体系，推动建立安全生产长效机制。组织开展风险识别管控和隐患排查整治，修订承包商安全管理规定，开展承包商负责人安全培训，制定表扬和奖励良好安全行为方案。制定并发布绿色企业行动计划和环境信用体系建设工作方案，计划在“十三五”期间实施48个环保治理项目，计划总投资20.5亿元，成立环保整治攻坚行动领导小组，系统研究和推动落实整治方案，建设环境友好型企业。

加强生产运行管理，合理安排生产方式，着力抓好物料和公用工程系统平衡。强化现场管理，建立“机电仪管操”五位一体巡检制度。加大设备故障跟踪处理力度，加强设备预防性维修和关键设备巡检及监测。组织开展质量风险识别和管控，产品质量保持稳定。制定《第VI阶段车用汽柴油质量升级方案》，92号国VI汽油试产成功。

完善生产经营协调机制，加强价值实现全过程的管控。抓住市场机遇，积极做大总量。积极优化原油原料结构，合理把握采购节奏，控制原油库存，防范市场风险。积极优化产品结构，2017年高价值汽油、柴油产量同比分别增加15%和12%。积极增产高附加值产品，沥青再生剂、工业白油等产品产销量均有较大幅度上升。积极抓好降本减费工作，全年费用支出比年度预算减少3.04亿元。

积极推动企业提升调整，完成BP所持上海赛科50%股权的收购，优化了资产结构、产业结构和产品结构。对标系统内先进企业定员水平，开展岗位分析和工作量测定。成立公司监督委员会，构建大监督工作格局。建立两化融合管理体系，制定深化应用创新创效行动计划。加强队伍建设，制定人才成长通道建设总体方案。关心关爱职工，开展“走基层、访万家”活动，全年帮困慰问近千人次、金额160多万元。

【2018年发展趋势】

2018年主要经营目标是：完成原油加工量864万吨，主要化工产品总量37万吨，发电量5.5亿度；产品出厂合格率、上级抽检符合率100%；上报事故为零，HSSE事故事件率不大于0.4，无急性职业中毒事故发生。

重点抓好以下工作：

一、严抓实抓安全环保工作。按照“谁的业务谁负责”“谁的属地谁负责”“谁的岗位谁负责”的原则，进一步明确落实专业安全、属地安全管理职责及岗位安全生产责任制。开展罐区、安全仪表隐患专项整治。强化承包商安全管理，严格资质审查、人员准入及三级安全教育。严格执行承包商“黑名单”管理制度。加快培育“严细实”的企业安全文化。健全环境信息系统和信息公开机制，提升环保异常处置和应急能力。

二、巩固提升经营创效能力。抓住市场机遇，做大总量，增产增销有效益的产品量。坚持以销定产、以产促销原则，科学安排生产经营计划。关注市场走势，加强分析和研判，及时调整价格，加强客户管理和市场服务。加强对合资企业重大生产经营活动的管控，提高投资回报。持续推进全员成本目标管理，做好低成本融资和资金管理工作，争取各项财税支持政策，降低运行成本。

三、积极推进企业科学发展。主动适应国家、地方政府的新要求、新标准，加快推进VOC综合治理、排污许可证合规问题整改等安全环保整治项目。提高科技创新能力，深化科研工作体制机制改革，促进快出成果、多出成果。加强与系统内外科研院所的协同，加强生产、技术之间的联动，促进科研成果转化应用和新技术推广使用。聚焦重点领域和重点项目，集中科技资源、集聚科研力量，加强科研攻关。

四、扎实抓好改革管理工作。稳步推进内部改革，优化调整组织机构，精简机构设置，提高管理效率。不断规范运行机制，严格执行“三重一大”制度规定，修订完善内控制度，全面加强风险管理。落实全面依法治企要求，确保依法合规运行。切实加强绩效管理，建立健全组织绩效和全员绩效管理体系。

五、继续加强党建工作和员工队伍建设。按照“一岗双责”的要求，落实管党治党责任，实现党建与生产经营深度融合。树立正确的选人用人导向，建设一支结构合理的干部队伍。加强员工队伍建设，严格用工管理，规范用工行为，优化队伍结构。加强企业文化建设，组织开展“不忘初心、牢记使命”主题教育活动，教育引导干部职工大力弘扬“苦干实干”“三老四严”、精细严谨、求真务实等石油石化优良传统。

（陈建浩）

上海电气（集团）总公司

【概况】

上海电气（集团）总公司（以下简称上海电气）是中国工业装备行业的大型综合型企业集团，主导产业聚焦能源装备、工业装备、集成服务三大领域，致力于为中国及全球客户提供绿色、环保、智能、互联于一体的技术集成和系统解决方案。重点产品包括火力发电机组（大型煤电机组、重型燃气轮机联合循环发电机组）、先进核电机组、风力发电设备、输配电设备、环保设备、自动化设备、电梯、空调压缩机、机械基础件、轨道交通和精密机床等。

改革开放以来，上海电气诞生了一大批世界领先的创新产品，如首套百万千瓦超超临界燃煤发电机组、三代四代核电核岛和常规岛主设备、大型海上风电设备、西气东输的高频驱动电机等。近年来集团营业收入近千亿元规模。

上海电气作为中国工业的领先品牌，集团历史最早可以追溯到1902年，创造了中国与世界的众多第一。上海电气品牌在国际和国内多个榜单中名列前茅，入选2017年《全球制造500强》、《财富》中国500强、ENR全球最大250强国际承包商排名全球第141位、2017年品牌价值602.78亿元，位列行业前3。

【2017年经济工作情况】

面对日益激烈的市场竞争和严峻复杂的行业形势，经过整个集团全体员工的努力拼搏，主要经营指标完成情况良好。2017年全年新接订单超过1200亿元，实现销售收入920亿元，实现净利润48亿元，净利润达到了历史最高水平。

按照市国资委的统一部署和要求，2017年上海电气集团实现了整体上市，资产证券化率超过92%，基本实现市国资提出的整体上市和核心资产上市的要求。

2017年8月31日电气集团领导班子调整后，新领导班子提出实现“电气梦”、实现“三步走”目标，致力于成为一个真正意义上的受人尊敬的国际化现代化的世界级企业，这个宏伟目标在集团上下产生很大共鸣。对上海电气进行系统性的、脱胎换骨式的改革，从战略、战术、思路、理念、体制、机制、管理、发展模式上都要做出重大的、根性本的调整，实现弯道超车“电气梦”。

【2018年发展趋势】

2018年是实现“电气梦”、实现“三步走”战略的开局之年。上海电气集团将按照党的十九大精神，进一步解放思想和转变观念，以“转型发展”为主题，以“电气梦”和“三步走”战略目标为指引，以解决当前制约集团发展的关键性和瓶颈性问题为主要抓手，通过聚焦发展新兴战略产业，不断提升集团的发展后劲，通过体制机制的改革创新和管理关系的不断调整，不断释放出集团改革发展的巨大动力、压力和活力。

2018年，上海电气的年度目标是确保完成销售1100亿元，力争完成1200亿元，提高销售利润率，为未来3–5年战略发展创造有力条件，打好坚实基础。重点做好十方面工作：

一是更加坚定、更加自觉、更加彻底地在解放思想上迈出更大的步伐。二是凝心聚力谋发展，营造更加良好的发展氛围。三是在体制机制上做出大的创新，推进混合所有制和核心员工持股。四是理顺集团总部“放管服”关系，总部和产业集团之间的责权利匹配统一。五是以人为本，加强人力资源管理。六是加快调整产业机构，尽快实现新旧动能的转换。七是加大科技投入，提高科技创新的质量和效率。八是加快推进国际化进程，扩大产业发展空间。九是继续抓好安全、质量和改革等工作。十是抓好集团经济发展工作，关键在党、核心在人。

（宋浩亮）

上海华谊（集团）公司

【概况】

上海华谊（集团）公司，前身为成立于1957年4月的上海市化学工业局，1995年12月28日改制为上海化工控股（集团）公司，1996年11月重组改制为上海华谊（集团）公司，2016年5月18日核心资产上市，资产注入原双钱集团股份有限公司，双钱集团股份有限公司更名上海华谊集团股份有限公司（简称华谊集团）。上海华谊（集团）公司／上海华谊集团股份有限公司总部位于上海市常德路809号（华谊集团大厦）。

上海华谊（集团）公司／上海华谊集团股份有限公司所属全资和控股的主要企业有双钱轮胎有限公司、上海华谊能源化工有限公司、上海天原（集团）有限公司、上海氯碱化工股份有限公司、上海华谊新材料有限公司、上海华谊精细化工有限公司、上海三爱富新材料股份有限公司、上海华谊集团投资有限公司、上海华谊工程有限公司、上海华谊集团财务有限责任公司等22家，上市公司为华谊集团、氯碱公司、三爱富公司等3家，华谊集团、氯碱公司同时发行A、B股。

上海华谊（集团）公司／上海华谊集团股份有限公司拥有8家设计、研究院所，3家国家级企业技术中心，5家市级企业技术中心，2家上海市工程研究中心，并设有博士后科研工作站。集团总资产679亿元，净资产319亿元。主要业务为能源化工、绿色轮胎、先进材料、精细化工和化工服务（物流、贸易、工程、信息、投资、金融），主要产品涉及基础化学品、清洁能源、轮胎、涂料、氟化工、塑料、染料和颜料、试剂、助剂、化工设备等行业。

2017年，上海华谊（集团）公司名列中国企业500强排行榜第244位，中国制造业企业500强第110位；中国石油和化工企业500强第17位；上海企业100强第26位，上海制造业企业50强第11位。上海华谊集团股份有限公司名列2017年中国化工百强上市公司排行榜第4位，并在中国化工上市公司竞争力评价排序前10名企业中居第9名。

上海华谊（集团）公司／上海华谊集团股份有限公司与杜邦、亨斯迈、卡博特、巴斯夫、拜尔、阿科玛等国际著名化工公司合资建立中外合资合作企业。还与宝钢、中石化、神华集团等国内著名企业建立合作关系。

上海华谊（集团）公司／上海华谊集团股份有限公司拥有“双钱”“上焦”“申峰”“飞虎”“回力”“眼睛”“光明”“牡丹”“一品”“白象”“蜂花”等众多的著名品牌。

【2017年经济工作情况】

2017年，上海华谊（集团）公司主要经济指标完成情况：工业产值419.1亿元；主营业务收入633亿元，比上年3.5%；利润总额21亿元，增长183%。生产化工品超510万吨；产能利用率创新高达90.8%，同比提升3.2个百分点。

华谊集团主要工作：

一、运营稳中有进，盈利能力增强

主要装置满负荷运行，整体开工率超90%，比2016年有较大提升。化工区新材料公司一期投产并达产达标。氯碱公司华胜装置、安徽华谊化工公司满负荷运行，三爱富公司和双钱公司载重胎保持较高的开工率。毛利率提高，主业盈利大幅提升，企业效益明显好转。推广精益生产，降本增效显明，安徽华谊化工公司、能源化工公司、双钱江苏轮胎公司、双钱重庆轮胎公司、氯碱公司华胜装置、天原胜德公司6个精益运营项目实现降本收益超6000万元，集团生产运营水平持续提升。全年实施降本增效项目487个，降本增效总额超过11亿元，生产制造成本下降6.6亿元，三项费用下降4.8亿元。

专题扭亏减亏，加快壳体清理。年初制订连续亏损企业扭亏三年行动计划（2017–2019年），2017年消灭亏损企业13户，减亏3亿元。清理壳体企业19户。

资产分类管理，推进增值增效。进一步明确“房产开发、租赁物业、服务调整、存续优化”要求，加快所管企业清理整合，管理班子从18套减至7套，下降61%；人数从1300人减至800人，下降41%。完成对龙吴路以西1400亩土地托管，集中约4000亩存量土地，通过资源整合，降低成本，释放效益。推进存量资产运作，完成古浪路、四川北路等13幅土地收储，为集团调整转型发展提供7亿元资金。

金融平台运作，降低资金成本。财务公司发挥资金蓄水池的作用，年末归集资金本外币合计120亿元，同比增长58%；优化内部融资模式，使集团总体融资成本下降1.4亿元。探索产业、资本联动，组建华谊股权投资基金，要求基金规模达到100亿元，支持主业发展。税务筹划取得明显成效，集团挂账空转土地清算交纳所得税下降3亿元，圆满解决历史遗留问题。

二、优化资本运作，实施机制改革

三爱富公司完成标的资产交割，实现央地民联合市场化重组。创新市值管理，以集团持有的氯碱公司股权换购上海改革ETF，实现收益近亿元；双钱公司存量股票适机出售获利1.4亿元。优化股权结构，集团收购钦州华谊公司100%股权、回购米其林持有的安徽回力轮胎公司40%股权、收购工程公司持有的环保科技公司60%股权和工业用水技术中心100%股权。双钱公司加快非核心业务剥离，实施载重分公司资产重组；推进氯碱机械公司改革和三爱富、能源化工、双钱、资产等公司调整改革，转岗安置1431人，涉及调整费用12亿元，人员费用2.2亿元。

以二级单位集中华仑大厦办公为契机，推进7家销售公司组织架构扁平化，业务流程标准化，后台事务性工作集中共享，业务重心下沉至前台，提高对市场的反应速度。以总监负责制为导向，推行责任明确、绩效到人的考核机制。推进三爱富公司销售改革，建立以服务客户为中心的生产和销售矩阵式考核机制，取得初步成效。精细化工公司试点以涂料、树脂等产品细分组建销售团队，实施收入、利润及应收账款与个人绩效联动，销售人员积极性显著提高，应收账款风险大幅降低。

三、推进资源集聚，发展成果频现

全年研发投入4.8亿元，申请专利81项，全面完成预算目标。集团总部在技术研究院及华谊科技园投入超1亿元，同比增50%。14个创新项目争取到各类政策支持2.2亿元。

技术研究院实施去行政化改革，全员竞聘上岗，管理岗位由38个降至18个，中层干部由17人减至5人。实行副院长转为项目总监，带课题协调资源，已有课题组25个，市场导向明确；集团首个“大H”薪酬体系落地，设12级技术晋升台阶，打开科研人员职业通道，提升了研发一线人员的积极性。全年技术研究院新签合同1323万元，70%为业内。

按照“独立核算的准业务单元”定位，成立材料电池业务部和环保科技业务部。材料电池业务部引进技术及研发团队，进行上百次企业专家广泛交流，与22家企业进行深入合作洽谈；引进DOW技术及研发团队，启动建设正极材料项目前期，启动材料电池实验室建设；技术研究新能源氢电池业务机会。环保业务整合增效，80%业务来自外部的环保监测收入利润双增，收入3000万元，净利润220万元，增长40%。

11月，投资123亿元的集团广西钦州一体化新材料基地一期开工建设，这是集团时隔10年后启动的最大的一体化新基地，也是广西北部湾经济区最大的项目之一，对接国内外两个市场及资源，计划2020年建成投产，将进一步巩固和提升集团在国内煤化工领域的领先地位。

四、加强能力建设，支撑跨区域运营

按照上市公司规范要求，修订完善集团制度，对原有碎片化制度进行梳理优化，9月，正式颁布《华谊集团制度手册》1.0版，为防范系统性风险奠定基础。编制内控手册，对制度体系进行符合性审核，完成18家业务流程审核，形成106项内控核心制度。建立审计整改领导分级负责制；对3家贸易企业开展专项审计，严控贸易风险；推动土地集中管理及贸易风险防范制度出台；修订责任追究办法，问责29人，推进问题整改落实。

全年信息化投入1.1亿元，优化升级预算、人力资源、安全生产监控等11个系统，推进ERP系统在新基地全覆盖，促进集团跨区域运营效率提升。供应商管理系统（SRM）上线，覆盖10家二级公司。合同管理系统（CLM）上线，10家二级公司共计50家单位实现合同在线审批，推广使用合同标准范本。升级情报信息平台，扩大情报信息采集，扩展信息资料深度，打造"华谊资讯"微信号，扩展共享范围，及时掌握行业变化及市场动态。

随着公司与工厂职能分离，生产运营职能重心下沉至三级工厂，集团借助安全审计，建立安全审计评估标准及队伍，帮助三级企业完善体系，提升能力。集团以精益运营示范工厂建设为抓手，指导三级企业树立精益生产理念，提升一线生产运营效率和员工专业能力。

实施制皂集团、回力鞋业公司两家企业3年任期机制试点，促进销量效益双增长；实施泰国公司轮胎、天原集团平湖医用材料、制皂集团安徽基地3个新建项目约束激励机制，情况良好；三爱富公司内蒙古氟化工基地整合风险抵押考核机制，促使实现扭亏；新增净利润超额奖励，进一步激发经营团队工作热情。建立研发岗位体系，打通技术职业发展通道。创新人才培养模式，第一批37名管理培训生正式入职，为集团发展注入新鲜血液。

【2018年发展趋势】

2018年集团主要经济目标：在确保安全生产的前提下，完成主营业务收入635亿元，利润总额22亿元，降本增效10亿元。集团要以"建设具有核心竞争力的世界一流企业"的要求，加强行业发展变化趋势的研究、着眼长远、寻找机会、加快发展、持续创新变革，推进集团总部改革转能力中心、二级公司向事业部转型、三级工厂升级为精益示范工厂，打造集团核心竞争力。

重点抓好五方面工作：一是确保安全生产，推进能力建设。二是持续降本增效，推广精益生产。三是持续管理变革，创新模式机制。四是加快创新发展，优化业务布局。五是推动管理转型，提升运营能力。

（祁崇元）

上海纺织（集团）有限公司

【概况】

上海纺织（集团）有限公司是一家以科技为先导，品牌营销和进出口贸易为支撑，以纺织先进制造业和时尚产业为依托，拥有较完整的纺织服装产业链的集科工贸为一体的大型跨国集团。集团现拥有总资产464亿元、员工6.5万人，所属企业476家，上市公司3家（申达股份、龙头股份、香港联泰控股）。2017年快报实现营业收入732亿元，名列中国企业500强第276位，中国纺织服装行业百强企业第3位，中国对外贸易500强第41位，中国纺织品服装出口第2位。

【2017年经济工作情况】

2017年，集团全面贯彻中共十八届六中全会、中央经济工作会议、中共上海市委全会精神，紧紧围绕集团"十三五"发展规划，以"夯实基础、防范风险、提质增效、转型升级"为核心，创新发展，努力提高集团核心竞争力和可持续发展能力。集团各部门、各单位迎难而上、开拓进取，各项重点工作顺利实施，主要经济指标再创新高，提前一个月完成全年目标。

主要工作完成情况：

一、推动集团协同发展

集团总部各部门有效支撑投资企业推进重大项目融资、资产证券化、外贸信息化等重点工作；区域性公司积极与投资企业联动，创造业务增量；各投资企业间加强协同，提升业务竞争力；全面预算管理水平明显提高；建立了外贸业务事前、事中、事后风险控制体系，形成了后续审计和治理专项查处工作机制，风控体系全面加强。投资并购顺利完成联泰要约收购和IAC项目股权交割。集团外贸信息化项目一期试点完成，二期推广阶段第一批11家法人公司全部上线，企业文化建设稳步开展，编辑、印发《上海纺织企业文化金典》，完成企业文化核心理念上墙和传播名规范应用。

二、推动贸易转型升级

集团新的贸易增长点加快形成。贝拉米奶粉全年销售340万罐，同比增长269%；镍矿进口额1.7亿美元、同比增长 106%，排名跃居业内第一。纺织装饰毛衫研发中心建成，内销订单新开发比上年增长 300%。原料公司代理、自营、棉花主业经营等集成度均超过 50%，全年累计采购新疆籽棉 13 万吨、加工皮棉 5 万吨，实现销售地产棉 2.5 万吨。龙头外贸埃塞俄比亚毛衫基地基本建成。华申孟加拉国公司升级为面向集团层面的集成服务平台，RFID 智能纺织品业务成为锦江布草供应商。国际物流获得国家 4A 级综合服务型物流企业资质；全年完成皮草进口 155.8 万张，实现收入 3.3 亿元。加强贸易风控力度，全年各外贸企业合计压缩风险和低效业务 25.8 亿元。

三、提升科技制造能级

编制集团“十三五”科技创新规划，举行集团第三次科技创新大会，形成以中央研究院为核心、五所专业研究所为主体的科技创新总体框架，建立孙晋良和俞建勇两位院士工作站。与德国 TITK 公司、东华大学、上海工程技术大学等签订产学研用合作协议。德福伦 2 个项目入选 2017 年度“国家重点基础材料技术提升与产业化”专项；三枪大丰基地建设有序推进；裕丰科技色纺纱生产规模扩大至 5 万锭；智能化成衣项目开展商业推广及成衣销售；芳砜纶飞机座椅面料在海航试用。

四、提升时尚服务水平

完善品牌渠道建设，三枪 ULOVE 生活馆达到 750 家，MG HOME 专卖店达到 7 家，海螺 GC 集合店达到 27 家，Prolivon 门店总数达 35 家，首家童装集成店开业。三枪 & 联泰纽约设计工作室、米兰设计工作室和东京设计工作室投入运作。全年实现电商业务零售额 9.2 亿元，同比增长 41%。高端时尚教育布局取得突破，时尚教育中心与意大利马兰戈尼时装设计学院签约共建上海校区；开展 SIFEC 意法时装周、英意时装周、首尔时装周游学等项目；成为中国流行色协会（上海）教育培训中心，共同开发色彩专业的培训市场。

五、提升金融支撑能力

加大银企合作，优化融资结构，平均融资成本下降 17.0%。外汇现金池建设取得突破，全年外汇集中结算同比增加 41%。集团公司债申报注册顺利推进，集团主体评级从 AA+ 提升至 AAA。集团财务公司获批，12 月 18 日正式开业。棉交中心交易平台格局不断拓展，棉花“现货交易 + 保价服务”项目全力推进，得到国家“三农”工作权威领导、国家发改委的好评。

六、推进纺织集团与东方国际联合重组后的对接融合

8 月 31 日，上海纺织集团与东方国际集团进行联合重组。11 月 28 日，应勇市长赴联合重组后的东方国际集团调研，要求集团以联合重组为新起点，立足国家战略，坚定发展目标，加大改革融合力度，注重发展质量效益，推进创新转型，做大做强做优主业，力争成为传统产业转型升级、连通国内外大市场、国资国企改革创新的引领者，打造具有国际竞争力和品牌影响力的现代企业集团。联合重组后，相关职能部门主动联系对接，开启联合办公模式，为产品、供应链、平台建设等方面展开合作奠定了基础。

【2018 年发展趋势】

联合重组后的东方国际集团成为全国最大的纺织服装出口企业，综合优势更加明显，核心竞争力和可持续发展能力进一步增强。未来，集团将努力成为一家以先进制造业与现代服务业为融合，以时尚产业、健康产业和供应链服务为核心主业，“全球布局、跨国经营”，具有国际竞争力和品牌影响力的千亿级跨国集团，在上海“五个中心”建设以及全球卓越城市和国际文化大都市建设中发挥主力军的作用。

2018 年，集团将全面贯彻党的十九大精神，以习近平新时代中国特色社会主义思想为指导，深入落实中央经济工作会议精神和十一届中共上海市委三次全会精神，围绕“抓好主业、抓好市场、抓好品牌、抓好创新、抓好改革”的总体要求，努力做好七个方面的工作：

一、加强总部建设，提升集团治理水平。构建新总部，完善新制度。制订新规划，推进十大战役项目。提升财务管理水平。加强风险控制体系建设。完善人力资源管理，优化人才结构。推进投资并购和资产证券化工作。继续抓好信息化重点项目建设。完善安全生产责任体系建设。

二、以参与中博会为契机，推动贸易转型升级。全力做好参与中博会的工作。进一步提升自营能力。进一步规范代理业务。继续深化完善贸易服务平台。

三、以品牌建设为核心，推动时尚产业发展。完善品牌渠道建设，推进电商业务稳步增长。深化时装周商业化运作，提升国际影响力。加快园区升级改造，提升时尚服务内涵。提升时尚教育水平，为集团发展形成智力支撑。

四、以东松医疗为基础，培育集团健康产业。巩固和深化现有健康产业。积极发展健康食品、保健品贸易。充分利用集团资源发展健康产业。

五、以东方物流为核心，提升供应链服务能力。实施集团物流基础建设。发挥集团物流贸易协同优势。推动货代物流的创新转型。

六、以中央研究院建设为抓手，提升科技制造能级。推进“一院五所”实质性运作。进一步完善制造基地布局。继续做好技术创新工作。

七、以财务公司建设为抓手，增强金融服务能力。进一步拓宽筹融资渠道。抓好纺织财务公司实质性运作。继续做优做强棉交中心。

（詹理敏）

上海医药集团股份有限公司

【概况】

2017 年，上海医药集团股份有限公司（简称上海医药）聚焦内涵提升，凝聚发展合力，推动重大战略实施，工业产品结构进一步优化，创新产品管线持续丰富，商业全国化网络加速布局，国际化业务有序开展，顺利完成年度经营目标及各项重点工作。

【2017 年经济工作情况】

一、医药制造稳步增长

2017 年，上海医药工业销售收入 149.87 亿元，比上年增长 20.71%。通过实施领域聚焦和重点产品聚焦战略，公司 60 个重点品种实现销售收入 79.79 亿元，同比增长 14.42%，其中有 37 个品种高于或等于同类品种的增长，2017 年销售收入过亿产品达 28 个，比上年增加 2 个。重点品种销售收入同口径占工业收入比重为 56.92%，重点品种毛利率 71.28%。

公司全面推动中药全产业链战略布局，已在辽宁、山东、上海、湖南、云南、四川、宁夏等多个省市建成的种植基地，实现药材种植的标准化、规范化、科学化、质量可追溯；积极布局中药配方颗粒领域，完成 150 个标准汤剂、70 个配方颗粒的标准研究；坚持"名医 + 好药"的服务模式，加快中医门诊布局，开设第二家雷氏中医馆——雷氏汉光中医门诊部；公司与 INOVA HEALTHSYSTEM（健康医疗）合作，并携手上海中医药大学，共同推动中医药国际化。

二、医药研发创新发展

2017 年，医药研发费用总投入 79035 万元，同比增长 20.79%，占工业销售收入 5.27%。其中，21.14% 投向创新药研发，22.59% 投向仿制药研发，35.43% 投向现有产品的二次开发 ,20.84% 投向仿制药质量和疗效一致性评价。公司继续采取仿创结合的研发策略，仿制药研发方面以一致性评价为核心，专项推进；创新药研发加快研发模式创新与优化，对内积极推进合作，对外加快海外布局。公司与瑞金医院国家临床中心等机构建立合作，上海医药微生物研究所暨市益生菌创新中心正式挂牌，推动微生态创新药物研发与制造领域迈向新的高度。公司应对目前国家审评审批制度改革，启动美国研发中心建设，推进创新合作、仿制药及新型制剂中外双报。公司多项重磅研发新药取得阶段性成果，申报临床批件 6 个，获得临床批件 5 个，申报生产批件 6 个，获得生产批件 4 个，连续入围中国医药研发产品线最佳工业企业 20 强，逐步构建起具有前瞻性的创新药物研发产品链与具有临床价值和技术特色的改良创新药产品链。公司积极推动制剂及原料药国际认证与注册，拓展海外市场。瑞舒伐他汀钙片在美国实现销售。醋酸艾司利卡西平片申报美国 ANDA 获得受理并争取首仿，普瑞巴林获得欧洲 CEP 认证，来那度胺和索非布韦已提交美国 DMF。公司聚优势资源全力推进仿制药质量与疗效一致性评价工作，共计开展 70 个品种（97 个批文）的一致性评价工作，其中 21 个品种（26 个批文）是 289 目录外品种。盐酸氟西汀胶囊以及卡托普利片已完成评价并申报至 CFDA，近 1/3 的产品进入临床研究阶段。公司与上海市多家三甲医院合作建立临床研究战略联盟，已落地 22 个临床支持项目。2017 年度合计获得国家重点研发计划重点专项、国家重大新药专项、上海市发改委战略新兴产业专项、上海张江国家自主创新示范区专项发展资金、上海市科委生物医药科技支撑计划专项和产学研医合作专项等 5 项资助，合计 17,612 万元。

截至年末，公司累计获得有效发明专利 365 件。

三、医药服务拓展全国布局

2017 年，上海医药分销业务实现销售收入 1161.50 亿元，同比增长 6.93%；毛利率 6.12%，同比上升 0.23 个百分点。公司积极把握行业机遇，引领行业整合升级，完善全国网络布局。公司以现金出资 5.76 亿美元收购 Cardinal Health (L) Co.，Ltd.（简称"康德乐马来西亚"）100% 的股权，进而间接拥有其全部中国业务实体；出资 2.97 亿元取得四川神宇医药有限公司（现已更名为"上药控股四川有限公司"）51% 股权；出资 5.79 亿元收购徐州医药股份有限公司 99% 股权。上述重点股权投资项目的实施，提高公司医药分销全国网络覆盖的广度和深度，实现对四川、重庆、贵州和天津的业务覆盖和突破。分销网络直接覆盖省份从 20 个拓展到 24 个，巩固了公司在进口药品代理、医疗器械代理、第三方专业物流服务等细分领域的领先地位。公司医院纯销占比由上年年末的 60.79% 提升为 62.35%。公司还进一步拓展医院供应链创新服务，共托管医院药房 226 家，比上年新增 97 家。

2017 年，上海医药零售业务实现销售收入 56.40 亿元，同比增长 9.44%；毛利率 16.36%，同比上升 0.84 个百分点。公司下属品牌连锁零售药房 1892 家，其中直营店 1247 家。公司与医疗机构院边药房 54 家，新增 14 家。同时，公司积极参与上海社区综改处方延伸项目，助力分级诊疗，目前已覆盖上海市 146 家社区医院及卫生服务中心。公司以上药云健康为发展处方药新零售"互联网 +"业务平台，报告期内与腾讯签订战略合作协议，初步形成从处方获取与管理、实现与配送及处方增值服务的处方药新零售价值链闭环。电子处方流转端，实现对接各级医疗机构214家，处理超200万张电子处方。处方配送端，康德乐中国的DTP门店的加入，进一步确立公司国内最大新特药DTP服务网络地位，门店总数超70家。在处方增值服务端，公司尝试为个人提供创新医疗支付解决方案，携手阿斯利康推出泰瑞沙®金融分期方案，以减轻患者家庭的短期现金支付压力；与百时美施贵宝联合，落地国内首个“按疗效付费”创新疗效保险项目。

【2018年发展趋势】

2018年是公司新三年战略发展规划的收官之年，公司坚持“顺应产业变革，加快转型发展，力争行业领先”的经营工作方针，攻坚克难，全力以赴，确保经营目标的完成，实现营收两位数增长，并继续保持良好的运营质量。

（谢　萍）

上海仪电（集团）有限公司

【概况】

上海仪电（集团）有限公司（简称上海仪电）是上海市国有资产监督管理委员会所属的国有大型企业集团。上海仪电以“引领信息产业发展，服务智慧城市建设”为使命，聚焦物联网、云计算、大数据及人工智能等新一代信息技术，致力于成为智慧城市整体解决方案的提供商与运营商。

上海仪电秉承“以人为本、以资本为先导、以信息技术为核心、以基础设施为载体”的基本原则，倾力打造“智慧城市生态圈”，面向政府、企业、居民等智慧城市服务对象，聚焦智慧照明、智慧交通、智能安防、智慧溯源、智能制造、智慧教卫、智慧能源等业务领域，提供从智慧城市顶层设计与规划、集成实施和运维到融资保障的全面服务。同时基于“仪电云”平台，以数据为核心，创新运营模式，提升城市可持续发展能力和竞争力，提高城市生活品质。

截至年末，上海仪电下属成员企业237家，其中控股企业153家（含3家上市公司），从业人员1.4万余人。全国共拥有15个生产基地，在24个省份及43个城市设有分支机构，海外共拥有8个生产基地，50多个分支机构。名列2016年度中国企业500强第341位、中国制造企业500强第152位，中国电子信息百强企业第16位，上海企业100强第32位、上海制造企业100强第12位。

【2017年经济工作情况】

2017年完成合并营业收入228.77亿元，比上年增长1%；实现利润总额18.39亿元，增长5.2%；主业利润12.94亿元，下降9.1%；归母净利润9.58亿元，增长1%；净资产收益率9.17%。

一、梳理聚焦业务战略，培育拓展“7+1+2”重点业务取得新成效

梳理核心主业“7+1”业务战略，明确聚焦打造智慧照明、智能安防、智慧溯源、智慧交通、智慧教卫、智慧能源、智能制造和云服务、大数据新的“7+1”重点产业链。完成华鑫股份重大资产重组，优化两个支撑主业资源配置，明确智慧产业地产、金融综合服务发展平台。

智慧照明板块以智能路灯网为抓手，运用产业基金+PPP等金融创新模式，以西南大区为突破口，积极拓展智慧城市建设项目。智能安防板块实施株洲、阿拉善项目，并与本市杨浦等区对接“雪亮工程”。智慧溯源板块成功中标徐汇区“河长制”河道水质在线检测系统建设项目；智慧供水管网信息化管理平台进行试运行。智慧交通板块中标上海轨交13号线二期AFC项目、上海地铁ACC改造、厦门轨交2号线等项目。智慧教卫板块完成仪电鑫森49%股权收购，继续拓展校园信息化项目；实施卫生公司股权调整，引进战略投资者参与公司经营。智慧能源板块岸电业务取得突破，完成洋山三期和四期、吴淞国际邮轮码头、华润大东等9套岸电设备销售；在微电网和储能领域完成西藏羊易1816个项目、桂箐路园区2个示范工程。智能制造板块推进与富士通的战略合作，圣阑汽车照明智能制造工厂项目投入试运行。云服务、大数据板块完成北京信诺100%股权收购，拓展在华北地区的业务布局；与上海移动联合中标上海市电子政务云项目；还先后中标嘉定区、长宁区政务云以及上海市媒体云等项目；长江西路新的数据中心项目进入建设阶段；完成与复旦大学合作的大数据试验场专区建设。商务不动产板块在加快存量开发和资源拓展的同时，围绕产城融合，在漕河泾东区智慧产业平台打造中推进运营模式向“产业引导+智慧载体+智慧运营”转变。非银行金融服务板块，围绕产融结合搭建智慧城市产业基金平台，探索多元金融资本服务。

上海仪电积极响应国家和上海发展人工智能产业的要求，结合“7+1”产业链着手制定相关规划。作为副理事长单位加入中国人工智能产业发展联盟和ARM人工智能生态联盟。另外，还参与发起上海大数据应用创新中心和上海军民融合产业基金。

二、加大市场拓展力度，协同推进“一整四大”取得新成果

智慧株洲电子眼一期项目进入预验收阶段。中标桃浦智创城建设导则项目、托马斯实验学校智能化配套系统项目；中标辽宁沈阳智能路灯网项目和浑南新区总部大楼能效管理项目；中标内蒙阿拉善智慧城市项目，并纳入国家财政部PPP综合信息平台。同时，在江西武宁、陕西西安、辽宁大连等地积极拓展新的智慧城市项目。

着力推进1号工程智能路灯网、2号工程智慧园区、3号工程云计算大数据项目。智能路灯网项目在浦东三林、徐家汇等路灯改造维护、虹口滨江信息柱、浦江东岸智慧灯塔建设中得到应用。完成智慧园区运营管理平台和综合服务平台一期建设，华鑫天地二期成为智慧园区建设示范案例，智慧体验中心完成建设并投入运营，完成华鑫智慧园区建设和运营标准体系2.0版。发布“仪电i-Stack智慧城市云操作系统V1.0”产品，并通过ITSS云服务能力认证和可信云开源解决方案认证；推进i-Stack与Azure Stack双轮驱动战略。

制定实施产业联动项目专项试点计划。推进大区管理和PMO工作机制，起草《大项目管理办法》。先后与富士通、上海质监局、上海信息中心、上海信投、地产集团、西安市政府、浪潮集团签订战略合作协议。加强与各委办、区政府的项目合作，做好申通集团、上港集团、城投集团、华虹集团、建工集团、机场集团、中建八局等大客户开拓和维护工作。

完善和优化智慧城市商业模式，与浦发银行、贵阳银行等共同设立智慧城市产业基金。成功举办第二届智联大会，进一步完善智慧城市生态系统。参展第5届上交会（含南欧展）、第19届工博会、大连工博会，参观考察全球智慧城市博览会。

三、梳理完善职能战略，明确本部职能定位新要求

完成职能战略梳理咨询报告，明确集团管控模式由战略管控型转变为“战略+运营”的经营监督型。新设信息管理部和智慧城市设计院。探索建立BSC+KPI战略型绩效考核体系，促进战略实施与运营执行的无缝链接，保障业务战略实施。

根据实体化管理要求和新的职能定位，围绕资本规划和商业模式、市场体系和重点目标市场、科技投入产出、核心技术和核心产品等重点提出一系列具体课题，本部各部门的工作重点和能力建设、作风转变的要求进一步明确。

四、持续推进体制机制改革，各类改革试点取得新进展

华鑫股份成功实施资产重组，转型为以证券业务为主的上市公司。非银行金融服务板块将充分利用上市公司规范治理、市场化机制和资本市场融资功能等优势，打造产业金融综合服务平台，提升业务规模、盈利能力和综合竞争力，助推智慧城市建设。

积极推进仪电汽车电子、南洋万邦、塞嘉电子等企业的市场化选聘经理人试点。探索飞乐音响、仪电物联、仪电鑫森等混合所有制企业领导干部分层分类管理试点。对不同企业实践不同类型的中长期激励试点，飞乐音响实施限制性股票激励计划，仪电显示材料在超额利润激励计划框架下建立多层次、多元化考核激励机制，云海万邦作为本市第二批国有控股混合所有制企业试点推进员工持股计划。

五、着力抓好内部经营管理，运营质量和效率得到新提升

落实全面预算管理，开展月度预算执行差异及运行质量指标分析，加强对应收账款和存货等风险资产、经营性现金流等风险指标提示，对偏离预算进度的重大事项及时揭示。规范财务核算，制定《项目核算管理制度》。加强资金集中管理，全年节约财务费用约5000万元。制定集团财务信息化建设方案，形成整体框架及实施建议。

加强经营计划执行的定期跟踪，重点围绕KPI考核目标落实，明确措施抓手。运营分析从重结果向重运营过程转变。深入开展“补短板、破瓶颈，强基固本促发展”运营效率提升主题活动，共梳理出119项课题。通过活动开展，年内新建管理制度60项，削减费用6800多万元，实施流程优化64项，创建可复制模板22个。

推进内控体系建设。制定新一轮内控体系建设五年工作方案，完成内控自评报告，基本建立集团重要领域关键环节管控清单。加强内部审计工作，全年各级内审部门共组织实施140个审计项目，提出各类建议250余条。

六、坚持创新驱动发展，加强科技创新和人才培养推出新举措

全年核心主业科技投入率3.3%；申请知识产权265件，同比增加20%，其中发明专利92件，同比增加28%；获得授权专利103件，其中发明专利30件；落实重点扶持科研项目专项资金额度1000万元。系统企业被认定可享受加计扣除税收政策额度1.7亿元，比上年增加40%。积极组织政府资金项目专项申报，获批项目22项，金额1.5亿元。上海仪电、电动所成为国家能源行业岸电设施标委会副主任、副秘书长单位。参与12项国家标准的制定或修订。承办微软2017年度“创新杯”中国区总决赛。双创社区“云赛空间”获得“国家级众创空间”资质，全年成功孵化43支创业团队。

完善以科技人才为重点的人才培养管理体系，发布科技人才激励政策。上海仪电培训中心成立揭牌，选聘首批25名内部专家讲师团队，分层分类实施各类专题培训。推进青年干部在系统内部和海外挂职工作，完成首期高潜班人才培养阶段性方案，启动青年职业生涯导航计划。系统两位同志分别荣获2017年上海智慧城市建设“智慧工匠”称号和“领军先锋”提名奖。

【2018 年发展趋势】

2018 年，以习近平新时代中国特色社会主义思想和党的十九大精神为指导，积极贯彻中央经济工作会议及市委十一届三次全会精神，紧紧围绕上海“五个中心”建设和深化国资国企改革的要求，以永不懈怠的精神状态和一往无前的奋斗姿态，坚持和发扬“十二五”以来仪电转型发展的六条基本经验，坚定不移地实施仪电发展战略，坚持高质量发展，坚持稳中求进、进中提质的工作方针，以“稳增长、提质量、调结构、防风险、抓管理、促改革”为工作主线，突出需求导向、问题导向、效果导向，持续推进改革创新，全面扎实推进业务战略和职能战略实施，聚焦发展重点，优化业务布局，完善业务结构，加快培育核心竞争力和综合竞争力，抢抓市场机遇，有效防控风险，突出“一整四大”，坚持高举实打，进一步扩大智慧城市建设成果，着力提升经济运行质量，确保集团全年经营工作目标的全面完成。

重点工作安排：全面实施“7+1+2”业务战略；加快推进智慧城市重大项目落地；扎实提升经营管理水平；着力加强科技创新和人才队伍建设；深化推进体制机制改革。

（王新生）

申能（集团）有限公司

【概况】

申能（集团）有限公司（以下简称“申能集团”或“公司”）是上海市国资委出资监管的国有独资有限责任公司，注册资本 100 亿元；前身为 1987 年创立的申能电力开发公司，1996 年成立集团公司。目前，申能集团拥有申能股份有限公司（SH600642）、上海燃气（集团）有限公司、东方证券股份有限公司（SH600958）等 10 余家直属全资和控股企业。

申能集团秉持“锐意开拓，稳健运作”的经营理念和“电气并举，产融结合，创新引领，转型提升”的发展战略，立足能源主业，稳步拓展投资领域，覆盖电力、燃气、金融，并涉足能源服务和能源贸易等领域，致力于为社会提供安全、清洁、高效、可持续的能源供应。

公司先后建成外高桥第二发电厂、外高桥第三发电厂、临港燃机电厂、临港海上风电等 30 多个电源项目，其中外高桥第三发电厂成为全国火力发电企业的标杆，截至 2017 年年底，公司权益装机容量达到 944 万千瓦，控股电厂发电量占到上海市总发电量约 1/3。同时，公司构建形成上海城市“6+1”（西气一线，西气二线，洋山进口 LNG，东海气，川气，江苏如东和五号沟应急气源）天然气多气源保障体系，形成集燃气生产采购、管网配输、销售供应为一体的完整的城市燃气产业链。2017 年，天然气经营规模 80.6 亿立方米，至年末拥有燃气用户 680 万户，燃气供应量占到上海市场份额 90% 以上。公司金融产业涉及证券、保险、银行等多个领域，投资东方证券、太平洋保险、申能财务公司、诚毅投资、光大银行等多家金融企业，公司金融资产市值达 872.8 亿元，资产证券化率超过 80%。公司在能源服务领域培育形成一批拥有核心技术、具有良好发展前景的新兴企业。

【2017 年经济工作情况】

2017 年，申能集团积极响应供给侧结构性改革，围绕“确保能源安全和金融风险可控，确保经营业绩稳定增长；更加注重深化改革、创新驱动、资源优化、人才队伍建设、从严治党”的中心任务，经营保持良好态势，各项工作取得积极进展。

一、主要经济指标完成较好

申能集团全年权益发电量 343 亿千瓦时，同比增长 15.6%；控股发电量 356 亿千瓦时，同比增长 19.7%。控股电厂供电煤耗 292 克 / 千瓦时。天然气经营规模 80.6 亿立方米，同比增长 5.9%；天然气购销差率 4.52%。申能集团所属东方证券总资产规模进入行业前 10，营收和归母净利润同比实现大幅增长。截至年末，申能集团总资产 1756 亿元，年营业收入 384 亿元，利润总额 62.3 亿元；连续 16 年名列中国企业 500 强。

二、实现电、气安全平稳供应

公司不断提升电、气综合保障供应能力，加强气电联调，在特高峰时段顶峰出力。成功应对天然气“气荒”挑战，冬高峰期间全国大面积“气荒”，当面临上海本地“缺煤、减气、紧电”的紧张形势，申能集团周密部署并充分发挥洋山 LNG 接收站、五号沟应急储备站、“天然气一张网”的综合保障供应优势，确保上海市民生活不受影响、城市运行安全有序，并在“南气北送”中支持全国，为缓解北方气荒发挥了积极作用。

三、能源重大工程有序推进

电力项目。申能集团所属 1350 兆瓦高效洁净燃煤机组国家示范项目在安徽平山正式开工；上海崇明燃气电厂 #1 机组实现并网；奉贤热电项目应急热源投运；青浦热电项目完成主设备招标。

天然气项目。上海五号沟 LNG 应急储备项目储罐二期扩建工程竣工投产；江苏如东－海门－上海崇明岛输气管道投产；上海洋山 LNG 接收站储罐扩建工程完成主设备招标；五号沟－长兴－崇明等天然气管道工程按节点推进。

四、市场化和品牌服务不断提升

积极参与电力市场化改革，签订上海电力双边交易合同第一单。全年外高桥第三发电厂发电量继续保持上海市第一。

天然气市场发展提质增量。运用弹性价格机制巩固传统市场，开拓新兴市场，推广陆上、水上交通用能，燃气服务第三方测评值跨入对标企业前列。

证券业务规模大幅提升。东方证券实现 A 股增发，进入上市券商前 10 名。

五、能源服务和能源贸易发展良好

区域供能加快规模化专业化发展。申能能源服务公司提供专业的区域能源综合服务，分布式供能业务打造行业标杆，张江科技园区域供能完成清洁能源替代。

环境第三方治理和电厂节能科技稳步拓展。申欣环保实业公司是国家环保部脱硫脱硝运营上岗和氮氧化物减排核查培训基地，并自主研发多参数环境空气监测仪；申能电力科技公司为国内外电力企业提供整套节能优化解决方案和技术服务。

能源贸易实现较快增长。公司天然气贸易量大幅增长；申能燃料公司是上海地区最大的电煤供应商，市场化销量增幅显著。

六、“产融结合”促进金融服务实体

申能集团制订产融结合专项规划。燃气集团、东方证券、申能财务公司合作举办“1117 燃气狂欢节”、推出“绿能分期付”；东方证券和申能能源能创公司合作设立申能东方能源研究所。申能财务公司金融服务能力不断增强，并积极探索消费金融、绿色金融等创新业务。申能诚毅投资基金是申能产业链延伸创新投资的专业平台。

七、改革发展重点任务扎实推进

申能集团配合市发改委完成的上海燃气专业化市场化改革方案获批，上海燃气客服中心、工程中心、物资中心功能不断强化。重组申能能创能源发展公司，加快将原吴淞制气厂地块打造为上海（国际）能源创新中心，成为集团存量土地综合利用平台和能源科技创新园区运营平台。完成久联集团和石洞口能源储运基地重组。

八、科技创新核心能力不断提升

高效清洁发电技术持续创新。外高桥第三电厂在 2017 年国际电力大会上被授予“全球清洁煤领导者奖”，临港燃机电厂“天然气差压发电项目”节能效益突出，外高桥第二电厂“密封面修复”新技术推广实施。“智慧燃气”建设扎实推进。智能管网 GIS 平台一期项目验收，智能调度项目升级改造。截至年末，上海燃气微客服平台累计关注人数已达 193 万人次，累计注册 70 万人，气、电、水“三表集抄”累计完成 31 万户。证券业务坚持创新转型。东方赢家财富获评“2017 证券公司十大品牌”；汇添富基金“上海国企 ETF”获上海金融创新一等奖。组建申能集团科技创新中心，设立申能科技创新众创基金，启动首批 19 项员工创新项目。

【2018 年发展趋势】

2018 年，申能集团将以习近平新时代中国特色社会主义思想为指导，坚持新发展理念，牢牢把握中央“高质量发展”的根本要求，打造新形势下申能发展的升级版，为上海建设卓越全球城市努力贡献申能力量。

一、聚焦精细化管理要求，确保电、气安全保供稳定受控。进一步提升能源安全保供能级，不断夯实企业本质安全基础。

二、聚焦重点项目攻坚突破，高标准实施在建工程，加强长三角区域能源合作，加快“一带一路”沿线国家项目布局。

三、聚焦金融服务实体，打造产融结合申能模式。坚持以融促产、产融共赢，力争成为上海国企产融结合的标杆。

四、聚焦技术和模式引领，加大能源服务板块发展力度。不断提高区域供能核心竞争力，做大电厂节能技术服务规模。

五、聚焦创新驱动发展，加快打造科技创新高地。做好能源创新工程抢占战略制高点，加快申能集团科技创新中心启动运作。

六、聚焦质量和效益，积极参与电力市场化交易；优化燃气市场发展布局；巩固提升东方证券业务品牌优势。

七、聚焦改革突破，积极探索系统竞争性业务混合所有制改革，研究实施集团管理模式优化。

（综合管理部）

上海航天局

【概况】

上海航天局，又称上海航天技术研究院、中国航天科技集团有限公司第八研究院，创建于1961年8月。经过56年的发展，已成为“弹箭星船器”多领域并举、军民融合式发展的国防科技工业骨干企业。

上海航天局主要承担防空导弹、运载火箭、应用卫星、空间科学探索与应用等领域产品研制生产任务。此外，通过坚持军民融合发展，还形成以智慧能源、智能装备、智联商贸“三智”为主业的民用产业发展格局。

上海航天局从事军工产品研制生产的有12家单位，作为产业发展平台的上海航天工业（集团）有限公司下属9家企业，其中包括中国第一家以航天命名的上市公司——上海航天汽车机电股份有限公司（股票代码：600151）。已经形成“一城三区、三大基地”的发展格局。截至2017年年末，有从业人员19791人。

上海航天坚持科学发展和创新发展，坚持强军首责，坚持融入上海，以“发展航天事业、建设航天强国”和“上海建设具有全球影响力的科技创新中心”为己任，深入推动全面深化改革，加快推动军民融合发展，较好地践行了富国强军的神圣使命，为国防现代化建设和国民经济发展作出了积极贡献。

【2017年经济工作情况】

2017年，上海航天局全年实现营业收入464.8亿元，比上年增长13.3%；实现利润34亿元，增长21.5%；实现经济增加值33.5亿元，增长25.6%；净资产收益率12.13%，贷款规模进一步压缩；全员劳动生产率46万元／人年，增长9.5%。全面实现年初既定的经济发展目标，为支撑“十三五”规划目标的实现奠定良好的经济基础。

一、圆满完成宇航型号研制任务

上海航天局圆满完成以长征四号乙遥三十一火箭为代表的6次发射任务；风云三号D星成功发射，实现上、下午组网观测，中长期天气预报能力显著增强。和德一号商业卫星成功入轨，导航增强定位精度达到厘米级，上海航天局在商业航天领域迈出了探索性的一步；天舟一号货运飞船成功发射，圆满完成与天宫二号交会对接和推进剂在轨补加试验，载人航天工程二步二阶段圆满收官。

1月5日，上海航天局抓总研制的通信技术试验卫星二号在西昌卫星发射中心由长征三号乙运载火箭成功送入预定轨道，发射任务取得圆满成功。

4月20日，上海航天局参与研制的天舟一号货运飞船在文昌卫星发射中心由长征七号运载火箭成功送入预定轨道，飞船入轨后，完成与天宫二号的3次交会对接、3次推进剂在轨补加，以及空间应用和航天技术等领域的多项实（试）验，试验任务取得圆满成功。

6月15日，上海航天局抓总研制的长征四号乙遥三十三运载火箭在酒泉卫星发射中心成功将硬X射线调制望远镜卫星“慧眼”送入预定轨道。

10月9日，上海航天局抓总研制的长征二号丁遥三十运载火箭在酒泉卫星发射中心成功将委内瑞拉遥感卫星二号送入预定轨道。

11月15日，上海航天局抓总研制的风云三号D星、和德一号试验卫星和长征四号丙遥二十一运载火箭发射任务取得圆满成功。风云三号气象卫星是实现全球、全天候、多光谱、三维、定量遥感的我国第二代极轨气象卫星。风云三号D星入轨后，将与风云三号C星双星合璧，共同实现我国极轨气象卫星上、下午双星组网观测。和德一号试验卫星是上海航天局首颗自研商业应用卫星，可应用于海事监管、导航增强等领域的商业服务。

12月3日，上海航天局抓总研制的长征二号丁遥四十七运载火箭在酒泉卫星发射中心成功将陆地勘查卫星一号送入预定轨道。

二、产业发展势头良好

上海航天局牵头筹建上海市军民融合产业促进中心，与上海市共同发起成立40亿元规模的军民融合产业发展基金，与闵行区合作共建军民融合创新创业中心，上海航天局军民融合产业加快融入上海产业布局。上海航天局着力推进智慧能源创新能力建设，筹备成立航天智慧能源研究院，打造“三位一体”综合清洁能源产业集团。推动光伏产业海外布局，土耳其工厂建成投产并满产运行。智能装备实施主业结构调整，推动航天装备归核化发展，精机装备业务收入突破亿元。航天机电开展汽配产业再规划、再调整，实施首次海外并购，旨在成为全球第五大热系统供应商。智联商贸坚持“互联网+”发展布局，申航通业务规模和客户数量大幅提升。

三、全面从严治党

上海航天局拓展“融入式、科学化”党建工作格局，初步构建“五严五融五化”党建运行机制，党建工作水平进一步提升；落实重大决策事项党委前置研究程序，积极探索党委“把方向、管大局、保落实”的有效途径。“两学一做”学习教育常态化制度化成果显著，形成“学”“做”两大机制，建立党委、党支部、党员三个运行管理平台，构筑红色教育、主题研讨、党性锻炼、网络学习四类课堂，推动党建工作与中心工作深度融合、同频共振。

四、创新驱动能力持续提升

上海航天局建立北京研发中心，积极推进院创新体系建设，谋划实现“六个转变”，明确四个领域、六个核心专业率先实现国际一流的具体目标，以及7个方面26条举措，快速提升系统集成、核心专业和原始创新能力。推动5型立项，5型转入生产，新落实预研项目260余项。2017年获批的有：全国示范院士专家工作站、上海市空间机器人等2个工程技术中心和47项军委科技委前沿技术项目。获得的奖项有：国家科技进步二等奖2项、省部级科技奖52项、中国专利优秀奖6项和国际专利授权3项。

五、落实人才兴企战略

上海航天局坚持政治标准选拔领导人员，切实提升选人用人的科学化水平，围绕“保成功”优化考核机制，新增工资总额47.8%用于“三保”专项奖励，33.2%用于一线科研骨干激励。加强高层次人才引进和培养，引入1名省部级和3名行业知名专家，1人入选“国家百千万人才”，5人获评“上海市领军人才”。持续推进“上海市高技能人才培训基地”项目建设，新增2名全国技术能手，1个国家技能大师工作室。2021年世界技能锦标赛中国选手训练基地成功落户上海航天局，落实经费1.9亿元。149厂航天装备工程公司股权激励方案首家获得集团批复，中长期激励迈出开创性一步。

【2018年发展趋势】

2018年，是上海航天局全面学习贯彻党的十九大精神，落实科技强国、质量强国、航天强国建设要求，加快推进建设国际一流综合性航天产业集团的战略落地年；是深入落实“十三五”规划目标和任务，推动责任令任务圆满完成和核心产业高质量发展的决战年。

一、主要经济目标

全年实现营业收入500亿元、利润34.2亿元、经济增加值31亿元、净资产收益率11%、全员劳动生产率46.2万元／人年。

二、重点工作和措施

一是强化思想意识引领，准确把握形势任务；二是强化科研生产管理，确保型号责任令任务圆满完成；三是深化质量管理责任落实，提升产品质量把控能力；四是持续推动全面深化改革，加快推进军民融合发展；五是深入落实创新驱动战略，提升企业自主创新能力；六是持续推动产业转型发展，不断提升产业发展质量；七是持续健全核心能力体系，支撑企业战略目标实现；八是持续优化国际化发展路径，提升国际化发展水平；九是持续优化队伍管理模式，不断提升综合管理水平；十是持续提升安全保密管理水平，积极防范各类安全风险；十一是持续推进全面从严治党，营造和谐稳定发展氛围；十二是加大实事工程建设力度，增强职工群众获得感。

（王晓东）

中国商用飞机有限责任公司

【概况】

中国商用飞机有限责任公司（以下简称“中国商飞公司”）是实施国家大型飞机重大专项中大型客机项目的主体，也是统筹干线飞机和支线飞机发展、实现中国民用飞机产业化的主要载体。公司经国务院批准成立，由国务院国资委、上海国盛（集团）有限公司、中国航空工业集团有限公司、中国铝业股份有限公司、中国宝武钢铁集团有限公司和中国中化股份有限公司出资组建，2008年5月11日在上海成立，注册资本242亿元，总部设在上海。主要从事民用飞机及相关产品的科研、生产、试验试飞，民用飞机销售和服务、租赁和运营等相关业务。

公司使命是“让中国的大飞机翱翔蓝天”，愿景是“为客户提供更加安全、经济、舒适、环保的民用飞机”，目标是“把大型客机项目建设成为新时代改革开放的标志性工程，建设创新型国家和制造强国的标志性工程，把公司建设成世界一流航空企业”。

公司所属单位有上海飞机设计研究院、上海飞机制造有限公司、上海飞机客户服务有限公司、北京民用飞机技术研究中心、中国商飞民用飞机试飞中心、上海航空工业（集团）有限公司、上海《大飞机》杂志社有限公司、中国商飞美国公司、中国商飞四川分公司和中国商飞资本有限公司。在北京、美国、欧洲设立办事机构，在四川设立地区分公司，在美国设有全资子公司。参股成都航空公司、浦银金融租赁公司，与伊顿公司合资成立伊飞公司，与拉比纳公司合资成立赛飞公司，与俄罗斯联合航空制造集团在上海合资成立中俄国际商用飞机有限责任公司，与波音公司在舟山合资成立波音737飞机完工中心有限责任公司。截至2017年年底，公司从业人员11286人。

【2017 年经济工作情况】

2017 年，在中共中央亲切关怀下，在国务院国资委指导和帮助下，中国商飞公司全体干部职工深入学习贯彻党的十九大精神和习近平总书记关于大飞机事业重要指示精神，团结一心，奋勇拼搏，三大型号飞机取得重大突破，公司发展迈上新台阶，成功迈出大飞机梦想之路上的关键一步。

一是型号研制取得重大进展。C919 大型客机成功首飞，大飞机成果被写入党的十九大报告，习近平总书记在 2018 年新年贺词中把 C919 首飞列为年度重大成就；ARJ21 新支线飞机批产提速，首次实现国产喷气式客机批量生产；中俄远程宽体客机正式命名，中俄国际商用飞机有限责任公司挂牌运营，转入初步设计阶段。

二是体系建设取得丰硕成果。建设 COMAC 管理体系，发布项目管理手册，启动系统工程资质认证，推进业财融合、筹建人力、财务共享服务中心；建设民用飞机技术创新体系，获批国家及地方课题 26 项，自筹 4600 万元，组织开展 11 项科技创新专项，全年新增专利申请 224 件、授权 111 件；建设民用飞机产业体系，与湖南省签署战略合作框架协议，与陕西、江西、黑龙江、厦门等省市开展战略合作，推动航空产业园区建设，全国 22 个省市、200 多家企业、近 20 万人参与大型客机项目研制。充分利用全球资源，构建全球供应链，开展国际合作，与波音公司在浙江舟山合资建立 737 飞机完工中心有限责任公司。

三是扎实推进国有企业深化改革。顶层策划，瞄准重点难点，统筹推进改革专项工作，全年计划完成率 95%；落实子企业功能界定与分类工作，探索二级单位治理模式变革；建立完善公司深化改革管理机制，统筹协调各项改革任务的全面铺开与扎实推动。

四是坚持人才优先发展，实施人才强企战略。组建人才专项工作组，推进薪酬分配改革，建成三支型号队伍。与英国爱丁堡大学、上海交通大学联合举办首届“COMAC 国际科技创新周”，与外国专家局签订 2017 年引智工作行动计划，全年新增 42 人次入选国家、地方人才支持计划，被中央组织部确定为首批“海外高层次人才创新创业基地”和“全国人才工作联系点”，被国家外国专家局授予全国首个“引进外国智力示范单位”，被科技部授予“创新人才培养示范基地”。

五是把全面从严治党贯穿大飞机事业全过程。深入学习贯彻习近平新时代中国特色社会主义思想和党的十九大精神，认真学习贯彻习近平总书记关于大飞机事业重要指示精神，增强“四个意识”，坚定“四个自信”，始终同以习近平同志为核心的党中央保持高度一致。坚持“严党建、强支部、大监督、聚群团”，把党建工作总体要求纳入公司章程，把全面从严治党贯穿大飞机事业全过程。

【2018 年发展趋势】

2018 年是中国商飞公司进入新阶段的开局之年，是改革开放 40 周年、公司成立 10 周年、公司“质量安全效率年”。中国商飞公司将围绕四年目标，把全年工作逐一落到实处，说到做到、做到做好，为公司进入新阶段起好步、开好局。

总体要求：以习近平新时代中国特色社会主义思想为指引，深入学习贯彻党的十九大精神和习近平总书记关于大飞机事业重要指示精神，落实高质量发展要求，按照稳中求进总基调，统筹推进产品研制、产品经营、能力建设、改革创新等各项工作。

主要目标：C919 大型客机实施两机试飞，实现一机首飞；ARJ21 新支线飞机安全正常运行，批产提质增速；CR929 宽体客机完成联合概念定义，冻结总体方案，展示样机参展，获得启动订单。

工作措施：深入学习贯彻党的十九大精神；坚定信念和精神；集中资源和力量；解决短板和弱项；大力协同，落实责任；将质量和安全放在首位；向改革创新和科学管理要效率效益；坚持和加强党的全面领导。

（施胜博）

上海建材（集团）有限公司

【概况】

上海建材（集团）有限公司（以下简称建材集团）是集设计研发、生产制造、工程应用、集成服务于一体的国有大型绿色建筑材料产业集团。总资产 120 多亿元。建材集团前身为上海建筑材料工业管理局，于 1978 年挂牌成立；1994 年，建材集团整体改制为上海建筑材料（集团）总公司；2014 年，上海建筑材料（集团）总公司改制为上海建材（集团）有限公司，划入上海地产集团管理。

建材集团主业涵盖以高端制造及深加工应用为主的先进制造业务，以工业化预制及绿色建材研发生产为主的新材料业务，以既有建筑维保及改造升级为主的节能环保业务和以建材集成供应及检测认证为主的生产性服务业务等四大核心板块。主要成员企业包括上海耀皮玻璃集团股份有限公司（600819SH）、上海百姓装潢有限公司、上海玻机智能幕墙股份有限公司、上海白蝶管业科技股份有限公司、上海新型岩棉有限公司等。建材集团拥有“耀皮”“樱花”“月星”“白蝶”等众多知名品牌。

【2017 年经济工作情况】

集团主营收入近 70 亿元，主营利润 1 亿元，“制造 + 服务”转型进展较好，服务业对集团有明显贡献。

一、明确定位，完善架构，提升总部引领发展能力

聚焦“投资运营型”总部定位，加快总部功能转型，提升引领企业发展能力。实质启动总部功能转型，设立上海建材产业（发展）并购基金，打造市场化专业化基金平台，拓展集团外延式增长空间。完善总部组织功能架构，增设战略投资部，推进产业发展部、销售中心的职能整合，对接地产管理要求，增加信息中心、纪检监察办公室等内设机构。强化战略引领能力，制定《上海建材（集团）有限公司 2017—2019 战略发展三年行动计划》并推进实施。优化战略管控能力。加强投资项目管理，切实维护股东权益。强化投资项目的过程管理和后评估。加强风险管控能力，修订《上海建材（集团）有限公司内部审计工作规定》，提高对经营风险的甄别和防范能力。

二、以项目为载体，加快“制造 + 服务”转型发展步伐

根据设计院资质管理要求以及建材设计院的战略定位，提高建材设计院在开拓项目管理、工程总承包、设计施工总承包和 EPC 等业务时的市场竞争力。加快上海市建筑玻璃幕墙监督管理平台建设，玻机公司目前完成政府端（建管署）和业主端包括市北高新园区、中铁时代、嘉里中心、人才大厦等的软件安装，平台运营效果良好。百姓公司“互联网 + 智慧装饰”项目进展顺利，项目定位于“一站式服务，一键式运作”，通过互联网改造实现 OTO 整体联动和产业链生态的集成；百姓家居 APP 和工地管家 APP 已获得著作权，年内完成经信委的项目验收。完成耀皮常熟浮法一线冷修项目和常熟车门玻璃生产线项目，形成新的业务增长点。

三、夯实品牌基础，强化品牌提升，加快市场拓展

集团从战略高度把“品牌建设拓市场”作为重点工作，进展良好。集团在“2017 中国建材企业 500 强”中排名 23 位。组建品牌工作小组，系统梳理集团系统企业品牌、商标注册情况；其中，集团系统商标注册总数为 132 个，其中核心品牌 75，自用品牌 56 个，“耀皮”“白蝶”“百姓装潢”“樱花”等是上海市著名商标。完成集团“SBM”商标注册工作，制定《上海建材（集团）有限公司品牌管理办法》，从制度层面加强品牌管理。

各成员企业抢抓机遇，创新发展模式，加快拓展市场。玻机公司重构营销体系，聚焦大客户，实施优质优价，多个项目获奖，其中浙江音乐学院建筑工程项目获中国建筑工程鲁班奖、上海招商局项目获上海市白玉兰奖、上海万科南站商务城项目获上海市建筑装饰奖等。耀皮汽玻板块的通用、大众、上汽优质订单已占 90%。浮法玻璃板块以技术领先、质量领先发展高端汽车玻璃原片市场，精心开发 PG10、PG18、PG20、A 绿及用于新能源汽车的在线镀膜高附加值新品，产品质量处于行业内领先水平。建筑加工板块充分利用品牌和技术优势，成功签订浦东国际机场 T3 项目、前滩中心工程、武汉环球贸易中心、重庆西站、迪拜硅谷园等一批有影响力的标杆项目，成为公司带来新的利润增长点。耀皮特种车业务在原有房车基础上，已拓展北美校车，大型客车，穿梭巴士等多款功能车产品。同时推进差异化产品的研发，自清洁玻璃已在门窗板块开始销售。

四、完善科研体系，激发创新活力，增强科研能力

成立上海建材集团产业技术研究院，打造具有建材特色的技术创新平台。年内完成产业技术研究院（分公司）的工商注册，组建专项技术研究分院。集团获得 3 个重大项目立项，分别是“航空风挡玻璃原片国产化的产品研发”获市国资委企业技术创新和能级提升项目立项；“天窗玻璃集成生产线改造项目”获市经信委技改项目立项；“既有玻璃幕墙安全健康实时监测预警系统关键技术研究”项目获市科委科研项目立项。形成一批具有自主知识产权和市场领先水平的新技术，获专利 10 项。完成集团、耀皮、汽玻 3 个市级企业技术中心的复审。耀皮公司的“基于纳米级多银层表面改性技术镀膜节能玻璃”项目荣获“巨石杯”全国建材行业技术革新二等奖。玻机公司成功申报上海市专利示范企业并获得专项扶持，敦煌防沙百叶门项目获得张江国家自主创新示范专项奖励。集团与上海交通大学、上海化工研究院、上海应用技术大学签订了战略合作协议或研究生实践基地协议，在人才培养、项目申报、实验室共建方面实现资源共享。经推荐 10 名技术专家入选上海市住建委绿色建材专家委员会，进一步提高集团在行业内的话语权和影响力。评选出集团第一届“建材工匠”、第四批科技领军人才、第一批科技启明星。

【2018 年发展趋势】

深入学习贯彻落实党的十九大精神，立足“上海城市更新和中国建筑产业、建材产业绿色转型”，坚持打造“中国优秀的节能环保新材料制造和服务商”的战略定位，围绕“突出主业，深化改革，提质增效”主基调，聚焦“增量投资补短板，存量资产提效益，品牌建设拓市场，资本经营调结构”等重点工作，加快“制造 + 服务”产业转型，发挥产业与资本的协同优势，引导四大主业板块差异化经营，努力实现建材集团高质量发展。

（陈宗来）

上海市机械设备成套（集团）有限公司

【概况】

上海市机械设备成套（集团）有限公司（以下简称成套集团），前身为上海市机械设备成套局，成立于1959年，曾先后归属一机部、物资部、上海市计委、经委和国资委等机构管理。1999年经中共上海市委、市政府批准，改制为国有多元投资的企业集团。成套集团是中国机械设备成套工程协会副会长单位，也是上海市机电设备招投标行业协会理事长单位。

成套集团注册资本4.18亿元，下设9个职能部室、12家分公司、15家全资和控股子公司、2家参股子公司。经营范围主要集中在五大业务板块：工程总承包EPC、国际贸易、招标代理服务、国内贸易和咨询监理。

近60年来，成套集团为国家和上海市重大工程、重大技术改造项目提供了数千亿元的成套设备和配套服务，积累了丰富的设备集成经验。成套集团连续多年被评为上海市重点工程实事立功竞赛优秀公司、上海市合同信用评价3A级单位和上海市重合同守信用单位，多次荣获国家和地方重大技术装备奖、国家优质工程金奖、国家建设工程质量奖、市政工程金奖、水利金奖、詹天佑土木工程奖、中国人居范例奖等殊荣。

【2017年经济工作情况】

一、招标业务成效显著势头强劲

2017年，成套集团实现经营规模502.57亿元，营业收入57.61亿元，利润8763万元。成套集团招标业务板块在巩固汽车、能源、轨交、教育、政府采购等传统市场和客户的同时，积极投入业务新领域，开拓外地新市场，不断提升市场占有率，成效显著。

机电招标顺应国家政策导向，培育发展新兴行业。抓住国家推广新能源汽车的契机，拓展新能源汽车客户。积极实施“走出去”战略，承接南京、郑州、武汉、安吉、南宁等项目，同时机电招标以招标环节为依托，努力开拓项目全过程咨询服务，将招标代理服务前后延伸，形成产业链。

二、外贸业务勇于开拓不断进取

受国内市场货币流动性收紧、货币市场利率上升、金融信贷去杠杆等因素影响，进出口板块受到较大的市场挑战。面对压力，进出口板块各单位围绕各自经营目标，在巩固和深化现有业务的同时，积极拓展新客户和新业务，业务态势良好。

进出口公司扩大工程机械设备及市政工程相关设备等传统领域业务，在盾构、能源工程、航空铸造等设备进口方面取得好成绩。同时，利用中国产业和人工的比较优势，不断深化进料加工贸易。充分发挥新加坡公司海外平台优势，开展转口贸易、租赁贸易、产品自营等形式多样的业务模式，实现了内外贸易业务联动。取得了较好的成绩。

三、工程业务紧跟市场特色明显

工程板块近年来积极拓展“两外市场”，在轨交设备供应、污水及污泥处理、光伏电站建设等方面，形成业务发展特色。工程业务在承接和参与昆明、福州、郑州、无锡、沈阳、乌鲁木齐等地轨道交通项目，参建的上海轨交12号线工程、南京机场线工程获得第15届中国土木工程詹天佑奖。

积极开拓全国环保市场，推建产业升级和创新，实现产业链前端服务的拓展，承建环境科学研究中心项目。

四、国内贸易租售齐头并进

积极扩大与老客户的合作，做好霍尼韦尔净化产品零售的同时，逐步开展工程项目设备销售。

汽车销售服务经营以积极姿态投入市场竞争，福特上海经销商居排名榜的前沿位置，广汽传祺、郑州日产、克莱斯勒等品牌汽车业务有较大的增长。设备租赁全面推进汽车租赁业务发展，也实现了较大突破。

五、监理咨询塑造品牌创新发展

监理业务顺应市场特点，抢先完善市场布局，在城市轨道交通监理和咨询业务方面保持强劲的发展态势，先后中标上海轨交，武汉轨交等监理和咨询项目。参与监理指导的武汉轨交7号线一期工程施工第三标段建设项目，获得武汉建设安全管理协会颁发的“黄鹤杯”，工民建类监理业务，通过加大市场开发，采用“合资＋项目管理＋工程总承包”PPP建设模式的南宁市轨交2号线综合联调咨询项目，在全国专家评审中获得“最高标准”的结论。中标上海市经信委2017—2019年重点技术改造项目核价工作。全年完成92个项目，得到市经信委和市财政局相关领导的充分肯定。

六、提质创新修炼内功聚焦发展

资质提升助力发展。成套集团被市住建委批准成为上海市第一批28家工程总承包试点单位之一，拓宽集团工程业务承接领域。招标取得工程造价咨询乙级资质，突破多年来制约工程造价咨询发展的瓶颈，打通并延伸新的产业链。监理完成ISO9001质量体系认证、ISO14000环境管理体系认证和OHSAS18000职业安全健康认证年审，取得建设工程监理“企业信用等级AAA体系”认证。

产研融合引领创新。成立环境科学研究中心和轨道交通研究中心，制定《成套集团科技创新工作管理办法》，初步建立成套集团科技创新工作管理框架。环境科学研究项目自立2项课题，获得实用新型专利1项，申报发明专利2项、实用新型专利15项。

七、文化建设工作扎实用心践行

文明安保再创佳绩。经过集团广大干部员工的努力，集团被评为第18届“上海市文明单位”。集团网络基础设备完成升级改造。OA自动化信息办公平台逐步进入稳定运行期。

社会责任用心践行。积极开展社会公益活动，主动承担企业社会责任。集团向上海市帮困对口地区遵义市凤冈田坝完小捐赠善款50万元，并通过多种渠道加强与公司所在地区街道及外省贫困地区的联系，连续多年慈善捐赠衣物，帮困结对取得成效；2017年集团荣获“浦东新区社会责任达标企业”称号。

品牌宣传内外联动。依托安保制度和管理网络，做好各项安全保卫工作。在入职培训中组织消防知识讲座和消防实战演练，普及消防常识，提高新进员工的安全防范意识和应对突发事件处置能力。获2017年度“上海市平安示范单位”和“上海市治安安全合格单位”。手机版官网全新上线。在加强内部宣传同时，扩大对外宣传，与上海纪实频道“企业风采”栏目合作，制作并播出介绍成套集团发展历程的宣传片，产生良好社会影响。

【2018年发展趋势】

2018年，成套集团将全面贯彻党的十九大精神，以习近平新时代中国特色社会主义思想为指导，坚持稳中求进工作总基调，按照高质量发展的要求，扎实开展“改革创新促转型，奋发有为谋新篇”主题教育活动，以“防风险、稳增长、调结构、惠民生、强基础”作为各项工作重点，积极作为，力争再创发展新局面，实现业绩新高度。

一、经营工作，固强补弱不断创新

巩固和发展传统优势行业，深入挖掘业务资源；紧跟国家的政策规划，抓住新兴产业发展机遇，抢占市场高点。

注重业务风险防范，加强对业务流程和操作的合规管控。落实前期跟踪项目，深化传统业务，积极开拓市场新业务。

抓住环保市场新机遇，主动出击，寻找商机，走全国化发展道路。

国内大宗贸易继续强化风险防范，规范操作流程，加强依法合规和照章办事的执行力；提升风险意识。

坚持“走出去”战略，做好外地市场的业务开拓。围绕在城市轨交线无人驾驶、运营筹备、联调咨询等新领域开辟经营工作新局面。

二、管理工作，巩固基础强化执行

严格按照要求，常态化推进依法合规自查和检查工作，继续组织开展依法合规自查、普查和整改工作。

加强财务系统性管控要求，提高动态管理水平；重视安全生产、治安保卫、消防等管理工作。

强化HR信息系统，提升人力资源管理队伍专业水平。做好新员工入职培训、紧缺资质人员培训等工作。

围绕加强依法合规、内控管理、提高安全生产意识、干部职工廉洁从业等主题，组织开展各项学习和教育活动。

落实职工各项基本保障，加强对一线职工的慰问关心，丰富广大职工的精神文化生活。

落实市文明委创建工作的要求，加强对文明创建各项规定的宣传普及，做好新一轮上海市文明单位创建工作。

进一步完善具有成套特色、适应企业发展需要的品牌建设体系。优化“上海成套”品牌形象和标识的管理，加大对外宣传力度，提升“上海成套”的知名度和美誉度。

（李雯菁）

上海烟草集团有限责任公司

【概况】

上海烟草集团有限责任公司是一家以卷烟工业为主的多元化、集约化、现代化的大型国有企业。2017年，公司实现税利1087.18亿元，比上年增长0.67%；实现利润272.89亿元，增长6.75%；上缴财政总额达到1005亿元，下降1.67%。公司被上海市企业联合会、企业家协会、经济团体联合会评为2017年度“上海企业100强”第14位。

公司拥有一流水准的卷烟工业企业以及烟草储运、印刷、机械、材料等配套工业企业，并涉足商业、物流产业以及宾馆酒店、金融保险等行业。2003年和2004年，公司先后与北京卷烟厂和天津卷烟厂实现战略性联合重组。

公司出品的主要卷烟品牌有“熊猫”“中华”“红双喜”“中南海”“牡丹”“凤凰”“大前门”“孟菲斯”“江山”“恒大”等。多年来，以“中华”卷烟为代表的集团名优品牌以其高知名度和高品质赢得全国卷烟消费市场的推崇，并始终保持畅销不衰。

【2017年经济工作情况】

公司着力实施“创新驱动、转型发展”主战略，聚焦以中华“百万千亿”升级版为核心的“1+3”品牌发展新目标，围绕“全面从严治党，全面提升素质，坚持品牌保状态，坚持企业练内功”，全面推动“十三五”规划落地，保持平稳健康发展。

一、坚持“品牌保状态”，着力在提升经济运行质量上下功夫

公司经济运行呈现三个良好态势：一是中华品牌实现止跌企稳。持续深化精准营销，调整市场布局，优化产品结构，加强产销协调，保持中华品牌市场状态基本稳定。全年“中华”实现商业销量134.1万箱，商业销售收入1487.89亿元，同比基本持平。二是新品贡献度持续提升。进一步加大新品培育力度，持续拓展完善产品线，有力提升中高端品牌影响力。注重探索新品培育方式，着力建立基于市场定位的新品销量目标管理机制。全年新品实现商业销量7.45万箱，同比增长4.1倍；工业税利29.82亿元，同比增长4.3倍。三是工商税利增长8月起由负转正。

公司经济运行实现“两个确保完成”。全年集团完成卷烟产量255.22万箱，同比下降3.34%；实现卷烟商业销量284.38万箱，同比增长0.84%。实现工商税利1087.18亿元，同比增长0.67%；上缴财政1005亿元，巩固了税利总额和上缴财政“两个超千亿”的重要成果，为国家财政增收作出了积极贡献。

二、聚焦“企业练内功”，着力在推进品牌发展上下功夫

公司推进精准营销转型升级。完善集团“十三五”品牌战略规划，突出高端集群、中端升级，构建支撑集团未来可持续发展的“1+3”品牌新格局。加快营销体系升级步伐，通过协同数据策略，构建多层次信息收集跟踪体系；通过协同指标策略，建立多维度的指标评价模型；通过协同市场策略，完善“五个一策”和“三联动”运作。有效应对上海控烟新政，不断完善现代终端管理，通过加快推进统销模式，确保上海市场稳中向好。聚焦“一带一路”沿线国家市场，创新实施区域市场负责制，加大海外维权及市场净化力度，进一步提升了拓展国际市场水平。

公司推进精益设计创新升级。注重应用性和基础性研究并举，不断优化产品创新管理流程和资源配置，进一步加快新品研发和老品维护步伐，提升产品精益设计质量和效率。围绕“制造一支烟”，加快构建集团关键技术研发体系，确保集团“1+5+1”创新体系运行顺畅，重大技术专项研究有序推进。建立新型烟草制品创新管理办法，牵头行业新型烟草制品技术标准制订、产品集成定型，取得一批新型烟草制品领域关键技术和专利。加大两化融合力度，集团“互联网+”行动计划初步形成；大数据平台正式运行；“上海烟草云”建设初见成效。

三、抓牢“全面提升素质”，着力在严格规范管理上下功夫

公司切实加强战略管理。开展“十三五”发展规划审视工作，确保集团后三年工作方向清晰、工作目标明确、工作措施有力。不断完善集团目标管理机制，加强对战略目标分解落实，推动集团战略规划有效落地。

公司切实加强商业管理。不断深化“三管一加强”内涵，积极探索构建现代卷烟营销体系，扎实推进静安一公司、二公司改革重组，持续推动商业企业提质增效上水平。抓好卷烟网点布局调整，持续推进网建工作重点向零售终端、消费环节延伸，不断提升中小客户盈利水平。抓好商业公司规范经营工作，深化“天价烟”、违法违规大户专项治理工作，扎实推进“一产一档一方案”工作落实。截至2017年年底，商业单位在职职工人数4440人，降幅6.89%；人均卷烟劳动效率334.5箱。

公司切实加强成本管理。强化预算统筹规划，发挥预算“硬约束”作用，抓好精准测算和预算分解落实。强化全员降本增效意识，紧盯关键指标、重点费用，持续完善“月跟踪、周协调、日监测”财务业务联动机制。积极落实国家局下达的降本增效目标，全年完成1.95亿元，超额完成国家局下达的任务。

公司切实加强专卖管理。始终保持打假打私高压态势，不断加大真烟非法流通打击力度，深化与公安、海关、边防、海警、邮政等部门的协作机制。2017年，全市共查处案值5万元以上假烟案件185起，破获国标网络案件48起，查获各类违法卷烟67.56万条，依法拘留128人，追究刑事责任61人。

四、紧扣“坚持以人为本”，着力在加强队伍建设上下功夫

公司不断提升职工队伍素质。控制人员规模、人工成本，加强和改进业绩考核。健全覆盖工商企业的培训管理体系；深化商业“星级达标评优”工作；举办“中华卫士杯”第四届烟草专卖管理岗位技能竞赛；推进专业技术技能津贴制，完善有利于调动各方面积极性的激励约束机制。全年新增技师25名、高级技师2名；集团技能队伍高级工以上比例达61.2%，其中工业、商业技师以上比例分别达9.9%和7.6%。

公司不断深化企业文化建设。积极弘扬社会主义核心价值观，不断赋予“和搏一流”企业精神新内涵。聚焦文化传播和文化传承，在《上海烟业报》、上海烟草微信服务号上连载《传奇传世——解密国烟“中华”》一书，引起集团内外极大反响；配合国家烟草专卖局有序推进《新中国卷烟烟标精选集》编撰工作，完成《上海市志·工业分志·烟草业卷》（征求意见稿），进一步发挥“窗口”宣传、展示作用。

公司不断提高群团工作水平。注重发挥“上海工匠”、劳模技师的标杆引领和“传帮带”作用，着力激发广大员工干事创业、担当“大国工匠”重任的主动性、积极性。以“爱我中华”为主题，举办“身边的小数据，集团的大数据”市场信息征集活动；开展“中华梦·上烟情·劳动美”五月综艺歌会等群众性文体活动。坚持“党有号召，团有行动”原则，围绕“从严治团、文化落地、创新实干、重心下移”，持续推进团组织凝聚力工程、素质工程和基础工程建设。强化“科技工作者之家”“星级学组”建设，搭建丰富多彩的学术交流平台，助推集团创新转型、品牌建设。

【2018 年发展趋势】

一、突出市场导向，着力提升市场建设水平

一是持续提升市场营销水平。聚焦精准营销再升级，着力推进品牌转型、市场转型、队伍转型。二是持续提升生产制造水平。聚焦市场与品牌发展要求，探索完善“规模＋柔性”生产组织运行机制。三是持续提升物资保障水平。围绕品牌发展和市场变化，强化原料质量过程控制，优化原料库存结构，精益管控烟叶采购与加工环节质量。

二、突出创新导向，着力增强科技创新能力

一是持续增强技术创新能力。按照“十三五”品牌发展规划，加大重大专项推进力度；加强“四新”技术研究，着力关键技术突破。二是持续完善科技创新机制。围绕“制造一支烟”，持续完善集团科技创新机制，不断优化创新生态、激发创新潜能，提升自主创新能力。

三、推进七项重点工作，着力激发集团改革发展动力和活力

一是推进新品培育，增强品牌发展新势能。二是推进园区试产，打造生产运行新模式。三是推进商业增效，争创“两个全面”新作为。四是推进文化建设，拓展“和搏一流”新内涵。五是推进成本稳控，落实降本增效新要求。六是推进队伍提质，着力素质结构新提升。七是推进规范服务，完善管理监督新机制。

四、全力支撑新“1+3”品牌升级发展，确保集团经济运行稳定增长

牢牢把握“稳中求进”工作总基调，聚焦新“1+3”品牌升级发展，坚持把“品牌保状态”作为经济运行的首要任务，把“高质量”作为可持续发展的根本要求，通过强品牌、重品质、增品种，巩固中华品牌行业高档烟主力军地位，维护中华牌市场份额和状态；通过品牌结构持续提升、中端品牌规模发展、中低规格逐步升级，不断提升集团发展的动能和质量；确保集团经济可持续地稳定增长。

（办公室）

中船上海船舶工业有限公司

【概况】

中船上海船舶工业有限公司是中国船舶工业集团有限公司在上海及苏、皖地区的派出机构，受中船集团公司委托，对中国船舶工业集团有限公司所属上海、江苏、安徽地区企事业单位行使“管理、协调、服务、监督”的职能。

上海地区集中了中船集团绝大部分骨干船厂，造船产量约占全集团造船总量的80%以上，技术和管理水平在国内处于领先地位，具有较强的国际竞争力，承担着中国机电行业出口创汇和海军装备生产的重要任务。

通过多年的发展，上海船舶工业具备建造吨位大中小型，技术含量高中低档的各类用途水上、水下军民用船舶产品、海洋工程产品和配套设备、产品的开发能力、技术能力、生产能力。产品种类从普通油船、散货船到具有当代国际水平的化学品船、客滚船、大型集装箱船、大型液化气船、大型自卸船、液化天然气船、超大型油轮（VLCC）及海洋工程等各类民用船舶与设施。同时在大型钢结构制作等多方面具有优势。

在做大做强造船主业的同时，积极发展壮大修船业、船用配套以及钢机构等非船业务。能够从事从一般海损坞修到大工程改装修理，建造多型号、多系列的大型船用中、低速柴油机，在其他配套产品的开发生产上也取得了骄人的业绩。积极参与上海和全国各地城市的基础建设，先后承接建造上海南浦、杨浦、徐浦、卢浦大桥，上海东方明珠、上海大剧院、浦东国际机场、八万人体育场等为代表的大型市政工程的钢结构制造和安装以及地铁、隧道盾构的制造、维修，为市政建设作出了重大贡献。

【2017 年经济工作情况】

2017 年，上海船舶制造行业积极应对国际船舶市场的深度调整，经济发展稳中有进，实现民船经营生产总体好于预期，多元产业增收创效能力不断提升，创新驱动作用更加突出，供给侧结构性改革初见成效。完工船舶 78 艘，比上年增长 16%；造船产量 845 万吨，同比增长 29%；工业总产值 488 亿元，同比下降 13%；销售产值 488 亿元，同比下降 13%；出口交货值 218 亿元，同比下降 29%；柴油机 152 台，同比下降 37%；功率 259 万千瓦，同比下降 35%；造船主业合同金额 845 亿元，同比增长 74%；其中，签约新船订单 639

万吨，同比增长 4%。

一、经济运行好于预期

2017 年，上海船舶制造行业交船情况明显好转，全年无新增民船弃船，承接新船订单同比增长。承接 22000TEU 超大型集装箱船、双燃料动力 LNG 船、LNG-FSRU、FPSO、VLCC 等一批引领市场的高端船型。民船配套业务取得新进展，沪东重机有限公司中高速主机业务实现突破，营业收入比上年增长 84%。多元产业进一步站稳做实，扩大海外油品业务，海气直供等新业务取得阶段性进展；玖隆物流增收创效能力提升，营业收入比上年增长 38%；着力开拓建设工程总承包市场，首次以 PPP 模式中标四川叙永园区综合体建设项目。

二、创新驱动取得新进展

上海船舶制造行业推进三大主力船型的更新换代，完成新一代 20000TEU、22000TEU 超大型集装箱船设计，实现我国高技术船舶领域首次技术引领；新型薄膜技术 17.4 万立方米 LNG 船和 17.4 万立方米 FSRU 完成研发并实现接单；上海船舶研究设计院联合设计的全球首艘通过船级社认证的 3.88 万吨智能船舶成功交付，实现创新研发模式、商业模式和军民融合模式，形成一批世界先进水平的自主化成果，入选“中国十大智能装备”。沪东中华造船（集团）有限公司联合宝钢特钢完成国产 LNG 船用殷瓦钢研制并通过 GTT 认证，使我国成为全球第二个具备生产供应殷瓦钢能力的国家。上海外高桥造船有限公司加快推进智能制造，全年实施了数字化专管车间、小组立焊接机器人、通用部件焊接机器人、涂装智能化仓库、涂装喷涂机器人、中厚板垂直机器人等 11 项自动化项目。沪东重机有限公司的石岛湾 6PA6 项目获“上海产学研合作优秀项目奖”特等奖。

三、供给侧结构性改革初见成效，两化融合深入推进

江南造船（集团）有限责任公司入选全国首批 50 家两化融合贯标示范企业。沪东中华造船（集团）有限公司以建模 2.0 和两化融合为重要抓手，围绕关键指标，积极推进精细化派工管理、新工艺新技术和中间产品完整性研究等工作。“去产能、去库存、去杠杆”有效推进，企业资产质量不断改善，上海船厂船舶有限公司、沪东中华造船（集团）有限公司中华厂区生产经营安排优化调整。上海外高桥造船有限公司推进豪华邮轮项目，进一步做好设计及建造准备。中船海洋动力智通网正式组建，全面推进实施低速机 PLM 项目、中高速机 MES 项目等两化融合项目。上海地区造修船企业 VOCs 治理实施工作全面启动。

【2018 年发展趋势】

2018 年，中船上海地区重点做好以下工作：继续坚持“随行就市、量力而行、把握节奏、严控风险”经营方针，确保民船产业实现恢复性增长；推动多元产业又好又快发展；加快科技创新实现重点突破；深入推进供给侧结构性改革，持续推进“三去一降一补”重点工作等。

（张水灿）

上海化学工业经济技术开发区

【概况】

上海化学工业经济技术开发区是国家级经济技术开发区，位于杭州湾北岸，规划面积 29.4 平方公里，是以石油化工产品为主的专业开发区，建设形成以乙烯为龙头的循环经济产业链，以化工新材料为主导的特色产业集群，成为全国集聚知名跨国化工企业最多、主导产业能级高端、安全环保管理严格、循环经济水平领先的化工园区，被列为全国重点建设的七大石化产业基地之一，被评为国家首批新型工业化示范基地、国家生态工业示范园区、全国循环经济先进单位，连续数年位列中国化工园区 20 强。2017 年，化工区（包括金山、奉贤分区）共完成工业总产值 1270.71 亿元，销售收入 1319.79 亿元；引进项目投资 6.68 亿美元，完成固定资产投资 37.28 亿元；区内企业实现利润 260.85 亿元，上缴税金 125.54 亿元；万元产值能耗 0.791 吨标煤。截至 2017 年年底，化工区累计批准项目总投资 269.92 亿美元，累计完成固定资产投资 1380.32 亿元。

【2017 年经济工作情况】

一、经济运行总体稳中向好，首次呈现生产与效益双增长良好局面

化工区立足全市发展大局，赢创有机改性硅氧烷、巴斯夫化工催化剂、巴斯夫汽车涂料、升达废弃物处理第三条线等一批装置建成投产，毕克助剂一期等项目开工建设。园区战略性新兴产业总产值占工业总产值约 40%，超过上海市平均水平近 10 个百分点；规模以上工业总产值对上海化工行业的贡献率达 109.4%，拉动全市化工行业增长 2 个百分点，成为上海化工行业排头兵。一是产业高端发展目标逐步明晰。结合上海战略性新兴产业发展要求，编制完成《上海化工区产业高端化发展规划研究报告》，明确园区产业高端发展的重点领域、项目板块和关注方向，建立科学、规范的项目引进前置标准。着力与荷兰、法国等外国驻沪领事馆保持

密切联系和良好沟通，探索开展多领域、多形式的全面深入合作，有效提升化工区在外资企业中的影响力，进一步拓宽招商引资渠道。二是科创平台建设框架基本形成。对接上海建设具有国际影响力的科创中心建设战略，提出建设上海国际化工新材料科创中心的战略构想，牵头成立科创联盟筹备领导小组和工作小组，完成相关建设方案。到年底，已有数十个中试项目提出初步投资意向。三是杭州湾北岸石化区块一体化管理方向明确。在征询市政府相关部门以及金山区、奉贤区意见建议的基础上，将总体思路逐步聚焦到产业、安全、环保、应急等领域的联动统筹上，并进一步完善36.1平方公里的一体化管理方案。

二、安全环保形势基本受控，环境综合整治三年行动任务全面完成

部署落实园区安全应急领域近20项改革创新工作任务，全年未发生亡人事故和较大以上事故，安全环保总体形势基本受控。一是本质安全水平稳步提升。深化第三方安全环保巡检，重点针对化工企业检维修等事故易发环节，加强培训、现场巡检和部门检查力度，及时排摸消除事故隐患。协助市安监局完成园区第一批15家试点企业的电子标签自动识别应用系统，初步实现危化品流动流向信息的动态监管。二是环境综合整治全面落实。全面完成环境综合整治三年行动计划。从源头控制、过程控制、末端治理等方面，积极推进挥发性有机物深度治理，推动14家企业完成22项深度治理任务，园区环境空气中挥发性有机物平均浓度为120.4微克／立方米，比上年下降7.8%。三是生态园区建设持续推进。经过情况汇报、资料核对、现场核查，化工区建设国家生态工业示范园区通过复核评估，环保部专家组充分肯定园区持续推进低碳、绿色、循环发展。园区重点发展可再生能源利用，长浦新电在G3空地建设移动式光伏电站，完成一期20兆瓦容量建设。

三、园区环境持续完善优化，精细化管理服务水平进一步提升

化工区以进一步优化完善营商环境为重点，积极运用互联网＋思维，着力推进供给侧改革工作，不断提升精细化管理服务水平。一是市政工程建设美化园区环境。园区内7条道路大修工程全部完工；舜联路道路和上下水管网工程完工投用；绿化提升改造二、三期工程竣工验收；防护林提升改造、生态湿地改造一期项目工程完工；封闭式管理工程的围网施工全部完成。二是公用配套保障能力不断增强。园区废料处理第三条线正式投入运行，并获得市环保局颁发的12万吨／年危废经营许可证，大幅度提高了园区废料就地处理的能力；园区码头二期一阶段工程投入试运行，并实现了口岸临时开放接靠外轮。中法水务公司污水处理一至四期提标改造项目建成投运，确保园区污水按新标准达标排放。三是智慧园区建设重点有力推进。全面启动智慧园区重点项目，分别与上海电信、上海移动、上海信投等6家公司签署战略合作框架协议，合力推进智慧园区建设。以智慧生产、智慧政务、智慧服务三大应用系统建设为突破口，形成了4G无线专网、智慧园区门户和大数据决策中心等智慧园区基础设施项目工作方案，并获2017年首批上海工业互联网创新发展专项资金支持。四是园区企业减负举措初见成效。协调赛科、科思创等园区企业参与本市首轮电力直接交易约13亿度，节约用电成本超过2600万元；推进天然气价格三轮下降全年降低园区企业生产成本约1.3亿元；推进漕泾热电公司与上电漕泾公司开展协同合作，进一步降低蒸汽使用成本，全年下降使用成本约3200万元；督促相关公用工程企业通过降价让利、优化结构、改进运行等方式，为园区企业降低公用工程使用成本约2000万元。

【2018年发展趋势】

2018年，上海化工区将深入贯彻市领导提出的“建设最高标准、最严要求、最好水平的世界级化工产业基地”指示精神，努力打造化工产业的“上海制造”品牌，保持园区经济持续健康发展。

全年预期批准项目投资6亿美元以上，销售收入1250亿元，固定资产投资40亿元，缴纳各类税收125亿元。

全年要重点抓好以下主要工作：

一、稳增长、防风险，确保园区高质量发展

保证生产和运行安全受控。切实做好生产安全、交通安全、消防安全、食品安全等安全防范工作，确保不发生重特大安全事故。

保障区域综合环境持续改善。建设园区污染源指纹库，提升环境突发事故和环境中污染物异常变化的溯源能力。

保持园区企业经济效益和质量。确保园区主要经济指标继续保持良好增长势头。努力争取计划外项目落户，力争完成年度招商目标。

二、调结构、转方式，加快园区提质升级

推动化工产业集聚。主动承担上海化工产业结构调整责任，积极推动符合产业导向的资源、项目向化工区集聚。禁止高污染、高耗能、技术工艺落后的项目进入园区。

推进园区高端发展。对标国际一流，进一步推进化工产业向产业链、价值链高端迈进。实施高端项目招商策略，以化工新材料和高端专业化学品为重点领域开展招商选资工作。

三、重创新、求实效，提升园区综合实力

全面启动园区科创平台建设。加快推进“上海国际化工新材料科技创新中心”建设，力争成为上海科创中心的重要承载区。完成科创平台建设方案，研究制定出台相关扶持政策，探索创新类项目评估、审批、管理机制。

加快智慧园区项目建设进度。制定智慧生产、智慧政务和智慧服务等新一轮项目建设计划，深化与中国电信、中国移动、上海仪电集团等单位的合作，依托第三方力量，推进云机房、大数据中心、无线专网等智慧园区基础设施项目建设。

推进园区与周边融合发展。推进综合帮扶、“好邻居、双结对”、爱心助医、公众开放日等品牌活动，让周边地区更好地分享园区发展成果，力争成为全国化工园区责任关怀工作的示范，进一步提升化工区的影响力。

（方 敏）

国网上海市电力公司

【概况】

国网上海市电力公司隶属于国家电网公司，是从事上海地区电力输、配、售的特大型企业，统一调度上海电网，参与制定、实施上海电力、电网发展规划和农村电气化等工作，并对全市的安全用电、节约用电进行监督和指导。国网上海市电力公司管辖的上海电网位于长江三角洲的东南前缘，北靠长江，东临东海，与江苏、浙江两省接壤。供电营业区覆盖整个上海市行政区。至2017年年末，国网上海市电力公司直接管辖各类电网企业、发电企业、施工、科研、医院、能源服务、培训中心等单位26家，职工13695人，代管单位1家。服务客户1055.9万户。

【2017年经济工作情况】

截至2017年年末，全市发电装机容量为2399.7万千瓦，最大市外来电1629.7万千瓦，最高用电负荷3268.2万千瓦，实现售电量1276.51亿千瓦时，同比增长3.36%。全市35千伏及以上变电站961座，变电容量17423万千伏安，输电线路23507千米。2017年，公司被评为全国文明单位和上海市文明行业，并连续17年获得上海市政风行风测评和12345市民热线考核成绩第一名。

一、安全生产保持长周期平稳局面

全面开展安全生产大检查、安全生产问题清单专项梳理、配网设备“两排查一整治”“电力建设工程施工安全年”等活动，发布管控电网和施工风险预警约1500项，及时消除枫泾、华新换流站、杨高主变等严重隐患，反违章检查现场3000余个。经受住了夏季极端高温、冬季供气紧张等考验，圆满完成党的十九大、中共一大会址、全国“双创周”等87项重大保电任务。率先采用政企联合查评方式开展应急能力建设评估。电力设施偷盗案发数和直接经济损失两项指标同比分别下降42.1%和42.8%。宣贯《网络安全法》，健全网络信息安全工作机制，建成风险监控预警平台。

二、电网规划加快落地

配合完成国网公司与市政府签订战略合作协议，配合编制国家“十三五”主网架规划衔接评估报告和上海“十三五”电力规划，优化公司发展战略和电网规划。100项35千伏及以上项目获得核准。国内第二座全地下500千伏虹杨输变电工程历时五年成功投运。顺利完成崇明电厂送出等15项220千伏工程、津航等37项110千伏工程和全部43项小城镇（中心村）电网改造升级项目。平稳开复工220千伏亭大、110千伏大康等8个受阻工程。世界一流城市配电网建设启动实施，推进配网不停电作业管理提升，配网自动化覆盖率突破50%。110千伏模块化建设变电站率先实现全标准化。格构式跨越系统、盘扣式脚手架全面推广应用。2个项目获评国网公司创优示范工程。

三、经营效益稳中有升

加强精益管理，率先建成应用成本费用储备库，全年压降银行账户27个，压降“两金”5亿元，委贷净收益1.27亿元；完成110千伏北水变电站整站招标试点，全年集中采购239亿元，废旧物资处置回收1.25亿元。央企二级单位中首次同获中美英权威机构三项管理会计大奖。与全市98个区级以上园区签订共建协议，业扩平均接电周期、结存项目容量分别下降11%、90%，市场占有率提升2.4个百分点。替代电量超额完成，达46.6亿千瓦时。追补电费和违约使用电费近1亿元、同比增长64%。

四、客户智慧服务工程成效显著

打造“慧用电”品牌，智能交费推广突破100万户，线上交费比例、办电率分别达到75%、96%以上，包揽“互联网+”技能竞赛团体、个人一等奖，1人获评国网公司“十佳服务之星”。政府实事工程广受好评，3年315万户“光明工程”圆满收官，30万户“多表集抄、多单合一、多费合收”提前完成。建成56个“全能型”供电营业站、4个国网五星级乡镇供电所。有责投诉、重复投诉同比分别下降21%、80%。故障修复时间缩短17%。打造洋山深水港、外高桥集装箱码头8兆瓦岸电、安缦酒店一期综合能源等示范工程，浦东、虹桥两大国际机场实现廊桥APU全覆盖。建成中心城区2公里服务网络，建成上海首座光储充一体化充电站，全市新能源汽车年充电电量突破2亿千瓦时。

五、创新能力不断提升

UPFC、崇明智能电网综合示范工程等国家级项目通过验收。牵头完成钠硫电池储能等3个总部项目，成功立项国产公里级高温超导电缆、深远海风电并网等13个总部项目。主导编制的我国首个变压器行业IEC技术标准正式发布。首批通过国网公司技术标准创新基地验收。首家通过电网资产实物统一身份编码试点验收。联合复旦大学建成电力大数据实验室。开展“卓越管理年”活动，构建一体化精益管理体系，形成卓越管理案例74篇。发布东京电力对标成果和三年行动计划。获国网公司和上海市科技奖36项、创新奖3项。获国家专利授权199件，并首获中国专利优秀奖。

六、治党治企从严要求

扎实推进“两学一做”学习教育常态化制度化。全面实施党的建设“旗帜领航·三年登高”计划，将党建工作纳入公司章程，进一步规范公司各级党组织议事决策机制，健全党建工作机构设置。抓好巡视巡察，实现供电公司内部巡察和基层单位党风廉政建设约谈“两个全覆盖”。高质量完成问题清单梳理全覆盖。1项课题获得第四届全国基层党建创新最佳案例；1人当选党的十九大代表；1人获评全国五一劳动奖章；几人获评“中国好人”和国网公司特级劳模；3人获评国网公司劳模；1个班组获评“全国巾帼文明岗”；16个单位、个人和集体获评上海市、国网公司五一劳动奖状、奖章和工人先锋号。获评上海市和国网公司劳模技师创新示范工作室7个；第二批“上海工匠”3人、专家领军人才10人。多人荣获市首届企业法务技能大赛一等奖。

【2018发展趋势】

2018年，公司将全面贯彻落实中共上海市委、市政府和国家电网公司党组决策部署，围绕新时代目标，落实高质量发展要求，坚持需求、问题、效果“三个导向”，在更高水平上推进党建登高，以管党治企、安全服务、改革创新、提质增效“四个新作为”，实现基础更牢、动力更强、质量更优、效率更高的可持续发展，全面推进具有卓越竞争力的世界一流城市能源互联网企业建设，为支撑国网公司做强做优做大，服务上海经济社会发展作出新贡献。

一、全力确保安全生产和优质服务

贯彻国网公司安全生产领域改革发展实施方案，健全全员安全生产责任制，扎实推进安全生产问题清单专项梳理，严格现场安全监督检查。做好全国两会、纪念改革开放40周年、首届中国国际进口博览会等重大保电工作。加强基坑开挖、铁塔组立、带电作业、跨越施工等高风险作业现场管控，坚决遏制重特大事故发生。推广应用高端设备，抓好设备质量保障，提高电网装备水平。深化电力监控系统网络安全管理平台应用，增强新技术、新业务信息安全防护能力。

二、高质量推进电网建设

对接上海城市总规和各区战略规划，推动国网公司和上海市战略合作协议、上海电网“十三五”规划全面落地。年内核准新余、三林主变扩建等500千伏项目，以及申瑞、宝安等4项220千伏项目。推进黄渡主变增容、奉贤调相机等5项500千伏项目。按期投运东煦等81项迎峰工程。加快世界一流配电网建设，完成11个试点区域网架优化，新一代配电自动化系统覆盖率提升至100%。按计划推进华力微电子等市政重大工程电力配套项目。推广三维设计、模块化建设、机械化施工，实现“三通一标”全电压等级覆盖。

三、积极推动改革创新

有序推进电力市场建设，完善交易组织形式、优化交易和结算流程，拓展和创新交易品种直接交易电量突破150亿千瓦时；加快推进上海现货交易市场建设，确保中长期与现货交易有效衔接。开展电价改革首个监管年度成本模拟清算。配合完善省级电网、区域电网、跨省跨区专项工程和增量配电业务电价形成机制。加大创新力度，着力打造“现代智能城市电网综合创新”双创示范工程。组建国网上海智能电网研究院。广泛开展群众性技术革新、发明创造。

四、强化从严治党治企

推进党建工作标准化、流程化、信息化、专业化，实现党建与发展深度融合。细化落实“两个责任”清单和权力清单，强化重点领域、关键岗位廉洁风险防控，持之以恒落实中央八项规定。建设“五个过硬”的干部队伍。落实三年人才规划，实施员工能力素质提升工程，探索开展补差型、发展型、个性化培训。严格执行重大决策合法性审核，推进法律服务保障中心建设，扎实推进问题清单梳理全覆盖，完善纪检监察、审计、财务、法律以及专业部门协同监督网络。

（龙　飞）

上海漕河泾新兴技术开发区

【概况】

上海漕河泾新兴技术开发区（以下简称漕河泾开发区）是1991年3月经国务院批准设立的首批国家级高新技术产业开发区，也是国家级出口加工区，中国服务外包示范基地。2017年，漕河泾开发区深入贯彻落实中共十九届一中全会精神和习近平总书记系列重要讲话精神，积极把握上海服务国家“一带一路”建设发挥桥头堡作用的历史机遇，把握“巩固提升”总基调，集聚资源、联动资本、管理挖潜、改革创新，加速推动漕河泾开发区“三个转型升级”，全面推进中长期发展战略规划落地，实现市场提效、专业提质、标准提升、发展提速，充分发挥“一带一路”桥头堡与科创中心重要承载区的战略叠加效应。

【2017年经济工作情况】

一、汇资源、促转型，科创驱动提速发展

经济指标全面上扬，转型发展蹄疾步稳。园区经济指标继续全面上扬，主要经济指标均达到两位数以上增长，其中地区生产总值完成1133亿元，比上年上升14.3%，营业收入3240亿元，上升10.5%；利润总额316亿元，上升14.5%；进出口总额96亿美元，上升14.8%；税收总额140亿元，上升33.3%，发展势头十分强劲。

在经济强劲增长的同时，开发区产业结构继续优化，三产收入达2430亿元，同比上升13.9%，占到开发区总收入的3/4。行业布局也更加均衡，重点行业发展稳定，第三产业增加值完成943亿元，同比上升16.3%。项目引进平稳且保质保量，进口、出口总额也一改近年低迷态势，分别同比增长26.4%和6.6%。

构建隐形冠军“强磁场”，引资引智快马加鞭。2017年立足开发区“一五一”产业，加强对世界500强、一部三中心、行业隐形冠军的引进，不断创新招商模式，努力拓展招商引资渠道，在我国实际利用外资规模整体下降的外部环境下继续成为吸引外资的“强磁场”，引入世界500强3家，外资项目注册资金（含增资）2.43亿美元。

年内新引进项目85家、新注册项目135家，注册资金折合人民币合计33.79亿元。3家世界500强分别为全球第二大电脑营销公司TECH DATA，太阳能、光电子领军企业韩华集团，汽车零部件生产企业三井金属爱科特地区总部、研发中心；行业龙头及隐形冠军10余家，包括中国最大互联网安全公司奇虎360上海研发中心、风电设备国内第二名明阳风电上海研发中心，磁性与光学记录体全球第一东电化兰达上海研发中心、三维光学仪器全球第一布鲁克上海分公司，以及智能仓储机器人公司快仓智能、肿瘤免疫细胞治疗公司亘喜生物科技、工业4.0公司赛往云信息技术等等。

此外，历时8年、总投资5亿美元的上海国际嘉会医院也于年内开业，成为申城首家三级规模的外资综合型国际医院，让沪上居民不出国门即享世界级的品质医疗。

二、固优势、塑品牌，科创建设统领发展

双创服务紧抓优质项目，试水孵贷投联动。“孵”，园区所有孵化空间全面升级，国际孵化中心全面完成“腾笼换鸟”，引进中央千人计划企业2家，基地共有428家企业（项目），其中获得千万级以上的融资企业13家。完成87家高新技术企业认定。服务覆盖至仪电集团旗下华鑫置业、闵行区高校、科研院所、贝岭集团、上海应用技术大学、上海大学、同济大学特种土木工程技术研究所等等，承办上海市2017国际创新创业大赛，组织园区企业参加上交会等8场交流活动。总公司被评为“上海市高新技术成果转化工作先进集体”。“贷”，中小企业融资平台升级，与上海银行总行签约，银行参与主体由支行升级为总行，上海银行和交通银行分别成立了科技金融特色支行和漕河泾科技金融服务中心，服务漕开发融资平台。通过对60家次企业共计3.2亿元的贷款授信。“投”，漕河泾天使基金完成建章立制，实现了首个投资项目的成功落地。总规模50亿元的“漕河泾东方科创基金”由漕河泾开发区、东兴投资、大连亿达和上海万科等机构共同投资成立，第一期规模拟定为5亿元。举办9场融资对接会，帮助12家企业与60多家次创投公司或券商直投等机构实现对接融资需求。开发区新增10家企业上市或挂牌。其中主板2家，创业板IPO企业2家，新三板挂牌企业5家，OTC1家。

此外，年内漕河泾国家知识产权试点园区通过验收，区“知识型服务业产业集群”获批国家科技部火炬中心2017年度创新型产业集群试点（培育）单位。上海知识产权交易中心、上海商标审查协作中心挂牌开业，开发区正成为上海知识产权服务链最完备的区域。开发区企业累计申请专利28254件，其中发明专利申请15703件。园区每万人拥有发明专利数为235.3件，比肩国外科技创新发达地区。新版高新区科技创新创业服务标准编制完成，并于11月通过国家级服务业标准化试点项目验收。

科创形象深入人心，品牌影响与日俱增。开发区年度科创大戏——漕河泾科创嘉年华活动历时4个月，来自全球的近500个项目参与，50多家世界500强企业，60多场各类活动，50多位嘉宾评委，30多个国家和地区2万余人次观众，300余家媒体关注，1000多万媒体浏览量。在10月26日嘉年华开幕式当天，新华社6文连发，分别在参考消息、新华每日电讯、新华网、新华社手机客户端多维度报道漕河泾开发区。10月27日，嘉年华英文稿在澳大利亚、美国、英国和法国以英法双语同时发布，并在第一时间被当地主流媒体、门户网站及重点新闻信息服务广泛转载落地，总量逾近300家次。

国际合作渐成规模，一带一路跨界合作。一是推动联合孵化空间建设。与中国加速（China Accelerator）、德国黑森州、俄罗斯LargaGroup科学园、澳大利亚昆士兰大学、硅谷孵化器GSVlabs、伊朗马赞达兰科技园、克罗地亚瓦伦日丁科技园、匈牙利领馆、俄中战略投资基金（RCFSI）、俄亥俄州立大学费雪商学院均达成合作意向并有优质项目落地漕河泾。在国际科技园协会（IASP）第34届世界大会，分享漕河泾对“开放创新平台”的尝试，提高漕河泾的国际知名度。举办第20届国际企业孵化器培训班，邀请一带一路沿线20多个国家40余名学员探讨“创新生态栖息地的最佳管理实践”，向发展中国家宣传和传授漕河泾经验。二是推进开放创新平台建设：与思科（中国）共建“漕河泾－思科创新实验孵化空间”，与英国ARM公司旗下安创空间签署战略合作协议，与标致雪铁龙（PSA）和交大－巴黎高科卓越工程师学院举办中法人才培养交流会等等，微软（中国）Build Tour 2017年开发者大会在开发区举行。同时，与圣戈班集团创建联合跨境加速器，与默沙东、3M等知名企业合作，助力对接医疗、健康大数据、可穿戴设备、新材料等行业的优秀项目。

三、拓能级、优结构，科创空间夯实发展

园区建设施工面积创历年之最。2017年，开发区本部项目施工总面积53.8万平方米，创开发区历年之最。其中“中环航母”新洲大楼、科技绿洲三期五、三期一已竣工并获得美国绿色建筑协会认证LEED金奖；光启园四期、桂谷大楼开工，研发中心二期获得上海市白玉兰奖。

园区管理提升营商环境。年内通过国家生态工业示范园区复查评估，荣膺2016年度国家级经济开发区绿色发展最佳实践园区。

【2018发展趋势】

全年重点做好以下几方面工作：

一、积极对接国家战略，建设科创中心重要承载区

1．跟踪新技术，引进培育新兴产业。

2．搭建新平台，创新科技服务模式。

3．建设新社区，积极融入国际化创新创业生态圈。

4．打造新品牌，积极发展漕河泾科技服务输出新业务。

二、积极对接园区企业，提升服务体系竞争能力

1．在服务集团和漕河泾发展要求基础上，进一步明确各子公司发展定位。

2．建立规范的服务标准体系。

3．因企施策，支持服务公司“走出去”发展。

4．探索体制机制突破。

三、积极对接区域伙伴，战略谋篇拓展空间

1．对接徐汇、闵行、青浦等区，落实近期土地储备，力争未来两年新增土地储备约1000亩。

2．对接宝山等潜在发展区域，积极研究寻求合作机会。

3．对接浙江海宁、江苏南通等上海周边区域，主动谋划长三角城市群内布局。

4．响应商务部、市政府和集团要求，积极对接贵州遵义、江西赣南等革命老区，寻求点上示范有所突破。

（任 朕）

上海锅炉厂有限公司

【概况】

上海锅炉厂有限公司（以下简称上锅）是新中国最早创建的专业设计制造电站锅炉的国有大型企业，隶属上海电气集团，公司位于上海市闵行区华宁路250号，占地面积52万平方米，建筑面积25万平方米，在册员工数约2100人。锅炉产品容量涵盖5万千瓦－124万千瓦，主要产品涵盖亚临界到超超临界参数，电站锅炉年制造能力达2700万千瓦，是世界上最大的电站锅炉岛、环保岛、化工技术与工程、锅炉改造、太阳能发电、垃圾（生物质）处理、工业锅炉等产品和服务的重要提供商之一。公司具有一支强大的设计、制造和服务管理团队，拥有国内外同行中一流的制造、检测设备，建立了全面可靠的质量保证体系，产品质量达到国际先进水平，产品遍及国内各省、市、自治区，行销世界20多个国家和地区，并创下数十个“中国第一”，正逐步成为“国内第一、国际一流”的世界级企业。

【2017年经济工作情况】

2017年，按照上海电气电站集团战略部署，持续做好补短板、降低盈亏平衡点工作，并结合市场形势变化，振奋精神、真抓实干，对公司运营中的难点、关键点进行深入突破，有效提升市场竞争力和客户满意度，实现2017年各项发展目标。

在销售支持与市场开拓方面，上锅不断加大技术支持、项目追踪等销售工作力度。通过梳理制定产品技术发展规划、协办循环流化床锅炉技术年会、编制产品综合样本，有效扩大了市场影响力。主动转变工作思路、积极开拓新产业市场。根据市场趋势和技术优势系统梳理产品体系、创新销售模式，形成销售持续突破的动力。2017年先后承接平山、泛海、巴基斯坦、上海闵行，卡塔尔、江苏海力、西堪共和等一批能够代表技术先进性和市场影响力的项目。

在技术发展方面，上锅高度重视以技术创新支撑产业转型，在同行竞争中保持优势。上锅不仅在传统技术上寻求突破点，而且注重新产业领域技术创新，努力践行以客户为中心的技术发展理念，从已投运、在手及前瞻性产品和技术等三个层面着手，不断深入推进产品标准化、系列化工作，全面打造公司技术竞争优势。2017年重点进行两大专项产品的优化和改进工作，在对前期项目专题分析和逐个提出优化方

案的基础上，将在后续的一系列产品中落实。

在项目执行方面，上锅持续推进计划协同管控体系落地，注重加强各级、各类计划间的衔接与配合，减少项目执行偏离度。还针对项目特点，优化项目管理模式，通过合同分解筛选项目执行难点，梳理产品实现的关键问题并制定处理预案。同时利用信息化手段集成产能平衡、制造进度、配合件信息等数据，全面把控项目状态，有针对性地进行管控，有效保证项目周期要求、风险管控要求。

在制造转型方面，上锅根据“两头在沪、中间在外”的战略部署，整体规划调整公司生产能力布局，从设立制造基地、推动供应链战略合作、转型智能制造等多方面入手，研究探索新的生产组织模式，全面提升产品实现能力。上锅围绕公司战略规划梳理核心技术和核心装备制造能力，同时设立上锅制造基地，创新上锅制造体系结构。并不断推动制造智能化进程，深入开展新产业产品生产制造模式的组织策划，塑造具有明显优势的工艺研究能力和智能制造能力，确保公司产品的市场竞争力。

在降本增效方面，上锅立足产品全生命周期系统管控，形成系统成本管控清单。一是以“有始有终、抓大不放小”的项目追踪原则，对排产项目进行成本预测、成本跟踪、成本分析，确保对火电项目、自接项目、服务项目等所有产品系列的全覆盖。二是在保留核心产能的前提下，制定最优成本方案，实现现有资源盈利最大化，有序推进非核心制造梯度转移，减轻企业负担。三是针对三类关键存量产品进行行业成本对标以及新方案经济性评估，设置专项课题、专人专管，从技术方案、制造模式、供应链体系等方面进行优化，打造经济分析先行、竣工总结收尾的管理机制，提升产品盈利能力。

在质量管控方面，上锅从首尾齐抓实现过程严控。一是抓好前期策划，抓住结果成效。在职工中大力提倡“人人都是质检员，人人都为质量把关”的理念，并以“四心”理念和工匠精神为主题，围绕质量文化开展系列活动。二是强化过程控制，提高过程输出质量。通过聚焦设计过程、关注采购过程，优化设计提升产品质量运行可靠性、制定相关协议提高机配件供应商的履约率。三是审视制造过程，强化管控手段。进一步调动制造车间的主体责任，强化车间管理者及操作者质量意识，实行部分质量过程管控职能移至车间，保留质量专业检验职能，提高管控的精准度，强化专业检验节点的有效性。同时，推行“放行单制度”，对外加强过程监检。

在客户服务方面，上锅通过有效落实客户服务首问责任制，增强全员的服务责任意识，提高对问题的敏感度、判断力、响应速度和处理能力，建设并完善客户服务平台。以深化“管家式”服务，继续实行“定人、定域、定点、定线、定期、定时”的“六定”精细化服务，实施主动式的“13691”服务计划，探索多样式的服务套餐，完善售前、售中、售后的全流程高效服务体系。把客户需求和利益放在首要，打通现场信息到技术优化的工作渠道，形成服务不断提高、产品不断优化的良性循环，提供贯穿产品全生命周期、不断增值的服务。

在人力资源管理方面，上锅紧扣公司发展战略，深入推进绩效管理与职级体系、薪酬体系的建设，有效加强了公司人力资源管理与配置。通过构建人才引进、培养和管理机制，有效提高了人才队伍建设与企业发展的契合度。全面深化岗位职级体系建设和“五定”工作，优化并形成金字塔型的人才结构。开发出一套专业性与实用性兼具的课程体系，打破专才和通才的界限，培养和提升全员能力，进一步推动人才培养的系列化、规范化、模块化。

在安全管理方面，上锅以加强“企业安全生产领导力建设”为工作重点，抓住一级安全生产标准化周期性复评、创建尘毒危害治理示范企业的契机，固化有效做法、创新管理方式，积极打造“以理念渗透实现安全自悟，以制度约束实现安全自制，以行为影响实现安全自觉，以诚信示范实现安全自律”具有自我修复功能的安全生态文化，不断完善公司安全生产和环境保护教育体系，强化安环监管措施，确保企业的稳定健康大环境。

【2018 年发展趋势】

为确保上海电气“三步走”、电站集团“四个转型”战略目标实现，上锅提出“三个转变”战略，并明确“做优做强主业、加速推动转型，力争实现‘三个转变’，成为国际一流企业”的工作目标。即：持续提升优势存量主业市场竞争力、重塑行业领军地位，快速发展新兴增量业务、挖掘新的销售增长点，实现从以煤电为主向以煤电为基础、环保、化工工程与技术、以及可再生能源起重要支撑的行业转变；从国内市场为主向国内外市场并重的市场区域转变；从以设备制造为主向核心技术、核心设备、系统方案和工程承包提供商的市场角色转变，最终成为真正国际化运营的一流企业。

上锅将抓住达成技术协议彻底解决海外知识产权风险的机遇，在国际市场上积极争取订单。同时，将国际贸易业务范围从传统业务向锅炉岛、环保岛、太阳能光热等增量业务同步延伸，不断提高新兴业务、海外业务规模占比，以国际项目为能力建设平台，全面优化公司管理体系和流程，加快公司国际化进程，以“存量＋增量”协同的产业升级破解发展难题。

（丁纪元）

沪东重机有限公司

【概况】

沪东重机有限公司公司创建于1958年，现为中国船舶工业股份有限公司全资子公司。1958年公司成功制造出中国第一台船用大功率低速柴油机，1974年自主研制出中国第一台船用大功率中速柴油机，1978年起，陆续引进国外著名品牌大功率中、低速柴油机。经过近60年的风雨洗礼和历史积淀，沪东重机已经成长为国内最具实力的船舶动力装备企业。随着公司规模的扩大及业务的不断拓展，公司下属有中船动力研究院有限公司、上海中船三井造船柴油机有限公司，中船海洋动力部件有限公司，上海沪东造船柴油机配套有限公司，上海沪江柴油机排放检测科技有限公司等5家投资企业。

公司经营范围：船用柴油机及备配件、铸锻件的设计、制造、销售；陆用电站、冶金设备、工程机械等成套设备、机电设备的设计、制造、安装、维修；相关的技术服务与咨询；建设工程钢结构制作及经商务部批准的进出口等业务转变为：船用柴油机及备配件、工程机械成套设备、电站设备、机电设备、铸锻件和非标准钢结构件的设计、制造、销售、安装、维修、及相关的技术咨询和技术服务，金属制品的检测服务，仓储（除危险品），贸易经纪与代理，从事货物与技术的进出口等业务，新增了金属制品的检测服务、仓储(除危险品)、贸易经纪与代理等业务。

公司在船用低速柴油机动力领域具有雄厚实力，大型船用主动力柴油机制造居国内龙头地位、跨入世界一流阵营。产品随船出口世界各地，获得良好的市场声誉。公司低速机产量位列世界第二，国际市场占有率达22%以上。秉承深化军民融合的理念，公司已形成完整的中、高速机产品系列，并逐步加大军工能力建设。大功率防务主动力中速机国内份额第一，并开始进入高速机制造领域。部分重件制造水平达到国内领先。成套设备方面，公司建造的地铁盾构、柴油机陆用电站以及为通用电气公司配套的产品已拥有良好的市场业绩，核电应急机组、动力系统打包等产品也逐步获取订单、打开市场。

1998年至今公司被认定为上海市高新技术企业，2004年被认定为上海市企业技术中心企业，2005年被认定为国家级企业技术中心（分中心），2009年被正式认定为“国家级企业技术中心”，成为“国家船舶动力工程实验室”的成员。公司通过中国新时代认证中心GJB9001B−2009认证，获得国家核安全局颁发的民用核电安全电气设备设计许可证和民用核电安全设备制造许可证。2017年，沪东重机获得中国制造业“单项冠军示范企业”称号。

【2017年经济工作情况】

2017年，公司深入学习贯彻党的十九大精神，在以习近平同志为核心的党中央的坚强领导下，牢固树立“四个意识”，全面贯彻落实集团公司年度工作会议上提出的“改革创新、开放合作、调整结构、持续发展”的工作方针，坚持以“做稳主业、效益导向、强化管理、质量至上”为战略导向，通过改革、创新、人才、资本和管理的“五轮驱动”，实现经营效益持续增长、企业优质运营的良好态势。

2017年，公司完成工业总产值40.1亿元、营业收入45.8亿元、利润总额2.1亿元，同比增长1.7%，柴油机完工152台/352万马力。完成经营承接48.9亿元。柴油机承接172台/336万马力/43.9亿元。其中，中、高速机主机承接再获重大突破，达到60台/48万马力/10.3亿元，同比增长分别为18%/22%/42%；低速机承接112台/288万马力/33.6亿元，同比增长分别为18%/4%/12%，市场占有率继续保持全球第二。

【2018年发展趋势】

2018年，公司主要经济目标：工业总产值46.6亿元，主营业务收入51.7亿元，承接金额60.4亿元，柴油机商品168台/370万马力。

工作指导思想：深入学习贯彻落实党的十九大精神，以习近平新时代中国特色社会主义思想为指导，坚决贯彻中央经济工作会议和集团公司2018年党的建设暨年度工作会议的各项部署，坚持质量第一、效益优先，坚持稳中求进工作总基调，稳增长、调结构、控风险，抓创新、补短板、强弱项，全力以赴、真抓实干实现新作为，推动公司持续优质、全面发展，呈现“十三五”承上启下、继往开来新气象，为实现中华民族伟大复兴的中国梦作出新贡献。

主要工作：以党的政治建设为统领，始终与党中央保持高度一致；坚持正确选人用人导向，激发人才活力支撑企业转型；持之以恒将纪律挺在前，以钉钉子精神落实巡视整改；坚定不移落实战略执行，打造“中船海洋动力”世界品牌；三大融合（军民融合，履行强军首责；业财融合，促进业务发展；两化融合，提升企业实力）助力转型升级，促进全面深化改革成效显现；认真做好晒态势、促提升，稳中求进持续推动公司发展；真抓实干开展重点工作，全面完成各项年度经济指标；深入推进转型专项工程，攻坚克难确保规划落地。

（陈大坤）

上海外高桥造船有限公司

【概况】

上海外高桥造船有限公司成立于1999年，是中国船舶工业集团旗下的上市公司中国船舶工业股份有限公司的全资子公司。公司全资拥有上海外高桥造船海洋工程有限公司、控股上海外高桥海洋工程设计有限公司、上海中船船用锅炉有限公司、中船圣汇装备有限公司和中船邮轮科技发展有限公司。上海外高桥造船有限公司已成为业内最具规模化、现代化、专业化和影响力的造船企业之一。

公司主要经营范围覆盖民用船舶、海洋工程、船用配套、能源及化工装备设计、制造等领域，在好望角型散货船、超大型集装箱船、大中型原油船、超大型液化气船、大型豪华邮轮、半潜式／自升式钻井平台等船海产品领域的设计建造能力突出。公司累计承建并交付的好望角型散货船占全球好望角散货船船队比重的14%，是中国船舶出口“第一品牌”；30万吨级超大型油轮VLCC累计交付量占全球VLCC船队的8.3%；公司已交付3艘18000TEU超大型集装箱船和多条8.3万和8.5万立方米大型液化气运输船。在建的民用产品还有20000TEU、21000TEU、22000TEU超大型集装箱船，苏伊士油轮和冰区加强型阿芙拉油轮等。在海工装备领域，公司承建的产品有海上浮式生产储油轮（FPSO）、深水半潜式钻井平台、自升式钻井平台（Jack-up）、深水钻井船、海工辅助船（PSV）等。截至2017年年底，公司累计交付的各类船舶、海工产品超过420艘（座）。根据中船集团的统一部署，公司已经开始筹备国内首制豪华邮轮项目的设计和建造。

【2017年经济工作情况】

2017年，公司实现工业总产值114.2亿元；营业收入94.4亿元；营业成本81.0亿元。

公司超额完成全年的经营接单任务，全年新船承接24艘／493.36万载重吨，按载重吨计位居国内第一、世界第三；全年完工交船31+（1）艘／625.2万载重吨，其中交付好望角型散货船16艘、油轮12艘、8.5万方VLGC2艘、40万吨VLOC1艘，为公司第三历史高位，位居国内第一、世界第四。手持订单58艘／1314.78万载重吨，位居国内第一、世界第二。公司三大造船指标继续保持国际造船企业前列。

2月22日，在国家主席习近平和来华访问的意大利总统马塔雷拉的见证下，中船集团与美国嘉年华集团、意大利芬坎蒂尼集团三方共同签署国产大型邮轮建造备忘录协议（MOA），确认中国首艘国产大型邮轮将在外高桥造船公司建造。

2月28日，公司为招商能源运输股份有限公司建造的31.8万吨超级原油运输船“凯旋”号在外高桥交付，该船是公司建成交付的第400艘商品船。

6月24日，外高桥海工与荷兰SBM OFFSHORE在外高桥造船签订FAST4WARD新型200万桶FPSO船体EPC总包合同。

9月19日，外高桥造船、沪东中华、中船国贸与法国达飞集团在法国马赛共同签署9艘2.2万箱集装箱船建造合同。

12月13日，公司为中船租赁有限公司建造的世界最大、国内首艘8.5万方超大型液化石油气体运输船在长兴重工交付，这是长兴重工自成立以来交付的第100艘船。

2017年，公司根据国内外市场现状和发展趋势，围绕国家政策以及公司的经营战略和发展规划，积极组织科研力量进行多装备、多船型技术研究。年内，外高桥造船在研重点科研项目40项，邮轮科技在研重点科研项目3项。专利申请131项；发明专利申请39项；专利授权87项；发明专利授权45项。

【2018年发展趋势】

2018年主要经济目标：工业总产值88.2亿元；营业收入65.13亿元；造船完工13艘／355.8万载重吨

主要工作措施：

一、提前策划、重视考核

在确保安全和质量的前提下，坚定不移推进保节点、保交船，做好内部资源挖潜、重视新产品策划和生产技术准备，强化生产计划的执行力，深入推进建模2.0，在策划、措施、考核上下功夫，按质按期完成年度各项生产计划，同时与船东保持密切联系，确保合同款项收取入账，为保效益提供强有力的支撑。

二、随行就市、争夺订单

本着经营接单项目毛利和现金流为正的效益要求，深化对市场形势的研判，把握好随行就市与争订单的关系，创新经营思维，丰富经营手段，把盈利作为经营工作的核心，充分发挥公司在产品设计、建造及品牌等方面的优势，争取承接项目的价格及船东质量保持行业领先。

三、苦练内功、控制成本

从采购成本、加工费、专用费等方面出发，在降低采购成本、减人增效、提高管理效率和生产效率等方面全面发力，并认真做好大宗物资商品价格评估、汇率风险防范工作，千方百计把各项成本降下来。

四、注重研发、科技引领

在稳固主流船型品牌的同时继续加大对新船型的研发和储备，做好油轮产品升级换代，集装箱产品设计优化、LNG双燃料船型开发，以科创中心为重要抓手，紧跟市场趋势把握前瞻技术，开展智能船舶等行业内重大科技的研究和市场化运作。以豪华邮轮为载体重塑信息系统，确保科技投入比率持续增加，以创新引领持续发展。

五、平稳推进邮轮项目

落实邮轮创新工程中的科研专项课题，完成3D生产设计软件引进及二次开发，形成适应于公司的供应链管理、采购及物流管理模式，完成首制邮轮的详细设计工作并开展生产设计。

（黄晨霞）

江南造船（集团）有限责任公司

【概况】

江南造船（集团）有限公司隶属于中国船舶工业集团有限公司，是我国历史最悠久的军工造船企业，其前身是创建于1865年的江南机器制造总局，于1996年改制为“江南造船（集团）有限责任公司”（简称江南造船）。

为配合2010年上海世博会的召开，公司于2005年开始搬迁至长兴岛，并于2008年完成整体搬迁。公司厂区内建有四座室内船台、一座露天水平船台、一座注水坞、九座舾装码头和一座大型船坞，配有1600吨、800吨和450吨龙门吊各一座以及各类起重设备。公司现有各类员工1.1万余人，年造船能力逾150万载重吨。

2017年，面对国际新造船市场的复杂形势和军品生产的特殊情况，江南造船严格落实党中央、集团公司的规划部署，全面推进“十三五”发展规划各项工作，党建和企业文化不断强化，管理水平显著提升，经营生产能力持续增强，公司经济继续保持平稳运行。

【2017年经济工作情况】

2017年，江南造船完成工业总产值141亿元，比上年增长7.6%，其中出口产值9.5亿元；工业增加值18.6亿元，增长1.1%；实现营业收入140亿元，增长6.1%；利润总额3.3亿元，下降34%。

2017年实现完工交船15艘，比上年减少11.1%。其中，公司自主研发、设计和建造的世界最大舱容的液化乙烯运输船37500立方米LEG船实现完美收官。全年承接新船订单金额达378亿元，比上年增长111.6%。公司和阿尔及利亚船东正式签订的13000立方米LPG船造船合同，成功进军非洲液化气船市场；新一代VLGC2.0+船型以优异的性能打败韩国船企，获得4艘84KVLGC订单。修船与海工项目方面，全年修船完工12艘，其中雪龙号科考船修理创下修理项目最多、修理时间最少等多项纪录，满足了国家考察任务的需求。

截至2017年年末，公司手持合同34个，其中高新产品24艘，民品建造合同10艘。手持合同金额702.4亿元，其中高新产品手持合同金678.0亿元，占比96.5%；民品手持合同金额24.4亿元，占比3.5%。

【2018年发展趋势】

2018年，面对高新产品生产压力大、经营承接形势严峻的局面，公司将继续增强改革定力、凝聚发展合力，计划交船9艘，营业收入154亿元，利润总额3.6亿元，完成主要计划指标较2017年增长10%以上。

公司认真开展四项重点工作：

一是做好长兴重工融合工作，努力实现脱困阶段目标。公司将认真贯彻落实集团公司要求，全面抓好两家企业的融合工作，努力完成长兴重工脱困阶段性目标。

二是巩固产品竞争优势，进一步优化产业布局。抓好公司各级策划，严控重点产品建造风险，按期优质完成全年生产任务；加大经营承接力度，争取更多优质订单，确保江南经营生产持续良性发展，促进产业布局向高端船配和非船装备领域进一步延伸。

三是推动科技创新水平实现新的跨越。继续加强公司核心能力建设，按照“三轴四面”体系推进总体部署，实现行业内“宝剑出鞘”。重点突破性能、效率、协同等关节，持续提升管理水平和生产效率。认真开展顶层思考、点上突破，按照提质增效的原则稳步推进智能制造。

四是推动改革向纵深发力，持续提升管理效能。深化内控和风险管控体系建设和运行，进一步提高公司风险防范能力；强化目标成本管控，从严控制各类费用预算，确保盈利稳定增长；加强对外投资管理，推进产权清理整顿，完善子公司经营业绩考核。

（郝寒露）

沪东中华造船（集团）有限公司

【概况】

沪东中华造船（集团）有限公司是中国船舶工业集团有限公司旗下核心造船企业，年造船能力300万吨，年销售收入230亿元。公司坚守“造舰强军，造船兴国”的企业核心价值观，形成军民融合，以高端船舶为主打的丰富产品线，高技术产品占比90%以上，是国内唯一在高端特种船领域与日韩船企开展全面竞争的中国造船企业。

公司技术力量雄厚，拥有国家级企业技术中心、博士后工作站，依托在公司设立的国家能源LNG海上储运装备重点实验室，开展了超低温液货装载等大量前沿科技研究。

公司坚守“为国奉献”信念，响应国家能源战略需求，历经10年研发，打破国外垄断，自主研发并建造成功中国第一艘大型LNG船，代表中国船企首次摘取世界造船“皇冠上的明珠”，目前已建成和手持大型LNG船订单27艘，保持国内唯一。近年来，公司先后建造成功世界首艘G4型集装箱滚装船和世界最先进化学品船，在世界顶尖高技术船舶建造领域不断取得新突破。

公司深入贯彻“建设海洋强国和强大国防”的战略部署，落实“中国制造2025”战略，以“绿色造船、数字造船”为发展理念，致力于打造一个中国一流，世界领先，为国防建设和国民经济发展不断作出新贡献、创造新价值的海洋装备产业集团。

【2017年经济工作情况】

一、坚持稳中求进战略，激发经济运行新活力

公司继续实施“1010”工程，狠抓成本管控工作，经济运行质量得到提升，全年完成工业总产值175.7亿元；实现营业收入188.2亿元，比上年增长2.6%；实现利润3276万元，增长22%。

全年完成造船大节点79项，实现交船21艘/145.675万载重吨，超额完成集团考核指标。民品生产实现交船16艘/144.33万载重吨。3.8万吨化学品船难关攻克；3000吨远洋渔业调查船顺利开建；LNG船批产能力日臻成熟，全年实现交船4艘，Yamal-LNG首制船顺利开工建造；下属长兴造船进入中远海运系列大型集装箱船批量建造时代，全年连续交付9400TEU和14500TEU超大型箱船7艘，13500TEU船全面开工建造；1.3万吨重吊船建造平稳有序，首制船相比合同期提前4个月实现交船。

二、敏锐把握市场需求，实现经营承接新突破

公司围绕“高端精品”战略，依靠创新引导需求，实际完成227.52亿元，为年初计划的104.4%，同比增长182.7%。截至2017年年末，公司手持船舶合同59艘/401.49万载重吨、合同总金额343.06亿元，有效保障后两年生产运行平稳。在民船承接方面，公司直面国际顶尖竞争，先后获得Yamal-LNG项目、达飞22000TEU船项目和LNG-FSRU等一系列重大项目，展现沪东中华在高端产品市场全面跻身世界一流阵营的强大竞争力。

三、坚持科技创新方略，初建精益造船新模式

公司坚持科技创新不动摇，全年科技活动投入占比5.57%，获得国拨资金5870万元的支持；开展“新型液化天然气船液货围护系统预先研究”等24项国拨经费科研项目的研究工作；成功申请专利249件；推进实施17.4万立方米低蒸发率冰区加强型LNG船等13个重点船型的研发工作，为赢得未来市场先机奠定基础，LNG船B型液货围护系统模拟舱科研攻关取得重要突破。2017年，公司连续获得国家“产学研合作军民融合奖”“第19届中国专利优秀奖”等重要奖项，凸显沪东中华创新超越不停步。

【2018年发展趋势】

2018年，公司计划完成交船20艘/103.55万吨，完成工业总产值155亿元，实现营业收入155亿元，确保利润不少于3300万元、经营承接不少于200亿元。

重点工作安排：

一、发挥党建引领作用，实施“人才强企”工程

深入学习贯彻党的十九大精神和习近平新时代中国特色社会主义思想，保证党的建设引领生产经营不偏离，把提高企业效益，增强企业竞争实力，实现国有资产保值增值作为党委工作的出发点和落脚点，以公司改革发展成果检验党委的工作力和战斗力。

按节点、保质量完成巡视整改任务，以巡视整改推动从严治党向基层延伸，切实将压力向下传递，充分发挥基层党组织战斗堡垒和先锋模范作用，提升公司基层党建工作整体水平。

坚持党管干部、党管人才原则，在继续推进精官减政的同时，大力拓宽人才成长渠道，完善行政、专业序列人才管理“双通道”。

二、落实做强主业战略，狠抓“科技创新”工程

要秉承“建造一代、改进一代、研发一代”的理念，依托科研项目支持，紧跟航运市场热点和产业发展趋势，不断研发推出引领行业发展，符合市场需求，满足最新规范规则的新

一代产品，在LNG产业链、超大型箱船、高端特种船等主建产品领域，研发产品要领先行业1–2代，不断巩固领跑地位。

民品要抓好Mark3型燃料舱建造的策划准备，攻关研究，全力突破，确保全球最大、最先进的22000TEU船顺利建造；军品要依托信息化重塑工程，抓好型号船的数字化建模，确保其建造质量。

三、夯实成本管理体系，推进“提质增效”工程

加强产品成本责任制落实，强化目标成本联责考核；外付成本费用，充分发挥询价比价的作用，积极降本；全员牢固树立严控成本意识，算好投入产出的经济账；做到严控采购成本不超标，严控人工成本不增长，严控动能等消耗成本同步降。

确保造船生产计划节点刚性完成。围绕公司年度计划，制定好中日程、小日程计划以及周计划、日计划，并严格执行；建立预警机制，并加大考核力度，确保周期可控，并不断缩短造船周期。

根据公司生产计划安排，严控用工总量；结合各生产部门的劳动负荷，盘活存量资源，加大部门间劳动力统筹调配力度，降低用工成本。

持续提升产品建造质量，加强造船过程缺损件、服务商管理，做好全生命周期售后服务保障工作，在提高顾客满意度的同时降低成本。

四、扎实推进建模工作，开展“效率提升”工程

以两化融合和信息化重塑工程为引导，对标先进企业，完善指标体系，持续推进建模2.0工作。

以建模工作推进优化业务流程、完善工程计划体系、实施精度管理、开展新船建造方案策划研究等工作；大力推进生产工序前移、立体生产作业平面做、中间产品商品化；大力推进新工艺新技术新工装应用；深入研究推行智能制造和“三化”造船；不断推进精细化派工工作，做到精准派工，考核分配挂钩；促进公司生产和管理效率进一步提升。

梳理并优化订货流程，设计、配套、管理相互协同，从技术谈判、比价审价、认可图到厂、设备到货等关键环节着手，缩短主要设备订货周期，提升生产准备能力。

五、持续实施资源整合，强化“瘦身健体”工程

以“横向扁平、纵向整合”为原则，以成本效益为导向，加快公司内部体制机制调整，做精做强总部管理中枢职能，完善两厂趋同、定位清晰、责任明确、流程精简、运行高效的生产组织架构。

根据公司对投资企业的总体规划要求，进一步清理投资企业低效、无效资产，积极推进压减管理层级、减少企业户数工作，推进投资企业的关停并转和资源整合，坚决关停部分经营不善的亏损投资企业，提升公司整体经济运行质量。

（办公室）

上海史密富智能装备股份有限公司

【概况】

上海史密富智能装备股份有限公司（原上海航海设备有限责任公司）是由中国船舶工业集团公司（CSSC）直属上海航海仪器总厂利用数十年军工技术成果开发成功的军民共用产品经营实体改制组建的现代企业。1996年11月，公司通过ISO9001质量认证。2017年4月和12月分别取得GJB9001B–2009武器装备质量管理体系认证证书和中央军委装备发展部颁发的装备承制单位注册证书。

公司主营的船用设备及机舱自动化系统、液压元件及系统等，其制造质量在国内堪称一流。

2016年1月，公司成功上市新三板，更名为：上海史密富智能装备股份有限公司，从事智能装备、机电一体化自动控制的设计与制造。公司积极参与同机器人设计和制造单位，以及国家电网下属各大变压器厂家和非晶合金带材生产厂家的项目合作。

【2017年经济工作情况】

2017年，公司完成工业总产值2360万元，其中出口产值9.8万美元；销售收入2740万元；税利总额313万元；完成船用产品52船／套，产值878万元；完成非船产值1482万元。

公司多年被评为上海市高新技术企业和上海市科技小巨人（培育型）企业。用于船用驾驶室控制台配套的航行灯／信号灯控制系统产品取得中国船级社颁发的船检认可证书。用于变压器行业的新型非晶合金带剪切生产线已被国家电网各大变压器及铁芯制造企业广泛应用。并获得国家专利局颁发的多项专利证书。船用液压舱盖系统已大批量实现装船使用并通过军检。

此外，公司研发的用于船舶舵机、锚绞机等液压控制阀组被各大船厂所选用，手动比例流量方向复合阀系列已研制成功，将替代进口并提供用户使用。公司主导产品二通插装阀通过一系列的技术改进和升级换代，整体上达到“优于或领先于国内同类产品，接近或同步于国际产品”的水平，可以替代国外Rexroth等进口产品。

【2018年发展趋势】

2018年，上海史密富智能装备股份有限公司坚持以科技

创新为宗旨，注重新技术、新领域的开拓和发展。利用雄厚的技术力量和先进的管理机制，不断调整产品结构，重点加强机器人智能装备、机电自动化控制、液压元件及系统的市场开拓与应用。加强船用液压控制系统产品的开发。公司愿以“一流产品、一流服务”与广大客户共创未来。

（刘国跃）

上海船厂船舶有限公司

【概况】

上海船厂船舶有限公司为中国船舶工业集团有限公司旗下沪东中华造船集团所属三级子公司，公司注册地为上海市浦东新区即墨路1号，生产基地位于长江口崇明岛南岸，占地面积约151万平方米。公司现有岸线总长2350米。

公司具有155年造船历史和丰富的船舶建造经验，现以船舶和海洋工程建造为主体。主要设施有110×270米港池一座，7万吨级半坞式船台一座，4万吨级浮船坞一座，2500吨浮吊一台，600吨和300吨龙门起重机各1台，100吨－200吨门座式起重机11台，各种加工设备300余台，以及5.3万平方米船体加工车间和3.2万平方米的分段制造车间。

公司拥有国家级认定的企业技术中心，专业从事船舶产品的开发和设计。公司质量管理体系取得中国船级社和英国劳氏船级社认证；环境管理体系和职业健康安全管理体系取得中国船级社认证。公司研发、设计技术实力雄厚，可为国内外船东建造散货船、运木船、多用途船、集装箱船、冷藏船、滚装船、客船、海洋救助船、港监工作船、钻井船、物探船等各型船舶。

上海船厂先后获得上海市安全生产先进单位、上海市工业优秀企业、全国企业科协先进集体、国家技能人才培育突出贡献奖、上海市外贸出口百强企业、上海市创新型企业、上海市劳动关系和谐企业、上海市高新技术企业、上海市四星级诚信创建企业等荣誉称号。

【2017年经济工作情况】

2017年，公司实现工业总产值12.9亿元；实现营业收入12.9亿元；经营承接额4.8亿元；完工交船13艘/57万载重吨。

2017年，市场形势继续下行，新造船市场需求疲软，人民币升值和钢材等原材料价格上涨使公司经营接单更加困难，公司“十三五”计划和转型发展目标的实现面临市场的严峻挑战。在困难面前，公司抓住市场机遇，签订拉脱维亚Platano Eesti OU公司的10.8万吨冰区型散货船建造合同，实现了经营突破。Seacon，Alfa bulker、Angelacos、Times Navigation 等多个批次的8.1万吨卡尔萨姆型散货船签订了意向书。在非船项目经营承接方面，承接上海外白渡桥北侧人行道主桥桁架抢修工程。

造船完工13/571603艘/载重吨，其中新开发船型10/325603艘/载重吨，出口船3/246000艘/载重吨。手持订单14/658280艘/载重吨。

【2018年发展趋势】

2018年是公司实现“十三五”规划的关键之年，也是公司“保生存、求发展”至关重要的一年。公司将紧紧围绕“十三五”发展战略，统筹落实“四个全面”战略布局，紧紧依靠职工群众，积极倡导环境治理生产策略，从技术进步方面入手，选择一条符合公司战略布局，符合崇明世界级生态岛建设，符合公司突围生存的发展之路。重点做到“六个抓好”：

一是抓好风险管控。强化公司全面风险管控体系建设，统筹风险管控资源，建立风险管控运行机制，重点防范财务、营销、法律等风险，紧盯钻井驳、钻井船等项目，利用好外部资源，及时应对。

二是抓好瘦身健体。持续推进生产效率提升和管理效率提升，最低限度的对生产能力进行填平补齐，根据生产经营现状，对体制机制进行合理优化，适时压减产能，压缩管理层级，重新调配人员结构，按计划完成投资企业关闭工作。

三是抓好成本管控。进一步加大“两金压降”工作力度，完善单船目标成本控制考核与全面预算管理考核机制，优化模拟法人考核办法，严控非预算项目下的成本费用发生，策划全业务链的成本管控奖惩机制。

四是抓好生产经营。以精度管理为抓手，优化生产管理业务流程，缩短造船生产建造周期，保证底线接单持续稳定，底线生产平稳可控，研究港池的施工生产应对策略，选择高附加值船舶作为主线产品，以充分利用好现有核心资源。

五是抓好安全质量。探索建立安全质量管理工作标准流程，形成隐患排查科学规范，事故发生处理得当，原因分析清晰到位，责任追究精准高效，抓住问题根源不放松，抓住问题关键不松懈，持续保持高压态势下的安全和质量管理。

六是抓好队伍稳定。公司紧密结合改革发展的实际情况，进一步强化党委在公司治理中的政治核心和领导核心作用。充分发挥各级党组织和群团组织的作用，深入到广大职工群众当中，倾听诉求，收集民意。稳步扎实推进“处僵治困”和“瘦身健体”等专项工作，做到公司改革措施与职工群众切身利益同步考虑、同步谋划、同步推进。采取积极有效措施，凝聚人心、稳定队伍、推进改革，努力开创上海船厂扭亏脱困转型发展工作新局面。

（徐佳玲）

上海航空发动机制造股份有限公司

【概况】

上海航空发动机制造股份有限公司是中国航空工业集团公司在沪企业，以上海航空发动机制造厂为主体整体改制、由上海航空工业（集团）有限公司等8家单位共同发起，经国务院国有资产监督管理委员会和上海市人民政府批准，于2004年12月注册成立的股份有限公司，总股本12715万股；注册地在上海市宝山区富联路1058号。

公司在上海、烟台、沈阳、武汉、滁州、张家口共设有4个全资子公司和2个分公司，以及一个技术中心。主营业务为中高档汽车车身结构件的研制与生产。公司依靠汽车行业的发展，大力发展汽车车身和同工艺类型钣金冲压件、焊接总成、模具和非标的生产，在此领域积累了丰富的经验，培养了一大批相关人才。

公司主要配套整车企业有：上汽通用汽车有限公司（简称上汽通用）、上海汽车集团股份有限公司乘用车分公司（简称上汽乘用车）、上汽大众汽车有限公司（简称上汽大众）、吉利－沃尔沃汽车公司（简称吉利－沃尔沃）、华晨宝马汽车有限公司（简称华晨宝马）。公司是上汽通用、上汽乘用车的核心供应商，多次获得优秀供应商奖和最佳供应商奖。

【2017年经济工作情况】

2017年，公司围绕集团提出的落实“创新、协调、绿色、开放、共享”五大发展理念和“去产能、去库存、去杠杆、降成本、补短板”五大任务，在“做好增量、盘活存量、主动减量”三大方面着力，打好提质增效攻坚战。

一、主要经济指标完成情况

公司实现利润总额0.4亿元，比上年增长44.7%；实现主营收入14.3亿元，增长40.8%；承接订单11257.6元／台套，累计新增合同总收入36亿元。

二、稳固现有客户，开拓新的业务

主要客户上汽通用订单平稳，上汽乘用车焊接小分拼订单得到进一步拓展，上汽大众也承接到新订单。梁类、轮罩类、侧围加强类三大主类产品占主营收入比重为46.2%，比上年上升5.2个百分点，公司承接订单逐渐向主类产品侧重。

公司获得上汽通用年度最佳供应商奖、上汽乘用车年度优秀供应商及4M变更管理先进供应商；沈阳基地获得上汽通用（北盛）年度质量文化落地班组优秀实施奖、最佳伙伴奖、质量优胜奖等；烟台上发获得上汽通用（东岳）年度供应商表彰银合作奖、电子化推进奖，以及山东捷众年度精诚合作奖。进一步得到客户的认可。

三、加强新工艺研发，提升核心竞争力

公司焊接自动化率在逐步提升，在焊接点焊、铆接、涂胶、冷弧焊、激光飞行焊、激光拼焊等工艺在现有的生产过程有诸多的应用。

四、企业改革深入发展

由于工装车间近几年一直处于亏损状态，公司对工装车间进行改革调整，完成工装车间54名人员的调整和安置，确立人数规模20人以下、年产值1200万元的新目标。上海本部深入贯彻集团公司“瘦身健体、提质增效”的要求，按照机构设置量化模型优化组织机构，达到压缩管理层级、精简人员编制，提升管理效能的目的。共设置6个职能部门、4个功能支持部门、1个科研单位和3个生产单位。

注销子公司张家口上发，成立张家口分公司。滁州基地尝试引入当地政府资本，解决发展资金。沈阳基地共有沈阳上航发和沈阳上发两个厂区，其中沈阳上航发由于订单下滑导致产能放空，为“瘦身健体、提质增效”和优化子公司资本结构，计划对沈阳上航发进行转让。

【2018年的发展趋势】

2018年，公司主要经营目标为：利润总额4200万元，同比增长8.7%；营业收入15.4亿元，同比增长7.7%。

市场方面，运用灵活的市场策略，适时调整产品报价；提升公司技术含量如激光飞行焊等行业先进技术、提升产能利用率尤其是提升自动化设备利用率；重点开发材料利用率高的产品类型，提升产品增值空间。

人才方面，做好人才的引进和培养工作；做好用工分析，实施各基地对标管理。

风险防范方面，防范因二次扩能后产能放空、垫资无法收回的投资风险；防范因实际销量远低于预期的车型、资金回笼困难的市场风险；防范因技改技措占用经营性资金的资金风险；防范人才断层、培训不到位的人才风险。

深化改革方面，完成公司全层级的定岗、定编、定员工作；上海本部拟完成增资扩股，引入社会资本。积极协调和推进沈阳上航发转让事宜。

（唐　颖）

上海印钞有限公司

【概况】

上海印钞有限公司是隶属于中国人民银行、中国印钞造币总公司的大型骨干印钞企业，从事人民币和增值税专用发票、银行专用票据等有价证券、护照等高级防伪证书的生产和制造。公司始建于1941年，占地总面积为86923平方米，总建筑面积14.1万平方米，历经70多年的不懈努力，已发展成为拥有先进工艺技术、精良机械设备、科学经营管理、良好品牌信誉的现代化企业。先后通过ISO9001、ISO14001、OHSAS18001、ISO10012管理体系认证，曾获得“全国五一劳动奖状”“国家高新技术企业”“上海市文明单位”等称号，曾位列上海市工业企业销售收入100强。上钞公司获得过中国人民银行系统先进基层党组织、上海市经信委系统先进基层党组织、上海市企业文化示范基地，全国金融系统职工代表大会制度示范单位，上海市学习型企业先进单位、上海市轻工行业劳动和谐企业、上海市拥军优属模范单位等荣誉称号。培养出党的十八大代表、全国创先争优“优秀共产党员”、上海市劳模、中国人民银行系统劳模等一批先进人物。

【2017年经济工作情况】

一、精益求精完成“共和国名片”生产

企业一直以来都竭尽全力为中国人民银行履职和服务，把握社会敏感度高、关注程度高的特点，始终将安全和质量放在突出位置，以“优质安全保发行”为准则，实施27项“价值工程”和“精品工程”项目，各产品品种质量保持稳定，切实满足社会需求。在安全管理上，企业建立健全“党政同责、一岗双责、齐抓共管”的安全生产责任传导体系，坚持管生产经营必须管安全，管业务必须管安全的原则，增强员工安全意识和责任，建立安全责任追溯追责机制。2017年，企业全面实现产品质量无反馈和安全“四无”目标。

二、着力构建市场经营体系

在主业生产的基础上，企业不断扩大开放，依托品牌影响力，积极响应服务“一带一路”倡议和“走出去”号召，将护照生产和研发作为市场业务的立足点，努力研发新一代电子护照。主动参与孟加拉国护照招标，为打开国际市场积累经验。在走向市场方面，成立市场开发部，首次建立企业统一、规范市场业务的桥头堡，以高端印务、货币文化和金融服务为业务拓展主体，加快开拓社会性业务和衍生产业。

三、大力实施科技和技术创新

全面启动企业科技体制改革，完善科技管理、评价激励、专家评审的体制机制，科学调动广大科技人员的创造性和积极性。科技创新成果显著，企业多项科技项目通过印制行业验收；工艺研究项目获2016年度中国人民银行科技发展奖二等奖。组建证卡研究室，引领国内证卡技术新潮流。

四、稳步推进重点领域改革

坚持依法治企、分工明确、民主集中、决策科学、执行高效、制衡有力，不断优化完善企业治理机制和结构。扎实推进节支降耗、降本增效，建立生产、质量等五大类别责任中心体系，强化企业三级成本核算体系建设，实施原辅材料动态监控，提升成本管理传导的质量和效率。适度收紧原辅材料消耗定额标准，各项定额指标明显下降。尝试特殊设备自主维保，努力降低成本费用。主动推进节水节电降低能耗活动。突出综合计划、全面预算的科学性、权威性和有效性，推出一系列预算管理、操作制度，全面实施招标结果公示制度。

五、强化企业人才队伍建设

企业始终致力于培养综合素质高、业务能力突出、德才兼备的印钞综合管理人才、专业技术人才、技能操作人才，在体制机制上为人才队伍创造更加和谐、有利、公平的成长环境，努力实现“能者上、平者让、庸者下”的人才管理机制。首创“高技能人才培养三年行动计划”，积极探索操作类员工绩效管理机制，加快培育一批复合型印钞专业高级技师。首次采取一般管理人员和专业技术人员的职级聘任总额控制，合理分配工资总额和结构，充分发挥薪资的引导和激励作用。

六、着力提升企业管理能力

紧扣“提质、增效、转型”的战略目标，紧密衔接行业“十三五”规划目标，稳步推进企业“十三五”规划滚动落地。拓实施差异化绩效指标与重点工作分解，建立月度评价、及时兑现奖励为主体的绩效评价体系，最大限度发挥绩效导向作用。完成“清洁生产”验收。加快实施生产管理系统、设备管理系统、标准化、计划预算与费控系统和合理化建议管理系统建设。数据中心机房年底基本竣工，该项目可满足公司未来10—15年内信息化发展的需要。

七、不断加强党组织建设

深入推进“两学一做”学习教育常态化、制度化。深入开展学习中共十八届六中全会精神专题培训，通过中心组学习、专题讲座、联组学习、理论宣讲、主题党日活动和党员轮训等丰富形式，巩固和扩大“两学一做”学习教育成果。积极开展学习宣传贯彻落实党的十九大精神。

提升党建科学化水平。严格按照《党章》和《中国共产党基层组织选举工作暂行条例》要求，完成党委和纪委换届选举工作。完成《公司党建工作管理办法》，落实《上钞公司党建工作责任与考核制度》。创新党支部工作方式，推动量化考评体系建设。认真落实“三会一课”、组织生活会等制度，健全党务公开运行机制。发布《上钞印迹》文化读本，开展“传承发扬品文化，与时俱进上钞人”文化宣贯系列活动。

切实加强党风廉政建设。切实履行“一岗双责”，坚持党风廉政建设工作专题研究、党风廉政工作与中心工作统一部署。强化“四个意识”，紧盯企业运营中的高风险点和薄弱环节，规范权力运行，充分运用“四种形态”，加大监督执纪力度。

八、参与重要会议和获得荣誉

参加第16届中国广告与品牌大会和数字技术营销论坛、中华苏维埃国家银行暨中央印刷厂陈列馆修缮竣工揭牌仪式等。参加上海市、经信委文明创建交流活动，获得第十八届上海市文明单位荣誉称号。公司荣获普陀区区域发展贡献一等奖。物供党支部荣获上海市经信委“百强支部”称号。技术中心员工朱佳艺荣获上海市五一劳动奖章、中钞工匠、普陀区拔尖人才等荣誉称号。

【2018年发展趋势】

以党的十九大精神为统领，认真落实印制行业2018年工作会议精神，全面加强党的建设，积极促进党建工作与生产经营的深度融合、同频共振，持续发挥党建在生产经营和改革发展中的引领作用、示范作用、鼓舞作用、凝聚作用；以“强基础、防风险、降成本、补短板”为总体部署，全面加强经营管理，以高质量发展为主线，积极推动技术创新、管理创新，全面提升产品质量，全面提升综合绩效水平，促进上钞转型发展、行稳致远。

一、精准定位，强化落地，形成转型发展新格局。

二、科学组织，优化配置，优质安全高效低耗完成生产任务。

三、开拓创新，强化执行，全面提升企业经营管理水平。

四、优化结构，提升素质，全面加强人才队伍建设。

五、创新求变，追求卓越，全面提升党建基础管理水平。

（董裕睿）

上海造币有限公司

【概况】

上海造币有限公司（原上海造币厂，以下称上币公司）始建于1920年，是中国最现代化的造币企业，推动了中国币制改革。1933年起，正式开铸民国二十一年银本位币壹圆（三鸟币）。1949年5月28日，由中国人民解放军上海市军事管制委员会金融处接管。1955年至今，先后铸造四套人民币流通硬币，为新中国金融、经济的发展作出重要贡献。

如今，上币公司已成为国内屈指可数的现代化程度高、竞争优势强的造币企业之一，主要从事设计生产国家流通硬币、金属纪念币；兼营金属纪念章、奖牌、工业金银、机械设计制造等加工业务。历年设计铸造的熊猫金银币、“双龙”银币、“孔雀开屏”银币分别荣获世界“最佳金币奖”“最佳银币奖”，北京奥运会普通纪念币、贵金属纪念币、章及奖牌等产品均享誉国内外。截至2017年年末，公司资产总额达30亿元。

公司建立现代企业管理制度，具备了世界先进的科学技术和研发能力。通过IS09001、IS014001、0HSASl8001的国际认证及计量、能源体系认证；被国家工商行政管理总局授予“重合同、守信用”证书，是上海市合同信用等级“AAA”级企业；“上币”商标被认定为上海市著名商标；先后荣获全国五一劳动奖状、全国“模范职工之家”等荣誉称号。

上币公司是中国印钞造币总公司的全资子公司，不设股东会，由总公司行使股东职责。上币公司设执行董事一名，兼任总经理，在《公司法》和公司章程的框架下行使职权和职责。公司以贯彻民主集中制为重点，制定《上海造币有限公司经理部议事规则》《中共上海造币有限公司委员会议事规则》，规范领导班子的议事规则和决策程序，提高了科学、民主决策水平。公司领导班子严格执行“三重一大”决策制度，集体讨论、民主决策、履行职责。

【2017年经济工作情况】

2017年，是上币公司转型发展的攻坚之年，也是全面落实“十三五”规划的关键之年。公司以党的十九大精神为指引，认真贯彻落实印制行业总体工作部署和“五项改革”要求，深化改革、强化管理，统筹安排、迎难而上，圆满完成年度各项生产任务，扎实推进重点科研项目，优化完善公司治理机制，不断提升企业管理水平，市场开拓、品牌推广、提质增效等工作取得新成效。

一、圆满完成年度生产任务

公司以“提质增效促转型，优质安全保发展”为理念，调整资源配置，实施柔性生产，圆满完成了壹元流通硬币、壹分流通硬币、中国人民解放军建军90周年普通纪念币、

2018 年贺岁普通纪念币、中国人民解放军建军 90 周年金银纪念币等各项印制生产任务。

二、质量安全环保工作得到提升

产品质量保持优质稳定。顺利通过 2017 年中国人民银行硬币质量检查，全年无严重质量问题社会反馈。正式启动质量精品工程，“大质量”理念得到进一步推广。

安全生产实现“四无”目标。顺利通过国家安全生产标准化二级企业评审。完成公司总部重点区域监控系统和封浜分厂周界技防系统改造。开展“电气火灾综合治理”“涉恐隐患排查整治”等专项行动。层层宣贯新版安评标准，持续加强安全文化建设。

认真进行环保整治，践行绿色发展理念。全面开展封浜分厂清洁生产审核，启动公司总部污水处理站改造项目。优化危废物处置方式，实现对 87 项危废物的处置跟踪。开展封浜环保整治及提标改造项目，实现一类水污染物排放提前达到最新标准。首次完成企业碳排放测算核查清缴工作，全年能耗较上年下降 34%，首获“上海市节水型先进企业”称号。

三、工艺优化提速，科技创新加力

加快工艺优化步伐。启动壹元流通硬币坯饼工序优化提升工作，尝试四面隐形雕刻、圆雕铜章等新工艺。有序推进普通纪念币、造币新材料等重点科技项目。科技创新体系逐步完善，全年获得授权发明专利 2 项，软件著作权 1 项。

四、积极拓展市场业务，大力弘扬货币文化

全年共自主开发产品 29 项 65 个品种，完成 10 个金银铜章出口项目及追加项目，出口创汇 160 万美元，贵金属市场业务全年实现销售收入 5000 万元，市场经营销售渠道拓展至多家银行，“上币精品”微信平台线上客户达 3.5 万人，业务收入 500 余万元。

全场景多层次提升品牌形象。“上币故事”等专题片亮相央视，《金融时报》等 20 余家媒体刊登企业专稿，先后承办、参办“硬币发行 60 周年纪念展”“北京国际钱币博览会”等 7 场主题展览。

五、深化改革，强化管理，推进企业转型发展

深入学习贯彻行业“五项改革”精神，勇当行业改革排头兵。坚决落实总公司完善企业治理指导意见，及时修订报备公司章程和议事规则。

重视加强企业基础性工作。现场会解决问题、经济活动分析、绩效考核通报更加常态化，有效实现管理闭环。办公环境整治、生产现场管理持续推进，企业的核心价值和基本理念得到更多认同。

大力开展降本增效工作。立项实施“修理费精益管理”等 48 项降本增效项目，全年累计降本 4035 万元。全年新增 4 项物资采购战略合作，完成线上采购平台调研与审批。

多渠道、差异化培养复合型人才。开展骨干青工素质测评及技师继续教育培训，选送上海市普陀区首席技师、领军人才、青年英才各 1 人，技术能手 2 人。

坚决落实从严治企。积极配合国家审计署审计、总公司党委巡视、总公司专项审计、重点工程跟踪审计，认真制定整改清单和计划，借助审计巡视成果规范巩固企业管理。

【2018 年发展趋势】

2018 年是贯彻党的十九大精神的开局之年，是实现“十三五”规划的关键一年，公司主要工作有：

一、全力完成年度生产任务

公司将早安排、早布置，增强年度印制生产的计划性，保证平稳的生产节奏。巩固和提高贵金属纪念币竞标水平，提升自主开发产品设计的艺术性、排产的科学性。提升设备维保能力，加强能源计量管理，确保完成全年降耗目标。

二、严守安全质量环保发展底线

健全安全管理体系，确保连续实现“四无”目标。细化安全考核指标，严保安全责任落实；以现场处置方案演练为重点，完善各类应急预案；全年杜绝重大及以上安全事故。

持续提升质量管控水平。抓好壹元硬币全过程质量控制，提升产品表面质量；制定好普通纪念币质量控制方案，确保纪念币质量精益求精。

加大环保整治力度。及时依法合规做好危废物的处置；完成公司总部污水处理站改造，加强运行管控；积极推进封浜分厂废水处理优化项目，确保各类污染物达标排放。

三、继续加大工艺优化、科技创新力度

加快推进壹元硬币坯饼工序优化项目，开展工艺镀液优化改进。开展造币新材料工程化试验及试验研究。

四、大力拓展市场业务，弘扬货币文化

以“面向主业、面向市场、面向未来、稳健发展”为宗旨，开拓国际国内市场。国内稳健发展加工定制业务，注重渠道拓展、长线合作关系建立，构建与大渠道商的营销共同体。积极建立好维护好与海外大客户的业务合作关系，力争拓展国际业务。

五、深入改革，强化管理，持续提升公司治理水平

推进公司组织机构优化调整。优化岗位设置，完善技术、管理岗位发展路径，完成薪酬体系改革。

继续加强基础性工作。推进企业管理标准的整合修订，优化精简管理流程。建立现场管理长效机制，定期开展现场管理综合评审。以降本增效为目标，推进财务管理精准化。加强经营数据统计分析。深化集中采购，优化招投标及采购制度，提高采购效率。

（马海斌）

2018·上海工业年鉴

SHANGHAI
INDUSTRIAL
YEARBOOK

上海工商类上市公司行业分类

序号	代码	公司简称	行业
1	000668	荣丰控股	房地产业 — 房地产业
2	000863	三湘印象	房地产业 — 房地产业
3	002022	科华生物	制造业 — 医药制造业
4	002028	思源电气	制造业 — 电气机械及器材制造业
5	002058	威尔泰	制造业 — 仪器仪表制造业
6	002116	中国海诚	科学研究和技术服务业 — 专业技术服务业
7	002158	汉钟精机	制造业 — 通用设备制造业
8	002162	悦心健康	制造业 — 非金属矿物制品业
9	002178	延华智能	科学研究和技术服务业 — 专业技术服务业
10	002184	海得控制	制造业 — 电气机械及器材制造业
11	002195	二三四五	信息传输、软件和信息技术服务业 — 软件和信息技术服务业
12	002252	上海莱士	制造业 — 医药制造业
13	002269	美邦服饰	制造业 — 纺织服装、服饰业
14	002278	神开股份	制造业 — 专用设备制造业
15	002324	普利特	制造业 — 橡胶和塑料制品业
16	002328	新朋股份	制造业 — 汽车制造业
17	002346	柘中股份	制造业 — 电气机械及器材制造业
18	002401	中远海科	信息传输、软件和信息技术服务业 — 软件和信息技术服务业
19	002451	摩恩电气	制造业 — 电气机械及器材制造业
20	002454	松芝股份	制造业 — 汽车制造业
21	002486	嘉麟杰	制造业 — 纺织服装、服饰业
22	002506	协鑫集成	制造业 — 计算机、通信和其他电子设备制造业
23	002527	新时达	制造业 — 电气机械及器材制造业
24	002561	徐家汇	批发和零售业 — 零售业
25	002565	顺灏股份	制造业 — 造纸及纸制品业
26	002568	百润股份	制造业 — 酒、饮料和精制茶制造业
27	002605	姚记扑克	制造业 — 文教、工美、体育和娱乐用品制造业
28	002636	金安国纪	制造业 — 计算机、通信和其他电子设备制造业
29	002669	康达新材	制造业 — 化学原料及化学制品制造业
30	002706	良信电器	制造业 — 电气机械及器材制造业
31	002825	纳尔股份	制造业 — 橡胶和塑料制品业
32	002858	力盛赛车	文化、体育和娱乐业 — 体育
33	300008	天海防务	科学研究和技术服务业 — 专业技术服务业
34	300017	网宿科技	信息传输、软件和信息技术服务业 — 软件和信息技术服务业
35	300039	上海凯宝	制造业 — 医药制造业
36	300059	东方财富	信息传输、软件和信息技术服务业 — 互联网和相关服务
37	300061	康旗股份	制造业 — 其他制造业
38	300067	安诺其	制造业 — 化学原料及化学制品制造业
39	300074	华平股份	信息传输、软件和信息技术服务业 — 软件和信息技术服务业
40	300126	锐奇股份	制造业 — 通用设备制造业
41	300129	泰胜风能	制造业 — 电气机械及器材制造业
42	300153	科泰电源	制造业 — 电气机械及器材制造业
43	300168	万达信息	信息传输、软件和信息技术服务业 — 软件和信息技术服务业
44	300170	汉得信息	信息传输、软件和信息技术服务业 — 软件和信息技术服务业
45	300171	东富龙	制造业 — 专用设备制造业
46	300180	华峰超纤	制造业 — 橡胶和塑料制品业
47	300222	科大智能	制造业 — 电气机械及器材制造业

（续表）

序号	代码	公司简称	行业
48	300225	金力泰	制造业—化学原料及化学制品制造业
49	300226	上海钢联	信息传输、软件和信息技术服务业—互联网和相关服务
50	300230	永利股份	制造业—橡胶和塑料制品业
51	300236	上海新阳	制造业—化学原料及化学制品制造业
52	300245	天玑科技	信息传输、软件和信息技术服务业—软件和信息技术服务业
53	300253	卫宁健康	信息传输、软件和信息技术服务业—软件和信息技术服务业
54	300262	巴安水务	水利、环境和公共设施管理业—生态保护和环境治理业
55	300272	开能环保	制造业—电气机械及器材制造业
56	300286	安科瑞	制造业—仪器仪表制造业
57	300326	凯利泰	制造业—专用设备制造业
58	300327	中颖电子	制造业—计算机、通信和其他电子设备制造业
59	300330	华虹计通	信息传输、软件和信息技术服务业—软件和信息技术服务业
60	300336	新文化	文化、体育和娱乐业—广播、电视、电影和影视录音制作业
61	300378	鼎捷软件	信息传输、软件和信息技术服务业—软件和信息技术服务业
62	300380	安硕信息	信息传输、软件和信息技术服务业—软件和信息技术服务业
63	300398	飞凯材料	制造业—化学原料及化学制品制造业
64	300442	普丽盛	制造业—专用设备制造业
65	300462	华铭智能	制造业—专用设备制造业
66	300469	信息发展	信息传输、软件和信息技术服务业—软件和信息技术服务业
67	300483	沃施股份	制造业—其他制造业
68	300493	润欣科技	信息传输、软件和信息技术服务业—软件和信息技术服务业
69	300501	海顺新材	制造业—医药制造业
70	300508	维宏股份	信息传输、软件和信息技术服务业—软件和信息技术服务业
71	300511	雪榕生物	农、林、牧、渔业—农业
72	300551	古鳌科技	制造业—专用设备制造业
73	300578	会畅通讯	信息传输、软件和信息技术服务业—软件和信息技术服务业
74	300590	移为通信	制造业—计算机、通信和其他电子设备制造业
75	300609	汇纳科技	信息传输、软件和信息技术服务业—软件和信息技术服务业
76	300613	富瀚微	信息传输、软件和信息技术服务业—软件和信息技术服务业
77	300627	华测导航	制造业—计算机、通信和其他电子设备制造业
78	300642	透景生命	制造业—医药制造业
79	600000	浦发银行	金融业—货币金融服务
80	600009	上海机场	交通运输、仓储和邮政业—航空运输业
81	600018	上港集团	交通运输、仓储和邮政业—水上运输业
82	600019	宝钢股份	制造业—黑色金属冶炼及压延加工
83	600021	上海电力	电力、热力、燃气及水生产和供应业—电力、热力生产和供应业
84	600026	中远海能	交通运输、仓储和邮政业—水上运输业
85	600061	国投资本	金融业—资本市场服务
86	600072	中船科技	建筑业—土木工程建筑业
87	600073	上海梅林	制造业—食品制造业
88	600081	东风科技	制造业—汽车制造业
89	600088	中视传媒	文化、体育和娱乐业—广播、电视、电影和影视录音制作业
90	600094	大名城	房地产业—房地产业
91	600097	开创国际	农、林、牧、渔业—渔业
92	600104	上汽集团	制造业—汽车制造业
93	600115	东方航空	交通运输、仓储和邮政业—航空运输业
94	600119	长江投资	交通运输、仓储和邮政业—道路运输业

（续表）

序号	代码	公司简称	行业
95	600150	*ST 船舶	制造业 — 铁路、船舶、航空航天和其他运输设备制造业
96	600151	航天机电	制造业 — 计算机、通信和其他电子设备制造业
97	600170	上海建工	建筑业 — 土木工程建筑业
98	600171	上海贝岭	制造业 — 计算机、通信和其他电子设备制造业
99	600193	*ST 创兴	建筑业 — 建筑装饰和其他建筑业
100	600196	复星医药	制造业 — 医药制造业
101	600210	紫江企业	制造业 — 橡胶和塑料制品业
102	600272	开开实业	批发和零售业 — 零售业
103	600278	东方创业	批发和零售业 — 批发业
104	600284	浦东建设	建筑业 — 土木工程建筑业
105	600315	上海家化	制造业 — 化学原料及化学制品制造业
106	600320	振华重工	制造业 — 专用设备制造业
107	600420	现代制药	制造业 — 医药制造业
108	600490	鹏欣资源	制造业 — 有色金属冶炼及压延加工
109	600500	中化国际	制造业 — 化学原料及化学制品制造业
110	600503	华丽家族	房地产业 — 房地产业
111	600508	上海能源	采矿业 — 煤炭开采和洗选业
112	600517	置信电气	制造业 — 电气机械及器材制造业
113	600530	交大昂立	制造业 — 医药制造业
114	600532	宏达矿业	采矿业 — 黑色金属矿采选业
115	600597	光明乳业	制造业 — 食品制造业
116	600601	方正科技	制造业 — 计算机、通信和其他电子设备制造业
117	600602	云赛智联	信息传输、软件和信息技术服务业 — 软件和信息技术服务业
118	600604	市北高新	房地产业 — 房地产业
119	600605	汇通能源	批发和零售业 — 批发业
120	600606	绿地控股	房地产业 — 房地产业
121	600608	ST 沪科	制造业 — 黑色金属冶炼及压延加工
122	600610	*ST 毅达	建筑业 — 土木工程建筑业
123	600611	大众交通	交通运输、仓储和邮政业 — 道路运输业
124	600612	老凤祥	制造业 — 其他制造业
125	600613	神奇制药	制造业 — 医药制造业
126	600614	鹏起科技	制造业 — 废弃资源综合利用业
127	600615	丰华股份	制造业 — 金属制品业
128	600616	金枫酒业	制造业 — 酒、饮料和精制茶制造业
129	600618	氯碱化工	制造业 — 化学原料及化学制品制造业
130	600619	海立股份	制造业 — 通用设备制造业
131	600620	天宸股份	综合 — 综合
132	600621	华鑫股份	金融业 — 资本市场服务
133	600622	光大嘉宝	房地产业 — 房地产业
134	600623	华谊集团	制造业 — 化学原料及化学制品制造业
135	600624	复旦复华	综合 — 综合
136	600626	申达股份	批发和零售业 — 批发业
137	600628	新世界	批发和零售业 — 零售业
138	600629	华建集团	科学研究和技术服务业 — 专业技术服务业
139	600630	龙头股份	制造业 — 纺织业
140	600634	*ST 富控	信息传输、软件和信息技术服务业 — 互联网和相关服务
141	600635	大众公用	电力、热力、燃气及水生产和供应业 — 燃气生产和供应业

（续表）

序号	代码	公司简称	行业
142	600636	三爱富	制造业 — 化学原料及化学制品制造业
143	600637	东方明珠	信息传输、软件和信息技术服务业 — 电信、广播电视和卫星传输服务
144	600638	新黄浦	房地产业 — 房地产业
145	600639	浦东金桥	房地产业 — 房地产业
146	600640	号百控股	租赁和商务服务业 — 商务服务业
147	600641	万业企业	房地产业 — 房地产业
148	600642	申能股份	电力、热力、燃气及水生产和供应业 — 燃气生产和供应业
149	600643	爱建集团	金融业 — 其他金融业
150	600647	同达创业	批发和零售业 — 批发业
151	600648	外高桥	批发和零售业 — 批发业
152	600649	城投控股	房地产业 — 房地产业
153	600650	锦江投资	交通运输、仓储和邮政业 — 道路运输业
154	600651	飞乐音响	制造业 — 电气机械及器材制造业
155	600652	游久游戏	信息传输、软件和信息技术服务业 — 互联网和相关服务
156	600653	申华控股	批发和零售业 — 零售业
157	600654	ST 中安	信息传输、软件和信息技术服务业 — 软件和信息技术服务业
158	600655	豫园股份	批发和零售业 — 零售业
159	600661	新南洋	教育 — 教育
160	600662	强生控股	交通运输、仓储和邮政业 — 道路运输业
161	600663	陆家嘴	房地产业 — 房地产业
162	600665	天地源	房地产业 — 房地产业
163	600675	中华企业	房地产业 — 房地产业
164	600676	交运股份	交通运输、仓储和邮政业 — 道路运输业
165	600679	上海凤凰	制造业 — 铁路、船舶、航空航天和其他运输设备制造业
166	600680	*ST 上普	制造业 — 计算机、通信和其他电子设备制造业
167	600688	上海石化	制造业 — 石油加工、炼焦及核燃料加工业
168	600689	上海三毛	制造业 — 纺织业
169	600692	亚通股份	交通运输、仓储和邮政业 — 水上运输业
170	600695	绿庭投资	金融业 — 资本市场服务
171	600696	ST 岩石	房地产业 — 房地产业
172	600708	光明地产	房地产业 — 房地产业
173	600732	ST 新梅	房地产业 — 房地产业
174	600741	华域汽车	制造业 — 汽车制造业
175	600748	上实发展	房地产业 — 房地产业
176	600754	锦江股份	住宿和餐饮业 — 住宿业
177	600767	ST 运盛	信息传输、软件和信息技术服务业 — 软件和信息技术服务业
178	600816	安信信托	金融业 — 其他金融业
179	600818	中路股份	制造业 — 铁路、船舶、航空航天和其他运输设备制造业
180	600819	耀皮玻璃	制造业 — 非金属矿物制品业
181	600820	隧道股份	建筑业 — 土木工程建筑业
182	600822	上海物贸	批发和零售业 — 批发业
183	600823	世茂股份	房地产业 — 房地产业
184	600824	益民集团	批发和零售业 — 零售业
185	600825	新华传媒	文化、体育和娱乐业 — 新闻和出版业
186	600826	兰生股份	批发和零售业 — 批发业
187	600827	百联股份	批发和零售业 — 零售业
188	600833	第一医药	批发和零售业 — 零售业

（续表）

序号	代码	公司简称	行业
189	600834	申通地铁	交通运输、仓储和邮政业 — 道路运输业
190	600835	上海机电	制造业 — 通用设备制造业
191	600836	界龙实业	制造业 — 印刷和记录媒介复制业
192	600837	海通证券	金融业 — 资本市场服务
193	600838	上海九百	批发和零售业 — 零售业
194	600841	上柴股份	制造业 — 通用设备制造业
195	600843	上工申贝	制造业 — 专用设备制造业
196	600844	丹化科技	制造业 — 化学原料及化学制品制造业
197	600845	宝信软件	信息传输、软件和信息技术服务业 — 软件和信息技术服务业
198	600846	同济科技	建筑业 — 土木工程建筑业
199	600848	上海临港	房地产业 — 房地产业
200	600850	华东电脑	信息传输、软件和信息技术服务业 — 软件和信息技术服务业
201	600851	海欣股份	制造业 — 医药制造业
202	600882	广泽股份	制造业 — 食品制造业
203	600895	张江高科	综合 — 综合
204	600958	东方证券	金融业 — 资本市场服务
205	601021	春秋航空	交通运输、仓储和邮政业 — 航空运输业
206	601200	上海环境	水利、环境和公共设施管理业 — 生态保护和环境治理业
207	601211	国泰君安	金融业 — 资本市场服务
208	601229	上海银行	金融业 — 货币金融服务
209	601231	环旭电子	制造业 — 计算机、通信和其他电子设备制造业
210	601328	交通银行	金融业 — 货币金融服务
211	601519	大智慧	信息传输、软件和信息技术服务业 — 软件和信息技术服务业
212	601595	上海电影	文化、体育和娱乐业 — 广播、电视、电影和影视录音制作业
213	601601	中国太保	金融业 — 保险业
214	601607	上海医药	批发和零售业 — 零售业
215	601611	中国核建	建筑业 — 土木工程建筑业
216	601616	广电电气	制造业 — 电气机械及器材制造业
217	601727	上海电气	制造业 — 通用设备制造业
218	601788	光大证券	金融业 — 资本市场服务
219	601828	美凯龙	租赁和商务服务业 — 商务服务业
220	601866	中远海发	交通运输、仓储和邮政业 — 水上运输业
221	601872	招商轮船	交通运输、仓储和邮政业 — 水上运输业
222	601968	宝钢包装	制造业 — 金属制品业
223	603003	龙宇燃油	批发和零售业 — 批发业
224	603006	联明股份	制造业 — 汽车制造业
225	603009	北特科技	制造业 — 汽车制造业
226	603012	创力集团	制造业 — 专用设备制造业
227	603020	爱普股份	制造业 — 食品制造业
228	603022	新通联	制造业 — 造纸及纸制品业
229	603030	全筑股份	建筑业 — 建筑装饰和其他建筑业
230	603037	凯众股份	制造业 — 汽车制造业
231	603039	泛微网络	信息传输、软件和信息技术服务业 — 软件和信息技术服务业
232	603056	德邦股份	交通运输、仓储和邮政业 — 邮政业
233	603083	剑桥科技	制造业 — 计算机、通信和其他电子设备制造业
234	603108	润达医疗	批发和零售业 — 批发业
235	603128	华贸物流	交通运输、仓储和邮政业 — 装卸搬运和其他运输代理

（续表）

序号	代码	公司简称	行业
236	603131	上海沪工	制造业通用设备制造业
237	603157	拉夏贝尔	制造业纺织服装、服饰业
238	603159	上海亚虹	制造业专用设备制造业
239	603189	网达软件	信息传输、软件和信息技术服务业软件和信息技术服务业
240	603196	日播时尚	制造业纺织服装、服饰业
241	603197	保隆科技	制造业汽车制造业
242	603200	上海洗霸	水利、环境和公共设施管理业生态保护和环境治理业
243	603214	爱婴室	批发和零售业零售业
244	603226	菲林格尔	制造业木材加工及木、竹、藤、棕、草制品业
245	603232	格尔软件	信息传输、软件和信息技术服务业软件和信息技术服务业
246	603329	上海雅仕	交通运输、仓储和邮政业装卸搬运和其他运输代理
247	603330	上海天洋	制造业化学原料及化学制品制造业
248	603365	水星家纺	制造业纺织业
249	603378	亚士创能	制造业化学原料及化学制品制造业
250	603466	风语筑	文化、体育和娱乐业文化艺术业
251	603496	恒为科技	制造业计算机、通信和其他电子设备制造业
252	603499	翔港科技	制造业印刷和记录媒介复制业
253	603501	韦尔股份	制造业计算机、通信和其他电子设备制造业
254	603515	欧普照明	制造业电气机械及器材制造业
255	603579	荣泰健康	制造业专用设备制造业
256	603580	艾艾精工	制造业橡胶和塑料制品业
257	603587	地素时尚	制造业纺织服装、服饰业
258	603619	中曼石油	制造业专用设备制造业
259	603633	徕木股份	制造业计算机、通信和其他电子设备制造业
260	603648	畅联股份	租赁和商务服务业商务服务业
261	603650	彤程新材	制造业化学原料及化学制品制造业
262	603659	璞泰来	制造业电气机械及器材制造业
263	603683	晶华新材	制造业化学原料及化学制品制造业
264	603690	至纯科技	制造业专用设备制造业
265	603718	海利生物	制造业医药制造业
266	603728	鸣志电器	制造业电气机械及器材制造业
267	603729	龙韵股份	租赁和商务服务业商务服务业
268	603730	岱美股份	制造业汽车制造业
269	603777	来伊份	批发和零售业零售业
270	603855	华荣股份	制造业专用设备制造业
271	603868	飞科电器	制造业电气机械及器材制造业
272	603881	数据港	信息传输、软件和信息技术服务业互联网和相关服务
273	603885	吉祥航空	交通运输、仓储和邮政业航空运输业
274	603886	元祖股份	制造业食品制造业
275	603887	城地股份	建筑业土木工程建筑业
276	603895	天永智能	制造业专用设备制造业
277	603899	晨光文具	制造业文教、工美、体育和娱乐用品制造业
278	603918	金桥信息	信息传输、软件和信息技术服务业软件和信息技术服务业
279	603960	克来机电	制造业专用设备制造业
280	603987	康德莱	制造业专用设备制造业
281	603991	至正股份	制造业橡胶和塑料制品业

上海工商类上市公司 2017 年度经营情况之一

（单位：万元）

序号	代码	公司简称	资产总计	股东权益	主营业务收入	利润总额	净利润
1	000668	荣丰控股	226073.9	69675.71	26998.68	2147.51	1389.16
2	000863	三湘印象	1306990.75	635238.39	247391.82	39430.57	22476.68
3	002022	科华生物	271560.06	207912.48	159411.62	26754.03	22141.9
4	002028	思源电气	678932.72	451029.22	449478.81	29878.23	27729.84
5	002058	威尔泰	22298.27	18758.17	11197.67	483.42	281.64
6	002116	中国海诚	393135.63	131831.57	419930.25	24645.92	20069.38
7	002158	汉钟精机	311144.1	178539.95	160448.86	26755.2	22380.97
8	002162	悦心健康	211518.16	88582.47	90021.97	2438.34	1786.55
9	002178	延华智能	223002	128826.62	119099.2	3780.65	3178.34
10	002184	海得控制	215758.48	127155.88	205077.38	4810.01	3394.8
11	002195	二三四五	917218.13	778669.8	320018.69	90275.07	95330.89
12	002252	上海莱士	1445541.96	1248014.53	192774.84	100478.41	83195.5
13	002269	美邦服饰	661561.73	283733.92	647235.92	−29880.31	−30479.98
14	002278	神开股份	157120.73	113765.43	51838.94	2427.57	1606.15
15	002324	普利特	383721.13	225636.73	339748.71	20212.79	17423.21
16	002328	新朋股份	399588.49	284400.62	394839.62	22478.61	17152.49
17	002346	柘中股份	246005.06	212307.42	45321.26	32562.3	25925.58
18	002401	中远海科	192254.05	81267.88	91700.69	9322.91	8052.72
19	002451	摩恩电气	163107.59	65473.2	46746.85	8643.21	5938.84
20	002454	松芝股份	615463.75	336851.26	417246.22	44398.21	38179.5
21	002486	嘉麟杰	147897.52	95724.83	88328.56	206.92	1788.81
22	002506	协鑫集成	2031781.32	420317.37	1444707.74	8649.62	3707.29
23	002527	新时达	626188.71	297700.41	340361.22	20163.45	13768.34
24	002561	徐家汇	265939.59	217820.63	210228.4	33114.75	24819.88
25	002565	顺灏股份	393478.63	244637.72	194860.95	14042.18	11302.1
26	002568	百润股份	231972.78	178223.77	117192.57	23281.61	18264.53
27	002605	姚记扑克	194921.29	164582.25	66263.48	10731.13	8074
28	002636	金安国纪	409268.79	222111.35	367580.37	63414.53	53733.63
29	002669	康达新材	176682.07	163701.96	54996.23	4669.52	4343.69
30	002706	良信电器	203358.34	168916.33	145204.83	24419.7	21020.01
31	002825	纳尔股份	75082.83	56896.17	64285.32	4146.17	3633.46
32	002858	力盛赛车	47736.76	41854.06	28230.13	5557.35	4380.64
33	300008	天海防务	443988.24	265233.36	148392.89	21728.41	17723.78
34	300017	网宿科技	1026271.87	797274.17	537267.11	85023.81	81679.23
35	300039	上海凯宝	267972.41	236546.59	156991.6	32743.97	27230.47
36	300059	东方财富	4184475.51	1468044.66	111233.71	67908.38	63484.43
37	300061	康旗股份	438985.99	358483.56	198734.64	35044.86	32322.08
38	300067	安诺其	177910.39	156881.8	133289.75	11120.42	8363.59
39	300074	华平股份	159100 85	120803.94	45553.64	3266.58	3343.68
40	300126	锐奇股份	128245 65	103774.36	54914.18	311.93	435.16
41	300129	泰胜风能	321767.43	225744.22	159000.02	18968.4	15367.53
42	300153	科泰电源	148895.22	97497.03	107321.7	2618.26	2716.49
43	300168	万达信息	800387.66	281312.68	241548.26	36709.59	32467.07
44	300170	汉得信息	314662.26	245470.65	232504.74	30444.37	30476.13
45	300171	东富龙	436627.05	308615.89	172487.92	16533.59	13599.43
46	300180	华峰超纤	662106.19	487013.76	250559.39	29160.83	25580.51
47	300222	科大智能	598316.22	414689.2	255927.56	40200.15	35138.06

（续表）

序号	代码	公司简称	资产总计	股东权益	主营业务收入	利润总额	净利润
48	300225	金力泰	121075.93	91487.46	79776.58	4848.57	3888.76
49	300226	上海钢联	1021382.01	217405.66	7369705.13	7090.03	6656.53
50	300230	永利股份	420064.1	280208.22	308639.4	37216.93	31013.83
51	300236	上海新阳	151382.42	130394.68	47224.4	8366.68	7171.73
52	300245	天玑科技	152573.7	137140.58	35953.6	3951.5	3205.45
53	300253	卫宁健康	371230.26	265898.65	120375.63	25621.86	22973.76
54	300262	巴安水务	443613.36	215246.95	91015.52	20021.49	12992.21
55	300272	开能环保	262941.51	172820.26	70750.16	2162.59	1084.74
56	300286	安科瑞	88406.07	67329.05	40537.96	11062.55	9456.91
57	300326	凯利泰	269451.99	204163.71	80226.68	23255.46	19399.04
58	300327	中颖电子	98077.71	79283.45	68572.48	14060.89	12922.81
59	300330	华虹计通	51360.32	38792.28	22372.99	569.24	594.91
60	300336	新文化	512855.74	301396.54	123321.61	29303.01	24623.85
61	300378	鼎捷软件	197868.15	123677.29	121598.05	9568.31	6465.64
62	300380	安硕信息	60337.89	43356.79	51357.1	843.19	838.39
63	300398	飞凯材料	292835.26	197060.88	82036.76	7792.76	8783.99
64	300442	普丽盛	166545.6	99134.72	69422.6	936.81	997.75
65	300462	华铭智能	82767.29	58926.53	24087.58	5046.89	4403.68
66	300469	信息发展	121727.68	43502.1	56429.36	3512.88	3281.19
67	300483	沃施股份	58533.03	39888.24	38491.91	1281.52	654.34
68	300493	润欣科技	108984.08	50235.06	182951.01	6360.01	5469.16
69	300501	海顺新材	70987.41	63368.88	37561.72	7687.17	6569.98
70	300508	维宏股份	55822.01	51119.15	19862.93	8814.6	8069.56
71	300511	雪榕生物	383637.65	141635.59	133028.39	11719.57	12209.45
72	300551	古鳌科技	68686.28	52450.54	23864.52	1568.45	1491.18
73	300578	会畅通讯	35891.1	28809.62	26714.66	3895.81	3425.12
74	300590	移为通信	88142.63	76937.03	36244.59	11048.2	9693.85
75	300609	汇纳科技	54734.18	47218.74	20312.6	6811.43	5880.18
76	300613	富瀚微	107824.87	94728.37	44921.3	11407.59	10564.07
77	300627	华测导航	115069.48	78395.91	67815.32	14858.58	12936.63
78	300642	透景生命	93516.44	89585.64	30288.82	14718.11	12681.5
79	600000	浦发银行	613724000	43098500	16861900	6982800	5500200
80	600009	上海机场	2754739.95	2548077.3	806237.9	484161.34	385726.31
81	600018	上港集团	14123490.5	7705646.69	3742394.62	1585528.67	1284641.35
82	600019	宝钢股份	35023463.26	17447240.45	28909290.03	2403513.01	2040313.72
83	600021	上海电力	8091396.94	1922888.22	1884431.75	187602.65	142922.03
84	600026	中远海能	6038473.07	2826188.91	975943.85	204670.48	188506.06
85	600061	国投资本	14240439.92	3938841.55	70473.44	402062.07	302774.21
86	600072	中船科技	1094504.81	406275.41	426362.86	6902.36	4260.01
87	600073	上海梅林	1127824.92	549569.42	2222137.41	53416.63	46555.88
88	600081	东风科技	543174.99	179536.73	610170.85	31511.78	27724.33
89	600088	中视传媒	140969.92	112155.23	71806.19	11767.79	8775.22
90	600094	大名城	5697330.46	1266439.31	1024447.05	197788.19	148555.76
91	600097	开创国际	180114.08	153682.76	178745.75	13742.61	12618.22
92	600104	上汽集团	72353313.13	27210581.68	85797771.79	5426101.26	4711609.75
93	600115	东方航空	22746400	5651800	10172100	862000	682000
94	600119	长江投资	200113.54	86194.82	284089.47	−13082.31	−14065.58

（续表）

序号	代码	公司简称	资产总计	股东权益	主营业务收入	利润总额	净利润
95	600150	*ST 船舶	5232657.13	1499498.31	1669110.14	−248448.5	−254360.96
96	600151	航天机电	1309358.16	584777.51	665714.61	−32066.35	−34828.8
97	600170	上海建工	19568520.85	3035511.03	14208263.86	368484.47	278854.27
98	600171	上海贝岭	274791.53	242120.07	56187.4	17137.9	17505.08
99	600193	*ST 创兴	27912.24	18163.98	2467.8	−7822.08	−7822.08
100	600196	复星医药	6197100.88	2974145.39	1853355.54	406171.65	358525.89
101	600210	紫江企业	1003800.09	450433.39	850761.05	66824.73	57026.05
102	600272	开开实业	104190.73	50221.72	96210.16	5054.59	3880.14
103	600278	东方创业	853529.56	436117.01	1583364.98	28972.57	20259.17
104	600284	浦东建设	1117782.08	577935.05	326183.35	48629.18	39039.24
105	600315	上海家化	960395.91	537655.18	648824.62	47124.48	38980.19
106	600320	振华重工	6751995.38	1682862.07	2185881.4	42176.28	32944.34
107	600420	现代制药	1517059.1	764777.38	851775.37	95378.44	81857.21
108	600490	鹏欣资源	779356.28	567297.77	605640.9	34561.01	33132.37
109	600500	中化国际	5576065.76	2104342.92	6246607.46	203962.38	136699.46
110	600503	华丽家族	615241.18	369738.56	211001.69	28385.68	20459.89
111	600508	上海能源	1427730.81	918616.37	633406.79	50307.29	31535.63
112	600517	置信电气	908383.56	376062.73	572978.91	34297.48	25145.9
113	600530	交大昂立	226059.78	174652.06	26994.92	21777.89	16369.49
114	600532	宏达矿业	302583.47	182753.37	51410.32	−8098.04	−7896.55
115	600597	光明乳业	1653925.74	668245.11	2167218.52	100277.41	81810.88
116	600601	方正科技	1113175.2	307475.76	509880.21	−80127.57	−82297.5
117	600602	云赛智联	544702.85	395600.94	420991.84	34982.5	30529.72
118	600604	市北高新	1269914.2	612533.8	219139.53	44725.18	30456.94
119	600605	汇通能源	123798.18	67319.08	247349.37	3310.01	2937.53
120	600606	绿地控股	84853281.47	9345183.44	29017415.2	1926140.57	1357212.34
121	600608	ST 沪科	18964.46	6368	47008.63	6016.13	6016.13
122	600610	*ST 毅达	0	0	0	0	0
123	600611	大众交通	1583930.56	975961.4	239429.64	122027.25	92728.94
124	600612	老凤祥	1342405.16	671364.29	3981035.44	196513.78	147030.57
125	600613	神奇制药	309587.23	253053.46	173571.6	14603.58	11963.57
126	600614	鹏起科技	848939.2	503607.67	200367.18	49575.12	41680.81
127	600615	丰华股份	65017.74	59166.55	9450.61	12849.74	10632.26
128	600616	金枫酒业	238017.51	202241.36	98693.34	6924.88	4858.31
129	600618	氯碱化工	454938.82	291548.41	722674.61	100449.46	99009.28
130	600619	海立股份	1364008.6	504870.17	1044677.54	38546.22	33877.13
131	600620	天宸股份	296553.07	240370.51	5120.79	6184.98	6051.83
132	600621	华鑫股份	1737954.77	689786.21	222564.77	103701.54	74457.05
133	600622	光大嘉宝	1345037.59	606433.16	308330.66	91813.94	67842.57
134	600623	华谊集团	3878937.93	1939865.85	4355329.29	81888.36	45059.5
135	600624	复旦复华	239742.73	119154.9	73572.92	6728.07	4882.98
136	600626	申达股份	1082752.52	342556.94	1112599.88	22758.59	22330.78
137	600628	新世界	585598.39	434654.48	302249.06	52992.3	44886.51
138	600629	华建集团	740352.19	265138.92	528974.5	36404	29419.01
139	600630	龙头股份	272013.8	183198.85	442191.04	17589.56	13030.16
140	600634	*ST 富控	565619.2	200065.8	80556.59	21145.52	20695.34
141	600635	大众公用	2074402.12	835944.71	460210.82	62734.48	55550.35

（续表）

序号	代码	公司简称	资产总计	股东权益	主营业务收入	利润总额	净利润
142	600636	三爱富	733823.26	321462.49	524337.01	24351.04	15549.59
143	600637	东方明珠	3733221.53	2960057.01	1626115.95	302938.03	239732.39
144	600638	新黄浦	1074900.92	432970.69	177759.04	81730.42	61041.13
145	600639	浦东金桥	2048459.41	917542.17	167382.58	97247.56	73455.71
146	600640	号百控股	650794.19	483439.23	556562.2	32734.28	26996.56
147	600641	万业企业	881470.87	587194.52	209626.19	222970.31	169890.6
148	600642	申能股份	5404718.05	3343575.54	3240402.16	280298.99	218527.46
149	600643	爱建集团	1675058.43	710373.16	67069.8	116519.71	82955.8
150	600647	同达创业	55097.87	36323.55	2368.67	1361.94	869.61
151	600648	外高桥	3055263.47	1031814.8	895356.74	107182.46	78145.97
152	600649	城投控股	3776962.08	2035272.98	321516.41	202638.04	176658.86
153	600650	锦江投资	454336.57	364953.71	236874.59	34383.1	30633.57
154	600651	飞乐音响	1555303.84	357521.44	544484.56	30563.47	3081.37
155	600652	游久游戏	202215.21	171981.7	17655.42	−42504.27	−42231.46
156	600653	申华控股	993977.96	239684.6	580247.47	−53526.97	−55386.59
157	600654	ST 中安	925035.73	216844.88	296916.47	−76135.35	−73503.08
158	600655	豫园股份	2411568.72	1139288.18	1711124.68	86920.03	65773.61
159	600661	新南洋	315838.99	161434.28	172356.16	15467.46	10447.06
160	600662	强生控股	619571.67	362454.52	407755.98	17541.87	9579.17
161	600663	陆家嘴	8118012.05	2020429.85	932459.38	492125.94	367545.99
162	600665	天地源	2157261.54	307649.4	395470.91	34293.11	25029.32
163	600675	中华企业	2785833.95	510317.37	765897.03	69318.37	51782.94
164	600676	交运股份	886147.06	596875.18	931505.25	60029.02	49857.39
165	600679	上海凤凰	189920.22	139996.04	142808.14	12138.16	9912.85
166	600680	*ST 上普	207755.08	37989.21	64030.94	−33015.78	−35066.7
167	600688	上海石化	3960953.6	2854161.3	9201356.9	785123.4	615249.5
168	600689	上海三毛	75245.81	46895.38	127746.12	3037.04	1793.69
169	600692	亚通股份	209709.11	77415.46	121383.6	10973.32	7935.31
170	600695	绿庭投资	123363.57	69599.02	5006.81	4727.44	4703.67
171	600696	ST 岩石	81304.96	29457.43	17508.93	2015.81	1843.85
172	600708	光明地产	5415449.22	1087688.99	2081126.33	286910.1	198804.82
173	600732	ST 新梅	53088.18	46629.04	4592.53	7570.52	6128.89
174	600741	华域汽车	12337262.65	4993427.81	14048725.05	1049227.96	913085.92
175	600748	上实发展	3905026.54	1153290.28	723391.69	120138.18	91526.53
176	600754	锦江股份	4355969.63	1461573.71	1358258.36	127659.79	99006.15
177	600767	ST 运盛	52422.64	33092.54	11339.06	3764.4	3455.75
178	600816	安信信托	2512611.56	1619148.19	559242.79	487421.36	366821.23
179	600818	中路股份	105439.86	68947.06	60444.2	2823.41	2242.74
180	600819	耀皮玻璃	701545.67	360495.95	327342.72	8083.91	7085.12
181	600820	隧道股份	6791965.38	2009544.03	3152643.77	233421.72	183305.42
182	600822	上海物贸	203951.25	61631.11	610345.08	5999.49	3991.84
183	600823	世茂股份	9191790.6	3462692.38	1866677.04	530880.43	371377.53
184	600824	益民集团	286600.2	218856.19	184699.73	18527.29	13486.66
185	600825	新华传媒	389521.2	262030.38	142716.19	4579.5	4077.62
186	600826	兰生股份	480993.03	351917.88	333513.49	41152.26	33069.77
187	600827	百联股份	4467053.59	2032014.01	4718112.14	159790.11	85764.67
188	600833	第一医药	113596.82	71406.49	155614.62	5737.31	4347.68

（续表）

序号	代码	公司简称	资产总计	股东权益	主营业务收入	利润总额	净利润
189	600834	申通地铁	257728.78	146533.26	75215.02	7204.35	5167.02
190	600835	上海机电	3352037.47	1243059.75	1947114.64	270107.53	236116.76
191	600836	界龙实业	347705.49	94124.71	133413.39	3709.72	2890.81
192	600837	海通证券	53470633.28	12969430.39	2822166.72	1288939.7	987560.29
193	600838	上海九百	142146.21	125414	9072.63	9736.31	9733.35
194	600841	上柴股份	665791.35	362730.64	366728.27	10568.16	12132.13
195	600843	上工申贝	370351.51	245643.15	306497.15	29558.19	21265.3
196	600844	丹化科技	380662.92	274594.19	133131.69	38455.26	35087.13
197	600845	宝信软件	862242.47	490960.31	477577.95	50273.34	46059.55
198	600846	同济科技	918418.52	289691.36	362683.63	39172.43	30202.26
199	600848	上海临港	1311716.01	747567.59	207231.52	56452.62	41101.62
200	600850	华东电脑	567007.54	223259.43	659781.22	36041.32	31262.24
201	600851	海欣股份	489213.98	394993.78	100043.68	11669.59	8785.96
202	600882	广泽股份	265202.23	117655.61	98199.81	–294.65	427.86
203	600895	张江高科	1898322.43	863507.43	125304.95	56206.03	46182.28
204	600958	东方证券	23185998.83	5350147.49	1053151.13	438851.22	360301.76
205	601021	春秋航空	2060242.42	846390.12	1097058.99	165132.97	126158.15
206	601200	上海环境	1238381.43	630889.53	256602.99	69067.97	60608.84
207	601211	国泰君安	43164818.71	13369522.35	2380413.29	1366130.72	1048290.87
208	601229	上海银行	180776693.8	14744140.3	3312499.5	1608246.2	1533679.3
209	601231	环旭电子	1736339.4	863297.92	2970568.5	156442.59	131409.13
210	601328	交通银行	903825400	67627100	19601100	8326500	7069100
211	601519	大智慧	200118.97	136242.85	63823.62	39550.96	38283.02
212	601595	上海电影	298793.48	213849.72	112244.68	31055.88	25409.75
213	601601	中国太保	117122400	14111900	31980900	2110200	1499100
214	601607	上海医药	9434447.52	3967585	13084718.19	520480.9	405778.03
215	601611	中国核建	7804296.74	1116416.09	4533363.61	137568.28	100311.68
216	601616	广电电气	276342.51	242573.78	64520.54	2522.82	2364.75
217	601727	上海电气	19934575.9	7072158.7	7954379.4	552863.5	500621.3
218	601788	光大证券	20586436.51	5002266.77	983814.78	407765.67	312699.86
219	601828	美凯龙	9701462.41	4393197.34	1095951.27	598603.66	427801.38
220	601866	中远海发	13903766.04	1687378.67	1594033.87	195811.54	153241.9
221	601872	招商轮船	3779089.08	1926635.69	609534.96	93852.52	92292.39
222	601968	宝钢包装	571327.09	215086.44	454636.02	2452.92	1671.62
223	603003	龙宇燃油	631517.87	433106.79	1683195.93	8147.85	7404.74
224	603006	联明股份	165096.14	109400.98	101550.84	15110.51	11348.76
225	603009	北特科技	202621.55	135384.85	91296.89	8697.21	7332
226	603012	创力集团	393886.6	261028.75	125363.05	17143.46	13896.53
227	603020	爱普股份	220498.28	197814.14	232492.06	19434.09	15617.1
228	603022	新通联	78630.9	59353.57	59853.99	3361.88	2501
229	603030	全筑股份	530737.54	170663.18	462537.27	20112.99	17084.86
230	603037	凯众股份	88550.45	76310.06	45007.86	13335.54	11480.63
231	603039	泛微网络	131089.07	62299.88	70421.77	9176.21	8591.52
232	603056	德邦股份	652117.18	307130.74	2035010.6	70219.21	54662.26
233	603083	剑桥科技	235125.78	106199.83	248654.03	6060.05	6060.05
234	603108	润达医疗	712532.87	274855.47	431880.98	38669.05	29732.8
235	603128	华贸物流	547966.5	378685.4	871534.53	35930.7	28931.18

（续表）

序号	代码	公司简称	资产总计	股东权益	主营业务收入	利润总额	净利润
236	603131	上海沪工	90824.21	66339.77	71258.73	8350	7259.9
237	603157	拉夏贝尔	787171.2	406922.8	899870.9	73022.8	53744
238	603159	上海亚虹	55053.41	39556.2	57383.98	5427.86	4490.02
239	603189	网达软件	85498.1	80485.9	19662.29	4280.71	3720.49
240	603196	日播时尚	113692.61	93357.74	107346.98	10144.97	7699.09
241	603197	保隆科技	241631.69	145381.46	208072.28	32360.52	22466.88
242	603200	上海洗霸	79339.22	71202.03	30090.53	6696.01	5750.57
243	603214	爱婴室	76961.15	41105.21	180784.93	13921.43	10455.99
244	603226	菲林格尔	98124.67	72991.75	79640.02	9422.61	8007.23
245	603232	格尔软件	66113.59	57483.96	27165.36	7351.41	6994.95
246	603329	上海雅仕	114792.85	79280.75	170011.41	10601.42	8149.56
247	603330	上海天洋	82375.31	61770.69	45507.73	3613.12	3062.86
248	603365	水星家纺	263190.73	203563.23	246189.69	30809.48	25734.9
249	603378	亚士创能	206421.71	128849.36	135534.61	13741.14	11373.48
250	603466	风语筑	275580.46	129025.62	149919.9	19508.17	16615.68
251	603496	恒为科技	76975.06	65722.5	31220.99	8322.31	7500.63
252	603499	翔港科技	67221.15	50642.79	33929.95	5211.23	4583.2
253	603501	韦尔股份	282490.82	119064.09	240591.63	14538.77	12340.4
254	603515	欧普照明	630615.95	363453.47	695704.62	80066.14	68152.47
255	603579	荣泰健康	218713.95	138319.07	191800.74	25964.13	22658.8
256	603580	艾艾精工	42483.54	37946.18	15502.08	3500.49	3004.28
257	603587	地素时尚	175956.07	133305.25	194590.84	64392.33	48007.23
258	603619	中曼石油	370998.38	251429.89	177237.89	50746.96	39451.52
259	603633	徕木股份	109587.67	70305.35	37412.67	5696.17	4936.05
260	603648	畅联股份	183449.76	154882.21	115070.45	18686.75	13806.83
261	603650	彤程新材	187631.16	119785.09	190094.24	38720.71	32265.39
262	603659	璞泰来	433887.7	255317.43	224935.88	53182.45	45176.25
263	603683	晶华新材	116132.2	78559.8	72753.22	4989.76	4339.24
264	603690	至纯科技	99878.13	41368.93	36907.79	5630.12	4898.66
265	603718	海利生物	160171.84	107488.77	30365.02	10712.28	9529.45
266	603728	鸣志电器	216898.06	169009.42	162839.13	18980.74	16610.59
267	603729	龙韵股份	115186.56	85633.52	123565.7	5363.78	4272.22
268	603730	岱美股份	381082.37	309383.62	324697.22	69711.02	58205.79
269	603777	来伊份	300143.02	190661.7	363634.63	15649.91	10136.99
270	603855	华荣股份	240001.13	142110.49	147945.21	14462.23	12610.46
271	603868	飞科电器	325568.88	241019.5	385342.89	111750.31	83534.76
272	603881	数据港	168931.32	89525.31	52022.88	13510.43	11489.53
273	603885	吉祥航空	2023691.11	878347.7	1241169.05	182628.87	135192.74
274	603886	元祖股份	197028.89	121951.15	177724.11	26446.14	20345.65
275	603887	城地股份	123066.03	75408.07	81290.67	8556.4	6639.13
276	603895	天永智能	68961.03	29101.68	42394.09	7167.13	6192.22
277	603899	晨光文具	438827.89	291392.82	635710.3	74610.58	62716.2
278	603918	金桥信息	96421.47	51476.81	67272.93	4221.58	3483.69
279	603960	克来机电	66917.67	46422.87	25191.48	5906.19	5048.97
280	603987	康德莱	160262.04	134143.64	125640.4	17235.61	14302.22
281	603991	至正股份	62779.7	46131.91	42744.59	4485.61	3795.73

上海工商类上市公司2017年度经营情况之二

（单位：元、%）

序号	代码	公司简称	每股收益	每股净资产	净资产收益率	每股经营现金净流量
1	000668	荣丰控股	0.07	4.19	1.7	0.78
2	000863	三湘印象	0.19	4.62	4.16	−1.84
3	002022	科华生物	0.42	3.9	11.33	0.26
4	002028	思源电气	0.33	5.74	5.82	0.64
5	002058	威尔泰	0.02	1.31	1.5	0.03
6	002116	中国海诚	0.48	3.16	16.22	0.01
7	002158	汉钟精机	0.43	3.34	12.2	0.52
8	002162	悦心健康	0.02	1.02	2.35	0.13
9	002178	延华智能	0.03	1.61	2.18	0.11
10	002184	海得控制	0.06	4.57	1.31	−0.1
11	002195	二三四五	0.29	2.23	13.28	0.05
12	002252	上海莱士	0.17	2.51	6.92	0.05
13	002269	美邦服饰	−0.12	1.13	−10.2	−0.13
14	002278	神开股份	0.03	2.95	0.99	0.07
15	002324	普利特	0.64	8.33	7.96	−0.68
16	002328	新朋股份	0.21	5.35	3.89	0.89
17	002346	柘中股份	0.59	4.8	13.76	0.01
18	002401	中远海科	0.25	2.66	9.74	0.47
19	002451	摩恩电气	0.13	1.49	8.96	0.18
20	002454	松芝股份	0.87	7.4	12.4	0.82
21	002486	嘉麟杰	0.03	1.15	2.98	−0.03
22	002506	协鑫集成	0.01	0.83	0.57	0.01
23	002527	新时达	0.22	4.51	4.85	0.09
24	002561	徐家汇	0.57	5.16	11.27	0.66
25	002565	顺灏股份	0.15	3.31	4.72	0.28
26	002568	百润股份	0.22	2.54	10.8	0.35
27	002605	姚记扑克	0.19	4.03	4.95	0.16
28	002636	金安国纪	0.74	3.05	27.18	0.92
29	002669	康达新材	0.19	7.09	2.7	0.25
30	002706	良信电器	0.41	3.22	12.96	0.33
31	002825	纳尔股份	0.36	5.67	6.48	1.01
32	002858	力盛赛车	0.69	6.37	13.03	0.42
33	300008	天海防务	0.17	2.76	5.91	−0.13
34	300017	网宿科技	0.34	3.3	10.88	0.26
35	300039	上海凯宝	0.25	2.21	11.93	0.23
36	300059	东方财富	0.15	3.14	4.63	−1.44
37	300061	康旗股份	0.57	6.66	8.87	0.75
38	300067	安诺其	0.13	2.11	6.64	0.09
39	300074	华平股份	0.06	2.2	2.95	0.08
40	300126	锐奇股份	0.01	3.4	0.43	0.19
41	300129	泰胜风能	0.21	3.1	6.98	0.1
42	300153	科泰电源	0.09	3.03	2.99	−0.15
43	300168	万达信息	0.32	2.46	12.99	−0.23
44	300170	汉得信息	0.38	2.88	14.31	−0.03
45	300171	东富龙	0.2	4.76	4.16	0.03
46	300180	华峰超纤	0.45	7.71	6.65	0.28
47	300222	科大智能	0.48	5.64	8.68	−0.08

（续表）

序号	代码	公司简称	每股收益	每股净资产	净资产收益率	每股经营现金净流量
48	300225	金力泰	0.1	1.89	5.38	0.19
49	300226	上海钢联	0.3	5.18	7.28	−7.9
50	300230	永利股份	0.64	5.98	11.18	0.76
51	300236	上海新阳	0.37	6.73	5.69	0.5
52	300245	天玑科技	0.2	4.33	5.23	0.15
53	300253	卫宁健康	0.14	1.61	9.28	0.05
54	300262	巴安水务	0.21	3.19	6.94	−0.63
55	300272	开能环保	0.15	2.04	7.77	0.1
56	300286	安科瑞	0.67	4.66	14.93	0.7
57	300326	凯利泰	0.27	2.83	10.09	0.21
58	300327	中颖电子	0.64	3.72	18.09	0.67
59	300330	华虹计通	0.04	2.31	1.55	−0.09
60	300336	新文化	0.46	5.58	8.47	0.55
61	300378	鼎捷软件	0.23	4.62	5.11	0.85
62	300380	安硕信息	0.09	2.94	3.18	0.1
63	300398	飞凯材料	0.27	4.5	6.2	0.28
64	300442	普丽盛	0.09	9.74	0.9	0.21
65	300462	华铭智能	0.33	4.27	7.93	0.07
66	300469	信息发展	0.49	6.18	7.6	0.12
67	300483	沃施股份	0.09	6.49	1.46	1.32
68	300493	润欣科技	0.18	1.67	11.16	0.17
69	300501	海顺新材	0.98	9.1	11.11	0.82
70	300508	维宏股份	1.42	9	16.99	0.82
71	300511	雪榕生物	0.61	6.07	9.17	1.34
72	300551	古鳌科技	0.2	7.15	2.87	0.17
73	300578	会畅通讯	0.49	3.91	16.36	0.3
74	300590	移为通信	0.62	4.81	19.95	0.49
75	300609	汇纳科技	0.62	4.68	16.24	0.5
76	300613	富瀚微	2.49	20.85	17.43	1.56
77	300627	华测导航	1.16	6.27	23.89	0.65
78	300642	透景生命	2.31	14.93	21.41	1.77
79	600000	浦发银行	1.84	13.47	13.68	−4.79
80	600009	上海机场	1.91	13.04	15.53	2.14
81	600018	上港集团	0.5	3	17.72	0.41
82	600019	宝钢股份	0.86	7.38	13.42	1.49
83	600021	上海电力	0.39	5.29	8.06	1.72
84	600026	中远海能	0.44	6.92	6.38	0.88
85	600061	国投资本	0.68	8.59	8.11	−3.13
86	600072	中船科技	0.04	4.96	0.84	−1.43
87	600073	上海梅林	0.3	3.78	8.31	0.59
88	600081	东风科技	0.44	3.99	11.6	1.94
89	600088	中视传媒	0.25	3.29	7.8	0.26
90	600094	大名城	0.57	4.78	12.58	0.41
91	600097	开创国际	0.51	6.31	10.5	0.83
92	600104	上汽集团	2.96	19.29	16.49	2.08
93	600115	东方航空	0.44	3.67	12.67	1.35
94	600119	长江投资	−0.3	2.36	−11.19	1.01

（续表）

序号	代码	公司简称	每股收益	每股净资产	净资产收益率	每股经营现金净流量
95	600150	*ST 船舶	−1.67	9.13	−16.71	5.86
96	600151	航天机电	−0.22	3.99	−5.23	−0.1
97	600170	上海建工	0.28	2.7	10.32	0.66
98	600171	上海贝岭	0.26	3.42	8.19	0.03
99	600193	*ST 创兴	−0.18	0.43	−35.6	−0.03
100	600196	复星医药	1.27	10.15	13.15	1.03
101	600210	紫江企业	0.37	2.81	13.02	0.7
102	600272	开开实业	0.16	2.04	7.87	0.3
103	600278	东方创业	0.33	7.79	4.79	0.39
104	600284	浦东建设	0.54	7.97	6.88	0.51
105	600315	上海家化	0.58	7.98	7.33	1.28
106	600320	振华重工	0.07	3.42	1.99	0.3
107	600420	现代制药	0.46	5.56	8.69	2.09
108	600490	鹏欣资源	0.16	2.95	6.41	0.2
109	600500	中化国际	0.31	5.19	5.9	0.42
110	600503	华丽家族	0.14	2.24	6.14	−0.28
111	600508	上海能源	0.72	12.38	5.95	1.01
112	600517	置信电气	0.18	2.61	6.79	−0.56
113	600530	交大昂立	0.21	2.1	9.72	−0.01
114	600532	宏达矿业	−0.15	3.54	−4.23	0.03
115	600597	光明乳业	0.5	4.38	11.93	1.31
116	600601	方正科技	−0.37	1.4	−24.23	−0.04
117	600602	云赛智联	0.21	2.79	7.57	−0.03
118	600604	市北高新	0.12	3.14	4	−0.39
119	600605	汇通能源	0.2	4.57	4.7	0.2
120	600606	绿地控股	0.74	4.97	15.22	4.84
121	600608	ST 沪科	0.19	0.18	273	−0.44
122	600610	*ST 毅达				
123	600611	大众交通	0.37	3.92	9.42	0.26
124	600612	老凤祥	2.17	10.72	21.3	2.39
125	600613	神奇制药	0.24	4.61	5.38	0.13
126	600614	鹏起科技	0.22	2.8	8.12	−0.04
127	600615	丰华股份	0.56	3.14	19.71	0.28
128	600616	金枫酒业	0.11	3.94	2.74	0.22
129	600618	氯碱化工	0.86	2.52	40.85	0.87
130	600619	海立股份	0.32	4.83	6.88	0.89
131	600620	天宸股份	0.09	3.57	2.42	−0.02
132	600621	华鑫股份	0.77	6.16	18.23	−1.24
133	600622	光大嘉宝	0.61	6.13	10.34	1.41
134	600623	华谊集团	0.29	7.86	3.77	1.7
135	600624	复旦复华	0.06	1.63	3.84	0.14
136	600626	申达股份	0.27	3.61	7.68	0.5
137	600628	新世界	0.69	6.71	10.73	0.65
138	600629	华建集团	0.62	5.74	14.71	0.94
139	600630	龙头股份	0.3	4.27	7.32	−0.01
140	600634	*ST 富控	0.08	3.45	1.88	0.81
141	600635	大众公用	0.16	2.45	6.6	0.17

（续表）

序号	代码	公司简称	每股收益	每股净资产	净资产收益率	每股经营现金净流量
142	600636	三爱富	0.11	5.64	1.91	0.15
143	600637	东方明珠	0.85	10.43	8.28	1.14
144	600638	新黄浦	1.15	7.5	16.41	−0.78
145	600639	浦东金桥	0.66	7.96	8.39	−0.1
146	600640	号百控股	0.33	5.41	7.33	−0.08
147	600641	万业企业	2.11	7.28	33.2	0.91
148	600642	申能股份	0.38	5.59	6.84	0.53
149	600643	爱建集团	0.58	4.92	12.34	0.83
150	600647	同达创业	0.08	2.39	3.14	−0.11
151	600648	外高桥	0.65	8.75	7.64	2.51
152	600649	城投控股	0.66	7.54	8.45	−0.21
153	600650	锦江投资	0.45	6.09	7.48	0.44
154	600651	飞乐音响	0.06	3.39	1.59	−0.96
155	600652	游久游戏	−0.51	2.07	−21.71	−0.01
156	600653	申华控股	−0.29	0.93	−27.21	−0.24
157	600654	ST 中安	−0.57	1.69	−28.96	−0.26
158	600655	豫园股份	0.49	7.71	6.47	0.77
159	600661	新南洋	0.45	5.45	9.86	1.32
160	600662	强生控股	0.1	3.09	3.1	0.77
161	600663	陆家嘴	0.93	4.26	22.38	−1.59
162	600665	天地源	0.29	3.52	8.6	−0.16
163	600675	中华企业	0.2	1.93	10.68	2.82
164	600676	交运股份	0.43	5.47	8.14	0.33
165	600679	上海凤凰	0.19	3.33	5.91	0.1
166	600680	*ST 上普	−0.92	0.96	−64.82	−0.01
167	600688	上海石化	0.57	2.61	23.17	0.66
168	600689	上海三毛	0.1	2.28	4.69	0.02
169	600692	亚通股份	0.18	1.98	9.59	−0.62
170	600695	绿庭投资	0.07	0.98	6.72	0.04
171	600696	ST 岩石	0.05	0.81	6.75	−1.35
172	600708	光明地产	1.14	6.06	20.27	0.98
173	600732	ST 新梅	0.14	1	14.61	−0.07
174	600741	华域汽车	2.08	13.09	16.51	2.69
175	600748	上实发展	0.47	5.41	9.15	0.33
176	600754	锦江股份	0.92	13.55	6.84	3.39
177	600767	ST 运盛	0.13	0.78	17.71	0.71
178	600816	安信信托	0.8	3.55	24.53	0.38
179	600818	中路股份	0.1	2.09	4.96	−0.14
180	600819	耀皮玻璃	0.05	3.22	1.59	0.18
181	600820	隧道股份	0.58	6.06	9.82	0.49
182	600822	上海物贸	0.07	1.13	5.96	0.14
183	600823	世茂股份	0.59	5.8	10.71	1.13
184	600824	益民集团	0.13	2.03	6.69	0.3
185	600825	新华传媒	0.04	2.51	1.73	0.16
186	600826	兰生股份	0.69	8.18	7.9	0
187	600827	百联股份	0.47	9.33	5.1	1.2
188	600833	第一医药	0.19	3.17	6.06	0.54

（续表）

序号	代码	公司简称	每股收益	每股净资产	净资产收益率	每股经营现金净流量
189	600834	申通地铁	0.11	3.07	3.57	−0.07
190	600835	上海机电	1.36	9.81	14.44	1.89
191	600836	界龙实业	0.05	1.35	3.68	0.27
192	600837	海通证券	0.75	10.24	7.56	−5.11
193	600838	上海九百	0.24	3.13	7.79	−0.04
194	600841	上柴股份	0.14	4.18	3.42	0.2
195	600843	上工申贝	0.36	3.91	9.72	0.21
196	600844	丹化科技	0.26	2.09	13.38	0.38
197	600845	宝信软件	0.54	5.71	9.52	0.99
198	600846	同济科技	0.41	3.31	12.82	−0.08
199	600848	上海临港	0.37	5.81	7.36	−0.14
200	600850	华东电脑	0.69	4.96	14.61	1.85
201	600851	海欣股份	0.09	3.13	2.66	0.01
202	600882	广泽股份	0.01	2.87	0.37	−0.09
203	600895	张江高科	0.3	5.43	5.61	0.17
204	600958	东方证券	0.57	7.58	7.6	−2.08
205	601021	春秋航空	1.58	10.57	15.98	2.88
206	601200	上海环境	0.72	7.68	9.83	1.24
207	601211	国泰君安	1.11	14.13	8.86	−7.32
208	601229	上海银行	1.96	16.27	11.67	−7.78
209	601231	环旭电子	0.6	3.97	16.25	0.57
210	601328	交通银行	0.91	8.23	10.8	0.14
211	601519	大智慧	0.19	0.68	33.23	−0.2
212	601595	上海电影	0.69	5.62	12.77	0.59
213	601601	中国太保	1.62	15.17	10.89	9.5
214	601607	上海医药	1.31	12.66	10.72	0.99
215	601611	中国核建	0.32	3.05	9.56	0.9
216	601616	广电电气	0.02	2.53	0.94	0.03
217	601727	上海电气	0.19	3.77	5.29	−0.51
218	601788	光大证券	0.65	10.54	6.3	−9.13
219	601828	美凯龙	1.13	11.16	10.59	1.8
220	601866	中远海发	0.13	1.31	9.9	1.02
221	601872	招商轮船	0.12	2.87	3.94	0.56
222	601968	宝钢包装	0.01	2.4	0.33	0.48
223	603003	龙宇燃油	0.13	9.44	1.43	−1.93
224	603006	联明股份	0.6	4.8	12.94	0.15
225	603009	北特科技	0.22	4.13	5.58	0.07
226	603012	创力集团	0.23	4	5.83	0.4
227	603020	爱普股份	0.45	5.93	7.74	0.15
228	603022	新通联	0.13	2.97	4.27	−0.19
229	603030	全筑股份	0.31	2.98	10.85	−0.52
230	603037	凯众股份	1.11	7.18	19.39	0.79
231	603039	泛微网络	1.33	8.55	19.6	2.26
232	603056	德邦股份	0.64	3.57	19.53	2.33
233	603083	剑桥科技	0.8	10.85	6.98	2.02
234	603108	润达医疗	0.38	3.95	9.95	−0.15
235	603128	华贸物流	0.28	3.73	7.66	0.41

（续表）

序号	代码	公司简称	每股收益	每股净资产	净资产收益率	每股经营现金净流量
236	603131	上海沪工	0.34	3.27	10.74	0.5
237	603157	拉夏贝尔	0.98	7.08	13.88	1.02
238	603159	上海亚虹	0.45	3.96	11.57	0.31
239	603189	网达软件	0.17	3.65	4.67	0.16
240	603196	日播时尚	0.39	3.89	11.8	0.1
241	603197	保隆科技	1.66	11.14	18.37	1.83
242	603200	上海洗霸	0.87	9.65	10.62	0.77
243	603214	爱婴室	1.25	4.99	27.71	1.44
244	603226	菲林格尔	1.06	8.15	15.27	0.89
245	603232	格尔软件	1.26	9.42	16.13	0.31
246	603329	上海雅仕	0.78	5.5	14.08	0.33
247	603330	上海天洋	0.53	10.1	6.27	−0.07
248	603365	水星家纺	1.25	7.63	17.59	1.15
249	603378	亚士创能	0.72	6.61	12.09	−0.5
250	603466	风语筑	1.46	8.96	17.83	1.68
251	603496	恒为科技	0.86	6.55	16.22	−0.59
252	603499	翔港科技	0.58	5.06	11.99	0.62
253	603501	韦尔股份	0.34	2.59	13.79	−0.6
254	603515	欧普照明	1.18	6.27	20.13	1.73
255	603579	荣泰健康	1.58	9.76	23.78	2.01
256	603580	艾艾精工	0.48	5.63	9.7	0.45
257	603587	地素时尚	1.41	3.92	43.98	1.65
258	603619	中曼石油	1.06	6.29	20.8	0.63
259	603633	徕木股份	0.41	5.84	7.2	0.8
260	603648	畅联股份	0.46	4.19	11.52	0.65
261	603650	彤程新材	0.6	2.22	28.92	0.43
262	603659	璞泰来	1.19	5.66	26.18	0.07
263	603683	晶华新材	0.41	6.08	6.69	0.32
264	603690	至纯科技	0.24	1.93	14.12	−0.32
265	603718	海利生物	0.18	1.66	11.09	0.05
266	603728	鸣志电器	0.58	5.28	13.47	0.46
267	603729	龙韵股份	0.62	12.81	4.97	−0.16
268	603730	岱美股份	1.53	7.58	25.32	1
269	603777	来伊份	0.42	7.82	5.36	0.63
270	603855	华荣股份	0.43	4.29	11.36	0.4
271	603868	飞科电器	1.92	5.53	37.79	1.97
272	603881	数据港	0.56	4.25	17.53	0.67
273	603885	吉祥航空	0.74	4.81	16.29	1.54
274	603886	元祖股份	0.85	5.08	17.79	1.35
275	603887	城地股份	0.67	7.32	9.24	−1.32
276	603895	天永智能	1.07	5.04	23.78	−0.67
277	603899	晨光文具	0.69	3.08	24.09	0.78
278	603918	金桥信息	0.2	2.9	6.99	0.44
279	603960	克来机电	0.51	4.22	14.64	0.74
280	603987	康德莱	0.38	3.9	10.04	0.58
281	603991	至正股份	0.54	6.19	10.73	0.01

上海工商类上市公司 2017 年度资产总额排序

（单位：万元）

序号	代码	公司简称	资产总额		序号	代码	公司简称	资产总额	
			2017 年	2016 年				2017 年	2016 年
1	601328	交通银行	903825400	840316600	47	600816	安信信托	2512611.56	1912569.51
2	600000	浦发银行	613724000	585726300	48	600655	豫园股份	2411568.72	2317898.47
3	601229	上海银行	180776693.8	175537110.2	49	600665	天地源	2157261.54	1912305.93
4	601601	中国太保	117122400	102069200	50	600635	大众公用	2074402.12	1735538.95
5	600606	绿地控股	84853281.47	73313795.55	51	601021	春秋航空	2060242.42	1964656.06
6	600104	上汽集团	72353313.13	59062813.75	52	600639	浦东金桥	2048459.41	1814161.91
7	600837	海通证券	53470633.28	56086584.62	53	002506	协鑫集成	2031781.32	2032885.52
8	601211	国泰君安	43164818.71	41174904.17	54	603885	吉祥航空	2023691.11	1735745.59
9	600019	宝钢股份	35023463.26	26798271.45	55	600895	张江高科	1898322.43	1904078.41
10	600958	东方证券	23185998.83	21241108.74	56	600621	华鑫股份	1737954.77	437548.21
11	600115	东方航空	22746400	21005100	57	601231	环旭电子	1736339.4	1540476.68
12	601788	光大证券	20586436.51	17763725.87	58	600643	爱建集团	1675058.43	1566329.69
13	601727	上海电气	19934575.9	17563391.1	59	600597	光明乳业	1653925.74	1607981
14	600170	上海建工	19568520.85	17436957.66	60	600611	大众交通	1583930.56	1593802.23
15	600061	国投资本	14240439.92	12755897.04	61	600651	飞乐音响	1555303.84	1184329.35
16	600018	上港集团	14123490.5	11678477.69	62	600420	现代制药	1517059.1	1501507.38
17	601866	中远海发	13903766.04	12544142.48	63	002252	上海莱士	1445541.96	1322562.67
18	600741	华域汽车	12337262.65	10761171.35	64	600508	上海能源	1427730.81	1398947.02
19	601828	美凯龙	9701462.41	8153540.41	65	600619	海立股份	1364008.6	1168404.19
20	601607	上海医药	9434447.52	8274271.81	66	600622	光大嘉宝	1345037.59	1435751.25
21	600823	世茂股份	9191790.6	7994956.13	67	600612	老凤祥	1342405.16	1405613.2
22	600663	陆家嘴	8118012.05	7982575.49	68	600848	上海临港	1311716.01	1073012.63
23	600021	上海电力	8091396.94	5555256.53	69	600151	航天机电	1309358.16	1380050
24	601611	中国核建	7804296.74	6666522.52	70	000863	三湘印象	1306990.75	1386201.68
25	600820	隧道股份	6791965.38	6701284.97	71	600604	市北高新	1269914.2	1283847.23
26	600320	振华重工	6751995.38	6032381.91	72	601200	上海环境	1238381.43	1189158.46
27	600196	复星医药	6197100.88	4376778.73	73	600073	上海梅林	1127824.92	1156305.27
28	600026	中远海能	6038473.07	5802182.32	74	600284	浦东建设	1117782.08	1108559.51
29	600094	大名城	5697330.46	5415635.97	75	600601	方正科技	1113175.2	1055702.38
30	600500	中化国际	5576065.76	5001083.42	76	600072	中船科技	1094504.81	1117766.21
31	600708	光明地产	5415449.22	4851647.42	77	600626	申达股份	1082752.52	537644.18
32	600642	申能股份	5404718.05	5367509.74	78	600638	新黄浦	1074900.92	1055105.08
33	600150	*ST 船舶	5232657.13	5248469.53	79	300017	网宿科技	1026271.87	866265.18
34	600827	百联股份	4467053.59	4560959.63	80	300226	上海钢联	1021382.01	576421.99
35	600754	锦江股份	4355969.63	4419606.52	81	600210	紫江企业	1003800.09	1083281.4
36	300059	东方财富	4184475.51	2698587.03	82	600653	申华控股	993977.96	965116.43
37	600688	上海石化	3960953.6	3412369.3	83	600315	上海家化	960395.91	763244.74
38	600748	上实发展	3905026.54	3493677.22	84	600654	ST 中安	925035.73	1056521.18
39	600623	华谊集团	3878937.93	3577586.3	85	600846	同济科技	918418.32	890857.39
40	601872	招商轮船	3779089.08	3861662.22	86	002195	二三四五	917218.13	736125.46
41	600649	城投控股	3776962.08	4460063.32	87	600517	置信电气	908383.56	895934.55
42	600637	东方明珠	3733221.53	3679655.42	88	600676	交运股份	886147.06	911633.72
43	600835	上海机电	3352037.47	3174103.92	89	600641	万业企业	881470.87	777242.71
44	600648	外高桥	3055263.47	2961170.01	90	600845	宝信软件	862242.47	683808.66
45	600675	中华企业	2785833.95	3042811.41	91	600278	东方创业	853529.56	727396.05
46	600009	上海机场	2754739.95	2694364.53	92	600614	鹏起科技	848939.2	792112.31

（续表）

序号	代码	公司简称	资产总额		序号	代码	公司简称	资产总额	
			2017 年	2016 年				2017 年	2016 年
93	300168	万达信息	800387.66	602740.26	139	002324	普利特	383721.13	343895.54
94	603157	拉夏贝尔	787171.2	630364.3	140	300511	雪榕生物	383637.65	246058.23
95	600490	鹏欣资源	779356.28	460446.71	141	603730	岱美股份	381082.37	256427.59
96	600629	华建集团	740352.19	483857.54	142	600844	丹化科技	380662.92	330914.99
97	600636	三爱富	733823.26	415891.25	143	300253	卫宁健康	371230.26	334670.92
98	603108	润达医疗	712532.87	410795.46	144	603619	中曼石油	370998.38	261431.84
99	600819	耀皮玻璃	701545.67	746339.73	145	600843	上工申贝	370351.51	350617.3
100	002028	思源电气	678982.72	646022.15	146	600836	界龙实业	347705.49	340428.36
101	600841	上柴股份	665791.35	570413.18	147	603868	飞科电器	325568.88	278433.93
102	300180	华峰超纤	662106.19	384290.29	148	300129	泰胜风能	321767.43	305449.95
103	002269	美邦服饰	661561.73	618719.97	149	600661	新南洋	315838.99	225023.08
104	603056	德邦股份	652117.18	571367.83	150	300170	汉得信息	314662.26	263726.53
105	600640	号百控股	650794.19	381782.16	151	002158	汉钟精机	311144.1	243387.52
106	603003	龙宇燃油	631517.87	538443.81	152	600613	神奇制药	309587.23	300249.78
107	603515	欧普照明	630615.95	516659.87	153	600532	宏达矿业	302583.47	271518.59
108	002527	新时达	626188.71	443805.16	154	603777	来伊份	300143.02	276909.43
109	600662	强生控股	619571.67	661219.19	155	601595	上海电影	298793.48	275045.34
110	002454	松芝股份	615463.75	481245.99	156	600620	天宸股份	296553.07	334246.92
111	600503	华丽家族	615241.18	653465.38	157	300398	飞凯材料	292835.26	114350.7
112	300222	科大智能	598316.22	487690.44	158	600824	益民集团	286600.2	283248.11
113	600628	新世界	585598.39	578226.89	159	603501	韦尔股份	282490.82	164567.19
114	601968	宝钢包装	571327.09	582845.5	160	601616	广电电气	276342.51	276971.43
115	600850	华东电脑	567007.34	516040.97	161	603466	风语筑	275580.46	174563.79
116	600634	*ST 富控	565619.2	595930.1	162	600171	上海贝岭	274791.53	210518.56
117	603128	华贸物流	547966.5	512310.82	163	600630	龙头股份	272013.8	257968.27
118	600602	云赛智联	544702.85	516836.58	164	002022	科华生物	271560.06	232319.48
119	600081	东风科技	543174.99	473494.07	165	300326	凯利泰	269451.99	221692.59
120	603030	全筑股份	530737.54	395627.46	166	300039	上海凯宝	267972.41	252791.57
121	300336	新文化	512855.74	444542.62	167	002561	徐家汇	265939.59	256721.15
122	600851	海欣股份	489213.98	542797.47	168	600882	广泽股份	265202.23	217083.07
123	600826	兰生股份	480993.03	499059.24	169	603365	水星家纺	263190.73	147145.59
124	600618	氯碱化工	454938.82	448961.6	170	300272	开能环保	262941.51	260768.08
125	600650	锦江投资	454336.57	446471.67	171	600834	申通地铁	257728.78	234238.91
126	300008	天海防务	443988.24	380008.48	172	002346	柘中股份	246005.06	193372.51
127	300262	巴安水务	443613.36	356392.37	173	603197	保隆科技	241631.69	161667.11
128	300061	康旗股份	438985.99	378538.39	174	603855	华荣股份	240001.13	186593.34
129	603899	晨光文具	438827.89	342689.33	175	600624	复旦复华	239742.73	230498.82
130	300171	东富龙	436627.05	419801.86	176	600616	金枫酒业	238017.51	244281.78
131	603659	璞泰来	433887.7	194686.88	177	603083	剑桥科技	235125.78	164264.23
132	300230	永利股份	420064.1	407100.33	178	002568	百润股份	231972.78	245334.05
133	002636	金安国纪	409268.79	318285.55	179	000668	荣丰控股	226073.9	202643.79
134	002328	新朋股份	399588.49	403762.63	180	600530	交大昂立	226059.78	246514.18
135	603012	创力集团	393886.6	346022.57	181	002178	延华智能	223002	229881.79
136	002565	顺灏股份	393478.63	372117.49	182	603020	爱普股份	220498.28	214318.32
137	002116	中国海诚	393135.63	379902.36	183	603579	荣泰健康	218713.95	108015.01
138	600825	新华传媒	389521.2	394893.12	184	603728	鸣志电器	216898.06	121486.35

（续表）

序号	代码	公司简称	资产总额		序号	代码	公司简称	资产总额	
			2017年	2016年				2017年	2016年
185	002184	海得控制	215758.48	215628.07	231	603329	上海雅仕	114792.85	65221.78
186	002162	悦心健康	211518.16	205908.4	232	603196	日播时尚	113692.61	72774.84
187	600692	亚通股份	209709.11	254935.53	233	600833	第一医药	113596.82	118528.71
188	600680	*ST上普	207755.08	264442.05	234	603633	徕木股份	109587.67	104335.07
189	603378	亚士创能	206421.71	126270.64	235	300493	润欣科技	108984.08	99458.94
190	600822	上海物贸	203951.25	207805.89	236	300613	富瀚微	107824.87	33418.16
191	002706	良信电器	203358.34	189154.1	237	600818	中路股份	105439.86	100989.78
192	603009	北特科技	202621.55	176704.44	238	600272	开开实业	104190.73	102501.99
193	600652	游久游戏	202215.21	248375.35	239	603690	至纯科技	99878.13	62027.92
194	601519	大智慧	200118.97	164873.51	240	603226	菲林格尔	98124.67	57470.69
195	600119	长江投资	200113.54	292544.85	241	300327	中颖电子	98077.71	82519.18
196	300378	鼎捷软件	197868.15	178220.73	242	603918	金桥信息	96421.47	80541.56
197	603886	元祖股份	197028.89	178301.2	243	300642	透景生命	93516.44	34052.8
198	002605	姚记扑克	194921.29	199956.78	244	603131	上海沪工	90824.21	78609.86
199	002401	中远海科	192254.05	137473.91	245	603037	凯众股份	88550.45	49588.82
200	600679	上海凤凰	189920.22	175751.44	246	300286	安科瑞	88406.07	76175.42
201	603650	彤程新材	187631.16	166315.43	247	300590	移为通信	88142.63	27605.09
202	603648	畅联股份	183449.76	110718.23	248	603189	网达软件	85498.1	84220.7
203	600097	开创国际	180114.08	173601.01	249	300462	华铭智能	82767.29	75140.91
204	300067	安诺其	177910.39	144347.51	250	603330	上海天洋	82375.31	47366.71
205	002669	康达新材	176682.07	179564.52	251	600696	ST岩石	81304.96	54706.34
206	603587	地素时尚	175956.07	132495.99	252	603200	上海洗霸	79339.22	44737.94
207	603881	数据港	168931.32	117932.23	253	603022	新通联	78630.9	70963.92
208	300442	普丽盛	166545.6	141954.3	254	603496	恒为科技	76975.06	37418.89
209	603006	联明股份	165096.14	111629.6	255	603214	爱婴室	76961.15	65680.18
210	002451	摩恩电气	163107.59	177271.91	256	600689	上海三毛	75245.81	79301.31
211	603987	康德莱	160262.04	154752.29	257	002825	纳尔股份	75082.83	70031.12
212	603718	海利生物	160171.84	147990.18	258	300501	海顺新材	70987.41	68389.31
213	300074	华平股份	159100.85	138246.5	259	603895	天永智能	68961.03	56207.15
214	002278	神开股份	157120.73	162423.13	260	300551	古鳌科技	68686.28	70398.66
215	300245	天玑科技	152573.7	99930.25	261	603499	翔港科技	67221.15	44982.27
216	300236	上海新阳	151382.42	147010.3	262	603960	克来机电	66917.67	38050.32
217	300153	科泰电源	148895.22	137775.53	263	603232	格尔软件	66113.59	35290.66
218	002486	嘉麟杰	147897.52	163203.52	264	600615	丰华股份	65017.74	64684
219	600838	上海九百	142146.21	147038.22	265	603991	至正股份	62779.7	46582.14
220	600088	中视传媒	140969.92	136041.87	266	300380	安硕信息	60337.89	60483.87
221	603039	泛微网络	131089.07	74670.46	267	300483	沃施股份	58533.03	50715.54
222	300126	锐奇股份	128245.65	129588.23	268	300508	维宏股份	55822.01	46357.88
223	600605	汇通能源	123798.18	123847.2	269	600647	同达创业	55097.87	60545.8
224	600695	绿庭投资	123363.57	129888.86	270	603159	上海亚虹	55053.41	49223.87
225	603887	城地股份	123066.03	102469.11	271	300609	汇纳科技	54734.18	29602.93
226	300469	信息发展	121727.68	85951.31	272	600732	ST新梅	53088.18	66353.5
227	300225	金力泰	121075.93	115714.86	273	600767	ST运盛	52422.64	74128.35
228	603683	晶华新材	116132.2	69704.25	274	300330	华虹计通	51360.32	50095.2
229	603729	龙韵股份	115186.56	87910.87	275	002858	力盛赛车	47736.76	27191.91
230	300627	华测导航	115069.48	50236.1	276	603580	艾艾精工	42483.54	24883.99

（续表）

序号	代码	公司简称	资产总额		序号	代码	公司简称	资产总额	
			2017 年	2016 年				2017 年	2016 年
277	300578	会畅通讯	35891.1	17159.76	280	600608	ST 沪科	18964.46	19282.07
278	600193	*ST 创兴	27912.24	30124.19	281	600610	*ST 毅达	–	188289.02
279	002058	威尔泰	22298.27	21771					

上海工商类上市公司 2017 年度总股本排序

（单位：万股）

序号	代码	公司简称	总股本		序号	代码	公司简称	总股本	
			2017 年	2016 年				2017 年	2016 年
1	601328	交通银行	7426272.66	7426272.66	47	600500	中化国际	208301.27	208301.27
2	600000	浦发银行	2935208.04	2161827.99	48	601519	大智慧	198770	198770
3	600018	上港集团	2317367.47	2317367.47	49	600653	申华控股	194638.03	194638.03
4	600019	宝钢股份	2210128.37	1645039.36	50	600009	上海机场	192695.84	192695.84
5	601727	上海电气	1472518.07	1343115.64	51	600490	鹏欣资源	189136.69	168018.34
6	600115	东方航空	1446758.57	1446758.57	52	600604	市北高新	187330.48	93665.24
7	600606	绿地控股	1216815.44	1216815.44	53	600675	中华企业	186705.94	186705.94
8	600104	上汽集团	1168346.14	1102556.66	54	600748	上实发展	184456.29	184456.29
9	601866	中远海发	1168312.5	1168312.5	55	603885	吉祥航空	179701.35	128358.11
10	600837	海通证券	1150170	1150170	56	600827	百联股份	178416.81	178416.81
11	600688	上海石化	1081417.66	1080000	57	600614	鹏起科技	175277.38	175277.38
12	601601	中国太保	906200	906200	58	600708	光明地产	171433.6	131872
13	600170	上海建工	890439.77	713185.71	59	300253	卫宁健康	160759.22	82491.56
14	601211	国泰君安	871393.38	762500	60	600503	华丽家族	160229	160229
15	601229	上海银行	780578.5	600445	61	600895	张江高科	154868.96	154868.96
16	600958	东方证券	699365.58	621545.2	62	600210	紫江企业	151673.62	151673.62
17	601872	招商轮船	529945.81	529945.81	63	600655	豫园股份	143732.2	143732.2
18	002506	协鑫集成	504640	504640	64	600643	爱建集团	143713.98	143713.98
19	002252	上海莱士	497023.89	496575.55	65	600151	航天机电	143425.23	143425.23
20	601788	光大证券	461078.76	461078.76	66	000863	三湘印象	138175.26	138298.67
21	600816	安信信托	455761.49	207164.32	67	600150	*ST 船舶	137811.76	137811.76
22	600642	申能股份	455203.83	455203.83	68	600602	云赛智联	136767.35	132683.51
23	600320	振华重工	439029.46	439029.46	69	600517	置信电气	135616.78	135616.78
24	300059	东方财富	428877.97	355332.13	70	600654	ST 中安	128302.1	128302.1
25	600061	国投资本	422712.97	369415.17	71	600597	光明乳业	122448.75	123063.67
26	600026	中远海能	403203.29	403203.29	72	600851	海欣股份	120705.67	120705.67
27	600823	世茂股份	375116.83	267940.59	73	600618	氯碱化工	115640	115640
28	601828	美凯龙	362391.7	—	74	600648	外高桥	113534.91	113534.91
29	002195	二三四五	341609.12	193261.54	75	600639	浦东金桥	112241.29	112241.29
30	600663	陆家嘴	336183.12	336183.12	76	600848	上海临港	111991.93	89517.21
31	600741	华域汽车	315272.4	315272.4	77	600420	现代制药	110976.74	28773.34
32	600820	隧道股份	314409.61	314409.61	78	300039	上海凯宝	107149.38	82943.16
33	600635	大众公用	295243.47	290270.47	79	600610	*ST 毅达	107127.46	107127.46
34	601607	上海医药	268891.05	268891.05	80	600621	华鑫股份	106089.93	52408.24
35	600637	东方明珠	264125.23	262653.86	81	600824	益民集团	105402.71	105402.71
36	601611	中国核建	262500	262500	82	600662	强生控股	105336.22	105336.22
37	600649	城投控股	252957.56	323211.95	83	600825	新华传媒	104488.79	104488.79
38	002269	美邦服饰	251250	252600	84	300168	万达信息	103108.26	103108.26
39	600196	复星医药	249513.1	241451.2	85	600676	交运股份	102849.29	102849.29
40	600094	大名城	247532.51	247532.51	86	600835	上海机电	102273.93	102273.93
41	300017	网宿科技	241142.41	80154.36	87	600844	丹化科技	101652.42	101652.42
42	600021	上海电力	240965.71	213973.93	88	603128	华贸物流	100541.52	99918.48
43	600611	大众交通	236412.29	236412.29	89	600651	飞乐音响	99158.4	99193.69
44	600601	方正科技	219489.12	219489.12	90	300008	天海防务	96001.62	38364.65
45	601231	环旭电子	217592.36	217592.36	91	600754	锦江股份	95793.64	95793.64
46	600623	华谊集团	211743.09	211743.09	92	600073	上海梅林	93772.95	93772.95

（续表）

序号	代码	公司简称	总股本		序号	代码	公司简称	总股本	
			2017 年	2016 年				2017 年	2016 年
93	601616	广电电气	93557.5	93557.5	139	603108	润达医疗	57953.41	32196.34
94	600819	耀皮玻璃	93491.61	93491.61	140	603515	欧普照明	57947.91	57947.91
95	603899	晨光文具	92000	92000	141	600634	*ST 富控	57573.21	57573.21
96	600622	光大嘉宝	88738.78	68260.6	142	600638	新黄浦	56116.4	56116.4
97	600841	上柴股份	86668.98	86668.98	143	600650	锦江投资	55161.01	55161.01
98	600619	海立股份	86631.07	86631.07	144	600843	上工申贝	54858.96	54858.96
99	600665	天地源	86412.25	86412.25	145	603157	拉夏贝尔	54767.16	–
100	603056	德邦股份	86000	–	146	300074	华平股份	54277.11	53599.6
101	300170	汉得信息	85788.79	86247.01	147	603030	全筑股份	53861.43	17736.11
102	002162	悦心健康	85555	85215	148	300336	新文化	53754.81	53754.81
103	601968	宝钢包装	83333.33	83333.33	149	600613	神奇制药	53407.16	53407.16
104	600652	游久游戏	83270.35	83270.35	150	002158	汉钟精机	53038.11	53038.11
105	002486	嘉麟杰	83200	83200	151	300061	康旗股份	52622.85	52542.17
106	600641	万业企业	80615.87	80615.87	152	002706	良信电器	52427.78	25878.82
107	601021	春秋航空	80058	80058	153	600612	老凤祥	52311.78	52311.78
108	600640	号百控股	79569.59	53536.45	154	600278	东方创业	52224.17	52224.17
109	600845	宝信软件	78324.92	78324.92	155	600532	宏达矿业	51606.57	51606.57
110	600530	交大昂立	78000	78000	156	600616	金枫酒业	51461.92	51461.92
111	002028	思源电气	76020.93	75902.06	157	002022	科华生物	51256.92	51256.92
112	600072	中船科技	73624.99	73624.99	158	600822	上海物贸	49597.29	49597.29
113	300222	科大智能	72982.05	72812.36	159	600834	申通地铁	47738.19	47738.19
114	002636	金安国纪	72800	72800	160	300225	金力泰	47034	47034
115	300129	泰胜风能	72708.72	73151.47	161	603501	韦尔股份	45581.39	–
116	300067	安诺其	72691.64	54334.88	162	300230	永利股份	45344.78	25191.54
117	600508	上海能源	72271.8	72271.8	163	002328	新朋股份	44810	44810
118	002178	延华智能	71603.83	72739.6	164	600636	三爱富	44694.19	44694.19
119	300326	凯利泰	71584.93	71489.79	165	600732	ST 新梅	44638.31	44638.31
120	600695	绿庭投资	71113.21	71113.21	166	002346	柘中股份	44157.54	44157.54
121	600626	申达股份	71024.28	71024.28	167	603003	龙宇燃油	44111.46	44111.46
122	601200	上海环境	70254.39	–	168	002451	摩恩电气	43920	43920
123	002568	百润股份	70030.48	93110	169	603868	飞科电器	43560	43560
124	600171	上海贝岭	69960.95	67380.78	170	603659	璞泰来	43270.29	–
125	600284	浦东建设	69304	69304	171	600629	华建集团	43220.81	35906.02
126	002565	顺灏股份	68746.8	68746.8	172	300398	飞凯材料	42674.06	10400
127	600620	天宸股份	68667.71	68667.71	173	600193	*ST 创兴	42537.3	42537.3
128	600624	复旦复华	68471.2	68471.2	174	600630	龙头股份	42486.16	42486.16
129	600315	上海家化	67341.65	67341.65	175	002454	松芝股份	42199.44	42199.44
130	300262	巴安水务	67038.23	44695.75	176	600850	华东电脑	42121.52	41980.74
131	600836	界龙实业	66275.31	66275.31	177	600826	兰生股份	42064.23	42064.23
132	600628	新世界	64687.54	64687.54	178	002116	中国海诚	41762.89	41664.26
133	603718	海利生物	64400	64400	179	002561	徐家汇	41576.3	41576.3
134	603012	创力集团	63656	63656	180	600882	广泽股份	40853.8	39923.8
135	300180	华峰超纤	63101.98	47500	181	603730	岱美股份	40800	–
136	300171	东富龙	62833.7	63456.49	182	600679	上海凤凰	40219.89	40219.89
137	600846	同济科技	62476.15	62476.15	183	600838	上海九百	40088.2	40088.2
138	002527	新时达	62017.12	62017.12	184	603619	中曼石油	40000.01	–

（续表）

序号	代码	公司简称	总股本		序号	代码	公司简称	总股本	
			2017年	2016年				2017年	2016年
185	300272	开能环保	39818.56	33182.14	232	600615	丰华股份	18802.05	18802.05
186	002605	姚记扑克	39716.92	39716.92	233	603918	金桥信息	17732.5	17600
187	600680	*ST上普	38222.53	38222.53	234	300330	华虹计通	16800	16851.73
188	601595	上海电影	37350	37350	235	300590	移为通信	16000	8000
189	603648	畅联股份	36866.67	—	236	300226	上海钢联	15922.83	15943.75
190	002278	神开股份	36390.96	36390.96	237	600605	汇通能源	14734.46	14734.46
191	600692	亚通股份	35176.41	35176.41	238	000668	荣丰控股	14684.19	14684.19
192	600767	ST运盛	34101.02	34101.02	239	300286	安科瑞	14459.7	14266.4
193	600696	ST岩石	34056.56	34056.56	240	603466	风语筑	14400	—
194	600088	中视传媒	33142.2	33142.2	241	002058	威尔泰	14344.83	14344.83
195	603855	华荣股份	33107	—	242	603579	荣泰健康	14000	7000
196	600608	ST沪科	32886.14	32886.14	243	600647	同达创业	13914.36	13914.36
197	603009	北特科技	32815.39	13130.76	244	300462	华铭智能	13776	13776
198	600818	中路股份	32144.79	32144.79	245	300380	安硕信息	13744	13744
199	300153	科泰电源	32000	32000	246	603329	上海雅仕	13200	—
200	603020	爱普股份	32000	32000	247	603683	晶华新材	12667	—
201	603728	鸣志电器	32000	—	248	300627	华测导航	12327.25	—
202	300245	天玑科技	31647.25	27518.58	249	603633	徕木股份	12035	12035
203	603987	康德莱	31543.5	21029	250	603197	保隆科技	11710.08	—
204	600081	东风科技	31356	31356	251	603037	凯众股份	10592.27	6000
205	600119	长江投资	30740	30740	252	603960	克来机电	10400	—
206	300126	锐奇股份	30540.88	30633.84	253	603887	城地股份	10300	9810
207	002401	中远海科	30324	30324	254	300609	汇纳科技	10090.2	—
208	300493	润欣科技	30000	12000	255	002825	纳尔股份	10031	10000
209	600661	新南洋	28654.88	25907.65	256	300442	普丽盛	10000	10000
210	002324	普利特	27085	27000	257	603159	上海亚虹	10000	10000
211	603365	水星家纺	26667	—	258	603496	恒为科技	10000	—
212	300378	鼎捷软件	26470.99	26343.99	259	603499	翔港科技	10000	—
213	603777	来伊份	24371.93	24000	260	603083	剑桥科技	9787.16	—
214	600272	开开实业	24300	24300	261	603226	菲林格尔	8960.8	—
215	002184	海得控制	24281.7	23939.34	262	603991	至正股份	7453.5	—
216	600097	开创国际	24093.66	20259.79	263	300578	会畅通讯	7376.1	—
217	603886	元祖股份	24000	24000	264	603200	上海洗霸	7372	—
218	603196	日播时尚	24000	—	265	300551	古鳌科技	7336	7336
219	002669	康达新材	23079.71	23079.71	266	603039	泛微网络	6926.99	5000
220	300511	雪榕生物	22855	15000	267	300469	信息发展	6830	6830
221	600833	第一医药	22308.63	22308.63	268	300501	海顺新材	6725.88	5338
222	603189	网达软件	22080	22080	269	603729	龙韵股份	6667	6667
223	603881	数据港	21058.65	—	270	603580	艾艾精工	6667	5000
224	603690	至纯科技	21040	15600	271	002858	力盛赛车	6316	—
225	300327	中颖电子	21005.71	19068.17	272	300483	沃施股份	6150	6150
226	600689	上海三毛	20099.13	20099.13	273	603232	格尔软件	6100	—
227	603022	新通联	20000	20000	274	300642	透景生命	6000	—
228	603131	上海沪工	20000	10000	275	603330	上海天洋	6000	—
229	603378	亚士创能	19480	—	276	300508	维宏股份	5682	5682
230	300236	上海新阳	19376.59	19376.59	277	300613	富瀚微	4531.59	—
231	603006	联明股份	19283.56	19291.76					

上海工商类上市公司 2017 年度净资产排序

（单位：万元）

序号	代码	公司简称	净资产		序号	代码	公司简称	净资产	
			2017 年	2016 年				2017 年	2016 年
1	601328	交通银行	67627100.00	63240700.00	47	600708	光明地产	1087688.99	942925.36
2	600000	浦发银行	43098500.00	37293400.00	48	600648	外高桥	1031814.80	979859.41
3	600104	上汽集团	27210581.68	23509637.40	49	600611	大众交通	975961.40	978331.52
4	600019	宝钢股份	17447240.45	13142118.49	50	600508	上海能源	918616.37	894190.78
5	601229	上海银行	14744140.30	11621861.40	51	600639	浦东金桥	917542.17	876522.21
6	601601	中国太保	14111900.00	13476300.00	52	603885	吉祥航空	878347.70	773508.41
7	601211	国泰君安	13369522.35	11075172.18	53	600895	张江高科	863507.43	847692.11
8	600837	海通证券	12969430.39	12195840.14	54	601231	环旭电子	863297.92	753722.06
9	600606	绿地控股	9345183.44	7747612.46	55	601021	春秋航空	846390.12	732348.98
10	600018	上港集团	7705646.69	6823837.33	56	600635	大众公用	835944.71	825058.77
11	601727	上海电气	7072158.70	5764713.10	57	300017	网宿科技	797274.17	735642.29
12	600115	东方航空	5651800.00	5009600.00	58	002195	二三四五	778669.80	664714.56
13	600958	东方证券	5350147.49	4093782.53	59	600420	现代制药	764777.38	693848.20
14	601788	光大证券	5002266.77	4863666.29	60	600848	上海临港	747567.59	525497.10
15	600741	华域汽车	4993427.81	4584365.21	61	600643	爱建集团	710373.16	639207.61
16	601828	美凯龙	4393197.34	3992077.31	62	600621	华鑫股份	689786.21	205126.03
17	601607	上海医药	3967585.00	3683446.53	63	600612	老凤祥	671364.29	602390.72
18	600061	国投资本	3938841.55	2759436.53	64	600597	光明乳业	668245.11	615994.53
19	600823	世茂股份	3462692.38	2981523.71	65	000863	三湘印象	635238.39	662216.80
20	600642	申能股份	3343575.54	3285809.42	66	601200	上海环境	630889.53	583453.33
21	600170	上海建工	3035511.03	2576116.03	67	600604	市北高新	612533.80	583963.31
22	600196	复星医药	2974145.39	2525032.59	68	600622	光大嘉宝	606433.16	588805.01
23	600637	东方明珠	2960057.01	2871190.04	69	600676	交运股份	596875.18	575963.67
24	600688	上海石化	2854161.30	2503131.80	70	600641	万业企业	587194.52	436282.53
25	600026	中远海能	2826188.91	2742308.22	71	600151	航天机电	584777.51	625878.59
26	600009	上海机场	2548077.30	2262415.20	72	600284	浦东建设	577935.05	549306.70
27	600500	中化国际	2104342.92	2005856.29	73	600490	鹏欣资源	567297.77	386456.15
28	600649	城投控股	2035272.98	2352575.04	74	600073	上海梅林	549569.42	514353.92
29	600827	百联股份	2032014.01	2002641.50	75	600315	上海家化	537655.18	526412.60
30	600663	陆家嘴	2020429.85	2028660.70	76	600675	中华企业	510317.37	474987.25
31	600820	隧道股份	2009544.03	1824985.10	77	600619	海立股份	504870.17	478350.64
32	600623	华谊集团	1939865.85	1929267.12	78	600614	鹏起科技	503607.67	463331.12
33	601872	招商轮船	1926635.69	2097172.22	79	600845	宝信软件	490960.31	424744.27
34	600021	上海电力	1922888.22	1585280.40	80	300180	华峰超纤	487013.76	263218.02
35	601866	中远海发	1687378.67	1356311.37	81	600640	号百控股	483439.23	307420.72
36	600320	振华重工	1682862.07	1648715.00	82	002028	思源电气	451029.22	435275.85
37	600816	安信信托	1619148.19	1371816.66	83	600210	紫江企业	450433.39	450329.89
38	600150	*ST 船舶	1499498.31	1685879.60	84	600278	东方创业	436117.01	348179.59
39	300059	东方财富	1468044.66	1283118.02	85	600628	新世界	434654.48	401367.99
40	600754	锦江股份	1461573.71	1431799.71	86	603003	龙宇燃油	433106.79	420596.17
41	600094	大名城	1266439.31	1131646.90	87	600638	新黄浦	432970.69	415594.89
42	002252	上海莱士	1248014.53	1173031.77	88	002506	协鑫集成	420317.37	418407.86
43	600835	上海机电	1243059.75	1159046.22	89	300222	科大智能	414689.20	367022.51
44	600748	上实发展	1153290.28	1019729.62	90	603157	拉夏贝尔	406922.80	351021.80
45	600655	豫园股份	1139288.18	1093803.91	91	600072	中船科技	406275.41	403325.01
46	601611	中国核建	1116416.09	945057.66	92	600602	云赛智联	395600.94	387449.39

（续表）

序号	代码	公司简称	净资产		序号	代码	公司简称	净资产	
			2017年	2016年				2017年	2016年
93	600851	海欣股份	394993.78	433900.29	139	600653	申华控股	239684.60	273919.76
94	603128	华贸物流	378685.40	358491.05	140	300039	上海凯宝	236546.59	220031.06
95	600517	置信电气	376062.73	372194.45	141	300129	泰胜风能	225744.22	215028.79
96	600503	华丽家族	369738.56	376420.16	142	002324	普利特	225636.73	212323.78
97	600650	锦江投资	364953.71	351516.65	143	600850	华东电脑	223259.43	202050.51
98	603515	欧普照明	363453.47	314438.74	144	002636	金安国纪	222111.35	173234.74
99	600841	上柴股份	362730.64	353538.05	145	600824	益民集团	218856.19	210280.34
100	600662	强生控股	362454.52	363785.67	146	002561	徐家汇	217820.63	208834.07
101	600819	耀皮玻璃	360495.95	360235.72	147	300226	上海钢联	217405.66	108539.98
102	300061	康旗股份	358483.56	329091.89	148	600654	ST 中安	216844.88	290723.17
103	600651	飞乐音响	357521.44	381571.01	149	300262	巴安水务	215246.95	201813.54
104	600826	兰生股份	351917.88	389440.87	150	601968	宝钢包装	215086.44	215341.12
105	600626	申达股份	342556.94	292867.54	151	601595	上海电影	213849.72	197666.76
106	002454	松芝股份	336851.26	292284.64	152	002346	柘中股份	212307.42	165106.37
107	600636	三爱富	321462.49	306465.11	153	002022	科华生物	207912.48	190072.57
108	603730	岱美股份	309383.62	150756.51	154	300326	凯利泰	204163.71	184130.02
109	300171	东富龙	308615.89	299981.77	155	603365	水星家纺	203563.23	89034.09
110	600665	天地源	307649.40	289530.11	156	600616	金枫酒业	202241.36	199956.34
111	600601	方正科技	307475.76	373213.76	157	600634	*ST 富控	200065.80	398907.66
112	603056	德邦股份	307130.74	252591.46	158	603020	爱普股份	197814.14	191141.70
113	300336	新文化	301396.54	283146.95	159	300398	飞凯材料	197060.88	78116.85
114	002527	新时达	297700.41	271964.44	160	603777	来伊份	190661.70	187463.16
115	600618	氯碱化工	291548.41	194128.22	161	600630	龙头股份	183198.85	171104.79
116	603899	晨光文具	291392.82	251676.63	162	600532	宏达矿业	182753.37	190700.15
117	600846	同济科技	289691.36	279064.01	163	600081	东风科技	179536.73	166103.44
118	002328	新朋股份	284400.62	272046.32	164	002158	汉钟精机	178539.95	196578.29
119	002269	美邦服饰	283733.92	314194.89	165	002568	百润股份	178223.77	159959.24
120	300168	万达信息	281312.68	232793.23	166	600530	交大昂立	174652.06	177008.37
121	300230	永利股份	280208.22	260786.91	167	300272	开能环保	172820.26	117672.42
122	603108	润达医疗	274855.47	222215.98	168	600652	游久游戏	171981.70	217041.37
123	600844	丹化科技	274594.19	239047.06	169	603030	全筑股份	170663.18	144833.99
124	300253	卫宁健康	265898.65	240673.86	170	603728	鸣志电器	169009.42	77507.82
125	300008	天海防务	265233.36	290384.87	171	002706	良信电器	168916.33	155348.89
126	600629	华建集团	265138.92	103462.41	172	002605	姚记扑克	164582.25	154557.26
127	600825	新华传媒	262030.38	259765.12	173	002669	康达新材	163701.96	160920.01
128	603012	创力集团	261028.75	248248.66	174	600661	新南洋	161434.28	100554.57
129	603659	璞泰来	255317.43	99747.22	175	300067	安诺其	156881.80	106689.92
130	600613	神奇制药	253053.46	243493.28	176	603648	畅联股份	154882.21	86669.83
131	603619	中曼石油	251429.89	127853.90	177	600097	开创国际	153682.76	82583.12
132	600843	上工申贝	245643.15	220833.40	178	600834	申通地铁	146533.26	143336.67
133	300170	汉得信息	245470.65	207209.49	179	603197	保隆科技	145381.46	72460.49
134	002565	顺灏股份	244637.72	227125.98	180	603855	华荣股份	142110.49	79815.13
135	601616	广电电气	242573.78	237164.99	181	300511	雪榕生物	141635.59	128986.21
136	600171	上海贝岭	242120.07	187479.16	182	600679	上海凤凰	139996.04	130223.43
137	603868	飞科电器	241019.50	201044.73	183	603579	荣泰健康	138319.07	45714.08
138	600620	天宸股份	240370.51	266182.48	184	300245	天玑科技	137140.58	75870.09

（续表）

序号	代码	公司简称	净资产		序号	代码	公司简称	净资产	
			2017 年	2016 年				2017 年	2016 年
185	601519	大智慧	136242.85	94592.13	231	603226	菲林格尔	72991.75	31869.83
186	603009	北特科技	135384.85	128256.80	232	600833	第一医药	71406.49	73599.61
187	603987	康德莱	134143.64	122845.09	233	603200	上海洗霸	71202.03	37148.1
188	603587	地素时尚	133305.25	85285.27	234	603633	徕木股份	70305.35	66873.68
189	002116	中国海诚	131831.57	115558.26	235	000668	荣丰控股	69675.71	68286.55
190	300236	上海新阳	130394.68	125568.24	236	600695	绿庭投资	69599.02	73486.13
191	603466	风语筑	129025.62	57382.45	237	600818	中路股份	68947.06	64134.08
192	603378	亚士创能	128849.36	59375.87	238	300286	安科瑞	67329.05	59366.95
193	002178	延华智能	128826.62	128048.19	239	600605	汇通能源	67319.08	57711.99
194	002184	海得控制	127155.88	125096.66	240	603131	上海沪工	66339.77	62179.59
195	600838	上海九百	125414.00	124376.98	241	603496	恒为科技	65722.5	27215.87
196	300378	鼎捷软件	123677.29	117704.97	242	002451	摩恩电气	65473.2	67264.45
197	603886	元祖股份	121951.15	106895.34	243	300501	海顺新材	63368.88	59442.44
198	300074	华平股份	120803.94	114606.56	244	603039	泛微网络	62299.88	32642.71
199	603650	彤程新材	119785.09	102605.90	245	603330	上海天洋	61770.69	36257.59
200	600624	复旦复华	119154.90	115934.75	246	600822	上海物贸	61631.11	58921.56
201	603501	韦尔股份	119064.09	80890.04	247	603022	新通联	59353.57	57777.04
202	600882	广泽股份	117655.61	115992.62	248	600615	丰华股份	59166.55	48606.43
203	002278	神开股份	113765.43	112993.72	249	300462	华铭智能	58926.53	55334.67
204	600088	中视传媒	112155.23	105746.96	250	603232	格尔软件	57483.96	29760.85
205	603006	联明股份	109400.98	83017.33	251	002825	纳尔股份	56896.17	55262.7
206	603718	海利生物	107488.77	100535.32	252	300551	古鳌科技	52450.54	51399.39
207	603083	剑桥科技	106199.83	67451.26	253	603918	金桥信息	51476.81	48168.33
208	300126	锐奇股份	103774.36	103491.79	254	300508	维宏股份	51119.15	43850.29
209	300442	普丽盛	99134.72	98247.68	255	603499	翔港科技	50642.79	25819.4
210	300153	科泰电源	97497.03	97603.06	256	300493	润欣科技	50235.06	47789.6
211	002486	嘉麟杰	95724.83	93687.71	257	600272	开开实业	50221.72	49388.53
212	300613	富瀚微	94728.37	27500.68	258	300609	汇纳科技	47218.74	25556.11
213	600836	界龙实业	94124.71	91403.40	259	600689	上海三毛	46895.38	43663.84
214	603196	日播时尚	93357.74	49208.57	260	600732	ST 新梅	46629.04	40500.15
215	300225	金力泰	91487.46	90123.87	261	603960	克来机电	46422.87	23408.88
216	300642	透景生命	89585.64	28865.25	262	603991	至正股份	46131.91	24615.16
217	603881	数据港	89525.31	41554.45	263	300469	信息发展	43502.1	45983.96
218	002162	悦心健康	88582.47	85080.42	264	300380	安硕信息	43356.79	42124.39
219	600119	长江投资	86194.82	123254.65	265	002858	力盛赛车	41854.06	23097.87
220	603729	龙韵股份	85633.52	81727.98	266	603690	至纯科技	41368.93	29304.09
221	002401	中远海科	81267.88	76342.96	267	603214	爱婴室	41105.21	32849.22
222	603189	网达软件	80485.9	78970.01	268	300483	沃施股份	39888.24	39725.91
223	300327	中颖电子	79283.45	71330.66	269	603159	上海亚虹	39556.2	38066.18
224	603329	上海雅仕	79280.75	44358	270	300330	华虹计通	38792.28	38197.37
225	603683	晶华新材	78559.8	48632.57	271	600680	*ST 上普	37989.21	73140.69
226	300627	华测导航	78395.91	30906.37	272	603580	艾艾精工	37946.18	21757.55
227	600692	亚通股份	77415.46	70235.15	273	600647	同达创业	36323.55	41027.49
228	300590	移为通信	76937.03	20222.53	274	600767	ST 运盛	33092.54	27288.44
229	603037	凯众股份	76310.06	41621.12	275	600696	ST 岩石	29457.43	25787.45
230	603887	城地股份	75408.07	68291.43	276	603895	天永智能	29101.68	22909.46

（续表）

序号	代码	公司简称	净资产		序号	代码	公司简称	净资产	
			2017年	2016年				2017年	2016年
277	300578	会畅通讯	28809.62	13069.01	280	600608	ST沪科	6368	−185.49
278	002058	威尔泰	18758.17	18763.42	281	600610	*ST毅达	–	128399.7
279	600193	*ST创兴	18163.98	25782.39					

上海工商类上市公司 2017 年度主营业务收入排序

（单位：万元）

序号	代码	公司简称	主营业务收入		序号	代码	公司简称	主营业务收入	
			2017 年	2016 年				2017 年	2016 年
1	600104	上汽集团	85797771.79	74623674.12	47	600958	东方证券	1053151.13	687693.90
2	601601	中国太保	31980900.00	26701400.00	48	600619	海立股份	1044677.54	738373.06
3	600606	绿地控股	29017415.20	24716021.71	49	600094	大名城	1024447.05	876490.30
4	600019	宝钢股份	28909290.03	18545864.96	50	601788	光大证券	983814.78	916463.91
5	601328	交通银行	19601100.00	19312900.00	51	600026	中远海能	975943.85	1300556.63
6	600000	浦发银行	16861900.00	16079200.00	52	600663	陆家嘴	932459.38	1280714.81
7	600170	上海建工	14208263.86	13365653.51	53	600676	交运股份	931505.25	846482.34
8	600741	华域汽车	14048725.05	12429581.30	54	603157	拉夏贝尔	899870.90	855086.70
9	601607	上海医药	13084718.19	12076466.03	55	600648	外高桥	895356.74	865711.40
10	600115	东方航空	10172100.00	9856000.00	56	603128	华贸物流	871534.53	730825.77
11	600688	上海石化	9201356.90	7789428.50	57	600420	现代制药	851775.37	912577.48
12	601727	上海电气	7954379.40	7907836.10	58	600210	紫江企业	850761.05	835601.07
13	300226	上海钢联	7369705.13	4127899.11	59	600009	上海机场	806237.90	695147.45
14	600500	中化国际	6246607.46	4065674.60	60	600675	中华企业	765897.03	1419675.42
15	600827	百联股份	4718112.14	4707723.66	61	600748	上实发展	723391.69	648880.92
16	601611	中国核建	4533363.61	4140499.58	62	600618	氯碱化工	722674.61	675439.71
17	600623	华谊集团	4355329.29	4091534.89	63	603515	欧普照明	695704.62	547663.86
18	600612	老凤祥	3981035.44	3496377.51	64	600151	航天机电	665714.61	544846.59
19	600018	上港集团	3742394.62	3135917.85	65	600850	华东电脑	659781.22	605745.98
20	601229	上海银行	3312499.50	3440881.30	66	600315	上海家化	648824.62	532119.83
21	600642	申能股份	3240402.16	2775885.22	67	002269	美邦服饰	647235.92	651919.21
22	600820	隧道股份	3152643.77	2882846.88	68	603899	晨光文具	635710.30	466246.58
23	601231	环旭电子	2970568.50	2398388.37	69	600508	上海能源	633406.79	517954.00
24	600837	海通证券	2822166.72	2801166.53	70	600822	上海物贸	610345.08	1642244.01
25	601211	国泰君安	2380413.29	2576465.17	71	600081	东风科技	610170.85	522442.72
26	600073	上海梅林	2222137.41	1383358.90	72	601872	招商轮船	609534.96	602506.73
27	600320	振华重工	2185881.40	2434808.79	73	600490	鹏欣资源	605640.90	256008.79
28	600597	光明乳业	2167218.52	2020675.09	74	600653	申华控股	580247.47	874391.92
29	600708	光明地产	2081126.33	2078184.62	75	600517	置信电气	572978.91	698711.03
30	603056	德邦股份	2035010.60	1700094.06	76	600816	安信信托	559242.79	524595.90
31	600835	上海机电	1947114.64	1893855.19	77	600640	号百控股	556562.20	255889.77
32	600021	上海电力	1884431.75	1604644.17	78	600651	飞乐音响	544484.56	717795.21
33	600823	世茂股份	1866677.04	1370802.51	79	300017	网宿科技	537267.11	444652.72
34	600196	复星医药	1853355.54	1462882.04	80	600629	华建集团	528974.50	455081.10
35	600655	豫园股份	1711124.68	1564305.32	81	600636	三爱富	524337.01	473709.22
36	603003	龙宇燃油	1683195.93	1588239.53	82	600601	方正科技	509880.21	661371.37
37	600150	*ST 船舶	1669110.14	2145707.04	83	600845	宝信软件	477577.95	396027.33
38	600637	东方明珠	1626115.95	1944548.64	84	603030	全筑股份	462537.27	333588.89
39	601866	中远海发	1594033.87	1563633.36	85	600635	大众公用	460210.82	444346.96
40	600278	东方创业	1583364.98	1537814.27	86	601968	宝钢包装	454636.02	400102.83
41	002506	协鑫集成	1444707.74	1202672.31	87	002028	思源电气	449478.81	440373.04
42	600754	锦江股份	1358258.36	1063554.43	88	600630	龙头股份	442191.04	424998.31
43	603885	吉祥航空	1241169.05	992849.21	89	603108	润达医疗	431880.98	216468.88
44	600626	申达股份	1112599.88	867512.09	90	600072	中船科技	426362.86	530415.19
45	601021	春秋航空	1097058.99	842940.43	91	600602	云赛智联	420991.84	409383.72
46	601828	美凯龙	1095951.27	943608.18	92	002116	中国海诚	419930.25	447281.26

（续表）

序号	代码	公司简称	主营业务收入		序号	代码	公司简称	主营业务收入	
			2017年	2016年				2017年	2016年
93	002454	松芝股份	417246.22	323547.72	139	300061	康旗股份	198734.64	100094.50
94	600662	强生控股	407755.98	500454.10	140	002565	顺灏股份	194860.95	187248.61
95	600665	天地源	395470.91	372507.73	141	603587	地素时尚	194590.84	181550.14
96	002328	新朋股份	394839.62	396094.33	142	002252	上海莱士	192774.84	232625.03
97	603868	飞科电器	385342.89	336389.48	143	603579	荣泰健康	191800.74	128504.97
98	002636	金安国纪	367580.37	305372.92	144	603650	彤程新材	190094.24	173267.65
99	600841	上柴股份	366728.27	254512.15	145	600824	益民集团	184699.73	284224.82
100	603777	来伊份	363634.63	323649.75	146	300493	润欣科技	182951.01	153891.73
101	600846	同济科技	362683.63	315768.52	147	603214	爱婴室	180784.93	158496.32
102	002527	新时达	340361.22	272656.78	148	600097	开创国际	178745.75	114873.09
103	002324	普利特	339748.71	315792.01	149	600638	新黄浦	177759.04	113413.93
104	600826	兰生股份	333513.49	259092.80	150	603886	元祖股份	177724.11	159164.36
105	600819	耀皮玻璃	327342.72	294301.10	151	603619	中曼石油	177237.89	159530.06
106	600284	浦东建设	326183.35	253763.16	152	600613	神奇制药	173571.60	159786.79
107	603730	岱美股份	324697.22	274341.63	153	300171	东富龙	172487.92	132783.66
108	600649	城投控股	321516.41	947652.57	154	600661	新南洋	172356.16	138975.51
109	002195	二三四五	320018.69	174160.20	155	603329	上海雅仕	170011.41	132476.59
110	300230	永利股份	308639.40	182678.92	156	600639	浦东金桥	167382.58	146931.73
111	600622	光大嘉宝	308330.66	236356.13	157	603728	鸣志电器	162839.13	147455.00
112	600843	上工申贝	306497.15	275985.51	158	002158	汉钟精机	160448.86	97377.00
113	600628	新世界	302249.06	301844.71	159	002022	科华生物	159411.62	139667.21
114	600654	ST 中安	296916.47	343406.20	160	300129	泰胜风能	159000.02	150562.34
115	600119	长江投资	284089.47	271153.34	161	300039	上海凯宝	156991.60	149715.12
116	601200	上海环境	256602.99	255107.76	162	600833	第一医药	155614.62	151902.94
117	300222	科大智能	255927.56	173398.50	163	603466	风语筑	149919.90	122723.34
118	300180	华峰超纤	250559.39	143908.29	164	300008	天海防务	148392.89	160570.57
119	603083	剑桥科技	248654.03	199789.04	165	603855	华荣股份	147945.21	120044.87
120	000863	三湘印象	247391.82	670484.85	166	002706	良信电器	145204.83	122577.14
121	600605	汇通能源	247349.37	214948.64	167	600679	上海凤凰	142808.14	63013.42
122	603365	水星家纺	246189.69	197702.11	168	600825	新华传媒	142716.19	152457.34
123	300168	万达信息	241548.26	207503.88	169	603378	亚士创能	135534.61	107290.86
124	603501	韦尔股份	240591.63	216076.95	170	600836	界龙实业	133413.39	173309.22
125	600611	大众交通	239429.64	306007.08	171	300067	安诺其	133289.75	100377.92
126	600650	锦江投资	236874.59	235627.52	172	600844	丹化科技	133131.69	71200.82
127	300170	汉得信息	232504.74	171021.80	173	300511	雪榕生物	133028.39	99867.70
128	603020	爱普股份	232492.06	228136.43	174	600689	上海三毛	127746.12	115122.16
129	603659	璞泰来	224935.88	167731.99	175	603987	康德莱	125640.40	113208.26
130	600621	华鑫股份	222564.77	60934.33	176	603012	创力集团	125363.05	90091.71
131	600604	市北高新	219139.53	118013.86	177	600895	张江高科	125304.95	208766.09
132	600503	华丽家族	211001.69	95599.14	178	603729	龙韵股份	123565.70	96660.80
133	002561	徐家汇	210228.40	210059.12	179	300336	新文化	123321.61	111304.74
134	600641	万业企业	209626.19	318839.94	180	300378	鼎捷软件	121598.05	114001.28
135	603197	保隆科技	208072.28	167866.56	181	600692	亚通股份	121383.60	92477.02
136	600848	上海临港	207231.52	179905.07	182	300253	卫宁健康	120375.63	95447.33
137	002184	海得控制	205077.38	174830.78	183	002178	延华智能	119099.20	109927.83
138	600614	鹏起科技	200367.18	232679.96	184	002568	百润股份	117192.57	92542.25

（续表）

序号	代码	公司简称	主营业务收入		序号	代码	公司简称	主营业务收入	
			2017 年	2016 年				2017 年	2016 年
185	603648	畅联股份	115070.45	116829.57	231	603881	数据港	52022.88	40597.2
186	601595	上海电影	112244.68	104571.12	232	002278	神开股份	51838.94	41603.86
187	300059	东方财富	111233.71	120305.13	233	600532	宏达矿业	51410.32	25423.5
188	603196	日播时尚	107346.98	94893.08	234	300380	安硕信息	51357.1	41005.51
189	300153	科泰电源	107321.70	81511.40	235	300236	上海新阳	47224.4	41383.53
190	603006	联明股份	101550.84	92257.69	236	600608	ST 沪科	47008.63	26295.66
191	600851	海欣股份	100043.68	101180.96	237	002451	摩恩电气	46746.85	50080.86
192	600616	金枫酒业	98693.34	107540.48	238	300074	华平股份	45553.64	34173.83
193	600882	广泽股份	98199.81	51156.92	239	603330	上海天洋	45507.73	39454.92
194	600272	开开实业	96210.16	90605.85	240	002346	柘中股份	45321.26	42183.42
195	002401	中远海科	91700.69	65412.56	241	603037	凯众股份	45007.86	32555.02
196	603009	北特科技	91296.89	80051.26	242	300613	富瀚微	44921.3	32169.6
197	300262	巴安水务	91015.52	103022.12	243	603991	至正股份	42744.59	35111.29
198	002162	悦心健康	90021.97	77788.88	244	603895	天永智能	42394.09	38151.05
199	002486	嘉麟杰	88328.56	72789.50	245	300286	安科瑞	40537.96	32936.32
200	300398	飞凯材料	82036.76	39104.02	246	300483	沃施股份	38491.91	32066.44
201	603887	城地股份	81290.67	56559.93	247	300501	海顺新材	37561.72	30127.59
202	600634	*ST 富控	80556.59	234147.65	248	603633	徕木股份	37412.67	34019.73
203	300326	凯利泰	80226.68	55059.66	249	603690	至纯科技	36907.79	26329.8
204	300225	金力泰	79776.58	79030.73	250	300590	移为通信	36244.59	27015.42
205	603226	菲林格尔	79640.02	69520.51	251	300245	天玑科技	35953.6	41722.41
206	600834	申通地铁	75215.02	75589.04	252	603499	翔港科技	33929.95	28490.52
207	600624	复旦复华	73572.92	67124.18	253	603496	恒为科技	31220.99	24774.27
208	603683	晶华新材	72753.22	65672.49	254	603718	海利生物	30365.02	34333.87
209	600088	中视传媒	71806.19	51481.87	255	300642	透景生命	30288.82	23121.76
210	603131	上海沪工	71258.73	50011.62	256	603200	上海洗霸	30090.53	29624.54
211	300272	开能环保	70750.16	64299.50	257	002858	力盛赛车	28230.13	24097.51
212	600061	国投资本	70473.44	51002.45	258	603232	格尔软件	27165.36	23206.3
213	603039	泛微网络	70421.77	46130.50	259	000668	荣丰控股	26998.68	1300.19
214	300442	普丽盛	69422.60	57581.58	260	600530	交大昂立	26994.92	25326.67
215	300327	中颖电子	68572.48	51770.24	261	300578	会畅通讯	26714.66	25218.05
216	300627	华测导航	67815.32	48206.78	262	603960	克来机电	25191.48	19241.58
217	603918	金桥信息	67272.93	58574.38	263	300462	华铭智能	24087.58	21344.58
218	600643	爱建集团	67069.8	53171.18	264	300551	古鳌科技	23864.52	26278.79
219	002605	姚记扑克	66263.48	71298	265	300330	华虹计通	22372.99	13380.68
220	601616	广电电气	64520.54	68700.85	266	300609	汇纳科技	20312.6	17296.18
221	002825	纳尔股份	64285.32	54908.19	267	300508	维宏股份	19862.93	14407.22
222	600680	*ST 上普	64030.94	68826.79	268	603189	网达软件	19662.29	22378.76
223	601519	大智慧	63823.62	113056.38	269	600652	游久游戏	17655.42	30809.3
224	600818	中路股份	60444.2	68111.44	270	600696	ST 岩石	17508.93	5045.86
225	603022	新通联	59853.99	48195.55	271	603580	艾艾精工	15502.08	14938.56
226	603159	上海亚虹	57383.98	47142.52	272	600767	ST 运盛	11339.06	9427.58
227	300469	信息发展	56429.36	52110.51	273	002058	威尔泰	11197.67	9968.78
228	600171	上海贝岭	56187.4	50909.39	274	600615	丰华股份	9450.61	10530.56
229	002669	康达新材	54996.23	59404.74	275	600838	上海九百	9072.63	8997.8
230	300126	锐奇股份	54914.18	52717.74	276	600620	天宸股份	5120.79	4839.84

序号	代码	公司简称	主营业务收入		序号	代码	公司简称	主营业务收入	
			2017年	2016年				2017年	2016年
277	600695	绿庭投资	5006.81	5022.35	280	600647	同达创业	2368.67	7560.01
278	600732	ST新梅	4592.53	20023.1	281	600610	*ST毅达	–	60844.53
279	600193	*ST创兴	2467.8	5735.84					

上海工商类上市公司2017年度利润总额排序

（单位：万元）

序号	代码	公司简称	利润总额 2017年	利润总额 2016年	序号	代码	公司简称	利润总额 2017年	利润总额 2016年
1	601328	交通银行	8326500.00	8611000.00	47	600643	爱建集团	116519.71	85886.23
2	600000	浦发银行	6982800.00	6997500.00	48	603868	飞科电器	111750.31	81541.85
3	600104	上汽集团	5426101.26	5049245.75	49	600648	外高桥	107182.46	106439.84
4	600019	宝钢股份	2403513.01	1151982.81	50	600621	华鑫股份	103701.54	17612.03
5	601601	中国太保	2110200.00	1608500.00	51	002252	上海莱士	100478.41	195935.46
6	600606	绿地控股	1926140.57	1444034.80	52	600618	氯碱化工	100449.46	−33481.36
7	601229	上海银行	1608246.20	1631937.30	53	600597	光明乳业	100277.41	101698.08
8	600018	上港集团	1585528.67	994188.47	54	600639	浦东金桥	97247.56	73465.05
9	601211	国泰君安	1366130.72	1477352.42	55	600420	现代制药	95378.44	103651.30
10	600837	海通证券	1288939.70	1116172.70	56	601872	招商轮船	93852.52	225792.70
11	600741	华域汽车	1049227.96	986078.18	57	600622	光大嘉宝	91813.94	38824.19
12	600115	东方航空	862000.00	650700.00	58	002195	二三四五	90275.07	69294.53
13	600688	上海石化	785123.40	776540.50	59	600655	豫园股份	86920.03	71640.58
14	601828	美凯龙	598603.66	480151.77	60	300017	网宿科技	85023.81	132599.51
15	601727	上海电气	552863.50	544431.90	61	600623	华谊集团	81888.36	72673.13
16	600823	世茂股份	530880.43	382879.97	62	600638	新黄浦	81730.42	15667.39
17	601607	上海医药	520480.90	463899.65	63	603515	欧普照明	80066.14	60455.75
18	600663	陆家嘴	492125.94	428929.11	64	603899	晨光文具	74610.58	56960.27
19	600816	安信信托	487421.36	415322.13	65	603157	拉夏贝尔	73022.80	76871.90
20	600009	上海机场	484161.34	371767.23	66	603056	德邦股份	70219.21	47624.22
21	600958	东方证券	438851.22	281332.29	67	603730	岱美股份	69711.02	55679.73
22	601788	光大证券	407765.67	399145.71	68	600675	中华企业	69318.37	172631.68
23	600196	复星医药	406171.65	357154.88	69	601200	上海环境	69067.97	65107.75
24	600061	国投资本	402062.07	343083.70	70	300059	东方财富	67908.38	79817.59
25	600170	上海建工	368484.47	302115.12	71	600210	紫江企业	66824.73	32071.79
26	600637	东方明珠	302938.03	399101.37	72	603587	地素时尚	64392.33	69967.69
27	600708	光明地产	286910.10	170684.40	73	002636	金安国纪	63414.53	39972.17
28	600642	申能股份	280298.99	377557.91	74	600635	大众公用	62734.48	68051.24
29	600835	上海机电	270107.53	275772.58	75	600676	交运股份	60029.02	45331.62
30	600820	隧道股份	233421.72	214629.21	76	600848	上海临港	56452.62	52525.91
31	600641	万业企业	222970.31	96789.88	77	600895	张江高科	56206.03	87552.63
32	600026	中远海能	204670.48	217595.12	78	600073	上海梅林	53416.63	52222.13
33	600500	中化国际	203962.38	59205.68	79	603659	璞泰来	53182.45	41098.84
34	600649	城投控股	202638.04	270405.49	80	600628	新世界	52992.30	34281.69
35	600094	大名城	197788.19	138080.46	81	603619	中曼石油	50746.96	50525.16
36	600612	老凤祥	196513.78	182178.39	82	600508	上海能源	50307.29	47695.91
37	601866	中远海发	195811.54	61650.20	83	600845	宝信软件	50273.34	41113.75
38	600021	上海电力	187602.65	216348.63	84	600614	鹏起科技	49575.12	13996.50
39	603885	吉祥航空	182628.87	166068.76	85	600284	浦东建设	48629.18	53086.66
40	601021	春秋航空	165132.97	128353.80	86	600315	上海家化	47124.48	29057.05
41	600827	百联股份	159790.11	124883.96	87	600604	市北高新	44725.18	22341.34
42	601231	环旭电子	156442.59	100735.12	88	002454	松芝股份	44398.21	29847.55
43	601611	中国核建	137568.28	127000.57	89	600320	振华重工	42176.28	36886.11
44	600754	锦江股份	127659.79	97809.03	90	600826	兰生股份	41152.26	111280.88
45	600611	大众交通	122027.25	79225.67	91	300222	科大智能	40200.15	32468.15
46	600748	上实发展	120138.18	89936.21	92	601519	大智慧	39550.96	−173593.90

（续表）

序号	代码	公司简称	利润总额		序号	代码	公司简称	利润总额	
			2017年	2016年				2017年	2016年
93	000863	三湘印象	39430.57	128941.19	139	300008	天海防务	21728.41	18243.89
94	600846	同济科技	39172.43	40804.71	140	600634	*ST富控	21145.52	21684.18
95	603650	彤程新材	38720.71	32872.89	141	002324	普利特	20212.79	33286.38
96	603108	润达医疗	38669.05	17964.87	142	002527	新时达	20163.45	22254.84
97	600619	海立股份	38546.22	25818.24	143	603030	全筑股份	20112.99	11385.89
98	600844	丹化科技	38455.26	−28013.29	144	300262	巴安水务	20021.49	18479.45
99	300230	永利股份	37216.93	19938.26	145	603466	风语筑	19508.17	13099.79
100	300168	万达信息	36709.59	26985.03	146	603020	爱普股份	19434.09	24524.30
101	600629	华建集团	36404.00	32321.15	147	603728	鸣志电器	18980.74	18636.09
102	600850	华东电脑	36041.32	34054.89	148	300129	泰胜风能	18968.40	26050.08
103	603128	华贸物流	35930.70	27724.68	149	603648	畅联股份	18686.75	17506.89
104	300061	康旗股份	35044.86	12921.65	150	600824	益民集团	18527.29	19945.63
105	600602	云赛智联	34982.50	35908.35	151	600630	龙头股份	17589.56	4066.68
106	600490	鹏欣资源	34561.01	13104.63	152	600662	强生控股	17541.87	29965.22
107	600650	锦江投资	34383.10	32138.76	153	603987	康德莱	17235.61	14478.56
108	600517	置信电气	34297.48	62111.77	154	603012	创力集团	17143.46	11129.50
109	600665	天地源	34293.11	30238.29	155	600171	上海贝岭	17137.90	4020.26
110	002561	徐家汇	33114.75	33351.20	156	300171	东富龙	16533.59	28394.70
111	300039	上海凯宝	32743.97	33323.38	157	603777	来伊份	15649.91	19529.21
112	600640	号百控股	32734.28	3921.98	158	600661	新南洋	15467.46	22459.80
113	002346	柘中股份	32562.30	4055.87	159	603006	联明股份	15110.51	17042.19
114	603197	保隆科技	32360.52	23792.97	160	300627	华测导航	14858.58	11732.49
115	600081	东风科技	31511.78	27503.50	161	300642	透景生命	14718.11	11300.71
116	601595	上海电影	31055.88	28124.98	162	600613	神奇制药	14603.58	21275.41
117	603365	水星家纺	30809.48	23872.58	163	603501	韦尔股份	14538.77	14189.80
118	600651	飞乐音响	30563.47	47300.60	164	603855	华荣股份	14462.23	12939.10
119	300170	汉得信息	30444.37	23311.27	165	300327	中颖电子	14060.89	11143.62
120	002028	思源电气	29878.23	47466.16	166	002565	顺灏股份	14042.18	14029.12
121	600843	上工申贝	29558.19	23324.57	167	603214	爱婴室	13921.43	10713.54
122	300336	新文化	29303.01	35216.36	168	600097	开创国际	13742.61	1038.62
123	300180	华峰超纤	29160.83	11716.37	169	603378	亚士创能	13741.14	14065.74
124	600278	东方创业	28972.57	24693.00	170	603881	数据港	13510.43	9492.96
125	600503	华丽家族	28385.68	15465.44	171	603037	凯众股份	13335.54	10439.30
126	002158	汉钟精机	26755.20	18771.95	172	600615	丰华股份	12849.74	1278.10
127	002022	科华生物	26754.03	27220.31	173	600679	上海凤凰	12138.16	7043.75
128	603886	元祖股份	26446.14	17066.52	174	600088	中视传媒	11767.79	−17184.04
129	603579	荣泰健康	25964.13	24253.58	175	300511	雪榕生物	11719.57	10780.12
130	300253	卫宁健康	25621.86	58347.47	176	600851	海欣股份	11669.59	6002.13
131	002116	中国海诚	24645.92	15041.96	177	300613	富瀚微	11407.59	11918.65
132	002706	良信电器	24419.70	19043.81	178	300067	安诺其	11120.42	10020.33
133	600636	三爱富	24351.04	−15962.37	179	300286	安科瑞	11062.55	9143.15
134	002568	百润股份	23281.61	−20775.69	180	300590	移为通信	11048.20	11043.62
135	300326	凯利泰	23255.46	19373.10	181	600692	亚通股份	10973.32	11664.04
136	600626	申达股份	22758.59	30121.69	182	002605	姚记扑克	10731.13	13859.25
137	002328	新朋股份	22478.61	22562.15	183	603718	海利生物	10712.28	7689.43
138	600530	交大昂立	21777.89	13669.06	184	603329	上海雅仕	10601.42	8107.49

（续表）

序号	代码	公司简称	利润总额		序号	代码	公司简称	利润总额	
			2017年	2016年				2017年	2016年
185	600841	上柴股份	10568.16	8379.03	231	002184	海得控制	4810.01	3361.45
186	603196	日播时尚	10144.97	10219.94	232	600695	绿庭投资	4727.44	5248.17
187	600838	上海九百	9736.31	18739.34	233	002669	康达新材	4669.52	9480.42
188	300378	鼎捷软件	9568.31	5942.66	234	600825	新华传媒	4579.5	4865.36
189	603226	菲林格尔	9422.61	8247.93	235	603991	至正股份	4485.61	4377.78
190	002401	中远海科	9322.91	7213.48	236	603189	网达软件	4280.71	7391.58
191	603039	泛微网络	9176.21	7322.57	237	603918	金桥信息	4221.58	3343.85
192	300508	维宏股份	8814.60	4928.87	238	002825	纳尔股份	4146.17	7532.29
193	603009	北特科技	8697.21	6598.90	239	300245	天玑科技	3951.5	5894.46
194	002506	协鑫集成	8649.62	3681.26	240	300578	会畅通讯	3895.81	3652.02
195	002451	摩恩电气	8643.21	1718.59	241	002178	延华智能	3780.65	5558.84
196	603887	城地股份	8556.40	5946.26	242	600767	ST 运盛	3764.4	−6654.12
197	300236	上海新阳	8366.68	5963.84	243	600836	界龙实业	3709.72	368.79
198	603131	上海沪工	8350.00	8093.26	244	603330	上海天洋	3613.12	6266.64
199	603496	恒为科技	8322.31	6478.59	245	300469	信息发展	3512.88	3158.7
200	603003	龙宇燃油	8147.85	3607.82	246	603580	艾艾精工	3500.49	3739.16
201	600819	耀皮玻璃	8083.91	38241.15	247	603022	新通联	3361.88	4086.81
202	300398	飞凯材料	7792.76	7348.82	248	600605	汇通能源	3310.01	2792.32
203	300501	海顺新材	7687.17	7386.24	249	300074	华平股份	3266.58	8245.08
204	600732	ST 新梅	7570.52	3874.86	250	600689	上海三毛	3037.04	9523.79
205	603232	格尔软件	7351.41	6622.53	251	600818	中路股份	2823.41	11663.14
206	600834	申通地铁	7204.35	7174.03	252	300153	科泰电源	2618.26	3296.93
207	603895	天永智能	7167.13	7389.93	253	601616	广电电气	2522.82	−9815.34
208	300226	上海钢联	7090.03	3196.23	254	601968	宝钢包装	2452.92	1656.88
209	600616	金枫酒业	6924.88	8105.37	255	002162	悦心健康	2438.34	2169.3
210	600072	中船科技	6902.36	−1643.28	256	002278	神开股份	2427.57	−10675.8
211	300609	汇纳科技	6811.43	5633.26	257	300272	开能环保	2162.59	10479.08
212	600624	复旦复华	6728.07	7786.53	258	000668	荣丰控股	2147.51	−4836.79
213	603200	上海洗霸	6696.01	6877.06	259	600696	ST 岩石	2015.81	−35003.84
214	300493	润欣科技	6360.01	6132.17	260	300551	古鳌科技	1568.45	4106.19
215	600620	天宸股份	6184.98	5922.30	261	600647	同达创业	1361.94	11073.62
216	603083	剑桥科技	6060.05	6631.80	262	300483	沃施股份	1281.52	2145.16
217	600608	ST 沪科	6016.13	−2546.43	263	300442	普丽盛	936.81	530.12
218	600822	上海物贸	5999.49	4259.97	264	300380	安硕信息	843.19	−2143.59
219	603960	克来机电	5906.19	4245.48	265	300330	华虹计通	569.24	−2935.19
220	600833	第一医药	5737.31	5822.26	266	002058	威尔泰	483.42	686.37
221	603633	徕木股份	5696.17	5753.1	267	300126	锐奇股份	311.93	652.12
222	603690	至纯科技	5630.12	5303.47	268	002486	嘉麟杰	206.92	−1478.15
223	002858	力盛赛车	5557.35	4312.25	269	600882	广泽股份	−294.65	1500.73
224	603159	上海亚虹	5427.86	5030.04	270	600193	*ST 创兴	−7822.08	−12790.79
225	603729	龙韵股份	5363.78	4485.19	271	600532	宏达矿业	−8098.04	16892.63
226	603499	翔港科技	5211.23	5037.8	272	600119	长江投资	−13082.31	16748.56
227	600272	开开实业	5054.59	3260.93	273	002269	美邦服饰	−29880.31	16334.61
228	300462	华铭智能	5046.89	5517.78	274	600151	航天机电	−32066.35	25006.64
229	603683	晶华新材	4989.76	6439.79	275	600680	*ST 上普	−33015.78	−47674.53
230	300225	金力泰	4848.57	7627.52	276	600652	游久游戏	−42504.27	12061.65

（续表）

序号	代码	公司简称	利润总额		序号	代码	公司简称	利润总额	
			2017 年	2016 年				2017 年	2016 年
277	600653	申华控股	−53526.97	8963.87	280	600150	*ST 船舶	−248448.5	−270275.01
278	600654	ST 中安	−76135.35	37971.44	281	600610	*ST 毅达	−	3892.05
279	600601	方正科技	−80127.57	10136.44					

上海工商类上市公司2017年度每股收益排序

（单位：元）

序号	代码	公司简称	每股收益		序号	代码	公司简称	每股收益	
			2017年	2016年				2017年	2016年
1	600104	上汽集团	2.96	2.90	47	600637	东方明珠	0.85	1.12
2	300613	富瀚微	2.49	3.36	48	603886	元祖股份	0.85	0.69
3	300642	透景生命	2.31	2.17	49	600816	安信信托	0.80	1.71
4	600612	老凤祥	2.17	2.02	50	603083	剑桥科技	0.80	0.90
5	600641	万业企业	2.11	0.89	51	603329	上海雅仕	0.78	0.66
6	600741	华域汽车	2.08	1.93	52	600621	华鑫股份	0.77	0.29
7	601229	上海银行	1.96	2.61	53	600837	海通证券	0.75	0.70
8	603868	飞科电器	1.92	1.46	54	603885	吉祥航空	0.74	1.02
9	600009	上海机场	1.91	1.46	55	600606	绿地控股	0.74	0.59
10	600000	浦发银行	1.84	2.40	56	002636	金安国纪	0.74	0.47
11	603197	保隆科技	1.66	1.51	57	601200	上海环境	0.72	0.66
12	601601	中国太保	1.62	1.33	58	603378	亚士创能	0.72	0.84
13	603579	荣泰健康	1.58	3.94	59	600508	上海能源	0.72	0.62
14	601021	春秋航空	1.58	1.19	60	600826	兰生股份	0.69	2.00
15	603730	岱美股份	1.53	1.23	61	601595	上海电影	0.69	0.75
16	603466	风语筑	1.46	1.04	62	002858	力盛赛车	0.69	0.69
17	300508	维宏股份	1.42	0.84	63	600628	新世界	0.69	0.45
18	603587	地素时尚	1.41	1.54	64	603899	晨光文具	0.69	0.54
19	600835	上海机电	1.36	1.42	65	600850	华东电脑	0.69	0.66
20	603039	泛微网络	1.33	1.30	66	600061	国投资本	0.68	0.69
21	601607	上海医药	1.31	1.19	67	603887	城地股份	0.67	0.69
22	600196	复星医药	1.27	1.21	68	300286	安科瑞	0.67	0.57
23	603232	格尔软件	1.26	1.23	69	600649	城投控股	0.66	0.65
24	603214	爱婴室	1.25	0.99	70	600639	浦东金桥	0.66	0.55
25	603365	水星家纺	1.25	0.99	71	601788	光大证券	0.65	0.74
26	603659	璞泰来	1.19	0.96	72	600648	外高桥	0.65	0.64
27	603515	欧普照明	1.18	0.94	73	300230	永利股份	0.64	0.68
28	300627	华测导航	1.16	1.14	74	002324	普利特	0.64	1.03
29	600638	新黄浦	1.15	0.18	75	603056	德邦股份	0.64	0.44
30	600708	光明地产	1.14	0.77	76	300327	中颖电子	0.64	0.57
31	601828	美凯龙	1.13	0.94	77	603729	龙韵股份	0.62	0.52
32	603037	凯众股份	1.11	1.48	78	600629	华建集团	0.62	0.67
33	601211	国泰君安	1.11	1.21	79	300590	移为通信	0.62	1.59
34	603895	天永智能	1.07	1.09	80	300609	汇纳科技	0.62	0.64
35	603619	中曼石油	1.06	1.09	81	300511	雪榕生物	0.61	0.76
36	603226	菲林格尔	1.06	1.08	82	600622	光大嘉宝	0.61	0.44
37	300501	海顺新材	0.98	1.26	83	603006	联明股份	0.60	0.68
38	603157	拉夏贝尔	0.98	1.08	84	603650	彤程新材	0.60	0.52
39	600663	陆家嘴	0.93	0.79	85	601231	环旭电子	0.60	0.37
40	600754	锦江股份	0.92	0.80	86	600823	世茂股份	0.59	0.79
41	601328	交通银行	0.91	0.89	87	002346	柘中股份	0.59	0.05
42	603200	上海洗霸	0.87	1.07	88	600820	隧道股份	0.58	0.53
43	002454	松芝股份	0.87	0.58	89	600315	上海家化	0.58	0.32
44	600019	宝钢股份	0.86	0.55	90	603728	鸣志电器	0.58	0.65
45	603496	恒为科技	0.86	0.83	91	603499	翔港科技	0.58	0.60
46	600618	氯碱化工	0.86	−0.28	92	600643	爱建集团	0.58	0.43

（续表）

序号	代码	公司简称	每股收益		序号	代码	公司简称	每股收益	
			2017年	2016年				2017年	2016年
93	600094	大名城	0.57	0.39	139	603987	康德莱	0.38	0.62
94	002561	徐家汇	0.57	0.58	140	603108	润达医疗	0.38	0.41
95	600958	东方证券	0.57	0.41	141	300170	汉得信息	0.38	0.28
96	300061	康旗股份	0.57	0.40	142	300236	上海新阳	0.37	0.28
97	600688	上海石化	0.57	0.55	143	600848	上海临港	0.37	0.40
98	600615	丰华股份	0.56	0.05	144	600611	大众交通	0.37	0.24
99	603881	数据港	0.56	0.50	145	600210	紫江企业	0.37	0.15
100	600845	宝信软件	0.54	0.43	146	002825	纳尔股份	0.36	0.84
101	603991	至正股份	0.54	0.67	147	600843	上工申贝	0.36	0.26
102	600284	浦东建设	0.54	0.52	148	300017	网宿科技	0.34	1.62
103	603330	上海天洋	0.53	1.19	149	603131	上海沪工	0.34	0.79
104	603960	克来机电	0.51	0.60	150	603501	韦尔股份	0.34	0.38
105	600097	开创国际	0.51	0.04	151	600640	号百控股	0.33	0.03
106	600597	光明乳业	0.50	0.46	152	002028	思源电气	0.33	0.49
107	600018	上港集团	0.50	0.30	153	300462	华铭智能	0.33	0.35
108	300578	会畅通讯	0.49	0.58	154	600278	东方创业	0.33	0.29
109	600655	豫园股份	0.49	0.33	155	601611	中国核建	0.32	0.33
110	300469	信息发展	0.49	0.45	156	600619	海立股份	0.32	0.20
111	300222	科大智能	0.48	0.44	157	300168	万达信息	0.32	0.23
112	002116	中国海诚	0.48	0.33	158	600500	中化国际	0.31	0.03
113	603580	艾艾精工	0.48	0.62	159	603030	全筑股份	0.31	0.61
114	600827	百联股份	0.47	0.51	160	300226	上海钢联	0.30	0.14
115	600748	上实发展	0.47	0.32	161	600895	张江高科	0.30	0.47
116	600420	现代制药	0.46	0.98	162	600073	上海梅林	0.30	0.27
117	603648	畅联股份	0.46	0.47	163	600630	龙头股份	0.30	0.05
118	300336	新文化	0.46	0.49	164	600665	天地源	0.29	0.27
119	600661	新南洋	0.45	0.71	165	002195	二三四五	0.29	0.33
120	603020	爱普股份	0.45	0.60	166	600623	华谊集团	0.29	0.20
121	603159	上海亚虹	0.45	0.50	167	600170	上海建工	0.28	0.28
122	300180	华峰超纤	0.45	0.22	168	603128	华贸物流	0.28	0.25
123	600650	锦江投资	0.45	0.43	169	300326	凯利泰	0.27	0.23
124	600081	东风科技	0.44	0.37	170	600626	申达股份	0.27	0.27
125	600115	东方航空	0.44	0.33	171	300398	飞凯材料	0.27	0.65
126	600026	中远海能	0.44	0.48	172	600844	丹化科技	0.26	−0.19
127	603855	华荣股份	0.43	0.46	173	600171	上海贝岭	0.26	0.06
128	600676	交运股份	0.43	0.35	174	300039	上海凯宝	0.25	0.34
129	002158	汉钟精机	0.43	0.3[illegible]	175	002401	中远海科	0.25	0.20
130	002022	科华生物	0.42	0.45	176	600088	中视传媒	0.25	−0.38
131	603777	来伊份	0.42	0.69	177	600838	上海九百	0.24	0.46
132	002706	良信电器	0.41	0.65	178	600613	神奇制药	0.24	0.34
133	603683	晶华新材	0.41	0.54	179	603690	至纯科技	0.24	0.29
134	603633	徕木股份	0.41	0.53	180	300378	鼎捷软件	0.23	0.16
135	600846	同济科技	0.41	0.29	181	603012	创力集团	0.23	0.15
136	603196	日播时尚	0.39	0.42	182	603009	北特科技	0.22	0.46
137	600021	上海电力	0.39	0.43	183	002527	新时达	0.22	0.28
138	600642	申能股份	0.38	0.54	184	600614	鹏起科技	0.22	0.05

（续表）

序号	代码	公司简称	每股收益		序号	代码	公司简称	每股收益	
			2017 年	2016 年				2017 年	2016 年
185	002568	百润股份	0.22	−0.16	231	600616	金枫酒业	0.11	0.13
186	300262	巴安水务	0.21	0.36	232	600834	申通地铁	0.11	0.11
187	300129	泰胜风能	0.21	0.30	233	600636	三爱富	0.11	−0.69
188	002328	新朋股份	0.21	0.21	234	300225	金力泰	0.1	0.15
189	600602	云赛智联	0.21	0.18	235	600689	上海三毛	0.1	0.46
190	600530	交大昂立	0.21	0.18	236	600818	中路股份	0.1	0.28
191	300551	古鳌科技	0.20	0.65	237	600662	强生控股	0.1	0.18
192	300171	东富龙	0.20	0.37	238	300153	科泰电源	0.09	0.15
193	300245	天玑科技	0.20	0.22	239	300483	沃施股份	0.09	0.24
194	603918	金桥信息	0.20	0.16	240	600620	天宸股份	0.09	0.09
195	600605	汇通能源	0.20	0.17	241	300442	普丽盛	0.09	0.07
196	600675	中华企业	0.20	0.35	242	300380	安硕信息	0.09	−0.14
197	002605	姚记扑克	0.19	0.26	243	600851	海欣股份	0.09	0.07
198	601519	大智慧	0.19	−0.89	244	600647	同达创业	0.08	0.58
199	600679	上海凤凰	0.19	0.13	245	600634	*ST 富控	0.08	0.3
200	000863	三湘印象	0.19	0.58	246	600822	上海物贸	0.07	0.03
201	002669	康达新材	0.19	0.41	247	000668	荣丰控股	0.07	−0.28
202	600833	第一医药	0.19	0.21	248	600320	振华重工	0.07	0.05
203	600608	ST 沪科	0.19	−0.07	249	600695	绿庭投资	0.07	0.07
204	601727	上海电气	0.19	0.16	250	300074	华平股份	0.06	0.13
205	600692	亚通股份	0.18	0.13	251	600624	复旦复华	0.06	0.06
206	300493	润欣科技	0.18	0.41	252	002184	海得控制	0.06	0.06
207	600517	置信电气	0.18	0.35	253	600651	飞乐音响	0.06	0.36
208	603718	海利生物	0.18	0.13	254	600819	耀皮玻璃	0.05	0.24
209	300008	天海防务	0.17	0.43	255	600696	ST 岩石	0.05	−0.72
210	603189	网达软件	0.17	0.41	256	600836	界龙实业	0.05	−0.02
211	002252	上海莱士	0.17	0.33	257	600825	新华传媒	0.04	0.05
212	600635	大众公用	0.16	0.22	258	600072	中船科技	0.04	−0.08
213	600272	开开实业	0.16	0.09	259	300330	华虹计通	0.04	−0.17
214	600490	鹏欣资源	0.16	0.03	260	002486	嘉麟杰	0.03	0.01
215	300272	开能环保	0.15	0.27	261	002178	延华智能	0.03	0.06
216	002565	顺灏股份	0.15	0.14	262	002278	神开股份	0.03	−0.3
217	300059	东方财富	0.15	0.21	263	601616	广电电气	0.02	−0.12
218	300253	卫宁健康	0.14	0.64	264	002162	悦心健康	0.02	0.02
219	600503	华丽家族	0.14	0.08	265	002058	威尔泰	0.02	0.04
220	600841	上柴股份	0.14	0.11	266	600882	广泽股份	0.01	0.08
221	600732	ST 新梅	0.14	0.04	267	300126	锐奇股份	0.01	0.02
222	603003	龙宇燃油	0.13	0.1	268	601968	宝钢包装	0.01	0.01
223	600824	益民集团	0.13	0.14	269	002506	协鑫集成	0.01	−0.01
224	300067	安诺其	0.13	0.15	270	002269	美邦服饰	−0.12	0.01
225	603022	新通联	0.13	0.15	271	600532	宏达矿业	−0.15	0.22
226	002451	摩恩电气	0.13	0.02	272	600193	*ST 创兴	−0.18	−0.3
227	600767	ST 运盛	0.13	−0.17	273	600151	航天机电	−0.22	0.15
228	601866	中远海发	0.13	0.03	274	600653	申华控股	−0.29	0.04
229	601872	招商轮船	0.12	0.33	275	600119	长江投资	−0.3	0.46
230	600604	市北高新	0.12	0.19	276	600601	方正科技	−0.37	0.03

（续表）

序号	代码	公司简称	每股收益		序号	代码	公司简称	每股收益	
			2017年	2016年				2017年	2016年
277	600652	游久游戏	−0.51	0.14	280	600150	*ST船舶	−1.67	−1.89
278	600654	ST中安	−0.57	0.19	281	600610	*ST毅达	−	0
279	600680	*ST上普	−0.92	−1.24					

上海工商类上市公司 2017 年度净利润排序

（单位：万元）

序号	代码	公司简称	净利润		序号	代码	公司简称	净利润	
			2017 年	2016 年				2017 年	2016 年
1	601328	交通银行	7069100.00	6765100.00	47	601872	招商轮船	92292.39	225186.40
2	600000	浦发银行	5500200.00	5367800.00	48	600748	上实发展	91526.53	74509.30
3	600104	上汽集团	4711609.75	4396196.17	49	600827	百联股份	85764.67	76733.65
4	600019	宝钢股份	2040313.72	920529.84	50	603868	飞科电器	83534.76	61323.12
5	601229	上海银行	1533679.30	1432506.40	51	002252	上海莱士	83195.50	165041.27
6	601601	中国太保	1499100.00	1228400.00	52	600643	爱建集团	82955.80	62039.49
7	600606	绿地控股	1357212.34	939736.05	53	600420	现代制药	81857.21	85403.15
8	600018	上港集团	1284641.35	808790.15	54	600597	光明乳业	81810.88	67526.15
9	601211	国泰君安	1048290.87	1135296.37	55	300017	网宿科技	81679.23	124819.70
10	600837	海通证券	987560.29	893051.83	56	600648	外高桥	78145.97	75682.98
11	600741	华域汽车	913085.92	858232.69	57	600621	华鑫股份	74457.05	13082.74
12	600115	东方航空	682000.00	496500.00	58	600639	浦东金桥	73455.71	61579.10
13	600688	上海石化	615249.50	596858.30	59	603515	欧普照明	68152.47	51214.32
14	601727	上海电气	500621.30	433122.60	60	600622	光大嘉宝	67842.57	29077.17
15	601828	美凯龙	427801.38	367344.18	61	600655	豫园股份	65773.61	44522.02
16	601607	上海医药	405778.03	382971.27	62	300059	东方财富	63484.43	71243.41
17	600009	上海机场	385726.31	296565.89	63	603899	晨光文具	62716.20	48126.24
18	600823	世茂股份	371377.53	273836.10	64	600638	新黄浦	61041.13	11072.83
19	600663	陆家嘴	367545.99	326914.05	65	601200	上海环境	60608.84	54972.36
20	600816	安信信托	366821.23	303394.74	66	603730	岱美股份	58205.79	44436.07
21	600958	东方证券	360301.76	242665.07	67	600210	紫江企业	57026.05	23544.27
22	600196	复星医药	358525.89	322134.18	68	600635	大众公用	55550.35	63381.21
23	601788	光大证券	312699.86	307668.95	69	603056	德邦股份	54662.26	37993.78
24	600061	国投资本	302774.21	256108.83	70	603157	拉夏贝尔	53744.00	57226.70
25	600170	上海建工	278854.27	215460.99	71	002636	金安国纪	53733.63	34107.33
26	600637	东方明珠	239732.39	319630.32	72	600675	中华企业	51782.94	88784.99
27	600835	上海机电	236116.76	241360.65	73	600676	交运股份	49857.39	35451.52
28	600642	申能股份	218527.46	311143.00	74	603587	地素时尚	48007.23	52233.90
29	600708	光明地产	198804.82	115323.96	75	600073	上海梅林	46555.88	45789.16
30	600026	中远海能	188506.06	195512.37	76	600895	张江高科	46182.28	72712.60
31	600820	隧道股份	183305.42	167655.49	77	600845	宝信软件	46059.55	36506.04
32	600649	城投控股	176658.86	217941.73	78	603659	璞泰来	45176.25	35369.56
33	600641	万业企业	169890.60	72278.61	79	600623	华谊集团	45059.50	49359.56
34	601866	中远海发	153241.90	41406.07	80	600628	新世界	44886.51	25329.05
35	600094	大名城	148555.76	109059.69	81	600614	鹏起科技	41680.81	7429.09
36	600612	老凤祥	147030.57	136540.28	82	600848	上海临港	41101.62	38868.20
37	600021	上海电力	142922.03	165357.23	83	603619	中曼石油	39451.52	39412.08
38	600500	中化国际	136699.46	44080.84	84	600284	浦东建设	39039.24	40379.37
39	603885	吉祥航空	135192.74	124978.74	85	600315	上海家化	38980.19	21601.67
40	601231	环旭电子	131409.13	80626.63	86	601519	大智慧	38283.02	−176011.01
41	601021	春秋航空	126158.15	95051.90	87	002454	松芝股份	38179.50	25657.93
42	601611	中国核建	100311.68	93076.86	88	300222	科大智能	35138.06	28282.43
43	600618	氯碱化工	99009.28	−33651.70	89	600844	丹化科技	35087.13	−25390.44
44	600754	锦江股份	99006.15	71886.05	90	600619	海立股份	33877.13	21484.81
45	002195	二三四五	**95330.89**	63483.18	91	600490	鹏欣资源	33132.37	12031.70
46	600611	大众交通	**92728.94**	62023.67	92	600826	兰生股份	33069.77	85020.54

（续表）

序号	代码	公司简称	净利润		序号	代码	公司简称	净利润	
			2017年	2016年				2017年	2016年
93	600320	振华重工	32944.34	30734.42	139	002328	新朋股份	17152.49	18531.93
94	300168	万达信息	32467.07	24205.94	140	603030	全筑股份	17084.86	9143.97
95	300061	康旗股份	32322.08	11488.88	141	603466	风语筑	16615.68	11259.85
96	603650	彤程新材	32265.39	27078.50	142	603728	鸣志电器	16610.59	15688.75
97	600508	上海能源	31535.63	41342.41	143	600530	交大昂立	16369.49	11440.27
98	600850	华东电脑	31262.24	29127.52	144	603020	爱普股份	15617.10	19444.33
99	300230	永利股份	31013.83	16484.56	145	600636	三爱富	15549.59	−23026.77
100	600650	锦江投资	30633.57	28500.27	146	300129	泰胜风能	15367.53	21906.69
101	600602	云赛智联	30529.72	30876.49	147	603987	康德莱	14302.22	12136.10
102	300170	汉得信息	30476.13	23188.31	148	603012	创力集团	13896.53	8838.05
103	600604	市北高新	30456.94	15482.73	149	603648	畅联股份	13806.83	13041.71
104	600846	同济科技	30202.26	30034.05	150	002527	新时达	13768.34	16960.95
105	603108	润达医疗	29732.80	13219.68	151	300171	东富龙	13599.43	24330.99
106	600629	华建集团	29419.01	25997.56	152	600824	益民集团	13486.66	15444.13
107	603128	华贸物流	28931.18	23686.06	153	600630	龙头股份	13030.16	2098.75
108	002028	思源电气	27729.84	40184.78	154	300262	巴安水务	12992.21	13859.51
109	600081	东风科技	27724.33	23364.12	155	300627	华测导航	12936.63	10278.91
110	300039	上海凯宝	27230.47	28260.68	156	300327	中颖电子	12922.81	10681.20
111	600640	号百控股	26996.56	2073.74	157	300642	透景生命	12681.50	9776.55
112	002346	柘中股份	25925.58	2318.03	158	600097	开创国际	12618.22	806.11
113	603365	水星家纺	25734.90	19770.13	159	603855	华荣股份	12610.46	11321.33
114	300180	华峰超纤	25580.51	10054.81	160	603501	韦尔股份	12340.40	13144.02
115	601595	上海电影	25409.75	23816.10	161	300511	雪榕生物	12209.45	10642.18
116	600517	置信电气	25145.90	49228.66	162	600841	上柴股份	12132.13	9703.78
117	600665	天地源	25029.32	22670.32	163	600613	神奇制药	11963.57	17665.21
118	002561	徐家汇	24819.88	25243.09	164	603881	数据港	11489.53	7822.88
119	300336	新文化	24623.85	26354.25	165	603037	凯众股份	11480.63	8951.20
120	300253	卫宁健康	22973.76	52547.96	166	603378	亚士创能	11373.48	12240.08
121	603579	荣泰健康	22658.80	20900.59	167	603006	联明股份	11348.76	12912.75
122	000863	三湘印象	22476.68	93920.57	168	002565	顺灏股份	11302.10	10560.91
123	603197	保隆科技	22466.88	17577.49	169	600615	丰华股份	10632.26	985.58
124	002158	汉钟精机	22380.97	16086.16	170	300613	富瀚微	10564.07	10985.97
125	600626	申达股份	22330.78	22892.60	171	603214	爱婴室	10455.99	8151.15
126	002022	科华生物	22141.90	23082.83	172	600661	新南洋	10447.06	18247.74
127	600843	上工申贝	21265.30	16156.53	173	603777	来伊份	10136.99	13411.47
128	002706	良信电器	21020.01	16219.62	174	600679	上海凤凰	9912.85	5944.65
129	600634	*ST富控	20695.34	18527.87	175	600838	上海九百	9733.35	18293.38
130	600503	华丽家族	20459.89	11611.63	176	300590	移为通信	9693.85	9526.94
131	603886	元祖股份	20345.65	12494.80	177	600662	强生控股	9579.17	21333.41
132	600278	东方创业	20259.17	17528.38	178	603718	海利生物	9529.45	7004.57
133	002116	中国海诚	20069.38	13427.28	179	300286	安科瑞	9456.91	7991.67
134	300326	凯利泰	19399.04	16513.15	180	600851	海欣股份	8785.96	4405.41
135	002568	百润股份	18264.53	−14702.19	181	300398	飞凯材料	8783.99	6772.28
136	300008	天海防务	17723.78	14175.59	182	600088	中视传媒	8775.22	−12906.12
137	600171	上海贝岭	17505.08	4055.94	183	603039	泛微网络	8591.52	6443.07
138	002324	普利特	17423.21	27794.21	184	300067	安诺其	8363.59	8076.78

（续表）

序号	代码	公司简称	净利润		序号	代码	公司简称	净利润	
			2017 年	2016 年				2017 年	2016 年
185	603329	上海雅仕	8149.56	6453.09	231	600272	开开实业	3880.14	2068.34
186	002605	姚记扑克	8074.00	10039.72	232	603991	至正股份	3795.73	3745.48
187	300508	维宏股份	8069.56	4436.33	233	603189	网达软件	3720.49	7270.18
188	002401	中远海科	8052.72	6236.52	234	002506	协鑫集成	3707.29	−3334.43
189	603226	菲林格尔	8007.23	7018.43	235	002825	纳尔股份	3633.46	6491.74
190	600692	亚通股份	7935.31	6200.20	236	603918	金桥信息	3483.69	2887.18
191	603196	日播时尚	7699.09	7735.02	237	600767	ST 运盛	3455.75	−6976.47
192	603496	恒为科技	7500.63	6202.15	238	300578	会畅通讯	3425.12	3148.32
193	603003	龙宇燃油	7404.74	3493.52	239	002184	海得控制	3394.8	2753.91
194	603009	北特科技	7332.00	5697.05	240	300074	华平股份	3343.68	7527.23
195	603131	上海沪工	7259.90	6925.90	241	300469	信息发展	3281.19	3099.06
196	300236	上海新阳	7171.73	5332.84	242	300245	天玑科技	3205.45	5027.88
197	600819	耀皮玻璃	7085.12	21123.41	243	002178	延华智能	3178.34	4847.42
198	603232	格尔软件	6994.95	5662.13	244	600651	飞乐音响	3081.37	32800.55
199	300226	上海钢联	6656.53	2929.03	245	603330	上海天洋	3062.86	5360.21
200	603887	城地股份	6639.13	5534.62	246	603580	艾艾精工	3004.28	3211.14
201	300501	海顺新材	6569.98	6496.88	247	600605	汇通能源	2937.53	2482.26
202	300378	鼎捷软件	6465.64	4250.83	248	600836	界龙实业	2890.81	−1389.95
203	603895	天永智能	6192.22	6280.35	249	300153	科泰电源	2716.49	3246.79
204	600732	ST 新梅	6128.89	2561.48	250	603022	新通联	2501	2922.92
205	603083	剑桥科技	6060.05	6631.80	251	601616	广电电气	2364.75	−11333.59
206	600620	天宸股份	6051.83	5846.97	252	600818	中路股份	2242.74	8388.61
207	600608	ST 沪科	6016.13	−2546.43	253	600696	ST 岩石	1843.85	−35197.42
208	002451	摩恩电气	5938.84	821.07	254	600689	上海三毛	1793.69	9145.8
209	300609	汇纳科技	5880.18	4830.14	255	002486	嘉麟杰	1788.81	208.15
210	603200	上海洗霸	5750.57	5926.80	256	002162	悦心健康	1786.55	1579.99
211	300493	润欣科技	5469.16	4946.27	257	601968	宝钢包装	1671.62	1202.3
212	600834	申通地铁	5167.02	5194.22	258	002278	神开股份	1606.15	−10287.83
213	603960	克来机电	5048.97	3579.58	259	300551	古鳌科技	1491.18	3800.86
214	603633	徕木股份	4936.05	4954.35	260	000668	荣丰控股	1389.16	−4229.69
215	603690	至纯科技	4898.66	4530.92	261	300272	开能环保	1084.74	8920.26
216	600624	复旦复华	4882.98	4210.74	262	300442	普丽盛	997.75	−56.38
217	600616	金枫酒业	4858.31	5350.01	263	600647	同达创业	869.61	7952.06
218	600695	绿庭投资	4703.67	5227.58	264	300380	安硕信息	838.39	−2201.87
219	603499	翔港科技	4583.2	4527.14	265	300483	沃施股份	654.34	1424.51
220	603159	上海亚虹	4490.02	4146.44	266	300330	华虹计通	594.91	−2894.72
221	300462	华铭智能	4403.68	4837.65	267	300126	锐奇股份	435.16	622.53
222	002858	力盛赛车	4380.64	3404.75	268	600882	广泽股份	427.86	3155.25
223	600833	第一医药	4347.68	4603.42	269	002058	威尔泰	281.64	454.68
224	002669	康达新材	4343.69	8262.51	270	600193	*ST 创兴	−7822.08	−12790.88
225	603683	晶华新材	4339.24	5251	271	600532	宏达矿业	−7896.55	11463.12
226	603729	龙韵股份	4272.22	3452.41	272	600119	长江投资	−14065.58	15521.22
227	600072	中船科技	4260.01	−4014.43	273	002269	美邦服饰	−30479.98	3615.86
228	600825	新华传媒	4077.62	4052.58	274	600151	航天机电	−34828.8	21326.16
229	600822	上海物贸	3991.84	2400.07	275	600680	*ST 上普	−35066.7	−47692.87
230	300225	金力泰	3888.76	5982.41	276	600652	游久游戏	−42231.46	11732

（续表）

序号	代码	公司简称	净利润		序号	代码	公司简称	净利润	
			2017年	2016年				2017年	2016年
277	600653	申华控股	−55386.59	7502.68	280	600150	*ST船舶	−254360.96	−302178.68
278	600654	ST中安	−73503.08	24715.23	281	600610	*ST毅达	−	3106.83
279	600601	方正科技	−82297.5	6703.85					

上海工商类上市公司 2017 年度每股净资产排序

（单位：元）

序号	代码	公司简称	每股净资产		序号	代码	公司简称	每股净资产	
			2017 年	2016 年				2017 年	2016 年
1	300613	富瀚微	20.85	8.16	47	600278	东方创业	7.79	6.09
2	600104	上汽集团	19.29	17.41	48	600655	豫园股份	7.71	7.36
3	601229	上海银行	16.27	19.28	49	300180	华峰超纤	7.71	5.54
4	601601	中国太保	15.17	14.54	50	601200	上海环境	7.68	6.96
5	300642	透景生命	14.93	6.41	51	603365	水星家纺	7.63	4.45
6	601211	国泰君安	14.13	11.80	52	600958	东方证券	7.58	6.51
7	600754	锦江股份	13.55	13.36	53	603730	岱美股份	7.58	8.61
8	600000	浦发银行	13.47	15.64	54	600649	城投控股	7.54	6.98
9	600741	华域汽车	13.09	12.08	55	600638	新黄浦	7.50	6.50
10	600009	上海机场	13.04	11.57	56	002454	松芝股份	7.40	6.60
11	603729	龙韵股份	12.81	12.25	57	600019	宝钢股份	7.38	7.37
12	601607	上海医药	12.66	11.76	58	603887	城地股份	7.32	6.96
13	600508	上海能源	12.38	11.76	59	600641	万业企业	7.28	5.41
14	601828	美凯龙	11.16	10.09	60	603037	凯众股份	7.18	6.90
15	603197	保隆科技	11.14	6.71	61	300551	古鳌科技	7.15	7.01
16	603083	剑桥科技	10.85	9.19	62	002669	康达新材	7.09	6.97
17	600612	老凤祥	10.72	9.68	63	603157	拉夏贝尔	7.08	6.71
18	601021	春秋航空	10.57	9.15	64	600026	中远海能	6.92	6.80
19	601788	光大证券	10.54	10.24	65	300236	上海新阳	6.73	6.41
20	600637	东方明珠	10.43	10.03	66	600628	新世界	6.71	6.20
21	600837	海通证券	10.24	9.58	67	300061	康旗股份	6.66	6.15
22	600196	复星医药	10.15	9.19	68	603378	亚士创能	6.61	4.07
23	603330	上海天洋	10.10	8.06	69	603496	恒为科技	6.55	3.63
24	600835	上海机电	9.81	9.01	70	300483	沃施股份	6.49	6.47
25	603579	荣泰健康	9.76	8.59	71	002858	力盛赛车	6.37	4.70
26	300442	普丽盛	9.74	9.67	72	600097	开创国际	6.31	4.01
27	603200	上海洗霸	9.65	6.72	73	603619	中曼石油	6.29	3.55
28	603003	龙宇燃油	9.44	9.30	74	300627	华测导航	6.27	3.44
29	603232	格尔软件	9.42	6.49	75	603515	欧普照明	6.27	5.40
30	600827	百联股份	9.33	9.30	76	603991	至正股份	6.19	4.41
31	600150	*ST 船舶	9.13	10.85	77	300469	信息发展	6.18	6.61
32	300501	海顺新材	9.10	10.73	78	600621	华鑫股份	6.16	3.76
33	300508	维宏股份	9.00	7.72	79	600622	光大嘉宝	6.13	7.48
34	603466	风语筑	8.96	5.31	80	600650	锦江投资	6.09	5.90
35	600648	外高桥	8.75	8.29	81	603683	晶华新材	6.08	4.99
36	600061	国投资本	8.59	7.45	82	300511	雪榕生物	6.07	8.55
37	603039	泛微网络	8.55	5.90	83	600708	光明地产	6.06	6.69
38	002324	普利特	8.33	7.86	84	600820	隧道股份	6.06	5.66
39	601328	交通银行	8.23	7.67	85	300230	永利股份	5.98	9.97
40	600826	兰生股份	8.18	9.16	86	603020	爱普股份	5.93	5.71
41	603226	菲林格尔	8.15	4.90	87	603633	徕木股份	5.84	5.56
42	600315	上海家化	7.98	7.82	88	600848	上海临港	5.81	4.56
43	600284	浦东建设	7.97	7.60	89	600823	世茂股份	5.80	7.39
44	600639	浦东金桥	7.96	7.70	90	002028	思源电气	5.74	5.53
45	600623	华谊集团	7.86	7.67	91	600629	华建集团	5.74	2.80
46	603777	来伊份	7.82	7.81	92	600845	宝信软件	5.71	5.30

（续表）

序号	代码	公司简称	每股净资产		序号	代码	公司简称	每股净资产	
			2017年	2016年				2017年	2016年
93	002825	纳尔股份	5.67	5.53	139	600597	光明乳业	4.38	4.06
94	603659	璞泰来	5.66	2.70	140	300245	天玑科技	4.33	2.67
95	600636	三爱富	5.64	5.55	141	603855	华荣股份	4.29	3.21
96	300222	科大智能	5.64	5.02	142	600630	龙头股份	4.27	3.99
97	603580	艾艾精工	5.63	4.30	143	300462	华铭智能	4.27	4.01
98	601595	上海电影	5.62	5.17	144	600663	陆家嘴	4.26	4.06
99	600642	申能股份	5.59	5.56	145	603881	数据港	4.25	2.63
100	300336	新文化	5.58	5.24	146	603960	克来机电	4.22	3.90
101	600420	现代制药	5.56	9.79	147	603648	畅联股份	4.19	3.13
102	603868	飞科电器	5.53	4.62	148	000668	荣丰控股	4.19	4.12
103	603329	上海雅仕	5.50	3.83	149	600841	上柴股份	4.18	4.07
104	600676	交运股份	5.47	5.18	150	603009	北特科技	4.13	9.67
105	600661	新南洋	5.45	3.62	151	002605	姚记扑克	4.03	3.78
106	600895	张江高科	5.43	5.33	152	603012	创力集团	4.00	3.80
107	600640	号百控股	5.41	4.76	153	600151	航天机电	3.99	4.59
108	600748	上实发展	5.41	4.94	154	600081	东风科技	3.99	3.67
109	002328	新朋股份	5.35	5.20	155	601231	环旭电子	3.97	3.46
110	600021	上海电力	5.29	4.81	156	603159	上海亚虹	3.96	4.57
111	603728	鸣志电器	5.28	3.23	157	603108	润达医疗	3.95	6.58
112	600500	中化国际	5.19	5.36	158	600616	金枫酒业	3.94	3.88
113	300226	上海钢联	5.18	3.13	159	603587	地素时尚	3.92	2.50
114	002561	徐家汇	5.16	4.96	160	600611	大众交通	3.92	3.92
115	603886	元祖股份	5.08	4.45	161	600843	上工申贝	3.91	3.49
116	603499	翔港科技	5.06	3.44	162	300578	会畅通讯	3.91	1.82
117	603895	天永智能	5.04	3.97	163	603987	康德莱	3.90	5.42
118	603214	爱婴室	4.99	4.02	164	002022	科华生物	3.90	3.60
119	600606	绿地控股	4.97	4.46	165	603196	日播时尚	3.89	2.69
120	600072	中船科技	4.96	4.92	166	600073	上海梅林	3.78	3.41
121	600850	华东电脑	4.96	4.43	167	601727	上海电气	3.77	3.40
122	600643	爱建集团	4.92	4.44	168	603128	华贸物流	3.73	3.53
123	600619	海立股份	4.83	4.61	169	300327	中颖电子	3.72	3.65
124	603885	吉祥航空	4.81	5.94	170	600115	东方航空	3.67	3.01
125	300590	移为通信	4.81	3.37	171	603189	网达软件	3.65	3.58
126	002346	柘中股份	4.80	3.73	172	600626	申达股份	3.61	3.47
127	603006	联明股份	4.80	4.30	173	603056	德邦股份	3.57	2.94
128	600094	大名城	4.78	4.29	174	600620	天宸股份	3.57	3.94
129	300171	东富龙	4.76	4.61	175	600816	安信信托	3.55	6.62
130	300609	汇纳科技	4.68	3.41	176	600532	宏达矿业	3.54	3.70
131	300286	安科瑞	4.66	4.16	177	600665	天地源	3.52	3.31
132	000863	三湘印象	4.62	4.59	178	600634	*ST 富控	3.45	5.02
133	300378	鼎捷软件	4.62	4.43	179	600171	上海贝岭	3.42	2.74
134	600613	神奇制药	4.61	4.42	180	600320	振华重工	3.42	3.46
135	002184	海得控制	4.57	4.64	181	300126	锐奇股份	3.40	3.38
136	600605	汇通能源	4.57	3.92	182	600651	飞乐音响	3.39	3.61
137	002527	新时达	4.51	4.38	183	002158	汉钟精机	3.34	3.67
138	300398	飞凯材料	4.50	7.51	184	600679	上海凤凰	3.33	3.14

（续表）

序号	代码	公司简称	每股净资产		序号	代码	公司简称	每股净资产	
			2017 年	2016 年				2017 年	2016 年
185	600846	同济科技	3.31	3.06	231	600825	新华传媒	2.51	2.48
186	002565	顺灏股份	3.31	3.05	232	300168	万达信息	2.46	2.21
187	300017	网宿科技	3.30	9.13	233	600635	大众公用	2.45	2.45
188	600088	中视传媒	3.29	3.07	234	601968	宝钢包装	2.4	2.41
189	603131	上海沪工	3.27	6.22	235	600647	同达创业	2.39	2.71
190	002706	良信电器	3.22	6.00	236	600119	长江投资	2.36	3.09
191	600819	耀皮玻璃	3.22	3.23	237	300330	华虹计通	2.31	2.27
192	300262	巴安水务	3.19	4.47	238	600689	上海三毛	2.28	2.11
193	600833	第一医药	3.17	3.27	239	600503	华丽家族	2.24	2.34
194	002116	中国海诚	3.16	2.77	240	002195	二三四五	2.23	3.44
195	600604	市北高新	3.14	6.06	241	603650	彤程新材	2.22	1.94
196	600615	丰华股份	3.14	2.58	242	300039	上海凯宝	2.21	2.65
197	300059	东方财富	3.14	3.60	243	300074	华平股份	2.2	2.11
198	600851	海欣股份	3.13	3.44	244	300067	安诺其	2.11	1.89
199	600838	上海九百	3.13	3.10	245	600530	交大昂立	2.1	2.14
200	300129	泰胜风能	3.10	2.94	246	600818	中路股份	2.09	1.84
201	600662	强生控股	3.09	3.09	247	600844	丹化科技	2.09	1.83
202	603899	晨光文具	3.08	2.64	248	600652	游久游戏	2.07	2.61
203	600834	申通地铁	3.07	3.00	249	300272	开能环保	2.04	2.05
204	002636	金安国纪	3.05	2.38	250	600272	开开实业	2.04	2.01
205	601611	中国核建	3.05	2.76	251	600824	益民集团	2.03	1.94
206	300153	科泰电源	3.03	3.03	252	600692	亚通股份	1.98	1.8
207	600018	上港集团	3.00	2.62	253	600675	中华企业	1.93	1.75
208	603030	全筑股份	2.98	8.06	254	603690	至纯科技	1.93	1.88
209	603022	新通联	2.97	2.89	255	300225	金力泰	1.89	1.85
210	600490	鹏欣资源	2.95	2.27	256	600654	ST 中安	1.69	2.27
211	002278	神开股份	2.95	2.93	257	300493	润欣科技	1.67	3.96
212	300380	安硕信息	2.94	2.85	258	603718	海利生物	1.66	1.52
213	603918	金桥信息	2.90	2.74	259	600624	复旦复华	1.63	1.59
214	300170	汉得信息	2.88	2.39	260	300253	卫宁健康	1.61	2.84
215	601872	招商轮船	2.87	3.01	261	002178	延华智能	1.61	1.6
216	600882	广泽股份	2.87	2.91	262	002451	摩恩电气	1.49	1.53
217	300326	凯利泰	2.83	2.57	263	600601	方正科技	1.4	1.7
218	600210	紫江企业	2.81	2.81	264	600836	界龙实业	1.35	1.3
219	600614	鹏起科技	2.8	2.63	265	002058	威尔泰	1.31	1.31
220	600602	云赛智联	2.79	2.65	266	601866	中远海发	1.31	1.13
221	300008	天海防务	2.76	7.56	267	002486	嘉麟杰	1.15	1.12
222	600170	上海建工	2.7	2.95	268	002269	美邦服饰	1.13	1.24
223	002401	中远海科	2.66	2.49	269	600822	上海物贸	1.13	1.07
224	600688	上海石化	2.61	2.29	270	002162	悦心健康	1.02	0.99
225	600517	置信电气	2.61	2.59	271	600732	ST 新梅	1	0.87
226	603501	韦尔股份	2.59	2.16	272	600695	绿庭投资	0.98	1.02
227	002568	百润股份	2.54	1.72	273	600680	*ST 上普	0.96	1.87
228	601616	广电电气	2.53	2.49	274	600653	申华控股	0.93	1.23
229	600618	氯碱化工	2.52	1.68	275	002506	协鑫集成	0.83	0.83
230	002252	上海莱士	2.51	2.36	276	600696	ST 岩石	0.81	0.76

（续表）

序号	代码	公司简称	每股净资产		序号	代码	公司简称	每股净资产	
			2017年	2016年				2017年	2016年
277	600767	ST运盛	0.78	0.66	280	600608	ST沪科	0.18	−0.04
278	601519	大智慧	0.68	0.48	281	600610	*ST毅达	–	1.09
279	600193	*ST创兴	0.43	0.61					

上海工商类上市公司 2017 年度净资产收益率排序

（单位：%）

序号	代码	公司简称	净资产收益率		序号	代码	公司简称	净资产收益率	
			2017 年	2016 年				2017 年	2016 年
1	600608	ST 沪科	273.00	–	47	002116	中国海诚	16.22	11.90
2	603587	地素时尚	43.98	63.67	48	603496	恒为科技	16.22	25.30
3	600618	氯碱化工	40.85	−15.61	49	603232	格尔软件	16.13	20.81
4	603868	飞科电器	37.79	39.37	50	601021	春秋航空	15.98	13.71
5	601519	大智慧	33.23	−99.93	51	600009	上海机场	15.53	13.17
6	600641	万业企业	33.20	17.80	52	603226	菲林格尔	15.27	24.75
7	603650	彤程新材	28.92	37.15	53	600606	绿地控股	15.22	13.18
8	603214	爱婴室	27.71	26.41	54	300286	安科瑞	14.93	14.17
9	002636	金安国纪	27.18	21.85	55	600629	华建集团	14.71	27.71
10	603659	璞泰来	26.18	43.11	56	603960	克来机电	14.64	16.56
11	603730	岱美股份	25.32	32.65	57	600850	华东电脑	14.61	15.63
12	600816	安信信托	24.53	30.30	58	600732	ST 新梅	14.61	5.22
13	603899	晨光文具	24.09	21.45	59	600835	上海机电	14.44	16.72
14	300627	华测导航	23.89	38.49	60	300170	汉得信息	14.31	12.72
15	603895	天永智能	23.78	31.84	61	603690	至纯科技	14.12	16.75
16	603579	荣泰健康	23.78	54.32	62	603329	上海雅仕	14.08	17.81
17	600688	上海石化	23.17	26.71	63	603157	拉夏贝尔	13.88	16.54
18	600663	陆家嘴	22.38	19.87	64	603501	韦尔股份	13.79	19.53
19	300642	透景生命	21.41	40.65	65	002346	柘中股份	13.76	1.29
20	600612	老凤祥	21.30	22.02	66	600000	浦发银行	13.68	15.55
21	603619	中曼石油	20.80	36.44	67	603728	鸣志电器	13.47	22.21
22	600708	光明地产	20.27	12.06	68	600019	宝钢股份	13.42	7.66
23	603515	欧普照明	20.13	20.47	69	600844	丹化科技	13.38	−12.28
24	300590	移为通信	19.95	49.99	70	002195	二三四五	13.28	11.46
25	600615	丰华股份	19.71	1.92	71	600196	复星医药	13.15	13.90
26	603039	泛微网络	19.60	24.86	72	002858	力盛赛车	13.03	15.66
27	603056	德邦股份	19.53	16.27	73	600210	紫江企业	13.02	5.37
28	603037	凯众股份	19.39	22.34	74	300168	万达信息	12.99	11.33
29	603197	保隆科技	18.37	24.39	75	002706	良信电器	12.96	13.16
30	600621	华鑫股份	18.23	8.08	76	603006	联明股份	12.94	16.65
31	300327	中颖电子	18.09	16.42	77	600846	同济科技	12.82	9.83
32	603466	风语筑	17.83	21.76	78	601595	上海电影	12.77	17.43
33	603886	元祖股份	17.79	16.58	79	600115	东方航空	12.67	10.95
34	600018	上港集团	17.72	11.53	80	600094	大名城	12.58	10.76
35	600767	ST 运盛	17.71	−21.89	81	002454	松芝股份	12.40	8.84
36	603365	水星家纺	17.59	24.07	82	600643	爱建集团	12.34	10.23
37	603881	数据港	17.53	20.78	83	002158	汉钟精机	12.20	8.79
38	300613	富瀚微	17.43	52.71	84	603378	亚士创能	12.09	22.98
39	300508	维宏股份	16.99	14.03	85	603499	翔港科技	11.99	19.22
40	600741	华域汽车	16.51	18.59	86	300039	上海凯宝	11.93	13.44
41	600104	上汽集团	16.49	17.44	87	600597	光明乳业	11.93	11.82
42	600638	新黄浦	16.41	2.81	88	603196	日播时尚	11.80	16.38
43	300578	会畅通讯	16.36	23.33	89	601229	上海银行	11.67	13.75
44	603885	吉祥航空	16.29	22.72	90	600081	东风科技	11.60	10.47
45	601231	环旭电子	16.25	11.23	91	603159	上海亚虹	11.57	14.04
46	300609	汇纳科技	16.24	20.87	92	603648	畅联股份	11.52	16.27

（续表）

序号	代码	公司简称	净资产收益率	
			2017年	2016年
93	603855	华荣股份	11.36	14.59
94	002022	科华生物	11.33	13.21
95	002561	徐家汇	11.27	11.99
96	300230	永利股份	11.18	8.72
97	300493	润欣科技	11.16	10.61
98	300501	海顺新材	11.11	15.35
99	603718	海利生物	11.09	8.98
100	601601	中国太保	10.89	9.10
101	300017	网宿科技	10.88	25.46
102	603030	全筑股份	10.85	8.81
103	002568	百润股份	10.80	−11.33
104	601328	交通银行	10.80	11.55
105	603131	上海沪工	10.74	14.47
106	600628	新世界	10.73	7.72
107	603991	至正股份	10.73	15.47
108	601607	上海医药	10.72	10.39
109	600823	世茂股份	10.71	10.79
110	600675	中华企业	10.68	21.93
111	603200	上海洗霸	10.62	17.34
112	601828	美凯龙	10.59	9.51
113	600097	开创国际	10.50	0.98
114	600622	光大嘉宝	10.34	7.16
115	600170	上海建工	10.32	9.29
116	300326	凯利泰	10.09	10.57
117	603987	康德莱	10.04	10.82
118	603108	润达医疗	9.95	7.66
119	601866	中远海发	9.90	2.08
120	600661	新南洋	9.86	20.52
121	601200	上海环境	9.83	9.98
122	600820	隧道股份	9.82	9.60
123	002401	中远海科	9.74	8.09
124	600843	上工申贝	9.72	7.82
125	600530	交大昂立	9.72	7.84
126	603580	艾艾精工	9.70	15.57
127	600692	亚通股份	9.59	7.72
128	601611	中国核建	9.56	10.96
129	600845	宝信软件	9.52	8.33
130	600611	大众交通	9.42	6.25
131	300253	卫宁健康	9.28	30.94
132	603887	城地股份	9.24	10.70
133	300511	雪榕生物	9.17	10.93
134	600748	上实发展	9.15	8.53
135	002451	摩恩电气	8.96	1.29
136	300061	康旗股份	8.87	5.93
137	601211	国泰君安	8.86	10.08
138	600420	现代制药	8.69	13.56
139	300222	科大智能	8.68	10.82
140	600665	天地源	8.60	8.29
141	300336	新文化	8.47	9.70
142	600649	城投控股	8.45	9.79
143	600639	浦东金桥	8.39	6.95
144	600073	上海梅林	8.31	8.32
145	600637	东方明珠	8.28	11.40
146	600171	上海贝岭	8.19	2.06
147	600676	交运股份	8.14	6.81
148	600614	鹏起科技	8.12	2.00
149	600061	国投资本	8.11	9.49
150	600021	上海电力	8.06	8.92
151	002324	普利特	7.96	14.03
152	300462	华铭智能	7.93	9.19
153	600826	兰生股份	7.90	23.75
154	600272	开开实业	7.87	4.26
155	600088	中视传媒	7.80	−11.52
156	600838	上海九百	7.79	15.27
157	300272	开能环保	7.77	14.02
158	603020	爱普股份	7.74	10.62
159	600626	申达股份	7.68	8.05
160	603128	华贸物流	7.66	8.87
161	600648	外高桥	7.64	7.84
162	600958	东方证券	7.60	6.13
163	300469	信息发展	7.60	7.57
164	600602	云赛智联	7.57	6.99
165	600837	海通证券	7.56	7.39
166	600650	锦江投资	7.48	7.05
167	600848	上海临港	7.36	10.43
168	600640	号百控股	7.33	0.70
169	600315	上海家化	7.33	3.93
170	600630	龙头股份	7.32	1.23
171	300226	上海钢联	7.28	7.67
172	603633	徕木股份	7.20	8.86
173	603918	金桥信息	6.99	6.11
174	603083	剑桥科技	6.98	12.05
175	300129	泰胜风能	6.98	10.66
176	300262	巴安水务	6.94	10.55
177	002252	上海莱士	6.92	14.42
178	600284	浦东建设	6.88	6.98
179	600619	海立股份	6.88	4.47
180	600642	申能股份	6.84	10.01
181	600754	锦江股份	6.84	6.59
182	600517	置信电气	6.79	14.16
183	600696	ST 岩石	6.75	−64.65
184	600695	绿庭投资	6.72	7.07

（续表）

序号	代码	公司简称	净资产收益率		序号	代码	公司简称	净资产收益率	
			2017 年	2016 年				2017 年	2016 年
185	600824	益民集团	6.69	7.54	231	002328	新朋股份	3.89	4.17
186	603683	晶华新材	6.69	11.58	232	600624	复旦复华	3.84	3.54
187	300180	华峰超纤	6.65	4.84	233	600623	华谊集团	3.77	2.59
188	300067	安诺其	6.64	8.38	234	600836	界龙实业	3.68	−1.26
189	600635	大众公用	6.60	8.49	235	600834	申通地铁	3.57	3.66
190	002825	纳尔股份	6.48	15.39	236	600841	上柴股份	3.42	2.79
191	600655	豫园股份	6.47	5.17	237	300380	安硕信息	3.18	−4.78
192	600490	鹏欣资源	6.41	1.85	238	600647	同达创业	3.14	24.77
193	600026	中远海能	6.38	7.24	239	600662	强生控股	3.1	5.73
194	601788	光大证券	6.30	6.87	240	300153	科泰电源	2.99	5.03
195	603330	上海天洋	6.27	15.96	241	002486	嘉麟杰	2.98	1.29
196	300398	飞凯材料	6.20	8.95	242	300074	华平股份	2.95	6.48
197	600503	华丽家族	6.14	3.49	243	300551	古鳌科技	2.87	9.66
198	600833	第一医药	6.06	6.12	244	600616	金枫酒业	2.74	3.4
199	600822	上海物贸	5.96	3.65	245	002669	康达新材	2.7	7.09
200	600508	上海能源	5.95	5.48	246	600851	海欣股份	2.66	2.06
201	300008	天海防务	5.91	7.51	247	600620	天宸股份	2.42	1.73
202	600679	上海凤凰	5.91	4.26	248	002162	悦心健康	2.35	2.05
203	600500	中化国际	5.90	0.51	249	002178	延华智能	2.18	3.84
204	603012	创力集团	5.83	4.03	250	600320	振华重工	1.99	1.41
205	002028	思源电气	5.82	8.66	251	600636	三爱富	1.91	−11.69
206	300236	上海新阳	5.69	5.07	252	600634	*ST 富控	1.88	6.4
207	600895	张江高科	5.61	9.19	253	600825	新华传媒	1.73	1.88
208	603009	北特科技	5.58	6.24	254	000668	荣丰控股	1.7	−6.54
209	300225	金力泰	5.38	8.26	255	600819	耀皮玻璃	1.59	7.66
210	600613	神奇制药	5.38	7.93	256	600651	飞乐音响	1.59	10.26
211	603777	来伊份	5.36	9.08	257	300330	华虹计通	1.55	−7.26
212	601727	上海电气	5.29	5.00	258	002058	威尔泰	1.5	2.83
213	300245	天玑科技	5.23	8.16	259	300483	沃施股份	1.46	3.74
214	300378	鼎捷软件	5.11	3.58	260	603003	龙宇燃油	1.43	1.16
215	600827	百联股份	5.10	5.68	261	002184	海得控制	1.31	1.4
216	603729	龙韵股份	4.97	3.89	262	002278	神开股份	0.99	−9.75
217	600818	中路股份	4.96	16.76	263	601616	广电电气	0.94	−4.66
218	002605	姚记扑克	4.95	7.65	264	300442	普丽盛	0.9	0.75
219	002527	新时达	4.85	6.98	265	600072	中船科技	0.84	−1.8
220	600278	东方创业	4.79	4.88	266	002506	协鑫集成	0.57	−0.69
221	002565	顺灏股份	4.72	5.1	267	300126	锐奇股份	0.43	0.6
222	600605	汇通能源	4.7	4.38	268	600882	广泽股份	0.37	2.88
223	600689	上海三毛	4.69	24.57	269	601968	宝钢包装	0.33	0.49
224	603189	网达软件	4.67	12.89	270	600532	宏达矿业	−4.23	6.2
225	300059	东方财富	4.63	6.8	271	600151	航天机电	−5.23	3.96
226	603022	新通联	4.27	5.15	272	002269	美邦服饰	−10.2	1.16
227	300171	东富龙	4.16	8.1	273	600119	长江投资	−11.19	15.66
228	000863	三湘印象	4.16	15.12	274	600150	*ST 船舶	−16.71	−16.04
229	600604	市北高新	4	3.58	275	600652	游久游戏	−21.71	5.53
230	601872	招商轮船	3.94	11.66	276	600601	方正科技	−24.23	1.78

（续表）

序号	代码	公司简称	净资产收益率		序号	代码	公司简称	净资产收益率	
			2017年	2016年				2017年	2016年
277	600653	申华控股	−27.21	3.17	280	600680	*ST上普	−64.82	−49.71
278	600654	ST中安	−28.96	8.5	281	600610	*ST毅达	−	0.4
279	600193	*ST创兴	−35.6	−39.86					

上海工商类上市公司 2017 年度每股现金流量排序

（单位：元）

序号	代码	公司简称	每股经营现金净流		序号	代码	公司简称	每股经营现金净流	
			2017 年	2016 年				2017 年	2016 年
1	601601	中国太保	9.50	6.97	47	601866	中远海发	1.02	0.66
2	600150	*ST 船舶	5.86	−2.87	48	603157	拉夏贝尔	1.02	1.43
3	600606	绿地控股	4.84	−0.36	49	600508	上海能源	1.01	1.88
4	600754	锦江股份	3.39	2.38	50	002825	纳尔股份	1.01	0.37
5	601021	春秋航空	2.88	2.55	51	600119	长江投资	1.01	−0.45
6	600675	中华企业	2.82	4.81	52	603730	岱美股份	1.00	1.85
7	600741	华域汽车	2.69	3.61	53	600845	宝信软件	0.99	1.06
8	600648	外高桥	2.51	−0.47	54	601607	上海医药	0.99	0.72
9	600612	老凤祥	2.39	−1.87	55	600708	光明地产	0.98	6.94
10	603056	德邦股份	2.33	0.11	56	600629	华建集团	0.94	0.49
11	603039	泛微网络	2.26	2.46	57	002636	金安国纪	0.92	0.74
12	600009	上海机场	2.14	1.34	58	600641	万业企业	0.91	3.29
13	600420	现代制药	2.09	1.51	59	601611	中国核建	0.90	−1.04
14	600104	上汽集团	2.08	1.03	60	603226	菲林格尔	0.89	1.59
15	603083	剑桥科技	2.02	0.47	61	600619	海立股份	0.89	1.00
16	603579	荣泰健康	2.01	3.35	62	002328	新朋股份	0.89	1.30
17	603868	飞科电器	1.97	1.84	63	600026	中远海能	0.88	3.02
18	600081	东风科技	1.94	1.24	64	600618	氯碱化工	0.87	0.42
19	600835	上海机电	1.89	1.96	65	300378	鼎捷软件	0.85	0.39
20	600850	华东电脑	1.85	−0.04	66	600097	开创国际	0.83	0.98
21	603197	保隆科技	1.83	1.97	67	600643	爱建集团	0.83	−0.13
22	601828	美凯龙	1.80	1.10	68	002454	松芝股份	0.82	0.52
23	300642	透景生命	1.77	2.19	69	300501	海顺新材	0.82	0.63
24	603515	欧普照明	1.73	2.00	70	300508	维宏股份	0.82	0.44
25	600021	上海电力	1.72	1.87	71	600634	*ST 富控	0.81	−0.49
26	600623	华谊集团	1.70	1.50	72	603633	徕木股份	0.80	0.83
27	603466	风语筑	1.68	1.07	73	603037	凯众股份	0.79	0.65
28	603587	地素时尚	1.65	1.42	74	000668	荣丰控股	0.78	−0.70
29	300613	富瀚微	1.56	2.54	75	603899	晨光文具	0.78	0.74
30	603885	吉祥航空	1.54	1.58	76	600655	豫园股份	0.77	0.28
31	600019	宝钢股份	1.49	1.00	77	603200	上海洗霸	0.77	1.50
32	603214	爱婴室	1.44	1.61	78	600662	强生控股	0.77	1.03
33	600622	光大嘉宝	1.41	2.55	79	300230	永利股份	0.76	0.73
34	603886	元祖股份	1.35	1.19	80	300061	康旗股份	0.75	0.32
35	600115	东方航空	1.35	1.72	81	603960	克来机电	0.74	1.01
36	300511	雪榕生物	1.34	2.12	82	600767	ST 运盛	0.71	0.03
37	600661	新南洋	1.32	1.75	83	300286	安科瑞	0.70	0.76
38	300483	沃施股份	1.32	0.31	84	600210	紫江企业	0.70	0.68
39	600597	光明乳业	1.31	2.12	85	603881	数据港	0.67	0.93
40	600315	上海家化	1.28	0.08	86	300327	中颖电子	0.67	0.44
41	601200	上海环境	1.24	1.45	87	600170	上海建工	0.66	0.43
42	600827	百联股份	1.20	0.94	88	002561	徐家汇	0.66	0.78
43	603365	水星家纺	1.15	1.33	89	600688	上海石化	0.66	0.67
44	600637	东方明珠	1.14	0.87	90	603648	畅联股份	0.65	0.47
45	600823	世茂股份	1.13	0.42	91	300627	华测导航	0.65	0.68
46	600196	复星医药	1.03	0.87	92	600628	新世界	0.65	0.71

（续表）

序号	代码	公司简称	每股经营现金净流		序号	代码	公司简称	每股经营现金净流	
			2017年	2016年				2017年	2016年
93	002028	思源电气	0.64	0.22	139	600320	振华重工	0.30	0.38
94	603619	中曼石油	0.63	0.67	140	600824	益民集团	0.30	0.25
95	603777	来伊份	0.63	1.35	141	600272	开开实业	0.30	0.05
96	603499	翔港科技	0.62	1.28	142	300180	华峰超纤	0.28	−0.37
97	600073	上海梅林	0.59	1.24	143	002565	顺灏股份	0.28	0.09
98	601595	上海电影	0.59	0.51	144	300398	飞凯材料	0.28	0.56
99	603987	康德莱	0.58	1.12	145	600615	丰华股份	0.28	0.01
100	601231	环旭电子	0.57	0.74	146	600836	界龙实业	0.27	0.54
101	601872	招商轮船	0.56	0.66	147	300017	网宿科技	0.26	1.34
102	300336	新文化	0.55	0.83	148	600611	大众交通	0.26	0.60
103	600833	第一医药	0.54	0.16	149	600088	中视传媒	0.26	0.40
104	600642	申能股份	0.53	0.78	150	002022	科华生物	0.26	0.55
105	002158	汉钟精机	0.52	0.39	151	002669	康达新材	0.25	0.23
106	600284	浦东建设	0.51	−0.18	152	300039	上海凯宝	0.23	0.38
107	603131	上海沪工	0.50	0.57	153	600616	金枫酒业	0.22	0.24
108	600626	申达股份	0.50	0.31	154	600843	上工申贝	0.21	0.18
109	300236	上海新阳	0.50	0.35	155	300442	普丽盛	0.21	−0.62
110	300609	汇纳科技	0.50	0.66	156	300326	凯利泰	0.21	0.18
111	600820	隧道股份	0.49	1.26	157	600841	上柴股份	0.20	0.06
112	300590	移为通信	0.49	1.35	158	600605	汇通能源	0.20	0.27
113	601968	宝钢包装	0.48	0.29	159	600490	鹏欣资源	0.20	0.25
114	002401	中远海科	0.47	1.16	160	300126	锐奇股份	0.19	0.25
115	603728	鸣志电器	0.46	0.55	161	300225	金力泰	0.19	0.19
116	603580	艾艾精工	0.45	0.65	162	600819	耀皮玻璃	0.18	0.47
117	600650	锦江投资	0.44	0.49	163	002451	摩恩电气	0.18	−0.03
118	603918	金桥信息	0.44	0.21	164	300551	古鳌科技	0.17	−0.51
119	603650	彤程新材	0.43	0.49	165	300493	润欣科技	0.17	−2.08
120	002858	力盛赛车	0.42	1.15	166	600635	大众公用	0.17	0.20
121	600500	中化国际	0.42	0.92	167	600895	张江高科	0.17	0.29
122	600018	上港集团	0.41	0.09	168	600825	新华传媒	0.16	0.28
123	600094	大名城	0.41	−2.64	169	002605	姚记扑克	0.16	0.38
124	603128	华贸物流	0.41	0.44	170	603189	网达软件	0.16	0.16
125	603855	华荣股份	0.40	0.73	171	600636	三爱富	0.15	0.46
126	603012	创力集团	0.40	−0.13	172	603006	联明股份	0.15	0.99
127	600278	东方创业	0.39	1.13	173	603020	爱普股份	0.15	0.49
128	600816	安信信托	0.38	1.45	174	300245	天玑科技	0.15	0.20
129	600844	丹化科技	0.38	0.06	175	601328	交通银行	0.14	6.53
130	002568	百润股份	0.35	−0.28	176	600822	上海物贸	0.14	−0.44
131	600748	上实发展	0.33	3.06	177	600624	复旦复华	0.14	−0.04
132	600676	交运股份	0.33	0.55	178	002162	悦心健康	0.13	0.15
133	603329	上海雅仕	0.33	0.40	179	600613	神奇制药	0.13	0.00
134	002706	良信电器	0.33	0.86	180	300469	信息发展	0.12	−0.93
135	603683	晶华新材	0.32	0.44	181	002178	延华智能	0.11	−0.04
136	603232	格尔软件	0.31	0.92	182	300272	开能环保	0.10	0.15
137	603159	上海亚虹	0.31	0.41	183	600679	上海凤凰	0.10	0.08
138	300578	会畅通讯	0.30	0.44	184	300380	安硕信息	0.10	−0.07

（续表）

序号	代码	公司简称	每股经营现金净流		序号	代码	公司简称	每股经营现金净流	
			2017 年	2016 年				2017 年	2016 年
185	300129	泰胜风能	0.10	0.26	231	600639	浦东金桥	−0.1	0.98
186	603196	日播时尚	0.10	0.59	232	002184	海得控制	−0.1	−0.06
187	300067	安诺其	0.09	0.20	233	600151	航天机电	−0.1	0.73
188	002527	新时达	0.09	0.38	234	600647	同达创业	−0.11	0.05
189	300074	华平股份	0.08	0.04	235	002269	美邦服饰	−0.13	0.13
190	603009	北特科技	0.07	0.22	236	300008	天海防务	−0.13	−0.53
191	603659	璞泰来	0.07	0.58	237	600848	上海临港	−0.14	−0.14
192	300462	华铭智能	0.07	0.05	238	600818	中路股份	−0.14	0.5
193	002278	神开股份	0.07	−0.15	239	300153	科泰电源	−0.15	−0.08
194	603718	海利生物	0.05	0.17	240	603108	润达医疗	−0.15	−0.39
195	002252	上海莱士	0.05	0.13	241	603729	龙韵股份	−0.16	2.06
196	300253	卫宁健康	0.05	0.17	242	600665	天地源	−0.16	1.58
197	002195	二三四五	0.05	0.05	243	603022	新通联	−0.19	−0.05
198	600695	绿庭投资	0.04	−0.05	244	601519	大智慧	−0.2	−0.54
199	002058	威尔泰	0.03	0.09	245	600649	城投控股	−0.21	0.52
200	300171	东富龙	0.03	0.17	246	300168	万达信息	−0.23	0.11
201	601616	广电电气	0.03	0.08	247	600653	申华控股	−0.24	−0.25
202	600532	宏达矿业	0.03	0.20	248	600654	ST 中安	−0.26	−0.99
203	600171	上海贝岭	0.03	0.09	249	600503	华丽家族	−0.28	0.61
204	600689	上海三毛	0.02	0.10	250	603690	至纯科技	−0.32	−0.12
205	002346	柘中股份	0.01	−0.52	251	600604	市北高新	−0.39	0.02
206	002506	协鑫集成	0.01	−0.87	252	600608	ST 沪科	−0.44	−0.18
207	600851	海欣股份	0.01	−0.02	253	603378	亚士创能	−0.5	0.9
208	002116	中国海诚	0.01	1.00	254	601727	上海电气	−0.51	0.74
209	603991	至正股份	0.01	0.34	255	603030	全筑股份	−0.52	−1.64
210	600826	兰生股份	0.00	−0.65	256	600517	置信电气	−0.56	0.94
211	600630	龙头股份	−0.01	0.12	257	603496	恒为科技	−0.59	0.76
212	600680	*ST 上普	−0.01	0.02	258	603501	韦尔股份	−0.6	0.19
213	600652	游久游戏	−0.01	0.11	259	600692	亚通股份	−0.62	0.54
214	600530	交大昂立	−0.01	0.05	260	300262	巴安水务	−0.63	−0.94
215	600620	天宸股份	−0.02	−0.01	261	603895	天永智能	−0.67	−1
216	600193	*ST 创兴	−0.03	0.01	262	002324	普利特	−0.68	0.47
217	300170	汉得信息	−0.03	−0.31	263	600638	新黄浦	−0.78	1.03
218	002486	嘉麟杰	−0.03	0.01	264	600651	飞乐音响	−0.96	−0.49
219	600602	云赛智联	−0.03	0.07	265	600621	华鑫股份	−1.24	−0.84
220	600838	上海九百	−0.04	−0.01	266	603887	城地股份	−1.32	−0.49
221	600614	鹏起科技	−0.04	0.31	267	600696	ST 岩石	−1.35	−1.06
222	600601	方正科技	−0.04	0.23	268	600072	中船科技	−1.43	−0.95
223	600732	ST 新梅	−0.07	0.34	269	300059	东方财富	−1.44	−1.19
224	600834	申通地铁	−0.07	0.4	270	600663	陆家嘴	−1.59	−0.37
225	603330	上海天洋	−0.07	1.07	271	000863	三湘印象	−1.84	0.5
226	600640	号百控股	−0.08	0.37	272	603003	龙宇燃油	−1.93	1.32
227	300222	科大智能	−0.08	0.08	273	600958	东方证券	−2.08	−3.38
228	600846	同济科技	−0.08	2.33	274	600061	国投资本	−3.13	−1.07
229	300330	华虹计通	−0.09	0.06	275	600000	浦发银行	−4.79	−8.88
230	600882	广泽股份	−0.09	0.23	276	600837	海通证券	−5.11	−4.36

（续表）

序号	代码	公司简称	每股经营现金净流		序号	代码	公司简称	每股经营现金净流	
			2017年	2016年				2017年	2016年
277	601211	国泰君安	−7.32	−7.71	280	601788	光大证券	−9.13	−4.26
278	601229	上海银行	−7.78	28.45	281	600610	*ST毅达	–	0.02
279	300226	上海钢联	−7.9	−4.83					

2018·上海工业年鉴

SHANGHAI
INDUSTRIAL
YEARBOOK

上海市工业经济联合会
上海市经济团体联合会

上海市工业经济联合会成立于1991年3月。2C08年9月经市有关部门批准，增挂上海市经济团体联合会牌子。现有行业会员和企业会员400余家，是上海经济类行业协会、专业性行业协会、中央在沪企业、大中型企业（集团）、工业经济研究单位、全国知名的民营企业以及经济界知名人士自愿联合组成的非营利性的社会团体法人。一年来，联合会坚决贯彻落实中央和中共上海市委、市政府一系列重要会议和领导讲话精神，坚持稳中求进工作总基调，坚持新发展理念，按照高质量发展的要求，以供给侧结构性改革为主线，服务科创中心建设，助推企业科技创新；服务实体经济发展，促进企业转型升级；服务会员单位，发挥联合会枢纽型组织的作用等。

2017年主要工作：

一、服务科创中心建设，助推企业科技创新搭建新平台

发挥联合会枢纽功能助推企业科技创新。制造业创意促进中心拓展功能、搭建信息服务平台，推进科研成果产业化。先后协调组织上海交大模具CAD国家工程研究中心与永发（上海）模塑科技发展有限公司建立模具开发合作，取得阶段性科研成果；推动上海三鑫公司与上汽集团科研协作，推介新能源电池技术；组织推荐上海开源大数据研究院对上港集团深入介绍大数据在洋山港四期建设中技术应用前景，为洋山港四期建设发挥积极作用；发挥平台作用，推动前沿科技石墨烯技术成果产学研用结合取得成效。

组织推荐2017年上海产学研合作优秀项目。市工经联组织推荐的沪东重机有限公司“高温气冷堆核电站示范工程应急发电机组研发与制造”项目获得“2017年上海产学研合作优秀项目”特等奖。

评选表彰与汇编《2017年企业科技创新最佳案例》。总结推广中小微科技型企业的创新经验，组织开展上海企业创新最佳案例征集与评选活动，评选并表彰21项创新成果，汇编印发《2017市工经联企业创新最佳案例》，受到企业欢迎。

发起筹备成立上海产业创意设计协会。市工经联会同工投集团等，组建上海产业创意设计协会。市经信委已下达批文同意成立。并已协调相关方明确发起人单位，完成协会章程制定、筹建协会专家委员会和协会秘书处等工作。

高技能职业培训和光电子高技能培训基地建设取得进展。经济管理进修学院承接到国家证书等级培训、新型学徒制培训、新入职员工培训等多项培训任务，共计培训2000多人次。举办“工匠报告会”，编写“工匠事迹”案例，弘扬新时代工匠精神。

推出优秀企业管理现代化创新成果。在行业协会、企业集团和各区政府的支持和推荐下，共有200项管理成果进入初评范围。经专家三轮评审，有188项成果被审定为2017年上海市企业管理现代化创新成果。其中，一等奖16项，二等奖75项，三等奖97项。

评选新一届上海“杰出青商”。围绕“新时代、新使命、新征程”评选活动主题，与青年报社共同主办2017年第6届“上海十大杰出青商”评选活动。共组织30余家行业协会推荐行业内优秀青年人才参加评选，评选出10位杰出青商和10位杰出青商提名获得者。

二、服务实体经济发展，促进转型升级推出新成果

聚焦实体经济发展开展专题调研。对接《中国制造2025》、提升实体经济能级、科创中心建设等国家战略和市委、市政府决策部署，围绕推进供给侧结构改革，以及行业转型升级、企业创新发展等方面的热点问题，开展调查研究，及时向政府部门提出对策建议。2017年，共完成重要调研报告15篇。撰写《加大工业投资力度，进一步提升上海工业经济增长质量》等5份专报，上报市领导和政府有关部门，为上海产业发展献计献策。

成功举办2017上海市企业社会责任报告发布会。市工经联连续第6年举办上海市企业社会责任报告发布会，获得圆满成功。10多家行业协会、百余家会员单位参与企业社会责任发布。在原有《企业社会责任指南》团体标准基础上，编写《企业社会责任报告评价》团体标准，并在市质监局网上办事平台上完成自我申明公开与登记备案，已有数十家单位积极响应，成为此项标准的共同发起单位。参与发布的不同行业、多种所有制单位245家，比上年增长10%。首次发布企业56家，占发布总量的23%。

持续开展节能减排（JJ）小组活动。组织20余家行业协会130多家企业参与JJ小组活动，培训部分行业协会和企业相关人员1000余人。对JJ小组的350多个项目进行评审。编辑出版《节能减排小组活动丛书——电力行业篇》和《上海市节能减排JJ小组活动案例集（八）》。

对外交流及两岸中小企业合作进一步加强。市工经联与日本关西经济联合会进行友好交流，组织多家企业参加中日友好协会与日本关经联在沪举办的第3届中日企业家交流会。与日本关经联代表团商谈进一步加强在制造业技术创新方面的合作和交流。组织企业参与丹麦工业联合会在沪举办的节能技术交流活动。

两岸企业家峰会成长型企业合作推进小组积极参与两岸企业家峰会，举办专题论坛，推动中国台湾中小企业园建设，促进台湾青年来大陆就业创业，推进上海自贸区台湾商品中心建设，开展课题研究，有效促进两岸中小企业合作与发展。

三、服务会员单位，联合会凝聚力有了新增强

举办多场高层次主题报告会。市工经联邀请上海社会科学院院长作关于“深入推进供给侧结构性改革”专题报告；邀请3位上海工匠代表作弘扬时代工匠精神的专题报告；举办“创新驱动发展，巩固提升实体经济能级”（振兴实体经济50条）专题报告会，邀请市经信委有关领导作专题辅导。这些报告层次高、质量好，受到与会者好评。

根据会员单位新需求，组织举办3场大型政府扶持政策解读会，200多家会员企业近500余人参加。解读会后，数十家单位提出申报政府扶持资金的意向。

开展协会脱钩工作指导。贯彻落实上海市行业协会商会与行政机关脱钩第二批试点工作部署。市工经联党政领导带队走访调研10家行业协会，召开脱钩试点单位专题座谈会，听取意见和建议，指导试点工作。撰写市工经联系统《第二批行业协会商会脱钩试点工作有关情况及建议的报告》，将协会反映的人员分离、资产分离、党建分离、脱钩后的专业指导和综合监管等方面的意见建议，专报市社团局、市经信委参考。市经信委专门复函给予赞同。

召开主席团（扩大）会议交流创新经验。召开2017年上海市工经联主席团（扩大）会议，传达领导批示，通报工作情况，交流创新经验，促进产业发展。并组织编纂《上海实体经济创新转型典型经验汇编》，展现会员单位创新发展、转型升级的成果和亮点。

举办行业协会新闻发言人培训班。积极参与全市社会组织新闻发言人制度建设，举办行业协会新闻发言人培训班。12家5A级社会组织、18家涉及民生类行业协会的秘书长参加培训，受到行业协会欢迎。

四、服务改革创新，规范化建设得到新加强

推动制定团体标准。坚持把组织行业协会制定团体标准作为规范化建设的重要抓手。年初召开“团体标准”推进工作会议，11家行业协会相关负责人参加。成立“团体标准工作促进会”。按照“市场主导、政府引导、创新驱动、统筹协调”的原则，鼓励和支持行业协会制定团体标准。完善和规范制定标准的机制，促进团体标准推广应用。召开3次“行业质量提升”工作座谈会，50多家行业协会和企业参加。在参加市政府召开的提升上海质量调研会上，市工经联汇报的“增强枢纽功能，推进行业协会规范化建设的做法”得到市有关领导肯定。

推进品牌培育试点示范工作。组织11家行业协会、45家企业60多人参加年度品牌培育试点示范工作讲解会，邀请有关专家介绍品牌培育管理体系的总体框架及实施方案。同时，以工信部“中国工业品牌之旅”上海启航为契机，组织40多家企业会员和行业协会参与中国品牌经济（上海）论坛和上海卓越工业品牌展。

有效开展社会组织评估工作。推进行业协会规范化建设从过去以评估为主，转变为注重建设。开展中期指导工作，对2013、2014年评估的39家协会中的部分协会开展指导。完成社会组织评估指标修改建议稿，组织相关专家对122条指标逐条讨论修改。气体行业协会等6家2016年通过评估的行业协会，在2017年5月顺利通过上海市社会组织评估委员会审核。

开展行业协会和企业诚信体系建设。市工经联系统行业协会推进诚信体系建设创出新经验。自行车行业协会开展“共享单车用户信用体系建设”，制定信用管理规则，搭建信用服务平台，向政府相关部门提供上海市共享单车用户信用信息和重要统计数据，得到市有关部门积极评价。该项目被评为“2017上海行业信用建设优秀案例”。

（杨　磊）

上海市创业投资行业协会

上海市创业投资行业协会成立于2000年11月，现有会员单位近200家，是具有社会团体法人资格的社会组织，协会成员有从事创业投资、投资管理、投资咨询公司，有律师、会计师事务所等中介服务机构，有银行、证券公司等金融机构，还有创业企业及孵化机构等。协会遵循“服务第一”的宗旨，致力于创投资本与创新技术的有机结合，致力于与创投行业的沟通和交流。并根据行业特点和会员需求开展各项服务活动。坚持面向市场，开拓创新，服务企业，服务经济，服务社会，发挥上下沟通的纽带作用、合作交流的平台作用和展示形象的窗口作用，为推动上海创业投资工作的发展提供服务，为上海经济建设和社会发展作出新的贡献。

2017 年主要工作：

一、做好服务会员的工作

组织项目对接，筹办路演活动。协会利用自身与政府、开发区、创业园区等联系渠道，汇聚各方资源，搭建交流合作平台。全年共举办各类投融资路演对接活动 18 场，128 个科技创新项目参加路演，参会投资机构代表 1500 余人。包括：与上海市科技创业中心、华创互动教育研究院联合举办“全国优秀项目与资本对接”；与漕河泾创业中心联合举办“原创新动力 · 2017 年漕河泾开发区项目路演”；与上海股权托管交易中心先后联合举办 3 期科技创新挂牌项目投融资对接会”。还与林涌投资、晟唐创投、创智空间、棋道创业、海通证券等联合举办各种项目的路演活动。

拓展为创投机构服务的渠道。协会与双创投资中心、上海银行、上海优服融创互联网金融信息服务有限公司共同合作推出针对科技型中小微企业投贷联动的信贷产品—“优创贷”。4 月 12 日举行“优创贷”产品启动仪式。上海艾云投资管理公司、上海正海资本、上海银行等合作单位的负责人参加启动仪式。“优创贷”的推出和落地，旨在解决本市科技型中小微企业融资难的问题，同时为投资机构更好地服务企业增添一份力量。

组织会员单位积极参与“上交会”。4 月 20—22 日举行第 5 届中国（上海）国际技术进出口交易会期间，协会与中同资本、上海市国际技术进出口促进中心联合主办“第二季 · 先进技术企业资本嘉年华”系列活动，有主题演讲、圆桌论坛、资本高峰论坛、嘉宾授牌等活动内容，与会者围绕投资热点和焦点等话题进行深入探讨，并特设“寻找中国好项目投融资大赛”专场活动。政府有关部门领导、业界领袖、专家学者、企业家、投资家、创业者等近 1000 人参与现场交流研讨。“上交会”组委会对活动成功举办，给予较高评价，并授予协会和中同资本“精诚合作奖”。

积极开展对外合作交流活动。根据协会与韩国大广三和投资管理公司及上海对外科技开发交流中心三方签署的建立合作交流平台的协议，6 月，协会与上海对外科学技术交流中心、大韩民国配件材料投资机关协会联合主办“第 19 届上海国际生物技术与医药研讨会暨中韩生物技术投资论坛”。韩国 10 家生物医药领域的高新技术企业进行路演，国内 30 余家从事大健康投资的机构与韩国企业进行对接，有近百人参加。市科委与韩国政府的有关官员也参加此次论坛和对接活动，有效推动和促进中韩两国在生物医药方面的投融资合作。

二、积极参与全国“双创周”等活动

上海是全国“双创周”活动的主会场。9 月 20 日，协会组织会员单位积极参与“优秀基金团队走进宝山”活动，千骥资本、原子创投、国盛古贤等 40 余家基金团队近百人走进宝山实地感受正在转型发展的老工业区散发的魅力和吸引力。尤其是“电竞荣耀之夜”、点亮创业“新丝路”——紫竹科创企业与“一带一路”建设主题和《人工智能技术的未来展望》等活动。

“双创周”期间，协会参与的阿里巴巴“诸神之战”全球创客大赛上海赛区决赛在长阳创谷主会场举行。市经信委、杨浦区、阿里巴巴集团战略发展部等领导出席活动并致辞。经过一天角逐，上海赛区 12 强排定座次，冠军为易弹信息科技（上海）有限公司、亚军为上海极清慧视科技有限公司，冠亚军将代表上海出战于 10 月在上海张江举行的“诸神之战”全球总决赛。

配合同济大学建校 110 周年纪念活动，协会与同济大学经济与管理学院、同济大学投融资校友联谊会、同济大学 MBA 校友企业家联谊会及梦想天地投资控股有限公司共同举办“庆百年，创未来”——共庆同济大学建校 110 周年暨 2017 第 2 届“梦想杯”同济创业大赛启动仪式，以此勉励同济的学子不忘初心、勇毅笃行、站在新的起点上，同舟共济、自强不息、共同创造美好未来。

为寻找创业新机遇，协会与紫竹高科技园区联合举办“点亮创业‘新丝路’——紫竹科创企业与“一带一路”建设主题活动”。活动吸引 150 多位来自投资机构、投资人、孵化器和科创企业等参与，旨在通过结合国家“一带一路”倡议以及“大众创业、万众创新”战略，探讨在国家科创“双引擎”推动下，科创企业参与一带一路建设的新路子。科技部火炬高技术产业开发中心、上海市科委等有关领导应邀参加活动。

三、加强与周边省市同行协会合作

协会与江苏省创业投资协会、浙江省创业风险投资行业协会、江西省科技金融促进会在江西省共青城市共同主办召开 2017 年长三角地区创投峰会。峰会主题是围绕持续推进长三角地区创业与投资的健康发展，由江浙沪赣的协会会长和投资机构的负责人进行交流。通过交流和讨论，与会同志对长三角地区创业投资发展的各自优势、特点、政策环境、面临的问题等有了更进一步的了解和认识。与会代表还参观考察共青城市私募基金创新园。协会分别与江苏省人才创投联盟、太仓市发改委本着平等互利、资源共享、优势互补、共同发展的原则签署战略合作协议，共同促进两地创投行业的发展。还与崇明富盛经济开发区签署合作协议，推荐创投机构落户开发区，助力崇明基金小镇的建设。

（李忠湖）

上海市工业合作协会

上海市工业合作协会成立于1983年11月（简称上海工合）。1983年4月经全国政协五届三次会议提案、国务院批准，中国工合恢复活动。从此，上海各区工业合作协会和上海工合高新技术产业分会相继建立。至2017年，全市工合会员已逾千名，其中团体会员单位已达600多家，工合企业员工逾万名。

2017年主要工作：

一、响应国家战略，创建高端平台

举办首届世界无人系统大会。在中国工合的指导下，上海工合整合国内外重要企业和专家、政府的资源，在上海市金山区城市沙滩成功举办。这是一个以人工智能技术为核心、引领新一轮产业革命的高端科技平台。

创建全国产业园区大会。在中国工合指导下，上海工合联合有关各方创建和成功举办第3届全国产业园区大会，为组织会员企业的转型创新、产业延伸、资源重组和优势互补创造良好的条件。由园区大会统计编辑全国第一本《产业园区白皮书》汇聚的大数据库。

举办中国特色小镇高峰论坛。探索小城镇和产业园区如何结合互补的发展模式，为企业创造重要的发展机会，也是新时代我国社会朝生产、生活、生态三者有机结合与和谐发展的一个重要方向。

二、拓展内外联系，扩大发展空间

努力拓展国内外经济联系，积极搭建各方面合作交流平台。为了延伸产业链，促进东西互动，上海工合专程开展科技援疆和合作开发等活动，先后组织专家和企业家考察安徽六安地区、安徽宣城地区、新疆喀什和奎屯等地区。通过考察交流，会员企业在互动中获得各地产业园区和企业的第一手市场信息，对下一步发展的目标定位和市场拓展提供有力的信息支持和人脉帮助。

借助各类展会商机，帮助会员企业开拓市场。先后与华交会、上交会、工博会等展会签订战略合作协议，通过展会的平台，帮助会员企业拓展国内外新的市场。上海工合先后组织百联又一城、东方购物、东韵钢琴、海健堂、喜福乐等企业参加华交会品牌推介会和采购商对接会，组织各区工合和高新分会的会员企业近千人次参观各类展会。

三、加强学习培训，提升企业素质

开展形势政策教育。及时为各区工合和会员企业传达中央和市领导的重要讲话精神以及市有关委办局的重要信息，争取各种机会，组织会员企业直接参加市政府的有关报告会和专题讲座。

组织专家开展专业培训。上海工合开展“守合同、重信用”的企业诚信资质认证培训，帮助会员企业获取经济发展的必要的诚信资格，现有多家企业被评为3A级单位。为了帮助会员企业进一步对接高新科技的有关成果，举办人工智能利用的高峰论坛，专门组织“创新发展与技术转化”培训班。

组织内部学习交流。组织相关企业和专家参观高端科技产品——智能化自动移动平台，为会员企业学习人工智能技术、提升产品科技挡次，搭建寻找商机和资源共享的交流平台。同时，为保持上海工合系统的信息传递和及时沟通，市工合网站全年网页内容更新142次，编辑印发《上海工合简讯》共11期。

四、支持基层企业，增强综合实力

深入基层调研，支持企业发展。组织专门力量深入基层第一线的企业进行调研。进一步了解企业面临的问题以及对资金、市场、技术、人才、场地等方面的需求，并尽最大可能动用工合的资源为他们提供必要的帮助。

争取领导关心，扩大社会影响。为了进一步扩大全国产业园区大会的市场影响力，上海工合主动联系国务院新闻办原主任赵启正和上海市原副市长周禹鹏先后出席园区大会并做主题演讲，取得较好的社会效果。

开展争先创优，提升企业形象。上海工合通过多种渠道，推荐相关企业积极参加上海百强企业评选活动，并积极推荐工合系统的名牌企业参加“上海市十大青商”的评选。杨浦工合上海罗曼科技照明有限公司获得2017年度“十大杰出青商”第三名。

五、加强组织建设，弘扬先进文化

完善工合组织的整体布局和队伍建设。为了进一步帮助工合企业提升科技含量和发展后劲，上海工合专门组建专家组，聘请有关方面具有高级职称和专门技术的老中青三代专家，加强技术攻关力量。

高度重视党的建设工作和队伍素质提高。上海工合党支部组织党员认真学习习近平总书记一系列重要讲话精神，组织党员积极开展“两学一做”学习教育活动，组织党员积极参加建党的有关纪念活动。在工合组织的一系列活动中，协会党员干部在各自的工作岗位上发挥先锋模范作用。

重视工合文化建设，不断增强组织凝聚力。举办迎新春联谊会等文化活动，节假日慰问老领导老同志，关心有困难和生病的同志，通过这些活动，进一步发扬工合组织团结合作一起干的优良传统，凝聚工合组织的人心。

六、全市工合联动，创新转型发展

市工合在继续巩固青浦工合和闵行工合两面红旗的基础上，积极树立市区工合发展的新样板——杨浦工合这面新的红旗。青浦工合在实体经济发展和服务会员企业方面始终走在前列，如创办的云商电子商务公司拓展核心业务，为广大企业进入“互联网 +”提供有利条件。杨浦工合“服务企业、服务政府“的工作不断创新，很有特点，为会员企业举办的各种活动都精心设计、尽善尽美，追求高标准、高质量、高效率，取得很好成绩。闵行工合在经济下行的严峻形势下，其会员企业仍然保持平稳增长，主动加强与莘庄工业园区的对接，建立扶持企业发展新的平台。奉贤工合针对本会生产制造型企业较多的特点，通过现场学习交流，参观重要会展，组团考察先进等方法，鼓励会员企业走科技创新和管理创新之路，取得良好业绩。松江工合克服许多困难，各项工作不断规范有序、蓬勃发展，积极组织企业参加“守合同、重信用”诚信资质认证活动，帮助会员企业提高管理水平和诚信质量。金山工合的核心会员企业涌现出一批高新技术的产品，如奥图环保科技专业公司和培新空气净化器创新型公司，都代表下一轮智能化高科技产品发展的方向。浦东工合在商业服务业方面有许多新的创意，包括旅游业、餐饮业的新发展和安保公司的科技创新等。徐汇工合在新理事长领导下，充分发挥区内的文化产业优势，在发展传统优秀文化和工艺品创新方面取得新的突破。

（俞纯红）

上海漕河泾新兴技术开发区企业协会

上海漕河泾新兴技术开发区企业协会成立于 1998 年 9 月，由上海市漕河泾新兴技术开发区发展总公司等多家开发区内单位发起，漕河泾开发区内各企事业单位自愿参加。现下设集成电路、通信、金融、软件、现代服务业、人力资源、汽车研发与配套、法律、生物医药 9 个专业委员会及盐城、创新创业分会。服务宗旨是“为企业发展服务，为投资环境服务，为科技创新服务”。

2017 年主要工作：

一、夯实基础，加强自身建设

发展会员打好基础。企业协会做好存量会员单位走访、互动与联络，全年累计走访 248 家，其中会员 178 家，非会员企业 70 家，吸收会员 30 家。

分会发展各具特色。企业协会“双创分会”，协助承办 2017“漕河泾科创嘉年华”第二季活动，针对高科技中小企业开展特色服务。紧跟总公司梯度发展布局，做好赵巷、枫泾、海宁、遵义等分区合作交流，如 8 月组织部分园区重点企业赴遵义进行投资考察，共同推进跨区域的合作。加大与贝岭科技园、复星园、聚科生物园、G7 软件园、浦原科技园联动与合作，组建上述园中园分会，形成协会在本部园区的网格化管理，做到点面结合，有利于掌握园区企业发展情况，有利于企业协会工作做细做深。

财务工作严谨细致。企业协会严格遵守非营利组织财务制度，年初顺利通过市社团局的抽检；认真做好项目预算与日常财务管理工作，根据协会工作开展与项目实施做好财务监管，做好协会法人与理事长变更的审计工作。全年资金运作完全遵照年初预算，做到收支平衡：总收入 241 万元，总支出 229.4 万元，结余 11.6 万元。

加强协会信息化建设，推进微信公众号、网站的运营与推广，扩大协会的影响力。加强协会信息工作，做好协会网站与协会微信平台的运营建设与推广。全年推送各类政策法规、协会活动预告、会员单位风采、新闻报道等各类信息 207 条。通过各类活动加大协会微信公众号的推广与覆盖面，2017 微信平台成功注册 2000 多个有效用户。

二、结合漕河泾科创嘉年华第二季活动，深化开展专业委员会工作

企业协会以专业委员会为活动抓手，融会贯通漕河泾科创嘉年华第二季活动，整合政府、会员、行业协会等多方资源，全年开展形式多样的活动，如讲座、培训、沙龙、推介会等累计举办 21 场，有效推进园区企业的互动交流与分享。

三、整合资源，做好“三为服务”工作

年内新增各类仪器设备 51 台，现有平台共有各类仪器设备 765 台。全年平台累计服务“大张江”范围内企业 4100 多家，服务 1.3 万多次，服务金额达 8760 万元，为企业节约 870 多万元。

依托政府，解企业之难。协助企业解决重要人才户口、子女入学、白领公寓的申请等，如与徐汇区发改委联合举办企业公共租赁房的信息发布与企业申请收集，确实帮助 37 家重点会员企业解决白领租房问题。与市人才交流中心及市委党校举办 2 届两新组织高级管理人员培训班，多次协助解决企业发展中遇到的劳资纠纷、商检质检、工商年检、企业入驻、政务咨询等问题，帮助企业做好“大张江”政策申报、高新技术企业申报、职称申报等工作，共同为开发区服务环境的改善而努力。

四、营造园区文化氛围，树立“漕河泾”品牌

结合企业需求，发挥品牌优势，将园区职工体育开展得有声有色。协会联合徐汇区总工会、体育局、文化局、虹梅街道等多个部门，结合园区企业实际需求，开展主题为“瞩目漕河泾”的系列体育活动贯穿全年，体育活动吸引600多家企业2万多员工的参与，如精英健康跑、城市定向、乒乓球、飞镖赛、篮球赛、棋牌赛、楼宇嘉年华、羽毛球赛、网球赛等9个大项26个小项，共计600场次活动。

注重公益性活动，积极履行社会责任。1月，组织交通银行、SGS、泰科等公司开展义务献血。5月，美丽漕河泾绿色伴生活的树木认养活动。6月，联合市科协开展世界无烟日的宣传。10月，联合徐汇区商务委等部门开展“守信”专题活动。“相约漕河泾”分别于5月、10月开展主题为“520* 大声说出你的爱”和科创嘉年华专场的交友活动，吸引近100位男女青年参与，约8对牵手成功。

五、打好组合拳提升工作效率

协会打好组合拳，统筹安排，克服人手少，发挥一岗多能的作用，同时兼顾做好开发区侨联、科协、工商联和欧美同学会分会的工作。

参与筹建的欧美同学会漕河泾开发区——虹梅分会于9月19日成立，10月24日召开首次工作会议。开发区科协以中国科协和上海市科协全市推广的专家工作站的建设为基础，与企业协会联合举办的学术交流、健康宣传及文化讲座外，还积极组织科技工作者参加市科协组织的报告会，发放科普场馆和科技电影观摩券以丰富科技工作者的业余生活，同时以临港漕河泾人才公司为具体承办点，完成市科协职称申报受理点工作。

（郑百慧）

上海市开发区协会

上海市工业开发区协会成立于2002年9月，2004年3月更名为上海市开发区协会。协会是由全市开发区以及从事开发区规划设计、土地厂房开发、信息沟通、环境建设、招商引资、对外交流、投资融资和中介服务会员单位组成的专业性社会团体。至2017年年底，协会有会员单位146家，其中会长单位1家，副会长单位17家，理事单位30家，下设招商工作专业委员会和科创园区专业委员会2个分支机构。

2017年主要工作：

一、开展园区经济数据统计和运用工作，促进园区精细化管理

做好统计分析工作。根据市统计局关于统计制度每两年修订一次的要求，协会按时启动制度修订工作，经过市、区经信委、相关委办局、各开发区专家及开发区统计人员两轮咨询修订，形成修订后的制度并上报市统计局。完成开发区统计与开发区经济运行分析。按照相关工作要求完成产业园区统计系统的优化提升，改进全市开发区统计上报体系。每月跟催市内133家园区及时上报园区月度快报、季报与年报，并对园区上报数据进行审核反馈。加强统计队伍建设，提高统计人员工作岗位技能。召开全市开发区统计人员的统计年报培训和表彰大会，共120余人参加，会议对44个先进人员与16家先进单位进行表彰。加强工作协作和沟通。与市统计局共同进行统计制度开发区篇的修订与审核，进行企业名录的核对、104产业区块四至范围的核实，并每月及时对接统计局104区块的经济数据及统计数据。根据年报数据与统计局提供年度园区统计数据，制作编辑《2017上海市开发区统计手册》，并作为内部出版物出版。根据月度快报与统计局提供园区数据，进行每月开发区经济运行统计、分析与排名，并编辑制作《开发区简报》，发放超过800余份。及时准确全面反映全市产业园区的社会经济发展情况，为政府管理部门、产业园区及相关研究机构提供统计信息和统计咨询。

做好产业用地调查工作。在完成上年产业用地调查工作数据上报工作的基础上，完成系统优化，开展年度调查工作。按照相关工作要求，对产业用地调查的工作方案与技术流程进行了梳理与确认，特别是工作底图进行全面梳理，制定开发区系统自动审核功能。9月，协会组织召开产业用地调查动员会，加强产业用地调查数据的区工作小组审核工作，全面推进年度产业园区产业用地调查工作。截至10月，全市100多个园区完成700多个产业落地项目的跟踪任务工作。正在推进的产业落地项目共719个，涉及土地30平方公里。其中待落地（尚未取得土地）项目50个，计划用地671.74亩；待开工（已取得土地，尚未开工）项目143个，用地5.38平方公里；待投产（已开工，尚未投产）项目516个，用地22.38平方公里。通过系统预警机制的建立，定期重点梳理历年89个绿色通道项目、占比34.6%的红色预警项目以及50余个逾期未开工项目，对接区县和园区，采取逐个摸排，查找具体原因，抓紧协调，并将处理情况上报。

提升数据准确性的同时，对接市规土局地理信息数据，以提高数据的权威性及完善对园区的服务功能。此外，推进全年产业用地调查工作全面开展，完成7个区的专题产业用地调查培训。

综合评价工作。协会深入开展开发区综合评价工作，不断优化开发区综合发展指数与各单项发展指数，提高开发区综合评价报告的科学性，在全市公布各开发区综合发展水平的同时，出版《2017年上海市开发区综合评价发展报告》。

二、开展重点课题研究，为园区健康发展出谋划策

完成政府部门委托的研究任务。受市经信委委托组织撰写《2017年上海市开发区发展报告》，全面总结和反映上海开发区的发展情况；开展上海市产业园区主导产业定位与环保规土机制研究工作；协助市经信委完成《2017年开发区综合评价研究报告》；受市经信委和市张江高新区管委会委托开展全市第一批“四新基地”评价工作，已完成对50家基地线上申报及审核，并且完成专家评审工作。受市经信委委托完成《上海市“四新”经济创新基地发展报告》，受市张江高新区管委会委托编制《上海市“四新”经济创新基地绩效评估报告》；受市经信委委托开展《上海工业开发区建设规范标准》修订工作和《上海产业用地指南》修订工作。受市张江高新区管委会委托，完成《上海市“四新”经济创新基地试点建设手册》修订工作，为上海“四新基地”的发展提供操作指南。

完成会员单位委托的研究工作。根据国土资源部和市规土局有关要求，受会员单位委托，完成虹桥经开区土地集约利用更新评价、金桥经开区（含南区）土地集约利用更新评价、金桥现代科技园土地集约利用更新评价、上海浦东康桥工业区土地集约利用更新评价、上海陆家嘴金融贸易区土地集约利用更新评价、南汇工业区土地集约利用更新评价、合庆工业区土地集约利用更新评价、上海紫竹高新技术开发区土地集约利用更新评价、上海漕河泾出口加工区土地集约利用更新评价工作；根据市经信委的有关要求，按照会员单位要求，配合完成2017年浦东康桥工业区和漕河泾浦江园区的产业用地调查并上报工作。完成2017年康桥工业区综合评价报告工作，紫竹高新区综合评价工作。

探索开发区行业研究工作。为了体现协会行业代表性，探索进行开发区行业研究工作，和华东师大城市发展研究院合作开展“一带一路”中国海外园区发展研究，形成国家智库丛书，为中国产业园区在“一带一路”的大背景下能够走出去，将发展模式进行全球推广。与国际汽车城合作，进行面向园区的绿色共享智能交通体系研究，为上海产业园区交通体系发展研究提供建设性的意见。

三、推动宣传平台建设，加强园区宣传力度

2017年，《上海开发区》杂志出刊6期。杂志主题涉及转型升级、产城融合、土地新政、“四新”经济、开发区发展等。结合时下政策导向，多角度深层次反映开发区的建设成就、发展趋势。报道对象覆盖20多家国家级、市级开发区，数十数家园区企业、特色园区。

全年完成《上海开发区》简报33期，并发送至全市各相关委办局及产业园区。主要反映上海开发区、国内产业园区以及协会的各项动态。栏目涉及全国全市的重要产经活动、区县园区建设、招商引资、产业新政等。

另外，协会的“上海产业园区”公众微信号和网站，通过公共平台将协会发生的新闻动态第一时间推送，便于社会大众及时了解协会最新发展动态，协会工作动态的宣传、传递新规新政，聚焦开发区建设成果，研究开发区热点、难点问题。

四、发挥招商专委会平台作用，服务园区招商工作

做好走访调研工作。协会继续把走访园区招商部门列为重要工作，集中走访金桥、化工区、紫竹、闵虹、康桥、综合工业、宝山工业、合庆、长兴海洋、杭州湾、市北等20余家开发区。同时与走访园区招商工作分管领导、招商及企服部门负责人座谈，宣传介绍协会招商专委会工作情况，了解园区招商工作进展。通过走访活动，加强招商专委会与园区招商部门的联系，疏通有关工作沟通渠道，扩大园区招商经理工作微信群。为招商专委会与园区及招商服务部门联系创造了条件。

做好信息发布工作。9月，协会专门召开全市生物医药及新材料产业发展规划及投资信息通报会。邀请市经信委新材料处及上药集团有关领导介绍全市“十三五”期间生物医药及新材料产业发展规划及布局。市有关重点园区的分管领导和部门负责人参加发布会。发布会上采用互动形式，通报为政府有关部门和有关工业集团与园区合作搭建平台情况。

做好招商人员的表彰工作。10月，协会发布《关于开展第三届上海市开发区优秀招商团队与优秀招商经理人推荐表彰活动的通知》，包括推荐评选范围、申报要求、表彰形式等。通过推荐表彰评选活动来表彰全市开发区优秀招商团队和优秀招商经理人，进一步促进招商引资工作。

五、推进《开发区分志》修志，确保编撰工作的质量

修志工作取得预期目标。开发区分志编纂办公室在600多万字资料卡片的基础上完成前5篇近200万字的资料长编，并已拟定概述和5篇约48万字的相关内容试写初稿。已有30家开发区在收集整理资料、编纂资料长编的基础上撰写志书试写稿：其中23家开发区完成全部章节的试写稿；在38家重点园区中，有20家园区完成全部章节的试写稿，15家正在积极编纂中，其中8家已拟定有关章节的试写稿。

组织各种活动，推进修志业务。全年举办修志业务培训和工作交流，组织重点开发区的专题座谈会，应相关开发区要求上门进行修志业务培训和咨询；在各区组织召开修志交流会，交流修志工作进度、做法，使一些共性问题得到及时解决；同时开展咨询帮助，为园区修志服务。协会为开发区修志上门服务20余次，还组织开发区修志人员到编纂办公室进行跟班实习，逐步熟悉修志等业务要求。

六、组织开展培训活动，提高园区管理水平

智力扶贫效果明显。协会受新疆自治区经信委委托，4月和7月分别举办两次为期一周的新疆园区体制机制创新暨非公党建工作领导干部培训班。来自新疆自治区经信委、新兴组织党工委、7个地州市经信委、17个地州市的60家园区管委会负责同志等近100余位学员参加了培训。协会充分调动全市园区管理的资源，组织10余位资深专家集中培训授课，其间还安排10余个产业园区和相关企业进行参观考察和现场教学。

专项培训取得实效。为了促进全市园区招商工作的开展，协会对园区招商工作方面开展一系列研究，市开发区转型升级“十三五”规划发布以后，及时组织园区招商经理学习规划内容，并组织专题辅导报告会。组织园区招商经理参加“关于深入推进供给侧结构改革”专题报告会，邀请上海社会科学院院长王战主讲。组织“关于推进战略性新兴产业招商引资工作”专题报告会。邀请市委党校教授陈勇鸣作报告。此外，协会还举办数期“四新”经济创新基地的培训班，举办“知识产权服务水平提升与服务模式创新”培训活动。邀请市知识产权局专利处处长、华东政法大学知识产权研究院院长作专题报告。

（严　佳）

上海市股份合作制企业协会

上海市股份合作制企业协会成立于2008年1月18日，是由12家市股份合作制企业牵头、以股份合作制企业为主及股份合作制企业相关的中小企业自愿组成的专业性、跨行业、非营利性的社会团体法人。现有会员单位82家+81家+30余家，即82家为会员单位，还有81家是要得到协会给予服务又不缴纳会费入会的“服务会员单位”，30余家横向联手服务的有关部门、机构单位。协会一手拉着政府，一手扶着企业，接待大量的来访群访、咨询答疑、化解和缓解许多矛盾和冲突，大大减轻政府相关接待部门的负担和麻烦，维护社会一方的稳定和政府的形象。

2017年主要工作：

一、完成第3届理事会选举工作

2月，协会园满完成前两届理事会换届选举和转交工作，成立第3届理事会。协会认真做到注重自身建设，努力提高“服务、自律、代表、协调”的四个服务思路和水平能力。

二、协助政府有关部门开展企业调研工作

2016–2017年，协会积极申报市经信委研究课题“新形势下股份合作制企业改革探索”（2015–2016），“上海市股份合作制企业创新转型、改革提升的路径选择”（2016–2017）。协会发挥政府与企业之间的桥梁纽带作用，积极做好相关服务工作，为帮助政府解决历史遗留的问题和难题作出贡献。同时，2017年协会帮助企业与市高院、中级法院、区法院，市区工商部门进行沟通、交流和协商，帮助企业合法合理地推进改革维护自己的权益，提升协会在相关部门的影响作用。此外，协会立足上海，在国内外交流中彰显形象、扩大影响力，结合环保、经济复苏、妇女、青年等主题开展活动，也接待和帮助外省市的股份合作制企业及政府部门，应给予请求、帮助、咨询和指导。

2016—2017年3月，7家企业成为协会新会员，分别为上海太平养老保险股份有限公司、上海新康达商业贸易合作公司、上海同缘商贸合作公司、上海三友通信公司、上海申一百货公司、上海立新五金厂和上海延中复印研究所。还有15家企业改革改制后依然留在协会内部。

三、做好宣传学习和交流工作

协会向会员单位、股份合作制企业单位和相关部门发放协会月刊《上海股份合作》共12期，及时介绍党和政府的政策、协会工作动态、企业深化改革和转型发展的信息，架起政府、企业、社会之间联系和沟通的桥梁。同时，完成各部门下发的各类上报、上传的工作及要求。全年召开4次理事会、举办全体会员单位学习培训交流及研讨会6次，小型会议（沟通协调等）35次。上述活动为企业经营者提高政策理解水平、正确处理发展与民生的辩证关系、厘清深化改革思路、提升化解与企业员工的矛盾的能力和方式、构建和谐环境起到了非常好的作用。

四、做好接待来访服务工作

全年协会接待来访咨询服务600余人／次。其中，帮助黄浦新康达公司、闵行井洋、徐汇山友通信等公司完成资产见证、股权查证等工作；协助静安延中复印、立新五金、虹口商服、富民洗染和威海路汽配、联丰五金、华东木器、开源制罐、工业防护、焦化化工等企业各类法律政策的咨询和帮助，化解矛盾、阻止和终止冲突等。

协会努力维护政府和企业的利益，注重总结和调研，向政府部门反映职工困难。一些工作受到市发改委、市经信委、市高院、市工商局、市中院、市中小企业服务中心、市社团局和市经团联、静安区中小企业服务办等部门的高度重视和信任。如市工商局已确认股份合作制企业在深化改革过程中股权由股份合作制企业协会、律师事务所和会计事务所、企业三方参与审核并出具股权查证意见书或报告，对企业的股权人已按实际确认。

五、参与相关活动，得到政府、社会和企业认可

协会积极参与市、区中小企业服务中心的各项活动。包括坚持数年参加静安区中小企业数据统计上报工作；会长带头报名参加上海中小企业志愿服务专家活动，以及参加静安区中小企业服务联盟促进会。2017 年，市经信委授予上海市股份合作制企业协会 2016—2017 年上海市中小企业服务机构的称号；4 月，会长陶勇被邀请赴北京人民大会堂参加新西兰友人路易艾黎 120 诞辰座谈会。12 月，协会被中国合作经济学会城镇集体经济研究专业委员会授予 2016—2017 年度“协会工作先进集体”称号。

（朱桂芬）

上海市企业法律顾问协会

上海市企业法律顾问协会成立于 2004 年 10 月，现有会员单位 131 家，涉及全市不同规模、不同隶属关系、不同所有制性质的企、事业单位自愿参加的非营利性社会团体。协会有会员单位 131 家，个人会员近千名。协会竭诚为会员及会员单位服务，增进企业法律顾问的团结协作和沟通交流，提高企业法律顾问的职业素质和执业水平，促进企业依法决策、依法经营管理和维护合法权益，适应法治经济和现代化建设的需要。

2017 年主要工作：

一、牢记宗旨，服务会员

年内，协会共举办 22 场辅导讲座、专题研讨会和沙龙活动；与合作单位联合举办 2 场报告会和论坛；为 8 家企业举办内训讲座。

会员培训。协会以依法治企的需求和问题为导向，组织举办现代企业合规的法律大数据应用、民法总则解释、党组织在公司治理结构中的法定地位、一带一路引领经济全球化和国际经贸新规则等 4 场大型辅导讲座；举办解读最高院财产保全规定、互联网时代下的法务工作创新、合规十八掌——央企合规管理实战、公司法司法解释四与股东权利保护等 22 场专题研讨会。

企业内训。协会积极协助企业开展相关法律培训服务工作。相继承接上海国际机场股份、上海纺织、上海医药、上海石油化工研究院、中船重工 704 研究所、上海久业等公司、院所委托的“合同业务管理”“物业经营管理与合同法律风险管控”等专题在内的 6 场企业内部培训。

专项服务。为响应市经信委对“专精特新”中小企业的扶持政策，协会专门针对中小企业法务群体举办多场免费的法治专题报告会和法治培训讲座，如中小微企业投融资中的涉税法律问题、中小微企业如何借力资本市场融资及相关法律问题等，提升中小企业的实务操作能力。企业代表对协会培训服务内容的满意度达 90% 以上。

窗口服务。协会《企业法律顾问》（电子版）会刊和《业务学习资料》双月刊、协会网站、微信公众号和会员 QQ 群及时为会员了解协会的动态提供方便。

二、提升能级，服务政府

协会充分发挥政府和企业之间的桥梁纽带作用，找准定位，积极作为，认真完成政府委托、交办的各项工作并取得成效。

法治宣传工作。协会协助市经信委制定 2017 年度法宣计划和工作要点，配合校对相关法宣材料。3 月，协会还参与举办市经信委系统 2017 年度法治宣传教育培训班。

“12345”热线知识库维护管理。“12345”市民服务热线作为上海市政务类公开特服专线，自 2013 年运行以来，为市民解决不少咨询求助事宜。同时，协会接受市经信委委托，长期负责经济和信息化领域“12345”热线知识库的管理和维护工作，以确保知识库内信息正确、有效。

服务中小企业。协会接受市中小企业发展服务中心委托，与该中心联合举办两期上海中小企业法律风险防范培训班。来自全市 200 多家中小企业的管理人员，近千人次参加了两期培训活动。

培训紧缺人才。协会承接的上海市 2017 年专业技术人才知识更新工程项目之一，“企业涉外法律”专题培训项目，对协会招生的 50 名涉外企业高管、经理进行为期 4 天的培训，并专门安排学员前往上海电气集团临港基地进行现场观摩教学。学员结业时，由市人社局颁发证书。

承办首届法务技能大赛。市法宣办、市经信委、市国资委、市司法局联合主办 2017 年首届上海市企业法务技能大赛，协会承办。参赛单位逾 5000 家，近 2 万人参加网上初赛，57 家集团（公司）共 169 人报名参加复赛笔试较量，选出入围半决赛的 12 支队伍，晋级的 6 支队伍于 12 月 4 日在邮政博物馆举行决赛，国网上海电力公司夺得冠军。

三、搭建平台，合作共赢

校会合作，成立研究中心。协会与上海对外经贸大学共同成立国际金融与贸易企业法律实务研究中心，按时完成企业涉外法律专题培训班、关于企业在跨境经贸和投资过程中对法律服务的调研并组织举办协会年终大培训。

借力共赢，发挥联合调解中心作用。协会与市先行法治调解中心共同设立联合调解中心。自运营以来，中心共受理案件132起（涉及企业138家），调解和解110起，成功结案率达83.33%，追回补偿金239万元。市经信委组织的第三方评估报告显示，协会为中小企业服务综合得分获优秀。

对外交流，扩大协会影响力。11月13日，协会一行7人赴杭州参加第8届全国地方企业法律顾问协会论坛，各省市企业法律顾问协会代表逾120人齐聚一堂。强志雄会长代表协会就近年工作的开展情况做了交流，得到参会代表的高度赞扬。12月23日，协会与中国法制报、上海交大凯原法学院、上海国际仲裁中心联合举办第7届中国公司法务年会，深入探讨"法治中国、法治公司"，网上直播浏览量近69万人次。

四、建章立制，规范管理

扩大会员、理事单位规模。协会通过各种专项服务，在稳定现有会员的同时，不断扩大理事队伍。年内协会吸纳上海百事通信息股份有限公司等5家副会长单位；欧普照明股份有限公司等6家常务理事单位；上海丝绸集团股份有限公司等9家理事单位。新成员、新单位的加入，进一步推动了协会各项工作的开展。

制定完善规章制度。年内，协会根据章程规定的事项，先后制订完善34项内部管理制度。同时，还在工作中逐步形成一套规范化的工作流程，从起草、审阅到签发，全方位实现规范化运作。

（姜　潮）

上海市质量协会

上海市质量协会（原名"上海市质量管理协会"）成立于1982年9月，是由致力于质量事业的组织和个人自愿参加组成的专业性的非营利性社会团体法人。

2017年主要工作：

一、切实做好会员服务，促进企业质量提升。

点面结合，多渠道服务企业会员。围绕企业普遍关注的质量话题，以喜闻乐见的多种形式，先后开展42次会员活动，参加会员单位累计2072家次，参加人数共计3379人次，比上年增长28%；发展通信、电力、医疗、制药、汽车等重点领域的新会员单位14家；针对企业质量提升亟待解决的问题，开展质量诊断专题活动10余次，尤其是帮助上海机电工程研究所对导弹高效精准化测试－诊断－维修平台研发与应用项目进行技术攻关和质量提升，使之获得技术专利10项，具有深远的国防战略意义。

推动企业品牌建设，大力培育质量标杆。全年举办各类品牌培育活动共计51场次，累计有1143家次企业、1717人次参加。市质协培育推荐的2家企业荣获全国品牌故事演讲一等奖，3家公司荣获全国品牌故事演讲三等奖。先后开展质量推进专题培训和国际专家高端研修共50余期，5000余人次参与。2017年，上实物业、上海市政工程设计研究总院等企业现场获"全国五星现场"称号；多家单位先后获得"上海市市长质量奖""上海市质量金奖"荣誉；上海申通地铁集团有限公司获得"全国质量奖"；28个QC小组荣获"全国优秀质量管理小组"称号、25个班组获"全国质量信得过班组"殊荣。

二、继续拓宽国际交流合作，夯实质量领域国际影响力

承办中国质量（上海）大会。9月15—16日召开的中国质量（上海）大会，在国内外产生强烈反响。国家主席习近平向大会发来贺信，国务委员王勇宣读贺信并致辞，来自全球37个国家和地区的政府部门、质量组织、企业界和学术界的代表参加会议，共同倡议并发布《上海质量宣言》。上海市质量协会作为主要承办单位，全力以赴做好大会的各项筹备工作。大会先后邀请到26位来自13个国家的外国嘉宾参会演讲，占嘉宾总数43%；组织工作人员、志愿者参与大会外事和会务工作；承办第三分会场会议，支持办好第四分会场会议；参与《上海质量宣言》的起草、30余万字的文字材料翻译、近400篇论文的征集评审汇编等工作。

加强中德质量合作。德国质量学会和市质协在质量领域的交流合作得到进一步加深。11月23日前后，市质协赴德参加中德质量论坛等交流活动。市质协会长唐晓芬、副会长沈建芳在论坛上作精彩演讲。双方达成继续办好中德质量发展（上海）论坛，开展培训与研修、企业质量诊断、创新研究的合作等多项合作意向。

举办工博会质量创新论坛。11月9日，市质协举办第19届中国国际工博会质量创新论坛，国内外200多位质量界、企业界、政府部门的嘉宾参加此次会议。

在“请进来”的同时，市质协积极推动质量活动“走出去”，并取得积极成果。年内，市质协先后组团参加2017年世界质量与改进大会、欧洲质量组织第61届年会和第2届IAQ质量论坛、第23届亚太质量组织大会等多次国际质量会议和交流活动。市质协推荐的多家企业和个人在这些竞赛中获奖。

三、落实创新引领发展，探索“互联网+质量管理”新模式

继续发挥专业技术优势，开展多个国家级、市级课题研究。如联合上海交通大学开展中国工程院“制造强国战略研究”3期课题项目的研究；承担船舶制造、典型家用电器两大行业的优质制造行动对策研究任务；承担国家质检总局发展研究中心课题，并选择美、日、德、韩、印、巴等6个国家的质量发展情况为研究对象，为中国推进质量强国战略提供借鉴参考；完成“新常态下上海制造业质量管理现状及对策研究”项目。

继续服务自贸区建设，开展质量基础设施综合应用研究。围绕国家质量基础设施在自贸区的综合应用，先后完成“上海自贸区国家质量基础综合应用示范建设项目预研方案”“上海自贸区国家质量基础综合应用示范创建规划”等课题，取得丰硕成果，得到质检总局的认可。

深入实施标准创新与应用研究，继续夯实质量基础工程。联合上海市家庭服务行业协会共同打造3项家政服务地方标准、8项行业规范；联合上海市金融服务办公室，开展了4项金融服务地方标准的修订；分别支持漕河泾科创中心、静安区网格化管理中心开展国家级、市级标准化示范试点，标准覆盖率分别达到100%、95%。

在理事会的领导下，市质协在加强会员在线服务平台、上海企业社会责任报告在线信息平台、品牌创建交流平台、质量月活动平台、《上海质量》杂志宣传平台等建设，党建工作方面也取得积极成效。

（华蔚筠）

上海市节能协会

上海市节能协会成立于1985年3月21日。现有会员单位275家，是使用能源和生产用能产品的企业以及专门从事节能产品的生产和能源管理、科研、设计、教育、信息等事业单位自愿组成的节能专业性、非营利性的社会团体法人组织。业务领域包涵节能、减排、环保、绿色、低碳领域技术和技改项目咨询、课题研究、标准制定、节能规划与能源审计、能源类项目第三方评估、节能产品评审、开展能源前瞻性宏观智库性质研究、新媒体与传统媒体宣传、培训等一站式服务。

2017年主要工作：

一、坚持传承创新，实现平稳过渡、推进发展

5月19日，召开2017年会员大会暨九届一次理事会，选举产生王坚为理事长的第9届理事会和戴坚为监事长的第一届监事会。会议提出服务中心，融合发展；服务会员，促进发展；做好纽带，共同发展；发挥优势，提升发展；主动争取，支持发展的新一届理事会工作思路，为协会换届后的平稳过渡和持续发展奠定坚实基础。

二、坚持“三为”服务，不断创新服务举措

不断提升为会员单位服务精度。组织参加2017上海国际供热、锅炉、生物质能暨热工设备展及第10届上海国际水展。布展参加第19届中国国际工业博览会。协办第14届长三角能源论坛。参与第3届中国电器与能效管理技术高峰论坛。

举办上海节能减排绿色制造高峰论坛，联合举办上海市天然气分布式供能系统和燃气空调新一轮扶持政策宣贯会。在市2017上海静安国际大数据论坛上主持Panel7大数据与环保活动。

采取联手攻关举措，承接企业项目13项，包括国网上海市电力公司能源审计，申能集团公司下属外高桥第三发电有限责任公司等5家企业的能源审计，虹桥商务区（一期）分布式供能后评估项目等。

举办节能减排沙龙活动，听取会员单位诉求、需求、意见和建议。召开上海发电行业现状和发展座谈会，并通过课题成果方式，向市政府有关部门反映企业呼声。拜访宝武集团、中交航道局有限公司等单位了解节能减排情况，赢取对协会工作支持。根据华能石洞口一厂需求，出版《上海节能》增刊。

不断提升为政府服务深度。承接政府7项课题研究项目，其中《上海市绿色制造现状及问题瓶颈研究》《热电联供燃煤锅炉超低排放技术路径研究》《2017年上海电力行业发展报告》等项目通过验收。

联手市监察中心、市能效中心、市资源综合利用协会、市节能环保服务业协会在第19届中国工业博览会上海国家会展中心展馆设立展台，拓展深度合作，扩大影响力。

承担审核的模块式空气源热泵热水机组、微机网络控制变压变频调速电梯等20个节能产品被评为“上海市节能产品”，有效提升节能产品使用率。

根据黄浦区发改委集中区属企业开展能源相关培训需求，举办培训班对300人次进行能源统计报表、黄浦区重点用能单位节能培训等。

受崇明区房屋土地征收中心委托，开展上海马腾新型材料厂现场淘汰类设备调研、收资、审核、取证等工作，并提出评审意见和建议。

围绕市经信委创建绿色园区重点工作，前往金山二工区调研，就开展分布式供能、能源终端微网、智能互联网等课题与金山二工区领导商讨并达成共识。

不断提升为社会服务广度。节能宣传周期间举办节能知识竞赛，并延伸到“5 · 30全国科技日及节能宣传周”上海环球港现场和节能宣传周华鑫科技园现场，共吸引社会各界12万人次参与。

携手上海燃气（集团）有限公司、上海燃气协会燃气具专委会共同举办“绿色发展．美好生活”燃气节能宣传活动，80余位市民代表和参展商参加活动。

三、坚持创新创收，优化杂志、网站和微信品质

提升《上海节能》杂志品质，在《中国学术期刊影响因子年报》和《自然科学工程技术、人文社会科学》中均有排名目标。刊登《面向2050年上海能源发展趋势与战略》等论文，完善通讯员网络系统，开启与《今日申能》《上海燃气》杂志的交流通道，编务系统于11月初上线试运行。协会秘书长和编辑人员参加市新闻出版局举办的第35期社长、主编培训班并取得上岗证书。2018年度《上海节能》杂志订阅量占印数的74%，比上年提高4.6个百分点。

调整“上海节能网”首页布局，操作更便捷。新增OA系统、编务系统入口，实现网站与系统有机链接。开启“上海节能网”会员单位线上入会。发布协会动态和展会信息等，转发相关新闻资讯、政策50余篇。截至年底网站点击率达21万次。

官方微信自2014年3月开通后已发布及转发国家新闻、政策法规、上海工作、协会动态及节能相关信息共计1842篇。单日最高点击数2.8万余次，日最高转发分享数8000余次，总阅读量超23万次。完成微信认证，进一步提升微信影响力。

四、创新工作手段和工作载体，加强协会自身建设

在市有关部门指导下，筹备召开上海市能源互联网创新联盟暨上海市节能协会上海能源互联网专业委员会（筹）启动大会。举办能源互联网沙龙等活动，多层次、多角度地探讨本市能源互联网发展的新技术、新模式和新业态，推动能源互联网创新联盟和专委会筹备工作向纵深发展。

积极参与绿色工业园区建设、开拓市场、开展规范化建设等工作，形成符合5A级社会团体中期检查标准的结论。

10月，协会OA系统正式上线，完成OA系统数据迁移工作，为形成规范化长效管理机制、量化考评体系和无纸化办公等模式创造条件。

主动联系在节能减排领域有重要地位和作用的企业加入协会，发展新会员单位11户。

实行工作经费预算制，做到资源配置优化，工作开展有序，风险控制有效。通过聘请和借调等方式充实员工队伍，协会有员工22人，基本形成“老、中、青”阶梯结构和“传、帮、带”新型工作关系。

五、坚持合作交流，实现优势互补

参加铜陵市节能协会成立大会，接待大连市节能协会和重庆市能源研究会同行。与上海电力公司电力科学院、上海市电力公司培训中心、复旦大学、上海交通大学、上海大学、上海电力学院、航天集团、新奥集团、上海燃气工程设计研究有限公司、上海市燃气节能技术促进中心交流，共同提升办刊能力和课题研究实力，打造前瞻性强、关联度高的高层次合作平台。

开展党建结对活动，与中国银行卢湾支行开展银会合作，发挥党支部战斗堡垒作用，提升党建水平，结对共建，优势互补，共同进步。

（徐莉莉）

上海市包装技术协会

上海市包装技术协会成立于1978年10月28日。现有会员单位400余家，为上海市包装行业企事业单位与科技工作者自愿组成非营利的社会团体法人。协会下设纸容器包装委员会、塑料制造委员会、包装印刷委员会、木制品包装委员会、绿色包装委员会、包装设计委员会、金属容器委员会、包装机械委员会、包装标准委员会、快速消费品委员会等10个专业委员会。协会开展包装科学研究和学术交流活动，培训包装技术人才，普及包装知识，加强包装行业协调与管理，改进商品包装，提高包装自主创新能力，增强包装环保理念，发展循环经济，推动包装工业发展，繁荣包装事业。

2017年主要工作：

一、认真探索新常态时期包装行业转型新路径

认真学习贯彻中共十九大精神。协会人员把认真学习、全面贯彻中共十九大精神作为首要政治任务抓紧抓实。以习近平新时代中国特色社会主义思想为统领，认真学习中央经济工作会议精神，指导包装行业转型发展，指导协会各项工作。

协会组织专业委员会认真学习贯彻二部委《包装产业转型发展的指导意见》文件精神。为推进包装企业"创新驱动、转型发展"工作，提升上海包装企业的核心竞争能力，协会组织多次座谈会，贯彻落实工信部和商务部《关于加快我国包装产业转型发展的指导意见》文件精神。

协会深入会员企业，开展调研，掌握行业发展动向。2017年是上海市产业结构调整攻坚克难、关停并转、调整力度最大的一年，也是包装行业面临压力的一年。协会和各专业委员会深入企业，开展调研及时掌握行业动向，了解会员的现实处境，出谋划策与会员企业共患难。

为企业转型发展，做好全方位的服务工作。为了提高会员企业科技创新与品牌建设的能力，协会举办企业软实力建设能力培训班；协会专业委员会积极组织会员单位参加各类包装展会，协助企业开拓市场；加强与政府的对接，协会主办沪喀印包、物流产业对接会。应赣南地区龙南县政府邀请，组织部分企业家考察赣南投资环境和包装，同时接待湖北汉川市政府代表团。

二、搭建旅游商品印刷包装创意设计服务平台

在市新闻出版局和市经信委的支持下，协会按照国务院办公厅《关于开展消费品工业"三品"专项行动营造良好市场环境的若干意见》的精神，着力开展旅游商品印刷包装创意设计服务平台项目。经过两年的努力，圆满完成预定的目标，成功打造跨行业的服务平台。

组织包装专业设计公司对3项旅游商品包装开展攻关设计。平台广泛征集具有海派特色的上海品牌旅游商品，推荐10项为包装创意设计命题的商品，从中选出3项具有市场活力、有较好经济效益的上海著名的旅游商品，开展包装更新换代的创新设计。国际饭店"蝴蝶酥伴手礼"、延中"咸柠汽"和"真空茶叶罐"的创新设计得到企业的认可，商品受到消费者的好评，取得很好的经济效益。

组织上海旅游特色商品大学生命题包装设计大赛。在协会包装设计委员会和各高校的努力下，收到来自上海和其他城市的13所高等院校包装设计专业的159位参赛学生设计的132件（套）包装作品。在11所高校50件入围作品中，最终评选出20项大赛奖项。

举办包容万象——上海旅游商品包装创意设计展示交流会系列活动。11月20—22日，协会在上海科学会堂海洋能厅举办主题为："包容万象——上海旅游商品包装创意设计展示交流会"系列活动。"包容万象——上海旅游商品包装设计展示交流会"开幕式、上海旅游商品创意包装展示会、上海旅游商品包装创意设计论坛、四个专题对接座谈会同时召开。活动开幕式当日上海电视台新闻综合频道以《包装创意有讲究，提升格调促销量》为题作详细报道；21日，《新民晚报》发表《要让旅游商品好吃好用也好看，"老字号"引来学子创意包装》的报道，各专业媒体也纷纷作相关报道。

围绕创意设计，召开上下游专业对接座谈交流会。为开展上下游互动合作、产学研协同发展、产业链融合对接，召开茶叶包装、糖果包装、伴手礼食品包装、日用日化包装设计等四个专题对接座谈会。特邀产品企业领导、业内专家与高校师生一起交流探讨。

三、以科技创新与创意设计为着力点，推动行业转型发展

6月21日，由上海市食品学会、上海市包装技术协会、上海博华国际展览有限公司联合成功举办2017食品加工与包装技术创新发展论坛。

在2017 SWOP包装国际展览会期间，协会协助杜塞尔多夫展览（上海）有限公司，组织召开"包装智能未来"为主题的国际包装高端论坛。。

8月22日，在上海出版印刷高等专科学校举行慧大包装高峰论坛。活动由上海出版印刷高等专科学校主办，上海市包装技术协会协办，上海包装杂志社承办。

10月29日—11月7日，协会会长费钧德带领上海代表团一行28人参加在中国台北举行的第15届（APD）亚洲包装设计展示交流会。4个协会的包装设计专家作了具有特色的精彩演讲。

1月7日，2016ASPaC亚洲学生包装设计大赛在日本东京举行，协会带领中国大陆赛区代表团参加会议。6月6日，SPaC亚洲学生包装设计获奖作品巡回展在上海新天地·新里隆重举行。

为延伸食品产业链，探索上下游互动，在市商务委、市旅游局以及相关政府部门的支持下，上海市食品协会、上海市旅游行业协会、上海市包装技术协会和上海市食品学会联合主办2017上海特色旅游食品的评选。

四、倡导绿色与环保理念，推动行业可持续发展

11月22日，协会主办的绿色包装产业技术发展工博会分论坛隆重召开。

协会绿色包装委员会继续开展2017年上海市优秀绿色包装评选活动，此活动已坚持了8年。

五、加强国内外交流助推行业发展

为了进一步了解南美包装市场发展的现状与趋势，开拓巴西包装市场，协会会长费钧德为团长的上海包装行业企业家考察团一行12人，6月26日启程考察南美。

10月5—13日，协会会长费钧德率团赴土耳其参观2017土耳其国际印刷包装展，还赴伊斯坦布尔当地企业进行考察交流。

为促进沪昆两地包装协会友好交流、包装企业共同发展，4 月 12 日，由上海市包装技术协会、昆明市包装技术协会联合主办沪昆包装交流会。

六、加强协会能力建设、提升服务能力

坚持发挥理事会领导作用。在理事会领导下开展协会工作，协会办事机构密切与理事保持联络，重大工作坚持向会长、副会长汇报。协会充分发挥副会长单位联络员作用，协会理事积极理“事”，帮助委员会开展工作。

协会二级办事机构认真做好服务工作。协会秘书处和各专业委员会认真做好服务工作，走访理事，深入企业，虚心听取和征求理事与会员的意见，帮助企业解决问题，有的放矢地做好服务工作。

加强协会党建工作，在理事会层面充分发挥协会党的工作小组的重要作用。加强协会办事机构党支部组织建设，提高党支部的战斗力和凝聚力，进一步发挥了党员的模范带头作用。

各专业委员会坚持服务会员企业的工作方向，坚持创新和服务的工作理念，不断增强协会自身影响力和凝聚力，开展形式多样、富有成效的各项工作。

（舒仁厚）

上海市咨询业行业协会

上海市咨询业行业协会成立于 1987 年 3 月，前身为上海市科技咨询学会，1994 年更名为上海市咨询协会，2004 年 4 月更名为上海市咨询业行业协会。协会由多种所有制从事咨询业的企事业单位自愿组成，是非营利性的行业性社会团体法人。协会现有团体会员中，有国有或国有控股企事业单位、民营企业、外商独资、合资企业、大专院校、社团组织等。按照主要业务范围分类，属于工程咨询、经济与管理咨询、科技咨询等。至 2017 年年底，协会的各种所有制会员单位有 111 家。会长副会长单位 15 家，理事单位 49 家。下设管理咨询、技术咨询等专业委员会共计 2 家，上海市科委原来是协会的上级业务主管单位。2015 年，根据市政府行业协会脱钩管理的要求，成为第一批完成脱钩试点的协会。

2017 年获（2015—2016 年度）上海经济团体联合会、上海工业经济联合会颁发的荣誉证书（协会工作）。

2017 年主要工作：

一、协会召开七届六次理事会议

6 月 20 日，在科学会堂思南楼召开七届六次理事会，通过协会 2016 年工作总结及 2017 年工作打算、《关于同意授予彭子晖等 38 位同志为第八届上海市注册咨询专家称号的决定》《关于同意授予蒋小荣等 20 位同志为第一届上海市咨询业行业协会咨询师称号的决定》《关于设立上海市咨询业行业协会会长办公会议制度的决定》、《关于印发〈上海市咨询业行业协会专家库管理办法（试行）的决定〉》等。

12 月 7 日，在科学会堂举行新方位、新动能、新担当上海咨询业创新发展论坛暨 2017 年会员大会，134 人参加会议。大会特邀国际著名桥梁专家邓文中先生作关于创新的专题报告。邓博士结合自己在全世界创新设计的诸多大桥进行升华，指出创新必须增加价值，如果没有增加价值，只是一个不同的方案，不是创新。

二、协会召开会长办公会议

5 月 18 日，在上海奉贤小木屋会务中心召开上海市咨询业行业协会七届六次会长办公会议，听取协会 2016 年工作总结及 2017 年工作打算；2016 年第 8 届上海市注册咨询专家、首届上海市咨询业行业协会咨询师认证评审情况的汇报；关于协会设立会长办公会议的提议；第 8 届理事会理事候选人名单产生的说明。与会会长一致同意通过协会 2016 年工作总结及 2017 年工作打算；2016 年第 8 届上海市注册咨询专家、首届上海市咨询业行业协会咨询师认证评审合格人员名单；第 8 届理事会理事候选人名单；同意协会设立会长办公会议的提议。同意协会建立专家库的管理办法。

三、做好继续教育与学术交流工作

4 月 17 日，协会组织“阿尔法 go 引发人工智能对咨询业之启迪”专题报告会，80 余人参加会议。6 月 6 日，假座科学会堂思南楼会议室举办上海科技节活动暨第二期注册咨询专家和咨询师继续教育培训活动，培训课题是“咨询业的发展与变革的思考”，特邀中国管理科学学会学术中心主任、研究员、中组部“飞人计划”专家，中国科技咨询协会副会长兼秘书长、江苏省科技咨询协会副会长、南京敏捷企业管理研究所所长张晓东博士作主讲嘉宾。参加培训的有 40 余人。8 月 18 日，组织专题报告会中国企业对接德国工业 4.0，30 人参加。报告会特邀德国托马斯（彭善朴）先生分享其在跨国企业合作领域的经验，帮助中国企业家更专业、安全、稳健地开拓与德国等的国际合作。

9 月 18 日，举办咨询业助力智慧产业青年咨询论坛。上海全服投资中心总经理、上海市咨询业行业协会副秘书长邱兢作“智慧园区的蓝图规划”的演讲；中船勘测设计研究院有限公司项目经理刘宝石报告“地下立体智能停车库与智能停车”；上海市海华永泰律师事务所吴民平博士作“工业 4.0

与中国制造2025知识产权保护”的报告。

四、组织与外省市的行业交流活动

9月26日，协会组织26家单位到浙江平湖参加上海平湖科技金融合作交流会，旨在探索科技项目结合金融服务，提升科技创新、技术服务的可靠性和成功率。其间组织4个大型项目的交流，包括中船勘察设计研究院的县区如何开展PPP工作、PPP运作案例及经验；金桥建设监理有限公司的PPP项目在地区水务建设中的应用；联众咨询（上海）有限公司联合华东师范大学教授介绍的生物处理湖水污染技术。

10月12日，协会联合上海市老科协、上海东北经济促进会，在科学会堂海洋能厅举行形势报告会，邀请国防大学陈晓和教授作“如何破解美国及其附庸对我国的军事围堵”报告。

10月27日，协会接待重庆管理咨询业协会来沪考察交流。双方围绕在新形势下咨询协会如何有担当，多作贡献等话题进行交流。

五、协会开展咨询资质证书换证工作

2017年是咨询资质证书第一次换证的时间，已经基本完成工作。协会自2014年1月颁发《咨询资质证书的管理办法》，为团体会员单位中从事管理咨询的发放资质证书。3年共受理70多家会员单位的申报，经审核后予以颁发证书，为企业招投标工作提供资质证明，改善企业营商环境，提高会员单位在市场竞争中的能力，受到咨询服务企业的欢迎。

六、继续配合企业完成招标专家的推荐工作

至年底，为企业提供20多个项目的招投标专家共计55位。在群团改革工作中积极探索协会发展的新路径。现由协会负责联系的上海市注册咨询专家、注册咨询师近500人，服务于协会的会员单位和满足社会上的需求，向社会提供招投标、科技项目、管理项目评审的专家，承接政府部门和企事业单位委托的咨询调研课题。同时，积极参加举荐协会会员单位参评国家、上海地区优秀人才的评比表彰活动，以及中国科技咨询协会咨询职业女性风采人物的推荐评选活动。

七、开展促进咨询业发展的政策研究

继续为上海市发展研究中心和上海现代服务业联合会联合编撰的《上海现代服务业发展报告》（白皮书）提供《上海咨询业发展报告》。自2015年起协会连续3年参与撰写该报告，详细阐述上海咨询业发展的成就、存在问题和解决问题的办法。

（郭德利）

上海市环境保护工业行业协会

上海市环境保护工业行业协会成立于1992年11月，现有会员单位362家，是上海地区从事环保工程设计、环保装备、仪器仪表、环保药剂和新材料的开发研制、生产，环保教学和环保运行技术服务等设计院所、高等院校和企事业单位自愿组成的跨部门、跨所有制的非营利性具有法人资格的社会团体。

2017年主要工作：

一、协会自身建设

完成协会理事会换届选举工作，选举产生协会第6届会长、副会长、监事和秘书长组成的理事会领导班子，并报市社团局换证备案登记，同期完成财务交接、税务换证和三证合一工作。

根据国务院《行业协会、商会与行政机关脱钩总体方案》要求，顺利完成协会政审和财审等政社脱钩工作，协会确定为国有性质的省市级行业协会社团组织。

通过上海市中小企业综合服务机构、上海市环保企业诚信创建办公室和上海市产品质量鉴定组织单位的平台年审复评工作。

二、服务企业、服务行业

举办论坛交流，鼓励引导创新发展。一是组织联合开展中国环博会、中国净博会和盐城环保展，召开超低排放技术交流研讨会和中国空气净化器和新风技术论坛。二是组织合作开展第9届中国第三方检测实验室发展论坛分论坛二噁英及超低排放论坛，将来网“互联网+”环保技术论坛。三是组织会员申报上海市院士专家工作站组建工作、国家鼓励发展的重大环保技术装备目录（2017年版）和组织申报环保示范项目和政策扶持工作。四是组织合作开展智慧·创新首届新时代背景下人力资源高峰论坛。转作风为基层和企业服务，提升服务水平。走访会员及相关单位30余家，接待来访30多次，调研与沟通了解企业情况及诉求。五是坚持标准化工作，编制社团标准《学校教室用空气净化器技术要求》《民用室内空气颗粒物浓度检测装置性能评价要求》，申报全国团体标准化信息平台；制定空气净化器行业产品质量评价细则报质监局审核，质监局上海市产品质量逐级提升示范平台公布执行。六是完成浙江牡牛集团IC厌氧委托环保产品质量鉴定报告；签约国家技术转移东部中心——上海环保科技工作站和上海技术转移中心；与市环监中心及申通地铁签订合作协议，开展相关工作。

三、服务政府尽责尽力

组织承办市质量技术监督局2017年上海市节能减排工

作会议，为全市节能减排年度工作计划的顺利实施、有效落地和圆满完成提供参考。组织开展市节能宣传周，以政策宣贯、科普宣讲、入社区进学校的形式，提升和增强民众节能减排意识。按时完成市经信委“上海市环保装备现状调查报告”和“上海市工业环境污染第三方治理模式市场培育研究”项目结题。完成市质监局“2016年检验检测统计年报”“空气净化行业质量调查”和“上海市产品质量合格率统计调查”项目结题。

（周树鹃）

上海市室内环境净化行业协会

上海市室内环境净化行业协会筹备于2002年5月、成立于2006年8月，现有会员单位435家，是从事洁净和净化的研发、生产、销售、检测、咨询、洁净工程、污染治理服务及其他相关的企业自愿组成的非营利性社会团体法人。协会以从事行业管理，服务行业、行业自律、行业协调为基本职能，保护会员的合法权益，提高行业协会整体素质，维护社会道德风尚，推动室内环境净化行业发展，加强室内环境污染的防治，保护和改善室内环境，为造福人类作出贡献。

2017年主要工作：

一、加大会员服务功能，新模式下提供新服务

3月10日，协会与上海奉贤绿化规划区组织开展中国好空气植树日行业植树活动，协会全体员工及21家企业积极参与植树活动，共计植树152棵，得到奉贤区绿化委员会颁发的表彰证书。

4月27日，举办第14届中国上海室内环境空气净化展览会，来自业内各领域的知名企业积极参展，展示室内环境治理行业的最新技术和产品，为装修污染和PM2.5的防范、治理等问题提供解决方案。

年内，先后举办第8届中国好空气论坛、跨国公司如何应对雾霾挑战论坛、空净协会工作经验交流会等活动。北京、浙江、江苏等省市，以及中国香港、台湾及美国等空气净化协会分享了室内环境净化工作的经验和做法。

协会全年培训室内环境中级治理员368人（举办6期），高级治理员91人（举办两期），工业洁净师45人（举办两期），共计504人参加培训。3家企业获得上海市空气净化工程专业承包企业能力评定证书；24家企业获得上海市室内环境治理企业服务资质，通过复审企业12家。

协会帮助会员企业上海心动能科技有限公司成功建立企业院士专家工作站。按计划完成团体标准《室内空气净化用光催化剂》《空气净化剂标志、标签和随行文件规范》的编制工作，并组织企业编写《室内空气评价准则》《酒店室内空气质量评价准则》两项团体标准的编写。全年走访接待企业110家，为会员业务项目牵线介绍72次。

二、发挥协会独特作用，承接政府新服务

行业信用信息共享平台建设。信用信息共享平台试点是经市经信委专家评审立项并验收项目。协会也是试点单位之一。该项目能预判企业潜在风险，帮助会员企业规避和有效控制风险，将经营风险降至最低。

承接政府项目，提升产品质量。年内，协会完成空气净化剂产品质量提升报告及产品星级评定工作，有26家企业45款产品申报星级产品，并由市质量技术监督局进行公示推广。

承接课题“互联网与室内环境应用技术现状调研报告”项目，协会组织10余家会员共同参与，并按计划走访企业、采集数据、查阅资料，最终形成《互联网与室内环境应用技术现状调研报告》。6月28日，协会召开专家评审会，项目顺利通过验收。

高技能人才培养基地建设。年内，协会高技能人才培养基地相关数据，已进入市人保局职业培训管理系统的入网工作，同时进入市劳动保障管理信息系统。4月，在市人保局指导下成立行业职业技能鉴定所。基地按照计划完成二项课程题库开发、教师培训、实训基地建设等工作。

专业技术人才知识更新工程高级研修项目。经市经信委和市人保局支持，协会开展高级工程师、工程师再教育培训课程。年内，开班2次，具有中高级职称学员92人参加再教育培训，获得职称学分。学员主要来自20余家洁净会员企业及药厂、电子厂、实验室等洁净应用领域企业。

开发“室内空气净化标准通”APP软件。会员企业每年购买标准需要大量资金，在出差、项目工地或技术会议上，纸质标准因太多不能携带到现场造成工作不便。针对这些痛点，协会与第三方公司合作开发“室内空气净化标准通”APP软件，这是上海第一家行业协会开发的跟标准有关的软件，软件内有2000多个跟室内环境相关标准，会员企业可以通过手机随时查询标准，与客户解释标准数据，给客户查看自己参编标准，大大提高工作效率，降低成本，该标准通已正式上线。

（惠　倩）

上海市机电设备招标投标协会

上海市机电设备招标投标协会成立于2004年8月，是由从事机电设备招标代理业务的机构和与招标投标活动相关的机电设备制造企业及供应商、咨询单位、设计研究机构、高等院校等自愿组成的非营利的社团法人组织，现有会员单位58家。

协会以“服务、协调、自律、监督”为宗旨，坚持执行《招标投标法》和有关法律、法规，以规范招标投标行为，依法维护招标投标当事人的合法权益，协助行政主管部门实施对机电设备招标投标活动的组织协调，培育和完善招标投标市场，促进本市机电设备招标投标事业的健康发展。

2017年主要工作：

一、配合行政监督平台建设，做好政府委托工作

根据市政府办公厅关于印发《整合建立本市统一公共资源交易平台实施方案》的通知精神，以及市经信委有关本市机电设备国内招投标行政监督平台（以下简称平台）建设委托工作要求，协会配合平台建设其中三项工作：一是帮助软件开发单位平台建设不断优化，使平台专业监管的特殊性与市公共资源交易服务平台标准要求有机结合，平台之间互联互通，并得到市政府有关信息部门肯定。二是通过部分招标代理机构现场进行平台测试，模拟运行依法必须招标项目全程监管，平台具有可操作性得到认同。三是与政府有关部门沟通并得到支持，平台与市公共资源交易服务平台联通，将为招标代理机构在国家指定媒介公开发布招标信息提供便捷通道，称为“信息发布一通道”。

此外，协会按市政府有关部门要求，每月按时汇总并向市政府办公厅下属信息中心上报全市机电设备国内招投标交易数据及其分析。同时，积极配合市政府有关部门在相关制度制订中征求意见反馈等工作。

二、圆满完成理事会换届，为协会发展奠定基础

在市社团局和市经信委有关部门领导指导下，协会于2017年5–8月进行第三届理事会任期届满的换届改选工作。换届突出三个重点工作：一是修订协会章程，修订入会条件，扩大入会范围，新增监事单位，加强自身监督，促进协会健康发展。二是发展新会员，新增会员单位21家、新增理事单位6家，调整或新增会长和副会长单位共3家，壮大了队伍、增强了活力，为协会创新发展，开创新局面打下基础。三是制定并通过协会会费标准和管理办法，为充分发挥协会功能作用、维护协会和会员单位的合法权益、保证协会工作正常开展等提供物质及制度保障。

三、助推市立功竞赛及评比工作，树立行业标杆

为贯彻落实市重点工程实事立功竞赛先进装备赛区（以下称赛区）关于开展立功竞赛活动及评比先进等工作精神，协会作为分赛区，主要做三项工作：一是部署动员相关会员单位，认真学习市重点工程实事立功竞赛领导小组和赛区相关文件精神，结合本单位实际，在为重大工程实事建设服务中，积极开展立功竞赛活动，营造争创“双优”氛围。二是走访相关单位，及时了解开展竞赛活动情况，督促指导相关工作。三是按立功竞赛活动评先标准和要求，严格审核相关单位申报材料，按时向赛区推荐上报。

经协会推荐并通过市立功竞赛领导小组审核评比，会员单位中，2家单位获得“2017年度上海市重点工程实事立功竞赛优秀公司”荣誉称号；1家单位获得“2017年度上海市重点工程实事立功竞赛优秀团队”荣誉称号；2位同志获得“2017年度上海市重点工程实事立功竞赛优秀建设者”荣誉称号。

经协会推荐并通过赛区审核评比，4家单位（团队）获得“2017年度上海市重点工程实事立功竞赛先进装备赛区优秀团队”荣誉称号；3位同志获得“2017年度上海市重点工程实事立功竞赛先进装备赛区优秀建设者”荣誉称号；1位同志获得“2017年度上海市重点工程实事立功竞赛先进装备赛区优秀组织者”荣誉称号。

此外，经赛区或其他赛区推荐并通过市立功竞赛领导小组审核评比，2家单位获得“2017年度上海市重点工程实事立功竞赛优秀公司”荣誉称号。

四、发挥信息载体作用，为会员单位提供服务

“协会网”和《简报通讯》是协会提供会员单位信息服务的重要载体，协会高度重视并作为常态化工作。一年来，协会秘书处及时采集，并在《简报通讯》刊登与招投标相关最新政策法规、国内外经济业态、“互联网＋招标行动方案”等信息，引导广大会员单位改革创新、转型升级，顺应新时代、适应经济发展新常态，促进企业新发展。截至12月，简报通讯共165期。同时“协会网”充分发挥信息平台作用，除登载简报通讯外，及时登载或转载招标代理机构发布的公开招标信息、资深业者撰写的招投标实务及案例分析等文章，受到业内外同仁的广泛关注。协会网站访问人数74194人，流量298006次。

此外，协会理事会换届后，协会秘书处广泛收集各会员单位简介及典型项目案例，图文并茂地对“协会网”原有信息进行更新，通过“协会网”推介宣传企业良好的声誉和形象。

（董红生）

上海市设备管理协会

上海市设备管理协会成立于1986年5月，具有独立的社团法人地位，现有会员单位1082家，下辖仪电、医药、纺织、轻工、宝钢、船舶、电气、维修等8个行业工作委员会。

2017年主要工作：

一、召开协会第8届会员代表大会，完成协会换届工作

10月31日，在上海电气培训基地报告厅召开八届一次会员代表大会，200余名会员代表出席会议，市经信委和市工经联的有关领导到会祝贺。

会议听取并审议第七届理事会工作报告，审议通过《协会第七届理事会财务收支审计情况报告》《〈协会章程〉修改说明报告》和《协会会费标准和管理办法》。会议以无记名投票的方式选出新一届理事会理事47名、监事1名。八届一次理事会议以无记名投票方式选举新一届理事会的会长、副会长并聘任秘书长和副秘书长。

二、编写和发布《上海市设备维修行业年度发展报告》

继上年首份设备维修行业发展报告发布后，2017年对行业统计分析口径、范围、专业类别等进行调整与完善，力求更为全面反映行业的发展状况，为政府有关部门制定产业政策和产业规划提供决策依据，为企业发展和市场拓展提供有价值的信息，引导设备维修安装行业健康持续发展。

7月13日，协会在上海机电大厦蓝宝石会议厅隆重召开《上海市设备维修行业年度发展报告（2016）》发布会，全市设备维修行业企业近100名代表和市经信委生产性服务业处、综合规划处及市工经联的领导出席会议。会上，对2016年度上海市设备维修行业前50强企业举行授牌仪式。上海宝钢工业技术服务有限公司、福伊特工业技术（服务）有限公司和上海环利机电有限公司的代表作交流发言。

三、组织开展设备管理交流研讨活动

3月24日，在上海僖舜莱机电设备制造有限公司召开低碳绿色技术与装备应用交流研讨会，部分行业企业的代表出席会议。与会代表围绕“智能型风光集成微网发电系统”等新能源设备的适用范围、防爆性能、全寿命周期维护等进行深入研讨，并就设备的节能改造、厂区分布式能源中心建设、可再生能源开发等进行交流探讨。

4月7日，山东省设备管理协会组织山东省的部份骨干企业设备主管领导来沪交流考察，在上海城投原水有限公司组织召开沪鲁企业设备维修与管理经验交流座谈会。

9月16日，会同全国13省市设备管理协会共同发起，在石家庄召开大数据下的设备管理创新与发展高峰论坛，全国100余名代表出席会议。

9月21日，召开基于工业大数据的设备与维修智能管理的技术和方法研讨会，部分行业企业的代表出席会议。与会代表就“设备与维修的智能管理及其价值”“工业大数据、数据采集与数据分析技术”“工业数据服务技术框架”“基于工业大数据实现性能预测和故障预报”“实现智能维修的管理基础”及“设备技术知识库建立方法”等进行交流探讨。

四、发挥桥梁纽带作用，做好服务于企业的各项工作

积极开展政府扶持项目政策的解读和对接工作。全年为会员单位举办多期政府扶持项目政策梳理解读培训班和政府扶持项目政策专题咨询会议，着重就“重点技术改造专项资金”“工业互联网创新发展专项资金”“中小企业发展专项资金”“生产性服务发展专项”“科技小巨人（培育）工程”等项目，邀请相关专家解读上海市发布和出台的有关扶持项目政策，帮助会员单位与政府政策对接，取得初步成效。其中，宝钢工业炉工程技术有限公司已被认定为“2017年度上海市科技小巨人培育企业”；上海华谊工程服务有限公司申报的“化工企业远程监控智能化服务平台”项目被市经信委列为“上海市中小企业发展专项资金项目”。

举办多期设备管理岗位培训班，根据水务行业提升运营精细化和设备现代化管理的需求，开办“水厂运营精细化、设备管理现代化”的第二期培训和交流考察活动，来自深圳市深水宝安水务集团及9家分厂的管理者参加培训和学习交流活动。

同时，为会员企业提供设备评估和技术鉴定服务；运用协会网站为企业发布闲置设备信息，为企业的产业结构调整和资产处置提供信息服务等。

五、深入企业开展调研活动，了解行业发展动向

为拓展市内设备维修行业统计范围，提高“上海市设备维修行业年度发展报告”的覆盖面。9月，对电梯维保市场、维保服务模式、专业企业的现状及发展前景等进行调研，并实地考察上海三菱电梯有限公司等企业。

会同市经信委生产性服务处对上海环利机电有限公司等企业进行实地调研，对存在问题进行分析探讨，以便在政策扶持、监管优化、风险管控等方面提出对策建议。

加强维修企业高技能人才队伍建设，深入多家企业调研，了解企业对设备维修技能岗位从业人员培养的需求，以及企业在培养、评价、使用、激励员工等方面的经验，为协会后续更好地服务于会员企业、全面提升维修行业从业人员整体水平打下基础。

推进制定行业团体标准，深入企业开展专题调研，了解企业对行业标准的需求，为下一步开展行业团体标准体系建设、组织机构建设、机制建设提供重要参考。

（夏仁海）

上海市新材料协会

上海市新材料协会成立于2000年12月，是上海市从事新材料工作的企业、高等院校、科研院所自愿组成的跨部门、跨所有制的非营利的行业性社会团体法人。现有会员单位275家，内设粉末冶金、硬面技术、青浦新材料基地分会以及改性塑料、降解材料、无机材料专委会等6个分支机构。

2017年，上海新材料产值达2448.47亿元，比上年增长3.2%；占上海战略性新兴产业七大领域（制造业部分）产值近1/4，产业规模位居第三，仅次于高端装备与新一代信息技术；产业技术创新和产业地位稳步提升，产业实力持续壮大。

2017年主要工作：

一、发挥参谋助手作用，积极承担产业发展系列课题研究工作，为政府决策提供依据

根据市经信委要求，协会先后编制完成《上海材料工业结构调整与发展途径研究》和《2017年上海新材料行业发展报告》报告运用翔实的数据对上海材料工业发展现状进行深入研究，并对其在创新发展中面临的问题进行分析，对产业结构调整和发展途径提出建议，希望借此助推上海材料工业结构优化，提质增效，推进产业工艺能耗优化，实施清洁生产，加速新材料的研发和应用，大幅提高上海先进制造业关键材料的保障能力。协会还承担“上海新材料基础信息数据库构建维护”“2017年上海新材料产业统计手册”“新材料产业安全监测与预警”等多个专题项目报告的编制和撰写工作，为政府部门决策和指导产业发展提供参考。

二、努力突破国产新材料应用瓶颈，为中小微企业技术改造、创新发展保驾护航

受市经信委委托，协会完成上海市新材料首批次应用政策研究，协会提出的批次应用保险补偿政策和首批次新材料专项支持方法及指南，得到工信部和市经信委认可。

下半年，工信部、财政部和保监会联合发布《关于开展重点新材料首批次应用保险补偿机制试点工作的通知》，协会和保险同业会于10月底联合召开宣贯会，新材料企业、承保单位及部分保险经纪公司的代表参加会议。会上，理事会单位上海三爱富新材料股份有限公司和太平洋产险公司购买保险并申请补偿进行对接，成为上海市第一单新材料首批次保险，为上海新材料企业购买首批次保险起到引领示范作用。

三、探索开展企业信用信息采集、监测及评价工作，建设新材料企业信用信息共享平台

根据国务院《社会信用体系建设规划纲要》精神，协会在市发改委、市经信委专项资金支持下，与上海正名资信咨询服务公司合作，经过两年多的探索和努力，完成信用平台项目数据库、软件开发和硬件配套，以及建立试点企业信用档案和信用评级等任务。新材料协会信用信息共享平台于12月顺利通过专家评审验收。

行业信用体系建设项目建成后，为企业创新发展、做强做大提供了良好的诚信与信用体系的支撑。为协会配合政府推行事中事后监管、经济转型发展、市场配置资源提供可靠的信用数据，也为协会提高信息化管理水平提供新的载体和平台。

四、进一步发挥桥梁与纽带作用，做好会员单位的服务工作

协会充分发挥市中小企业服务工作站、市公平贸易行业工作站等服务平台作用，由秘书长亲自带队走访企业、了解会员情况，多渠道、多方式地为企业提供帮助和服务。协会在开展编制规划、政策研究、信用评级、培训人才、制定标准、公平贸易、企业对接等项工作中，共走访近百家企业；网上登录的中小企业服务台账达350多条；协会上报的《上海市中小企业服务绩效第三方评估服务机构自评报告》顺利通过市经信委组织的第三方现场评估。

协会注重将企业面临的困难、意见和建议通过各种途径向政府及有关团体反映，并均被采纳。协会还为企业购买厂房保险、生产断电险、专家险等提供上门服务，还为新材料生产企业提供分析测试方面的技术指导等，受到企业的欢迎。

五、搭建服务交流平台，推进“产学研用”对接交流

协会结合行业实际，充分运用协会杂志、网站以及行业沟通交流的载体为会员单位贯彻落实《中国制造2025》《新材料产业发展指南》和《上海促进新材料发展“十三五”规划》于3月、5月、6月、9月和11月举办5场交流、培训、论坛、研讨等活动，受到广大会员单位的普遍欢迎。

协会积极动员会员单位参加工博会新材料展活动，向参与协办2017中国工博会新材料产业创新发展国际高峰论坛活动。工博会新材料展从61个产品中评出1—3等奖项共13个，协会有7家会员单位的参展产品获奖，其中一等奖1个、二等奖2个、三等奖4个。上海市新材料协会也获工博会新材料产业展优秀组织奖。

六、开展人才培训工作，为新材料产业可持续发展奠定扎实基础。

按照市人社局和市经信委的要求，努力建设上海市新材料产业高技能人才培养基地，积极开展人才培训工作。完成粉末冶金压烧、纳米浆料配制、材料老化性能检验等三项职业技能培训项目；从督促实训基地设备设施进度，按期完成题库、课程开发、教材编写、入网机构备案等工作。年均培训量可达500人次以上。同时，协会还注重抓好专业技术人才的知识更新。11月，举办高端工程塑料聚酰亚胺智能制造高级研修班，企业60多名学员参加培训，向培训考试合格的学员颁发市人社局授予的证书。协会新材料人才培养基地被市教委授予中职教师企业实践先进基地；4位教师获得教案改进方案二、三等奖。

一代新材料造就一代新装备，一代新装备需要一代新材料。展望未来，新材料协会将在在上级领导指导下，带领广大会员继续开拓创新，不断加强规范化建设和服务能力提升，推动上海新材料产业的技术创新和转型发展再上新台阶。

（魏安卿、陈友新）

上海电子商会

上海电子商会（上海电子制造行业协会）成立于2002年4月。现有会员单位180家，是由上海从事电子业制造、服务、采购经销企业，相关大学、科研院所、信息中心以及协会、学会等单位自愿组成的地区性跨部门、跨所有制的行业社团组织。协会下设流通分会、绿色照明应用专业委员会、智能安防专业委员会、智慧园区产业服务专委会、大健康专委会专家委员会等机构，具有较强的行业代表面和广泛的行业基础。协会贯彻落实国家有关电子制造产业发展的方针政策，为电子产品的生产、流通培育良好的市场环境，促进上海电子产品制造与流通的不断发展。

2017年主要工作：

一、依据会员单位需求，加大活动之力度

坚持把为会员服务作为各项工作的重中之重，围绕服务宗旨，结合行业发展趋势和会员单位的需求，积极组织特色活动，提高社会效应，带动产业发展。

加大重点企业服务力度。为加快推进智慧城市建设，协会与上海仪电联合举办智慧城市（园区）发展技术及产业论坛；召开强化餐厨废弃油脂处理的全程监管座谈会，践行社会责任；会同会员企业上海咔酷咔新能源科技有限公司等单位共同举办2017第一届电动汽车绿色出行大会。协办2017（第5届）先进制造业大会；开展校园招聘活动；成功举办上海松下半导体有限公司人才交流招聘专场活动，努力为商协会的会员单位提供专业人才，助力企业持续发展做好服务工作；聘请常年法律顾问。为了防范和化解法律风险，帮助会员单位节约经营成本，提供法律支持，与上海汉盛律师事务所签订法律顾问协议，并下发企业法律援助需求调查表；开展业务对接活动20余次。

为会员单位提供多元化服务。帮助企业做好2017年度上海市高新技术企业申报（复审）工作，组织相关企业参加专题培训，全力配合企业做好与政府的信息沟通；帮助企业做好2017年度“专精特新”中小企业申报（复核）工作及政策解读，切实有效做好服务工作；依据2017年度上海名牌推荐申报及初审工作通知的要求，动员会员单位积极参与上海名牌推荐申报工作；主动贴近企业需求，对已享受政府资助项目的会员单位，切实有效地做好项目建设的跟踪服务。

开展专业技术职称申报服务工作。协会及时传递国家及地方出台的有关职称最新政策的信息。举办2017年度专业技术职称申报专题培训会，会员单位专业技术人员有50余人通过经济系列、工程系列及政工系列的中高级专业技术职称评审。

了解会员需求，做好服务工作。协会全年走访会员企业80余家，帮助解决近百项问题。组织企业参展、参观重要行业展会，为广大的会员单位牵线搭桥，寻找商机。对走访现场检查出的安全隐患问题，建议企业落实整改措施，促进企业安全发展。

二、以专委会为抓手促进行业发展

成立协会专家组，为会员企业发展的规划及行业发展的趋势、热点和创新点进行专业研究，并提供相关建设性意见供会员企业决策参考。

专委会采用请进来走出去、专题论坛、产业对接、参观考察学习的形式开展活动，先后举办绿色照明应用专委会6次，智能安防专委会6次，智慧园区专委会8次和大健康产业联盟专委会6次。

三、开展节能宣传系列活动

一是协会精心组织开展“2017年上海市节能宣传系列”主题活动。据不完全统计，200家会员单位600余人参加了节能宣传系列活动。二是开展节能减排培训。协会召开企业节能减排相关会议9次，全年申报节能项目50项、项目参与人数204人。全年举办节能减排培训13期，参与人数821人，组织编写节能管理业务能力与技术培训教材7篇。协会获得市工经联节能减排（JJ）小组活动优秀组织奖。三是落实闲置设备处置要求。

协会全年召开6次闲置设备处置工作例会，为11家企业的闲置设备进行技术分析鉴定，为企业降低设备处置成本。

四、承接政府职能当好参谋助手

一是根据市经信委每月全市电子信息重点企业运行情况统计分析的要求，做好行业统计分析。二是完成“面向电子制造业的智慧工厂建设研究”项目课题的调研报告，并通过专家组的验收。三是申报“2017年上海虚拟现实（VR）和增强现实（AR）行业发展报告”项目课题。该课题已通过市经信委专家组的评审。四是编制完成2016年度上海电子信息类技能人才需求的调研报告。通过招投标，承接2017年度上海电子信息类技能人才需求调研的购买服务。五是承接2017年度市重大工程实事立功竞赛（设备赛区）先进评选推荐，按节点召开会议，认真完成市重点工程实事立功竞赛评选活动资料申报工作。同时，完成2016—2017年张江高科技园区社会组织评估。

（李　瑾）

上海市信息服务业行业协会

上海市信息服务业行业协会成立于2001年1月，现有会员单位500多家，是上海信息服务业企业上海电信、移动、联通、百度、腾讯、携程、盛大、大众点评、陆金所等自愿组成的非盈利性社会团体。协会设有6个专业委员会。协会以服务企业、规范行业、发展产业为宗旨，维护信息服务行业的市场秩序和会员单位的合法权益，促进信息服务行业健康发展。

2017年主要工作：

一、行业促进和产业活动

协会顺利开展并圆满完成上海国际信息消费节、无线电管理宣传月、上海智慧城市体验周等重大活动。

6月28日—7月4日，举办2017上海国际信息消费节，协会主要参与六项工作，包括消费节整体宣传策划推广、《创新启示录》之信息消费节特别节目、上海国际信息消费节主题论坛、上海夏季造客汇、“互联网＋银发”高峰论坛、上海市信息消费应用推荐榜评选。

9月18—24日，举行2017上海无线电宣传月重点周活动，协会主要参与五项工作，包括无线电创新发展高峰论坛、《条例》宣贯进万家、无线知识直播竞猜联动、小手牵大手（小记者日志）、“走近无线智慧生活”系列科普活动。并协调宣传资源，形成从国家战略支持到市民科普教育，从线上到线下，从专家学者到市民学生、从学习到体验的多维度、多层次、全方位的覆盖与宣传，从而形成无线电宣传新局面。

12月5—12日，举办2017上海智慧城市体验周活动，协会主要参与体验周整体策划、实施和宣传工作，包括上海市智慧城市体验周开幕论坛、智能家居主题活动之智慧空间艺术沙龙、上海智慧城市定向赛、《海上新力量》之智慧城市体验周特别节目、上海智慧社区商圈高峰论坛等大型综合活动10个，众筹全市体验活动28个，征集“千万福利，普惠万家”系列活动20项。

二、做好会员服务工作

努力吸收新会员，壮大协会队伍。年内，协会吸收新入会企业82家，其中有上海碧虎网络科技有限公司、上海邻趣网络科技有限公司、上海易点时空网络有限公司等知名企业加入。

全年，协会共组织会员单位参加各项活动千余人次，主要有组织30余家企业参与2017上海国际信息消费博览会展出展示；组织10余家企业参与第16届印尼中国技术设备和商品展；组织12场C+沙龙，邀请200余家企业参加协会专栏节目的录制；组织60余家企业参与“上海智慧城市定向赛”等。

三、夯实工作基础

协会十分重视举报中心及重点网站建设，在原有属地百家网站公布举报电话的基础上进一步拓展举报体系，将市内影响力较大、网民访问量较高的204家商业网站纳入网络举报工作范围，夯实工作基础。8月，上海举报中心组织第四批35家重点网站规范举报工作，75家纳入中国互联网举报中心举报重点网站。此外，通过走访调研30多位网络大V，研究制定《上海自媒体自律管理体系》。积极配合上海网信办、中国互联网举报中心做好专项工作部署，加强对“网络色情低俗庸俗专项”“网上生态专项”“网络游戏内容专项”等网上举报受理工作。

四、上海自媒体联盟

协会参与联盟组织工作。现有联盟成员81位，134家公众号签署自律公约、承诺自律。6月28日–7月3日，联盟组织43名学员参加第二届新媒体（自媒体）培训班，有关领导出席授课并与学员座谈交流。还邀请成员参与走进网信办、网聚上海共绘蓝图、上海智慧城市定向赛等活动。

（贺　静）

上海市通信制造业行业协会

上海市通信制造业行业协会成立于2002年3月，现有会员单位100余家，是上海市通信制造业行业企事业单位自愿组成的跨部门、跨所有制的非营利的行业性社会团体法人。协会下设移动终端、IPv6等专委会，并建立各专业领域的专家库，其成员为市内各高校、大型研发机构和生产企业中的资深专家和高级研究员。上海大中型通信设备制造商和主要研发机构均为协会会员单位。

2017年主要工作：

2017年是实施“十三五”规划的重要一年，是供给侧结构性改革的深化之年，也是协会成立的15周年。协会围绕通信产业发展特点，充分发挥平台与载体作用，积极贯彻上海实体经济发展要求，配合科创中心建设目标，充分发挥桥梁枢纽作用，在服务政府、心系企业、促进行业发展、加强自身建设等方面取得一定成效。

一、服务政府，建言献策

协会完成5项课题编制，分别为“科技型中小企业成长环境的发展研究报告”“2017年上海通信行业发展报告”“浦东新区信息产业发展年报”“通信行业贸易动态监测与分析年报”“嘉兴科技城AR、VR产业规划（2017–2020）”。承接课题密切了协会同政府的联系，更为全面把握行业发展最新态势，挖掘新兴技术与产业，为产业下阶段发展提供有益建议。

协会积极配合市经信委、市科委、市商委、浦东新区科委、金山区、松江区等政府部门参与各类规划、目录编制及组织专家开展行业预判与论证工作。组织及参与通信行业政策解读会、新型智慧城市建设后续工作推动会及创新中心研讨会、贸易摩擦“四体联动”座谈会等。及时提供行业发展方向、趋势及新技术产品等信息，搭建政府与企业沟通桥梁。

二、服务行业，扩大影响

按照协会工作计划，全年开展50次研讨、培训、座谈、展会等专题活动，原计划开展工作为21项、结合行业热点、会员需求新增工作为16项。

组织参与5次大型展览展示活动，分别为第5届中国电子信息博览会、2017年国际消费电子展、2017世界移动大会·上海、上海之帆“一带一路”波罗的海经贸人文巡展、工博会信息与通信技术应用展。参与发起成立新型无线城市发展联盟、全国智能制造联盟上海分联盟。主办召开“智能时代·电子先行”中国（上海）智能制造产业论坛暨全国智能制造发展联盟2017年成员大会。

持续关注行业热点亮点，策划系列主题活动。围绕可见光通信主题，协会在中广核上海分公司组织召开可见光通信技术在核电领域的应用研讨会；结合新一代移动通信技术（5G）发展态势，在理事单位华湘公司举办“走近5G·改变未来”主题沙龙活动；参与协办2017新型显示与智慧互联大会暨第一届“金水湖”论坛。

贯彻“一带一路”倡议，围绕通信领域开展海外交流与拓展工作，先后接待中国台湾世贸中心上海代表处，并参与宣介台北电子展活动；接待美国驻沪领事馆，交流通信领域相关行业态势；对接中国印度商会，结合上海智能终端研发手机企业拓展印度市场情况，专题座谈交流当地政策情况；在市商委国际服务贸易处的指导下，组织部分会员单位召开“企业海外市场拓展座谈会”；启动筹建“一带一路”通信行业国际贸易服务平台。

三、服务企业，凝聚会员

协会把广泛服务于业内企业作为永恒的主题，一是通过每周的信息汇编发放至理事单位及会员单位，让大家获得更多的资讯信息。二是通过每月的简报和协会网站信息发布，使会员单位及时了解协会动态。三是定时更新微信公众平台，更好地开展对接工作。四是创新工作形式和服务功能，新增通信行业贸易动态监测与分析工作，及时分析行业贸易动态，推动行业健康发展。五是为更好地服务会员单位，协会根据企业个性化需求做好对接服务。如依据博达、盛本、卓易等企业新增投资需求，分别对接上海金山、上海松江、四川绵阳等地政府，做好沟通、协调与招商服务工作。还站在行业角度，从人才、品牌、商标等领域，为10余家会员单位出具行业推荐意见。

四、自身建设，规范务实

按照理事会提出的目标，协会积极加强自身建设，会员发展稳步递增，按年初提出发展会员率提高20%的目标，完成发展企业数29家，发展率达到29.9%。4月，顺利召开第五届第二次会员大会、第五届第三次理事会暨15周年庆祝活动，回顾协会发展历程，不忘初心、砥砺奋进。

协会根据市政府、市社团局、市经信委的要求，认真贯彻第二批脱钩试点工作电视电话会议精神，并积极配合落实开展脱钩相关工作，已完成脱钩审计及报告提交，将持续关注市级政府信息动态，做好配合与跟进工作。

（孙逸瑾）

上海市集成电路行业协会

上海市集成电路行业协会成立于2001年4月19日，现有会员单位541家，是由上海地区从事集成电路设计、制造、封装、测试、智能卡及设备材料和其他直接相关的企事业单位自愿参加并组织起来的，不以营利为目的的行业性社会团体法人。2017年行业实现销售收入1180.62亿元，比上年增长12%；其中，出口销售86.36亿美元。

2017年主要工作：

一、协助政府做好促进产业发展的服务工作

组织企业进行文件解读和有关政策培训。协会积极配合张江高新区管委会，会同市发改委、市税务局于6月1—2日组织业内近百家集成电路和软件企业对市政府印发《关于本市进一步鼓励软件产业和集成电路产业发展的若干政策》进行为期两天的文件解读和有关政策培训，70多家会员企业一起参加。5月27日，协助市经信委举办2016年度集成电路产业税收优惠备案政策宣讲培训会，邀请市税务局专家就财税〔2016〕年49号文（细则）对企业进行实务操作辅导。11月30日，举办2017年度集成电路产业税收优惠政策宣讲培训会，邀请财税事务所专家就税务加计扣除、税务规划、企业所得税问题进行培训和交流解答。

协助开展企业设计人员专项奖励的申报审核工作。按照《上海市软件和集成电路企业设计人员专项奖励办法》的有关要求，协会组织会员企业进行集成电路设计人员专项奖励的申报。有55家企业、3114人参与申报。经市经信委、财政和税务审核批准，有48家企业、2836人获奖金额5597.3万元，人数和金额比上年都有提高。

协助做好集成电路企业所得税优惠备案企业的审核工作。年内，协会共受理33家集成电路企业备案，经组织行业和财税专家评审及企业约谈，全市有31家企业通过所得税优惠备案。其中17家为集成电路国家规划布局内重点企业，12家为集成电路设计企业，2家为集成电路生产企业。

协助制定项目指南，组织企业申报各类项目。及时向市经信委上报制定项目指南，同时组织企业积极申报。华大半导体等7家会员企业获得2017年软集专项资金项目支持。澜起科技等7家会员企业获得2017年市产业转型升级发展专项资金项目（工业强基）专项资金支持。

对2016年銷售亿元以上40家集成电路设计企业进行摸排调研，使其中26家设计龙头企业通过制定“十三五”期间研发项目及其投入产出目标，建立重点企业信息库。为后3年的项目指南制定和政府扶持奠定基础。

组织企业向张江管委会申报张江园区产业储备项目。为浦东新区政府在“十三五”期间从储备库中的项目择优给予重点支持。协会组织整理会员企业申报的“高成长企业”“集成电路产品”“装备产品”“创新产品”“产业专项”等项目40余项，集中上报列入张江园区产业项目储备库作政策支持备案。

积极协助推进全程保税试点工作。年内又新增晶晨和韦尔半导体2家，共有6家企业参加全程保税试点。参与试点产品的数量和金额比上年有较大增长。全年出口额达7625.56万美元，比2016年增加158%；进口额达11130.47万美元，比2016年增加943%。

配合海关进行产业政策的落实工作。参加上海海关归类分中心组织的多元件集成电路商品归类集中研讨，为2017版税则正确执行提供技术上帮助。为浦东海关开展“集成电路实地调研走访关税政策的制定和实施”课题研究，提供详实的素材资料。参加上海海关南汇办事处的集成电路产业保税监管研讨会，介绍发展集成电路产业重要性，向海关提出能给予支持的相关问题。

二、反映行业诉求，做好企业与相关各方沟通协调工作

为中芯国际、华虹宏力、华力三企业加快免表审批速度，向浦东海关专题上报《希望尽快试点开放海关网络端口给企业的报告》，得到该海关领导高度重视，决定对3家企业的原材料（422目录）免表开始试点，解决企业面临的难题。

为会员新昇多晶硅进口关税高于进口圆片，向上海海关归类分中心反映，希望调整进口税率。协助新进半导体进口原材料免税问题，同上海开发区海关、上海海关关税处等进行沟通反映。

为唯捷创芯客户急需产品出口被浦东国际机场海关暂扣调查，向海关说明情况，得到海关理解后及时放行，解决了企业燃眉之急。为泓明供应链集团集成电路寄售维修供应链有关问题、松下半导体、新进、灿瑞、英特尔等企业有关执行2017版税则中“多元件集成电路”的政策问题，进行咨询和给予政策支持等。

为微松、华虹宏力、华大等23家企业申报领军人物、拔尖人才、名牌产品、市创新产品、高成长性研发总部、社会责任贡献企业出推荐函和企业出口退税、申报上市等出具有关证明材料。

三、开展合作交流活动，提升产业发展水平

成功举办海峡两岸（上海）集成电路产业合作发展论坛。在国台办、市台办和市经信委的指导和支持下，4月19日，协会和SEMI（台湾）再度携手主办第7届2017年海峡两岸（上海）集成电路产业合作发展论坛。300余家海峡两岸的知名企业家、专家（行业精英）共聚一堂。为推进两岸集成电路企业准确把握政策走势和市场机遇，促进产业链优势互补合作共赢发表真知灼见。

举办2017年SEMICON Taiwan半导体厂商展。9月14日，协会、SEMI（台湾）在台北南港展览馆共同举办2017年海峡两岸合作研讨会。100多位业界代表参会，约70%是台湾企业高管。论坛上华虹宏力、盛美、台湾半导体产业协会等两岸业界代表畅谈两岸合作的信心与愿景，同时分享各自具有特色的产品与服务。

积极协办IC China 2017活动。10月25日，由中半协、中电总公司、市经信委共同主办的第15届中国国际半导体博览会暨高峰论坛在上海新国际博览中心举办。展会规模1.2万平方米，来自260余家参展商，展会观众3万多人，在业内产生巨大影响。协会帮助组织中芯国际、日月光、昂宝等一批会员企业参展和大批会员企业参会。

召开中荷半导体企业深度交流洽谈会。受荷兰大使馆科技处委托，3月13日，协会举办中荷半导体企业深度交流洽谈会。协会组织中芯国际、华虹宏力、江阴长电等13家中方企业出席；荷兰方面由荷兰半导体产业联盟带队共7家企业参会。会上，协会介绍上海汽车电子领域的发展和取得的成果。中荷双方进行3个多小时的交流与研讨，均希望在今后发展中能有合作的机会。

组织会员企业与南京集成电路相关企业对接活动。随着台积电落户南京，一批设计、装备、材料会员企业想利用台积电开放的平台和先进的技术在其周边布点。3月22日，协会组织30多家会员企业赴江苏南京进行产业合作交流活动。尤其为设备材料等相关企业提供拓展市场的机遇。

协助召开金融服务上海集成电路产业座谈会。5月31日，协会协助市经信委邀请产业链上16家重点企业与国家开发银行上海市分行，召开开发性金融服务上海集成电路产业座谈会。通过银、政、企三方座谈互通信息，共同探讨在推进集成电路产业发展中，开发性金融资源如何更好统筹扶持、服务上海集成电路产业企业和重大项目达成共识。

四、开展行业人力资源、知识产权保护及培训活动

积极推进上海集成电路高技能人才基地工作。3月1日，市经信工作党委主要领导带队一行9人赴人才基地调研。听取实施单位介绍，参观集成电路制造工艺和测试实训平台。协会、华虹集团和硅知训产权交易中心分别汇报基地成立以来的重点工作、三年规划、实施成效以及面临的机遇与挑战。讲师代表和学员代表分享参加培训的心得体会。

召开行业人力资源工作座谈会。4月13日，协会召开集成电路行业人力资源工作座谈会。中芯国际、华力、展讯、安靠等企业近50位HR负责人参加座谈。就基地概况与功能、培养体系与政策支持、培养方式及项目进行介绍。还通报国家职称改革精神和协会开展职称申报工作的情况。各企业HR负责人就基地工作以及职称问题提出问题与诉求。

举办高性能SOC芯片设计、制造技术高级研修班。10月26—27日，由协会承办，物联网、交通电子、通信制造等协会支持的高性能SOC芯片设计、制造技术高级研修班在张江举办。市物联网协会等10位专家进行授课，并与学员研讨。80余位企业高管和中、高级技术人员参加，对这种形式的知识更新课程表示欢迎。市继续教育工程协会、市经信委相关处室负责人出席并致辞。

（孙美玉）

上海市软件行业协会

上海市软件行业协会（SSIA）成立于1986年6月，是国内最早成立的软件行业协会之一，下设软件质量管理与过程改进、软件服务、软件知识产权、嵌入式系统与软件、开源软件和教育软件6个专业委员会，会员单位超过1500家。协会遵循“行业代表、行业服务、行业自律、行业协调”的工作宗旨，根据政府主管部门的授权或委托，按照公开、公平、公正的原则承担行业管理职能，积极开展各项活动。20多年来，协会形成服务企业、软件工程规范和行业自律的工作特色，积极发挥行业组织优势，为推动软件产业的发展竭诚服务，获得政府、企业和上级协会的认可，连续10年被中国软件行业协会评为“先进行业协会”。

2017年主要工作：

一、开展政策咨询，为企业发展提供政策支撑

协会不断加强产业研究工作，掌握产业发展态势，对产业统计数据及发展态势进行认真细致的研究，撰写或参与编撰《2016上海软件产业发展报告》《2016浦东新区电子信息产业发展报告》《2016张江软件产业发展报告》《人工智能词典》等课题研究报告。协会还参与上海智能软件发展、张江园区综合政策等项目研究与咨询。

根据政府采购协议，积极做好2016年度软件企业所得税优惠核查、软件设计人员专项奖励、首版次软件产品专项等产业政策落实支撑工作，共服务近千家软件企业和近万名软件从业人员。

2017年，协会被市商务委授予“上海市进出口公平贸易行业工作站”，并受市商务委委托，收集上海软件产业相关数据，为市商务委《上海产业安全趋势与预警报告》软件产业板块提供数据支撑。协会因此获得“2017年度产业安全预警监测优秀服务奖”。受市商务委委托，协会还根据软件行业的特点，开展软件行业经营者集中反垄断实践调查，并联合编制《新兴信息技术领域经营者集中反垄断实践指引》。通过宣贯与培训，提高软件行业对《反垄断法》的认知度与了解。

二、提供著作权代理服务，优先优惠会员企业

协会继续以“双软”评估为抓手促进行业自律，继续为会员单位免费服务。全年共评估软件企业539家，软件产品4970件，进口软件产品2件。协会著作权代理服务始终坚持会员优先、优惠、快速响应、专业服务4项原则，全年共提供软件著作权代理服务超过1100件／次，获得会员单位的好评。

协会通过数据分析，深入发掘在人工智能、大数据、计算架构、BIM等科技创新和商业模式创新方面有卓越表现的企业及项目，积极向市、区主管部门推荐，动员优秀企业和项目申报各类专项扶持政策与资质。全年共帮助会员企业累计获得项目扶持资金近2000万元，各项资质、荣誉数十项。

协会继续派出相关专业人员担任上海大学科技园、上海苏河汇科技园等多家科技园区的创业辅导员，为园区企业提供产业政策宣传、企业技术产品上下游对接合作、专项资金申报、投融资对接等无偿服务。

三、加快高技能人才培养，为世界技能大赛作准备

协会主办或联合举办公开培训17场，政策培训、新老会员技术交流沙龙等专题活动备受欢迎，全年服务超1100人次。2月，开展“2016年度上海市软件行业标兵、服务明星”（“双百”名人）评选工作，经过申报、初审、评审、公示等环节，评选出上海市软件行业标兵和上海市软件服务明星各100名，并在协会工作年会上进行表彰。8月，上海软件协会鉴定中心正式授牌。基地开发的“软件开发质量控制”“嵌入式软件测试”“移动APP测试”等3项课程的题库、设施设备等基本建设完成。

11月，由市人社局、市财政局、市教委、市经信委、市国资委、市总工会和团市委共同主办，协会承办的2017中国技能大赛—上海市职业技能大赛网站设计、商务软件两项竞赛隆重举行。大赛以中国（上海）成功申办2021年第46届世界技能大赛和上海选手在第44届世界技能大赛上实现金牌突破为契机，旨在推动上海高技能人才的培养，为第44届世界技能大赛作贡献。

四、举办展会论坛，一睹上海“软件名城”风采

6月，由协会联合数十家企业共同主办的2017上海国际信息消费博览会是上海深入推进“信息消费试点城市”建设，建设全球科创中心的重要活动。展会主题涉及互联网＋金融、互联网＋教育、互联网＋健康、互联网＋生活服务等。

6月，协会以上海“软件名城”建设成果和政策举措为主题举办2017中国国际软件博览会。软博会以“软件定义世界，智能驱动未来”为主题，全面展示大数据、人工智能、虚拟现实等新兴热点，以及安全可靠、制造业与互联网融合、软件创业创新等方面进展。国务院副总理马凯、工信部部长苗圩等领导出席并参观展览。

上海BIM技术创新联盟积极根据联盟章程与工作设想，围绕产业政策落实、产业研究与分析、关注企业需求，创新服务方式、服务产业发展等方面着力开展工作，先后组织技术交流、政策辅导、技能提升等活动，开展了“BIM产业发展报告”课题研究，于11月25日成功主办BIM技术创新与应用（上海）秋季论坛，并协办“型建香港”BIM大赛和杨浦区BIM论坛等数场活动。

协会全新推出《软件工程论文专集》（ISBN978-7-5478-3697-2）。这是系列《论文专集》的第一本，面向上海软件企业、机构征集涵盖人工智能、云计算、大数据、信息安全、互联网＋、软件质量与测试技术等多个热门领域论文近40篇，由上海市软件行业协会组织编写。

为进一步推进社会信用体系建设，建立有利于市场经济健康发展的长效监管机制，协会在中国软件行业协会支持下，主动开展软件企业信用评价工作。上海地区共有64家企业进行重新申报、年审换证工作。其中，新申请的30家企业均获得3A的评级。

五、加强协会自身建设，自觉担当协会社会责任

7月，协会推出《协会最新动态》电子月刊，将协会动态、产业大事、企业资讯的最新信息推送到会员单位；至年底，协会“上海软件”微信号关注数超3000余人，平均每条微信的阅读数为200次。协会继续坚持“入会自愿、退会自由”原则，持续优化会员服务，吸引软件企业和相关企业、机构自愿入会，全年新增会员379家。至年底，协会注册会员为1575家。

协会本着“以评促改、以评促建、评建结合、重在规范”的指导方针，成立评估工作小组，开展评估各项准备，并顺利通过协会5A级复评。

5月，协会发布《2015—2016上海软件产业社会责任报告》。报告集中反映上海软件行业2015—2016年履行社会责任的概况，重点展示在迈向万物互联、数字智能的新时代进程中，上海软件“产业赋值、经济赋能、社会赋智”作用和发展成就。

协会根据市政府全市社会团体清理规范暨行业协会商会与行政机关脱钩工作（第二批）部署动员会有关精神，积极完成机构分离、职能分离、资产财务分离、人员管理分离、党建外事分离等脱钩工作。完成脱钩工作后，协会将更规范地发展，成为真正的社会主体，实现独立运行、依法自治。

（姚宝敬）

上海仪器仪表行业协会

上海仪器仪表行业协会成立于1988年6月4日，现有会员单位129家，是上海市仪器仪表行业的企业、事业单位自愿组成的跨部门、跨所有制的非营利的行业性社会团体法人。协会以政府经济发展战略为指导，在行业管理中发挥积极作用，为增强企业市场竞争力，维护企业合法权益，促进本市仪器仪表行业的发展提供服务。

2017年主要工作：

一、承接政府项目，提升行业服务能力

根据市经信委委托协议，协会承接“上海仪器仪表行业科技创新水平与能力分析研究”课题。参与编写的有上海自仪公司、上海仪电科仪公司、上海仪器仪表研究所及上海理工大学光电学院，上海辛克公司等会员单位，由协会秘书处负责汇总。经编写单位共同努力，于6月完成《分析研究》。

参与完成上海市《科技型中小企业成长环境研究》课题。该课题是市工经联布置，由上海通信制造业协会牵头，上海电子元器件行业协会、上海仪器仪表行业协会共同参与完成。3家协会联合调研上海亚尔光源有限公司、上海华湘计算机通讯工程有限公司、上海辰竹仪表有限公司。协会秘书处在调研基础上撰写《上海仪器仪表行业科技型中小企业成长环境研究》。8月，市工经联组织召开专家评审会议，对该课题进行验收和论证。

市商务委委托协会撰写《上海仪器仪表行业进出口贸易发展报告》。协会秘书处牵头对14家重点企业经进行调查走访，填写调查问卷；对7家重点企业进行走访，获取第一手资料。经有关各方合作，12月完成《上海仪器仪表行业进出口贸易发展报告》。

二、精心组织策划，开展专题学术交流

6月8日，在中国仪器仪表行业协会支持下，协会与中国仪器仪表行业协会自动化仪表分会联合主办2017中国智慧水务产业发展高峰会议。特邀市水务信息中心、城投水务集团有限公司信息技术室、市水务规划设计研究院供排水所有关专家领导作主题报告，还邀请上海新华控制集团马运才副总工程师、三川智慧水务研究院孙益静研究员分别介绍公司在智慧水务方面取得业绩与成果。年内，协会与荷瑞会展公司继续合作举办中国智慧水务高峰会议，并同上海仪器仪表行业协会、中国仪器仪表行业协会进一步合作在中国国际水展设立仪器仪表专区。

三、贯彻落实方案，做好脱钩试点工作

7月，根据中办、国办《脱钩总体方案》和上海《脱钩总体方案》的精神，协会列为上海市第二批协会脱钩试点单位。按照“五分离、五规范”要求，如期完成清查、审计、资料申报等各项工作。

四、切实履行职责，做好会员服务工作

组织专题培训。4月11日，协会在上海自仪院召开联络员、统计员会议，共有32个会员单位的40名联络员、统计员参加。邀请上海山田律师事务所律师作“国际贸易风险防范与实务”专题培训，上海翼火蛇安全信息技术有限公司副总经理作“智造安全，制胜未来”的专题培训。

组织参加展会工作。协会组织、协调参加中国国际机器人展暨2017上海国际工业自动化展，组织6家单位参加2017上海国际供热、锅炉、生物质能暨热工设备展。

组织参加市优秀发明选拔赛活动。根据市总工会《关于在“十三五”期间举办上海市优秀发明选拔赛的通知》要求，组织会员单位积极参加优秀发明选拔赛，上海埃斯凯变压器、上海岗崎和国核自仪报名参赛。协会为参与选拔赛活动的单位做好各项服务工作。

（吴永庆）

上海照明电器行业协会

上海照明电器行业协会成立于1996年10月15日，会员单位有100多家，是跨部门、跨系统、跨所有制，既有电光源、灯具及照明电器附件（材料）的生产企业，又有照明电器研究所和高等院校，还有照明电器大型专业市场和经营商家以及照明工程设计、施工服务，集科工贸于一体的面向全行业的社会团体法人。协会以政府经济发展战略为指导，面向行业，集行业之事，为会员提供服务，维护会员合法权益，保障行业公平竞争，沟通会员与政府、社会的联系，促进照明电器行业的整体经济发展。

2017年主要工作：

一、承接政府扶植和支持项目，发挥协会桥梁纽带作用

结合国务院办公厅关于《发挥品牌引领作用，推动供需结构升级意见的实施办法》以及市经信委《上海市推进品牌经济发展支持专项支持实施细则》《上海市产业转型升级发展专项资金管理办法》规定的申报项目，协会积极推荐飞乐音响近百年的（亚）字牌、灯具城市场管理、欧普（欧普照明）企业参与申报。8月和9月，由市经信委都市产业处、轻工科技情报所、市社科院院品牌发展研究中心、协会秘书处组成的专项调研组走访飞乐音响和欧普照明。飞乐音响的品牌经营中心总经理及欧普全球品牌发展中心总经理为项目调研组提供有效数据和重要信息。

3月，市质监局发布《2017年上海市读写台灯产品主要质量指标检测结果》。为了掌握读书写灯产品的质量状况，给消费者提供更加科学、公正的产品质量信息，协会携手会员单位上海时代之光，开展对市场销售的读书写台灯产品性能指标检测和评价。4月，在上海灯具城，由协会组织面向社会的公开发布会，市质监局、新闻媒体、制造商、销售商、消费者、检测机构的代表50多人参加发布会，社会反响很好。

二、以创建精品论坛的形式，不断提升协会自身社会影响力

继续举办第7届上海照明科技及应用趋势论坛。论坛主题为“深化供给侧改革、优化照明界生态”。协会邀请国内外著名的经济学家、行业领导专家、互联网巨擘和权威行业媒体与会。通过社会各界渠道，把握改革创新的关键，给与更多和更有效的谋划和提携，构建照明行业开放、共享和融合的新生态链。

三、坚持履行协会职责，接受市工经联社会组织评估有效期中期指导评审

6月，协会接受市工经联社会组织评估有效期中期指导评审。7月，市工经联社会组织评估有效期中期指导的评审报告评价是：协会工作以协会章程为准则，内部治理运作良好，在服务企业针对性开展各类工作卓有成效，举办具有照明行业特色论坛获得行业广泛的影响，保持了协会4A社会组织评估等级荣誉。

四、配合市经信委完成行业与行政机关脱钩程序

根据《上海市行业协会商会与行政机关脱钩第二批试点总体方案》的要求，协会被列为市经信委第二批46个试点单位之一。协会按要求完成一系列的脱钩程序，其中包括：协会脱钩试点实施方案、行业基本情况登记、协会党建工作交接、行政办公用房，并协助审计事务所完成资产清算的专项审计等。7月31日，协会按时完成脱钩需要提交给经信委的所有资料。

五、主动了解政府发布的行业信息和政策，并形成行业报告

积极参加市经信委都市产业处每季度的行业信息交流会，并根据发布的经济相关信息和收集到行业发展信息汇总成行业发展报告提交政府。2017年，上海照明器具制造业完成工业产值236.6亿元，与上年可比增长10.4%；主营业务收入240.95亿元，增长3.9%；出口交货值完成40.55亿元，下降15.8%；利润总额15.44亿元，下降1.89%；销售产值完成235.45元，增长4.1%。

六、通过各类途径为会员单位提供服务

推荐会员单位参加行业有影响有公信力的评比活动。6月，协会推荐华荣科技有限公司、易壳照明有限公司的产品参加光亚展会的阿拉丁神灯奖评奖。易壳照明有限公司路灯产品获得优秀产品奖。

组织会员单位9次参加各类行业论坛活动。飞乐、欧普、三思，飞利浦照明、欧司朗、复旦大学电光源、锐高、时代之光等单位在论坛发表精彩演讲，宣传提升了会员单位市场影响。1月，组织9家会员单位参加第一届上海国际消费品博览会；3月，秘书处参加上海市出口商品交易会（中国）展会；4月，组织会员单位参加中国照明电器协会主办的2017年上海国际商业及工程照明，飞乐音响参与论坛演讲；5月，组织会员单位参加市经信委、品牌建设工作联席办公室主办的中国品牌经济（上海）论坛会议；6月，协会秘书处参加浙江省照明电器协会主办的2017年（浙江）LED照明产业创新论坛会议；7月，由中国照明电器协会主办的中国LED照明论坛，飞乐音响、飞利浦照明、欧司朗、锐高、欧普参与演讲；8月17—18日，由中国照明学会主办，同济大学建筑与城市规划学院承办第10届亚洲照明大会，时代之光参与演讲；9月5日，组织参观上海国际照明展览会，组织12个会员单位近30多人参加中由中国照明学会主办、上照协参与承办的智能改变照明、创新点亮世界（上海）论坛，飞乐音响、欧普照明参与演讲；参加“以人为本，照明工程”高端论坛，复旦电光源和三思参与演讲。

七、牵手协会与会员单位，会员与会员间互相合作、支持的平台，资源共享

协会与灯具城签署战略合作协议。7月，协会牵手由复旦大学电光源研究所和上海灯具城市场经营管理有限公司签署战略合作协议。签署双方建立长期、多层次的战略合作，实现资源互补、平等互利，共同促进创新和发展，打造更加优越的照明行业经营环境，推动上海照明行业建设和发展，双方以发展照明行业为目标，互为对方提供有竞争优势的产品研发和服务，实现合作共赢。

八、拓展微信公众平台服务栏目，及时发布行业资讯，提升协会的社会影响力

扩大协会微信公众平台的影响力和宣传力度，突出协会资讯的原创性、广泛性，增加会员单位之间的互动性。协会组建由会员单位参加的信息员团队，以信息员团队做后台支援，信息发布更快捷。年内还基于对微信公众号栏目调整，提升栏目内容的质量，鼓励会员单位积极参与原创资讯投稿，保障会员单位的权益和宣传企业。全年微信总计发送资讯信息229条，其中：协会资讯42条（均为原创）、会员资讯102条、通知类36条，国内国外的行业资讯49条。

九、主动承担社会责任建设，打造照明健康光环境公益活动品牌

协会联合副会长单位灯具城在共青团虹口区委员会、虹口区未成年人保护办公室、上海市阳光中心、和平眼科医院、上海茸城社区平安服务社青少年事务社工的大力支持下，联合策划8场暑假“看视届，更睛彩”青少年暑假爱眼、护眼宣教活动，进一步增强青少年爱眼、护眼的意识和能力，有助于社区、学校内营造促进用眼卫生的氛围，保障青少年的健康成长。

十、申报“产品质量提升专项行动”项目

12月，协会申报上海技术监督局“产品质量提升专项行动”方案。努力打造“中国速度向中国质量转变”，树照明行业质量品牌企业。

十一、精准、务实做好协会工作

年内，有12家单位申请加入协会，会员结构范围扩大。1月18日，召开协会会长会议，报告2016年的工作总结，提交2017年协会工作计划开展讨论。3月10日，召开协会全体理事会议。报告2016年协会工作总结和2017协会工作计划、2016年会费收缴情况、会员单位调整及新会员单位介绍、财务工作报告；进行副会长单位增补选举；2017年上海第7届照明科技应用趋势论坛筹备工作等。9月14日，召开全体会员大会。

（任秋萍）

上海市信息家电行业协会

上海市信息家电行业协会成立于2002年3月。现有会员单位106家，是由上海信息家电行业企事业单位自愿组成的跨部门、跨所有制的非营利的行业性社会团体法人，是电子信息产业聚焦于家庭数字化、网络化、信息化相关产业的行业协会，致力于发挥产业链积极作用，推进智能电视、智慧家庭、新型显示等产业发展，推动上海智慧城市建设。

2017年主要工作：

一、夯实协会发展基础

一是积极吸纳优秀会员。会员是协会生存和发展的基础，为了巩固原有的会员单位，发展新的会员单位，使协会充满生机和活力，协会不断强化发展会员工作。全年共吸收新会员单位5家，会员发展重点放在智能家居相关企业上，逐步扩大协会服务和影响范围。

二是顺利完成换届改选。5月，协会召开换届改选会议，根据协会章程及换届改选相关规定，通过无记名投票方式选举产生协会新一届理事会成员。

二、做好产业政策建言并推进落实

协会加强与市经信委、市社团局、市科委等政府部门的联系合作，配合相关部门开展一系列工作。主要包括：承接市政府部门批转的“关于市政协十二届五次会议第0761号提案的会办意见”的办理落实，针对政协委员提出的“关于加快建设上海虚拟现实旅游景点的建议”的提案认真办理答复，并被市政府部门采纳；受市经信委委托，开展市软件和集成电路专项指南征集工作；向市经信委等有关部门提交的关于部分进口配件关税税率调整的建议，连续多年被国家税务总局和上海相关部门采纳，建议目录产品的进口关税获得大幅减低，相关企业税负获得大幅减低。与此同时，承担市经信委委托的《2017年上海信息家电产业发展报告》的编撰工作，对国内外家电产业发展情况进行梳理，重点分析全市信息家电产业的发展现状、面临的问题及发展趋势，对政府推进产业发展提出政策建议；针对国家对于互联网电视的越来越严格的管控趋势，在实地考察调研的基础上，提出关于落实互联网电视新政策的建议；承担浦东新区电子信息企业信息统计宣传培训工作；针对张江园区会员企业在信息技术、智能家居、人工智能等领域开展原创研发项目、研发成果已形成自主知识产权的有关情况开展调研并报送张江管委会。

三、反映问题诉求，维护企业利益

全年协会领导走访调研企业35家（次），就协会规划的重点工作，与企业进行多种形式的沟通交流，及时了解企业发展现状，对企业在发展中遇到的各种问题，力所能及地帮助企业排忧解难。主要包括：陪同工信部电子信息司消费电子处领导一行调研上海互联网电视企业；协会领导分别前往相舆科技（上海）有限公司、上海索广电子有限公司、上海数字电视国家工程研究中心等企业开展专题调研。受市经信委委托，对市内电子信息相关企业开展调研，通过企业规模、投融资情况、经营情况以及发展规划等各方面的综合评估，结合专家意见，推荐优秀的企业和项目上报市经信委。

四、推进技术标准制定、修订工作

协会是中国电子工业标准化技术协会企业标准化工作委员会的落地单位，成立以来多次主持制定、发布联合企业标准和地方标准20余项。由协会主持制定的“信息家电产品安全标准——家用和类似用途联网控制器、传感器及类似设备的安全与电磁兼容要求”于6月通过专家评审，并由协会于8月9日在全国团体标准信息平台登记发布，2017年10月1日起正式实施。该标准的出台有效规范了智能硬件、可穿戴设备、智能电视等信息家电产品市场，为政府质监部门执法提供依据，也为消费者提供安全保障。

五、搭建交流平台展示企业风采

一是搭建沟通交流平台。相继主办2017第十届上海信息家电发展论坛——推进信息家电产品安全标准建设与应用推广主题论坛；召开VR技术与产业创新研讨会、智能电视产业和市场信息交流会；组织会员企业参加2017政府扶持政策梳理解读会；组织召开新一代数字电视及媒体网络系统和产品测试验证平台建设研讨会，邀请重点数字电视芯片生产企业的负责人出席会议，听取各企业对平台建设的建议以及对开拓国际市场的需求。还与上海市房地产总工程师俱乐部合作组织召开智能网对接房地产专题研讨会、万科梦想家等智能家居系列座谈会，切实帮助企业提供互动交流平台。

二是组织优秀会员企业参展。2017第4届上海国际科普产品博览会上，协会连续第4年设立信息家电展区，成功亮相的有东方有线、相舆科技和蓝硕数码，以及海信、长虹、创维、海尔、三星等国内外主流家电企业，其最新技术、最新产品的展示和互动体验，吸引众多市民驻足参观，成为科博会的一大亮点，获组委会颁发“优秀组织奖”荣誉；配合张江管委会做好第5届中国（上海）国际技术进出口交易会（上交会）张江主题展区“活力张江”的参展企业推荐工作，协会积极推荐园区智慧家庭重点企业参展。协办2017上海全球跨媒体创新峰会（NABShowShanghai），多家会员单位携带最新技术与产品亮相此次展览会，包括SMG、东方有线、东方明珠、数字电视工程中心、上海国茂、上海佰贝等。

三是推荐会员企业申报荣誉。协会为2017年第6届上海“十大杰出青商”评选协办单位，积极做好优秀企业和人才的推荐工作，推荐信息产业领域优秀青年企业家上报评委会进行评审，帮助企业提升品牌知名度和人才资源建设；在2017上海智慧城市建设“智慧工匠”评比活动中，协会成功推荐电信研究院一名博士获此荣誉。

（朱珍妮）

上海市交通电子行业协会

上海市交通电子行业协会作为跨行业、跨领域、跨学科、创新型的行业协会，于2008年7月成立，由上海汽车集团股份有限公司、中国航空无线电电子研究所、上海外高桥造船有限公司、上海轨道交通设备发展有限公司等单位共同发起。会员涵盖汽车电子、航空电子、船舶电子、轨交电子等领域企业、高校、科研院所。现有会员单位170家，协会建立上海汽车、航空、船舶和轨道交通电子四个专家委员会。车联网、智能交通系统两个产业联盟，并承担中国电子标准化技术协会汽车电子标工委的工作职责。

2017年主要工作：

一、健全协会内部管理制度，完成社会团体规范化建设评估

根据三届三次理事会的要求，秘书处每周召开工作会议，强化协会规范运作程序。在人力资源管理、财务管理、档案管理、会员管理、会费管理等规范化建设方面，建立健全规章制度和工作流程。

10月14日，接受市社会评估院专家一行对协会规范化建设进行评估。专家评估组对协会各项工作予以肯定。同时，以5A评估为契机，对协会进行全面自查，为协会管理建设规范化、标准化和职业化发展打下良好基础。

10月，协会注重党建工作，依托“党建工作站”，开展革命传统、爱国主义教育活动和社会公益及慈善工作。协会捐款5.2万元，秘书处工作人员捐款0.3万元，共计5.5万元，用于江苏省盐城市盐都区和射阳县两所小学的学生助学金及希望书库。

二、强化政企综合服务，提升高端集聚能力和综合服务能级

3月，联手电子、泛亚汽车等发起单位，集聚浦东新区汽车电子领域骨干企业、研究机构等33家单位，成立上海浦东新区汽车电子创新与智能产业联盟（SPAEIA）。力争打造一流的汽车电子科创中心及产业化集群布局，提升核心竞争力，与嘉定安亭共同实现上海在汽车电子产业发展的两翼齐飞。

第一季度，组织对市经信委软件和集成电路专项、工业强基专项、工业互联网专项、人工智能专项和市科委科技创新行动高新技术产业专项等重大产业项目专项进行跟踪合推进服务。至12月，会员企业共立项市经信委软集专项5项，战新专1项、工业强基专项12项（汽车领域9项、船舶领域1项、航空领域1项）、智能装备首台套专项2项、信息化专项3项、人工智能专项1项以及市科委高新技术产业化专项5项。

6月，参加上海市工经联组织的仪征市与上海行业协会的汽车产业对接交流会议，交流仪征市发展汽车电子产业的发展建议。

9月，配合市科委高新技术产业处开展关于“汽车操作系统”重大项目的调研，并于9月7日，组织上汽等12家企业围绕车控和车载操作系统进行研讨，为研究报告作支撑。

10月11—13日，配合市经信委电子信息产业处，在金山召开汽车电子与新型显示产业对接合作会议，邀请华域汽车、上海航盛、本安仪表、上海荣乐等多家单位与和辉光电、天马微电子等新型显示企业作深度对接。

12月，配合市经信委电子信息产业处，承担上海汽车电子等产业统计工作，汇总统计分析上海汽车电子行业相关近百家企业的数据，为政府和企业的规划与决策提供了技术支撑，并纳入协会常态化的工作职责。

年内，协会陪同市经信委、市科委以及浦东科经委相关领导，先后调研20多家会员企业的新产品、新技术、新项目情况。

三、创新行业平台服务功能，增强协会影响力、凝聚力和实力

搭建行业咨询平台，开展行业、技术前瞻性研究。通过市区两级政府立项和和购买服务形式，组织专家委相关专家参与并完成多项产业研究课题报告，通过课题组和专家组全方位对报告的分析和把握，为政府和企业提供决策参考依据。年内，通过专家委组织业内专家为企业提供产品认证5次、技术鉴定8次，推荐优秀项目10次，推荐优秀工作者参加社会评选4次等。上半年，协会成功申报市质监局“面向智能网联的车路协同系统标准化试点”项目。

搭建行业交流平台，推进行业、企业开放合作。3月，协会作为慕尼黑电子展的合作方之一，协助慕尼黑展览公司策划并主办“汽车技术日”活动，邀请来自整车厂及国际领先芯片供应商围绕传统车汽车安全电子、车辆网、无人驾驶技术等展开讨论。

4月，在第17届车展期间，与上海市汽车配件用品行业协会共同主办2017汽车产业链高峰论坛，紧扣经济新常态与汽车产业发展的关系，汽车产业政策取向、汽车共享经济、新能源汽车产业发展蓝图与路径，智能网联对汽车产业影响，后市场变革与创新等领域，进行深入讨论。

9月，主办2017（第9届）中国汽车电子产业发展（上海）国际高峰论坛，邀请13位嘉宾，以“人工智能提升汽车电子创新发展”为主题，进行主题、专题演讲。

搭建行业展示平台，提升企业品牌影响力。6月，作为亚洲电子消费展的社会团体合作方之一，协会组织会员企业参加亚洲消费技术行业的年度盛会2017CES−ASIA。

11月初，协会组织上海航盛、上海博泰、上海保隆汽车、安吉加加及华东电信院等6家企业参加第19届中国国际工业博览会，向公众展示了企业在智能网联汽车领域新技术、新产品、新装备以及评测认证的成果与技术实力。

11月底，协会协助华东电信院，组织了上海航盛、本安仪表、上海航天802所、上海友衷科技等5家企业共同参加2017常熟国际智能汽车产业展览会，向业界展示企业的研发技术水平等。

搭建会员服务平台，努力提升服务水平。秘书处抓好会员组织体系完善工作。通过分类分析、规范管理，形成会员数据库，做到信息实时更新。年内，走访20多家会员企业，了解企业发展情况和发展需求，更针对性地为企业提供服务。

配合中国汽车技术研究中心和上海国际汽车城，协办2017汽车技术合作及产业融合国际论坛——暨以色列智能汽车项目对接会。协会邀请数十家会员企业与以色列优秀企业在智能汽车、汽车互联等领域进行合作商谈。

11月，协会组织13家会员企业赴南通与港闸区政府、市北南通公司进行合作对接，互相交流企业与园区的共建合作发展。

加强行业信息平台建设，提升说清行业能力。配合市经信委做好经济运行分析工作，收集行业情况和数据，摸清国内外行业发展趋势特点，增强为行业企业、上级和政府等领导部门的服务能力。

（殳天盛）

上海市无线电协会

上海市无线电协会成立于2003年12月。现有会员单位125家，是由无线电管理研究、设计、生产及运用单位自愿组成的本地区无线电业的专业性、非营利性的法人资格的社会团体组织。协会发挥政府与企事业间的桥梁和纽带作用，为政府宏观决策和企业生产经营服务，在行业管理、协调、咨询和技术研究等多方面开展一系列工作，促进无线电技术进步，持续快速健康发展。

一、坚持做好日常工作，努力推进协会自身建设

完成协会换届选举工作。10月13日，协会顺利举行第四届会员大会第一次会议暨四届一次理事全体会议。116家会员单位代表参加会议。会议通过第三届理事会工作报告、第三届理事会财务收支和审计情况报告以及协会章程的修改；会选举产生第四届理事会理事单位39家及监事单位1家。选举产生中国电信股份有限公司上海分公司为理事长单位。

不断完善自身建设。加强协会自身规范化管理，通过上海市ISO9001质量体系认证年检，取得普及推广无线电技术及提供相关研讨、咨询、服务活动的资质。完成协会全新的网站和微信公众号建设。网站由新闻中心、专家园地、行业展厅、协会成员等板块组成。努力将网站和微信公众号打造成传播政府信息、行业动态和前沿技术信息，促进会员互动的多功能平台。

二、维护电磁环境，努力做好无线电安全保障等工作

做好各类无线电考试保障工作。协助市无线电管理局开展全市各类考试的无线电考试保障工作。做到考前准备充分，确保人员、车辆、设备到位；执行任务反应迅速，对作弊信号做到发现快、定位准。全年开展保障工作20余次，查获考试作弊设备一次。

打击整治各类非法无线电台（站）。发挥协会的技术力量，将伪基站和黑电台作为监测重点，一旦发现和定位到非法设台，进行迅速处置。年内共协助无线电管理局完成两次查处非法伪基站和黑电台的任务。

运营商干扰排查。继续做好运营商基站外部干扰排查服务，成为维护公用移动通信电磁环境的一支有效力量。年内，为电信公司解决干扰问题120余起、联通公司20余起、移动公司80余起。

三、积极做好行业管理促进行业健康发展

开展“无线电发射设备销售备案”研究工作。为规范无线电发射设备销售管理，促进无线电发射设备销售市场健康发展，根据新版《中华人民共和国无线电管理条例》，研究制定全市无线电发射设备销售备案管理办法。已初步完成管理办法意见征询稿，建立“备案数据库”，并试点开展销售备案工作。

加强行业诚信体系建设。通过媒体宣传，向社会公开在行业相关领域中做的比较好的单位；建立诚信档案，纳入全市企业联合征信系统；对违反承诺的行为记录在案，根据失信程度予以惩戒；加强举报和投诉，加大监督检查力度。诚信体系建设活动包括：销售无线电发射产品规范企业、无线电通信网络设计资质、公用移动通信室内信号覆盖分布系统集成企业、移动通信室内信号覆盖分布系统代维企业、WLAN无线电产品生产销售规范企业。

做好行业标准制定及咨询服务。根据《上海市住房和城乡建设委员会关于印发〈2016年上海市工程建设规范编制计划〉的通知》，需要进行修订《移动通信室内信号覆盖系统设计与验收规范》。为此，联合市信息系统质量技术协会共同开展该标准的修订工作。受上海公用事业自动化工程有限公司委托，完成上海市公共交通FID组网设计项目。研究制定组网方案，对公交RFID组网设计的必要性和可行性进行论证。

四、组织举办培训、论坛及沙龙

举办无线电基础业务培训班、中华人民共和国无线电条例宣贯暨无线电发射设备销售备案培训等。主动服务于未来全新的频率的用频需求，全面提升无线电管理地位，普及学习无线电新知识。

联手举办无线智能、智慧城市行业研讨沙龙活动、2017无线电创新发展高峰论坛、城市建筑空间无线对讲即时通信行业论坛等行业论坛和沙龙。多形式、多渠道、多角度深入探讨前沿科技和行业发展，促进协会与会员之间的合作与交流，实现行业信息共享，创建多方共赢。

积极开展交流学习活动。分别与中国无线电协会、重庆市无线电协会等兄弟省市协会及工经联的相关协会开展多次学习交流活动，互相学习交流，取长补短。

（沈嘉怿）

上海市电子商务行业协会

上海市电子商务行业协会成立于2002年4月13日，是由从事电子商务的企事业单位按照自愿平等原则组成的，具有独立法人资格的非营利性行业组织。现在会员单位200余家，涉及业态包括快消品和大宗商品网络贸易、IT服务、电子金融、物流配送等多个领域。协会设贸易、物流、制造业、移动支付、电子支付5个专业委员会。

2017年主要工作：

一、加强联动，助推工作，扩大影响

工作联动，加强参与。7月10日，协会进行换届选举，产生协会第四届理事会，上海爱姆意机电设备连锁有限公司成为新一任会长单位，秘书处由新人员组成。在会长的带领和协调下，先后拜访市经信委、市商务委、市国际贸易促进委员会、杨浦区等政府有关部门。先后邀请市经信委、市商务委和市工业经济联合会、市商业联合会领导来协会调研考察、指导工作。同时，通过参加市经信委生产性服务业处、市商务委电子商务处和服务贸易处、市政府综合调研处和市工业经济联合会、市现代服务业联合会、市商业联合会、市生产性服务业促进会、市物流协会组织的研讨会、座谈会、论坛等活动，加强之间的交流合作，积极参与和配合做好有关工作和活动。

项目协作，发挥作用。加强与政府执法部门合作联动，开展质量监管项目对接。结合9月全国“质量月”活动，与上海市质量技术监督局执法总队签订《关于共建互联网消费环节保障机制的协议》，推进上海电子商务良性健康发展。上海电视台、《新民晚报》等媒体进行现场采访。中央电视台和上海电视台新闻频道等媒体对此作了报道。11月，根据上海市质量技术监督局执法总队提供的产品质量通报情况，协会组织人员对被通报的会员单位进行走访，了解整改情况，进一步推进提升电子商务产品质量和服务质量长效机制的形成。

论坛合作，共建新生态。协会在上海化学工业区管理委员会的大力支持下，参与组织承办2017互联网+智慧化工园区（上海）高峰论坛。化工园区内企业、市电商协会会员单位与专家学者共同探讨互联网+园区智慧化建设的新模式、新生态。复旦大学教授作为高峰论坛主持人，北京大学环境科学与工程学院教授、博世（中国）投资有限公司亚太区总监赵宇、汉高（中国）投资有限公司亚太及中国区通用事业部总监、365me平台首席官叶史鹤等专家学者，就化工智慧园区建设进行演讲和圆桌论坛互动。市化工区管理委员会、市环境保护局、市电商协会的主要领导出席论坛，并提出建设智慧化工园区的目标任务、政策措施和构建智慧环保、智慧安全、智慧能源、智慧安防等功能于一体的智慧平台的举措。高峰论坛还进行上海市工业互联网创新实践基地铭牌揭牌和签订《智慧化工区建设战略协议》的仪式。

党建联合，提升效果。协会与市工业经济联合会党委加强联系，不断加强协会的政治建设、组织建设和思想建设。协会与上海南京东路街道社区党委、社区“两新”企业联合开展“入党宣誓、诚勉谈话、学习交流”活动。结合活动学习讨论电商平台企业如何提升商品质量和服务质量的问题，提高党员对行业协会的认识和对建设社会诚信体系、质量标准体系和监督体系的认识。

二、创新方式，开展活动，服务会员

开展产业对接活动。协会积极探索新的活动形式，制订《上海市电子商务行业协会产业对接行动计划》，提出来行动目标、行动内容和组织保障等，组织开展“产业对接”专题活动。下半年，先后组织顺丰速运专题、华翰数据共建诚信专题、爱姆意MRO采购专题、协购新零售专题、有孚云计算专题等5次产业对接活动，共有近70家会员单位参加了活动。在此基础上，顺丰速运与国展公司、苏宁云商与禾获仁、雄商网络与有孚网络、爱姆意与环迅支付等会员单位进行了工作和业务上的深度对接。产业对接活动的开展，搭建了服务会员的平台，为会员单位提供共享信息、共享资源、共享成果的合作机会，被上海现代服务联合会评为“2017年度优秀活动奖”。

组织业务项目合作。结合市国际贸易促进委员会、市国际展览有限公司举办2017“一带一路”名品展。协会组织相关会员单位积极参与，抓住展会带来的商机。部分会员企业组成6个商务代表团，在展会期间与有关国家的展商进行商贸洽谈。同时，协会还利用各种机会和途径，根据会员单位的需求，为会员单位牵线搭桥，进行有关工作或业务介绍等。

学习贯彻中央精神。协会学习贯彻中共十九大精神和落实国务院相关文件要求，联合上海市中高本院校电商专业联盟，举办工业电子商务创新与应用讲座活动。3个会员单位通过实务工作案例、探索与实践和市场分析报告与会员单位负责人和有关院校教师进行分享，探索“产教融合、校企合作”新模式，为下一步加强产业与教育互联、院校与企业互动，提升服务会员单位水平奠定了良好的基础。

宣传推广“双推”（推进电子商务平台创新应用、推进中小企业应用电子商务）评选。参加市经信委生产性服务业处召开的“产业电商－产业互联网发展”座谈会和“双推”座谈会，在了解会员单位主要情况的基础上，加强“双推”的宣传工作，号召和鼓励符合条件的会员单位按照“双推”工作要求，积极参加“双推”企业的申报评选活动。

三、夯实基础，理顺关系，拓展工作

理顺会员关系。协会秘书处通过召开会议和组织活动、上门走访、收缴会费、邮箱电话等途径，熟悉协会的主要功能和作用，理清工作的职责和流程，了解会员企业的构成情况和基本信息，提出协会阶段性工作基本思路和具体做法，组织召开所属五个专委会工作会议、会长办公会和每周秘书处会议等，积极开展协会各项工作和活动，理顺会员单位的结构，新调整会员单位负责人或联系人 80 多人次，并建立了新的联系方式。同时，通过各种渠道和方式，加强联系和推介，积极抓好发展新会员的工作，8 月之后吸收新会员单位 21 家。

深入走访调研。协会在熟悉了解企业的规模、业态及企业的所思所求的前提下，8 月以后分别走访 35 家会员企业，先后接待 32 家会员或非会员企业。通过走访和接待掌握会员单位比较详细的情况，达到密切关系与沟通信息目的，为下一步更好地开展互动打下良好基础。

重视信息传媒。协会秘书处通过网站、期刊、邮箱、微信公众号、微信群等媒体，积极报道国家、政府信息、行业动态、法律咨询和发布协会动态、会员企业信息，实施信息分享，共塑造协会形象。下半年，协会通过网站转载和发布各类信息共计 450 条。协会出版的双月期刊《电子商务资讯》按时编印发放 3 期。通过微信公众号发布协会动态信息共 19 次。通过其他途径发布和传递各类信息 120 多条。

加强培训工作。协会从教育培训基础性工作抓起，组织会员中的高校单位和教育培训机构负责人就协会如何搞好教育培训工作进行了两次专题座谈讨论，广泛听取意见。组织举办加强电子商务产品质量监管，提升电子商务产品质量法规讲座和工业电子商务创新与应用讲座，对会员单位从事电商质量管理人员和有关院校教师进行培训。同时，组织会员单位联系人（通讯员）业务知识专题培训活动。

充分发挥专家作用。为发挥专家队伍作用，规范协会专家评审工作，全年调整建立协会专家信息库。分别委派专家 4 人次，对金山资本集团有关企业股权转让的资产评估项目进行评审，对金滨海文旅集团下属金山经济小区和临海经济小区平台功能的建设、优化、运作、推广及利用平台招商和服务进行会诊，受到好评。

（陈文静）

上海家用电器行业协会

上海家用电器行业协会成立于 1985 年 8 月，是上海家用电器行业企事业单位自愿组成的跨部门、跨所有制的非营利的行业性社会团体法人。现有会员单位 530 余家。协会下属有家用中央空调、家电维修、水家电专业委员会 3 个专业委员会。上海地区会员年产值占行业的 87.5%。

2017 年主要工作：

一、凝聚行业共识，适应时代发展潮流

国家实行创新驱动发展战略，凸显新经济对产业优化升级的关键作用，产业升级已成为拉动中国经济增长的新动力，促进经济从低端制造业向高新技术转型。上海家电行业务必要在经济动能转换之际，抓住机遇，重塑产业链、供应链和价值链，改造提升传统动能，为培养新一轮的增长积蓄力量。

协会以此为主题，相继召开中央空调 2017 年年会、家电维修、水家电专委会的系列会议。通过会议向业内传递经济增速放缓新常态之下的变革信息，凝成共识、看清大势，把握规律，抓住长远发展的契机，以创新精神，用科学态度开拓家电行业的长远愿景，为行业振兴奉献力量。

二、促进行业节能减排，多出新品好品

协会在开展工作中切实贯彻创新、协调、绿色、开放、共享的发展理念，主动对接国家发展战略，在各种场合宣传推广符合低碳循环发展，清洁能源、安全高效，符合生态文明要求，具有广阔市场前景的产品。一是在中央空调专业，推荐美的和睿能空气源热泵空调产品。这两家公司以创新求发展，用研发的新技术开发在节能取暖领域取得突破性发展的暖通新品，使企业在绿色能源市场的份额得到拓展，成功进入北方“煤改电”工程，有力支持国家实现环境保护的国策，也使当地群众共享绿色发展的改革成果。二是在水家电专业，抓创新发展的典型。如通过现场观摩开能公司宣传清洁发展，建立资源节约型的生产环境；通过玖间堂公司开发声控电子产品事例，宣传转型升级，创建新品牌，依靠创新驱动的思路。三是在家电维保专业，发现诚鉴公司运用信息技术的意识很强，开发互联网进入家电维保领域，符合科技产业更多进入群众生活的发展方向，积极鼓励和支持。该公司能做成一个有影响的品牌。

协会还与上海冷冻空调行业协会联办上海制冷空调与节能减排应用论坛，研讨节能减排的形势和任务。邀请专家解读工业4.0和中国制造2025宏伟蓝图，展望行业最前沿技术，切磋空调系统节能、节能改造工程、工业余热、废气利用和空调工程、蓄冷蓄热空调工程等高端技术，甘当保护生态的卫士。

三、依托3.15，面向社会做好消费服务

2017年“3·15”消费者权益日的主题是“网络诚信，消费无忧”。协会积极组织业内企业参加活动，经过认真联络筹备，圆满完成这项与民生相关的任务。

沪上知名的家电品牌苏宁云商、国美、中国移动通信、中国联通、大金、三菱电机、夏普、能率、林内、富士通将军、伊莱克斯、双鹿电器等48家家电品牌企业积极参与本次活动，新参加3·15活动的品牌企业还有惠而浦和微鲸科技，其中不少优秀企业起到引领作用，活动现场各单位通过向广大消费者宣传《消费者保护法》、“三包规定”以及产品展示，收到了宣传质量、宣传品牌的良好效果。据初步统计，“3·15”活动共发放宣传资料1100份，接待消费者219人次，产品投诉1人次。在参会品牌企业的重视下，1起投诉在现场妥善得到解决。很多企业的领导莅临现场，听取消费者的意见和建议，为提高产品质量和服务质量收集第一手资料。参会企业通过3·15活动，增强了产品质量和品牌建设意识。

四、开展专业培训，为家电维保市场提供安全保障

根据市有关部门要求，从事家电服务企业员工必须证持证上岗。据统计，家电协会全年开办培训班16期，共计培训人数为1026人（平台确认发证的人数)。其中初训人数558人，复审人数468人。培训人数较多有苏宁云商、大金空调（中国)、三菱电机、广州松下等企业，这些企业对服务培训很重视，抓得早、抓得紧，认真负责。有效促进规范服务。

家电协会应部分会员单位的要求，强化“登高证”“焊工证”“电工证”“制冷空调作业（小型、大型空调)”等培训班。经培训与考试，取得合格证书的217人，其中：登高证132人，焊工证52人，电工8人，制冷空调作业（小型、大型空调）25人。

五、推荐合格家电维修企业为社会服务

根据市商务委对家电售后服务工作在要求，家电维修委员会在原推荐的家电维修企业进行动态跟踪，剔除已不从事家电行业或者退出家电协会的企业，增加新补充企业至2017年年底协会更新推荐提名214家，并登载在商务委和“一台三会”的官网上，让消费者选择。

六、创新展会功能，服务企业经济活动

组织会员单位积极参与上海家电国际博览会、上海2017年国际水展等项展会。在展会上，家电企业高频亮相，竞争与合作是主题，高端论坛不乏真知灼见，均能展现国家产业政策主导下开放包容的活力。

为持久深入地推进“三品战略”，打造上海产品的品牌战略高地，参加筹备与上海轻工联合举办的第二届上海国际时尚消费品博览会，为行业培育品牌，打响品牌搭建平台，促进企业融入经济金球化、多样化的竞争环境。

七、为邻省地区招商引资牵线搭桥

江苏宿迁工业园来沪找家电协会，希望与上海的家电企业合作。协会接受宿迁工业园的请求，开始帮助寻找合作伙伴，为宿迁工业招商召开推介会，让宿迁方办公室主任现场介绍开发区的区位优势和发展潜力。还联系有规模的企业进行双向互动，加深彼此了解，受到宿迁方的好评。

八、抓安全生产，督促做好“五防”

协会对安全生产工作抓得很紧，把防暑、防寒、防火、防灾、防坠落的“五防”作为避免事故的必修课。无论是会议告诫、访问提醒，还是培训和媒体宣传。都要强调安全意识和安全生产的重要性。年中，协会在家电特别是空调销售旺季来临之际，在全行业发布《关于加强安全生产的通知》，督促会员单位务必注意做好安全管理。6月20日，召开家电维修委员会主任扩大会议，用正反两方面的案例解读安全对于企业的影响。邀请在规范服务方面安全做得到位的品牌公司管理人员，讲解安全管理的方法。使大家对抓好安全既知其然，又知其所以然，收到一定效果。

高温季节，协会会同轻工工会一起，带着清凉解暑用品，对天大热人大干的大金空调技术股份有限公司员工进行防暑降温慰问，给员工送上工会和协会一份关爱。

（李富春）

上海空调清洗行业协会

上海空调清洗行业协会成立于2007年4月（原名“上海空调风管清洗协会”，2011年10月更名为“上海空调清洗行业协会”)，是从事空调清洗、净化、消毒、检测服务与相关设备、产品生产、经营以及技术研究开发的企业、事业单位自愿组成的跨部门、跨所有制的非营利行业性社会团体法人。协会设有4个专业委员会，集中空调通风系统运维清洗专业委员会、空调水处理专业委员会、新风净化专业委员会和分体空调清洁治理专业委员会。现有会员单位201家，占行业企业总数的80%左右，具有较广泛的行业覆盖面和代表性。

2017年主要工作：

一、发挥专业委员会独特的作用

一是集中空调通风系统运维清洗专业委员会。积极开展清洗工程备案工作，及时、高效了解各单位的空调清洗工程的进度情况；把医院的清洗项目与能力要求单独分类，完善医院清洗能力信用体系建设。二是空调水处理专业委员会。重点抓好水处理标准制定，成立空调水处理行业标准制定小组，确定标准的基本框架。二是新风净化专业委员会。成功举办2017中国净博会新技术新产品新营销财富峰会，会议由中国净博会组委会联合上海空调清洗行业协会和上海产业技术研究院共同举办。四是分体空调清洁治理专业委员会。为更好提高操作工的水平，提供更优质的服务，制定分体空调清洁治理操作工培训大纲，对培训考核制度进行商讨，建立规范服务流程讨论小组，并完善和规范分体空调清洗治理服务流程。

二、开展增强会员凝聚力的活动

一是为增强全体会员单位的凝聚力、向心力，举办协会成立十周年庆典活动。鼓励各会员单位共同努力，行业的明天会更加美好。二是协会与理事单位大金（中国）投资有限公司上海分公司一起组织会员单位“走进大金”参观，开展交流活动。三是协会举办室内空气品质提升产业论坛，邀请专家讲解空调服务、环境卫生、检测以及空气净化等技术知识。四是走访会员单位，就如何提高行业自律、工程质量、工程备案以及风管清洗工时体系进行沟通和交流。五是多方渠道搞好服务宣传。协会出版内部杂志《空调服务》月刊，通过月刊及时发布产业政策、行业动向、专题访谈、技术探讨等信息，争取空调节能、减排、环保、卫生效果最大化。还通过微信公众站、空调服务在线、新浪微博等各种信息化模式，开展互动交流，加强信息的宣传力度。六是协会视频网络教学，都已陆续上传至视频网站，如“空调清洗示范工程视频制作教程讲解”和“通风系统清洗工程备案工作讲解”以及示范项目视频等，紧跟信息时代的步伐，将行业信息第一时间传递给协会会员。

（吴永英）

上海锅炉压力容器行业协会

上海锅炉压力容器行业协会成立于2003年12月，是锅炉压力容器设计、研究、制造、安装、咨询服务等企事业单位自愿组成的跨所有制的非营利的行业性社会团体法人。协会以“与政府同步、与市场同行、与企业同心”为服务导向，促进行业发展。现有会员单位79家。

2017年主要工作：

一、坚持规范按章办会，如期完成换届和脱钩

顺利完成协会换届。3月23日，召开四届一次理事会暨会员代表大会。会议审议通过第三届理事会工作报告、章程修改说明以及财务审计报告、《会费标准和管理办法》等各项议程，选举产生新一届理事会、理事22名、监事1名。召开新一届理事会第一次大会，产生新一届会长、副会长及新聘任秘书长，会上对20名先进及优胜工作者进行表彰并颁奖。

协会顺利完成脱钩试点工作。根据协会与商会与行政脱钩、第一批试点总结暨第二批脱钩试点工作的安排，协会于7月底通过受市经信委委托的上海中洲会计师事务所有限公司的资产清查专项审计，如期完成协会脱钩试点工作。

二、坚持需求导向，着力做好精准服务

加强沟通，做好精准服务。协会先后走访上海电气核电设备有限公司、申港锅炉有限公司等28家会员单位，接待9家来访会员单位。这是“接地气”的工作，也是协会常规性工作。不仅为协会开展工作提供新的思路，也为协会服务企业提供精准服务的切入点。

三、加强高技能人才队伍建设，提升企业综合竞争力

年内，协会主办的技师继续教育培训班按计划进行，65名学员参加。以临港核电集团为主体的“无损检测高级培训班”如期举办。培训班首次协会牵头，上海华宁职业技术培训学校承担培训责任，上海核电集团出任班主任负责日常管理的模式，整个培训秩序井然、效果良好。闵行区人力资源保障局对协会的职业培训与鉴定场所进行实地考察。

把“工匠精神”转化为企业核心竞争力，上锅与供应链企业开展“劳模结对”回访活动。协会牵头组织以“职工技能共提升，产品质量同保障”为主题的“劳模结对”回访活动，双方劳模代表做交流发言。与会人员还参观了学习型组织演练中心、技术展示厅及员工文化中心。

完成首席技师资助项目申报及推荐高技能人才研修班学员工作。协会为上海核电有限公司、上海第一机床厂各推荐一名首席技师参加市里评选。在协会积极协调下，双双获得通过。在行业内弘扬“工匠精神”并推荐第20期高技能人才研修班学员，将参加2018年高技能人才研修班学员培训。

推荐第四届高技能人才优秀论文获奖。协会向机械工业职业技能鉴定指导中心推荐三篇论文，分别荣获一等奖、二等奖和纪念奖。一等奖获得者参加“机械工业第四届高技能人才优秀论文”表彰大会，并上台领奖。

开展“工匠精神”人物先进事迹征文推荐活动。协会在行业内开展“工匠精神”人物先进事迹征文推荐活动，以“上海市工匠”上海锅炉厂有限公司高级技师赵黎明为代表的6篇“工匠精神”人物先进事迹，上报市工经联。

四、切实履行协会职责，积极做好各项工作

做好专业技术职务资格认证评审，满足会员单位需求。年内，7人通过初级职称评审并获得初级技术职务资格认证证书；7人经协会初审符合条件推荐到上海市专业评审委员会评审，最终6人通过并按相关程序公示。

按时限要求圆满完成协会年检工作。协会在规定时间内完成社会团体年检，并以此为契机，加强自身建设、理顺业务关系、规范内部管理。

利用协会信息平台，加强与会员之间沟通。紧贴行业的中心任务和重点工作，及时提供政策指导和有价值、可参考的信息，适时总结和推广企业在“创新驱动发展、经济转型升级”中经验和做法，激发和提升企业的市场竞争力。

运用统计分析，提升经济运行质量。协会的行业统计工作，为提升行业经济运行质量，提供数据支撑。撰写的《2017年上半年经济运行情况简要分析》，提出提升创新能力，确保可持续发展的建议，促进企业快速、稳定、健康地发展。

（徐莉萍）

上海市汽车行业协会

上海市汽车行业协会成立于1996年8月29日，协会主管是上海市社会团体管理局，业务上受上海市经济和信息化委员会领导和指导。协会是由上海地区从事汽车与零部件制造及其相关联的单位和科研、院校等法人自愿组成的，跨部门、跨所有制的非营利性的社会团体组织。现有会员单位286家。

2017年主要工作；

一、会员服务

协会通过市统计局评定，获得授权承担部分统计调查项目，统计汇总整车及部分零部件企业的产、销、存及订货情况，报市统计局作为分析比对的参考。逐月按市统计局的定报项目，收集、分析、上报会员单位经济运行数据，为会员单位提供经济运行状况分析。

充分利用会刊《汽车汽配界》和网站，宣传新形势、新任务、新常态，为加快行业转型发展和提高核心竞争力，达到宣传、引领作用。为会员提供汽车和汽配产业发展方面的政策法规和国内外产学研发展动态，及时反映行业诉求，提供全国及上海汽车市场的产销分析、趋势预测等。依托上汽信息公司的优质资源，加快信息传递，强协会网站的维护和整合、改版和更新，及时发布市场信息、企业动态、行业热点、政策环境和协会动态。

协会选聘汽车及相关行业中的知名人士、高等院校和科研院所的专家、教授，成立上海市汽车行业协会专家委员会，在协会理事会领导下，为汽车行业中长期发展战略、规划和各项目的决策提供咨询服务、提出评估和建议等，促进行业、企业提高科学决策水平。

协会举办各类论坛、研讨会、交流会等，为企业搭建产业信息、技术交流、形象展示和行业间联系的平台。通过举办专题报告会和座谈会，帮助企业及时、准确掌握政府相关扶持政策，提升中小企业技术创新能力。

二、产业推进

协会努力适应政府进一步发展和培育行业协会的新要求，承担部分政府职能的转移，履行政府委托协会承担的决策咨询、行业评估认证、资格认证、技能资质考核、行业调查、行业统计等六项职能，完成政府购买协会成果的服务需求，成为政府与行业、企业发展之间的桥梁纽带。

按《上海市节能和应对气候变化“十三五”规划》要求，继续组织本协会企业开展2017年度节能减排（JJ）小组活动，各项目有序推进、成果显著。

推进上海进出口公平贸易汽车行业工作站的工作。在市商务委公平贸易处的指导下，加强市场调研，完善进出口数据统计网络体系，加强产业损害预警分析，帮助企业了解出口动态，健全反倾销、反补贴的应对措施，提高出口企业风险防范意识。

三、人才培育

协会依托上海汽车工业（集团）总公司培训中心开展培训业务，同时与国内外一批知名的企业集团、高校和咨询培训机构，如通用汽车、大众汽车、清华大学、上海交大、同济大学、国际汽车工程师协会、上海汽车工程学会、上海汽车工业教育基金会等，建立长期、广泛的合作关系，为会员单位和行业培训高级人才和专业人才，已培养大批管理与技术骨干，先后被评为“上海市职工素质工程培训基地示范单位”，并被劳动和社会保障部确定为“国家高技能人才培训基地（机电项目）”，被市人事局认定为“上海汽车工程师研修基地”。

四、运作管理

协会以“行业服务、行业自律、行业代表、行业协调”为准则，以政府经济发展战略为指导，在行业管理中发挥协会的优势和积极作用，为促进上海汽车工业发展服务。

加强协会自身管理，完善制定规章制度，初步形成健全、规范化的协会工作管理体系。逐步完善协会工作目标责任制和考核制度，确保各项工作有安排、有进度、有要求、责任到人。发挥各分支机构的独立工作水平，立足市场，贴近企业，坚持特色，讲究实效，开展形式多样的会员服务工作。

在市工经联党委和上汽党委的领导指导下，协会党支部努力发挥党支部的堡垒作用和共产党员的先锋模范作用，为协会健康发展提供重要保证。

（卢益鸣）

上海船舶工业行业协会

上海船舶工业行业协会成立于1993年，其前身是筹建于1983年的上海经济区船舶行业规划组，成员为上海及周边地区主要从事船舶及其配套设备研究、设计、制造、修理、经贸及高校等企事业单位。现有会员单位111家。2017年，协会顺利通过上海市社会团体管理局组织的评估，再次获“中国社会组织评估等级4A级社会组织”称号。

2017年主要工作：

一、联系沟通政府，发挥桥梁纽带作用

做好工信部全国船舶工业统计信息数据填报统计工作。根据工信部所确定的上海地区38家相关船舶企业，由协会负责联系其中30家单位的数据填报统计工作。5家重点监测单位实行月报制，25家为季报制；30家单位中有16家为非协会会员单位，非会员单位占半数以上。为了做好此项工作，协会与工信部和相关单位人员进行沟通，分组分类建成微信群，主动加强联系，确保监测单位按时、准确完成上报。

做好市商务委关于开展产业安全预警体系数据填报工作。有15家企业列入产业安全预警体系数据采集重点样本单位。全年协会组织14个监测单位23人次参加培训。根据市商务委要求，协会推荐交大、海事大学及协会相关专家参加专家组，按时完成年度数据上报工作，获市商务委颁发的“2017年度产业安全预警监测优秀组织奖”。

配合市环保局征求对《上海市大气污染物防治强化措施实施方案（2018—2020）（征求意见稿）》的意见。协会组织船厂、油漆商等相关单位，结合企业实践，就实施方案中提出的船舶企业防治措施具体内容和措施要求进行认真讨论和研究，并将相关修改意见和建议书面反馈相关部门。同时，组织船厂等派人参加相关座谈会，客观反映船厂大气污染物排放控制现状、技术装备条件、前道产品环保达标等情况，为相关部门最终确定方案提供咨询参考意见。

二、加强联系调研，服务会员单位

结合上海市《船舶工业大气污染物排放标准》实施和船厂的巨大反映，组织对外高桥船厂涂装房VOCs技术改造项目实施情况和效果及其上海广成涂装技术有限公司的进行现场调研，对常州环保设备厂商进行调研；听取南京环保设备厂商情况介绍，具体了解上海船厂涂装房改造及其效果情况，听取船厂和设备商的意见和建议；参加舟山绿色修船论坛，了解绿色造（修）船技术状态和发展趋势，推进船厂实施减排控制。

开展企业成果评审和奖项申报，促进企业管理水平提升。协会会同中船上海船舶工业有限公司开展企业管理现代化创新成果评审，船舶总装、配套等10家单位共申报40项创新成果。8月，协会组织召开专家评审会，对上海船舶工业系统2017年度企业管理现代化创新成果进行专家评审，评选出一等奖7项、二等奖16项、三等奖16项，并在此基础上，推选出12项成果参加上海市企业管理现代化创新成果的评审，经有关部门组织专家组评审，获一等奖1项，二等奖6项，三等奖5项。

加强协会内刊和微型公众号的信息传播，及时反映业内情况。将协会内部月刊《船舶行业信息》更名为《上海船舶工业》。全年共出版《上海船舶工业》11期（第1、2期为合刊），每期稿件25篇左右，配有插图。协会微信公众号保持最新图文消息的及时编辑发布，每1–2个工作日即发布一期。全年协会微信公众号共计编辑发布图文消息134期，文章计466篇，发布频率和文章数量比上年提高近一倍。此外，协助会员企业进行中国工业大奖申报，上海船厂申报地球物理勘探船项目，沪东重机申报企业奖。组织相关企业积极参加全市开展的企业创新案例征集活动，报送7份创新案例材料。经市工经联组织专家评审，其中4份创新案例材料予以入选。

三、开展课题研究，举办游艇展览

承担政府委托研究项目，课题研究取得新成果。协会按时完成市经信委2016年委托的三个项目——“上海船舶海工

（行业）经济运行统计分析”“上海大型船厂大气污染物排放现状和减排路径研究”和“推进船舶与海洋工程装备战略性产业发展研究”，研究报告通过专家评审，项目已予结题。在此基础上，协会承担市经信委2017年委托的新研究项目，其中，“海洋工程装备与高船舶发展重点与对策建议”和“智能制造应用路径”两个项目已分别完成研究报告并通过评审组专家的评审，于11月予以结题；“2017年上海船舶工业行业发展报告”项目已完成报告的调研和起草，于2018年年初通过经信委组织的专家评审。协会此前承担的项目“结合长江黄金水道，发展‘水水中转’的节能降霾绿色船舶研发、制造和应用体系研究”，于2017年3月通过专家评审。

2017上海国际游艇展，困境中取得新突破。4月26–29日，协会与中国船舶工业行业协会船艇分会、上海博华会展公司携手，在上海新国际博览中心（W4、W5馆）举办第22届中国国际船艇及其技术设备展览会暨中国（上海）国际游艇展。展出期间，协会与中国船舶工业行业协会船艇分会组织召开2017中国国际游艇经济暨滨水休闲产业发展论坛暨游艇产业方位供需对接洽谈会、2017年中国国际高性能船学术报告会暨游艇设计建造技术论坛，多位领导专家发表重要讲话和论文。

四、加强对外联系合作，拓展协会对外影响

主办八省市船舶行业协会会长、秘书长联席会议。4月，协会牵头主办八省市船舶行业协会会长、秘书长联席会议，来自上海、浙江、江苏、山东、广东、福建、江西等八省市船舶协会会长、秘书长等20余人参加会议。会上，各省市船舶协会分别介绍本地区2016年、2017年第一季度船舶行业运行情况、特点及问题。各省市船舶行业都面临着市场低迷、产能过剩、融资困难、下行压力巨大的严峻形势，大家就去产能、去库存、智能制造等当前热点问题发表看法，探讨行业发展前景，共商携手度过当前船业艰难困境之道。会议增进了地方船协互相之间的协作和友谊。

协助开展长江经济带八省市修船环保的调研、整改督办。贯彻工信部长江经济带发展战略，落实长江生态环保修复和保护，配合中国船舶工业行业协会修船分会牵头上海、江苏、安徽、江西、湖北、湖南、重庆、四川等长江沿岸八省市地方船舶工业行业协会成立“0808”项目组，协助开展修船环保调研及对修船过程中污染物产生和无组织排放的整改、督办，并由协会于11月8日举办项目组第一次工作例会。

协助外资企业开展业务活动。协会与江苏省船舶工业行业协会携手，于7月24日假座上海国信紫金山大酒店配合召开外企船用产品宣介会，有船舶与海工、配套、材料厂商和商贸公司等代表约70人出席会议，会议取得预期效果。

五、加强协会建设，规范内部管理

加强协会组织建设，更好联系服务会员。积极拓展会员，新增6家会员单位。协会及时办理会员单位名称、地址信息的变更和理事、联络员名单的变更，对于因效益滑坡、结构调整、企业，撤并、改制转型等多方面原因申请退会的企业，按程序办理退会手续。协会建立会员单位微信群，通过微信群，即可保持经常沟通，方便联系，方便会员单位和协会互动，也可方便及时反映反馈，提高工作效率。

搬迁新的办公场所，建立完善档案管理。协会于2017年初搬入浦东新区浦东大道1号中国船舶大厦，并完成注册、银行、税务、社保等相关一系列变更手续。结合协会办公地点的搬迁，对协会档案资料进行全面整理、分类、立卷、编号、归档、统计等，将档案分为十类共建档175卷。为便于查找，还编制卷内目录、分目录、总目录等，初步实现协会档案管理的制度化、规范化。

（许学华）

上海有色金属行业协会

上海有色金属行业协会成立于2002年1月，是中国社会组织4A级行业协会，现有会员单位168家，基本覆盖上海地区有色金属骨干企业。同时含有全国最大的有色金属交易市场和现货电子交易中心，聚集有色金属材料、辅料、制品、装备等制造领域企业和相关的商贸、金融、信息、物流、咨询、会展等单位。下设有色金属信息资讯、会议会展、技术检测、培训鉴定等服务平台。

2017年主要工作：

一、加快有色产业优化升级，增强企业竞争力

开展行业研究，探寻转型发展新路径。完成《2016年上海有色金属行业经济运行报告》《2016年上海有色金属行业发展白皮书》等报告；完成“上海再生铅产业向铅酸蓄电池配送回收环保产业转型方案研究”“2017年上海有色金属贸易产业形势分析及应对”项目。推进实施“上海铅酸蓄电池配送回收体系绿色信用评价与奖惩平台建设”项目。

集聚行业智慧，促进有色新材料发展。协会主办2017上海－太仓有色金属＆汽车产业链合作发展论坛、有色金属智能制造研讨会，与市经信委新材料处开展新能源汽车、汽车材料轻量化等课题的研讨。发挥院士和专家的智囊作用，围绕有色金属产业智能制造领域的热点问题展开研讨和交流。同时，协会四届六次理事会通过关于筹建上海有色先进材料研究中心（暂定）的建议。

推进公平贸易工作，增强企业应对能力。协会秘书处走访调研十几家重点企业，针对企业国际贸易中面临的问题与困境，邀请市商务委公平贸易（法制）处处长孙嘉荣与重点企业面对面交流，指导企业应对贸易摩擦。协会出版两期《上海有色金属行业外贸环境动态监测简报》，开展公平贸易工作培训，帮助企业掌握上海有色产业及贸易形势、重点产品和重点国家地区贸易动态，以便企业增强应对贸易摩擦能力。

加强与各地交流，架起合作共建桥梁。协会走访浙江省冶金有色行业协会、上海市室内环境净化行业协会；组团参观涪陵李渡工业园区、清溪园区以及涪陵的城市建设；赴范县进行回访考察，就两地加强合作人才进行培养交流；组团赴美国、墨西哥学习与考察。11 月，协会与江苏省如东县洋口港经济开发区签署合作框架协议，发展新型铜、钛等有色金属冶炼及综合利用产业，建设临港工业区有色金属产业园开展合作。

二、推进生产者责任延伸制上海试点工作推动循环经济发展

积极研讨，配合试点方案推进。3 月，协会和联盟配合市发改委环资处起草《上海废铅酸蓄电池回收利用体系建设试点实施方案》，并分别于 5 月 12 日、5 月 27 日、6 月 26 日，召开上海市铅酸蓄电池营销及回收网点建设试点单位座谈会，实施方案进行研讨。9 月 11 日，配合市发改委环资处召开会议，就《生产者责任延伸制上海试点实施方案（初稿）》征求企业意见。9 月，市发改委副主任周强召集上海市各相关委办、公司及行业组织研究讨论试点方案等相关工作。10 月，召开《生产者责任延伸制上海试点实施方案》编制研讨会，就上海生产者责任延伸制试点开展征求企业建议。

修订能耗标准，推进节能减排工作。11 月，协会启动“DB31574-2011 铝箔单位产品能源消耗限额”“DB720-2013 铜及铜合金棒、线材单位产品能源消耗限额”“DB792-2014 硅单晶及其硅片单位产品能源消耗限额”等五项上海市强制性地方标准的修订工作，为上海有色金属耗能企业能效水平对标活动提供依据。继续推进节能减排工作，全年有 6 家单位 12 个 JJ 小组参与，涌现一批节能减排案例，有效提高行业能效水平。

启动新课题，推动新能源电池规范回收利用。协会和联盟召开上海及周边地区新能源电池回收体系建设及梯次利用课题研讨会，围绕未来上海及周边区域新能源电池回收体系建设及梯次利用等相关课题进行研讨，并启动新课题。

三、搭建有色金属高技能人才培养基地提升职工技能综合素质

搭建有色高技能然人才培养基地。8 月，获得上海市职业技能指导中心授予“上海有色金属职业技能鉴定所”称号；12 月，获得上海市人力资源和社会保障局授予“上海有色金属高技能人才培养基地”称号。协会在高技能人才实施单位平台上，申报的铅酸蓄电池配送与回收、硅片加工两个专项通过上海市教育培训指导中心认定。

多方面开展技能鉴定与技术评审。有色金属行业特有工种职业技能鉴定六十六号站在浙江天宁合金材料、华峰日轻铝业、上海龙阳精密复合铜管、永杰新材料股份等 9 家企业的支持下，开展 6 个批次、176 人的鉴定，覆盖 15 个工种的一级到四级 4 个等级。另外，上海市工程系列仪表电子专业（有色金属学科）中，经专家评审，4 人获得高级工程师，14 人获得工程师专业技术职称任职资格。

四、加强协会规范化建设工作提升秘书处服务能力

做好全国劳动模范的推荐工作。8 月，协会开展上海地区全国有色金属行业先进个人和先进集体的评选推荐工作。11 月，初步确认 2 个先进集体（班组）和 2 名劳动模范为初审推荐对象：先进集体（班组）为上海合晶硅材料有限公司、上海鑫云贵稀金属再生有限公司蓄电池配送回收项目开发小组；劳动模范为华峰日轻铝业股份有限公司熔铸车间经理周峰、上海海亮铜业有限公司常务副总经理傅海东。

继续办好各类会议和宣传媒体，搭建交流平台，畅通信息传递。协会和上海有色网联袂主办 2017（第 12 届）上海铜铝峰会、2017（第 12 届）上海铅锌峰会，镍钴分会举办 2017 上海有色金属行业协会镍钴分会（温州）交流会等，邀请业内专家就行业热点问题进行解读，帮助企业梳理市场及行业发展脉络。协会通过微信平台、网站及《上海有色金属信息》报，多层次、全方位反映行业的最新信息。

（史爱萍）

上海铝业行业协会

上海铝业行业协会成立于 1989 年 3 月，是上海及长三角地区从事铝材、铝制品、铝冶炼的生产企业和铝加工产业链中的装备、贸易、科研等相关企事业单位自愿组成的行业性社会团体。协会以科学发展观为统领，以政府经济发展战略为指导，积极发挥行业管理作用；坚持为企业、为行业、为政府服务，维护企业合法权益，沟通会员与政府之间的联系，协调会员之间的公平竞争与合作关系；促进地域铝业行业的经济发展、科技进步和管理优化；促进国际经济交往与合作，推进社会进步。现有会员单位365家。会员广泛分布在上海、江苏、浙江、江西和山东。

2017年主要工作：

一、加强协会队伍建设，做大做强上海铝协

一是协会根据理事会关于"不断加强协会领导机构建设"的要求，积极推荐具有经营规模、规范企业管理、重视品牌建设、关注行业发展、热心协会工作的会员单位充实进理事会，至年底，理事单位92家。年内，理事会两次召开会议，听取并审议秘书处工作汇报、协会重要议题议案，主要发展方向和工作目标等。还建立理事长和秘书长每月一次定期交流工作机制，研究协会工作。二是加强会员队伍建设，积极开展走访会员、服务会员、发展会员的工作。与此同时，因一些会员企业因故未能履行会员义务，依据《章程》有关规定，取消其会员资格，使协会整体队伍素质得到提升。三是加强专家队伍的建设，及时增补各专业、各门类、各学科的行业资深专家进入上海铝协专家委员会。充分发挥协会专家在推进行业技术进步和产业发展中的引领指导作用，受到会员单位的好评。四是加强秘书处建设不断完善秘书处工作机构，坚持老中青相结合，提高秘书处管理水平，全处同志积极的工作姿态和周到的服务态度，赢得广大会员单位的点赞和肯定。

二、拓展协会服务功能，用心服务会员企业

协会通过整合政府资源、社会资源、大学资源、会员资源，不断拓展服务功能，推进各类服务平台建设，用心做好服务会员工作。一是开展技术职称任职资格评审工作，为鼓励企业员工刻苦学习知识，勤奋钻研技术，推动企业的人才储备、技术进步和创新发展起到促进作用。二是开展各类技术服务活动，推进技术平台建设，先后为20多家会员企业开展现场技术咨询活动，为上海和浙江宁海地区、江苏泗阳地区的会员单位开展现场技术培训、市场营销培训等活动。还为10多家会员单位专题召开各类技术质量鉴定会、新产品成果鉴定会、产品推荐会等。三是协会牵线企业成立的电子商务平台"铝团网"，为铝加工业的上下游客户提供专业的铝产品电子商务平台，推进国内铝行业健康、有序和可持续发展。上海铝协联合铝团网成功举办第10届中国长三角铝业高峰论坛暨2017上海铝协年会，邀请国内铝行业知名嘉宾演讲，就会员单位普遍关心的热点开展技术研讨交流。四是协会坚持每月走访30家左右的会员单位，倾听会员需求，组织开展各类受会员欢迎的活动，做好信息交流、市场对接，尽力为会员单位牵线搭桥、排忧解难。

三、积极发挥会员企业和政府之间的纽带和桥梁作用

一是协会积极开展群众性节能降耗工作，建立30多家JJ活动小组和8个攻关小组，组织有关单位参加市经信委技改节能项目申报和验收工作；牵头完成制订立两个市级能耗标准，即铝型材能耗标准和铝复合材料能耗标准。因开展群众性节能降耗工作成效明显，协会和相关企业受到市工经联奖励。二是协会组织部分进出口企业开展"双反"（反倾销、反补贴）预警机制培训，先后与市商务委联合召开反倾销、反补贴案件处理协调会议，协助涉案企业开展反倾销案件应对处理。选派3家会员单位进入国家商务部和市商务委的产业安全重点企业信息采集平台，在产业安全方面得到政府更多的关注和支持。三是协会认真做好行业统计工作，配置专职人员负责行业统计，受到政府有关部门的好评。

（平佳雯）

上海钢管行业协会

上海钢管行业协会成立于2000年4月成立，是由上海及江苏、浙江钢管企事业单位、社会团体为实现共同意愿而自愿组成的非营利性行业组织，是独立的社团法人。会员企业产品覆盖无缝管（热轧管、冷拔管、冷轧管）、焊接管（直缝焊管、螺旋焊管）、复合管、冷弯型钢等，产品材质包括黑色、不锈钢两大类。会员企业中还有来自钢管行业上下游的钢管装备制造商、物流服务提供商、资讯产业服务商和钢管产品贸易商。现有会员单位105家。

协会先后被商务部命名为公平贸易基层工作点，被上海市商务委授予上海市进出口公平贸易行业工作站称号。

2017年主要工作：

一、提供服务、反映诉求、规范行为，引领行业持续健康发展

组织行业力量，凝聚发展动能，努力稳增长、提质量、增效益。面对几年来行业深度调整，钢管企业多数负担重、利润低的状况，协会通过会议、论坛、媒体网络、专家上门服务和搭建合作平台，邀请权威专家和优秀企业家为行业发展把脉定向、解疑释惑、提出建议。通过展会、咨询、行业评优等服务平台，为企业开拓市场创造条件。

调查研究，上情下达、下情上报，搭建会员交流服务平台。协会采用走出去请进来的方式，走访上海、江苏、浙江地区50余家会员单位，调研河南、河北、北京、天津、湖南、广东、山东的相关企业。全年秘书处、专家委接待会员单位、上级领导和相关企业到协会交流、座谈、咨询等20余次。通过调研企业的需求和业务方向，为会员企业搭建合作平台，促成上海五矿与上海申花钢管、上海水晶宫钢管、上海佳冷冷弯科技股份、上海佳方钢管集团的业务合作。

二、发挥专家委人才优势，打造核心服务，努力为企业排忧解难

担当协会广大会员发展的“智囊团”和“参谋部”。协会组织由34名钢管生产经营资深专家组成的专家委，为会员和非会员单位开展大量的钢管行业市场经营、装备技术等专业咨询服务。先后为湘潭华进科技、鼎嘉新材料科技等提供了装备技术咨询服务，为湖州水晶宫管业、林州凤宝管业等企业上门服务。

专家委“智囊团”还与天阳钢管、冈新制管、聚异金属、一转新能源、尊马管件、德新钢管等会员单位签订服务协议，为每家单位推荐3名专家，提供一年的专业技术、市场咨询服务，得到会员单位的好评。

三、积极为政府有关部门服务，为行业发展争取更多的政策支持

协会参加市经信委、市商务委、市社团局、市工经联、市名牌办公室、市现代服务业协会等组织的各种会议、培训20余场次。

配合市经信委新材料处参与并提供有关专题报告、行业运行分析，上报情况反映和政策建议。

参加市商务委组织的反倾销应诉活动，公平贸易教育、培训会议，向会员普及公平贸易知识，鼓励企业积极应诉。

参与由上海市2017年10月1日起正式施行的《上海市社会信用条例》的推进工作。

参与中国钢结构协会钢管分会《中国优秀钢管供应商》名录的编写工作。

四、建立行业协会之间紧密合作，成立长三角珠三角钢管产业联盟

4月8日，上海钢管行业协会、佛山市钢管行业协会和常熟市钢管行业协会经过友好协商，在佛山探讨成立“长三角珠三角钢管产业联盟”，以企业为主体，搭建产、学、研、资、用的平台，促进长三角珠三角钢管产业的健康发展，增强长三角珠三角钢管产业的综合竞争力。

协会积极开展与全国冶金行业商协会的合作，分别与全联冶金商会、中国特钢企业协会、中国耐火材料行业协会、中国金属流通协会、湖州市冶金商会、兴化市不锈钢行业协会、浙江松阳不锈钢行业协会等建立信息、技术、专家等方面的合作与交流。

五、主办和组织参加国内外展会，为企业开拓市场、扩大品牌影响力

参与主办、组织国际展览，为企业搭建贸易技术平台。5月，协会参与协办由上海荷瑞会展有限公司主办的“上海国际水展”；11月7—11日，协会协办中国国际工业博览会新材料展；11月20—22日，协会在上海新国际博览中心举办主办第11届上海国际钢管工业展。

组织企业积极参加国外展，出国商务活动，为企业“走出去”拓展渠道。6月，协会与中国钢结构协会钢管分会联合组织“中国钢管全球行”暨2017—2018年度钢管行业俄罗斯商务交流活动，参观俄罗斯国际管材展；8月，协会与德国杜赛尔多夫展览公司达成合作，成为杜塞展的官方代理机构。

主办组织国际会议、发表演讲，提升协会知名度。专家委主任孙永喜、顾问钱乐中等先后出席钢管分会会员大会、佛山钢管行业协会年会、第8届全国焊管技术交流会等全国性会议并发表演讲，提升了协会在行业中的知名度。11月20日，由协会主办的第二届钢管产业链发展与应用大会（DASTIC）在上海新国博成功举行，全国120余位钢管企业家和行业人士出席大会。

六、培育行业自律环境，强化行业信用等级评价，鼓励会员单位品牌创新

协会继续开展“企业诚信创建”活动。经过层层审核，7家会员企业获“上海市企业诚信创建活动组委会”和协会共同命名的2—5星诚信创建单位称号。

10月19日，上海天阳钢管有限公司研发成功的不锈钢三元复合换热管获得中国腐蚀与防护学会2016年度科技进步一等奖，此外，何建忠董事长荣获2016年度个人科技进步一等奖。

协会高度重视会员单位的品牌建设工作，积极推进上海佳方钢管（集团）有限公司和上海佳冷冷弯科技有限公司申报2017年上海市政府质量奖。帮助上海奉贤钢管厂有限公司申报上海市专利示范单位。

七、扎实推进团体标准制定和推广应用，加快标准升级步伐

协会依据《关于培育和发展团体标准的指导意见》等有关规定，制定《上海钢管行业协会团体标准制定管理办法（试行）》和制定程序。协会因此成为全国团体标准制定、发布和管理的社会团体之一。

八、进一步做好科技评审、成果鉴定工作

协会积极参与上海市名牌办关于上海市冶金和有色金属行业的上海市名牌的评审工作，协会有3家会员企业参与上海名牌的复审。在协会开展“科技创新奖”评审中，2家企业获得上海钢管行业协会首届“科技创新奖”。

九、加强协会建设，增强内生动力，提高服务能力

加强协会工作制度化建设。进一步完善内部治理、规范运作，完善秘书处各部门的相关工作职责，建立考核机制，切实提升制度管理水平。

加强协会的组织建设。年内，协会发展新会员 18 家，新提名理事单位 6 家。在 105 家会员单位中，制造业企业 78 家、科技研发企业和大专院校 7 家、电子商务 4 家、生产性服务业 16 家。

加强协会服务能力现代化建设。协会秘书处现有上海名牌评审专家 1 名，上海社科院／上海市商务委特聘行业专家 1 名，上海经贸商事调解员 2 人，高级工程师 2 人，高级策展师 1 人。秘书处力争人力、知识、技术、信息条件适应社会发展前沿的要求，同时强化服务意识，服务方式，提高工作效率，充分发挥协会职能。

加强协会品牌建设。协会在改革和发展中根据行业特点，做好服务工作，拓展服务领域，以专业服务为核心打造协会品牌，实现协会整体能力和形象的品牌化，使协会工作向更高水平发展。

（卢志逵）

上海市铸造行业协会

上海市铸造行业协会成立于 1984 年 1 月，是以铸造企业为主体，并吸收与铸造相关的科研、设计、教学等企事业单位组成的跨行业、跨部门、不论经营类型，具有独立法人资格的社会团体。现有会员单位 250 余家。

2017 年主要工作：

一、坚持开展企业达标评议和交流

拓展达标评议平台功能，把原协会对企业单向审核转变为协会与企业双向交流，不仅帮助企业查找生产经营管理中的不足之处，提出整改意见和建议，而且能及时了解企业生产经营上遇到的困难或瓶颈、技术上难点或创新、管理上进展或突破和对协会建议和要求等，寻找协会为企业服务新的切入点。

二、改进会议形式

尝试年会和会员大会合并一起举办，会前加强会务筹备，周密安排，论文约稿，抓紧动员，会中从会议签到、参观等都精心组织协调，会议气氛隆重而热烈，各项议程顺利表决通过，论文主题鲜明，获得参会者的热烈反响。从会后收到的调查表统计，认为这次会议“收获很多信息，很有帮助”的占 65%，总体感觉“很好”的占 74.4%，希望这样的会员大会／年会每年举办一次的占 87.8%。

三、开展技术培训

联合上海市铸造学会、上海市压铸技术协会、上海交通大学等行业组织与埃肯国际贸易（上海）有限公司合作举办中高端铸铁熔炼技术研讨会和两次压铸技术学习班。针对企业生产和工艺执行中的实际问题进行讲解和分析效果好，受到参加企业的热烈欢迎。尤其是针对企业工艺技术方面的论文演讲，使广大会员单位在生产、技术、质量、管理和企业发展思路和理念等方面受益匪浅。

四、开展参观考察活动

由于产业结构调整、环保督查整治和拆违等力度的不断加强，不少企业面临调整或搬迁压力，很需要了解一些上海周边如江、浙、皖地区的投资环境、政策、条件等情况，为企业准备一条退路。针对这一情况，协会组织企业相继考察江苏海安、海门、大丰，安徽含山等地，走访安徽海立精密铸造有限公司、上柴动力海安有限公司、江苏大丰金山东新铸造江苏有限公司等多家外地企业。这些企业在当地政府的支持和企业自身的努力下，生产经营和管理提升，取得显著发展和进步。

五、组织参观铸件博览会

年内，中国铸造协会在上海主办第 15 届中国国际铸造博览会，协会组织 30 多家企业共 170 多名业内同参观。为组织好这次集体参观活动，协会专门建立参观展会的微信群，在群里及时发布有关参展会员单位的基本概况、产品特点、展品亮点，以及展馆平面展位图等，以方便大家参观。在展会上，副理事长和秘书处人员专程到会员单位展台拜访，慰问参展人员，与企业负责人进行交流，为他们的展台点赞。

六、开展清洁生产

协会对上海烟草机械新场铸造有限责任公司进行清洁生产审核工作。在审核企业编制报告的过程中，从帮助企业提高对清洁生产认识的角度出发，深入企业现场进行考察，对企业管理层进行清洁生产宣传培训，帮助企业整理统计相关数据资料，提出整改建议和方案，不仅使企业顺利通过清洁生产审核验收，更使企业有效提高了清洁生产管理水平和能力。

七、立标杆树表率，彰显上海铸造榜样典范

弘扬新风，树立表率，是协会近年来特别重视的工作。协会在每期《上海铸造通讯》封面人物中，宣传介绍上海铸造行业优秀企业家创新创业的模范事迹，积极向中国铸造协会推荐申报“中国铸造行业优秀企业家”“优秀青年企业家”“中国铸造行业青年才俊奖”“中国优秀巾帼铸造工作者”“奉献铸造行业五十年工作者金奖”等，得到广大会员单位的热情支持和积极参与，使大家学有榜样，做有典范。

八、设法为企业多办实事

企业要上新的建设项目、进口先进高端装备、技术工艺评定等，经常需要协会出具相关的鉴定意见或报告。全年协会通过邀请或咨询行业专家、现场考查，秉承专业、客观、公正的原则，为企业向有关部门出具技术类鉴定或证明文件6份，协助企业进行技术攻关2项。还主动帮助企业联系业务，协助企业解决经济纠纷等方面的一些问题。

九、开展课题研究，做好脱钩工作

根据市经信委的部署，协会相继完成"上海市铸造行业规范条件研究"课题和"本市铸造产业创新发展报告"，按时完成协会与行政机关脱钩工作。在完善协会法人治理结构和内部治理方面，严格遵守章程规定，认真落实规范化建设的各项要求。

（谈悦晨）

上海市焊接协会

上海市焊接协会成立于1986年，现有会员单位107家，以电焊机、切割机、焊接材料、焊接气体制造和焊接产品应用企业为主，包括大专院校和科研院所。会员单位覆盖上海汽车、船舶和海洋工程、电站和核电、锅炉压力容器、航天航空、重型机械、大型钢结构制造等行业。

2017年主要工作：

一、技术服务

根据企业的需要，通过焊接技术工艺评定、上门服务等方式，为会员单位和企业解决一系列产品加工中的焊接技术上的难题，进行高新技术产品推介。一是提供焊接工艺评定服务。为各地企业完成国内外焊接标准的产品工艺评定共45项，帮助企业解决产品技术攻关、质量升级、产品出口等问题。二是协助解决产品焊接技术难题。如上海龙钰电梯配件有限公司专业生产电梯配套零部件，以前采取手工焊接生产效率低，质量不稳定。协会技术人员通过上门现场调研，帮助该公司解决采用焊接机器人代替人工焊接的问题。三是协助推介新产品。"沪强牌"金属焊割气是上海昱风气体公司2000年研发成功，并经政府有关部门认定的一种能替代乙炔气的安全、高效、清洁的新型气体。本着服务会员企业的初心，3月18日，协会在电站辅机厂召开现场推介交流会；11月1日，又组织专家召开评审会，推动新型焊割气体在上海电气集团发电机厂、锅炉厂推广使用。

二、技术培训

根据会员企业科技发展和企业产品升级换代需要，开展各种形式和各类标准的焊接技术培训工作：一是通过AWS对ATF复审。多年前，协会和天祥摩迪（上海）咨询有限公司作为美国焊接学会（AWS）的授权考试机构，合作开展AWS焊接标准的培训考试。8月3日，美国焊接学会（AWS）根据规定，通过实地审查，通过协会和天祥摩迪的考试机构资质（ATF）的复审。二是承接国家题库（焊工操作技能）的编写任务。8月8日，协会参加市职业技能鉴定中心的会议，承接国家职业技能鉴定中心的国家题库（焊工操作技能）的开发和编制工作。三是开展各种形式、各种标准的技术培训。先后为企业组织开展各种焊接技术标准的焊工考试306项。其中，美国焊接学会（AWS）、美国机械工程师协会（ASME）考试128项，ISO等考试178项，为企业考试培训、颁发AWS注册的焊工证书1633项。培训的对象既有上海企业，也有外地企业；培训方式既有"请进来"到协会培训基地进行培训，也有"走出去"为企业"量身定制"的上门培训。

三、技术交流

根据企业需求，组织开展5次重大的中外焊接技术交流活动，为会员和企业搭建的平台，加强技术研发的针对性和有效性。6月26日，协会和天津焊接协会在上海通用重工进行沪津焊接协会第16次工作交流，通过交流、互相学习，进一步促进协会工作。

6月28日，埃森焊接展期间，协会与天祥摩迪公司联合举办标准化、智能化的焊接制造研讨会，由中美国焊接专家介绍最新的AWS焊接新标准和ASME焊接技术标准等。受到200多位与会者的一致好评。

11月3日，协会与宝山区焊接技术协会合作举办2017年宝山第六届焊接技术论坛——高效焊接技术暨焊接新材料的应用与发展。市和区及有关行业100多人参加。上海核工程研究设计院、上海交通大学等五位专家对三代核电焊接材料、超低温焊接材料、焊接新材料的研发和应用作精彩演讲。

12月12日，与欧地希机电（上海）有限公司合作举办"焊接设备、焊接材料的新技术、新工艺及应用"的中外焊接技术研讨会。来自汽车、锅炉、电站、造船、钢结构等行业100多人出席。6位中日专家分别作"厚板和薄板高效高质量焊接技术与设备"等专题技术报告，交流最新国际焊接前沿技术和产品，推动行业科技创新、产业升级。

11月10—11日，协会组织会员单位参加在江西南昌航空大学召开的主题为"智能高效焊接技术及质量控制"的第13届华东六省一市焊接技术交流会。协会推荐的21篇论文为华东六省一市焊接技术交流会的论文，其中上海航天设备制造总厂《7055铝合金双面FSW接头组织和力学性能》论文，作为大会交流论文进行演讲。

四、服务会员

发挥人才、技术、信息优势，改进为会员服务方式，提高服务水平，在服务中实现协会与企业的共同发展。

走访会员单位。先后走访振华港机、上海电气电站上海锅炉厂、上海永良焊接制造厂、上海电气核电设备有限公司、液化空气（中国）研发有限公司、伟创力（上海）金属件有限公司等6家会员单位，相互沟通信息，了解生产经营状况和对协会的服务需求，以使更好提供有效服务。

发展新会员单位。新发展上海昱风气体制造有限公司、允铨检测技术服务（上海）有限公司、上海浦贤机械科技有限公司、遂鹿实业（上海）有限公司、安徽泰尔控股集团上海智能装备有限公司等5家新会员，进一步增强协会在行业的影响力、辐射力和凝聚力。

推荐优秀品牌活动。根据中国焊接协会的要求，协会开展推荐行业优秀企业创品牌工作，帮助会员单位扩大品牌的社会影响力。9月，会员单位上海电气核电设备有限公司被中国焊接协会评为“中国焊接行业优质品牌用户”；上海通用重工集团有限公司被评选为“中国焊接行业优质品牌企业”“中国焊接设备行业著名企业”，获得“中国焊接设备行业卓越贡献奖”。

（柳国炎）

上海市热处理协会

上海市热处理协会成立于1984年6月，是以上海地区和部分外省市的热处理企业为主，以及热处理设备设计制造及相关配套产业链企业、高校科研等单位自愿组成的社会团体法人。下设感应加热、真空、控制气氛等专业委员会。现有会员单位243家。

2017年主要工作：

为配合市政府产业结构调整，提升上海热处理行业水平，协会秘书处组织行业专家对会员企业环保工作进行指导，同时召开理事会进行专题宣传。请全国对热处理行业有专业油烟处理的先进设备厂商到会推介，使协会骨干企业领导层在创建“绿色热处理”工作中领先示范并落实。秘书处积极研究热处理开放式油池在淬火过程中产生油烟气的治理工作，此项工作得到上海交通大学潘建生院士的大力支持，安排交大材料学院项目组与协会联合攻克难题。

在市能效中心指导下接受市质量技术监督局的委托，组织行业骨干企业和专家参与对《金属热处理加工工序能源消耗限额》《热处理电热设备经济运行与节能监测》两部上海市地方标准的修订准备工作，实现对上海地区热处理行业能源管理的长效机制。

积极开展行业自律达标验收工作。在达标验收过程中辅导企业重点抓好安全生产、环境保护、职业卫生等工作。特别重视危废、固废、工业垃圾的合规、合法处置。按照上海市的各项要求，及时修订和完善达标验收标准，坚持达标企业三年轮回验收，使会员企业在新形势下不断完善、提高。

协会被授权为上海市职业培训、鉴定所，积极开展金属热处理工的各类等级培训、鉴定工作。金属热处理三级工培训，共有121名学员通过鉴定并取得国家人社局颁发的证书，金属热处理工检验专项培训班圆满完成，在会员单位中反响特别好，需求十分强烈并得到业内一致认同。上岗培训作为常规工作定期开展。

按照市政府有关文件精神，协会工作“突出重点、聚焦环保、创新发展”，关注热处理行业“油烟气”治理及排污申报工作。秘书处及时召开理事长会议，向理事会全体理事通报市有关环保要求。在协会会员企业推进排污申报工作。同时为行业力争达到先进热处理“绿色生产”发力。

对市经信委推进的“脱钩”工作认真对待，专人负责。为做好脱钩工作，协会秘书处先后两次向理事长专题会议汇报，向理事会专题报告并得到支持，按时圆满地完成脱钩工作。秘书处在理事会领导下按照社团管理要求，完善各项规章制度，如财务管理、人事聘用等制度，以树立秘书处良好的服务形象。

（李金兴）

上海市轻工业协会

上海市轻工业协会成立于2007年6月，是由上海轻工行业企事业单位以及相关社会组织自愿组成的联合性的非营利性社会团体，理事会成员包括上海轻工行业各大集团公司和17家专业行业协会。现有会员单位236家。

2017年主要工作：

一、创建上海轻工品牌建设服务平台有新亮点

主办和协办各类展会。年内筹备的第二届上海国际时尚消费品博览会，于2018年1月12—15日在上海展览中心举行，充分展示绿色、时尚、智能的主题。届时将评选出博览会奖、博览会工业设计奖、百姓喜爱的时尚品牌奖等奖项。举办“民乐才艺比赛”“春联书法大赛”“产品跨界合作”“时尚消费推介”“科技新品发布”“现场涂鸦体验”等互动活动。组织企业参展广交会和华交会、第19届中国国际工业博览会，以及在西安、重庆、大连、日本东京等地举行的相关展会。

组织品牌企业参加各类评优活动。参加中轻联2016年度中国轻工业百强企业及行业10强企业评选，老凤祥等4家企业入选百强榜单；欧普照明、华宝香精、晨光文具、上海家化等企业列行业10强首位。参评2017年工博会CIDI研究院大奖，长园和鹰获金奖，英雄金笔获银奖。界龙实业获2017“创客中国’物联网智能包装创新创业大赛优胜奖。组织企业赴武汉参展首届中国工业设计展览会。

组织企业参加品牌论坛和质量研讨活动。参加第3届中国品牌经济（上海）论坛，新品亮相中国工业品牌之旅启航活动暨“上海卓越工业品展”。受上海市质量技术监督局委托，召开上海市学生用品质量监督抽查质量分析会。

开展品质引领和诚信创建工作。推荐一批企业进入上海品质目录和全国用户满意企业，提高上海轻工产品入选率，推动上海轻工名牌创建工作。开展团体标准制定和交流活动。上海市轻工业协会制订备案首个团体标准《贵金属珠宝饰品特色服务规范》。

开展轻工行业发展课题研究。形成《2017年上海轻工行业发展报告》和《上海推进消费品工业转型升级政策研究》两份研究报告。

二、创建上海轻工科技创新服务平台有新进展

科技驱动提升轻工品牌建设能力。与国家技术转移东部中心签署《国家技术转移中心科技工作站运营管理协议》和《上海轻工技术转移中心建设框架协议》，成立上海轻工行业科技工作站。为都市产业课题、冠生园金融园区课题等项目提供技术和市场咨询服务。开展上海科技进步奖（轻工项目）申报的指导与审核工作，组织中国第一铅笔有限公司、康捷保新材料公司等3家企业申报中国轻工业联合会科技进步奖项目。

积极推进电力需求侧改革。促成会员单位天纳能源科技（上海）有限公司与中国科学院上海产业创新与育成中心签署《综合智慧能源管理技术战略合作协议》。使天纳公司成为上海轻工企业电力需求侧改革的技术服务平台。筹备为适应电力需求侧改革的企业培训活动，并经市经信委电力处同意授权成为全市第一批培训机构。

积极拓宽网宣平台服务功能。组织并完成“敦煌秀”轻工品牌故事微视频竞赛活动。着手筹备上海轻工精品网上展示直销平台。

三、创建上海轻工人才培养服务平台有新提升

进行轻工特有工种职业技能鉴定和中高级职称评审。完成上海民族乐器一厂“民族拉弦、弹拨乐器制作工”（4级）59人和上海老凤祥有限公司“贵金属首饰手工制作工”（4级）33人和（3级）4人的职业技能鉴定；开展并完成696名工程类中高级职称评审工作。

开展师徒带教试点和技能大赛。在上海晨光文具股份有限公司进行“新型师傅带徒弟制”试点。开展2017年中国技能大赛徐汇区职业技能竞赛暨“依莱达杯”上海市电动自行车装配工岗位比武，获优秀组织奖。

开办创新发展大讲堂和国标宣贯活动。与上海社会科学院、上海交通大学企业管理学院联合举办创新发展大讲堂公益讲座。

发挥先进典型的引领示范作用。牵头推荐申报全国轻工行业先进集体、劳动模范和先进工作者，共产生7个先进集体、11名劳动模范和1名先进工作者（其中由协会推荐的有4个先进集体、7名劳动模范）。开展评选“2016年度上海轻工振兴奖”，4人首批荣获“上海轻工振兴奖”金质奖章。会同上海轻工业工会联合会评选产生13名“2017年度上海轻工工匠”。

四、创建上海轻工信息交流服务平台有新特色

完善沟通机制，提升协会工作规范化水平。成功召开三届三次会员大会和三届四次、五次、六次理事会和4次会长会议。先后审议并通过协会年度工作报告、监事会工作报告；听取市文创办副主任、市经信委巡视员有关领导“关于推进本市消费品工业增品种、提品质、创品牌的实施意见”的宣讲报告；听取上海印钞有限公司“印制报国，尽心竭力”的企业文化介绍。参观国际先进的计算机钞券设计和一流水平的印钞生产线。组织会长会议与会者到上海双鹿上菱电器集团等公司参观学习，并组织部分会长赴宿迁、泗洪经济开发区学习考察。在上海灯具城召开5次秘书长联席会议，会议与跨行业学习参观相结合，交流经验，取长补短，共享资源，集聚各行业的智慧，促进轻工行业共同发展。

精心打造信息平台。做好上海轻工经济信息发布工作。每季度对上海轻工行业从工业产值、主营业务收入、利润等主要经济运行指标经营动态作出研判，为政府、各行业协会和部分企业提供准确的经济信息。提升《上海轻工业》杂志的推介功能，重点突出宣传轻工品牌、推介轻工新产品、引领消费、引领时尚。增强“上海轻工”微信公众号的活力，在宣传企业、宣传品牌、宣传产品等信息内容方面，更趋常态化和及时化。协会网站反映上海轻工重大动态信息。

加强党建工作，提升服务能力。协会党支部开展“两学一做”学习教育；组织听取市委和市委党校宣讲团辅导报告，完善党建工作制度；建立“三必访”等关爱机制，全年慰问党员和工作人员16人次。

（范伟民、徐伟堃）

上海市摩托车行业协会

上海市摩托车行业协会成立于1995年，是上海研制、生产、销售摩托车的企业自愿组成的跨地区、跨部门、跨所有制的非营利行业性社会团体法人。协会主要业务为开展行业协调、市场调研分析咨询、情报编辑、讯息交流、培训，接受政府委托开展行业统计等（涉及行政许可的，凭许可证开展业务）。现有会员单位52家。

2017年主要工作：

一、会员服务

开展信息服务。收集行业信息，推介行业产品，分析市场动态，提供咨询服务，为会员企业的经营管理和业务活动提供帮助。协会每季度向会员单位提供《摩托车行业信息》通讯，开辟协会动态、行业热点、会员新闻、商贸展览、专家论市、统计分析、职业培训、政策法规等专栏。

提供咨询证明。协会组织专家组和各方力量，共同为会员单位提供技术咨询和技术服务。如为企业产品生产提供专家咨询；帮助企业产品研发提供产学研服务平台；为企业申请名牌产品和著名商标出具证明函；接受政府有关部门转移或委托承担的行业评估论证、技能资质考核、行业统计调查等。

加强研讨交流。协会举办各类论坛、研讨会、交流会等，为企业搭建产业信息、技术交流、形象展示和行业间联系的平台。通过平台交流和专题研讨，帮助企业及时、准确掌握政府最新法规政策，全面提升中小企业技术创新能力。

二、产业推进

联系政府部门，服务企业发展。协助政府对本行业进行管理、指导和服务，承担政府部门委托给本会的各项任务。根据国家法律法规，代表行业内相关企业进行反倾销、反补贴、反垄断等方面的工作，如调查、确认、诉讼，或者向政府提出调查申请等。

开展产业研究，积极建言献策。宣传贯彻国家对本行业的方针政策，促进企业提高国内外市场竞争力。开展行业调查研究，参与行业发展规划的制定，代表本行业对涉及行业利益的事项，向有关国家机关提出经济政策和立法方面的意见和建议。

拓展对外交流，推进产业合作。组织会员企业考察交流和参加有关展销博览会，积极发展与国内外同行的联系，为会员企业开展经济合作提供平台。

三、人才培育

组织行业培训工作和资质审评工作，开展行业评优活动和经验交流，提高全行业的服务水平。如为会员单位举办有关国家强制性认证政策以及安全、环保、能源等法规的各类业务培训，提高行业从业人员知识技能和业务水平。

四、运作管理

强化规范化运作和管理。制定行规行约，规范行业行为，维护行业市场秩序。对损害行业整体形象的会员，采取相应的行业自律措施；对违法经营的企业，建议政府有关部门予以查处。

技术规范制订方面。协会在全国汽车标准化技术委员会摩托车技术分会指导下，组织力量制定有关技术标准，如《摩托车和轻便摩托车噪声限值》《摩托车和轻便摩托车燃油消耗量限值》《摩托车和轻便摩托车道路试验方法》《四轮全地形车通用技术条件》等技术标准，受到业内重视。

提升产品认证与控制风险。为提升产品认证在行业管理中的地位，有效控制风险、推动认证制度和机动车产业持续健康发展，加深对CNCA−C11−02：2014《强制性产品认证实施规则摩托车》中COP检验要求的理解。协会召开摩托车产品COP检验要求交流会，请专家讲解生产一致性控制计划中COP试验要求和试验项目与COP试验有关的管理等，对规范企业及相关单位有积极促进作用。

（黄　岚）

上海市自行车行业协会

上海市自行车行业协会成立于1988年11月，是上海自行车行业企事业单位自愿组成的跨部门、跨所有制的非营利的行业性社会团体法人。协会下设电动车专业委员会分支机构。团体会员全市覆盖率已达行业的90%以上。协会还是中国自行车协会的理事单位，并参与GB17761《电动自行车通用技术条件》的修订工作。现有会员单位128家。

2017年主要工作：

一、加强行业经济运行情况的统计分析

从产销情况看“有降有升”“有喜有忧”“不容乐观”。2017年1—11月，上海市自行车行业的自行车和电动自行车总产量为285.69万辆，比2016年的323.62万辆下降8.83%；其中电动自行车产量为61.72万辆，比2016年的59.62万辆，增长3.63%。1—11月，自行车销量为300.09万辆，比2016年的330.30万辆下降9.11%。其中自行车出口量为51.29万辆，比2016年的84.38万辆下降60.78%。

但与自行车不同的是，上年由于上海市电动自行车超标车的临时牌照到期，在大量用户需更换符合要求车辆的推动下，市场上的电动自行车销售出现“井喷”现象。尤其上半年销量激增。截至2017年年底，上海地区的电动自行车上牌数量达到200万辆。

二、制定共享自行车三项团体标准、成立共享单车分会

自2016年4月起，共享单车最大程度解决“最后一公里”难题，呈爆发式增长，其发展速度出乎预料，对自行车行业带来颠覆性的影响，对上海城市管理也带来前所未有的挑战。针对共享单车这一新经济业态，协会审时度势进行快速反应，充分肯定共享单车的出现，为市民带来诸多方便，但也发现运营中存在着瑕疵和问题。要解决这些问题，用标准来明确共享自行车的产品质量和服务质量最为直接和全面。

为此，协会联合天津市自行车电动车行业协会于1月5日在上海成立三项团体标准起草小组。着手起草共享自行车团体标准，包括《共享自行车第一部分：自行车》《共享自行车第二部分：电助力自行车》和《共享自行车服务规范》。经过起草组6个月的紧张工作，6月26日顺利完成。7月5日在上海召开新闻发布会。

共享自行车三项团体标准起草工作在全国引起强烈反响。许多地方政府出台的共享单车管理文件采用团体标准中不少的内容，共享自行车标准被中国标准化杂志评为2017十大“最受关注”标准的第一名。

在共享自行车三项团体标准起草过程中，协会以充分发扬民主、坚持协商一致为原则，细心工作，化解标准起草过程中诸多矛盾，得到共享单车运营企业充分的信任。在共享单车运营企业的要求下，经过协会二次理事会一致表决同意，并通过充分酝酿，于2017年9月5日成立共享单车分会，选出分会的领导班子。

三、积极参与政府对共享单车的治理

由于共享单车大量投放，远远超过市场容量，带来乱停乱放问题，势必被广大市民和管理部门诟病。为此，协会积极参与市有关主管部门起草相关文件及管理措施。已制订下发的有《上海市鼓励和规范互联网租赁自行车发展的指导意见（试行）》《上海市道路非机动车停放点设置技术导则》等文件。协会还与各区的管理部门建立联系，商量停车矛盾的解决方法。协会除了要求共享单车运营企业承担起主体责任和社会责任外，还积极向政府管理部门反映企业的诉求，为企业争取有利的经营环境。

为了提高市民文明使用共享单车的素质，协会立项“公共自行车用户信用体系建设”项目，得到市经信委和市发改委的批准同意，并获得政府的财政支持。

四、加强对电动自行车的管理及行业自律

针对电动自行车火警与火灾事故频发难以得到有效遏制的问题，协会通过大量的调查认为：使用伪劣和存在质量与性能缺陷的充电器是导致火灾的直接原因。为此，规定电动自行车销售时必须同时配套供应合格的品牌和型号、规格的蓄电池、充电器，帮助用户抵制劣质配套产品，杜绝充电时引发火灾。

协会在上年8月邀请部分骨干电动自行车生产企业对实行“一车一电一充”的可行性及具体做法进行讨论，并形成《关于电动自行车销售实行“一车一电一充”行业自律的通知》。之后，又向政府有关管理部门进行汇报，得到他们充分支持，并在2017年12月召开的上海市自行车行业协会七届二次会员大会上予以公布。

五、培养行业工匠，举行电动自行车装配工比赛

随着上海土地、人力资源和税收等各种成本不断上升，企业面临着产业转型与升级的挑战。行业协会强烈地意识到，增强企业的市场竞争力，必须从提高企业员工技能素质抓起，培育企业工匠是提升企业竞争力、是推动产业转型与升级的关键。为此，在徐汇区职业技能竞赛组委会、市轻工业协会、市轻工业工会联合会牵头下，协会经过3个月的精心准备，于10月21日在上海吉野电动车有限公司装配车间举行“依莱达杯”上海市电动自行车装配工岗位“比武”。经过激烈的比赛对抗，3位选手以高分胜出，受到主办方的嘉奖。这次装配工比赛，激发了企业培养工匠员工的积极性，为更多的年轻员工立志成为工匠做出表率。

类似于这样的竞技比武大赛，行业协会已举办2届。协会将技能比赛列入协会今后几年的常态化工作，迎接2021年在上海举办的第46届世界技能大赛。

六、继续举办绿色骑行活动

协会举办绿色骑行活动已坚持11年。年内，协会举办7次骑行活动。其中影响比较大的有：2017“永久杯”元旦环骑上海、第三届上海城市定向赛和8月、9月、11月分别在枫泾、天马山、崇明举办的自行车联赛。自行车骑行活动，吸引众多骑行爱好者，产生“滚雪球”效应，报名参加人员越来越多，千人以上骑行活动已是常态，并形成一批稳固的骑行爱好者。更重要的是，通过绿色公益骑行，逐步树立市民绿色环保、低碳出行和健康锻炼的良好风尚，由此推动中高端自行车的消费。

由于协会近年来工作业绩显著，特别是在共享单车上表现出的积极主动与作为，得到市委、市政府有关领导的肯定和赞扬，也得到社会各界认可，从而获得许多荣誉。

（罗甲裔）

上海市计算机行业协会

上海市计算机行业协会成立于1988年5月，是上海计算机行业企事业单位自愿组成的跨部门、跨所有制的非营利性的以经济类为主的社团法人。现有会员单位192家。包括计算机制造、软件、系统集成及计算机周边设备等企业及科研单位、大学的计算机系（或学院）。2009年12月4日，成立上海市计算机行业协会司法鉴定所。（司法鉴定许可证号：31009124）鉴定所集合众多优质资源，有一批在计算机各领域具有权威地位的、通过司法局审核批准的司法鉴定人。针对计算机产业发展新情况、新特点，在开展职称评审、承接司法鉴定、关注产业维权等方面创新开辟一系列品牌服务，为促进上海计算机行业健康发展发挥了积极作用。

2017年主要工作：

一、以品牌服务促产业发展

开展职称评审，打造人才培训高地品牌。协会努力帮助一批中小企业集聚企业发展急需的人才，为提高行业企业科技创新能力，提升企业软实力发挥了作用。由于职称外语和职称计算机取消，申报人数有了较大增幅（特别工程师的申报）。经统计，全年参加协会中高级职称评审的企事业单位240余家，其中，高级工程师方面网上注册人数有243人，最终通过初审的人员178人，通过终审的人员为137人；工程师方面网上注册人数有621人，通过初审的人员为406人。

承接司法鉴定，提供行业司法鉴定品牌。协会司法所承接多起涉及计算机领域的司法鉴定案例，接受相关个人和企业免费咨询及调解达30多起。其中既有来自民事纠纷的原被告，也有来自于法院、检察院以及公安机关的委托申请鉴定和协调。通过相关鉴定和调解工作的开展，为申请人及时、合法、有据的解决相关案件纠纷起到重要作用，并受到所有委托人的一致好评。

关注产业维权，创建海外维权服务品牌。在市商务委公平贸易处的指导下，上海国际贸易知识产权海外维权服务基地在中外合作高研班、国内企业海外知识产权维权培训等方面开展了系列培训。

一是知识产权专题培训开展3场，分别是3月30日，在市人才大厦召开的欧洲商标保护及案例分析策略讲座；9月20日在陆家嘴世纪金融广场由上海汉盛律师事务所召开的区块链技术与律师实务培训；9月28日在北京西路中华大厦由斐石上海办公室召开的中资企业欧洲投资法律、政策专场。

二是首届国际贸易知识产权海外维权高级研修班于7月4—6日在华东政法大学长宁校区开班。商务部驻上海办事处、市商务委、伦敦玛丽女王大学商法研究中心、华东政法大学、华东政法大学知识产权学院、市计算机行业协会等单位领导，以及来自上海和江苏省、浙江省知识产区服务中心、上海规模以上涉外企业、国内知名涉外律师事务所和专利事务所等80余名学员参加培训。

三是开展知识产权维权案件协调及咨询，主要有3起案件：销售扁平电缆产品案件、工业自动化系统及组件337调查案件、销售LED照明设备、电源及组件案件。

四是维权基地对外宣传主要是改版国际贸易知识产权海外维权服务基地通过公众号，由同济大学法学院知识产权与竞争法中心研究团队负责日常的信息采集及发布。为提升白皮书的质量，国际贸易知识产权维权白皮书维权基地同上海对外贸易大学知识产权有关教授开展合作，由其带领的团队负责撰写，以体现产学研的最新成果。

二、提升服务层级，促进行业有序发展

协会配合政府相关部门积极开展行业调研工作，先后编写《上海市计算机行业协会2017年大数据分析与研究》《2017 年国际贸易知识产权维权白皮书美国 337 调查》《“2016 年浦东新区软件和信息技术服务业高级软件技术人才薪酬发展情况”分析研究》和《2017 年上海计算机区块链行业发展报告》等。

加强行业标准化体系建设。协会联合宝信软件参与编制团体标准《工业大数据平台技术规范》。协会认真听取相关会员单位的意见，体现与现有国际标准、国家标准和行业标准的差异性，明确标准的适用范围，突出自身特点，从而增强标准的适应性，并使内容有价值，具有实战性及一定的先进性。

积极为落地的优质项目服务。协会成功承担 2017 年上海市标准化试点项目－计算机维修服务资质诚信团体（联盟）标准试点。完成《信用测量指标体系》《信用评估模型》和《计算机行业资质诚信管理通用要求》等 3 项联盟标准的制定。勇于探索信用发展的新模式，发挥行业协会优势，探索建立为协会统一服务和支持的信用测量指标体系，致力于成为行业性信用体系建设的有效模式之一。

协会被浦东新区人民调解协会批准成立上海市国际贸易知识产权维权服务人民调解委员会，将充分发挥人民调解的优势，秉承依法公正、专业高效原则，化解知识产权领域的矛盾纠纷，为社会营造和谐稳定环境。

6 月，协会被市商务委确定为第一批上海市商务诚信公众服务平台市场信用子平台。9 月，与上海第二工业大学合作，搭建上海市产学研用协同创新服务平台项目。该项目是产学研对接的创新方式，充分利用互联网技术，解决产学研用信息不对称的问题。

（周晓婷）

上海电器行业协会

上海电器行业协会成立于 1987 年，是上海电器行业的企事业单位及其它经济组织自愿组成的非营利性社会团体法人。协会推动行业科技进步和产业经济的可持续发展；实施品牌战略，组织推荐行业名优产品，为行业名优产品做好宣传推广和市场开拓；推进行业诚信体系建设，在行为内树立诚信建设示范企业；做好信息服务，为会员企业提供政策、技术和市场信息等。现有会员单位 239 家。

2017 年主要工作：

一、服务企业，当好桥梁和纽带上新水平

着力提升服务质量，提高会员满意度。注重上情下达和下情上传，做好政府与企业的桥梁。年内，协会帮助会员企业争取“首台套”、技改、品牌等政府补贴政策和奖励资助项目方面做了大量的工作。天灵、纳杰等会员企业先后获得政府的“首台套”专项资金补贴。

抓好信息服务和载体建设，为广大会员提供全方位的信息共享平台，重点抓好协会网站建设。

立足“双向服务”，抓好行业动态跟踪和产品统计分析。重视跟踪、收集企业的生产、销售状况和新产品、重点产品等信息，及时了解、反映电器行业的生产经营动态，

着力丰富服务内容，增强协会凝聚力。围绕行业趋势和产品技术标准，举办各类业务培训和讲座。培训内容覆盖成套开关设备制造工艺规范、企业应收款信用风险管理、电器行业现状与发展趋势、低压电器国内外标准发展动态、互联网＋、新产品市场投放等。

服务企业热点和发展所需，深入开展各类调查研究。定期组织力量、邀请专家到会员企业调研和专访，做到典型企业、重点企业全覆盖，一方面了解企业技术水平、生产能力和管理状况，提出解决企业实际问题的建议；另一方面对各大类企业现状作出总体评估，提出行业发展的指导意见。

着力延伸服务手臂，扩大行业影响力。举办各类高峰论坛和展会。把展会和论坛变成协会宣传会员形象、推介企业产品的重要平台。

加强企业间、行业间互访与交流。把加强与各社会团体、各地区企业的联系，作为促进彼此互相学习、提升协会整体水平的重要载体。年内，先后赴多家会员企业走访，加强与南京、四川、重庆、大连、哈尔滨、浙江等兄弟省市电器行业协会的交流。

组织会员“走出去”参观学习。3 月，协会组织会员企业赴海南昌江核电站、秦山核电站、东方电气参观学习。

二、规范行业，促进可持续发展取得新成效

推进行业诚信体系建设，树立一批星级示范企业。协会始终把贯彻落实政府倡导的诚信体系建设，作为引导企业诚信经营、促进行业持续发展的重要工作。通过持之以恒地深入推进，参与创建的企业日益增多，创建诚信活动的水平不断提升。

推进团体标准试点，按产品分类制定团体标准。年内，协会专家委员会元件组专家研究起草协会第二个团标，并经专家评审确定在量大面广的低压元器件中，针对智能生产制造中的薄弱环节，制定智能低压电器产品试验方法标准。

三、发展产业，推动品牌建设和技术进步有新发展

围绕品牌建设，坚持提高行业产品质量。经组织相关专家评审，认定 24 家企业为上海市品牌培育示范企业，天灵

开关厂、大华电器榜上有名。天灵开关厂还参与申报工信部2017年国家品牌培育示范企业。

围绕技术进步，组织专家深入企业开展技术咨询。推进品牌建设和团体标准制定进行专家咨询服务。近年来，协会多次组织专家对企业进行回访，帮助企业解决产品在工艺、技术、设备和生产、试验等环节中产生的问题，能及时改进。

深入现场帮助企业专题会诊技术难题，对企业新品研发、新材料使用、新标准贯标、产品可靠性试验、零部件质量、工艺流程、工装布局等各方面的问题，提供行之有效的解决方案和改进措施，受到企业的欢迎。

围绕企业困难为重点，开展增值服务。协会多家企业生产轨道交通中的输配电产品，由于进入地铁领域尚存在诸多困难，协会积极与市经信委联系，在政府部门帮助下，与上海申通公司举行推进轨道交通高端装备“首台套”突破产用对接交流会，通过会议和活动，多家企业已成为上海和外省市轨道交通产品的供应商。

四、创新主业，提升产业创新能力探索新举措

注重以需求为导向，找准工作重点。提升产业创新能力是协会永远不变的目标。年内，协会不定期在会员中开展需求调研，更加准确地把脉企业的真实需求，及时调整协会的工作重点。

注重以增值为目标，组织创新活动。围绕企业如何创新、创优、创名牌、办特色企业、做特色产品，组织企业交流活动，介绍行业新产品、新技术，交流企业做精品、创名牌的经验，促进广大企业相互学习、相互启发。积极牵线配套、搭建平台，帮助小企业生存发展，助力大企业做大做强，努力构建行业“大手牵小手，一起向前走”的氛围。加大与上海电力行业协会、上海电气工程设计研究会等兄弟协会的合作交流，积极推动和促进设计、制造及用户行业组织的互动合作。积极购买政府服务项目，组织开展各类课题调研活动。

（马学能）

上海市锻造协会

上海市锻造协会成立于1984年6月，是上海及周边地区的锻造企业及相关企业事业单位自愿组成的跨地区、跨部门、跨所有制的非营利性的社会团体法人。至2017年，全市锻造企业约60家。

2017年主要工作：

一、开展对全市锻造行业基本情况的调研工作

根据上海“十三五”规划，政府对锻造行业是进行转型提升，制造业四大工艺（铸、锻造、热处理、电镀）的行业提出的目标是：至2013年年底，全市锻造企业126家，年产各类锻件52万吨；至2016年年底，全市锻造企业83家，年产各类锻件约30万吨。在上述情况下，全市锻造企业生产点总量减半，优化产品结构，改造更新设备。至2017年，全市锻造企业尚余60家。虽然锻造企业减少，但整体素质、生产集中度、优化布局、专业化生产程度都有了质的飞跃，结构性调整取得重大突破。全市锻造企业中自由锻占37%，主要产品核电、军工、造船、火电；模锻占63%，主要产品汽车及轻质有色锻件。

二、协会练好内功，服务企业

协会工作和会员单位企业在环保、安全、技术创新、企业转型提升方面压力巨大。协会积极贯彻落实市政府相关政策和创新发展思路，努力开展工作。维护锻造企业的共同利益，建立行业自律机制，联合各方面力量推动锻造生产向绿色化、集约化、节能、降耗、增效的方向健康发展。参与制定行业规划，向政府有关部门提供有利于行业发展和振兴锻造行业的经济技术政策，经济立法和体制改革等方面的建议。办理企业生产达标证和验证工作。

在会员服务方面，开展信息服务。为会员提供锻造行业及相关方面的政策法规和国内外产学研发展动态，同时将重要信息公布于协会门户网站。提供咨询证明。协会依靠专家委员会在大型锻件、精密锻件、有色金属、特种工艺、企业管理等九方面提供各类技术咨询服务。为企业申请名牌产品和著名商标出具证明函。加强研讨交流。协会举办各类研讨会、交流会等，为企业搭建产业信息、技术交流和行业间联系的平台。通过举办专题报告会和座谈会，帮助企业及时、准确掌握政府相关扶持政策，同时积极为企业做好与院校牵线搭桥的科研项目工作，全面提升中小企业技术创新能力。在配合地区政府对企业的转型提升和技术创新工作的同时，为多家企业的产业转移、搬迁寻址牵线搭桥。配合企业搞好等级工教育培训工作，全年培训人员55人次，并发放合格证书。配合奉贤地区政府及有关部门对新建外资企业（李伊B & E中国智能制造中心）落地评审工作。该项目主要产品是有色轻量化锻件，并且自动化程度较高，符合产业发展的需要，2018年上半年在临江正式开工。

三、推进产业结构调整

在市经信委的主持下，开展全市行业结构调整途径的研究。确定锻造企业的基本情况、存在的主要问题，进一步深化调整的方向、目标和主要措施。主持编写《创新培育“四新经济”、推动上海锻造行业转型发展》教材，为市政府开展产业结构调整提供参考依据。同时，深化节能减排，制订能耗标准。组织专家制订《钢质（冷）热模锻件单位产品能源消耗限额》标准，于8月启动新一轮标准的修订工作。此外，做好锻造企业达标工作，全年评审22家。结合产业结构调整和节能减排的要求，按照《上海市锻造企业基本生产条件》的标准，认真组织三年到期的企业进行按时评审。对会员单位验收指导上形成新的模式和程序；对未能完成标准的企业，根据不同程度进行分类处理。具体做法是：给予3个月整改复查；颁发一年有效期的证书；颁发两年有效期的证书，以期促进企业的达标意识。

四、运作管理，行业自律

强化规范化运作和管理。协会在5月进入第二批协会、商会与政府脱钩工作，至9月底完成。经审计后结论：未发现重大差错，财务制度执行良好，通过审核。脱钩以后的协会将是完全性的社会组织，自律约束，完善民主办会规程，强化内部管理规范，细化内部管理的制度。

在开展日常工作过程中，不断修改并完善由协会制定，涉及全行业的相关标准。协会对第6届会员大会通过的《上海市锻造行业行规行约》《上海市锻造企业基本生产条件》，根据国家、市政府重新颁布的有关法律、法规进行了完善和修订。经过上述两个文件的修改，为更好地开展达标工作，创造了良好的条件。

根据上海市锻造协会章程和转型后企业的实际情况，对会员单位进行清理整顿，全市证点厂家已清理14家，现剩60家；其他单位（科研院校及检测单位）已清理4家，现剩12家；外地单位和设备单位已清理11家，现剩11家。经清理整顿后，全市协会会员单位总计83家，基本改善了会员单位虚高的现象。

根据行业形势和相关产业政策，经八届理事长第二次办公会议讨论认为：协会工作的重点应围绕上海“十三五”总体规划，转变观念，找准定位，服务企业，传递信息，行业自律。坚持服务企业为主导，行业自律为目标。坚持信息价值为先导，提升协会公信力。进一步加强企业间技术交流和借助社会科技力量，加强与科研院校的合作，为企业起到专业引领作用。加强信息传递工作。面对上海对制造业的规划和要求而产生的新问题，会同企业在创新转型方面达成共识。继续抓好专业岗位培训活动。加强协会的组织建设。

（陈德明）

上海重型装备制造行业协会

上海重型装备制造行业协会成立于2004年12月，是上海及周边地区从事重型装备研发与制造的企事业单位自愿组成的跨部门、跨所有制的非营利的行业性社会团体法人。现有会员单位80余家。近年来，积极探索行业协会自我发展、自我规范的新机制，将自律管理寓于服务之中，发挥“服务、规范、发展”三个作用，在探索中前进，在前进中发展，取得显著成效。

2017年主要工作：

一、协会领导班子成功换届，工作转接稳步进行

协会按照章程，做好第四届理事会的换届选举工作。协会成立换届选举领导小组和工作小组，在充分听取各相关方意见和建议的基础上，经过多次反复研究，确定新一届协会副会长、理事、监事等单位的候选名单，并报经市社团管理局审批同意，在协会网站上予以公示。新一届领导班子候选名单既考虑在协会、上海重装备行业中有较强的代表性和影响力，也考虑各位候选人资格符合行业协会和干部管理的要求，还考虑候选人数符合会员数量的比例要求。9月20日，协会第4届会员大会暨第一次理事会会议顺利召开，选举产生21名理事组成的第4届理事会和1名监事。新一届理事会选举产生正副会长及聘任秘书长等协会领导班子。并将继续发扬协会宗旨，贯彻落实创造性转化和创新性发展的要求，不断开拓创新，不断提高水平，把协会打造成一个现代化的信息化的服务平台、交流平台、合作平台、展示平台和创新平台。

二、高度重视脱钩工作，顺利完成脱钩任务

协会认真按照市社团局的部署和要求，深入学习和理解脱钩工作的相关政策、流程和配套文件，对协会相关方面的现状进行梳理，确保落实“五个分离”，即机构分离，规范综合监管关系；职能分离，规范行政委托和职责分工关系；资产财务分离，规范财产关系；人员管理分离，规范用人关系；党建、外事等事项分离，规范管理关系。经过努力，按时按要求完成协会脱钩工作，实现“脱钩不脱管”的工作目标，为协会自我发展、自我规范、自我管理的良性运行，奠定扎实基础。

三、深化跨地域交流合作，促进高端装备制造业发展

高端装备制造业协会合作联盟是由京沪辽粤川苏浙闽等省市10多家装备制造行业协会发起组成的，旨在促进各地区高端装备制造产业的交流合作与共同发展。3月29日，联盟与嘉兴市人民政府共同主办2017中国高端装备制造业年会·嘉兴峰会。会议突出“协同创新、智能引领”主题，邀请装备制造业行业协会、智能制造专家及企业代表，深入研究和贯彻实施《中国制造2025》行动纲领，共同探索高端装备制造业发展方向与路径，把握智能制造的主攻方向。本次会议得到浙江省经信委、嘉兴市有关领导高度关注和肯定。

11月25—26日，在北京召开2017年联盟执行委员会暨专家委员会工作会议。会议选举本会会长担任联盟执行委员会主席。会议期间，工信部装备工业司重大技术装备处、国家制造强国建设战略咨询委员会等有关领导出席并对联盟今后的发展给予指导。

四、加强装备制造行业宣传，弘扬振兴实业精神

为弘扬企业自强不息的精神，宣传企业改革创新、转型发展的优秀典型，成立“寻找中国制造隐形冠军”丛书编委会，由原机械电子工业部副部长陆燕荪任主任。12月1日，“寻找中国制造隐形冠军”（嘉兴卷）在嘉兴市加西贝拉压缩机有限公司成功举行首发仪式，引起当地有关政府、企业和媒体的高度关注与好评，揭开了丛书编发的序幕。丛书将分行业卷和区域卷陆续出版，为中国装备制造业的发展成就造势助威。

五、积极开展对口合作，配合国家振兴东北战略

根据国家有关推动东北振兴战略，加快东北经济发展的要求，上海市、大连市共同研究制定对口合作工作方案，发挥双方装备制造业的基础条件和综合优势，积极加强两市对接合作，提高大连市企业的创新能力、综合配套能力，承接产业转移，共同拓展国内市场，开辟“一带一路”国际市场等多领域合作。7月上旬，大连市经信委和大连市机械行业协会领导带大连叉车、瓦房店轴承集团等主要装备制造企业来沪开展项目对接，协会组织上海电气、不锈钢管、航天智造等会员单位参加对接活动。双方企业各自介绍主要产品、技术、经营、管理等方面的情况，提出未来发展意向和需求，并对开展合作的具体事项进行深入交流与讨论。通过对接，为推进国家振兴东北战略及制造业等业务发展起到积极促进作用。

六、充分发挥平台作用，积极开展会员服务

协会重视发挥平台作用，积极为会员提供相关服务。一是开展好职称评审工作，组织相关专家团队，为各会员单位技术人员的职称评定提供评审服务，为提升会员单位的技术研发能力做贡献。二是深入开展群众性的节能减排JJ小组活动，提供相关的培训，组织交流活动，推进会员企业提高管理水平、降低能源消耗，促进装备制造业向绿色、环保产业转型。三是运用好上海市进出口公平贸易工作站服务平台，帮助会员单位按照国际通则管理企业，引导企业采用国际标准，促进行业的整体技术研发、制造水平和市场竞争力的提升。

七、加强兄弟协会之间的合作交流，促进行业共同发展

协会在做好内部会员沟通交流的同时，积极拓展办会视野，与兄弟协会进行多种形式的互动交流，促进不同地域相关行业的共同发展，为会员单位搭建上下游产业之间的合作交流机遇。

10月，协会组织会员企业赴浙江嘉兴观摩中国（嘉兴）紧固件产业博览会，与浙江省紧固件行业协会及会员单位、参展单位进行交流，巩固各方良好的合作共建关系。两地企业之间也经常性地开展人员互访、经验交流等活动，部分会员企业之间还建立了互惠共赢的业务合作关系，促进各自会员单位业务合作和管理提升，实现区域合作共赢。

（傅　桢）

上海市建筑材料行业协会

上海市建筑材料行业协会成立于1986年12月。协会现有流通、建筑陶瓷卫生洁具、地板、定制家居、新型墙体和建筑节能材料、采暖与建筑新能源应用、建筑钢材、建筑绿化、创意与工程设计、干混砂浆、木质板材等11个专业委员会（分会）和综合工作部，立足上海，辐射华东及全国。会员单位850余家。

2017年主要工作：

一、坚持精耕细作，深化行业规范

开展市内建筑节能材料、墙体材料、建筑用钢材企业备案工作，严格流程，强化服务。全年办理钢筋混凝土结构用钢筋备案企业531家，墙体材料备案企业230家，建筑节能系统材料备案企业116家。

配合推进重点建材使用登记工作，对建筑节能材料、钢筋混凝土结构用钢筋两个重点的建材使用登记工作提出建议和意见，供管理部门决策参考。建议重启外墙保温系统外购部品件生产企业登记工作，得到管理部门肯定。组织全市钢筋企业宣贯政策交流意见，点对点向企业了解情况，宣传文件精神。

参编的国家建材行业标准《非承重蒸压灰砂空心砌块和蒸压灰砂空心砖》通过审查。参与市地方标准《预制夹心保温外墙板应用技术规程》《绿色建材评价通用技术标准》《屋顶绿化技术规范》编制及修编工作。推动相关团体标准工作，《造型砂浆》团标完成送审稿，《无机轻集料保温板外墙保温系统》团标基础调研工作已完成。

为促进实木复合地板质量逐级提升并向绿色健康方向发展，鼓励实木复合地板企业制定优于国家标准的企业标准，根据《企业标准“领跑者”试点工作方案》《上海市企业标准“领跑者”试点工作要求》等文件精神，受市质量技术监督局委托，开展实木复合地板企业标准“领跑者”的试点工作，5 家企业标准成为企业标准领跑者。

二、坚持精益求精，提升服务能效

根据市政府办公厅印发的《上海市第二轮新编地方志书编纂规划》的要求，参与《上海市志·建筑业分志》中“建材应用篇”的编纂工作。已完成 45 万字的资料长编和 11 万字的初稿。

协会官网（上海建材信息网）策划改版调整，紧扣服务会员、服务行业的宗旨，精益求精，力争成为建材行业有公信力的网站。微信公众号（sbmiash）策划不同主题，各分会的微信号在各分会的统筹安排下，发布专业信息，为建材行业服务。

组织 2017 中国（上海）全装修与住宅材料产业发展论坛、2017 中国（上海）预制装配式建筑产业化发展论坛、2017 建筑绿化发展暨海绵城市建设（上海）高峰论坛等主题活动，强化对行业和市场的战略引领。

三、坚持培育先进，引领行业升级

在中国建筑材料联合会的指导下，经上海市建筑材料行业协会、上海市玻璃玻璃纤维玻璃钢行业协会、上海市混凝土行业协会、上海市水泥行业协会、上海建材集团等单位的推荐共建，建材行业有 7 个技术革新项目获一等奖并上报联合会。

继续参与部分上海名牌（建材行业）初审工作，为 13 家企业开具市场占有率证明，帮助其申报上海市名牌、著名商标、转型升级发展专项资金项目等。建材行业已有 76 项上海名牌，其中地板、管材管件等建材子行业品牌集中度较高。

组织开展上海厨柜柜体安装比赛和“海蒂诗”杯上海定制家居安装技能大赛，提供学习交流机会、提升安装技能、弘扬工匠精神，得到参与企业好评。

依据《上海市质量技术监督局关于深入开展内墙涂料等四类产品质量提升专项行动的通知》文件精神，配合市质监局共同开展地板产品质量提升专项行动及 2017 实木复合地板星级评定工作。

与市消保委共同开展消费体验活动，邀请 50 名消费者走进地板工厂，参观生产车间及展厅，并进行地板知识普及培训。

四、坚持质量为本，强化诚信建设

建立企业诚信检查项目清单制度，现场考察依规依清单有序进行，并做好台账记录。全年备案企业诚信检查覆盖率为：钢筋混凝土结构用钢筋企业 86.4%，墙体材料企业 88.7%，建筑节能材料企业 91.4%。

升级企业诚信管理手段，对墙体材料和建筑节能材料统一产品质量保证书进行全面升级改版，起草钢筋混凝土用钢筋焊接网和预应力混凝土用钢绞线统一质量保证书试行版，推动钢贸商使用统一发货单，推进相关行业质量保证体系建设，帮助企业建立较完善的质量管理体系。

重视行业数据的收集调研，以配合政府的决策参考，同时在行业自律等工作中应用。完成《2016 年上海市建材行业概况调研报告》《2016 年上海市墙体材料行业发展报告》《2016 年上海市建筑节能材料行业发展报告》《2016 年上海市钢筋混凝土结构用钢筋行业发展报告》。

完成市质监局、市质量工作领导小组委托的制造业企业质量状况调查问卷，完成上海市实木复合地板行业调研，参与完成“上海市备案建材供应商信用管理研究”课题。安排专人进行本市全装修住宅材料的调查研究。

五、坚持砥砺奋进，依章依规办会

严格按照相关的规定和要求，以协会章程为核心原则和基础，着重深耕调研标准、会展活动等工作领域，为会员单位服务更加有效化、系统化、精细化。

召开七届一次会长会，听取会长们对办会的意见和建议。召开七届二次理事会，向理事们汇报协会半年工作。

各分会通过走访企业、定点定向沟通等多种方式，了解企业需求，力所能及地帮助解决问题。采暖与建筑新能源应用分会顺利换届，厨柜衣柜分会更名为“上海市建筑材料行业协会定制家居分会”。

组织专题深入学习党的十九大文件精神，坚持“三会一课”，坚持有质量的组织生活会。努力打造一支规范团结的能为会员服务好的协会工作人员队伍。

（张春玲）

上海市模具行业协会

上海市模具行业协会成立于1994年12月，是上海模具行业及相关企事业单位、大专院校及社会团体自愿组成的跨部门、跨所有制的非营利的行业性社会团体法人。协会下设经营管理、模具技术、模具标准件、模具材料、信息化、标准化、汽车模具、教育培训、特种加工和专家等10个专业委员会，各专业委员会活动基本上覆盖了整个模具行业，是协会工作的一个重要组成部分。协会坚持为会员单位服务，维护会员的合法权益，保护行业整体利益，提高模具行业技术和经营管理水平，实现模具的标准化、专业化、商品化生产，推进模具工业的持续发展。现有会员单位597家。

2017年主要工作：

一、加强协会基础工作建设

拓展网站服务功能，发挥会刊宣传作用；建立微信公众号，开通业务和设备协作平台和模具材料信息发布平台；积极发展会员单位19家；走访会员单位及电话联系企业300余次。

1月13日，召开五届三次监事会工作会议，总结2016年协会工作和2017年工作打算。2月22日，召开五届四次专业委员会主任工作会议，探索行业发展新思路。6月29日，召开五届七次会长工作会，听取2017年上半年工作情况研究部署下半年工作。10月24日，举行2017上海模具界重阳敬老联谊会，来自业内老领导、老专家共50余人出席了联谊会。

二、拓展为企业服务功能

加强供求合作，帮助企业拓展业务。年内协会为模具及模具相关企业，介绍模具和零部件加工、模具设计、模具材料采购等各类业务100余次，涉及会员单位及模具企业上百家。

举办国际模展，提升企业形象。2017中国国际模具技术和设备展览会在上海新国际博览中心举行。协会组织39家独资、合资、国有、民营企业，邀请10家用户单位参展，共计展位180个，展示面积1615平方米。

帮助企业构筑推广、联络、互动平台。3月，协会组织会员单位60余人参观第14届苏州国际工业博览会。6月，协会在上海新国际博览中心成功举办汽车对模具的需求信息和业务发布会；6月，中国模具工业协会汽车车身模具与装备委员会、中国模具工业协会冲压模具委员会和协会在上海新国际博览中心联合举办汽车模具技术发展与应用交流会。协会积极组织相关模具企业专家、工程技术人员出席会议。

开展行业内“优秀名师”“杰出工匠”评定工作。协会相继开展“龙记杯”上海模具行业“杰出工匠”和“优秀名师”评定工作，共评出优秀名师14名，杰出工匠20名。

三、推进行业信息化、智能化建设

3月，模具行业智能制造解决方案峰会在上海发那科机器人有限公司召开。协会组织30余家会员单位出席会议。5月，协会组织，邀请模具企业、相关配件企业等共46人参观上海发那科机器人有限公司，“发那科与中国制造2025”系统展示厅，及由机器人组成的自动化生产线。6月，协会走访了苏州欧普精密模具科技有限公司，双方商定由协会经营管理委员会和秘书处及苏州欧普三方共同发起“模协塑模群”，邀请塑料模具企业的负责人加入。11月，协会召开推进模具行业信息化工作交流座谈会，来自上海大学等单位领导和专家20余人出席会议。12月，举办第3届中国互联网+模具高峰论坛，来自上海模具界的专家、学者、工程技术人员共150余人出席会议。苏州欧普精密模具科技有限公司等9位嘉宾作精彩演讲。

四、参加社会活动扩大协会影响

2月，参加高效加工论坛，协会以“传统工业出路在哪里”为题发表演讲。3月，协会作为颁奖嘉宾出席2017塑料行业—荣格技术创新奖颁奖典礼。之后，未来“智造”加工技术研讨会在苏州国际博览中心展馆内举办，协会应邀作为主持单位，先致开幕词。接着，以“传统工业如何走向智能化”为题作演讲。4月，应邀出席2017模具成形装备与汽车零部件技术和市场报告会暨中国国际模展信息发布会，协会以“上海：以汽车模具为主导引领行业发展”为题发表演讲。6月，参加长三角品牌建设研讨会，并就成立上海品牌建设联盟与发展后劲、举办品牌博览会具体实施、品牌建设现状与措施等发表演讲。12月，协会获“优秀服务奖”。

五、加强同行之间联系和交流

陪同中国模具工业协会领导考察访问上海赛科利汽车模具技术应用有限公司、凌力公司。陪同厦门市模具协会一行19人参观延锋汽车饰件模具有限技术公司和上海戈冉泊精密制造有限公司。参加无锡模具行业协会成立30周年庆典暨精智模具高峰论坛，并致贺辞。协会举办2017模具界联谊会，中国模协和各地模协领导共100余位嘉宾出席联谊会。

10月，协会应邀出席在昆山召开的第10届中国（昆山）模具产业论坛暨互联网+模具智能制造与亚洲模具生态圈建设发展大会；协会有关领导应邀出席江苏省模具行业协会成立30周年庆典大会，并致贺辞。

（范　芃）

上海市化工行业协会

上海市化工行业协会成立于1997年6月，是从事化工生产、制造、经营、施工、科研、教育、设计及服务等活动的企事业、社会团体自愿参加组建的社会团体。现有会员单位223家。协会从进一步提升运行管理，完善工作机制入手，在服务企业中增强亲和力，在服务行业中增强引导力，在服务政府中增强执行力，在服务社会中增强互动力，努力实现本市石化行业的管理者、组织者和代表者的目标，练好“内功”，积极作为。

2017年主要工作：

一、适应市场需求，服务企业积极有为

拓展培训市场，增强培训效率。协会培训工作按照企业实际需求，体现拓展市场、优化服务、重视质量三个特点，努力提高培训质量。全年开设各种培训班469班次，共计培训7479人次，培训合格率达到75%以上，高于全市平均50%的考核率。

夯实基础工作，活跃JJ小组活动。在市工经联召开的上海市节能减排（JJ）小组活动交流大会上，协会作“增强危机感，提升紧迫感，强化责任感”主题发言。协会按计划落实节能减排工作，并完成JJ小组活动项目申报，共有13家企业，涉及62个项目列入年度计划，比上年度有较大幅度增长。

创建化工品牌，打造“上海制造”名片。举办化工行业2017市著名商标、名牌产品培育申报培训，组织38家企业参与市质监局质量状况问卷调查。经协会初审推荐，市名牌产品评审办公室核准，28家企业45只产品被评为2018-2019年度上海市名牌产品。

办好会刊网络，搭建信息传递平台。发挥《上海化工》杂志解读政策、引导产业的功能，发挥协会网站信息传递“短平快”的优势，及时进行报道和发布化工行业改革调整政策、重要事项、重要信息。全年出版《上海化工》12期。并对安全生产月活动、国际禁毒日活动、危化品定置管理以及化工生产经营等作专题报道。

二、发挥平台引导作用，推进行业有序发展

走访调研加强沟通，强化出口企业服务。为响应国家“一带一路”倡议，扩大化工企业产品出口做好服务工作，协会及时把国外最新技术性贸易措施信息传递到企业，引导企业积极应对。组织市内部分化工企业走出国门，与各国化工同行开展合作交流。召开中国——比利时化学创新、合作与发展论坛。为西班牙加泰罗尼亚自治区和中国建立经贸关系牵线搭桥，促进双边交流合作。

建立信用体系，创建诚信企业。按照“遵纪守法，诚实守信，依法经营”标准，开展诚信企业创建活动。年内，在册登记诚信企业建设单位80家。

加强沟通交流，扩大协会影响力。协会与上海杭州湾经济技术开发有限公司签约，就承接政府职能开展全面合作。见证金山区山阳镇人民政府与西陇科学股份有限公司建立战略合作关系，共同构建化工020生态圈。协会会员单位凝聚力增强，2017年工业总产值占全市化工行业总产值85%以上。

推进区域行业交流，扩大服务辐射范围。协会组织会员参加第14届中国华东地区化工行业合作交流会议，华东地区以及部分内地石化行业和企业代表共同就石化行业创新发展、转型升级面临的新形势、新问题开展讨论、交流；组织会员单位参加外省市政府来沪招商、商务洽谈以及产业转移合作系列活动，寻求合作发展机遇。全年共接待20多个外省市政府、经济组织和企业来沪交流。

三、搭建沟通协调平台，履行服务政府职责

承接市有关部门专项管理工作和课题研究。开展“上海化工产业发展与产业链研究”“上海市石油和化工行业‘十三五’发展规划”研究等课题。“供给侧改革下的上海化工产业创新研究”通过专家评审。

强化宣传培训，严格易制毒化学品监管。全面推进易制毒化学品管理承诺。加强易制毒化学品和禁毒工作宣传。运用“上海市易制毒化学品管理监督网”、《上海化工》杂志致力面向化工行业企业和社会公众，开展“远离毒品、珍爱生命”“加强易制毒化学品管理”等主题宣传。举办2017“守护生命”危化品知识竞赛活动，完成全市生产经营企业易制毒化学品管理现状调研，协助做好《上海市易制毒化学品管理指导意见》起草工作。

四、主动履职尽责，发挥服务社会功能

签约27个技术服务项目，推进上海防灾防损。承接危险化学品安全责任保险相关技术、咨询等防灾防损服务工作。举办2017年上海市“守护生命”危险化学品安全知识竞赛，帮助重点危化品生产经营企业和基层安全管理部门相关人员熟悉掌握危化品安全生产管理的法律法规及相关规定。企业履行安全生产主体责任，建设平安上海、和谐城市各项措施落到实处。

严格审核督查，规范管理流程。受市安监局委托，开展上海市危险化学品生产（含使用）和经营许可证核发第三方技术审查。开展危化品定置评估，积极完成全市危化品大中型仓储经营企业定置化管理项目。

加强升级维护，学习平台运行平稳。危化品知识学习平台成为危化生产经营企业增强责任意识，掌握相关知识，提升专业技能的好帮手。现已有会员数5123人，总培训人次达到11411人次。

（陈青如）

上海市润滑油品行业协会

上海市润滑油品行业协会成立于2005年6月，是中国首家省市级润滑油品行业协会。协会汇集润滑油脂、金属加工液及添加剂生产、研发、质检、销售、服务等企业单位，是跨地区、跨所有制的非营利、自愿组成的行业性社会团体组织。下设两个分支机构：添加剂专业委员会、金属加工液专业委员会。现有会员单位135家。

2017年主要工作：

一、强化组织建设，完成协会及分支机构换届改选

召开两次理事会议，添加剂专委会第八次主任会议及金属加工液专委会主任专题会议，召开会员大会1次，确定全年重点工作。新发展会员单位10家，调整15家。走访、考察会员企业40余家。

为做好三届理事会换届工作，秘书处走访市社团局，召开会员单位座谈会，开展书面征询及网上公示。8月25日，召开换届改选暨四届一次会员大会，通过《第三届理事会工作报告》《第3届理事会财务收支审计报告》《协会〈章程〉修改报告》及《会费收缴标准和管理办法》。选举产生第4届理事会，其中理事31名、监事1名及新任会长1名，副会长10名。

11月23日，协会召开添加剂专委会换届改选大会，选举产生第3届添加剂专委会主任1名，副主任6名。

二、结合行业发展，组办好各类技术交流

3月22日，协会与中机维协设备工程分会共同举办机械设备液压（油）应用技术研讨会。4位嘉宾作主题发言，围绕液压（油）应用技术热点进行研讨交流。

5月11–12日，协会金属加工液专委会联手上海国展展览中心举办2017第二届金属加工液技术发展高峰论坛，20位行业专家作行业趋势和技术报告。11月23日，协会添加剂专委会举办2017国内添加剂产业技术发展研讨会，围绕国内添加剂产业与技术主题开展研讨，并首次开展国内润滑油添加剂行业“十件大事”和“杰出贡献专家”评选活动。在第18届中国国际润滑油品及应用技术展览会期间，协会主办2017中国国际润滑油品产业高峰论坛，按“行业趋势、基础油、添加剂、油液检测”四大主题，分享24位专家的精彩报告。

三、发挥技术功能，服务会员和政府

推广傅克烯技术和产品，并联系会员单位，搭建相互合作的平台；接待BP润滑油全球供应链北亚区采购团队，就BP公司寻求润滑油添加剂供应商问题提供意见；考察日本三洋化成公司总部，提出适应国内润滑油生产企业所需的添加剂产品建议；接待重庆太鲁与合作企业，就铜基纳微米产品研发应用，提出改进建议。

接受润滑油、添加剂及基础油方面多项技术咨询。协助2家企业解决相关生产工艺和产品的技术问题；接洽10多家来访企业，在交流、咨询技术基础上，吸纳部分企业加入协会；接待上海纳克与神华宁夏煤业集团，就煤制油发展前景和润滑油市场销售趋势提出建议；协会资深专家参与润滑油添加剂巡礼讲座活动。

参与第9届中国（上海）国际石油化工技术装备展及智能、创新高峰论坛；组织两次行业沙龙联谊活动。

编辑出版《上海润滑油信息》会刊12期，刊登文章174篇，技术类文章27篇。“刊授课堂”专栏累计发表100期，普及润滑油实用性知识，提供刊授技术服务。协会网发布新闻、技术、消息类文章80余篇，每月安排会员单位文字链接。年内参与全国网站审核，并顺利通过审核登记。

11月，协会接到市质监局关于征集《上海市重点产品质量监控目录》修订意见函，组织专家查阅监控目录资料，提出反馈意见和建议；配合《上海市志·社会团体分志》编纂工作，完成协会工作志样稿；组织会员企业参加市工经联开展的“企业创新案例”征集活动，提交3份“企业创新案例”材料，编入“企业创新案例”征文集；开展“推动上海品牌建设”意见征询和“关于开展制造业质量工作现状调查”等。

四、围绕行业发展，开展主题活动

4月，协会启动职称评审申报工作，组织专家进行论文答辩。经对5名评审对象综合考评，通过高级职称2名、中级职称3名。

5月中旬，协会启动年度“诚信创建企业”申报工作。经过7个多月的工作，有6家会员企业通过评审，其中四星级诚信企业5家、二星级诚信企业1家。

组织8家会员企业及金属加工液专委会参加2017中国模具展；完成主办2017中国(沈阳)、(重庆)润滑油展及同期相关活动；完成协办第18届中国国际润滑油品及应用技术展览会，较好地展示了参展的会员企业。

五、重视培训认证，提升行业影响力

举办第38期油品分析化验中级班，培训学员10名，通过中级注册12人(2人为复证)。企业管理课程安排有实践经验的CEO授课，新增“标准油样概念”课程，突出中级培训效果。

协会与中国设备管理协会点检工程技术中心合作，联合举办“设备润滑管理与检测综合能力素质测评高级培训”，各行业10多位设备管理人员参加培训，高级注册13人。

4月，协会为苏州黎光公司进行液压油专题培训，受到企业欢迎。

召开专家工作座谈会，对行业发展、协会工作及专家活动主题建言献策。专家组在为协会承办高峰论坛、技术交流会议，撰写技术类文章、专业技术职称论文指导与评审，以及技术培训等方面，较好发挥专家的指导作用。

(张灵发)

上海防静电工业协会

上海防静电工业协会成立于2004年，是由防静电领域的生产、施工、检测研发和使用单位自愿组成的社会团体法人。协会潜心致力于静电领域的产业发展、行业自律、标准化推进、防静电知识普及、防静电技术咨询和检测培训服务等相关工作。现有会员单位88家。

2017年主要工作：

一、顺利完成协会换届

根据协会《章程》，第3届会员大会业已届满，经市社团局同意，于8月31日进行换届选举，选举产生第4届协会会长、副会长、理事等组成人员。按计划，圆满完成各项议程，为下一步工作的平稳交接和开展创造良好条件。

二、重视团体标准制定

团体标准是行业加强管理，建立现代企业制度的重要技术依托，产品在出现质量纠纷时，团体标准是仲裁的重要依据，并有着广泛的应用范围。为此，协会经常召开秘书处专题会议、扩大会议、专家会议，反复研究团体标准制定中出现的疑点、难点问题，统一思想，整合力量，取得共识。年内调整团体标准标准化领导小组，标准化专家小组、标准化工作小组三个小组组成人员。

三、促进静电保护工作

主办、协办、参与中国电子工业静电防护2017论坛及第六届静电防护与标准化国际研讨会，受邀参加2017洁净室研讨会暨产品展示(CRCC)，受邀参加上海八院静电防护技术交流会等活动。拟定《上海防静电工业协会团体标准体系框架(草案)》，发布实施《上海防静电工业协会团体标准制修订程序》《电子工业用防静电服通用技术规范》等。参与交流静电防护技术提升、标准化发展、技术水平方向，以及静电防护成果、经验、理念；展示静电防护新产品新技术，推进国内工业化静电防护技术标准化持续发展等各类课题的活动，使会员多了解国际静电防护的动态、趋势，并扩大静电行业影响力、关注度。

四、改进协会工作

改进工作方式方法。不定期、不拘形式，对外学习交流；不定期走访会员，拜访领导，征询意见建议。发展新会员，增添协会活力。

(刘黎俊)

上海市标准化协会

上海市标准化协会(简称市标协)成立于1981年4月，是上海从事标准化工作的社会团体。设有组织、科普学术、技术咨询、教育培训等4个工作委员会及汽车、化工、纺织、船舶、轻工、机电、仪电、宇航、航空、包装印刷、信息、能源、服务、蔬菜、种植、水产、饲料、粮油、林业、有色金属、建筑建材、康复等22个专业委员会。协会多次获得中标协、市科协、市质监局等部门授予的示范单位、先进集体、四星级学会等荣誉。2015获市社团局5A级社会组织。2016年获市科协“四星级”学会的荣誉，2017年获市民政局“上海市先进社会组织”荣誉。现有团体会员单位201家，个人会员1089名。

2017年主要工作：

一、抓住标准化工作热点，开展多层次多种类学术交流活动

协会组织召开第19届中国国际工业博览会科技论坛——智能制造与标准化国际研讨会。中国标准化协会、上海市质量技术监督局、上海市科学技术协会、上海市松江区人民政府、上海临港经济发展（集团）有限公司主要领导与会并作致辞。来自政府部门、科研院所、高校、企业的管理人员、科研人员和国外机构代表共计200余人出席论坛。围绕“智能制造与标准化”的主题，在政策解读、智能制造标准体系布局和实施、智能工厂创建、企业智能制造实际应用成果等话题展开深入研讨，充分体现标准化在智能制造领域中凸显的技术支撑作用，促进国际间标准化的合作。

组织开展长三角地区优秀标准化论文评选。为推进长三角标准化工作研究，长三角两省一市标准化协会在当地质量技术监督局的支持下，联合开展“标准化助力长三角绿色发展”为主题的标准化论文征集活动，围绕标准化促进低碳环保、共享经济、绿色城市建设等主题征集论文。同时，上海作为长三角区域交流活动的主要组织方，协会在精心设立主题、广泛征集论文的同时，组织专家进行论文评审。经过各有关单位的积极响应，共征集论文34篇，并评选出优秀论文一等奖1篇、二等奖2篇和三等奖3篇。协会将三地获奖论文统一汇编成册，在长三角区域标准化工作会议上发放和交流，提升了长三角区域标准化的学术交流氛围。

二、适应标准化改革要求，着力探索改革新举措

有效推进协会团体标准制定工作。协会在年初向各专业委员会征集团体标准的申报意向，收到16份立项意向反馈。协会在5月召开的团体标准制定推进座谈会上，邀请市质监局标准化处领导解读团体标准发展新形势和相关政策，介绍下一步协会团体标准的推进计划。让与会代表了解协会团体标准的制定流程和相关细节，为推进协会团体标准制定打下基础。下半年，协会通过落实对接、专家审查等工作，开展第一批共6项协会团体标准的立项工作。

三、主动承接政府职能转移，为社会提供优质公益性服务

协会受上海市研发公共服务平台管理中心委托，承接技术标准项目的管理工作，凭借专业性和专家资源优势，为项目运作提供技术支撑。根据市科委要求，撰写《2016年上海市科委技术标准专项发展报告》，全面梳理并总结相关项目材料，从立项分布、结项情况，典型案例分析，存在的问题和下一步建议等多方面进行总结。经专家讨论修改，报告顺利通过委托单位验收。

受市质监局委托，严格按照《上海市标准化推进专项资金管理办法》，对标准化推进专项资金的指南编写、项目受理、形式审查、专家评审和后期工作进行综合管理，确保项目顺利推进。

持续改进完善上海市优秀标准化成果奖申报及评审工作。2017年，共收到来自各企事业单位申报的78项技术成果和150项学术成果。评审办根据《管理办法》和评审要求，认真组织对228项申报项目相关材料的汇总、分类及形式的审查工作，组织专家分别对入围技术成果和学术成果进行专业评审，共评选出优秀技术成果41项和学术成果69项，其中技术成果一等奖2项、二等奖12项、三等奖27项；学术成果一等奖3项、二等奖23项、三等奖43项。

四、打造优质服务，为企业提供各类标准化技术咨询服务

为企业提供标准制修订一站式服务，承接各类产品标准制定或复审修订共60多项。

为专业领域提供技术咨询服务，完成普陀老年就餐点、曹杨文化中心、上海科技京城、上海宝田建材、环宇消防、上海宝冶钢渣、阳夏人力资源、海博出租车、安吉二手车评估等有关服务标准化、社会管理公共服务标准化、企业标准化、循环经济及节能标准化试点咨询项目13项；继续对上海大学、上海一电集团、豫园商城、家电维修服务标准化等一批项目做好重点咨询，加强辅导、督促和收尾工作。

协会坚持走市场化发展道路，通过咨询服务为各类企业、政府事业单位提供贴切的标准化咨询，提升其单位内部员工对标准化的认识。

五、注重标准化人才队伍建设，开展各类标准化专业培训

开展标准化人员岗位培训和继续教育。协会从2013年起对已取得标准化岗位资格的技术人员，进行继续教育、知识更新培训工作。截至2017年，共有400余名学员参与继续教育。

举办服务业标准化试点专题讲座。9月21日，由市质监局主办，协会承办的“服务业标准化试点”专题讲座在市教育会堂开讲，特邀“服务业组织标准化工作指南”系列国家标准主要起草人、国家级标准化示范试点验收组专家、国际标准组织江苏协作中心主任蒋顺祥作专题演讲。来自全市服务业标准化试点及相关企业负责人共计260余人参加活动。通过讲座，帮助参会人员了解服务标准化工作及相关内容，提升管理思维与能力，对今后开展标准化活动具有指导性意义。此次活动为2017年标准创新券系列活动之一，讲座为进一步推动全市服务业及社会管理和公共服务领域标准化工作、提高标准执行力度及服务质量、提升试点工作成效打下良好基础。

（王荣昌）

上海橡胶工业同业公会

上海橡胶工业同业公会成立于1986年12月，是上海橡胶行业同业企业以及其他相关经济组织自愿组成，实行行业服务和自律管理的非营利性的社会团体法人。现有企业会员90多家，分别从事轮胎、力车胎、自行车胎、胶鞋、胶带、胶管、各类胶种和用途的橡胶制品及橡胶机械、模具、橡胶原辅材料的生产和经营。拥有“双钱”“回力”“骆驼”等多个著名品牌。

2017年主要工作：

一、履行协会章程，开好年度会议

4月20—21日，公会在无锡市东港镇红豆杉庄召开九届四次会员大会暨理事会议，通过《2016年公会工作报告》《2017年工作计划报告》《2016年财务决算和2017年财务预算报告》《有关恢复公会监事会的情况说明》《关于辞去邵贵林公会副理事长，增补张秋龙为副理事长的情况说明》《关于深入开展上海市企业诚信创建活动的报告》等，举行诚信企业授牌仪式，发起上海橡胶第五批行业名优产品的申报认定工作。

二、树立典型，推进精益化管理

6月28日，公会在上海五同同步带有限公司召开上海橡胶工业同业公会加强企业精益化管理现场推进会，这是从精细到精益管理提升的一次会议，也是公会特色工作之一。会上，介绍近年来狠抓管理创新、技术进步，尤其在精益化管理上的一些做法和取得的成效。天天橡塑公司、颐中橡机公司、南凯机塑公司、全可贸易公司分享感想。秘书长刘海根在会上强调，在国家大力治理环境问题的前提下，对上海橡胶行业发展来说，迫切要寻找突破瓶颈的方法，认真研究上海提振实体经济发展的举措，实施转型发展，开启多种经营模式，通过加强有效管理，加快技术研发，做强做精橡胶业。

三、开展新一轮名优产品申报认定

为了进一步加大全行业品牌战略推进力度，公会于6月组织开展第五次上海橡胶名优产品评选活动。15家单位提出申报认定，申报材料通过公会秘书处的预审后；10月19日，专家组进行评审，然后在公会信息平台上进行公示。最终确定双钱轮胎集团有限公司、上海回力鞋业有限公司、上海五同同步带有限公司等15家单位获得2018—2020年上海橡胶名优产品称号。

四、牢记服务宗旨，在深度和广度上下功夫

依照协会的特性，服务会员单位为第一要务。公会加大对会员单位服务的深度和广度，把服务做实做好，会员单位有求，公会就必有呼应。

扩大服务外延，既有会员单位间的债务问题、法务纠纷，也有技术咨询、业务拓展和业务指导，还有牵线搭桥、就医帮助等。

充分发挥技术经济委员会“智囊团”作用，凡是会员企业在生产和经营中遇到技术难点，公会技经委派出相关专家上门了解和指导。如五同有限公司经营班子调整后，邀请公会技经委上门指导，技经委专家就推进企业技术提升和管理提升给出优化方案和措施。

为企业转型提供思路，6月6日，公会在走访上海新中华橡胶制品有限公司时，认为该公司在转型中融入文化创意平台的做法，不失为一个好创意，于是对该公司总经理进行专访，介绍企业转型方法，给其他会员提供借鉴。

五、持续开展诚信创建活动，提高企业信用等级

公会自倡导创建诚信企业以来，各会员单位高度重视，纷纷将该活动列入企业发展目标之中，以诚为本、以信取义，使企业走上以信誉求发展的道路，在社会上赢得良好的口碑。2017年，有15家单位获得市诚信创建活动办公室颁发的荣誉证书。

六、加强自身建设，提升工作能力

全年出版《橡胶同业信息》12期，并从18页增至24页，扩大信息量。为增加可读性，增加人物专访，连载报道企业家的创业故事。发展3家新会员。公会坚持走访新会员，并给新会员提供如会议和《橡胶同业信息》的专栏介绍，提供展示的机会，使之尽快融入公会大家庭。做好来宾接待工作。在2017年中国国际橡胶技术展览上，双钱轮胎集团、双箭股份、乔成贸易、五同同步带、加成化工、浙江环科万顺、江苏新达、苏州捷和等8家会员单位参展。9月19日，公会接待参展的台湾橡胶暨弹性体同业公会同行，交流洽谈、共话友谊。

七、完成党支部换届工作

根据《党章》有关规定，经市工经联党委同意，11月15日，党支部召开党员大会，推举公会秘书长刘海根同志担任党支部书记，健全党的基层组织。

（薛丽萍）

上海涂料染料行业协会

上海涂料染料行业协会前身是上海染料农药工业行业协会，成立于1987年1月，是上海早期的协会之一。2002年，协会改革调整，更名为上海染料农药工业行业协会，是长三角洲地区染料、涂料、颜料、助剂及其他经济组织为主自愿组成、实行行业服务和自律管理的跨部门、跨所有制的非营利的行业性社会团体组织。现有会员单位180家。会员成员主要分布在上海市和长江三角洲地区，在行业中具有举足轻重地位，产品和涂料、油漆到涂料原材料，从纺织染料、食用色素到油墨和有机、无机颜料，从涂料、染料助剂到化工专用机械，从大化工到精细化工产品，广泛应用于国民经济各个领域。

2017年主要工作：

一、举办第6届“双论坛”，给力行业发展正能量

4月11—12日，上海涂料染料行业协会在上海吉臣酒店召开2017年年会暨协会成立30周年纪念大会——同期召开第6届绿色涂料发展论坛、第6届安全生态染料颜料发展论坛及涂料颜料互联融合，共创共赢市场空间专家研讨会。承办第6届全国地方涂协（商）会秘书长联席会议，会议主题为“推进生态文明建设、加快涂料染料颜料绿色发展”。中国涂料工业协会会长孙莲英、中国染料工业协会会长史献平、市工经联、市经团联会长俞国生等领导出席会议并致辞，广东省涂料行业协会黄开会长代表全国各地方涂料行业协（商）会秘书长联席会对上海涂料染料行业协成立30周年表示热烈祝贺。

4月11日，上海华东理工大学精细化工研究所教授沈永嘉和涂装网创建人崔晓明共同主持第6届绿色涂料发展论坛、第6届安全生态染料颜料发展论坛。中国涂料工业协会秘书长阎永江作“我国环境友好型涂料的发展路径”的报告。浙江龙盛集团股份料有限公司、上海涂料染料行业协会等单位分别介绍重视环保和废水治理情况。

二、开展交流活动，促进行业经济发展

7月18—20日，协会承办的2017年海峡两岸国际有机颜料行业年会暨技贸洽谈会在沈阳北约客维景国际大酒店召开。年会主题为“创新发展有机颜料，绿色环保生态经济”。中国染料工业协会会长、石油化工规划院副院长史献平到会作“近期颜料工业形势及对我国有机颜料工业的看法”的报告，分析国内外颜料工业总体形势，提出对发展有机颜料工业的看法。

12月3—9日，协会会员部和上海琥崧智能科技股份有限公司组团赴德国“罗宾”和“凯佰”两家公司参观学习，上海涂料染料行业协会、常州市范群干燥设备有限公司和滨海火炬染料有限公司等派员参加，受到很大启发。

11月1—3日，协会和中国染料工业协会有机颜料专业委员会组团参加在印尼万隆举办的第7届中国国际染料展亚洲巡展。

6月23日，为推进“油改水”工程，加快水性工业涂料涂装技术的发展，协会组织48位行业同仁参观位于张江高科技园区叶氏化工研发中心，并在研发中心召开了由叶氏化工集团、紫荆花涂料集团协办的“推进水性工业涂料涂装发展专题会”。积极筹备成立涂料涂装专业委员会，加快推进绿色环保涂料工作。

三次组织召开重点企业和专家会议，讨论《上海市大气污染防治强化措施的实施方案（2018—2020）征求意见稿》、提出贯彻和修改意见并访问市环保局污防处。其中对涂料方面提出到2020年全面淘汰不达标有机溶剂型涂料、油墨生产及使用有机溶剂型涂料或油墨的包装印刷、汽车制造、家具制造及木制品加工等落后工艺。

（郑家琨）

上海塑料行业协会

上海塑料行业协会成立于1990年2月，是上海市塑料及相关企业自愿组成的跨部门、跨地区、跨所有制的非营利行业性社会团体。现有会员单位207家。

2017年主要工作：

一、增强协会建设和履职能力

11月9日，协会在上海虹桥国家会展中心召开第六届三次会员大会，调整和增补理事会成员。会长单位系中国石化化工销售有限公司华东分公司。

年初，细分协会秘书处成员分工，确定各自的工作内容和职责，厘清运作线条；细分协会现有的会员企业并归类到4个专委会（工程塑料、塑料包装、PVC制品和电商专委会），修订协会分支机构管理规定，修订或制定各专委会的工作条例。

协会秘书处派出对口人员与专委会主任单位和秘书长共同推进专委会工作。部分专委会通过对所属企业调研，了解会员企业的实际情况和需求，工作有起色。

协会网站开展升级改版，在网站的内容及功能上呈现新面貌，希望成为对会员企业和业内人士具有吸引力的、可阅读的专业网站。会刊在原有基础上，加强与会员企业的互动，注重塑料时势发展及对会员企业的报道。

协会秘书处走访调研53家会员企业，走访面达到25.6%；通过电子邮件、QQ、微信等方式与会员企业沟通联系覆盖到全体会员企业；吸纳新会员11家。通过对会员企业的联系走访调研，增进协会与会员之间相互了解，帮助会员企业解决一些实际问题，增强协会在企业发展中的影响力、推动力和凝聚力。

协会从6月开始参与上海市第二批349家行业协会／商会与行政机关的脱钩试点工作，制定《上海塑料行业协会脱钩试点实施方案》，按照“五分离、五规范”目标，开展资产清查和专项审计等工作，厘清财产归属，明晰债权债务。并将脱钩试点工作完成情况，上报有关部门。

二、完善服务内容和合作平台

发挥研发平台行业协会服务站联盟、上海市进出口公平贸易行业工作站、上海塑料行业改性塑料检测中心等多个有政府背景的平台作用，引导企业运用平台推进企业技术进步。

利用展会平台，凝聚行业资源，助推行业发展。协会积极协助雅式展览服务有限公司在2017国际橡塑展中的专题活动设计、同期活动策划、会员单位参展等方面做了大量工作。协会作为2017国际橡塑展主要的协办方，组织华东六省一市的同业协会及企业、上海10余家塑料应用行业协会及企业，参加5月16–19日在广州举行的展览活动，帮助企业学习先进技术，寻求贸易商机。

继续开展塑料行业企业与产品品牌发展，共新评和复评14家企业，17个产品为行业名优品牌；为10家企业的品牌向上海市名牌和著名商标评审委员会出具行业评估推荐证明。

继续开展业内企业诚信创建活动，进一步落实企业自愿申报、行业协会组织、公共信用平台审查、第三方征信、组委会审核等长效管理机制。2016年9月1日－2017年8月底，有27家企业参加诚信创建活动并获年度最高“五星级诚信企业”的荣誉称号。

对专业技术人员职称评审、业内企业与产品的名优品牌评选和企业诚信创建活动，分别制定工作流程，规范运作。另外，推荐会员单位上海三普水相材料科技有限公司的“水相合成聚酰亚胺”技术项目获上海市工经联“五新”项目；推荐上海田强环保科技股份有限公司、上海光塑机械制造有限公司、上海普利特复合材料股份有限公司等3家会员企业的5位负责人，获得2016年度上海轻工业“保增长、促发展”活动先进表彰等。

三、拓展服务内容和运行方式

为政府业务部门服务，发挥协会在技术上的作用。协会根据市经信委关于促进“四新”经济产业发展的总体要求，为支持产业转型升级，推动上海市增材制造产业的快速发展，调研半结晶热塑性高分子材料产品（结晶温度100℃－250℃）企业，并为经信委撰写3D打印用半结晶热塑性高分子材料项目实施前期的调研稿。多次参加市质量技术监督局组织的食品相关产品（包括塑料、金属、橡胶、玻璃、陶瓷、纸制品等）安全评价和市食品用塑料片材质量监督抽查技术规范、上海市塑料菜板质量监督抽查技术规范等的专家评审活动。

推进区域行业交流，扩大服务辐射范围。3月9日，由上海塑料行业协会牵头，借助雅式2017年国际橡塑展塑料科技分享会之隙，在上海延安饭店召开华东地区塑料协会会长秘书长座谈会。上海、山东、江苏、浙江、安徽、江西、福建、台州等华东六省二市塑料同业协会的会长和秘书长等出席会议。通过座谈交流，大家对建立华东地区塑料行业协会的合作平台，开展经济与技术交流，相互借鉴学习，及形成信息、人才、技术资源的共享等方面达成共识。

协会领导带队，先后赴安徽合肥、浙江绍兴、海宁等地企业考察交流，获得良好成效。还应邀7人参加在台州举行的第17届中国塑料交易会。

围绕绿色环保热点，探讨塑料新材料的应用发展。4月11日，协会与励展博览集团合作，凭借中国包装容器展展会平台，在上海新国际博览中心举行食品可接触塑料新包材技术应用发展论坛暨上海塑料行业协会塑料包装专委会会议。邀请上海石化、中塑协塑料家居用品专委会、市质量技术监督局质监所、美利肯企业管理（上海）有限公司等领导、专家，以及上海塑料行业等代表近100人出席会议。本论坛通过演讲嘉宾对食品可接触塑料新包材的原料及应用的讲解，让生产商和消费者进一步了解食品包装安全性的意义。

11月1日，协会PVC制品专业委员会组织部分企业负责人出席协会理事单位上海爱喏建材科技有限公司举行的2017英国爱喏新品交流发布会。该企业生产销售的英国爱喏品牌产品：PP–R彩色家装管、纳米抗菌管、PVC–U电工套管、PVC–U（扁）排水管及水暖五金等五大系列产品，满足客户个性化需求。

（侯培民）

上海日用化学品行业协会

上海日用化学品行业协会成立于2005年12月，是由上海市化妆品、香精香料、洗涤用品、口腔护理用品4个行业组成的社会团体。现有会员单位200多家。协会努力推动行业提质升级，以创新为动力，以企业为主体，推动行业新发展，在品种、品质、品牌上下功夫，攻坚发力，加快中国制造从低成本竞争优势向高质量、高适用性优势转变，增加品牌意识，努力打造更多具有国际性的中国制造品牌。

2017年主要工作：

一、基本情况

全年上海化妆品行业发展体现四个字：证、检、放、税。“证”是化妆品实施生产许可证和卫生许可证二证合一的第一年。全市获得生产许可证的化妆品企业有206家，备案企业3900多家，非特殊用途化妆品备案产品达到14万件。行业再次名列全国前三位。“检”是主管部门在2017年国家食药监总局发布产品抽检公告14期，公开防晒类不合格化妆品183次，祛痘类化妆品29批次，面膜类产品不合格23批次，同时转发省级食品药品管理局发布的公告32期。重审批轻监管的模式正在发生变化。“放”是国家局开放上海浦东新区作为进口非特殊用途化妆品备案管理试点已经有682件进口化妆品通过备案审批。“税”是进口化妆品的关税和消费税有所下调。

二、主要特点

标准引领，加强技术支撑和行业自律。根据市食药监局的要求，协会牵头组织企业起草制定《化妆品委托生产质量协议指南》，伽蓝集团股份有限公司、上海沪汇日用品有限公司、莹特菲勒中国化妆品公司等15家企业共同参与起草，标准对化妆品委托方和受托方在化妆品加工的质量关键项目上，确定五个方面、45个条款，并附录质量协议的模板。该标准为国内首创。经市食药监局的各区市场局主管讨论及企业法务部门的充分酝酿，协会组织专家评审，被主管部门批准，已成为上海市团体标准之一。市食药监局已停文下发，要求企业遵照执行。

助力中国化妆品产业之都落户奉贤东方美谷。协会助力奉贤区政府打造美丽健康产业为主的产业定位，力争通过产城融合，将“四大功能、八大中心”作为基本发展架构。协助区政府进行积极构思，提供合作企业名单，帮助沟通市经信委、北京中国香精香料化妆品工业协会和北京中国轻工业联合会。动员会员企业对政府出台的支持政策进行沟通和建议，提供产业数据和专家名单，为中国化妆品产业之都落户东方美谷打下良好的基础。中国化妆品产业之都的称号为全国唯一，充分显示国家对上海的信任和支持。

合作共赢、优势互补。协会与第22届中国美容博览会合作举办国际化妆品原料与法规论坛，对化妆品新法规文件和新原料，联系政府主管部门和行业专家作专题演讲。国家食品药品监督管理总局领导、市出入境管理局主管、韩国爱茉莉化妆品公司研发所和澳洲植物学专家等对国内外的最新法规政策，以及国际新原料进行广泛宣传。

协会与香港雅式展览公司合作举行塑料包装机械展览会，并组织会员单位丽豪包装企业，对创新化妆品3D包装设计方面做推广交流。为这家专为欧莱雅加工包装企业与上海化妆品企业合作提供服务。与国际节能环保锅炉展览会合作并共同召开座谈会，开展交流。与中国香料香精化妆品协会合作组织爱普、华银、伽蓝等品牌企业参加国家会展中心第二届亚洲美容博览会，展示民族品牌创新产品；与天祥检测集团美容部联合举办国际化妆品科学论坛，并发布行业培育知名品牌，共求行业发展。

深入调研，应用大数据，掌握行业趋势。协会通过调研，组织编写化妆品产业数据库调研报告。调研报告包括国际和国内化妆品产业皮肤护理、彩妆、个人洗护发用品、香水、口腔护理等各个品类的数据库。全面分析化妆品的产业链、市场营销渠道、品牌特征及今后潮流发展趋势等。对新零售模式创新做了详尽分析，同时结合时尚化妆品公共服务平台，详细罗列化妆品组分数据，初步积累引领产业的数据库。

培养人才，举办培训、服务企业。年内，协会举办二期有200多人参加的化妆品企业检验员实务培训班。通过组织培训，提高企业质量保证能力。也使一批企业的法规专员质量负责人检验员脱颖而出，成为行业新生力量。协会尽力为企业服务，帮助上美、华银等企业申报全国用户满意企业，提高企业社会知名度。从市场调研、顾客期望、用户满意、企业愿景多角度提升企业追求卓越，加强品牌意识。先后为20多家化妆品企业出具自由出口贸易的销售证明，使全年行业的出口产品出现新的增长。还对部分企业上报上海市文化创意设计产业专项资金申报工作进行指导及帮助，有3家企业获得资助。

（金　坚）

上海医疗器械行业协会

上海医疗器械行业协会成立于1987年3月，是上海医疗器械行业企事业单位自愿组成的跨部门、跨所有制的非营利性的行业性社会团体法人。现有会员单位736家。

2017年主要工作：

一、科技引领，推动产业发展

协会积极推荐行业内联影、康达、奥普等6家企业申报上海市政府质量奖，最终由上海联影医疗科技有限公司递交申请，协会进行推荐上报，并参加上海市政府质量审定委员会对联影公司现场评审会议，发表了推荐意见。

协会受市经信委委托，开展上海医疗器械装备产业发展研究课题的调研工作。成立由企业、研发机构、医院三方面人员组成课题小组，通过走访多家企业、医疗机构、网上调查等听取意见形成初稿，召开多次专家专题讨论会听取意见，稿件经反复修改、完善，通过市经信委项目执行的过程评估和专家验收。

协会召开企业家创新沙龙成立大会。沙龙会议以“聚智、创新、共赢”为题分别举行上海优秀医疗器械品牌和产品创新与发展和医疗器械投融资、资本运作方式和机遇的把握主题研讨。

协会协助企业申报“上海名牌”产品并完成推荐工作。全年行业内申报“上海名牌”企业6家，其中续报5家，新申报1家。同时，开展2017年度上海医疗器械名优产品评选工作，共有45家企业85个产品入选。

二、人才培育，凸显产业高地

协会持续推进申报上海市智慧医疗高技能人才培养基地工作。完成5个项目题库开发以及师资培养项目的验收工作，分别完成专职教师操作能力提升培训，已通过项目验收。基地总计培训师资人数132人；“X射线机电气组装调试工实训平台实训设施设备添置经费资助项目”申请获批。设备设施采购工作实施条例和集团内控达到完成。同时，协会举办专业培训12期，参加培训有1411人次。协会全面启用医疗器械培训服务平台和微信公众号，注册学员已达2080人，公众号关注1177人。

开展职称评审拓展专业。年内是上海市专业技术人才工程类技术职称审评改革的第一年，协会举办3期上海市生物医药工程专业技术人员继续教育知识更新选修培训班，共有231人次参加，获得5718学分。此外，联合招聘专业对口。协会与上海理工大学医疗器械与食品学院、上海健康医学院联合举办4次招聘会，共60多家企业报名参加，学生参与相当踊跃，受到企业和学校的欢迎。

三、宣传展示，提升行业形象

为了开拓国内外市场，协会继续做好专业展会的组织及服务工作。全年组织8次展会，共计707个展位，展位面积6363平方米，参展企业数434户／次。

受市统计局委托，协会每月对行业十大类产品工业销售产值完成情况进行统计分析。每月统计上报率均达到95%。协会完成政府委托的年度行业发展数据及质量现状统计；按照市科委要求申报行业的销售数据，并做简要分析归类工作。协会微信公众号每月挑选最有代表性的信息发布，全年发布图文信息近50条。网站每天更新，力求信息及时、全面、丰富。网站刊登的信息总量为2361条。

在各会员单位的支持配合下，协会按时完成内部交流资料《2016年年鉴》《上海医疗器械简讯》（12期）《医疗器械信息专辑》（第十三辑）的编印工作。2017年适逢协会成立30周年，《穿越时空——会成立30周年》纪念册经过征稿、收集、整理、编辑、排版等工作，于8月发到每个会员单位。

四、对外交流，寻找发展机遇

协会派员参加在北京举办以色列总理商业创新论坛、组织会员企业参加中国国际医疗器械博览会英国展团招待会、组织会员企业参加加拿大埃德蒙顿经贸合作交流对接会、派员参加在缅甸仰光举办的第14届世界华商大会等。

协会植入介入器材专委会受邀并组团参加在非洲卢旺达共和国首都基加利会议中心召开的第一届非洲国际医疗器械及医疗健康论坛AIMF。协会副会长、植入介入器材专委会理事长吴昌礼代表中国上海医疗器械产业同仁在论坛上发言。

协会派员参加上海市工商联赴日经贸考察团，考察团拜访大阪商工会议所、上海市外国投资促进中心日本代表事务所，在大阪与京都两地考察5家企业，参观企业家创业博物馆、京都工业展览会等场所，为促进两地企业间的经贸合作。

受英国有关部门邀请，协会考察团就国民健康保健制度、企业与产品的监管制度建设和医药、医疗器械领域和健康产业的发展、技术合作和投资等进行洽谈，还分别参观考察数家生物、医药、医疗器械等生产企业。

应加拿大艾伯塔省经济发展与贸易部的邀请，协会考察团与埃德蒙顿市、卡尔加里市的相关政府部门、科研院所、社会团体和企业家进行广泛交流。参加相关的经济发展论坛，以及北艾伯塔理工学院医学模拟中心，与当地近10家企业进行经贸、技术等方面的一对一交流互动。

五、精准服务，提供专业支持

召开上海口腔义齿质量信息追溯系统开通推进会。会后可通过扫描二维码的方式，实现义齿产品网上信息查询和全过程质量信息管控。经过多家主流媒体对会议进行了报导，推广口腔追溯系统的使用方法和目的。已有79家义齿企业登入使用。

召开管理者代表协调工作委员会关于医疗器械上市前审评及事中事后监管政策讨论会。委员会还召开主任扩大会议，审议讨论《医疗器械委托生产企业质量协议撰写指南》（草案），各位主任委员做了许多课题，得到市局和国家局肯定。

召开经营工作委员会创新政策下行业机遇及两票制热点研讨会，为政府有关部门在两票制政策的制定中提出意见和建议。同时委员会组织开展三类医疗器械经营企业规范管理的培训。年内经营工作委员会还走访和各区市场监督局，加强沟通联络。

植入介入器材专委会举办按病种收付费、高值医用耗材集中采购改革等研讨会，邀请有关政府部门和专家学者进行主题演讲。专委会还召开医保支付方式改革与深化审评审批制度改革研讨会。

体外诊断系统专委会与上海市医学会检验医学分会青年委员会联合举办新技术申报、审批流程及技术要点解读研讨会，会议就规范新技术、新项目的申报和审批流程等相关话题作了深入探讨。专委会在上海九州通医疗器械有限公司召开冷链物流研讨会。

六、民主办会，规范管理

在各部门的配合下，协会归纳整理各类资料，完善内部管理制度，完成社会组织评估的《规范化建设自评报告》和《评估指标》自评工作，并接受上海社会组织研究院专家的现场评审。12月，经上海市社会组织评估委员会审定和网上公示，时隔5年，协会第二次获上海市社会组织等级评估5A级。

协会负责人及秘书处成员走访康德莱、微创、雄捷、艾迪森、形状记忆等企业，接待通用医疗等副会长单位，汇报协会近期工作，听取企业对协会工作的建议及意见，密切协会和会员企业的交流与沟通。

协会承办首届医疗器械质量安全宣传周公益活动。带领医疗器械科普专家来到长宁区周桥文化活动中心，走进社区举办2017家用医疗器械进社区科普公益活动，以及开展家用医疗器械安全使用知识的普及活动。

（蒋建群）

上海市生物医药行业协会

上海市生物医药行业协会成立于2002年12月19日，现有会员单位215家，会员区域汲及华东地区，行业涵盖现代生物技术和医药领域从研发、生产到流通等整个产业链，业务领域包涵化学药物、生物制药、中药、医疗器械、医药商业、生物医药服务业等。企业规模已超过3300亿元。

2017年主要工作：

一、顺应会员需求，完善信息咨询服务平台

开展行业信息服务。通过信息及时性、增加信息量、提高可读性来提高协会主办的《生物技术产业》质量。全年出版会刊12期、网站更新信息4912条、向企业发送电子医药信息简报42期，还及时推送微信讯息及协会最新公告。

举办产业政策宣讲和解读。邀请市发改委、市科委、市商务委、市职称办和浦东新区科经委等相关部门的负责人分别就“十三五”国家战略性新兴产业规划、上海生物医药产业政策、2017年国家和上海服务外包资金、上海市医药工程系列专业技术职务任职资格评审申报、中小企业专项资金申报等方面科技产业政策宣讲和解读。邀请市统计局、中国医药信息中心等统计方面的专家，为会员企业在数据上报、统计分析、行业趋势等方面提供专业指导讲解。

提供企业咨询服务。针对上海君实生物工程有限公司君实生物科技产业化临港项目基准排放水量采纳标准问题，协会通过调研和组织专家座谈，出具专家意见函，为其顺利通过环评奠定基础，使其如愿在7月开工建设；组织专家对华东理工大学药学院任国宾团队的《基于数字化分子描述符及相变前超分子组装调控的药物新型固体形态发现与制备关键技术及应用》进行技术评价，为该项目申报并获得“2017上海科技进步奖二等奖”。

二、发挥桥梁作用，积极推进产业有序发展

组织政企座谈会，与市发改委、市科委联合召开《上海市促进生物医药产业健康发展实施方案（意见征求稿）》意见征求座谈会、与上海商务委联合组织上海生物医药行业技术性贸易措施影响座谈会。并积极发动会员企业参加张江高新区管委会等组织的生物医药企业座谈会、张江大健康产业座谈会等。

指导和推荐企业项目申报工作，推荐奥普生物、微创医疗入围工博会候选获奖项目，其中微创医疗、凯利泰的产品获产品银奖，仁会生物的产品获创新银奖；帮助40家会员单位申报高新技术企业等。推荐上海迪赛诺化学制药有限公司总经理李金亮被评为第4届上海“十大杰出”青商。同时协会积极为企业申报上海市产业转型升级发展专项资金、市商务委产业专项、市著名商标等出具证明。

编制行业联盟标准，联合上海芯超生物科技有限公司和西比曼生物科技（上海）有限公司等单位编制完成《联盟肿瘤生物样本库标准》和《联盟干细胞制备技术标准》，对促进和规范产业发展奠定良好基础。

三、加强调研，积极提供产业研究咨询服务

协会与市经信委等政府有关部门一起组织对泰州、珠海、北京、武汉、深圳等地区和扬子江药业、海尼药业、国佳生化工程、复宏汉霖、创诺医药、逸思医疗、金域医学、国际医学园区创投、康缘药业等相关企业生物医药产业发展进行调研。主持编制市经信委委内重大专项课题“生物医药智能制造的发展路径研究”；编写完成市经信委委托的《上海生物医药产业运行监测分析报告》和《2017上海生物医药产业发展报告》；承担市商务委委托的“2017年上海技术性贸易措施公共服务平台（生物医药行业示范点）”项目，完成《上海化学制药行业技术性贸易壁垒研究报告》《上海中药行业技术性贸易壁垒研究报告》《上海生物制药行业技术性贸易壁垒研究报告》等3份国内首发的研究报告。还完成了《上海年鉴（2017）》中的“生物医药制造业”条目、市工经联《2017上海工业年鉴》等编写工作。

四、积极筹划组织国内外论坛与研讨会

协会主办或参与组织各类论坛与研（BioForum）、第10届谈家桢生命科学论坛、第一届转化医学协作创新论坛、长三角生物医药高层论坛、大健康下的生物医药产业报告会、2017年浦宁科技合作交流对接会、新形势下医药企业合规之道、医保个人账户购买商业健康保险说明会、2017上海生物医药行业信息技术研讨会、走进复旦生物医药领域产学研对接活动、第4届浦江医药论坛、第4届中国个体化诊疗与转化医学高峰论坛等。

五、建立有效培训机制，加强人才队伍建设

与上海生物医药科技产业促进中心等5家单位联合举办2017生物医药大讲堂暨上海市生物医药工程专业技术人员继续教育培训课程，有400余位技术人员报名参加，培训累计超过4000人次。

与上海医疗器械行业协会和上海市医药学校共同实施2017年上海市智慧医疗高技能人才培养基地兼职教师教育理论与教学方法培训班。与上海医疗器械行业协会、上海市医药学校和上海芯超生物科技有限公司共同实施2017年上海市智慧医疗高技能人才培养基地教师培训工作。

与上海生物医药科技产业促进中心联合举办生物医药前沿技术与创新发展高级研修班。同时，与浦东张江出入境检验检验部门合作举办张江园区进出口生物材料相关政策业务培训班。

六、积极开拓市场，推动项目的国际合作

协会召开各国领事馆商务交流会；举办中俄合作交流会、“一带一路”相约张江 & 浦俄论坛。还组织举办美国密西根州美西医药流通有限公司交流对接会、西班牙加泰罗尼亚生物医药及医疗器械项目对接会、瑞士新药研发大会等。

（赵　婷）

上海医药行业协会

上海医药行业协会成立于1987年，是上海制药工业、生物医药、药品辅料、药品包装材料、制药机械、科研院所等单位自愿组成的跨部门、跨所有制的行业性社会团体法人。现有会员单位245家。会员企业占全市医药工业销售总值80%以上。

2017年主要工作：

一、积极筹划产业品牌建设，推进品牌战略

协会与上海品牌发展研究中心举行上海医药产业品牌研究战略合作签约仪式暨上海医药行业品牌指数研究开题研讨会，使上海医药产业品牌研究进入实质性推进阶段。

5—7月，协会和品牌发展研究中心组成工作团队，赴企业调研，就“增品种、提品质、创品牌”等课题同企业领导进行交流。通过品牌指数调查问卷向各种所有制企业了解品牌建设情况，通过华氏大药房向700多名消费者发放医药行业消费者调研表，了解消费者对上海医药品牌知晓情况。

组织有关政府部门负责人和业内专家，召开上海医药行业企业品牌指数研究座谈会，就医药品牌指数指标体系设计提出真知灼见。11月8日，上海医药行业协会成立30周年庆暨上海医药行业企业指数发布启动大会在上海科学会堂举行。市政协原主席蒋以任等领导为上海医药行业企业品牌指数发布按下开启按钮，标志着行业企业品牌指数发布正式启动。

由市经信委、市政府合作交流办公室、上海社会科学院主办，上海医药行业协会等36家行业协会发起成立上海．长三角品牌发展论坛。

二、立足项目开发，打造上海医药专业技术人才培养体系

协会作为上海市医药产业高技能人才培养基地与上海东富龙科技股份有限公司、上海市医药学校、上海医药（集团）有限公司等签约，建立战略合作关系。

新型学徒制药物检验工（中级）1班41名学员，新型学徒制药物制剂工（中级）1班39名、2班41名、3班39名在上海市医药学校正式授课。47人师资培训班参加第一期培训。

协会的上海医药行业职业技能鉴定所与上海市职业技能鉴定中心正式挂牌，受市职业技能鉴定中心委托，组织实施行业内职业技能鉴定。

组建上海医药产业人力资源联盟，主办首次上海医药产业人力资源联盟思享会。集聚一批业内资深专家，建立学员培训的沟通渠道。申请争取到高级研修项目拓展培训平台，帮助企业解决药品研发过程中的人才紧缺问题。

三、深化服务，助推产业创新发展

继续推进和深化仿制药质量和疗效一致性评价多方面的服务工作，得到市食药监局充分肯定。

配合中化药协会开展调研，反映企业对医改政策等的意见和建议。发起和参与市工经联制定企业社会责任报告评价上海市团体标准。

举办2017年药品审评审批制度等新政解读和仿制药质量和疗效一致性评价技术研讨暨职称基础知识继续教育系列培训班。先后推出15个专题，共有104家企业的2000多人次参加培训，其中1171人次参加继续教育学时培训。

《上海医药》杂志社与复星医药开展合作，创办内分泌代谢网络平台，打造面向内分泌领域医生的专业新媒体平台。拓展协会与企业、医院合作开展医药学术活动80多场。杂志每期围绕一个主题，邀请学科知名专家组稿、撰稿，丰富读者合理用药知识。做好杂志继续教育学分工作，被市卫生管理部门正式授予杂志社继续教育学分的资格。杂志社建立“上海医药工程师”微信群，开展在线职称培训，吸引200多名成员。

协会参与物价局组织的价格政策调研，对制定药品价格行为和规范提出建议。完成招标事务所要求的三批402个品规低价药目录品种、日服用费用、涨幅等测算及调整新增1261品规化学药最低参考价格计算，为招标价格提供比较科学的依据。

完成6篇行业经济运行分析报告，编纂上海医药行业协会2016—2020年五年发展规划。做好年重点企业及重点品种销售产值跟踪统计汇总和分析。配合中国医药信息中心完成企业统计年报申报工作。

邀请信谊药厂等企业与药科大学药品短缺机理与供应保障体系建设课题组，就短缺药保障存在的问题和政策建议进行讨论，为政府施策提供参考。

组织部分会员企业领导考察丽珠医药集团、一品红药业、华为等企业及以色列医药企业，加快产业转型。完成市经信委“上海生物医药产业发展战略研究报告”课题研究，受到专家好评。

四、规范治理，加强自律建设

召开第八届第三次会员大会暨第八届第四次理事会，通过《2017年1—10月工作报告》《协会2016—2020年发展规划纲要》《监事会工作报告及监事会条例（草案）》《2017年1—9月财务收支情况报告》《协会内部管理制度制定及修订情况说明》及大会决议。

在监事长主持下监事会讨论《上海医药行业协会监事会条例（草案）》和当前工作及监事的调整，履行协会章程赋予监事会的职责。

在2017上海市企业社会责任报告发布会上，连续第5年发布2016年度上海医药行业社会责任报告。8家会员企业也发布企业社会责任报告。

制定5A级复评工作计划，成立复评工作小组。在学习评估指标、熟悉评分细则的基础上自查自纠，向市社团局递交复评申请，完成自查报告。

（高福定）

上海市食品添加剂和配料行业协会

上海市食品添加剂和配料行业协会成立于2004年1月12日。是上海食品添加剂和配料生产经营企业、食品、农产品生产经营企业、外地在上海有业务关系的相关单位，以及高等院校、科研院所等自愿组织的跨部门、跨所有制的非营利的行业性社会团体法人。协会设有食品添加剂与食品安全专家委员会，拥有专家30名，并承担国家卫计委下达的制定食品添加剂国家安全标准任务。现有会员单位近130家，其中高校和科研院所8家。

2017 年主要工作：

一、积极做好为会员服务工作

9—11 月，协会对全市食品添加剂和食品配料生产企业进行食品安全风险与信用分级评定调研和审核工作，共评出 A 级企业 88 家、B 级企业 29 家，分别占参评企业总数的 75.2% 和 24.8%。从评定审核总体情况来看，上海食品添加剂和配料行业大多数生产企业食品安全风险与信用情况良好。

帮助会员企业解决难题。会员单位在生产、经营、抽检、搬迁等方面经常会遇到各种问题请协会出主意，想办法，已成为协会日常性的一项工作。如某会员企业产品标签因与 GB2760—2014 规定有偏差，受到浦东新区市场管理局的扣查，协会专家与管理部门通过对法律解读，使此事件得到妥善处理。又如某会员企业产品检查中出现一种成份，按照香精标准规定，标签上应该标出，但是没有标，被浦东新区市场管理局查处，事态严重，被告知要罚巨款，企业通过咨询协会专家，有理有据地拿出合理的上诉意见，使事态平息。还帮助香精生产企业会员单位解决香料保存的技术难题。

二、标准制定工作取得初步成果

完成三项食品安全国家标准制定。10 月底，协会完成由国家食品安全风险评估中心 2016 年 12 月委托的《营养强化剂烟酰胺》《食品添加剂联苯醚》《食品添加剂甲壳素》等三项食品安全国家标准的制定工作。为制定国家安全标准，协会专门成立食品安全国家标准制定小组，经过半年多的收集资料、走访企业、产品检测和验证等工作，起草以上三项食品安全国家标准征求意见稿，分别于 7 月 28 日、8 月 12 日组织行业专家和相关企业召开会议，对上述三份意见稿进行评审。

新取得 4 项食品安全国家标准制定项目。国家食品安全风险评估中心 2018 年委托协会制定 4 项食品安全国家标准。此项工作于 2017 年 11 月正式启动，要求 2018 年 12 月 31 日前完成。其中协会独立制定 2 项，与其他兄弟协会合作制定 2 项，一是独立制定《食品添加剂焦磷酸一氢三钠》食品安全国家标准；二是独立制定《营养强化剂氯化锰》食品安全国家标准；三是与中国食品添加剂和配料协会、江苏省食品药品监督检验研究院合作制定《食品添加剂聚偏磷酸钾》食品安全国家标准；四是与中国食品添加剂和配料协会、江苏省食品添加剂和配料协会合作制定《食品添加剂酸式焦磷酸钙》食品安全国家标准。

香料香精行业气味排放团体标准工作 12 月启动。上半年，行业协会向上海和外省市香料香精协会及企业发出通知，欢迎相关企业踊跃报名参加团体标准《香料香精生产气味排放标准》起草工作，至 11 月上旬，共有上海、北京、江苏、山东等地区的 13 家香精香料企业报名。12 月 18 日，在华宝孔雀已召开《香料香精生产气味排放标准》团体标准制定工作研讨会，全国香精香料行业数十名代表参加会议，对制定《香料香精生产气味排放标准》团体标准工作进行深入讨论，初步规划了路线图，标志着《香料香精生产气味排放标准》团体标准工作正式启动。

三、《中国食品添加剂及配料年鉴（2016)》编撰工作启动

7 月 1 日，《中国食品添加剂及配料年鉴（2016)》首次工作研讨会在杭州启航国际大酒店举行。会议由上海市食品添加剂和配料行业协会组织，浙江省科技学院协助承办。国家食品安全风险评估中心首席科学家、食品科学杂志社、中国食品工业协会、中国质检出版社分社、浙江科技学院研究院院长兼浙江省食品添加剂和配料行业协会专家委员会、浙江省食品学会、上海市食品添加剂行业协会，以及泛长三角地区各省市食品添加剂和配料行业协会和昆山市香料香精化妆品工业协会、相关食品专业院校、相关食品添加剂和配料行业的企业等相关领导、专家、教授 50 多人出席会议。

会议动员和汇集信息出版行业、食品行业、食品添加剂行业各路专家、学者、企业家的资源，共同研讨《中国食品添加剂及配料年鉴（2016)》的编辑事宜。根据大家意见，会后将形成会议纪要明确年鉴编撰的进度和时间节点及内容分工，年鉴编撰正式启动。

四、成功举办第 9 届“团体标准”主题研讨会

第 19 届亚洲食品配料中国展在上海浦东国际展览中心隆重举行之际，协会携手上海市工业经济联合会，于 6 月 21 日在展会上联合举办以“培育团体标准，发展振兴产业”为主题的食品安全与食品添加剂研讨会，这是自 2008 年以来连续第 9 次成功举办的行业主题研讨会。市工经联执行副会长吴永华为研讨会开幕致辞。中国标准化研究院研究员于振凡、行业协会常务副会长吉鹤立、行业协会团体标准工作部主任周家春担任主讲。上海市及长三角地区部分行业协会和企业管理者、技术开发人员共 200 多人出席会议。浦东新区食品安全管理协会参加研讨会的代表共有 70 多人。北京、广州、厦门、重庆、杭州、南京等地的行业协会代表也闻讯参加会议。

五、社会及行业交流考察工作彰显协会地位和影响力

行业协会秘书处和专家委员会充分发挥资源优势，在泛长三角地区行业协会以至全国食品及食品添加剂行业积极开展交流活动。

7 月 13 日，扬州市食品产业园党工委副书记、管委会副主任刘明辉一行 5 人莅临协会沟通交流。

9 月 22 日，应上海市食品学会邀请，常务副会长吉鹤立参加由食品学会举办的亚洲国际食品论坛，作了关于“食品添加剂相关法规管理”的演讲。

11 月 7—8 日，由中国工业合作协会、园区大会组委会、决策者产业研究院、凤凰网共同主办，上海市工业合作协会、决策者集团、凤凰房产、康威集团承办的 2017 中国产业园区大会在上海世纪皇冠假日酒店盛大举行。协会两位副会长作为应邀嘉宾出席大会，分别在会上做“团体标准在园区建设和产业发展中的促进作用”主题演讲和“食品产业供给侧改革”前景预测报告。

（王武航）

上海市食品协会

上海市食品协会成立于 1982 年 2 月，是上海最早成立的行业管理组织，已有超过 30 年的历史，至 2017 年年底，共有会员单位 615 家，会员企业销售额占全市食品类销售 70% 以上。

2012 年，协会被评为 5A 级社会组织；2013 年，工信部授权协会具备食品工业企业进行诚信体系建设评价资质；2013 年 7 月 1 日，协会获得“中小企业服务平台”资格；2014 年，协会获得“上海中小商务流通企业公共服务平台”资格。

协会设有咨询、培训、会展等 3 个部，1 个办公室，1 个职业技能培训机构上海市现代食品职业技能培训中心，还有营销、生鲜、烘焙、调味品、食品机械、咖啡、贸易 7 个专业委员会和专家委员会。《上海食品》为协会会刊，并开设上海食品网，开办协会微信平台，编发简报等。

2017 年主要工作：

一、发挥协会平台整合作用，聚焦国家“三品”战略，组织企业展示新产品、新模式、新面貌

面对经济全球化、市场国际化的营销环境，协会聚焦“三品”战略，以品牌为导向，提振企业的竞争力，做好各项名牌认定工作。4 月 11 日，协会作为 2017 年度长三角地区名优食品等轮值主席，主持召开江、浙两省和上海市食品协会参加的启动工作会议，为评审工作奠定基础。

2017 年，协会将食品比赛项目从上年的蝴蝶酥扩展到酥饼，以培育精品，提升上海特色旅游食品的“特色”含量。

积极组织会员企业参与各类展会，展示新形象、新风貌、新产品、新追求。如，协会组织 26 家上海特色旅游食品企业在上海展览中心举办的 2017 上海世界旅游博览会 & 第 19 届上海旅游商品博览会；组织 42 家企业参加 2017 中国国际食品博览会等。

积极开展国际合作交流，除与韩国东北亚食品园区建立合作框架外，组织会员企业参与波兰、希腊、加中贸易理事会等境外企业的业务对接活动。

二、发挥协会平台聚合作用，积极优选有效信息，加强会员间的相互学习和交流

组织会员企业参加《上海市食品安全条例》宣贯大会，助力推进国家食品安全示范城市创建和建设上海市民满意的食品安全城市的工作。

协会烘培专业委员会组织 120 余名上海食品生产企业代表赴南区老大房食品有限公司，实地调研新落成的净化流水线。参加现代食品制造业发展升级指南——环境洁净与食品安全研讨会。

4 月 12 日，协会召开 2017 年度会长会议，会上光明乳业、南侨食品、孔雀香精等企业代表就食品安全、转型发展等作交流发言。

为加强会员企业创新发展的相互学习和交流，协会邀请 80 余名会员单位领导和相关人员参加南侨集团 65 周年庆祝活动——百变南侨烘焙餐饮大展和 2017 年上海市食品协会第一次沙龙活动。

组织会员企业考察江山、洪泽湖、荆门等地区，协助安徽濉溪、扬州等地在沪开展招商，以及接待有关省市来沪招商引资事宜。组织会员企业参加“当前经济形势和企业致胜之道”海南研讨会暨项目交流会。

三、发挥协会平台综合服务作用，拓宽服务企业、服务社会、服务政府的渠道

协会利用平台优势，积极发挥服务职能，做好为企业、社会、政府服务的各项工作。积极反映企业合理诉求，维护企业合法权益。如根据会员企业反映的健康证检查、税率和食品回收等问题，协会以专报形式及时向上级有关部门反映行业建议，并得到高度重视，使问题得以妥善解决。

创新为企业服务形式，增加信息服务通道。协会微信平台形成通讯员、专家、党支部、行业统计以及朋友圈等 8 个微信群，提高信息传递的广泛度、密切度、便捷度、活跃度和共享度。

借助外力，拓展宣传服务新渠道。协会与上海市工人文化宫联合遴选出 42 家特色旅游食品企业，编撰《行走的味道——上海特色旅游食品赏鉴》一书，由上海三联出版社出版发行。

根据市经信委要求，协会在上半年对已通过诚信评价的企业进行监督复评，促进诚信体系建设成效的巩固。

协会运用行业统计优势，撰写食品行业经济运行分析报告，除提供有关部门参阅，还刊登在协会刊物《上海食品》

上供会员共享。协会统计工作得到市统计局的高度认可，连续第5年撰写、发布行业社会责任报告。

协会培训中心为配合“技能中国”，提升行业培训能级水平，上半年完成培训1411人。承办第18届全国焙烤职业技能竞赛上海赛区和全国决赛。培训中心派出2名选手，取得了一金一银的好成绩；参与2017中国国际技能大赛糖艺／西点项目和烘焙项目，并代表中国取得了一块铜牌。协会被授予上海市食品协会高技能人才培养基地和第44届世界技能大赛全国选拔赛（上海赛区）培训基地称号。

受市经信委委托，协会承担”上海食品工业发展三年行动计划”“上海食品工业追溯系统”等课题的研究。

协会咖啡专委会对国内的咖啡店店主、消费者、咖啡师开展问卷调查，完成中国咖啡行业数据调查报告；向市食药监局提交关于《上海市焙炒咖啡开放式生产许可审查细则（征求意见稿）》的若干建议。

四、加强协会自身建设，提高协会综合素质，发挥协会平台作用

协会规模继续扩大，结构不断改善。为应对市场经济的变化和加强行业自律，7家主要经营机关企业事业单位后勤膳食企业发起，成立膳食分会。在新发展的会员中，更注重质量和结构，既有单体产品在市场上名列三甲的，也有一些新业态、新模式、新理念、新科技业界新锐，使协会更好地发挥引领行业发展的排头兵作用。

加强秘书处自身建设。按照年初确定建设学习型协会的要求，秘书处注重加强自身建设，完善每周一次的工作例会制度，试行能者为师、教学相长的自我教育、自我学习制度，使协会秘书处工作发生新变化，呈现新面貌。

（沈源琼）

上海硅酸盐工业协会

上海硅酸盐工业协会成立于2003年12月，是江浙沪等地区从事陶瓷、玻璃、晶体、耐火材料、无机生物和环保材料、无机涂层及膜材料的生产、设备、检测仪器等制造企业，以及与之相关的大专院校、科研和设计咨询机构组成的社会团体。协会以“促进新型无机材料产业发展，加快传统硅酸盐材料技术改造和进步”为宗旨，积极展开企业技术培训、技术咨询、国内外信息交流、新产品联合设计、联合试制和推广等服务。现有会员单位72家。

2017年主要工作：

一、发挥智库平台优势，服务企业转型发展

协会发挥专业渠道平台“三优势”，搭建国际化展台，展示品牌，交流技术，洽谈商贸。6月9日，协会主办的2017年上海国际工业陶瓷展览会在上海新国际博览中心开幕。展会充分体现中国工业陶瓷的产业发展及市场需求现状，智能化、低能耗、高效率等新技术和产品成为展会的关注点。国际国内一线、新兴中小型企业200余家单位展示最新技术和拳头产品。吸引国内31个省市自治区以及24个国家和地区的1.7万多名专业人士前来观展。为推进相互交流和新材料与新技术产业化，同期举办13场研讨会，关注行业热点与深度技术交流，涵盖太阳能技术、纳米技术、蓝宝石晶体生长技术、石墨烯、复合材料、薄膜技术、3D打印技术等，其中由协会主办的2017先进陶瓷技术研讨会，主题为聚焦先进电子信息陶瓷，邀请业界权威专家介绍电子领域陶瓷的发展前沿及潮流。

之前，协会组团10余家会员单位参加5月24日在北京中国国际展览中心召开的第28届中国国际玻璃工业技术展览会。展会有来自33个国家和地区的995家一线厂商，在这次亚洲规模最大、为期4天的专业玻璃展会上亮相。

二、推进多边交流，拓宽行业合作渠道

3月15日，协会接待韩国精细陶瓷协会代表团和江西萍乡湘东区区委领导一行，三方就推进实质合作模式进行座谈。江西萍乡陶瓷产业基地是2012年科技部认定的国家工业陶瓷高新技术产业化基地，该基地以“打造规模化、标准化、园林化工业园区”为思路，已由仅能生产传统工业填料向生产化工陶瓷、环保陶瓷和耐磨陶瓷等工业陶瓷，并逐渐向生产电子陶瓷、生物陶瓷等特种陶瓷转型。6月，协会组织工业陶瓷企业参加第9届上海国际工业陶瓷展览会、召开工业陶瓷推介会和加强双方企业对接、项目投资，创新开放、多层次合作，进行深入洽谈。

10月18日，由韩国精细陶瓷协会俞成根理事率领的韩国代表团一行10余人，来中国科学院上海硅酸盐研究所访问。上海硅酸盐研究所热情接待访问团一行。双方希望通过科研及产业合作交流，进一步推动中韩先进陶瓷业的发展。

10月27日，协会接待日本住友大阪水泥株式会社国际部部长市村昌明来访，该株式会社是协会会员单位，为世界500强住友集团旗下的公司，在水泥行业已有100多年的发展历史，近年正致力于积极开拓新材料领域，扩展全球业务。双方交流无机原材料供需，能源、光电、红外新材料合作领域，专家互访交流等议题，希望继续加强合作，促进双方技术、人才、市场信息的沟通协作。

三、承接政府职能，提升协会第三方服务能力

为贯彻落实9月5日《中共中央国务院关于开展质量提升行动的指导意见》和中国质量（上海）大会精神，10月20日，协会组织会员赴理事单位浙江成田燃烧工业有限公司参观，并举办创新与标准化助力质量提升交流研讨会，会长和理事会员单位近30人参加活动。邀请东华大学宁伟教授介绍材料标准，及其在创新型固废利用研究和产业化进程中的作用，强调标准在科技创新及产业化中提升领航的作用。国家标委会标准技术评估专家、上海硅酸盐研究所科技产业处吴永庆博士作题为“标准化引领创新及产业发展”的报告。

年内，协会作为第三方评价机构，受企业委托，承接两项技术鉴定工作：宜昌南玻光电含铝基板玻璃横火焰窑技术鉴定和建德市丰凯玻璃有限公司关于玻璃坩埚炉与池炉的技术鉴别。协会组织专家勘查、研讨、分析，坚持第三方客观、公正、科学、公益的原则，出具专业客观的鉴定书。为协会扩大了影响，赢得了信誉，提升了承接政府职能的能力。

（顾中华）

上海纺织协会

上海纺织协会成立于2008年，是上海纺织的联合会，涵盖11个专业协会，现有会员单位500多家。协会针对上海纺织兼具时尚产业、战略性新兴产业，容易与其他产业协同创新的特质，积极引导行业跨界融合，主动服务实体经济创新转型，激发创新叠加效应，助推上海纺织新技术、新产业、新模式、新业态蓬勃发展。协会的凝聚力、知名度、影响力得到进一步提升，受到政府、行业和会员单位的肯定。

2017年主要工作：

一、以承办“中国工业品牌之旅启航”为契机，促推行业品牌

建设中国品牌经济（上海）论坛是国内唯一的国家级、国际化、公益性的年度品牌高端盛会，2017年工信部会同市经信委同步举办中国工业品牌之旅启航—TOPBRANDSHANGHAI上海卓越工业品牌展，由纺协具体承办。展会选出代表上海卓越工业品牌的68家企业参与展示，为促进上海品牌经济发展起到了推动作用。

纺协以此为契机，推动行业品牌建设。一是依靠各专业协会、分会对上海纺织服装品牌开展新一轮的调研、梳理，优选出如蔓楼兰、罗莱生活科技、恒源祥、三枪、嘉麟杰等一批代表上海纺织综合实力的工业品牌展示，推动行业品牌创新和发展。二是不断探索以品牌故事推进品牌价值与精神传播的途径和方法。会同企业创新服务中心深入调研走访，根据需求协助企业总结品牌经验、编写品牌故事、传播品牌精神，先后协助嘉麟杰、东隆、丝绸、信诺、德福伦、南方寝饰、水星等企业编品牌故事，运用传播资源，促使品牌的整体形象更加立体。三是连续两年为《上海品牌年鉴》提供“上海品牌年鉴纺织部分”的品牌建设情况、品牌传播主要事件、品牌企业典型案例，有力提升了上海纺织品牌形象。

二、以强化服务为主导，助推行业创新发展

助推行业、企业把发展基点放在创新上。首先，收集数据、分析排摸重点企业在转型升级中的发展现状、成功经验，短板、瓶颈和困惑；其次在分析排摸的基础上，对有需求的企业量身定制“一对一服务菜单”，先后为30多家企业提供，产业集群对接、产品设计解决方案、政府专项资金申报策划及信息咨询等服务，助推企业享受政策红利，激发创新活力。

举办创新论坛和专题研讨活动。与“BOSS来了”共同主办“共聚、共享、共赢”2017时尚行业未来零售发展与创新论坛、聚焦智能化研发、推进产业与时俱进——第14届长三角科技论坛纺织分论坛、2017上海纺织服装创意创新研究生学术论坛暨第11届纺织服装创新国际论坛等。

承接政府项目，开展行业创新发展课题研究。配合市经团联开展传统制造业转型升级（纺织部分）调研，形成研究成果；组织探讨“上海产业用纺织品发展报告”课题研究，形成对上海产业用纺织品具有战略性、前瞻性的综合发展报告。

组织培训、开展咨询服务。定制课程采用主题演讲、头脑风暴、技术指导、互动交流等形式为会员企业培训，提高生产管理和技术创新能力；举办发展纺织外贸，规避贸易风险培训班，帮助会员企业规避和应对贸易风险，确保外贸经济回稳向好；会同中国服装标准化技术委员会共同举办2017国家新标准培训。

三、以聚焦产业发展为中心，拓展协会综合功能。

强化“三个完善”，即完善行业经济运行数据库、完善每季行业经济运行分析、完善对相关市场形势和变化趋势的研究。为企业会员提供政策咨询和信息，及时了解整个行业生产经营情况，适时调整企业的生产经营目标，引领行业发展。

围绕“传统制造业从高速度转向高质量”的发展目标和“供给侧结构性改革”，深入开展行业调研和分析，对标国际国内，抓好行业经济运行分析，在此基础上编纂完成《上海纺织产业发展报告（2016—2017）白皮书》。

进一步发挥上海大虹桥服装服饰出口创新基地专业委员会公共服务平台在行业中的引领作用。不断提升上海纺织服装出口的国际竞争力和创新能力。10月，在广交会上成功举办上海外贸品牌推介会，制作上海外贸品牌荣誉墙，宣传推广上海近百个优秀外贸出口品牌，丝绸集团、新联纺、嘉麟杰、协大、诺仪还为观众献上一台服装发布秀演，充分展示上海外贸企业转型升级高质量发展和实施品牌战略的成果。编撰《上海大虹桥服装服饰出口创新基地运行分析》，入选《上海纺织产业发展报告（2016—2017）白皮书》，并设立“大虹桥基地”专题篇。进一步为基地企业跨界融合牵线搭桥。让基地企业协同创新与共同发展。

四、以强化桥梁纽带为重点，延伸内容拓宽渠道

主动当好政府的参谋助手。在政府制定产业规划和产业政策时，积极提出意见和建议。对行业中重点跟踪培育服装家纺自主品牌企业组织开展调研，从企业品牌管理能力、创新能力、市场能力等方面展开，同时进行现状和趋势分析，积极建言和反映诉求；参与商务部组织的外贸企业调查问卷和关于产业和订单向外转移的情况调研，据对大虹桥基地21家生产型外贸企业调研分析，有12家企业的产能分别向东南亚等地转移；配合市经信委，社科院有关领导组织调研上海消费品工业“三品”建设情况；对接《中国制造2025》，结合上海建设具有全球影响力的科技创新中心有关要求，开展上海纺织制造业转型升级调研，起草《传统制造业（纺织部分）转型升级调研报告》。

根据《中共中央国务院关于开展质量提升行动的指导意见》和上海市政府关于质量提升的实施方案，为促推上海纺织行业走向提质增效升级之路，率先进入“质量时代”。提出以质量品牌为引领，注重推进“四个化”的提升计划，即：推进产业高端化、推进生产智能化、推进技术标准化、推进品牌战略化。

五、以“一带一路”建设为契机，助力企业拓展新的市场

通过组织会员企业参加新领域、新模式、新机遇“一带一路”合作论坛、参加聚焦“一带一路”促进经济发展报告会，同时及时总结会员企业积极布局全球战略，在“一带一路”中谋求发展的经验，采用各种形式推广宣传。

继续协同市政府合作交流办组团参加第20届（重庆）国际投资暨全球采购会（简称“渝洽会”）和2017中国西部国际博览会进出口商品展暨中国西部（四川）国际投资大会，为企业创造良好的合作共赢平台，助力上海纺织服装企业融入到国家向西部开发开放和“一带一路”建设中去。

六、以拓展对外服务功能为重点，服务企业推动产业发展

协同办好一年一度的世界礼仪文化节。汇聚世界各国礼仪文化特色、搭建时尚、文化、多元化的礼仪文化平台。组织世界礼仪服饰设计大赛、2017信诺国际针织服饰大赛、在时尚·北京暨2017中国国际时尚生活博览会上完美呈现。

协助理事单位上海傲展会展公司办好2017上海国际校服、学生服博览会，上海国际职业装、服装定制展览会等。搭建信息交流平台，推动专业服装品牌建设，促进专业服装企业健康发展。

（章徽玲）

上海长三角非织造材料工业协会

上海非织造材料工业协会成立于2004年1月，于2006年10月更名为上海长三角非织造材料工业协会，现有会员单位102家，包括长三角四省一市的非织造材料企业及相关单位。

2017年主要工作：

一、走访行业内重点企业

了解企业在结构调整中面临的困难与诉求，及时向政府反映企业情况，千方百计帮助会员单位化危为机，为行业和企业传递创新驱动、调整产品结构、谋求新发展的信息和服务。

二、完成协会换届工作

根据协会章程，4月，协会完成换届工作。4月28日，召开四届一次会员大会，选举产生新一届协会理事会、监事以及副会长、会长；刘书平担任会长，聘任翟洪顺为秘书长。6月16日，召开四届二次理事会。

三、举办年会及高峰论坛

12月6—8日，协会在广州花都碧桂园假日半岛酒店会议厅成功举办年会及2017全国大健康、大医疗与非织造产品高峰论坛。论坛汇聚国内外重要企业及组织，从宏观市场状况、发展方向、技术创新等多角度，共同探讨医疗、保健、卫生、个人护理、清洁非织造产品的可持续发展主旨报告等。20多名专家发表演讲，交流27项企业创新成果。

四、参与相关会议及工作

参加国际标准化组织ISOTC38/WG9关于9002非织造材料定义修改会议及工作。

参加标准制修订工作，完成市质监局下达的地方标准

《非织造布单位产品能源消耗限额》《非织造产品（医卫、清洁、个人防护、保健）碳排放计算方法》制订工作。9月底，承接市质监局下达的《非织造布单位产品能源消耗限额》《涤纶长纤单位产品能源消耗限额》地方标准制修订项目。此外，加强非织造产品（医卫、清洁、个人防护、保健）碳排放计算方法标准（标准号DB31–T930–2015）的宣贯工作，全面推进行业节能减排工作。

五、推进长三角非织造材料工业的技术进步与企业发展

提高非织造材料行业内技术人员的自主创新能力，继续在长三角非织造行业内开展技术人员任职资格认证申报及评审工作。

六、开展节能减排活动“JJ”小组试点工作

年内，JJ小组试点企业3家，其中上海金熊造纸网毯有限公司承担“综合节能增效增收”项目、上海联畅化学纤维厂承担“关于锅炉改造”项目、上海博格工业用布有限公司承担“节电管理”项目。

七、协助组织非织造企业参加瑞士（INDEX）举办的国际非织造展览会等

4月5—8日，组织企业参加在欧洲举办的INDEX’17欧洲非织造材料展览会及GNS全球非织造材料工业企业家高峰会。

11月7日，组织业界人士参观第19届中国国际工业博览会新材料展。

11月8—10日，参加在上海世博展览馆举办的2017第第17届上海国际非织造材料展览会（SINCE）及展会同期举办的培训课程，过滤与分离技术研讨会，展商技术演讲及产品推介会。

八、协会为会员单位提供服务工作

协会继续为行业中的高新技术企业复审指导、培训等工作提供服务；组织企业参加大专院校毕业生招聘会，帮助企业招聘合格人才；继续为企业申报“小巨人”企业、高新技术企业、品牌以及专利等知识产权方面的培训服务，为企业提升质量体系提供服务。发展2家新会员单位。协会秘书处编发6期快讯，并更新网页，完成上海纺织工业发展白皮书（2016）有关分报告。为会员企业提供国内外行业发展信息。

（黄雪娟）

上海市家用纺织品行业协会

上海市家用纺织品行业协会，其前身为1987年经上海市纺织工业局批准，由毛巾被单、手帕和制线织带3个行业的工业企业联合发起组建的上海市纺织复制行业协会。1992年12月经市民政局批准，更名为上海市家用纺织品行业协会。现有会员单位100家，88%为民营企业。

上海家纺行业认真贯彻落实新发展理念，坚持稳中求进工作总基调，以提高行业经济发展质量和效益为中心，以推进供给侧结构性改革为主线，行业经济稳步发展。据对67家企业的统计，行业协会实现主营业务收入162.2亿元，比上年增长13.7%；利润10.8亿元，增长14.8%；出口收入金额29.9亿元，增长8.8%。协会在“服务企业，规范行业，发展产业”，发挥桥梁纽带作用方面取得较好效果。

2017年主要工作：

一、加快家纺自主品牌建设，推进品牌创新发展

组织品牌培训和培育。年内，在15家企业申报工信部、市经信委品牌培育示范和试点工作备案的基础上，组织11家企业参加开展品牌培育培训宣贯活动；配合市政府对4家重点跟踪的家纺品牌企业开展调研；组织30家次企业参与工信部、中纺联、市经信委关于品牌培育管理体系、品牌评价、“三品”情况问卷调查；组织6家企业参加全国纺织品牌年会。

参与展会和论坛活动。工信部举办的中国工业品牌之旅在上海启航，协会推荐罗莱、恒源祥、龙头家纺等企业参加上海卓越工业品牌展，展现企业和品牌的良好形象。组织近20家企业参加第3届中国品牌经济（上海）论坛这一国家级、国际化高端盛会，东隆羽绒公司也在圆桌论坛上介绍了企业品牌建设的情况。

组织参加提升设计水平活动。3月，组织20多位企业家、设计师参加中国家纺协会在浙江海宁召开的设计师代表大会。协会还传递张謇杯2017家纺产品设计大赛的信息，动员和组织企业积极参与。

提供申报上海名牌及专项资金服务。两次组织20余家企业参加政府扶持政策梳理解读会，帮助企业掌握申报技巧，挖掘项目亮点；为15家企业出具名牌著名商标、名牌、“专精特新”企业推荐函和行业排行等证明材料；组织企业积极申报文创、品牌、中小企业发展和张江项目等专项资金，有多家企业获得品牌和文创等专项资金。

二、研判经济发展趋势，努力保持经济平稳向好

开展遏止外贸下滑，拓展外贸市场的调研。近两年家纺外贸持续出现负增长，为了保持外贸回稳向上，协会开展“遏止外贸下滑，拓展外贸市场”专题调研，通过问卷、走访、座谈交流等方式，对近20家外贸生产企业出口产品、出口地区、贸易模式、生产经营现状、增长主要经验、下降主要原因作了基本了解。6月上旬，召开外贸发展研讨座谈会，就企业在发展外贸业务中的经验、困难、举措，共商对策，分享经验。

承接市商务委交办的项目。通过调研和分析，形成《2017年上海家纺行业国际贸易分析及应对报告》《2017年度纺织行业贸易研究报告》《2017年主要国家贸易政策对上海纺织行业发展的影响研究报告》3份报告，向外贸企业作了宣讲培训，对外贸企业拓展市场，规避贸易风险有一定的指导帮助。

开展业内交流活动。请罗莱、水星、珍奥等企业负责人介绍产业整合、转型升级、企业文化建设、经济保增长等经验；前往罗卡芙家纺公司学习品牌建设的经验；组织20余家企业参加中国家纺协会床品年会，20余人参加中国家纺大会，帮助企业了解大势，开拓思路；组织6家企业参加中国纺织工业联合会2016—2017年度全纺经济实力500强评选活动；组织10余家企业参加中国家纺质量大会，有8家企业获奖。

强化经济运行监测分析。编报2016年度和2017年上半年上海家纺行业经济运行情况分析报告，报送市政府，并向企业发布；继续组织8家企业坚持每月把基本涵盖家纺的九大类产品向商务部直报，为相关政府提供产业安全数据分析信息；完成上海纺织产业发展报告家纺篇的编写；召开年度统计工作年会，努力提高统计分析的能力和作用。

组织参加提升装备展会。9月，配合中国家纺行业协会，组织40多人参观中国缝制设备展览会，有的企业当场购买了先进缝制设备。11月，组织80余人参观上海国际纺织工业展览会，推动家纺设备的智能化、绿色化，促进行业劳动生产率的提高。

三、帮助拓展营销渠道，探索产业对接新路

为企业与电商平台牵线搭桥。2月，协会组织理事单位50余人参观“如此生活平台”，并请如此生活市场总监为理事们作“打造购物共赢生态圈商业模式”的演讲。参观以后协会为有需求的企业牵线搭桥，10月，组织10家企业参加与平台的对接活动，促进行业电子商务的发展。

组织考察郑州轻纺城和与南通家纺交流互动。为探索上海家纺品牌走进中原地区，4月，协会组织8家企业去郑州锦荣轻纺城考察，研讨上海家纺企业与轻纺城合作对接的路子，协会与郑州锦荣轻纺城有限公司还签订了战略友好合作协议。6月，组织10家企业参加南通对接服务上海大会，并与通州家用纺织品商会和通州家纺企业进行交流。

组织企业走出去参展。为贯彻国家“一带一路”倡议，进一步开拓国际市场，协会组织3家外贸企业参加“上海之帆”波罗的海三国经贸巡展活动，加强企业与中东欧国家之间的经贸交流和合作；组织4家企业参观在义乌举办的“一带一路”进口商品展和新商业论坛。

四、加强协会自身建设，提升履职服务水平

进一步加强规范化建设。为巩固规范化建设的成果，按市经团联规范化中途指导的要求，认真完善和落实各项制度，加强协会秘书处的思想政治建设和业务能力的提升，促进协会治理能力的提高。开展中小企业服务机构绩效评估工作，促进协会更好地履行服务职能。

重视发挥专家委员会作用。请专家们帮助企业解读政府政策、技术业务的咨询服务、承接项目、争取专项资金，受到了企业的欢迎。

推进组织建设。为了提高会员企业的覆盖率，通过走访、介绍等方式积极发展新会员，全年发展8家新会员。

加强与会员企业的互动。通过微信公众号、网站、刊物、协会微信群等渠道，传递信息、加强互动、共享资源。

（吴淑仪）

上海市室内装饰行业协会

上海市室内装饰行业协会成立于1987年10月15日，是由上海从事室内装饰及产品制造、室内设计、科研院校相关企事业单位自愿组成，是跨部门、跨所有制的非营利性社会团体法人。现有会员单位907家。各种所有制会员占室内装饰行业总数的63%左右，具有一定的行业覆盖面和代表性。协会以提升室内设计师在行业中的龙头地位，运用室内装饰服务业的载体．带动促进室内装饰制造业的创新，谋求室内装饰产业链的共同发展。

2017年主要工作：

一、为企业可持续发展做好基础服务

年内新入会员98家，与上年基本持平，材料产品关联会员明显上升。协会为一批达标企业向中国室内装饰协会申报、认定施工、设计、监理资质，通过资质管理服务，带动企业各类人力资源的充实、达标等方面的后续工作，增强了企业综合发展实力。协会整体上形成市级、行业、企业齐抓共创的良好态势；年内有30家企业加入上海市社会信用组织，被认定为“诚信创建企业”。全年为20家企业颁发“安全生产认定”证书，缓解企业市场准入门槛。协会充分发挥监理专委会和环保测检机构的作用，加强行业节能减排、绿色环保的控制和宣传，制订相关监督标准，有效增强企业履行环保装饰的社会责任。

二、完善协会换届改选健全民主办会

根据市社团局要求，协会于10月27日召开第八届理事会第二次理事会议和第二次会员代表大会，完成改选工作，进一步健全、完善《章程》和会长、常务副会长兼法定代表人、秘书长的民主选举办法、完善会员代表产生的办法以及民主选举程序，开创协会建立以来民主办会、责任担当、规范运行的新局面。

三、完成协会与行政脱钩试点工作

根据《上海市行业协会商会与行政机关脱钩第二批试点总体方案》的精神，以及国家及上海有关配套政策文件的规定，协会成立脱钩领导小组及工作小组。从7月起正式启动，制订工作实施方案。按照《财政部关于加强行业协会商会与行政机关脱钩有关国有资产管理的意见（试行）》要求，协会围绕“五分离、五规范”展开：机构分离，规范综合监管关系；职能分离，规范行政委托和职责分工关系；资产财务分离，规范财产关系；人员管理分离，规范用人关系等事项，经努力，完成资产清查和专项审计工作，理清财产归属，明晰债权债务，按时完成“脱钩不脱管”的试点工作。

四、举办2017上海国际室内设计节

2017中国室内设计周暨上海国际室内设计节联合中国家具协会举办中国国际家具展览会；依托上海国际化地位，举办国际论坛、国际会议、颁奖盛典、专业论坛、设计之夜和行业交流六项主体内容为核心的40余场系列活动。吸引来自美国、英国、法国、加拿大、意大利、瑞士、芬兰、日本、韩国、新加坡、马来西亚、菲律宾及中国香港、台湾、澳门等30多个国家和地区的专业设计机构代表和设计师融入。

9月15日，以“智慧城市绿色设计”为主题的2017上海国际室内设计高峰论坛在喜盈门国际建材品牌中心隆重举行。美国著名全球规划设计总监、叶格作“可持续城市规划”演讲；美国著名超高层与城市人居环境主席大卫·马洛特作“智慧城市绿色设计－绿色建筑如何影响我们的智慧城市生活”演讲；同济大学建筑城规学院注册城规设计师顾承兵作“人工智能产业发展背景下的城市规划和设计”演讲；嘉佩乐酒店集团亚洲区域中国区首席代表梅萍博士作“智慧城市酒店运营管理和室内设计”演讲。与此同时，美国世界高层都市建筑学会主席、中国第一高层建筑深圳平安国际金融中心设计师大卫·马洛特先生、美国建筑师学会前主席、全球规划设计总监叶格先生、嘉佩乐酒店集团亚洲区域中国区首席代表梅萍博士、裸心谷项目、如恩设计研究室等获得“金座杯大师奖。

协会支持实体企业举办国际绿色空间与竹材装饰应用高峰论坛暨中国酒店建筑装饰高峰论坛，有力推进竹材在室内装饰领域中的应用和发展。

五、参与建设亚洲设计城市联盟

协会积极参与“亚洲设计城市联盟”筹建工作，始终把联盟建设与行业发展紧密联系，走出一条融入亚洲、接轨国际、创新发展的新路。协会以请进来的方式，邀请联盟成员来沪参加上海国际室内设计节、参观企业、了解上海设计之都；以走出去的方式，参加云南省室内装饰行业协会在昆明主办的2016云南省室内设计师年会暨设计论坛；参加台北市室内设计装修商业同业公会主办的2017TAID室内设计国际论坛；参加2017澳门国际设计联展。通过交流，进一步为行业（企业）实施“一带一路”建设，提升供给侧发展水平拓展了路径。

六、支持企业搭建文化创意服务平台

为繁荣室内装饰行业文化创意产业，协会积极响应《上海市文化创意产业三年行动计划（2016—2018）》，巩固行业文创平台建设，支持会员聚集“四新”战略，帮助会员在互联网＋装饰装修、中国设计周暨上海国际室内设计节、建筑电力节能配套设施等项目向市、区文创办推荐立项，进一步确立室内装饰行业在文化创意产业中的地位。

七、开展创新转型产业发展对接交流

为加快推进行业创新驱动发展，经济转型升级，协会施工专业委员会举办加速BIM技术在室内装饰中的应用交流会，就如何应用BIM以及人才培训等方面作了探讨。与会专家就BIM信息技术＋建筑工程技术新兴产业具有可视化、协调性、模拟性、一体化等优势进行经验交流。在推进“装饰BIM应用技术”实践中，协会筹建“装饰BIM应用技术人才培育服务平台”，与上海开放大学合作办学。

在产业对接交流方面，协会组织部分企业代表、设计师、监理师和项目经理参观考察浙江正康实业股份有限公司。召开正康不锈钢净水管在室内装饰中的应用交流会，参观双卡压式深薄壁不锈钢净水管道的生产过程，扩大了会员环保装饰的眼界。

在产业展示交流方面，协会组织有关成品装饰企业参加由上海市轻工业协会主办、在上海展览中心举行的2017上海国际时尚消费品博览会，企业现场展示设计作品，开展消费咨询，丰富了博览会的内容。与此同时，参加佛山市室内设计协会主办的设计优选——新时代的中国设计论坛；支持芬兰驻沪使馆举办芬兰木，秀于林——中芬室内外装饰木材应用研讨会等产业对接交流活动。

八、开展紧缺执业人才岗位资格培训

协会培训并考试通过中级室内设计师381名、高级室内设计师5名、项目经理34名、监理师48名、预算师8名；与上海市安全管理局合作，为企业培训50名工程安全管理员。协会还持续为专业从事室内设计从业人员做好工艺美术师职称评定搭建好申报服务平台。

九、开展行业30周年评优表彰活动

在纪念协会成立30周年之际，协会在全行业中开展评优表彰活动，对长期以来为行业、为企业谋发展、作贡献以及长期以来支持行业协会各项工作的先进个人、先进集体予以表彰颁奖。主要奖项是杰出贡献奖、领军人物奖、10佳设计师奖、10佳项目经理奖、10佳监理师奖、行业10强企业奖、行业30强企业奖、诚信企业奖和信得过装饰施工队奖。特别为创建与发展行业协会作出贡献的老领导授予了终身荣誉奖。通过评优表彰，进一步激励广大会员为全面推进行业可持续发展迈向新的征程作出新的贡献。

（李兴龙）

上海工艺美术行业协会

上海工艺美术行业协会成立于1996年2月，是上海工艺美术生产、经营、科研、教育、设计及服务行业企事业单位自愿组成的跨部门、跨所有制的社会团体组织。现有会员单位300余家。协会下设上海市红木家具标准化技术委员会、红木雕刻专业委员会、旅游纪念（礼）品专业委员会。协会在保护中发展传统工艺美术，坚持科技进步和管理优化的方向，立足上海、辐射长三角，融入全国，协调会员关系，保护会员合法权益，沟通会员企业和政府之间的关系，维护公平竞争，促进国内、国际交流与合作，推动行业产业进一步发展。

2017年主要工作：

一、精心编制《上海市工艺美术产业发展三年提升计划（2017—2019年）》，扎实推进重点企业项目实施

在市经信委都市产业处、创意与设计产业处的指导下，协会加强协调，主动配合政府相关部门和有关课题编写组，按时完成《上海市工艺美术产业发展三年提升计划（2017−2019年）》《黄浦区工艺美术产业发展三年行动计划（2018−2020年）》等编制任务。据统计，全市共申报产业发展平台和重点企业项目达40余项，均按时按质完成。

协会着力推进上海市文创产业、工美产业发展“三年行动计划”重点项目—上海世界手工艺产业博览园建设。协办2017全国手工艺产业博览会暨非物质文化遗产传统技艺展。

二、开展“第四批上海市传统工艺美术品种技艺”“上海市工艺美术大师复审”“上海市第七届中国工艺美术大师”评审和推荐工作

3月，在市经信委都市产业处指导下，协会启动第四批上海市传统工艺美术品技艺的申报工作。协会加大宣传力度，印发品种、技艺专题工作简报，数次召开研讨会，严格和完善申报材料。

根据《关于公布本市第七批取消和调整行政审批事项目录的通知》精神和《上海工艺美术行业实施〈传统工艺美术保护条例〉办法》第五条要求，协会于8月31日下发通知，截至12月15日，受理并审核“国家级大师11名，市级大师57名”候选人的资格复审。

按照《关于上海市“第七届中国工艺美术大师”评选推荐工作的方案》和计划，10月，协会召开评选推荐工作动员会。经申报受理、材料核对和现场制作，于12月召开评选推荐工作会议，并报请徐汇公证处公证，最终上报上海市推荐名单8人，为第7届中国工艺美术大师候选人选。

三、助推上海工艺美术领域的国内外交流活动

3月，由协会承办并陪同黄浦区商务委领导赴广州参加第52届全国工艺品交易会。黄浦区6家企业参展，获6项“金凤凰”创新产品设计大奖，其中金奖4项、银奖、铜奖各一项。参展期间，黄浦区商务委与中国工艺美术协会达成合作意向。

6月，协会会长随同上海市文创办赴西班牙、瑞士考察创意产业，参观马德里中国文化中心的NEWCHINA中国当代艺术陶瓷特展。

10月，协会组织市内部分工美企业、大师工作室等赴杭州参加第18届中国工艺美术大师作品暨手工艺精品博览会。协会顾问、各区商委领导等考察朱炳仁大师体验中心、艺术品收藏家运营平台和浙江省博物馆，还向黄浦区推荐“工艺美术产业三年行动计划”的重点项目。

四、积极拓展工艺美术产业活动

协会精心组织和承办各类工艺美术产业参展活动，着力推进工艺美术产业规模化、特色化、集群化和品牌化发展，努力创建海派工艺美术品牌。

积极协办2017市民手工艺大赛。以“十指秀创意，妙手蕴匠心”为主旨，突出“精湛技艺、生活创意、上海特色”主题，在全市征集参赛作品1500余件，包括木艺、纸艺、皮艺、布艺、陶艺、竹编、石雕等多种技艺作品，经各区初评后，742件作品进入市级评选，100位手工艺达人脱颖而出。

助推会员企业品牌建设。协会着力创建海派工艺美术品牌，推荐会员单位—“老凤祥、艺尊轩、乐印琥珀、亚振”等工美品牌单位参与中国工业品牌之旅启航—TOPBRANDSHANGHAI上海卓越工业品牌展。

协办第12届“老凤祥杯”旅游纪念品设计大赛及2018

旅游纪念品流行趋势发布会。5月初，由协会协办的“老凤祥杯”第12届上海旅游纪念品设计大赛在上海工艺美术博物馆举行。

开展2017长三角16+n城市工艺美术行业协会联合体活动。6月初，协会组织10余位中国工艺美术大师、上海市工艺美术大师赴扬州出席长三角联合体（扬州会议），并参展参评，获得良好的反响。

跨界合作，拓展上海工艺美术大师联谊活动。协会先后组织大师参观超群文化石雕文化馆、上海国际品牌珠宝中心。这些参观联谊活动，不仅使大师们拓宽了视野，加强沟通，更是增进了友谊，助推了工艺美术产业发展资源的互动。

五、稳步推进工艺美术初中级职称评定

协会按照上级有关要求，进一步加强全市工艺美术专业初级水平认证工作，并建立助理工艺美术师人才库。现经上海市工艺美术系列（工艺美术专业）中级专业技术职务任职资格评审委员会评审，有63位同志具备工艺美术师任职资格。

六、尝试工艺美术进社区工作

协会社区工作小组（以下简称工作小组）以保护和发展传统工艺美术，传承非物质文化遗产的宗旨，深入社区、学校，组织和推广传统工艺美术技艺。工作小组联手上海市第四中学手工艺绒绣课专业培训已10余年，认真准备培训材料和工具，配合教员完成教学任务；在徐汇区第11届学习节活动中，工作小组专门联系老凤祥专业人员为居民清洗首饰数十件，同时提供首饰保养的咨询服务，还应南京东路街道社区学校和徐家汇街道社区学校的要求，分别为他们设计蝴蝶绒绣眼睛袋和绒绣钱包，做好工艺的推广培训工作，得到社区居民的称赞。

（柴晶鑫）

上海宝玉石行业协会

上海宝玉石行业协会成立于1996年5月。2006年8月，上海市宝玉石协会和上海珠宝玉石加工行业协会合并重组为上海宝玉石行业协会。协会具有设计制造、商贸会展、鉴测评估、行业标准、教育培训、文博收藏等服务功能。现有会员单位481家，包括珠宝、玉器、钻石、贵金属的设计制造与经营销售企业，教育培训、检测鉴定单位，以及拍卖、古玩单位等，主要分布在上海，还有外地和国外、港台的企业。协会聚集一批专家、学者、大师、专业技术骨干，协会内设玉石、珍珠、水晶、鉴测等专业委员会和专家工作委员会。

2017年主要工作：

一、成功举办第9届玉龙奖评选活动

5月，第9届玉龙奖评选如期举行，由副会长单位上海祥和珠宝玉石有限公司（宏泉集团）冠名，玉龙奖评选首次走进上海中国国际珠宝展，并在展出形式和活动流程等方面作出全新调整。由收藏家、行业专家、玉石雕刻大师组成的评委会，在展会期间从来自北京、江苏、河南、安徽、浙江、天津、广西、广东、云南、辽宁、海南、新疆等玉雕产地申报参评的1350余件作品中，选出775件作品参评。

评比活动从玉石雕刻类、象牙雕刻类、珠宝首饰类和四新产品（新创意、新工艺、新材料和艺术新秀）进行分类评比，参评作品中除了翡翠、和田玉等传统玉种以外，南红玛瑙、鸡血玉、泰山玉、琥珀蜜蜡、砗磲、灵璧石等新材料、新玉种也参加评比。活动关注打造新人新品新作，引导市场新的消费，继续扩大珠宝首饰类作品的参评比例，将评比活动与产业的发展相结合。本届玉龙奖评审工作严谨规范、从艺术性到创意性以及主题渲染、重点的刻划、巧雕俏作和遵循“量料取材、因材施艺”等方面认真考量、综合评定，共评出金奖占总参评数的6%、银奖10%、铜奖11%、最佳工艺奖5%、最佳创意奖3%，体现评比的先进性和公开公平性。

同时，协会秘书处对玉龙奖创办20年的发展历程作了梳理和回顾，并编辑完成《玉龙乾坤——中国玉龙奖20年》纪念册。

二、发现人才、培养人才，营造人才发展的良好环境

为弘扬“工匠精神”、提升珠宝玉石产业上海“智造”的创造力，协会在5月完成第3届“上海玉石雕刻大师”和首届“上海首饰设计师”技术称号的评审。在评审中，坚持公开、公平、公正的原则，严格把关，杜绝评奖商业化。共评出第3届上海特级玉石雕刻大师3人，上海玉石雕刻大师26人，上海玉石雕刻师41人；上海高级首饰设计师1人，上海首饰设计师14人。

至此，协会从2012年的首届玉雕大师评选、2014年的第2届玉雕大师的评选，加上2017年的第3届，累计评选出特级玉石雕刻大师24人，海外特级玉雕大师1人，上海玉石雕刻大师94人（已去世3人），海外玉雕大师1人，上海玉石雕刻师78人，上海高级首饰设计师1人，上海首饰设计师14人。

在上海市总工会2017年上海工匠评选活动中，通过资格认定、专场面试、专家审核、评审发布、社会公示等环节，协会副会长翟倚卫和理事颜桂明光荣上榜。协会会员中有5人获得“上海二匠”荣誉称号。

2016年年底，协会获批上海市高技能人才培养基地，2017年全面启动基地的各项日常工作：

4月，向上海市人社局递交宝玉石鉴别二级、有机宝石鉴定、彩色宝石鉴定、翡翠鉴定等4个项目的开发申请；5月，与协会理事单位上海信息技术学校共同申报世界技能大赛上海选手培养基地；7月，筹备制定基地和田玉品种特征及品级评价、珠宝首饰手绘基础、珠宝电绘设计、金工制作与镶嵌等行业认证课程；8月，筹备制定珠宝首饰评估、首饰设计等职业水平能力评价课程；9月，与上海市人社局签约，上海宝协基地鉴定站所正式授牌，并推荐申报首批国家级技能大师工作室；10月，宝玉石鉴别二级、有机宝石鉴定、彩色宝石鉴定、翡翠鉴定等4个项目通过立项审批。

协会将营造人才发展的更好环境，吸引全国各地更多的优秀人才在上海施展他们的聪明才华，使上海充满活力、更有朝气、更文明、更有温度、更富魅力，让上海成为玉雕艺术家的创业、创新和交流的大舞台，让更多的优秀人才“近者悦而尽才、远者望风而慕”，为上海打造品牌之都、设计之都和时尚之都建设作出宝玉石行业人的贡献！

通过协会与政府职能部门的顶层沟通，协会的部分会员已分批落实上海户籍的入沪手续。

三、走出国门，扩大中国当代玉雕的世界影响力

协会积极与全国各兄弟协会保持沟通和互动，组织上海玉石雕刻大师参加全国各地玉雕评比交流。同时，协会积极带领会员单位、玉雕大师开展国际间的交流。

4月，协会领导带队，参加日本甲府珠宝展，与日本珠宝企业座谈交流。

10月，玉雕大师、行业专家应邀参加大英博物馆的邀请访问活动。经过3年多的反复沟通协商，在同济大学宝石中心和协会的共同努力下，5位玉雕大师的7件作品被大英博物馆永久珍藏，这是大英博物馆第一次收藏在世艺术家的作品，也是秉持工匠精神的海派玉雕第一次走进世界最顶级的艺术殿堂。10月4日，访问团成员与英国玉器研究专家围绕玉石、中国玉雕和艺术发展进行了深入探讨。

大英博物馆希望能够继续收藏具有当代中国精神的玉雕作品，向西方社会展现中国玉文化的传承。

四、完成社会组织脱钩试点工作

8月，在市社团局的要求下，根据相关文件精神及配套政策文件的规定，协会完成社会组织与政府机关脱钩的相关工作，做到机构分离、职能分离、资产财务分离、人员管理分离、党建外事等事项分离的要求，并接受上海中洲会计师事务所对协会的资产清查。

（庄绍白）

上海市乐器行业协会

上海市乐器行业协会成立于2009年2月，是由上海生产、经营各类乐器的企业以及相关的专业院校等自愿组成的非营利性的社会团体法人。现有团体会员单位40家。

2017年主要工作：

一、把为会员企业服务作为协会的首要工作

会员企业的需要是协会工作的方向，面对不少企业在发展中遇到的技术创新、产品升级、网点改造、环保标准以及消费投诉等具体问题，协会秘书处利用协会工作平台，做好信息沟通，让企业既了解政府政策，又让政府有关部门支持企业发展。并多次在政府组织的各种会议和座谈会上为乐器企业呼吁。协会抓住各种机会，组织会员企业参加各种政策、形势讲座，让企业经营者掌握更多的政策信息和市场信息。协会还经常走访会员企业，了解企业现状，帮助解决实际问题。

二、按照国家有关部门要求做好协会“脱钩”工作

按照中央《脱钩总体方案》和有关配套文件精神，协会被列入上海市第二批试点单位。协会领导对“脱钩“工作非常重视，专门成立领导小组和工作小组，由分管会长负责，秘书处办公室具体工作。制订工作方案，报上级有关部门。在“脱钩”工作中，对协会人员情况、注册资金来源、银行往来、现金管理及固定资产进行清查核对。上级部门指定相关会计事务所对协会工作进行专项审计。

三、参加上海国际乐器展，扩大协会影响力

协会第二次以协会团体身份参加上海乐器展，同上届参展相比，不仅参展面积增加，而且展位更加凸显。各会长、理事单位都主动在资金上支持协会参展。整体布局更加合理、醒目，吸引参观者的眼球。展会期间，不少专业观众观看了解上海乐器协会情况，并咨询行业发展、技术鉴定等有关专业问题。协会印制“合作共赢”的中英文宣传资料，在展会期间宣传、发放，引起参观者广泛关注。

四、适应新的形势要求，做好鉴定工作

协会在中国乐器协会和轻工人才培训中心支持下，认真完成钢琴调律师技术等级鉴定工作和上海技术鉴定中心交办的钢琴调律师鉴定工作。组织第一批小提琴制作技师的考试发证工作。

协会开展乐器技术工种等级鉴定工作，为行业培养专业技术人才，在现有岗位上发挥作用，有的已是企业的管理人员和技术骨干。

五、发扬工匠精神，积极参与上海轻工工匠评审

协会发动企业积极参与上海轻工工匠评审工作，会员单位经过认真筛选，上报工匠候选人名单，协会积极推荐，最终柏斯琴行职工林天送被评为上海轻工工匠。

协会会同上海民族乐器一厂参与轻工协会“敦煌秀”轻工品牌微视频作品上报、评审工作，经轻工协会和上海民族乐器一厂最终审定评出优秀奖、纪念奖和优秀组织奖，发挥了在推进行业品牌建设中的宣传示范作用，为重振上海轻工品牌雄风作出贡献。

六、加强协会自身建设

健全协会会议制度，按照协会章程，协会每年至少召开一次会员大会，商量决定工作计划和要求。每季度召开一次理事监事会议，讨论落实协会的主要工作。协会秘书处每月召开两次办公会议，落实上级布置的工作任务和理事会议讨论决定的各项工作。

七、做好协会党建工作，适应新时代的要求

协会党支部在开展“两学一做”的基础上，开展党员评议活动，争做合格党员，在协会各项工作中做到一个党员一面旗。全体党员积极参加组织活动，主动交纳党费，参加党建小组各项学习，自觉牢记共产党员的责任。协会组织党员认真传达学习中共十九大会议精神，认真学习习近平总书记新时代中国特色社会主义思想，要求党员自觉做到不忘初心，牢记使命，落实协会各项工作，为行业发展做出新的贡献。

协会党支部还与上级党委签定党风廉政协议书，严格遵守“八项规定”，加强党风廉政建设。

（范志华）

上海市钟表行业协会

上海市钟表行业协会成立于1996年。是上海钟表、钟表配件及计时仪器行业企事业单位自愿组成的跨部门、跨所有制的非营利的行业性的社会团体法人。现有会员单位80多家。会员覆盖上海钟表业界制造、营销、科研、数学、培训等方面的精英与主体。

2017年主要工作：

一、服务企业，规范行业，推动产业

推动提升钟表品牌发展。协会完成市经信委委托的“上海时尚产业升级发展路径与措施研究——上海时尚钟表升级发展路径与措施”课题调查与研究。以世界钟表的发展趋势，结合上海牌手表、张稻艺术手表、九鼎艺术时钟、珐艺的珐琅艺术钟等范例，提出融合上海时尚产业的发展方向，推动上海钟表产品结合中国文化、海派文化特点，提升上海钟表产品的品牌建议。协会假坐“张稻品牌旗舰店”举办“上海时尚钟表发展”课题评审会，行业内十几家企业参加会议，还特邀请行业相关专家参加，共同为上海时尚钟表发展献计献策。

协会是长三角品牌建设联盟发起单位之一，为坚持品牌引领战略，从总体上推动区域经济发展向集约化、品牌化、法制化、国际化方向发展，协会组织行业内的企业积极参加专题报告会，参与发布《上海品牌报告》书，推动上海钟表品牌建设。以“三品”战略为抓手，弘扬工匠精神，倡导质量诚信，积极推荐行业中的企业参加上海市轻工业开展的“上海轻工振兴奖”评选活动，激励上海钟表企业为转型升级、振兴发展作贡献。上海沃琪精密机械制造有限公司获上海轻工2016年度“保增长、促发展活动”先进企业。

推动行业完善职工工资合理增长。协会在上海轻工业工会的支持帮助下，通过调研，形成《2017年上海钟表制造业职工工资合理增长的指导意见》，并在上海市钟表行业协会五届三次会员大会上发布。上海钟表制造业的职工工资水平，不仅体现企业的地区竞争力，也是企业工资合理调整的一个重要参考依据。通过对2014–2016年上半年钟表制造主要岗位职工工资水平数据的分析基础上，提出2017年上海钟表制造业职工工资合理增长的指导建议，帮助企业落实合理的用工制度，提高职工工资水平。在社会公开招聘、行业岗位价值定位、吸引优秀人才、防止人才流失等方面提供数字依据。上海钟表制造业职工工资合理增长的指导意见，成为2017年上海轻工行业第一份关于行业职工工资的增长报告。

推动上海钟表文化科普馆建设。10月，协会协助上海市工业技术学校筹建两年多的“上海钟表文化科普馆”正式对外开放。上海钟表文化科普馆是以宣传钟表文化、科普知识为宗旨，以钟表文化为载体，以钟表知识普及、钟表品牌宣传、交流为内容的文化科普馆，将成为行业协会为行业内企业构建的公共服务平台，为上海钟表行业的发展作出贡献。

举办钟表发展论坛共话发展主题。协会以“不忘初心、牢记使命、精益求精、开创钟表新时代”为主题，在上海钟表文化科普馆举办2017上海钟表发展论坛，行业内40多位企业领导和相关人员出席论坛，交流探讨钟表发展的话题，阐述推动弘扬钟表文化的重要性，为振兴上海钟表制造业的发展，献计献策。

二、宣传企业品牌，搭建人才平台

落实《关于加快推进我国钟表自主品牌建设的指导意见》培育壮大企业品牌是协会工作目标。年初，由中国轻工业联合会、市经信委支持的上海市轻工业协会主办的“第一届上海国际时尚消费品博览会”在上海展览中心举行，协会组织行业内的多家企业参加活动，取得较好反响。组织上海牌手表、上海青雅的肯宁家、霍华德米勒等进口时钟品牌、上海三五时钟、上海九鼎时钟、上海珐琅时钟等企业参加第二届上海国际时尚消费品博览会，提高企业品牌知名度，为消费者提供优质上海钟表品牌。还组织企业参加海峡两岸厦门钟表珠宝展及亚太国际珠宝钟表博览会。

提高职工技能培养钟表人才。协会积极为企业搭建平台，先后与上海市工业技术学校联手举办钟表装配维修人员培训班及行业大赛，挖掘行业内人才。协会向上海市职业技能鉴定中心提出钟表专项职业能力项目开发，为企业内高技能人才培养提供平台。协会推荐有一技之长或有特殊能力的人才。参加轻工举办的“上海轻工工匠”选拔，上海沃琪精密制造有限公司的王云获得荣誉称号。此外，参与由中国钟表协会组织第3届中国（蓝光杯．漳州）钟表设计大赛，上海表业、上海汉斯、上海九鼎、上海珐艺及上海市工业技术学校等5家企业及个人参加大赛，有多部作品获奖。上海工业技术学校瑞士独立制表候选人郭鸣的日月镂空钟荣获唯一特等奖，汉斯的琉璃梦幻座钟获金奖，九鼎的黄鹤楼艺术钟、珐艺的珐琅六柱钟、汉斯的武圣艺术钟分获银奖，上海表业的天轮机械腕表获铜奖。既提升企业的知名度，又涌现一批钟表设计人才。

三、体现社会责任完善协会建设

推动行业诚信建设，规范企业合法经营，向社会、消费者提供产品优质服务。协会依法办会、规范办会、增加社会公信力，提升行业协会的服务水平，参加由市消保委组织的“3·15”大型宣传咨询活动。协会联合静安区消费者权益保护委员会、市商业联合会、静安区市场监督管理局等有关部门，在静安公园、大宁国际商业广场举办“消费者权益宣传咨询活动”，为广大消费者提供政策咨询服务，以及消费知识宣传服务，提供钟表保养知识的宣传资料。配合市消保委、工商部门对名表维修市场的整顿工作，规范名表维修市场，履行诚信承诺。积极开展第三方钟表质量检测，公开行业钟表质量状况，督促企业树立质量第一思想。协助司法机关进行钟表鉴定，提出鉴定报告。

（蔡辉明）

上海市糖制食品协会

上海市糖制食品协会成立于1988年6月，现有会员单位80家，涵盖上海市场上90%中西糕点的经营大户和食糖经营龙头企业，囊括上海现有的14家经营焙烤食品、糖制食品的中华老字号企业。近年有4家企业获上海著名商标，3家企业获上海名牌产品的称号，有21家企业的38种产品被评为上海名特优产品。会员企业年销售量的市场占有率：食糖达85%、焙烤食品和糖制食品达70%。

2017年主要工作：

一、倡导诚信经营规范行业管理

规范产销，确保质量。食品行业是民生行业也是良心行业，各企业以“食以安为先”的经营理念，自觉严格做好以食品安全为重点的食品产销工作。协会逢会必谈，遇事必讲，倡导诚信经营，强调食品安全，提醒各企业加强领导，健全制度，分级落实，层层把关，确保食品安全零事故。不少企业近年来加大投资，新建厂房，改进设备，改善生产条件和环境，确保食品安全卫生质量。在各企业不懈努力下，行业食品安全工作取得显著成效。在市食药局的多次抽查中，青团合格率98.7%，粽子合格率100%，月饼合格率100%，协会会员单位的产品抽查合格率均在100%，上海糖制食品行业向广大市民交出一份令人满意的答卷。

加强引导，稳定价格。为贯彻党中央“稳物价，惠民生”的指示精神，协会通过广泛宣传、市场预测、交流沟通、规范经营等多种形式引导企业稳物价、少涨价，确保上海食品市场价格平稳。

全年食品成本的“料、费、工”中，“料”有升有降，“费、工”明显上升。但各企业对产品价格实施“持平为主，调高为辅”的方针，采取多种措施达到不涨价，少涨价。根据协会统计，青团、粽子、月饼的价格有升有降，调高品种少幅度小。在实际销售中，部分企业推出多种优惠促销措施，让利给消费者，从而确保青团、粽子、月饼价格基本平稳。

二、引领消费需求培育优秀品牌

做好节令市场预测。协会通过调查研究，收集各种相关数据，了解市场信息，把握食品市场走势，及时将戊戌年春节市场分析预测刊登于《上海糖制食品信息》上；将月饼市场分析预测在二季度产销信息会上交流，并刊登在协会信息上，为企业决策提供参考。

做精上海名特优糖制食品。协会连续第15年开展上海名特优食品评选活动，这项活动一直受到会员企业的欢迎和支持。4月12日，协会组织质量交流评比，有22家企业的44种产品获“2017年上海名特优食品”称号，其中33款是新申报产品，11款是复评产品。复评产品中，有连续3—5年产品获“上海名特优产品”称号。协会于4月18日在《劳动报》登报公示。此外，协会积极配合、帮助企业做好上海市著名商标、上海市名牌产品的申报工作，为多家企业办理相关证明，提供相关数据。

开展提高青团质量活动。3月8日，组织开展青团质量交流活动，评出14家企业的28个品种为“2017年上海优质青团”，于3月10日在《劳动报》上公示表彰。3月14日，召开2017上海青团专家会议，各位专家就“提高质量，推出网络新品，做好青团产销”进行交流。通过交流，探讨生产中的多种技术问题并取得共识，为提高青团质量起到促进作用。

做强做大节令食品产销。协会及时做好传统节日商品宣传，跟踪报道销售热点。春节前宣传企业迎春新产品和营销新举措，清明节前提供“麦青汁”供应情况信息，做出“规范青团产销确保青团质量”要求，端午节前发布粽子价格信息，引导企业不失时机发展节令食品生产，拓展上海节令食品市场。

举办上海月饼节。下半年，协会第一次与上海中华老字号企业协会联合举办上海月饼节，旨在继承传统与创新发展相结合，发扬工匠精神，追求产品的致臻至美。其间开展了多项活动。7月18日，召开2017年上海月饼产销动员会，组织行业内百厂千店签订诚信公约；8月10日，组织2017年月饼质量交流评审活动，获奖企业及产品于8月25日在《劳动报》上予以公示；月饼产销期间协会深入多家会员单位，采访了解企业最新情况，在协会微信平台及时宣传报道，得到了会员的广泛好评。年内上海市月饼产量销售额双双取得二位数的增长。

三、加强信息交流努力服务企业

组织会员参加上海市商业联合会主办的餐饮食品安全管控培训班。牛奶棚、可颂、面包新语、元祖、乔家栅等多家企业组织员工参与学习和考试，提高了企业员工食品管控能力。

6月21日，组织会员企业参加在新国际博览中心举办的第19届亚洲食品配料、天然原料中国展，有5家企业共11人参观并出席添加剂培训讲座。11月7日，组织20余家企业参观2017年包装世界上海博览会。11月16日，组织10余家企业参观2017中国国际食品博览会。为会员提供多方位学习的机会，得到会员企业的欢迎和好评。

利用微信平台服务会员。协会自开通微信平台后，与企业加强交流，保持信息对接和互动，及时为会员发布新产品、营销活动、企业介绍以及技术交流信息，为宣传企业起到良好促进作用，直接促成企业业务对接。此外协会还建立协会微信群平台，在微信群平台及时发布有关政策和企业的介绍，形成互动效果。深入会员单位学习走访，将各企业的最新信息及时做成专题介绍，在协会的微信上发布，被采访宣传的企业有：元祖、杏花楼、新雅、牛奶棚、新麦、静安面包房、齐泓、五芳斋、园丽、东区老大房、西区老大房、金辰大酒店、沈大成、德兴面馆。不仅宣传了企业，也扩大了品牌影响力。

为企业排忧解难办实事，先后为20余家企业提供50余次咨询、协调服务。例如：指导规范生产、解答有关政策法规、为企业需求牵线搭桥，为企业产品开发提供建议，提供原料最新价格信息等，帮助企业发展，深受企业欢迎。

（仲梅丽）

上海市豆制品行业协会

上海市豆制品行业协会成立于1986年9月，是上海豆制品生产、经营企业以及相关企事业单位自愿组成的跨部门、跨所有制的非营利的行业性社会团体。面对上海企业会员减少的现状，协会把发展新会员视角延伸到长三角区域，对综合条件的豆制品企业积极吸收入会，2017年发展新会员6家。现有会员单位84家。

2017年主要工作：

一、加强协会自身建设，完善内部治理结构

根据社团管理条例，由六届理事会正、副会长组成协会换届领导小组，由秘书处人员组成工作小组，制定换届改选方案。依据会员结构、所有制比例和行业代表性，工作小组通过走访、考察、听取意见，提出新一届理事会、监事候选人名单，并上网公示。3月25日，上海市豆制品行业协会七届一次会员大会暨七届一次理事会在古北湾大酒店召开。大会审议通过《上海市豆制品行业协会第六届理事会工作报告》和《上海市豆制品行业协会章程（草案）》；选举产生由上海每多豆制品器具有限公司等21家单位组成的新一届理事会；并选举产生会长、副会长、秘书长和监事等协会领导班子。

协会社会组织评估等级“5A级行业协会”到期复评。新一届协会领导专门召开会议，制定具体工作计划。采取走出去参观学习和请专家进来现场指导培训等方式，提高工作质量和效率；对5年来的档案文件，按照协会等级评估要求进行梳理，分四个大类装订42册档案重新归档；撰写1万多字的自评报告，制作100多页图文并茂、重点突出、案例生动的PPT，形象、直观、全面地反映出协会实际工作状况。10月31日，市社团局专家评审组对照考评指标逐项打分，总分达到5A级的要求，并于年底取得等级证书。

二、反映行业合理诉求，保障产业持续发展。

财税"简并增值税税率政策"出台后，从7月1日起，农产品改按11%的税率征收，豆制品被理解为按工业品类目缴纳17%增值税。将会出现产品价格飙升等一系列严重问题。协会快速反应，仅用两天时间，就将调研后撰写的《关于请求豆制品按11%税率征收增值税的函》呈报给市商务委、市财政局、市税务局、市工商联。随后，协会两次和市财政局、市税务局进行沟通，共同论证豆制品税率对推动行业发展和社会稳定的作用，经过努力，在"简并政策"执行的前一天，得到市税务局"豆制品按农产品类目11%缴税"的正式答复，从而保障了豆制品行业的可持续发展。

7月，在市政府办公厅调研组召开的食品安全工作座谈会上，协会如实反映豆制品行业食品安全水平和存在问题，提出豆芽追溯项目应该享受政府补贴和豆制品生产企业继续执行燃气价格在基准价格基础上下浮15%的优惠政策建议，会后还提供企业燃气价格对企业盈利能力影响的分析报告，这两项建议受到政府重视，先后得到落实。

三、贯彻市商务委文件精神，牵头建立豆芽追溯项目

豆芽是上海市民喜爱的菜肴之一，但由于作坊式豆芽充斥市场，质量参差不齐，不少消费者想吃而不敢吃。为贯彻市政府办公厅《关于本市加快推进重要产品追溯体系建设的实施意见》精神，协会牵头在行业中建立豆芽追溯项目，成立由协会秘书处、豆芽生产、软件开发等单位专家组成的技术攻关小组，经20多次论证，多次试验，最终在上海绿嘉农业科技有限公司和上海华泉农业科技有限公司基本建立起豆芽追溯示范性项目。该项目采用二维码技术，应用移动设备全程信息采集，操作简便，通过手机扫描豆芽周转筐上的二维码，实现豆芽来源可追溯，去向可查询。市有关部门对该项目非常重视，市食药监局、市食安联会等有关部门领导对该项目进行专题调研并作指导。

四、落实市食品安全条例，共治共享豆制品安全

为贯彻落实2017年1月发布的《上海市食品安全条例》，4–5月，协会对40余家会员企业进行豆制品安全卫生大检查，以查促进。行业总体趋势向好，许多企业食品安全工作做到常态化。对3家存在食品安全隐患的企业，检查人员当即召开现场会，进行教育批评，提出整改要求，企业经整改后主动联系协会进行复查。

8月，协会对高温季节容易发生变质的即食豆浆产品进行市场抽检，抽取7家企业的纯豆浆和调味豆浆共7个批次42包样品，经检测，依据GB/T22106《非发酵豆制品》标准，主要技术指标蛋白质、大肠菌群全部合格，检测数据表明，各企业卫生责任制落实到位，豆浆质量安全有保证。

协会积极参与《非发酵豆制品》国家标准、《大豆食品异黄酮含量测定》行业标准和《食品级大豆》团体标准的制定，并为标准指标的确定提供大量技术数据。经过努力，《非发酵豆制品》CAC国际标准于2017年正式发布，为中国传统豆制品走向国际市场和扩大国际影响力具有深远意义。6月，中国商业联合会对协会积极参与该标准制定所作出的贡献授予荣誉牌匾。

为管控好豆制品原、辅料源头，协会牵线搭桥做好大豆原料采购对接工作，分别与黑龙江省农垦九三管理局和黑龙江省海伦市粮食局在上海联手召开大豆推介会。8月下旬协会组织7家豆制品生产和大豆贸易商赴九三管理局实地考察，把源头安全落到实处。

协会经企业申报、协会初评、专家组综合评定，清美等10家公司的26个豆制品被评为2017年度"上海名优食品"，艺杏牌和阳洋牌豆制品分别被评为2005–2017年"金篮子品牌"和"优质畅销品牌"。

（张建秋）

上海市酿酒专业协会

上海市酿酒专业协会创建于1989年2月，是上海从事酒类生产和经营的企业及有关酒类科研、教育等单位自愿组织的跨部门、跨系统的行业组织。现有会员单位89家，涵盖上海市啤酒、黄酒、葡萄酒、白酒、老白酒、配制酒、洋酒等所有酒种的生产企业和部分酒类经销商，其中酒类生产企业占上海合法酒类生产企业的50%，包含国有、三资、私有、股份合作等性质的企业，其会员企业的产量占全市酒品产量的95%以上。

2017年主要工作：

一、实施名牌战略，开展酒类产品推广、引导等系列活动

组织开展上海市名优（酒类）食品评选活动。协会响应市政府培育一批中国乃至世界级名牌的号召，与上海食品协会合作，推荐12家会员企业25个酒类产品获评上海市名优食品。

2017年，上海市开展新一轮的上海名牌评选活动，协会审核推荐的巴克斯等5家企业6个产品品牌再次获上海名牌称号。

参加由市经信委发起、上海轻工行业协会联合相关协会共同组织创新设计、创新成果展示展览会。金枫、新晖、皇家、神仙等5家企业的7个产品分别获“创新成果二等奖”“创意设计优秀奖”等奖项。

与上海市商联会等协会共同发起组织第8届“上海酒类市场‘金樽奖’”评选活动，目的是将优质产品推荐给广大消费者，引导消费，使企业的优质产品能更畅通、更便捷地进入家庭，提高广大消费者对酒水的认知度，促进消费。金枫、华佗、神仙、新晖、皇家、申马等会员企业的品牌获得“金樽奖”。“金樽奖”活动还增加“葡萄酒与烈酒的品评”与发布活动，在网上吸引2000多人的参与，社会反响较好，提高了“金樽奖”活动的影响力。

组织有条件的企业开展产品开发、技术装备改造和更新、工艺改进等研讨和交流活动，推荐金枫、巴克斯等会员企业申报“上海市产业转型升级专项资金”项目，积极推动行业转型升级。

二、发起制定《预调鸡尾酒团体标准》

近年来，在生产环节预先调制的鸡尾酒，由于消费者无需再现调，适应年轻人快节奏的生活，因而受到追捧，风靡市场，市场销量迅速扩大。但产品质量参差不齐，鱼龙混杂。针对这一现象，应企业要求，在中国酒协的大力支持下，协会牵头发起制定《预调鸡尾酒团体标准》，组织行业的主要企业巴克斯、百加得、百威英博等共同起草《预调鸡尾酒的团体标准》，并广泛征求行业和政府相关方面的专家论证。经过半年的努力，于2017年年底前通过中国酒协团标审查委员会的审查。

三、开展食品安全活动

与市食品安全工作联合会共同组织召开“上海酒类食品安全风险预防与管控会议，探讨预防和管控酒类产品的生产与流通存在的安全问题，从源头提高上海的酒类食品安全系数。还对酒类商品流通领域维权打假等方面提出建设性意见。

四、组织参加“三品质量月”活动

上海轻工行业为贯彻国务院办公厅《关于开展消费品工业“三品”专项活动营造良好市场环境的若干意见》实施《质量发展纲要（2011—2020）》及上海市质量发展规划（2011—2020），发动会员企业参加市轻工业协会举办的“增品种、提品质、创品牌轻工三品”展示月活动，参与现场交流会、轻工企业产品和品牌宣传等一系列活动，观摩并交流企业开展三品活动经验。

五、推进酿酒行业落实节能减排

认真落实国家关于《清洁生产》的要求，努力完成市政府节能减排20%的任务，积极参与市经信委、环保局、环科院组织的对全市酿酒行业“清洁生产”进行检查，提出上海市啤酒、黄酒、白酒等企业的清洁生产的有关数据和标准《参考意见》，尤其是酿造、发酵所产生的气体排放，对周围环境的影响作出的检测依据。帮助3家会员企业通过“清洁生产”的审定或复审。

经市经信委和市环保局的检查、审核，酿酒行业在基本完成上海市“十二五”规划对节能减排的任务，燃煤、燃油锅炉全部被清洁能源的锅炉所替代基础上，进一步对上海“十三五”规划的未来能源环保的要求做出预判和计划，以确保能达标。

继续与英国Cochran公司、德国Eisenmann公司合作，开展行业锅炉升级换代工作，帮助企业解决燃气锅炉产生的废水和尾气，以及发酵产生的二氧化碳气体收集与处理等技术问题。

六、主办和参与知识产权保护等相关活动

参与酒类商品知识产权保护上海“世界知识产权日”的活动，旁听酒类产品知识产权侵权案的庭审，并在庭审后的座谈会上，解答了诉、判方酒类产品侵权的相关问题，向检察院和法院提出了意见和建议，为今后审判提供依据。协会还与上海静安检察院和普陀法院签署备忘录，受邀成为上海知识产权审判委员会专家委员。

在第17届中国清洁展期间，举办食品生产企业清洁论坛，邀请美国、德国、日本等国清洁生产方面的专家介绍国际最新清洁生产技术和现场装备操作演示，组织30多家会员企业派出专业人员参加此次论坛，还邀请部分江苏和浙江等周边的酿酒企业来沪参与。

召开酿酒行业锅炉产品和改造案例技术交流会。将最新型的锅炉产品、使用案例、维护经验和优秀企业推荐给酿酒行业各相关企业，同时帮助企业着力加强技术创新、促进产业转型升级和产业技术水平提升。还邀请英国、美国、日本等国际知名的锅炉制造企业来介绍和推广国际节能、环保的锅炉技术。20多家会员企业及长三角地区30多家企业参加。

七、参与上海市“2020年基本建成国际化大都市”相关活动

参加市政府组织的国际大都市与大虹桥城市群发展的系列活动，学习和借鉴现代化国际大都市发展的经验，促进酿酒行业尽快转型，提前做好适应国际化大都市的准备。

八、举办第14届上海国际葡萄酒与烈酒展览会

构建国际酒业贸易、交流平台，以满足广大国内外客商的需求。来自20个国家的380多家参展商参展，吸引3000多专业人士前来参观、洽谈。同时还举办一系列的报告会、讲座、品酒等活动。

（吴建华）

上海市物流协会

上海市物流协会成立于1993年3月的上海物资流通行业协会的基础上改组重建的，是上海物流企事业单位自愿组建的跨部门、跨所有制的非营利性社团法人。现有会员单位618家。覆盖全市各行业大型物流企业。协会发挥桥梁纽带作用和联系广泛的优势，协助政府主管部门加强物流行业管理。推动行业自律．加强诚信建设；积极表达诉求，维护会员合法权益；协调内外关系，促进行业健康发展。为商贸流通和现代物流产业的发展提供服务。

2017年主要工作：

一、服务行业与会员方面

开展A级物流企业评估，年内新评A级物流企业25家。至今，上海A级物流企业总数已达207家，突破预定200家的目标，实现量的跨越。组织对申报2017年市服务名牌企业的专家评审．通过25家候选企业的名牌申报，上报市名牌办。建立会员企业联络员工作制度，年内分5批召开联络员会议，相继参会的有100多人（次），形成稳定的联系网络和队伍。组织列入市教委2017专业技术人员知识更新计划的高级研修班，41名物流企业中高层管理人员参加并结业。主办“云丰杯”逆向物流设计大赛，吸引全国各地74所院校173支队伍的800余名物流专业学生参赛，评出特等奖1名、一等奖3名、二等奖6名。

二、完成政府项目推进发展方面

由市经信委投资并纳入市诚信建设体系的上海市物流企业信用平台，验收合格投入试运行。首批60家企业建立信用档案，300家企业入录信用信息。由市经信委通过购买服务形式委托协会组织调研和撰写的行业发展报告，已完成并待专家评审验收。由市发改委划拨资金支持的上海物流统计运行监测项目，经市统计局、复旦大学和市物流协会等合作推进，信息系统已经完成，工业、商贸和物流共300家样本单位正在选择和落实之中。由市人社局、市经信委投资的上海市高技能人才培训基地（郑明物流）已经建成，等待验收。

三、开展合作交流方面

协会与上海服务业联合会共同主办“5·6“上海物流活动日，与苏浙物流协会主办2017中国（江苏）长三角物流发展和合作论坛。协会与内蒙古自治区鄂尔多斯市密切合作，参加该市“草原英才”高层次人才合作交流会，接待该市空港物流园区来访，并与该市政府签订战略合作协议。协会参加市商务委赴新疆喀什地区培训专家小组，对地区的叶城、泽普、莎车、巴楚等县机关及企业干部60多人，进行物流知识培训和实践案例分析。同时对喀什地区物流发展提出指导意见。应遵义市委市政府邀请，协会带队参加遵义市和黔北物流园的考察，与该市商务局签订战略合作协议。协会应邀参加云南省政府主办的第9届大湄公河次区域经济走廊活动周暨澜湄合作现代物流产业发展论坛，协会监事长和有关企业在会上作演讲。

四、协会建设和基础管理方面

圆满完成协会换届改选，选举产生协会第三届理事会领导机构。召开会长办公会议和三届二次理事会扩大会议，就协会工作和有关事项作出布置和决定。加强和完善对分支机构的管理，形成相关制度和工作机制。调整和完善秘书处部门设置及人员配置，促进秘书处工作机构更好服务会员。建立协会微信公众号，加强了物流信息发布和工作交流沟通。

（朱泽榕）

上海工业设计协会

上海工业设计协会的前身是上海工业设计促进会，成立于1993年3月。2004年8月更名为上海工业设计协会，是以上海工业系统从事产品设计的企事业单位为主体、工业设计工作者等设计专业人员，自愿联合组成的跨行业、非营利和专业性的社会团体法人。下设9个专业委员会，即装备设计、交通工具、家具设计、陶瓷设计、青年设计师、交互设计、3D打印、视觉设计、国际合作等9个专业委员会。现有会员单位227家，个人会员549人。

2017年主要工作：

一、认真学习全会精神，坚持深入走访企业

认真学习贯彻中共十八届历次全会精神和十九大精神，以“创新、协调、绿色、开放、共享”的发展理念为引领，开展协会工作。认真学习习近平总书记在省部级主要领导干部专题研讨班上的重要讲话精神，把讲话精神贯彻落实到各自的工作中，助力工业设计行业发展；认真学习《关于实施中华优秀传统文化传承发展工程的意见》，以中华优秀传统文化为抓手，坚持创造性转化和创新性发展，设计出更多的具有中华优秀文化元素的创新产品。协会领导深入 70 多家企业走访调研，了解协会会员发展现状和存在问题，帮助会员单位理清发展思路、破解难题，寻找新的发展契机。通过走访调研了解和反应会员诉求，发挥协会自身所具有的公信力、权威性，为单位会员在项目准入、业务对接、市场拓展、评审表彰、品牌提升等方面提供多元化服务和指导，努力为企业排忧解难。

二、注重互动交流，开展各类创新活动

认真贯彻实施《中国制造 2025》规划和《上海市文化创意产业发展三年行动计划》，以上海科技创新中心建设为契机，围绕上海基本建成"四个中心"和社会主义现代化国际大都市的总目标，按照"创新驱动发展、经济转型升级"要求，以创新融合为发展主线，以供给侧结构性改革、市场消费需求和品牌建设为抓手，组织动员协会成员中单位会员开展一系列富有前瞻性的创新活动。

11 月 7–11 日，组织协会副会长单位上海电气集团、木马工业产品设计、洛可可整合设计、龙创汽车设计、上海电机学院和中国工业设计研究院；常务理事单位万达信息股份、浪尖工业设计和溯洄设计咨询；理事单位柏菲工业设计和三的部落；单位会员迪匠工业产品设计等单位积极参加了 2017 中国国际工业博览会，协会会长王日华赴现场参观考察协会大家庭成员展览情况。

12 月 1–3 日，组织协会副会长单位上海家化、龙创汽车设计、指南工业设计、木马工业产品设计、新博路工业设计、中国工业设计研究院股份有限公司、同济大学设计创意学院和华东理工大学艺术设计与传媒学院；常务理事单位中国商飞上海飞机设计研究院、浪尖工业设计、溯洄设计咨询、华师大设计学院、上师大美术学院、东华大学服装艺术设计学院、上海视觉艺术学院设计学院、交大媒体与设计学院；理事单位柏菲工业设计等单位积极参加首届中国工业设计展览会，协会秘书处赴现场参观考察协会成员展览情况。

此外，协会支持单位会员开展各项活动，如上海电气集团主办的 2017 上海电气职工创意创新——"匠心独具"大奖赛，上海汽车集团股份有限公司技术设计中心主办的第五届上汽设计国际挑战赛（SDC）中国赛区活动，上海昊鲲企业管理咨询有限公司主办的"中国力量，全球视野"市场营销与研究论坛活动；以及常务理事单位上海沐传工业设计有限公司举办的"先做再说"5 周年等一系列活动。

三、举办各类创意设计大赛

协会主办 2017"白玉兰杯"上海设计创新产品大赛颁奖仪式暨上海设计创新产品展，在工业设计师和高校设计学院的 167 件优秀设计创新产品中从六个方面征集出 28 件获奖作品，进行展览。此大赛推进上海设计行业的创新能力和设计水平，进一步提升上海在全国设计创新领域的领先地位和标杆作用。贯彻落实工信部有关每两年举办一次中国优秀工业设计奖评选工作的要求，配合中国工业设计协会和上海市经信委等相关部门，按照工信部有关中国优秀工业设计奖奖项申报范围与标准要求，在培育一批上海工业设计的优秀产品的基础上，开展组织宣传及推荐工作。在推动中国设计红星奖发展的进程中，协会作为中国设计红星奖的协办单位，做好大赛宣传工作，动员协会会员单位报名参加。

四、加强协会之间和国内外设计界合作交流活动

进一步加强同江苏、浙江等长三角地区以及深圳等省市的设计协会、设计企业、设计学院的交流活动。同时，发挥协会会员单位构建的创意设计公共服务平台向外辐射服务的功能与作用。

加强与国外，特别是北欧四国设计企业、设计学院的合作交流。支持同济大学创意学院主办同济设计周活动，展示该学院与"一带一路"上的重要合作伙伴在设计教育研究和实践方面的实验性成果。协会通过牵线搭桥，鼓励和助推设计企业"走出去"参与全球资源配置，进一步促进上海与境外工业设计界以及创意设计界的合作交流活动。

五、加强协会队伍建设，创新服务方式

认真学习贯彻中央和中共上海市委、市政府有关文件精神。面对国家经济发展新常态，协会理事会成员与时俱进，坚持发展、主动作为，进一步创新与完善为会员服务方式、管理方式和活动形式，增强协会的向心力、凝聚力。

认真开展"一起读书"活动，增强会员学习力和创新力。协会认真落实习近平总书记"要爱读书、读好书、善读书"的指示精神，自 2015 年 8 月开通"一起读书会"群以来，协会成员开展线上线下读书学习活动。副会长单位主持每月"一起读书会"活动。一年来，"一起读书会"群分享阅读学习 7 本励志书籍，线上线下充分学习交流，坚持工作学习两不误。通过"一起读书会"这种形式有效地促进了协会理事会成员之间的交流互动，形成共识、携手共进、共同发展。

充分发挥专业委员会的能动作用。协会中的机械及装备设计、交通工具设计、家具设计、陶瓷设计、青年设计师、交互设计、国际合作、3D 打印、视觉设计 9 个专业委员会服务功能更细化，职责更清晰，各专业委员会充分发挥能动作用，定期开展各类形式多样的专业性会员活动，搭建一个沟通互动的平台。由协会主办、副会长单位上海大悦企业发展有限公司和上海大慧广告有限公司承办的"晒上海"已连续举办九年，本届"晒上海"以"众乐乐"为主题，设计师将通过对"乐"的理解融合传统民族乐器来展示传统与当代的交融，取得积极效果。

（陈建萍）

上海市会展行业协会

上海市会展行业协会成立于2002年4月，是上海从事会议、展览及相关业务的企事业单位自愿组成的跨部门、跨所有制、非营利性的行业性社会团体法人。现有会员单位587家。

2017年，上海市会展行业协会踏实履行“协调、服务、自律、代表”四大职能，认真实践社会团体规范化建设，为推进上海会展业市场可持续发展、巩固上海会展业的行业领军地位付出努力，取得可喜成效。

2017年主要工作：

一、精心准备，顺利通过5A级社会组织复评

经民政部、市社团局评估，2012年，上海市会展行业协会被授予5A级社会组织称号。该称号有效期为5年，在2017年的复评中，协会根据要求认真学习相关文件精神，组织复评材料，撰写自评报告，归档原始资料。经过近半年精心准备，11月初接受市社会组织评估院专家组实地评估验收。专家们充分肯定协会为行业发展所做的大量工作，提出今后需改进的几项工作，顺利通过复评验收。

二、CEO峰会已具品牌价值，与国际组织达成合作意向

6月19—20日，2017国际展览业CEO上海峰会在浦东嘉里大酒店举行。本次峰会主题是“中国展览业2020”，来自国际展览业协会、国际展览与活动协会、以及励展、亚洲博闻等国际知名会展企业CEO、业界领袖、学者约32人组成的演讲、研讨嘉宾团，向与会代表分享各自最新观点，传递更多有价值的行业发展信息、政策导向和实践经验。在峰会上，国际展览业协会与协会签署《上海峰会开展战略合作备忘录》，这也是UFI最高等级的合作项目。美国国际展览与项目协会、美国独立组展商协会也和协会签署合作协议。上海峰会为推动中国展览业发展和国际组织在华开展交流发挥了积极作用，峰会品牌效应凸显。

三、贯彻落实中央文件精神，调整和开创协会组织架构

为贯彻落实《中共中央组织部关于规范退（离）休领导干部在社会团体兼职问题的通知》精神，协会于9月中旬圆满完成协会法定代表人变更及其他相关事宜。

在建设国际会展之都的大背景下，上海逐步融合形成“文创特展”这一新型会展业态。协会成立“文创特展专业委员会”，以适应上海文创创意产业的发展。并得到上海市文化创意产业推进领导小组的大力支持，鼓励文创特展专委会为文化创意产业发挥导向作用，希望出现文化创意产业的龙头企业。

四、做好会员服务，认真履行协会宗旨

全年举办11期沙龙活动，在主题设计上紧扣行业发展的热点、痛点和关键点；在举办形式上进行创新探索，改变传统的会议模式，组织两场培训、研讨会形式的沙龙；活动中还增加参观、观展等内容；举办地也一改以往的协会会议室，而是走出本市，办到常州和杭州。

拓展公众号功能，增加协会微信公众号的关注度，关注人数达4600人。微信推送内容从创建时的一周3次，每次3条信息，增加到每次5条信息，推送信息内容也增加汇总成协会沙龙、协会发布、会展预告、展会动态、新闻资讯、阅读角、党委信息、工会信息8个板块。微信推送信息量大，留言增加，关注度也随之提升。

为提高行业从业人员专业水平，协会面向企业中高层，于8月下旬开设上海市会展管理（高级）专业技术水平认证培训班。有60人报名参加培训，其中39名学员通过水平认证考试、论文答辩，获得由协会颁发的上海市会展管理专业技术水平认证（高级）证书。

年内上海市会展管理（初级）讲解员岗位认证培训班共开设12期，培训人数266人，合格253人。

五、加强行业规范，继续推进可持续发展

积极推进绿色会展建设。年初，协会组织会员赴常州灵通举行“绿色展览”倡议的专题沙龙。会上，上海博华国际展览有限公司、上海新国际博览中心和灵通展览系统股份有限公司联合发起绿色展览倡议书。该倡议得到百余家会员企业的热烈响应。

继续开展企业资质认定，协会进行5批72家企业的资质初评、复评工作，其中29家展示工程企业通过初评，43家展示工程企业通过复评。上海景桥会展服务有限公司等8家企业经过初评获得展示工程一级资质企业；上海现代国际展览有限公司等26家企业经过复评，保持展示工程一级资质企业。截至年底，展示工程资质有效的企业共有150家，其中一级63家、二级45家、三级42家。

从2017年起，协会与市知识产权局合作，建立有效的展会知识产权保护工作机制，聘请专业人员进驻展会现场服务，协调处理纠纷。全年共10余家律师机构安排近60多位专业人士入驻展会。

六、积极开展国内外交流活动

协会接待保利世贸博览馆、海口市会展局、中国对外贸易中心集团、无锡市会展办、广东省江门市蓬江区政府、重庆市商务委、湖南省商务厅、义乌博览会有限公司、杭州中青年干部培训班等外省市会展企业和机构来访。並组织会员参加云南省投资贸易洽谈上海推介会、昆沪会展合作暨昆明会展（上海）促进中心揭牌仪式等活动。协会还与海口市会展局、昆明会展产业促进会签订战略合作框架协议。

境外方面，除CEO峰会期间接待外宾外，还接待国际展览业协会执行总经理、亚太区分布经理；UFI金牌演讲人（培训师）布拉斯基先生、Woodward咨询公司总裁等。

七、注重会员质量，使吐故纳新常态化

根据入会自愿、退会自由的章程规定，协会每年对会员单位进行梳理，对业务转移主动退会和未及时缴纳会费的会员取消会员资格，保证会员队伍的质量。2017年，有67家会展企业入会，成为协会会员。截至年底，协会共有有效会员506家。

八、扎实推进协会党建工作，提升党建工作效果

在市社会工作党委的领导下，协会党委深入学习贯彻中共十九大精神和习近平新时代中国特色社会主义思想，狠抓“两学一做”学习教育常态化制度化，围绕行业发展实际，扎实推进基层党建工作。协会利用双休日组织召开党委会及扩大会议，党委班子成员和基层各支部书记一起，原原本本、原汁原味地认真通读中共十九大报告、新党章等，并交流座谈；组织党员和入党积极分子观看“我的电影党课”；各基层党组织组织党员参观中共一大会址纪念馆等各种参观学习活动。解决党组织覆盖方面的不足，在一家较大规模的中外合资企业中成立独立党支部，基层党建得到夯实；年内发展党员4名，预备党员按期转正3名。

为了探索社会组织党建工作规律，提升行业协会党建工作效果，协会党委成立“上海市会展行业协会党建工作创新与思考”课题组，以问题为导向，对会展行业近年来的党建工作深入调研，积极探索协会党建工作的新途径和新方法，为上级党委加强两新组织党建工作提供参考。

（吴星贤）

上海市机器人行业协会

上海市机器人行业协会成立于2013年1月，是由上海东浩兰生国际服务贸易（集团）有限公司、上海电气集团股份有限公司、上海机器人产业园、上海ABB工程有限公司、上海发那科机器人有限公司、库卡机器人（上海）有限公司、上海新松机器人自动化有限公司等共同发起，自愿组成的行业性的非营利性社会团体法人。协会以“搭建平台、服务会员、增进合作、推动发展”为宗旨，致力于推动机器人产业上下游间的合作，加速机器人技术与产品在各行业中的普及应用，打造政、产、学、研、资多赢的品牌产业综合服务平台。现有会员单位93家。

2017年主要工作：

一、有序开展常规性工作

发展调整会员单位。年内，新增入会单位20家。分别是2家智能制造园区企业：上海智慧湾投资管理公司、海盐杭州湾智能制造基地管理公司；1家培训销售平台公司：上海珍为科技有限公司；1家机器人相关院校：上海科学技术职业学院；16家机器人相关制造和配套企业。同时清理一批长期不参加协会活动的会员单位资格。并更新会员单位信息，建立保证良性循环的会员单位联络机制。

做好3个平台信息工作。有序推进官网微信协会信息三个平台。官网信息保持随时更新，全年官网更新共89篇，微信36期共102篇文章，协会信息编发13期。工博会期间白天出展网上当天出快讯。

内外联络接待畅通。接待国内外各类来访单位10余批，分别来自德国、广东佛山、四川、湖南、浙江海盐、平湖、嘉兴以及上海各相关机构，扩大协会的内外影响力，为会员单位储备更多资源，以便于交流和对接。

调研会员单位，有针对性服务了解需求，既走出去，也请进来。先后调研北京创新型大、中、小型各类企业寻找行业发展的新动力；调研广东中山市智能产品平台和智能制造平台，探寻推动机器人产业发展的有效平台等，以建立上海的智能制造创新平台。配合政府开展人工智能等重点工作调研。组织会员单位参加市经信委有关人工智能调研、汇总项目申报、参加专题活动等。

尝试推进标准化工作。协会组织召开标准化工作座谈会，听取包括生产、用户、研发等会员单位对这项工作的建议和可行性意见，寻找建立团体标准切入口；参加国家专业机构组织的团标培训班；拜访上海市自行车协会，学习成功经验等，以便在标准化工作方面有所推动。

二、协办论坛，完成课题

协助办好第19届中国工博会机器人展和同期高峰论坛。积极组织会员单位参与，使之成为重要的首发产品和重要客户的聚会地。如ABB带来IRB 1100机器人全球首发，新一代小型机器人；发那科的R-30iB Plus机器人控制器在中国正式首发，现场带来由20余台发那科机器人、加工中心和注塑机组成的信息化智能工厂示范线等；其中乒乓球机器人、移动双臂机器人成为最吸引眼球的产品之一。首设中国馆和国际馆，从一个侧面反映中国机器人市场的需求，也显示中国机器人制造的崛起。

第6届中国机器人高峰论坛紧扣行业发展趋势，峰会主题为“践行中国制造2025”，集聚了来自国内外工业机器人和服务机器人著名企业负责人，共话行业发展前景。

协会承接市经信委委托的“上海服务机器人发展研究”课题，及时组织办量落实，将课题的研究聚焦在服务机器人上。课题由会长挂帅，多家理事单位、会员单位参与，设计和发放调查问卷，走访企业单位、组织调研会和专家咨询会。经调研材料综合，几易其稿，完成课题，现已印制成册。

二、争取更多桥梁和服务工作

完成《上海机器人行业发展报告（年鉴）2017版》。积极申报市经信委新推出的以委托行业年度报告方式补贴部分行业协会的专项资金。根据要求，先后完成编制提纲和计划、申报、获批立项、组织编撰。通过汇编采集行业年度发展信息，提供包括产品生产、零部件、集成、应用、研发和市场等全面的行业年度信息，为决策者提供检索、有的放矢地指导行业发展服务。《上海机器人行业发展报告（年鉴）2017版》已完成校订印制成册。

组织会员活动加强针对性。协会充分利用会员资源，拓展会员活动范围和活动形式。9月，组织会员单位联络员在智慧湾园区举办联谊会，50余家会员单位的联络员参加活动，通过联谊活动，打通会员单位产业链的互动通道。11月，组织会员单位参观和参会第6届中国机器人高峰论坛，30余家会员单位参与。同月，组织赴嘉兴参加机器人论坛及供需对接会。近20家会员单位参加活动，为众多行业专家演讲学习提供机会，并搭建与嘉兴方企业对接的商机，同时通过集体活动也增进会员单位之间的友谊。

（曾　洁）

上海人才服务行业协会

上海人才服务行业协会成立于2002年4月9日，是上海人力资源服务机构行业企事业单位自愿组成的跨部门、跨所有制的非营利的行业性社会团体法人。协会以“立足上海，服务全国，走向世界”为宗旨，以做大、做强人才服务产业为目标，以“上海一流、全国领先、国际接轨”为努力方向，加强会员之间的协调和自律，为推进人力资源服务行业产业化、科学化、国际化发展发挥积极作用。现有各种所有制会员单位555家。

2017年主要工作：

一、开展调研，搭建服务平台

协会积极开展行业调研，配合市人社局、市税务局等政府部门，开展人力资源财税、高级人才寻访业态等调研，反映行业发展现状和瓶颈。与此同时，不断探索市场化人才服务平台建设，作为张江国家自主创新示范区人才服务平台（闸北园），搭建包括人才测评平台、人才外包平台、人才法务平台、人才税务平台、人才招聘平台等在内的综合服务平台；作为海智计划（闸北）工作基地的市场化运作平台，于4月发布中国科协海智计划上海（静安）工作基地海外人才工作站，为区域经济社会的发展搭建国际人才、国际智力、国际技术全方位引进的服务平台。

二、服务发展，加强人才课题研究

围绕人才强国战略，协会受国家人事科学研究院（简称人科院）委托，承接“自贸区产业人才初探”课题；受虹口区人社局委托，承接“虹口区硅巷式发展人才战略及对策研究”课题。还配合敦煌、大连、杭州、嘉兴等地的政府、社会组织及企业，开展人力资源服务产业园区发展规划研究及编制。同时，每年组织编写出版《上海人才服务行业发展蓝皮书》，为行业发展提供参考与借鉴。

三、建立标准，树标杆品牌

不断完善行业标准。牵头起草的国家标准《人力资源外包服务规范》《人力资源术语标准》正式获批发布。11月，牵头起草的上海首个人力资源服务行业社会团体标准——《人力资源外包服务先进性质量要求》正式发布。同时，积极推动行业标准宣贯，目前已有196家人力资源服务机构参与贯标工作。

开展行业统计，树标杆品牌。受市人社局委托，协会定期开展人才派遣、人事代理、网络招聘、高级人才寻访、招聘会等业态的统计工作。在此基础上，建立梯级行业品牌体系，包括“上海名牌”评选推荐、上海品质评价推荐、上海市政府质量奖推荐及开展“信得过人才服务机构”评选（2017年141家获评）、开展“优秀人力资源服务供应商推荐”（推荐11家国际人力资源服务供应商、16家亚太人力资源服务供应商、11家“一带一路”人力资源服务供应商、45家中国人力资源服务供应商等）

四、嫁接商机，推动交流合作

组织成立派遣、猎头、招聘、测评、培训、咨询、薪酬、法务、IT、名牌、SAAS等21个专业小组，将会员交流活动形成长效机制。并多次与多家行业协会合作开展商机嫁接，推进行业的横向发展。

4 月 20—22 日，受市人社局、市商务委委托，承办第五届上交会人力资源展示区招展工作，以及人力资源主题论坛工作。在上交会特设人力资源服务展示专区，举办第五届上交会国际人力资源主题论坛。

定期组织会员单位参加政府有关部门调研座谈会、培训会、对接会，推进会员与政府的合作交流。多次接待北京、青海、广州、大连、成都、嘉兴等地的政府、社会组织以及企业来沪考察交流，推动会员单位拓宽国内市场搭建合作桥梁。组织会员单位参加 2017 亚太人力资源开发与服务博览会、第 13 届中国人力资源服务业高峰论坛、中国（浙江）人力资源博览会、中国人力资源服务战略发展大会等活动。

此外，多次接待任仕达、天仕创、职库、英创等国际知名人力资源服务机构，为其提供在中国市场发展的战略咨询，并积极拓展与欧商会、美商会、荷比卢商会、南南全球技术交易所、AESC 等国际组织的交流，促进会员单位的国际合作。

五、主动服务，帮助大学生就业

在市人社局的支持下，积极承担社会责任，服务、帮助大学生就业。开展 2017 年人才服务进校园系列活动。其中，在线发布 70 余万个岗位，组织 1257 家（次）用人单位前往 16 所知名高校开展校园招聘会；组织 4 场校园宣讲会，为 123 名学生提供免费的职业测评服务，获得良好的社会反响。

此外，配合市民政局，参加“公益伙伴日”活动，提供社会组织志愿者现场招募、社会组织人才现场招聘、现场测评、咨询等服务，并发布《人力资源服务行业公益志愿者倡议书》，获得公益伙伴日的“最具人气项目”奖。

（毛毓郁）

上海市光电子行业协会

上海市光电子行业协会成立于 2003 年 3 月，是上海市光电子行业企事业单位自愿组成的跨部门、跨所有制的非营利的行业性社会团体法人。协会下设新型显示、半导体照明和光纤光缆光器件等 3 个专业委员会和行业专家咨询委员会。现有会员企业 150 余家。

2017 年主要工作：

一、协会顺利完成换届工作

在市经信委领导的关心和帮助下，在市社团局领导的指导和支持下，9 月，协会顺利完成换届工作，新会长与秘书长上任。为使换届工作的顺利进行，筹备工作延续相当长的时间，反复征求意见，多次沟通协商，最终经过会员的共同努力，换届大会圆满完成各项议程，新的班子应运而生。协会新班子成立后，尤其是秘书处，对老会员进行全面走访。同时，协会积极发展新会员，至年底，发展新会员 10 多家，包括复旦电光源所、中科院技物所、时代之光检测公司、昭关照明等知名高校、科研所、检测机构、新型成长企业等。

二、协会不断开展各种不同形式、内容及对象的活动

10 月 12 日，由协会新型显示专业委员会参与举办的 2017 国际新型显示与智慧互联大会暨首届金水湖论坛在金山举行。大会宣布启动上海新型显示技术创新中心建设，将促进产业链上下游资源整合与集群发展，扩大新型显示产业在上海地区的影响力，更好地融入全球产业竞争与合作。是日，上海新型显示技术创新中心挂牌成立。该中心将围绕新型显示领域的新技术研发，成果转化与应用，相关认证、行业和人才支撑等方面进行建设。同时，协会与和辉光电，上海天马微电子等企业成立 OLED 联盟及人才培训中心。通过 OLED 联盟和人才基地的建设，更多参与此类活动，为会员企业搭建交流与合作的平台。

由协会、上海对外科学技术交流中心携手法国驻华大使馆商务投资处共同举办的 2017 沪法光电子行业座谈会于东湖大厦召开。本次会议属法国经济工业部企业发展司“国际合作访问计划”之一的 2017 法国光电子代表团访华的环节之一。在会议上，法国驻华大使馆商务投资处参赞 Thomas VIAL 致辞，中国科学院上海技术物理研究所院士褚君浩作主题发言，上海市科学技术委员会国际合作处副处长何晌艳女士就上海国际科技合作情况作简要交流，并对法国代表团所提出的相关问题一一回复。此外，协会会长李建胜对协会的现状作了简述，并邀请协会副会长单位上海科锐光电发展有限公司以及上海富迪照明电器有限公司和协会秘书处同仁参加活动。

上海三鑫科技发展有限公司协会理事单位，与上海仪电集团、垒得激光科技有限公司签署《上海激光显示战略发展协议》。上海仪电集团作为整机厂商，垒得激光作为关键零部件光源模组的供应商共同研发及产业化具有自主知识产权的激光电视、激光投影仪，重整上海显示产业的辉煌。通过协会秘书处牵线搭桥和穿针引线，不仅达成由英特美公司提供色轮样品，而且在汽车前大灯方面将提供技术支持和样品。这次合作成功，大大缩短垒得激光科技有限公司的研发周期，在加速产品产业化进程，降低成本、提升企业市场竞争力有着重要的推动作用。

10 月 25 日，协会秘书长金强等与江苏双良低碳产业技术研究院吴刚院长、德国国际企业家商会执行主席、驻中国办事处主任周光伟进行友好会谈和广泛交流。与双良院就其新产品委托协会在上海开展市场调研达成初步意向；与德国商会就中德光电子行业企业进行深入交流，组织上海企业赴德开展产品与技术推广活动等取得众多共识。

11 月 23 日，协会秘书长金强受邀参加在上海大学延长校区举行上海新型显示发展研讨会。参加本次研讨会的有：中国科学院院士欧阳钟灿、上海大学副校长欧阳华、上海市经信委电子信息产业处副处长董继明、上海市科委高新处副调研员沈蕴婕等。与会人员参观上海大学的新型显示技术与应用集成教育部重点实验室。研讨会听取实验室主任张建华教授的情况汇报，实验室合作单位——上海和辉光电、天马集团（均为协会副会长单位）等作项目介绍。各位领导与专家对上大取得的成绩与进展表示肯定与赞赏，对未来的实验室工作乃至整个行业的发展提出很多积极的建议。

三、做好协会的宣传及交流工作

新班子成立后，对协会的宣传工作进行全方位的规划与安排。同时开通微信公众号，建立协会会员微信群、对官网进行初步改进。所有的宣传手段都对行业协会的活动状况、会员的动态，都进行及时、充分和生动活泼的宣传报道，既互通信息，又强化协会的存在感，也得到会员单位的积极支持与充分配合。

（唐庆艺）

上海市物联网行业协会

上海市物联网行业协会成立于 2012 年，现有会员近 300 家，覆盖芯片、传感器、模组、网络设备、运营商、操作系统及平台、智能硬件、系统集成及应用等物联网全产业链。协会下设健康养老、智能家居、连接 & 安全、VR&AR、人工智能、农业物联网、自动驾驶及智慧物流、智慧校园等联盟或专委会，是一家全球邀请制社会组织（NGO），协会致力于链接跨行业的创新精英与商业领袖、构建国际服务平台、传递权威理念和前瞻理念。

2017 年主要工作：

一、成立全国第一家物联网联合开放实验室

经过 7 年孕育的物联网产业开始进入快车道。在物联网时代，网络连接数将达到百亿级别，物联网产业将拥有万亿级的市场空间。但物联网产业化发展仍旧面临着诸多挑战，如：产业链结构复杂，涉及诸多环节；网络环境复杂，拥有多种制式和标准；细分市场零散，缺乏统一标准；需要与其他系统相结合才能最大程度的发挥价值等。

5 月 17 日，上海市物联网联合开放实验室在宝山区高境镇的临港新业坊揭牌，市经信委、宝山区、仪电集团、临港集团等有关领导，及市发改委、市经信委相关部门、高境镇、临港集团相关部门和下属园区负责人，中国移动、微软、思科、瑞章科技等物联网行业相关领军企业代表出席仪式。

联合开放实验室由产业链相关企业组成，整合其优势项目和实验设备，让成员企业公平享有资源，降低成本快速发展。

二、开展物流服务师（RFID 应用）国家职业资格培训

市物联网技术高技能人才培养基地（RFID 应用）实训环境和上海物联网职业技能鉴定所授牌暨物流服务师（RFID 应用）三级国家职业资格培训开班仪式，于 7 月 15 日上午在上海交通大学隆重举行。市经信委、市人社局相关处室负责人、市经信委及市职业技能鉴定中心、上海交通大学电子信息与电气工程学院、软件学院、市物联网行业协会、上海晨兴希姆通电子科技有限公司等嘉宾出席开班仪式。本次授牌的基地 RFID 应用实训环境由上海交大会同晨讯希姆通共同建设，物流服务师（RFID 应用）国家职业资格考试项目由上海交大负责开发。

三、发布 NB-IoT 行业应用规范指引

9 月 20 日，由华为技术有限公司主办，市经信委、市无线电管理局指导，市物联网行业协会协办的荟生态会生态绘未来华为物联网产业合作峰会在上海虹桥迎宾馆成功举办。

市物联网行业协会秘书长发布的《NB–IOT 行业应用规范指引（第一版）》，是市物联网联合开放实验室（上海市物联网行业协会倡议发起，10 余家赋能物联网企业发展的一个联合组织），组织来自 NB–IoT 芯片、网络设备制造、模组和运营商的行业专家组成工作小组联合起草，并得到北京、上海、深圳、香港、台湾等 13 个物联网行业组织的支持。该标准将对促进物联网规模化商用全面提速有重要意义。

在 NB–IoT 高速发展的时候，市物联网联合开放实验室组织来自 NB–IoT 芯片、网络设备制造、模组和运营商的行业专家组成工作小组联合起草《NB–IOT 行业应用规范指引》，目的是为了培育行业生态，降低行业应用成本，让更多非通讯领域的企业和应用能够了解 NB–IoT。能在客观展示 NB–IoT 技术的同时，加快 NB–IoT 的发展。

四、发布工业物联网应用开发组件规范

在市质监局和市经信委的指导下，市物联网行业协会联合上海宝信软件股份有限公司、上海卓然工程技术股份有限公司等单位于9月22日宝信软件张江总部成功发布团体标准《工业物联网应用开发组件规范》。

本次发布的《工业物联网应用开发组件规范》由模型和术语、系统间通信协议、设备接入与数据采集、监视与控制、实时数据存储与处理、信息管理与应用等6个部分构成。

团体标准的制定，规范工业物联网应用开发的组件架构，推进智能制造的互联互通，并取得年使用标准化组件产品700件以上，以及10多个国家和地区推广应用的业绩；首个智能制造英文版团体标准的发布，将为中国团体标准向海外推广提供良好的示范。后续各相关企业将进一步完成该标准其他部分的制定工作，以满足智能制造、工业物联网产业发展日益增长的迫切需求。

五、召开全球物联网峰会

市物联网行业协会联合多国驻沪领馆及20余家全国行业协会，于12月19日成功举办全球物联网峰会（2017·上海）——“物联未来，G不可失”。

本次峰会由中国通信研究院、市经信委、市信息化专家委员会联合指导，获宝山区人民政府支持，由临港资管、仪电集团鼎力承办。市物联网协会会长、仪电集团总裁蔡小庆、宝山区副区长吕鸣致辞，临港集团副总裁翁恺宁、出席见证，市物联网行业协会秘书长潘君才主持，吸引600多位国内外行业精英人士参会、50余家媒体关注，近30家行业组织领导与会，近10家驻沪领事馆官员出席，并由第一财经及智装网对大会进行全程直播和转播。

（董苏也）

2018 · 上海工业年鉴

SHANGHAI
INDUSTRIAL
YEARBOOK

2017年上海市经济和信息化大事记

1月

5日 上海国际设计创新研究院在同济大学设计创意学院揭幕。市经信委主任陈鸣波出席并致辞。同济大学校长钟志华、杨浦区区长谢坚钢、上海市教委巡视员蒋红等出席大会。

是日 市国防科工办副主任伍继宏带队分别前往上电股份吴泾发电厂、中化中石化上海东方石化储运有限公司开展安全生产检查，上电股份公司副总夏梅兴、东方石化公司副总经理章毅参加检查。

6日 国家电网高温超导调研会在上海电缆研究所召开，国家电网科技部专家调研上海高温超导电缆推进实施情况。市经济信息委副主任徐子瑛介绍上海市高温超导产业发展的前期布局和近期公里级高温超导电缆示范工程推进情况。上海市各相关单位将全力支持国网开展高温超导电缆的可行性方案制定工作，市政府也将在示范工程建设工程化方面给予持续支持。

9日 市经信委、市国防科工办组织中科院上海高等研究院、上海微小卫星工程中心、上海碳数据与碳评估研究中心等相关单位人员，专题研究推进高光谱卫星应用示范建设课题，紧密依托高端技术载体和智能制造平台，积极推动科创中心建设和军民融合产业化发展。市国防科工办副主任伍继宏出席研讨，中科院上海高等研究院党委副书记王茂华进行专题汇报。

10日 市经信委主任陈鸣波、巡视员陈跃华赴中国工业设计研究院（上海）有限公司调研。

是日 市经信委主任陈鸣波赴中石化销售有限公司上海石油分公司所属杨涓油库进行安全检查，公司董事长、党委书记左兴凯参加检查。

10—11日 第二届北斗民用推进会在北京召开。会上，国家卫星导航与定位服务产品质量监督检验中心（上海）作为国家级检测中心被首批授牌“北斗卫星导航产品1002质量检测中心”。

11日 建设新型无线城市战略合作签约仪式暨新型无线城市发展高峰论坛举行。论坛由市经信委、杨浦区政府、虹口区政府共同主办。市经信委主任陈鸣波出席签约仪式并致辞。

12日 在工信部支持下，市经信委与中国信息通信研究院携手合作，举办2017上海区块链和大数据技术发展论坛。市经信委副主任、市国防科工办主任吴磊出席会议并致辞。工信部信息通信发展司、上海自贸区金桥管理局相关负责同志出席会议，中国信息通信研究院副所长何宝宏作主旨演讲。

2月

8日 市经信委、市金融办深化合作，就加快推进产融结合、建立普惠制服务企业体系等达成共识。市经信委主任陈鸣波，市金融办副主任李军、上海股权托管交易中心总经理张云峰等出席会议。

9日 上海仪电（集团）有限公司与富士通株式会社在沪举办以“创联未来（Shaping the future of innovation and collaboration）”为主题的战略合作签约仪式。市委常委、常务副市长周波接见出席本次签约仪式的富士通代表团田中达也社长一行。市经信委主任陈鸣波、上海仪电集团董事长王强等出席签约仪式。

13日 工业互联网功能型平台专家论证会召开。市经信委副主任邵志清出席会议。市发改委、市科委、市财政局等相关单位出席会议，与各方专家就工业互联网功能型平台的建设方案展开深入讨论。

14日 市经信工作党委、市经信委召开2017年上海市经济和信息化系统工作会议，总结2016年工作、部署2017年重点任务。市委常委、常务副市长周波出席会议并讲话。市政府副秘书长金兴明主持会议。市经信工作党委书记陆晓春作党委工作报告，市经信工作党委副书记、市经信主任陈鸣波作产业和信息化工作报告。

15日 市发改委、市经信委赴上海中芯国际和华虹集团开展联合调研工作。市发改委主任沈晓初、市经信委主任陈鸣波出席调研活动并现场察看华力一期12英寸生产线的运行情况。中芯国际、华虹集团董事长汇报行业未来发展前景、公司总体发展战略、新建项目进展情况。陈鸣波主任对两家单位在上海集成电路制造领域作出的贡献给予充分肯定，要求相关处室及时跟进，切实为企业做好服务工作，加快推进落实企业后期项目的落地。

是日　为落实市政府2017年“建成网络与信息安全应急基础平台”工作目标，市经信委召开平台建设工作推进会议。市经信委副主任邵志清出席会议。19家机构代表共同发起上海市网络与信息安全监测预警共建威胁信息共享战略协作倡议。

16日　市经信委主任陈鸣波现场调研公用移动通信基站建设工作。

是日　市经信委秘书长戎之勤在工信部出席第19届中国工博会筹备工作会议。

17日　市经信委召开新技术新应用安全测评能力建设项目建议书咨询评审会。来自高校、金融机构和国家信息安全机构的多位专家，从云计算大数据、移动互联网应用、城市基础设施控制系统和智能卡安全检测等方面，对完善项目方案提出意见建议。

20日　上海富瀚微电子股份有限公司在深交所创业板登录上市。公司募集资金将用于投资新一代模拟高清摄像机ISP芯片、全高清网络摄像机SoC芯片等多个项目及补充与主营业务相关的营运资金。

20—21日　中国信息通信研究院和工业互联网产业联盟联合主办的2017工业互联网峰会在京召开。工业和信息化部部长苗圩、中央网络安全和信息化领导小组办公室副主任庄荣文出席大会并致辞。上海市经信委副主任、市国防科工办主任吴磊代表上海作“大力推动工业互联网创新发展积极促进上海产业转型升级”的主题演讲。

21日　市经信委召开《行动计划》政策解读会，市经信委副主任邵志清就《行动计划》编制背景及过程、总体思路和重点任务内容等方面与部分央媒和本市部分主流媒体进行深入解读。

22日　市经信委副主任黄瓯赴松江区调研智能制造和高端装备产业发展情况。

27日至3月2日　2017世界移动通信大会在巴塞罗那召开，市经信委副主任邵志清应大会主办方GSMA（全球移动通信协会）邀请出席相关活动并在国际智慧城市高峰论坛上做主题发言。这是GSMA方首次邀请国内城市在大会发言，介绍上海智慧城市的发展经验和做法。

28日　市经信委和闵行区联合召开产业政策宣传培训会，宣讲上海市产业转型升级发展专项资金（重点技术改造）、进口设备免税、全市产业项目信息库平台、上海市产业投资项目备案等相关政策。

3月

1日　市委副书记、市长应勇调研在沪央企并召开座谈会，听取央企负责人对上海服务国家战略、支持央企发展的意见和建议。应勇指出，央企为推动上海经济社会发展作出了重要贡献，并在上海服务国家战略的过程中发挥了主力军和领头羊作用。上海将全力支持央企在沪发展，聚焦重大国家战略、聚焦城市发展愿景、聚焦重点发展领域，进一步促进央企与地方紧密合作，更好地为落实国家战略服务、为振兴实体经济服务、为促进社会民生发展服务。市政府副秘书长俞北华，市经信委主任陈鸣波等参加调研并出席座谈会。

是日　上海市软件和信息服务业2017年工作会议召开。市经信委副主任傅新华出席会议。

2日　市经信委召开2017年重大产业项目领导小组第一次工作会议。市经信委主任陈鸣波，市经信委副主任、市国防科工办主任吴磊，副主任徐子瑛、黄瓯，秘书长戎之勤，市国防科工办副主任张华芳、伍继宏，巡视员陈跃华等出席会议。

10日　市经信工作党委、市经信委召开2017年度系统安全生产、消防、反恐工作会议。市经信工作党委秘书长肖文高出席会议。

14日　为落实应勇市长在民营企业代表座谈会上的讲话精神，市经信委主任陈鸣波带队市科委、市质监局、张江高新区管委会、浦东新区科经委等相关负责同志前往上海宇昂新材料科技股份有限公司调研并召开现场协调会。

是日　第十四届上海国际信息化博览会在上海新国际博览中心开幕。国务院参事、中国电子商会会长曲维枝宣布第十四届上海国际信息化博览会开幕。市经信委主任陈鸣波出席开幕式并致辞。

15日　市经信委主任陈鸣波、副主任徐子瑛一行赴嘉定调研上海联影医疗科技有限公司。

是日　3·15上海金融信息安全论坛召开。市经信委副主任傅新华出席会议并致辞。

18日　工信部副部长徐乐江、市委常委、常务副市长周波出席上海市推进《“中国制造2025”上海行动纲要》工作领导小组第一次会议并讲话。市经信委主任陈鸣波出席会议，作2016年工作总结并通报上海振兴实体经济推进制造业转型升级2017年工作安排。

21日　2017年度上海信息化专家委员会大数据专业委员会第一次全体会议召开。国家自然科学基金委管理科学部主任、上海市信息化专家委员会主任吴启迪、市经信委副主任邵志清等出席会议。

是日　上海电力交易中心市场管理委员会成立大会举行。

28日　上海专精特新中小企业千家百亿信用担保融资计划启动仪式举行。

31日　上海市第三方环境治理产业联盟成立揭牌暨绿色产业战略合作协议签订仪式举行。上海市第三方环境治理产业联盟与金山、临港、化工区、金桥等8个产业园区，与宝武、申能、仪电、上汽等 8 个集团签署绿色产业战略合作协议。浦东新区、嘉定区、金山区主管部门向所属区域电镀废水第三方治理试点单位下达任务书。

4 月

10 日　市委副书记、市长应勇主持召开市政府常务会议，部署推进产业结构调整工作。会议原则通过《2017 年上海市产业结构调整重点工作安排》。市经信委主任陈鸣波汇报全市 2016 年产业结构调整推进情况，以及 2017 年重点工作安排的考虑。

12 日　由市经信委、中国金融信息中心共同举办的上海实体经济产业管理创新研讨会召开。市经信委副主任黄瓯、中国金融信息中心董事长叶国标出席会议并致辞。市政府参事室主任王新奎等发表主题演讲。

是日　为贯彻落实工业和信息化部、公安部、交通运输部、工商总局、质检总局等 5 部委下发的《关于开展货车非法改装专项整治行动的通知》要求，市经信委牵头召开上海市货车非法改装专项整治行动工作会议。

25 日　工业和信息化部召开《汽车产业中长期发展规划》电视电话会议，苗圩部长就规划贯彻实施做重要讲话。市经信委黄瓯副主任作题为“落实汽车强国战略，推动产业转型升级”的现场交流发言。

是日　第三届中国品牌经济（上海）论坛举行。市政协副主席徐逸波、市知识产权局局长吕国强，工信部科技司副司长沙南生出席并致辞。市经信委领导、市品牌办主任陈跃华，黄浦区区长杲云为“上海品牌发展基金”揭牌，这是国内首家以品牌发展为主导的基金，首期规模为 20 亿元。

26 日　市经信委召开电力行政执法研讨会。市经信委副主任黄瓯、市人大法工委专职副主任委员阎锐、市政府法制办副主任罗培新等出席会议。

是日　“中国工业品牌之旅启航—TOP BRAND SHANGHAI 上海卓越工业品牌展”新闻通气会举行。市经信委领导、市品牌办主任陈跃华，工信部科技司副司长沙南生，市科协党委书记、常务副会长杨正荣，上海纺织协会会长席时平，东华大学副校长刘春红，市工经联副会长朱宁宁等出席会议。

是日　市经信委、市财政局联合举办面向全市市级预算主管部门及下属预算单位的信息化项目支出预算申报培训。100 余家市级预算主管部门和 400 余家市级预算单位的近千名信息化和财务主管人员参加培训会。

27 日　上海市政府与国家电力投资集团公司（国家电投）在沪签署战略合作框架协议。上海市委副书记、市长应勇，国家电投党组书记、董事长王炳华出席。上海市委常委、常务副市长周波与国家电投党组成员、副总经理魏锁代表双方签署协议。签约仪式由市政府副秘书长金兴明主持。市经信委主任陈鸣波、市经信委副主任、市国防科工办主任吴磊以及市发改委、市财政局、市人社局、市规土局等有关负责同志出席签约仪式。

5 月

2 日　上海市 2017 年节能减排和应对气候变化暨产业结构调整工作会议召开。市委常委、常务副市长周波出席会议并讲话。会议由副市长陈寅主持。市经信委副主任、市国防科工办主任吴磊出席会议并作交流发言。

3 日　市经信委与市卫计委联合召开各大办医主体及其附属医院重要电力用户用电安全专题研讨会。

4 日　上海韦尔半导体股份有限公司在上海证券交易所挂牌上市，成功跻身 A 股资本市场，代码 603501。

5 日　国产大型客机 C919 由机长蔡俊、试飞员吴鑫驾驶，搭载着观察员钱进和试飞工程师马菲、张大伟从浦东国际机场第四跑道腾空而起。在南通东南 3000 米高度规定空域内巡航平稳飞行 79 分钟，完成预定试飞科目并安全返航着陆。伴随着 ARJ21 新支线飞机交付运营、C919 大型客机首飞试飞和中俄远程宽体客机立项研制，中国民用飞机正在向市场化、产业化、国际化快速推进。通过 C919 和 ARJ21 新支线客机研制，掌握了五大类、20 个专业、6000 多项民用飞机技术。

22 日　中国商飞（COMAC）与俄罗斯联合航空制造集团（UAC）的合资企业——中俄国际商用飞机有限责任公司（CRAIC）在上海成立。合资公司主要负责中俄联合研制新一代远程宽体飞机项目的运行工作。

24 日　市经信委与嘉定区政府关于市区深化共建国家智能网联汽车（上海）试点示范区签约仪式暨国家智能网联汽车（上海）试点示范区合作项目签约活动在汽车·创新港举行。市经信委主任陈鸣波和嘉定区区长章曦为“上海市制造业创新中心（智能网联汽车）”揭牌。市经信委副主任黄瓯与嘉定区副区长陆祖芳签订《关于市区深化共建国家智能网联汽车（上海）试点示范区合作协议》。

25 日　市经信委主任陈鸣波带队赴市信访办调研市企业服务平台建设相关工作。市信访办主任王剑华出席会议。

是日　上海市推进中小河道周边工业企业综合整治工作会议召开。市经信委总工程师原清海出席会议。

26 日　在市经信委指导下，市促进中小企业发展协调办公室、市中小企业发展服务中心与中国移动通信集团上海有限公司签订《New Power 信息化新动力》战略合作框架协议，共同发布“New Power 信息化新动力”计划。

是日 由市经信委指导，上海生产性服务业促进会、上海电子商务“双推”企业联盟、上海生产性服务业功能区联盟共同主办的2017上海电子商务“双推”工程启动暨走进上海生产性服务业功能区对接交流会在市北生产性服务业功能区举行。

6月

6日 市经信委与奉贤区就“东方美谷”美丽健康产业开展交流对接。市经信委主任陈鸣波、奉贤区区长华源等参加。

7日 国家智能网联汽车（上海）试点示范区成立一周年活动成功举行。市经信委副主任黄瓯、嘉定区副区长陆祖芳等出席相关活动。

是日 由市政府新闻办、市经信委、国网上海市电力公司共同举办的2017年电力迎峰度夏媒体通气会召开。市经信委副主任吴金城出席。

是日 第二届中国军民两用技术创新应用大赛首场说明会在沪举办。

9日 2017年上海市节能宣传系列活动之仪电主题日活动在华鑫科技园举办。市委常委、常务副市长周波，市政协副主席李逸平出席并启动绿色港口智慧岸电示范区建设。市经信工作党委书记陆晓春、上海仪电集团总裁蔡小庆出席并为上海市能效中心和华鑫科技园合作共建“上海市智慧绿色共享产业园区”揭牌。

15日 市国防科工办副主任伍继宏赴集研机电、汉邦京泰、复控华龙等企业调研军民融合产业发展情况。

16日 上海市再制造产业发展联盟成立。该产业联盟为国内首家，旨在推进上海先进制造业拓展“高端再制造、智能再制造”新领域，推进循环经济，促进工业转型升级、绿色发展。

19日 上海集成电路研发中心、荷兰ASML公司在上海市集成电路研发中心举行“合作共建光刻人才全球培训中心”签约仪式。市经信工作党委书记陆晓春，市经信委副主任傅新华，上海市集成电路行业协会会长、华虹集团董事长张素心，上海集成电路研发中心董事长赵宇航，ASML公司总裁兼首席执行官Peter先生等出席签约仪式。

20日 市经信委副主任邵志清一行走访虹口滨江区域，调研虹口区新型无线城市建设试点工作。

是日 市经信委副主任黄瓯赴临港松江科技城和上海3D打印科创园调研增材制造产业发展情况。

21日 “中央企业深入参与上海科技创新中心建设”推介对接会在京举行。国务院国资委副主任徐福顺、上海市委常委、常务副市长周波出席会议并讲话。对接会由上海市政府副秘书长金兴明主持。市政府副秘书长、市发改委主任沈晓初出席会议并介绍上海科创中心建设整体情况。市经信委副主任、市国防科工办主任吴磊介绍上海科创中心产业导向。

22日 市经信委召开软件和信息服务业发展工作会议，部署落实上海软件和信息服务业“十三五”发展目标，谋划各区产业定位和发展路径。市经信委副主任傅新华，各区软件和信息服务业主管部门负责人参加会议。

27日 ARM人工智能生态联盟发起仪式在沪举行。市经信委主任陈鸣波、徐汇区区长方世忠、上海仪电集团总裁蔡小庆、ARM全球执行副总裁兼大中华区总裁吴雄昂、上海国际汽车城发展有限公司执行总经理徐健等出席仪式。

28日 以“数字经济，无限未来”为主题的2017上海国际信息消费节拉开帷幕，向大众全面展示上海在“互联网＋”时代的信息经济建设成果。消费节持续至7月4日。

29日 上海市政府与海尔集团在沪签署战略合作框架协议。上海市委副书记、市长应勇，海尔集团董事局主席、首席执行官张瑞敏出席。上海市委常委、常务副市长周波，海尔集团董事局副主席、总裁周云杰代表双方签约。海尔集团、松江区政府、临港集团三方签署《“海尔集团‘产城创’生态圈模式”暨海尔智谷落户G60科创走廊合作协议》。市经信委主任陈鸣波、副主任、市国防科工办主任吴磊、副主任邵志清、松江区、临港集团、海尔集团等相关负责同志等出席签约仪式。

7月

10日 市经信委主任陈鸣波一行调研智能云科信息科技有限公司和安吉汽车物流有限公司，参观企业数字化运营中心，与企业有关负责人就工业互联网工作推进情况进行交流讨论。

11日 市经信委副主任吴金城赴中盐上海盐业公司（市盐务局）调研上海盐业体制改革情况。

12日 市经信委召开2017年重大产业项目领导小组第二次工作会议。明确下一阶段推进主要工作任务。市经信委主任陈鸣波，副主任、市国防科工办主任吴磊，副主任傅新华、吴金城，市国防科工办副主任伍继宏，巡视员陈跃华等出席会议。

是日 市经信委主任陈鸣波一行调研腾讯优图实验室，与企业有关负责人就人工智能产业发展情况进行交流讨论。

18日 市经信委召开行业协会商会与行政机关脱钩第二批试点工作部署会，市经信工作党委副书记马列坚出席会议并讲话，会议由市经信委副主任吴金城主持。

是日 上海市中小企业上市促进中心联手市金融办、市科创中心，召开上海市中小企业改制上市培育工作服务机构专题会议，全市近 30 家知名券商、律师事务所、会计师事务所与会。

24 日 市经信工作党委书记陆晓春、市经信委副主任吴金城到国网华东分部和上海市电力公司调研电力保障情况。

是日 市经信委召开兼职法律顾问聘任会议。市经信委副主任黄瓯出席会议并为 6 名兼职法律顾问颁发聘书。

25 日 市经信两委召开机关全体干部大会，总结上半年工作，谋划下半年工作。市经信工作党委书记陆晓春、市经信委主任陈鸣波出席会议并讲话。

26 日 市经信系统 2017 年年中工作会议召开。市经信工作党委书记陆晓春对抓好下半年重点工作，提出具体工作要求。市经信委主任陈鸣波通报上半年工作并部署下半年工作任务。市经信工作党委副书记马列坚主持会议，并代表党委通报上半年工作情况，部署下半年主要工作。

27 日 市经信委主任陈鸣波一行赴国家电网上海市电力公司和上海烟草集团浦东科技创新园区建设工地进行高温慰问和安全生产检查。

是日 由市经信委和徐汇区共同主办的软件和信息服务产业政策宣讲会在漕河泾开发区举行。

28 日 市经信委副主任傅新华赴中芯国际新建 12 英寸芯片生产线项目建设工地进行调研、慰问和安全生产检查。

31 日 市经信委副主任黄瓯调研上海拓璞数控科技股份有限公司，与企业负责人就航空产业链布局情况进行交流。

是日 市经信委副主任吴金城、副巡视员史文军赴浦东新区调研，对接“中国制造 2025”国家级示范区申报工作。

8 月

2 日 市经信委主任陈鸣波一行调研上海敬众科技股份有限公司和星环信息科技（上海）有限公司，与企业负责人就大数据产业发展情况进行交流讨论。

9 日 市经信委副主任、市国防科工办主任吴磊主持召开深远海海洋工程装备制造业国家级创新中心筹备会议。17 家船舶海工行业骨干企业和上海交大等科研院所相关负责同志参加会议。

10 日 市经信委开展工业行业“网络安全法”专题培训，邀请国家安监总局工业生产过程控制技术创新中心、国家工业信息安全发展研究中心等有关机构专家，就相关法律法规和标准规范进行专题辅导培训。

11 日 市经信委召开智能云科和资本企业的对接会，市经信委副主任黄瓯出席会议。与会资本企业与智能云科负责人就项目投资价值进行交流。

16 日 市经信委副主任吴金城赴上海电缆所调研高温超导电缆示范工程推进情况。

17 日 上海新时达机器人有限公司年产 1 万台套工业机器人新工厂开工仪式在嘉定举行。

是日 为进一步优化完善中小微企业融资环境，加强政银企间的信息沟通与互惠合作，上海市中小企业发展服务中心联合松江区中小企业发展服务中心、启迪漕河泾（中山）科技园举办中小企业融资交流会，约 30 家企业参加活动。

21 日 市经信工作党委、市经信委、市总工会联合召开新闻通气会，宣布主题为“智城•匠心”的“2017 上海智慧城市建设‘智慧工匠’选树、‘领军先锋’评选活动”拉开帷幕。市经信工作党委副书记马列坚、市总工会党组成员、巡视员何惠娟出席会议。

24 日 市经信委副主任吴金城赴宝山区调研产业发展情况，与区经委、城市工业园区等部门就产业发展进行座谈交流。

是日 市经信委副主任戎之勤赴东浩兰生集团调研第 19 届中国工博会筹备工作，听取东浩兰生集团关于本届工博会巡馆、招展招商等相关筹备工作的汇报。

25 日 上海市“专精特新”中小企业领军人才“回炉”培训班（浦江 1 期、浦江 2 期）开班典礼在复旦大学管理学院举行。市经信委副主任傅新华、复旦大学管理学院党委副书记叶耀华等出席典礼。

28 日 上海和辉光电第 6 代 AMOLED 显示项目主厂房钢结构屋架吊装仪式在和辉光电二期工地现场举行。

30 日 由工信部、科技部、国家发展改革委指导，上海市经信委、市科委、市发展改革委、徐汇区政府、中国人工智能产业发展联盟共同主办的 2017 全球（上海）人工智能创新峰会在上海徐汇西岸艺术中心举行。市委常委、常务副市长周波出席峰会并致辞，中央网信办、工信部、科技部等部委相关领导，市经信委主任陈鸣波，市经信委副主任、市国防科工办主任吴磊，徐汇区委副书记、区长方世忠，以及区人大、政协主要负责同志，市经信委副主任傅新华、邵志清、吴金城，市发改委和市科委相关领导等出席会议。会议由市经信委副主任黄瓯主持。

31 日 为贯彻落实《关于创新驱动发展巩固提升实体经济能级的若干意见》，2017 年上海市促进工业投资工作会议召开。市委常委、常务副市长周波出席会议并讲话。会议由市政府副秘书长金兴明主持。市经信委主任陈鸣波总结 2017 年上半年工业投资工作并布置下半年工作。松江区、浦东新区、上汽集团、华虹集团等 4 家单位负责人作交流发言。

9 月

5 日 上海通用航空发展论坛在临港举行。市经信委副主任黄瓯、临港管委会副主任吴晓华等出席。

6 日　第五届全球云计算大会暨国际网络通信展览会·中国站开幕式在上海世博展览馆举行。市经信委副主任傅新华出席会议。

是日　振华重工与华为技术有限公司在华为 2017 全联接大会上签署合作备忘录。

7 日　市经信委副主任吴金城召开工作会议，专题研究部署第七轮环保三年行动计划工业专项编制工作。

12 日　“中小企业质量提升行动”主题系列活动（第四场）走进质量标杆企业——上海振华重工（集团）股份有限公司在振华长兴岛基地举行。市经信委副主任傅新华，上海振华重工（集团）股份有限公司副总裁周崎、张健出席活动。

13 日　市经信委副主任黄瓯带队赴上海大学调研机器人、智能制造等领域发展情况，参观智能制造及机器人重点实验室。上海市智能制造及机器人重点实验室是一所依托于上海大学的上海市属重点实验室，自 20 世纪 80 年代开始从事机器人、智能制造技术的研究，是国内最早开展机器人相关研究的科研机构之一，曾承担上海二号、上海四号和上海五号机器人的研发，是上海大学“机械工程”一级学科博士点和博士后流动站、“机械电子工程”国家重点学科、上海市“机械工程高原学科”的重要支撑。

18 日　作为“全国双创周”的重要组成部分之一，阿里巴巴诸神之战全球创客大赛上海赛区决赛在双创周主会场长阳创谷举行。市经信委副主任傅新华出席活动并致辞。上海赛区易弹信息科技（上海）有限公司、上海极清慧视科技有限公司、上海捻幅智能科技有限公司分列冠、亚、季军。

19 日　网络安全技术高峰论坛“关键信息基础设施安全”分论坛在国家会展中心（上海）举行。市经信委副主任吴金城、市网信办总工程师杨海军参加分论坛并致辞。

20 日　上海市政府与招商局集团有限公司在沪签署战略合作框架协议。上海市委常委、常务副市长周波与招商局集团副总经理孙承铭代表双方签署协议。市政府秘书长肖贵玉，市经信委主任陈鸣波、副主任吴磊和市发改委、市金融办、市交通委、浦东新区、宝山区等负责同志出席签约仪式。

是日　市经信委联合市科委、市张江高新区管委会等上海市创新产品推荐目录编审委员会成员单位，召开 2017 年度上海市创新产品推荐目录编审委员联席会议。市经信委副主任黄瓯出席会议。

是日　作为 2017 年国家网络安全宣传周的重要组成部分，网络安全技术高峰论坛“大数据安全与个人信息保护”分论坛在国家会展中心（上海）举行。中国信息安全认证中心主任魏昊、市经信委副主任戎之勤出席分论坛并致辞。

26 日　“承载沪苏情缘启航产业飞地”沪苏大丰产业联动集聚区项目集中开工启动活动，在盐城大丰沪苏管理服务中心地块举行。市经信委副主任戎之勤、盐城市委书记、市人大常委会主任王荣平、临港集团董事长刘家平等领导出席会议。

27 日　申能股份有限公司与上海赛科石油化工有限责任公司签下今年双边交易合同第一单，达成交易 0.8 亿千瓦时，标志着上海市电力体制改革中，电力用户与发电企业直接交易试点工作正式启动。市经信委副主任吴金城、市发改委总经济师罗惠民、华东能监局巡视员何昌群、国网华东分部副主任张怀宇、国网上海市电力公司副总经理马苏龙、刘运龙等出席会议。

29 日　由上海市军民结合寓军于民武器装备科研生产体系建设领导小组举办，市经信委、市国防科工办、市发改委、市科委、闵行区政府联合承办的“军民话融合——上海军民融合产业深度发展推进大会”在闵行区举行。市委常委、常务副市长周波，国家国防科工局副局长徐占斌出席大会并致辞，上海警备区司令员张晓明少将出席大会，参观上海市军民融合成果展示中心。

是日　中俄国际商用飞机有限责任公司（CRAIC）在中国商飞公司举行宽体客机项目命名正式发布仪式。工业和信息化部副部长辛国斌，中国商飞公司董事长、党委书记贺东风，市经信委副主任黄瓯，俄罗斯工贸部副部长波恰洛夫，俄罗斯联合航空制造集团公司（UAC）总裁斯柳萨里等出席仪式。

10 月

11 日　“2017 年中国技能大赛——上海市经济和信息化系统职业技能竞赛”决赛在上海市就业促进中心启动。中共上海市经信工作党委副书记马列坚，上海市人力资源和社会保障局副局长张岚，中船上海船舶工业有限公司党委副书记、纪委书记、工会主席李煜前，中国航空无线电电子研究所党委副书记、纪委书记、工会主席火国锋，中国电信股份有限公司上海分公司资深经理兼总部综合党委书记郭刚等出席决赛启动仪式。大赛各协办单位、市经信系统各单位代表约 150 人参加启动仪式。

12 日　市经信委主任陈鸣波一行调研上海 ABB 工程有限公司，听取公司介绍运营情况，与企业负责人就机器人产业发展情况进行交流讨论。

26 日　中央党校、工信部调研组到华东师范大学计算机科学与软件工程学院参观考察，并就“工业互联网与网络信息安全”专题，与上汽集团、中国商飞、华谊集团、智能云科、三零卫士等企业的代表座谈交流。市经信委信息化推进处、信息安全处分别汇报上海市推进工业互联网和工控安全的整体推进情况。

27 日 申能股份有限公司与上海赛科石油化工有限责任公司签署双边交易合同，达成交易 0.8 亿千瓦时，标志着上海市电力体制改革中，电力用户与发电企业共同参与市场化交直接交易试点二作正式启动。市经信委副主任吴金城、市发改委总经济师罗惠民、华东能监局巡视员何昌群、国网华东分部副主任张怀宇、国网上海市电力公司副总经理马苏龙、刘运龙等出席会议。

29 日 由上海市军民结合寓军于民武器装备科研生产体系建设领导小组举办，市经信委、市国防科工办、市发改委、市科委、闵行区政府联合承办的“军民话融合——上海军民融合产业深度发展推进大会”在闵行区举行。市委常委、常务副市长周波，国家国防科工局副局长徐占斌出席大会并致辞，上海警备区司令员张晓明少将出席大会，并参观上海市军民融合成果展示中心。市区有关部门，上海警备区相关部门，海军、空军、火箭军驻上海地区军事代表局等单位约 300 余人参加大会和参观成果展示。

11 月

14 日 以“商业银行小微金融产品创新”为主题的 2017 年三季度上海中小企业信贷工作例会暨银企沟通交流会召开。市经信委副主任戎之勤、上海银监局副局长蔡莹出席会议。

是日 市经信委主任陈鸣波出席市政府新闻发布会并介绍新出台的《关于本市推动新一代人工智能发展的实施意见》主要内容。

15 日 上海市召开服务企业联席会议第一次全体会议，研究部署上海市企业服务平台建设工作。市委常委、常务副市长周波出席会议并作重要讲话，市政府副秘书长金兴明主持会议。市经信委主任陈鸣波、副主任戎之勤等出席会议。

16 日 市政府副秘书长，市国资委党委书记、主任金兴明出席市政府新闻发布会，介绍上海国资国企改革创新发展相关情况。未来 5 年上海地方国有企业每年将计划增量投资 8000 亿元左右，重点布局战略性新兴产业等领域。

20 日 市委副书记、市长应勇会见深圳正威集团董事局主席王文银一行。上海市政府及金山区政府分别与深圳正威集团签署战略合作框架协议和项目投资合作协议。市委常委、常务副市长周波参加会见并出席签约仪式。市政府副秘书长金兴明签署《战略合作框架协议》，签约仪式由市经信委主任陈鸣波主持，市发改委、市科委、市规划国土资源局、市合作交流办以及金山区负责同志等出席签约仪式。

22 日 以“新时代、新动能、新征程”为主题的 2017 上海嘉定产融合作要素对接大会举行。市经信委主任陈鸣波出席大会并致辞。

27 日 上海市政府与商汤集团在沪签署战略合作框架协议。市委副书记、市长应勇，商汤集团创始人、董事长汤晓鸥出席签约仪式。市委常委、常务副市长周波与商汤集团副董事长张文代表双方签署协议。市政府秘书长肖贵玉，市经信委主任陈鸣波，市经信委副主任、市国防科工办主任吴磊，市发改委，徐汇区等负责同志出席签约仪式。签约仪式由市政府副秘书长金兴明主持。

29 日 国家工业信息安全发展研究中心受工信部信息化和软件服务业司委托，在沪举办《工业电子商务发展三年行动计划》宣贯会。工信部信软司副司长安筱鹏出席会议并解读该行动计划。市经信委副主任傅新华出席并致辞。

是日 为贯彻落实《中国制造 2025》战略部署，加快推进智能制造在汽车行业的示范和推广，促进试点项目经验交流，工信部装备工业司组织的 2017 年汽车行业智能制造试点示范现场经验交流会议在上海嘉定国际汽车城召开。

30 日 上海“一带一路”国际合作高峰论坛召开。市经信委副主任傅新华出席论坛并致辞，捷克共和国驻上海总领事馆总领事 Richard Krpac 做主题演讲。

12 月

1 日 上海市政府与工信部在沪签署关于共同推进工业互联网创新发展促进制造业转型升级的战略合作框架协议。工信部副部长陈肇雄，上海市委常委、常务副市长周波代表双方签约，并同时为工业互联网创新中心揭牌。

4 日 第 19 届中国国际海事会展在沪开幕。国家工信部副部长罗文，上海市副市长时光辉，市政府副秘书长金兴明，市经信委主任陈鸣波，市经信委副主任、市国防科工办主任吴磊，市国防科工办副主任伍继宏等分别出席开幕式和巡馆活动。

是日 工信部副部长罗文赴上海考察调研制造业创新中心建设工作。市经信委副主任黄瓯、总工程师张英等相关单位负责同志出席座谈会。

5 日 中国海工联盟牵头组建的“海洋工程装备制造业创新中心”出资人投资协议签字仪式在沪举办。上海市副市长许昆林，市经信委副主任、市国防科工办主任吴磊，上海临港管委会党组书记陈杰，中船集团副总经理南大庆，中船重工副总经理何纪武，中远海运集团副总经理王宇航，中集集团副总裁于亚，中车股份副总裁王军等出席签字仪式。签字仪式由中国海工联盟理事长梁岩峰主持。

是日 2017 上海智慧城市建设“智慧工匠”选树、“领军先锋”评选颁奖暨 2017 上海智慧城市体验周启动仪式举行。市经信工作党委书记陆晓春，市总工会副主席、党组副书记姜海涛，市总工会巡视员何惠娟，市经信工作党委副书记马列坚，市经信委副主任、市国防科工办主任吴磊，中国工程院院士、同济大学副校长吴志强，市经信委总工程师张英，市经济信息化工作党委副巡视员陆琪等出席仪式。

6日 主题为Mobility driven by AI的第十届TC汽车互联网大会在沪召开，会议由中国汽车工程学会主办、上海车联网与车载信息服务产业联盟等承办。工信部信息化和软件服务业司司长谢少锋、市经信委副主任黄瓯、中国汽车工程学会理事长付于武等出席大会并致辞。

是日 为贯彻市领导关于“营商环境是重要软实力，也是核心竞争力，上海始终高度重视营商环境的改善和优化”的指示精神，推进企业服务平台建设，市经信委副主任戎之勤带队赴南京学习调研江苏省推进简政放权，优化创业创新环境的成功做法。

12日 为贯彻落实中共十九大精神，服务国家创新驱动和制造强国战略，加快上海具有全球影响力的科技创新中心建设，上海市人民政府与中国电子信息产业集团有限公司在沪签署战略合作框架协议。上海市委副书记、市长应勇，中国电子董事长、党组书记芮晓武出席并见证签约仪式。市委常委、常务副市长周波，中国电子副总经理、党组成员陈旭代表双方签署战略合作协议。市政府秘书长肖贵玉，中国电子科学技术委员会副主任滕刚，总经理助理徐国飞等共同出席签约仪式。签约仪式由市政府副秘书长金兴明主持。市经信委主任陈鸣波、副主任傅新华等出席签约仪式。市发改委、临港管委会、临港集团等有关负责同志出席仪式。

是日 中国商飞公司数据管理中心成立，市经信委副主任黄瓯出席揭牌仪式并致辞。

13日 市经信委、市品牌建设工作联席会议办公室召开“贯彻落实市委务虚会精神，全力打响上海四大品牌”座谈会。市经信委巡视员、市品牌办主任陈跃华出席会议。

是日 2017中国智能汽车大赛（CIVC）在上海F1国际赛车场和国家智能网联汽车（上海）试点示范区封闭测试区举行。大赛由市经信委、嘉定区政府指导，中国汽车技术研究中心、中国生产力促进中心协会、上海国际汽车城（集团）有限公司共同主办。市经信委副主任傅新华出席开幕式并宣布大赛开幕。

14日 市经信委副主任戎之勤赴京向工信部汇报启动第20届中国工博会筹备工作。

19日 “人工智能助力上海科创中心建设”高峰论坛在沪举行。市经信委总工程师张英出席会议并致辞。

是日 2017（第四届）中国产业互联网高峰论坛开幕。市经信委副主任傅新华出席并致辞。

20日 市经信工作党委、市经信委召开2018年工作务虚会。委党政领导和相关处室围绕上海制造、产业创新、军民融合、企业服务等主题进行交流发言，谋划2018年工作思路。市经信工作党委、市经信委党政班子成员、各职能处室负责同志参加会议。

21日 市经信委副主任傅新华调研上海泛微网络科技股份有限公司，与企业就软件产业面临的挑战和需求进行沟通。

是日 市经信委副主任戎之勤带队赴奉贤区、金山区调研产业招商布局统筹和服务企业工作。

26日 上海市商用航空发动机领域联合创新计划工作阶段总结会召开。市经信委总工程师张英、市教委巡视员蒋红出席会议。首批联合创新计划参与单位中国航发商用航空发动机有限责任公司、上海大学、华东理工大学、上海交通大学、复旦大学、同济大学就相关工作情况进行交流。

27日 市经信委副主任戎之勤带队调研江苏省政务服务中心，参观政务服务大厅，围绕政务服务网等与对方进行座谈。

是日 为加快推进解决全市“四新”经济企业发展面临的瓶颈问题，充分发挥“2+X+16”（市经信委、市发展改革委牵头，16个区政府和相关职能部门共同参与）工作机制的作用，召开现场专题会议，就“四新”企业近期提出的瓶颈问题，进行面对面的解答和指导。

是日 上海市西软件信息园授牌仪式在青浦区举行。市政府副秘书长金兴明出席仪式并将“市西软件信息园”铜牌正式授予青浦区政府。市经信委主任陈鸣波出席仪式并宣读市西软件信息园批复。授牌仪式由市经信委副主任傅新华主持。

28日 由上海兆芯举办的先进安全自主可控CPU发展论坛暨兆芯开先KX-5000系列新品发布会举行。市经信委副主任傅新华出席并致辞。

（李　白）

2018·上海工业年鉴

SHANGHAI INDUSTRIAL YEARBOOK

2017 年部分法律法规、政策目录

中华人民共和国中小企业促进法

（2002 年 6 月 29 日第九届全国人民代表大会常务委员会第二十八次会议通过，2017 年 9 月 1 日第十二届全国人民代表大会常务委员会第二十九次会议修订）

食盐专营办法

（1996 年 5 月 27 日中华人民共和国国务院第 197 号发布根据 2013 年 12 月 7 日《国务院关于修改部分行政法规的决定》修订 2017 年 12 月 26 日中华人民共和国国务院令第 696 号修订）

新能源汽车生产企业及产品准入管理规定

（2016 年 10 月 20 日工业和信息化部第 26 次部务会议审议通过，2017 年 1 月 6 日工业和信息化部令第 39 号公布）

乘用车企业平均燃料消耗量与新能源汽车积分并行管理办法

（2017 年 8 月 16 日工业和信息化部第 32 次部务会议审议通过，并经财政部、商务部、海关总署、质检总局审议同意，2017 年 9 月 27 日第 44 号令公布）

国务院关于深化“互联网＋先进制造业”发展工业互联网的指导意见

（2017 年 11 月 27 日发布）

国务院关于印发新一代人工智能发展规划的通知

（国发〔2017〕35 号，2017 年 7 月 20 日发布）

国务院办公厅关于推动国防科技工业军民融合深度发展的意见

（国办发〔2017〕91 号，2017 年 12 月 4 日发布）

工业和信息化部关于促进和规范民用无人机制造业发展的指导意见

（工信部装〔2017〕310 号，2017 年 12 月 6 日）

工业和信息化部关于加快推进环保装备制造业发展的指导意见

（工信部节〔2017〕250 号）

工业和信息化部关于印发《国家新型工业化产业示范基地管理办法》的通知

（工信部规〔2017〕1 号，2017 年月 3 日发布）

关于创新驱动发展巩固提升实体经济能级的若干意见

（沪府发〔2017〕36 号，2017 年 5 月 27 日发布）

中华人民共和国中小企业促进法

（2002 年 6 月 29 日第九届全国人民代表大会常务委员会第二十八次会议通过
2017 年 9 月 1 日第十二届全国人民代表大会常务委员会第二十九次会议修订）

第一章 总则

第一条 为了改善中小企业经营环境，保障中小企业公平参与市场竞争，维护中小企业合法权益，支持中小企业创业创新，促进中小企业健康发展，扩大城乡就业，发挥中小企业在国民经济和社会发展中的重要作用，制定本法。

第二条 本法所称中小企业，是指在中华人民共和国境内依法设立的，人员规模、经营规模相对较小的企业，包括中型企业、小型企业和微型企业。

中型企业、小型企业和微型企业划分标准由国务院负责中小企业促进工作综合管理的部门会同国务院有关部门，根据企业从业人员、营业收入、资产总额等指标，结合行业特点制定，报国务院批准。

第三条 国家将促进中小企业发展作为长期发展战略，坚持各类企业权利平等、机会平等、规则平等，对中小企业特别是其中的小型微型企业实行积极扶持、加强引导、完善服务、依法规范、保障权益的方针，为中小企业创立和发展创造有利的环境。

第四条 中小企业应当依法经营，遵守国家劳动用工、安全生产、职业卫生、社会保障、资源环境、质量标准、知识产权、财政税收等方面的法律、法规，遵循诚信原则，规范内部管理，提高经营管理水平；不得损害劳动者合法权益，不得损害社会公共利益。

第五条 国务院制定促进中小企业发展政策，建立中小企业促进工作协调机制，统筹全国中小企业促进工作。

国务院负责中小企业促进工作综合管理的部门组织实施促进中小企业发展政策，对中小企业促进工作进行宏观指导、综合协调和监督检查。

国务院有关部门根据国家促进中小企业发展政策，在各自职责范围内负责中小企业促进工作。

县级以上地方各级人民政府根据实际情况建立中小企业促进工作协调机制，明确相应的负责中小企业促进工作综合管理的部门，负责本行政区域内的中小企业促进工作。

第六条 国家建立中小企业统计监测制度。统计部门应当加强对中小企业的统计调查和监测分析，定期发布有关信息。

第七条 国家推进中小企业信用制度建设，建立社会化的信用信息征集与评价体系，实现中小企业信用信息查询、交流和共享的社会化。

第二章 财税支持

第八条 中央财政应当在本级预算中设立中小企业科目，安排中小企业发展专项资金。

县级以上地方各级人民政府应当根据实际情况，在本级财政预算中安排中小企业发展专项资金。

第九条 中小企业发展专项资金通过资助、购买服务、奖励等方式，重点用于支持中小企业公共服务体系和融资服务体系建设。

中小企业发展专项资金向小型微型企业倾斜，资金管理使用坚持公开、透明的原则，实行预算绩效管理。

第十条 国家设立中小企业发展基金。国家中小企业发展基金应当遵循政策性导向和市场化运作原则，主要用于引导和带动社会资金支持初创期中小企业，促进创业创新。

县级以上地方各级人民政府可以设立中小企业发展基金。

中小企业发展基金的设立和使用管理办法由国务院规定。

第十一条 国家实行有利于小型微型企业发展的税收政策，对符合条件的小型微型企业按照规定实行缓征、减征、免征企业所得税、增值税等措施，简化税收征管程序，减轻小型微型企业税收负担。

第十二条 国家对小型微型企业行政事业性收费实行减免等优惠政策，减轻小型微型企业负担。

第三章 融资促进

第十三条 金融机构应当发挥服务实体经济的功能，高效、公平地服务中小企业。

第十四条 中国人民银行应当综合运用货币政策工具，鼓励和引导金融机构加大对小型微型企业的信贷支持，改善小型微型企业融资环境。

第十五条 国务院银行业监督管理机构对金融机构开展小型微型企业金融服务应当制定差异化监管政策，采取合理提高小型微型企业不良贷款容忍度等措施，引导金融机构增加小型微型企业融资规模和比重，提高金融服务水平。

第十六条 国家鼓励各类金融机构开发和提供适合中小企业特点的金融产品和服务。

国家政策性金融机构应当在其业务经营范围内，采取多种形式，为中小企业提供金融服务。

第十七条 国家推进和支持普惠金融体系建设，推动中小银行、非存款类放贷机构和互联网金融有序健康发展，引导银行业金融机构向县域和乡镇等小型微型企业金融服务薄弱地区延伸网点和业务。

国有大型商业银行应当设立普惠金融机构，为小型微型企业提供金融服务。国家推动其他银行业金融机构设立小型微型企业金融服务专营机构。

地区性中小银行应当积极为其所在地的小型微型企业提供金融服务，促进实体经济发展。

第十八条 国家健全多层次资本市场体系，多渠道推动股权融资，发展并规范债券市场，促进中小企业利用多种方式直接融资。

第十九条 国家完善担保融资制度，支持金融机构为中小企业提供以应收账款、知识产权、存货、机器设备等为担保品的担保融资。

第二十条 中小企业以应收账款申请担保融资时，其应收账款的付款方，应当及时确认债权债务关系，支持中小企业融资。

国家鼓励中小企业及付款方通过应收账款融资服务平台确认债权债务关系，提高融资效率，降低融资成本。

第二十一条 县级以上人民政府应当建立中小企业政策性信用担保体系，鼓励各类担保机构为中小企业融资提供信用担保。

第二十二条 国家推动保险机构开展中小企业贷款保证保险和信用保险业务，开发适应中小企业分散风险、补偿损失需求的保险产品。

第二十三条 国家支持征信机构发展针对中小企业融资的征信产品和服务，依法向政府有关部门、公用事业单位和商业机构采集信息。

国家鼓励第三方评级机构开展中小企业评级服务。

第四章 创业扶持

第二十四条 县级以上人民政府及其有关部门应当通过政府网站、宣传资料等形式，为创业人员免费提供工商、财税、金融、环境保护、安全生产、劳动用工、社会保障等方面的法律政策咨询和公共信息服务。

第二十五条 高等学校毕业生、退役军人和失业人员、残疾人员等创办小型微型企业，按照国家规定享受税收优惠和收费减免。

第二十六条 国家采取措施支持社会资金参与投资中小企业。创业投资企业和个人投资者投资初创期科技创新企业的，按照国家规定享受税收优惠。

第二十七条 国家改善企业创业环境，优化审批流程，实现中小企业行政许可便捷，降低中小企业设立成本。

第二十八条 国家鼓励建设和创办小型微型企业创业基地、孵化基地，为小型微型企业提供生产经营场地和服务。

第二十九条 地方各级人民政府应当根据中小企业发展的需要，在城乡规划中安排必要的用地和设施，为中小企业获得生产经营场所提供便利。

国家支持利用闲置的商业用房、工业厂房、企业库房和物流设施等，为创业者提供低成本生产经营场所。

第三十条 国家鼓励互联网平台向中小企业开放技术、开发、营销、推广等资源，加强资源共享与合作，为中小企业创业提供服务。

第三十一条 国家简化中小企业注销登记程序，实现中小企业市场退出便利化。

第五章 创新支持

第三十二条 国家鼓励中小企业按照市场需求，推进技术、产品、管理模式、商业模式等创新。

中小企业的固定资产由于技术进步等原因，确需加速折旧的，可以依法缩短折旧年限或者采取加速折旧方法。

国家完善中小企业研究开发费用加计扣除政策，支持中小企业技术创新。

第三十三条 国家支持中小企业在研发设计、生产制造、运营管理等环节应用互联网、云计算、大数据、人工智能等现代技术手段，创新生产方式，提高生产经营效率。

第三十四条 国家鼓励中小企业参与产业关键共性技术研究开发和利用财政资金设立的科研项目实施。

国家推动军民融合深度发展，支持中小企业参与国防科研和生产活动。

国家支持中小企业及中小企业的有关行业组织参与标准的制定。

第三十五条　国家鼓励中小企业研究开发拥有自主知识产权的技术和产品，规范内部知识产权管理，提升保护和运用知识产权的能力；鼓励中小企业投保知识产权保险；减轻中小企业申请和维持知识产权的费用等负担。

第三十六条　县级以上人民政府有关部门应当在规划、用地、财政等方面提供支持，推动建立和发展各类创新服务机构。

国家鼓励各类创新服务机构为中小企业提供技术信息、研发设计与应用、质量标准、实验试验、检验检测、技术转让、技术培训等服务，促进科技成果转化，推动企业技术、产品升级。

第三十七条　县级以上人民政府有关部门应当拓宽渠道，采取补贴、培训等措施，引导高等学校毕业生到中小企业就业，帮助中小企业引进创新人才。

国家鼓励科研机构、高等学校和大型企业等创造条件向中小企业开放试验设施，开展技术研发与合作，帮助中小企业开发新产品，培养专业人才。

国家鼓励科研机构、高等学校支持本单位的科技人员以兼职、挂职、参与项目合作等形式到中小企业从事产学研合作和科技成果转化活动，并按照国家有关规定取得相应报酬。

第六章　市场开拓

第三十八条　国家完善市场体系，实行统一的市场准入和市场监管制度，反对垄断和不正当竞争，营造中小企业公平参与竞争的市场环境。

第三十九条　国家支持大型企业与中小企业建立以市场配置资源为基础的、稳定的原材料供应、生产、销售、服务外包、技术开发和技术改造等方面的协作关系，带动和促进中小企业发展。

第四十条　国务院有关部门应当制定中小企业政府采购的相关优惠政策，通过制定采购需求标准、预留采购份额、价格评审优惠、优先采购等措施，提高中小企业在政府采购中的份额。

向中小企业预留的采购份额应当占本部门年度政府采购项目预算总额的百分之三十以上；其中，预留给小型微型企业的比例不低于百分之六十。中小企业无法提供的商品和服务除外。

政府采购不得在企业股权结构、经营年限、经营规模和财务指标等方面对中小企业实行差别待遇或者歧视待遇。

政府采购部门应当在政府采购监督管理部门指定的媒体上及时向社会公开发布采购信息，为中小企业获得政府采购合同提供指导和服务。

第四十一条　县级以上人民政府有关部门应当在法律咨询、知识产权保护、技术性贸易措施、产品认证等方面为中小企业产品和服务出口提供指导和帮助，推动对外经济技术合作与交流。

国家有关政策性金融机构应当通过开展进出口信贷、出口信用保险等业务，支持中小企业开拓境外市场。

第四十二条　县级以上人民政府有关部门应当为中小企业提供用汇、人员出入境等方面的便利，支持中小企业到境外投资，开拓国际市场。

第七章　服务措施

第四十三条　国家建立健全社会化的中小企业公共服务体系，为中小企业提供服务。

第四十四条　县级以上地方各级人民政府应当根据实际需要建立和完善中小企业公共服务机构，为中小企业提供公益性服务。

第四十五条　县级以上人民政府负责中小企业促进工作综合管理的部门应当建立跨部门的政策信息互联网发布平台，及时汇集涉及中小企业的法律法规、创业、创新、金融、市场、权益保护等各类政府服务信息，为中小企业提供便捷无偿服务。

第四十六条　国家鼓励各类服务机构为中小企业提供创业培训与辅导、知识产权保护、管理咨询、信息咨询、信用服务、市场营销、项目开发、投资融资、财会税务、产权交易、技术支持、人才引进、对外合作、展览展销、法律咨询等服务。

第四十七条　县级以上人民政府负责中小企业促进工作综合管理的部门应当安排资金，有计划地组织实施中小企业经营管理人员培训。

第四十八条　国家支持有关机构、高等学校开展针对中小企业经营管理及生产技术等方面的人员培训，提高企业营销、管理和技术水平。

国家支持高等学校、职业教育院校和各类职业技能培训机构与中小企业合作共建实习实践基地，支持职业教育院校教师和中小企业技术人才双向交流，创新中小企业人才培养模式。

第四十九条　中小企业的有关行业组织应当依法维护会

员的合法权益，反映会员诉求，加强自律管理，为中小企业创业创新、开拓市场等提供服务。

第八章　权益保护

第五十条　国家保护中小企业及其出资人的财产权和其他合法权益。任何单位和个人不得侵犯中小企业财产及其合法收益。

第五十一条　县级以上人民政府负责中小企业促进工作综合管理的部门应当建立专门渠道，听取中小企业对政府相关管理工作的意见和建议，并及时向有关部门反馈，督促改进。

县级以上地方各级人民政府有关部门和有关行业组织应当公布联系方式，受理中小企业的投诉、举报，并在规定的时间内予以调查、处理。

第五十二条　地方各级人民政府应当依法实施行政许可，依法开展管理工作，不得实施没有法律、法规依据的检查，不得强制或者变相强制中小企业参加考核、评比、表彰、培训等活动。

第五十三条　国家机关、事业单位和大型企业不得违约拖欠中小企业的货物、工程、服务款项。

中小企业有权要求拖欠方支付拖欠款并要求对拖欠造成的损失进行赔偿。

第五十四条　任何单位不得违反法律、法规向中小企业收取费用，不得实施没有法律、法规依据的罚款，不得向中小企业摊派财物。中小企业对违反上述规定的行为有权拒绝和举报、控告。

第五十五条　国家建立和实施涉企行政事业性收费目录清单制度，收费目录清单及其实施情况向社会公开，接受社会监督。

任何单位不得对中小企业执行目录清单之外的行政事业性收费，不得对中小企业擅自提高收费标准、扩大收费范围；严禁以各种方式强制中小企业赞助捐赠、订购报刊、加入社团、接受指定服务；严禁行业组织依靠代行政府职能或者利用行政资源擅自设立收费项目、提高收费标准。

第五十六条　县级以上地方各级人民政府有关部门对中小企业实施监督检查应当依法进行，建立随机抽查机制。同一部门对中小企业实施的多项监督检查能够合并进行的，应当合并进行；不同部门对中小企业实施的多项监督检查能够合并完成的，由本级人民政府组织有关部门实施合并或者联合检查。

第九章　监督检查

第五十七条　县级以上人民政府定期组织对中小企业促进工作情况的监督检查；对违反本法的行为及时予以纠正，并对直接负责的主管人员和其他直接责任人员依法给予处分。

第五十八条　国务院负责中小企业促进工作综合管理的部门应当委托第三方机构定期开展中小企业发展环境评估，并向社会公布。

地方各级人民政府可以根据实际情况委托第三方机构开展中小企业发展环境评估。

第五十九条　县级以上人民政府应当定期组织开展对中小企业发展专项资金、中小企业发展基金使用效果的企业评价、社会评价和资金使用动态评估，并将评价和评估情况及时向社会公布，接受社会监督。

县级以上人民政府有关部门在各自职责范围内，对中小企业发展专项资金、中小企业发展基金的管理和使用情况进行监督，对截留、挤占、挪用、侵占、贪污中小企业发展专项资金、中小企业发展基金等行为依法进行查处，并对直接负责的主管人员和其他直接责任人员依法给予处分；构成犯罪的，依法追究刑事责任。

第六十条　县级以上地方各级人民政府有关部门在各自职责范围内，对强制或者变相强制中小企业参加考核、评比、表彰、培训等活动的行为，违法向中小企业收费、罚款、摊派财物的行为，以及其他侵犯中小企业合法权益的行为进行查处，并对直接负责的主管人员和其他直接责任人员依法给予处分。

第十章　附则

第六十一条　本法自 2018 年 1 月 1 日起施行。

食盐专营办法

（1996 年 5 月 27 日中华人民共和国国务院令第 197 号发布
根据 2013 年 12 月 7 日《国务院关于修改部分行政法规的决定》修订
2017 年 12 月 26 日中华人民共和国国务院令第 696 号修订）

第一章　总则

第一条　为了加强对食盐的管理，保障食盐科学加碘工作的有效实施，确保食盐质量安全和供应安全，保护公民的身体健康，制定本办法。

第二条　国家实行食盐专营管理。

本办法所称食盐，是指直接食用和制作食品所用的盐。

第三条　本办法适用于中华人民共和国境内的食盐生产、销售和储备活动。

第四条　国务院盐业主管部门主管全国盐业工作，负责管理全国食盐专营工作。县级以上地方人民政府确定的盐业主管部门负责管理本行政区域的食盐专营工作。

国务院食品药品监督管理部门负责全国食盐质量安全监督管理。县级以上地方人民政府确定的食盐质量安全监督管理部门负责本行政区域的食盐质量安全监督管理。

第五条　盐业主管部门应当加强对工业用盐等非食用盐的管理，防止非食用盐流入食盐市场。

第六条　国务院盐业主管部门应当会同有关部门加强对食盐生产、批发企业及其董事、监事、高级管理人员的信用管理，建立健全信用信息记录、公示制度，提高食盐行业信用水平。

第七条　依法成立的盐业行业组织依照法律、行政法规和章程，保护企业合法权益，加强行业自律，促进企业守法、诚信经营，引导企业公平竞争。

第二章　食盐生产

第八条　国家实行食盐定点生产制度。非食盐定点生产企业不得生产食盐。

第九条　省、自治区、直辖市人民政府盐业主管部门按照统一规划、合理布局的要求审批确定食盐定点生产企业，颁发食盐定点生产企业证书，及时向社会公布食盐定点生产企业名单，并报国务院盐业主管部门备案。

第十条　食盐定点生产企业和非食用盐生产企业应当建立生产销售记录制度，如实记录并保存相关凭证。记录和凭证保存期限不得少于 2 年。

食盐应当按照规定在外包装上作出标识，非食用盐的包装、标识应当明显区别于食盐。

第十一条　禁止利用井矿盐卤水熬制食盐。

第三章　食盐销售

第十二条　国家实行食盐定点批发制度。非食盐定点批发企业不得经营食盐批发业务。

第十三条　省、自治区、直辖市人民政府盐业主管部门按照统一规划、合理布局的要求审批确定食盐定点批发企业，颁发食盐定点批发企业证书，及时向社会公布食盐定点批发企业名单，并报国务院盐业主管部门备案。

食盐定点生产企业申请经营食盐批发业务的，省、自治区、直辖市人民政府盐业主管部门应当确定其为食盐定点批发企业并颁发食盐定点批发企业证书。

第十四条　食盐定点批发企业应当从食盐定点生产企业或者其他食盐定点批发企业购进食盐，在国家规定的范围内销售。

食盐定点批发企业在国家规定的范围内销售食盐，任何单位或者个人不得阻止或者限制。

第十五条　食盐定点批发企业应当建立采购销售记录制度，如实记录并保存相关凭证。记录和凭证保存期限不得少于 2 年。

第十六条　食盐零售单位应当从食盐定点批发企业购进食盐。

第十七条　食盐价格由经营者自主确定。

县级以上地方人民政府价格主管部门应当加强对食盐零售价格的市场日常监测。当食盐价格显著上涨或者有可能显著上涨时，省、自治区、直辖市人民政府可以依法采取价格干预或者其他应急措施。

第十八条 县级以上地方人民政府应当根据实际情况，采取必要措施，保障边远地区和民族地区的食盐供应。

第十九条 禁止销售不符合食品安全标准的食盐。

禁止将下列产品作为食盐销售：

（一）液体盐（含天然卤水）；

（二）工业用盐和其他非食用盐；

（三）利用盐土、硝土或者工业废渣、废液制作的盐；

（四）利用井矿盐卤水熬制的盐；

（五）外包装上无标识或者标识不符合国家有关规定的盐。

第四章 食盐的储备和应急管理

第二十条 省、自治区、直辖市人民政府盐业主管部门应当根据本行政区域食盐供需情况，建立健全食盐储备制度，承担政府食盐储备责任。

第二十一条 食盐定点生产企业和食盐定点批发企业应当按照食盐储备制度要求，承担企业食盐储备责任，保持食盐的合理库存。

第二十二条 盐业主管部门应当会同有关部门制定食盐供应应急预案，在发生突发事件时协调、保障食盐供应。

第五章 监督管理

第二十三条 盐业主管部门依法履行监督检查职责，可以采取下列措施：

（一）向有关单位和个人了解情况；

（二）查阅或者复制有关合同、票据、账簿、购销记录及其他有关资料；

（三）查封、扣押与涉嫌盐业违法行为有关的食盐及原材料，以及用于违法生产或者销售食盐的工具、设备；

（四）查封涉嫌违法生产或者销售食盐的场所。

采取前款第三项、第四项规定的措施，应当向盐业主管部门主要负责人书面报告，并经批准。

盐业主管部门调查涉嫌盐业违法行为，应当遵守《中华人民共和国行政强制法》和其他有关法律、行政法规的规定。

第二十四条 盐业主管部门、食盐质量安全监督管理部门应当各司其职，加强协作，相互配合，通过政务信息系统等实现信息共享，建立健全行政执法协作配合制度。

盐业主管部门、食盐质量安全监督管理部门在监督管理工作中发现依法不属于本部门处理权限的涉嫌违法行为，应当及时移交有权处理的部门；有权处理的部门应当依法及时处理，并及时反馈处理结果。

第二十五条 盐业主管部门、食盐质量安全监督管理部门应当向社会公布本部门的联系方式，方便公众举报违法行为。

盐业主管部门、食盐质量安全监督管理部门接到举报，应当及时依法调查处理。对实名举报，盐业主管部门、食盐质量安全监督管理部门应当为举报人保密，并将处理结果告知举报人。

第六章 法律责任

第二十六条 有下列情形之一的，由县级以上地方人民政府盐业主管部门予以取缔，没收违法生产经营的食盐和违法所得。违法生产经营的食盐货值金额不足1万元的，可以处5万元以下的罚款；货值金额1万元以上的，并处货值金额5倍以上10倍以下的罚款：

（一）非食盐定点生产企业生产食盐；

（二）非食盐定点批发企业经营食盐批发业务。

第二十七条 有下列情形之一的，由县级以上地方人民政府盐业主管部门责令改正，处5000元以上5万元以下的罚款；情节严重的，责令停产停业整顿，直至吊销食盐定点生产、食盐定点批发企业证书：

（一）食盐定点生产企业、非食用盐生产企业未按照本办法规定保存生产销售记录；

（二）食盐定点批发企业未按照本办法规定保存采购销售记录；

（三）食盐定点批发企业超出国家规定的范围销售食盐；

（四）将非食用盐产品作为食盐销售。

第二十八条 有下列情形之一的，由县级以上地方人民政府盐业主管部门责令改正，没收违法购进的食盐，可以处违法购进的食盐货值金额3倍以下的罚款：

（一）食盐定点批发企业从除食盐定点生产企业、其他食盐定点批发企业以外的单位或者个人购进食盐；

（二）食盐零售单位从食盐定点批发企业以外的单位或者个人购进食盐。

第二十九条 未按照本办法第十条的规定作出标识的，由有关主管部门依据职责分工，责令改正，可以处5万元以下的罚款。

第三十条 经营者的行为违反本办法的规定同时违反

《中华人民共和国食品安全法》的，由县级以上地方人民政府食盐质量安全监督管理部门依照《中华人民共和国食品安全法》进行处罚。

第三十一条 食盐定点生产企业、食盐定点批发企业违反本办法的规定，被处以吊销食盐定点生产、食盐定点批发企业证书行政处罚的，其法定代表人、直接负责的主管人员和其他直接责任人员自处罚决定作出之日起5年内不得从事食盐生产经营管理活动，不得担任食盐定点生产企业、食盐定点批发企业的董事、监事或者高级管理人员。

食盐定点生产企业、食盐定点批发企业违反前款规定聘用人员的，由盐业主管部门责令改正；拒不改正的，吊销其食盐定点生产、食盐定点批发企业证书。

第三十二条 违反本办法的规定，构成违反治安管理行为的，依法给予治安管理处罚；构成犯罪的，依法追究刑事责任。

第三十三条 盐业主管部门以及其他有关部门的工作人员滥用职权、玩忽职守、徇私舞弊，构成犯罪的，依法追究刑事责任；尚不构成犯罪的，依法给予处分。

第七章 附则

第三十四条 除本办法的规定外，食盐质量安全监督管理、食盐加碘工作还应当依照有关法律、行政法规的规定执行。

第三十五条 渔业、畜牧用盐管理办法，由国务院盐业主管部门会同国务院农业行政主管部门另行制定。

第三十六条 本办法自公布之日起施行。1990年3月2日国务院发布的《盐业管理条例》同时废止。

新能源汽车生产企业及产品准入管理规定

工业和信息化部令第39号

《新能源汽车生产企业及产品准入管理规定》已经2016年10月20日工业和信息化部第26次部务会议审议通过，现予公布，自2017年7月1日起施行。工业和信息化部2009年6月17日公布的《新能源汽车生产企业及产品准入管理规则》（工产业〔2009〕第44号）同时废止。

第一条 为了落实发展新能源汽车的国家战略，规范新能源汽车生产活动，保障公民生命财产安全和公共安全，促进新能源汽车产业持续健康发展，根据《中华人民共和国行政许可法》《中华人民共和国道路交通安全法》《国务院对确需保留的行政审批项目设定行政许可的决定》等法律法规，制定本规定。

第二条 在中华人民共和国境内生产新能源汽车的企业（以下简称新能源汽车生产企业），及其生产在境内使用的新能源汽车产品的活动，适用本规定。

第三条 本规定所称汽车，是指《汽车和挂车类型的术语和定义》国家标准（GB/T3730.1—2001）第2.1款所规定的汽车整车（完整车辆）及底盘（非完整车辆），不包括整车整备质量超过400千克的三轮车辆。

本规定所称新能源汽车，是指采用新型动力系统，完全或者主要依靠新型能源驱动的汽车，包括插电式混合动力（含增程式）汽车、纯电动汽车和燃料电池汽车等。

第四条 工业和信息化部负责实施全国新能源汽车生产企业及产品的准入和监督管理。

省、自治区、直辖市工业和信息化主管部门负责本行政区域内新能源汽车生产企业及产品的日常监督管理，并配合工业和信息化部实施准入管理相关工作。

第五条 申请新能源汽车生产企业准入的，应当符合以下条件：

（一）符合国家有关法律、行政法规、规章和汽车产业发展政策及宏观调控政策的要求。

（二）申请人是已取得道路机动车辆生产企业准入的汽车生产企业，或者是已按照国家有关投资管理规定完成投资项目手续的新建汽车生产企业。

汽车生产企业跨产品类别生产新能源汽车的，也应当按照国家有关投资管理规定完成投资项目手续。

（三）具备生产新能源汽车产品所必需的设计开发能力、生产能力、产品生产一致性保证能力、售后服务及产品安全保障能力，符合《新能源汽车生产企业准入审查要求》（见附件1，以下简称《准入审查要求》）。

具备工业和信息化部规定条件的大型汽车企业集团，在企业集团统一规划、统一管理、承担相应监管责任的前提下，其下属企业（包括下属子公司及分公司）的准入条件予以简化，适用《企业集团下属企业的准入审查要求》（见附件2）。

（四）符合相同类别的常规汽车生产企业准入管理规则。

第六条 汽车生产企业在已列入《道路机动车辆生产企业及产品公告》（以下简称《公告》）的新能源汽车整车或者底盘基础上改装生产新能源汽车产品，改装未影响到底盘、车载能源系统、驱动系统和控制系统的，不需要申请新能源汽车生产企业准入。

第七条 申请准入的新能源汽车产品，应当符合以下条件：

（一）符合国家有关法律、行政法规、规章。

（二）符合《新能源汽车产品专项检验项目及依据标准》（见附件3），以及相同类别的常规汽车产品相关标准。

（三）经国家认定的检测机构（以下简称检测机构）检测合格。

（四）符合工业和信息化部规定的安全技术条件。

工业和信息化部根据新能源汽车产业发展的实际情况和相关标准制修订情况，及时调整《新能源汽车产品专项检验项目及依据标准》的有关内容，并在施行前向社会公布。

第八条 申请新能源汽车生产企业准入的，应当向工业和信息化部提交以下材料：

（一）申请新能源汽车生产企业准入审查的文件。

（二）《新能源汽车生产企业准入申请书》（见附件4）及相关证明材料。

（三）新建新能源汽车生产企业的企业法人营业执照复印件，以及根据国家有关投资管理规定办理投资项目手续的文件。中外合资企业还应当提交中外股东持股比例证明。

第九条 申请新能源汽车产品准入的，应当向工业和信息化部提交以下材料：

（一）新能源汽车产品主要技术参数表（见附件5）。

（二）检测机构出具的新能源汽车产品检测报告。

（三）其他需要说明的情况。

第十条 工业和信息化部收到准入申请后，对于申请材料不齐全或者不符合法定形式的，应当当场或者在5日内一次性告知申请人需要补正的全部内容。申请材料齐全、符合法定形式的，应当予以受理，并自受理之日起20个工作日内作出批准或者不予批准的决定。20个工作日内不能作出决定的，经工业和信息化部负责人批准，可以延长10个工作日，并应当将延长期限的理由告知申请人。

第十一条 工业和信息化部委托第三方技术服务机构，组织专家对新能源汽车生产企业、新能源汽车产品准入申请进行技术审查，审查方式包括现场审查、资料审查。

工业和信息化部建立新能源汽车领域专家库，从中选取专家组成审查组。

第三方技术服务机构技术审查所需时间不计算在本规定第十条规定的期限内。

第十二条 申请新能源汽车生产企业准入的，如已按照相同类别的常规汽车生产企业准入管理规则通过了审查的，免予审查《准入审查要求》中的相关要求。

第十三条 检测机构应当严格按照工业和信息化部有关规定开展新能源汽车产品检测工作，不得擅自变更检测要求。

第十四条 通过审查的新能源汽车生产企业及产品，由工业和信息化部通过《公告》发布。

不符合本规定所规定的条件、标准的新能源汽车生产企业及产品，工业和信息化部不予列入《公告》。

新能源汽车生产企业应当按照《公告》载明的许可要求生产新能源汽车产品。

第十五条 新能源汽车生产企业应当加强管理、规范使用新能源汽车产品出厂合格证，确保出厂合格证及其信息与实际产品唯一对应、保持一致。

第十六条 新能源汽车生产企业应当建立新能源汽车产品售后服务承诺制度。售后服务承诺应当包括新能源汽车产品质量保证承诺、售后服务项目及内容、备件提供及质量保证期限、售后服务过程中发现问题的反馈、零部件（如电池）回收，出现产品质量、安全、环保等严重问题时的应对措施以及索赔处理等内容，并在本企业网站上向社会发布。

第十七条 新能源汽车生产企业应当建立新能源汽车产品运行安全状态监测平台，按照与新能源汽车产品用户的协议，对已销售的全部新能源汽车产品的运行安全状态进行监测。企业监测平台应当与地方和国家的新能源汽车推广应用监测平台对接。

新能源汽车生产企业及其工作人员应当妥善保管新能源汽车产品运行安全状态信息，不得泄露、篡改、毁损、出售或者非法向他人提供，不得监测与产品运行安全状态无关的信息。

第十八条 新能源汽车生产企业应当在产品全生命周期内，为每一辆新能源汽车产品建立档案，跟踪记录汽车使用、维护、维修情况，实施新能源汽车动力电池溯源信息管理，跟踪记录动力电池回收利用情况。

新能源汽车生产企业应当对新能源汽车产品的技术状况、故障及主要问题等运行情况进行分析、总结，编写年度报告（见附件6）。年度报告应当在新能源汽车产品全生命周期内存档备查。

第十九条 新能源汽车生产企业申请准入的新能源汽车产品类别或者动力系统（包括插电式混合动力、纯电动、燃料电池等）与已列入《公告》的新能源汽车产品不同的，或者增加、变更生产地址的，应当向工业和信息化部提交本规定第八条所列的材料，原则上应当进行现场审查。

取得插电式混合动力汽车或者燃料电池汽车产品准入的新能源汽车生产企业，申请相同类别的纯电动汽车产品准入的，只进行资料审查。

第二十条 新能源汽车生产企业应当持续满足《准入审查要求》和生产一致性等相关规定，确保新能源汽车产品安全保障体系正常运行。

第二十一条 新能源汽车生产企业发现新能源汽车产品存在安全、环保、节能等严重问题的，应当立即停止相关产品的生产、销售，采取措施进行整改，并及时向工业和信息化部和相关省、自治区、直辖市工业和信息化主管部门报告。

第二十二条 工业和信息化部应当对新能源汽车生产企业的《准入审查要求》保持情况、生产一致性情况和监测平台运行情况等进行监督检查，检查方式包括资料审查、实地核查、市场抽样和性能检测等。

省、自治区、直辖市工业和信息化主管部门应当对本行政区域内新能源汽车生产企业的生产情况、监测平台运行情况进行监督检查。发现新能源汽车生产企业有《准入审查要求》所列要求发生重大变化、生产管理存在重大安全隐患、有违法行为等的，应当及时向工业和信息化部报告。

第二十三条 对于停止生产新能源汽车产品12个月及以上的新能源汽车生产企业，工业和信息化部予以特别公示。

经特别公示的新能源汽车生产企业在恢复生产之前，工业和信息化部应当对其保持《准入审查要求》的情况进行核查。

第二十四条 工业和信息化部建立新能源汽车生产企业信用数据库，将企业违反生产一致性要求、申请材料弄虚作假、行政处罚等情况列入信用数据库。

第二十五条 新能源汽车生产企业不能保持《准入审查要求》，存在公共安全、人身健康、生命财产安全隐患的，工业和信息化部应当责令其停止生产、销售活动，并责令立即改正。

第二十六条 新能源汽车生产企业破产或者自愿终止生产新能源汽车产品的，工业和信息化部应当撤销、注销其相应的新能源汽车生产企业、产品准入。

第二十七条 隐瞒有关情况或者提供虚假材料申请新能源汽车生产企业、新能源汽车产品准入的，工业和信息化部不予受理或者不予准入，并给予警告，申请人在一年内不得再次申请准入。

以欺骗、贿赂等不正当手段取得新能源汽车生产企业、新能源汽车产品准入的，工业和信息化部应当撤销其新能源汽车生产企业、产品准入，申请人在三年内不得再次申请准入。

第二十八条 新能源汽车生产企业擅自生产、销售未列入工业和信息化部《公告》的新能源汽车车型的，工业和信息化部应当依据《中华人民共和国道路交通安全法》第一百零三条第三款的规定予以处罚。

第二十九条 已取得准入的新能源汽车整车生产企业，应当按照本规定进行改造，并自本规定施行之日起6个月内报送满足本规定的审查计划，于24个月内通过审查。对于其取得准入时已审查的有关内容，免予审查。

自制自用新能源汽车底盘的改装类客车生产企业，通过改造，满足商用车生产企业准入管理规则有关生产客车底盘准入条件后，可申请新能源汽车整车生产企业准入。自制自用新能源汽车底盘的改装类专用车生产企业，按照国家有关投资管理规定完成整车投资项目手续、满足商用车生产企业准入管理规则有关准入条件后，可申请新能源汽车整车生产企业准入。自制自用新能源汽车底盘的改装类客车、改装类专用车生产企业，应当自本规定施行之日起6个月内报送满足本规定的审查计划，于24个月内通过审查。

逾期未通过审查的，视为不能保持《准入审查要求》。

第三十条 新能源汽车生产企业在产的新能源汽车产品应当自本规定施行之日起6个月内，符合《新能源汽车产品专项检验项目及依据标准》。

第三十一条 新建纯电动乘用车生产企业应当同时满足《新建纯电动乘用车企业管理规定》。

第三十二条 本规定自2017年7月1日起施行。2009年6月17日工业和信息化部公布的《新能源汽车生产企业及产品准入管理规则》（工产业〔2009〕第44号）同时废止。本规定施行前公布的有关规定与本规定不一致的，以本规定为准。

乘用车企业平均燃料消耗量与新能源汽车积分并行管理办法

中华人民共和国工业和信息化部　中华人民共和国财政部　中华人民共和国商务部
中华人民共和国海关总署　国家质量监督检验检疫总局　令
第44号

《乘用车企业平均燃料消耗量与新能源汽车积分并行管理办法》已经2017年8月16日工业和信息化部第32次部务会议审议通过，并经财政部、商务部、海关总署、质检总局审议同意，现予公布，自2018年4月1日起施行。

第一章　总则

第一条　为了提升乘用车节能水平，缓解能源和环境压力，建立节能与新能源汽车管理长效机制，促进汽车产业健康发展，根据《中华人民共和国节约能源法》等规定，制定本办法。

第二条　中华人民共和国境内的乘用车企业平均燃料消耗量与新能源汽车积分管理，适用本办法。

第三条　工业和信息化部会同财政部、商务部、海关总署、质检总局实施乘用车企业平均燃料消耗量与新能源汽车积分管理。

第四条　本办法所称乘用车，是指《汽车和挂车类型的术语和定义》（GB/T3730.1　2001）第2.1.1.1款至第2.1.1.10款规定的、最大设计总质量不超过3500千克的车辆，包括新能源乘用车和传统能源乘用车。

本办法所称新能源乘用车，是指采用新型动力系统，完全或者主要依靠新型能源驱动的乘用车，包括插电式混合动力（含增程式）乘用车、纯电动乘用车和燃料电池乘用车等。

本办法所称传统能源乘用车，是指除新能源乘用车以外的，能够燃用汽油、柴油或者气体燃料的乘用车（含非插电式混合动力乘用车）。

第五条　乘用车企业包括中华人民共和国境内乘用车生产企业、进口乘用车供应企业。

本办法所称境内乘用车生产企业，是指取得工业和信息化部乘用车生产企业准入并获得强制性产品认证的乘用车企业。

本办法所称进口乘用车供应企业，是指从中华人民共和国境外进口并在境内销售获得强制性产品认证的乘用车的企业，包括获境外乘用车生产企业授权的进口乘用车供应企业和未获授权的进口乘用车供应企业。

第六条　工业和信息化部建立汽车燃料消耗量与新能源汽车积分管理平台，统筹推进企业平均燃料消耗量与新能源汽车积分公示、转让、交易等工作。

乘用车企业应当按照工业和信息化部的要求（见附件1），报送其生产、进口的乘用车燃料消耗量和新能源乘用车相关数据；通过汽车燃料消耗量与新能源汽车积分管理平台，开展积分转让或者交易。

第二章　乘用车企业平均燃料消耗量积分核算

第七条　境内各乘用车生产企业和各进口乘用车供应企业，是乘用车企业平均燃料消耗量积分的核算主体，单独实施核算。

第八条　乘用车企业平均燃料消耗量积分，为该企业平均燃料消耗量的达标值和实际值之间的差额，与其乘用车生产量或者进口量的乘积（计算结果按四舍五入原则保留整数）。

实际值低于达标值产生正积分，高于达标值产生负积分。

第九条　乘用车企业平均燃料消耗量达标值，是指该企业平均燃料消耗量目标值与该核算年度的企业平均燃料消耗量要求的乘积（计算结果按四舍五入原则保留两位小数）。

乘用车企业平均燃料消耗量目标值，按照《乘用车燃料消耗量评价方法及指标》(GB27999 2014)第5.2款计算(计算结果按四舍五入原则保留两位小数)。同一车型在核算年度有多个不同的燃料消耗量目标值的，按照不同的目标值分开计算。

核算年度的企业平均燃料消耗量要求，是指《乘用车燃料消耗量评价方法及指标》第5.3款规定的相关比值。

第十条 乘用车企业平均燃料消耗量实际值，按照《乘用车燃料消耗量评价方法及指标》第5.1款计算(计算结果按四舍五入原则保留两位小数)。同一车型在核算年度有多个不同的燃料消耗量的，按照不同的燃料消耗量分开计算。

第十一条 境内乘用车生产企业的乘用车生产量，按照该企业在核算年度内生产的、用于境内销售的乘用车实际产量核算。

进口乘用车供应企业的乘用车进口量，按照该企业在核算年度进口用于境内销售的、获得强制性产品认证并经出入境检验检疫机构检验的乘用车数量核算。

第十二条 对核算年度生产量2000辆以下并且生产、研发和运营保持独立的境内乘用车生产企业，进口量2000辆以下的获境外乘用车生产企业授权的进口乘用车供应企业，按照以下规定放宽其企业平均燃料消耗量积分的达标要求：

企业2016年度至2020年度平均燃料消耗量较上一年度下降6%以上的，其达标值在《乘用车燃料消耗量评价方法及指标》规定的企业平均燃料消耗量要求基础上放宽60%；下降3%以上不满6%的，其达标值放宽30%。

未获境外乘用车生产企业授权的进口乘用车供应企业按照前款的规定管理，并自2019年度起实施企业平均燃料消耗量积分核算；但是，核算年度进口量2000辆以下的，暂不实施积分核算。

第三章 乘用车企业新能源汽车积分核算

第十三条 境内各乘用车生产企业和各进口乘用车供应企业，是新能源汽车积分的核算主体，单独实施核算。

第十四条 乘用车企业新能源汽车积分，为该企业新能源汽车积分实际值与达标值之间的差额。

实际值高于达标值产生正积分，低于达标值产生负积分。

第十五条 乘用车企业新能源汽车积分实际值，是指该企业在核算年度内生产或者进口的新能源乘用车各车型的积分与该车型生产量或者进口量乘积之和(计算结果按四舍五入原则保留整数)。

前款规定的生产量、进口量，按照本办法第十一条规定的方法核算。

新能源乘用车车型积分按照《新能源乘用车车型积分计算方法》(见附件2)确定。

第十六条 乘用车企业新能源汽车积分达标值，是指该企业在核算年度内传统能源乘用车的生产量或者进口量，与新能源汽车积分比例要求的乘积(计算结果按四舍五入原则保留整数)。

第十七条 对传统能源乘用车年度生产量或者进口量不满3万辆的乘用车企业，不设定新能源汽车积分比例要求；达到3万辆以上的，从2019年度开始设定新能源汽车积分比例要求。

2019年度、2020年度，新能源汽车积分比例要求分别为10%、12%。2021年度及以后年度的新能源汽车积分比例要求，由工业和信息化部另行公布。

第四章 积分报告和公示

第十八条 乘用车企业应当于每年12月20日前，向工业和信息化部提交下一年度乘用车企业平均燃料消耗量与新能源汽车积分年度预报告。

预报告的内容包括本企业平均燃料消耗量预期达标值、预期实际值和新能源汽车积分预期值等(见附件3)。

第十九条 乘用车企业应当于每年3月1日前，向工业和信息化部提交上一年度乘用车企业平均燃料消耗量与新能源汽车积分执行情况年度报告。

报告的内容包括本企业生产或者进口的各车型乘用车数量、关键参数、燃料消耗量、电能消耗量和对应车型的燃料消耗量目标值，以及本企业平均燃料消耗量达标值、实际值和新能源汽车积分等(见附件3)。

第二十条 工业和信息化部于每年4月10日前，通过汽车燃料消耗量与新能源汽车积分管理平台，向社会公示上一年度乘用车企业平均燃料消耗量与新能源汽车积分相关情况。

对公示的乘用车企业平均燃料消耗量与新能源汽车积分相关情况有异议的，可以在30日内向工业和信息化部提出。工业和信息化部在收到异议后30日内作出答复。

第二十一条 工业和信息化部会同财政部、商务部、海关总署、质检总局于每年6月30日前，对乘用车企业提交的企业平均燃料消耗量与新能源汽车积分执行情况年度报告和相关数据进行核实，并发布上一年度乘用车企业平均燃料消耗量与新能源汽车积分核算情况报告。

第五章 积分并行管理

第二十二条 乘用车企业平均燃料消耗量正积分可以结

转或者在关联企业间转让。

乘用车企业新能源汽车正积分可以依据本办法自由交易。新能源汽车正积分不得结转，但2019年度产生的新能源汽车正积分可以等额结转一年。

乘用车企业有平均燃料消耗量负积分、新能源汽车负积分的，应当在乘用车企业平均燃料消耗量与新能源汽车积分核算情况报告发布后60日内，向工业和信息化部提交其平均燃料消耗量负积分和新能源汽车负积分抵偿报告（见附件4），并在核算情况报告发布后90日内完成负积分抵偿归零。

第二十三条 具有下列关系之一的乘用车企业，属于本办法第二十二条第一款规定的关联企业：

（一）境内乘用车生产企业与其直接或者间接持股总和达到25%以上的其他境内乘用车生产企业；

（二）同为境内第三方直接或者间接持股总和达到25%以上的境内乘用车生产企业；

（三）获境外乘用车生产企业授权的进口乘用车供应企业，与该境外乘用车生产企业直接或者间接持股总和达到25%以上的境内乘用车生产企业。

第二十四条 乘用车企业平均燃料消耗量正积分结转后续年度使用的，按照一定比例进行结转，结转有效期不超过三年。2018年度及以前年度的正积分，每结转一次，结转比例为80%；2019年度及以后年度的正积分，每结转一次，结转比例为90%。

第二十五条 乘用车企业受让的平均燃料消耗量正积分，仅限其在当年度使用，不得再次转让。

第二十六条 乘用车企业平均燃料消耗量负积分应当采取下列方式抵偿归零：

（一）使用本企业结转的平均燃料消耗量正积分；

（二）使用本企业受让的平均燃料消耗量正积分；

（三）使用本企业产生的新能源汽车正积分；

（四）购买新能源汽车正积分。

前款所列的抵偿方式，可以组合使用。

新能源汽车正积分可以抵扣同等数量的平均燃料消耗量负积分。

第二十七条 乘用车企业的新能源汽车负积分，应当通过购买新能源汽车正积分的方式抵偿归零。

第二十八条 乘用车企业2019年度产生的新能源汽车负积分，可以使用2020年度产生的新能源汽车正积分进行抵偿。

第二十九条 乘用车企业购买的新能源汽车正积分，仅限其在当年度使用，不得再次交易。

第三十条 乘用车企业发生分立、合并等情形，影响积分结转、转让、交易、抵偿等的，应当及时向工业和信息化部办理变更手续。

第六章 监督管理

第三十一条 工业和信息化部会同财政部、商务部、海关总署、质检总局建立乘用车企业平均燃料消耗量与新能源汽车积分信用管理制度。

乘用车企业提交平均燃料消耗量与新能源汽车积分执行情况年度报告时，应当同时向工业和信息化部提交信用承诺书（见附件5），由工业和信息化部向社会公示其信用承诺书。企业法定代表人未发生变动的，信用承诺书无需逐年提交。

乘用车企业不履行承诺的，工业和信息化部将其作为失信乘用车企业进行通报，并录入车辆生产企业信用信息管理平台。

第三十二条 工业和信息化部会同财政部、商务部、海关总署、质检总局对乘用车企业平均燃料消耗量与新能源汽车积分进行核查。

工业和信息化部负责对境内乘用车生产企业及其乘用车燃料消耗量、新能源乘用车参数、乘用车生产量等进行核查。

商务部负责对进口乘用车供应企业有关情况进行核查。

海关总署负责对乘用车进口量进行核查。

质检总局负责对进口新能源乘用车参数、进口乘用车燃料消耗量和获得强制性产品认证并经出入境检验检疫机构检验的乘用车进口量等进行核查。

第三十三条 对违反本办法的行为，任何单位和个人都有权向工业和信息化部举报。接到举报后，工业和信息化部会同有关部门及时依法调查处理，并为举报人保密。

第七章 法律责任

第三十四条 乘用车企业有下列情形之一的，工业和信息化部等部门按照职责给予通报，并按照核查值核算平均燃料消耗量与新能源汽车积分；情节严重的，作为失信乘用车企业进行通报，并录入车辆生产企业信用信息管理平台：

（一）未按照本办法的规定报送乘用车燃料消耗量和新能源乘用车相关数据的；

（二）报送的乘用车燃料消耗量数据、新能源乘用车数据与核查结果不符的；

（三）报送的乘用车生产量、进口量数据与实际数量不符的；

（四）未按照本办法的规定提交企业平均燃料消耗量与

新能源汽车积分报告，或者报告的内容与事实不符的。

第三十五条 乘用车企业平均燃料消耗量负积分、新能源汽车负积分未按照本办法抵偿归零的，应当向工业和信息化部提交其本年度乘用车生产或者进口调整计划，使本年度预期产生的正积分能够抵偿其尚未抵偿的负积分。

第三十六条 乘用车企业平均燃料消耗量与新能源汽车积分管理要求，纳入乘用车生产企业及产品准入条件。乘用车企业有下列情形之一的，在其负积分抵偿归零前，对其燃料消耗量达不到《乘用车燃料消耗量评价方法及指标》车型燃料消耗量目标值的新产品，不予列入《道路机动车辆生产企业及产品公告》或者不予核发强制性产品认证证书，并可以依照《汽车产业发展政策》《强制性产品认证管理规定》等有关规定处罚：

（一）平均燃料消耗量负积分未按照本办法抵偿归零的；

（二）新能源汽车负积分未按照本办法抵偿归零的；

（三）未按照本办法第三十五条的规定提交年度乘用车生产或者进口调整计划，或者提交生产或者进口调整计划但本年度平均燃料消耗量积分、新能源汽车积分未满足要求的。

第八章 附则

第三十七条 本办法所称核算年度是指每年 1 月 1 日至 12 月 31 日。境内生产的乘用车以机动车整车出厂合格证上记载的制造日期为准确定相应的年度；进口乘用车以获得强制性产品认证车辆的随车检验单的签发日期为准确定相应的年度。

工业和信息化部收到乘用车企业依据本办法规定提交的材料后，转送其他相关部门。

第三十八条 本办法涉及的标准修订的，按照修订后的文本执行。

本办法中的“以上”“以下”“不超过”均含本数，“不满”不含本数。

第三十九条 工业和信息化部会同有关部门依据国家有关规定，完善乘用车企业平均燃料消耗量与新能源汽车积分管理的经济措施。

根据我国国情和汽车产业发展的需要，适时调整本办法有关制度、附件，并重新公布。

第四十条 本办法自 2018 年 4 月 1 日起施行。2013 年 3 月 14 日公布的《乘用车企业平均燃料消耗量核算办法》（工业和信息化部 2013 年 15 号公告）、2014 年 10 月 14 日公布的《关于加强乘用车企业平均燃料消耗量管理的通知》（工信部联装〔2014〕432 号）同时废止。本办法施行前制定的规定与本办法不一致的，按照本办法执行。

国务院关于深化“互联网 + 先进制造业”发展工业互联网的指导意见

各省、自治区、直辖市人民政府，国务院各部委、各直属机构：

当前，全球范围内新一轮科技革命和产业变革蓬勃兴起。工业互联网作为新一代信息技术与制造业深度融合的产物，日益成为新工业革命的关键支撑和深化“互联网 + 先进制造业”的重要基石，对未来工业发展产生全方位、深层次、革命性影响。工业互联网通过系统构建网络、平台、安全三大功能体系，打造人、机、物全面互联的新型网络基础设施，形成智能化发展的新兴业态和应用模式，是推进制造强国和网络强国建设的重要基础，是全面建成小康社会和建设社会主义现代化强国的有力支撑。为深化供给侧结构性改革，深入推进“互联网 + 先进制造业”，规范和指导我国工业互联网发展，现提出以下意见。

一、基本形势

当前，互联网创新发展与新工业革命正处于历史交汇期。发达国家抢抓新一轮工业革命机遇，围绕核心标准、技术、平台加速布局工业互联网，构建数字驱动的工业新生态，各国参与工业互联网发展的国际竞争日趋激烈。我国工业互联网与发达国家基本同步启动，在框架、标准、测试、安全、国际合作等方面取得了初步进展，成立了汇聚政产学研的工业互联网产业联盟，发布了《工业互联网体系架构

(版本 1.0)》、《工业互联网标准体系框架（版本 1.0)》等，涌现出一批典型平台和企业。但与发达国家相比，总体发展水平及现实基础仍然不高，产业支撑能力不足，核心技术和高端产品对外依存度较高，关键平台综合能力不强，标准体系不完善，企业数字化网络化水平有待提升，缺乏龙头企业引领，人才支撑和安全保障能力不足，与建设制造强国和网络强国的需要仍有较大差距。

加快建设和发展工业互联网，推动互联网、大数据、人工智能和实体经济深度融合，发展先进制造业，支持传统产业优化升级，具有重要意义。一方面，工业互联网是以数字化、网络化、智能化为主要特征的新工业革命的关键基础设施，加快其发展有利于加速智能制造发展，更大范围、更高效率、更加精准地优化生产和服务资源配置，促进传统产业转型升级，催生新技术、新业态、新模式，为制造强国建设提供新动能。工业互联网还具有较强的渗透性，可从制造业扩展成为各产业领域网络化、智能化升级必不可少的基础设施，实现产业上下游、跨领域的广泛互联互通，打破“信息孤岛”，促进集成共享，并为保障和改善民生提供重要依托。另一方面，发展工业互联网，有利于促进网络基础设施演进升级，推动网络应用从虚拟到实体、从生活到生产的跨越，极大拓展网络经济空间，为推进网络强国建设提供新机遇。当前，全球工业互联网正处在产业格局未定的关键期和规模化扩张的窗口期，亟需发挥我国体制优势和市场优势，加强顶层设计、统筹部署，扬长避短、分步实施，努力开创我国工业互联网发展新局面。

二、总体要求

（一）指导思想。

深入贯彻落实党的十九大精神，认真学习贯彻习近平新时代中国特色社会主义思想，落实新发展理念，坚持质量第一、效益优先，以供给侧结构性改革为主线，以全面支撑制造强国和网络强国建设为目标，围绕推动互联网和实体经济深度融合，聚焦发展智能、绿色的先进制造业，按照党中央、国务院决策部署，加强统筹引导，深化简政放权、放管结合、优化服务改革，深入实施创新驱动发展战略，构建网络、平台、安全三大功能体系，增强工业互联网产业供给能力。促进行业应用，强化安全保障，完善标准体系，培育龙头企业，加快人才培养，持续提升我国工业互联网发展水平。努力打造国际领先的工业互联网，促进大众创业万众创新和大中小企业融通发展，深入推进“互联网＋”，形成实体经济与网络相互促进、同步提升的良好格局，有力推动现代化经济体系建设。

（二）基本原则。

遵循规律，创新驱动。遵循工业演进规律、科技创新规律和企业发展规律，借鉴国际先进经验，建设具有中国特色的工业互联网体系。按照建设现代化经济体系的要求，发挥我国工业体系完备、网络基础坚实、互联网创新活跃的优势，推动互联网和实体经济深度融合，引进培养高端人才，加强科研攻关，实现创新驱动发展。

市场主导，政府引导。发挥市场在资源配置中的决定性作用，更好发挥政府作用。强化企业市场主体地位，激发企业内生动力，推进技术创新、产业突破、平台构建、生态打造。发挥政府在加强规划引导、完善法规标准、保护知识产权、维护市场秩序等方面的作用，营造良好发展环境。

开放发展，安全可靠。把握好安全与发展的辩证关系。发挥工业互联网开放性、交互性优势，促进工业体系开放式发展。推动工业互联网在各产业领域广泛应用，积极开展国际合作。坚持工业互联网安全保障手段同步规划、同步建设、同步运行，提升工业互联网安全防护能力。

系统谋划，统筹推进。做好顶层设计和系统谋划，科学制定、合理规划工业互联网技术路线和发展路径，统筹实现技术研发、产业发展和应用部署良性互动，不同行业、不同发展阶段的企业协同发展，区域布局协调有序。

（三）发展目标。

立足国情，面向未来，打造与我国经济发展相适应的工业互联网生态体系，使我国工业互联网发展水平走在国际前列，争取实现并跑乃至领跑。

到 2025 年，基本形成具备国际竞争力的基础设施和产业体系。覆盖各地区、各行业的工业互联网网络基础设施基本建成。工业互联网标识解析体系不断健全并规模化推广。形成 3—5 个达到国际水准的工业互联网平台。产业体系较为健全，掌握关键核心技术，供给能力显著增强，形成一批具有国际竞争力的龙头企业。基本建立起较为完备可靠的工业互联网安全保障体系。新技术、新模式、新业态大规模推广应用，推动两化融合迈上新台阶。

其中，在 2018—2020 年三年起步阶段，初步建成低时延、高可靠、广覆盖的工业互联网网络基础设施，初步构建工业互联网标识解析体系，初步形成各有侧重、协同集聚发展的工业互联网平台体系，初步建立工业互联网安全保障体系。

到 2035 年，建成国际领先的工业互联网网络基础设施和平台，形成国际先进的技术与产业体系，工业互联网全面深度应用并在优势行业形成创新引领能力，安全保障能力全面提升，重点领域实现国际领先。

到本世纪中叶，工业互联网网络基础设施全面支撑经济社会发展，工业互联网创新发展能力、技术产业体系以及融合应用等全面达到国际先进水平，综合实力进入世界前列。

三、主要任务

（一）夯实网络基础。

推动网络改造升级提速降费。面向企业低时延、高可靠、广覆盖的网络需求，大力推动工业企业内外网建设。加快推进宽带网络基础设施建设与改造，扩大网络覆盖范围，优化升级国家骨干网络。推进工业企业内网的IP（互联网协议）化、扁平化、柔性化技术改造和建设部署。推动新型智能网关应用，全面部署IPv6（互联网协议第6版）。继续推进连接中小企业的专线建设。在完成2017年政府工作报告确定的网络提速降费任务基础上，进一步提升网络速率、降低资费水平，特别是大幅降低中小企业互联网专线接入资费水平。加强资源开放，支持大中小企业融通发展。加大无线电频谱等关键资源保障力度。

推进标识解析体系建设。加强工业互联网标识解析体系顶层设计，制定整体架构，明确发展目标、路线图和时间表。设立国家工业互联网标识解析管理机构，构建标识解析服务体系，支持各级标识解析节点和公共递归解析节点建设，利用标识实现全球供应链系统和企业生产系统间精准对接，以及跨企业、跨地区、跨行业的产品全生命周期管理，促进信息资源集成共享。

专栏1　工业互联网基础设施升级改造工程

组织实施工业互联网工业企业内网、工业企业外网和标识解析体系的建设升级。支持工业企业以IPv6、工业无源光网络（PON）、工业无线等技术改造工业企业内网，以IPv6、软件定义网络（SDN）以及新型蜂窝移动通信技术对工业企业外网进行升级改造。在5G研究中开展面向工业互联网应用的网络技术试验，协同推进5G在工业企业的应用部署。开展工业互联网标识解析体系建设，建立完善各级标识解析节点。

到2020年，基本完成面向先进制造业的下一代互联网升级改造和配套管理能力建设，在重点地区和行业实现窄带物联网（NB—IoT）、工业过程／工业自动化无线网络（WIA—PA/FA）等无线网络技术应用；初步建成工业互联网标识解析注册、备案等配套系统，形成10个以上公共标识解析服务节点，标识注册量超过20亿。

到2025年，工业无线、时间敏感网络（TSN）、IPv6等工业互联网网络技术在规模以上工业企业中广泛部署；面向工业互联网接入的5G网络、低功耗广域网等基本实现普遍覆盖；建立功能完善的工业互联网标识解析体系，形成20个以上公共标识解析服务节点，标识注册量超过30亿。

（二）打造平台体系。

加快工业互联网平台建设。突破数据集成、平台管理、开发工具、微服务框架、建模分析等关键技术瓶颈，形成有效支撑工业互联网平台发展的技术体系和产业体系。开展工业互联网平台适配性、可靠性、安全性等方面试验验证，推动平台功能不断完善。通过分类施策、同步推进、动态调整，形成多层次、系统化的平台发展体系。依托工业互联网平台形成服务大众创业、万众创新的多层次公共平台。

提升平台运营能力。强化工业互联网平台的资源集聚能力，有效整合产品设计、生产工艺、设备运行、运营管理等数据资源，汇聚共享设计能力、生产能力、软件资源、知识模型等制造资源。开展面向不同行业和场景的应用创新，为用户提供包括设备健康维护、生产管理优化、协同设计制造、制造资源租用等各类应用，提升服务能力。不断探索商业模式创新，通过资源出租、服务提供、产融合作等手段，不断拓展平台盈利空间，实现长期可持续运营。

专栏2　工业互联网平台建设及推广工程

从工业互联网平台供给侧和需求侧两端发力，开展四个方面建设和推广：一是工业互联网平台培育。通过企业主导、市场选择、动态调整的方式，形成跨行业、跨领域平台，实现多平台互联互通，承担资源汇聚共享、技术标准测试验证等功能，开展工业数据流转、业务资源管理、产业运行监测等服务。推动龙头企业积极发展企业级平台，开发满足企业数字化、网络化、智能化发展需求的多种解决方案。建立健全工业互联网平台技术体系。二是工业互联网平台试验验证。支持产业联盟、企业与科研机构合作共建测试验证平台，开展技术验证与测试评估。三是百万家企业上云。鼓励工业互联网平台在产业集聚区落地，推动地方通过财税支持、政府购买服务等方式鼓励中小企业业务系统向云端迁移。四是百万工业APP培育。支持软件企业、工业企业、科研院所等开展合作，培育一批面向特定行业、特定场景的工业APP。

到2020年，工业互联网平台体系初步形成，支持建设10个左右跨行业、跨领域平台，建成一批支撑企业数字化、网络化、智能化转型的企业级平台。培育30万个面向特定行业、特定场景的工业APP，推动30万家企业应用工业互联网平台开展研发设计、生产制造、运营管理等业务，工业互联网平台对产业转型升级的基础性、支撑性作用初步显现。

到2025年，重点工业行业实现网络化制造，工业互联网平台体系基本完善，形成3—5个具有国际竞争力的工业互联网平台，培育百万工业APP，实现百万家企业上云，形成建平台和用平台双向迭代、互促共进的制造业新生态。

（三）加强产业支撑。

加大关键共性技术攻关力度。开展时间敏感网络、确定性网络、低功耗工业无线网络等新型网络互联技术研究，加快5G、软件定义网络等技术在工业互联网中的应用研究。推动解析、信息管理、异构标识互操作等工业互联网标识解析关键技术及安全可靠机制研究。加快IPv6等核心技术攻关。促进边缘计算、人工智能、增强现实、虚拟现实、区块链等新兴前沿技术在工业互联网中的应用研究与探索。

构建工业互联网标准体系。成立国家工业互联网标准协调推进组、总体组和专家咨询组，统筹推进工业互联网标准体系建设，优化推进机制，加快建立统一、综合、开放的工业互联网标准体系。制定一批总体性标准、基础共性标准、应用标准、安全标准。组织开展标准研制及试验验证工程，同步推进标准内容试验验证、试验验证环境建设、仿真与测试工具开发和推广。

专栏3 标准研制及试验验证工程

面向工业互联网标准化需求和标准体系建设，开展工业互联网标准研制。开发通用需求、体系架构、测试评估等总体性标准；开发网络与数字化互联接口、标识解析、工业互联网平台、安全等基础共性标准；面向汽车、航空航天、石油化工、机械制造、轻工家电、信息电子等重点行业领域的工业互联网应用，开发行业应用导则、特定技术标准和管理规范。组织相关标准的试验验证工作，推进配套仿真与测试工具开发。

到2020年，初步建立工业互联网标准体系，制定20项以上总体性及关键基础共性标准，制定20项以上重点行业标准，推进标准在重点企业、重点行业中的应用。

到2025年，基本建成涵盖工业互联网关键技术、产品、管理及应用的标准体系，并在企业中得到广泛应用。

提升产品与解决方案供给能力。加快信息通信、数据集成分析等领域技术研发和产业化，集中突破一批高性能网络、智能模块、智能联网装备、工业软件等关键软硬件产品与解决方案。着力提升数据分析算法与工业知识、机理、经验的集成创新水平，形成一批面向不同工业场景的工业数据分析软件与系统以及具有深度学习等人工智能技术的工业智能软件和解决方案。面向"中国制造2025"十大重点领域与传统行业转型升级需求，打造与行业特点紧密结合的工业互联网整体解决方案。引导电信运营企业、互联网企业、工业企业等积极转型，强化网络运营、标识解析、安全保障等工业互联网运营服务能力，开展工业电子商务、供应链、相关金融信息等创新型生产性服务。

专栏4 关键技术产业化工程

推进工业互联网新型网络互联、标识解析等新兴前沿技术研究与应用，搭建技术测试验证系统，支持技术、产品试验验证。聚焦工业互联网核心产业环节，积极推进关键技术产业化进程。加快工业互联网关键网络设备产业化，开展IPv6、工业无源光网络、时间敏感网络、工业无线、低功耗广域网、软件定义网络、标识解析等关键技术和产品研发与产业化。研发推广关键智能网联装备，围绕数控机床、工业机器人、大型动力装备等关键领域，实现智能控制、智能传感、工业级芯片与网络通信模块的集成创新，形成一系列具备联网、计算、优化功能的新型智能装备。开发工业大数据分析软件，聚焦重点领域，围绕生产流程优化、质量分析、设备预测性维护、智能排产等应用场景，开发工业大数据分析应用软件，实现产业化部署。

到2020年，突破一批关键技术，建立5个以上的技术测试验证系统，推出一批具有国内先进水平的工业互联网网络设备，智能网联产品创新活跃，实现工业大数据清洗、管理、分析等功能快捷调用，推进技术产品在重点企业、重点行业中的应用，工业互联网关键技术产业化初步实现。

到2025年，掌握关键核心技术，技术测试验证系统有效支撑工业互联网技术产品研究和实验，推出一批达到国际先进水平的工业互联网网络设备，实现智能网联产品和工业大数据分析应用软件的大规模商用部署，形成较为健全的工业互联网产业体系。

（四）促进融合应用。

提升大型企业工业互联网创新和应用水平。加快工业互联网在工业现场的应用，强化复杂生产过程中设备联网与数据采集能力，实现企业各层级数据资源的端到端集成。依托工业互联网平台开展数据集成应用，形成基于数据分析与反馈的工艺优化、流程优化、设备维护与事故风险预警能力，实现企业生产与运营管理的智能决策和深度优化。鼓励企业通过工业互联网平台整合资源，构建设计、生产与供应链资源有效组织的协同制造体系，开展用户个性需求与产品设计、生产制造精准对接的规模化定制，推动面向质量追溯、设备健康管理、产品增值服务的服务化转型。

加快中小企业工业互联网应用普及。推动低成本、模块化工业互联网设备和系统在中小企业中的部署应用，提升中小企业数字化、网络化基础能力。鼓励中小企业充分利用工业互联网平台的云化研发设计、生产管理和运营优化软件，实现业务系统向云端迁移，降低数字化、智能化改造成本。引导中小企业开放专业知识、设计创意、制造能力，依托工业互联网平台开展供需对接、集成供应链、产业电商、众包众筹等创新型应用，提升社会制造资源配置效率。

专栏5 工业互联网集成创新应用工程

以先导性应用为引领，组织开展创新应用示范，逐步探索工业互联网的实施路径与应用模式。在智能化生产应用方面，鼓励大型工业企业实现内部各类生产设备与信息系统的广泛互联以及相关工业数据的集成互通，并在此基础上发展质量优化、智能排产、供应链优化等应用。在远程服务应用方面，开展面向高价值智能装备的网络化服务，实现产品远程监控、预测性维护、故障诊断等远程服务应用，探索开展国防工业综合保障远程服务。在网络协同制造应用方面，面向中小企业智能化发展需求，开展协同设计、众包众创、云制造等创新型应用，实现各类工业软件与模块化设计制造资源在线调用。在智能联网产品应用方面，重点面向智能家居、可穿戴设备等领域，融合5G、深度学习、大数据等先进技术，满足高精度定位、智能人机交互、安全可信运维等典型需求。在标识解析集成应用方面，实施工业互联网标识解析系统与工业企业信息化系统集成创新应用，支持企业探索基于标识服务的关键产品追溯、多源异构数据共享、全生命周期管理等应用。

到2020年，初步形成影响力强的工业互联网先导应用模式，建立150个左右应用试点。

到2025年，拓展工业互联网应用范围，在“中国制造2025”十大重点领域及重点传统行业全面推广，实现企业效益全面显著提升。

（五）完善生态体系。

构建创新体系。建设工业互联网创新中心，有效整合高校、科研院所、企业创新资源，围绕重大共性需求和重点行业需要，开展工业互联网产学研协同创新，促进技术创新成果产业化。面向关键技术和平台需求，支持建设一批能够融入国际化发展的开源社区，提供良好开发环境，共享开源技术、代码和开发工具。规范和健全中介服务体系，支持技术咨询、知识产权分析预警和交易、投融资、人才培训等专业化服务发展，加快技术转移与应用推广。

构建应用生态。支持平台企业面向不同行业智能化转型需求，通过开放平台功能与数据、提供开发环境与工具等方式，广泛汇聚第三方应用开发者，形成集体开发、合作创新、对等评估的研发机制。支持通过举办开发者大会、应用创新竞赛、专业培训及参与国际开源项目等方式，不断提升开发者的应用创新能力，形成良性互动的发展模式。

构建企业协同发展体系。以产业联盟、技术标准、系统集成服务等为纽带，以应用需求为导向，促进装备、自动化、软件、通信、互联网等不同领域企业深入合作，推动多领域融合型技术研发与产业化应用。依托工业互联网促进融通发展，推动一二三产业、大中小企业跨界融通，鼓励龙头工业企业利用工业互联网将业务流程与管理体系向上下游延伸，带动中小企业开展网络化改造和工业互联网应用，提升整体发展水平。

构建区域协同发展体系。强化对工业互联网区域发展的统筹规划，面向关键基础设施、产业支撑能力等核心要素，形成中央地方联动、区域互补的协同发展机制。根据不同区域制造业发展水平，结合国家新型工业化产业示范基地建设，遴选一批产业特色鲜明、转型需求迫切、地方政府积极性高、在工业互联网应用部署方面已取得一定成效的地区，因地制宜开展产业示范基地建设，探索形成不同地区、不同层次的工业互联网发展路径和模式，并逐步形成各有特色、相互带动的区域发展格局。

专栏6　区域创新示范建设工程

开展工业互联网创新中心建设。依托制造业创新中心建设工程，建设工业互联网创新中心，围绕网络互联、标识解析、工业互联网平台、安全保障等关键共性重大技术以及重点行业和领域需求，重点开展行业领域基础和关键技术研发、成果产业化、人才培训等。依托创新中心打造工业互联网技术创新开源社区，加强前沿技术领域共创共享。支持国防科技工业创新中心深度参与工业互联网建设发展。

工业互联网产业示范基地建设。在互联网与信息技术基础较好的地区，以工业互联网平台集聚中小企业，打造新应用模式，形成一批以互联网产业带动为主要特色的示范基地。在制造业基础雄厚的地区，结合地区产业特色与工业基础优势，形成一批以制造业带动的特色示范基地。推进工业互联网安全保障示范工程建设。在示范基地内，加快推动基础设施建设与升级改造，加强公共服务，强化关键技术研发与产业化，积极开展集成应用试点示范，并推动示范基地之间协同合作。

到2020年，建设5个左右的行业应用覆盖全面、技术产品实力过硬的工业互联网产业示范基地。

到2025年，建成10个左右具有较强示范带动作用的工业互联网产业示范基地。

（六）强化安全保障。

提升安全防护能力。加强工业互联网安全体系研究，技术和管理相结合，建立涵盖设备安全、控制安全、网络安全、平台安全和数据安全的工业互联网多层次安全保障体系。加大对技术研发和成果转化的支持力度，重点突破标识解析系统安全、工业互联网平台安全、工业控制系统安全、工业大数据安全等相关核心技术，推动攻击防护、漏洞挖掘、入侵发现、态势感知、安全审计、可信芯片等安全产品研发，建立与工业互联网发展相匹配的技术保障能力。构建工业互联网设备、网络和平台的安全评估认证体系，依托产业联盟等第三方机构开展安全能力评估和认证，引领工业互联网安全防护能力不断提升。

建立数据安全保护体系。建立工业互联网全产业链数据安全管理体系，明确相关主体的数据安全保护责任和具体要求，加强数据收集、存储、处理、转移、删除等环节的安全防护能力。建立工业数据分级分类管理制度，形成工业互联网数据流动管理机制，明确数据留存、数据泄露通报要求，加强工业互联网数据安全监督检查。

推动安全技术手段建设。督促工业互联网相关企业落实网络安全主体责任，指导企业加大安全投入，加强安全防护和监测处置技术手段建设，开展工业互联网安全试点示范，提升安全防护能力。积极发挥相关产业联盟引导作用，整合行业资源，鼓励联盟单位创新服务模式，提供安全运维、安全咨询等服务，提升行业整体安全保障服务能力。充分发挥国家专业机构和社会力量作用，增强国家级工业互联网安全技术支撑能力，着力提升隐患排查、攻击发现、应急处置和攻击溯源能力。

专栏7 安全保障能力提升工程

推动国家级工业互联网安全技术能力提升。打造工业互联网安全监测预警和防护处置平台、工业互联网安全核心技术研发平台、工业互联网安全测试评估平台、工业互联网靶场等。

引导企业提升自身工业互联网安全防护能力。在汽车、电子、航空航天、能源等基础较好的重点领域和国防工业等安全需求迫切的领域，建设工业互联网安全保障管理和技术体系，开展安全产品、解决方案的试点示范和行业应用。

到2020年，根据重要工业互联网平台和系统的分布情况，组织有针对性的检查评估；初步建成工业互联网安全监测预警和防护处置平台；培养形成3–5家具有核心竞争力的工业互联网安全企业，遴选一批创新实用的网络安全试点示范项目并加以推广。

到2025年，形成覆盖工业互联网设备安全、控制安全、网络安全、平台安全和数据安全的系列标准，建立健全工业互联网安全认证体系；工业互联网安全产品和服务得到全面推广和应用；工业互联网相关企业网络安全防护能力显著提升；国家级工业互联网安全技术支撑体系基本建成。

（七）推动开放合作。

提高企业国际化发展能力。鼓励国内外企业面向大数据分析、工业数据建模、关键软件系统、芯片等薄弱环节，合作开展技术攻关和产品研发。建立工业互联网技术、产品、平台、服务方面的国际合作机制，推动工业互联网平台、集成方案等“引进来”和“走出去”。鼓励国内外企业跨领域、全产业链紧密协作。

加强多边对话与合作。建立政府、产业联盟、企业等多层次沟通对话机制，针对工业互联网最新发展、全球基础设施建设、数据流动、安全保障、政策法规等重大问题开展交流与合作。加强与国际组织的协同合作，共同制定工业互联网标准规范和国际规则，构建多边、民主、透明的工业互联网国际治理体系。

四、保障支撑

（一）建立健全法规制度。

完善工业互联网规则体系，明确工业互联网网络的基础设施地位，建立涵盖工业互联网网络安全、平台责任、数据保护等的法规体系。细化工业互联网网络安全制度，制定工业互联网关键信息基础设施和数据保护相关规则，构建工业互联网网络安全态势感知预警、网络安全事件通报和应急处置等机制。建立工业互联网数据规范化管理和使用机制，明确产品全生命周期各环节数据收集、传输、处理规则，探索建立数据流通规范。加快新兴应用领域法规制度建设，推动开展人机交互、智能产品等新兴领域信息保护、数据流通、政府数据公开、安全责任等相关研究，完善相关制度。

（二）营造良好市场环境。

构建融合发展制度，深化简政放权、放管结合、优化服务改革，放宽融合性产品和服务准入限制，扩大市场主体平等进入范围，实施包容审慎监管，简化认证，减少收费；清理制约人才、资本、技术、数据等要素自由流动的制度障碍，推动相关行业在技术、标准、政策等方面充分对接，打造有利于技术创新、网络部署与产品应用的外部环境。完善协同推进体系，建立部门间高效联动机制，探索分业监管、协同共治模式；建立中央地方协同机制，深化军民融合，形成统筹推进的发展格局；推动建立信息共享、处理、反馈的有效渠道，促进跨部门、跨区域系统对接，提升工业互联网协同管理能力。健全协同发展机制，引导工业互联网产业联盟等产业组织完善合作机制和利益共享机制，推动产业各方联合开展技术、标准、应用研发以及投融资对接、国际交流等活动。

（三）加大财税支持力度。

强化财政资金导向作用，加大工业转型升级资金对工业互联网发展的支持力度，重点支持网络体系、平台体系、安全体系能力建设。探索采用首购、订购优惠等支持方式，促进工业互联网创新产品和服务的规模化应用；鼓励有条件的地方通过设立工业互联网专项资金、建立风险补偿基金等方式，支持本地工业互联网集聚发展。落实相关税收优惠政策，推动固定资产加速折旧、企业研发费用加计扣除、软件和集成电路产业企业所得税优惠、小微企业税收优惠等政策落实，鼓励相关企业加快工业互联网发展和应用。

（四）创新金融服务方式。

支持扩大直接融资比重，支持符合条件的工业互联网企业在境内外各层次资本市场开展股权融资，积极推动项目收益债、可转债、企业债、公司债等在工业互联网领域的应用，引导各类投资基金等向工业互联网领域倾斜。加大精准信贷扶持力度，完善银企对接机制，为工业互联网技术、业务和应用创新提供贷款服务；鼓励银行业金融机构创新信贷产品，在依法合规、风险可控、商业可持续的前提下，探索开发数据资产等质押贷款业务。延伸产业链金融服务范围，鼓励符合条件的企业集团设立财务公司，为集团下属工业互联网企业提供财务管理服务，加强资金集约化管理，提高资金使用效率，降低资金成本。拓展针对性保险服务，支持保险公司根据工业互联网需求开发相应的保险产品。

（五）强化专业人才支撑。

加强人才队伍建设，引进和培养相结合，兼收并蓄，广揽国内外人才，不断壮大工业互联网人才队伍。加快新兴学科布局，加强工业互联网相关学科建设；协同发挥高校、企业、科研机构、产业集聚区等各方作用，大力培育工业互联网技术人才和应用创新型人才；依托国家重大人才工程项目和高层次人才特殊支持计划，引进一批工业互联网高水平研究型科学家和具备产业经验的高层次科技领军人才。建立工业互联网智库，形成具有政策研究能力和决策咨询能力的高端咨询人才队伍；鼓励工业互联网技术创新人才投身形式多样的科普教育活动。创新人才使用机制，畅通高校、科研机构和企业间人才流动渠道，鼓励通过双向挂职、短期工作、项目合作等柔性流动方式加强人才互通共享；支持我国专业技术人才在国际工业互联网组织任职或承担相关任务；发展工业互联网专业人才市场，建立人才数据库，完善面向全球的人才供需对接机制。优化人才评价激励制度，建立科学的人才评价体系，充分发挥人才积极性、主动性；拓展知识、技术、技能和管理要素参与分配途径，完善技术入股、股权期权激励、科技成果转化收益分配等机制；为工业互联网领域高端人才引进开辟绿色通道，加大在来华工作许可、出入境、居留、住房、医疗、教育、社会保障、政府表彰等方面的配套政策支持力度，鼓励海外高层次人才参与工业互联网创业创新。

（六）健全组织实施机制。

在国家制造强国建设领导小组下设立工业互联网专项工作组，统筹谋划工业互联网相关重大工作，协调任务安排，督促检查主要任务落实情况，促进工业互联网与“中国制造2025”协同推进。设立工业互联网战略咨询专家委员会，开展工业互联网前瞻性、战略性重大问题研究，对工业互联网重大决策、政策实施提供咨询评估。制定发布《工业互联网发展行动计划（2018—2020年）》，建立工业互联网发展情况动态监测和第三方评估机制，开展定期测评和滚动调整。各地方和有关部门要根据本指导意见研究制定具体推进方案，细化政策措施，开展试点示范与应用推广，确保各项任务落实到位。

国务院

2017年11月19日

国务院关于印发新一代人工智能发展规划的通知

国发〔2017〕35号

各省、自治区、直辖市人民政府，国务院各部委、各直属机构：

现将《新一代人工智能发展规划》印发给你们，请认真贯彻执行。

国务院

2017年7月8日

新一代人工智能发展规划

人工智能的迅速发展将深刻改变人类社会生活、改变世界。为抢抓人工智能发展的重大战略机遇，构筑我国人工智能发展的先发优势，加快建设创新型国家和世界科技强国，按照党中央、国务院部署要求，制定本规划。

一、战略态势

人工智能发展进入新阶段。经过60多年的演进，特别是在移动互联网、大数据、超级计算、传感网、脑科学等新理论新技术以及经济社会发展强烈需求的共同驱动下，人工智能加速发展，呈现出深度学习、跨界融合、人机协同、群智开放、自主操控等新特征。大数据驱动知识学习、跨媒体协同处理、人机协同增强智能、群体集成智能、自主智能系统成为人工智能的发展重点，受脑科学研究成果启发的类脑智能蓄势待发，芯片化硬件化平台化趋势更加明显，人工智能发展进入新阶段。当前，新一代人工智能相关学科发展、理论建模、技术创新、软硬件升级等整体推进，正在引发链式突破，推动经济社会各领域从数字化、网络化向智能化加速跃升。

人工智能成为国际竞争的新焦点。人工智能是引领未来的战略性技术，世界主要发达国家把发展人工智能作为提升国家竞争力、维护国家安全的重大战略，加紧出台规划和政策，围绕核心技术、顶尖人才、标准规范等强化部署，力图在新一轮国际科技竞争中掌握主导权。当前，我国国家安全和国际竞争形势更加复杂，必须放眼全球，把人工智能发展放在国家战略层面系统布局、主动谋划，牢牢把握人工智能发展新阶段国际竞争的战略主动，打造竞争新优势、开拓发展新空间，有效保障国家安全。

人工智能成为经济发展的新引擎。人工智能作为新一轮产业变革的核心驱动力，将进一步释放历次科技革命和产业变革积蓄的巨大能量，并创造新的强大引擎，重构生产、分配、交换、消费等经济活动各环节，形成从宏观到微观各领域的智能化新需求，催生新技术、新产品、新产业、新业态、新模式，引发经济结构重大变革，深刻改变人类生产生活方式和思维模式，实现社会生产力的整体跃升。我国经济发展进入新常态，深化供给侧结构性改革任务非常艰巨，必须加快人工智能深度应用，培育壮大人工智能产业，为我国经济发展注入新动能。

人工智能带来社会建设的新机遇。我国正处于全面建成小康社会的决胜阶段，人口老龄化、资源环境约束等挑战依然严峻，人工智能在教育、医疗、养老、环境保护、城市运行、司法服务等领域广泛应用，将极大提高公共服务精准化水平，全面提升人民生活品质。人工智能技术可准确感知、预测、预警基础设施和社会安全运行的重大态势，及时把握群体认知及心理变化，主动决策反应，将显著提高社会治理的能力和水平，对有效维护社会稳定具有不可替代的作用。

人工智能发展的不确定性带来新挑战。人工智能是影响面广的颠覆性技术，可能带来改变就业结构、冲击法律与社会伦理、侵犯个人隐私、挑战国际关系准则等问题，将对政府管理、经济安全和社会稳定乃至全球治理产生深远影响。在大力发展人工智能的同时，必须高度重视可能带来的安全风险挑战，加强前瞻预防与约束引导，最大限度降低风险，确保人工智能安全、可靠、可控发展。

我国发展人工智能具有良好基础。国家部署了智能制造等国家重点研发计划重点专项，印发实施了“互联网＋”人工智能三年行动实施方案，从科技研发、应用推广和产业发展等方面提出了一系列措施。经过多年的持续积累，我国在人工智能领域取得重要进展，国际科技论文发表量和发明专利授权量已居世界第二，部分领域核心关键技术实现重要突破。语音识别、视觉识别技术世界领先，自适应自主学习、直觉感知、综合推理、混合智能和群体智能等初步具备跨越发展的能力，中文信息处理、智能监控、生物特征识别、工业机器人、服务机器人、无人驾驶逐步进入实际应用，人工智能创新创业日益活跃，一批龙头骨干企业加速成长，在国际上获得广泛关注和认可。加速积累的技术能力与海量的数据资源、巨大的应用需求、开放的市场环境有机结合，形成了我国人工智能发展的独特优势。

同时，也要清醒地看到，我国人工智能整体发展水平与发达国家相比仍存在差距，缺少重大原创成果，在基础理论、核心算法以及关键设备、高端芯片、重大产品与系统、基础材料、元器件、软件与接口等方面差距较大；科研机构和企业尚未形成具有国际影响力的生态圈和产业链，缺乏系统的超前研发布局；人工智能尖端人才远远不能满足需求；适应人工智能发展的基础设施、政策法规、标准体系亟待完善。

面对新形势新需求，必须主动求变应变，牢牢把握人工智能发展的重大历史机遇，紧扣发展、研判大势、主动谋划、把握方向、抢占先机，引领世界人工智能发展新潮流，服务经济社会发展和支撑国家安全，带动国家竞争力整体跃升和跨越式发展。

二、总体要求

（一）指导思想。

全面贯彻党的十八大和十八届三中、四中、五中、六中全会精神，深入学习贯彻习近平总书记系列重要讲话精神和治国理政新理念新思想新战略，按照“五位一体”总体布局和“四个全面”战略布局，认真落实党中央、国务院决策部署，深入实施创新驱动发展战略，以加快人工智能与经济、社会、国防深度融合为主线，以提升新一代人工智能科技创新能力为主攻方向，发展智能经济，建设智能社会，维护国家安全，构筑知识群、技术群、产业群互动融合和人才、制度、文化相互支撑的生态系统，前瞻应对风险挑战，推动以人类可持续发展为中心的智能化，全面提升社会生产力、综合国力和国家竞争力，为加快建设创新型国家和世界科技强国、实现“两个一百年”奋斗目标和中华民族伟大复兴中国梦提供强大支撑。

（二）基本原则。

科技引领。把握世界人工智能发展趋势，突出研发部署前瞻性，在重点前沿领域探索布局、长期支持，力争在理论、方法、工具、系统等方面取得变革性、颠覆性突破，全面增强人工智能原始创新能力，加速构筑先发优势，实现高端引领发展。

系统布局。根据基础研究、技术研发、产业发展和行业应用的不同特点，制定有针对性的系统发展策略。充分发挥社会主义制度集中力量办大事的优势，推进项目、基地、人才统筹布局，已部署的重大项目与新任务有机衔接，当前急需与长远发展梯次接续，创新能力建设、体制机制改革和政策环境营造协同发力。

市场主导。遵循市场规律，坚持应用导向，突出企业在技术路线选择和行业产品标准制定中的主体作用，加快人工智能科技成果商业化应用，形成竞争优势。把握好政府和市场分工，更好发挥政府在规划引导、政策支持、安全防范、市场监管、环境营造、伦理法规制定等方面的重要作用。

开源开放。倡导开源共享理念，促进产学研用各创新主体共创共享。遵循经济建设和国防建设协调发展规律，促进军民科技成果双向转化应用、军民创新资源共建共享，形成全要素、多领域、高效益的军民深度融合发展新格局。积极参与人工智能全球研发和治理，在全球范围内优化配置创新资源。

（三）战略目标。

分三步走：

第一步，到 2020 年人工智能总体技术和应用与世界先进水平同步，人工智能产业成为新的重要经济增长点，人工智能技术应用成为改善民生的新途径，有力支撑进入创新型国家行列和实现全面建成小康社会的奋斗目标。

——新一代人工智能理论和技术取得重要进展。大数据智能、跨媒体智能、群体智能、混合增强智能、自主智能系统等基础理论和核心技术实现重要进展，人工智能模型方法、核心器件、高端设备和基础软件等方面取得标志性成果。

——人工智能产业竞争力进入国际第一方阵。初步建成人工智能技术标准、服务体系和产业生态链，培育若干全球领先的人工智能骨干企业，人工智能核心产业规模超过 1500 亿元，带动相关产业规模超过 1 万亿元。

——人工智能发展环境进一步优化，在重点领域全面展开创新应用，聚集起一批高水平的人才队伍和创新团队，部分领域的人工智能伦理规范和政策法规初步建立。

第二步，到 2025 年人工智能基础理论实现重大突破，部分技术与应用达到世界领先水平，人工智能成为带动我国产业升级和经济转型的主要动力，智能社会建设取得积极进展。

——新一代人工智能理论与技术体系初步建立，具有自主学习能力的人工智能取得突破，在多领域取得引领性研究成果。

——人工智能产业进入全球价值链高端。新一代人工智能在智能制造、智能医疗、智慧城市、智能农业、国防建设等领域得到广泛应用，人工智能核心产业规模超过 4000 亿元，带动相关产业规模超过 5 万亿元。

——初步建立人工智能法律法规、伦理规范和政策体系，形成人工智能安全评估和管控能力。

第三步，到 2030 年人工智能理论、技术与应用总体达到世界领先水平，成为世界主要人工智能创新中心，智能经济、智能社会取得明显成效，为跻身创新型国家前列和经济强国奠定重要基础。

——形成较为成熟的新一代人工智能理论与技术体系。在类脑智能、自主智能、混合智能和群体智能等领域取得重大突破，在国际人工智能研究领域具有重要影响，占据人工智能科技制高点。

——人工智能产业竞争力达到国际领先水平。人工智能在生产生活、社会治理、国防建设各方面应用的广度深度极大拓展，形成涵盖核心技术、关键系统、支撑平台和智能应用的完备产业链和高端产业群，人工智能核心产业规模超过 1 万亿元，带动相关产业规模超过 10 万亿元。

——形成一批全球领先的人工智能科技创新和人才培养基地，建成更加完善的人工智能法律法规、伦理规范和政策体系。

（四）总体部署。

发展人工智能是一项事关全局的复杂系统工程，要按照“构建一个体系、把握双重属性、坚持三位一体、强化四大支撑”进行布局，形成人工智能健康持续发展的战略路径。

构建开放协同的人工智能科技创新体系。针对原创性理论基础薄弱、重大产品和系统缺失等重点难点问题，建立新一代人工智能基础理论和关键共性技术体系，布局建设重大科技创新基地，壮大人工智能高端人才队伍，促进创新主体协同互动，形成人工智能持续创新能力。

把握人工智能技术属性和社会属性高度融合的特征。既要加大人工智能研发和应用力度，最大程度发挥人工智能潜力；又要预判人工智能的挑战，协调产业政策、创新政策与社会政策，实现激励发展与合理规制的协调，最大限度防范风险。

坚持人工智能研发攻关、产品应用和产业培育“三位一体”推进。适应人工智能发展特点和趋势，强化创新链和产业链深度融合、技术供给和市场需求互动演进，以技术突破推动领域应用和产业升级，以应用示范推动技术和系统优化。在当前大规模推动技术应用和产业发展的同时，加强面向中长期的研发布局和攻关，实现滚动发展和持续提升，确保理论上走在前面、技术上占领制高点、应用上安全可控。

全面支撑科技、经济、社会发展和国家安全。以人工智能技术突破带动国家创新能力全面提升，引领建设世界科技强国进程；通过壮大智能产业、培育智能经济，为我国未来十几年乃至几十年经济繁荣创造一个新的增长周期；以建设智能社会促进民生福祉改善，落实以人民为中心的发展思想；以人工智能提升国防实力，保障和维护国家安全。

三、重点任务

立足国家发展全局，准确把握全球人工智能发展态势，找准突破口和主攻方向，全面增强科技创新基础能力，全面拓展重点领域应用深度广度，全面提升经济社会发展和国防应用智能化水平。

（一）构建开放协同的人工智能科技创新体系。

围绕增加人工智能创新的源头供给，从前沿基础理论、关键共性技术、基础平台、人才队伍等方面强化部署，促进开源共享，系统提升持续创新能力，确保我国人工智能科技水平跻身世界前列，为世界人工智能发展作出更多贡献。

1．建立新一代人工智能基础理论体系。

聚焦人工智能重大科学前沿问题，兼顾当前需求与长远发展，以突破人工智能应用基础理论瓶颈为重点，超前布局可能引发人工智能范式变革的基础研究，促进学科交叉融合，为人工智能持续发展与深度应用提供强大科学储备。

突破应用基础理论瓶颈。瞄准应用目标明确、有望引领人工智能技术升级的基础理论方向，加强大数据智能、跨媒体感知计算、人机混合智能、群体智能、自主协同与决策等基础理论研究。大数据智能理论重点突破无监督学习、综合深度推理等难点问题，建立数据驱动、以自然语言理解为核心的认知计算模型，形成从大数据到知识、从知识到决策的能力。跨媒体感知计算理论重点突破低成本低能耗智能感知、复杂场景主动感知、自然环境听觉与言语感知、多媒体自主学习等理论方法，实现超人感知和高动态、高维度、多模式分布式大场景感知。混合增强智能理论重点突破人机协同共融的情境理解与决策学习、直觉推理与因果模型、记忆与知识演化等理论，实现学习与思考接近或超过人类智能水平的混合增强智能。群体智能理论重点突破群体智能的组织、涌现、学习的理论与方法，建立可表达、可计算的群智激励算法和模型，形成基于互联网的群体智能理论体系。自主协同控制与优化决策理论重点突破面向自主无人系统的协同感知与交互、自主协同控制与优化决策、知识驱动的人机物三元协同与互操作等理论，形成自主智能无人系统创新性理论体系架构。

布局前沿基础理论研究。针对可能引发人工智能范式变革的方向，前瞻布局高级机器学习、类脑智能计算、量子智能计算等跨领域基础理论研究。高级机器学习理论重点突破自适应学习、自主学习等理论方法，实现具备高可解释性、强泛化能力的人工智能。类脑智能计算理论重点突破类脑的信息编码、处理、记忆、学习与推理理论，形成类脑复杂系统及类脑控制等理论与方法，建立大规模类脑智能计算的新模型和脑启发的认知计算模型。量子智能计算理论重点突破量子加速的机器学习方法，建立高性能计算与量子算法混合模型，形成高效精确自主的量子人工智能系统架构。

开展跨学科探索性研究。推动人工智能与神经科学、认知科学、量子科学、心理学、数学、经济学、社会学等相关基础学科的交叉融合，加强引领人工智能算法、模型发展的数学基础理论研究，重视人工智能法律伦理的基础理论问题研究，支持原创性强、非共识的探索性研究，鼓励科学家自由探索，勇于攻克人工智能前沿科学难题，提出更多原创理论，作出更多原创发现。

专栏1　基础理论

1．大数据智能理论。研究数据驱动与知识引导相结合的人工智能新方法、以自然语言理解和图像图形为核心的认知计算理论和方法、综合深度推理与创意人工智能理论与方法、非完全信息下智能决策基础理论与框架、数据驱动的通用人工智能数学模型与理论等。

2．跨媒体感知计算理论。研究超越人类视觉能力的感知获取、面向真实世界的主动视觉感知及计算、自然声学场景的听知觉感知及计算、自然交互环境的言语感知及计算、面向异步序列的类人感知及计算、面向媒体智能感知的自主学习、城市全维度智能感知推理引擎。

3．混合增强智能理论。研究“人在回路”的混合增强智能、人机智能共生的行为增强与脑机协同、机器直觉推理与因果模型、联想记忆模型与知识演化方法、复杂数据和任务的混合增强智能学习方法、云机器人协同计算方法、真实世界环境下的情境理解及人机群组协同。

4．群体智能理论。研究群体智能结构理论与组织方法、群体智能激励机制与涌现机理、群体智能学习理论与方法、群体智能通用计算范式与模型。

5．自主协同控制与优化决策理论。研究面向自主无人系统的协同感知与交互，面向自主无人系统的协同控制与优化决策，知识驱动的人机物三元协同与互操作等理论。

6．高级机器学习理论。研究统计学习基础理论、不确定性推理与决策、分布式学习与交互、隐私保护学习、小样本学习、深度强化学习、无监督学习、半监督学习、主动学习等学习理论和高效模型。

7．类脑智能计算理论。研究类脑感知、类脑学习、类脑记忆机制与计算融合、类脑复杂系统、类脑控制等理论与方法。

8．量子智能计算理论。探索脑认知的量子模式与内在机制，研究高效的量子智能模型和算法、高性能高比特的量子人工智能处理器、可与外界环境交互信息的实时量子人工智能系统等。

2．建立新一代人工智能关键共性技术体系。

围绕提升我国人工智能国际竞争力的迫切需求，新一代人工智能关键共性技术的研发部署要以算法为核心，以数据和硬件为基础，以提升感知识别、知识计算、认知推理、运动执行、人机交互能力为重点，形成开放兼容、稳定成熟的技术体系。

知识计算引擎与知识服务技术。重点突破知识加工、深度搜索和可视交互核心技术，实现对知识持续增量的自动获取，具备概念识别、实体发现、属性预测、知识演化建模和关系挖掘能力，形成涵盖数十亿实体规模的多源、多学科和多数据类型的跨媒体知识图谱。

跨媒体分析推理技术。重点突破跨媒体统一表征、关联理解与知识挖掘、知识图谱构建与学习、知识演化与推理、智能描述与生成等技术，实现跨媒体知识表征、分析、挖掘、推理、演化和利用，构建分析推理引擎。

群体智能关键技术。重点突破基于互联网的大众化协同、大规模协作的知识资源管理与开放式共享等技术，建立群智知识表示框架，实现基于群智感知的知识获取和开放动态环境下的群智融合与增强，支撑覆盖全国的千万级规模群体感知、协同与演化。

混合增强智能新架构与新技术。重点突破人机协同的感知与执行一体化模型、智能计算前移的新型传感器件、通用混合计算架构等核心技术，构建自主适应环境的混合增强智能系统、人机群组混合增强智能系统及支撑环境。

自主无人系统的智能技术。重点突破自主无人系统计算架构、复杂动态场景感知与理解、实时精准定位、面向复杂环境的适应性智能导航等共性技术，无人机自主控制以及汽车、船舶和轨道交通自动驾驶等智能技术，服务机器人、特种机器人等核心技术，支撑无人系统应用和产业发展。

虚拟现实智能建模技术。重点突破虚拟对象智能行为建模技术，提升虚拟现实中智能对象行为的社会性、多样性和交互逼真性，实现虚拟现实、增强现实等技术与人工智能的有机结合和高效互动。

智能计算芯片与系统。重点突破高能效、可重构类脑计算芯片和具有计算成像功能的类脑视觉传感器技术，研发具有自主学习能力的高效能类脑神经网络架构和硬件系统，实现具有多媒体感知信息理解和智能增长、常识推理能力的类脑智能系统。

自然语言处理技术。重点突破自然语言的语法逻辑、字符概念表征和深度语义分析的核心技术，推进人类与机器的有效沟通和自由交互，实现多风格多语言多领域的自然语言智能理解和自动生成。

专栏 2　关键共性技术

1．知识计算引擎与知识服务技术。研究知识计算和可视交互引擎，研究创新设计、数字创意和以可视媒体为核心的商业智能等知识服务技术，开展大规模生物数据的知识发现。

2．跨媒体分析推理技术。研究跨媒体统一表征、关联理解与知识挖掘、知识图谱构建与学习、知识演化与推理、智能描述与生成等技术，开发跨媒体分析推理引擎与验证系统。

3．群体智能关键技术。开展群体智能的主动感知与发现、知识获取与生成、协同与共享、评估与演化、人机整合与增强、自我维持与安全交互等关键技术研究，构建群智空间的服务体系结构，研究移动群体智能的协同决策与控制技术。

4．混合增强智能新架构和新技术。研究混合增强智能核心技术、认知计算框架，新型混合计算架构，人机共驾、在线智能学习技术，平行管理与控制的混合增强智能框架。

5．自主无人系统的智能技术。研究无人机自主控制和汽车、船舶、轨道交通自动驾驶等智能技术，服务机器人、空间机器人、海洋机器人、极地机器人技术，无人车间／智能工厂智能技术，高端智能控制技术和自主无人操作系统。研究复杂环境下基于计算机视觉的定位、导航、识别等机器人及机械手臂自主控制技术。

6．虚拟现实智能建模技术。研究虚拟对象智能行为的数学表达与建模方法，虚拟对象与虚拟环境和用户之间进行自然、持续、深入交互等问题，智能对象建模的技术与方法体系。

7．智能计算芯片与系统。研发神经网络处理器以及高能效、可重构类脑计算芯片等，新型感知芯片与系统、智能计算体系结构与系统，人工智能操作系统。研究适合人工智能的混合计算架构等。

8．自然语言处理技术。研究短文本的计算与分析技术，跨语言文本挖掘技术和面向机器认知智能的语义理解技术，多媒体信息理解的人机对话系统。

3．统筹布局人工智能创新平台。

建设布局人工智能创新平台，强化对人工智能研发应用的基础支撑。人工智能开源软硬件基础平台重点建设支持知识推理、概率统计、深度学习等人工智能范式的统一计算框架平台，形成促进人工智能软件、硬件和智能云之间相互协同的生态链。群体智能服务平台重点建设基于互联网大规模协作的知识资源管理与开放式共享工具，形成面向产学研用创新环节的群智众创平台和服务环境。混合增强智能支撑平台重点建设支持大规模训练的异构实时计算引擎和新型计算集群，为复杂智能计算提供服务化、系统化平台和解决方案。自主无人系统支撑平台重点建设面向自主无人系统复杂环境下环境感知、自主协同控制、智能决策等人工智能共性核心技术的支撑系统，形成开放式、模块化、可重构的自主无人系统开发与试验环境。人工智能基础数据与安全检测平台重点建设面向人工智能的公共数据资源库、标准测试数据集、云服务平台等，形成人工智能算法与平台安全性测试评估的方法、技术、规范和工具集。促进各类通用软件和技术平台的开源开放。各类平台要按照军民深度融合的要求和相关规定，推进军民共享共用。

专栏 3　基础支撑平台

1．人工智能开源软硬件基础平台。建立大数据人工智能开源软件基础平台、终端与云端协同的人工智能云服务平台、新型多元智能传感器件与集成平台、基于人工智能硬件的新产品设计平台、未来网络中的大数据智能化服务平台等。

2．群体智能服务平台。建立群智众创计算支撑平台、科技众创服务系统、群智软件开发与验证自动化系统、群智软件学习与创新系统、开放环境的群智决策系统、群智共享经济服务系统。

3．混合增强智能支撑平台。建立人工智能超级计算中心、大规模超级智能计算支撑环境、在线智能教育平台、“人在回路”驾驶脑、产业发展复杂性分析与风险评估的智能平台、支撑核电安全运营的智能保障平台、人机共驾技术研发与测试平台等。

4．自主无人系统支撑平台。建立自主无人系统共性核心技术支撑平台，无人机自主控制以及汽车、船舶和轨道交通自动驾驶支撑平台，服务机器人、空间机器人、海洋机器人、极地机器人支撑平台，智能工厂与智能控制装备技术支撑平台等。

5．人工智能基础数据与安全检测平台。建设面向人工智能的公共数据资源库、标准测试数据集、云服务平台，建立人工智能算法与平台安全性测试模型及评估模型，研发人工智能算法与平台安全性测评工具集。

4．加快培养聚集人工智能高端人才。

把高端人才队伍建设作为人工智能发展的重中之重，坚持培养和引进相结合，完善人工智能教育体系，加强人才储备和梯队建设，特别是加快引进全球顶尖人才和青年人才，形成我国人工智能人才高地。

培育高水平人工智能创新人才和团队。支持和培养具有发展潜力的人工智能领军人才，加强人工智能基础研究、应用研究、运行维护等方面专业技术人才培养。重视复合型人才培养，重点培养贯通人工智能理论、方法、技术、产品与应用等的纵向复合型人才，以及掌握“人工智能 +”经济、社会、管理、标准、法律等的横向复合型人才。通过重大研发任务和基地平台建设，汇聚人工智能高端人才，在若干人工智能重点领域形成一批高水平创新团队。鼓励和引导国内创新人才、团队加强与全球顶尖人工智能研究机构合作互动。

加大高端人工智能人才引进力度。开辟专门渠道，实行特殊政策，实现人工智能高端人才精准引进。重点引进神经认知、机器学习、自动驾驶、智能机器人等国际顶尖科学家和高水平创新团队。鼓励采取项目合作、技术咨询等方式柔性引进人工智能人才。统筹利用“千人计划”等现有人才计划，加强人工智能领域优秀人才特别是优秀青年人才引进工作。完善企业人力资本成本核算相关政策，激励企业、科研机构引进人工智能人才。

建设人工智能学科。完善人工智能领域学科布局，设立人工智能专业，推动人工智能领域一级学科建设，尽快在试点院校建立人工智能学院，增加人工智能相关学科方向的博士、硕士招生名额。鼓励高校在原有基础上拓宽人工智能专业教育内容，形成“人工智能 +X”复合专业培养新模式，重视人工智能与数学、计算机科学、物理学、生物学、心理学、社会学、法学等学科专业教育的交叉融合。加强产学研合作，鼓励高校、科研院所与企业等机构合作开展人工智能学科建设。

（二）培育高端高效的智能经济。

加快培育具有重大引领带动作用的人工智能产业，促进人工智能与各产业领域深度融合，形成数据驱动、人机协同、跨界融合、共创分享的智能经济形态。数据和知识成为经济增长的第一要素，人机协同成为主流生产和服务方式，跨界融合成为重要经济模式，共创分享成为经济生态基本特征，个性化需求与定制成为消费新潮流，生产率大幅提升，引领产业向价值链高端迈进，有力支撑实体经济发展，全面提升经济发展质量和效益。

1．大力发展人工智能新兴产业。

加快人工智能关键技术转化应用，促进技术集成与商业模式创新，推动重点领域智能产品创新，积极培育人工智能新兴业态，布局产业链高端，打造具有国际竞争力的人工智能产业集群。

智能软硬件。开发面向人工智能的操作系统、数据库、中间件、开发工具等关键基础软件，突破图形处理器等核心硬件，研究图像识别、语音识别、机器翻译、智能交互、知识处理、控制决策等智能系统解决方案，培育壮大面向人工智能应用的基础软硬件产业。

智能机器人。攻克智能机器人核心零部件、专用传感器，完善智能机器人硬件接口标准、软件接口协议标准以及安全使用标准。研制智能工业机器人、智能服务机器人，实现大规模应用并进入国际市场。研制和推广空间机器人、海洋机器人、极地机器人等特种智能机器人。建立智能机器人标准体系和安全规则。

智能运载工具。发展自动驾驶汽车和轨道交通系统，加强车载感知、自动驾驶、车联网、物联网等技术集成和配套，开发交通智能感知系统，形成我国自主的自动驾驶平台技术体系和产品总成能力，探索自动驾驶汽车共享模式。发展消费类和商用类无人机、无人船，建立试验鉴定、测试、竞技等专业化服务体系，完善空域、水域管理措施。

虚拟现实与增强现实。突破高性能软件建模、内容拍摄生成、增强现实与人机交互、集成环境与工具等关键技术，研制虚拟显示器件、光学器件、高性能真三维显示器、开发引擎等产品，建立虚拟现实与增强现实的技术、产品、服务标准和评价体系，推动重点行业融合应用。

智能终端。加快智能终端核心技术和产品研发，发展新一代智能手机、车载智能终端等移动智能终端产品和设备，鼓励开发智能手表、智能耳机、智能眼镜等可穿戴终端产品，拓展产品形态和应用服务。

物联网基础器件。发展支撑新一代物联网的高灵敏度、高可靠性智能传感器件和芯片，攻克射频识别、近距离机器通信等物联网核心技术和低功耗处理器等关键器件。

2．加快推进产业智能化升级。

推动人工智能与各行业融合创新，在制造、农业、物流、金融、商务、家居等重点行业和领域开展人工智能应用试点示范，推动人工智能规模化应用，全面提升产业发展智能化水平。

智能制造。围绕制造强国重大需求，推进智能制造关键技术装备、核心支撑软件、工业互联网等系统集成应用，研发智能产品及智能互联产品、智能制造使能工具与系统、智能制造云服务平台，推广流程智能制造、离散智能制造、网络化协同制造、远程诊断与运维服务等新型制造模式，建立智能制造标准体系，推进制造全生命周期活动智能化。

智能农业。研制农业智能传感与控制系统、智能化农业装备、农机田间作业自主系统等。建立完善天空地一体化的智能农业信息遥感监测网络。建立典型农业大数据智能决策分析系统，开展智能农场、智能化植物工厂、智能牧场、智能渔场、智能果园、农产品加工智能车间、农产品绿色智能供应链等集成应用示范。

智能物流。加强智能化装卸搬运、分拣包装、加工配送等智能物流装备研发和推广应用，建设深度感知智能仓储系统，提升仓储运营管理水平和效率。完善智能物流公共信息平台和指挥系统、产品质量认证及追溯系统、智能配货调度体系等。

智能金融。建立金融大数据系统，提升金融多媒体数据处理与理解能力。创新智能金融产品和服务，发展金融新业态。鼓励金融行业应用智能客服、智能监控等技术和装备。建立金融风险智能预警与防控系统。

智能商务。鼓励跨媒体分析与推理、知识计算引擎与知识服务等新技术在商务领域应用，推广基于人工智能的新型商务服务与决策系统。建设涵盖地理位置、网络媒体和城市基础数据等跨媒体大数据平台，支撑企业开展智能商务。鼓励围绕个人需求、企业管理提供定制化商务智能决策服务。

智能家居。加强人工智能技术与家居建筑系统的融合应用，提升建筑设备及家居产品的智能化水平。研发适应不同应用场景的家庭互联互通协议、接口标准，提升家电、耐用品等家居产品感知和联通能力。支持智能家居企业创新服务模式，提供互联共享解决方案。

3．大力发展智能企业。

大规模推动企业智能化升级。支持和引导企业在设计、生产、管理、物流和营销等核心业务环节应用人工智能新技术，构建新型企业组织结构和运营方式，形成制造与服务、金融智能化融合的业态模式，发展个性化定制，扩大智能产品供给。鼓励大型互联网企业建设云制造平台和服务平台，面向制造企业在线提供关键工业软件和模型库，开展制造能力外包服务，推动中小企业智能化发展。

推广应用智能工厂。加强智能工厂关键技术和体系方法的应用示范，重点推广生产线重构与动态智能调度、生产装备智能物联与云化数据采集、多维人机物协同与互操作等技术，鼓励和引导企业建设工厂大数据系统、网络化分布式生产设施等，实现生产设备网络化、生产数据可视化、生产过程透明化、生产现场无人化，提升工厂运营管理智能化水平。

加快培育人工智能产业领军企业。在无人机、语音识别、图像识别等优势领域加快打造人工智能全球领军企业和品牌。在智能机器人、智能汽车、可穿戴设备、虚拟现实等新兴领域加快培育一批龙头企业。支持人工智能企业加强专利布局，牵头或参与国际标准制定。推动国内优势企业、行业组织、科研机构、高校等联合组建中国人工智能产业技术创新联盟。支持龙头骨干企业构建开源硬件工厂、开源软件平台，形成集聚各类资源的创新生态，促进人工智能中小微企业发展和各领域应用。支持各类机构和平台面向人工智能企业提供专业化服务。

4．打造人工智能创新高地。

结合各地区基础和优势，按人工智能应用领域分门别类进行相关产业布局。鼓励地方围绕人工智能产业链和创新链，集聚高端要素、高端企业、高端人才，打造人工智能产业集群和创新高地。

开展人工智能创新应用试点示范。在人工智能基础较好、发展潜力较大的地区，组织开展国家人工智能创新试验，探索体制机制、政策法规、人才培育等方面的重大改革，推动人工智能成果转化、重大产品集成创新和示范应用，形成可复制、可推广的经验，引领带动智能经济和智能社会发展。

建设国家人工智能产业园。依托国家自主创新示范区和国家高新技术产业开发区等创新载体，加强科技、人才、金融、政策等要素的优化配置和组合，加快培育建设人工智能产业创新集群。

建设国家人工智能众创基地。依托从事人工智能研究的高校、科研院所集中地区，搭建人工智能领域专业化创新平台等新型创业服务机构，建设一批低成本、便利化、全要素、开放式的人工智能众创空间，完善孵化服务体系，推进人工智能科技成果转移转化，支持人工智能创新创业。

（三）建设安全便捷的智能社会。

围绕提高人民生活水平和质量的目标，加快人工智能深度应用，形成无时不有、无处不在的智能化环境，全社会的智能化水平大幅提升。越来越多的简单性、重复性、危险性任务由人工智能完成，个体创造力得到极大发挥，形成更多高质量和高舒适度的就业岗位；精准化智能服务更加丰富多样，人们能够最大限度享受高质量服务和便捷生活；社会治理智能化水平大幅提升，社会运行更加安全高效。

1．发展便捷高效的智能服务。

围绕教育、医疗、养老等迫切民生需求，加快人工智能创新应用，为公众提供个性化、多元化、高品质服务。

智能教育。利用智能技术加快推动人才培养模式、教学方法改革，构建包含智能学习、交互式学习的新型教育体系。开展智能校园建设，推动人工智能在教学、管理、资源建设等全流程应用。开发立体综合教学场、基于大数据智能的在线学习教育平台。开发智能教育助理，建立智能、快速、全面的教育分析系统。建立以学习者为中心的教育环境，提供精准推送的教育服务，实现日常教育和终身教育定制化。

智能医疗。推广应用人工智能治疗新模式新手段，建立快速精准的智能医疗体系。探索智慧医院建设，开发人机协同的手术机器人、智能诊疗助手，研发柔性可穿戴、生物兼容的生理监测系统，研发人机协同临床智能诊疗方案，实现智能影像识别、病理分型和智能多学科会诊。基于人工智能开展大规模基因组识别、蛋白组学、代谢组学等研究和新药研发，推进医药监管智能化。加强流行病智能监测和防控。

智能健康和养老。加强群体智能健康管理，突破健康大数据分析、物联网等关键技术，研发健康管理可穿戴设备和家庭智能健康检测监测设备，推动健康管理实现从点状监测向连续监测、从短流程管理向长流程管理转变。建设智能养老社区和机构，构建安全便捷的智能化养老基础设施体系。加强老年人产品智能化和智能产品适老化，开发视听辅助设备、物理辅助设备等智能家居养老设备，拓展老年人活动空间。开发面向老年人的移动社交和服务平台、情感陪护助手，提升老年人生活质量。

2．推进社会治理智能化。

围绕行政管理、司法管理、城市管理、环境保护等社会治理的热点难点问题，促进人工智能技术应用，推动社会治理现代化。

智能政务。开发适于政府服务与决策的人工智能平台，研制面向开放环境的决策引擎，在复杂社会问题研判、政策评估、风险预警、应急处置等重大战略决策方面推广应用。加强政务信息资源整合和公共需求精准预测，畅通政府与公众的交互渠道。

智慧法庭。建设集审判、人员、数据应用、司法公开和动态监控于一体的智慧法庭数据平台，促进人工智能在证据收集、案例分析、法律文件阅读与分析中的应用，实现法院审判体系和审判能力智能化。

智慧城市。构建城市智能化基础设施，发展智能建筑，推动地下管廊等市政基础设施智能化改造升级；建设城市大数据平台，构建多元异构数据融合的城市运行管理体系，实现对城市基础设施和城市绿地、湿地等重要生态要素的全面感知以及对城市复杂系统运行的深度认知；研发构建社区公共服务信息系统，促进社区服务系统与居民智能家庭系统协同；推进城市规划、建设、管理、运营全生命周期智能化。

智能交通。研究建立营运车辆自动驾驶与车路协同的技术体系。研发复杂场景下的多维交通信息综合大数据应用平台，实现智能化交通疏导和综合运行协调指挥，建成覆盖地面、轨道、低空和海上的智能交通监控、管理和服务系统。

智能环保。建立涵盖大气、水、土壤等环境领域的智能监控大数据平台体系，建成陆海统筹、天地一体、上下协同、信息共享的智能环境监测网络和服务平台。研发资源能源消耗、环境污染物排放智能预测模型方法和预警方案。加强京津冀、长江经济带等国家重大战略区域环境保护和突发环境事件智能防控体系建设。

3．利用人工智能提升公共安全保障能力。

促进人工智能在公共安全领域的深度应用，推动构建公共安全智能化监测预警与控制体系。围绕社会综合治理、新型犯罪侦查、反恐等迫切需求，研发集成多种探测传感技术、视频图像信息分析识别技术、生物特征识别技术的智能安防与警用产品，建立智能化监测平台。加强对重点公共区域安防设备的智能化改造升级，支持有条件的社区或城市开展基于人工智能的公共安防区域示范。强化人工智能对食品安全的保障，围绕食品分类、预警等级、食品安全隐患及评估等，建立智能化食品安全预警系统。加强人工智能对自然灾害的有效监测，围绕地震灾害、地质灾害、气象灾害、水旱灾害和海洋灾害等重大自然灾害，构建智能化监测预警与综合应对平台。

4．促进社会交往共享互信。

充分发挥人工智能技术在增强社会互动、促进可信交流中的作用。加强下一代社交网络研发，加快增强现实、虚拟现实等技术推广应用，促进虚拟环境和实体环境协同融合，满足个人感知、分析、判断与决策等实时信息需求，实现在工作、学习、生活、娱乐等不同场景下的流畅切换。针对改善人际沟通障碍的需求，开发具有情感交互功能、能准确理解人的需求的智能助理产品，实现情感交流和需求满足的良性循环。促进区块链技术与人工智能的融合，建立新型社会信用体系，最大限度降低人际交往成本和风险。

（四）加强人工智能领域军民融合。

深入贯彻落实军民融合发展战略，推动形成全要素、多领域、高效益的人工智能军民融合格局。以军民共享共用为导向部署新一代人工智能基础理论和关键共性技术研发，建立科研院所、高校、企业和军工单位的常态化沟通协调机制。促进人工智能技术军民双向转化，强化新一代人工智能技术对指挥决策、军事推演、国防装备等的有力支撑，引导国防领域人工智能科技成果向民用领域转化应用。鼓励优势民口科研力量参与国防领域人工智能重大科技创新任务，推动各类人工智能技术快速嵌入国防创新领域。加强军民人工智能技术通用标准体系建设，推进科技创新平台基地的统筹布局和开放共享。

（五）构建泛在安全高效的智能化基础设施体系。

大力推动智能化信息基础设施建设，提升传统基础设施的智能化水平，形成适应智能经济、智能社会和国防建设需要的基础设施体系。加快推动以信息传输为核心的数字化、网络化信息基础设施，向集融合感知、传输、存储、计算、处理于一体的智能化信息基础设施转变。优化升级网络基础设施，研发布局第五代移动通信（5G）系统，完善物联网基础设施，加快天地一体化信息网络建设，提高低时延、高通量的传输能力。统筹利用大数据基础设施，强化数据安全与隐私保护，为人工智能研发和广泛应用提供海量数据支撑。建设高效能计算基础设施，提升超级计算中心对人工智能应用的服务支撑能力。建设分布式高效能源互联网，形成支撑多能源协调互补、及时有效接入的新型能源网络，推广智能储能设施、智能用电设施，实现能源供需信息的实时匹配和智能化响应。

专栏4　智能化基础设施

1．网络基础设施。加快布局实时协同人工智能的5G增强技术研发及应用，建设面向空间协同人工智能的高精度导航定位网络，加强智能感知物联网核心技术攻关和关键设施建设，发展支撑智能化的工业互联网、面向无人驾驶的车联网等，研究智能化网络安全架构。加快建设天地一体化信息网络，推进天基信息网、未来互联网、移动通信网的全面融合。

2．大数据基础设施。依托国家数据共享交换平台、数据开放平台等公共基础设施，建设政府治理、公共服务、产业发展、技术研发等领域大数据基础信息数据库，支撑开展国家治理大数据应用。整合社会各类数据平台和数据中心资源，形成覆盖全国、布局合理、链接畅通的一体化服务能力。

3．高效能计算基础设施。继续加强超级计算基础设施、分布式计算基础设施和云计算中心建设，构建可持续发展的高性能计算应用生态环境。推进下一代超级计算机研发应用。

（六）前瞻布局新一代人工智能重大科技项目。

针对我国人工智能发展的迫切需求和薄弱环节，设立新一代人工智能重大科技项目。加强整体统筹，明确任务边界和研发重点，形成以新一代人工智能重大科技项目为核心、现有研发布局为支撑的“1+N”人工智能项目群。

“1”是指新一代人工智能重大科技项目，聚焦基础理论和关键共性技术的前瞻布局，包括研究大数据智能、跨媒体感知计算、混合增强智能、群体智能、自主协同控制与决策等理论，研究知识计算引擎与知识服务技术、跨媒体分析推理技术、群体智能关键技术、混合增强智能新架构与新技术、自主无人控制技术等，开源共享人工智能基础理论和共性技术。持续开展人工智能发展的预测和研判，加强人工智能对经济社会综合影响及对策研究。

“N”是指国家相关规划计划中部署的人工智能研发项目，重点是加强与新一代人工智能重大科技项目的衔接，协同推进人工智能的理论研究、技术突破和产品研发应用。加强与国家科技重大专项的衔接，在“核高基”（核心电子器件、高端通用芯片、基础软件）、集成电路装备等国家科技重大专项中支持人工智能软硬件发展。加强与其他“科技创新 2030—重大项目”的相互支撑，加快脑科学与类脑计算、量子信息与量子计算、智能制造与机器人、大数据等研究，为人工智能重大技术突破提供支撑。国家重点研发计划继续推进高性能计算等重点专项实施，加大对人工智能相关技术研发和应用的支持；国家自然科学基金加强对人工智能前沿领域交叉学科研究和自由探索的支持。在深海空间站、健康保障等重大项目，以及智慧城市、智能农机装备等国家重点研发计划重点专项部署中，加强人工智能技术的应用示范。其他各类科技计划支持的人工智能相关基础理论和共性技术研究成果应开放共享。

创新新一代人工智能重大科技项目组织实施模式，坚持集中力量办大事、重点突破的原则，充分发挥市场机制作用，调动部门、地方、企业和社会各方面力量共同推进实施。明确管理责任，定期开展评估，加强动态调整，提高管理效率。

四、资源配置

充分利用已有资金、基地等存量资源，统筹配置国际国内创新资源，发挥好财政投入、政策激励的引导作用和市场配置资源的主导作用，撬动企业、社会加大投入，形成财政资金、金融资本、社会资本多方支持的新格局。

（一）建立财政引导、市场主导的资金支持机制。

统筹政府和市场多渠道资金投入，加大财政资金支持力度，盘活现有资源，对人工智能基础前沿研究、关键共性技术攻关、成果转移转化、基地平台建设、创新应用示范等提供支持。利用现有政府投资基金支持符合条件的人工智能项目，鼓励龙头骨干企业、产业创新联盟牵头成立市场化的人工智能发展基金。利用天使投资、风险投资、创业投资基金及资本市场融资等多种渠道，引导社会资本支持人工智能发展。积极运用政府和社会资本合作等模式，引导社会资本参与人工智能重大项目实施和科技成果转化应用。

（二）优化布局建设人工智能创新基地。

按照国家级科技创新基地布局和框架，统筹推进人工智能领域建设若干国际领先的创新基地。引导现有与人工智能相关的国家重点实验室、企业国家重点实验室、国家工程实验室等基地，聚焦新一代人工智能的前沿方向开展研究。按规定程序，以企业为主体、产学研合作组建人工智能领域的相关技术和产业创新基地，发挥龙头骨干企业技术创新示范带动作用。发展人工智能领域的专业化众创空间，促进最新技术成果和资源、服务的精准对接。充分发挥各类创新基地聚集人才、资金等创新资源的作用，突破人工智能基础前沿理论和关键共性技术，开展应用示范。

（三）统筹国际国内创新资源。

支持国内人工智能企业与国际人工智能领先高校、科研院所、团队合作。鼓励国内人工智能企业“走出去”，为有实力的人工智能企业开展海外并购、股权投资、创业投资和建立海外研发中心等提供便利和服务。鼓励国外人工智能企业、科研机构在华设立研发中心。依托“一带一路”战略，推动建设人工智能国际科技合作基地、联合研究中心等，加快人工智能技术在“一带一路”沿线国家推广应用。推动成立人工智能国际组织，共同制定相关国际标准。支持相关行业协会、联盟及服务机构搭建面向人工智能企业的全球化服务平台。

五、保障措施

围绕推动我国人工智能健康快速发展的现实要求，妥善应对人工智能可能带来的挑战，形成适应人工智能发展的制度安排，构建开放包容的国际化环境，夯实人工智能发展的社会基础。

（一）制定促进人工智能发展的法律法规和伦理规范。

加强人工智能相关法律、伦理和社会问题研究，建立保障人工智能健康发展的法律法规和伦理道德框架。开展与人工智能应用相关的民事与刑事责任确认、隐私和产权保护、信息安全利用等法律问题研究，建立追溯和问责制度，明确人工智能法律主体以及相关权利、义务和责任等。重点围绕自动驾驶、服务机器人等应用基础较好的细分领域，加快研究制定相关安全管理法规，为新技术的快速应用奠定法律基础。开展人工智能行为科学和伦理等问题研究，建立伦理道德多层次判断结构及人机协作的伦理框架。制定人工智能产品研发设计人员的道德规范和行为守则，加强对人工智能潜在危害与收益的评估，构建人工智能复杂场景下突发事件的解决方案。积极参与人工智能全球治理，加强机器人异化和安全监管等人工智能重大国际共性问题研究，深化在人工智能法律法规、国际规则等方面的国际合作，共同应对全球性挑战。

（二）完善支持人工智能发展的重点政策。

落实对人工智能中小企业和初创企业的财税优惠政策，通过高新技术企业税收优惠和研发费用加计扣除等政策支持人工智能企业发展。完善落实数据开放与保护相关政策，开展公共数据开放利用改革试点，支持公众和企业充分挖掘公共数据的商业价值，促进人工智能应用创新。研究完善适应人工智能的教育、医疗、保险、社会救助等政策体系，有效应对人工智能带来的社会问题。

（三）建立人工智能技术标准和知识产权体系。

加强人工智能标准框架体系研究。坚持安全性、可用性、互操作性、可追溯性原则，逐步建立并完善人工智能基础共性、互联互通、行业应用、网络安全、隐私保护等技术标准。加快推动无人驾驶、服务机器人等细分应用领域的行业协会和联盟制定相关标准。鼓励人工智能企业参与或主导制定国际标准，以技术标准“走出去”带动人工智能产品和服务在海外推广应用。加强人工智能领域的知识产权保护，健全人工智能领域技术创新、专利保护与标准化互动支撑机制，促进人工智能创新成果的知识产权化。建立人工智能公共专利池，促进人工智能新技术的利用与扩散。

（四）建立人工智能安全监管和评估体系。

加强人工智能对国家安全和保密领域影响的研究与评估，完善人、技、物、管配套的安全防护体系，构建人工智能安全监测预警机制。加强对人工智能技术发展的预测、研判和跟踪研究，坚持问题导向，准确把握技术和产业发展趋势。增强风险意识，重视风险评估和防控，强化前瞻预防和约束引导，近期重点关注对就业的影响，远期重点考虑对社会伦理的影响，确保把人工智能发展规制在安全可控范围内。建立健全公开透明的人工智能监管体系，实行设计问责和应用监督并重的双层监管结构，实现对人工智能算法设计、产品开发和成果应用等的全流程监管。促进人工智能行业和企业自律，切实加强管理，加大对数据滥用、侵犯个人隐私、违背道德伦理等行为的惩戒力度。加强人工智能网络安全技术研发，强化人工智能产品和系统网络安全防护。构建动态的人工智能研发应用评估评价机制，围绕人工智能设计、产品和系统的复杂性、风险性、不确定性、可解释性、潜在经济影响等问题，开发系统性的测试方法和指标体系，建设跨领域的人工智能测试平台，推动人工智能安全认证，评估人工智能产品和系统的关键性能。

（五）大力加强人工智能劳动力培训。

加快研究人工智能带来的就业结构、就业方式转变以及新型职业和工作岗位的技能需求，建立适应智能经济和智能社会需要的终身学习和就业培训体系，支持高等院校、职业学校和社会化培训机构等开展人工智能技能培训，大幅提升就业人员专业技能，满足我国人工智能发展带来的高技能高质量就业岗位需要。鼓励企业和各类机构为员工提供人工智能技能培训。加强职工再就业培训和指导，确保从事简单重复性工作的劳动力和因人工智能失业的人员顺利转岗。

（六）广泛开展人工智能科普活动。

支持开展形式多样的人工智能科普活动，鼓励广大科技工作者投身人工智能的科普与推广，全面提高全社会对人工智能的整体认知和应用水平。实施全民智能教育项目，在中小学阶段设置人工智能相关课程，逐步推广编程教育，鼓励社会力量参与寓教于乐的编程教学软件、游戏的开发和推广。建设和完善人工智能科普基础设施，充分发挥各类人工智能创新基地平台等的科普作用，鼓励人工智能企业、科研机构搭建开源平台，面向公众开放人工智能研发平台、生产设施或展馆等。支持开展人工智能竞赛，鼓励进行形式多样的人工智能科普创作。鼓励科学家参与人工智能科普。

六、组织实施

新一代人工智能发展规划是关系全局和长远的前瞻谋划。必须加强组织领导，健全机制，瞄准目标，紧盯任务，以钉钉子的精神切实抓好落实，一张蓝图干到底。

（一）组织领导。

按照党中央、国务院统一部署，由国家科技体制改革和创新体系建设领导小组牵头统筹协调，审议重大任务、重大政策、重大问题和重点工作安排，推动人工智能相关法律法规建设，指导、协调和督促有关部门做好规划任务的部署实施。依托国家科技计划（专项、基金等）管理部际联席会议，科技部会同有关部门负责推进新一代人工智能重大科技项目实施，加强与其他计划任务的衔接协调。成立人工智能规划推进办公室，办公室设在科技部，具体负责推进规划实施。成立人工智能战略咨询委员会，研究人工智能前瞻性、战略性重大问题，对人工智能重大决策提供咨询评估。推进人工智能智库建设，支持各类智库开展人工智能重大问题研究，为人工智能发展提供强大智力支持。

（二）保障落实。

加强规划任务分解，明确责任单位和进度安排，制定年度和阶段性实施计划。建立年度评估、中期评估等规划实施情况的监测评估机制。适应人工智能快速发展的特点，根据任务进展情况、阶段目标完成情况、技术发展新动向等，加强对规划和项目的动态调整。

（三）试点示范。

对人工智能重大任务和重点政策措施，要制定具体方案，开展试点示范。加强对各部门、各地方试点示范的统筹指导，及时总结推广可复制的经验和做法。通过试点先行、示范引领，推进人工智能健康有序发展。

（四）舆论引导。

充分利用各种传统媒体和新兴媒体，及时宣传人工智能新进展、新成效，让人工智能健康发展成为全社会共识，调动全社会参与支持人工智能发展的积极性。及时做好舆论引导，更好应对人工智能发展可能带来的社会、伦理和法律等挑战。

国务院办公厅关于推动国防科技工业军民融合深度发展的意见

国办发〔2017〕91号

各省、自治区、直辖市人民政府，国务院各部委、各直属机构：

国防科技工业是军民融合发展的重点领域，是实施军民融合发展战略的重要组成部分，对提升中国特色先进国防科技工业水平、支撑国防军队建设、推动科学技术进步、服务经济社会发展具有重要意义。当前和今后一个时期是军民融合发展的战略机遇期，也是军民融合由初步融合向深度融合过渡、进而实现跨越发展的关键期，国防科技工业领域军民融合潜力巨大。为推动国防科技工业军民融合深度发展，经国务院同意，现提出以下意见：

一、总体要求

（一）指导思想。

全面贯彻落实党的十九大精神，坚持以习近平新时代中国特色社会主义思想为指导，认真落实党中央、国务院决策部署，统筹推进“五位一体”总体布局和协调推进“四个全面”战略布局，牢固树立和贯彻落实新发展理念，以军民融合发展战略为引领，突出问题导向，聚焦重点领域，完善政策法规，落实改革举措，推进军民结合、寓军于民的武器装备科研生产体系建设，实现军民资源互通共享和相互支撑、有效转化，推动国防科技工业军民融合深度发展，建设中国特色先进国防科技工业体系。

（二）基本原则。

——国家主导，市场运作。在中央统一领导下，加强国防科技工业军民融合政策引导、制度创新，健全完善政策，打破行业壁垒，推动军民资源互通共享。充分发挥市场在资源配置中的作用，激发各类市场主体活力，推动公平竞争，实现优胜劣汰，促进技术进步和产业发展，加快形成全要素、多领域、高效益的军民融合深度发展格局。

——问题导向，务求实效。针对制约国防科技工业军民融合深度发展的障碍，围绕“军转民”、“民参军”、军民两用技术产业化、军民资源互通共享等重点领域，突出解决深层次和重点、难点问题，向更广范围、更高层次、更深程度推动军民融合发展。

——协同推进，成熟先行。充分发挥有关部门和地方政府作用，调动军工集团公司、军队科研单位和中科院、高等学校以及包括民营企业在内的其他民口单位等多方面积极性，形成各方密切合作、协同推进的强大合力。注重政策统筹协调，有序推进，成熟一项、落实一项。

二、进一步扩大军工开放

（三）推动军品科研生产能力结构调整。打破军工和民口界限，不分所有制性质，制定军品科研生产能力结构调整方案，对全社会军品科研生产能力进行分类管理，形成小核心、大协作、专业化、开放型武器装备科研生产体系。核心能力由国家主导；重要能力发挥国家主导和市场机制作用，促进竞争，择优扶强；一般能力完全放开，充分竞争。

（四）扩大军工单位外部协作。将军工集团公司军品外部配套率、民口配套率纳入国防科技工业统计。进一步完善军工企业考核指标体系，在保障国家战略、国防安全和完成重大专项任务的前提下，进一步推进民品开发和军工科技成果转化。规范军工集团公司对民口军品配套单位的收购行为，避免垄断和不公平竞争，维护市场良性竞争秩序。

（五）积极引入社会资本参与军工企业股份制改造。修订军工企业股份制改造分类指导目录，科学划分军工企业国有独资、国有绝对控股、国有相对控股、国有参股等控制类别，除战略武器等特殊领域外，在确保安全保密的前提下，支持符合要求的各类投资主体参与军工企业股份制改造。按照完善治理、强化激励、突出主业、提高效率的要求，积极稳妥推动军工企业混合所有制改革，鼓励符合条件的军工企业上市或将军工资产注入上市公司，建立军工独立董事制度，探索建立国家特殊管理股制度。充分发挥国有企业混合所有制改革试点示范带动作用，及时推广相关经验。

（六）完善武器装备科研生产准入退出机制。加大"放管服"改革力度，推进科学规范、安全高效的准入退出制度建设。健全武器装备科研生产准入退出动态调整机制，精简优化许可管理范围，减少许可项目数量，规范退出标准和流程。实行武器装备科研生产许可与武器装备承制单位资格两证联合审查，推进多证融合。规范武器装备科研生产定密和招投标工作，凡不属于国家秘密事项的，不再纳入保密资格认定等行政许可范围；凡不需要承制单位具有保密资格的武器装备科研生产项目，不得将保密资格作为招投标条件。

（七）推进武器装备科研生产竞争。适应竞争性装备采购要求，推动系统集成商、专业承包商、市场供应商体系建设，推进分系统及配套产品竞争，明确细化总体单位开展分系统和配套产品采购的规则要求。改进完善军品价格和税收政策，营造公平竞争环境，引导更多有优势、有意愿的民口单位参与武器装备科研生产竞争。

三、加强军民资源共享和协同创新

（八）推动科技创新基地和设备设施等资源双向开放共享。面向国防建设和经济建设两个需求，进一步推动国防科技重点实验室、国防重点学科实验室、国防科技工业创新中心优化布局与建设，并分类推进开放共享。加强民口科技创新基地建设统筹，促进国家实验室、国家重点实验室等科技创新资源共享，发布开放目录清单，制定开放共享管理办法。在确保国家秘密安全的前提下，逐步将国防科研设备设施纳入统一的国家科研仪器设施网络管理平台，提升开放共享水平。

（九）加强军工重大试验设施统筹使用。编制发布军工重大试验设施共享目录，推动具备条件的军工重大试验设施向民口开放，建立常态化开放共享和技术服务机制。对新建重大试验设施，加强军工内部、军工与民口统筹。

（十）完善军民协同创新机制。建立军工和民口科技规划、计划、项目安排、政策等会商机制。建立国防科技协同创新机制，积极吸纳民口力量参与国防科技创新，扩大国防科技创新主体范围。发挥好现有国防科技工业创新中心和国家技术创新中心作用，统筹研究在部分新技术领域择优建设创新中心。支持科研院所、高等学校等，围绕国家安全和国防科技重大战略需求，聚焦具有战略性、带动性、全局性的重大共性关键技术，组建国防关键技术创新联盟，开展产学研用合作。

（十一）推动技术基础资源军民共享。建立完善军民标准化协调机制，推动军民标准通用化。开展军工行业标准清查，提出立改废清单，鼓励军工单位参与国家相关专业标准制修订工作。推动军民计量资源互通共享，发挥国防计量技术机构专业优势服务国民经济建设，积极吸收其他计量技术机构服务国防科技工业发展。支持军工鉴定性试验能力向社会开放服务。鼓励依托国家产品质检中心、高等学校、科研院所建立武器装备科研生产第三方测试评估机构。

（十二）积极利用民口产能。鼓励支持军工单位采取入股、租赁等多种方式，将民口产能用于武器装备科研生产。加强军工单位之间科研生产能力统筹利用和协作，积极推动军工资产合理流动。择优利用军工、军队和民口单位科研生产能力，避免不合理的重复建设。

（十三）支持武器装备科研生产单位为大安全、大防务提供装备和服务。在搞好武器装备科研生产的同时，做好军事训练器材研制开发，鼓励武器装备科研生产单位积极参与边海防装备建设，大力发展反恐维稳、安保警戒、应急救援、网络和信息安全等方面的技术、产品和产业。

（十四）健全完善信息发布和共享制度。依托国家军民融合公共服务平台，通过地方科技管理部门和国防科技工业管理部门收集本地区民口前沿技术、先进技术和优质产品等资源信息，集中向军工单位公开发布；按行业收集武器装备科研生产需求，经保密审查后，向社会公开发布。

（十五）加强国防科技工业人才队伍建设。组织实施国防科技工业人才发展规划，利用全社会优势教育资源，围绕武器装备建设和国防科技工业发展需求，大力开展国防特色高校共建和国防特色学科建设，依托高等学校设立国防科技重点实验室和国防重点学科实验室，开展探索性、创新性基础研究和前沿技术研究，支持高等学校与军工单位加强产学研用合作和人才培养。鼓励设立国防科技工业人才培养基金，加强国防科技创新团队建设，培养一批工程型号领军人才，做好国防科技领域青年拔尖人才选拔工作，开展国防科技工业杰出人才奖评选表彰，吸引优秀人才投身国防科技工业建设。依托军工单位及相关院校开展军队装备技术保障人才教育培训。

四、促进军民技术相互支撑、有效转化

（十六）推动完善国防科技工业科技成果管理制度。统筹建设国防科技工业科技成果转化平台，定期发布《国防科技工业知识产权转化目录》，推动知识产权转化运用。推动降密解密工作，完善国防科技工业知识产权归属和收益分配等政策，推动国防科技工业和民用领域科技成果双向转移转化。

（十七）加大军用技术推广支持力度。突出高技术方向，着力发展有利于推动产业结构优化升级、培育国民经济新增长点的高端产业。项目审批方式逐步由事前审批向事后审批转变，经费支持方式可由注入资本金等向投资补助、贷款贴息等转变。

（十八）发挥技术转化评价作用。在军工科研项目立项评估和国防科学技术进步奖评选中，加大成果转化、推广和应用的权重。探索开展相关技术成熟度评价，跟踪具有潜在军用前景的技术发展动态，鼓励军工单位优先利用民口成熟技术和产品。

五、支撑重点领域建设

（十九）加强太空领域统筹。面向军民需求，加快空间基础设施统筹建设。加快论证实施重型运载火箭、空间核动力装置、深空探测及空间飞行器在轨服务与维护系统等一批军民融合重大工程和重大项目。以遥感卫星为突破口，制定国家卫星遥感数据政策，促进军民卫星资源和卫星数据共享。探索研究开放共享的航天发射场和航天测控系统建设。

（二十）推进网络空间领域建设。促进通信卫星等通信基础设施统筹建设。大力发展网络安全、电磁频谱资源管理等技术、产品和装备。推动天地一体化信息网络工程实施。优化军工电子信息类试验场布局和建设，在服务武器装备科研生产的同时，更好地服务国民经济发展。

（二十一）支撑海洋领域建设。推进海洋领域军民试验需求和试验设施统筹，加快深远海试验场建设。大力发展水下探测、信息传输与安全等技术，提高海洋综合感知能力。推动深海空间站、核动力海上浮动平台和深海大洋监测装备建设，积极研发高等级专业破冰船、极地自破冰科学考察船、极地救助船、极地半潜运输船、极地资源勘探船及极地专用核心配套设备、材料等，支撑海洋领域重大工程。

六、推动军工服务国民经济发展

（二十二）发展典型军民融合产业。加强现有投资渠道统筹，优化投资方向。研发具有自主知识产权的先进核反应堆和先进核电技术，加快实施先进核能示范工程，提升核燃料循环产业规模和竞争力，推进核技术应用并实现产业化。积极引导支持卫星及其应用产业发展，促进应用服务创新和规模化应用。加强民用飞机关键技术攻关，加快产业化进程。调整优化民用船舶产业结构，发展高技术船舶和海洋工程。发展军民两用的信息安全与网络安全技术产业。

（二十三）培育发展军工高技术产业增长点。充分发挥军工单位在人才、技术、设备设施等方面优势，支持军工高技术产业化发展，不断提升动态保军能力。优选技术水平高、市场前景好、符合国家产业发展方向的产品和项目，编制发布《军用技术转民用推广目录》和《民参军技术与产品推荐目录》，对列入目录且应用效果好、实现工程化和产业化的项目给予重点支持。

（二十四）以军工能力自主化带动相关产业发展。加强政策统筹，做好与相关科技计划的衔接，制定并组织实施军工高端制造装备创新工程专项行动计划，组织国内优势单位开展专项攻关，提高军工能力建设所需的高端加工制造设备、测试仪器、科研生产软件等国产化率和自主可控水平。在军工生产能力建设中，进一步扩大支持采购国产首台（套）装备政策适用范围。

（二十五）促进军工经济和区域经济融合发展。围绕实施“一带一路”建设、京津冀协同发展、长江经济带发展“三大战略”和西部开发、东北振兴、中部崛起、东部率先“四大板块”布局以及河北雄安新区规划建设，鼓励军工集团公司与地方政府加强战略合作和规划政策对接，在军工单位后勤社会化改革以及参与所在地发展规划、优惠政策和激励措施实施等方面，创新合作方式，落实一批军民融合重大项目，发挥军工辐射带动作用。研究开展军工经济属地化分级统计，建立属地化军民融合产业统计体系。设立国防科技工业军民融合创新示范基地，支持重点省（区、市）开展国防科技工业军民融合综合改革试点，在体制机制创新、资源整合、成果转化和公共服务模式创新等方面取得突破。

（二十六）拓展军贸和国际合作。在确保国防安全和装备技术安全的前提下，着力优化军贸产品结构，提升高新技术装备出口比例，推进军贸转型升级。落实国家“一带一路”和“走出去”战略，推动核电站和核技术装备、宇航装备、航空装备、高技术高附加值船舶及其他高技术成套装备出口，推进“一带一路”空间信息走廊建设和金砖国家遥感卫星星座合作，鼓励参与海外石油矿产资源开发和国际工程承包。充分发挥国家原子能机构和国家航天局的对外合作平台作用，深化核和航天领域国际合作。

七、推进武器装备动员和核应急安全建设

（二十七）强化武器装备动员工作。充分利用武器装备科研生产能力和资源，积极参与武器装备维修保障和服务，推进完善军民一体化维修保障体系。着眼战时部队高技术装备维修力量缺口，推进高新技术武器装备专业保障队伍建设，加强针对性实战化训练演练，形成支前保障能力。

（二十八）提升核应急和安全能力。按照国家核应急体系建设整体布局，加强国家核应急救援力量建设。推进核安全技术研究，军地联合加快国家核安全体系重大工程建设。

加强核安全监管，增强核安保能力。加快军工核设施退役治理，提升军工核设施实物保护能力。

八、完善法规政策体系

（二十九）加强法律法规建设。加强国防科技工业法规建设，加快推动原子能法出台，积极推进航天立法。完善相关配套法规和政策制度，不断健全军民融合法律法规体系，进一步引导、规范、保障国防科技工业军民融合深度发展。

（三十）完善社会投资审核制度。修订《国防科技工业社会投资核准和备案管理暂行办法》和《国防科技工业社会投资领域指导目录》，减少和下放政府对国防科技工业领域社会投资的审核，除战略能力外，鼓励各类符合条件的投资主体进入国防科技工业领域。

（三十一）健全配套支持政策。对承担军品重点任务、符合政府投资政策的民营企业，在企业自愿和确保安全保密的前提下，采取投资入股、补助、贷款贴息、租赁、借用等多种方式给予支持。拓展军民融合发展投融资渠道，设立国家国防科技工业军民融合产业投资基金，鼓励支持地方政府、符合条件的机构根据自身发展实际设立相关产业投资基金，重点推动军工高技术产业发展。研究企事业单位参与军品科研生产任务的风险补偿和扶持机制。探索建立军工资产管理新模式，加强对民营企业军工能力的监管。

各地区、各部门要充分认识推动国防科技工业军民融合深度发展的重大意义，做好统筹衔接，加强沟通协调，形成工作合力。各地方人民政府要结合本地区实际，出台有针对性的配套措施。国务院国防科技工业管理部门要会同有关方面制定分工方案，及时研究解决工作中遇到的矛盾和问题，确保国防科技工业军民融合深度发展取得实效。

国务院办公厅

2017 年 11 月 23 日

工业和信息化部
关于促进和规范民用无人机制造业发展的指导意见

工信部装〔2017〕310 号

各省、自治区、直辖市及计划单列市、新疆生产建设兵团航空工业主管部门，有关单位，有关企业：

民用无人机制造业是近几年快速发展的新兴产业，在个人消费、植保、测绘、能源等领域得到广泛应用，在国民经济和社会生产生活中正发挥越来越重要的作用。其中，消费类无人机是我国为数不多的能引领全球发展水平的高科技产品之一，已成为中国制造的新名片。但民用无人机产业快速发展的同时，行业法规标准体系不完善、检测认证体系不健全、安全监管手段滞后、行业应用类无人机部分核心技术不足等问题日益突出。为促进和规范民用无人机制造业发展，提出以下意见。

一、总体要求

（一）指导思想

全面贯彻党的十九大精神，深入贯彻习近平新时代中国特色社会主义思想，认真落实党中央、国务院决策部署，牢固树立创新、协调、绿色、开放、共享的发展理念，以推进供给侧结构性改革为主线，深入实施《中国制造 2025》，以技术创新为引领，围绕提升民用无人机安全性和技术水平这一核心，推进统一管控平台建设，建立完善标准体系和检测认证体系，大力促进两化融合及军民深度融合发展，强化产业竞争优势，促进我国民用无人机制造业健康发展。

（二）基本原则

坚持市场主体，政府引导。充分发挥市场在资源配置中的决定性作用，突出企业市场主体地位，巩固提升行业竞争优势。更好地发挥政府在规划引导、政策支持、安全防范、环境营造等方面的重要作用。

坚持创新驱动，标准规范。鼓励技术创新、应用创新，推进企业商业模式创新，提升创新能力。按照引领发展、需求导向、急用先行、重点突破的要求，加快建立民用无人机标准体系。

坚持安全发展，技术管控。处理好安全与发展的关系，以推进民用无人机产业有序发展为目标，促进管控能力提升，保障安全应用。提高民用无人机产品安全性能，满足安全管控要求，推动形成民用无人机可识别、可监控、可追溯的技术管控体系。

（三）发展目标

到2020年，民用无人机产业持续快速发展，产值达到600亿元，年均增速40%以上。

——技术水平持续领先。民用无人机系统集成、自主飞行、智能避障、高精定位能力不断突破，续航能力、安全性能有效提升。消费类无人机技术保持国际领先，行业应用类无人机技术达到国际先进水平。

——企业发展取得突破。保持消费类无人机企业领先优势，培育一批行业应用类无人机国际知名企业，形成2−5家掌握核心技术、具备世界级影响力的领先企业。

——标准和检测认证体系基本建立。制修订200项以上民用无人机标准，满足产品研发和生产、产业应用、安全监管等行业发展需求，建成民用无人机标准体系。建设一批民用无人机专业服务机构，初步建立安全性检测认证和试验验证体系。

——安全管控技术手段不断完善。国家级安全管控平台基本建立，企业级监管平台基本实现全覆盖，民用无人机产品全部实现“一机一码”，自动识别率达到100%，满足接入管控平台的功能要求。

到2025年，民用无人机产值达到1800亿元，年均增速25%以上。产业规模、技术水平、企业实力持续保持国际领先势头，建立健全民用无人机标准、检测认证体系及产业体系，实现民用无人机安全可控和良性健康发展。

二、主要任务

（一）大力开展技术创新

鼓励企业与高校、科研机构等开展产学研用协同创新，围绕民用无人机动力系统、飞控系统、传感器等开展关键技术攻关，重点突破实时精准定位、动态场景感知与避让、面向复杂环境的自主飞行、群体作业等核心技术；开展小型化通用化载荷设备、高集成度专用芯片、长航时大载重／混合布局无人机研制。加快军工技术向民用转化，推动军工试验试飞、验证设施向民用无人机开放，促进有条件的民用无人机企业参与军品科研生产和维修服务。

（二）提升产品质量性能

需要纳入适航管理的民用无人机，应按照适航规章进行适航审查。无需纳入适航管理的民用无人机，应通过安装飞行限制软件（含动态电子围栏）和避障系统、在线激活关联实名绑定等方式，满足民用无人机安全运行要求。加强民用无人机系统、软硬件和通信协议等安全设计，提高民用无人机传输安全性和数据保护能力，提升产品在链路丢失、定位失效等情况下的应对能力，增强应对外部环境干扰的防护性能水平。民用无人机产品应在外包装明显位置和产品说明书中，提醒依法依规飞行，警示擅自飞行危害。

（三）加快培育优势企业

研究制定民用无人机生产企业行业规范条件，发布符合规范条件的企业名单，适时动态调整，引导社会资源向符合规范条件的企业集中。推动民用无人机企业生产制造智能化转型。督促企业落实安全生产相关法规政策要求，消除安全生产隐患。鼓励企业专业化发展，深入挖掘细分市场应用需求，精准制造产品。鼓励企业国际化发展，加快海外市场拓展，加强资本、技术和人才引入。鼓励优势企业通过开放平台、共享数据、提供试验验证条件和系统解决方案等方式，促进大中小企业集聚创新，推动发展具有特色的民用无人机产业集群。

（四）拓展服务应用领域

加快民用无人机行业应用基础设施、服务保障体系建设，建立技术应用交流平台、新技术演示验证中心等，推进民用无人机在农林植保、物流快递、地理测绘、环境监测、电力巡线、安全巡查、应急救援等行业领域创新应用。推进人工智能在民用无人机领域融合应用，加快提高民用无人机娱乐性及智能作业水平，支持开发多样化衍生产品和服务。加快民用无人机租赁、保险、培训等生产性服务业发展。拓展民用无人机在文化、教育等领域应用。鼓励民用无人机企业利用“互联网＋”开展行业应用创新，发展公共服务供应商，拓展服务领域和价值。

（五）建立完善标准体系

落实《无人驾驶航空器系统标准体系建设指南（2017−2018年版）》，加快民用无人机分级分类、产品安全性要求、身份编码规则、研制单位基本条件及评价方法、管控平台建设等急需标准制定，建立健全民用无人机标准体系。鼓励行业协会、产业联盟等社会团体围绕市场需求制定团体标准，促进经过市场检验的先进团体标准转化为行业或国家标准。积极推动民用无人机标准国际化，支持参与国际标准化活动，加强国际标准制定，提高国际话语权。

（六）强化频率规范使用

科学规划无线电频率资源，统筹民用无人机用频需求，进一步加强民用无人机的无线电频率使用管理。研究制定民用无人机无线电管理相关规定，加强民用无人机及无人机反制设备无线电管理相关工作。

（七）推进管控平台建设

研究制定民用无人机数字身份识别规则、技术方案，实现“一机一码”；引导企业通过加装通信模块、飞控软件升级、预留接口或采用国家制定的统一传输协议等技术手段，将产品纳入国家统一管控；利用移动通信网络、广播式自动监视系统或卫星通讯等方式，实现民用无人机可识别、可监视、可管理。推动企业建设产品基础信息数据库及企业级产品监控服务平台，确保全部产品信息登记，实现民用无人机全生命周期管理。推动建立各省级安全管理平台，做好与企业级监控服务平台的管理衔接和数据共享，强化本区域内民用无人机的安全监管工作。加快建设基于民用无人机身份识别和飞行状态的国家级管控平台，建立安全防护体系，强化管控平台自身安全保障能力。加强基于移动通信网络的民用无人机设备进网许可管理。加快民用无人机反制、监测预警技术研究和装备研制，严格控制和规范反制设备使用。

（八）推动产品检测认证

加强民用无人机试验检测认证、试飞验证等技术和方法研究，形成民用无人机产品安全性、质量可靠性等检测认证标准。推动建立一批具有民用无人机检测认证资质和试验验证水平的专业服务机构，满足行业发展需要。强化民用无人机产品安全性检测认证，构建基于安全性的民用无人机系统及关键零部件检验检测认证体系，优先开展民用无人机产品满足可识别、可监视、可管理能力的安全性，以及产品可靠性、环境适应性和电磁兼容性等检验检测认证。

三、保障措施

（一）加强组织实施

各地航空工业主管部门要切实承担起促进和规范民用无人机产业发展的责任，统一思想，提高认识，根据本地区发展实际，采取有效措施落实本意见提出的各项任务。各省级航空工业主管部门应建立省、市、县工作协调机制，在规划编制、政策支持、安全监管等方面加强指导，协调解决本地区民用无人机产业发展过程中存在的重大问题。

（二）加大政策支持

利用现有政策渠道，支持开展民用无人机关键技术、应用技术和安全监管技术及人工智能相关技术研究。加大农用植保无人机的推广扶持力度，利用首台（套）重大技术装备保险补偿机制、智能制造专项等政策加大对民用无人机产业发展的支持。支持建立知识产权服务机制，加大技术创新成果保护力度，推动知识产权共享。鼓励地方政府从融资、市场等方面加大对民用无人机生产企业的扶持力度。

（三）注重人才培养

支持有条件的普通高校和职业院校设立无人机相关专业，建立多层次多类型的无人机人才培养和服务体系。鼓励企业引进国内外高层次技术人才，加强技能人才培训。鼓励高等院校、科研院所和企业合作，创新人才培养机制，加快培育无人机关键技术、安全管控等急需紧缺型专业人才，构建具有竞争力的高端人才队伍。

（四）发挥协会作用

加快建立全国性的无人机行业协会，积极发挥协会作用。支持成立中国无人机产业创新联盟，推动无人机领域协同创新。发挥行业协会、产业联盟熟悉行业、贴近企业优势，加强宣传和引导企业用足用好各项政策。强化行业自律，促使企业在生产、销售过程中遵守国家相关规定，从源头上规范民用无人机生产应用。推广多种形式的无人机竞赛及科普活动，提升人民群众对无人机的认知度和安全使用意识。

（五）强化日常监管

加强民用无人机制造业行业统计和信息登记，掌握民用无人机生产企业和产品情况。加强部门协作，发挥管控平台作用，督促企业和用户依法依规生产使用无人机；加强法规标准约束，打击恶意竞争、侵犯知识产权等行为，推进将企业违法违规行为列入社会征信系统，营造产业发展良好的环境氛围。

工业和信息化部
2017 年 12 月 6 日

工业和信息化部
关于加快推进环保装备制造业发展的指导意见

工信部节〔2017〕250号

各省、自治区、直辖市及计划单列市、新疆生产建设兵团工业和信息化主管部门：

环保装备制造业是节能环保产业的重要组成部分，是保护环境的重要技术基础，是实现绿色发展的重要保障。近年来，环保装备制造业规模迅速扩大，发展模式不断创新，服务领域不断拓宽，技术水平大幅提升，部分装备达到国际领先水平，2016年实现产值6200亿元，比2011年翻一番。随着绿色发展理念深入人心，工业绿色转型步伐进一步加快，为环保装备制造业发展带来了巨大的市场空间、提出了新的更高要求。但同时，环保装备制造业创新能力还不强，产品低端同质化竞争严重，先进技术装备应用推广困难等问题依然突出。为贯彻落实《中国制造2025》和《"十三五"国家战略性新兴产业发展规划》，全面推行绿色制造，提升环保装备制造业水平，促进环保产业持续健康发展，实现有效供给，提出以下意见：

一、总体思路和目标

（一）总体思路。全面贯彻党中央、国务院关于生态文明建设和实施制造强国战略的决策部署，牢固树立创新、协调、绿色、开放、共享的发展理念，强化创新驱动，优化产品结构，完善标准体系，促进融合发展，落实和完善支持行业发展的政策措施，激发行业发展的内生动力和市场主体活力，引导全行业转变发展方式，提高行业核心竞争力，全面提升先进环保装备有效供给，为绿色发展提供有力支撑。

（二）工作目标。到2020年，行业创新能力明显提升，关键核心技术取得新突破，创新驱动的行业发展体系基本建成。先进环保技术装备的有效供给能力显著提高，市场占有率大幅提升。主要技术装备基本达到国际先进水平，国际竞争力明显增强。产业结构不断优化，在每个重点领域支持一批具有示范引领作用的规范企业，培育十家百亿规模龙头企业，打造千家"专精特新"中小企业，形成若干个带动效应强、特色鲜明的产业集群。环保装备制造业产值达到10000亿元。

二、主要任务

（一）强化技术研发协同化创新发展。鼓励企业围绕亟待解决的环境污染热点难点问题和不断提升的环保标准需求，以突破关键共性技术为目标，以行业关键共性技术为依托，以产业链为纽带，培育创建技术创新中心、产业技术创新联盟。引导企业沿产业链协同创新，推动形成协同创新共同体，实现精准研发，攻克一批污染治理关键核心技术装备以及材料药剂。加强应用推广平台建设，完善产业化机制，鼓励创新成果转化，推动装备与治理项目精准对接，加快在钢铁、有色、化工、建材等传统制造业绿色化改造中的应用。

（二）推进生产智能化绿色化转型发展。探索推进非标产品模块化设计、标准化制造，推广物联网、机器人、自动化装备和信息化管理软件在生产过程中的应用，提高环保装备制造业智能制造和信息化管理水平，实现生产过程精益化管理。加大绿色设计、绿色工艺、绿色供应链在环保装备制造领域的应用，开展生产过程中能效、水效和污染物排放对标达标，创建绿色示范工厂，提高行业绿色制造的整体水平。

（三）推动产品多元化品牌化提升发展。优化环保装备产品结构，拓展产品细分领域，逐步开发形成针对不同行业、具有自主知识产权的成套化、系列化产品，针对环境治理成本和运行效率，重点发展一批智能型、节能型先进高效环保装备，根据用户治理需求和运行环境，打造一批定制化产品。加强环保装备产品品牌建设，建立品牌培育管理体系，推动社会化质量检测服务，提高产品质量档次，提升自主品牌市场认可度，培育一批具有国际知名度的自主品牌，提高品牌附加值和国际竞争力。

（四）引导行业差异化集聚化融合发展。鼓励环保装备龙头企业向系统设计、设备制造、工程施工、调试维护、运营管理一体化的综合服务商发展，中小企业向产品专一化、研发精深化、服务特色化、业态新型化的“专精特新”方向发展，形成一批由龙头企业引领、中小型企业配套、产业链协同发展的聚集区。引导环保装备制造与互联网、服务业融合发展，积极探索新模式、新业态，加快提升制造型企业服务能力和投融资能力。推进军民融合，促进军民两用装备在环境污染治理领域的应用推广。鼓励传统制造企业利用自身技术优势向环保装备制造业拓展，延伸产业链条的深度和广度。

（五）鼓励企业国际化开放发展。鼓励环保装备企业加强合作，采取优势互补、强强联合形式，积极拓展国外市场，通过技术引进、合作研发、直接投资等方式参与海外环保工程建设和运营，引导环保装备制造业由以单机出口为主向提供成套设备和服务为主的国际设备总承包和工程总包转变。鼓励环保装备企业与基础设施建设企业联合，积极参与“一带一路”建设、国际产能合作中的环境基础设施建设项目。充分利用双边、多边合作机制和交流平台，加强与国外企业信息、技术和项目交流合作，推动环保技术装备专利、标准等国际互认，实现国际化对接。

三、重点领域

（一）大气污染防治装备。重点研发 PM2.5 和臭氧主要前体物联合脱除、三氧化硫（SO3）、重金属、二　英处理等趋势性、前瞻性技术装备。研发除尘用脉冲高压电源等关键零部件，推广垃圾焚烧烟气、移动源尾气、挥发性有机物（VOCs）废气的净化处置技术及装备。推进燃煤电厂超低排放以及钢铁、焦化、有色、建材、化工等非电行业多污染物协同控制和重点领域挥发性有机物控制技术装备的应用示范。

（二）水污染防治装备。重点攻关厌氧氨氧化技术装备和电解催化氧化、超临界氧化装等氧化技术装备，研发生物强化和低能耗高效率的先进膜处理技术与组件，开展饮用水微量有毒污染物处理技术装备等基础研究。重点推广低成本高标准、低能耗高效率污水处理装备，燃煤电厂、煤化工等行业高盐废水的零排放治理和综合利用技术，深度脱氮除磷与安全高效消毒技术装备。推进黑臭水体修复、农村污水治理、城镇及工业园区污水厂提标改造，以及工业及畜禽养殖、垃圾渗滤液处理等领域高浓度难降解污水治理应用示范。

（三）土壤污染修复装备。重点研发土壤生物修复、强化气相抽提（SVE）、重金属电动分离等技术装备。重点推广热脱附、化学淋洗、氧化还原等技术装备。研究石油、化工、冶炼、矿山等污染场地对人居环境和生态安全影响，开展农田土壤污染、工业用地污染、矿区土壤污染等治理和修复示范。

（四）固体废物处理处置装备。重点研发建筑垃圾湿法分选、污染底泥治理修复、垃圾高效厌氧消化、垃圾焚烧烟气高效脱酸、焚烧烟气二　英与重金属高效吸附、垃圾焚烧飞灰资源化处理等技术设备。重点推广水泥窑协同无害化处置成套技术装备、有机固废绝氧热解技术装备、先进高效垃圾焚烧技术装备、焚烧炉渣及飞灰安全处置技术装备，燃煤电厂脱硫副产品、脱硝催化剂、废旧滤袋无害化处理技术装备、低能耗污泥脱水、深度干化技术装备、垃圾渗滤液浓缩液处理、沼气制天然气、失活催化剂再生技术设备等。针对生活垃圾、危险废物焚烧处理领域技术装备工艺稳定性、防治二次污染，以及城镇污水处理厂、工业废水处理设施污泥处理处置等重点领域开展应用示范。

（五）资源综合利用装备。重点研发基于物联网与大数据的智能型综合利用技术装备，研发推广与污染物末端治理相融合的综合利用装备。在尾矿、赤泥、煤矸石、粉煤灰、工业副产石膏、冶炼渣等大宗工业固废领域研发推广高值化、规模化、集约化利用技术装备。在废旧电子电器、报废汽车、废金属、废轮胎等再生资源领域研发智能化拆解、精细分选及综合利用关键技术装备，推广应用大型成套利用的环保装备。加快研发废塑料、废橡胶的改性改质技术，以及废旧纺织品、废脱硝催化剂、废动力电池、废太阳能板的无害化、资源化、成套化处理利用技术装备。在秸秆等农业废弃物领域推广应用饲料化、基料化、肥料化、原料化、燃料化的“五料化”利用技术装备。

（六）环境污染应急处理装备。重点研发危险化学品事故、航运中危化品（氰化物）防泄漏及应急治理的应急技术装备。重点推广移动式三废应急处理技术装备、水上溢油应急处置技术装备等。开展危险化学品事故、蓝藻水华应急处置等技术装备的应用示范。

（七）环境监测专用仪器仪表。重点研发污染源水质聚类分析、水质毒性监测，石化、化工园区大气污染多参数连续监测与预警，生物监测及多目标物同步监测，以及应急环境监测等技术装备。重点推广污染物现场快速监测、挥发性有机物、氨、重金属、三氧化硫（SO3）等多参数多污染物连续监测，车载、机载和星载等区域化、网格化环境监测技术装备，以及农田土壤重金属和持久性有机污染物快速检测、诊断等技术装备。

（八）环境污染防治专用材料与药剂。重点研发新型高效水处理材料与药剂、超净过滤、高效气固分离材料，土壤重金属和持久性有机污染物固化脱除、微生物修复、生态修复、环保用纳米材料及药剂。重点推广高效低阻长寿命除尘滤料、脱硫用耐腐蚀衬板、土壤重金属钝化材料及药剂、挥发性有机物处理用催化剂、垃圾除臭剂、原位钝化、固定、生物阻隔材料及药剂等。

（九）噪声与振动控制装备。重点推广轨道交通隔振技术装备、高速铁路声屏障技术装备、阵列式消声器、低频噪声源头诊治装备等关键技术装备等。

四、保障措施

（一）加强行业规范引导。按照环保装备制造业的细分领域，制定分领域的规范条件，发布符合规范条件企业名单，引导生产要素向优势企业集中。定期修订发布《国家鼓励发展的重大环保技术装备目录》，加快先进技术装备的研发和推广应用。进一步完善行业标准体系，引领产品标准化、系列化、通用化、成套化发展。构建行业经济运行监测体系，规范环保装备制造业有序发展。

（二）加大财税金融支持力度。充分利用绿色制造、工业转型升级、节能减排、技术改造等现有资金渠道，发挥节能节水环保专用设备所得税优惠政策和首台（套）重大技术装备保险补偿机制，支持先进环保技术装备产业化示范和推广应用。积极推动绿色信贷、绿色债券、融资租赁、知识产权质押贷款、信用保险保单质押贷款等金融产品，加大对环保装备制造业的支持力度。鼓励社会资本按市场化原则设立产业基金，投资环保装备制造业。

（三）充分发挥中介组织作用。利用相关行业协会、科研院所和咨询机构等熟悉行业、贴近企业的优势，积极开展政策宣传、技术交流、标准制定、运行监测、行业自律等工作，做好政府与行业、企业之间的桥梁和纽带，推动行业持续健康发展。

（四）加强人才队伍建设。围绕环保装备制造业发展需要，建立和完善多元化人才培训体系，加强具有创新精神的专业技术人才和具有工匠精神的高技能人才队伍建设，加强“走出去”人才的储备和培养，为行业发展提供多层次创新人才保障。

工业和信息化部

2017 年 10 月 17 日

工业和信息化部关于印发《国家新型工业化产业示范基地管理办法》的通知

工信部规〔2017〕1 号

各省、自治区、直辖市及计划单列市、新疆生产建设兵团工业和信息化主管部门、通信行业主管部门：

为贯彻落实《关于深入推进新型工业化产业示范基地建设的指导意见》，做好国家新型工业化产业示范基地管理工作，促进产业集聚集群区规范发展和提质增效，推进制造强国建设，工业和信息化部研究制定了《国家新型工业化产业示范基地管理办法》。现印发给你们，请遵照执行。

工业和信息化部

2017 年 1 月 3 日

国家新型工业化产业示范基地管理办法

第一章 总则

第一条 为贯彻落实创新、协调、绿色、开放、共享的新发展理念，推进制造强国战略实施，进一步加强国家新型工业化产业示范基地（以下简称国家示范基地）管理工作，促进产业集聚集群区规范发展和提质增效，根据工业和信息化部等五部门《关于深入推进新型工业化产业示范基地建设的指导意见》要求，制定本办法。

第二条 国家示范基地是指现有产业园区（集聚集群区）按照新型工业化要求改造提升，经省级示范基地培育创建，形成的主导产业特色鲜明、发展水平和规模效益居行业领先地位，在协同创新、集群集约、智能融合、绿色安全等方面具有示范作用，走在全国前列的产业集聚集群区。

第三条 国家示范基地评审和管理遵循公平、公正、公开原则，结合《中国制造 2025》产业布局要求，统筹规划，合理布局，规范、有序推进。

第四条 工业和信息化部负责国家示范基地评审及相关管理工作。各省、自治区、直辖市及计划单列市、新疆生产建设兵团工业和信息化主管部门、通信行业主管部门（以下统称省级工业和信息化主管部门、通信行业主管部门）负责组织本地区国家示范基地申报和省级示范基地的创建管理工作，配合工业和信息化部对国家示范基地进行指导和管理。

第五条 国家示范基地分两个系列，即规模效益突出的优势产业示范基地（以下简称优势产业示范基地）和专业化细分领域竞争力强的特色产业示范基地（以下简称特色产业示范基地）。

第六条 国家示范基地的主要产业领域包括：装备制造业、原材料工业、消费品工业、电子信息产业、软件和信息服务业、军民融合，以及新兴的产业领域，重点包括：工业设计、研发服务、工业物流等服务型制造领域，高效节能、先进环保、资源循环利用、安全产业、应急产业等节能环保安全领域，工业互联网、数据中心等围绕“互联网 +”涌现的新产业、新业态等。

第七条 支持国家经济技术开发区、边境经济合作区、跨境经济合作区等创建国家示范基地。支持革命老区、民族地区、边疆地区、困难地区等特殊类型地区产业集聚集群发展，对特殊类型地区国家示范基地的申报和评价标准给予适当放宽。

第二章 申报条件

第八条 国家示范基地申报条件主要包括以下方面：

（一）产业实力和特色。主要衡量申报基地产业规模、集聚程度、产业特色、市场竞争力、行业地位等方面情况。含 2 项优势产业示范基地条件、3 项特色产业示范基地条件和 1 项通用条件。

（二）创新能力。主要衡量申报基地创新投入、创新平台、创新成果、协同创新等方面情况。含 2 项优势产业示范基地条件和 3 项通用条件。

（三）质量效益。主要衡量申报基地生产效率、质量管理、品牌建设等方面情况。含 1 项优势产业示范基地条件和 3 项通用条件。

（四）节能环保。主要衡量申报基地节能减排、清洁生产、绿色制造、可再生能源利用等方面情况。含 2 项优势产业示范基地条件和 3 项通用条件。

（五）集约程度。主要衡量申报基地土地集约利用等方面情况。含 3 项优势产业示范基地条件。

（六）安全生产。主要衡量申报基地安全生产的管理和效果等方面情况。含 2 项通用条件。

（七）两化融合。主要衡量申报基地信息基础设施、信息化水平、智能制造等方面情况。含 2 项优势产业示范基地条件和 3 项通用条件。

（八）公共服务。主要衡量申报基地公共服务平台、设施建设等方面情况。含 2 项通用条件。

（九）发展环境。主要衡量申报基地人力资源保障、地方政府支持等方面情况。含 2 项通用条件。

（十）合法合规。主要衡量申报基地合规性、规划制定、命名规范等方面情况。含 4 项通用条件。

国家示范基地申报条件具体要求附后，可根据实际发展情况进行动态调整。

第九条 支持新兴的产业领域示范基地的培育，对于以新产业、新业态为主导产业的国家示范基地，将参照以上方面，根据实际情况对具体条件及时调整完善。

第三章 工作程序

第十条 国家示范基地申报材料由所在地政府有关管理机构或地市级政府提交省级工业和信息化主管部门、通信行业主管部门审查后，报工业和信息化部。所申报基地原则上应为省级示范基地。申报的具体要求以每年发布的通知为准。

第十一条 国家示范基地申报要求如下：

（一）申报材料包括：

1．申报单位所在地省级工业和信息化主管部门、通信行业主管部门的上报文件；

2．国家示范基地申报表；

3．创建国家示范基地工作方案；

4．示范基地产业发展规划及省级工业和信息化主管部门、通信行业主管部门组织的专家论证意见（原件）；

5．示范基地空间布局图；

6．申报单位所在地政府落实专项支持资金的证明文件。

（二）申报材料中的有关数据以各级统计机构和职能部门公开数据为准。

（三）申报采取网上填报与纸版材料报送相结合的方式。省级工业和信息化主管部门、通信行业主管部门将本地区申报材料电子版通过“示范基地在线报送系统”报工业和信息化部，并提交申报材料原件一式两份。

第十二条 工业和信息化部组织专家和第三方机构结合申报材料进行评估（必要时进行实地考察），评估结果征求财政部、环境保护部和商务部等有关部门意见，形成审核意见，并在工业和信息化部门户网站公示 15 个工作日。

第十三条 工业和信息化部对符合条件的产业集聚集群区进行公告，授予“国家新型工业化产业示范基地（示范内容·所在地）”称号，每年集中公告和授牌一次。

第四章 管理方式

第十四条 国家示范基地名录及发展情况将在工业和信息化部门户网站公布，并适时更新。

第十五条 国家示范基地每年 4 月 30 日前将上一年度发展情况及需要协调解决的问题通过省级工业和信息化主管部门、通信行业主管部门报工业和信息化部。

第十六条 工业和信息化部每年从产业实力、质量效益、创新能力、绿色、集约、安全、融合水平、发展环境等方面，组织对国家示范基地发展质量进行评价，发布评价结果，以星级体现（星级越高表示发展质量越好），作为国家示范基地分级分类指导及动态管理的基础和依据。

第十七条 工业和信息化部重点依托发展水平居全国领先地位、具有很强带动性的国家示范基地，实施卓越提升计划。对综合评价结果为五星的国家示范基地，经遴选，确定为“中国制造 2025”卓越提升试点示范基地，培育具有全球影响力和竞争力的先进制造基地。

第十八条 工业和信息化部对国家示范基地进行动态管理，实行退出机制。及时将退出结果通报财政部、国土资源部、环境保护部和商务部等有关部门。

国家示范基地如发生重大或特别重大生产安全事故，或者发生Ⅱ级或Ⅰ级突发环境污染事件，直接公告退出，不再对其进行发展质量评价。

对综合评价结果为三星以下的国家示范基地，给予提醒、通报，责令整改；对连续两次综合评价结果为三星以下的，公告退出，以保持示范基地发展的先进性。

第十九条 对已授牌的国家示范基地，如发现弄虚作假，直接公告退出，并暂停所在省、自治区、直辖市、计划单列市下一年度的申报工作。

第二十条 加强部门协调和部省联动，集中各方资源，支持国家示范基地发展和优势项目建设。加强对示范基地发展情况的监测分析，建立常态化信息收集、挖掘和共享机制，加大对示范基地典型经验宣传推广力度。

第五章 附则

第二十一条 本办法自 2017 年 2 月 1 日起实施，《创建国家新型工业化产业示范基地管理办法（试行）》（工信部规〔2009〕358 号）同时废止。

上海市人民政府印发《关于创新驱动发展巩固提升实体经济能级的若干意见》的通知

各区人民政府，市政府各委、办、局：

现将《关于创新驱动发展巩固提升实体经济能级的若干意见》印发给你们，请认真按照执行。

2017 年 5 月 27 日

关于创新驱动发展巩固提升实体经济能级的若干意见

实体经济是经济发展的根基。巩固提升实体经济能级，是上海贯彻落实党中央、国务院决策部署，发挥中国（上海）自由贸易试验区（以下简称“自贸试验区”）改革开放和建设具有全球影响力的科技创新中心创新引领作用的重要实践，对上海建设“四个中心”和卓越全球城市具有重要战略意义。为此，现就创新驱动发展，巩固提升实体经济能级提出以下若干意见：

一、明确指导思想和目标任务

（一）指导思想

全面贯彻党的十八大和十八届三中、四中、五中、六中全会精神，深入贯彻习近平总书记关于不断巩固提升实体经济能级的重要讲话精神，牢固树立新发展理念，适应和把握经济发展新常态，以供给侧结构性改革为主线，坚持创新驱动、提质增效，着力加强服务、优化环境，促进二三产业共同发展、融合发展，防止资源、资金、资产脱实转虚，防止产业结构形态虚高，在振兴实体经济发展中体现上海新作为，进一步增强城市的吸引力、创造力和竞争力，继续当好全国改革开放排头兵和创新发展先行者。

（二）目标任务

未来五年，适应上海城市功能定位的实体经济能级大幅提升，战略性新兴产业增加值占全市生产总值比重达到 20% 以上，制造业保持合理比重和规模，战略性新兴产业制造业产值占全市工业总产值比重达到 35% 左右，现代服务业优质高效发展，生产性服务业增加值占服务业增加值比重达到三分之二左右，新经济成为增长新动能，龙头企业和创新型企业持续涌现，基本形成法治化、国际化、便利化的营商环境和公平、统一、高效的市场环境，成为全国创新引领实体经济发展的新高地。

二、提升实体经济质量和核心竞争力

服务服从国家战略，坚持高端化、智能化、绿色化、服务化，加快转变经济发展方式，坚定不移推动产业结构调整，加强区域经济统筹发展，推动军民融合发展，做优存量、做大增量，坚持标准引领、品牌发展、质量为先，加快向产业链高端迈进，形成一批千亿级的产业集群，增强在全球产业链和价值链的竞争力。

（一）持续推进新型产业体系建设

1．加快发展先进制造业。落实“中国制造 2025”战略，聚焦发展新一代信息技术、智能制造装备、生物医药与高端医疗器械、新能源与智能网联汽车、航空航天、海洋工程装备、高端能源装备、新材料、节能环保等战略性新兴产业，成为世界级新兴产业创新发展策源地之一。加快推动汽车、船舶、都市工业等传统优势产业技术升级改造，加快生产方式向数字化、网络化、智能化、柔性化转变。

2．提升发展现代服务业。推动研发设计、文化创意、信息技术、总集成总承包、检验检测认证、供应链管理、人力资源等生产性服务业向专业化和高端化拓展。推进实体零售、文化服务、家庭服务、体育服务、旅游服务、健康服务等生活性服务业向精细化和高品质提升，实施新消费引领计划。

3．积极培育新技术新产业新业态新模式。强化数字技术、信息技术、智能技术向各行业各领域覆盖融合，大力推动大数据、人工智能、虚拟现实、增强现实、微机电系统、卫星导航、增材制造等加快发展，积极培育“制造＋互联网＋服务”新模式新业态，着力打造创新型、网络型平台，促进产业融合发展。

4．实现农业现代化。转变农业发展方式，提升农业科技和信息化水平，大力发展生产、生态、生活多功能融合、高附加值都市现代农业，建成国家现代农业示范区。

（二）促进区域经济统筹协同

5．推动全市经济协同一体、集约高效发展。郊区集聚发展先进制造业，加快发展生产性服务业和特色生活性服务业，中心城区优先发展高端服务业和都市型产业，促进产城融合。制订本市产业统筹招商实施意见，市级层面加强产业规划和空间布局统筹，区级层面加强项目准入统筹，促进产业集群发展。

6．建立重大科技成果跨区域转化的市级协调机制。促进科创中心重要承载区创新成果在本市产业基地和园区实现产业化。依托产业园区、集聚区、功能性载体，搭建产业项目及资源的信息集成和供需对接平台。

（三）构建开放型经济新优势

7．拓展“走出去”新空间。发挥“一带一路”战略桥头堡作用，积极推进高端装备制造、能源、港口、通信等领域的国际产能合作和建设能力合作，推动装备、技术、管理、标准、服务“走出去”，探索建立上海国际产能合作服务平台。鼓励企业通过并购投资等多种方式增强国际化经营能力，提高境外投资质量和效益，逐步形成若干具有国际知名度和影响力的本土跨国公司。

8．深化国内区域经济合作交流。贯彻“长江经济带”国家战略，深入推进长三角地区协同，促进产业合理布局和集群发展。加强产业升级、科技创新合作，加快形成共建共享的公共服务和统一开放的市场体系，打造区域创新网络和科技交流合作平台。探索跨区产业园区共建，共同打造若干规模和水平位居国际前列的产业集群。

（四）加强重大项目推进力度

9．加快重点产业项目建设和储备。积极引进一批引领性强、成长性好、带动性大的产业项目，统筹推进全市10亿元以上重大产业项目，加快项目落地、开工和竣工投产，提升项目数量和质量，确保产业投资规模适度增长。瞄准国家战略和产业发展制高点，加快推进集成电路、民用航空发动机及燃气轮机、大飞机、智能制造、先进传感器及物联网、新型显示、北斗导航及空间信息、创新药物与高端医疗装备等领域重大项目组织实施。加快推进国际旅游度假区、世博园地区、虹桥商务区等标志性区域和服务业集聚区的重大项目建设，深化“互联网＋生活性服务业”创新试验区建设。

10．推动军民融合发展。出台促进军民融合有关办法。协调保障涉军重大专项和军工科研生产任务顺利实施，组织一批军民融合重大项目落户，全面完成国家赋予上海的国防科研生产任务。组织实施“国防强基工程”，主动承担国家重大科技专项，形成一批国内领先、填补空白的民口配套产品和技术。鼓励军工单位采用先进适用的民用技术，启动军民融合产业示范基地建设，促进军民技术双向转移转化。

（五）全面提升经济质量水平

11．加快提升质量和标准。推进产业提升品质、提高效益、强化绿色、增强辐射和迈向高端。实施千项工业精品创造计划，加强产品质量攻关。开展仿制药质量和疗效一致性评价。组织攻克一批关键共性质量技术，建设重点产品全生命周期质量追溯体系，以及检验检测、质量和标准化等公共服务平台。组织开展“上海品质”建设试点工作，培育一批质量标杆企业。大力发展标准化服务体系，推出上海制造、上海服务、上海设计等系列评价标准。

12．支持自主品牌振兴和发展。实施以增品种、提品质、创品牌为核心的“三品”战略，以市场为导向、以创新为动力、以企业为主体，大力发扬工匠精神，扶持品牌培育、运营和评估专业服务机构，创新提升老字号品牌，加大商标保护力度，有力推进品牌建设。

13．深入推进产业结构调整。坚决调整淘汰低效落后产能，建立“压减”与“新增”引导对接机制，完善产业结构调整负面清单，鼓励支持资源要素盘活再利用，打造产业结构调整盘活信息服务平台。

三、创新引领实体经济发展

牢牢把握世界科技进步大方向、全球产业变革大趋势，立足科技创新中心建设，大力实施创新驱动发展战略，围绕产业链部署创新链，着力构建适应科技创新的体制机制，激发市场主体活力，促进创新成果转化，形成一批全国乃至全球创新百强的创新型标杆企业。

（一）加强科技创新供给

14．建设张江综合性国家科学中心。加快硬X射线自由电子激光装置、超强超短激光等重大科技基础设施群建设，开展生命、材料、环境、能源、物质等多学科交叉前沿研究，建设有国际影响力的大学、科研机构和国家实验室，为实体经济提供创新支撑。

15．布局重大科技专项。加快推进航空发动机及燃气轮机等国家重大专项，积极争取量子通信和量子计算机、脑科学与类脑研究等国家科技创新2030重大项目落户。围绕国家战略和产业需求，在信息技术、生物医药、高端装备等领域加快布局一批市级重大科技专项。面向创新需求，建设一批研发与转化功能型平台。

16．推进产业创新工程。深化智能网联汽车“创新链突破、产业链培育、资源链开放”创新行动，推进工业互联网“互联互通改造、服务平台建设、试点示范引导”重点项目，布局一批重点创新工程。实施工业强基工程，推动一批核心元器件／零部件、先进工艺和关键材料实现工程化、产业化突破。建设一批有影响力的国家级和市级企业技术中心。在集成电路、智能制造等领域，形成5—10家具有较强影响力的制造业创新中心。

17．创新智能制造应用模式。支持市场导向、多方协同开展智能制造应用“十百千”工程，推广融资租赁、效益分享、生产能力共享、产融结合、应用与产业联动等智能制造应用新机制，建设国家机器人监测与评定中心等重大项目。

（二）激发市场主体创新活力

18．健全企业主体创新投入激励机制。扩大高新技术企业数量和规模，推广张江国家自主创新示范区企业股权和分红激励办法。完善国有企业以创新为导向的考核评价体系，加大科技创新指标权重。深化落实“三个视同于和一个单列”政策，对本市国有企业符合条件的研发投入、创新转型费用、境外投资项目费用，在考核业绩时视同于利润；境外投资合作项目，经认定可在一定期限内单列考核。对竞争类国有企业集团，实施任期创新转型专项评价。

19．优化企业创新支持方式。加大政府首购、订购创新产品的力度，发挥高端智能装备首台突破、新材料首批次、软件首版次专项作用，促进创新产品市场化应用。鼓励行业领军企业联合中小企业和科研单位共建高水平研发机构。引导中小企业向“专精特新”方向发展，培育一批国内及国际细分行业“隐形冠军”，打造一批卓越创新企业。

20．促进科技成果转移转化。实施本市促进科技成果转化条例，完善科技成果转化收益分配制度，畅通科研院所和高校技术转移通道。加快建设专业化、市场化技术转移机构，发挥技术转移交易平台功能作用，促进各类科技中介服务机构发展。健全科技成果向技术标准转化的工作机制，加大对技术标准科研项目的支持力度。实行严格的知识产权保护，加强知识产权运用。

（三）大力推动创新创业蓬勃发展

21．完善“四新”经济发展环境。以宽广的视野、宽松的管制、宽容的氛围、宽心的体制机制，严密周到的服务和严密透明的监管，依托“四新”发展“2+X+16”服务体系，健全问题发现、梳理、化解、突破的机制，破除体制机制障碍。围绕大数据、工业设计、卫星导航、互联网教育等重点领域，加快建设一批“四新”经济示范引领区。

22．健全包容和支持创新发展的管理机制。创新对新兴经济领域市场主体的准入服务，及时将新兴企业纳入新兴行业名称、经营范围表述及行业分类管理等目录和政策支持范围。适应技术更迭和产业变革要求，建立相关标准动态调整和快速响应机制。积极开展新经济领域的统计研究，创新统计方式方法，与时俱进完善统计制度。

23．提升“双创”服务能力和水平。建设国家“双创”示范基地，搭建全要素、全创新链资源集聚的“双创”服务平台，鼓励和支持有条件的大型企业发展“双创”平台，形成产业创新生态群落。促进众创空间服务实体经济转型升级，加强众创空间国际合作。

四、构建有利于实体经济发展营商环境

发挥自贸试验区改革开放的示范引领作用，坚持以制度创新为核心，进一步扩大对外开放，提升“引进来”能级和水平，深化“放管服”改革，加快政府职能转变，加强事中事后监管，构建“亲”“清”新型政商关系，优化企业服务，增强企业获得感。

（一）创新政府管理方式

24．建立更加开放透明的市场准入管理模式。最大限度缩减自贸试验区外商投资负面清单，推进电信、维修、航运服务等领域对外开放。对市场准入负面清单和外商投资准入特别管理措施以外的行业、领域、业务等，各类市场主体皆可依法平等进入。深化“证照分离”改革，扩大实行告知承诺的领域。

25．全面深化商事制度改革。加快推进“多证合一”，放宽新兴行业企业登记条件，探索企业登记住所、名称、经营范围登记改革，推行全程电子化登记和电子营业执照改革试点，建立普通注销登记制度和简易注销登记制度相互配套的市场主体退出制度。

26．构建具有国际竞争力的创新产业监管模式。进一步提升行业管理水平，完善有利于提升集成电路全产业链国际竞争力的监管模式，优化生物医药全球协同研发的试验用特殊物品的准入许可，试点数控机床、工程设备、通信设备等进口再制造。创新口岸监管服务，深入实施货物状态分类监管，扩大海关自主报税、自助通关、自动审放、重点稽核试点范围，推广第三方检验结果采信。

27．强化事中事后监管。全面建成事中事后综合监管平台，加强信息互联共享，健全跨部门监管协调机制。完善市公共信用信息服务平台功能，对守信者实行减少检查频次、绿色通道等激励政策，对严重失信主体加强联合惩戒。

（二）提升服务企业能力

28．建设全市企业服务平台。形成集聚政府政策和服务的“一门式”窗口，构建面向全所有制、全规模、全生命周期的普惠制企业精准服务体系，完善企业诉求汇总、跨部门协作与跟踪督办机制，研究解决各类企业发展中遇到的难点和突出问题。

29．完善企业服务工作协调机制。制订企业服务清单，提供更有效政府服务，开展企业服务机构、政策实施效果第三方评估。鼓励基层服务企业创新，加大街镇、园区安商稳商力度。充分发挥行业协会、商会等社会组织在行业自律、企业服务、政策协调等方面的作用。

（三）促进各类所有制企业发展

30．推动民营企业创新升级。加大普惠性政策力度，进一步消除制约非公经济发展的制度性障碍，放宽非公有制经济市场准入，激发企业家精神，支持民营资本进入医疗、养老、教育等民生领域，支持民营企业设立总部和功能性机构，鼓励非公有资本更深层次参与国有企业混合所有制改制。

31．提高利用外资的质量和效益。积极构建面向全球的投资促进网络，鼓励外商投资投向先进制造业和现代服务业，实施产业转型升级和技术改造。鼓励跨国公司设立地区总部和采购中心、营运中心、结算中心等。

32．推动国有企业做优做大。支持央企加大投资、开展合作，在本市布局地区总部、金融总部、研发中心和重大产业项目。以市场为导向，深化国资国企改革，创新发展一批、重组整合一批、清理退出一批，推动国有资本重点投向实体经济。

（四）加大财政支持力度

33．完善财政投入机制。深化市与区收入分配机制改革，着力从财政体制上调动各区加快产业转型升级、发展实体经济的积极性。研究鼓励企业实施技术改造政策，加大技术改造支持力度。进一步发挥产业转型升级、战略性新兴产业发展、服务业发展引导资金等专项资金作用，扩大“科技创新券”、“四新券”覆盖范围。建立跨部门的财政科技项目统筹决策和联动管理制度，加大对产业化项目、应用研究、基础研究的投入。完善政府采购支持政策，落实对中小企业、创新产品和服务的采购规定。

五、引导资源要素向实体经济集聚

主动适应特大城市资源要素紧约束新常态，进一步提高要素保障水平和资源利用效率，破除瓶颈制约，改革创新举措，有效促进资金、人才、土地、信息等资源要素向实体经济集聚，为实体经济发展提供有力支撑。

（一）强化金融要素支持

34．发挥自贸区金融开放创新试点制度优势。加强自贸区金融改革与国际金融中心建设联动，加快建设面向国际的金融市场平台，进一步拓展自由贸易账户功能，拓宽企业跨境投融资渠道。

35．大力促进产融结合。推动银行业金融机构建立差异化信贷管理体制，开展投贷联动、产业链金融、并购贷款、无形资产质押贷款等融资服务模式创新。支持有条件的大型企业设立财务公司，推动金融机构和制造业企业发起设立金融租赁公司，鼓励符合条件的民营企业发起设立民营银行。鼓励保险公司发展企业财产保险、责任保险、保证保险等业务，推进首台（套）重大技术装备保险试点工作，推动保险资金通过债权、股权、基金、资产支持计划等多种形式为实体经济提供资金融通。建立产融信息对接合作平台，推动浦东、嘉定建设国家产融合作试点城市（区）。完善金融综合监管联席会议机制，推动信用信息共建共享，切实防范金融风险。

36．充分利用多层次资本市场。支持企业开展上市、发债、资产证券化以及在“新三板”、上海股权托管交易中心挂牌。发挥产业转型升级、集成电路等产业基金作用，引导和鼓励社会资本设立若干个百亿级产业投资基金。发挥本市中小企业政策性融资担保基金功能，不断完善多元化融资担保体系，为企业融资提供信用增进服务。

（二）促进人才集聚培育

37．大力集聚海内外优秀人才。落实“上海人才30条”，选拔推荐和培养国家级人才和上海领军人才等，发挥户籍政策的激励导向作用，积极支持实体经济引进紧缺急需的高层次人才。注重培养技能型人才，建立一批高技能人才培养基地，建设一批技能大师工作室，打造实体经济高技能人才队伍。

38．创新优化人才服务管理。完善实体经济专业技术人才职称评审体系，对高层次人才建立高级职称评审的便利通道，优化科技成果转化类、应用开发类科技人员分类评价标准。引导高校、科研院所与企业科研人才双向流动，支持科研人员到企业兼职和离岗、在岗创业。鼓励实体经济企业独立开展博士后科研创新。强化人才激励机制，鼓励各类企业通过股权、期权、分红等方式加大对优秀人才的激励力度。

39．着力破解人才住房难题。增加公租房分配供应，鼓励单位整体租赁公租房并相应放宽入住人才准入条件。鼓励人才集聚的大型企事业单位、产业园区平台利用自有土地建设人才公寓（单位租赁房）等配套服务设施，产业类工业用地配套的租赁住房等服务设施建筑面积占项目总建筑面积的比例不超过15%。鼓励各区、产业园区和用人单位向人才提供多样化的住房资助。

（三）优化土地资源供给

40．加强对先进制造业的空间保障。推进工业用地转型升级，到2020年，全市工业用地规模保持在550平方公里左右，对规划工业用地予以严格管控，为制造业长远发展留足空间。统筹安排用地计划指标，重大战略性新兴产业项目由市统筹予以保障。各区加强对重点项目用地保障，每年工业用地减量化腾挪出的土地指标，按照不低于1/3的比例用于重点工业项目。实行工业用地弹性年期出让，承担国家及上海重大战略的产业类或功能性项目，经认定后，可按照最高50年出让年期出让。

41．提高产业空间资源供给能力。探索设立产业园区转型升级投资基金，积极推动园区平台主体参与园区转型升级。加大存量土地二次开发力度，鼓励符合产业导向及规划要求的现状优质企业开展技术改造，存量工业和研发用地按规划提高容积率的，各区政府可根据产业类型和土地利用绩效情况，确定增容土地价款的收取比例。

（四）加强信息资源支撑

42．全面提升信息基础设施能级。落实网络强国战略，加快5G、千兆宽带网络、物联网等新一代信息基础设施建设，加强网络信息技术自主创新，推动云计算、大数据、移动互联网等新兴业态发展，促进信息技术、产品、业务与实体经济的深度融合，打造世界级信息基础设施能级标杆城市。

43．着力推动互联网和实体经济深度融合发展。实施工业互联网行动计划，建设工业大数据和工业互联网等功能型平台，创新综合性解决方案推广应用模式，创建国家级工业互联网示范城市，促进信息化和工业化深度融合。推进公共信息资源开放共享和社会化开发利用，鼓励开展多样化、专业化的信息增值服务。全面推广智慧应用，激发“互联网+”创新创业活力，推动传统业态和服务模式创新发展，最大限度释放信息生产力。

六、降低实体经济企业成本

按照“高度透明、高效服务，少审批、少收费，尊重市场规律、尊重群众创造”的总体要求，突出问题导向，坚持标本兼治、精准施策，千方百计帮助企业降本减负，着力降低制度性交易成本，切实降低要素成本，合理减轻税费负担。

（一）着力降低制度性交易成本

44．完善优化产业项目审批流程。围绕产业投资、生产经营领域，再取消和下放一批市场能够自主调节、行业能够自律管理、基层能够有效实施的行政审批等事项。进一步清理各种行业准入证、上岗证。按照“强化基础、提前介入、告知承诺、同步审批、会议协调、限时办结”的要求，推进开工项目和开业项目的审批期限在法定时间的基础上压缩1/3。

45．深化行政审批中介服务改革。严格评估评审目录管理，规范评估评审行为，优化简化评估评审的形式和内容，推行分类评估评审、区域评估评审和同步评估评审改革，继续推进中介机构与政府部门脱钩改制工作，清理规范行政审批中介服务收费。

（二）切实降低要素成本

46．降低企业用地成本。按最高20年出让年期出让的工业用地，出让价格按照基准地价对应的最高年限进行年期修正，并可在出让合同中，约定土地使用权到期申请续期条件和续期出让价格。鼓励企业采用先租后让、租让结合方式使用土地，鼓励园区平台采用先租后售方式供应产业用房。

47．降低企业用工用能成本。平稳适度调整最低工资标准，适当降低企业社保缴费比例。建立天然气价格上下游市场化谈判机制，努力降低天然气采购成本，推进输配电价改革，开展电力用户与发电企业直接交易试点。

48．降低企业物流通信成本。继续完善交通基础设施体系，提高通行效率和服务能力，鼓励铁路部门对大运量物资给予优惠便利措施，大力发展多式联运，规范机场铁路港口等经营性收费。鼓励电信运营商针对各类企业推出更优惠的产品和套餐，降低中小企业互联网接入资费，为企业提供具有竞争力的上网资费与服务。

（三）合理减轻税费负担

49．积极落实各项减税政策措施。按照国家要求，深入推进“营改增”试点工作，积极落实支持科技成果转移转化的税收政策。贯彻小微企业税收优惠政策，落实提高科技型中小企业研发费用加计扣除比例、股权激励递延纳税和技术成果投资入股选择性税收优惠等政策。落实创业投资企业、天使投资人采取股权投资方式直接投资于种子期、初创期科技型企业满2年的，可以按照投资额的70%，抵扣应纳税所得额政策。

50．清理规范政府性基金和行政事业性收费。落实取消本市电价、水价中包含的城市公用事业附加等2项政府性基金，落实取消或停征环境监测服务费等16项中央设立行政事业性收费，取消内河货物港务费等5项地方设立涉企收费项目。进一步规范涉企经营服务性收费管理，加大监管力度。清理规范涉企保证金，建立常态化公示制度。

各区、各有关部门要切实把思想和行动统一到中央对振兴实体经济的决策部署和市委、市政府的工作要求上来，注重运用创新思维和改革办法，着力破解实体经济发展中存在的难题。要建立常态化的组织协调和督查落实工作机制，研究制定相关配套政策文件，系统梳理现有政策，形成可操作的实施计划和工作方案，加快落实推进目标任务，切实巩固提升实体经济能级。

2018·上海工业年鉴

SHANGHAI
INDUSTRIAL
YEARBOOK

历年工业总产值及指数（1978—2017）

（单位：亿元）

年份	工业总产值（亿元）	工业总产值指数（以 1978 年为 100）	工业总产值指数（以上年为 100）
1978	514.01	100.0	
1979	556.30	108.6	108.6
1980	598.75	115.7	106.5
1981	620.12	120.0	103.7
1982	634.65	125.6	104.7
1983	663.53	134.4	107.0
1984	728.12	147.7	109.9
1985	862.73	167.7	113.5
1986	952.21	177.0	105.5
1987	1073.84	188.9	106.7
1988	1304.66	208.8	110.5
1989	1524.67	215.0	103.0
1990	1642.75	223.6	104.0
1991	1947.18	255.2	114.1
1992	2429.96	306.7	120.2
1993	3327.04	368.2	120.1
1994	4255.19	435.3	118.2
1995	5349.53	510.9	117.4
（1995）	（4547.47）		
1996	5126.22	590.1	115.5
1997	5649.93	675.7	114.5
1998	5763.67	728.5	107.8
1999	6213.24	805.1	110.5
2000	7022.98	913.7	113.5
2001	7806.18	1063.8	116.4
2002	8730.00	1219.1	114.6
2003	11708.49	1601.9	131.4
2004	14595.29	1927.1	120.3
2005	16876.78	2195.0	113.9
2006	19631.23	2500.1	113.9
2007	23108.63	2892.6	115.7
2008	25968.38	3126.9	108.1
2009	24888.08	3227.0	103.2
2010	31038.57	3966.0	122.9
2011	33834.44	4227.8	106.6
2012	33186.41	4215.1	99.7
2013	33899.38	4396.3	104.3
2014	34071.19	4466.7	101.6
2015	33211.57	4444.3	99.5
2016	33079.72	4475.4	100.7
2017	36094.36	4766.3	106.5

注：从 1996 年开始，工业总产值按新规定计算，括号内数为 1995 年新规定数。以下同。

资料来源：上海市统计局。

2017 年规模以上工业企业主要指标（一）

（单位：万元）

类 别	平均用工人数（人）	工业总产值	工业销售产值	其中：出口交货值	主营业务收入
总计	**2064764**	**341352640**	**340878801**	**77823402**	**379105014**
按登记注册类型分					
内资	908819	131763142	131994726	11865510	149407745
国有	6967	409936	414694	439	484854
集体	3600	272250	296620	5126	311785
股份合作	2928	261247	259195	12653	261139
集体联营	20	14784	14784		14784
国有与集体联营	444	62478	58908		58558
国有独资公司	69066	16440217	16390009	1849186	18795954
其他有限责任公司	246052	49638270	49971230	3771982	54219255
股份有限公司	96008	23884553	23798751	2467090	31999753
私营独资	5148	308401	304436	8600	305850
私营合伙	1007	317721	317381	13297	312813
私营有限责任公司	414573	34483237	34537791	2801336	36702239
私营股份有限公司	62816	5657842	5616648	935802	5926206
其他内资	190	12206	14279		14554
港澳台商投资	305459	47451825	47354199	22920534	51019971
与港澳台商合资经营	76314	9950070	9869983	2062833	12199426
与港澳台商合作经营	9471	705719	715427	185010	767179
港澳台商独资	192826	27915503	27956028	19320347	29160094
港澳台商投资股份有限公司	25533	8812256	8746725	1343593	8794090
其他港澳台商投资	1315	68277	66035	8751	99183
外商投资	850486	162137673	161529877	43037359	178677298
中外合资经营	210301	72398187	71550671	4998389	81249249
中外合作经营	29193	2778687	2762528	554277	2939345
外商独资	575904	81805122	81957995	35487991	88639721
外商投资股份有限公司	31796	4938271	5029184	1921413	5615835
其他外商投资	3292	217405	229498	75289	233149
按控股情况分					
国有控股	382591	131879910	131568616	7772059	154598675
集体控股	39823	4528383	4475934	126249	4897143
私人控股	602575	53721901	53815912	6043709	57023360
港澳台控股	246796	34468010	34444113	21438090	37620342
外商控股	744854	112025656	111857166	41774436	120037385
其他控股	48125	4728782	4717060	668859	4928107
按企业规模分					
大型企业	749671	181039564	180941000	51882853	204667400
中型企业	566355	70961690	70752338	13813827	77992300
小型企业	748738	89351386	89185463	12126723	96445313

资料来源：上海市统计局。

2017 年规模以上工业企业主要指标（二）

（单位：万元）

类　别	主营业务成本	销售费用	主营业务税金及附加	利润总额	税金总额
总计	**303975647**	**14059788**	**10733868**	**32437961**	**20976312**
按登记注册类型分					
内资	118763531	5312379	7230956	12656448	12224564
国有	401566	2621	1478	25216	15930
集体	271029	7068	1341	10103	13688
股份合作	232424	4823	764	12402	6216
集体联营	13055	116	17	732	329
国有与集体联营	52567	1037	420	-32	1266
国有独资公司	17125332	320677	99009	331376	780928
其他有限责任公司	40181254	1124444	5801539	4444427	8040976
股份有限公司	25602556	1800856	1171868	5156350	2113441
私营独资	230129	4197	1944	51656	15000
私营合伙	297801	311	388	10598	3378
私营有限责任公司	29960949	1652816	128411	2010881	1061706
私营股份有限公司	4382092	391686	23760	602372	171476
其他内资	12779	1228	19	367	229
港澳台商投资	42584569	1601195	1360891	3558198	2301896
与港澳台商合资经营	10057487	413131	33774	1125277	303513
与港澳台商合作经营	635660	42777	2099	20275	17849
港澳台商独资	25695220	997915	47375	1329458	294347
港澳台商投资股份有限公司	6113463	145672	1277360	1082756	1683700
其他港澳台商投资	82739	1700	284	432	2487
外商投资	142627547	7146214	2142021	16223315	6449852
中外合资经营	63306593	2038201	1918362	9139910	4619725
中外合作经营	2392126	211934	9696	136450	65732
外商独资	72283915	4644424	206048	6349895	1703232
外商投资股份有限公司	4466806	232005	6994	587259	52025
其他外商投资	178107	19650	921	9801	9139
按控股情况分					
国有控股	120721867	3137353	10119830	16332227	16145748
集体控股	4315434	78523	13456	306854	88728
私人控股	45506219	3010737	206107	3776194	1606085
港澳台控股	32703651	1346526	65797	2072016	438606
外商控股	96866895	6236361	306950	9650140	2529575
其他控股	3861580	249289	21727	300530	167571
按企业规模分					
大型企业	162158213	5881366	10135898	19878280	16360177
中型企业	62456995	4306450	270651	6260982	1989337
小型企业	79360439	3871472	327319	6298700	2626799

资料来源：上海市统计局。

2017 年规模以上工业企业主要指标（三）

（单位：万元）

类　别	亏损企业亏损额	固定资产合计	流动资产合计	其中	
				# 存货	其中 # 产成品存货
总计	**3117249**	**85851890**	**249555896**	**49892437**	**16116134**
按登记注册类型分					
内资	1998923	49592331	123080282	24586511	6714017
国有	3104	130170	624143	237288	46637
集体	7156	33917	262329	78398	30062
股份合作	2	25939	156519	30848	14204
集体联营		76	7318	1516	1122
国有与集体联营	2330	12651	23980	12284	5073
国有独资公司	539843	17966293	14598030	2909072	249068
其他有限责任公司	1080811	12721141	44226234	10375603	2165563
股份有限公司	63970	11514212	27909940	3196092	1039132
私营独资	2491	45584	272358	23887	12588
私营合伙	6	13194	46664	3946	2025
私营有限责任公司	269415	6036157	28719312	6509403	2603343
私营股份有限公司	29795	1092023	6222088	1207996	545198
其他内资		973	11369	180	3
港澳台商投资	320761	8099744	27951913	5578083	2131071
与港澳台商合资经营	98571	2465002	9291422	1452171	612342
与港澳台商合作经营	18009	112155	561254	136484	53375
港澳台商独资	193654	3859748	14159317	3000163	1253044
港澳台商投资股份有限公司	9319	1652289	3883009	966455	210773
其他港澳台商投资	1208	10549	56912	22810	1537
外商投资	797565	28159815	98523701	19727843	7271046
中外合资经营	163344	11099791	39816314	7553356	3033755
中外合作经营	38935	390195	2039200	378823	121346
外商独资	577137	14223272	48580598	10630592	3901922
外商投资股份有限公司	16186	2395746	7941524	1129717	197490
其他外商投资	1964	50811	146067	35356	16534
按控股情况分					
国有控股	1656642	49572647	99517667	18654744	4067364
集体控股	12254	426703	4016311	823645	284650
私人控股	381407	9611118	48072930	10104123	4225524
港澳台控股	243967	4997666	21009638	4087353	1632179
外商控股	685856	19754077	72638354	15268251	5525162
其他控股	137123	1489679	4300997	954321	381255
按企业规模分					
大型企业	1392377	50377429	124154740	22857360	5984253
中型企业	537816	15995138	54472319	11237944	4091233
小型企业	1187056	19479322	70928838	15797133	6040648

资料来源：上海市统计局。

2017 年规模以上工业企业主要指标（四）

（单位：万元）

类别	年末资产总计	年末负债合计	年末所有者权益	成本费用总额	管理费用	财务费用
总计	**423554371**	**206000503**	**216998967**	**343856094**	**24667645**	**1153014**
按登记注册类型分						
内资	235920127	103660314	132137854	134716451	9879810	760731
国有	790343	452819	336964	459938	58534	-2783
集体	315801	157868	157932	304835	22774	3964
股份合作	190225	86285	103922	255893	17384	1263
集体联营	7394	3881	3513	14035	875	-10
国有与集体联营	40201	24501	9780	60150	6506	41
国有独资公司	43631872	20446425	23170319	18505470	888258	171203
其他有限责任公司	70623469	32863625	37855073	44586378	3147388	133293
股份有限公司	69436793	23284904	46172606	29550529	2050938	96180
私营独资	339012	200185	131414	253767	18403	1038
私营合伙	60074	27033	33040	302398	3896	-110
私营有限责任公司	40177821	22639900	17347010	34991459	3063957	313737
私营股份有限公司	10294711	3466239	6812610	5417347	600674	42895
其他内资	12412	6649	3671	14252	225	20
港澳台商投资	43692806	20862932	22671204	46811972	2597764	28445
与港澳台商合资经营	14135084	7686623	6441828	11364919	865940	28361
与港澳台商合作经营	748721	447933	300655	749167	54213	16517
港澳台商独资	20633277	10668907	9810426	27938796	1256491	-10829
港澳台商投资股份有限公司	8105350	2015044	6092344	6659821	406466	-5779
其他港澳台商投资	70376	44426	25951	99268	14654	175
外商投资	143941438	81477258	62189909	162327671	12190071	363839
中外合资经营	59541878	36661011	22845349	71116225	5709154	62276
中外合作经营	2560413	1085340	1461691	2784506	180257	190
外商独资	68509989	35728361	32556388	82845901	5709551	208012
外商投资股份有限公司	13111960	7892887	5219073	5358875	567579	92485
其他外商投资	217198	109660	107408	222164	23531	876
按控股情况分						
国有控股	207350070	95025579	112294375	133394703	9301274	233708
集体控股	4991542	2029089	2958928	4666330	259028	13345
私人控股	69702105	35440462	34052592	53898501	4876430	505115
港澳台控股	31312291	15323887	15829908	35800169	1780505	-30513
外商控股	102708924	54188506	48253002	111422403	7956303	362344
其他控股	7489439	3992981	3610163	4673989	494105	69015
按企业规模分						
大型企业	233342734	110330524	122971431	179848638	11707765	100794
中型企业	84132723	41318767	42810790	72719528	5569935	386148
小型企业	106078914	54351213	51216746	91287929	7389945	666073

资料来源：上海市统计局。

2017年国有控股工业企业主要指标

（单位：万元）

指　标	国有控股企业	其　中	
		#大型企业	#中型企业
工业总产值	131879910	100617383	16443311
工业销售产值	131568616	100573255	16220489
#出口交货值	7772059	6204151	1187366
平均用工人数（人）	382591	239058	84822
年末资产总计	207350070	163927430	23861495
流动资产合计	99517667	77051618	12275970
#存货	18654744	13643639	2866308
#产成品存货	4067364	2278296	978553
固定资产合计	49572647	37326566	6780653
年末负债合计	95025579	71794088	12969863
年末所有者权益	112294375	92130043	10889850
主营业务收入	154598675	119563573	18678775
主营业务成本	120721867	90113799	16235250
销售费用	3137853	2296470	545146
主营业务税金及附加	10119830	9980004	76251
管理费用	9301274	7446359	1044362
财务费用	233708	-54478	191899
营业利润	16148736	14091596	1147791
利润总额	16332227	14110575	1233148
税金总额	16145748	15184279	518399
亏损企业亏损总额	1656642	1251495	221094
本年应交增值税	6025918	5204275	442148

资料来源：上海市统计局。

2017 年工业企业经济效益指数

类别	总资产贡献率（%）	资本保值增值率（%）	资产负债率（%）	流动资产周转率（次）	成本费用利润率（%）	工业产品销售率（%）
总计	**12.75**	**110.61**	**48.64**	**1.57**	**9.16**	**99.86**
国有控股	15.70	111.19	45.83	1.62	11.78	99.76
按隶属关系分						
中央工业	16.78	109.71	42.38	1.38	11.87	100.41
地方工业	11.44	110.96	50.68	1.61	8.70	99.75
按企业规模分						
大型	15.50	111.68	47.28	1.70	10.74	99.95
中型	10.13	109.36	49.11	1.50	8.27	99.71
小型	8.78	109.16	51.24	1.40	6.74	99.81

资料来源：上海市统计局。

2017 年 6 个重点工业行业主要指标

（单位：万元）

行业	平均用工人数（人）	工业总产值	工业销售产值	其中：出口交货值	年末资产总计	主营业务收入	利润总额	税金总额
总计	**1224740**	**235098884**	**234176490**	**63208492**	**280068702**	**262726832**	**23064977**	**10715573**
占全市比重（%）	59.3	68.9	68.7	81.2	66.1	69.3	71.1	51.1
电子信息产品制造业	463495	65856650	65704052	44908592	56185833	70437686	2913595	381362
汽车制造业	234850	68310353	68152456	2469843	77507638	82466897	11060235	4539173
石油化工及精细化工制造业	109787	37871424	37841590	3934962	32598932	40338285	4917030	3875142
精品钢材制造业	27482	12794692	12843125	974580	28032720	17705306	747111	496873
成套设备制造业	302139	39599847	39441223	9508036	67789950	41327718	1869827	857831
生物医药制造业	86987	10665918	10194044	1412479	17953629	10450940	1557179	565192

资料来源：上海市统计局。

上海市高技术产业（制造业）主要情况（2016–2017年）

（单位：万元）

类　别	平均用工人数（人）	工业总产值	工业销售产值	年末资产总计	主营业务收入	利润总额	税金总额
2017年总计	**510586**	**72326255**	**71730160**	**71126325**	**76113115**	**4010936**	**843014**
占全市比重（%）	**24.7**	**21.2**	**21.0**	**16.8**	**20.1**	**12.4**	**4.0**
按控股情况分							
国有控股	66143	5867831	5876302	15345242	5947793	283019	175746
集体控股	2685	375900	335815	365776	338192	28866	6840
私人控股	66460	6474153	6403960	9684658	6980067	753736	246291
港澳台商控股	103289	21055666	21021448	15514192	22989784	1184274	59553
外商控股	262991	37674655	37229122	28403076	38980244	1630212	307581
其他控股	9018	878050	863513	1813380	877035	130829	47003
按技术领域分							
医药制造业	56143	7698798	7295834	13440887	7341980	1181005	489266
航空、航天器及设备制造业	25326	2300190	2263965	4037136	2162722	49761	52990
电子及通信设备制造业	289814	37064826	36844418	37223069	37802228	1723684	146613
计算机及办公设备制造业	86361	19745304	19858979	10053789	23097991	306470	8829
医疗仪器设备及仪器仪表制造业	52557	5408013	5356728	6275961	5598098	735774	144359
信息化学品制造业	385	109124	110236	95484	110097	14243	956
2016年总计	**504194**	**66182594**	**65882056**	**66612484**	**70101803**	**3345684**	**726155**
占全市比重（%）	**23.4**	**21.3**	**21.2**	**16.7**	**20.4**	**11.5**	**3.7**
按登记注册类型分							
国有控股	66080	5198170	5147500	13038305	5557766	200709	212384
集体控股	918	54527	54128	52602	59045	4694	1396
私人控股	63285	5236597	5200875	7494074	5671966	571472	219500
港澳台商控股	107418	18779621	18607555	15723832	20744302	790865	11901
外商控股	256528	35793513	35747732	28234216	36918736	1644549	215871
其他控股	9965	1120166	1124266	2069455	1149988	133395	65103
按技术领域分							
医药制造业	57623	6860044	6724332	12168788	7164437	1187285	452686
航空、航天器及设备制造业	24547	2042669	1943930	3574226	1907763	85893	93298
电子及通信设备制造业	291646	34257256	34348801	35086825	35287818	1367356	49996
计算机及办公设备制造业	77097	18069518	17954380	9702345	20592583	49083	-15675
医疗仪器设备及仪器仪表制造业	51326	4697620	4658628	5712787	4896349	637156	142352
信息化学品制造业	1955	255488	251987	367512	252854	18911	3498

资料来源：上海市统计局。

2017 年各区工业企业主要指标

（单位：万元）

地　区	平均用工人数（万人）	工业总产值	出口交货值	年末资产总计	主营业务收入	利润总额	税金总额
总计	**206.48**	**341352640**	**77823402**	**423554371**	**379105014**	**32437961**	**20976312**
浦东新区	53.50	100954772	29931826	142099146	119173278	10001818	4406862
黄浦区	0.60	906924	13894	1230476	1417614	107092	24484
徐汇区	2.57	5487920	913419	4731226	6583678	645149	130068
长宁区	1.78	1130796	105838	1482726	1144821	59016	52455
静安区	1.45	1482634	261951	4367187	1653236	42685	49130
普陀区	1.78	1365218	122025	2921029	1998015	168080	96295
虹口区	0.34	445250	37084	998966	412343	36066	7709
杨浦区	1.72	10661622	179943	18008000	10964391	2433665	7048903
闵行区	23.88	33572607	7454558	42386915	35936387	2802571	1018125
宝山区	9.91	20975001	2025540	38330581	26613804	1275636	766380
嘉定区	29.60	59445517	4710277	48906854	62530631	6606034	3437770
金山区	12.94	18262845	2051861	18694317	18580520	1323193	1857859
奉贤区	16.26	15975279	2995132	20969823	16953157	1510017	474040
松江区	29.10	37282128	20731050	31157281	39545180	1579791	551381
青浦区	15.83	15843685	3963274	18179750	17004263	1116455	444359
崇明区	3.46	3642031	1142462	7154513	3358294	36905	39630
其他	1.74	13918413	1183270	21935579	15235401	2693790	570863

资料来源：上海市统计局。

2017年都市型工业基本情况

（单位：万元）

类　别	平均用工人数（人）	工业总产值	工业销售产值	其中：出口交货值	年末资产总计	主营业务收入	利润总额	税金总额
总计	**364363**	**35084396**	**35233470**	**6044674**	**37566316**	**40800139**	**2963460**	**1209636**
按登记注册类型分								
内资	157840	14786946	14865294	1181423	16325163	17624407	1050760	492136
国有	557	38233	40665	439	69983	40461	3076	2434
集体	753	25284	26358	946	43067	41377	5612	3445
股份合作	54	6160	6126		9245	6312	24	102
国有与集体联营	61	2425	2425		688	2463	19	77
国有独资公司	2477	251273	280974	6673	358074	316130	38782	24560
其他有限责任公司	30864	5424474	5479919	270376	4374718	7093057	389396	148622
股份有限公司	22219	2298759	2243658	135226	3586461	3055339	273719	123788
私营独资	1133	75057	73132	5820	67981	72822	19095	1893
私营合伙	284	15575	15461	13297	8012	15461	180	64
私营有限责任公司	87099	5772407	5813624	719952	5901929	6026916	232006	152496
私营股份有限公司	12149	865094	868675	28696	1892594	939515	88484	34426
其他内资	190	12206	14279		12412	14554	367	229
港澳台商投资	77866	6804039	6818586	2130488	7889598	7413505	573685	241582
与港澳台商合资经营	19882	2173140	2181836	352334	2481676	2205446	327005	101733
与港澳台商合作经营	2098	134003	133450	37145	147286	135615	4068	4110
港澳台商独资	47570	3269902	3281169	804438	3666420	3761115	148448	126297
港澳台商投资股份有限公司	8162	1223085	1218223	936571	1591917	1301414	94574	9176
其他港澳台商投资	154	3908	3908		2299	9915	-409	266
外商投资	128657	13493411	13549589	2732764	13351554	15762228	1339015	475918
中外合资经营	23399	2903436	2870996	463294	2502847	3190306	141578	81771
中外合作经营	11174	911024	908960	284852	829955	972213	44033	19917
外资企业	90030	9302917	9385120	1933489	9189518	11195607	973309	361583
外商投资股份有限公司	2512	293908	299087	29158	763147	317397	173939	9479
其他外商投资	1542	82126	85427	21971	66087	86704	6157	3167
按企业规模分								
大型企业	94225	9699500	9680695	2065691	10676937	11475064	1076481	412308
中型企业	114157	11235303	11313986	1682192	11122904	13439137	963534	391487
小型企业	155981	14149593	14238790	2296791	15766475	15885938	923446	405840
按行业分								
服装服饰业	54982	3463787	3402958	888041	3460137	3861662	40594	56644
食品加工制造业	95429	9613786	9709208	369109	10673231	11944297	841868	527530
包装、印刷业	34451	2751715	2785004	277526	3533490	2939351	183971	114748
室内装饰用品制造业	66384	7106678	7156660	1320402	7135566	7331890	589204	184325
化妆品及清洁洗涤用品制造业	30314	3648624	3625688	428837	5322338	4491526	643438	189311
工艺美术品、旅游用品制造业	40505	4394017	4425377	594905	3554383	5962566	371860	107380
小型电子信息产品制造业	42298	4105789	4128575	2165855	3887172	4268847	292525	29698

（续表）

类 别	平均用工人数（人）	工业总产值	工业销售产值	其中：出口交货值	年末资产总计	主营业务收入	利润总额	税金总额
按地区分：								
# 浦东新区	71242	8951370	8880335	1813769	9945390	9723839	653628	266163
黄浦区	2266	187781	200777	5797	265976	756683	25984	17209
徐汇区	5089	2700157	2772003	100620	1236280	3603986	359879	39099
长宁区	3557	137002	136724	78476	184716	148261	15708	3172
静安区	2053	149005	155030	15337	144646	187038	15412	9199
普陀区	8916	473261	491001	45581	986294	610025	61219	42250
虹口区	842	15762	16009	6690	16252	17009	2852	939
杨浦区	3540	515480	513563	23646	1042915	579146	35114	24048
闵行区	44613	4660182	4716524	673092	4934730	5784344	403844	254247
宝山区	10615	764422	772277	103244	1013691	841031	25512	33695
嘉定区	47373	4586126	4599584	851453	4171921	4963154	340837	128623
金山区	29100	2465078	2488886	389466	3008945	2500638	162376	56172
奉贤区	44020	2866446	2838069	449836	3109033	3588524	493978	128920
松江区	52911	4181236	4213780	786388	4963770	4878301	214195	133194
青浦区	36264	2281481	2287064	680308	2405934	2466914	140330	69237
崇明区	1868	105062	105682	20971	101711	105081	4763	1965

资料来源：上海市统计局。

2017 年主要工业产品生产、销售和库存

产品名称	年初库存	生产量	销售量	年末库存
天然原油（吨）	16168	68326	69311	15206
饲料（吨）	57082	1465878	1429994	54799
#配合饲料（吨）	14473	711931	719023	4664
混合饲料（吨）	2641	109645	105967	1036
精制食用植物油（吨）	48572	909118	860779	96384
乳制品（吨）	2948	446473	445458	3962
罐头（吨）	3423	37208	36581	4048
啤酒（千升）	11908	564260	568417	7237
黄酒（千升）	8034	82238	84609	4782
饮料（吨）	163651	2559933	2532543	185818
卷烟（万支）	619057	8966518	9118063	465456
纱（吨）	3876	25949	26304	3514
布（万米）	500	8926	5559	831
#棉布（万米）	96	1966	1984	78
棉混纺布（混纺交织布）（万米）	114	2791	2746	160
化学纤维布（纯化纤布）（万米）	290	4169	829	593
服装（万件）	5673	40041	38757	6873
皮革鞋靴（万双）	135	587	579	144
机制纸及纸板（吨）	10507	462460	401920	9279
汽油（吨）	119490	5700063	5707625	76576
煤油（吨）	94713	2928038	2950398	44670
柴油（吨）	66084	7071421	7029762	60551
润滑油（吨）	33248	579371	628208	33216
燃料油（吨）	21904	129889	150431	1286
焦炭（吨）		5569172		
硫酸（折 100%）（吨）	4437	190185	148581	4425
烧碱（折 100%）（吨）	9278	744505	721831	5115
乙烯（吨）	10031	2011968	328368	16121
纯苯（吨）	13819	871672	475907	12216
冰乙酸（冰醋酸）（吨）	13938	573940	521431	9620
农用氮、磷、钾化学肥料总计（折纯）（吨）	135	18616	18678	73
#氮肥（折含 N 100%）（吨）	135	18548	18610	73
化学农药原药（折有效成分 100%）（吨）	1068	7029	6711	1386
涂料（吨）	122735	2388912	2397046	110979
初级形态的塑料（吨）	110441	3566109	3522746	123103
合成橡胶（吨）	4307	74181	57215	5056
合成纤维单体（吨）	39244	2059164	1628638	45945
合成纤维聚合物（吨）	45590	1246277	1159550	21646
合成洗涤剂（吨）	14772	473648	455055	27950
化学药品原药（吨）	2375	38868	34136	3085

（续表）

产 品 名 称	年初库存	生产量	销售量	年末库存
中成药（吨）	1424	7534	7010	1552
化学纤维（吨）	44921	434463	433831	39203
# 合成纤维（吨）	43947	411154	410985	37942
橡胶轮胎外胎（条）	667391	8060261	8133859	590936
塑料制品（吨）	151621	1877189	1856712	160921
# 农用薄膜（吨）	986	30194	28985	1906
水泥（吨）	53074	4157316	4173084	37305
生铁（吨）		14477171	10035	
粗钢（吨）	1625	16077030	313955	6454
钢材（吨）	560278	20560385	20620851	465451
# 中板（吨）	32094	826813	838178	20729
冷轧薄板（吨）	25159	210576	207758	27977
中厚宽钢带（吨）	43048	3472383	3480291	35140
热轧薄宽钢带（吨）	11988	1320285	1324265	8008
冷轧薄宽钢带（吨）	63745	3861747	3864581	59958
镀层板（带）（吨）	141295	4831580	4862753	110122
涂层板（吨）	5731	639786	634672	10845
电工钢板（带）（吨）	71525	1144292	1151854	63963
无缝钢管（吨）	17623	735347	732387	19648
十种有色金属（吨）	1451	34016	34014	1453
# 精炼铜（铜）（吨）	1451	34016	34014	1453
铜材（铜加工材）（吨）	7104	290516	283101	13770
铝材（吨）	47134	548734	538029	57372
日用不锈钢制品（吨）	1595	31066	31336	1326
电站锅炉（蒸发量吨）	22970	39595	42328	20237
发动机（千瓦）	7486771	355662599	201654538	16694913
金属切削机床（台）	1341	5330	5816	855
# 数控金属切削机床（台）	259	2006	2051	214
汽车（辆）	8956	2913150	2891237	15397
# 基本型乘用车（轿车）（辆）	4023	1959361	1961920	1102
客车（辆）	2893	34087	35119	1857
新能源汽车（辆）	3161	89026	90824	1333
民用钢质船舶（载重吨）		8587653	8587653	
摩托车整车（辆）	49817	763799	750188	63428
两轮脚踏自行车（辆）	54886	2292592	1913190	48532
发电机组（发电设备）（千瓦）	8256950	34584602	22315262	20526290
交流电动机（千瓦）	3164489	19939999	19457384	3646990
电力电缆（千米）	490536	1539863	1504526	525685
光缆（芯千米）	99094	7089607	6962969	225732
家用电冰箱（台）	10724	547386	540043	18067

（续表）

产 品 名 称	年初库存	生产量	销售量	年末库存
房间空气调节器（台）	189834	3897358	3875938	210668
吸排油烟机（台）	6435	92649	81817	17258
电饭锅（个）	11480	162847	169694	4633
微波炉（台）	30707	2658491	2656567	31720
家用洗衣机（台）	26883	1487592	1493650	20825
家用吸尘器（台）	41943	704934	670760	75986
家用燃气热水器（台）	66455	2005763	1991546	78356
微型计算机设备（台）	6859270	24873118	23240361	6786974
显示器（台）		4987	4987	
程控交换机（万线）	13	23	35	1
# 数字程控交换机（万线）		17	17	
移动通信基站设备（信道）		49968	49968	
移动通信手持机（手机）（台）	2006520	47102026	46867332	2218259
# 智能手机（台）	1923243	45081962	44803762	2178488
彩色电视机（台）	3500	1361199	1349104	15595
# 液晶电视机（台）	3500	1361199	1349104	15595
# 智能电视（台）	2318	1221377	1211704	11991
集成电路（万块）	160481	2331854	2257256	173773
集成电路圆片（万片）	18	585	573	30
表（万只）		26	26	
光学仪器（台）	10562	383102	362584	31080
发电量（万千瓦小时）		8302556	6852521	

资料来源：上海市统计局。

2017 年度上海名牌产品 / 服务 / 明日之星推荐名单

序号	品牌	推荐产品	企业
		一、产品类——生产资料类（共 238 项）	
1	海立 HIGHLY	空调压缩机	上海日立电器有限公司
2	FEIHE	单螺杆空气压缩机	上海飞和压缩机制造有限公司
3	cxsb	泵	上海创新给水设备制造（集团）有限公司
4	熊猫	电线电缆	上海熊猫线缆股份有限公司
5	盾牌	筛网	上海盾牌矿筛有限公司
6	裕生	漆包圆绕组线、聚氯乙烯绝缘电缆（电线）、不可拆线插头电源线	上海裕生企业发展有限公司
7	崇磁	漆包圆绕组线	上海崇明特种电磁线厂
8	图案	电梯	上海富士电梯有限公司
9	CGD	高低压成套开关柜	上海光大科技（集团）有限公司
10	海德隆、HAIDEO	供水设备	上海海德隆流体设备制造有限公司
11	图案	MG 系列电牵引采煤机	天地上海采掘装备科技有限公司
12	图案	工业洗涤设备	上海航星机械（集团）有限公司
13	SNaiji	高低压成套开关设备	上海耐吉电力集团有限公司
14	图案	40.5kv 及以下智能化成套配电设备	上海航星通用电器有限公司
15	品星	电动机	上海品星防爆电机有限公司
16	图案	低压成套开关设备	上海西屋成套设备有限公司
17	图案	40.5KV 及以下高低压开关柜	上海柘中电气有限公司
18	百富勤	空调机组	上海百富勤空调制造有限公司
19	亚虹模具	塑料模具	上海亚虹模具股份有限公司
20	固牌	电力金具	上海永固电力器材有限公司
21	SPMC	水泵	上海水泵制造有限公司
22	申	储气罐	上海申江压力容器有限公司
23	ECC	高压开关柜、低压开关柜、智能开关柜	上海中科电气（集团）有限公司
24	凌力	特殊钢模具	上海凌力特殊钢发展有限公司
25	图案	阀门	上海沪工阀门厂（集团）有限公司
26	3-MAP	电梯	上海长江斯迈普电梯有限公司
27	DESRAN	500KW 以下压缩机及空气干燥器	德斯兰压缩机（上海）有限公司
28	上探、JINT	液压连续墙抓斗	上海金泰工程机械有限公司
29	上探、JINT	多功能钻机	上海金泰工程机械有限公司
30	阿普达	空压机三滤元件	上海士诺健康科技股份有限公司
31	连成	SLZ 低噪音系列离心泵	上海连成（集团）有限公司
32	STEP 新时达	电梯控制系统	上海新时达电气股份有限公司
33	ROXZ	中高压电气用绝缘件	上海雷博司电气股份有限公司
34	上华	高低压开关设备	上海大华电器设备有限公司
35	RENLE	电机软起动器	上海雷诺尔科技股份有限公司
36	RENLE	变频调速器	上海雷诺尔科技股份有限公司
37	S & L	混合机	双龙集团有限公司
38	EHC 依合斯	电梯扶手带	依合斯电梯扶手（上海）有限公司
39	冠龙	给排水阀门	上海冠龙阀门机械有限公司

（续表）

序号	品牌	推荐产品	企业
40	嘉捷通	高频高层印制电路板	上海嘉捷通电路科技股份有限公司
41	HANBELL	制冷设备、空气压缩机	上海汉钟精机股份有限公司
42	SCR 斯可络	双螺杆空气压缩机	上海斯可络压缩机有限公司
43	沪航	阀门	上海沪航阀门有限公司
44	TSP	风力发电机塔架	上海泰胜风能装备股份有限公司
45	图案	泵阀	上海瑞邦机械集团有限公司
46	图案	电线电缆	上海新益电力线路器材有限公司
47	皓月	电容器	上海皓月电气有限公司
48	HSPK	机床	上海汉霸机电有限公司
49	SGG	工业锅炉	上海工业锅炉有限公司
50	ZBB 中变	变压器	中变集团上海变压器有限公司
51	Sieyuan	电力电容器及其成套装置	上海思源电力电容器有限公司
52	合丰	离心式风叶轮	上海合丰电器有限公司
53	图案	微机网络控制变压变频调速电梯、自动扶梯及自动人行道	上海三菱电梯有限公司
54	Sieyuan	sieyuan6 ～ 66KV 级铁心电抗器	思源电气股份有限公司
55	爱登堡电梯	乘客电梯	上海爱登堡电梯集团股份有限公司
56	MOONS	混合式步进电机	上海鸣志电器股份有限公司
57	图案	高、低压成套开关设备	上海南华兰陵电气有限公司
58	图案	电线电缆	上海南洋 - 藤仓电缆有限公司
59	图案	Y 系列异步电机、z 系列直流电机、TDZBS 交流调速同步电动机	上海电气集团上海电机厂有限公司
60	天鼎	纯化水制备系统	上海至纯洁净系统科技股份有限公司
61	图案	自动化立体仓库系统	上海精星仓储设备工程有限公司
62	图案（NANDA）	电线电缆	上海南大集团有限公司
63	上微牌	精密微型深沟球轴承、角接触球轴承	上海天安轴承有限公司
64	图案	1000MW、600MW、300MW 等级汽轮机	上海电气电站设备有限公司
65	图案	E、F 级燃气轮机	上海电气电站设备有限公司
66	图案	核电汽轮机	上海电气电站设备有限公司
67	图案	1000MW、600MW、300MW 等级汽轮发电机	上海电气电站设备有限公司
68	图案	400MW 等级燃气轮发电机	上海电气电站设备有限公司
69	图案	1000MW、600MW、300MW 等级高、低压加热器	上海电气电站设备有限公司
70	图案	1000MW、600MW、300MW 等级凝汽器	上海电气电站设备有限公司
71	图案	1000MW、600MW、300MW 等级除氧器	上海电气电站设备有限公司
72	point	高层建筑维护用设备（擦窗机）	上海普英特高层设备股份有限公司
73	GREATWAY 及图案	直流逆变电焊机	上海广为焊接设备有限公司
74	贝思特	升降机操作设备	上海贝思特电气有限公司
75	SASSIN（三信）	漏电断路器、交流接触器、小型断路器	三信国际电器上海有限公司
76	长顺	电梯电缆及配件	上海长顺电梯电缆有限公司
77	四通	高、低压开关柜	上海四通电力设备（集团）有限公司
78	HH	集装箱用铰链	上海海航集装箱配件有限公司

（续表）

序号	品牌	推荐产品	企业
79	新昕	安全清洁电线电缆、低烟低卤橡套软电缆	上海胜华电缆（集团）有限公司
80	SEARI 上電科	3S-Net 智能网络配电与控制系统	上海电器科学研究所（集团）有限公司
81	沪工 +HG	电焊机	上海沪工焊接集团股份有限公司
82	上一	带式输送机	上海科大重工集团有限公司
83	熊猫	离心泵	上海熊猫机械（集团）有限公司
84	山星及图案	碎石制砂筛分成套设备	上海远通实业有限公司
85	HM	自动检票机	上海华铭智能终端设备股份有限公司
86	正泰	750kV 及以下变压器、252kV 及以下开关设备、500kV 及以下金属氧化物避雷器与高压互感器	正泰电气股份有限公司
87	上一制泵	泵	上海上一泵业制造有限公司
88	KEN 锐奇	电动工具	锐奇控股股份有限公司
89	天逸电器 TAYEE 图案	信号灯、电开关	上海天逸电器有限公司
90	云安（图案）	火焰报警控制系统	上海松江飞繁电子有限公司
91	UPUN	电气连接模块、电度表接线盒、开关信号灯	上海友邦电气（集团）股份有限公司
92	LONKING 龙工	装载机	龙工（上海）机械制造有限公司
93	BB.ELC 北变	变压器（电）	北变变压器（上海）有限公司
94	大速及图案	高效率隔爆型三相异步电动机	上海大速电机有限公司
95	上格图案	消防车、灭火设备	上海格拉曼国际消防装备有限公司
96	letel	通信配线、配套设备	上海乐通通信设备（集团）股份有限公司
97	置信	非晶合金变压器	上海置信电气股份有限公司
98	宝田牌	矿渣微粉	上海宝田新型建材有限公司
99	图案	铝合金门窗、塑料门窗	上海平安门窗有限公司
100	瑞河、SHRH	塑料管材、管件	上海瑞河企业集团有限公司
101	vohringer 菲林格尔	强化地板、实木复合地板	上海菲林格尔木业股份有限公司
102	图案	管材、管件	上海天净新材料科技股份有限公司
103	伟星	新型塑料管道	上海伟星新型建材有限公司
104	天力	建筑用聚丙烯管道系统、建筑用耐热聚乙烯管道系统	上海天力实业（集团）有限公司
105	MEGABORNE	风电设备及集装箱涂装材料	上海麦加涂料有限公司
106	上丰	塑料管道	上海上丰集团有限公司
107	快联 FASTLINK	电动工业用门	上海快联门业有限公司
108	南方	42.5 普通硅酸盐水泥	上海金山南方水泥有限公司
109	汉斯	浸渍纸层压木质地板	上海汉斯木业有限公司
110	名兔	细木工板、胶合板	上海丽翔企业发展有限公司
111	申华声学	全采光隔声通风节能窗、钢质隔热防火门、声屏障、消声器、隔声门、隔声室、隔声罩、微穿孔板异型吸声体、换流站渐变式空腔吸声装置。	上海申华声学装备有限公司
112	叶宇	板材	上海叶宇装饰材料有限公司
113	乘鹰	专用外包装涂料	上海维凯光电新材料有限公司
114	图案	大理石	上海斯逸石业装饰有限公司
115	骏雄 junxiong	木工板	上海骏雄实业发展有限公司
116	图案（捷步）	非金属楼梯、非金属板	上海捷步实业有限公司

（续表）

序号	品牌	推荐产品	企业
117	图案	斯米克磁砖	上海悦心健康集团股份有限公司
118	立明	铝合金门窗	上海玻机制能幕墙股份有限公司
119	公元牌	埋地排水用及电力电缆用硬聚氯乙烯管材、聚乙烯管材、聚丙烯管材	上海公元建材发展有限公司
120	华垒牌	天然石材制品及应用服务	上海华垒石材有限公司
121	阿鲁克邦	铝塑复合板	思瑞安复合材料（中国）有限公司
122	耀皮	浮法、彩釉、中空、钢化、镀膜、汽车玻璃	上海耀皮玻璃集团股份有限公司
123	图案	混凝土	上海城建物资有限公司
124	新紫茂	大理石	上海新紫茂石业发展有限公司
125	安安	钢制隔热防火门	上海森林特种钢门有限公司
126	图案	市政配套管材及管件	上海万朗管业有限公司
127	huili 汇丽	防火涂料、木器涂料、地坪涂料、内（外）墙乳胶漆、聚氨酯防水材料、木门、阳光板	上海汇丽集团有限公司
128	德意达	铝木复合门窗、铝合金门窗	上海德意达门窗有限公司
129	浦江	索结构产品	上海浦江缆索股份有限公司
130	金博	饰面石材	金博（上海）建工集团有限公司
131	林	实木地板	上海昆昊木业有限公司
132	华源	铝塑复合板	上海华源复合新材料有限公司
133	美尔固	管材、管件	金塑企业集团（上海）有限公司
134	亚大	燃气用埋地聚乙烯（PE）管材	上海亚大塑料制品有限公司
135	申昆	混凝土	上海申昆混凝土集团有限公司
136	德万家及图案	细木工板、胶合板	上海德万家企业发展有限公司
137	志豪	轻钢龙骨	上海志豪实业有限公司
138	JIANGHE	建筑幕墙	上海江河幕墙系统工程有限公司
139	SHJIX 吉祥	铝塑复合板、铝单板	上海吉祥科技（集团）有限公司
140	颖创	实木地板	上海颖创木业有限公司
141	元财	管材、管件	上海元财塑胶有限公司
142	USAS	钢结构建筑	美联钢结构建筑系统（上海）股份有限公司
143	LION	纺织材料	上海利昂高科技有限公司
144	申安纺织	特殊再生纤维素纤维混纺纱	上海申安纺织有限公司
145	恒大牌	涤纶短纤维	上海德福伦化纤有限公司
146	Coolsmart 库思玛	库思玛凉感纤维	上海德福伦化纤有限公司
147	图案	分子筛	上海恒业分子筛股份有限公司
148	普利特 PRET	汽车用塑料复合材料	上海普利特复合材料股份有限公司
149	爱普牌	香精香料	爱普香料集团股份有限公司
150	一品牌	氧化铁系颜料	上海一品颜料有限公司
151	西太克斯 SEATEX	西太克斯印花糊料	上海雅运纺织助剂有限公司
152	ECH	工业循环冷却水复合水处理剂	上海洗霸科技股份有限公司
153	JCC	纺织品用共聚酰胺（PA）热熔胶	上海天洋热熔粘接材料股份有限公司
154	onwings	汽车修补漆	上海东来科技有限公司
155	奔驰牌	焦亚硫酸钠	上海嘉定马陆化工厂有限公司
156	图案	改性聚醚、聚羧酸减水剂聚醚、聚乙二醇单甲基醚	上海台界化工有限公司

（续表）

序号	品牌	推荐产品	企业
157	CALMTRY	水性复膜胶	上海奇想青晨新材料科技股份有限公司
158	飞铃牌	飞铃牌 40% 乙烯利	上海华谊集团华原化工有限公司
159	奥威	十二烷基醚硫酸钠、十二烷基硫酸钠	上海奥威日化有限公司
160	东大化学	表面活性剂	上海东大化学有限公司
161	科凯化工	纺织助剂	科凯精细化工（上海）有限公司
162	白天鹅	二氧化钛	上海澎博钛白粉有限公司
163	抚佳	三乙醇胺	上海抚佳精细化工有限公司
164	图案	PP 改性专用料	上海日之升新技术发展有限公司
165	申峰	烧碱	上海氯碱化工股份有限公司
166	申峰	聚氯乙烯	上海氯碱化工股份有限公司
167	光明牌	船舶漆、重防腐涂料	上海华谊精细化工有限公司
168	飞虎牌	卷材涂料系列、聚酯型漆、苯丙乳胶漆	上海华谊精细化工有限公司
169	眼睛牌	过氯乙烯类漆、丙烯酸类漆、聚氨酯类漆	上海华谊精细化工有限公司
170	T-CHEMI	七氟丙烷灭火剂、六氟丙烷灭火剂	上海汇友精密化学品有限公司
171	百金化工	二硫化碳	上海百金化工集团有限公司
172	鳄鱼 ALLIGATOR	内外墙涂料	鳄鱼制漆（上海）有限公司
173	富臣	木器涂料、墙面涂料	上海展辰涂料有限公司
174	经典	木器涂料	上海展辰涂料有限公司
175	ZHONGDA	圆平网感光制版材料	上海洁润丝新材料股份有限公司
176	ANOKY+ 图案	纺织用染料	上海安诺其集团股份有限公司
177	图案	墙面涂料、木器涂料	上海三银制漆有限公司
178	泗联牌	印刷油墨、着色剂（有机颜料、印花涂料色浆）	上海泗联实业有限公司
179	延华	畜禽反刍类饲料产品	上海延华生物科技股份有限公司
180	嘉仕久	汽车转向节	上海嘉仕久企业发展有限公司
181	SSB	汽车空调压缩机	华域三电汽车空调有限公司
182	双钱牌、回力牌	汽车轮胎	上海华谊集团股份有限公司
183	JTD 坦达	高速列车座椅、客室座椅	上海坦达轨道车辆座椅系统有限公司
184	SK	汽车灯具	上海小糸车灯有限公司
185	亿森 YS	汽车外覆盖件模具	亿森（上海）模具有限公司
186	上齿牌	汽车变速器总成	上海汽车变速器有限公司
187	北特	高精度轿车保安杆件	上海北特科技股份有限公司
188	顺达牌	轿（汽）车用 QF 系列散热器风扇	上海马陆日用友捷汽车电气有限公司
189	英汇	汽车门槛板	上海英汇科技发展有限公司
190	兴盛	车用密封垫	上海兴盛密封垫有限公司
191	KOMMAN	车辆悬架系统	上海科曼车辆部件系统股份有限公司
192	LAGOU	汽车空调压缩机	上海光裕汽车空调压缩机股份有限公司
193	图案	汽车隔音隔振产品（NVH 系列）	上海华特汽车配件有限公司
194	瀚氏	汽车零部件	上海瀚氏模具成型有限公司
195	songz	客车空调	上海加冷松芝汽车空调股份有限公司
196	通领	汽车饰件	上海通领汽车科技股份有限公司
197	UAES	电动燃油泵	联合汽车电子有限公司

（续表）

序号	品牌	推荐产品	企业
198	（KF）坤孚	坤孚化油器、汽化器供油装置	上海坤孚企业（集团）有限公司
199	凯迪拉克	ATS-L、XTS、XT5、CT6、CT6Plug-in	上汽通用汽车有限公司
200	别克	昂科威、昂科拉、君越、君威、君威GS、威朗三厢、威朗两厢、威朗GS、英朗、GL8、及其系列车型	上汽通用汽车有限公司
201	雪佛兰	创酷、科帕奇、科沃兹、迈锐宝、迈锐宝XL、科鲁兹、赛欧、乐风RV、及其系列整车	上汽通用汽车有限公司
202	骆驼牌	汽车离合器	上海萨克斯动力总成部件系统有限公司
203	图案	汽车用塑料管路系统	上海亚大汽车塑料制品有限公司
204	COOL-LED	高功率LED车用信号灯	上海晨阑光电器件有限公司
205	TOPSEAL	汽车轮胎气门嘴	上海保隆汽车科技股份有限公司
206	D、JINTUO	马达和引擎启动器、非陆地车辆发动机	上海晋拓金属制品有限公司
207	延锋	汽车饰件产品	延锋汽车饰件系统有限公司
208	声佳牌	电子电器	上海实业交通电器有限公司
209	声佳牌	电喇叭	上海实业交通电器有限公司
210	声佳牌	电动玻璃升降器	上海实业交通电器有限公司
211	东风、上柴动力	135、G、D、E、H、R、W系列柴油机	上海柴油机股份有限公司
212	图案	精密无缝钢管	上海奉贤钢管厂有限公司
213	佳艺	结构用冷弯型钢	上海佳冷冷弯科技股份有限公司
214	公谊	兽药	上海公谊药业有限公司
215	安普莱士	人血白蛋白	上海莱士血液制品股份有限公司
216	伽玛莱士	静注人免疫球蛋白（PH4）	上海莱士血液制品股份有限公司
217	上生	人血白蛋白、静注人免疫球蛋白（pH4）、麻腮风联合减毒活疫苗、流感病毒裂解疫苗、水痘减毒活疫苗	上海生物制品研究所有限责任公司
218	图案	光通信系列产品、无线通信产品、数据中心系列产品	上海汇珏网络通信设备有限公司
219	NOUYA	覆铜箔板	上海南亚覆铜箔板有限公司
220	HH鸿辉	光缆阻水填充膏	上海鸿辉光通科技股份有限公司
221	HH鸿辉	平面波导分光路器	上海鸿辉光通科技股份有限公司
222	飞鸽牌	飞鸽牌离心机	上海安亭科学仪器厂
223	雷磁	电化学产品	上海仪电科学仪器股份有限公司
224	1923	金属卤化物灯、高压钠灯、荧光高压汞灯	上海亚明照明有限公司
225	亚	金属卤化物灯、高压钠灯、荧光高压汞灯、电感镇流器、电子镇流器、电子触发器、灯具、LED光源、LED灯具	上海亚明照明有限公司
226	rogy	小型断路器	上海永继电气股份有限公司
227	上仪（图案）	自动化仪表及控制系统	上海自动化仪表有限公司
228	三思	LED显示屏	上海三思电子工程有限公司
229	DDG	DDG警用刑侦产品	上海良相智能化工程有限公司
230	YAOHUA	XK3190系列称重显示控制器	上海耀华称重系统有限公司
231	shanshantech	锂电子电池负极材料-复合人造石墨（FNS）	上海杉杉科技有限公司
232	grandway光维	光通信仪器仪表及设备	上海光维通信技术股份有限公司
233	HuaceNav	高精度GNSS接收机及软件	上海华测导航技术股份有限公司
234	ZENNER	膜式燃气表、智能膜式燃气表	上海真兰仪表科技股份有限公司
235	贝岭	集成电路芯片	上海贝岭股份有限公司

（续表）

序号	品牌	推荐产品	企业
236	图案	EEPROM产品、智能卡产品	聚辰半导体（上海）有限公司
237	图案	分布式光纤测温系统	上海波汇科技股份有限公司
238	CSG科大智能	配电自动化终端	科大智能科技股份有限公司
		二、产品类——日用消费类（共161项）	
1	开开	衬衫、羊毛衫、西服西裤、针织内衣	上海开开实业股份有限公司
2	图案	床上用品	上海水星家用纺织品股份有限公司
3	民光牌	民光	上海龙头家纺有限公司
4	菊花牌	针织内衣	上海龙头（集团）股份有限公司
5	小绵羊	床上用品	上海小绵羊实业有限公司
6	南方寝饰	床上用品	南方寝饰科技有限公司
7	图案恐龙	床上用品	上海恐龙纺织装饰品有限公司
8	福沁	福沁床上用品	上海福沁卧室用品制造有限公司
9	斯尔丽	女装	上海斯尔丽服饰有限公司
10	古今	文胸内衣系列产品	上海古今内衣集团有限公司
11	恒源祥	绒线、羊毛衫、羊绒衫、内衣、床上用品、衬衫、西服、西裤、茄克衫、童装、袜子、羊毛裤	恒源祥（集团）有限公司
12	奇美	女鞋	上海淮海企业发展有限公司
13	全泰	中老年女上衣	上海全泰服饰鞋业有限公司
14	培罗蒙	西服	上海培罗蒙西服公司
15	JS	中小学生校服	上海健生实业股份有限公司
16	海螺	衬衫、西服	上海海螺服饰有限公司
17	KAKO	服装	上海圆邦时装有限公司
18	蓝棠、博步	皮鞋	上海蓝棠－博步皮鞋有限公司
19	春竹 SPRINGBAMBOO	羊毛、羊绒衫裤	上海春竹企业发展有限公司
20	百爱神	衬衫	上海开开实业股份有限公司
21	图案	女装	裘格（上海）服饰有限公司
22	LILY	女装	上海丝绸集团股份有限公司
23	一见棒	西裤	上海华日服装有限公司
24	劲霸	服装	劲霸男装（上海）有限公司
25	皮皮狗	羊绒衫	上海皮皮狗服饰股份有限公司
26	ICICLE、之禾	之禾服饰	上海之禾品牌管理有限公司
27	d’zzit	女装	地素时尚股份有限公司
28	BiNY	灯	上海博昂电气有限公司
29	bolo	卫生洁具	上海宝路卫浴陶瓷有限公司
30	明珠湖	冷鲜肉（猪肉）	上海明珠湖肉食品有限公司
31	静捷	蔬菜	上海静捷蔬菜专业合作社
32	果立方	梨、猕猴桃、黄桃、葡萄	上海市瑞华实业公司
33	图案	蔬菜	上海艾妮维农产品专业合作社
34	丰科、finc	蟹味菇（棕色、白色）	上海丰科生物科技股份有限公司
35	申裕	肉鸽	上海申裕鸽业养殖专业合作社
36	皇母	蟠桃	上海绿益果品园艺有限公司

（续表）

序号	品牌	推荐产品	企业
37	施泉	施泉葡萄	上海施泉葡萄专业合作社
38	多利农庄	有机蔬菜	上海多利农业发展有限公司
39	闽龙达	桂圆、干荔枝、百合干、木耳、黄花菜、莲子、柿饼、葡萄干、蜜枣、食用菌、焙熄、干枣、开心果、腰果、松仁、核桃、核桃仁、芡实、薏米仁、冰糖、粉丝、代用茶等	上海闽龙实业有限公司
40	东海滩	大米	上海沧海桑田生态农业发展有限公司
41	越亚	南汇 8424 西瓜、甜瓜、水蜜桃、草莓	上海越亚农产品种植专业合作社
42	谷霖	微生物腐秆剂、生物有机肥	上海联业农业科技有限公司
43	森鲜馆	小番茄、黄瓜、广东菜心、芥蓝、鸡毛菜、番茄、茼蒿、茄子、大蒜、苦瓜、豇豆	上海瀛久农业科技发展有限公司
44	茸城	鸡、鸡蛋	上海太平洋禽蛋专业合作社
45	荣威	荣威系列产品轿车	上海汽车集团股份有限公司
46	MG	MG 系列产品轿车	上海汽车集团股份有限公司
47	相宜本草	相宜本草系列化妆品	上海相宜本草化妆品股份有限公司
48	澳凡	家具	上海诚龙木业有限公司
49	绿林	塑料框条、塑料相框	上海英科实业有限公司
50	文正	圆珠笔	上海文正笔业有限公司
51	VISION	桌面	上海文信家具有限公司
52	邑通	商业展示道具	上海邑通道具股份有限公司
53	爱舒	床垫	上海爱舒床垫家居有限公司
54	美素	化妆品	伽蓝（集团）股份有限公司
55	北欧 E 家	家具	上海卓卡家具有限公司
56	WAY-ON、维安	高分子 PTC 热敏电阻器	上海长园维安电子线路保护有限公司
57	高夫	高夫系列产品	上海家化联合股份有限公司
58	六神	六神系列产品	上海家化联合股份有限公司
59	佰草集	佰草集系列产品	上海家化联合股份有限公司
60	美加净	美加净系列产品	上海家化联合股份有限公司
61	“城隍”（图案）	黄金、铂金、翡翠、白玉	上海城隍珠宝有限公司
62	天宝龙凤	金银珠宝	上海天宝龙凤金银珠宝有限公司
63	老庙	黄金、铂金、钻石镶嵌、翡翠、玉器等首饰	上海豫园黄金珠宝集团有限公司
64	上卧	上卧牌床上用品	上海卧室用品有限公司
65	亚一	黄金、铂金、钻石饰品	上海豫园黄金珠宝集团有限公司
66	JS（图案）	学生簿册	上海健生实业股份有限公司
67	老凤祥	金银铂饰品、钻、翠、珠、玉、石等珠宝首饰及工艺品摆件	上海老凤祥有限公司
68	Bestway	夹网水池	上海荣威塑胶工业有限公司
69	博进 Bojin	医用电动锯、医用电动钻、医用 X 光机、医用锯片	上海博进医疗器械有限公司
70	嘉好热熔胶	热熔胶	上海嘉好胶粘制品有限公司
71	美农	非医用饲料添加剂	上海美农生物科技股份有限公司
72	图案	塑料托盘	上海鑫鹏塑料制品有限公司
73	NSC、SNSTC	非标精密刀具	上海名古屋精密工具股份有限公司
74	图案	候车亭（自动指示牌）	上海帝邦智能化交通设施有限公司

（续表）

序号	品牌	推荐产品	企业
75	KingBO 无限创造	标识、标牌、展示道具	上海金标实业有限公司
76	艾录包装	食品包装用牛皮纸袋	上海艾录包装股份有限公司
77	力卡	塑料托盘	上海力卡塑料托盘制造有限公司
78	114867	凤凰自行车、凤凰电动自行车	上海凤凰企业（集团）股份有限公司
79	飞域	实验室设备	上海飞域实验室设备有限公司
80	马利牌、Maries	美术颜料	上海实业马利画材有限公司
81	图案	玩具	上海玩具进出口有限公司
82	紫日	激光模压防伪喷铝纸及纸板	上海紫江喷铝环保材料有限公司
83	图案	民族乐器（古筝、二胡、琵琶）	上海民族乐器一厂
84	图案	园艺工具、园艺产品	上海益森园艺用品有限公司
85	紫江	易撕复合膜	上海紫江彩印包装有限公司
86	图案华银	洗发精、护发素系列	上海华银日用品有限公司
87	图案（紫泉）	高透明聚乙烯热收缩印刷膜	上海紫泉标签有限公司
88	图案（紫泉）	OPP 绕贴标签	上海紫泉标签有限公司
89	图案（紫泉）	PVC 聚氯乙烯热收缩薄膜标签	上海紫泉标签有限公司
90	界龙	平版印刷工艺制品	上海界龙实业集团股份有限公司
91	火车牌	篮排足球	上海皮革有限公司
92	echolac	箱包及旅行配件	上海海琛国际贸易有限公司
93	CONWOOD	箱包	上海海琛国际贸易有限公司
94	思乐得	不锈钢真空保温产品	上海思乐得不锈钢制品有限公司
95	亚振 A-Zenith	家具	上海亚振家具有限公司
96	仓艺红木	实木家具	上海仓艺红木家具有限公司
97	博应	RFID 电子标签	上海博应信息技术有限公司
98	图案	RFID 蚀刻天线	上海英内物联网科技股份有限公司
99	赛狮	赛狮安全鞋	赛狮安全防护设备（上海）有限公司
100	纳尔	车身贴、单透膜、网格布、刀刮布	上海纳尔数码喷印材料股份有限公司
101	白象牌	电池	上海白象天鹅电池有限公司
102	上工	工业用缝纫机	上工申贝（集团）股份有限公司
103	金杨	电池钢壳、配件及电池材料	上海金杨金属表面处理有限公司
104	SLT	螺纹工具	上海申利螺纹工具有限公司
105	中华	中华牙膏	上海美加净日化有限公司
106	MAXAM 美加净	牙膏	上海美加净日化有限公司
107	上海	防酸牙膏	上海美加净日化有限公司
108	英雄	墨水	上海英雄（集团）有限公司
109	英雄	自来水笔	上海英雄（集团）有限公司
110	安字牌	抽芯铆钉	上海安字实业有限公司
111	清水 SHIMIZU	日用保温瓶	上海清水日用制品有限公司
112	环球牌	BOPP 封箱胶粘带	上海鹿达投资（集团）有限公司
113	双鹿	电冰箱	上海双鹿上菱企业集团有限公司
114	兄妹猫	童鞋	上海兄妹猫儿童用品有限公司
115	TECHSUN 天臣	防伪标识系列产品	上海天臣防伪技术股份有限公司

（续表）

序号	品牌	推荐产品	企业
116	龙凤床垫	床垫	上海龙凤床垫有限公司
117	白猫	洗衣粉、白猫洗洁精、白猫洗涤用品、佳美洗衣粉	上海和黄白猫有限公司
118	花牌	女鞋	上海皮鞋厂
119	lanhua	篮、足、排、水球、艺术体操球	上海兰华制球有限公司
120	海菱 HIGHLEAD	工业缝纫机	上海标准海菱缝制机械有限公司
121	图案（回力）	运动鞋、休闲鞋	上海回力鞋业有限公司
122	熊猫	熊猫卷烟	上海烟草集团有限责任公司
123	红双喜	红双喜卷烟	上海烟草集团有限责任公司
124	牡丹	牡丹卷烟	上海烟草集团有限责任公司
125	中华	中华卷烟	上海烟草集团有限责任公司
126	富味鄉	芝麻油	上海富味乡油脂食品有限公司
127	Hi-Road	植脂奶油	上海海融食品科技股份有限公司
128	三牛	饼干	上海三牛食品有限公司
129	日加满	饮料	日加满饮品（上海）有限公司
130	开饭乐	犬、猫粮	上海比瑞吉宠物用品股份有限公司
131	图案台尚	果冻	上海台尚食品有限供公司
132	图案台尚	糕点	上海台尚食品有限供公司
133	紫燕	熟食	上海紫燕食品有限公司
134	图案	果糖	上海好成食品发展有限公司
135	老天母	熟食	上海杨景食品有限公司
136	海皇牌	餐饮专用大豆油	上海嘉里粮油工业有限公司
137	乐惠牌	大米	上海乐惠米业有限公司
138	元盛	牛羊肉制品	上海元盛食品有限公司
139	纽贝滋	婴幼儿配方乳粉	上海纽贝滋营养乳品有限公司
140	奕方	果酱、果粒	上海奕方农业科技股份有限公司
141	巴比	包子、粽子	上海中饮餐饮管理有限公司
142	贝智康 BeStrong	婴幼儿配方食品、乳制品	上海花冠营养乳品有限公司
143	朝晖先	比卡鲁胺片	上海朝晖药业有限公司
144	佰备	玻璃酸钠注射液	上海景峰制药有限公司
145	双鸽	一次性使用无菌注射器、一次性使用输液器	上海聚民生物科技有限公司
146	上药牌	麝香保心丸、胆宁片、生脉注射液、首乌延寿片、消肿片	上海和黄药业有限公司
147	诵芬	中药饮片	上海雷允上中药饮片厂
148	沪光牌	中药材、饮片及相关的复制品、加工品	上海上药华宇药业有限公司
149	中西	丹参类注射液、香冠心注射液、丹参注射液	上海上药中西制药有限公司
150	中西	硫酸羟氯喹片（纷乐）	上海上药中西制药有限公司
151	中西	精神神经系列：阿立哌唑片（奥派）、盐酸度洛西汀肠溶片（奥思平）、盐酸氟西汀胶囊（奥麦伦）、右佐匹克隆片（奥佑静）	上海上药中西制药有限公司
152	双益	注射用还原型谷胱甘肽	上海复旦复华药业有限公司
153	科邦	医用手套系列	上海科邦医用乳胶器材有限公司
154	乐宁	盐酸二甲双胍片	上海衡山药业有限公司
155	蓝怡、AILEX	医用生化诊断试剂	上海蓝怡科技股份有限公司

（续表）

序号	品牌	推荐产品	企业
156	名流	天然乳胶橡胶避孕套	上海名邦橡胶制品有限公司
157	斯泰隆、杏灵	银杏酮酯片（胶囊、颗粒）、银杏叶片	上海上药杏灵科技药业股份有限公司
158	记忆	先天性结构性心脏病介入封堵器	上海形状记忆合金材料有限公司
159	雷氏	六神丸、珍菊降压片、藿胆滴丸、丹参片、复方紫荆消伤巴布膏、左归丸、萆薢分清丸、复方丹参片、强力天麻杜仲胶囊、猴头菌片、乌鸡白凤丸、珍珠粉、杞菊地黄胶囊、柘木糖浆、金果饮、半夏糖浆、板蓝根颗粒、三七伤药片、感冒退热颗粒、牛黄解毒片、珍合灵片、金胆片、银翘片、补肾强身胶囊、龙荟丸、蟾乌凝胶膏、贝羚胶囊、百蕊片、大补阴丸	上海雷允上药业有限公司
160	MicroPort、微创	冠脉雷帕霉素洗脱钴基合金支架系统	上海微创医疗器械（集团）有限公司
161	绿谷 GREENVALLEY	注射用丹参多酚酸盐	上海绿谷制药有限公司

三、服务类（共195项）

序号	品牌	推荐服务领域	企业
1	绿波廊	餐饮服务	上海豫园旅游商城股份有限公司绿波廊酒楼
2	LINESUN 蓝森	餐饮服务	上海蓝森宴会餐饮有限公司
3	掌柜的店	餐饮服务	上海掌柜的店餐饮管理有限公司
4	味千拉面	餐饮经营	上海领先餐饮管理有限公司
5	上海人家	餐饮服务	上海人家餐饮管理有限公司
6	丰收日	餐饮服务	丰收日（集团）股份有限公司
7	红房子	餐饮服务	上海新亚富丽华餐饮股份有限公司
8	小绍兴	餐饮服务	上海小绍兴餐饮连锁有限公司
9	新雅	餐饮服务	上海杏花楼（集团）股份有限公司新雅粤菜馆
10	大富贵	餐饮服务	上海大富贵酒楼有限公司
11	老盛昌	餐饮服务	上海老盛昌餐饮管理有限公司
12	博海	餐饮服务	上海博海餐饮集团有限公司
13	1号私藏菜	餐饮经营	上海川粤餐饮有限公司
14	图案（宝燕壹号）	餐饮服务	上海宝燕海鲜餐饮管理有限公司
15	珍鼎	餐饮配送、餐厅托管	上海珍鼎餐饮服务有限公司
16	麦金地	热链桶饭、热链盒饭、餐厅托管	上海麦金地集团股份有限公司
17	小杨生煎	餐饮服务	小杨生煎企业管理发展（上海）有限公司
18	图案	汽车维修服务	上海永加汽车销售服务有限公司
19	图案（南站长途）	城市交通服务	上海南站长途客运有限公司
20	万兴汽车	机动车维修	上海万兴世界汽车销售服务有限公司
21	图案	环卫保洁服务服务	上海镜新保洁有限公司
22	盛旺雅洁	建构筑物清洗保洁	上海盛旺雅洁环境管理有限公司
23	图案	环卫保洁服务	上海路吉环境工程发展有限公司
24	强丰	环卫保洁服务	上海强丰物业管理有限公司
25	金欣环卫	环卫保洁服务	上海金欣环境卫生综合服务有限公司
26	东飞环境 DONGFEI ENVIRONMENT	环卫保洁服务	上海东飞环境工程服务有限公司

（续表）

序号	品牌	推荐服务领域	企业
27	美都环卫	环卫保洁服务	上海美都环卫服务有限公司
28	兰升	环卫保洁服务	上海兰升环境服务有限公司
29	申鄂保洁	建构筑物清洗保洁	上海申鄂环保科技有限公司
30	SMVIC	检验检测服务	上海机动车检测认证技术研究中心有限公司
31	浦公 PUGONG	检验检测服务	上海浦公检测技术股份有限公司
32	SAC	认证服务	上海质量体系审核中心
33	前卫农家乐	农家乐	上海农闲乐休闲娱乐有限公司
34	图案	普陀山禅修之旅、魅力嵊泗之旅	上海自在国际旅行社有限公司
35	上海古猗园	上海古猗园景区服务	上海古猗园
36	乐趣	世界游系列旅游服务：阿联酋 7 天 4 晚跟团游—迪拜 + 阿布扎比品质之旅；以色列、约旦 12 天 9 晚跟团游；怡然自“德”大城小镇精致德国 12 日游；探秘波隆纳鲁沃古城——斯里兰卡 7 日 6 跟团游；暑期缤纷亲子游——毛里求斯 8 天 5 晚跟团游；汉密尔顿浪漫之旅——澳大利亚 11 天 9 晚跟团游；英国“乐活伦敦”全景游；俄罗斯“帝国光辉”金银双环深度游；品鉴费尔蒙双堡奇缘——加拿大东西岸落基山 13 日。	上海国旅国际旅行社有限公司
37	强生旅游	西南旅游系列：昆明、大理、丽江五星美食温泉六日三飞游；贵州黄果树、大小七孔、凯里苗寨六日游；经典桂林纯玩品质四日游；成都九寨黄龙青城山四飞五日游	上海强生国际旅行社有限责任公司
38	2 厘米	博物馆游学系列，英国百年私立名校魔法之旅	上海乐骋国际旅行社股份有限公司
39	中情	澳大利亚大堡礁新西兰南北岛 12 日全景游；玩转泰国（清迈，清莱，曼谷）6 天 5 晚亲子游；尔多斯，响沙湾，成吉思汗陵园，康巴什 5 日游；印度北部浪漫风情 11 日彩色之旅；丝绸之路 -- 神秘的河西走廊；西巴尔干半岛自然风光之旅 -- 意大利，克罗地亚，波黑，黑山，斯洛文尼亚 12 日；神秘神农架 . 美丽原始森林双飞 4 日游；美国东西海岸全景 18 日；行摄纳米比亚，津巴布韦，赞比亚 15 天穿越千年深度游。	上海中旅国际旅行社有限公司
40	图案	U-SHOW 系列：【美利坚东游记】美国东海岸 11 日；【渐入佳境】加拿大东西海岸落基山全景 12 日；【粉红的回忆】西澳大利亚品质纯玩 8 日；【口碑推荐】新西兰南北岛冰川 11 日；【精享迪拜】阿联酋三国畅游 6 日；【邂逅锡兰】斯里兰卡轻奢之旅；【50° 深蓝】巴厘岛纯玩品质之旅；【乐高乐翻天】新加坡马来西亚亲自之旅；MSC 地中海邮轮地中海巡游 + 蔚蓝海岸 + 阿联酋双城之旅；皇家加勒比游轮加勒比海巡游 + 美东西全景之旅。U-GO 系列：【非常奥妙】奥地利德国之旅；【悠然双享】瑞士法国之旅；【英爱风范】英国爱尔兰之旅；【闲情漫步】东欧奥匈捷之旅；【阳光西葡】西班牙葡萄牙之旅。U-BUS 系列：宁波东钱湖天一广场老外滩五星纯玩二日游；苏州木渎古镇山塘街金鸡湖五星纯玩二日游。	上海众信国际旅行社有限公司
41	图案	联航之旅——三色青浦	上海联航国际旅行社有限公司
42	欢乐谷	上海欢乐谷旅游景点	上海华侨城投资发展有限公司
43	神洁	电力设备带电水冲洗服务、变电站噪声治理服务	上海神洁环保科技股份有限公司
44	东安	保安服务	上海东安保安服务有限公司
45	fengpu	园区品牌服务	上海市工业综合开发区有限公司
46	SHLCD	创意服务	上海园林工程设计有限公司

（续表）

序号	品牌	推荐服务领域	企业
47	正章	洗、烫、织补、皮革保养	上海正章实业有限公司
48	华联家维	家电维修服务	上海百联电器科技服务有限公司
49	8 号桥	园区管理服务	上海八号桥房屋租赁有限公司
50	SHP	园区服务	上海希望城经济发展有限公司
51	图案 EnergySource	广告创意服务	上海恺达广告有限公司
52	图案	平版胶印	上海西口印刷有限公司
53	迈创	供应链管理服务	迈创智慧供应链股份有限公司
54	800show	创意园区服务、展览展示服务	上海八佰秀企业管理有限公司
55	Asiaray 雅仕维	户外广告服务	上海雅仕维广告有限公司
56	唐神	广告传媒服务	上海唐神广告传播有限公司
57	七宝九星	园区服务	上海九星控股（集团）有限公司
58	图案	景观创意服务	上海十方生态园林股份有限公司
59	张江火炬金融	园区金融服务	上海张江火炬创业园投资开发有限公司
60	联洋	社区经营服务	上海联洋集团有限公司
61	郑氏万通	高端智能数字化印刷服务	上海万通印务有限公司
62	E 通世界	园区服务	上海莎欧科技发展有限公司
63	杨艺园林	园林创意设计及配套服务	上海杨艺园林集团有限公司
64	庞源	机械租赁服务	上海庞源机械租赁有限公司
65	CC	企业管理培训及咨询服务	上海创创文化传播股份有限公司
66	德马吉	会展服务	德马吉国际展览有限公司
67	杨浦创业	科技企业孵化服务	上海杨浦科技创业中心有限公司
68	AW	消防工程技术服务	上海安威消防技术工程有限公司
69	泰笛	洗涤服务	泰笛（上海）网络科技股份有限公司
70	INTEX SHANGHAI COLTD	会展服务	上海国际展览中心有限公司
71	图案	汽车销售服务	上海华星众捷汽车销售有限公司
72	冠松	汽车销售服务	上海冠松之星汽车销售服务有限公司
73	大众交通	汽车销售服务	上海大众交通汽车销售有限公司
74	图案	汽车销售服务	上海怡通汽车服务有限公司
75	华星鸿和	汽车销售服务	上海华星鸿和汽车销售有限公司
76	百联汽车	汽车销售服务	上海百联汽车服务贸易有限公司
77	HXYT 华星亚特	汽车销售服务	上海华星亚特汽车销售有限公司
78	图案	汽车销售服务	上海华星鸿华汽车销售服务有限公司
79	FESCO	人力资源服务	北京外企德科人力资源服务上海有限公司
80	东浩人力资源	人力资源服务	上海东浩人力资源有限公司
81	外服	人力资源服务	上海外服（集团）有限公司
82	人才	人力资源服务	上海浦东新区人才市场
83	易昂	人事代理、劳务派遣、人力资源服务外包、人才招聘	上海易昂人才服务有限公司
84	图案	人力资源服务	上海蓝海人力资源股份有限公司
85	肯耐珂萨	人力资源服务	上海肯耐珂萨人才服务股份有限公司
86	仙川	人力资源服务外包	上海仙川人力资源开发有限公司

（续表）

序号	品牌	推荐服务领域	企业
87	卓川	人力资源服务	上海卓川人力资源有限公司
88	中智 CIIC	人力资源服务	中智上海经济技术合作公司
89	漕河泾	人力资源服务	上海临港漕河泾人才有限公司
90	HR-CHANNEL 中企人力	人力资源外包服务	上海中企人力资源咨询有限公司
91	舒馨	商业零售服务	上海百联百货经营有限公司上海时装商店
92	大树图案	商业零售服务	上海第一食品连锁发展有限公司
93	茂昌	商业零售服务	上海三联（集团）有限公司
94	徐重道	商业零售服务	上海药房股份有限公司
95	邵万生	商业零售服务	上海邵万生食品公司
96	老庙	商业零售服务	上海豫园黄金珠宝集团有限公司
97	TAIKANG	商业零售服务	上海市泰康食品有限公司泰康分公司
98	童涵春堂及图	商业零售服务	上海童涵春堂药业连锁经营有限公司
99	怡黄及图案	商业零售服务	上海怡黄木业有限公司
100	平安树	商业零售服务	上海德翔木业有限公司
101	恒隆广场 PLAZA66	商业零售服务	上海恒邦房地产开发有限公司
102	亚细亚	商业零售服务	上海亚细亚食品（集团）公司
103	老大房	商业零售服务	上海西区老大房实业公司
104	CITYSHOP	商品零售服务	上海城市超市有限公司
105	剪刀石头布	商品零售服务	上海剪刀石头布家居实业有限公司
106	百强	商品零售服务	上海邦嬴投资管理有限公司
107	可得	商业零售服务	上海可得光学科技有限公司
108	来伊份	商业零售服务	上海来伊份股份有限公司
109	五番街	商业零售服务	上海美罗城商业管理有限公司
110	蔻吉特	商业零售服务	蔻吉特商贸（上海）有限公司
111	香雪海 SunnyShare	商业零售服务	上海香雪海国际贸易有限公司
112	科瑞物业	物业管理服务	上海科瑞物业管理发展有限公司
113	图案	物业管理服务	上海招商局物业管理有限公司
114	吉晨	物业管理服务	上海吉晨卫生后勤服务管理有限公司
115	图案	物业管理服务	上海新世纪房产服务有限公司
116	中企物业	物业管理服务	上海中企物业管理有限公司
117	图案	物业管理服务	上海星海时尚物业经营管理有限公司
118	中远物业	物业管理服务	上海中远物业管理发展有限公司
119	上实	物业管理服务	上海上实物业管理有限公司
120	联源物业	物业管理服务	上海联源物业发展有限公司
121	图案	物业管理服务	上海漕河泾开发区物业管理有限公司
122	FUMED 图案	物业管理服务	上海复医天健医疗服务产业股份有限公司
123	仙霞物业	物业管理服务	上海新长宁集团仙霞物业有限公司
124	图案	物业管理服务	上海古北物业管理有限公司
125	春风 AEOLUS	现代物流服务	上海春风物流股份有限公司
126	图案	现代物流服务	上海钢联物流股份有限公司

（续表）

序号	品牌	推荐服务领域	企业
127	ADP	现代物流服务	上海亚东国际货运有限公司
128	syntrans	现代物流服务	上海新新运国际货物运输代理有限公司
129	盈思佳德	现代物流服务	上海盈思佳德供应链管理有限公司
130	安吉物流	现代物流服务	安吉汽车物流股份有限公司
131	金山石化物流	现代物流服务	上海金山石化物流股份有限公司
132	同程物流	现代物流服务	上海同程物流发展有限公司
133	虹迪物流	现代物流服务	上海虹迪物流科技有限公司
134	顺丰	现代物流服务	顺丰速运集团（上海）速运有限公司
135	HC	现代物流服务	上海会成物流有限公司
136	LINK STAR 精裕捷星	现代物流服务	上海精裕捷星物流有限公司
137	JJCL	现代物流服务	上海锦江国际低温物流发展有限公司
138	JHJ	现代物流服务	锦海捷亚国际货运有限公司
139	Monsoonk 蒙盛	现代物流服务	上海蒙盛物流有限公司
140	noll	现代物流服务	上海诺尔国际物流有限公司
141	图案	现代物流服务	上海东方久信集团有限公司
142	SPDC	现代物流服务	上海医药物流中心有限公司
143	远成	现代物流服务	远成物流股份有限公司
144	新大洲 UNDIRO	现代物流服务	上海新大洲物流有限公司
145	申通快递	现代物流服务	申通快递有限公司
146	图案	现代物流服务	上海青旅国际货运有限公司
147	鸿冠信息	信息服务	上海鸿冠信息科技股份有限公司
148	珍岛	互联网服务	上海珍岛信息技术有限公司
149	NCG	文化传媒创意	上海新文化传媒集团股份有限公司
150	爱姆意 ME	信息技术外包服务	上海爱姆意机电设备连锁有限公司
151	起凡游戏	互联网游戏的研发，发行及平台运营服务	上海起凡数字技术有限公司
152	齐家网	齐家家装互联网信息服务	上海齐屹信息科技有限公司
153	WINNER	商业数据采集、分析与服务	上海汇纳信息科技股份有限公司
154	我爱我家	信息服务	上海鸿洋电子商务股份有限公司
155	众恒科技 TRIMAN	信息服务	上海众恒信息产业股份有限公司
156	鸣啸信息	轨道交通信息系统集成服务	上海鸣啸信息科技股份有限公司
157	追索	信息服务	上海中信信息发展股份有限公司
158	付费通	信息服务	上海付费通信息服务有限公司
159	东方延华	信息技术外包服务	上海东方延华节能技术服务股份有限公司
160	MBP	软件技术服务与外包	上海现代商友软件有限公司
161	塑米城	塑料交易电子商务平台运营服务	上海塑米信息科技有限公司
162	2345.com 网址导航	互联网服务	上海二三四五网络科技有限公司
163	2345 浏览器	互联网服务	上海二三四五网络科技有限公司
164	图案	天然气供应保障及高效利用解决方案提供	上海航天能源股份有限公司
165	博彦科技	信息服务	博彦科技（上海）有限公司
166	东方社区信息苑	信息服务	上海东方数字社区发展有限公司
167	延华	信息服务	上海延华智能科技（集团）股份有限公司

（续表）

序号	品牌	推荐服务领域	企业
168	e-Buy	客户忠诚度服务平台	易百信息技术（上海）股份有限公司
169	林果	信息服务	上海林果实业股份有限公司
170	柯渡医学	医院资产整体管理、医院设备管理软件	上海柯渡医学科技股份有限公司
171	图案	IT 维保	上海天玑科技股份有限公司
172	GDi 曼恒	三维虚拟现实软件的开发及集成	上海曼恒数字技术股份有限公司
173	晖保	能源智慧管理与分析服务	晖保智能科技（上海）有限公司
174	HOLYSTAR 宏力达科技	智能电网信息化服务	上海宏力达信息技术股份有限公司
175	图案	信息服务	万达信息股份有限公司
176	杉德	银行卡 POS 专业化信息服务	杉德银卡通信息服务有限公司
177	图案	信息服务	上海新世纪资信评估投资服务有限公司
178	CHUWA	信息服务	上海中和软件有限公司
179	新眼光	医疗数字化信息化服务	上海新眼光医疗器械股份有限公司
180	希姆通	信息服务	希姆通信息技术（上海）有限公司
181	BOYUAN	博辕软件信息技术服务	上海博辕信息技术服务有限公司
182	南天 Nantian	金融行业信息技术服务	上海南天电脑系统有限公司
183	富欣	轨道交通和有轨电车信号与通信集成服务	上海富欣智能交通控制有限公司
184	宝信	信息技术服务	上海宝信软件股份有限公司
185	图案	信息技术服务	上海亿通国际股份有限公司
186	浦软	信息技术服务	上海浦东软件园股份有限公司
187	嘉展国际	装饰装修服务	上海嘉展建筑装潢工程有限公司
188	图案	装饰装修服务	上海嘉荣建设工程有限公司
189	星杰国际设计	家居装饰服务	上海星杰装饰有限公司
190	嘉春	室内装饰设计	上海嘉春装饰设计工程有限公司
191	正飞	家居装饰服务	上海正飞装饰工程有限公司
192	聚通装潢	装饰装修服务	上海聚通装饰集团有限公司
193	AHPI	国际建筑遗产保护博览会服务	上海建为历保科技股份有限公司
194	欧坊	家居设计	上海欧坊装饰设计有限公司
195	DIHAN	装饰装修服务	上海帝涵装饰设计工程有限公司

四、明日之星（共 14 项）

序号	品牌	推荐项目	企业
1	图案	HDPE 承插式双壁缠绕管	上海清远管业科技有限公司
2	图案	现代农业装备高效灌溉系统	上海华维节水灌溉股份有限公司
3	ERAUM 一郎合金	耐腐蚀镍钼合金	上海一郎合金材料有限公司
4	Medicilon	全领域综合性生物医药研发服务	上海美迪西生物医药股份有限公司
5	图案	首仿药与特色原料药的中间体产品	上海皓元医药股份有限公司
6	桑迪亚	一站式新药研发服务平台	桑迪亚医药技术（上海）有限责任公司
7	SERCAL（中认尚科）	风电全流程质量监控服务	上海中认尚科新能源技术有限公司
8	钱多多	信息服务	上海旭胜金融信息服务股份有限公司
9	MAJORDX	基因检测及亲子鉴定技术服务	上海美吉医学检验有限公司

（续表）

序号	品牌	推荐项目	企业
10	达科	LED显示屏	达科电子（上海）有限公司
11	上海嘉成	城市轨道交通站台屏蔽门	上海嘉成轨道交通安全保障系统股份有限公司
12	wintong+图案	肥料、除草剂、农业杀虫剂	上海永通化工有限公司
13	winfopay	捷鑫支付交易解决方案	上海捷鑫网络科技股份有限公司
14	leadsystems	信息技术服务外包	上海领意信息系统集成股份有限公司

2018·上海工业年鉴

SHANGHAI
INDUSTRIAL
YEARBOOK

企 业 形 象

（排列不分先后）

1 上海振华重工（集团）股份有限公司
2-3 上海汽车集团股份有限公司
4-5 中国石化上海石油化工股份有限公司
6-7 中国石化上海高桥分公司
8-9 上海仪电（集团）有限公司
10-11 上海化学工业区发展有限公司
12-13 上海烟草（集团）公司
14-15 上海腾辉锻造有限公司
16-17 上海泛智能源装备有限公司
18-19 中国电建集团上海能源装备有限公司
20 上海第一机床厂有限公司
21 上海西门子线路保护系统有限公司
22 上海电气风电集团有限公司
23 上海新力机器厂有限公司
24 飞雕电器集团有限公司
25 上海海韬机械有限公司
26 上海市安装工程集团有限公司
27 正泰电气股份有限公司
28 上海沃迪智能装备股份有限公司
29 上海电气核电设备有限公司
30 中国电子科技集团公司第二十一研究所
31 上海海立电器有限公司
32 上海电气集团股份有限公司
33 上海万泽精密铸造有限公司
34 上海立新液压有限公司
上海蓝恩控制系统有限公司
35 上海威派格智慧水务股份有限公司
36 上海创力集团股份有限公司
37 中国核工业第五建设有限公司
38 上海市城市建设设计研究总院（集团）有限公司
39 上海威曼工业产品设计有限公司
上海谷科通风设备有限公司
40 上海浦城热电能源有限公司
41 华伍轨道交通装备（上海）有限责任公司
42 上海众德能源（集团）有限公司
43 国核自仪系统工程有限公司
44 上海中广核工程科技有限公司
45 赛赫智能设备（上海）股份有限公司
46 上海小糸车灯有限公司
47 上海飞尔汽车零部件股份有限公司
48 上海众大汽车配件有限公司
49 上海菲格瑞特汽车科技股份有限公司
50-51 李尔（中国）投资有限公司
52-53 上海申龙客车有限公司
54 上海鑫燕隆汽车装备制造有限公司
55 上海国际汽车城（集团）有限公司
56 上海裴椒汽车部件制造有限公司
57 上海思乐得不锈钢制品有限公司
58 上海众山特殊钢有限公司
59 上海聚丰热镀锌有限公司
上海景条印刷有限公司
60 上海信耀电子有限公司
61 上海太阳能科技有限公司
62 上海中兴通讯技术股份有限公司
63 上海松岳电源科技有限公司
64 中国航空无线电电子研究所
65 上海光华仪表有限公司
66-67 上海陛通半导体能源科技股份有限公司
68-69 上海福耀客车玻璃有限公司
70-71 美钻能源科技（上海）有限公司
72-73 上海诺特飞博燃烧设备有限公司
74 上海凡宜科技电子有限公司
75 上海先进半导体制造股份有限公司
76 上海和辉光电有限公司
77 上海仪电汽车电子系统有限公司
78 上海良信电器股份有限公司

79 巴斯夫催化剂（上海）有限公司
80 上海金发科技发展有限公司
81 上海金昌工程塑料有限公司
82 上海中镭新材料科技有限公司
83 中石化上海工程有限公司
84 公安部第三研究所
85 上海格拉曼国际消防装备有限公司
86 上海华测导航技术股份有限公司
87 上海航空电器有限公司
88 上海卫星装备研究所
89 中国人民解放军第四七二四工厂
90 上海航天精密机械研究所
中航国际租赁有限公司
91 上海航菱航空科技发展有限公司
92 中石油管道有限责任公司西气东输分公司
93 中航国际船舶发展（中国）有限公司
94 江南造船（集团）有限责任公司
95 沪东中华造船（集团）有限公司
96 中船海洋动力部件有限公司
97 中船第九设计研究院工程有限公司
98 中船动力研究院有限公司
99 上海凌耀船舶工程有限公司
上海古林国际印务有限公司
100 中交第三航务工程局有限公司
101 中国科学院上海硅酸盐研究所
102 上海予利生物科技股份有限公司
103 上海昊海生物科技股份有限公司
104 上海优宁维生物科技股份有限公司
105 华领医药技术（上海）有限公司
106 上海百迈博制药有限公司
107 上海高邦印刷材料有限公司
108 震坤行工业超市（上海）有限公司
109 上海久富包装制品有限公司
110 上海水星家用纺织品股份有限公司
111 上海老凤祥有限公司
112 上海正欧实业有限公司
113 上海麦杰科技股份有限公司
114 云健康基因科技（上海）有限公司
上海华盖科技发展股份有限公司
115 上海气象科学研究院
116 上海上电电力漕泾发电有限公司
117 上海漕泾热电有限责任公司
118 上海外高桥第二发电有限责任公司
119 上海久隆电力（集团）有限公司
120 国网上海市电力公司
121 上海电力电缆工程有限公司
122-123 国网上海市电力公司
124-125 上海电力股份有限公司
126 上海赛迩福电力技术有限公司
127 上海电力燃料有限公司
128-129 上海金丘信息科技股份有限公司
130 上海浦江缆索股份有限公司
131 上海势航网络科技有限公司
132 上海文华财经资讯股份有限公司
133 东方有线网络有限公司
134 上海嘉壹企业发展有限公司
135 中国电信股份有限公司上海分公司
136 新智认识数据服务有限公司
137 上海爱数信息技术股份有限公司
138 上海数讯信息技术有限公司
139 上海众人网络安全技术有限公司
140 千寻位置网络有限公司
141 上海超级计算中心
142 长园和鹰智能科技有限公司
143 上海思立微电子科技有限公司
144 杭州海康威视数字技术股份有限公司上海分公司
145 上海英内物联网科技股份有限公司
146 凌云天博光电科技股份有限公司
147 安吉智能物联技术有限公司
148 光驰科技（上海）有限公司
149 上海超力本安信息技术有限公司
150 上海安吉星信息服务有限公司

151　上海云视科技股份有限公司
152-153　欧特克（中国）软件研发有限公司
154　上海理想信息产业（集团）有限公司
155　上海汉得信息技术股份有限公司
156　五孚（上海）数据科技有限公司
157　上海米健信息技术有限公司
158　中国银行股份有限公司上海市分行
159　上海浦东发展银行股份有限公司上海分行
160-161　东浩兰生（集团）有限公司
162　上海均瑶（集团）有限公司
163　上海远中实业有限公司
164　上海罗店资产经营有限公司
165　上海宝山工业园投资管理有限公司
166　上海宝山城市工业园区开发有限公司
167　东方美谷企业集团股份有限公司
168-169　上海市工业综合开发区有限公司
170-171　上海市莘庄工业区管理委员会
172　上海市宝山区顾村工业公司
173　上海青浦工业园区发展（集团）有限公司
174　上海市临港地区开发建设管理委员会

上海振华重工（集团）股份有限公司

上海振华重工（集团）股份有限公司（以下简称"振华重工"、"公司"）是重型装备制造行业的知名企业，是国有控股A、B股上市公司，控股公司为世界500强之一的中国交通建设股份有限公司。振华重工成立于1992年，可溯源至1885年的公茂船厂。公司总部位于上海，在上海和江苏拥有10个生产基地，在全球设有24家海外分支机构，是世界上最大的重型装备制造商之一，产品远销世界100个国家和地区，覆盖全球约300座码头。

二十六年来，振华重工在全面建设具有国际竞争力的世界卓越公司的征程中，承载着让中国名牌响遍全世界的企业使命。如今，公司通过"装备制造+资本运作+互联网"的"一体两翼"的商业模式，正全力打造民族工业的"旗帜+旗舰"。

一、港机业务不断提升竞争优势

振华重工是港口机械制造领域的知名企业，拥有多项核心技术与有效专利，港机产品市场占有率连续二十年保持行业第一。使起重机生产率提高50%以上，是对集装箱码头装卸系统的一次革命，引发了全球港口机械的更新换代。2011年，宁波港使用ZPMC双40英尺箱起重机创造了每小时223.7标准箱的世界纪录。此后，双40英尺箱双小车起重机、三40英尺箱起重机等一系列创新产品相继问世，让"ZPMC"品牌得到了国内外同行一致赞叹。

2016年，公司制造的3E PLUS岸桥问世，应对全球航运业的大船时代自主研发的新产品，它凭借高效作业和绿色环保的优势，将逐步成为半自动、全自动化码头的主流岸桥设备。

二、海工业务实力持续增强

公司具备EPCI海洋工程总承包能力，以商业模式创新，多点联动助推产业链打造，不断改善海工项目管控水平，孕育新一轮海工市场竞争优势。

公司曾相继建造4000吨起重船"华天龙"号、7500吨起重船"蓝鲸号"、世界最大起重能力风电安装平台"龙源振华叁号"等一系列明星产品。2017年，公司自主设计研发、建造的世界最大12000吨起重船"振华30"轮顺利完成港珠澳大桥岛隧工程最终接头工作，助力世纪工程全线贯通。公司承建我国第一艘自主设计的高水平绞吸挖泥船——"天鲲号"，极大地提升了中国的疏浚实力。公司已正式切入国际钻井平台市场，建造了国内首个"振海1号"从设计到建造、并拥有完全自主知识产权的钻井平台，使得振华重工的海工水平得到了国际认可。

振华海工努力打破欧美国家的垄断。通过强大的设计研发实力、母公司中国交建收购F&G的战略举措，以及与国内相关技术研发机构的充分合作，为公司海工板块结束"造壳"历史、走向"造芯"时代的战略目标提供有力支撑。首座钻井平台的升降系统、锁紧装置、桩腿齿条板、克令吊、全船配电系统、悬臂梁和钻台滑移系统等配套件均为振华自行设计生产，公司的铺管系统、大型锚绞车等均已实现向发达国家出口。

三、大型钢结构业务屡创佳绩

公司曾为美国旧金山-奥克兰海湾大桥提供4.5万吨钢结构，为世界顶级建造难度的钢桥添加"中国制造"的标签。2013年，振华重工提供全部钢结构的美国拉斯维加斯摩天轮在用户现场完成组装。凭借该项目，振华重工成为唯一一个斩获美国钢结构协会（AISC）年度优秀钢结构工业设计奖（IDEAS2）的非美国本土企业。

此后，公司先后为韩国仁川钢桥、苏格兰福斯新桥、丹麦钢桥、挪威哈当厄尔钢桥、沪通长江大桥提供钢结构。2017年，公司提供全部钢结构的苏格兰昆斯费里大桥通车，英国女王伊丽莎白二世出席剪彩仪式。

四、系统总承包项目在推广中不断落地

近年，公司立足智慧港口建设，加大自动化码头技术在国内外的推广。2016年，振华重工承建的厦门远海港自动化码头。2017年5月，公司承建的青岛港全自动化码头开港，同年12月创下38.9标箱/小时的纪录。2017年12月，公司承建的洋山四期全球单体最大自动化码头开港。公司相继获得阿布扎比哈里发、印度Adani两个海外自动化码头项目。2017年11月，公司成功主办全球码头智能化解决方案交流论坛，向全球用户系统介绍公司全自动化码头一站式解决方案能力，牵头发起整合全球资源推动码头自动化、智能化发展合作倡议。

五、新开拓领域进步明显

公司将智慧港口建设理念和经验延伸至智慧城市建设，研发并推出智能立体车库，提升城市运行效率。2017年，公司交付首个立体停车库项目。

投资对象逐渐向主业靠拢和发力，绿色装配式建筑、轨道工程装备等依托振华传统制造优势及中交集团主业有协同效应的项目正在稳步推进。积极谋划发起产业基金，拓展融资渠道，助力产业投资，降低有息负债，做大资本价值。

海上运输与安装业务全面拓展，在保持公司原有重大件远洋运输优势的基础上，通过参与国家重大工程，充分彰显海上起重安装优势；瞄准国家政策大力扶植风电产业契机，以及新能源市场广阔的发展前景，进一步推动海上风电上下游全产业链打造；瞄准军民融合发展新机遇，新造5万吨半潜船"振华33轮"顺利通过贯彻国防要求的项目验收。

电气业务在公司内外市场积极寻找增量。电气板块独立发展EZ品牌，新签合同额和市场份额均实现提升，机电安装业务实现零突破，船舶岸电业务首次进入外部市场，电气板块整体重新定位电气业务拓展，走出了一条新的路子。

海外业务在深化一体化服务同时积极打造经营窗口。公司拥有24家海外分支机构，一体化的客户服务网络为客户提供安全高效、快捷便利的服务体验。2017年，振华重工自主开发的多功能商业平台APP"Terminexus"上线运营。

由振华重工提供全部单机设备和ESC系统的洋山四期自动化码头

由振华重工自主设计建造的世界最大3E PLUS岸桥

由振华重工提供全部钢结构的美国旧金山-奥克兰海湾大桥

由振华重工提自主设计建造的世界最大12000吨起重船"振华30"轮

振华重工打造的立体停车库效果模拟图

振华重工承建的重型自航绞吸挖泥船"天鲲号"

爱上汽车

畅行天下

中国石化上海石油化工股份有限公司(简称上海石化)位于上海市金山区，占地面积 9.40 平方千米，是中国大型的炼油化工一体化综合性石油化工企业，是中国重要的成品油、中间石化产品、合成树脂和合成纤维的生产企业。

上海石化前身是创建于 1972 年的上海石油化工总厂。1993 年作为中国第一批股份制改制试点企业之一，改制为上海石油化工股份有限公司，是中国第一家股票在上海、香港和纽约三地同时上市的股份制企业。2000 年 10 月，更名为现名。

截至 2017 年底，上海石化具有 1600 万吨 / 年综合加工原油能力和乙烯 70 万吨 / 年、塑料树脂 100 万吨 / 年、合纤原料 109 万吨 / 年、合纤聚合物 59 万吨 / 年、合成纤维 26 万吨 / 年的生产能力，并拥有独立的公用工程、环境保护系统，及海运、内河航运、铁路及公路运输配套设施。

上海石化一向重视树立良好的公司形象，积极履行社会责任，为振兴中国石化工业而不懈努力；一贯坚持规范化运作，致力于用良好的经营业绩回报股东；一直以为顾客提供优质的石化产品和良好服务为己任，多次获得社会各界的嘉奖。近年来，先后获得“全国文明单位”“全国绿化先进单位”“全国思想政治工作优秀企业”、全国“重合同、守信用”单位、“全国用户满意企业”“全国厂务公开先进单位”“全国爱国拥军模范单位”“中华环境友好企业”“全国模范劳动关系和谐企业”等一系列荣誉称号。

中国石化上海石油化工股份有限公司

SINOPEC SHANGHAI PETROCHENICAL COMPANY LIMITED

上海石化热电锅炉完成达标排放改造

上海石化密切关注设备运行状况确保平稳运行

上海石化举办"公众开放日"活动

建党96周年来临之际，上海石化开展"石化党员进社区志愿服务"活动

11月30日起，《进入新时代，谱写新篇章——学习贯彻党的十九大精神专题图展》在上海石化展出，巡展为期一个月

上海石化大场景

中国石化上海高桥石油化工有限公司

中国石化上海高桥石油化工有限公司(简称高桥石化)成立于1981年11月，是国务院批准组建成立的我国第一个跨部门、跨行业的特大型石油化工联合企业。公司下属的生产单位历史更为悠久，炼油厂成立于1945年，是我国最早的炼油企业之一；化工厂成立于1957年，是国内第一个石油化工厂，被誉为中国化学工业的"摇篮"。

公司现有总资产170亿元，炼油综合加工能力1250万吨/年，各类化工产品生产能力50万吨/年，自备电厂装机容量17.5万千瓦；在职职工4800余人，离退休人员近14000人。2017年，公司实现销售收入451亿元、上缴税费126亿元、利润32.4亿元。近年来，高桥石化纳税额一直稳居浦东新区第2位、上海市工业企业第5位左右。高桥石化是上海成品油市场供应的"主力军"，约占上海汽油、柴油、航空煤油市场份额的一半左右。

INESA
上海仪电

上海仪电（集团）有限公司（简称上海仪电）是上海市国有资产监督管理委员会所属的国有大型企业集团。上海仪电以“引领信息产业发展，服务智慧城市建设”为使命，聚焦物联网、云计算、大数据及人工智能等新一代信息技术，致力于成为智慧城市整体解决方案的提供商与运营商。

上海仪电秉承“以人为本、以资本为先导、以信息技术为核心、以基础设施为载体”的基本原则，倾力打造“智慧城市生态圈”，面向政府、企业、居民等智慧城市服务对象，聚焦智慧照明、智能安防、智慧交通、智慧溯源、智慧教卫、智慧能源、智能制造等业务领域，提供从智慧城市顶层设计与规划、集成实施和运维到融资保障的全面服务。同时基于“仪电云”平台，以数据为核心，创新运营模式，提升城市可持续发展能力和竞争力，提高城市生活品质。

上海仪电

智慧城市整体解决

截止2017年底，上海仪电下属成员企业237家，其中控股企业153家(含3家上市公司)，从业人员1.4万余人。全国共拥有15个生产基地，在24个省份及43个城市设有分支机构，海外共拥有8个生产基地，50多个分支机构。名列2016年度中国企业500强第341位、中国制造企业500强第152位，中国电子信息百强企业第16位，上海企业100强第32位、上海制造企业100强第12位。

地址：上海市田林路168号　　邮编：200233
电话：24122600　　传真：24122666　　邮箱：wangxs@inesa.com

SCIP
上海化学工业区发展有限公司
赢创德固赛多用户基地
高桥石化苯酚丙酮装置
西萨化工苯酚丙酮生产装置
化工区生态湿地
化工区管理中心
科思创一体化基地

华林工业气体

上海漕泾电厂

上海赛科乙烯项目装置

地址：上海市目华路201号（化工区大厦）

电话：021-67120000

传真：021-67122222

邮编：201507

上海市烟草专卖局
上海烟草集团有限责任公司
SHANGHAI TOBACCO MONOPOLY BUREAU
SHANGHAI TOBACCO GROUP CO.,LTD.

熊猫香烟
上海烟草集团有限责任公司出品
SHANGHAI TOBACCO GROUP CO.,LTD.

吸烟有害健康
戒烟可减少对健康的危害

百年知己大前門

1916 – ETERNITY

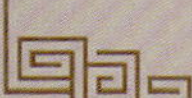

吸烟有害健康

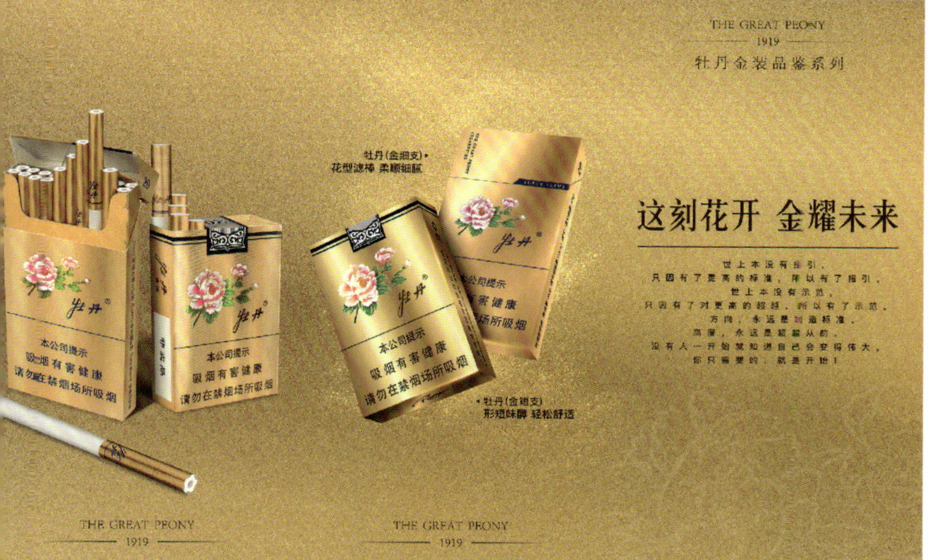

中華

我的中华
我的中支

中華
本公司提示
吸烟有害健康
请勿在禁烟场所吸烟

中国京剧脸谱艺术
是中华民族传统文化中
一颗璀璨的明星

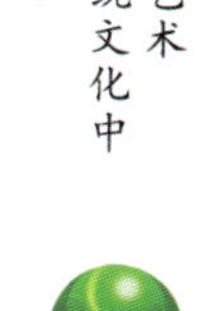

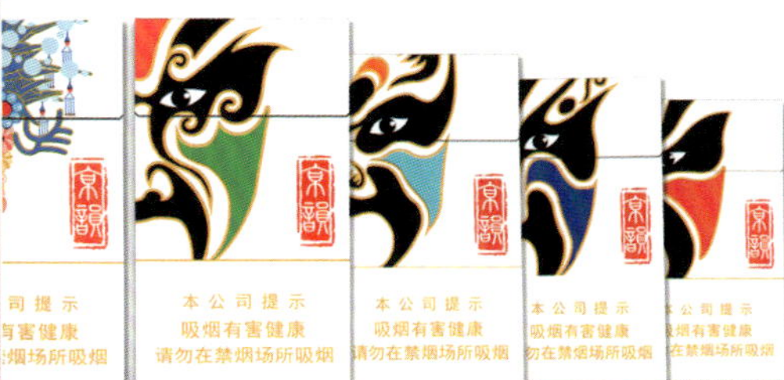

上海腾辉锻造有限公司

厂房全貌

办公大楼

生产车间

■ 企业简介

上海腾辉锻造有限公司系国内有限责任公司，是以专业生产各种合金钢、不锈钢、高温合金以及铜锻件为主，集科技研发、产品制造、重大项目配套的高新技术企业。公司拥有先进的加工设备和全套检测设备，主要为国内电站电气集团、船舶、海上石油钻井平台等生产各种规格型号的锻造件。公司于 2002 年 10 月成立，注册资金 4000 万元，投资总额 8000 万元，2010 年公司新购置土地 60 亩，位于四团镇平港路 388 号，建筑面积合计 18662 平方米，绿地面积 4000 平方米。拥有现代化的锻造、热处理、机加工车间及检测大楼等。

公司主要生产各种规格型号的锻造件，包括各种合金钢、不锈钢、耐酸、耐热钢锻件。单件锻件，最小 1 公斤，最大 3-4 吨，年产量可达 8000-10000 吨。在国内大型机械设备公司、船舶公司享有很高的声誉。如：本公司为上海汽轮机有限公司提供的铬青铜轴承瓦块锻件，是国内首家，也是唯一的试点成功单位。用此产品，明显降低了轴承瓦块温度达到 8℃，大大加强了机组使用寿命；不仅如此，公司还为上海电气集团上海电机厂有限公司提供交直流电机轴锻件；为上海电站设备有限公司提供红沿河核电的锻件和民用锻件；为上海电气上重铸锻有限公司提供锻件；为上海锅炉厂有限公司提供锻件及精加工产品；还为其他一些厂家如苏州道森压力控制设备有限公司、五钢集团、苏州船用动力系统等提供锻件及精加工产品。

公司技术力量雄厚，有工程师、技术员及熟练技术工人组成技术骨干队伍，同时拥有先进的设备，完善的检测手段，执行严格而科学的企业管理制度。公司已经通过 ISO:9001:2008 国际认证，特种设备制造许可证，ASME 规范专业委员会成员，CCS 中国船级社与船用产品认证。

公司本着质量第一、诚信第一、用户至上的宗旨。不断完善产品质量，开拓新技术，最大限度的满足顾客要求，与各界朋友广泛合作，积极进取，携手共创美好明天。

■ 锻造设备

公司拥有齐全的生产设备，包括 8T、4T、2T、电液锤，750Kg、250Kg 空气锤并配有先进的机械操作机，锻造加热采用先进的直喷蓄热天燃气炉。

8 吨电液锤

天然气加热炉

卧式加工中心

数控车床

数控镗铣床

平面磨床

外圆磨床

普车

■ 机加工设备

同时拥有强大的机加工设备，包括数控卧式加工中心、数部立式加工中心、龙门立式加工中心、卧式车床（10 部）、钻床、锯床、磨床、铣镗床、数控车床等。

检测设备

还拥有先进的检测设备，包括 1 台万能试验机，1 台冲击试验（并配有低温槽）、1 台洛氏硬度仪、1 台数显布氏硬度仪、1 台 Kin 硬度仪、2 台直读光谱分析仪（同时满足了锻造和有色金属的化学成分的分析）、金相分析室、2 台数字超声波探伤仪、1 台磁粉探伤仪，满足了客户的不同需求。

冲击试验机

冲击试验低温槽

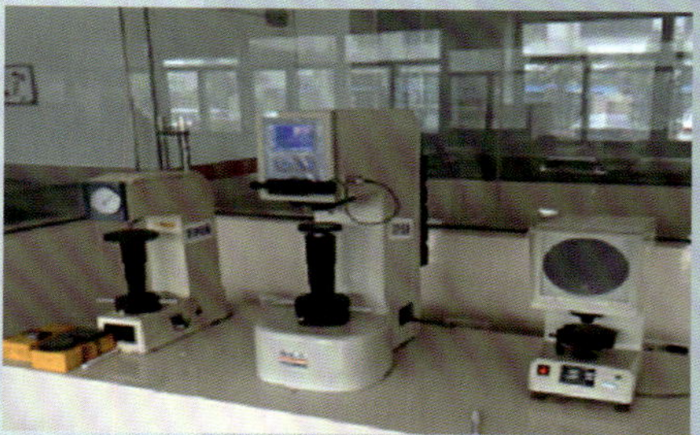

硬度计

万能试验机

光谱分析仪

超声波探伤仪

金相显微镜

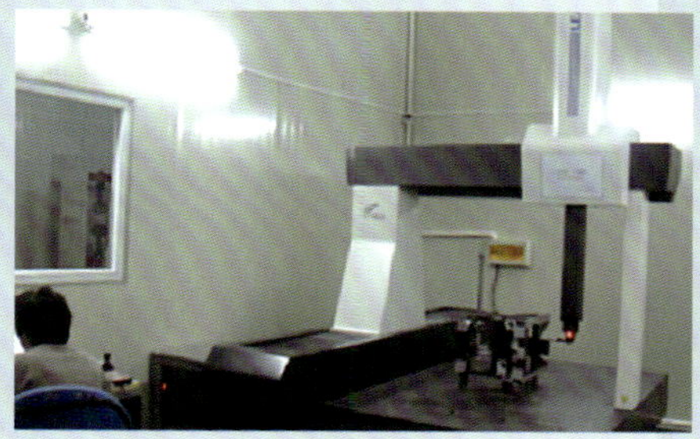

三坐标测量仪

德国进口

企业资质、荣誉

部分锻件加工产品展示

新奥能源动力科技(上海)有限公司

新奥动力隶属于新奥集团，核心企业新奥能源动力科技（上海）有限公司(原上海泛智能源装备有限公司）成立于2013年10月，承担了国家973科技专项及上海市重大科技攻关专项。作为新奥集团微小型燃气轮机研发基地，专注于微小型燃气轮机的研制，致力于填补国内微小型燃气轮机产业化的空白。

目前，公司已成功研制出具有完全自主知识产权的100千瓦微燃机(ENN100)，产品性能处于国内领先水平，核心零部件100%国产化，与国外同类产品相比具有更高性价比，已经进入市场应用阶段，填补了国内微燃机产业化的空白。同时也在开展系列化微燃机的研发，其中，300千瓦机型(ENN300)正在进行整机性能调试，有望在2018年底投放市场；600千瓦燃机(ENN600)也已完成产品初步设计。

公司现有员工约200人，其中研发人员80余人，70%以上具有硕士及以上学历，多数毕业于国内知名高校，囊括了气动、燃烧、结构、辅机、控制、工艺等学科专业技术人才；同时，形成了一支工种齐全、作业高效、技能娴熟的燃机工匠队伍。此外，还拥有一支实力强大的燃机研发顾问团队，成员来自于国内外知名科研院所、高校和知名企业，均为业内顶尖专家；同时与多家国内外科研院所及机构开展产学研合作。公司建成了包括整机试车台、核心部件试验台以及用于开发先进技术的空气轴承试验台在内的研发测试平台、全三维数值仿真实验室等，已具备从设计、核心零部件加工、部件试验到样机装配、整机调试和产品定型的微小型燃气轮机全周期研发能力。

成为国际领先的微小型燃气轮机供应商，为分布式能源系统提供核心动力

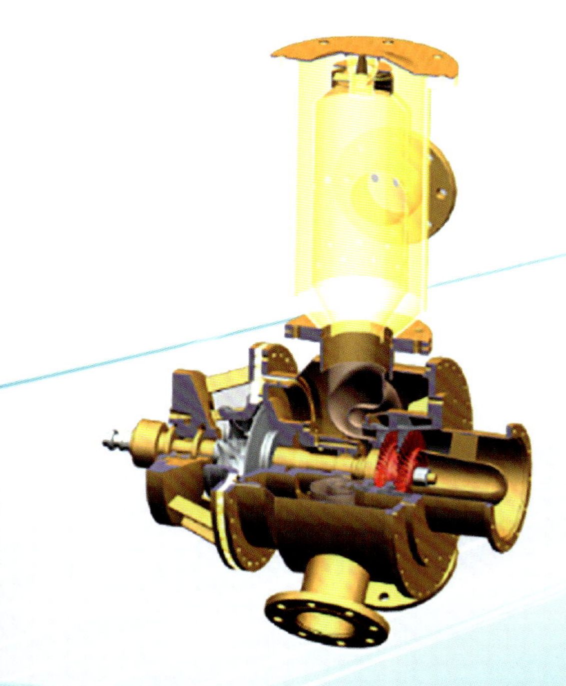

中国电建集团上海能源装备有限公司

中国电建集团上海能源装备有限公司（原上海电力修造总厂有限公司）前身为成立于1956年的上海电业管理局备品厂，是中国电力建设集团公司旗下，集产品研发、设备制造、工程成套和技术服务四大功能为一体的电力装备制造企业。

公司现有员工800余名，拥有大中型精密数控加工机床、先进检测设备及各类通用、专用设备500多台，建有国内先进的锅炉调速给水泵、液力偶合器产品和立式凝结水泵试验台，通过ISO9001:2000版质量体系认证，获得如“一种轴瓦浮动式的滑动轴承（专利号ZL201310289290.1）”等多项重要发明专利。

秉承“卓群设计、杰出制造，助力于清洁能源”的理念，紧跟国家节能降耗、发展清洁能源的方针，公司大力实施以百万千瓦超超临界火电机组和百万千瓦等级核电机组给水泵为

660MW级100%容量火电给水泵

1000MW级100%容量火电给水泵

研发重点的“双百战略”，力求在原始创新上跨越新高度，在集成创新中建立新业绩，在吸收消化再创新上实现新突破。

面对市场，面对未来。公司始终走在先进制造业的道路上，致力于研发和制造具有当代先进科技水平的节能型大容量、高参数锅炉调速给水泵组，大功率、高转速液力偶合器，高温高压电站阀门和新型焊接材料，为经济社会的发展提供优质产品、提供满意服务、履行社会责任。先进的技术，诚信的理念，全方位的顾客服务方案，全球性的战略发展视野，昭示着中国电建集团上海能源装备有限公司所肩负的使命：以向顾客提供优质产品为己任，致力于创新求进，在推动中国电站装备工业发展的道路上勇往直前。

上海电气 SHANGHAI ELECTRIC

上海第一机床厂有限公司

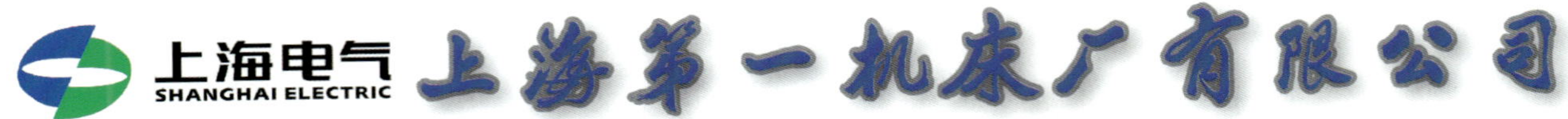

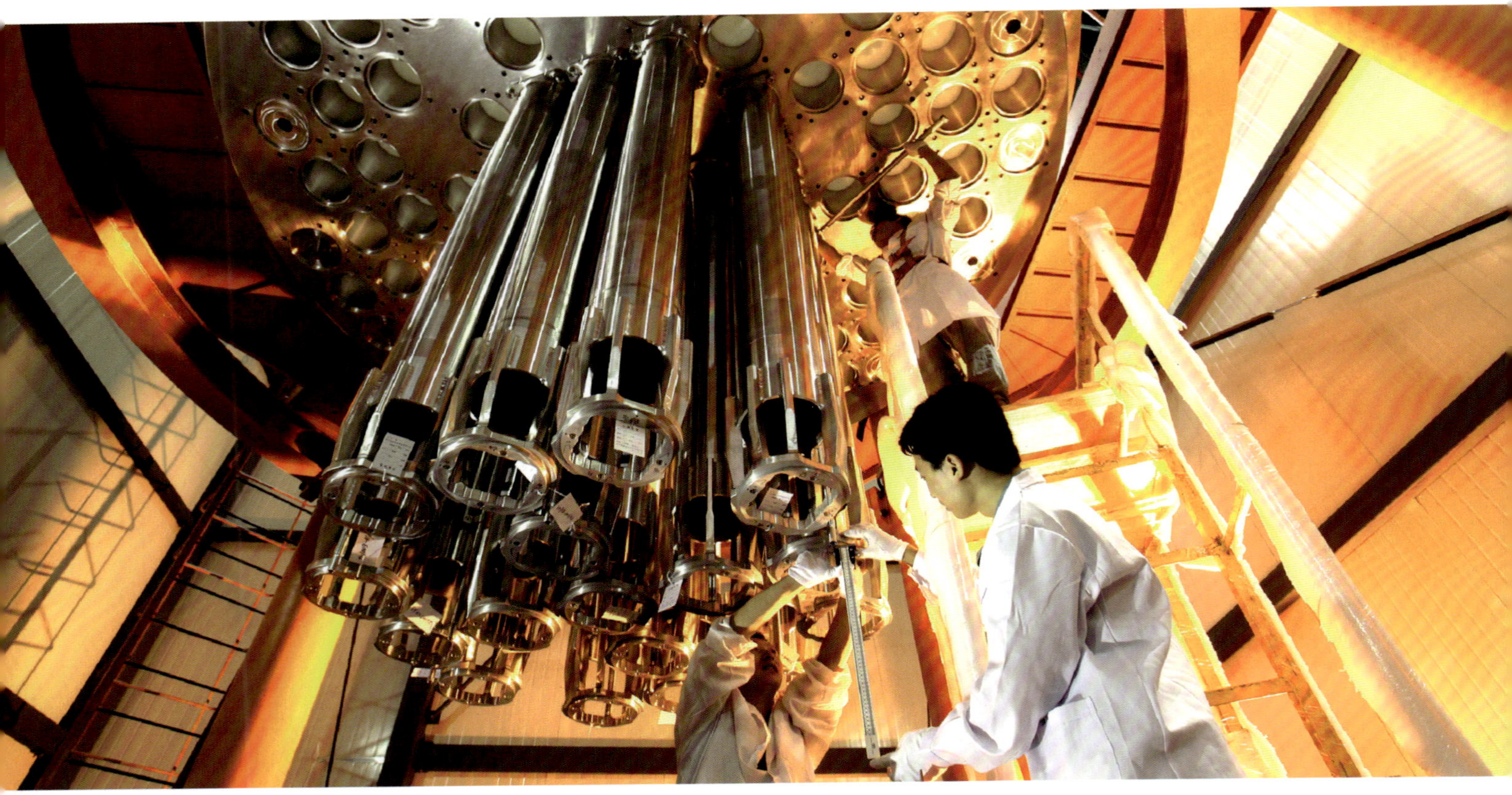

共铸核心力 同护核安全

上海第一机床厂有限公司是上海电气集团股份有限公司全资子公司，隶属于上海电气核电集团，是专业从事核电站核岛主设备——堆内构件、控制棒驱动机构和核燃料装卸料机的国家高新技术企业。作为新中国最早的核电装备制造企业之一，公司拥有近40年核电装备制造历史，先后创造出核电装备领域“十八项中国第一”，是国内核电反应堆堆芯主设备——堆内构件和控制棒驱动机构领域业绩最丰富、技术路线最全面、市场占有率最高的专业核电装备制造企业，产能居世界第一。

公司位于国家级现代装备制造业基地——上海临港重装备产业区，先后承担国家“863”计划、国家科技重大专项等多项科研攻关项目，并参与国际热核聚变实验堆（ITER）研究。公司与国内外知名企业和科研院所开展广泛合作，已全面掌握当今世界最先进的第三代核反应堆“华龙一号”、AP1000、EPR以及第四代高温气冷堆堆内构件和控制棒驱动机构制造技术，并加快推进快中子堆、钍基堆等四代堆型产品的研制。

“永争第一，争创一流”——上海第一机床厂有限公司传承和发扬上海电气的“首创精神”，紧紧围绕“共铸核心力，同护核安全”的文化愿景，不断加强“质量稳定、交付准时、技术先进、成本领先、市场主导”五个核心竞争力建设，全力打造受行业尊敬的世界一流企业，为中国、为世界奉献一颗澎湃的绿色之“芯”！

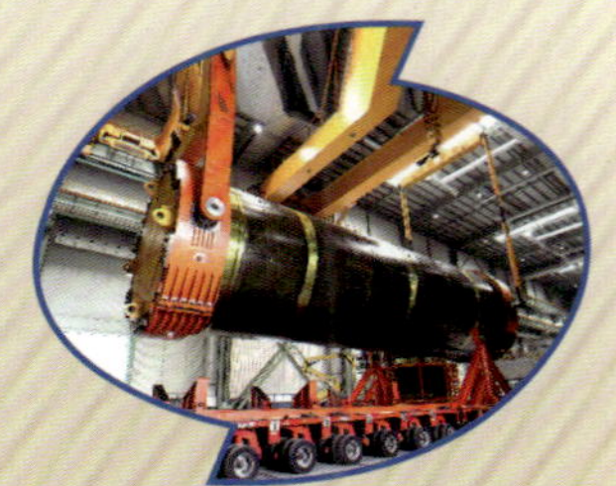

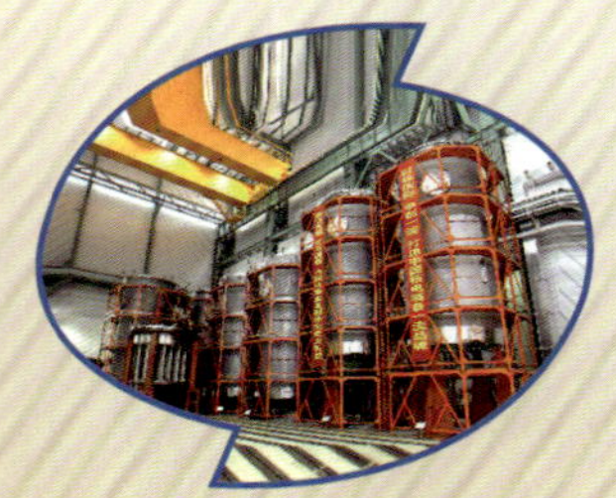

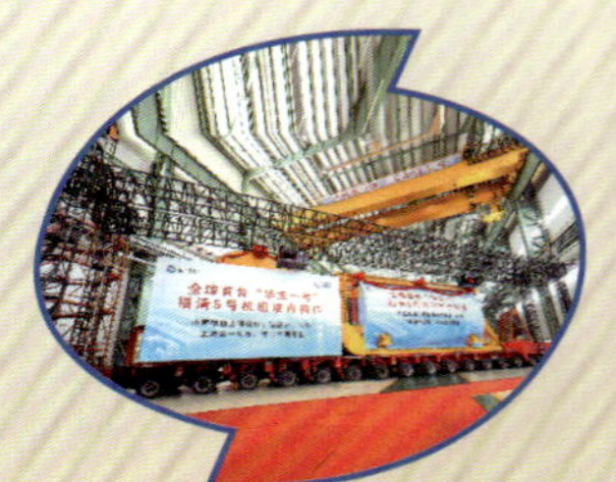

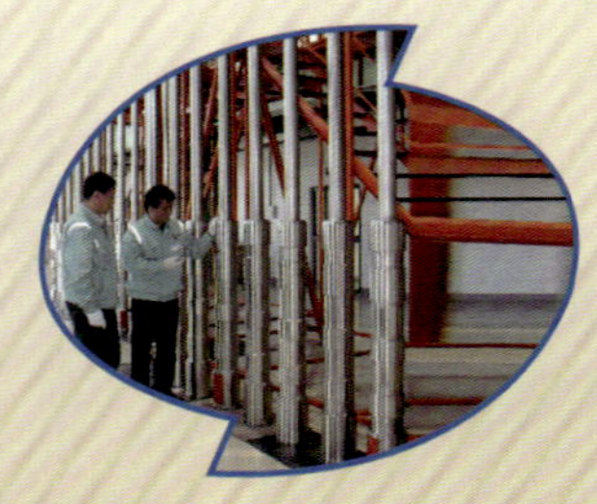

质量稳定 交付准时 技术先进 成本领先 市场主导

地址：上海浦东新区临港新城重装备区倚天路185号 邮编：201308

电话：（021）38221000 传真：（021）38221001

上海西门子线路保护系统有限公司(简称 SCPS)成立于 1995 年，是西门子(中国)有限公司与上海电气集团股份有限公司共同投资组建的中外合资企业，西门子中国投资 75%，上海电气集团投资 25%。注册资本为 966.4 万欧元。公司于 2015 年 10 月搬入位于金山区时代大道的全新的现代化厂房，占地面积 36653.5 m²，在职员工 700 余人。新厂房地理位置更优越，交通更便利。在新厂房里，巨大的生产车间占据单独的一个楼面，其面积将近原来的一倍，物料仓储紧挨着这个生产车间，办公区域被整合在这栋大楼里，给公司的精益生产带来更多灵活性，更有效地缩短生产周期、提升生产效率，新工厂的设计产能是目前的一倍多，为我们提供了持续业务投资和增长的空间。我们的研发中心也已于 2016 年 10 月揭牌并整合到了工厂。到目前为止，我们的研发中心成功的完成了 250 个项目。这些项目包括中国市场和其他海外市场和全球市场。这证明了我们的研发团队拥有很强的竞争力。比如新上市的紧凑型 RCBO 和 MCB 产品线，由我们独立研发和生产，是西门子小型断路器的最新一代产品，也代表了全球最先进的技术，很好地满足了全球各地市场的客户要求。在 2011 年，我们的研发中心被总部定为全球电子产品研发中心，目前是西门子能源集团低压业务领域全球第二大电子研发中心。

上海西门子线路保护系统有限公司主要生产小型断路器(MCB)，主要包括 5SY、5SN、5SL 和 5SJ 系列产品；剩余电流动作断路器(RCBO)，主要包括 5SM9、5SV9、5SU9 2MW 和 5SU9 1MW 系列产品；剩余电流装置(RCD)，主要包括 3VA9 和 3VM9 系列装置模块；隔离开关(Switch-disconnector)，主要包括 5TL1 系列产品；附件(Accessory)，主要包括 5ST30-0CC 系列和 5ST30-2 带测试按钮系列附件；自动转换开关电器(ATSE)，主要包括 5TR 和 5TM 系列产品，以及其他电气线路保护类产品。

1999 年开始公司通过了由德国莱茵公司对 ISO-9001 国际质量体系的认证。2002 年开始到目前为止，公司陆续获得了由 CQC 颁发的 CCC 证书 50 张 2016 年和 2017 年分别获得了由 CQC 颁发的 CQC 自愿认证的证书，共计 2 张。2011 年 9 月，公司通过了由德国莱茵公司对 ISO14001:2004 环境管理体系的认证。2011 年 10 月，公司通过了由德国莱茵公司对 OHSAS18001:2007 职业健康安全管理体系的认证。2013 年，公司获得了由上海电器行业协会颁发的诚信创建企业称号。2015 年，获得了上海电器行业协会颁发的上海电器行业名优产品称号。上海西门子线路保护系统有限公司从 2009 年至今连续获得高新技术企业证书。2017 年，公司获得了金山区颁发的劳动关系和谐企业称号。

作为西门子中低压业务全球生产网络中的一个关键运营公司，上海西门子线路保护系统有限公司秉承以客户为导向的管理，通过提供高质量的产品和一流的服务，很好地适应变化的市场条件，以向我们的客户提供充足的，可靠的产品和更快的响应，获得了客户和市场的一致认可！

展望未来，上海西门子线路保护系统有限公司明确定义了更高的发展目标，并积极倡导主人翁精神的企业文化，不断奋斗，力争卓越。上海西门子线路保护系统有限公司正沿着达成目标的轨道不断前进！开启发展的新篇章！

上海西门子线路保护系统有限公司

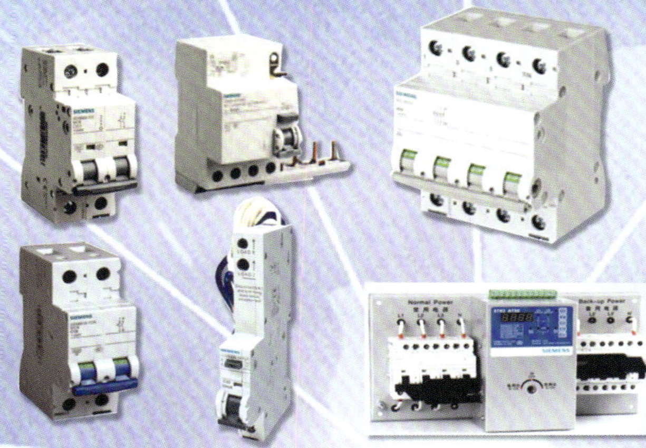

上海电气风电集团

上海电气风电集团是上海电气旗下的新能源产业板块，是上海电气集团股份有限公司（上证 A 股 601727 和香港 H 股 2727)的核心资产之一。

2015 年 3 月，上海电气以上海电气风电设备有限公司等企业为核心组建了上海电气风电集团，注册资本为 21.4 亿元，主要业务包含大型风力发电机组研发、设计、制造、技术咨询、工程总承包等。

上海电气风电集团，将用先进的风机技术，国际化的项目管理理念和海上风电领域所拥有的丰富专业知识及运行经验，以为用户提供全生命周期、全方位服务为目标，致力于成为国内领先的风电整体方案解决者。

上海电气风电以许可证方式引进德国 Dewind 公司 1.25MW 风机技术，取得德国 Aerodyn 公司全套设计平台及其源代码的所有权，成功开发了拥有自主知识产权的 2MW 系列风机和 3.6MW 海上风机，与德国西门子合作引进其 2. 5MW、4MW、6MW、7MW、8MW 产品技术。

上海电气风电集团汇聚整合欧洲先进风电技术，形成了上海电气风电完整的核心技术体系和强大的研发团队，具备了独立自主研发大型陆上和海上风电发电机的能力。

上海电气风电集团拥有机械、电气、材料、动力、控制等关键工程技术领域的专业人才，依托强大的技术实力及具有国际视野的工程团队，可为用户提供测风、选址、风资源评估、EPC 总包、工程安装、备品备件、运行维护、风功率预测等全生命周期的优质服务，以丰富的经验保证风机发电高效、稳定。

风资源评估、微观选址和机组选型

上海电气风电集团凭借深厚的专业基础，优秀的技术团队，大量的气象数据，丰富的选址经验，睿智的选型能力，保证了风电项目的最佳收益。

EPC 工程总承包

上海电气风电集团具有从技术准备、设计优化、设备采购、设备制造到设备供应、安装、调试、运行、质量保证等方面为客户提供一整套完善的解决方案的能力，形成了工程总承包的核心竞争优势。

运维服务

上海电气风电集团拥有专业的工程服务团队，在全国建有 7 个区域服务中心，形成了辐射全国的服务网络；通过对大数据的积累和故障诊断案例的分析，形成了高温、高寒、高原和海上等各种特殊环境个性化的服务解决方案，为提升可利用率，提高发电量，提供了强有力的保证。

6MW 风力发电机组

4MW 风力发电机组

3.6MW 风力发电机组

2MW 风力发电机组

上海新力机器厂

「推动企业转型发展，共赢于智能制造新时代」

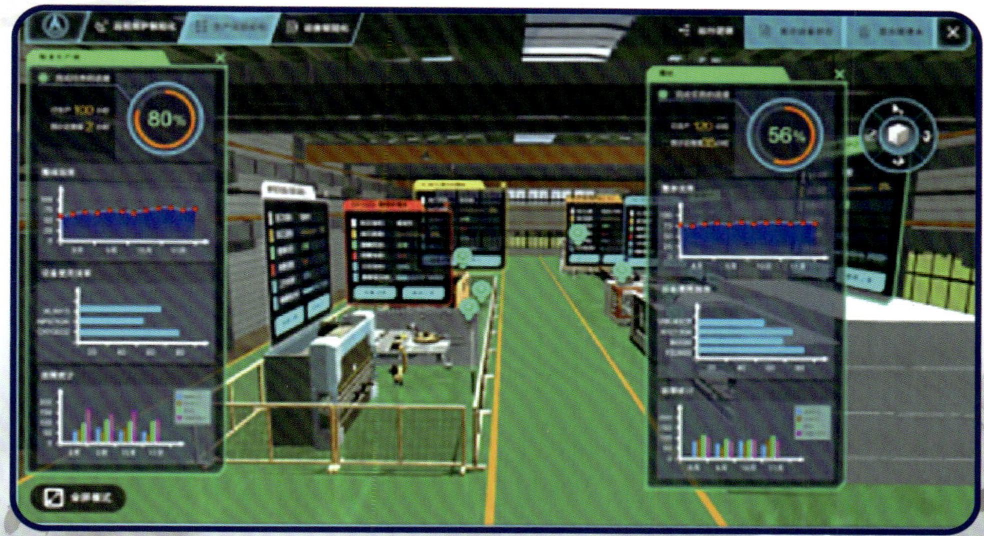

随着科学技术的发展和制造业转型升级的需要，依照“互联网+”和《中国制造2025》国家发展战略，积极开展智能制造的研究和实践，为迎接“工业4.0”时代做准备。在此背景下，上海新力机器厂依托航天平台，致力于高档数控机床和金属增材制造技术的研发、建立智能制造创新中心、搭建符合中国制造业发展实际的智能制造系统平台，努力将该公司打造为高端智能装备方案解决商与系统集成商，为客户提供高附加值的服务和全生命周期的完整生产系统，加快公司转型发展的步伐。公司经过多年的技术开发与沉淀，开发了VMW系列立式五轴联动加工中心、SMU系列万能铣床、3D打印增材－减材复合制造一体机（荣获上海工业博览会银奖）、龙门系列加工中心（包括非金属复合材料）等多款高端智能数控机床，并掌握了电主轴、回转工作台等核心部件的关键技术，为后续产品的研制奠定了坚实的基础。

图1 某客户智能系统平台解决方案

智能化制造已经成为未来制造业技术发展的必然趋势，以智能制造为核心的新工业革命再度成为国际社会关注的焦点，上海新力机器厂围绕智能制造系统平台建设，以智能化装备为载体，充分利用系统大数据，搭建智慧工厂平台，提供智能制造解决方案和服务。目前，系统应用的三大领域：智能装备、智能生产线、智能远程维护，包含四大功能模块：实时工况、健康预警、能力评估、远程诊断。图1、2是我公司为某客户提供的智能系统平台与自动化流水线解决方案。

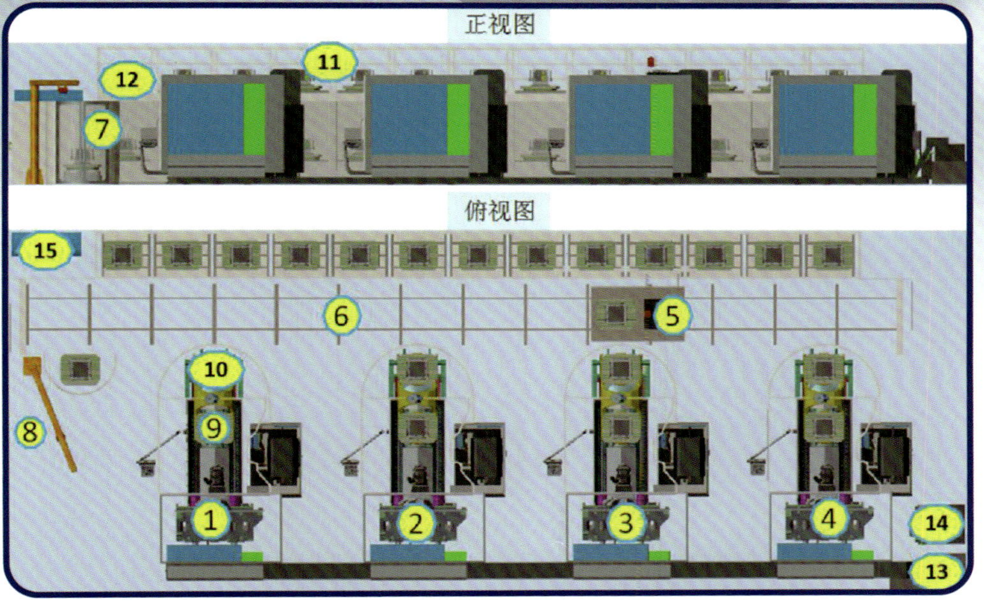

图2 某客户自动化流水线解决方案

上海市安装工程集团有限公司创立于 1958 年，原“上海市工业设备安装公司”，2000 年 8 月改制更名为“上海市安装工程有限公司”，2013 年 5 月改制更名为现名称，是具有机电工程、冶金工程、石油化工工程、市政公用工程等施工总承包壹级资质的大型施工企业。

60 年来，安装集团承建的工程荣获鲁班奖、国家金奖、詹天佑奖、白玉兰奖等 400 余项。

集团坚持创新驱动，转型发展，大力实施“全国化、集团化、纵向一体化”的发展战略，着力提升总承包、总集成能力和技术创新能力，始终秉承“和谐为本、追求卓越、回报社会、惠及员工”的企业宗旨，努力把安装集团建设成为集设计、建筑、机电安装、制造、设备租赁、机电物业管理等为一体的国内一流建筑全生命周期机电工程总承包企业。

党委书记、董事长　黄震
党委副书记、总裁　张建东

地址：上海市塘沽路 390 号　编码：200080　电话：0086-021-63246340　传真：0086-021-63248173
网址：http: //www.siec.cn

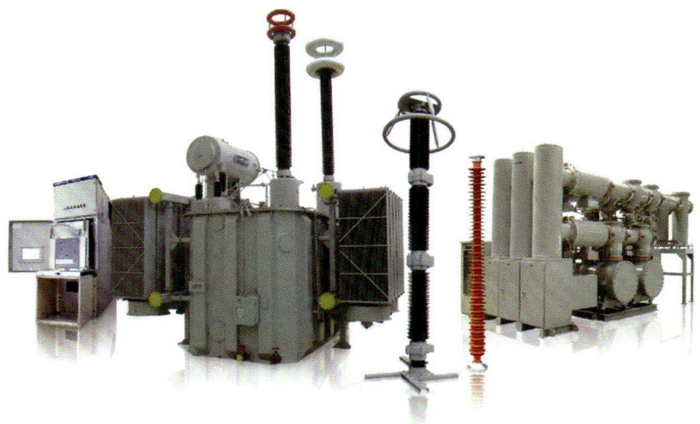

上海电气核电集团

上海电气核电集团成立于 2014 年 8 月，隶属于上海电气集团股份有限公司，是专业从事核岛主设备制造的产业集团。核电集团坐落于上海市南汇新城镇重装备产业区，紧邻上海自由贸易区和洋山深水港，拥有良好的投融资环境和便捷的交通运输条件。核电集团经过多年的不断实践与探索，建设成为全球规模最大，集中度最高的核岛主设备制造基地，形成了年产(三代核电技术路线)2 套百万千瓦级反应堆压力容器、9 套百万千瓦级蒸汽发生器、6 套燃料装卸与储运系统、4 套百万千瓦级堆内构件和控制棒驱动机构、12 台主泵及 50 台核二三级泵的完整核岛主设备供应链，承接主设备订单覆盖国内所有在建的核电厂址，国内综合市场占有率居于领先地位，技术路线涵盖二代压水堆、二代改进型压水堆、三代压水堆、高温气冷堆、低温堆、快堆等各种堆型。核电集团立足于国家核电发展战略和上海电气转型发展的需要，以先进的制造技术和强大的制造能力呈现于核电市场，以开放共赢的合作和高效集约的管理建树于海内外用户需求。

AP1000 海阳 2 号蒸汽发生器

HTR 石岛湾高温气冷堆压力容器

AP1000 三门 1 号稳压器

主泵样机

EPR 台山堆内构件

中国电子科技集团公司第二十一研究所（以下简称"中国电科 21 所"），始建于 1963 年，是从事微特电机与组件研制生产的专业研究所，并设有博士后科研工作站。现有从业人员 800 余人，获政府津贴专家 20 余人，从事军工科研试制生产人员占全所职工的 80% 左右。所本部位于上海市徐汇区漕河泾高新技术开发区，占地 60 亩，建筑面积 4 万多平方米。另外，黄浦所区、青浦所区和浙江南浔分所正在规划建设中，逐步形成"3+1 模式"的集科研、生产、科创服务功能于一体的创新型研究所。

作为国内军用微特电机行业中研制开发产品品种规格数量最多、军品配套数量最大、综合技术实力最强的行业骨干单位，建所 50 多年来，中国电科 21 所累计研制开发各类微特电机产品近 4000 个品种规格，取得部、市级鉴定成果 843 项，获得国家、部、市科技成果奖项 388 项，产品广泛应用于航天、航空、船舶、兵器、电子、核工业等国防工业领域，几乎覆盖了武器装备所有重点任务型号，为我国的国防事业做出了突出贡献。并不断调整产品结构，大力开发工业、信息、交通、医疗和家电等领域的民用电机和组件，研究领域不断扩大，在机器人用核心部件和特种机器人等领域崭露头角，取得了显著成绩。

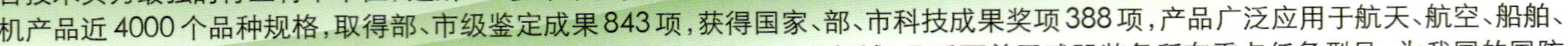

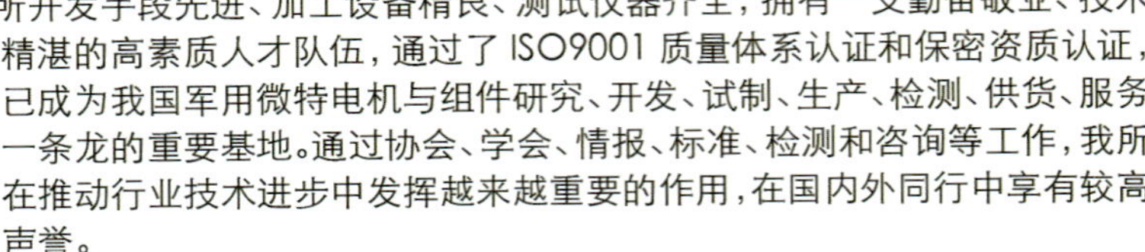

中国电科 21 所开发手段先进、加工设备精良、测试仪器齐全，拥有一支勤奋敬业、技术精湛的高素质人才队伍，通过了 ISO9001 质量体系认证和保密资质认证，已成为我国军用微特电机与组件研究、开发、试制、生产、检测、供货、服务一条龙的重要基地。通过协会、学会、情报、标准、检测和咨询等工作，我所在推动行业技术进步中发挥越来越重要的作用，在国内外同行中享有较高声誉。

核用步进电机技术项目简介

为顺应国家"军民融合"战略要求，中国电科 21 所针对军民核能发展需求，利用已掌握宇航用和军用步进电机技术的优势，面向核能领域，积极承担了上海市"核用步进电机技术"军民融合专项任务，突破了耐高温抗辐照绝缘结构设计及工艺技术、核环境条件下材料的退化机理研究、定子铁芯的叠装和转子铁芯的高精度高可靠错位等关键技术，研制出实用化工程产品，实现核用步进电机军转民成果转化的目的。

该项目属国内首研，研究成果填补了国内空白，研发产品具有其可靠性高、控制方便等特点，可用于核潜艇、核动力航母、空间反应堆等控制棒驱动机构，对国防建设具有重要意义。民用领域方面，实用化工程产品可推广应用于高温气冷堆、钍基熔盐堆等核电机构中，作用关键，为高效节能、安全可靠的新能源研发提供保障，产生了良好的社会和经济效益。

上海金陵电机股份有限公司介绍

公司简介

上海金陵电机股份有限公司（英文：GW Electric (Shanghai) Co., Ltd.）前身是成立于 1952 年的上海微型电机厂，2015 年上海金陵雷戈勃劳伊特电机公司完成股份制改造，变更为上海金陵电机股份有限公司。同年，上海金陵电机股份有限公司在新三板挂牌（股权代码：834693）。2018 年，中国电科 21 所与上海金陵电机股份有限公司商讨并购事宜，进行资本运作，将上海金陵电机股份公司重组为中国电科 21 所的下属控股公司。上海金陵电机股份有限公司专注于智能高效与超高效电机的研发、制造、销售和服务，产品定位服务于中、高端装备制造业客户，是中国高效电机制造专家。

公司建有国际一流的电机型式试验中心，配备世界顶级的检测设备，对产品进行全方位的性能检测。具有业内最完备的检测体系，能有效的对产品生产过程进行控制。公司产品先后通过了 UL、CSA、CE 和 CCC 认证，其所用零部件和材料符合 RoHS 要求，实验室获得了 UL、CSA 认定，可独立进行 UL 和 CSA 认证试验。

产品介绍

公司具有雄厚的技术开发和创新能力，拥有"GW"、"SMC"等自主品牌。专注直流电机 60 余年；专业生产和销售 NEMA 标准电机和 IEC 电机 30 年；成功开发了超高效、智能超高效电机。主要产品有：符合 NEMA 标准的各类单、三相交流异步电动机，符合 IEC 标准的各类单、三相交流异步电动机，直流电动机（永磁式、电磁式），高效盘式稀土永磁电动机，交直流串励电动机，同步电动机等小功率电动机以及伺服电动机、测速发电机、自整角机、旋转变压器等控制微电机，还有各类专用微电机。拥有：YYJ、YCY、YLJ、YSJ、YSJ(QA)、YXJ、YUM、YYM、YXN、YSN、YCN、YCA、ZYT 等 30 多个系列共 3000 多种规格电机产品，年产量达到 70 万台。

产品广泛应用在通风设备、农用装备、医药食品机械、高端清洗设备、泵和其它行业通用机械设备上，并在多个行业处于业内首创或领先地位。目前，公司 70% 以上的产品销往美国、加拿大、南美、欧洲、日本等国家和地区。

HIGHLY
海立
精心动动力

中国广东阳西 4×600MW 燃煤发电厂

印尼公主港 3×350MW 燃煤发电厂

上海电气集团股份有限公司

上海电气集团股份有限公司是上海电气(集团)总公司控股的“A+H”上市公司，是中国最大的综合性装备制造集团之一。上海电气聚焦低碳经济，主导产业为高效清洁能源、新能源、工业装备、现代服务业。产品覆盖：火力发电机组、核电机组、风电、重型装备、输配电、电梯、印刷机械、机床等。

上海电气电站工程公司是上海电气发展主战略板块之一，多年来为海内外用户提供了多项大型电厂工程总承包、电站设备总成套等优质工程项目。建设在巴基斯坦、伊朗、孟加拉、印度、越南、印尼、泰国、马来西亚以及中国境内的电站工程已逾 70 个，装机容量逾 9200 万千瓦。机组经济性、安全性、稳定性等指标均达到国际同类产品的先进水平。

电站工程产业坚持实施“走出去”战略，取得了历史性突破和跨越性发展，其市场业绩和发展规模不断创造新的记录，形成了工程总承包、按岛承包的核心竞争优势；实现了由传统目标市场向中高端目标市场的突破。

在设备成套上，已能从技术准备、设计优化、设备采购、设备制造到设备供货、安装、调试、运行、质量保证以及投融资等方面为用户提供一整套完善的解决方案，具有质量、工期、资金等多重保证的综合能力。

在工程品牌上，以先进的管理理念和现代服务意识为海内外用户提供电厂工程总承包、电站设备总成套等优质服务，获得了国内外业界的广泛关注，并在国际电力市场上赢得了较高的声誉。2017 年度 ENR 全球最大 250 家国际承包商排名全球第 141 位。

孟加拉国锡莱特 1×150MW 燃气轮机发电厂

上海万泽精密铸造有限公司

上海万泽精密铸造有限公司成立于 2015 年，是一家专业从事高温合金、不锈钢、钛合金精密铸件的企业，亦是上海市认定的“千人计划”创业企业。2017 年上海万泽精密铸造有限公司获评首批上海市工业强基工程项目。公司坐落在交通便利的上海市奉贤区上海市工业综合开发区内。

上海万泽精密铸造有限公司占地面积 96 亩，生产厂区及实验室面积共 11.6 万平方米，第一期投资 7.5 亿人民币。上海万泽精密铸造有限公司对接国家重大战略需求，以突破制约我国航空发动机、燃气轮机热端部件关键技术及产业化瓶颈为目标，瞄准国内外航空航天、地面燃机、汽车、医疗等高端精密铸造领域，进行绿色、精益的柔性产业化布局。

目前，上海万泽精密铸造有限公司已经成为集高温合金、不锈钢、钛合金等精密铸件的研发、生产、销售、服务于一体的高科技企业，获得了国内外主要客户的认可，并正进行相关产品的批量化生产。未来，上海万泽将本着“客户第一，质量为本”的理念，以最优的技术方案，引领民族高端精密铸造行业，为我国跻身世界一流制造业强国作出自己应有的贡献。

上海立新液压有限公司

上海立新液压有限公司(原上海立新液压件厂)创建于1967年,坐落上海市闵行区朱行路81号,是上海最早生产液压元件和液压 系统的企业之一,2003年9月改制为多元投资的有限责任公司。

2012年10月江苏恒立高压油缸股份有限公司控股82.86%。上海立新和恒立油缸资产重组,实现优势互补,资源共享,强强联合。

公司通过ISO9001质量管理体系的认证、ISO14001环境管理体系认证和OHSAS18001职业健康安全管理体系认证,是上海市高新技术企业、上海市专利示范企业;获得"上海名牌"产品"上海市著名商标""全国机械工业质量管理奖""全国实施卓越绩效模式先进企业","立液"牌液压阀荣获2012年度中国机械工业优质品牌等荣誉称号。

公司主导产品是"立液"牌高压液压阀和液压系统,同时还生产囊式蓄能器以及定制各类非标液压阀。高压液压阀分压力、流量和方向三大类,品种规格达12000种,广泛用于机床、冶金、矿山、石油、船舶、塑料、建材、农业、风电、造纸、水泥等机械行业的设备配套,能适应机械装备的高压需求。

公司以"追求卓越标准 铸就国际品质"为企业愿景,塑造"可靠、可信、可亲"的液压技术应用专家形象,弘扬"诚信、协同、竞争、共赢"的企业文化,坚持"为您刻意立新"的理念,竭诚为国内外顾客提供优质产品和满意服务。

电话:15000537992
网址:www.shlixin.com
电子邮件:liyujie@shlixin.com

上海蓝恩控制系统有限公司

◆ 公司介绍

上海蓝恩控制系统有限公司是由瑞典 WR Controls AB 与上海耀瑜实业有限公司于 2006 年 9 月共同投资筹建。目前公司有三个工厂分别位于上海浦东新区周浦镇,上海奉贤区青村镇和重庆长寿区,总占地面积约 15400 平方米。

公司产品有座椅拉索,门锁拉索,摇窗机拉索等轻型拉索,还有驻车线,推拉索等。拥有制管、涂塑、压铸和注塑生产能力。我们不断致力于提高生产的自动化生产能力。

我们的产品出口欧洲,北美,印度等,用于国际知名汽车品牌如奔驰,宝马,大众,通用等。

我们有 ISO/TS16949 的质量体系,有 ISO14001 环境体系,安全生产三级标准保证我们的产品质量,实现企业的社会责任。

2016 年销售收入是 3.5 亿,2017 年销售收入是 4.5 亿,2016 年科技小巨人已通过。

公司质量方针:

优化管理:不断地优化管理,从管理中优化成本,保证品质

提高品质:质量是企业的生命,是对顾客的承诺,"零缺陷"是我们始终不渝的目标

满足顾客:以顾客需求为目标,理解目标,满足目标

持续创新:以不断的创新求发展,以持续的改进提高企业竞争力

周浦工厂

奉贤工厂

重庆分公司

◆ 公司荣誉

高新技术企业
科技小巨人企业
发明专利
实用新型专利
ISO/TS16949
ISO14001
安全生产三级标准

威派格 — 以工业互联理念 促进智慧水务发展

- 源水输送加压调度方案
- 山景区供水保障综合解决方案
- 水厂、泵站联动综合解决方案
- 城市管网及中途供水加压泵站解决方案
- 直饮水解决方案
- 新农村建设一体化供水解决方案
- 终端片区二次供水综合解决方案
- 智慧供水平台软件服务应用解决方案

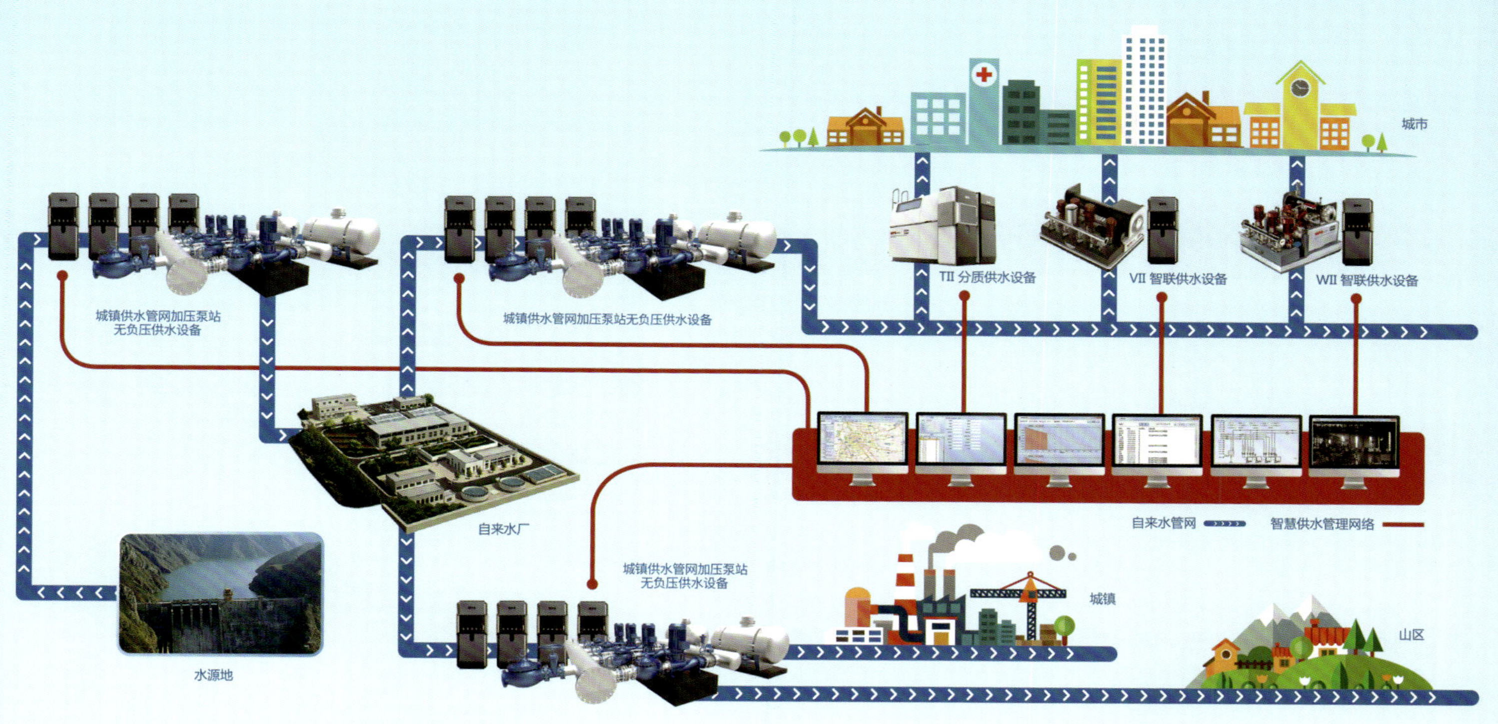

上海威派格智慧水务股份有限公司
北京威派格科技发展有限公司

网址：www.shwpg.com
服务热线：4001191166

上海创力集团股份有限公司

上海创力集团股份有限公司，位于上海市青浦区崧复路1568号，总部占地28.5亩，注册资本人民币63,656万元。其前身上海创力矿山设备有限公司成立于2003年，于2011年改制成上海创力集团股份有限公司。公司是国内领先的以煤矿综合采掘机械设备为主的高端煤机装备供应商，主营业务为煤矿综合采掘机械设备、煤矿自动化控制系统及矿用电气设备的设计、研发、制造、销售以及技术服务，并为客户提供煤矿综采、综掘工作面成套设备的选型和方案设计。

公司连续8年被评为“全国煤炭机械工业优秀企业”、连续8年被评为“上海市民营企业100强”、连续8年被评为“上海市民营制造企业50强”，公司2008年、2011年、2014年连续三届通过“高新技术企业”认定，2014年公司被评为“2014年国家火炬计划重点高新技术企业”，2012年被评为“上海市科技小巨人企业”、“上海市企业技术中心”，并通过复审。公司凭借雄厚的研发实力，不断地进行技术创新，公司产品均拥有自主知识产权，多项核心产品获得行业高度认可。2015年3月，创力集团在上交所主板成功上市，正式登陆资本市场，这对创力集团的发展具有里程碑意义。

公司根据自身发展需要，目前正推进优化升级，坚持双主业发展，积极布局新能源汽车领域，基本形成了电池、电机、电控、充电桩等核心零部件及新能源汽车运营的产业布局。“煤炭机械装备”和“新能源汽车”协同发展，公司抓住国家电力体制改革和能源互联网的发展，逐步推动公司两大主业的融合发展，继续维护了公司健康平稳发展的良好局面。

公司始终秉承“精于创，力于行“的企业精神，为把创力集团打造成国际一流的煤机装备企业，成为矿业企业的创新型价值伙伴而不懈努力。

中国核工业第五建设有限公司

公司组建于 1964 年，是一家以国防工程，核工程、核电工程和工业与民用建筑安装工程业务为主的具有建筑、安装总承包资质的大型综合性建筑安装企业。

公司具有电力(核电)工程、化工石油工程、机电安装工程、房屋建筑工程等四个施工总承包一级资质；核工程、钢结构工程、起重设备安装工程、化工石油设备管道安装工程等四个专业承包一级资质；取得了中华人民共和国民用核安全设备制造、安装许可证，压力管道安装、压力容器制造、锅炉安装和起重机械安装维修资质许可证；取得国家认可实验室认可及民用核安全设备焊工焊接操作工考核中心认可，同时具有对外经济合作经营资格。

在核电建造领域，公司是我国目前唯一一家具有核电站核岛、常规岛施工总承业绩的企业。在非核工程领域，公司立足上海，以“长三角”为主要发展基地，向“珠三角”等多个区域拓展，具备土建、安装施工总承包的能力，在 LNG 工程领域公司承担了国内 LNG 低温罐建安市场近 40% 的份额，在石油化工、电子医药、非标制作、吊装运输领域具有一定的社会知名度。

公司先后荣获中国建筑工程鲁班奖、国家优质工程金奖、银奖、省部级优质工程奖、上海市白玉兰杯、申安杯优质工程奖、国家科技进步奖、中国专利拥有发明 / 实用新型专利 114 项，省部级及以上科技奖 48 项，国家级工法 2 项，省部级工法 18 项。先后 26 次被评为上海市优秀公司，是上海市建筑企业综合实力前 50 强企业。

责任、安全、品质、卓越

项目名称

公司承建的三门 AP1000 第三代非能动核电站

上海石化三十万吨乙烯工程

公司承建的巴基斯坦恰希玛三期、四期工程

公司承建的海南 LNG 施工全景图

华龙一号走出国门，
建设中的巴基斯坦卡拉奇核电站

地址：上海市金山区龙胜路 1070 号　电话 021-57952277　网站：www.cnec5.com;

上海市城建院建设设计研究院（集团）有限公司

上海市城市建设设计研究总院（集团）有限公司（以下简称“城建设计总院”）成立于1963年，是从事基础设施建设的勘察、设计、总承包为主的综合性设计咨询研究单位，具有国家工程设计综合甲级、国家工程勘察综合甲级、工程咨询甲级等资质，为工程建设提供全行业、全过程服务。

城建设计总院聚焦技术革新，建有劳模工作室、博士后工作站、上海市企业技术中心、上海城市雨洪管理工程技术研究中心、上海工业化装配化市政工程技术研究中心，内设12个创新中心，是高新技术企业。在科学探索和技术创新中作出贡献，荣获国家、部和市级各类奖项近千项，拥有各类专利百余项。主编和参编各类标准、规范、通用图，推动行业发展。

城建设计总院专注于服务城市功能升级。旗下包括13个设计院、1个总承包部，5家独立子公司，凭借强有力的资源整合能力和总承包管理能力，为业主提供高品质的集成服务。将宜居理念融入设计作品，将设计作品遍布全国和世界各地。

城建设计总院汇聚一大批优秀的设计师，在近1900名员工中，硕、博士比例达33%，拥有劳动模范、上海市领军人才、重大工程建设杰出人物、全国青年岗位能手等业界精英。

城建设计总院关注提升自我发展，获得全国五一劳动奖状、上海市文明单位、金杯公司、质量管理奖、职工最满意企业、专利试点企业、创新型企业等多项荣誉称号，铸就城建设计品牌。

上海工业化装配化
市政工程技术研究中心

上海市轨道交通16号线总体设计
荣获第十届土木工程詹天佑奖

上海虹梅南路越江隧道

上海桃浦智创城

兰州西固柴家峡联络线黄河特大桥

北横通道北虹立交工程

中俄首座跨黑龙江公路桥
黑河—布拉戈维申斯克黑龙江（阿穆尔河）大桥

上海黄浦江东岸21公里贯通项目

上海武宁路快速化改建工程

上海威曼工业设计有限公司

上海威曼工业设计有限公司，成立于2003年，由一家工业设计公司发展成为一家实力雄厚的中国创新设计公司，总部位于上海，已布局湖州、合肥等地。14年创新设计经验，国家工业和信息化部颁发的《上海工业设计中心》认证。包揽“红点奖、iF奖、IDEA奖、G-Mark、红星奖、金点奖、金投赏”等100多座国际国内创新设计大奖。为国际国内500强、行业知名公司及互联网创新公司和众多创客提供创新设计咨询服务。用户体验至上，从设计策略咨询、工业设计、品牌营销、用户体验设计、服务设计、创新研发与供应链到互联网营销等一整套系统的创新设计整合服务。在母婴领域，威曼与恩诺童公司联合推出了恩诺童系列儿童奶瓶，对市场上现有奶瓶进行了革新。上海威曼设计将在产品设计领域做出更加卓越贡献。

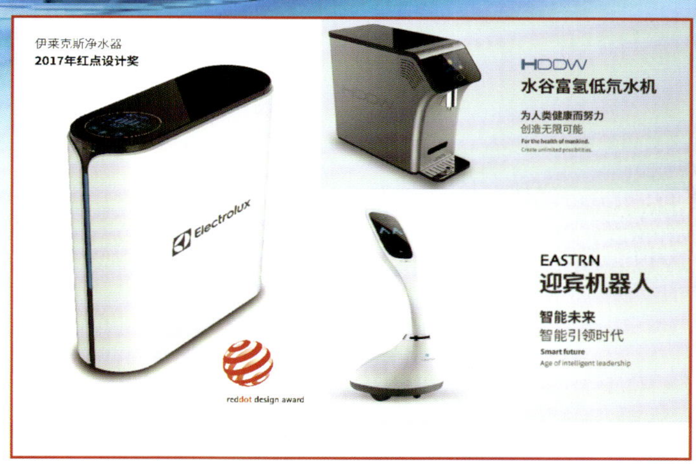

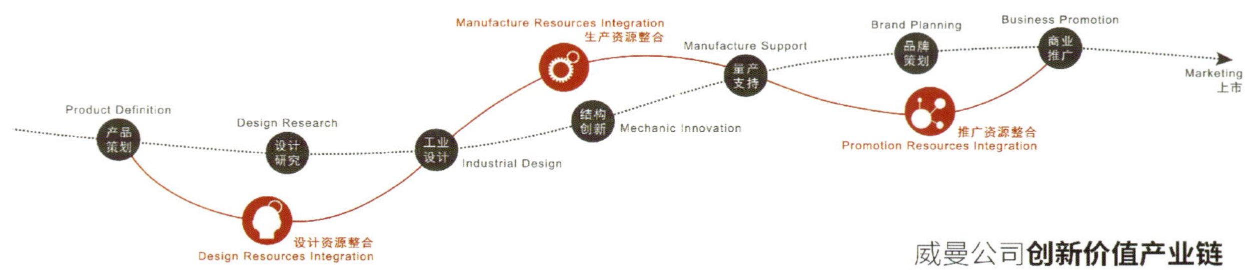

威曼公司**创新价值产业链**

上海谷科通风设备有限公司

上海谷科通风设备有限公司是一家以设计开发、生产、销售通风机类产品为主的股份制企业。

公司自2007年开业以来，业务发展迅猛。业务涉及中央空调、列车空调、机站机房空调、新风换气机、空压机散热

公司引进消化国外同类产品的先进技术，以“不求最大、只求最精”为宗旨，为客户提供优良的服务；以完善的检测和质量保证体系为基础，不断提高技术和工艺水平，确保产品的竞争优势；专业开发的ERP系统，覆盖销售、技术、采购、生产、财务等各部门；同时公司拥有自主进出口权，使“谷科”品牌走向世界。

作为国际空气运动与控制协会(AMCA)的会员单位，公司的主要产品系列YFB、YFH、YFT等进行了AMCA性能和噪声测试认证。公司的性能测试装置通过国内权威机构—合肥通用机电产品检测院的GMPI认证，同时也通过了中国能效标识能源效率检测实验室认证。公司拥有完善的IS09001管理体系，并取得全国工业生产许可证认证。

上海浦城热电能源有限公司

主控室

上海浦城热电能源有限公司是一家垃圾资源化的综合运营企业，管理国内首座千吨级生活垃圾焚烧发电厂——御桥生活垃圾发电厂和负责浦东城区垃圾收集与清运的上海浦发环境服务有限公司，实现了浦东生活垃圾收集、清运、焚烧和发电的产业链管理。

上海浦城热电能源有限公司为上海浦东发展（集团）有限公司和德国费赛亚巴高克环境工程公司共同出资经营管理的一家环保能源企业。该合作开拓了在城市基础设施领域的跨国合作先例，为开拓环保产业市场化道路进行了有益的探索。

公司依靠完善的管理和现代化的流程，实现了垃圾处理的减量化、资源化和无害化操作。2003－2006 年年均处理垃圾约 45 万吨，售电约 8680 万度。

垃圾焚烧炉炉排

采用拥有专利技术的炉排，通过使垃圾沿炉排表面向前移动、翻转、混合，使垃圾充分燃烧。

垃圾焚烧产生的热能通过加热余热锅炉中的水，并将水转化为水蒸汽，由水蒸汽推动汽轮机叶片，快速旋转的汽轮机带动发电机进行电磁转化，产生电能。

拥有一套先进的环保控制设备，确保生产的无害化和排放达标。

建成日处理能力 300 吨的渗沥水处理站，采用国际先进的专业渗沥水处理工艺，处理后达到上海市《污水综合排放标准》中三级标准排放，进一步改善环境质量体现，为中国生活垃圾发电厂的渗沥水就地处理树立了典范，也为同类项目再建提供良好的借鉴作用。

2006 年，通过 ISO9001 质量管理体系和 ISO14001 环境管理体系认证，进一步完善了标准化管理体系的建设，确立了绿色浦城的发展目标。

作为环保示范型工程和环保教育实践基地，我们积极承担起环保宣传和先进工艺展示的社会责任。每年接待约 2000 人次的参观访问。

伴随着浦东环保事业的发展，我们将继续为建设更美好的生态环境而努力。

主厂房

地址：浦东北蔡御桥路 869 号　　邮编：201204　　电话：68931581

HUAWU 华伍

华伍轨道交通装备(上海)有限责任公司

城市轨道交通 制动系统方案提供商

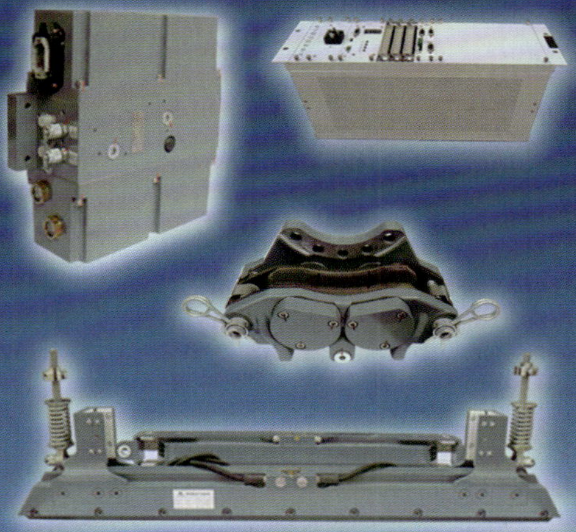

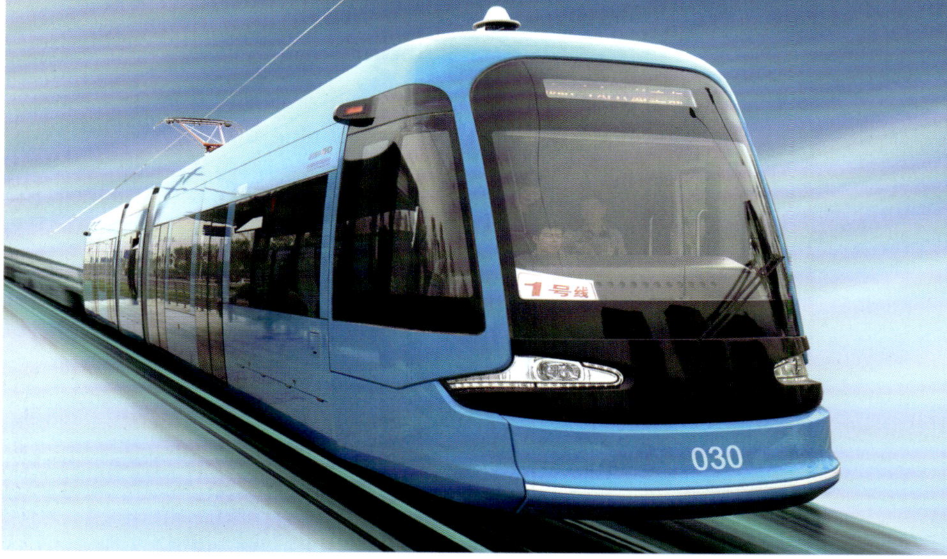

公司自主研发的制动系统应用：

地铁/有轨电车/中低速磁浮/单轨车……

主要产品：

> 供风单元
> 电子制动控制单元（EBCU）
> 气制动控制单元（PBCU）
> 液压制动控制单元（HBCU）
> 磁轨制动装置
> 踏面制动单元、盘形制动单元
> 防滑测速装置
> 空气悬挂装置及气路控制阀
……

低地板现代有轨电车制动系统

●长春轻轨三、四号线既有车辆替代进口制动系统装车，长春北湖线及三号线东沿线新车装车；
●沈阳浑南2013年一期装车10%，二期装车100%；
●中车集团多家整车厂（浦镇、唐山、长客、四方等）开发自主化有轨电车样车选用我司制动系统；
●系统技术扩展应用于单轨车辆，已经装车中车长客跨座式单轨、中车四方悬挂式单轨、中车长江悬挂式单轨；
●拓展服务，承接长春、沈阳有轨电车制动系统日常维修及架修业务。

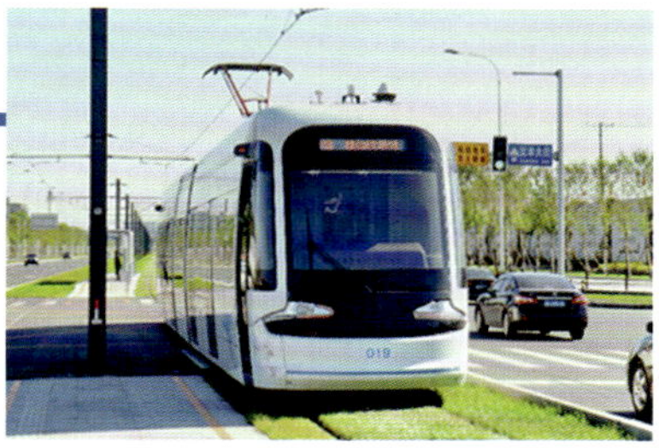

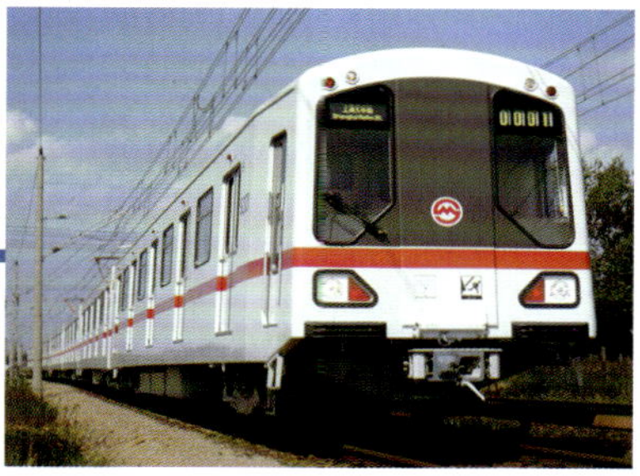

地铁车辆制动系统

●2009年，上海地铁1号线增扩编5列车，采用我司HP2008车控电空制动系统，累计运营里程突破500万公里，单车最大运营里程突破110万公里；已经完成首次架修；
●2010年，科技部试验平台车采用了我司自主开发的地铁架控式制动系统，目前该车在同济大学承接相关试验任务。

中低速磁浮车辆制动系统

●2006年，上海临港磁浮试验线项目采用我司自主化开发的中低速磁浮车辆制动系统；
●2011年，中国南车中低速磁浮试验车上采用我司制动系统；
●2015年，国内首条商业化运营的中低速磁浮线——长沙磁浮项目，批量使用我司制动系统。

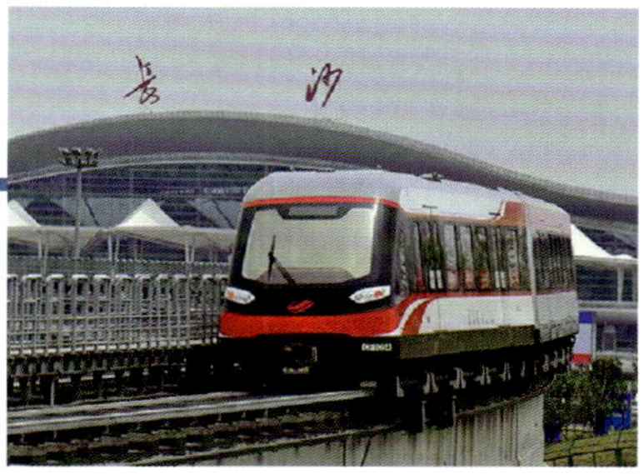

公司地址：上海市嘉定区胜辛南路500号12幢　电话：021-69898018　传真：021-69898019　官网：www.huawurail.com

上海众德能源(集团)有限公司

上海众德能源(集团)有限公司于2003年在上海成立，注册资金10018万元，是一家集科、工、贸为一体的、快速发展的高科技集团。是一家资质优良、品牌卓著的企业，也是上海市重点中小企业。位于上海市奉贤区金汇镇光泰路2199号，拥有35967.52㎡的全新现代化标准厂房(总投资约21987万元)，截至2016年底，上海众德集团资产总额达到3.42亿元。公司下设上海浩德创业投资有限公司、上海众德能源科技有限公司、罗美特(上海)自动化仪表有限公司、苍山中石油昆仑众德燃气有限公司、苍山华油众德燃气有限公司、安徽蚌埠众德燃气有限公司、临沂众德燃气有限公司等子公司共7家。各类专业技术人员100余人，其中：高级职称人员8名，中级职称36名。人员共计300人。公司目前主要从事燃气计量仪表的远程智能管理系统的软件研发、生产、销售；城市燃气智能控制系统的研发及销售，是国内首家燃气计量全方案服务提供商、城市燃气项目实业投资、运营；新能源项目的投资管理、煤炭清洁高效利用项目暨煤炭地下气化项目等。MTRM系列腰轮流量计是罗美特(上海)自动化仪表股份有限公司选用进口核心原器件进行组装、配套而成的高精度、高可靠、宽量程、高性价比的计量仪表。广泛应用于工业检测与控制、城市燃气检测或计量等领域。

上海众德能源(集团)有限公司

地址：上海市奉贤区光泰路2199号　邮编：201111

电话：021-57588188　传真：021-62319751

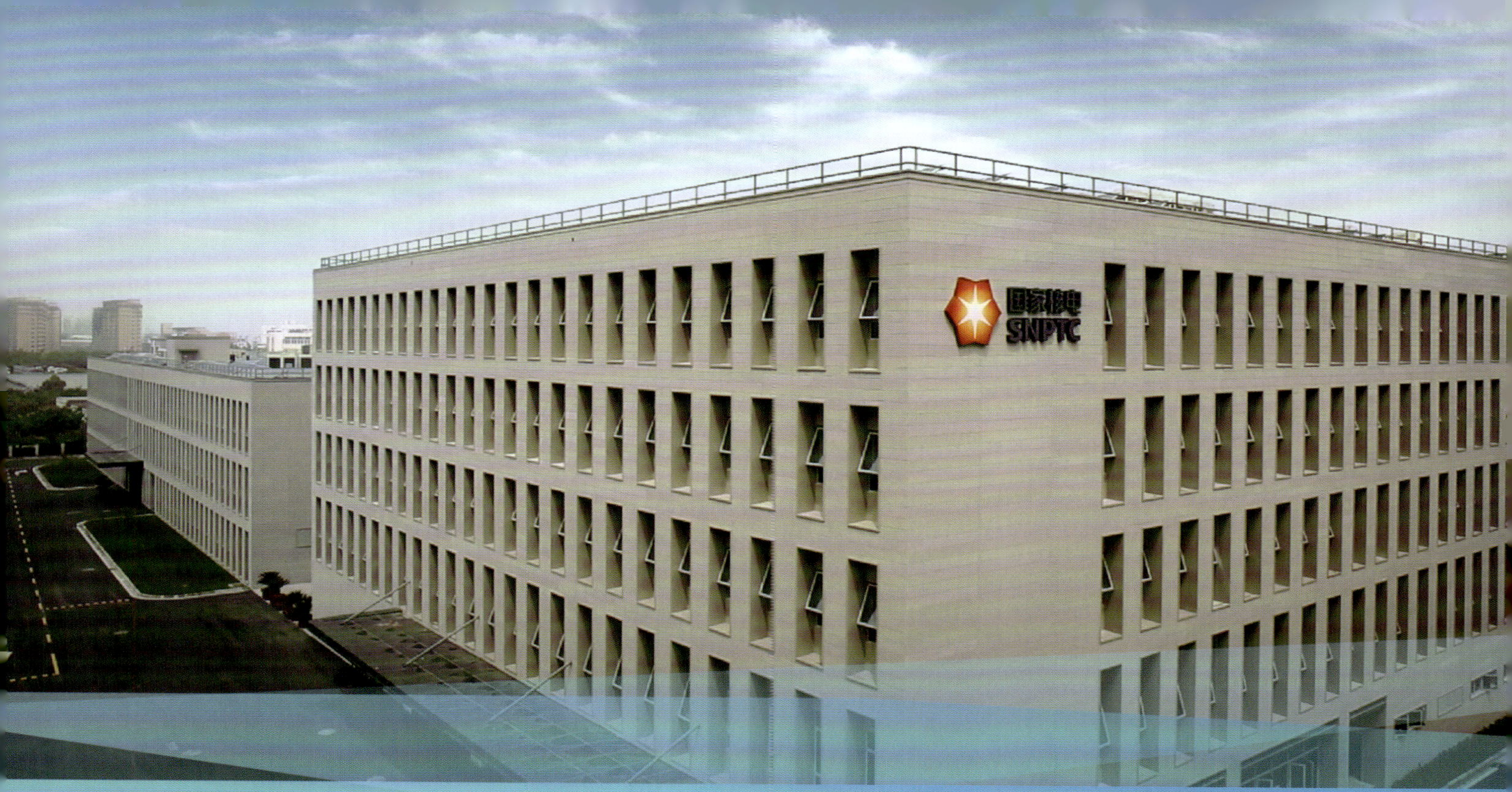

核电仪控领域专业化和综合性解决方案供应商

- AP1000三代核电数字化仪控系统技术转让的指定受让方
- 大型先进压水堆重大专项数字化仪控课题的牵头单位和实施主体

Nu系列核电站数字化仪控系统

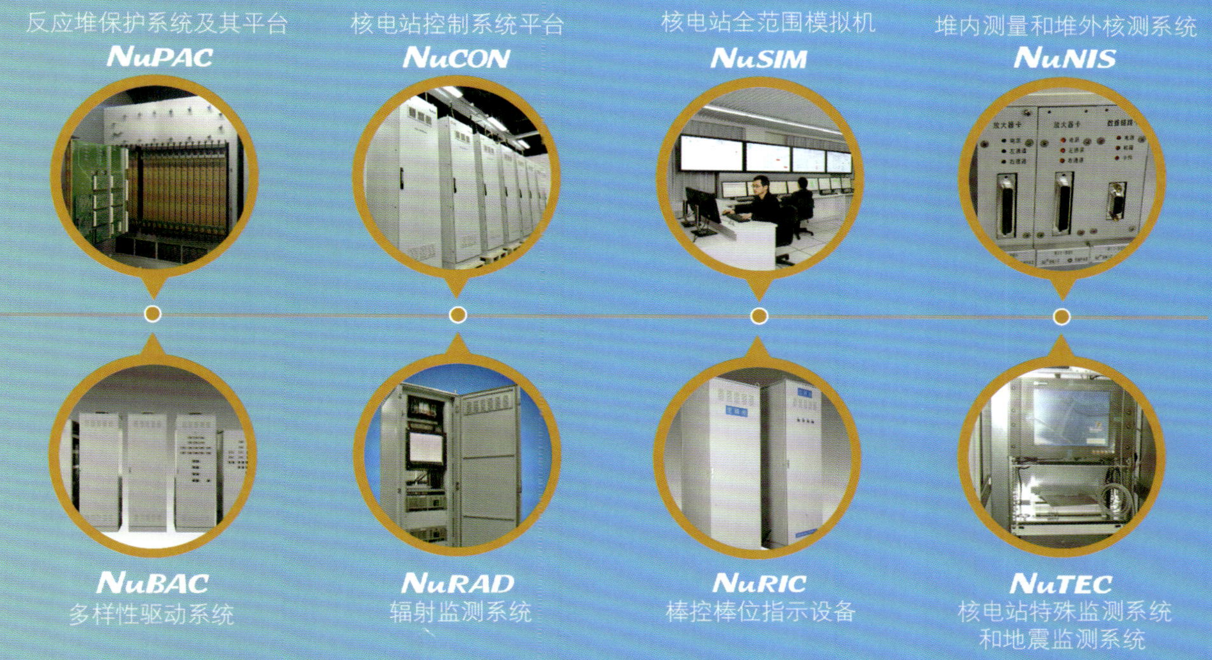

国家核电 SNPTC 国核自仪系统工程有限公司 STATE NUCLEAR POWER AUTOMATION SYSTEM ENGINEERING COMPANY 地址：上海市江川东路428号 总机：021-23518000 传真：021-23518500

上海中广核工程科技有限公司

上海中广核工程科技有限公司是中广核集团在上海的窗口、代表，其旗下以核电、先进行业研发、合作为导引，致力于发展成为一家拥有自主品牌，以核电、先进行业的产业化及其产业链相关内容的建设、运营、服务为核心业务的专业化公司。

公司定位为中广核工程有限公司技术成果转化平台，对外培训业务经营平台，并规划建设和运营管理上海中广核研发中心。依托中广核在核电工程研发、设计及建造领域积淀的强大 AE 能力和产业资源，重点围绕核电高端设备研发、产业化及系统集成，致力于打造：核电及新能源产业链上高端产品的供应商和先进技术的服务商。

目前，在技术成果转化方面，已取得了新型陶瓷隔热保温涂料、金属保温层、抗震机械通风冷却塔等技术成果的转化，并取得了良好的市场应用业绩。

一回路取样装置、核岛三废产品等技术成果目前处于转化阶段，后续在核电市场的应用前景比较明朗。

在对外培训业务方面，秉承“上接战略，下接市场”的原则，以核电、先进行业的产业化及其产业链相关内容的建设、运营、服务为核心业务的定位，面向市场充分开展培训工作，同时结合客户不同的培训需求，共同为全产业链的发展创造价值。通过公开课、企业内训、会务服务等不同的方式，满足不同客户的需求，持续提升对外培训业务业绩及业务能力。

目前，已先后与上海电气、复泰教育、国电投、SMC 等多家单位签署了长期合作协议并开展了相应的项目合作，另外国家环保部、中广核大学、中智、上海交大等多家单位已在培训中心挂牌。

资产经营管理方面，通过整合集团内外部公司，产业链上下游合作伙伴的公司发展需求，以合作共赢的方式开展业务，在不断盘活资产的基础上，共同获得“产学研”的成果产出。

2018 年，上海中广核工程科技有限公司将持续走创新发展之路，在之前业绩基础上，提前谋划、夯实基础、合理调配资源，运用好内外部政策，争取再创佳绩。

上海飞尔汽车零部件股份有限公司

上海飞尔汽车零部件股份有限公司（以下简称“公司”）起源于1996年设立的“东阳汽配制造有限公司”，2003年公司正式设立于上海市奉贤区庄行镇，2015年经股份制改造为股份有限公司。

创立十多年来，公司始终专注于汽车内饰塑料件、内饰总成的研发、生产和销售，产品广泛应用于朗逸、帕萨特、昊锐、明锐、途观、新桑塔纳、POLO、凯越、君威、英朗、科鲁兹、迈锐宝等主力车型。依托先进的产品及模具研发技术和稳定的生产质量，与麦格纳（MAGNA）、延锋内饰、佛吉亚、延锋安道拓等国际知名汽车零部件总成企业建立了长期的业务合作关系，从而成为大众集团、通用集团等一流汽车公司供应商体系内的重要合作方。

成立于2003年，位于上海市奉贤区庄行镇庄邬路88号，占地19000余平方米。

主要负责：项目开发、开模、注塑及组装；注塑设备46台+组装线。

公司现注册资本5625万元。本次二期项目总投资5000万元，（其中设备投资2000万元，厂房投资2500万元）。目前该项目已通过约见会审。

该项目建成投产后，预计年产值将增加26000万元，年销售额增加25000万元，年利润增加2500万元，年税收增加1250万元。

荣誉证书

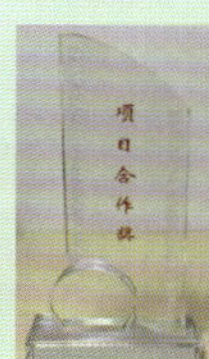

公司产品主要用于OEM：大众集团VW、通用集团GM

主要客户：YF（延锋）、JCI（江森）、佛吉亚Faurecia（中国）投资有限公司、麦格纳汽车技术有限公司Magna、法国泰佛公司Treves（中国武汉泰昌汽车内饰件有限公司）、北京奔驰Beijing BENZ、福建奔驰Fujian BENZ、上海李尔汽车系统有限公司Lear等

主打车型：Car model：朗逸Lavida、帕萨特Passat、昊锐Superb、明锐Octavia、途观Tiguan、新桑塔纳Santana、POLO、凯越Excelle、君威Regal、英朗Excelle GT、科鲁兹Cruze、迈锐宝Malibu等。

地址：上海市奉贤区庄行镇庄邬路88号
电话：021-33650822　传真：021-57406738

上海众大汽车配件有限公司

上海众大汽车配件有限公司是上海大众汽车有限公司的配套企业，是桑塔纳共同体成员。上海众大汽车配件有限公司目前是国内规模较大、技术含量较高、行业管理经验丰富、人才梯队齐备、专业化强的汽车零部件生产企业。

公司 1994 年成立，注册资本为 1200 万人民币，2008 年增资为 3600 万元人民币。股权结构：上海拖拉机内燃机有限公司 60%、安亭镇南安村 40%。

公司注册地址为上海市嘉定区园国路 1488 号，毗邻沪宁高速、上海郊环高速公路、312 国道以及上海市轨道交通 11 号线，交通便利，地理位置优越，处于连接江、浙、沪的枢纽地位。公司占地约 4.3 万平米，厂房面积约 3.3 万平米。

公司注重质量管理，采用国际标准质量管理控制体系，自 1999 年以来先后通过了 ISO9001、ISO/TS16949、OHSAS 18001 认证，具有完善的质量管理体系和物流服务体系。公司十分重视自主创新工作，目前已获得实用新型专利 65 件，发明专利 16 件。

众大公司投资数千万元，购置先进的冲压设备，提升加工设备的自动化水平和产品质量保证能力，努力创造世界一流的汽车冲压件生产企业。主要产品：汽车车身冲压件，如备胎仓、轮罩、天窗加强板等。主要客户有：上汽大众、上海汽车、长安福特、北京奔驰、浙江吉利、沃尔沃等。

众大公司凭借雄厚的技术开发力量，为用户提供全过程、全方位的技术服务。从用户的车体 CATIA、Pro E、UG 数据出发，设计开发匹配优化的汽车冲压件产品。提高开发工作的技术能级，缩短产品的试制周期。同时，众大公司建立了一整套有效的产品检测体系，拥有从国外引进的先进检测器具和设备，确保从原材料购入至成品产出全过程的监控。

面对全球经济一体化的浪潮，众大公司充分发挥产品优势，积极推行国际化采购及供货的发展趋势，以先进的工艺、设备、创新的设计、加工能力，优越的投资环境，良好的信誉，阔步走向世界。

上海菲格瑞特汽车科技股份有限公司

菲格瑞特 Feige

"创新、合作、共赢"

专业的团队

完善的项目管理

先进的设备

高效

低成本

公司介绍：

菲格瑞特是由上实创投及民营资本创建的一家集汽车设计、模型验证、工程样车开发于一体的汽车全面设计服务提供商。菲格瑞特拥有一支国际化的技术人才团队和一流的先进研发装备，菲格瑞特形成一整套新技术、新材料、新工艺的设计开发技术和项目管理工作流程。菲格瑞特长期服务于上海通用、上海大众、PSA、一汽大众、广汽集团等一线合资品牌汽车集团，也是重要自主品牌汽车集团像上汽、长安、东风、北汽的重要合作伙伴，今年来，更是新能源汽车造车新势力威马汽车、奇点汽车、未来汽车等重要战略合作伙伴。菲格瑞特是德国大众在国内唯一认证的汽车工程样车试制基地。菲格瑞特是上海市高新技术企业、上海市科技企业等。

公司的主要产品和服务包括以下四类：

1、工程样车试制：以钣金和钢材等原材料一比一打造的工程样车，该样车用途主要包括市场前期的启动样车和汽车的道路测试、性能测试、公告试验等。

2、模型制作：主要以油泥和代木为原材料制作的油泥模型、整车验证模型、局部验证模型、色彩模型、整车内外饰型等。

3、技术检测：依托为客户制作的工程样车和模型车，为客户提供工程设计验证、工艺可行性验证和数据验证等技术检测服务。

4、设计服务类：造型设计、数字化设计、工程设计。

公司研发装备齐全，拥有：大型五轴数控铣、16 米双臂数控铣、CNC 加工中心、三轴数控铣、龙门数控铣、五轴激光切割机、三坐标测量等。

公司展望：

中国的汽车市场是全球最大的一个市场，也是一个不断成长的市场，菲格瑞特有幸在这个市场中占有一席之地，并作出了较好的业绩，得到了国内主要汽车主机厂的认可。

公司有一个宏大的未来发展规划，力主在汽车产业领域作出自己的品牌，不断壮大自己，为中国的汽车产业发展奉献自己力量，公司诚邀志同道合者，本着"创新、合作、共赢"的理念携手共进。

公司地址：上海市青浦区华新镇华丹路 888 号
联系电话：021-6979 7005 -8077
证券简称：菲格瑞特
证券代码：836480
挂牌时间：2016 年 4 月 5 日
网　址：http://www.feigeshanghai.com.cn

Bigger purpose.

李尔公司于1917年创立于美国底特律。作为全球领先的汽车座椅及电子电气系统供应商之一，李尔的产品及服务覆盖了全球所有的主要汽车制造商，在400多个品牌的汽车上得到应用。来自39个国家257家运营机构的约16.5万名员工组成了李尔的多元化团队，共同设计、研发及制造我们的世界级产品。目前李尔在财富500强中位列第151名。李尔全球总部位于美国密歇根州绍斯菲尔德。李尔亚太及中国总部位于中国上海，为亚太84家运营机构的近4万名员工，包括中国51家运营机构的超过2.6万名员工提供有力支持。

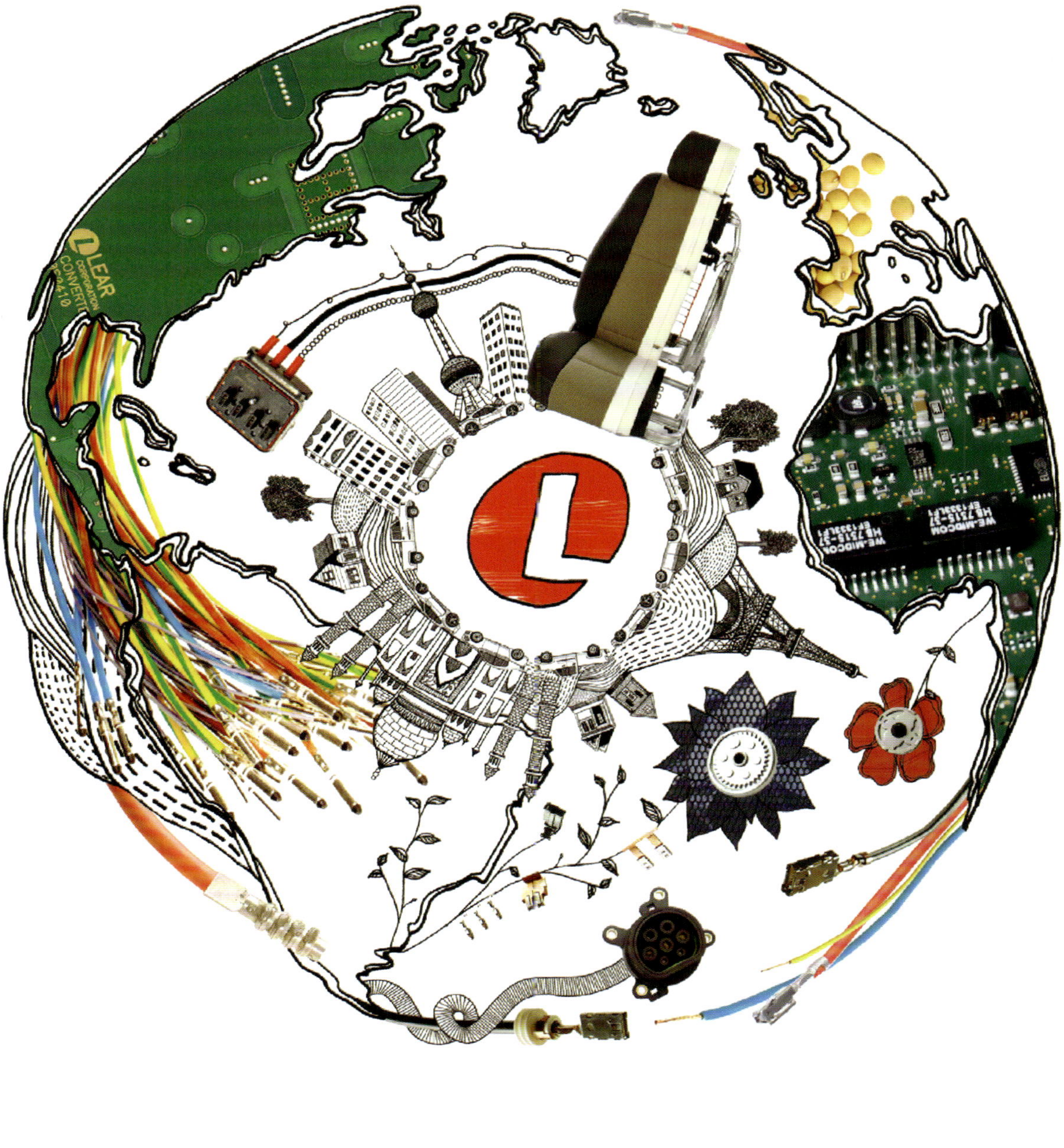

LEAR® CORPORATION

WWW.LEAR.COM

上海申龙客车有限公司

上海申龙客车有限公司成立于2005年，是上海唯一、国内为数不多的综合性客车制造企业。经过十二年的发展，申龙客车成为行业新能源领域的一线品牌。

被行业评为“优秀客车品牌”“十大新能源客车品牌”。申龙客车2017年累计销量7155辆，全年净利润达3.15亿元。其中新能源客车累计销量5779辆，同比增长350%以上，跻身行业前五，增幅行业头筹。

2017年，正式成为知名上市公司东旭光电旗下全资子公司。东旭光电成立于1992年，1996年在深圳证券交易所挂牌上市，是全球领先的光电显示材料供应商，也是目前中国本土最大、世界第四的液晶玻璃基板生产商。

为了进一步完善新能源汽车产业布局，整合优势资源，实现产品战略升级，同年，在东旭光电收购申龙客车的同时，申龙客车也完成对广西源正新能源汽车有限公司的收购。

2018年3月29日，广西源正新能源客车及物流车生产基地在南宁市邕宁区新兴产业园正式奠基。源正新能源生产基地项目建成后将具备年产1万辆新能源客车及3万辆新能源物流车的产能，预计达产后年销售收入近100亿元。

除南宁生产基地以外，为了加速在新能源领域的产业布局，提升申龙客车的生产能力，东旭光电在2017年11月28日与四川绵阳市安州区签署协议投资30亿元建设年产1万辆新能源客车与3万辆新能源物流专用车生产基地。在2018年2月6日，东旭光电又与江苏宿迁签署协议投资30亿元建设年产5,000辆新能源客车和5万辆新能源物流专用车生产基地。

企业认证

荣誉证书

上海鑫燕隆汽车装备制造有限公司

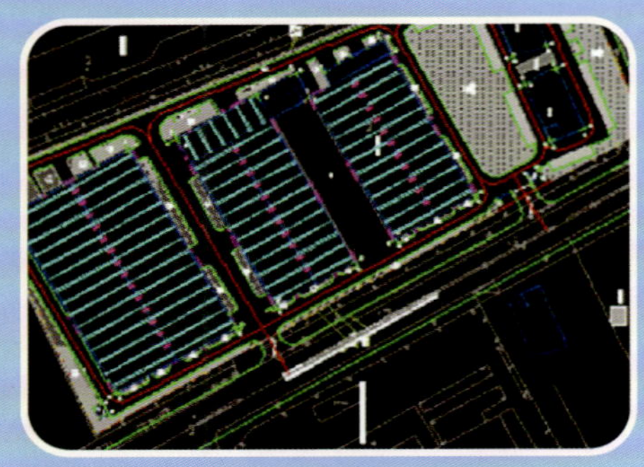

高新技术企业

证书

企业名称：上海鑫燕隆汽车装备制造有限公司　证书编号：GR201531000578

发证时间：2015年10月30日　有效期：三年

批准机关：

上海鑫燕隆汽车装备制造有限公司（简称鑫燕隆 /SYL）是国内领先的汽车智能装备制造商，专注于汽车智能自动化生产线的系统解决方案，为白车身及关键部件的高效制造提供一站式交钥匙服务，业务范围涵盖工程管理、研发设计、工艺规划、加工制造、装配集成、安装调试、质量优化及售后服务等。

目前主要客户聚焦高端汽车制造及零部件企业，包括上汽通用汽车、上汽乘用车、上汽大众汽车、长安标致雪铁龙、长安汽车、国能汽车、上海赛科利、南京依维柯等。公司项目分布在上海、天津、重庆、沈阳、烟台、郑州、南京、无锡、武汉、长沙、深圳、泰国春武里府等国内外十几个城市。

鑫燕隆是上海市高新技术企业，坐落于上海市宝山区机器人产业园区，占地面积约 7.5 万平米，拥有现代化的研发、生产和办公设施。公司现有员工近 800 人，60% 以上为技术管理人员。

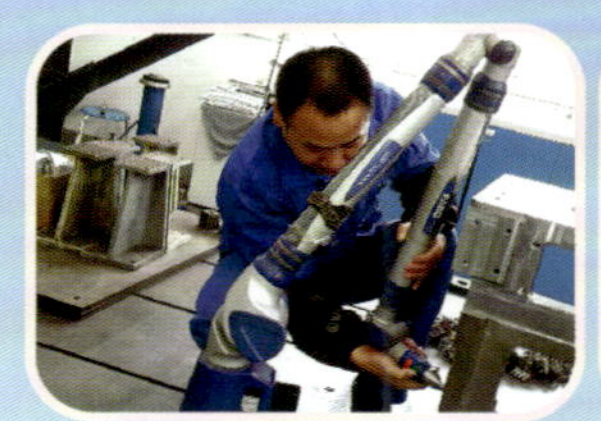

IS09001 质量管理体系认证 /IS09001 certification
可靠的模拟仿真 /Reliable simulation
先进的加工设备 / Advanced processing equipment
严格的入场检验 /Strict admission test
100% 预集成测试 /pre-integration test
100% 出场检验 /factory inspection

推进智能网联汽车测试开放道路建设，助力汽车产业一路向前

——上海国际汽车城（集团）有限公司

2015年6月，国家工信部正式批准上海国际汽车城（集团）有限公司承建国内首个国家级的“智能网联汽车试点示范区”。示范区计划分四阶段从封闭测试区逐步拓展到开放道路、典型城市和城际走廊，形成系统性评价体系和综合性示范平台。

汽车城在建设国家智能网联汽车（上海）试点示范区的过程中，快速推动智能网联汽车进入开放道路测试，目前在智能网联汽车道路测试所需的软硬件建设方面已经达到国内领先、国际一流水平，具备了“1个封闭考场”、“2条开放道路”和“3项服务能力”。

封闭区

测试

发车仪式

1个封闭考场。示范区内的封闭测试区已成为国内测试能力最强、技术水平最先进、影响力最大的窗口，完成了200多个场景建设。同时建立了智能网联汽车上路测试准入评价标准，为智能网联汽车上路测试提供了专业化的考场。以“昆仑”计划为主线，正在构建具备世界一流水平的智能网联汽车综合测试体系，包括中国智能驾驶全息场景库、整车硬件在环实验室、信息安全测评实验室、HMI联合创新实验室等各类测试平台。

2条开放道路。汽车城在核心区25平方公里区域内率先完成了智能视频监控、路侧通信设施、红绿灯智能化等道路基础设施改造；并对道路的交通安全风险进行了系统评估和分级，选取了安全性高、风险等级低的博园路（墨三南路-安研路）、博园路（安虹路-安智路）、北安德路（安礼路-安智路）三段共计5.6km道路作为上海市第一阶段智能网联汽车开放测试道路。

3项服务能力。一是对标准规范的深入解读能力。参与起草国家和上海市智能网联汽车道路测试相关规范，参与《合作式ITS车用通信系统应用层及应用数据交互标准》制定；成为上海市智能网联汽车及应用标准化工作组副组长单位；深度参与《上海市智能网联汽车道路测试管理办法（试行）》编制。二是稳定的团队和专业的测试能力。着力推进上海市制造业创新中心（智能网联汽车）落户嘉定，并作为上海市智能网联汽车道路测试推进工作小组委托的第三方机构，创新中心已经建立了稳定的团队，具备了专业的测试服务能力。三是数据采集和分析能力。建立了综合交通数据中心及云平台，具备实施监测车辆运行状态的能力，同时支持测试过程中相关数据的采集、分析和应用。

下一步汽车城计划继续在嘉定区行政区域范围内推进开放智能网联汽车测试道路第二阶段，即在90平方公里范围内，继续开放18条道路，长约47公里，完成58个信控交叉口测试环境建设。最终完成在150平方公里范围内，连通虹桥枢纽构建智能网联汽车道路测试的典型城市综合示范区及城际共享交通走廊。

上海裴椒汽车部件制造有限公司

上海裴椒汽车部件制造有限公司，成立于2009年11月，专业生产汽车制动软管接头，致力于成为细分市场的行业领先者。公司自主研发了全系列的制动软管用接头，主要有内丝、外丝、异型、硬管和中间套接头五种，至今已经为上海制动系统有限公司、上海联谊汽车零部件有限公司、日立（苏州）电线有限公司、和承汽车配件（太仓）有限公司等六家国内知名的软管总成制造厂家提供优质的产品。

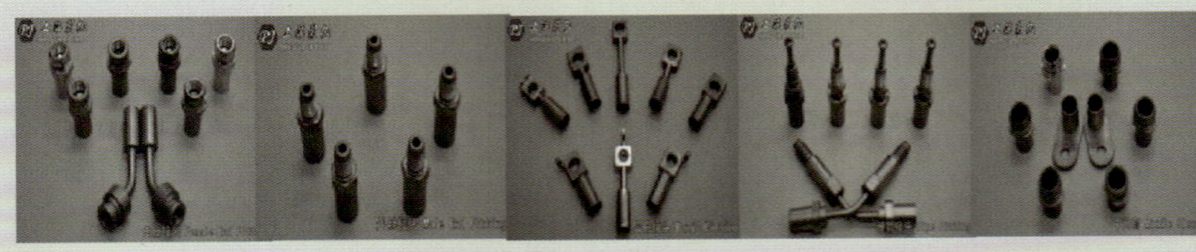

内丝接头　外丝接头　异形接头　硬管接头　中间套接头

公司致力于新技术的研发运用，先后在2013年和2016年获得国家实用新型专利11项，2017年获得4项生产软件的著作权，形成了公司特有的冷镦、铆接和表面处理技术为核心的先进制造能力。

“创新、务实、持续、有效”的质量理念贯彻于公司的全部管理活动。2011年获得ISO/TS16949：2009质量体系认证资质，2018年通过IATF16949：2016体系升级。

目前，公司已经具备了精密测量、产品性能试验和原材料检验能力，覆盖冷镦，车铣加工，螺纹加工，电镀，钎焊，铆接制造全过程。

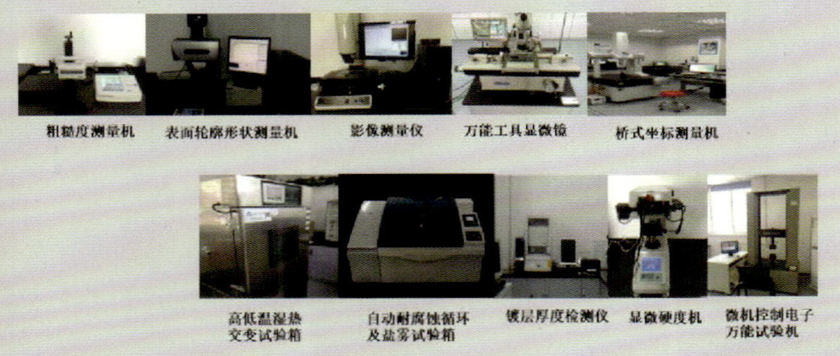

在批量供货的5年时间里，总共生产交付接头7000余万只，产品功能缺陷0PPM，制造缺陷维持在0.19PPM以内。

接头是制动软管总成的关键零件，关系人身和财产安全。我们的产品已经被大众、通用、斯柯达、福特等十多个国内汽车知名品牌使用。为更多的汽车品牌提供安全优质的产品和服务是我们的社会责任，也是我们艰苦奋斗的动力之源。

地址：上海市松江区民强路550号10幢1-2层　　邮　　编：201612

邮箱：　chloe.zheng@sh-pjqp.com　　联系电话：021-69792362（总机）

上海思乐得不锈钢制品有限公司

乐尚壶荣获 2017 年红点奖

乐致壶荣获 2017 年红点奖

野营水壶荣获 2016 年 iF 大奖

法压壶荣获 2018 年 iF 大奖

单手直饮瓶荣获 2015 年中国设计大奖－红星奖

思乐得、海尔、格力等 66 个走向世界市场的中国品牌，闪耀美国纽约时代广场，向世界发声“让世界欣赏中国品牌”

中国国家高尔夫球队赞助商—思乐得保温杯，成立于 1991 年。二十多年来专业致力于不锈钢保温器皿制品（杯、壶）行业，集研发、制造和品牌终端服务为一体，至今十多年连年荣获“上海名牌”、“上海著名商标”、“中国驰名商标“”，是上海市高新技术和科技小巨人企业。思乐得公司已具有“居家系列”、“旅游系列”、“办公系列”、“酒店系列”等四大系列产品 300 多个品种，产品远销国外五十多个国家和地区，深得国内外消费者信赖和喜爱。一杯暖人心，一生思乐得！

上海众山特殊钢有限公司

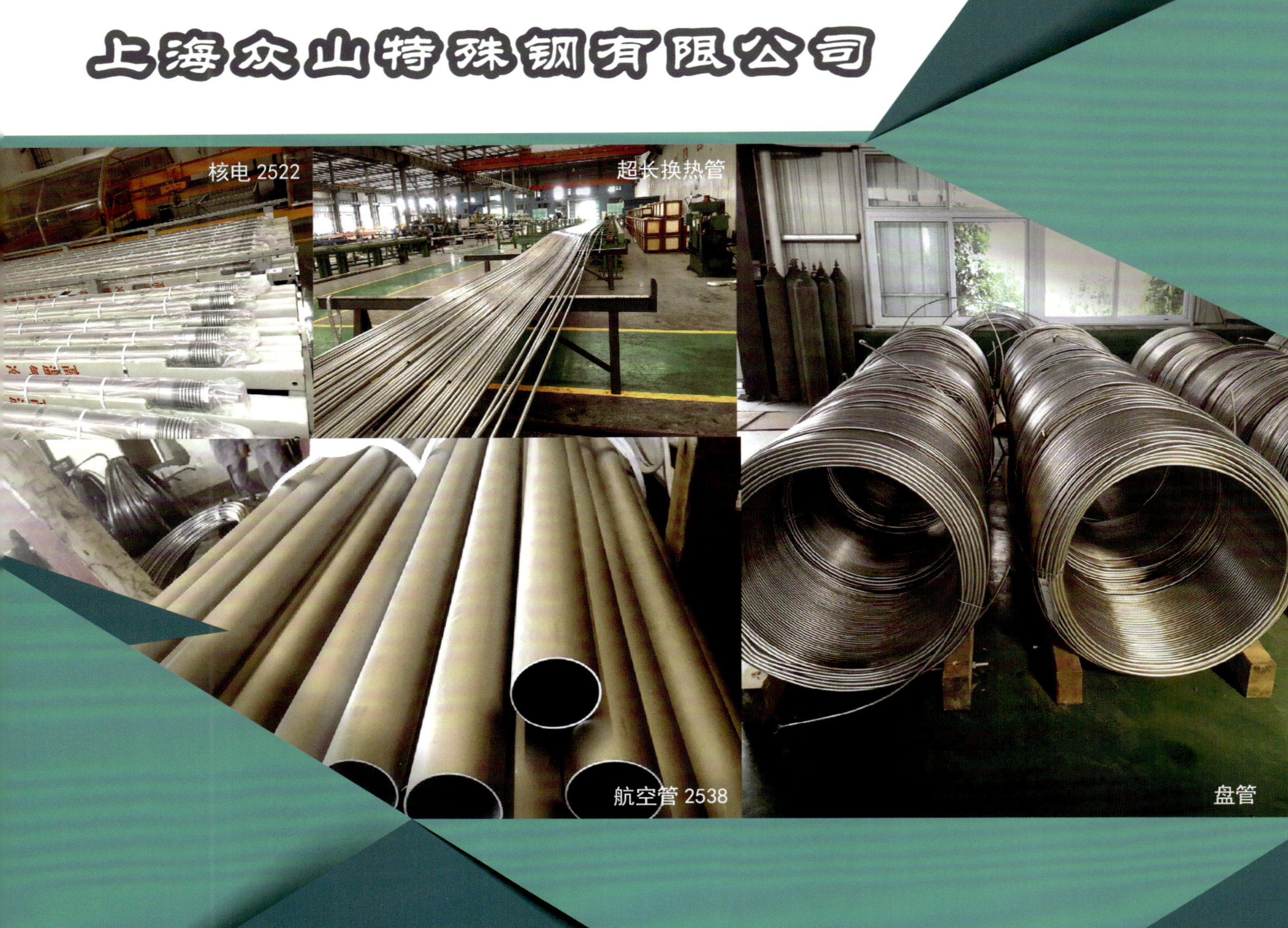

上海众山特殊钢有限公司是由鼎信投资有限公司投资创建。公司落户于上海化学工业区奉贤分区，毗邻杭浦高速庄胡路出口，距离上海浦东机场仅 40 分钟车程，交通及商务及其方便。总投资额为 2 亿元，生产高精密不锈钢和镍合金无缝管，年生产能力为 6000 吨，主要应用在石油、化工、锅炉、核电、航空、汽车、船舶等行业。特别是在一些特殊用途的高附加值、高技术含量的行业。如超超临界锅炉用管、核电用管、汽车管、航空管、超长换热气用管、盘管等。

公司占地 100 亩，其中生产车间面积达 3 万平方米，配备了国内最先进的生产设备和检测设备，在硬件上保证了产品的品质符合客户的要求。公司拥有各种吨位的冷拔机，各种规格型号的冷轧机，连续式固溶热处理炉，矫直机，光亮退火炉，酸洗、穿孔机，盘管机等生产设备；检测试验设备有万能材料试验机，冲击试验机，硬度计，直读式光谱分析仪，金相显微镜及金相分析系统，超声波探伤仪，涡流探伤仪，水压试验机，电子内窥镜。公司拥有严格的质量认证体系，现已取得 ISO9001 认证、欧盟 PED 工厂体系认证、ASME II 认证、GOST 、国家特种设备制造许可证以及大部分船级社认证 ABS/CCS/LR/BV/RINA/GL/KR/NK 等。

在管理上，公司导入了先进的 ERP 管理系统，对管理的及时性、有效性和执行力作全面的追踪和管理。公司现集聚了业内优秀的技术、管理人才，他们将与众山公司一起向全球用户展示风采。

上海聚丰热镀锌有限公司

上海聚丰热镀锌有限公司成立于 2007 年，隶属上海永丰热镀锌集团，位于上海市金山区亭林工业区内，拥有两条热浸镀锌生产线，设计产能 8 万吨 / 年。公司率先建立了国内第一条自主研发、设计和制作的全封闭自动控制绿色热镀锌生产线，同时成功实施了酸洗酸雾房全封闭吸收过滤技术、镀锌烟尘移动罩式收集过滤技术等，为中国传统热浸镀锌企业环保节能改造成功探索出新模式、新方法、新思路。

我公司一直秉持着“成为全球批量热镀锌行业最受尊重最有价值的领导者”的使命和愿景目标，一切从客户出发，一切为客户着想，提供稳定产品质量与服务。公司承接了诸多国内外重大工程的热镀锌业务，热镀锌产品 70% 出口到欧美、日本、东南亚等国家和地区。

别人能生产的我们能生产，别人不能生产的，我们照样能生产，持续不断的技术创新是永丰集团发展的源动力。

上海景条印刷有限公司

公司・简介

上海景条印刷有限公司成立于2002年，现座落在上海市青浦区练塘国家级工业园练东路3号，面积12000平方米，是一家专业印刷各类包装和书刊杂志及出版物印刷的企业。

公司现拥有罗兰705五色胶印机、小森丽色龙LS-540胶印机、2+2胶印机、1+1胶印机等，并拥有一流的印前设计、制作及印后可变数据监管码、二维码、自动烫金、自动腹膜、上光、UV机、自动模切、糊盒机、信封机、胶装龙、骑马龙、配页机等一条龙生产设备。

通过ISO9001、ISO14001、OHSAS18000一体化管理体系认证，并拥有中国环境标志产品认证证书，是上海市新闻出版局中小学教材指定印刷厂家之一。

公司宗旨：团结奋进、诚信务实。随着印刷业的高质量、高优服务、高技术迈进，在前进中不断完善自身，坚持卓越品质“应用先进的技术、提供精美可靠的产品、领先国内、创世界名牌”的奋斗目标。坚信：自身不断完善，加上客户的信赖和支持，景条印刷有限公司将与中国印刷业一起走向更加辉煌的明天!

电　话：13918688666　15618917617　021-59815621
传　真：021-59815631
邮　编：201715
地　址：上海市青浦区练塘镇工业园区练东路3号5-6栋

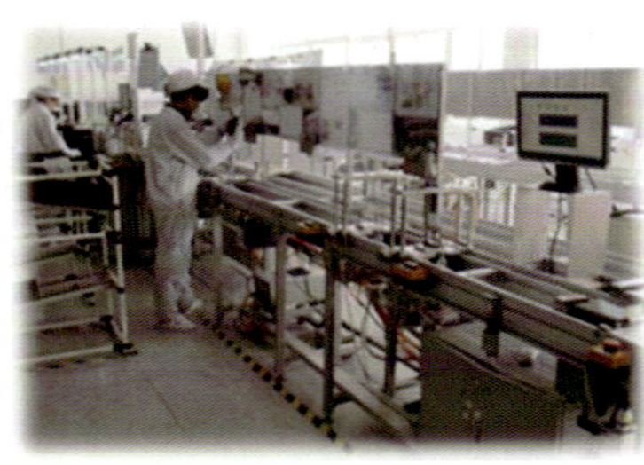

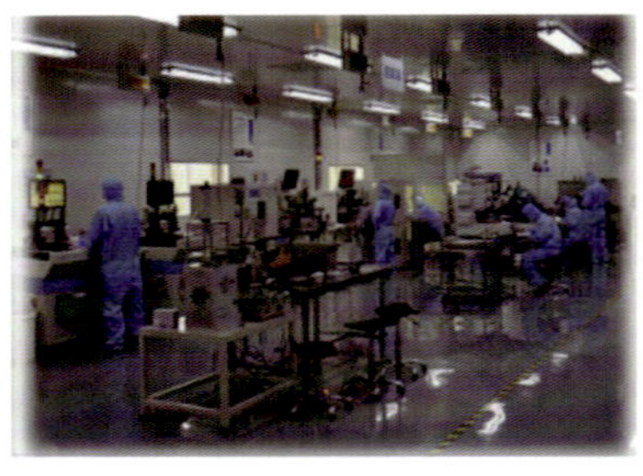

公司简介

上海信耀电子有限公司成立于2002年4月，是在中国科学院上海冶金研究所（现上海微系统与信息技术研究所）与上海汽车工业（集团）总公司联合共建的上海汽车电子工程中心的基础上转制而成，是集专业研发、生产与销售汽车传感器、控制器、执行器、LED模组等电子产品为一体的高新技术企业。公司产品广泛应用于通用、大众、奥迪、丰田、长安、广汽等国内外主流车型，销售规模超二十亿元。同时承担完成了国家科技部、 市科委、 市经信委等多项汽车电子科研任务，其中承担的“LED汽车灯具的自主开发”获2007年上海市科技进步二等奖，承担的“汽车电子信号灯的自主开发”获中国汽车工业科学技术三等奖。公司特别注重知识产权的保护，已获授权专利百余件。

服务宗旨

以专业为核心，以顾客满意度为宗旨，做行业里的佼佼者。

质量方针

诚信：以诚待客，诚信经营
创新：技术创新，管理创新，以满足客户不断变化的潜在需求
优质：以优质的技术服务和高质量的产品确保广大客户的满意
高效：高效率的服务，及时处理客户提出的要求

主要产品

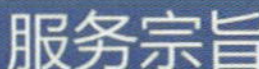

汽车控制器
AFS(智能前照灯系统)、LDM(LED驱动模块)、HID Ballast(HID镇流器)、马达控制器、ADAS(高级驾驶辅助系统)。

汽车传感器
汽车高度传感器、位置传感器、压力传感器、角度传感器、智能电池传感器。

汽车执行器
直流调光执行器、步进电机调光执行器、电磁阀、直流无刷风扇、大灯清洗器。

汽车灯具
LED汽车照明模组、PES（投射灯单元）、LED前照灯单元。

车用LED封装
大功率LED、中功率LED、小功率LED

自动化设备
工业机器人、伺服电机及控制器、激光焊接设备

地址：上海市嘉定区恒谐路50号
网址：www. seeyao. cn

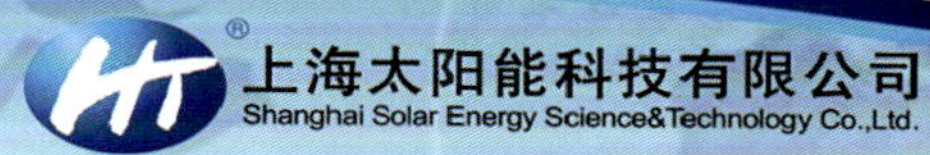

公司简介

上海太阳能科技有限公司(HT-Shanghai Solar)是由上海航天汽车机电股份有限公司(沪市代码:600151)、上海申能新能源投资有限公司、上海空间电源研究所合资成立的股份公司,正式注册成立于2000年元月,注册资金2亿元,是中国最早从事光伏相关业务的企业之一。

公司依托航天优势,主要从事国内外独立和大型并网光伏电站、BIPV独立光伏系统工程及相关系统产品的设计研制、开发、销售、施工和服务。先后承建了西藏光明工程、上海世博中心光伏兆瓦级电站、上海闵行航天城光伏停车场并网发电工程、国内首个兆瓦级BIPV电站——上海太阳能工程技术中心光伏并网发电项目,以及国内首座BIPV光伏建筑一体化生态示范办公楼。在集中式电站方面,公司成功开发、建设中国西部首个百兆瓦级大型荒漠光伏电站——嘉峪关130MW光伏电站、宁夏地区首个百兆瓦级的光伏电站——宁东一期100MW光伏电站等项目,累计装机容量已超过1GW。并积极开拓分布式发电项目的开发和建设,战略布局已拓展至甘肃、宁夏、青海、新疆、河北、山西、云南等二十个省。

2014年,公司被国际权威光伏市场调研机构IHS评选为全球光伏EPC企业第四名,全国第二名。

公司以“展航天精神 建精品工程”为企业精神,以“技术先进 成本领先 质量可靠 创造价值”为经营理念,以“成为国际领先的智慧能源系统方案及优化的供应商和服务商”为愿景,始终致力于光伏系统应用开发,为客户提供全面、高效的太阳能系统集成解决方案。

永兴岛智慧能源项目

嘉定汽车城光储充电桩微电网项目

金寨太科100MW光伏电站

山西阳泉50MW光伏领跑者项目

云南砚山20MW光伏电站

宁夏宁东150MW光伏电站

甘肃永登49.5MW光伏电站

山西忻府100MW光伏生态农业大棚

江苏沃得36.8MW光伏电站

上海太阳能工程技术中心
兆瓦级BIPV光伏电站

电话:64895099

守护宝
angelcare
上海中兴

上海中兴守护宝

让家人幸福的选择

守护宝，上海中兴旗下品牌服务于老人/儿童等需要关爱的群体，提供以终端产品为基础，以位置服务为核心、以生活服务为内容的综合解决方案。

智能机系列

远程守护让爱没有距离

自带远程控制功能
子女安装守护宝APP后，即可远程接管该系列父母手机，帮助解决一切手机难题。

功能机系列

十年专注 父母首选

大字体 大按键 大音量的三大设计
自带一键"SOS"紧急求助功能
让守护无处不在！

儿童腕表系列

每时每刻 爱的陪伴

海量故事 通话微聊 安全防护
社交拓展 友好三防 时尚外观

数码配件系列

种类全面 品质保证

可视智能皮套
移动电源 蓝牙音箱 蓝牙耳机
智能摄像头 睡眠仪等应有尽有

上海中兴通讯技术股份有限公司
服务热线：4008 867 768

1 上电所承办的中美空中交通管理科技合作研讨会在沪召开
2 上电所吴大观志愿者服务队开展航空科普进校园活动
3 上电所举办建所60周年职工文艺汇演
4 上电所荣获双创大赛荣誉
5 欧盟代表团赴上电所合作调研
6 上电所助力 C919 首飞
7 上海市经信委陈鸣波主任赴上电所调研
8 上电所助力 AG600 首飞
9 上电所五个项目获上海市科技进步奖

中国航空无线电电子研究所（简称上电所）始建于 1957 年，隶属于中国航空工业集团有限公司。长期从事军民机航空电子系统综合技术研究。承担座舱显示控制、航空电子核心处理、信息综合处理、无人机一体化控制以及航空无线电通信导航等设备、系统的研制与服务，为海陆空等军兵种和国产民用飞机提供先进的航空电子装备，是集科研、生产、服务一体化的高新技术企业。

上电所拥有航空电子综合技术系统国家级重点实验室，具备航空电子系统的自主研发能力，形成了先进航空电子综合技术和相关产品研究、开发、仿真、实验、测试、验证手段，同时与 Honeywell、Thales 等多家国外企业建成了国际先进水平专业实验室，是国内航空电子技术和产品研发的重点保军单位。上电所秉持"航空报国、强军富民"的宗旨，聚焦主业，以航空系统综合技术、座舱显控及人机工效、综合任务管理、核心处理平台、无人机一体化控制、通信导航监视为重点，形成了符合行业发展的专业技术体系。同时，坚持"遵循数据采集、构建卓越体系、聚焦装备品质、超越顾客期待"的质量管理理念，先后通过了 GJB5000A 三级、软件成熟度三级、GJB9001B、AS9100C 等质量体系认证。

上电所按照"技术同源、产业同根、价值同向"发展思路，充分发挥航空电子综合通信导航专业优势，向航天、兵器、船舶等非航空防务领域纵向拓展。同时积极响应军民融合发展战略，探索军用技术民用产业化发展，重点在空中交通管理、通航服务保障、民用无人系统装备、民用飞机航空电子、智慧交通、智慧海洋等领域进行产业化发展。

上电所聚焦价值创造和商业成功，正在创新中突破，在拓展中实现全价值链和全产业链发展，致力于成为"国内领先、国际一流"的航空电子与信息服务系统研究所。

中国航空无线电电子研究所

上海光华仪表有限公司

生产现场照片

产品展示

上海光华仪表有限公司始建于 1934 年，是中国第一家流量仪表厂。上世纪三十年代末开发出了第一只国产小水表，五十年代末～六十年代初，开发了国内第一台椭圆齿轮流量计（油表）、第一台电磁流量计、第一台电感式膜盒差压计、第一台电传转子流量计。1961 年划归核工业部后，改称中核二六四厂，为我国核工业早期建设研制和生产了大批专用仪表。随着国家核工业战略的调整，中核二六四厂一方面服务重大核工程，另一方面积极参与了核电工业的早期建设，开发了中国第一台 CEC 系列电容式差压 / 压力变送器、第一台 CPCA 型绝对压力变送器、第一台 CEC(H) 核安全级电容式变送器、第一台潜水型电磁流量计、第一台核级吹气装置，以及第一套反应堆压力壳液位监测系统等各类产品。

2003 年 12 月底以前，顺利完成了企业改制和人员分流工作，并组建了多元化投资（国内合资）的上海光华仪表有限公司。

几十年来，光华曾获得过上海仪表行业红旗单位、全国工业交通财贸系统经济效益先进单位、核工业部先进单位、流量仪表专业委员会第三届理事会理事长单位、上海市文明单位等称号。自 1993 年以来，连年被评为上海市高新技术企业，2006 年以来，CEC 系列变送器（含核级）和 LD 系列电磁流量计，被推荐为上海市品牌产品。2014 年以来，连续被评为上海市仪器仪表行业协会经济运行十佳企业，2015 年以来，连续被评为上海市五星级诚信创建企业，2017 年 11 月，被评为高新技术企业。

上海陛通半导体能源科技股份有限公司

上海陛通半导体能源科技股份有限公司（简称：陛通股份）成立于2008年，坐落于上海市张江高科技园，是一家专业从事集成电路制造设备及关键部件的研发、销售和技术服务的高新技术企业，也是国内规模最大的集成电路芯片制造设备服务企业。随着公司业务发展的需求，陛通股份先后于2011年成立陛通香港有限公司，2016年成立上海陛通半导体设备有限公司。

公司主营业务包含集成电路芯片制造工艺设备的再制造和改造升级（简称：再制造业务）、与设备相关的关键部件研发和备件国产化业务（简称：国产化业务）、相关行业（LCD，LED等）制造设备的装配线项目服务业务（简称：项目服务）；以及为集成电路、TFT-LCD、LED制造生产线提供设备运行维护服务业务（简称：人力技术服务）。陛通股份作为核心供应商进入以中芯国际、华虹宏力、武汉新芯、上海华力、无华润上华，宁波比亚迪，上海新微，成都德州仪器等为代表的国内各大知名晶圆芯片制造企业，在我国集成电路行业内赢得了较高的信誉与口碑。

公司自创立以来，积极加强创新领域的建设，不断完善自我，先后于2010年和2017年分别通过ISO9001:2008和ISO9001:2015国际质量管理体系认证，2011年荣获上海市首批“技术先进型服务企业”，2015年被认定为“上海市高新技术企业”。2016年获得“上海中小企业专精特新”、“2015-2016年中国半导体行业最具成长力企业”、“2016年度科技小巨人培育企业”、“中芯国际（深圳）杰出供应商”等荣誉称号。同年9月，陛通股份在新三板挂牌上市（证券简称：陛通股份 证券代码：839159），开启了陛通股份高速发展的新时代。

陛通股份始终坚守着“矢志成为立足中国、服务全球的高科技产业技术服务提供商”的企业使命，为国内、外晶圆芯片制造厂和集成电路设备供应商提供高品质定制化的专业技术服务。经过近九年的快速发展，始终不忘初心，将设备质量、技术服务质量放在第一，超越客户满意度作为企业唯一的行为准则。

研发中心由多位在半导体设备研制和工艺研发领域有多年经验的资深研发人员组成。主要任务是对公司现有产品、工艺进行改进和升级，并根据集成电路制造行业的新技术、新工艺、新材料、新设备研发设计新的真空反应腔和核心部件产品。通过不懈的努力，陛通研发中心累积获得了三十几项国家发明专利、实用新型专利和软件著作权，具备了强大的自主创新和新产品开发的能力。

研发中心产品目前主要涉及200mm和300mm晶圆的CVD，PVD及Etch设备领域。提供AMAT Centura/P5000 Endpoint HOT PACK的核心部件及整体翻新、改造；陛通自主研发、基于Windows7、用于等离子体刻蚀Endpoint监控的全光谱OES系统；Endpoint Monochromate的整体翻新、改造和软件系统及核心部件；Brooks robot、PRI robot & controller、VHP robot、HP robot的维修。陛通研发中心根据全球市场变化，着眼于半导体集成电路制造行业先进设备和工艺制程发展的前沿科技，努力打造自己的核心产品。并根据公司发展规划、市场需求和用户的潜在需求，持续不断地提出新课题和研发方向，例如，碳化硅材料、氮化镓材料、人造金刚石薄膜材料等特殊工艺设备。

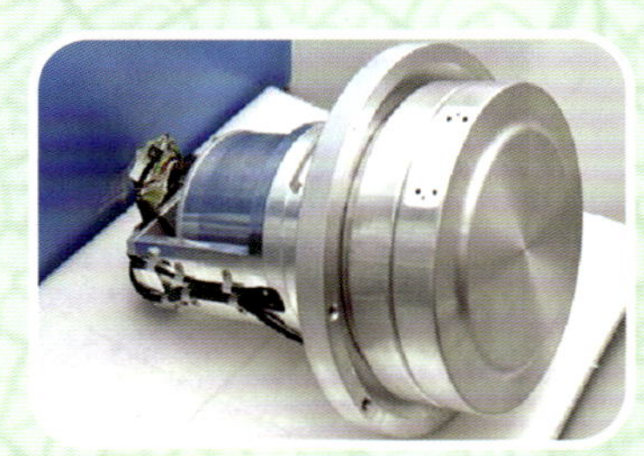

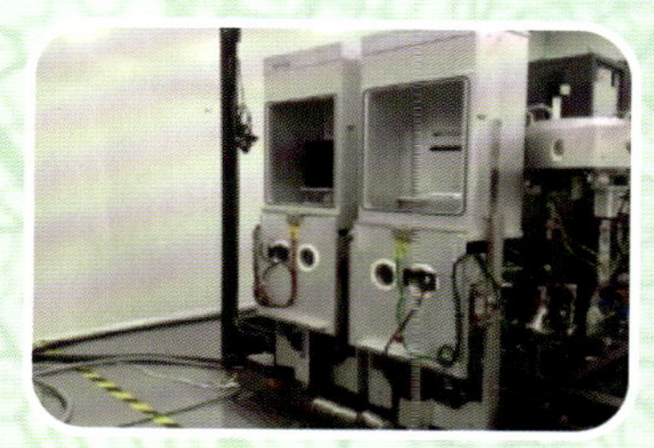

上海陛通半导体设备有限公司(简称陛通设备)是上海陛通半导体能源科技股份公司全资子公司，成立于2014年7月，位于距离上海浦东新区张江高科技园区约10公里的东胜路。具有600mm2万级洁净室，配备大容量高压电源、去离子水、压缩空气、真空泵机组等全套厂务设施。可同时容纳12台设备进行再制造和升级改造项目，另预留空间可供4台设备提供科研项目和培训使用，具备200mm和300mm物理气相沉积(PVD)设备，化学气相沉积(CVD)设备，蚀刻(ETCH)设备等主流集成电路设备的再制造和升级改造能力，兼具大量机台和零备件库存，为国内各大半导体生产厂家提供全面高效的机台零备件和技术服务。公司于2017年通过ISO9001:2015国际质量管理体系认证。

证　书

上海陛通半导体能源科技股份有限公司

上海市"专精特新"中小企业

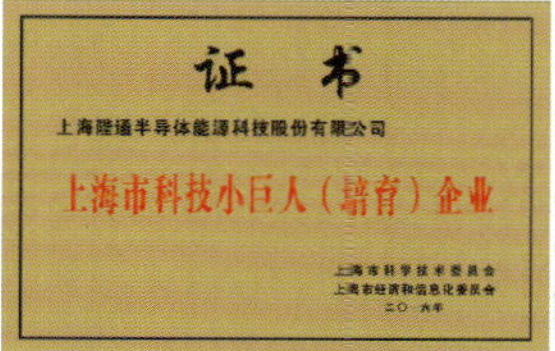

上海福耀客车玻璃有限公司

上海客车玻璃经批准的经营范围为生产特种汽车安全玻璃，业务以汽车玻璃(后挡、侧窗、天窗)包边为主、并兼顾轿车前档、大巴前档玻璃业务。

现有五个工厂：包边一厂、包边二厂、钢化炉外工厂、大巴厂、高光塑料零件注塑厂，并针对新业务组建了强大的技术研发团队进行前期业务拓展。

带外饰件总成

简介

通过玻璃整周密封包边，同时集成多样化的高亮\亚光的金属或塑料装饰条，多元化的LOGO元素，提升整车高雅的气质表现。

特征

- 集成不锈钢亮饰条
- 集成铝阳极氧化亮饰条
- 集成黑色高亮/亚光铝亮饰条
- 集成黑色高亮塑料亮饰条

我司有五个炉外炉，
用于生产天窗、
三角包边的钢化玻璃。

简介

通过集成钉柱、铁件、导轨嵌件等，为整车装配提供快速准确的定位，降低劳动成本提高客户效益。

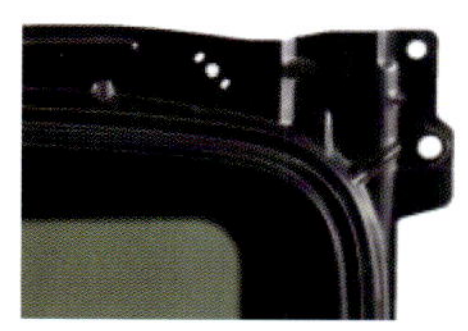

集成定位功能铁框

特征

- 集成金属或塑料钉柱
- 集成紧固螺母或螺栓
- 集成金属支架

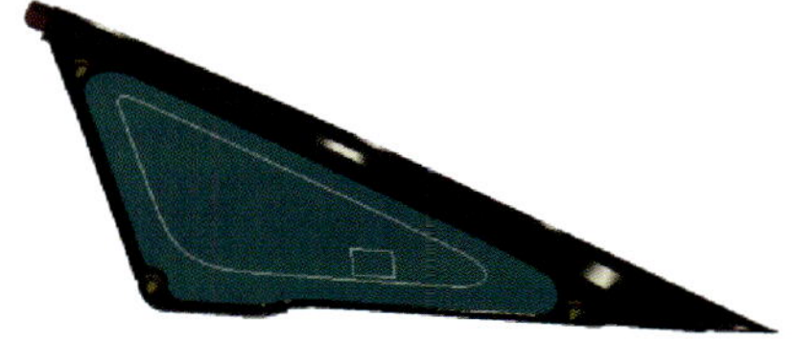

集成定位钉柱及门亮条导向柱

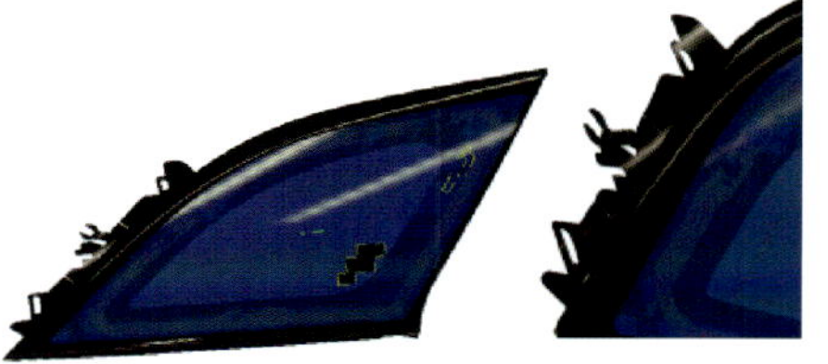

集成D柱固定铁件

荣誉证书

简介

美钻集团公司是一家专业从事陆地与海洋高端石油天然气钻采设备的研发设计、生产制造和工程技术服务的企业。主要产品和业务包括：各规格型号耐高压、高防腐、大排量、耐高温、耐低温、高技术的井口套管头、采油树、闸阀、节流阀、安全阀、地面生产管汇、油田安全自动控制系统、钻井设备；各种管道阀、防喷器和控制系统、节流/压井管汇和控制系统、水下井口采油树系统、水下管汇、水下自动控制系统、水下自动对接连接器系统、水下防喷器系统等关键系统等产品设备。美钻集团公司的MSP/DRILEX品牌，早已是业界公认、遍布全球的国际知名品牌；同时拥有8项API国际石油行业资质的高科技企业。公司分别与2009年、2012年先后成功进入了国际著名石油公司壳牌、道达尔全球供应链体系(全球只有4家，亚洲只有1家)；同时也是国际石油巨头公司英国BP石油公司、康菲(Conoco Phillips)石油公司、美国雪佛龙(Chevron)澳大利亚必和必拓公司等国际石油公司、以及中东地区、中亚地区、南亚地区、非洲地区等国家石油公司的合格供应商；在国内，美钻集团公司更是中石化、中石油、中海油在国内外重大项目最主要的供应商。

业绩

经过20多年发展，集团公司现已拥有一支由石油天然气开采及设备研发专业人员组成的国际化管理团队，旗下管理着8家研发和生产制造基地，2家销售服务型企业，在全球拥有28个生产及销售服务机构。公司始终坚持以振兴民族工业为己任，以打破少数国外高端能源设备制造商的技术垄断为责任，通过不懈的努力，美钻在陆地和海洋高端石油天然气设备研发制造领域内填补了诸多国家空白，并相继为北京城市储气库、上海城市储气库设计和提供了全套系统设备，为西气东输源头提供了成功替代外国产品的高端系统设备。大幅降低了国家因进口而造成的高端石油天然气装备采购成本，有力的维护了国家的能源安全。自2008年以来，公司就制定了全力加速水下系统装备科研业务中长期战略规划的重大决策，先后成功自主研发和制造了海洋深水井口及采油树、水下控制系统、水下连接器、深海隔水管、水下防喷器等设备，并联合壳牌建立了中国首个完整的“PR2实验室”、联合中海油建立了中国唯一的“水下生产系统单元测试基地”，彻底改写了国家在此领域100%依赖进口装备、受制于外国的历史。此外，美钻能源科技(上海)有限公司还圆满完成了国家“十一五”“十二五”水下重大科技专项并继续承担了国家“十三五”水下重大科技专项。

美钻石油钻采系统(集团)总公司
地址：上海市宝山区锦乐路500号
电话：021-56921878　传真：021-65538092
邮件：mspstaff@msp-drilex.com.cn
网址：www.msp-drilex.com.cn

荣誉

2012年被评为“上海市民营科技企业研发百强”；

2014年公司被中国科协、发改委、科技部、国资委和全国总工会授予“讲理想、比贡献”奋力实现中国梦活动先进集体荣誉称号；

2014年被上海市科学技术委员会、上海市经济和信息化委员会评为“上海市科技小巨人企业”；

2016年被上海市评为“科学技术奖一等奖”；

2016年被上海市名牌推荐委员会推荐评为“上海名牌”企业；

2017年被上海市经济和信息化委员会评为上海市“专精特新”企业；

2017年被国家工业和信息化部、中国工业经济联合会评为“制造业单项冠军培育企业”。

研发中心
RESEARCH AND DEVELOPMENT CENTER

上海诺特飞博燃烧设备有限公司

上海诺特飞博燃烧设备有限公司为中美合资企业，隶属美国 NTFB 燃烧设备有限公司。公司专业从事燃油、燃气和其他特殊燃料燃烧器以及风机、美国品牌－艾弗朗的各类阀门、控制系统等配套设备的研发、设计、生产、销售和服务。

公司拥有世界领先的燃烧技术、高精度的生产加工设备、高端专业的实验、检测平台，更为用户提供系列高质量、超低氮燃油、燃气等燃烧器及辅助设备给予了多重保障 。公司秉持以科技为本、务实创新、节能减排、造福一方的信念，严格按照国家环保要求打造优良的合格产品。

公司拥有一支由专家组成的强大技术团队和燃烧专业队伍。为用户的锅炉、燃烧器及配套整体项目及时提供完整高效、安全节能的高质量产品及服务。

上海诺特飞博燃烧设备有限公司先后为北京京丰电厂、吉林油田、乍得恩贾梅纳炼油厂、新疆石油管理局、大庆油田、新疆民航、中国南车集团、乌鲁木齐热力公司、北京体育局、北京大学、北京航空航天大学等众多项目分别完成了燃油、燃气及多燃料混燃的整体配套和安装调试。公司在新疆乌鲁木齐煤改气蓝天工程启动项目中，成为该地区具有影响力的厂商。目前仍为政府工程的主要设备供应商。

燃烧器销售在大容量燃烧器市场上尤占优势。公司团队具有丰富的工业和电站锅炉燃烧系统项目的建设经验、专业的技术水准和及时解决问题的能力。同时，公司在中国市场采用独特的产品定制化设计、生产的方式，并以合理的价格与高品质的服务，赢得了用户良好的赞誉和口碑。

企业荣誉

1、2014 年上海市科技型中小企业技术创新资金项目
2、2015 年上海市产业转型升级发展专项资金项目（重点技术改造项目）
3、2016 年上海市高新技术企业
4、2016 年金山区专利示范企业
5、2017 年上海市专利试点企业
6、2016 年通过 ISO9001 体系认证；2018 年通过了 ISO9001、2015 版体系认证
7、2017 年通过 OHSAS18001、ISO14001 体系认证

公司地址：上海市金山区金强路 168 号　邮编：200333　电话：021-57271177

FineTek 上海凡宜科技电子有限公司

上海凡宜科技电子有限公司成立于1999年5月，是桓达科技集团设立在中国大陆地区的运营总部，主要从事中国区的生产、销售以及相关配套产业的经营，公司主营业务为各类物/液位开关、物/液位计的研制、生产和销售。其产品涵盖了各类传送器、流量计、压力温度传送器以及各种架桥破坏器、染整控制器……等等，能全方位的满足客户全自动化控制作业的条件。公司始终致力于各类工业控制仪表、分散式控制系统（DCS）、管理控制及资料搜集系统（SCADA）的开发与研究。

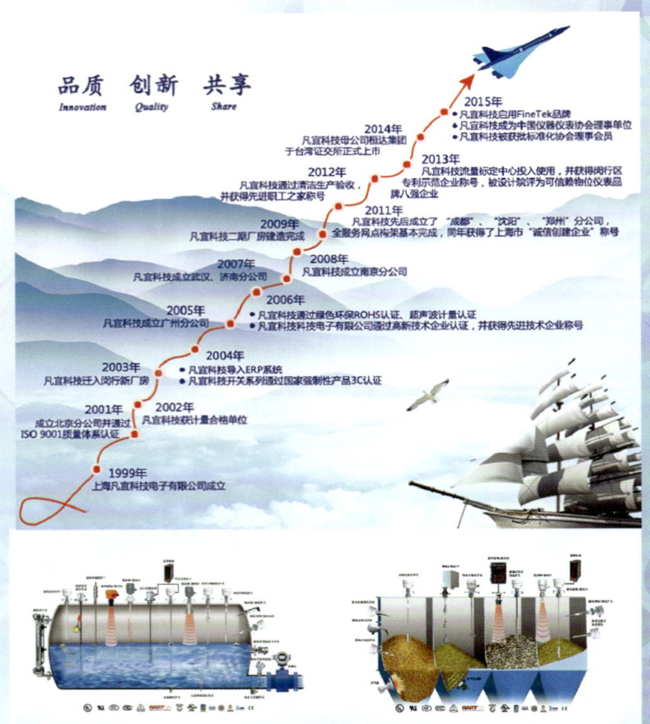

在产品质量上，秉承"质量是企业生命"的原则，严格把控质量。于2001年通过了ISO9001国际质量体系认证；2008年顺利地通过绿色环保ROHS认证；2013年10月被设计院评为可信赖物位仪表品牌八强企业；并于2016年取得上海市外商投资先进技术企业及闵行区科技小巨人培育企业等荣誉；2017年，再次取得上海市"专精特新"企业称号，同年公司研发中心被认定为闵行区级研发机构并通过市专利试点企业验收。

凡宜人秉承着"用户至上"的经营理念，并相信："没有做不到，只有想不到"。已设"北京""广州""武汉""济南"、"南京""成都""沈阳""郑州"八个分公司，后续将在全国其他各省增设分公司，以最大限度地为客户提供及时、周到的服务。

黄光　　刻蚀　　薄膜

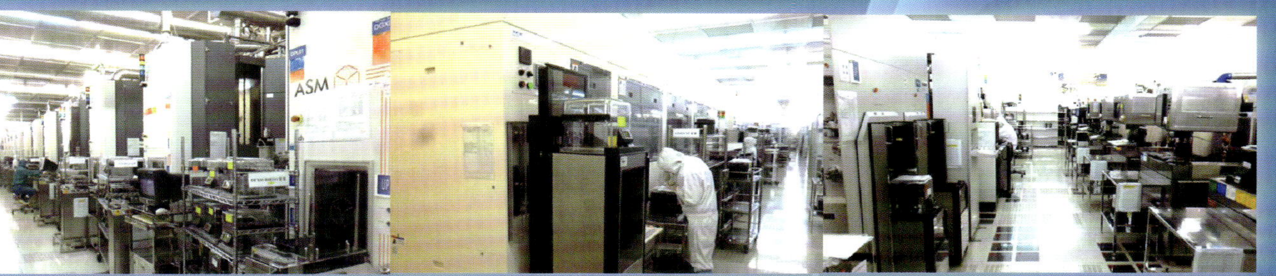

扩散　　清洗或研磨　　外延

上海先进半导体制造股份有限公司(简称“上海先进”,股份编号3355.HK),于1988年由中荷合资成立为上海飞利浦半导体公司,1995年易名为上海先进半导体制造有限公司,2004年改制为上海先进半导体制造股份有限公司。

上海先进位于上海市徐汇区漕河泾新兴技术开发区,是一家大规模集成电路芯片制造公司。目前,上海先进有5英寸、6英寸、8英寸晶圆生产线各一条,专注于模拟电路、功率器件的制造,8英寸等值晶圆年产能62.8万片。上海先进通过了ISO9001、VDA6.3(Grade A)、ISO/TS 16949、ISO 14001、ISO/IEC 27001等质量、环境及信息安全管理体系认证,是国内最早从事汽车电子芯片、IGBT芯片制造的企业。上海先进凭借近30年的芯片制造经验、先进的工艺设备及严格的质量管理体系,通过引进、消化、吸收、创新,在国内模拟电路、功率器件芯片代工领域具有领先地位。

上海先进的客户来自于全球领先的集成器件制造商及无生产线的半导体公司,其制造的产品广泛应用于汽车电子、工业控制、电源管理、智能身份证、通讯及电子消费品等领域,并已通过战略产业联盟合作,融入新能源汽车、智能电网、轨道交通等国家战略产业。同时上海先进运用各类制造工艺平台及量身定制的模式,使其更好地服务于客户的特定制造要求。

上海先进是上海市科委认定的“高新技术企业”,国家商务部评定的“外商投资双优企业”、“上海市出口百强企业”。作为一家国际性上市公司,上海先进力求依据国际公认的有效公司治理准则进行运作,并最大限度地提升股东价值。

地址:中国上海市虹漕路385号
邮编:200233
电话:8621-6485 1900
网址:www.asmcs.com

Add: 385 Hong Cao Road, Shanghai, 200233 China
Tel: 8621-6485 1900
Website: www.asmcs.com

上海先进半导体制造股份有限公司

Advanced Semiconductor Manufacturing Corporation Limited

上海和辉光电有限公司

一、基本情况

上海和辉光电有限公司成立于 2012 年 10 月，坐落于上海市金山区，是一家专注于中小尺寸 AMOLED 显示屏生产和下一代显示技术研发的企业。

公司定位： 上海和辉光电有限公司已建成国内首条第 4.5 代低温多晶硅（LTPS）AMOLED 量产线，并在 2014 年 12 月实现产品小批量生产，于 2016 年开始大批量出货。为了形成量产规模，和辉光电正在建设一条 6 代 AMOLED 生产线。该项目包括阵列、OLED、模组三大工序，产品以 1 至 13 英寸的中小尺寸显示屏及模组（部分柔性）为主，玻璃基板尺寸为 1500mm×1850mm，产能可达 3 万大片 / 月。项目的建成对促进我国平板显示产业的优化升级，提升我国平板显示技术整体水平具有重要的意义。

目前产品情况： 公司已成功研发应用于智能手机、可穿戴式、车载应用、虚拟现实等四个大类的多达 16 种 AMOLED 面板产品。和辉光电目前的产品线主要包括：应用于 4G 手机的 5.0/5.2"HD（窄边框）和 5.5"FHD（窄边框）AMOLED 显示屏；应用于智能可穿戴产品的 0.95" 方形和 1.4" 圆形 AMOLED 显示屏；应用于虚拟现实设备的 3.0"（1K：1080*1200）AMOLED 显示屏。

2017 年至今，公司在 AMOLED 柔性技术开发上取得了可喜的成绩：包括折叠技术，卷曲技术等。公司在柔性显示产品上提前发力，稳步前进，展现了和辉光电在柔性显示技术方面国内领先的技术实力。

和辉手机显示屏

和辉柔性显示屏

和辉圆形穿戴显示屏

和辉柔性卷曲屏

二、和辉光电（二期）项目建设情况

和辉光电（二期）项目总投资 272.78 亿元，总用地约 687 亩，二期项目主体厂房总建筑面积约为 39 万㎡，其中洁净厂房面积约为 32 万㎡，这是上海有史以来最大的净化厂房。该项目已被列入"十三五"期间上海市重大产业项目、上海市战略性新兴产业重大项目和 2016-2018 年度上海市重大工程建设项目。二期项目已于 2016 年 12 月开工建设，计划于 2019 年 1 月试生产。

I|N|E|S|A
Auto Electronics
仪电汽车电子

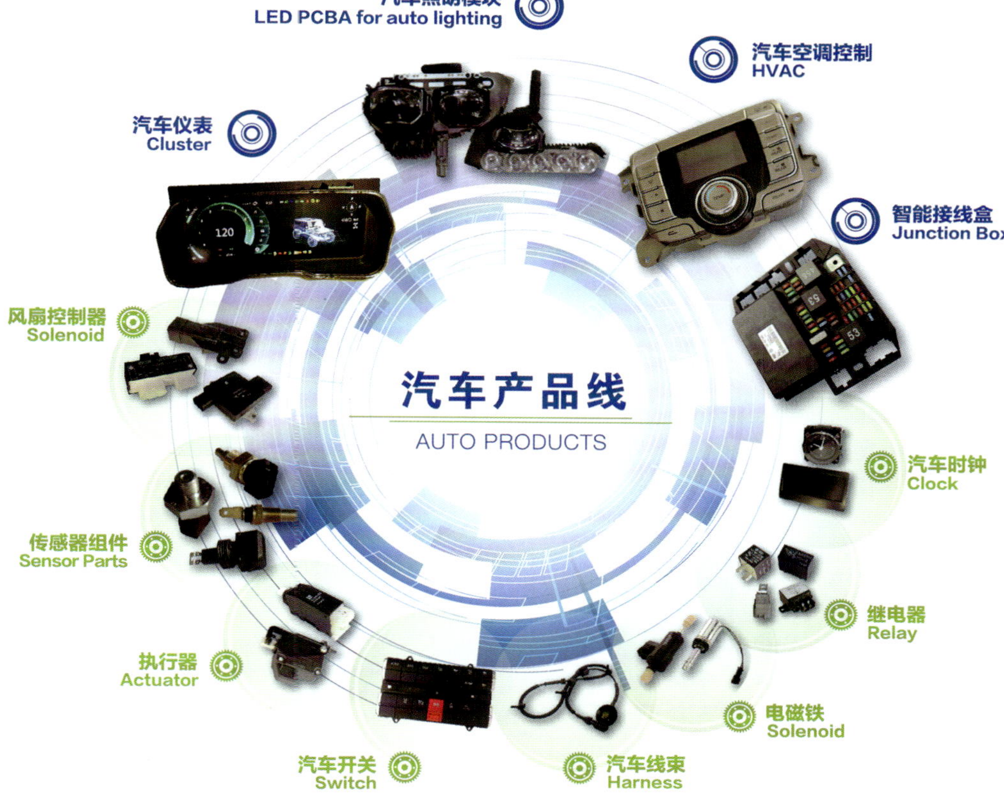

上海仪电汽车电子系统有限公司是由原上海飞乐股份有限公司旗下实体公司通过资产重组后，聚焦汽车零部件产业全新成立的有限责任公司，注册资本12亿元。

目前公司旗下7家企业，从事汽车电子电器、汽车照明模块、汽车仪表及空调控制器、汽车线束等汽车零部件的研发、制造和销售。

Shanghai Inesa Auto Electronics System Co., Ltd. was established by several entities owned by Shanghai Feilo Co., Ltd. for automotive strategy. The registered capital is 1.2 billion RMB.

Company have products of automotive electronics, automotive lighting, clusters, air conditioning, sensors and wire harness.

国内客户及合作伙伴
DOMESTIC CUSTOMERS & PARTNERS

国内客户 Domestic Customers

排名不分先后

合作伙伴及二次配套客户 Partners & Tier 2 Customers

排名不分先后

生产基地及服务中心
SITES ANDOFFICE IN CHINA

 生产基地 长春 / 吉林四平 / 上海 / 重庆

 服务中心 沈阳 / 北京

下属企业 SUBSIDIARY

上海嘉定
上海圣阑事业有限公司
上海市嘉定区嘉新公路1001号
Tel: 021-5910 9500

上海崇明
上海德科电子仪表有限公司
上海市崇明区长江路218号
Tel: 021-5966 6525

上海松江
上海元一电子有限公司
上海市松江九富工业区九新公路870弄98号
Tel: 021-6762 7171

上海安亭
上海沪工汽车电器有限公司
上海市嘉定区谢春路1288号
Tel: 021-6959 2666

上海奉贤
上海飞乐汽车控制系统有限公司
上海市奉贤区展发路389号
Tel: 021-3757 2088

上海仪电汽车电子系统有限公司
Shanghai INESA Auto Electronics System Co., Ltd.

电话（Tel）：86-021-59599566
E-mail：aes@aes.inesa.com
地址：上海嘉定黄渡谢春路1288号7号楼
邮编（Postcode）：201804
Address: Building 7, No.1288 Xiechun Rd. Huangdu Industry Park, Jiading, Shanghai
网址：www.aes.inesa.com

Nader 良信电器

—— 高端低压电气系统解决方案专家 ——

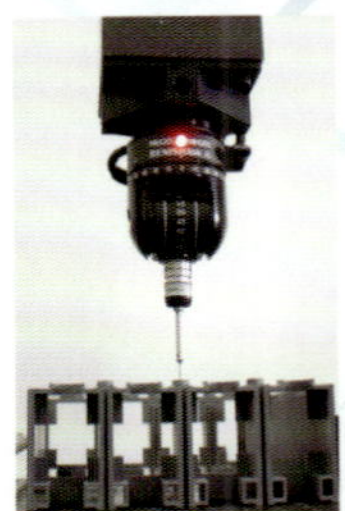

企业概况

Profile of the Company

专注低压电器领域

两位数逆势增长

倡导突破性的变革创新

每年销售收入的 6% 以上用于技术研发

国家企业技术中心

IPD集成产品开发体系

基于平台的产品开发，真正兼顾质量和进度

独立的技术开发，构建支撑产品平台的核心技术体系

实施精益化生产及全价值链质量管理

美国UL资质实验室

中国国家认可委员会CNAS企业实验室

巴斯夫催化剂(上海)有限公司

单位概况

2006年6月,巴斯夫并购安格公司,并于次年7月更名为巴斯夫催化剂(上海)有限公司。公司生产机动车排放控制催化剂,用于汽油车、柴油车及摩托车。公司于2000年7月起投入商业运营。

作为全球领先的催化剂供应商,巴斯夫在废气排放控制领域有着卓越的技术成就。所生产的催化剂产品在市场上有着广泛的应用,包括汽车、摩托车和柴油机等三大领域,如汽车尾气三元催化转换器、摩托车尾气催化剂、柴油机尾气催化剂等。这些产品保护着我们共同呼吸的空气。

巴斯夫催化剂(上海)有限公司以优质的解决方案服务于客户,能够帮助客户满足国家现行排放标准以及将来更加严格的汽车尾气排放标准。其技术一直在同行业中占有领先地位,并在扩大产能、技术研发方面都有很大的投资,以保持其长期以来对市场的承诺,我们将继续竭诚为中国市场及客户提供最优质的服务。

巴斯夫催化剂(上海)有限公司一贯重视产品质量管理与提高,同时致力于环境保护,对相关环境因素进行科学管理和持续改进,已通过了TS16949质量管理体系 和ISO14001环境管理体系的认证。

社会责任

巴斯夫催化剂和中国环境科学研究院(环科院)保持长期研发合作,在过去10年成功研发合作基础上,巴斯夫于2014年签署新的战略合作协议,携手应对严峻的大气污染问题,特别是北京和华北地区的雾霾。

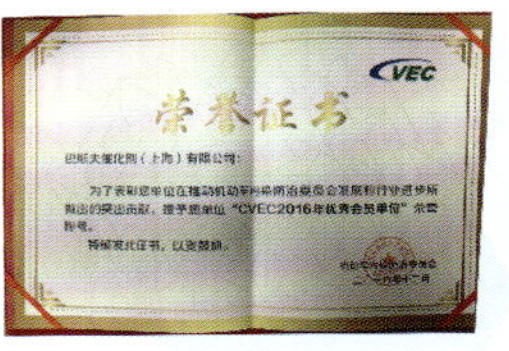

中国环境科学研究院隶属于中华人民共和国环境保护部,是国家级社会公益非营利性环境保护科研机构。双方的合作将聚焦三大领域:首先,巴斯夫和环科院将共同研究中国市场汽车后处理装置的试验评价与监管,借鉴欧洲和北美的先进经验,为制定相关的技术政策和监测措施提供支持;另外,双方也将联合开展中国在用汽车排放状况研究;以及节能环保领跑者技术研究。

在巴斯夫催化剂,我们将经济效益、社会责任及环境保护结合在一起,通过研发与创新,帮助客户在各行各业满足当前和未来的社会需求。不仅多次获得客户颁发的优秀供应商奖项,更获得行业内的认可,获得行业协会等组织颁发的奖项。

单位文化

根据"创造化学新作用"这一战略,巴斯夫制定了远大的目标,继续巩固全球领先化工公司的地位。我们致力于推动可持续发展的未来,并将其融入公司宗旨:创造化学新作用——追求可持续发展的未来。我们希望创造一个充满活力的未来,为提高每个人的生活品质作出贡献。为此,我们充分利用现有资源,为客户和社会创造化学新作用。

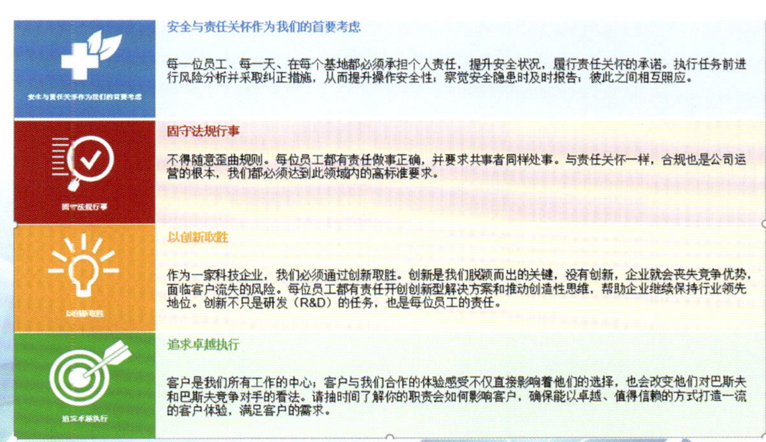

1. 我们从以下方面落实企业宗旨

负责任地进行采购与生产/成为公平可靠的合作伙伴/汇聚创新思想,发掘满足市场需求的最佳解决方案

2. 我们的战略原则

凝聚集团整体力量增加价值。巴斯夫的一体化理念在业内独树一帜。涵盖生产一体化、技术一体化、专知一体化以及全球所有相关的客户行业,这个复杂而又具有盈利性的体系将在未来不断扩大。我们以此整合自身优势,凝聚集团整体力量增加价值。

追求创新帮助客户更加成功。巴斯夫将更贴近客户需求,利用创新的可持续发展解决方案帮助客户获得成功。通过与客户及研究机构的密切合作,巴斯夫整合了化学、生物、物理、材料科学、工程等领域的专业知识,共同开发定制产品、功能性材料、系统解决方案和工艺技术。

引领可持续发展的解决方案。未来,可持续性更是新商业机遇的起点。因此,巴斯夫高度重视可持续性与创新,并将其视为促进盈利增长的重要动力。

建立最佳团队。全球敬业称职的优秀员工是巴斯夫追求可持续发展未来的关键因素。为了建立最佳团队,我们为员工提供了优越的工作环境和具有包容性的领导文化,鼓励相互信任、相互尊重,并追求最高绩效。

3. 我们的价值

公司战略的成功实施取决于我们如何行动:这就是我们价值观的意义所在。这套价值观将引导我们与社会、合作伙伴和同事之间的互动与协作。

创造力:为了寻求创新和可持续发展解决方案,我们勇于追求大胆设想。我们集合不同领域的专业知识,建立合作伙伴关系以开发增值的创新解决方案。我们不断改进产品、服务和解决方案。

开放性:我们重视多元化—无论是人、观点,还是经验。我们鼓励以坦诚、尊重和互信为基础的对话。我们致力于发展人才,不断提高他们的能力。

责任感:我们承担作为社会一员的责任。因此,我们严格遵守合规标准,并且在安全方面从不妥协。

企业家精神:无论作为个人还是一个团队,巴斯夫的所有员工都为公司的成功作出贡献。我们将市场需求转化为客户解决方案,而取得这些成就源于我们对工作的全心投入,并勇于承担责任。

上海金发科技发展有限公司

生命之泉涌流不息

实验室

上海金发科技发展有限公司是一家专业从事高性能改性塑料新材料研发、制造、销售和服务的高新技术企业。

改性塑料是在一种或多种高分子基材中加入合适的功能配方，采用特定的制备工艺制得的，具有新颖结构特征，能够满足使用性能要求的新材料。公司的新材料产品主要应用于交通运输、家电、IT、电动工具、节能照明、体育运动器材以及军工等产业领域。

公司2001年10月注册成立，注册资金3.7亿元，占地面积138亩，已通过ISO 9001、ISO 14001、ISO/TS 16949等认证。公司2017年全年销售34亿元，税收1.3亿元。连续多年被评为上海市企业百强，纳税位居青浦区100强前列。

公司建立了上海市认定企业技术中心、上海市工程塑料功能化工程技术研究中心和企业博士后科研工作站，自主创新能力强，研发团队中博士16名，硕士126名。公司先后承担国家重大产业技术开发专项、上海市高新技术产业化重点项目、上海市科研计划项目等重大项目，自主研发的产品已申请专利1118件（含联合申请），其中中国发明专利862项，发明专利超过77%，PCT申请35项，制修订国家、行业标准8项。荣获中国专利优秀奖12项，上海十大优秀专利3项，技术达到国际先进水平。公司列入首批上海市"科技小巨人企业"，还先后获得中国优秀民营科技企业、上海市专利工作示范企业、上海市第一批创新示范试点企业、上海市最具活力科技企业、上海市知识产权示范企业、上海市优秀高新技术企业、上海市创新型企业、上海名牌等荣誉称号。

公司是中国塑协工程塑料专委会副理事长单位，上海改性塑料产业技术创新战略联盟理事长单位，上海市科技企业联合会、上海市新材料协会副会长单位。公司将努力为新材料行业和产业创新发展作出应有贡献。

改性塑料新材料的创新和产业化，将链接上游石化合成树脂产业和下游制品应用行业，并推动塑料机械、精细化工、纳米功能助剂、无机矿物材料等众多学科和行业的发展与技术推广。

上海金发科技发展有限公司与众多世界500强企业在内的客户和供应商共同构建了塑料改性与应用的产业价值链。已成为全球塑料改性行业应用覆盖面最广的企业，为新一轮发展奠定坚实基础。将进一步以科技创新为引领、大力实施高新技术产业化、做强改性塑料新材料，力争在全球经济和产业秩序重塑过程中把握先机，引领改性塑料新材料新一轮的创新与应用发展。并致力于完善"化工——改性塑料——产业新材料应用"的产业价值链，将为上海经济又好又快发展作出贡献。

上海金昌工程塑料有限公司

Shanghai Jinchang Engineering Plastics Co.,Ltd.

上海金昌工程塑料有限公司位于上海西南隅杭州湾畔的金山卫，是上海石油化工股份有限公司全资子公司上海石化投资发展有限公司与日本JNC石油化学株式会社、日本伊藤忠商事株式会社组建的中外合资企业。公司引进日本最先进的改性材料生产技术和设备，生产高性能改性塑料，年生产能力达到5万吨。本公司具有全面的开发、测试技术与优良的售前、售后服务能力，为客户提供全面的新产品解决方案。

公司自1994年成立、1996年正式投产以来，已自行开发了3000多个牌号，近2000个色牌号的产品，创出了一批优质产品，广泛应用于汽车、家电等行业，经过二十多年产品研发和经验积累，公司目前已获得国家专利16项，2013年起获中国合格评定国家认可委员会实验室认可证书，在汽车、家电等行业均具有较高的知名度。公司成立至今已相继建立和实施了ISO9001、IATF16949质量管理体系；GB/T24001环境管理体系；OHSAS18001职业卫生管理体系；Q/SHS0001.1安全、环境与健康管理体系以及安全生产标准化；并连续多年获得 “上海市塑料行业名优品牌” “上海市高新技术企业” “上海市守合同重信用AAA级企业”“上海市诚信创建五星级企业” 以及多家客户颁发的 “优秀供应商” 等荣誉称号。

诚信创建企业

2010年3月－2018年6月

汽车专用料

JC-汽车系列产品主要用于汽车内外饰件，具有良好的耐候性、耐热老化性、耐寒性，以及二次加工性能，如可焊接、涂覆等，可满足不同部件的性能要求，已得到大众、通用、本田、丰田、尼桑等汽车公司的认可与使用，其卓越的材料性能，已经成为业内企业的首选。

家电专用料

JC-家电系列产品是以各类树脂为基体，通过改性，赋予材料以高刚性、冲击性、耐热性、抗静电性、高光泽度、阻燃及抗菌等性能。与西门子、松下、三洋、伊莱克斯、美的等国内外大型家电公司有着广泛的合作。

其他专用料

JC-其他系列以其良好的性能，广泛用于医用大输液瓶盖等医疗器械包装、电线电缆部件、建材、食品包装、办公用品、机电等多个领域。

联系地址：上海金山区石化卫二路8号 联系电话：021-57934143 传真：021-57934602 公司主页：http://www.sh-jcpp.com 邮编：200540

中镭科技

ZhongLei Science

科技成就梦想

上海中镭新材料科技有限公司，是一家具有自主知识产权的高端改性工程塑料研发、生产以及销售的高新技术企业，是一家全球技术领先的科技型公司，是一家逐渐面对全球市场并拥有国际视野的现代化企业。企业的核心竞争力是其持续的创新能力、独创的创新体系以及追求全球领先的价值理念。

公司定位在高端改性工程塑料，坚持自主创新，加大研发投入，立志成为国内改性工程塑料行业的名牌企业，以领先的技术和宽广的视野及丰富的企业经营经验，成为行业标准制定者。公司自成立以来，业绩每年翻倍增长。

公司已成功开发出 9 个系列的改性工程塑料：改性 PC 系列、PC/ABS 合金系列、PC/PET 合金系列、PLA/PC 等合金。产品各方面性能指标均达到国际先进水平，打破了长期以来跨国巨头公司（GE，拜耳、杜邦、巴斯夫）在高性能工程塑料产品领域的垄断。电子电气等行业，客户包括一汽大众、上海大众、华为、西门子等。公司产品已获得一汽大众、德国大众、华为等多项认证。

核心竞争力

改性技术中引入流变学(上海交通大学流变所是国际一流，亚洲首屈一指的流变学研究机构)，通过对熔融挤出流场的控制，来达到对流动和形变的控制，进而控制材料的分子结构和形态结构，最终达到对产品质量的控制，以获得高性能的改性塑料产品，取得技术上的重大突破。产品的各项性能指标、质量稳定性以及环保性能要求等方面均已达到国际先进的技术水平，打破了国外多年以来在工程塑料改性技术领域的垄断。

公司成立以来，取得以下荣誉资质

- 十一项发明、两项实用新型、一项外观设计专利、7 个软件著作
- 高新技术企业
- 国家火炬计划
- 国家工信部中小企业发展专项
- 获浦东新区重点研发机构
- 电镀级 PC/ABS 合金产品获上海市高新技术成果转化认定
- PC/PBT(PET) 产品获上海市高新技术成果转化认定
- PC/PLA 合金产品获上海市高新技术成果转化认定
- 抗静电 PC/ASA 产品获上海市高新技术成果转化认定
- 生物降解塑料 PLA/PC 项目获上海市创新基金
- PC/ PET 产品获上海市高新技术成果转化认定
- 上海市引进技术的吸收与创新计划项目
- 上海市科技小巨人培育企业
- 公司产品通过 SGS 环保认证及 UL 产品安全认证
- 通过汽车行业 TS16949 质量体系认证
- 上海市专利试点企业
- 上海市专精特新企业
- 浦东新区科学技术奖
- 浦东新区科学技术奖创业团队奖
- 2013 年获得 TCL 投资
- 2014 年获得深圳达晨投资
- 2016 年获得北汽集团投资
- 获经信委技术改造专项资金支持

销售及市场

中镭科技产品已成功打入汽车、通讯两大行业。

汽车行业客户：一汽大众、一汽奥迪、上海大众、德国大众、北京奔驰、华晨宝马、特斯拉等。

通讯行业客户：华为、西门子、阿尔卡特。

公司地址：上海市浦东新区南汇新城镇飞渡路 66 号 2 幢 邮编：201306

网址 :www.zhongleiscience.com 联系电话 :021-68256865

中石化上海工程有限公司

上海罗氏制药有限公司

上海工程公司办公大楼

中石化上海工程有限公司(原"中国石化集团上海工程有限公司",以下简称"上海工程公司)创建于1953年,曾用名"上海医药设计院""中国石化集团上海医药工业设计院"等,是国内最早从事石油化工、医药、化工工程设计和总承包的大型综合性工程公司之一。2013年5月作为中石化炼化工程(集团)股份有限公司子公司之一在香港上市。

上海工程公司的主要业务领域分为三大类,一是石化、化纤、炼油化工等,二是医药化工和生物能源化工等,三是环保、电子、轻纺食品、天然气储运工程等;服务范围覆盖工程项目的规划咨询、项目建议书、可行性研究和基础工程设计、详细工程设计,以及工程采购、工程总承包、工程项目管理、技术开发等。

上海工程公司现持有国家住建部颁发的"工程设计综合甲级资质"证书,可承接化工石化医药、石油天然气、商物粮、轻纺、建筑、冶金、电子通信广电、市政等21个行业的工程设计和工程总承包业务,公司还持有环境评价、工程咨询、工程造价、压力容器、压力管道等多项甲级设计资质和建筑业企业贰级资质证书,取得了英国劳氏QHSE体系认证证书,主办出版《化工设备与管道》(入选"中国科技核心期刊")、《化工与医药工程》两种技术刊物。

六十五年来,上海工程公司先后参加了上海石化、高桥石化、扬子石化、大庆石化、齐鲁石化、燕山石化、辽阳石化、天津石化、镇海炼化、福建炼化、武汉石化、沙特SABIC、哈萨克斯坦KPI等大型石油化工基地和神华包头、神华榆林、中煤榆林、中煤蒙大等煤化工基地的建设,承担了我国众多的大中型医药生产基地和工程项目设计任务,已完成国内外各类工程项目7000多项,荣获国家、部、省(市)级优秀工程咨询、工程设计、工程总承包、项目管理、科技进步奖等各类奖项600多项,其中包括一大批代表我国化工、石化、医药等领域先进水平的重点工程项目。

上海工程公司连年排名全国工程勘察设计、工程项目管理、工程总承包企业营业额百名、中国承包商和工程设计企业双60强前列,2012年入选ENR国际承包商225强;公司还被评为"全国先进工程勘察设计企业""全国优秀勘察设计企业""全国创新型优秀企业""全国首批企业信用评价AAA级信用企业""上海市高新技术企业""上海市创新型企业""上海市文明单位""上海市职工最满意企业"等。

安庆曙光25万吨/年丁辛醇装置

湖北化肥厂乙二醇项目

中天合创35万吨/年气相聚丙烯装置

公安部第三研究所

敢为人先 引领发展 科技强警 励志报国

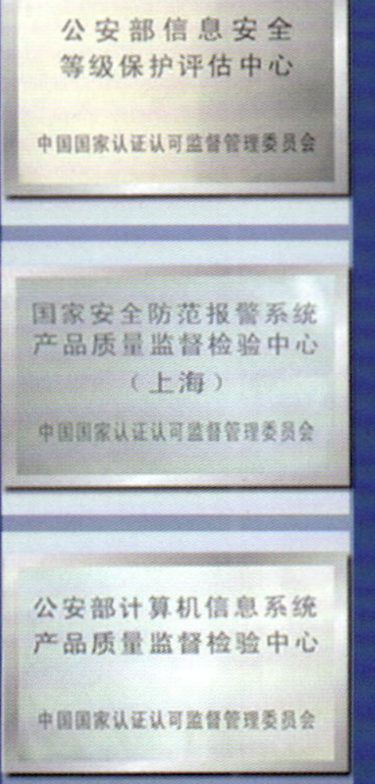

公安部第三研究所创建于 1978 年，是公安部直属科研单位。所本部位于上海市岳阳路 76 号，在浦东张江高科技园区及北京市区分别设有研究基地、业务机构。现有干部职工近 2089 人，其中科研人员 1460 余人，博士、硕士研究生以上学历人员 700 余人。

本所主要研究领域包括信息网络安全、物联网、特种通讯、禁毒、反恐防爆、图像处理和传输以及社会公共安全防范技术等。拥有博士后科研工作站、国家反计算机入侵和防病毒研究中心、信息网络安全公安部重点实验室、电子数据司法鉴定实验室等一批国家级、部级专业技术实验室。先后承担了国家科技支撑计划、“863”、高新技术产业化项目和发改委、科技部、公安部、上海市等国家级、省部级重要课题的研究任务，在 eID（网络身份认证）、RFID（射频识别）、VSD（视频结构化描述）、PDD（警用数字化单兵）等领域取得显著成绩，多次获得国家级、省部级科学技术奖励。自 1995 年至今，连续被上海市科委认定为高新技术单位。2005 年通过了 ISO9001 质量管理体系认证。

本所将以建设公安科技领域具有全国领先水平的科研机构为战略目标，以“敢为人先，引领发展，科技强警，励志报国”的核心价值观为引领，按照“科研和实战一体化、科研和产业一体化、科研和检测一体化、科研和教育培训一体化”的指导思想，坚持与时俱进、开拓创新，热情服务，不断破解公安实战中的关键技术难题，为科技强警做出新的贡献。

上海格拉曼国际消防装备有限公司成立于 1989 年，其前身是上海消防器材总厂，成立于 1918 年，是我国最早成立的消防车和消防装备企业，是中国人民解放军装备承制单位。

2012 年 12 月，国内高空作业车行业的首家上市公司——徐州海伦哲专用车辆股份有限公司收购了我公司 100% 的股权，使公司成为徐州海伦哲公司的全资子公司，并进入了全新的快速发展轨道。

公司现已从原松江区北内路 32 号整体搬迁至国家级开发区——上海市松江经济技术开发区申港路 3332 号。新工厂总投资近 5 亿元，建筑面积达 5 万平方米，是集聚现代化、智能化且国内领先的消防装备生产基地。

公司目前主要业务为消防车和军用防化车辆的研制、生产与销售，其中，民品消防车覆盖罐式类、举高类、特种类和消防机器人全部四大系列，是国内消防车辆行业产品品种最为齐全的企业之一，产品主要销往武警消防部队和企业专职消防队；军品产品包括防化喷洒车、核污染压制车、机器人作业车、中和冲洗车以及飞机和舰艇防化洗消装备等，分别装备到解放军陆、海、空、火箭军和武警部队各军种。

公司设有研发、生产、质量、营销和管理等完善的组织机构，现有员工近 300 人，其中中高级专业技术职称 30 余人，研发人员 50 余人，汽车、机械、电子、液压、自动化、计算机等专业配套齐全。

公司始终坚持“技术领先型的差异化”发展战略，坚定践行“让现代消防作战变得更安全、更智能、更高效”的神圣使命，立足国内外两个市场，坚定地走科技创新发展之路，不断开发满足市场需求的具有国际先进水平的系列消防车产品和军用专用车辆产品，力争在三年内达到全国同行业领先水平。

地址：上海市松江区申港路 3332 号 邮编：201611 传真：（021）-57836368

CHCNAV 华测

一、企业介绍

华测导航(股票代码：300627)致力于提供高精度数据的采集和应用解决方案，专业从事高精度卫星导航定位相关软硬件技术产品的研发、生产和销售，主要产品包括高精度 GNSS 接收机、GIS 数据采集器、海洋测绘、机载雷达、三维激光、无人机遥感等数据采集设备，以及位移监测系统、农机自动导航系统、数字施工系统等应用解决方案。

作为国内领先的高精度卫星导航企业，华测导航是我国首次到达南极内陆最高点的国产 GNSS 品牌，多次承研国家发改委、科技部、总装备部重大项目，推出了国内第一款完全自主知识产权的测量型 GNSS 接收机，荣获国家技术发明奖和国家科技进步奖。公司产品两次斩获国际工业博览会银奖，覆盖全球 97 个国家和地区，为全球用户提供高精度卫星定位服务。

二、产品介绍

华测导航无人机系统产品主要有华鹞 P316 垂直起降无人机系统、华鹞 P340 油动垂直起降无人机系统、华测 P550 无人机系统。载荷有 HC5010 倾斜摄影相机、专业检校测量相机、多光谱高光谱相机、高倍变焦相机、4G 实时回传系统等。软件有华测全数字摄影测量系统处理软件、PIX4D 数据处理软件，Smart3D 三维数据处理软件等。

华测导航 AS-900 多平台激光雷达系统可以将无人机、汽车、船等作为运载测量平台，将激光扫描系统、相机系统、定向定位系统以及控制单元进行有效集成，是当前摄影测量与遥感领域最先进的对地观测系统。

AS-900 多平台激光雷达系统能实时、快速地获取地形表面的三维空间信息和影像，具有高精度、高密度、高效率、产品丰富等特点。

上海华测导航技术股份有限公司

地　　址：上海市青浦区高泾路 599 号中国北斗产业园
热线电话：400-620-6818

WWW.HUACE.CN

上海航空电器有限公司

激光投影仪

应急电源

汽油清洗机

上海航空电器有限公司成立于1954年，隶属于中国航空工业集团公司，是中航航空电子系统股份有限公司全资子公司。现有闵行、金山两个厂区，总占地面积近12万平方米，拥有5家控股子公司，在职员工1200余人。

作为诞生于抗美援朝期间的新中国航空工业企业，60多年来，公司顺应国防建设战略，抓住改革开放和航空机载行业飞速发展的历史机遇，从最初的飞机电器零件维修起步，一路栉风沐雨，为国家重大装备建设做出重大贡献。期间，公司积极响应国家号召，向大西部输出优势人才及技术设备，先后援建、包建了多家航空机载电器企业。进入新世纪后，公司坚持聚焦战略，对核心专业领域持续进行研发投入，以客户需求和前沿技术驱动创新，引领行业发展。公司每年将销售收入的10%以上投入研发，超过40%的员工从事创新、研究与开发工作。公司获得多项发明专利和国防科技进步奖，拥有国家认定企业技术中心、国家认可实验室以及配电系统、照明系统等专业级实验室。

目前，公司拥有军用航空、民用航空、非航防务和非航民品四大业务板块。在军、民用航空和非航空防务领域，公司致力于为客户提供照明系统、操控板组件及调光控制系统（CPA&DCS）、告警系统、二次配电系统和语音识别系统五大系列产品，已在国家各大重点型号上广泛应用。作为国产大型客机C919唯一的国内一级机载设备供应商，公司还承担了“新舟”700飞机操控板组件和二次配电系统的研制任务。非航防务业务主要服务于航天、船舶、兵器、电子等军工领域，为客户提供基于不同应用场景的创新性系统解决方案和服务，如神舟系列飞船等，受到客户的广泛赞誉。民用产品则包括园林工具、汽车发动机和变速箱精密零部件、第四代高速机车动力头零部件、车载逆变电源和通用继电器等系列产品，客户遍及全球，主要集中于世界500强企业，如沃尔玛、大众集团、通用汽车、通用电气、施耐德等。公司凭借雄厚的航空光学技术积淀，积极培育战略性新兴产业激光显示业务，打造拥有中国军工品质和自主知识产权的激光投影机领导品牌。

模拟舱

蒲毅

激光投影仪效果图

上海空间环境模拟与验证工程技术研究中心

上海空间环境模拟与验证工程技术研究中心是我国重要的空间环境模拟与验证基地，中心隶属于上海市科学技术委员会，依托单位为上海卫星装备研究所(中国航天科技集团公司第八研究院第八一二研究所)。

中心配备有100余台套大、中、小系列环模设备，为航天器工程提供复杂空间环境模拟试验验证平台及评估技术。近年来，中心致力于发挥开放性公共平台的作用，为用户提供环境试验和相关测试、分析等方面的服务，主要业务包括：产品真空环境模拟试验、太阳辐照模拟试验、大吨位振动及噪声试验、电磁兼容性测试、热循环试验、热变形测量、磁测试等。

大吨位振动试验系统

消声室

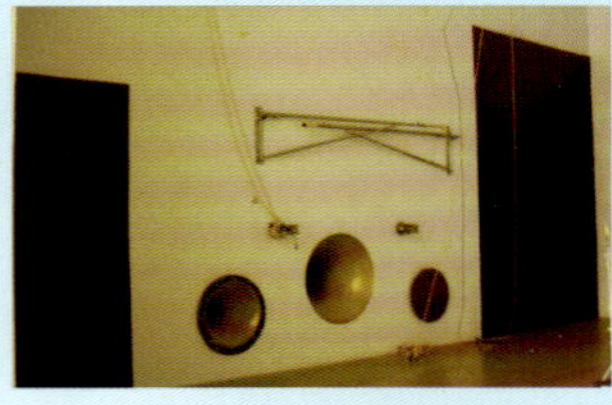
噪声试验系统

部组件真空热试验

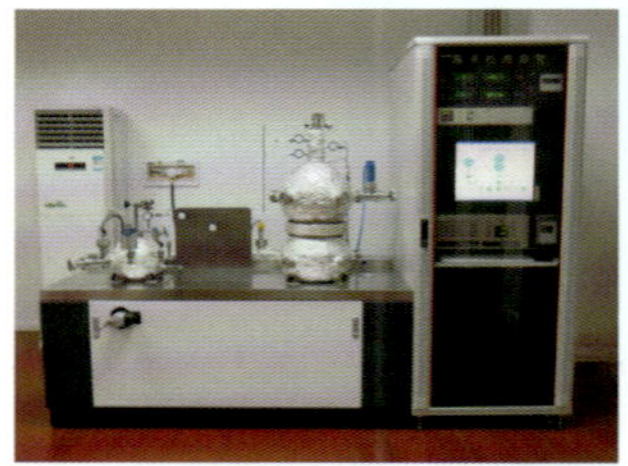
高精度真空漏率校准系统

高低温循环试验

空间环境试验测控中心

部组件热循环试验

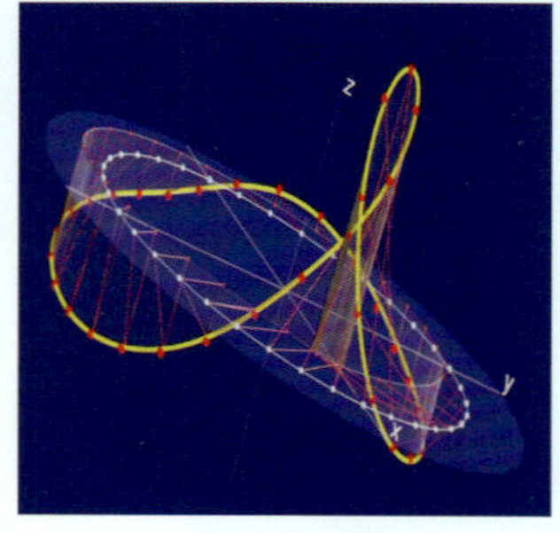
磁测试技术

微波屏蔽暗室

空间环境模拟试验系统

磁测试系统

联系方式
地址：上海市闵行区华宁路251号　邮编：200240
电话：021-54759800　传真：021-64620812　邮箱：sast_casc_812@126.com

中国人民解放军第四七二四工厂

（上海海鹰机械厂）

中国人民解放军第四七二四工厂，又名上海海鹰机械厂，是海军装备部直属的航空装备保障性企业，组建于1958年4月，地处上海市静安区场中路3127号，占地面积450亩，现有职工1500余名，总资产近24亿元。

建厂五十多年来，在上级党委的正确领导下，经过几代海鹰人的不懈努力，尤其是“十二五”、“十三五”期间专项建设，工厂已经从小到大、由弱变强，现已形成专业齐全、设备精良、技术全面、管理科学、质量可靠、环境整洁等众多优势，是一家具有一定生产规模和实力的军队装备保障性企业。

在企业经济建设发展中，工厂始终坚持以党的方针、政策指导改革、发展工作，以军队保障性企业的使命、任务为立足点，以狠抓技术、质量和基础管理为动力，以全面提升企业综合维修保障能力为目标，全面规划、周密部署、精心组织、合理安排，促进了生产、建设的快速发展，取得了良好的军事效益和经济效益。近年来，工厂持续通过了“总装备部装备承制单位名录”、“军队二级保密资格单位”、“高新技术企业”认证和中国新时代认证中心的质量管理体系认证。连续被评为海军优秀企业、海军思想政治工作优秀企业、全军思想政治工作优秀企业。先后被授予上海市“文明单位”、上海市“守合同、重信用”AAA级单位和全国“企业文化建设先进单位”、全国“实施卓越绩效模式先进企业”、“全国质量奖”、“全国五星级现场”、“全国文明单位”等荣誉称号。

上海航天精密机械研究所

上海航天精密机械研究所隶属中国航天科技集团有限公司第八研究院，是中国航天科技集团有限公司铸造中心理事长单位，是上海金属材料近净成形工程技术研究中心、上海航天铸造中心挂靠单位。

在新型号航天产品重要结构件制造需求牵引下，通过工信部、总装备部、国防科工局、集团公司和上海市等支持，掌握了稀土镁合金材料制备、大型复杂铸件成形及质量控制等工程化应用的关键技术，具备航天大型、复杂、薄壁高性能镁合金铸件稳定产业化能力。

本单位研发的铸造镁合金高温强度从200MPa（国内最高的ZM6，150℃）和240MPa（国际最高的WE54，150℃）提高到300MPa（150℃）和280MPa（200℃）。该材料已应用于卫星肼瓶支架（图1）和多个型号飞行器舱体（图2），开创了稀土铸造镁合金在主承力构件、关重构件上应用的先河，工程应用的产品最大直径1.4米，最大高度1米，合格率高于90%，在国内处于领先水平。

高性能铸造镁合金材料将对武器装备、宇航型号更新换代过程中的轻量化起到持续而深远的促进作用。

某型号卫星　瓶支架

某型号飞行器舱

中航国际租赁有限公司

公司简介

中航国际租赁有限公司（简称"航空工业租赁"）隶属于中国航空工业集团公司，是经商务部、国家税务总局批准的国内首批内资融资租赁企业，公司总部设在上海，注册资本金74.66亿元人民币。

公司控股方中航资本控股股份有限公司（简称中航资本，股票代码600705）是国内资本市场首家直接上市的金融控股上市公司，是中航工业重要的金融平台，担负着发挥产融结合优势、探索航空产业发展模式的重要使命。

航空工业租赁作为具有航空工业背景的租赁公司，在强大的产业集团支持下，发挥资源、资金、人才优势，致力于为企业产品研发、生产和销售等领域提供以融资租赁为主要形式的金融支持和增值服务。经过多年来的发展，公司航空租赁业务已涵盖国产飞机、进口客机、公务机、通用飞机、发动机、模拟器、机场特种设备及航材等各类民用航空产品；船舶、机电及运输设备、节能环保设备、重大项目投资等领域也均取得了长足发展，为广大企业客户搭建良好的融资平台，提供快捷、灵活、个性化的专业租赁方案及贴身融资服务。

Company Profile

AVIC International Leasing Co., Ltd.(short for AVIC Leasing) is among China's first domestic financial leasing enterprises approved by the Ministry of Commerce and State Tax Administration, incorporated under Aviation Industry Corporation of China(AVIC) headquartered in Shanghai with registered capital of RMB 7.466 billion Yuan.

AVIC Leasing is the only one leasing company with the aviation industry background, committed in areas such as research and development, production and sales of enterprise products, offering financial support and value-added services mainly in the form of leasing. After years of development, the main aircraft leasing business of company has been covered by the domestic aircraft, imported aircraft, business jets, general aviation aircraft, engines, simulators, airports' special equipment, aviation materials and other types of aviation products. In the field of ship, machinery & electronics, transport equipment, Energy-saving and environmental protection equipment, major projects' investment, Company has achieved considerable progress, building a good financing platform for our enterprise customers, providing the professional and personalized leasing programs and financing services.

地址：上海市江宁路212号17-18层（200041）
Add: 17-18/F, CATIC Tower, 212 Jiang Ning Road Shanghai 200041, China
TEL:+8621 2226 2688
Fax:+8621 5289 5389、5289 5197

服务咫尺相伴　共赢租赁价值

上海航菱航空科技发展有限公司

上海航菱航空科技发展有限公司(简称“航菱科技”),成立于2005年12月,是一家以航空航天产品生产制造及研发、电梯、空调等产业的配套与服务的高新技术企业。是上海市“专精特新企业”,“四新”经济示范企业,区“文明单位”。公司位于奉贤区奉城工业开发区(市级)奉耀路1188号,环境优美、交通便利。

我们始终以精益求精的品质和完善的售后服务为宗旨。公司拥有一批高素质,多年服务于航空航天配套行业的生产管理与工程技术人员,拥有全球招标采购的先进的加工制造设备、精密零部件的检测设备。经过十多年的发展,公司在生产运营管理上有着完善的加工工艺方案,专业的加工制造流程,严格的精益生产现场管理制度。为中航工业等知名飞机制造商提供航空、航天类飞行器结构件、液压伺服部件以及固定翼 / 非固定翼的飞机升力系统等提供关键零部件的生产制造与服务。

公司始终奉行“以质量为主线、科技为先导、服务为根本、顾客为关注焦点”的经营理念;以工业化、专业化的技术发展理念,推动着企业创新发展,朝着“创航菱品牌,打造民族航空航天高端精密制造之典范”的企业愿景奋力前行!

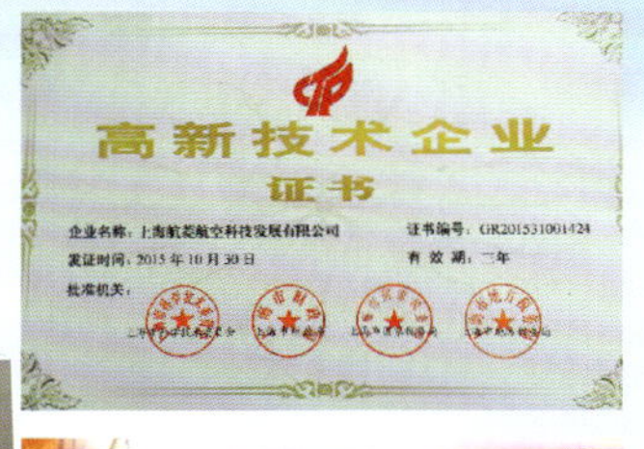

中国石油西气东输管道公司

全国文明单位

中国石油西气东输管道公司成立于 2000 年 3 月，是中国石油天然气股份有限公司直属的地区公司，负责所辖范围内管道生产运行和工程建设。

公司党委书记、总经理李文东到基层站队调研
冬季巡线
站场巡检
小站晚霞
管道复测
公司女“汉子”
管道保护宣传进校园

公司机关位于上海浦东，设有 14 个职能部门和 1 个附属机构，下设 14 个地区管理处，1 个计量测试中心，1 个科技信息中心，2 个工程项目部，4 个股权管理单位，共有员工近 2900 人，公司资产总额近千亿元。

公司自正式商业运营以来，各项主营业务实现跨越式发展。运营管道总长超 12000 公里，途经 16 个省（市、区）和香港特别行政区。供气范围覆盖了我国西北东部、中原、华东、华中、华南地区，并向华北、西南地区转供天然气，形成了塔里木、柴达木、长庆、川渝四大气区以及中亚、中缅、进口 LNG 联网供气格局，管网一次管输能力超 1200 亿方 / 年。

公司在上海市经信工作党委、中国石油天然气集团公司党组、中国石油天然气股份有限公司管理层的正确领导和亲切关怀下，始终坚持以建成世界先进水平管道公司为目标，以市场为导向，以科技和人才为支撑，以体系建设为保障，积极转变管理理念，努力推进创新举措，持续提升员工劳动生产率，实现了快速发展、和谐发展，创造了良好的经济效益和社会效益。累计实现天然气管输商品量超过 3700 亿方，使天然气在我国一次能源消费结构中的比例提高近 2 个百分点；下游用户达 365 家，覆盖 160 多个城市、3000 多个大中型企业，近 4 亿人口从中受益，履行了政治责任、社会责任和经济责任，为促进天然气工业和地方经济发展，调整能源结构、改善生态环境、提高人民生活质量做出了贡献。

公司先后荣获全国“五一劳动奖状”，首届“国家环境友好工程”“国家开发建设项目水土保持示范工程”以及“新中国成立六十周年百项经典暨精品工程”“全国文明单位”“第五届（2017）中国能源装备杰出贡献企业”等称号，连续四届荣获上海市经济和信息化系统“上海市文明单位”荣誉称号。

地址：上海浦东世纪大道 1200 号中国石油上海大厦　　邮编：200122
电话：021-50958815　　传真：021-50958800
管道安全报警电话：800-820-0375

中航鼎衡造船有限公司
高技术船舶领域获突破，双燃料动力船全球领先

中航鼎衡坚守“打造全球一流的中小型液货船建造基地”的梦想，加大科研投入，勇于探索创新，以中小型化学品船及液货船差异化战略定位，初步实现了“国内领先、国际一流”的发展愿景，连续创造多个世界第一。在高技术船舶制造的技术、生产、工艺、管理等方面积累了丰富的经验，尤其在中小型液化气船、不锈钢化学品船、双燃料动力船等高新科技领域获重大突破，在国际上创出了品牌。截至 2018 年 5 月，中小型化学品船订单数量已达 25 艘之多，稳居“全球第一”。

绿色环保高新技术方面，为了“青山绿水”，中航鼎衡一直坚持双燃料动力(LNG Dual-fuel)技术的研究，继 2013 年交付世界第一艘商用双燃料动力 4700 立方米液化气船后，2016 年再次交付世界第一艘两冲程双燃料动力化学品船。目前，中航鼎衡交付的双燃料动力船已达 7 艘，在手订单达 5 艘，所造双燃料动力船舶数量稳居“全球第一”。尤其是 2016 年交付的 15000 吨化学品船，凭借“世界首制两冲程双燃料动力技术”和“直接驱动永磁轴带发电机技术”，更是一举摘得了由国际知名船舶研究机构 Maritime Reporter & Engineering News 发布的 2016 年“年度世界名船”的桂冠。

中航威海船厂有限公司
“一带一路”项目持续开拓并顺利实施，进军“中国制造 2025”重点领域 —— 豪华客滚船

自 2015 年，中航威海已初步实现了通用船型系列化生产的战略目标，并相继交付了斯里兰卡、埃及、土耳其、伊朗等“一带一路”沿线国家的多艘船舶订单。

尤其是中航威海于 2017 年交付的“全球最先进”6000 吨抛石船，目前在海上丝绸之路的阿杜扎比沿海的波斯湾“一展拳脚”，参与抛石施工、砾石层安装、海底铺缆等工作。

同时，中航威海自 2015 年起实施战略性布局，通过交付 225 英尺自升自航式海上平台、6000 吨抛石船、2500 米车道滚装船等项目积累了丰富的复杂项目管理建造经验，并积极依托德他马林的核心设计优势，已将愿景定位为“打造全球领先高端客滚船及客船的精益制造基地”，向滚装船、高端客滚船及客船等高附加值、高技术含量船舶方面寻求创新转型突破，连续获得 3100 米车道和 2160 米车道高端客滚船订单，开拓了国内外市场。

芬兰德他马林设计公司
深化对外合作，探索“互联网 +”精益制造和协同制造能力

德他马林作为国际一流的船舶设计公司，为全球航运、造船等行业提供开发设计及工程管理服务。

中航船舶、中航威海正携手德他马林，依托其在客滚船、邮轮方面世界一流的设计水平，瞄准“一带一路”市场，开发推出了定制化的高端客滚船 DeltaSafer/DeltaLinx、小型游轮 DerltaChallenger 等多款船型设计，为充满挑战的亚洲客船市场寻求最佳解决方案。未来，中航船舶将面向国内内河(长江、东部沿海等区域)、国内群岛(西沙、南沙群岛等)、亚洲各大航线推广德他马林客滚船、江河游轮等船型。

同时，中航船舶通过与德他马林的有效融合，践行“互联网 + 研发设计”国家战略目标，引进国际先进的 Aveva Marine 3D 设计系统，将德他马林的设计优势依托互联网，及时响应中航鼎衡、中航威海的设计需求变化，有效地开展创新研发设计，通过智能化的人机交互、协同、决策和执行，提升设计效率和质量，通过对船舶“智能制造”“互联网 + 虚拟生产”“互联网 + 协同制造”的统一研究，实现船舶设计的内部统一，辅以有效的整合、协同，以满足详细设计阶段和生产设计阶段深度智能仿真制造的要求。打造相互合作的虚拟空间，开发基于互联网的结构系统协同优化设计模式，形成具有良好的容错能力、可扩展、可重组性及分布式、开放的互联网智能设计体系结构，以模块化、标准化构建“互联网 + 协同制造”并具有中航船舶特色的虚拟协同平台，进一步提升船舶制造的质量和效率，实现中航船舶跻身世界一流造船企业的梦想。

中航国际船舶发展（中国）有限公司是中国航空技术国际控股有限公司开展船舶业务的平台，总部设于上海，旗下有拥有中航鼎衡和中航威海两个造船基地，有世界级船舶设计中心——芬兰德他马林公司，有分布在上海、北京、厦门、新加坡、德国、希腊、挪威、土耳其、中东等地的分公司，以及新加坡上市公司和香港融资平台。

中航船舶承继二十余年国际化开拓经验，主营产品包括：中小型高端化学品船、液化气船、豪华客滚船、汽车滚装船及通用船型、海工装备等各类船舶的设计与制造。

中航船舶以实业强国为己任，努力践行“中国制造 2025”“一带一路”“互联网 +”及“工业 4.0”强国战略，在高技术船舶、智能制造、绿色环保等多个关键领域取得突破并已初步形成核心竞争力。

CSSC

沪东中华造船（集团）有限公司

HUDONG-ZHONGHUA SHIPBUILDING（GROUP）CO., LTD

沪东中华造船（集团）有限公司是中国船舶工业集团公司旗下的核心企业，具有80多年深厚历史积淀。公司年造船能力超200万吨，拥有员工4000余名，总资产约300亿元人民币。

公司主厂区分布在上海黄浦江下游两岸，占地100余万平方米，码头岸线2600米，拥有30万吨VLCC级干船坞1座，700吨龙门吊2台，12万吨级和8万吨级船台各1座，2万吨级船台2座，以及平面分段流水线、大型数控激光切割机、LNG船绝缘箱流水线等一大批先进造船装备。

公司建造产品涵盖多型军用舰船、超大型液化天然气船、超大型集装箱船、成品油船、原油船、散货船、特种船以及海洋工程、超大型钢结构工程等，种类丰富、实力雄厚。当前，公司正处于调结构、转方式发展期，已成功进入了集装箱滚装船、化学品船等高技术、高附加值船舶市场领域。此外，公司还拥有上海长兴、崇明两大分段制造基地，以及下属20多家投资企业，业务涵盖船舶修理和改装、各类船用下水件、管件、舾装件、阀门、电站、钢结构制造，以及围绕造船生产提供各种相关社会化配套服务等，是国内少数具有完整船舶配套产业链的造船企业。

技术中心

公司具有可靠的质量管理体系，先后通过中国新时代质量认证中心GJB9001B-2009军品质量认证和美国ABS船级社ISO9001民品质量认证；公司以先进的造船理念，全面推进“HSE（职业健康、安全、环境）”管理，通过了英国劳氏质量认证公司的GB/T24001-ISO14001环境管理体系、OHSAS18001职业健康安全管理体系的审核认证。

公司努力建设“具有造船行业特色、新时代特征、沪东中华特点”的企业文化，确定了“团结拼搏、争创一流”的企业精神和“自觉奉献、追求卓越”等企业基本理念。公司全面实施“数字造船、绿色造船”发展战略，努力建设世界一流造船基地。

大型集装箱船

45000吨集滚船

38000吨化学品首船

20000吨重吊船

大型LNG船

中船海洋动力部件有限公司（原名上海沪临重工有限公司）于2008年11月26日正式开始营业。公司有2大股东，分别为沪东重机有限公司、沪东中华造船（集团）有限公司，注册资本11.28亿元，其中，沪东重机有限公司认缴出资95543.7391万元，占注册资本的84.71%；沪东中华造船（集团）有限公司认缴出资17246.8557万元，占注册资本的15.29%。

公司地址：上海市浦东新区新元南路55号。位于上海市临港新城重装备产业区内，总占地面积42.6万平方米，建筑面积15万平方米。

公司职工：776人，大专以上356人，高级职称28人，中级职称58人，首席技师5人，高级技师10人，技师17人，外部引进专家3人。

企业理念：以人为本　诚实守信　切实有效　争创一流。

企业目标：打造精干、高效、生机勃勃的企业，成为专业化、规模化和国际化的核心零部件供应商。

经营范围：钢结构件设计、制造、建设工程专业施工，船舶及柴油机钢结构件、铸铁、铸钢件、锻件、木模件和工程机械产品的设计、制造、销售及相关的技术服务；环保设备的销售，从事环保科技领域内的技术开发、技术咨询、技术服务、技术转让；自有设备租赁，自有厂房租赁；从事货物及技术的进出口业务。

地址：上海市浦东新区新元南路55号
邮编：201306
电话：021-61185555
邮箱：shhl@shhulin.com.cn

中船第九设计研究院工程有限公司

中船第九设计研究院工程有限公司（以下称中船九院）是由原中船第九设计研究院改制而成，隶属于中国船舶工业集团公司。公司是一家多专业、综合技术强的大型工程公司，是从事工程咨询、工程设计、工程项目总承包和工程技术研究的骨干单位，能承担多类大型项目的工程总承包业务。在中国创建世界第一造船大国中，承担着践行环渤海湾地区、长三角地区、珠三角地区的船舶工业规划设计“国家队”的角色。

中船九院已取得了国家有关部委批准的涉及船舶、军工、机械、水运、建筑、市政、环保等领域的工程设计综合资质甲级，城乡规划、工程咨询、工程监理甲级以及房屋建筑工程施工总承包一级、钢结构工程专业承包一级等资质，具备了对外工程总承包、境外设计顾问及施工图审查的资质。公司是“国家级企业技术中心”“高新技术企业”“上海海洋工程和船厂水工特种工程技术研究中心”“国家级创新型企业”“国家文明单位”“上海市优秀工业企业形象单位”。

中船九院现有在职职工 1300 余人，其中各类专业技术人员 1200 多人，其中包括研究员 65 人、高级工程师 194 人、工程师 278 人；注册建筑师、注册结构师、注册造价师、注册监理工程师等各类注册工程师 386 人。公司先后有 30 多名专家荣获国家特殊贡献或享受国家特殊津贴，相继有 4 位工程技术人员获中国工程设计大师称号，1 位获中国工程监理大师称号。

中船九院一贯重视质量和技术进步，自 1978 年至 2017 年，公司获省部级以上科技进步奖 221 项（其中国家级 23 项）；国家发明奖 2 项；省部级以上优秀工程设计奖 286 项（其中国家级 26 项：含金质奖 14 项，银质奖 9 项）；省部级以上优秀工程咨询成果奖 105 项（其中国家级 4 项）；省部级以上优秀工程总承包奖 13 项（其中国家级 6 项：含银钥匙奖 5 项）；省部级以上项目管理奖 2 项。

中船九院发扬“创新、拓展、诚信、敬业”的企业精神，不断提高设计、咨询能力，拓展工程管理、工程总承包能力，并朝着智能制造、高技术船舶、新型城镇化绿色建筑建设、成套装备和环保工程等方向实施科技研发，通过创新驱动、科技引领可持续发展。

中船动力研究院有限公司

中船动力研究院有限公司为中国船舶工业集团公司下属船舶动力系统创新研发设计机构，是舰船动力技术创新的核心企业。公司基于集团在国际海洋动力行业已有的技术优势和市场地位，不断加强创新能力建设和产品自主研发，联合国内外优势资源，深入开展基础、共性和关键技术研究，为我国船用自主动力的发展提供一体化解决方案。

公司专注于船舶动力相关自主品牌大型中低速柴油机、双燃料机、节能减排装置及系统成套设备的开发。目前，公司开发的自主品牌 340 低速柴油机和 MV390 大功率中速机已经完成型式认可，正在开展产品商品化工作。

公司作为总牵头单位的国家工信部船用低速机工程（一期）研制项目于 2016 年底获批。公司于 2016 年 12 月获得高新技术企业认定；2017 年至 2018 年先后获得浦东新区企业研发机构和上海市企业技术中心资质。

上海凌耀船舶工程有限公司

上海凌耀船舶工程有限公司是经中国船舶重工集团公司批准设立，由中国船舶重工集团公司第七〇一研究所单独投资成立的企业法人类有限责任公司。主要经营范围：船舶与海洋工程装备的设计开发；船舶机电系统总承及硬件设备配套；舰船综合保障；非船产品开发及销售。

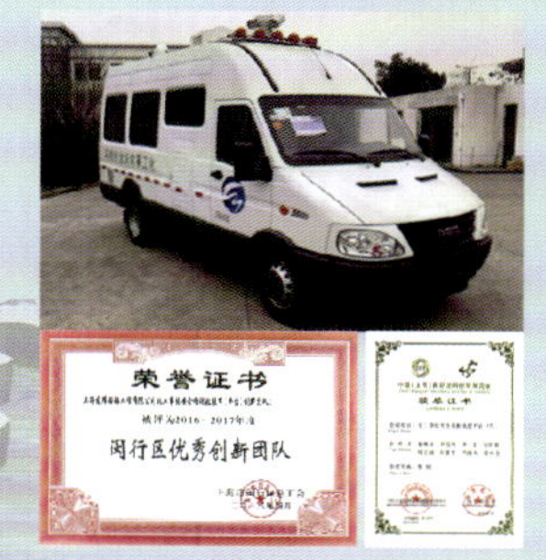

公司取得中国船级社质量管理体系认证及武器承制二级保密资格，是上海市高新技术企业、市重点用人单位。公司研发人员具有深厚的研发能力和丰富的实践经验，参与国家、上海市、高校和科研院所等多个重点项目开发，担任项目总师、技术负责人等。公司设计了国内吨位最大的小水线面双体船、最先进的渔业资源调查船；参与开发设计新一代科考船、地调船和海警执法船等公务船；承接多套船舶推进系统，开辟了军贸船桨轴系统市场；开发陀螺减摇装置、集装箱实验室、新型登乘梯和舷侧登乘平台等新产品；研制军民结合创新产品“化工事故安全检测救援车”，荣获中国(上海)国际发明创新博览会银奖、荣获闵行区优秀创新团队。

地址：上海市华宁路 2931 号
邮编：201108
电话：021-23509307　　021-23509308
传真：021-64971701
邮箱：sh701ly@163.com
网址：www.sh701ly.com

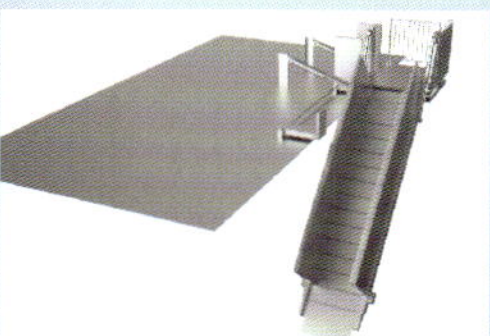

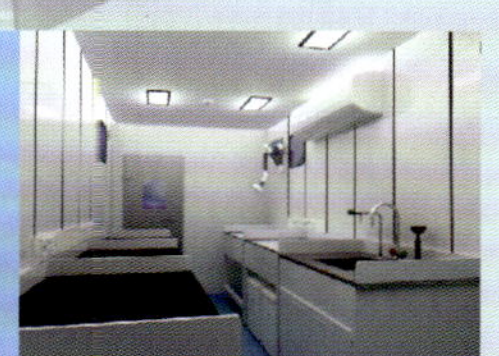

上海古林国际印务有限公司

上海古林国际印务有限公司创建于 1994 年 7 月，是由日本古林纸工株式会社和上海包装造纸＜集团＞有限公司合资组建的综合性包装企业。

本公司注册地址：上海市闸北区陈家宅路56号，注册资金1000万美元。其中日方占股份60%，中方占股份40%。本公司充分发挥日本印刷包装界先进技术及经营管理方式，在日本古林纸工株式会社八十余年来制造纸容器的丰厚经验和独特技术的基础上，将款式设计、生产技术、质量管理、售前售后服务融合一体，形成了可迅速满足客户的产销体制，赢得了众多著名制药公司（世界500强制药公司）和化妆品公司的信赖，并成为他们最重要的供应商。

由于本公司不断采用创新工艺技术，采用BACD、折光、荧光、线条等多种综合一体的高科技防伪印刷手段的产品，已跻身世界包装行业先进水平行列。

本公司坚持奉行以包装奉献社会和 “让客户更满意” 的经营理念 ， 1994 年和 2004 年率先在全行业中荣获ISO9001质量管理体系和ISO14001环境管理体系认证。

中交第三航务工程局有限公司
CCCC THIRD HARBOR ENGINEERING CO.,LTD.

公司在“多元化、国际化、信息化”的战略指导下，从2007年开始，便着手研究海上风电基础安装与施工这一全新的领域。通过多年不懈的“追逐”，海上风电领域终于揭开“她”神秘的面纱，向世人展现出“她”广阔的发展前景。

风车转啊转，转出了大市场。2008年，公司承建了亚洲首个海上风电场——上海东海大桥海上风电项目，之后承建了中广核如东150兆瓦海上风电示范项目、江苏响水200兆瓦海上风电项目、福建莆田平海湾50兆瓦海上风电项目、上海临港二期100兆瓦等多个江浙闽沿海风电项目。

公司通过研发创新和工程实践，创造并应用了海上风电机组整体安装成套技术和海上风机半潜驳坐底安装法。同时，对海上风电高桩承台结构、新型单桩、三桩导管架、多桩导管等基础结构型式进行深入研究，拥有多项海上风电自主知识产权及专利技术，一大批创新技术、创新工艺设备获得国家专利。

这些年
我们一起追逐的海上风电

中国科学院上海硅酸盐研究所

中国科学院上海硅酸盐研究所（以下简称硅酸盐所）渊源于1928年成立的国立中央研究院工程研究所，1953年更名为中国科学院冶金陶瓷研究所。1959年独立建所，定名为中国科学院硅酸盐化学与工学研究所，1984年改名为中国科学院上海硅酸盐研究所。经五十多年的发展，硅酸盐所已成为一个以基础性研究为先导，以高技术创新和应用发展研究为主体的无机非金属材料综合性研究机构，形成了“基础研究—应用研究—工程化研究、产业化工作”有机结合的较为完备的科研体系。现有在职职工728人，其中专业技术人员605人，中国科学院院士1名，中国工程院院士2名（截至2017年底）。

学科方向是先进无机材料科学与工程，主要研究领域覆盖了高性能结构陶瓷、功能陶瓷、透明陶瓷、陶瓷基复合材料、人工晶体，无机涂层、能源材料、生物材料、古陶瓷以及先进无机材料性能检测与表征等，是国内该领域科学研究单位中门类最为齐全的研究所。科研机构包括高性能陶瓷和超微结构国家重点实验室、中国科学院特种无机涂层重点实验室、中国科学院透明光功能无机材料重点实验室（人工晶体研究中心和透明陶瓷中心）、中国科学院无机功能材料与器件重点实验室（信息功能材料与器件研究中心）、中国科学院能量转换材料重点实验室（上海无机能源材料与电源工程技术研究中心）、结构陶瓷与复合材料工程研究中心、生物材料与组织工程研究中心、古陶瓷与工业陶瓷工程研究中心（古陶瓷科学研究国家文物局重点科研基地、古陶瓷多元信息提取技术及应用文化部重点实验室）、中试基地和无机材料分析测试中心。历年来，累计取得科技成果1100多项，获得国家、中国科学院、上海市等省部级以上各类科技奖项414项，其中国家发明奖30项，国家自然科学奖9项，国家科技进步奖15项。历年来申报专利3021项，批准专利1624项（截至2017年底）。

2017年，硅酸盐所深入贯彻落实党的十八大和十八届历次全会精神，深入学习领会党的十九大精神，习近平总书记系列重要讲话精神和党中央一系列新理念新思想新战略，按照院党组的工作部署和巡视整改要求，进一步提高政治站位，进一步完善发展思路，进一步持续深化改革，进一步聚焦重大产出，进一步提升综合实力，全面推进特色研究所建设，加快融入上海科创中心建设。这一年，中科院多项成果入选习近平总书记十九大报告，硅酸盐所在“悟空”号暗物质粒子探测卫星、“墨子号”量子卫星、神舟十一号载人飞船和天宫二号空间实验室等重大任务中承担了多项关键载荷与材料的研制和生产任务；在前沿原创成果、战略性技术与产品、成果转移转化等方面产出丰硕，斩获国家自然科学二等奖1项，国家技术发明二等奖1项；在连续七届获“上海市文明单位”的同时，获“第五届全国文明单位”称号，并荣膺“全国厂务公开民主管理先进单位”；顺利完成科研重心向嘉定园区的转移，太仓园区建设顺利推进，“三位一体”的科技园区布局初步形成；百尺竿头更进一步，人才队伍建设、管理机制改革、党建与创新文化建设等各项工作都取得了新进展、迈上了新台阶，为研究所实现新时代改革创新发展奠定了坚实的基础。

创新是引领发展的第一动力。2018年，我们将以党的十九大精神和习近平新时代中国特色社会主义思想为指导，准确把握新时代对科技创新提出的新要求、赋予的新任务、带来的新机遇，紧密围绕研究所定位和各项工作目标，全面推进创新布局实现，持续深化改革举措落实，深入推进改革成效显现，努力实现重大成果产出。硅酸盐所全体同仁将以时不我待、只争朝夕的精神与脚踏实地、齐心协力的状态推动研究所改革发展步入快车道、实现新跨越，推动研究所向着国际一流科研机构目标前进，为加快建设创新型国家和世界科技强国，不断作出应有的创新贡献！

上海予利生物科技股份有限公司

上海予利生物科技股份有限公司从 2008 年创立，坚持自主创新，开发新产品，做一些国内还没有的新产品，经过几年的努力，逐渐形成了自身具有自主知识产权的产品体系，积累了越来越多具有市场潜力的产品，2009 年获得国家初创型创新基金一等奖；2012 年获得金山区专利新产品奖；2014 年获得上海市成长型创新基金；2015 年 2 月认定一项上海市高新技术成果转化；2015 年 6 月获得上海市专利试点企业称号；2016 年 12 月获得上海科技企业创新奖。2017 年获得“专精特新”中小企业称号，并在上海股权交易中心科创板挂牌上市（股份代码 300157）。公司已经有 8 项发明授权专利，7 项发明

专利进入实质审查。在管理 上质量上进
行了 ISO 的认证；安全 生产上进行
了安全标准化认证； 知识产权上，
2017 年 6 月完 成了知识产
权管理体系 的认证。目前
我们的主打 产品高价有
机碘，拥有发 明专利，在国
内厂家中产 量最大，市场
占有率第一。 特殊氨基酸
类、手性化合 物产品广泛
应用于新药 研发及药物
合成，我们也 注重功能性
物质的开发， 研发完成的
项目主要集 中在生物医
药以及新材 料两个领域。
生物医 药类产品有
鹅肌肽具有 显著的抗氧
化、抗衰老、 降尿酸等功
能，在食品工 业中已用作
天然的抗氧 化剂和降尿

予　利：予人以利的企业理念

海思加：Healthy+ 健康加做大健康产品是企业的发展目标予人以利，为健康加油！

酸食疗，很好的改善痛风；依克多因(Ectoine)：是一种天然物质，能在高盐、高温、高紫外线辐射的极端条件下，保护细胞，减少紫外线及干燥的伤害。对皮肤有很好的修复保护作用，已经在多个化妆品中使用。我们自主研发一条生产依克多因的方法，已经申请了国家发明专利，填补国内生产空白，参与全球市场竞争，未来具有广阔的市场前景。甲基硒代半胱氨酸，是一种食品添加剂，含硒化合物可以增强免疫力，防止癌症的发生，是最佳硒的供应者，人体吸收率最好的补硒物质。

新材料类产品主要是 UV 光固化阳离子碘鎓盐光引发剂系列，在涂料、油墨、胶粘剂和树脂基复合材料，3D 打印等领域有十分广阔的应用前景，阳离子光固化材料在某些领域正逐步取代溶剂型、热固型材料。随着国家环保要求，将有利于阳离子光固化行业。

公司投资新建了自己的生产基地江西海思加生物科技有限公司，实现产品的工业化生产，将使得公司登上一个新的发展台阶。

上海昊海生物科技股份有限公司

十三五项目启动会

姣兰上市启动仪式

姣兰上市

白内障医师学会年会展区

上海昊海生物科技股份有限公司(简称"昊海生物科技")是专注于研发、生产和销售医用可吸收生物材料的高新技术企业。公司成立以来，保持持续、高速增长。2015 年 4 月 30 日，昊海生物科技(06826.HK)成功在香港联交所主板挂牌上市，募集资金 23.6 亿港币，市值近百亿港币。2017 年度，在医药行业整体增速放缓的形势下，昊海生物科技及其下属公司（合称"本集团"）实现营业收入约 13.45 亿元人民币，净利润达到约 3.85 亿元人民币。

本集团专注于国内医用可吸收生物材料市场快速增长的眼科、整形美容与创面护理、骨科、防粘连及止血等四大领域，主要产品线包括玻璃酸钠注射液、医用透明质酸钠、医用几丁糖、医用胶原蛋白、重组人表皮生长因子、人工晶状体（"IOL"）等。其中具有自主知识产权的医用几丁糖奇特杰 ® 是世界上首个获批准的应用于人体的专利医用几丁糖产品；我们的一类新药康合素 ® 是国际上第一个获批的与人体 53 个氨基酸序列相同的外用重组人表皮生长因子产品；这两个产品均为国家科技二等奖获奖品种。以 2016 年销售收入计，昊海生物科技在骨关节腔粘弹补充剂、手术防粘连剂及眼科粘弹剂三大领域均稳居国内市场份额第一位。

公司坚持专业引领、创新驱动的发展理念，积极借助中国各大高校、科研院所和大型三级医院的力量联合科研，将产学研合作与产品引进相结合，打造国际领先的研发平台。2017 年 2 月，昊海生物科技一类新药"重组人表皮生长因子"从旧版医保目录限制其为工伤保险用药后，将其调整为乙类医保药品。2017 年 2 月，昊海生物科技旗下的玻尿酸新品—姣兰 ® 上市，与海薇 ® 在产品特点与功效方面形成差异化定位和互补式发展，引领国内玻尿酸组合应用理念。继 2016 年完成 4 笔眼科领域收购后，2017 年 4 月，又完成对人工晶状体和视光材料供应商 Contamac70% 的股权收购，成功布局 IOL 全产业链，组建并充实在 IOL 产业的核心竞争力。2017 年 6 月，昊海生物科技牵头申报的"新型人工晶状体及高端眼科植入材料的研发"项目获得"十三五"国家重点研发计划，并于同年 12 月，联合中山大学、温州医科大学、四川大学等五家单位在上海成功召开项目启动大会。2017 年 7 月，昊海生物科技全资子公司其胜生物被评为 2017 年科技小巨人"优秀"企业。2017 年 11 月，昊海生物科技 2.5ml 玻璃酸钠注射液获国家局生产批件，成为昊海生物科技又一经济增长点。

"昊天鹰击，海阔鱼跃"，昊海生物科技将不断进取，推进国际化发展战略，努力成长为市值超百亿、拥有强势后劲和综合优势的高科技跨国集团，实现振兴民族生物医药产业的远大目标。

univ
优宁维 生物
www.univ-bio.com
抗体专家！免费查询服务！

上海优宁维生物科技股份有限公司

上海优宁维生物科技股份有限公司（简称：优宁维，官方网站：www.univ-bio.com）是国内专业、全面的抗体供应商和抗体专家，专注于为生命科学、生物医药、医疗诊断、分析检测等领域科研工作者提供一站式抗体相关的产品及实验技术外包服务。

2004年底公司成立于复旦科技园，总部位于上海，自有1600㎡总部办公大楼和2500㎡科研大楼。目前在全国有19个办事处，覆盖30多个城市。2017年公司全新的抗体电商网站正式上线，为客户提供全方位的线上线下一站式抗体专家服务。2015~2017年，公司荣获上海市"专精特新"中小企业、上海名牌（服务类）和2017年度上海杨浦区双创小巨人等称号。目前公司80%员工拥有本科及以上学历，其中硕士博士占10%。

2015年11月，公司完成股份制改革，更名为上海优宁维生物科技股份有限公司，并于2016年5月13日正式在全国中小企业股份转让系统（新三板）挂牌，证券代码：837209。

优宁维自成立以来，一直秉承向正，向善，向上的价值观，踏实努力提供专业、全面、安全的产品及服务，我们致力于做靠谱放心的专业服务商和科研助手，助力您的科研成就。

选择优宁维，就是选择放心！

主要产品线：

获得的荣誉

01

2016年度上海名牌（服务类）

02

2017上海杨浦区双创小巨人企业

03

上海市"专精特新"中小企业"

华领医药技术(上海)有限公司
Hua Medicine (shanghai) Ltd.

中西合璧 | 联合创新
患者为先·良药为民·创新为本

公司概述

华领医药技术（上海）有限公司成立于2011年6月，是一家立足中国，面向全球的中国新药研发创新领军企业。华领医药目前专注于糖尿病和中枢神经系统疾病等领域的新药产品研发及产业化，已经具有国际化水平的运营能力。

创新产品：全球首创，同类第一(first-in-class)或疾病领域第一（first-in-disease)，获国家重大专项和各方政府支持。

HMS5552 为葡萄糖激酶激活剂**GKA**，是全球新机制**2**型糖尿病创新药，并为同类第一产品。已完成**5**个临床安全有效性验证性试验，表明为同类最佳（**best-in-class**）和具有口服降糖药最佳（**best-in-disease**）的潜力。已经进入中国注册临床阶段，预计**2019**年申报新药证书，**2020**年上市。

HM0266, HM0686和**HM987**, 分别治疗帕金森异动症，脆性**X**综合征/儿童自闭症和脂代谢相关性疾病，定位同类第一，疾病领域第一。拥有全球自主知识产权。

创新理念：依托转化医学，利用现代诊断技术、科学算法和互联网技术，实现糖尿病的个性化治疗。

创新模式：中西合璧，联合创新，整合全球医药研发优势资源，实现全球原创，中国首发。

欢迎关注“华领医药”微信公众号

上海市浦东张江高科技园区爱迪生路275号，201203
275 Ai Di Sheng Road, Zhangjiang Hi-Tech Park, Pudong, Shanghai 201203

电话：+86 21 5886 5299
+86 21 5886 5110
www.huamedicine.com

biomabs 上海百迈博制药有限公司

企业简介

上海百迈博制药有限公司坐落于制药研发与生产机构云集的上海市浦东张江高科技园区，占地60亩，建筑面积2.5万平方米。公司从事单克隆抗体药物为主的生物制品的研发、成果转让、生产和销售业务，是国内最早进入抗体药物领域的生物医药企业之一，已拥有12项抗体新药的技术和国内外专利。公司科研项目入选多项科技部国家重大新药创制项目、四部委的蛋白类生物药专项、“863”计划等国家重大项目。

公司作为一家新兴的高技术企业，总体发展定位是以高端抗体为核心的生物药新技术新产品的研发和产业化生产与国际化发展，针对重大疾病开发具有自主知识产权和核心技术的抗体药，突破制约我国抗体药物产业发展的关键技术瓶颈，实现抗体药物的产业化生产，满足我国广大患者对抗体药物的需求。同时，公司积极开展抗体药物的国内国际合作研究开发、合作生产、加工等推动企业的产业化发展。

公司已建成符合中国、欧盟要求的现代化一流生物制车间，现拥有 2 条 350L、2 条 3000L 哺乳动物细胞发酵规模的抗体蛋白药物原液生产线，1 条 100L 微生物发酵规模的原核原液生产线，1 条年产能 1000 万支水针 / 冻干粉针剂的制剂生产线以及 1 条产量 200 万支预充针生产线。

公司目前研发和产业化的产品定位是： 痛风、类风湿性关节炎、强直性脊柱炎、哮喘等严重影响人类健康的重大疾病，有关产品近期将获得新药证书。百迈博未来短期内将形成年销售 21000 万元、国内领先国际知名的综合性生物医药企业。

地址：上海市张江高科技园区李冰路301号

电话：86-21-51323388

扫描二维码

关注百迈博官方微信

上海高邦印刷材料有限公司

上海高邦印刷材料有限公司创始于 2002 年，是国内最早从事水性光油研发的企业之一。专注于水性光油的研发、生产和服务，致力于为客户提供印刷表面处理整体解决方案。作为环保印刷材料生产商，我们与上海市质监局、上海市环科院、SGS、食品安全专家共同制定了行业内第一份水性光油的企业标准，它符合我国 9685、美国 FDA、欧盟 EC 指令对食品容器、包装材料有害物质限定指标的要求。高邦子公司“墨楷印刷新材料(上海)有限公司”，从事水性凹版、柔版油墨的研发、生产与服务，以帮助企业实现绿色环保印刷。我们的水墨广泛应用于凹版、柔版等各种印刷方式，在纸张、薄膜、铝箔等不同的印刷基材上都有稳定的表现，大大降低了印刷领域 VOC 的排放。我们的光油在食品、医药、烟酒、化妆品、电子产品等各类高档包装上都有良好应用，特别是水性可喷码光油在烟包、药包上的成功应用，为包装喷码的普及提供了前所未有的技术支持。

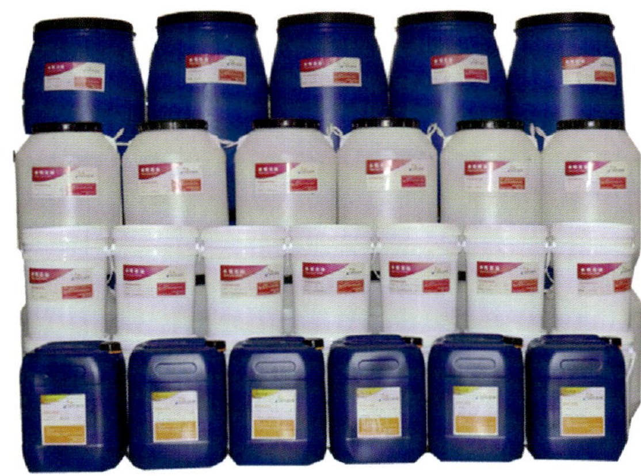

高邦销售团队 80%以上员工服务公司超过 5 年，一直奉行“进取、求实、严谨、团结”方针，将客户的期望视为行动的准则，一直以优质的企业服务和一流的产品质量在业内享有良好的客户口碑。高邦愿与全球合作伙伴一起推动整个印刷行业新技术、新工艺的发展。

今天，我们拥有技术、人才、市场、品牌、管理等竞争优势，获得近 3000 家合作客户的认可，已成为全球多家知名印刷企业的耗材供应商之一。高邦秉承“品质环保，正道经营”的理念，为员工创造平台、为客户创造效益、为社会创造价值！

上海久富包装制品有限公司

上海久富包装制品有限公司地处上海市松江区小昆山镇大港开发区港业路558号2幢，占地面积5千平方米，交通便捷，地理位置优越，位于G60科创走廊经济带。

公司是一家以生产B、E、F、G、2层、3层、4层、5层EF瓦楞纸板，彩盒、礼品盒、展示架、吊牌等纸制品加工的厂家，产品适用于食品 、化妆品、日用五金、玩具、电器、电子等企业。公司现拥有在同行业中最先进的生产设备和一批专业的技术人员，配备进口的全电脑的CD双刀单瓦机和流水线，6台瓦楞设备、全自动、半自动裱纸机、模切机等设备为印刷企业提供一条龙服务，同时依靠先进的管理和一如继往的信誉与上海及周边数百家企业建立了长期的合作关系，多年来为本市及外省、市的中外企业提供配套服务，让客户省时、省力、省心是我们永恒的追求。低价位、高品质、优服务是我们一贯的宗旨。我公司愿与您一起携手共进，共谋发展。

上海水星家用纺织品股份有限公司

股票代码：603365

上海水星家用纺织品股份有限公司是中国现代家纺业的重要奠基者。经过十七年的发展，已快速成为集研发、设计、生产、销售于一体，专注于家用纺织品行业的专业化、多品牌企业，公司生产、销售、渠道、规模及综合实力居行业前三，2009年通过上海市高新技术企业评审。公司坐落于上海奉贤综合工业开发区，拥有“水星”“百丽丝” 两大著名家纺品牌。

公司拥有行业内最大规模的销售渠道，营销网点遍布全国各省市，目前在全国各地拥有2700多家专卖店、商场专柜。公司在行业内最早实施品牌战略，先后荣获 “上海名牌产品”“上海市著名商标” “上海市五星级诚信创建企业” “中国驰名商标”“上海市知识产权优势企业” “上海市专利工作示范企业”“奉贤区区长质量金奖”等一系列荣誉称号。

2017年，公司在取得销售、净利润、上缴税收持续快速增长的同时，在上海A股挂牌上市。在未来的几年内，水星将继续坚持品牌发展和技术发展战略，通过塑造“快速、和谐、卓越”为核心的新型企业文化，力争成为国内家纺业的第一品牌企业。

凤舞神州 祥瑞全球

跨越三个世纪的经典与时尚——老凤祥

老凤祥创始于公元1848年，2018年迎来了170周年华诞。民族品牌老凤祥集科工贸于一身、产供销于一体，拥有完整的产业链、多元化的产品线，是国内文化底蕴深厚的跨越三个世纪的品牌，是中国珠宝首饰业民族工业的一面旗帜和优秀企业的代表。旗下的研究所、博物馆、专业工厂和遍布全国的近3200家银楼专卖店以及典当行、拍卖行等，构成了老凤祥大规模的产业体系，涵盖了黄金、铂金、白银、钻石、翡翠、白玉、有色宝石、珍珠、珊瑚等，其品牌产品达到了珠宝首饰的全品类，并向旅游纪念品、工艺品、钟表和眼镜的相关产业和跨界产品延伸扩展。

2017年老凤祥年销售近400亿，利润实现两位数增长。在国内取得高速发展的同时，本着“立足上海、覆盖全国、走向世界”的发展方向，从2012年开始，老凤祥已先后在海外和中国香港地区开设了14家银楼专卖店。老凤祥品牌多次入围上海百强企业榜、《财富》“中国500强”，“全球100大奢侈品公司排行榜”的第13位，连续十多年位列“中国500最具价值品牌”榜单，2017年品牌价值达260.97亿元。2018年，老凤祥再次荣列由国际权威机构WPP评选的“BrandZ 2018最具价值中国品牌100强”，蝉联珠宝首饰业第一。

中华复兴、国运昌盛，民族品牌的腾飞和发展，成为国家和民族强盛的象征。

梦圆中国、凤祥天下。百年老凤祥将合着时代的节奏，走向更加美好的未来！

老凤祥百年品牌文化的传承

公司简介

正欧系列企业集研发、生产、施工服务于一体，建有先进生产基地和设施完备的实验中心。是上海高新技术企业，先后荣获有关部门及行业数十项荣誉及表彰。

公司新投入一亿多元，优化了设施，采用电脑控制的全封闭自动化流水生产设备，大大改善了工作环境，提高了效率和可靠性。是目前民族品牌中最大的地坪漆生产厂。

从发展之初的产品同质化，无核心竞争力，到品质达到国际先进水平，在激烈的市场竞争中脱颖而出，我们克服了很多困难。除生产正欧品牌产品外，还为中外数十家企业代工地坪材料。

公司地坪产品全，施工经验丰富，设备先进，尤其擅长大项目突击作业，积累了2亿多m²各类地坪施工指导经验，广受客户好评。

上海正欧实业有限公司
上海正欧涂料有限公司
上海正欧化工有限公司

地址：上海市金山区金环路228号
电话：400-779-1988、59959188
传真：021-59951582、59951952
网站：www.zheng.cc

麦杰科技成立于信息技术发展方兴未艾的2000年，逐步成长为领先的实时数据库系统和行业整体解决方案提供者。我们专注于流程数据的处理，帮助电力、石油、化工等工业行业客户实现透明化生产和智能化决策，并将成熟的解决方案成功应用于节能、环保和智慧城市等领域，帮助改变传统的管理方法，实现信息化管理，提升管理智慧。

麦杰openPlant实时数据库系统的主要性能指标处于国际先进水平，能够满足高达百万级的过程数据从采集、存储、分析到展示的各种需求，能够帮助客户及时准确地发现过程中的问题、优化过程运行、预警未来风险，实现整个过程管理的智能化和智慧化。

当今，高度发达的信息化技术通过应用深刻地改变着每个行业和领域。物联网、云计算、移动物联网和大数据等技术开始广泛应用。麦杰科技作为海量动态数据的管理专家，能够利用成熟的技术和丰富的应用经验，帮助用户实现更大规模的数据采集和面向应用的存储和分析，帮助更多的客户实现精细化管理和智能化决策，实现更多领域的智慧化，把我们的生活变得更加美好。

“记录数据·揭示未来”。麦杰将和你一起发掘每一比特数据蕴含的意义，拥抱“大数据”时代的到来。

openPlant实时数据库系统

openPlant实时数据库系统集成了麦杰十多年在过程信息化领域的研发和工程成果，进一步为用户带来超凡体验的海量动态数据管理系统。系统集成了从数据采集、存储到分析、展示等一系列成熟可靠的软件。支持各主流服务器，并可单机、双机、镜像和分布式部署。

openPlant实时数据库系统由三个平台组成：

MAGUS RTDB
（麦杰实时数据库）

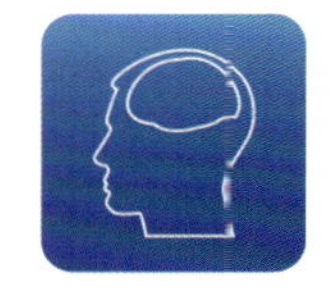

MAGUS Analysis
（麦杰智能分析平台）

MAGUS Studio
（麦杰可视化应用平台）

上海麦杰科技股份有限公司
www.magustek.com

地址：上海市徐汇区钦州北路1066弄钦汇园70号楼7层
邮编：200233
电话：021-33674360 传真：021-33674361

云健康
CLOUD HEALTH

云健康基因科技（上海）有限公司

云健康基因科技（上海）有限公司位于中国上海奉贤生物科技园区，是一家专注精准医学转化应用的基因组学高新技术企业，是中国精准医学高通量测序的领先者和倡导者之一。云健康建立了超高通量测序技术平台 NovaSeq 6000、HiSeq X Ten、PacBio Sequel，并以医学检验所、大数据中心、创新研发中心、院士专家工作站、生命中心、高端诊所等生态链平台，提供从基因检测到精准医学的全面解决方案，致力于倡导和引领预防医学，精准医疗事业，健康产业的发展。云健康拥有国家千人计划特聘专家领衔的国内外生命科学和生物信息专业技术团队近百人。目前，云健康已建立中国人群基因突变频率基准库，拥有中国人全基因组数据近 2 万例，测序通量名列全国前 3 位。

2017 年 1 月云健康在美国 JPM 健康投资大会上发布全球首个针对健康人群的液态活检基因组测序检测产品 HealthySeq，以实现个性化精准科学健康管理。同年云健康与南京扬子国投集团合资创建云健康基因南京分公司，云健康南京－扬子科创中心实验室启动运营全球首批 NovaSeq6000 高通量基因测序平台。2017 年 12 月云健康与阿里云签约合作共建 BT/IT 云计算和大健康大数据人工智能平台，双方将建立标杆合作，推动中国大健康产业发展。云健康作为六家承担单位之一的“中国十万人基因组计划”正式启动，获《CCTV》新闻联播报道，这是我国在人类基因组研究领域实施的首个重大国家计划，也是目前世界最大规模的人类基因组计划。

云健康基因

上海华盖科技发展股份有限公司

股票代码：839653

- 遵循国家等保和 ISO27000 规范，提供专业的网络安全咨询、建设、加固、应急等服务
- 从用户的实际业务需求出发，提供专业的信息系统集成及服务，驱动客户业务成长
- 通过信息技术与通讯技术的融合，驱动客户业务成长

公司诞生于 2000 年，位于上海市北高新技术服务园区，致力于成为中国领先的网络安全及信息与通讯技术专业服务商。历经二十余年发展，专注政府、医疗、教育、大型企业等行业客户，为客户提供技术先进的网络安全、融合通信、呼叫中心、数据中心、云集成等 ICT 解决方案。

中国领先的网络安全及信息与通讯技术专业服务商

上海气象科技创新中心

Shanghai Meteorological Sci-Tech Innovation Center

上海风格、科技引领
中国气派、世界水平

上海气象科学研究所是上海气象科技创新的核心载体，联合相关高新企业、投资公司、知名高校加盟，以产权为纽带，以市场为导向，企业化实体运作，建成科学研究、成果转化、企业孵化、技术服务、投资融资等有机融合的整体运行体系。其下属控股公司“上海虹云信息技术有限公司”是气象服务企业孵化基地，致力于培育新型国际化气象服务产业，以满足市场对气象服务的多样化、精细化、智慧化需求。研究所重点围绕卫星遥感、数值模式研发应用、大数据融合及人工智能等重点领域开展面向特定应用的研发和转化，有效推动在航空、港口、城市交通、新能源预测等领域的专业化应用，驱动和支撑气象服务产业发展。

航空气象　新能源预测技术
卫星遥感　智能气象　港口气象水文服务

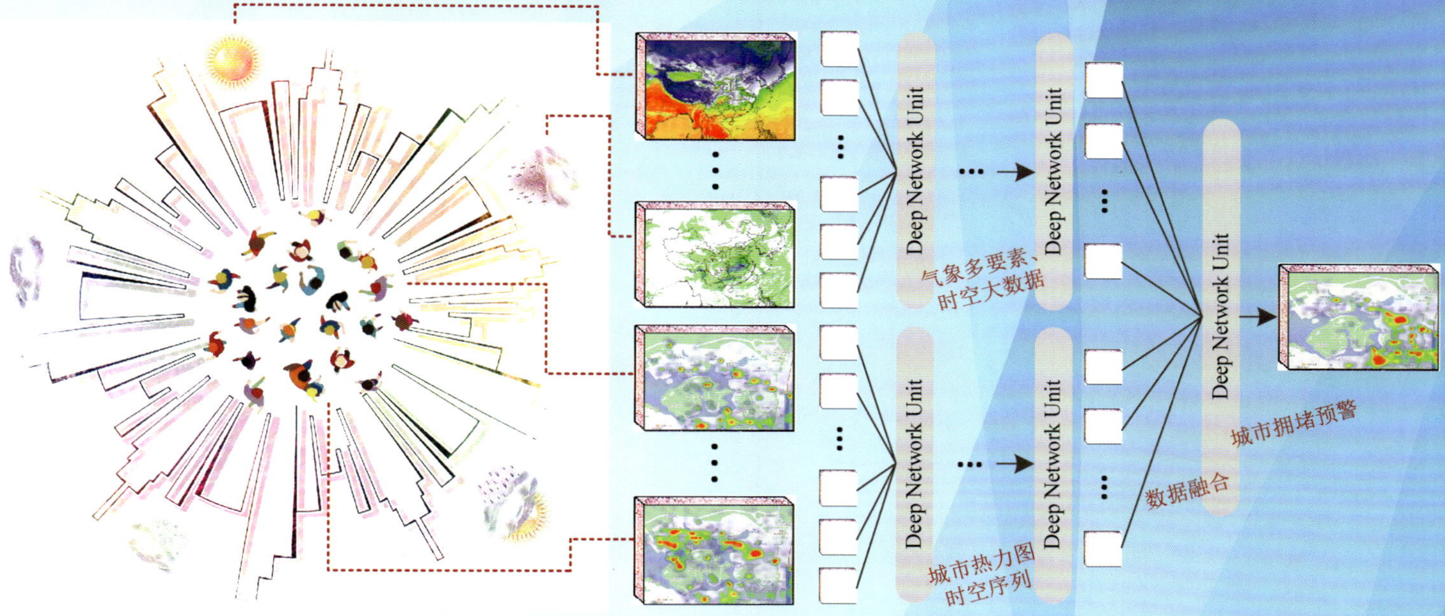

Deep Network Unit
Deep Network Unit
Deep Network Unit
Deep Network Unit
Deep Network Unit
气象多要素、时空大数据
城市热力图时空序列
数据融合
城市拥堵预警

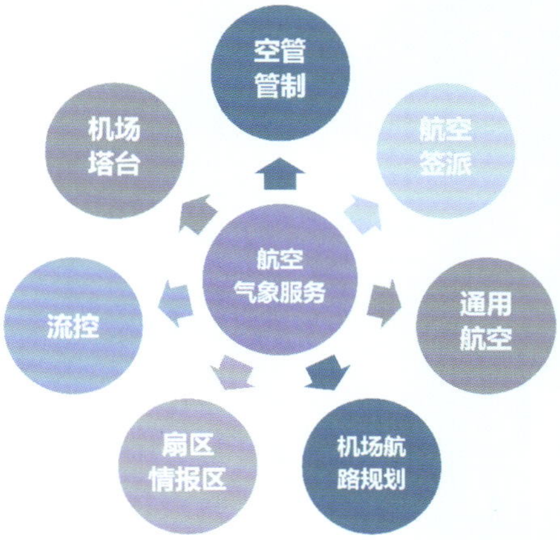

空管管制
航空签派
通用航空
机场航路规划
扇区情报区
流控
机场塔台
航空气象服务

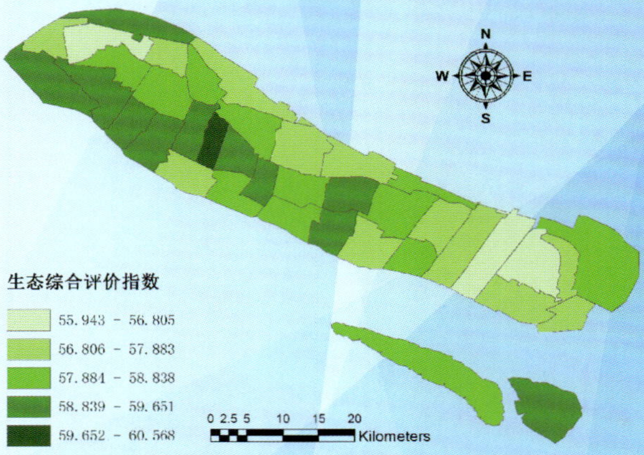

N
W
E
S

生态综合评价指数

55.943 - 56.805
56.806 - 57.883
57.884 - 58.838
58.839 - 59.651
59.652 - 60.568

0 2.5 5 10 15 20 Kilometers

地址：上海市徐汇区蒲西路166号
电话：021-54896503　传真：021-64389873
网址：www.simets.cn
邮箱：info@simets.cn

上海上电漕泾发电有限公司

SHANGHAI SHANGDIAN CAOJING POWER GENERATION CO., LTD.

上海上电漕泾发电有限公司（以下简称漕泾电厂）是国内首个以“上大压小”核准建成的百万千瓦超超临界燃煤电厂，是国家电力投资集团公司下属的大型国有发电企业，由上海电力股份有限公司和申能股份有限公司按照总股本的65%与35%比例合资成立。现有两台国内单机容量最大的1000MW超超临界燃煤发电机组，分别于2010年1月、4月投产。漕泾电厂容量占2016年上海市总装机容量的十分之一。

电厂坐落于上海化学工业区西端，毗邻金山区漕泾镇，紧靠杭州湾北岸。漕泾电厂被列为上海市“十一五”重大工程项目，也是2010年上海世博会配套工程之一。

漕泾电厂以“争创国家优质工程金质奖”为目标，建设过程注重节能、环保、低碳经济。采用500kV GIS配电装置，两条500kV线路接入上海电网。工程建有国内首座210米高度异型烟囱，配套建设一座3.5万吨级卸煤码头。采用主汽压26.25MPa、主汽温600℃的超超临界发电技术。锅炉是滑压运行燃煤直流塔式炉，一次再热、露天布置、全悬吊钢结构锅炉。汽轮机是单轴、四缸四排、凝汽式汽轮机。发电机是水氢氢冷却方式，无刷励磁。锅炉、汽轮机、发电机三大主设备和绝大部分辅机均采用国产设备，国产化率达到95%以上。

漕泾电厂以生态建设为己任，分别于2014年、2015年实施了两台机组超低排放工程，其中2号机组超低排放工程是2014年国家能源局首批13个煤电机组环保改造示范项目之一，也是上海市、国家电力投资集团公司首个超低排放工程。投运后性能试验显示，两台机组的烟尘、二氧化硫、氮氧化物的排放浓度均优于燃机排放标准，并消除了石膏雨和白色烟羽现象。

漕泾电厂积极先行先试，攻克技术难题，于2013年实施机组供热改造，在国内百万等级燃煤电厂中尚属首次，开辟了大机组经济运行的新路径。

历年来，漕泾电厂获得“国家优质工程金质奖”“国优三十年经典工程”“‘十一五’全国减排先进集体”“全国模范职工之家”“世博保电先进单位”“水土保持示范工程”、上海市文明单位、上海市五一劳动奖状、上海市劳动关系和谐职工满意企事业单位、“中国美丽电厂”以及“形象美”等荣誉，并于2014年4月通过挪威船级社（DNV）ISO9000、ISO14001和OHSAS18001三标认证。1号机组供电煤耗被评为2013年度中央企业常规燃煤火电机组能效最优指标，获得全国火电1000MW级机组“供电煤耗最优奖”。

展望未来，漕泾电厂将围绕“安全、创新、卓越”的企业理念，优化机组运行，推进节能降耗，减少污染排放，促进绿色发展、创新发展、和谐发展。

地址：上海市金山区漫华路8号
传真：021-37996699

国家电投 SPIC 上海上电漕泾发电有限公司
SHANGHAI SHANGDIAN CAOJING POWER GENERATION CO., LTD.

上海漕泾热电有限责任公司
SHANGHAI CAOJING COGENERATION CO., LTD.

上海漕泾热电有限责任公司（以下简称漕泾热电）成立于 2004 年 3 月 10 日，是我国西气东输工程配套的第一座燃气－蒸汽联合循环热电厂，是化工区循环经济＂一体化＂的重要配套工程。其中上海电力股份有限公司持股比例 36%，申能股份有限公司持股比例 30%，新加坡胜科公用事业私人有限公司持股比例 30%，上海化学工业区发展有限公司持股比例 4%。

漕泾热电建设规模为 2 台 300MW F 级燃气－蒸汽联合循环热电机组和 3 台 110 吨／小时快速启动锅炉及热力管网系统。2004 年 6 月开工至 2005 年 12 月一年半建设时间实现两机双投的目标，2006 年初开始进入商业运行，同时建成了当时国内最大的除盐水处理车间。

漕泾热电以清洁能源天然气作为燃料，热电联供，以热定电，设计热效率达 81%，已远超燃煤机组及其它燃机机组，各项指标在国内乃至国际达到先进一流水平。

漕泾热电发电送入上海市电网，蒸汽及除盐水供给化工区内用户，现为上海化学工业区内唯一一家供热、供水公用产品服务企业，已建热网管线长 64 公里，传输高压、中压、两个压力等级蒸汽，为客户提供可靠、稳定、高品质的绿色能源。此外，漕泾热电也向部分客户回收符合要求的蒸汽和冷凝水，实现节能环保和利益的最大化。

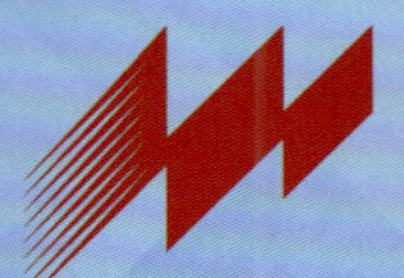

上海外高桥第二发电有限责任公司

SHANGHAI WAIGAOQIAO NO 2 POWER GENERATION CO LTD

上海外高桥第二发电有限责任公司成立于2000年，地处上海市浦东新区东北端，长江入海口南岸，毗邻中国(上海)自由贸易区和外高桥港区，由申能股份有限公司、国电电力发展股份有限公司、上海电力股份有限公司按4：4：2比例共同投资建设，拥有两台国内首次建设的900MW超临界进口燃煤发电机组，项目利用世界银行贷款，为国家“十·五”规划重点项目。两台机组分别于2004年4月和9月投入商业运行，引领了中国百万等级火电机组建设、运营的源头，推动了中国电力装备制造业的跨越式发展，标志着我国电力工业实现向百万等级机组建设和运营发展，在中国电力工业发展史上具有重要里程碑意义，曾被誉为“中华第一机组”。

投产以来，公司经济、社会、环保效益良好，生产经营效益在上海地区大型火电企业中名列前茅，主要技术经济指标保持国内同类型机组先进水平，机组环保减排实现超低排放，远低于国际先进地区水平，已成为上海电网的骨干发电企业。近年来，公司以建设综合竞争能力最强火电企业为目标，主动顺应“互联网+”发展趋势，积极践行“两化”深度融合要求，大力推进规范化、数字化、信息化、智能化建设，编制了《智慧电厂建设规划(2018-2020)》，签订了“智慧电厂”建设战略合作协议，启动建设覆盖生产管理全业务、全层级、全过程的信息数据平台，构筑智慧生产、智慧管理、智慧经营和智慧党建四大功能板块，着力建设国内首家真正意义上的百万千万等级“智慧电厂”。

上海久隆电力(集团)有限公司

济南东城 220 千伏电缆施工

上海久隆电力(集团)有限公司成立于 1995 年，业务以国内外电力工程综合服务为主，涉及输配电设计、电力设施安装、电力配套服务、管理咨询等领域。公司拥有电力工程总承包一级、设计(送电、变电)丙级、中国电力建设行业协会“调试”乙级资质，并具有承装(修、试)电力设施一级许可证，曾荣获全国守合同重信用企业、上海市重点工程实事立功竞赛金杯公司、上海市“五一”劳动奖状、国家电网公司先进单位等荣誉。

近年来，公司优质建成上海世博会国家电网馆、500 千伏世博隧道电缆、虹杨 500 千伏输变电、老旧小区供电设施改造(即“光明工程”)、延安路中运量、吴淞口国际邮轮港岸电配套、济南东城 220 千伏架空线入地等重点工程。公司在立足国内市场的基础上，还把市场的触角伸向卡塔尔、印尼、阿联酋、巴林、巴基斯坦等国外重点电力工程，以优质高效的服务和顽强拼搏的作风，赢得用户的尊敬。

虹杨 500 千伏进线电缆贯通

科技创新是企业发展的源动力，公司紧紧跟踪国际、国内电力前沿技术，着力发展提高企业核心竞争优势的电力施工技术，并产生良好的经济和社会效益。公司作为上海唯一一家从事超高压电力电缆设计、安装和维护的专业施工企业，110 千伏及以上的高压、超高压电力电缆安装技术国内领先，自主研发“电缆敷设变频联动控制系统”创造多项全国第一；“隧道内电缆敷设视频监控系统”、“电缆敷设自动化辅助设备”采用智能科技替代传统作业方式，使劳动力成本下降 90%，电缆敷设质量得到有效保证，填补了国际空白，助力虹杨 500 千伏输变电进线电缆打造上海市文明工地升级版。

荣获 2016 年度上海市重点工程实事立功竞赛金杯公司－韩正会见先进代表

新时代的钟声已经敲响，电力已覆盖国民经济各行业、社会各领域，涉及人们生活中的方方面面。公司将紧紧抓住电力需求持续增长的机遇，结合互联网、大数据等现代先进技术，整合挖掘客户管理数据资源，以优势专业为核心，整合产业链，推进前、后向一体化，提供“咨询＋设计＋施工＋运维＋售电”的全方位服务，努力建设现代能源综合服务公司。

竣工后雄伟壮观的风电场

虹杨 500 千伏进线电缆

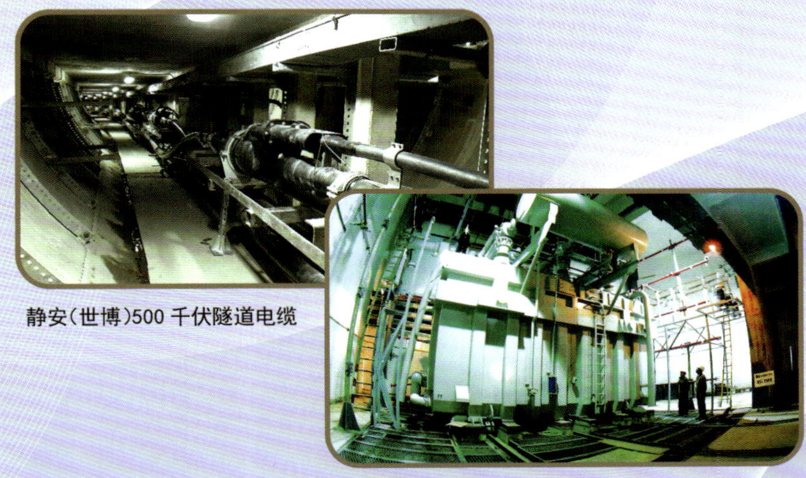
静安(世博)500 千伏隧道电缆

人民广场地下变电站

黄浦区高家弄 37 号老旧小区电力表前改造工程施工

国网上海市电力公司
——浦东供电公司

国网上海市电力公司浦东供电公司于 2010 年 1 月正式挂牌成立，于 2012 年 12 月升格为国家电网公司大型重点供电企业，主要承担上海市浦东新区的电网规划、建设和供电服务任务，供电面积约 1210 平方公里，辖区内拥有各类用电客户 234.76 万户，最高用电负荷 737.8 万千瓦（2017 年 7 月 26 日），员工总数 1183 人。2017 年，公司完成售电量 315.01 亿千瓦时，全员劳动生产率 891.4 万元 / 人 · 年。近年来，公司先后获得“亚洲质量创新奖”、“中国质量奖”、“全国文明单位”、“中央企业先进集体”、全国“五一劳动奖状”。连年被授予“国家电网公司先进集体”、“上海市文明单位”，连续 5 年荣获国网电网公司“大型供电企业业绩标杆单位”称号。2017 年，在国网大供企业业绩对标综合评价中排名第三，在上海公司同业对标评价中获得综合标杆、业绩标杆、管理标杆三个第一，上海公司业绩考核排名第一。

浦东供电营业员正为申请用电客户办理业务

浦东电网是上海电网的重要组成部分，位于上海东南部。在地方政府的大力支持下，经过二十余年的投资建设，浦东地区已逐步建成 50 千伏主网架下的安全、稳定、成熟的区域电网。网内拥有 4 座 500 千伏变电站、27 座 220 千伏变电站、33 座 110 千伏变电站和 177 座 35 千伏变电站，35 千伏及以上变电总容量 25514 兆伏安；241 座 35 千伏及以上用户站，主变容量 7582 兆伏安；856 座 10 千伏开关站，1.8 万余座各类变配电站；架空线 10527.7 公里，电缆 26048.1 公里。浦东电网综合电压合格率 100%，供电可靠率 99.9881%，陆家嘴沿江 10 平方公里核心区供电可靠率高于 99.999%，与新加坡等国际先进城市达到同一水平，超过香港、纽约等大都市。浦东电网的稳步发展，为浦东新区经济社会跨越式发展和人民生活水平持续提高提供了有力的供电保障。

浦东供电工作人员正对供电设备进行巡检

浦东供电工作人员正进行不停电检修工作

上海电力电缆工程有限公司

上海电力电缆工程有限公司是一家集 500kV 及以下各电压等级电力电缆(含电力排管、隧道)、通信电缆设计、安装、维护、技术咨询,兼营其它电力设施安装的大型施工企业,创立于 1982 年。公司具有国家“电力工程施工总承包壹级”和“送变电工程专业承包壹级”的施工资质。国家能源局华东监管局颁发的承装(修、试)电力设施许可证壹级(限电缆)全专业肆级;1997 年取得 IS09000 质量体系认证,2007 年通过了上海质量体系审核中心审核,实现了质量、环境、职业健康安全管理体系整合。2016 年被中国质量协会、全国用户委员会评为“用户满意企业”。

公司契合上海城市飞速发展的时机,出色完成了上海人民广场地下变电站 220kV 电缆工程、崇明——长兴 110kV 海缆工程、洋山深水港 110kV 大长度电缆工程、沪崇苏桥隧 220kV 电缆工程。2009 年还安装了中国第一根长距离(16kM,单线长度 100kM)、大截面(2500MM2)、超高压(500kV)静安世博站电缆工程。2013 年完成济南东部城区 220kV 高压线路落地工程。2017 年顺利完成虹杨 500kV 输变电工程(进线部分)。公司不断拓展业务,先后承接并完成了卡拉奇 132kV 充油电缆、雅加达 150kV 电缆、越南、柬埔寨、苏丹、中国香港、巴林、卡塔尔和阿联酋等境外高压电缆工程。还完成了厦门 220kV 大长度海底充油电缆、浙江天荒坪抽水蓄能电站 500kV 电缆、秦山核电站二期 500kV、三期 220kV 电缆、河南宝泉抽水蓄能电站 500kV 电缆、贵阳、长春、南宁、呼和浩特、张家港、石家庄、镇江等城市的高压电缆工程。

公司有技术力量完善的施工队伍。公司重视电缆安装新技术开发与应用,通过推行“准军事化三会制”、开展 QC 小组活动和学习型班组建设,在重大工程中围绕改进质量、降低消耗、提高效率等方面进行技术攻关,有力地推动了公司技术创新的进程。近年来,为适应大长度、高电压电缆施工安装的需要,试制成功电缆敷设专用卷扬机、电缆输送机、电缆敷设机集中控制装置,并获得了国家专利五项,部、市、局科技进步奖数十项。

公司致力于和欧洲、美国和日本等十多家国际知名的大型电缆集团合作,成绩卓著。先后派出数十名专业技术人员前往法国、意大利、德国、日本等国家学习、培训,引进和消化先进技术,使电缆施工质量得到进一步提高,保证公司在激烈的市场竞争中立于不败之地,为国内外客户提供更优质的服务。

上海市电力公司

国网上海市电力公司是从事上海电力输、配、售的特大型企业，统一调度上海电网，参与制定、实施上海电力、电网发展规划和农村电气化等工作，并对全市的安全用电、节约用电进行监督和指导。

国网上海市电力公司管辖的上海市电网位于长江三角洲的东南前缘，北靠长江，东临东海，与江苏、浙江两省接壤。供电营业区覆盖整个上海市行政区。截至 2017 年底，国网上海市电力公司管辖各类电网企业、发电企业、施工、科研、医院、能源服务、培训中心等单位26家，共有职工13695人，35千伏及以上变电站1100座，输电线路2. 39万公里，全市装机容量2399. 7万千瓦；最大市外来电 1629. 7 万千瓦，最高用电负荷 3268. 2 万千瓦，年售电量 1276. 5 亿千瓦时。

公 司 使 命：推动再电气化，构建能源互联网，以清洁和绿色方式满足电力需求
公 司 宗 旨：人民电业为人民
电网发展理念：安全、优质、经济、绿色、高效
核 心 价 值 观：以客户为中心、专业专注、持续改善
企 业 精 神：努力超越、追求卓越

战略目标：在率先全面建成与上海“五个中心”相适应的“一强三优”现代公司的基础上，高质量建设与上海“卓越全球城市”相适应、具有卓越竞争力的世界一流城市能源互联网企业，继续争当新时代国家电网公司系统示范先行者、创新实践者和卓越引领者。

战略步骤：到 2020 年，率先全面建成与上海“五个中心”相适应的“一强三优”现代公司，世界一流城市能源互联网企业建设取得重大进展，基本建成世界一流城市供电网；到 2025 年，率先基本建成与上海“卓越全球城市”相适应、具有卓越竞争力的世界一流城市能源互联网企业，全面建成世界一流城市供电网；到 2035 年，率先全面建成与上海“卓越全球城市”相适应、具有卓越竞争力的世界一流城市能源互联网企业，成为全球城市能源企业标杆。

战略路径：以党建为统领，以“卓越”为追求，坚持“双高”发展，实施“双智”驱动，推进“双品”引领。

战略重点：“六个着力”

●着力固“根”筑“魂”，全面加强党的建设；
●着力建设本质安全型智能电网，推进电网高质量发展；
●着力加快全面转型升级，推进公司高质量发展；
●着力实施卓越服务工程，打造具有国际竞争力的一流电力营商环境；
●着力强化价值驱动，全面深化改革创新；
●着力强化战略保障，增强企业执行力、法治力、凝聚力、影响力。

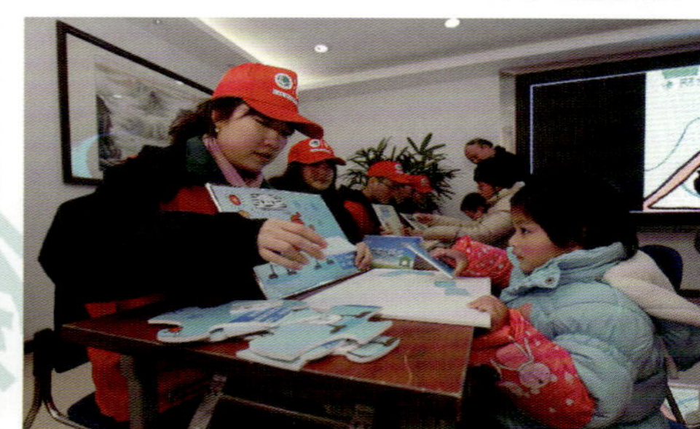

国家电投
SPIC

上海电力股份有限公司
SHANGHAI ELECTRIC POWER CO.,LTD

漕泾电厂全景

新源广场新效果

湖北襄阳武当湖 19.9MW 光伏电站(2016 年 6 月并网发电)

About us 关于我们

上海电力的历史可以追溯到1882年，公司成立于1998年6月4日，2003年10月29日上海电力股票在上海交易所挂牌交易。上海电力是国家电投的控股企业，是上海市主要的综合能源供应商和服务商之一。

公司信誉进一步提高，除获得中诚信AAA最高等级信用评级外，还取得了国际三大信用评级机构惠誉、标普、穆迪分别给予上海电力BBB+、BBB和Baa2的主体国际信用投资级评价。

海洋，是联系世界的蓝色纽带；

经济，是传承文明的活力载体；

贯彻落实国家"一带一路"倡议和国家电投创新型、国际化发展战略，上海电力在上海市政府、国家电投的大力支持下，结合自身优势，紧紧抓住国际市场机遇，国际业务已经涉及20多个国家，在马耳他、日本、巴基斯坦、土耳其等国开展优质项目收购，取得积极进展，并与多个合作方实现了利益共享。

"有朋自远方来，不亦乐乎。"

上海电力是一个有着东方传统美德的中国电力企业，在开拓能源市场的过程中，我们愿与国际合作伙伴共同分享能源新技术的推广应用，现代化电站的建设与管理，以及技术、管理人才的培养。

上海电力，你的朋友，世界电力的朋友！

山西浑源100MW风电场（2016年10月并网发电）

大阪完工图

兵库三田光伏

1、我公司领导(左)陪同时任国家发改委主任徐绍史同志(中)参观我司产品
2、3、凝汽器无源真空系统
4、优美的研发、办公环境

上海赛迩福电力技术有限公司成立于 2005 年，是一家致力于发电行业燃煤发电机组冷端优化、蒸汽提质增效、余热余压综合利用等领域相关技术服务的上海市高新技术企业。员工硕士占比 25%、本科以上 95%，海外高层次留学人才 1 人、伊朗杰出青年科学家 1 人，其中研发人员占比 50%；目前拥有 18 项国家专利，获得两项上海高新技术成果转化项目认定。

2016 年被遴选为“全国大众创业万众创新”主会场主题展示单位，后获得李克强总理的接见；2017 年被中电联确定为行业标准的起草单位；2018 年设立上海电力学院硕士工作站，2018 年成立国家科技部的“杰青计划”工作站。

企业自主研发的 STEJE 系列节能环保系统，无转动设备、不耗电。公司的凝汽器真空系统，广泛应用于五大发电集团及国家各能源集团下属发电厂，节能增效获得市场的一致认可。项目投资回报率高，降低发电煤耗 0.4% 以上，平均投资回收周期 1~3 年。

在国内市场上，我们抓住火电转型期的市场机遇，提供深度调峰、灵活性改造等新技术。积极开拓国外市场，以开发巴基斯坦、越南、伊朗等国际市场为先机输出国内领先的发电技术、管理经验；深化国际交流，建立发展中国家，包括高校、科研机构、企业的能源产业联盟；推动企业将价值链向高端化、高质化方向拓展。

上海赛迩福电力技术有限公司

地址：上海市虹桥商务区申虹路 666 号 1 号楼 306 室　网站：www.surfer-sh.com

上海电力燃料有限公司

上海电力燃料有限公司是国家电力投资集团公司的三级单位，隶属于国家电力投资集团公司上海电力股份有限公司领导管理。前身是华东电业管理局燃煤出灰运输队，于1964年12月21日成立，1968年改名为上海电力水上运输队，1973年改组为华东电管局燃料供应站，1980年更名为华东电管局燃料供应公司，1986年划归上海市电力工业局，更名为上海电力燃料公司，2001年划归上海电力股份有限公司，并于2010年更名为上海电力燃料有限公司沿用至今。

公司是集燃料采购、运输为一体的自主经营、独立核算的法人实体。注册资本金人民币6000万元。自创建以来，时刻以"立足市场讲质量，经营电厂适烧煤炭为基础"作为公司的经营理念，主要为上海地区各火力发电厂采购运输发电煤炭。

公司年营销煤炭基本保持在1300万吨左右，拥有一批稳定、可靠的供应方，同时具备一定规模的水上运输能力。目前拥有4.5万吨散货海轮4艘，2千吨以上驳船3艘，2500吨散货船2艘，300吨级船舶4艘，1700马力拖轮1艘，200马力拖轮1艘。公司的营销能力、调运能力及海外煤炭自主采购能力成熟，能够应对市场的各种变化，持续保证上海地区电力生产对燃料的需求。

1/

企业简介

上海金丘信息科技股份有限公司

金丘科技是国内领先的区块链企业，为摩根斯坦利银行、花旗银行、法国巴黎银行、汇丰银行、恒生银行、中国银联等全球超过80家的银行、保险、金融机构以及社会治理部门，提供基于区块链的积分、征信、票据、供应链金融、农业、环保等领域的解决方案。

金丘科技是国内最早布局区块链技术与应用并首提“用区块链连接实体经济”的企业，着力于区块链底层技术，打造自己的核心技术平台，并与美国知名MIT专家、顶级高校建立联合实验室，打造能够支持更复杂商业逻辑应用的智能合约，致力于构建绿色、普惠、高产的区块链未来世界。

同时，公司在金融科技领域具备深厚底蕴，具备支付清算、税务、信贷、监管科技等王牌业务，核心团队曾参与央行现代化支付CNAPS系统、中国银联CUPS核心系统的建设。这为区块链在金融领域率先实现应用积累了先发优势，也为区块链向社会治理领域的拓展积累了丰富经验。

2/市场地位

工信部区块链国家标准制定论坛理事单位；

中国区块链技术和产业发展论坛理事单位；

金融区块链联盟（深圳）会员单位；

全球Linux基金会领导的超级账本项目（Hyperledger）成员单位；

以唯一区块链企业

荣获2017年度浦东新区经济突出贡献企业表彰“创新创业20强”；

2016年高新技术企业、双软企业；

累计融资1.6亿元，刷新国内区块链单个项目的累积融资纪录。

3/项目及规划

自主研发的海星链获得首批中国上海市政府百万基金奖励，2018年5月战略升级为ECOChain生态链并发布3.0版本，将为各类行业应用场景提供高性能的底层区块链技术支撑平台和安全可靠、快速接入的一体化云服务解决方案。

同时，在银联数据信用卡联盟积分链、供应链金融、区块链中小企业信用信息共享链、区块链溯源大米、粉丝经济、区块链垃圾分类等领域实现广泛落地。

未来，在区块链底层技术上，致力开发出均衡性能、规模和安全的共识算法，以及更强大的智能合约虚拟机或容器；应用推广上，将在金融领域与社会公共服务中发现和创造区块链落地的更多机会，切实服务好实体经济。

上海浦江缆索股份有限公司

上海浦江缆索股份有限公司创建于 1988 年，是我国桥梁缆索行业内首家生产制造企业。伴随着中国桥梁的发展，从最初的上海南浦大桥、杨浦大桥，到现在的南京三桥、上海东海大桥及浙江舟山西堠门大桥、湖南矮寨大桥及美国旧金山奥克兰海湾大桥等，我公司不仅率先打破了桥梁缆索依赖进口的局面，而且已壮大成为一个集科学研究、工厂生产、现场施工为一体的知名的缆索制造供应商。

上海浦江缆索股份有限公司现拥有两大生产基地，缆索生产总能力为 10 万吨，其中：悬索桥主缆索股的生产能力为 7 万吨，斜拉桥拉索的生产能力达 3 万吨，可同时满足主跨为 1500 米斜拉桥的斜拉索和主跨为 3000 米悬索桥主缆索股的制造要求，是目前国内主厂房和张拉台座最长、装备先进、技术含量高的缆索生产厂商。

上海浦江缆索股份有限公司是获得 GB/T 19001-2008/ ISO9001：2008 标准质量管理体系认证证书的企业；1996 年起被评为国家(重点)高新技术企业；公司生产的平行钢索及锚具、悬索主缆预制平行钢丝束先后多次荣获国家、上海市火炬计划优秀项目、科学进步奖等多项殊荣，在索结构领域已申请专利 63 项。

公司缆索项目的工程业绩总量为 800 项。拉索产品通过了国际顶级实验室德国 TUM 实验室、美国 CTL 实验室最苛刻检测和认证，产品最高可确保达到 50 年以上使用寿命。

上海浦江缆索股份有限公司将以高质量的产品和一流的服务，为发展我国桥梁事业和新型建筑工程及其他索结构工程作出更大的贡献。

云南龙江特大桥主缆索股

滚滚长江东逝水

浦江缆索公司生产基地

上海世博轴阳光谷

势航网络 CVNAVI 上海势航网络科技有限公司

公司性质：国内合资(有限责任)

- 大数据增值服务
- UBI 保险
- 物流信息化
- 车联网平台运营
- 主动安全辅助设备
- 北斗智能车载终端

势航网络是商用车行业的系统解决方案公司；公司核心团队拥有丰富的汽车电子和商用车车联网经验，团队开发的部标车载终端、新国标记录仪和部标车联网平台，均首批通过国家认证。势航网络秉承“顺势而为，领航未来”的宗旨，高度重视研发的建设，与重汽、一汽、上汽、东风、宇通、安吉物流、传化物流、IBM、交通大学、同济大学等知名校企开展车联网软硬件技术开发合作，承担政府重点支持项目的研发并参与汽车电子行业标准的制定；公司严格遵循 ISO/TS 16949：2009 体系管理。

势航网络以商用车车联网产业链中的车载终端和车联网平台为立身之本，车载终端向下延伸和汽车深度结合，车联网平台向上延伸和行业应用深度结合，横向和政府公共信息系统及行业商业系统相融合，最终形成以车联网系统为核心的增值服务平台，共同建设车联网生态，为用户创造最大价值，努力发展成为国际化商用车车联网领军企业。

主机厂 — 车载终端与汽车结合

物流行业 — 车辆及货物互联互通信息化

金融保险 — 驾驶行为与保险结合（UBI保险）

大数据服务

车载终端类硬件产品：车载终端+中控屏+ADAS辅助安全+传感器附件

车联网平台：TSP平台+新能源平台

领导关怀 / 行业支持

上海市市长 应勇 考察指导工作

上海市原市长 杨雄 考察指导工作

上海市人大常委会主任 殷一璀 指导工作

上海市政协主席 吴志明 指导工作

上海市纪委书记 廖国勋 考察指导

上海市人大常委会副主任党组副书记 徐泽洲

青浦区书记 赵惠琴 考察公司

上海市经信委主任 陈鸣波指导工作

中国科协党组书记，尚勇考察势航工作

中国卫星导航系统管理总师张春岭考察公司

中科院院士于起峰指导工作

上海市各委办领导指导工作

上海市科委 副主任 干频 在势航北斗车联网峰会

青浦区副区长 倪向军在势航北斗车联网峰会

上海科学院院长 量子卫星总设计师 王建宇 院士在势航峰会

国家发改委综合运输研究所 所长 汪鸣 在势航峰会

发改委导航首席专家曹冲在势航车联网峰会

物流企业家协会会长范鸿喜在公司

中国快递分会会长徐勇在势航峰会

清华大学汽车工程系主任李克强在势航北斗车联网峰会

中国电子商会秘书长 柳玉峰

势航车联网峰会与会嘉宾

地址：上海市青浦区徐泾镇高光路 215 弄 5 号楼(北斗西虹桥基地)

电话：021-34771960　　传真：021-34771670　　网址：www.cvnavi.com

webStock 文華財經 | 程序化交易软件的开创者

公司简介

文华财经是一家22年历史的金融科技公司，文华的产品已经进入40家证券公司、146家期货公司和1510家投资管理公司。

公司一直在追求技术领先，云计算、大数据、人工智能等新技术被有效运用在文华的软件系统中。2012年文华上线基于云框架的新一代金融数据发布系统，基于大数据技术、人工智能技术的程序化交易系列软件已经成为文华的又一个核心业务，正在引领着文华财经继续前进...

myQuant云量化交易软件 精工制造

myQuant（简称MQ）是文华财经旗下的一款面向机构投资者，专注于量化交易技术服务的平台型软件。MQ源于wh3->wh8->MQ的文华财经系列程序化软件的血统，继承了自2004开始十几年来沉淀下来的WFC开源函数类库，类库封装了600多个成熟的金融计算函数，以及专业的回测报告系统。

扫一扫查看详情

算法交易

大单根据盘口自动分批、追价、智能吸筹、出货、支持高频、锁仓等复杂思路

程序化交易池

超级股票池，全市场扫描自动选出股票加入交易池，交易公式自动买入/卖出

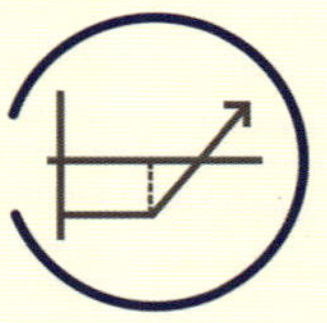

期权定价模型

T型报价、损益平衡图、期权定价模型、期权市场波动套利等策略开发和运行

套利程序化

套利K线图与单合约一致，支持加载程序化策略，支持资金管理、头寸控制、下单精细控制

对冲交易

对冲组合收益和K线走势图，可自由设置一篮子对冲合约，对冲程序化支持历史数据回测和自动下单

股票T+0程序化

在持有股票的情况下，实现股票的T+0程序化交易，盘活持仓，创造附加利润

官网地址 http://www.wenhua.com.cn 金融工程师 400-811-3366

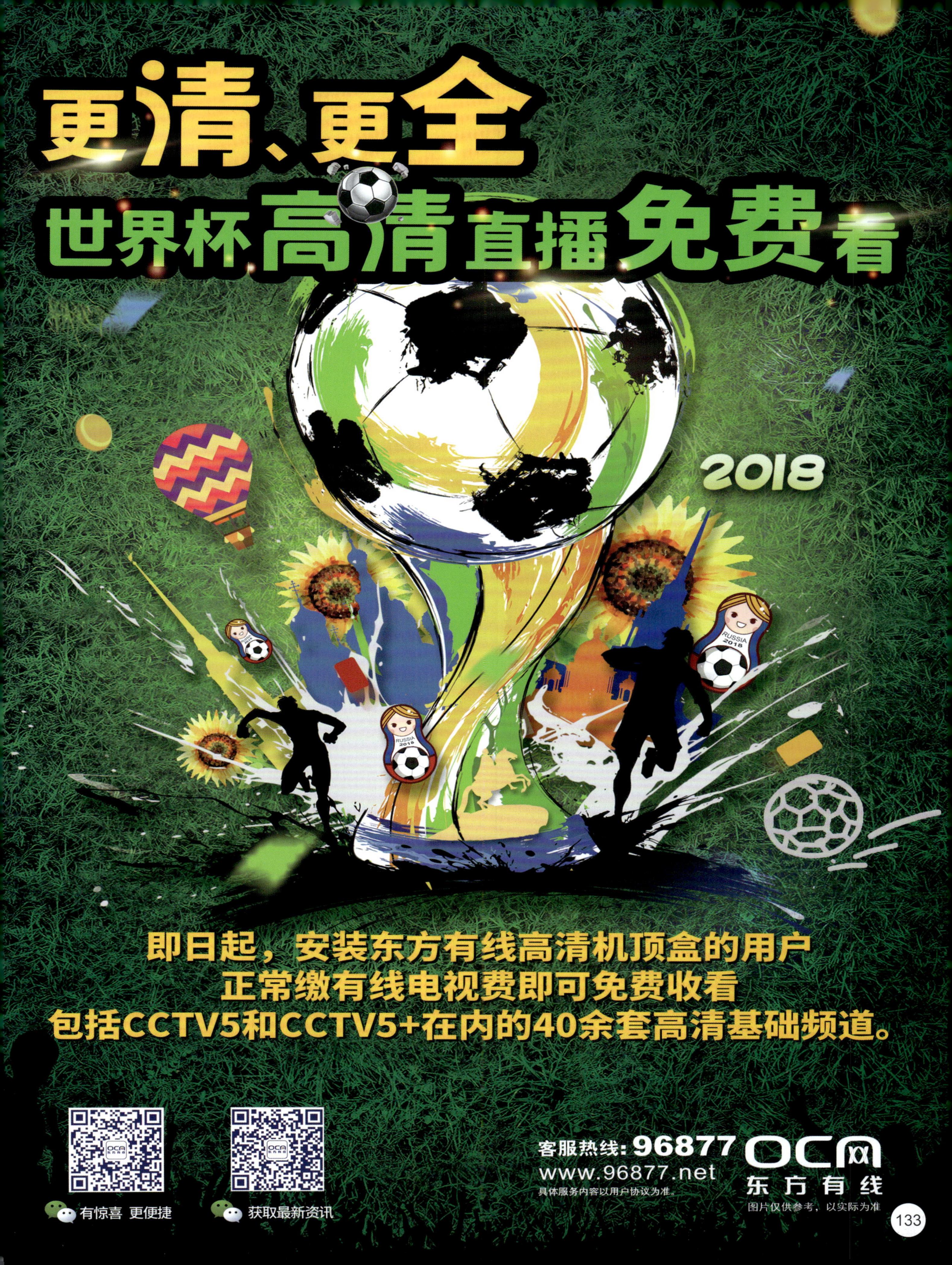
更清、更全
世界杯高清直播免费看
2018
RUSSIA 2018
即日起，安装东方有线高清机顶盒的用户
正常缴有线电视费即可免费收看
包括CCTV5和CCTV5+在内的40余套高清基础频道。
有惊喜 更便捷
获取最新资讯
客服热线：96877
www.96877.net
具体服务内容以用户协议为准。
OCN
东方有线
图片仅供参考，以实际为准

上海嘉壹企业发展有限公司

“嘉壹智汇”是由上海嘉壹企业发展有限公司于 2012 年投资建设。园区总建筑面积约 93000 平方米，占地面积 60 亩，由 34 栋独栋、3 栋配套和一栋高层组成。其中地上建筑面积 79646.6 万平方米，地下建筑面积 13217.8 万平方米，单体面积约 1200 m²、1500 m²、1700 m² / 幢。

功能区位于华腾路 1218 号，轨道交通 17 号线辐射区，交通四通八达，十分便捷，紧靠 G2/G42 沪宁高速，东与闵行接壤，北邻嘉定区黄渡镇，距国际汽车城仅 1 公里，嘉松公路、纪鹤公路等多条公路越境而过，南临 S26 沪常高速、西控环城高速，东南快速接通虹桥枢纽，无缝连接内环、中环、外环线、赵重公路、北青公路等。轻松实现长三角一小时经济圈，轻松满足国内外客户需求。

功能区以智能制造、工业设计、供应链管理、电子商务、互联网 + 传统产业整合为五大核心产业定位，目前以形成产业集聚气候，符合经济导向及产业定位企业上百家。

◆ 项目地址：上海市青浦区华腾路1218号
◆ 招商热线：021-59269999
◆ 微信公众号：嘉壹智汇

中国电信股份有限公司上海分公司

中国电信股份有限公司上海分公司，简称中国电信上海公司。拥有中国电信集团内最大的城市电信网络，提供固定电话、移动通信、宽带互联网接入、互联网电视、卫星通信、信息化应用等泛在网络和综合智能信息服务能力，服务2200万各类客户，始终保持上海地区通信市场的领先地位。

中国电信上海公司（以下简称上海电信）作为城市信息化建设主力军，积极布局新一代信息基础设施，助力建设卓越全球城市。截至2017年底，上海电信拥有高达11040 G的城域网出口带宽，以及1290 G的互联网国际出口带宽；在全国率先建成“城市光网”，光网接入覆盖超过 950 万户家庭和企业客户，2016年起实施“千兆宽带”规模发展计划，“千兆宽带”覆盖能力已超过500万用户，用户平均接入带宽超过112M，平均下载速率持续领跑全国，助力上海建成全球“千兆宽带第一城”。

上海电信还建有全域覆盖的无线及卫星的“天网”，其中3G网络全市覆盖、4G网络覆盖超过97%，中国电信公共无线上网（ChinaNet）场点超过 9400 个，用于上海市民免费无线上网场点(i-Shanghai 2.0)达6000个。2017年，上海电信完成了800M网络重耕，进一步提升了移动网络质量和客户感知。

上海电信还拥有覆盖全市的物联专网(NB-IoT)，可以支持新型“无线城市”建设和应用部署。“天翼云”能力突出，拥有5个超过10万台云主机、存储量超过10P的数据中心、以及22个城市边缘云节点。

上海电信以党的建设统领企业发展全局，以改革创新为动力，加快推进“网络智能化、业务生态化和运营智慧化”，积极构建“五大业务”生态圈，努力做领先的综合智能信息服务运营商，为国民经济发展和网络强国建设作出更大贡献。

ENC
新智认知数据服务有限公司
ENC Data Service Co.,Ltd.

EISOO 爱数

上海爱数信息技术股份有限公司

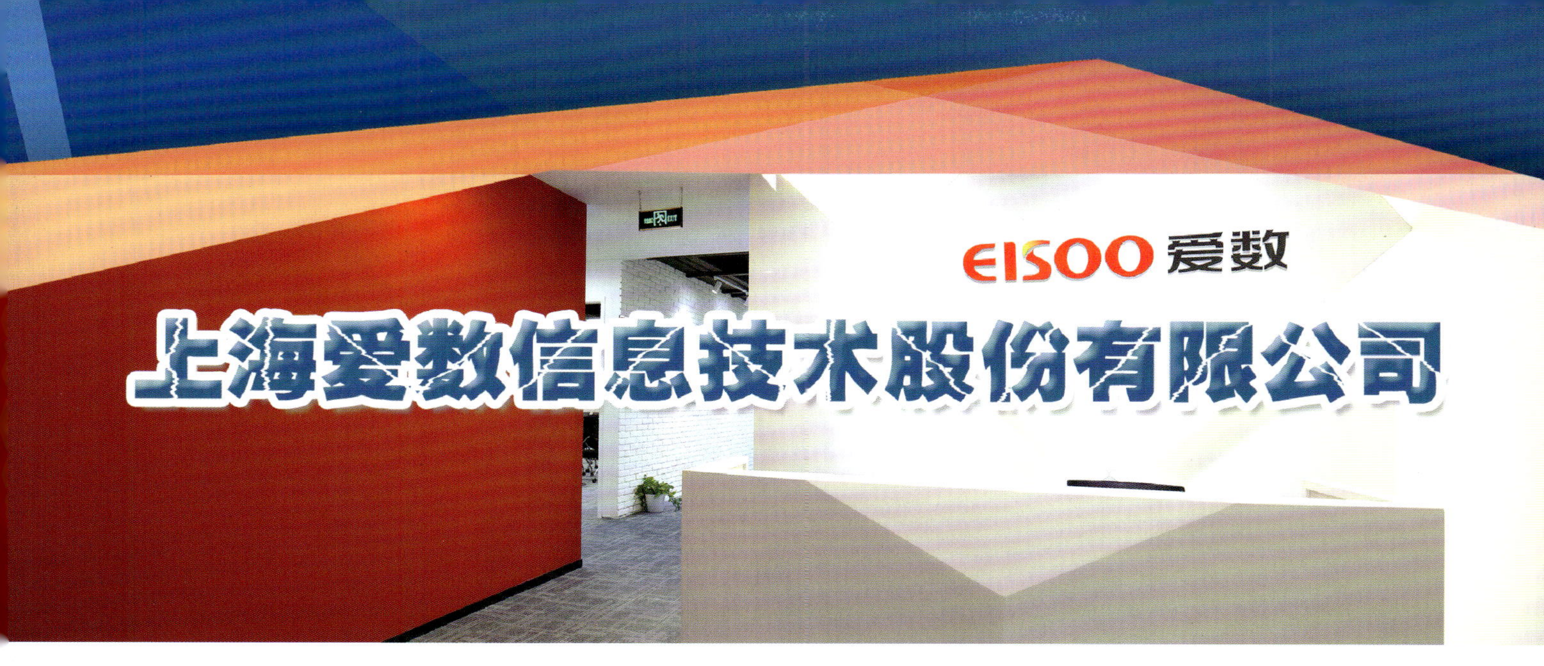

公司介绍

爱数，云计算和大数据时代提供数据管理基础设施，始终以客户价值最大化为愿景将数据作为产品研发及解决方案设计最核心的要素，帮助客户解决数字化时代的数据管理需求。

通过数据管理各领域的持续专注与不断创新，爱数业务范围已经覆盖数据中心数据管理基础设施各层面建设，从数据保护到文档云，再到内容运营领域，再从日志数据分析到销售数据分析及预测。作为备份一体机的首创者和引领者，从 2013 年开始，爱数在 IDC 报告中连续多年蝉联备份一体机市场国产品牌第一。除此之外，爱数凭借 AnyShare 成为唯一入选《2016 企业云盘魔力象限》的中国厂商。

源于优秀的企业运营理念和价值观，包括客户为先、平等尊重、兑现承诺、持续变革、追求卓越，我们一直专注于全球智能数据管理典范企业的愿景践行，致力于为全球各地的客户实现无法想象的 IT 商业价值。如今，爱数的产品和解决方案已经成功服务于全球上万客户，遍及政府、金融、电力、能源、教育、医卫和企业等行业，我们将持续用推动业务转型的革命性创新来成就客户发展，帮助客户迎合行业趋势，驾驭数据未来。

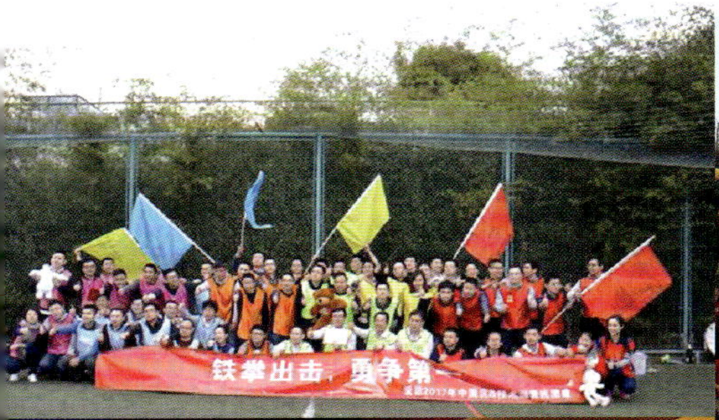

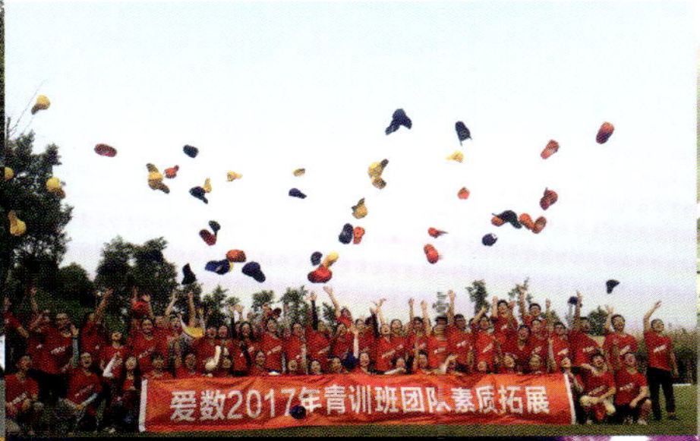

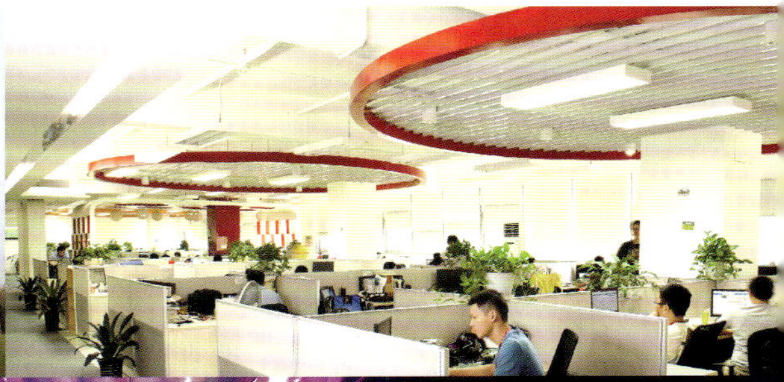
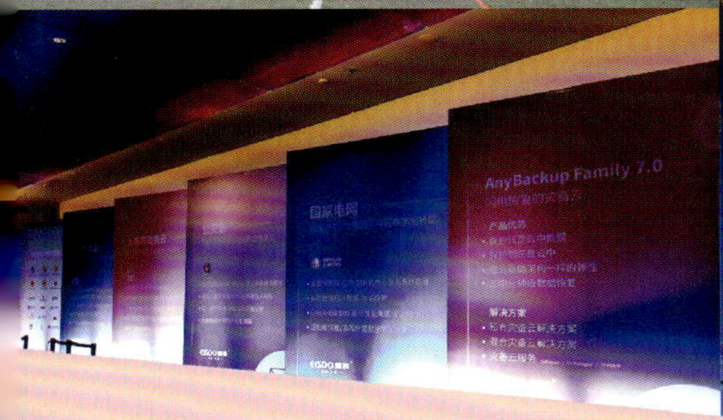

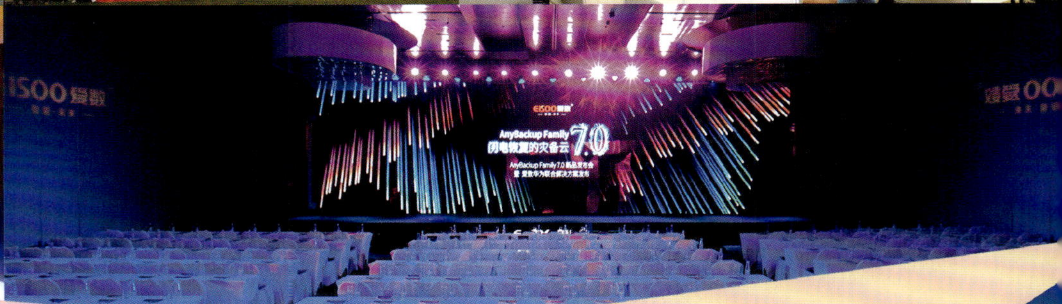

上海数讯信息技术有限公司

公司介绍

数讯 1999 年作为张江园区通讯服务提供商起家，大力配合浦东开放为园区企业提供光纤到楼的信息高速路；2003 年，为满足客户需求，开始进入托管领域；并成为 08 年北京奥运会票务系统南中心，成功保障系统无故障安全生产；2007 年，数讯创立 IDX 高等级数据中心以来，持续革新不断升级性能和服务，为 IDX 的行业领先性不断注入前瞻性而高等级的因子。

在长期建设和维护数据中心的过程中，数讯不断引入先进的技术、高端管理理念和流程来提升机房的稳定性和能效水平：从风冷演化为水冷以降低 PUE，引入电子配线架，研发访问管理系统，提升用户感知界面体验等等……

今天的 IDX，不仅代表着 TierIV 相当水准的、最高标准等级的数据中心，更以卓越品质一贯更新着高端数据中心市场中"高性能和精服务"的意义。

资质荣誉

- ISO/IEC 27001:2005 管理体系认证证书
- 中华人民共和国增值电信业务经营许可证
- 国家规划布局内重点软件企业
- 大中华地区奖项入围数据中心年度"特定任务"团队奖

2017 奖项

闪亮的品牌：IDX 数据中心

"中国优秀数据中心大奖"

I2016-2017 年度优秀数据中心(中型)"大奖。

2017 年中国云计算数据中心优秀节能品牌奖

数据中心节能减排先进单位"称号

前进的数讯

2017 年度中国大数据行业领军企业奖

数据中心年度贡献企业奖

年度最佳金融 IDC 服务供应商奖

官方微信二维码

地址：上海浦东张江高科技园区
郭守敬路 498 号 4 号楼 2 楼
邮编：201203
电话：86-21-50800818
网址：http://www.shuxun.net/

上海众人网络安全技术有限公司

谈剑峰

上海众人网络安全技术有限公司（以下简称“众人科技”）成立于 2007 年，是专业从事网络信息安全技术研发和产品生产的高新技术企业，公司坚持自主可控的国产化发展战略，申报国家发明专利过百项，核心技术“填补国内空白，达到国际先进水平”，是国产信息安全标准的制定者和推动者。

众人科技建立了以密码技术为基础、以身份认证技术为核心、以移动互联网和物联网应用为拓展、以信息安全为主导的产业模式。公司资质齐全，是国家密码管理局正式批准的商用密码产品生产定点单位和销售许可单位，通过了 ISO9001 质量管理体系和 ISO27001 信息安全管理体系认证，获得了国家密码局产品型号证书、公安部信息安全产品销售资质、国家保密局涉密产品资质、中国人民解放军总参和总装的信息安全产品检测许可等，同时也拥有信息系统集成及服务资质证书。

自主研发的“iKEY 多因素动态密码身份认证系统”是基于时间同步技术的多因素认证系统，是一种安全便捷、稳定可靠的身份认证系统；第二代的挑战型动态口令产品更能防“钓鱼”，已成为首个被国际采用的认证技术和标准；最新发明的 SOTP 创新性密码技术，再次填补国内空白，获得多项国际发明专利。以此为核心开发了面向移动互联网认证和支付安全新需求的“WISEC 码码密”系列产品，以“智能、安全、便捷”为核心理念，保护移动互联网用户的身份认证安全、个人信息安全以及应用数据安全，并实现云端统一化认证，实现安全与便捷的平衡，将给移动互联网时代带来颠覆性的认证安全变革。

众人科技不仅在安全认证方面，更在移动安全、云安全、物联网安全、态势感知、大数据分析、威胁情报等领域进行着深入的研究，在身份认证、网络安全、应用安全、信息安全等方面积累了深厚的安全工程建设、安全服务经验，针对不同行业客户的不同应用场景和需求，提供不同的系统方案和配套产品，技术和产品已广泛应用于政府、军队、金融、电信等涉及国家和民众网络信息安全的重要领域。

众人科技展厅

SOTP 产品图

地址 /Add：上海市浦东新区张江高科技园区祖冲之路 899 号 9 幢
邮编 /Postcode：201203　电话 /Tel：8621-33933330
传真 /Fax：8621-33933339　网址 /Website:www.people2000.net

上海超级计算中心

企业简介>>>

上海超级计算中心成立于 2000 年 12 月，作为国内第一个面向社会开放、资源共享的高性能计算公共服务平台，已形成一套较成熟的高性能计算服务体系，为科研及工程应用领域提供高性能计算服务和咨询服务，中心用户数逐年上升，业务呈可持续发展趋势。自 2015 年中心开始转型发展，随着云计算、大数据时代的到来，以及上海正在建设的具有国家影响力的科技创新中心和国家科学中心，给中心发展带来了新的机遇和挑战。经过积极筹划，中心从业务方向、运维模式、建设模式、人才结构、体制机制等方面谋划转型，并不断完善服务体系，提升服务能力和增值能力，力争成为全国最具影响力和综合实力最强的高性能计算中心与大数据服务中心；成为国家科学中心最重要的基础设施和成员单位；成为新一代信息技术的研究创新、应用服务、产业孵化、人才培养和体制机制创新的重要基地。

长园和鹰(长园：600525.SH)总部位于上海，在日本、德国、美国等国家设立了分支机构，作为全球时尚产业互联网+、智能制造、智慧物流无缝融合全面解决方案的专业服务商，在全球范围内整合了全球优秀技术。如欧泰科智能吊挂技术、德国轩尼博格的智能仓储技术、日本AGMS的CAD技术、香港意达的真皮裁剪技术、金勺模板机缝制技术等，打通缝前、缝中、缝后整个服装工艺生产线。

历经多年发展，长园和鹰产品覆盖了服装、鞋帽、箱包、汽车内饰、航空航天、家居、医疗等领域，实现了市场占有率全球领先，产品销售到全球数十个国家和地区，深受海内外客户的欢迎！

长园和鹰拥有数控裁剪机和智能吊挂的全面自主知识产权，拥有专利238项，主起草行业标准3项。企业秉承“和谐共生、合作共赢”的企业经营理念，以匠心精神不断开发创新，提高产品质量与性能，先后被评为国家火炬计划重点高新技术企业、上海工程技术研究中心，荣获上海名牌、上海市著名商标等上百项荣誉，并以江苏为中心建立了现代化的生产基地。

长园和鹰融汇“工业4.0”和“互联网+”理念，利用多年积累的行业大数据将互联网+、智能制造、智慧物流三者深度融合，并辅以和鹰自身快速灵活的金融支持计划，为客户提供更加先进的从设备到服务，从概念到产品，从深度定制到个性化推送的全面解决方案。目前，长园和鹰已经分别针对男装、女装和大批量定制与山东诸城、上海金山、安徽宿松的当地服装企业合作，推出了服装工业4.0智能工厂，从订单到成衣实现了智能化、不落地式的产业变革。

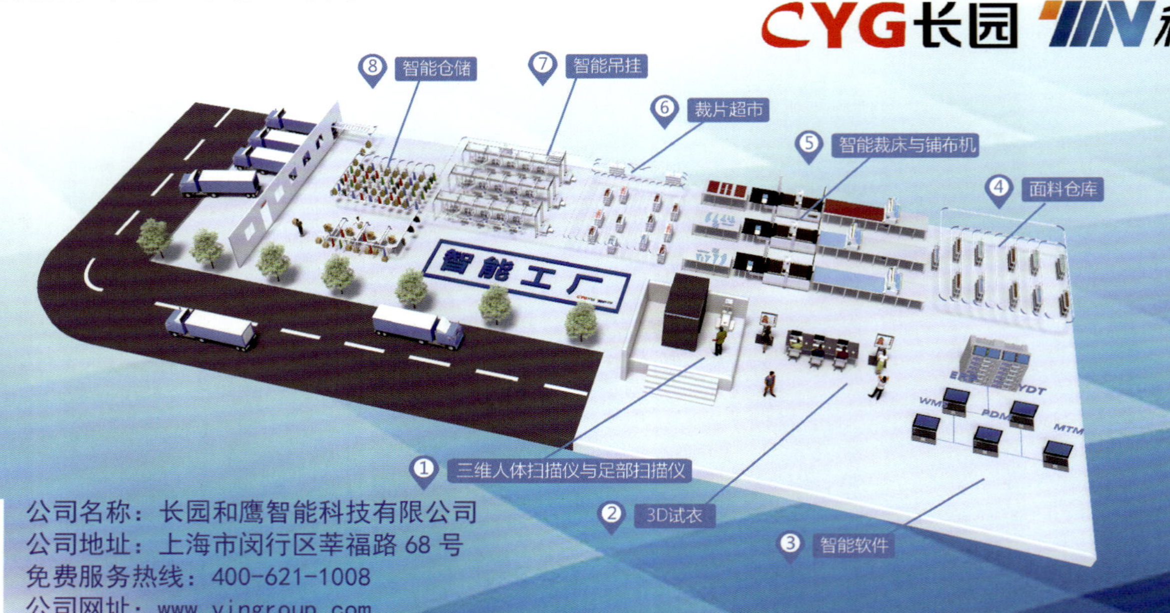

公司名称：长园和鹰智能科技有限公司
公司地址：上海市闵行区莘福路68号
免费服务热线：400-621-1008
公司网址：www.yingroup.com

Silead 上海思立微电子科技有限公司

企业简介

上海思立微电子科技有限公司（SILEAD INC.）由美国硅谷归国领军企业家、中央千人计划特聘专家、上海千人计划优秀创业家、清华学子程泰毅先生于 2010 年创立，研发总部位于上海张江高科技园区，是国家认定的高新技术企业。公司在深圳、北京、台湾等地均设有分部，现已拥有 200 余名员工，其中 80% 以上为研发人员。

思立微电子一直致力于新一代移动智能终端生物传感技术的自主技术创新，专注于生物识别传感器 SoC 芯片和解决方案的研制开发。公司于 2011 年推出首颗自主研发的多点触控芯片 GSL1680，2012 年创造了全球首颗单层多点触控芯片 GSL1688 并随后以成熟的多点触控芯片技术及方案成为占据国内平板开发市场 70% 的市场领导者；2014 年创造了国内首颗按压式指纹识别传感器 GSL6162 及其一体化解决方案；并持续以先进的技术创新为市场和客户定制高性能、低功耗的生物识别传感芯片及其系统解决方案，以专业高效的团队为客户提供实时卓越的技术支持。

思立微立足中国本土，面向全球市场，不断拓展市场份额，致力于成为世界级的生物传感技术公司。目前，思立微已有 20 多个世界知名品牌客户，采用思立微生物识别芯片方案的智能终端已遍布欧洲、东南亚、非洲、南美等多个国家和地区。2016 年思立微已成为全球指纹市场前三大供应商。

从创办初期至今，思立微坚持把自主创新作为核心竞争力，针对核心技术的研制与开发，在国内外申请了百余项专利，并已获得多项授权，形成核心技术专利群，为自主知识产权保驾护航。

作为国家高新技术企业，思立微曾多次荣获工业和信息化部“最具投资价值企业”“最佳市场表现产品”“最具潜质产品”；中国半导体行业协会“最具潜力 IC 企业”“最具影响力企业”等荣誉奖项和称号，并于 2017 年被评为“2016-2017 中国指纹识别市场年度领军企业”。

主要产品

荣誉证书

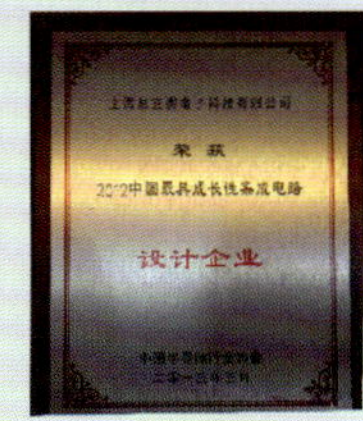

上海英内物联网科技股份有限公司

Shanghai Inlay Link Inc.

上海英内物联网科技股份有限公司（英内物联，股票代码：837970），成立于2006年，是一家专业从事RFID标签天线/Inlay的设计、研发、生产和销售的高新技术企业。

英内物联拥有生产基地十万余平方米，标签天线和Inlay的年产能分别达100亿张和20亿张，通过了ISO9001与ISO14001双体系认证。由高级工程师领衔、数十名技术人才组成的研发团队，先后取得RFID软硬件专利百余项，有能力根据客户的需求提供高品质的标签天线和Inlay的设计、产品。

凭借先进的技术和过硬的产品，英内物联广受赞誉，荣获了国家金卡工程金蚂蚁奖（最佳产业配套奖）、国家重点新产品、上海市科技进步奖、上海高新技术企业和上海名牌产品等二十余项重大荣誉；迄今为全球100多家知名RFID标签封装及系统集成企业提供累计数百亿张RFID产品,应用于铁路交通、图书管理、资产追踪、物流供应链、医药、地铁单程票、展会门票、智能零售等多个领域。

目前英内物联正在筹建以智慧工厂为目标的启东智能化天线生产基地，大量应用了新一代信息技术和人工智能技术，规划年产能达100亿张。通过精益思想的方法优化生产流程和厂房布局，利用物联网技术打造数字化生产线，通过立体仓库、AGV手段实现仓储、物流智能化，应用智能视觉检测技术保证产品在生产各个环节中的质量；目前生产基地在第一阶段已实现了工厂数字化。在互联互通和信息管理方面，将大数据分析、人工智能应用到计划排程管理和生产过程中，做到精准预测，实时跟踪；建成后的启东智能化天线生产基地将是一个高效、节能、绿色、环保、舒适的人性化工厂。

未来，英内物联将一如既往地为客户提供值得信赖的产品和服务，努力推动RFID产业发展。

公司产品

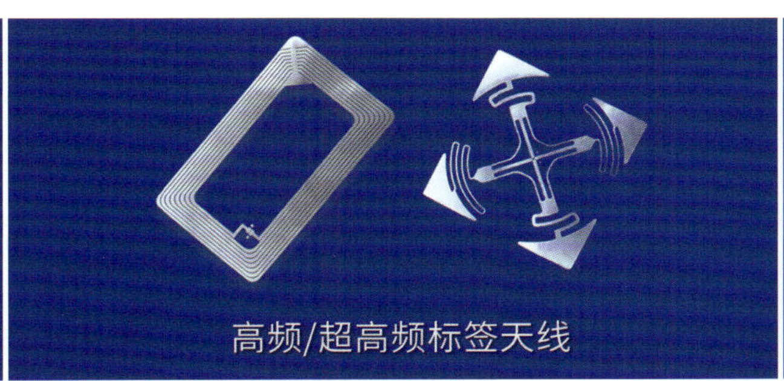

高频/超高频标签天线

高频/超高频Inlay

研发力量

英内物联研究院

我们有一支经验丰富，技术扎实，重质量，强管理的高效团队，公司也十分重视对于技术研发力量的培养和挖掘，目前英内物联已拥有近百项技术专利，并持续地进行新技术的研发。

企业资质

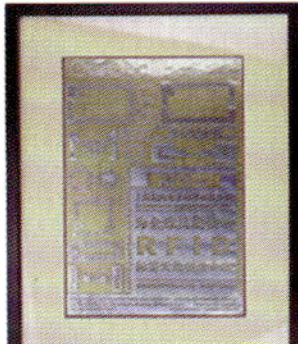

超宽带接入网 CableTRAN 系列产品

CableTRAN 系列 MoCA Access1.1＋产品，提供高品质的双向网络改造方案，为用户提供高带宽、低时延的高品质网络。主要应用于 EPON+EOC 的网络结构，光节点覆盖 50-100 户的应用场景。支持实时视频业务、大带宽数据业务和高品质语音业务的开展。

❖主要特点

- 灵活频率选择，工作在高频段：975～1275MHz；
- 采用 OFDMA 调制，抗干扰能力强；
- 先进的链路层协议(TDMA/TDD)；
- 典型时延 Sms，抖动 1ms；
- 完善的参数化 QoS，优先级 QoS 保障；
- 支持动态带宽管理 DBA；
- 支持 SNMP 网管、NMS 网管、Web 管理；
- 支持 802.1P、VLAN ID、COS 协议。

❖CableTRAN NMI2000 系列局端产品

- 双向吞吐量 800Mbps；
- 单局端支持 128 个终端同时在线；
- 局端网口：两个 RJ-45 ，1000BASE-TX 网口；
- RF 接口：1 入 1 出。

❖CableTRAN CME2000 系列终端产品

- 终端速率可达 200Mbps；
- 以太型终端，4 个百兆网口；
- Wi-Fi 型终端，支持 802.11n、802.11g、802.11b。

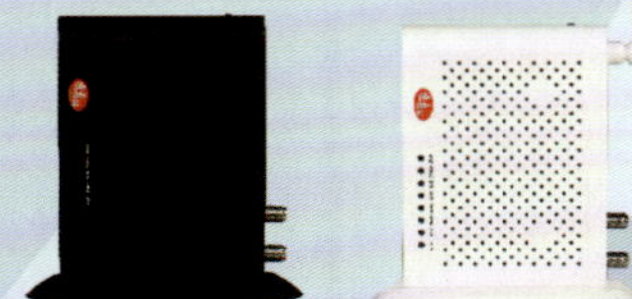

SuperTRAN EPON 系列产品

❖主要特性

- 支持 1G-EPON、10G-EPON 接入，支持千兆、万兆上联；
- 支持 8 个 PON 板，双主控、双上联板、双 AC/DC 电源槽位，关键部分均采用冗余设计；
- 支持广电总局规划院的“有线电视网络 EPON 设备综合网络管理信息库(MIB)规范”要求；
- 强大的 L2/L3/L4 功能，支持静态路由、RIP、OSPF 等。具备 QoS；
- 带宽控制、组播、可控组播等高级性能；
- 支持凌云天博蜂巢网管以及使用规划院国标 MIB 的第三网管；
- 背板带宽 3.96T，交换容量 960G；
- 300mm 深，9U 高，所有接口采用前面板出线，易于操作；
- 整机最大支持 128 个 1G-EPON 口或 64 个 10G-EPO 口。

LUSTER 凌云

INTRODUCTION

凌云天博起源于1993年，历经二十五年的沉淀，全体员工付出了艰苦卓绝的努力，积极参与到有线运营商网络改造建设中，逐步发展成为业务覆盖30个省份、200多个城市的全国性领先的光纤+同轴综合解决方案和产品的公司。

凌云天博将继续以推动有线电视网络行业发展为己任，通过提供领先的FTTB、FTTH超宽带光纤+同轴的综合性解决方案和产品，助力有线电视网络运营商打造99.99%超宽带综合接入网，为客户业务保驾护航，持续为客户和行业创造价值。

凌云天博微信公众平台

www.teraband.com

安吉智能
ANJI Technology

Company Profile
公司介绍

安吉智能是安吉物流旗下专注智能物流板块的新型技术企业，以智能化、网联化、共享化为核心，致力于成为物联网时代，智能技术与解决方案的首选平台，公司以向汽车制造、机械加工、电子电商、烟草医药、日化服装等各个领域的客户提供高效益、高适配、低成本、低风险的一体化智能物流解决方案为目标，旨在实现整个供应链过程的数字智能化，为客户创造效益可期的未来。

智能技术 — iValon 物联网时代 I+ 平台 — 解决方案

自动化

自动化运输技术
AGV/ 无人叉车 / 无人机

自动仓储技术
自动化立体仓库
智能物流车

协作生产技术
机器人

数字化

Internet 物联网
物料和设备的互联互通
供应链全过程实时、透明、精准

Information 大数据
智慧物流数据采集 / 分析
智慧交通 / 智慧城市

智能化

Intelligence 智能供应链
人工智能
自学习 / 专家系统
智能调度 / 智能排程

ANJI TECHNOLOGY

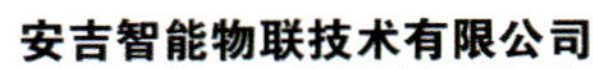

安吉智能物联技术有限公司 ANJI Technology co., Ltd.
上海市江浦路 1000 号尚凯商务大厦 3 楼 3F. No. 1000 Jiangpu Road, Shanghai, China
网站：http://anji-tec.com/index.html

光驰科技(上海)有限公司
OPTORUN(SHANGHAI) CO.,LTD

业务范围

生产用于光通信设备、导光系统中制备各种光学部件的增透膜和各类型滤光片的高精度镀膜设备和相关机械零部件的加工；眼镜镜片加工（限城银路 297 号），销售自产产品；以及工艺的研究和开发；相关设备的维修及售后服务。

荣誉资质

高新技术企业、上海市守合同重信用企业、上海市清洁生产企业、上海市宝山区安全生产协会单位、合同信用等级 AAA 级企业、上海市著名商标，宝山区企业技术中心、宝山区专利试点单位，等等。

主要产品

目前，我公司的主要产品为蒸发式和溅射式真空镀膜设备。这些镀膜设备可用于镀制无机介质薄膜、金属薄膜和防污膜等多种功能性薄膜，并已广泛应用于光通讯和光电子等行业领域。截至目前，公司已陆续推出了 OTFC、GENER、SDAR、HSP、NSP、NSC、SDARP、MTFC 等多个系列的真空镀膜设备。我们的真空镀膜设备在同行业中得到了非常高的评价。

公司宗旨

我公司从成功地攻克 DWDM 用超窄带滤光片成膜系统这个难关开始创业，并始终坚持以研究开发为主导的宗旨。在数码光学的时代，我们会继续保持并发扬向科学极限挑战的创业精神，制造出更多更好的满足客户需求的产品，力求为客户提供更迅速的，更好的服务，为人类社会的高度信息化而贡献力量。

真空镀膜设备

NSC-15

OTFC-1300

NSP-2350

核心零部件

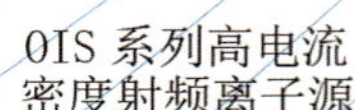

OIS 系列高电流密度射频离子源

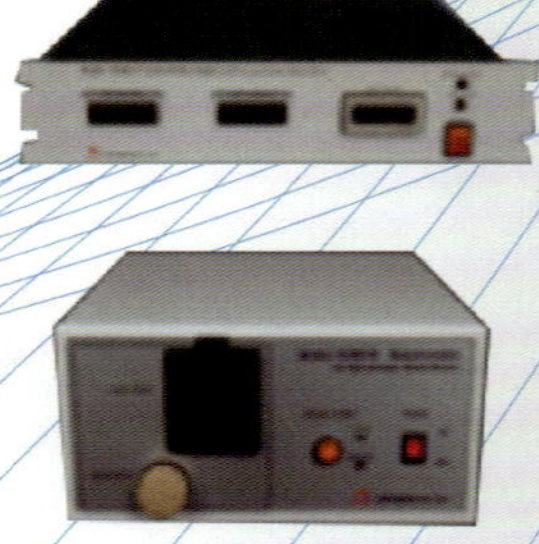

HOM 系列高精度光学膜厚控制仪

核心零部件

不锈钢水晶片托盘

铜制坩埚

地址：上海市宝山城市工业园区城银路 267 号
电话：021-36161290
邮编：200444
邮编：200436
传真：021-36161940
网站： www.optorun.sh.cn

柔性MES实时数据系统 工业4.0解决方案

公司简介

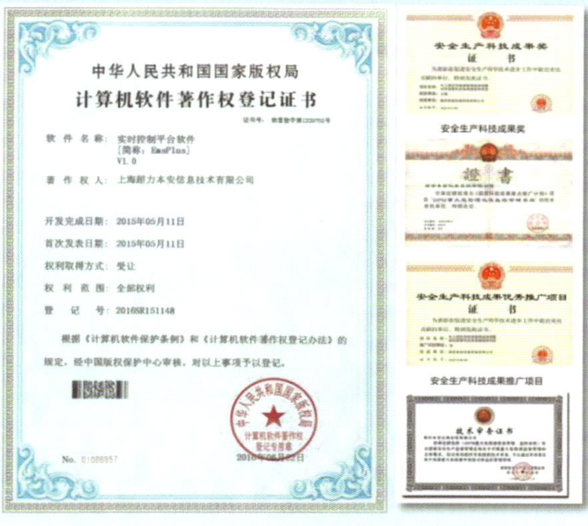

中华人民共和国国家版权局

计算机软件著作权登记证书

软件名称：实时控制平台软件［简称：EmsPlus］V1.0

著作权人：上海超力本安信息技术有限公司

开发完成日期：2015年05月11日

首次发表日期：2015年05月11日

权利取得方式：受让

权利范围：全部权利

登记号：2016SR151148

根据《计算机软件保护条例》和《计算机软件著作权登记办法》的规定，经中国版权保护中心审核，对以上事项予以登记。

安全生产科技成果奖

安全生产科技成果推广项目

上海超力本安信息技术有限公司专业致力于智能管控一体化软件平台、智能控制和智能检测等技术系统的研制和工业应用。基于自主研发的实时数据库和管控一体化平台QhsePlant/ZG3/EmsPlus，先后承担了多家工业企业的数字化转型、工业4.0解决方案柔性MES、管控一体化、激光测试系统、储能控制系统等重点项目。典型用户如国电投、华谊集团、嘉善公交、康驰公交等。

产品介绍

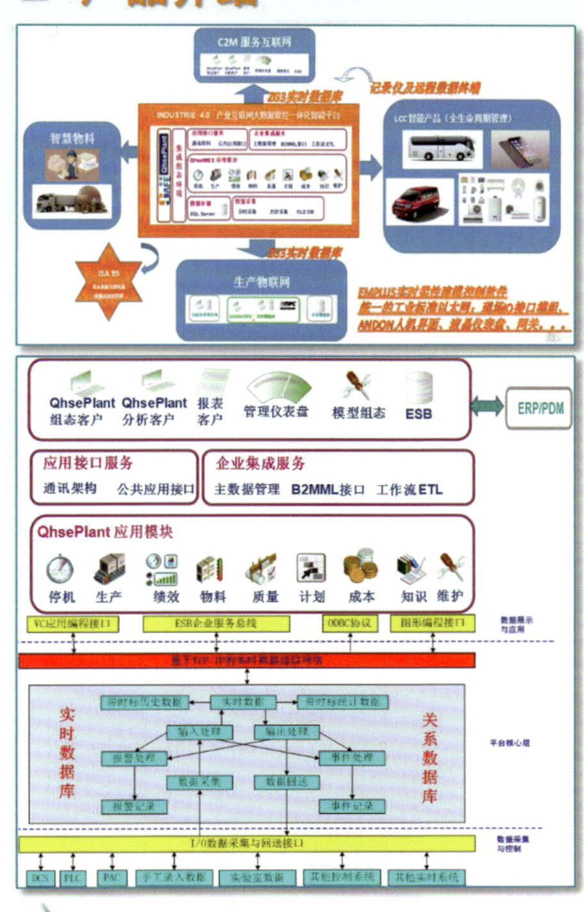

顺应数字化、自动化、网络化、智能化等新时代新趋势，依托“工业互联网+制造”，“中国制造2025”等国家战略，超力信息愿与工业企业、汽车零部件、客车公交、通用机械、金属制品 、家电、新能源、食品饮料和化工等企业，共同实现数字化转型，打造中国版工业4.0。

CLBA-QhsePlant是超力本安信息技术有限公司推出的全数字化智能制造整体解决方案。以统一的数据管理、统一的通信、统一的平台，调度和优化各自独立产品、服务和流程，实现集管理、控制、优化、调度经营于一体的综合自动化智能制造管理平台，全面提升企业与企业联盟的产品、服务全生命周期管理。

上海超力本安信息技术有限公司
Shanghai Chaoli IS Information Technology Co.,Ltd
电话：021-60897558
传真：021-50328061
免费服务热线：4000902281
邮编：201206
地址：上海市浦东新区金桥出口加工区金沪路1099号
网址：www.isinstruments.com

上海安吉星信息服务有限公司

Shanghai OnStar Telematics Co., Ltd.

吉星呵护 一路随行

上海安吉星信息服务有限公司成立于2009年10月28日，由通用汽车、上汽集团和上汽通用共同出资组建。安吉星为上汽通用在华制造、生产和销售的系列车型提供全方位车载信息服务。目前，OnStar安吉星在中国地区活跃用户数量近100万，6年多已经累计为用户提供了约2亿次客户交互服务，获得了消费者的广泛好评。

安吉星小O手机应用

安吉星用户可直接通过自助语音系统进行目的地查询、违章查询、安吉星服务查询和远程遥控操作，还可以跟小O互动吐槽，为服务提供意见反馈。

安吉星车载4G LTE

安吉星车载4G LTE首创车载Wi-Fi热点（Car-Fi），可支持多达7台设备同时接入，网络覆盖面积达700平方米，为车主提供高速、稳定、安全、便捷的无线网络环境。

安吉星凯迪拉克专席管家服务

安吉星专席管家服务提供滴滴代驾、高尔夫预订、机票酒店预订、商旅租车、异地酒店租车，以及当地特色商旅路线等服务项目，更为凯迪拉克车主推出季节限定特惠礼遇，畅享经典度假线路。

专席服务再度升级

商旅度假尊崇相伴

商旅租车服务 • 专业度假服务 • 季节限定度假产品礼遇

安吉星微信服务号二维码

安吉星手机应用二维码

安吉星微信订阅号二维码

欲了解更多安吉星服务，敬请登录www.onstar.com.cn，请关注安吉星官方微信订阅号和微信服务号扫安吉星手机应用二维码进行服务体验。

关于云视

上海云视科技股份有限公司成立于2012年2月8日，总部位于上海，注册资金为1.57亿元人民币。公司成立之初，便深耕于中国广播电视行业，从事广电网络双向改造和数字电视相关的产品技术开发、软硬件产品生产销售和技术应用服务。

张毅军先生做为云视公司的创始人和掌舵者，始终倡导以技术创新为企业核心竞争力。公司现有员工近200人，其中本科以上学历占95%，主要客户覆盖全国20余家省级广电网络公司及通信运营商。

近年来，云视科技以互联网思维大胆发展业务以「云流中枢 · 立体显示 · 万物互联」为愿景，积极投入各类新业务的研发与创新，切入智慧城市及智能物联网领域，开发了家庭智能超级Wi-Fi技术、700M LTE无线技术、立体显示技术，以及互联互通云网管等一系列的全新智能产品。

欧特克致力于赋

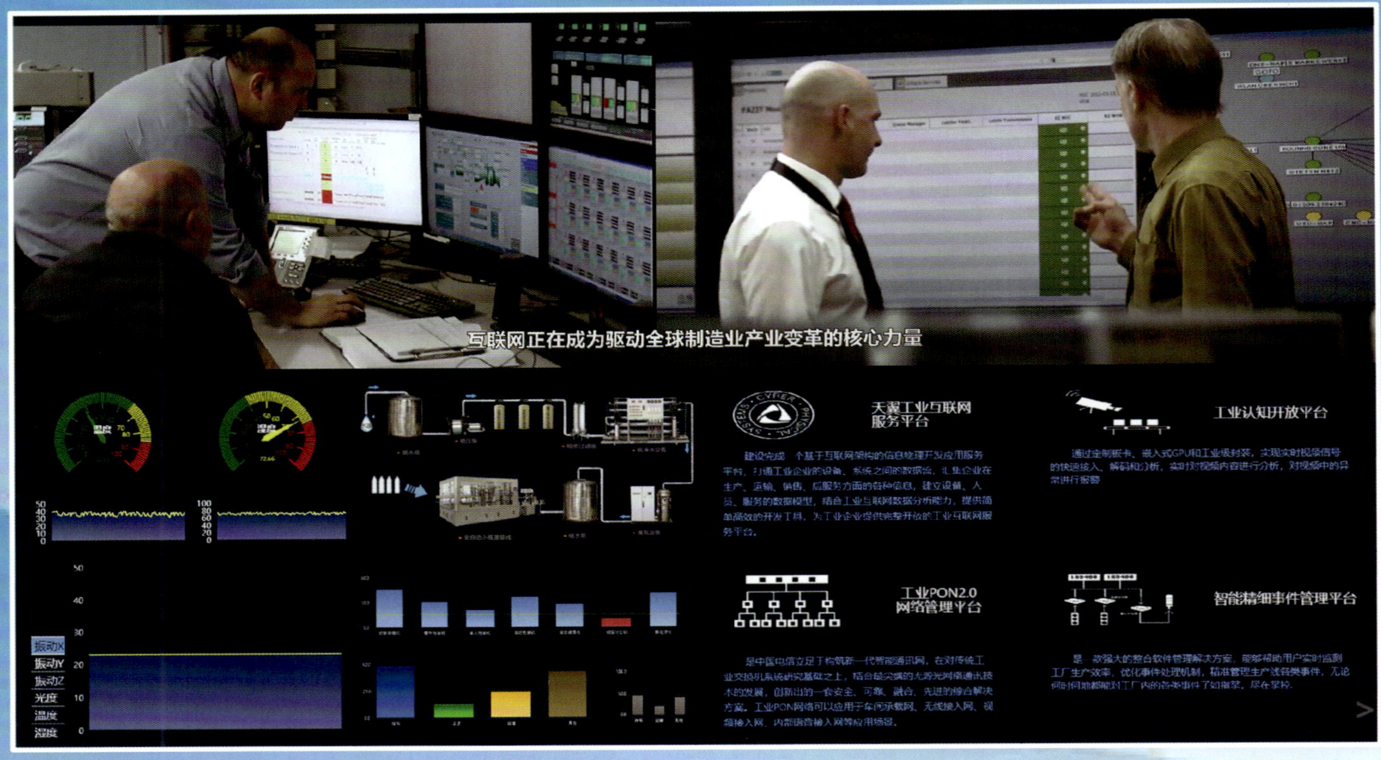

中国电信 CHINA TELECOM 上海理想信息产业（集团）有限公司

中国电信制造行业信息化应用（上海）基地（以下简称中国电信制造基地），通过中国电信集团战略发布、合作体系建设及产品研发，实现产业链资源聚合，将通信、云计算、安全、大数据等能力注入到制造生产环境，为不同企业之间、跨域企业、产业链上下游搭建协作平台，实现中国电信对工业互联网的产品和服务突破。

中国电信制造基地专注于为传统制造业细分领域客户提供互联网转型咨询规划、智能制造整体解决方案、集成服务和平台运营服务，致力于为中国电信在制造业中的探索提供高端支撑及服务保障。目前拥有三大自主研发产品，包括：企业工业大数据平台、企业工业连接数据平台、制造企业智能连接综合运营服务平台。两大合作运营产品，包括：工业标识解析云平台、制造服务化用户运营服务平台。为中国制造 2025 的核心要素工业互联网做好充分准备，初步形成了制造业领域的产品布局、平台服务与运营模式。

同时，中国电信制造基地通过战略联盟，产业合作，打造行业标准，为产业生态提供高效共享平台，驱动产业生态快速创新，共同打造中国工业互联网生态圈。制造业基地将聚焦优质产品推广和行业应用的不断开发，促进工业互联网生态系统的发展及数字工业创新，为中国的工业产业升级及“中国制造 2025”战略的实施做出贡献。2017 年 9 月，中国电信制造基地成功入选工信部制造业“双创”平台试点示范项目，成功实现中国电信在工业领域的又一项成果。

上海汉得信息技术股份有限公司（以下简称"汉得"），其前身可以追溯到1996年成立的"上海汉得计算机服务有限公司"，是中国成立较早的本地化的ERP咨询实施公司之一。2011年2月1日，在深圳证券交易所创业板上市（证券代码：300170，证券简称：汉得信息），成为A股首家以ERP咨询实施为主业的上市公司。通过20多年的努力，汉得业务领域已扩展至全面的企业信息化应用产品研发、咨询实施与技术服务，已由最初的信息化产品实施商，历经解决方案提供商阶段，发展为数字化生态综合服务商，拥有30多个行业的标准化解决方案，7000多名具备各类专业知识与技能的顾问，形成了行业导向化、交付专业化、协作体系化、技术领先化、管理科学化的敏捷型组织架构，可以为客户的信息化建设提供充实的资源保障。

汉得提供涵盖企业信息化建设全生命周期的交付服务，包括技术开发、系统集成、系统升级、大数据分析、云计算与运营服务等等涵盖企业前中后台全面的信息技术服务，从核心财务管理到生产计划敏捷推进，从客户关系管理基础到数据智能化分析，从人事制度变革管理到人力资源效率化提高，业务主线贯穿全方位的企业信息化解决方案，实施产品涵盖了企业管理信息化几乎所有主要领域，如ERP、EPM、CRM、SRM、HR、PLM等。多年来汉得也积累了大量的自主研发产品，包括费控、融资租赁、精益制造等，以及供应链金融、汇联易（报销类SaaS）等自主创新产品，并在众多客户处都取得了良好的应用效果。

除在传统IT领域不断精益求精外，汉得还充分与全球IT生态圈的合作伙伴们共同推动包括云、大数据、智能制造等新业务的开展，不断探索从传统制造向智能制造的数字化转型；从传统营销向以数字营销为手段的全渠道营销转型；从传统管理向以共享服务为代表的运营管理数字化转型；从传统IT向以云计算物联网大数据为代表的IT架构数字化转型。同时汉得的服务区域也在不断扩展，拥有八大国内基地、三大海外基地、十余家参控股公司，已初步具备全球化IT服务能力。

自成立至今，汉得已先后为3000多家企业客户成功提供了信息化建设服务，客户遍及制造业、金融、贸易、通讯、电子商务、传媒、房地产等诸多行业，涵盖世界500强企业、大型民营、国企集团等行业领军企业。多年来，汉得凭借不断深耕细作的主业、不断发展的创新业务以及不断增强的专业与技术能力积累了6000多则成功项目案例，在腾讯、碧桂园、东方航空、中国移动等众多客户处都取得了很好的口碑，也获得了众多合作伙伴、政府和行业机构的一致认可。

"恭则不侮、宽则得众、信则人任、敏则有功、惠则使人"是汉得经营大纲的基本精神，代表了全体汉得人的价值理念和行为规范。汉得的企业文化就如同汉得的英文简称"HAND"一样简单、务实，致力于成为连接企业管理与信息技术的桥梁，帮助企业实现数字化转型，以信息化手段帮助客户提高组织的运营效率、效益与竞争能力，为客户创造更多价值，带来更好体验。

电话：4001684263

上海汉得信息技术股份有限公司

上海米健信息技术有限公司

上海米健信息技术有限公司是一家具有国际视野、国内一流技术水平的国家高新技术企业，专注于医疗信息化产品研究开发和销售。公司总部位于上海市杨浦区软件产业园。

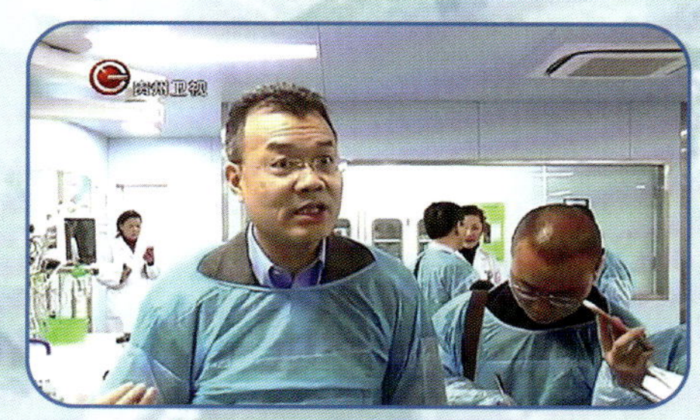

贵州卫视新闻联播我省启动“省院合作”远程医疗政策试点“

公司面向国内外医疗 IT 市场，结合国际化的专业与品质，以客户需求为导向，以“智能手术室、智能化病区及智慧化医院”为建设目标，基于对行业的充分理解和前瞻性研究，提供拥有自主知识产权的“急诊医学临床信息系统（ECIS）、重症医学临床信息系统（ICIS）、手术室麻醉临床信息系统（AIMS）、医疗信息集成平台（HUIS）、移动查房及移动护理”等医疗行业 IT 应用系统，同时结合云计算、大数据、物联网、AI 等新一代信息技术为客户提供急危重症云平台、区域急诊协同云平台等面向集团医院、区域应用的医疗信息化整体解决方案。

公司秉持“专业、诚信、创新、共赢”的经营理念，积极探索医院信息管理的标准化、智慧化，致力于开发具有国际水平且符合中国国情的医疗信息化产品。公司核心管理人员和技术开发人员多来自全球著名医疗 IT 公司。公司凭借资深的医疗行业经验、跨多学科的复合型人才、强大的研发力量、先进的国内外信息化项目管理经验、规范的售后服务体系以及专业化的营销队伍，不断深入理解和分析临床业务流程和数据，前瞻设计和开发临床医学智能化产品，为客户提供最佳应用系统和解决方案，有效提升了医疗服务的效率与质量，惠及更多民众健康。

目前米健自主开发的产品已在中国人民解放军总医院（301 医院）、中国医学科学院阜外医院、北京解放军 307 医院、北京大学人民医院、中日友好医院、沈阳军区总医院、第二军医大学附属长海医院、复旦大学附属妇产科医院（上海红房子医院）等国内几十家三甲医院、近百家大型医院成功应用，并与行业内多家顶尖知名企业结成战略合作伙伴，使得公司迅速成为国内临床医疗信息化的领军企业。

医疗智能创新价值，健康数据共享未来。2016 年，荣科科技（300290）全资控股米健，夯实了公司在临床应用细分领域的领先优势，同时整合优质资源，积极探索临床医学人工智能和大数据应用平台，打造健康医疗大数据生态体系，推动更多智能健康新服务模式。公司会以更大的努力，不断践行“服务中国百姓生活与健康，打造中国医疗信息化平台；领军中国医疗信息化产业，实现企业和员工共同价值”的企业使命。

成长·无限
中银信贷工厂
中小企业全面金融服务
担保更灵活｜服务更专业｜审批更高效｜产品更丰富

浦发银行小微金融业务发展介绍

小微企业是国民经济的生力军，在支持经济增长，缓解就业压力，改善经济结构上发挥着重要的作用。早在建行之初，浦发银行就高度重视小微金融服务，将支持小微企业发展定位成一项长期的战略性事业。

2005年6月，浦发银行设立中小客户部专司中小微金融业务；2009年9月，经过中国银监会批准，浦发银行“中小企业业务经营中心”挂牌成立，该机构是上海市场上最早设立的中小企业专营机构，实现了浦发银行中小企业业务管理的专业化和独立化；2012年12月，浦发银行再次明确将中小微业务作为全行五大重点战略突破领域之一；2014年2月，浦发银行在战略上更加专注于小微金融服务，将小微企业业务与个人经营性贷款业务整合，建立小企业金融服务中心，从管理架构、产品模式、审批流程、考核政策等方面进行了融合，服务对象进一步下沉，明确了以小微企业和个人经营者为浦发银行小微金融的重点服务对象，体现了浦发银行支持小微、真正服务实体经济的决心和力度。

金融服务创新方面，自2009年起，秉承“笃守诚信、创造卓越”的经营理念，浦发银行积极探索金融创新，以专营机构为载体，以解决中小企业融资难问题为宗旨，积极打造 “科技金融” 品牌，奠定了浦发银行在科技型中小企业领域的领先地位；2012年初，浦发银行再推创举，针对小微企业推出“五宝一厂”体系，包括投贷宝、银元宝、银通宝、银链宝、微小宝五大专属系列产品及信贷工厂专门业务系统；2014年，机构整合后，浦发银行在原有开发模式的基础上，进一步创新升级，结合电商金融、互联网融资的发展趋势，全新推出了“银商宝”（替代原“银通宝”）、“银链宝”、“银元宝”三类实体批量开发方案，以及“电商通”和“网贷通”两类线上批量平台，形成了具有浦发小微特色的“三宝两通”批量开发模式。在搭建批量模式的基础上，浦发银行小微特色产品持续丰富，对于高成长型小微客户，建立“千人千户”培育计划，提供定制化金融服务；对于小微集群客户，通过“三宝两通”业务模式，提供批量化金融服务；对于小微一般客户，则通过“4+1”小微金融特色产品体系提供标准化金融服务，浦发银行小微金融产品借款主体涵盖了小微企业或者企业主、主要经营者等个人，更贴合小微企业以及企业主的经营特点和实际需求。

浦发银行小微金融一贯秉持“积小善而臻大成”的经营理念，积极探索小微金融创新。未来浦发银行将结合移动金融的领先优势和互联网融资的发展趋势，继续保持对小微金融的全心投入，时刻活跃在服务小微实体经济的第一线。

世博展览馆

东浩兰生(集团)有限公司(简称东浩兰生集团)是由市政府批准，由上海东浩国际服务贸易(集团)有限公司和上海兰生(集团)有限公司联合重组，于2013年12月11日成立的大型现代服务业国有骨干企业集团，注册资本22亿元人民币。2017年，集团实现营业收入1412亿元；位列2017中国企业500强125位，服务业500强56位。

东浩兰生集团下设外服集团、国贸集团、会展集团和置业集团四大产业集团。集团成立了金融投资管理公司、财务分公司。集团始终坚持资源集约化、业务专业化和管理精细化的发展理念，持续提升国际化竞争能力，秉承“用我们的专业服务，为大众创造幸福生活”的企业使命，努力成为“现代服务业的领跑者”。

外服集团常年领跑我国人力资源服务行业，作为中国人力资源服务行业的一名拓荒者，怀抱着“服务连接未来”的品牌理念，始终专注人力资源服务，在品牌和客户资源方面具有领先性优势。

会展集团拥有世博展览馆、国家会展中心(上海)等场馆优势和政府及社会资源，已打造成为会展产业全价值链企业，主办和承办了工博会、华交会、上交会、广印展等一批具有较高知名度和影响力的品牌展览会。

国贸集团拥有一批实力雄厚的外贸企业和具有影响力的外贸品牌，在地方国有外贸集团中名列前茅。

置业集团有着丰富的工程建筑与经验，完成了多个上海市重点项目建设；旗下拥有多个优质地段楼宇，在传统楼宇创新盈利方面不断探索前进。

集团大力参与重大项目的开发，参加了中国2010上海世界博览会的筹办和运营工作。世博会结束后，集团出资并参与商务部和上海市合作的重大项目——国家会展中心(上海)的建设，该项目是目前世界上面积最大的建筑单体和会展综合体。

集团还积极发展体育产业。2014年起承办上海国际马拉松赛事，获得圆满成功，先后被国际田联授予路跑金标赛事称号。2014年2月9日集团在上海世博展览馆举办的“东浩杯”双千人双人桥牌大赛，成为迄今为止世界上全场规模最大、参赛人员最多的桥牌赛事，创下了大世界吉尼斯纪录。

地址\Add.：中国●上海市延安中路837号 \837 Yan'an Road, Shanghai ● China
电话\Tel.：+86 (21) 22068888 传真\Fax：+86 (21) 62895799

国家会展中心

工博会

2017 上马

保税仓库

东浩兰生集团人力资源业务

均瑶集团是以实业投资为主的现代服务业企业，创始于 1991 年 7 月。现已形成航空运输、金融服务、现代消费、教育服务、科技创新五大业务板块，旗下 3 家 A 股上市公司，员工 15000 多人，规模列中国服务业 500 强企业第 177 位。在不断转型发展过程中，均瑶集团始终秉承为社会创造价值，建国际化现代服务业百年老店的企业使命。

航空运输以上海主运营基地的吉祥航空（603885.SH）为核心。吉祥航空于 2006 年 9 月实现首航，2015 年 5 月在上交所主板上市。吉祥航空秉承"如意到家"的服务理念，致力于为中高端旅客提供高价值（HVC）服务。截至 2017 年 12 月，共引进 81 架全新空客（波音）飞机，开通了上海往返中国各主要城市、港澳台地区及日韩泰东南亚国家等 100 多条航线，2017 年运载乘客 1600 多万人次。2014 年 12 月，由吉祥航空投资控股的低成本航空公司九元航空以广州白云国际机场为主营基地实现首航。

金融服务以爱建集团与华瑞银行互为业务依托，初步形成金融生态圈，致力于成为上海金融中心建设的创新基因，活力细胞。爱建集团（600643.SH）现已涵盖信托、租赁、资管、产投、财富管理、证券等机构，华瑞银行是由均瑶集团主发起，在自贸区创立的全国首批、上海首家民营银行，确定了"服务小微大众、服务科技创新、服务自贸改革"的战略定位。2016 年成为中国首批试点投贷联动银行。

现代消费由大东方、均瑶食品、均瑶如意文化、均瑶地产组成业务板块，其中的核心企业大东方（600327.SH）是江苏省百货零售的龙头企业，也是无锡市首家上市的商贸流通企业集团。均瑶食品依托味动力系列产品的品牌营销，为消费者提供安全、健康的优质产品。均瑶如意文化是国内顶级的品牌特许经营商，是北京 2008 年奥运会特许经营商和零售商，中国 2010 年上海世博会首批高级赞助商，现与上海迪士尼开发授权系列产品。均瑶地产参与棚户区改造建设，提高居民生活质量。

教育服务由世外教育集团旗下的上海市世界外国语小学、中学为实体。形成了传统教育和国际化教育的教育链，致力于培养具有"中国心、现代脑、世界眼"的莘莘学子。依托世外中小学优质的教育资源，助力优质教育输出，已与上海浦东、宝山、嘉定，浙江杭州、宁波、莫干山等地签订合作办学协议，在上海徐汇、青浦、金山、临港、宁波等地托管七所学校，集团化办学、多元化办学在沪浙两省八地落户。为社会提供优质的教育服务资源，世外教育集团积极探索"互联网 +"教育，打造国际化的智慧教育模式。

科技创新由安徽陶铝新材料和均瑶科创组成。积极参与上海科创中心建设，安徽陶铝新材料采用颠覆性领先技术，致力于纳米陶瓷合金的应用推广、产品开发、技术支持和市场销售，创尖端材料、促国强民富。均瑶科创承担免费公共 Wi-Fi：i-Shanghai、i-Guangdong 的建设和运营，打造"超 · 爱上海"国际一流水平公共场所信息基础设施；通过大数据平台，"均瑶云"平台和智能化城域网建设等，助力均瑶集团整体科创产业发展。

远中产业园由上海远中实业有限公司于2004年至2011年期间，分四期陆续投资开发建成，一期工程于2006年峻工验收后开始投入运营。园区整体开发项目总占地约9万平方米，总建筑面积约22万平方米，目前正陆续开发五期、六期工程。

园区地处徐汇区漕河泾开发区内，与闵行区毗邻，位于虹梅路以西，宜山路南北两侧，东面与中环线虹许路相邻，南面紧靠地铁九号线漕河泾开发区站，公交131路、731路、927路、804路等十多条线路均能到达，距虹桥枢纽仅半小时车程，交通出行非常方便。

园区定位于以现代服务业为主要业态的高端都市型产业园，目前已吸引了众多IT研发、信息服务、网络科技、设计研发、电子设备研发等现代服务业和科技类企业，园区年创税收过亿元。

园区于2011年4月通过ISO9001:2008版质量管理体系认证，并于2018年3月通过ISO9001:2015转版认证。园区始终以“科学管理、优质高效；贴心服务、顾客满意；持续改进、争创一流”为质量管理方针，不断提升物业服务质量和客户满意度，2016年起被徐汇区商务委员会评定为“四星级产业园区”，于2018年1月通过安全标准化(三级)认证。

我们将竭诚为广大客户服务，为客户提供良好的办公环境，充分发挥人文资源和地域优势，不断提升客户企业形象，欢迎更多企业和个人来园区创业。

地址：上海市徐汇区虹梅路2007号　电话：021-64858074　传真：021-64959342
招商中心：上海市宜山路1388号　电话：021-64068782　传真：021-54451131
网站地址：www.yzcyy.com　微信公众号：远中产业园

罗店工业园区

一、园区基本情况

罗店工业园区是由上海市政府确认的工业园区，享受市级工业园区待遇，园区设立于1999年，当时规划面积167.8公顷。2001年罗店镇被上海市政府确定为“一城九镇”之一后，将罗店工业园区面积调整扩大。2009年下半年罗店工业园区东扩编区域通过了市经委的产业区块认定，现规划面积约230公顷。目前已开发面积约2465亩，剩余可开发面积约461亩。2014年经上海市人民政府批准，将园区中区块167公顷纳入张江高新技术产业园管理范围。园区交通便利、基础设施完善，实现“七通一平”，有3.5万伏变电站2座、1万伏开关站两座；有能供工业和8—10万人口用气的煤气调压站一座；日供水量4万吨的自来水管网、日排污量达3.5万吨的污水管网贯通园区；贯通全园的集中供热蒸汽管网。

2017年完成工业销售产值及二三产营业收入116.5亿元，其中工业销售产值48.1亿元；税收总额65180.50万元，其中：工业27363.34万元，建筑业37817.16万元；区得财力20489.04万元，其中：工业区得财力9188.41万元，建筑业区得财力11300.63万元；增加值109282.6万元；固定资产27633万元。

二、园区总体发展情况

近年来，罗店工业园区按照科学发展观的要求，根据“发展优势产业、稳定均势产业、淘汰劣势企业”的产业方针，坚持招商选资原则，提高引进项目质量，加大产业结构调整力度，进一步优化产业布局，提高资源配置效率，切实转变经济发展方式，园区开发建设水平和项目能级都有了新的提高。目前，飞凯、西门子、朝晖药业、景峰制药、宝钢高新、宝冶装备制造等大批著名企业落户园区，园区现有工业企业88家，已逐步形成“生物医药”“智能高端装备”等特色产业，逐步实现了由传统产业向现有新兴产业的扩散。

三、园区目前主要工作

随着园区土地逐渐枯竭，依靠大规模开发土地发展经济已无可能，园区发展面临瓶颈。按照科学发展观的要求，园区开展转型升级，根据发展优势产业、稳定均势产业、淘汰劣势产业，不断加大产业结构调整力度，进一步优化产业布局，提高资源配置效率，切实转变经济发展方式，确保园区经济稳步提高。园区调结构、促转型作为园区今后工作主题。

景峰制药

宝冶钢构

上海宝钢高新技术零部件有限公司

上海朝晖药业有限公司

飞凯正面

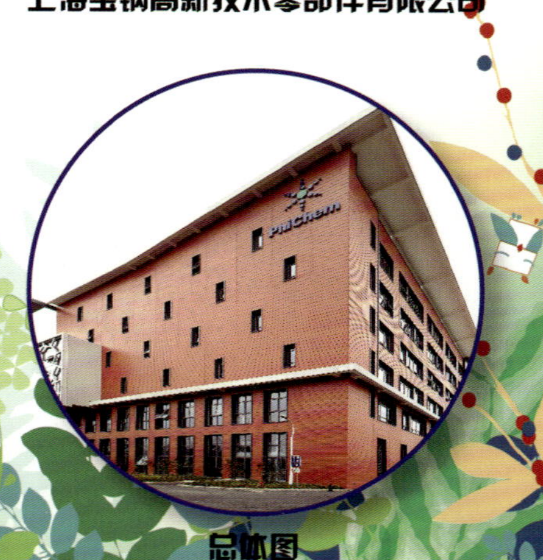

总体图

上海宝山工业园区投资管理有限公司

园区介绍

宝山工业园区是 2003 年 2 月设立的市级工业园区，是张江国家自主创新示范区的组成部分位于上海东北部，东临长江口岸，西接嘉定新城，南与美兰湖新镇毗邻，北与罗泾新镇接壤。园区规划总面积 21 平方公里。

园区规划

园区东西两翼分别规划建设“上海中船国际邮轮产业园”和“上海北郊未来产业园”，形成两翼双飞、齐头并进的态势，未来园区将在区委、区政府的坚强领导下，围绕 2025 中国制造，大力促进科技成果的产业化，重点聚焦智能制造和高端装备制造业，始终致力于将园区建设成为国家战略性新兴产业的承载地和代表先进制造业高端水平的产业基地。

发展方向

更加注重人口、产业与城市的融合共生，更加注重生产、生活、生态的和谐稳定，更加注重经济、社会、环境的协调发展，积极营造更加开放、更具活力的发展环境，坚持以技术创新为引领、以战略新兴产业为龙头，积极打造上海产业发展的新亮点、新高地，将宝山工业园区建设成为科技型、综合性、智慧型的现代化产城融合新区。

邮轮产业园发展背景

2016 年度亚太邮轮论坛 10 月 12 日在上海宝山美兰湖国际会议中心拉开帷幕，会上赵雯副市长与吴强总经理为上海中船国际邮轮产业园揭牌。上海中船国际邮轮产业园作为宝山工业园区的园中园，计划打造成为宝山豪华邮轮产业向上游延伸的重要平台和载体。

地址：上海市宝山区金石路 1688 号 邮编：200949
电话：0086-21-66879800　　传真：0086-21-66870885
邮箱：sbiz_bgs@163.om

BCIP 上海宝山城市工业园区

宝山城市工业园区

宝山城市工业园区是1995年由上海市人民政府批准建立的高科技、外向型、综合性市级工业园区，占地面积5.98平方公里，位于宝山区西南角，紧靠外环线宝山段，是距离市中心最近的市级工业园区，交通便捷，地理位置优越。园区始终贯彻“创新、协调、绿色、开放、共享”的发展理念，以“生态型、个性化、精品城”为发展目标。

2017年园区全力以赴谋发展，实现超额完成工业销售产值185.6亿元，增加值81.9亿元，税收18.2亿元，地方财政5.26亿元。

聚焦重点产业。园区通过推进“两超一坊”项目，加快产业能级提升，上海石墨烯产业技术功能型平台引入15个石墨烯相关项目，为后续发展添加动力；推进超导电缆和国缆检测项目建设，实现超导电缆产业化项目的投产和完成百米级电缆基础实验；扎实推动与上海临港新业坊的合作，有序推进科技绿洲项目。在第十九届工博会上，以“新材料”为产业亮点，得到了海内外媒体及参观者的关注，彰显旗帜效应。

加速转型升级。园区通过项目调整、关停等手段，调整13家低效企业，腾出土地面积超200亩，同时加大招商引资力度，引进安博贝瑞生物医药公司、上海安理创科技有限公司等一批优质项目，累计出租厂房面积超过4万平方米。

致力服务企业。积极创造良好营商环境，加强服务的针对性和有效性。举办多次政策宣讲培训，为高新企业做好科技创新服务工作，全年受理企业89件专项申请，为企业申请专项资金扶持2484万元，助推企业成长，实现企业与园区的共赢发展。

[东方美谷集团]

打造全区美丽健康产业的投资管理平台

东方美谷集团全称东方美谷企业集团股份有限公司，是奉贤区第一家区属一级国有股份公司，注册资本 6 亿元。

集团作为推动“东方美谷”发展的市场化主体，以“产业投资，专业招商”为主要业务，并以“产业集群，企业上市”为发展目标，致力于全面整合资源，拓展东方美谷美丽健康产业的承载空间，提升产业发展品质，加快产业发展速度，丰富产业发展内涵，并对美丽健康全产业链相关优质资产开展收购兼并和股权投资，打造全区美丽健康产业的投资管理平台，推动奉贤区美丽健康产业集群集聚发展。

集团通过投资、收购全区乃至全市范围内 104 板块适合产业开发的土地和拟实施产业结构调整的土地，与当地政府进行合作开发，打造以实现美丽健康产业集群发展为目标，运用专业化、现代化、国际化的招商思路和手段，吸引、培育一批行业顶尖、具有国际影响力的美丽健康产业企业和机构落户，形成国内规模最大的美丽健康产业集群和具有行业引领作用的发展高地。

东方美谷集团将围绕东方美谷“五大平台”和“八大中心”，构建产业支撑体系。

五大平台——产业发展平台、产业资源平台、产业孵化平台、产业服务平台、产业政策平台。

八大中心——研发中心、设计中心、检测中心、展示中心、营销中心、体验中心、服务中心、指导中心。

上海市工业综合开发区 - 大楼

上海市工业综合开发区，成立于 1994 年，1995 年被列为市级工业区。2016 年，上海市工业综合开发区与上海海港综合经济开发区合并，形成奉浦园区和海港园区两大园区。2017 年 11 月 1 日，上海市工业综合开发区全面托管庄行工业园区。

奉浦园区位于奉贤区境内，奉贤新城规划板块中的中西部，区域管辖面积 21.03 平方公里，其中核心产业区域约 11.26 平方公里（内含 1.87 平方公里的国家级出口加工区）。园区具有良好的区位优势与交通网络，距上海市市中心仅 20 公里，距上海虹桥机场 29 公里，距上海浦东机场、上海洋山深水港均在 50 公里以内。海港园区位于奉贤区东南部，东邻上海临港新城，靠近浦东国际机场、洋山深水港、中国（上海）自由贸易区，规划面积 16.53 平方公里，产业板块面积 3.56 平方公里。

作为奉贤新城规划板块的产业高地，奉浦园区已经形成五大支柱性产业，分别为：以美乐家、如新、

虹桥绿谷广场

2017 年 5 月 26 日 开发区千人计划项目万泽精密铸造开工建设

凯宝、雷允上、科丝美诗等为代表大健康产业；以晶澳、艾力克等为代表的新能源产业；以马勒、采埃孚、奥托立夫等为代表的汽车配件产业；以先锋高科技、泛微等为代表的电子信息产业；以宝马格、马肯依玛仕等为代表的装备制造产业。海港园区充分发挥邻近临港开发区、上海自贸区的区域优势，大力发展物流产业以及装备制造业、航空零部件等先进制造业，并成功引进了宜家等品牌企业。

开发区先后被认定为上海品牌园区、上海市智慧园区试点单位。2016 年园区“fengpu”商标荣获“上海市著名商标”，并入选上海产业园区优秀开发建设运营机构。2017 年，通过国家生态工业示范园区创建技术核查。

2017 年，开发区实现税收 57.5 亿元，地方财政收入 16.1 亿元，商贸型税收 17.5 亿元，完成规模产值 382.7 亿元，拥有生活配套区、凤创谷科创基地、虹桥绿谷广场等经营性资产共计 18 亿元。

2017 年 11 月 1 日，上海市工业综合开发区与庄行工业园区正式签订“镇园区管”协议

上海市工业综合开发区招商服务中心

上海市莘庄工业区管理委员会

概述

2017 年，莘庄工业区面对复杂多变的国内外宏观经济环境，深入学习贯彻落实习近平思想和党的十九大精神，按照区委、区政府决策部署，锐意进取、攻坚克难，园区经济发展迅速，区域经济统筹、军民融合等重点工作取得明显进展，园区配套和投资环境不断优化。

2017 年完成增加值 342 亿元，同比增长 13.1%；实现财政总收入 123.6 亿元，同比增长 38.1%；完成区级财政收入 35.5 亿元，同比增长 43.5%；完成工业总产值 953.9 亿元，同比增长 13.1%；完成工业固定资产投资 18.8 亿元，同比增长 13.9%。

2017 年莘庄工业区经济指标情况表

项目名称	2017 年	2016 年	比上年%
增加值(亿)	354.41	302.51	17.16
其中：工业增加值(亿)	230.83	204.07	13.11
第三产业增加值(亿)	122.6	97.35	25.94
工业总产值(亿)	953.86	843.27	13.11
工业利润总额(亿)	109.63	101.24	8.29
财政总收入(考核口径)(亿)	100.1	89.8	12.04
地方财政收入(考核口径)(亿)	27.88	23.13	12.74

项目名称	2017 年	2016 年	比上年%
合同吸收外资(万美元)	13040	9530	36.83
外资到位资金(万美元)	9145.2	7388	23.78
内资注册资金(亿)	20.39	61.87	-67.04
万元产值能耗比(考核口径)	0.0541	0.07	-13（可比）-13.6（同比）

招商引资与区域经济统筹发展

2017 年合同吸收外资 1.3 亿美元，到位外资 9000 万美元，内资 19 亿元人民币，外资 26 项批准项目。新增国内企业总部 3 家、跨国公司地区总部 3 家。新引进先进制造业项目 17 项。

成功举行莘庄工业区“一区多园”开工仪式，标志着区域经济统筹发展进入实质性建设阶段。完成本部园区一体化规划和交通专项规划方案设计与优化；完成马桥、颛桥、浦江分园区产业发展策略研究和概念规划；完成 104 产业区块中 4 个区块的 4 个消防、2 个通讯专项规划编制。协调推进土地储备 25 幅，共计 1899 亩，全部签订三方储备协议（其中，2 幅已完成储备）。2017 年成功引进 18 个项目，其中本部园区 7 项、浦江园区 7 项、马桥园区 4 项。18 个签约项目总用地面积 573 亩，总投资约 57.25 亿元人民币，项目建成后预计可新增年销售 298 亿元人民币，新增年税收 15 亿元人民币；项目税收强度达 259 万元／亩。

军民融合产业加速集聚

积极推进军民融合国家战略在闵行落地见效，代表上海市创建国家军民融合创新示范区，形成“以科技创新为引领，以产业发展为核心，以金融服务为突破，以人才育用为支撑”的军民融合产业发展格局，把军民融合产业打造成闵行经济发展的新亮点。2017 年 7 月 14 日，配合区政府召开“上海市军民融合产业基地建设推进大会”，明确了以申南路 515 号为核心服务区，以国家民用航天产业基地为重大项目主要承载区，构建“一体多翼一基地”的军民融合产业空间布局。9 月 29 日，“上海军民融合产业深入发展推进大会”在上海市军民融合产业基地核心区（申南路 515 号）隆重举行，“上海市军民融合产业促进中心”揭牌，上海市军民融合产业投资基金签约，与上海联合产权交易所签订军民融合产权交易综合服务战略合作协议。上海市军民融合产业展示中心建成开放。

投资环境持续优化

2017 年完成莘庄工业区生态专项和节点设计方案以及 32A、34A 街坊局部控规调整。鑫都路（瓶安路－沪闵路）断头路打通项目竣工；申南路、中心路中修工程及中心路绿化的改造工程竣工。光华路（中春路－华宁路）改建工程开工。西区基础设施配套进一步完善。

2017 年，共走访企业 64 家 85 次，协调处理企业反映各类问题 77 项；配合百人团队联系百强企业工作，协助联系安排区领导走访 30 家企业。协助佛吉亚中国区总裁成功申报上海市白玉兰纪念奖。邀请园区企业参加“闵行区重点企业成果会”，其中莘庄工业区 15 家企业被授予“2016 年度闵行区经济突出贡献企业”，8 家企业被授予“2016 年度闵行区最佳成长性企业”，7 家企业被授予“2016 年度闵行区最具创新活力企业”。举行“莘庄工业区 2016 年度百强企业表彰仪式”；举办商会执委会暨企业家沙龙活动；开展企业金融服务对接会和企业开放日活动。组织 21 家企业参加第十九届中国国际工业博览会，组织 12 家企业参加大连工博会。组织 9 家企业参加首届国际科创园区（上海）博览会。组织企业 42 人参加“2017 年中国国际模具技术和设备展览会”。认真完成与连云港开发区、安徽省肥东县、江苏泰兴黄桥经济开发区等外省市合作交流活动。

通过国家生态区复查，启动上海市先进制造业出口产品质量示范区创建工作。中国版权中心华东登记大厅已在园区内建成运行，成为全区南部科创中心核心区建设的重要功能性平台。IF 如果文化创意园和上海 3D 打印创新中心基本建成，正在打造相关产业集聚地和示范区。

▲2017 年 4 月 27 日闵行区委书记朱芝松参加中国版权保护中心华东版权登记大厅揭牌仪式

▲至正股份上市

◀2017 年 9 月 12 日，恩格尔上海十周年暨四期扩建落成庆典

2017 年 9 月 29 日上海市市委常委、副市长周波在上海市军民融合产业深度发展推进大会上的讲话▼

大金泉茂伸和日之升陈晓东获得 2017 年年度上海市闵行区区长质量奖▼

顾村工业园区

一、园区基本情况

顾村工业园区是1994年经宝山区人民政府批准设立的区级工业园区，2006年经上海市人民政府批准整合升级为市级工业园区，列入上海市104产业园区。2012年经上海市经信委批准成立上海机器人产业园。2014年成功纳入到张江高新区宝山园，并成为上海市首批转型升级试点区。园区位于顾村镇镇域东北部，东至富长路，西至潘泾河，南至宝安公路，北至湄浦河，总占地面积3.09平方公里，规划用地约4635亩。2017年度园区工业销售产值完成124亿元，总缴税收完成96000万元，区级税收完成29090万元。2017年园区在全市小型园区综合考评中位列第9名。

园区地理位置极佳，区位优势突出。东临南北高架、南靠S20外环高速、西邻上海市最大的郊野公园——顾村公园。外环线、郊环线、沪太路主干道和轨道交通1、7号线使园区连接上海主要港口、机场的距离均在半小时内，规划18号线将贯穿园区，园区是离市中心最近的上海市‘104’区块。

目前园区入驻规模企业150家，其中机器人及配套企业50多家。包括上海发那科机器人有限公司、上海鑫燕隆汽车流水线制造有限公司、上海法维莱交通车辆设备有限公司、焱智精密机械（上海）有限公司、上海翰鹏光电科技有限公司、费勉仪器科技（上海）有限公司、上海安杰环保科技有限公司等先后落户园区。园区将逐步形成机器人产业、智能装备制造业和高端生产性服务业集群式发展。

二、园区规划及功能定位

1、产业布局

2、功能定位

三、园区配套服务

1、政策扶持

2、服务平台

3、周边配套

上海青浦工业园区是1995年11月25日经上海市人民政府批准成立的九大市级工业开发区之一，规划面积56.2平方公里。拥有张江高新青浦园及出口加工区等二家国家级开发区。

青浦工业园区已经成为青浦区最重要的经济增长极，坚持一手抓实体生落户企业，推动主导产业的发展和产业链的形成，巨大的发展空间和超前的创新机制吸引了世界500强、行业龙头企业等纷至沓来，地区总部、研发中心、销售技术服务中心相继慕名落户，越来越多的创业者在这里安家落户、共图发展。坚持一手抓民营经济的发展，做到保存量、求增量，下设9大经济小区，广纳全国各地服务型、注册型优质企业，年均纳税近60亿元。初步形成了内外资并举、多种经济协调发展的经济格局，全区的经济贡献率进一步提高。2017年，完成规模产值989亿元，税收收入121亿元。逐步形成了一个拥有实力、富有活力、集聚潜力、彰显魅力的产业先进、资源高效、产城一体、生态文明的综合性开发区。

青浦工业园区已经成为企业服务的高地，“必须做、马上做、做好为止”，让工业园真正成为投资者的乐土、创业者的家园。成立了行政服务中心园区分中心，联合打造政策法规和信息服务平台，实现窗口化一站式服务大厅。通过实施“周三企业服务日”、开通全天候值班企业服务热线，利用微信、网络等新媒体，实现网上受理、网上办事、政策咨询实时互动。通过建设人才公寓小区、配套基础设施，为企业人才提供一个集生活、休闲、学习、娱乐于一体的特色区域。

青浦工业园区大楼大厦

青浦工业园区已经成为人才培养的高地，园区历来注重对人才的培养，目前，已培养输出副处级以上干部40余人。目前具有高级职称11人，中级以上102人，大专以上468人，大学以上306人，硕士以上32人。

青浦工业园区相继获得国家新型工业化产业示范基地、国家循环化改造示范试点园区、上海市文明单位、上海品牌园区、上海市百强企业、上海市著名商标等称号，已成为上海市委党校教学型示范单位、上海市推进知识产权战略工程中小企业集聚区等。园区拥有上海淀山湖生产性服务业功能区、哈工大人工智能产业园、巴斯德生物医药功能性平台、东航民用航空产业功能平台、跨境电商商务平台、尚之坊时尚文化创意产业园、移动智地互联网产业园等多个功能性园区。2017年上海市开发区综合评价报告显示，青浦工业园区工业总产值、上缴税收、企业利润总额等重点指标在108家开发区排名中均入围前十，综合发展指数名列第六。

未来，青浦工业园区将以十三五规划为引领，以“打造先进制造业高地和现代生产性服务业高地”为目标，紧紧围绕创新驱动转型发展，推动互联网、大数据、人工智能和实体经济深度融合，推进园区高端制造向“高端智造”发展，实现产业集聚，形成“园中园”特色产业。力争经过3～5年努力，将青浦工业园区建设成为“先进制造业的领头羊、产城融合的主战场、转型升级的试验田、四新经济的孵化器”。

青浦工业园区总部基地

上海市临港地区开发建设管理委员会

企业简介

临港地区2017年初制订了科创中心主体承载区三年行动方案。在原来“6+1”产业结构的基础上，构建了新的“2+3+4”产业体系，即人工智能和机器人2个先导产业；船舶与海洋工程、新能源和智能汽车、高端智能装备3个支柱产业；软件及信息服务、集成电路及专用装备、航空航天和节能环保再制造等4个新兴产业。重点将人工智能和机器人2个先导产业集聚到科技城园区，园区汇集了如寒武纪、科大讯飞、地平线、商汤科技、云从科技等一大批国内人工智能顶尖企业。

临港地区重点推动了上海交大以核心技术研究和共性技术开发为侧重的智能制造研究院建设、上海新松以集成解决方案研究和实施为侧重的工业4.0综研院以及自动化仪表院以标准研究和验证为侧重的智能制造创新中心建设。加强智能制造工程师培训，目前是临港电机学院、上理工、高研院分别从学历教育和认证教育的角度与德国知名的应用技术大学和认证机构开展合作，已开始招生工作。依托国家东部技术转移中心建立国际智能制造技术成果展示及转化中心，调动全球创新资源参与智能制造产业技术研发，推动了共性技术的海外协同研发、专利交易和成果转化。

建设上海市智能制造研发与转化功能平台和工业互联网研发与转化功能平台，其中智能制造研发与转化功能平台已经获得市里的首批认定和支持。智能制造功能型平台对标德国弗劳恩霍夫应用研究促进协会等国际先进机构，整合上海及国内外优势资源，建成具有国际影响力、集研发、验证与转化功能于一体的智能制造协同创新平台，争取成为国家级智能制造创新中心，成为上海智能制造核心技术的重要策源地以及系统解决方案的主要输出地。

2017年，临港地区完成产业投资95.7亿元，同比增长13.8%；完成工业总产值1004.1亿元，同比增长41.1%。从重点企业产出情况来看，上汽股份、临港电气集团、三一重机、电气输配电等11家企业的工业总产值超过10亿元，其中上汽股份继续保持领头羊的位置，已完成工业产值281.3亿元。昌强重工一期、润贝航材、中曼石油等项目完成竣工验收，加快正式投产。彩虹鱼项目中“张謇”号科考母船已完成多次科考任务；三个万米级着陆器中已完成研制－总装－11000米海试；完成万米级载人深潜器载人舱样机试验工作，已启动真机制造工作及万米级载人深潜器研制工作。

图书在版编目（CIP）数据

上海工业年鉴．2018 / 上海市经济和信息化委员会编．——上海：上海社会科学院出版社，2018

ISBN 978-7-5520-2462-3

Ⅰ．①上… Ⅱ．①上… Ⅲ．①地方工业经济－上海－2018－年鉴Ⅳ．① F427.51-54

中国版本图书馆 CIP 数据核字（2018）第 203838 号

上海工业年鉴（2018）

编　　者：上海市经济和信息化委员会
责任编辑：董汉玲
封面设计：上海宝舜会展服务中心
出版发行：上海社会科学院出版社
（上海市顺昌路 622 号　电话 021−63315900　邮编 200025）
（http://www.sassp.org.cn　E-mail: sassp@sass.org.cn）
照　　排：上海宝舜会展服务中心
印　　刷：上海新开宝商务印刷有限公司
开　　本：889×1194 毫米　1/16 开
印　　张：37.5
插　　页：12
字　　数：866 千字
版　　次：2018 年 8 月第 1 版　2018 年 8 月第 1 次印刷
印　　数：0001-3700

ISBN 978-7-5520-2462-3/F · 543　　定　价：350.00 元